ANDREAS OSIANDER D. Ä.

GESAMTAUSGABE · BAND 1

ANDREAS OSIANDER D. Ä.
GESAMTAUSGABE

Herausgegeben von Gerhard Müller

Band 1

GÜTERSLOHER VERLAGSHAUS
GERD MOHN

ANDREAS OSIANDER D. Ä.
GESAMTAUSGABE · BAND 1

Schriften und Briefe 1522 bis März 1525

In Zusammenarbeit mit Gottfried Seebaß
herausgegeben von Gerhard Müller

GÜTERSLOHER VERLAGSHAUS
GERD MOHN

ISBN 3-579-04266-1
© Gütersloher Verlagshaus Gerd Mohn, Gütersloh 1975
Gesamtherstellung: Mohndruck Reinhard Mohn OHG, Gütersloh
Schutzumschlag und Einband: H. P. Willberg
Printed in Germany

Inhalt

Vorwort 9

Einleitung von *Gerhard Müller* und *Gottfried Seebaß* 11
  1. Gesamtedition in chronologischer Anordnung 11
  2. Textgrundlage und -gestaltung 14
  3. Die Bearbeitung 16
  4. Chronologia Osiandrica 1522–1525 18
  5. Sachgliederung der Werke Osianders 1522–1525. 19
  6. Verzeichnis der im 16. Jahrhundert gedruckten Stücke dieses Bandes . 20
  7. Verschollene Schriften und Briefe von und an Osiander 1522–1525 . 21
  8. Synoptische Tabelle zu den Werken Osianders 1522–1525 23

Abkürzungen und Siglen 25

Literaturverzeichnis 28

Schriften und Briefe

Nr 1 Über die guten Werke (1522), bearbeitet von *Gottfried Seebaß* . . . 45

Nr 2 Gutachten über Johann Winzler (1522), bearbeitet von
Dietrich Wünsch 47

Nr 3 Vorrede zur Biblia Sacra (1522), bearbeitet von *Gerhard Müller* . . 64

Nr 4 Sendbrief Johann Böschensteins an Osiander (1523), bearbeitet von
Gottfried Seebaß 67

Nr 5 Ein schöner Sermon (1523), bearbeitet von *Gottfried Seebaß* 77

Nr 6 Vorrede zum Sendbrief Argulas von Grumbach (1523),
bearbeitet von *Jürgen Lorz* 88

Nr 7 Sendbrief an eine christliche Gemeinde (1523), bearbeitet von
Gottfried Seebaß 93

Nr 8 Osiander an Spalatin (1523), bearbeitet von *Martin Stupperich* . . . 100

Nr 9 Osiander an Spalatin (1523), bearbeitet von *Martin Stupperich* . . . 102

Nr 10 Ordnung, wie man tauft (1524), bearbeitet von *Martin Stupperich* . 104

Nr 11 Osiander an Spalatin (1524), bearbeitet von *Martin Stupperich* . . . 122

Nr 12 Osiander an Spalatin (1524), bearbeitet von *Martin Stupperich* . . . 123

Nr 13 Osiander an Spalatin (1524), bearbeitet von *Martin Stupperich* . . . 125

Nr 14 Osiander an Spalatin (1524), bearbeitet von *Martin Stupperich* . . . 126

Nr 15 Osiander an Spalatin (1524), bearbeitet von *Martin Stupperich* . . . 128
Nr 16 Einführung in die Passion (1524), bearbeitet von
    Gottfried Seebaß 130
Nr 17 Osiander an Capito, Bucer und Zell (1524), bearbeitet von
    Martin Stupperich 137
Nr 18 Gottesdienstordnung der Pfarrkirchen (1524), bearbeitet von
    Gottfried Seebaß 143
Nr 19 Artikel der Pröpste (1524), bearbeitet von *Hans-Ulrich Hofmann* . . 165
Nr 20 Grund und Ursach (1524), bearbeitet von *Gottfried Seebaß* 175
Nr 21 Gutachten über Heinrich Schwertfeger gen. Pfeiffer (1524),
    bearbeitet von *Dietrich Wünsch* 255
Nr 22–23 Schriften zum Fall Greiffenberger (1524), bearbeitet von
    Dietrich Wünsch 267
    Nr 22 Gutachten über Hans Greiffenberger 275
    Nr 23 Ein kurzer Begriff 277
Nr 24 Vorrede zum Sendbrief Johann von Schwarzenbergs (1524),
    bearbeitet von *Jürgen Lorz* 283
Nr 25–28 Der große Nürnberger Ratschlag (1524/25), bearbeitet von
    Dietrich Wünsch und *Joachim Funk* 299
    Nr 25 Der Nürnberger Ratschlag 319
    Nr 26 Osiander, Schleupner und Venatorius an den Nürnberger
          Rat (Begleitschreiben zum Ratschlag) 381
    Nr 27 Ratschlag zu dem Teil über den Antichrist 383
    Nr 28 Vorrede und Schluß der Drucke 384
Nr 29 Der Kartäuserstreit, 1. Ratschlag (1525), bearbeitet von
    Jürgen Lorz 387
Nr 30 Ratschlag über Adam Satler (1525), bearbeitet von
    Martin Stupperich 398
Nr 31 Christliche Hauptstücke (1525), bearbeitet von *Gottfried Seebaß* . . 402
Nr 32 Gutachten über das Bekenntnis Hans Dencks (1525), bearbeitet von
    Martin Stupperich 407
Nr 33 Ratschlag über die Strafe für die »drei gottlosen Maler« (1525),
    bearbeitet von *Martin Stupperich* 418
Nr 34 Der Kartäuserstreit, 2. Ratschlag (1525) bearbeitet von
    Jürgen Lorz 425
Nr 35 Ratschlag über die Stiftungsordnung Matthäus Landauers (1525),
    bearbeitet von *Martin Stupperich* 434

INHALT

Nr 36 Der Kartäuserstreit, 3. Ratschlag (1525), bearbeitet von
      Jürgen Lorz 438

Nr 37 Ratschlag über die Landauersche Stiftungsordnung (1525),
      bearbeitet von *Martin Stupperich* 449

Nr 38 Ratschlag über die Rückforderung einer Stiftung (1525),
      bearbeitet von *Martin Stupperich* 451

Nr 39 Die Zwölf Artikel (1525), bearbeitet von *Gottfried Seebaß* 454

Nr 40 Ratschlag über ein Schreiben der Ursula Tetzel (1525), bearbeitet
      von *Gottfried Seebaß* 464

Nr 41 Wider Kaspar Schatzgeyer (1525), bearbeitet von
      Martin Stupperich 471

Nr 42 Handlung mit den Prädikanten (1525), bearbeitet von
      Gottfried Seebaß 501

Nr 43 Schlußrede auf dem Religionsgespräch (1525), bearbeitet von
      Dietrich Wünsch 541

Register, bearbeitet von *Hans-Ulrich Hofmann* 577
   1. Bibelstellen 577
   2. Zitate 584
   3. Personen 585
   4. Orte 591
   5. Sachen 594

Vorwort

Der Plan, eine Gesamtausgabe der Werke, Schriften und Briefe des Andreas Osiander (1496–1552) vorzulegen, geht auf einen interdisziplinären Gesprächskreis zurück, in dem sich an der Reformationsgeschichte arbeitende Forscher unserer Universität zusammengeschlossen haben. Herausgeber und Bearbeiter dieses Bandes haben diesem Beratergremium für mancherlei Anregungen und kritische Fragen zu danken.

Die Deutsche Forschungsgemeinschaft ermöglichte es uns, daß sich jüngere Mitarbeiter der Aufgabe dieser Edition widmen konnten. Für die uns gewährten Sachbeihilfen wollen wir ebenfalls unseren Dank zum Ausdruck bringen.

In den Archiven und Bibliotheken wurde unsere Arbeit nach Kräften unterstützt. Besonders im Staats- und im Stadtarchiv Nürnberg sowie in der Universitätsbibliothek Erlangen haben wir – dessen sind wir uns bewußt – viel Mehrbelastung hervorgerufen. Daß uns stets bereitwillig geholfen wurde, dafür danken wir sehr herzlich.

Auch viele erfahrene Forscher haben uns unterstützt. Bei philologischen Fragen berieten uns bereitwillig Herr D. Dr. Hans Volz und Herr Professor Dr. Erich Straßner. Bibliographischer Probleme nahm sich mit gewohnter Genauigkeit Herr Dr. Joseph Benzing an. Zahlreiche rechtsgeschichtliche Auskünfte verdanken wir Herrn Professor D. Dr. Hans Liermann, während schwierige liturgiegeschichtliche Anfragen von Herrn Professor Dr. Hermann Reifenberg beantwortet wurden. Ihnen allen und vielen weiteren Kollegen sind wir zu Dank verpflichtet.

Wir hoffen sehr, daß die Ausgabe zügig voranschreiten kann. Das wird nicht zuletzt davon abhängen, ob unsere Forschergruppe einigermaßen geschlossen weiterbestehen wird. Die Tatsache, daß der vorliegende Band durch Zuschüsse der Evangelisch-Lutherischen Kirche in Bayern, des Universitätsbundes Erlangen-Nürnberg, des Sonderfonds für wissenschaftliche Arbeiten an der Universität Erlangen-Nürnberg, der Regierung von Mittelfranken, der Freiherr von Hallerschen Forschungsstiftung in Nürnberg und der Zantner-Busch-Stiftung in Erlangen zum Druck gebracht werden konnte, soll nicht unerwähnt bleiben. Die Freundlichkeit, mit der unsere Bitte um Hilfe aufgenommen worden ist, hat uns sehr ermutigt.

Erlangen, den 14. November 1972   *Gerhard Müller*

Einleitung

Gerhard Müller und *Gottfried Seebaß*

1. Gesamtedition in chronologischer Anordnung

Moderne Vervielfältigungsmöglichkeiten wie der photomechanische Nachdruck erlauben es uns, schwer zugängliche Quellen in ausreichender Zahl zur Verfügung zu stellen. Diese Verfahren haben mancherlei für sich, zumal erläuternde Anmerkungen den alten Texten hinzugefügt werden können, so daß auf diese Weise sogar eine kritische Ausgabe möglich wird. Hierbei kann es sich aber immer nur um Teileditionen handeln, weil nur das früher zum Druck Gekommene auf diese Art publiziert werden kann – ältere Handschriften, besonders auch die der Reformationszeit, bieten häufig erhebliche Entzifferungsschwierigkeiten, so daß man sie photomechanisch nur als Handschriftenproben mit einer Umschrift gedruckt hat.

Daß wir uns nicht zu einer Teiledition durch Reproduktion lediglich der bereits publizierten Werke des Andreas Osiander, sondern zu einer Gesamtausgabe entschlossen haben, hat verschiedene Gründe. Einmal hat sich ein wichtiger Teil seiner Tätigkeit in Gutachten niedergeschlagen, die für die Entwicklung der Reformation von Bedeutung waren, die aber lediglich archivalisch überliefert sind. Zum anderen nimmt Osiander in vieler Hinsicht eine Sonderstellung unter der Reformatoren ein, die bisher nicht hinreichend berücksichtigt wurde, die es aber erforderlich macht, seine Äußerungen in ihrer Gesamtheit zu beachten. Und schließlich ist sein Werk nicht so umfangreich, daß breite Wiederholungen vorkämen. Vielmehr war er beim Briefschreiben wie beim Publizieren recht zurückhaltend[1], so daß man über jede Quelle erfreut ist, die uns für sein Leben und Werk zur Verfügung steht. Schließlich muß bei Auswahleditionen ja auch entschieden werden, was so ›wichtig‹ ist, daß es gedruckt werden soll. Die dafür zur Verfügung stehenden Auswahlkriterien sind problematisch und können sich schon nach kurzer Zeit als überholt erweisen. Aus allen diesen Gründen meinten wir, eine Gesamtedition und nicht nur eine Teilausgabe in Angriff nehmen zu sollen.

Lediglich an zwei Stellen wird von diesem Grundsatz abgewichen, nämlich dort, wo sich Osiander nur als Editor betätigte. Er hat 1522 einen lateinischen Bibeltext und 1537 eine Evangelienharmonie vorgelegt, deren voller Wortlaut nicht in unsere Ausgabe eingehen soll. Denn bei seiner lateinischen Bibel hat er den ihm überlieferten Text nur so geringfügig geändert, daß sich ein voller Abdruck nicht rechtfertigen ließe. Auch seine Randbemerkungen machen ihn nicht erforderlich[2]. Von der griechisch-lateinischen Evangelienharmonie sollen lediglich Osianders Einleitung, seine Anordnung der Evangelienperikopen, der Elenchus und seine Anmerkungen gedruckt werden. Auf den Text der vier neutesta-

---

1. *Müller*, Edition, Sp. 569f.
2. Jedoch wurde Osianders Vorrede aufgenommen, vgl. dazu u. S. 66 Nr 3.

mentlichen Schriften werden wir verzichten, da es dem Reformator hier nicht um eine eigenständige philologische Leistung, sondern nur um die ihm richtig erscheinende Anordnung der Worte und Geschichten ging, die er aufgrund älterer Überlieferungen zusammenfügte.

Es stellte sich auch das Problem, wie wir uns gegenüber Quellen verhalten sollten, die bereits in neueren, kritischen Editionen publiziert worden sind, was für einige Briefe und Gutachten Osianders gilt. Wir meinten, diese Dokumente nochmals bringen zu sollen. Denn eine unvollständige Gesamtausgabe, die die Heranziehung anderer Werke erfordert, bereitet dem Benutzer unerwünschte Schwierigkeiten. Auch sind wir in mancher Hinsicht über ältere Editionen hinausgekommen, was zahlreiche Berichtigungen erfordert hätte. Deswegen haben wir es vorgezogen, wirklich das gesamte Material in unserer Ausgabe vorzulegen, wobei natürlich auf ältere Editionen stets hingewiesen wird.

Leider ist – wie in allen ähnlich gelagerten Fällen – nicht alles erhalten, was von Osiander geschrieben oder an ihn gerichtet worden ist. Aus Briefen wissen wir von Schreiben, die verlorengegangen oder noch nicht wieder aufgefunden sind. Aber die Zahl der als verloren anzusehenden Schriftstücke ist sicher größer. Wir kennen auch Hinweise auf Gutachten, die Osiander verfaßt hat, die aber bisher nicht aufgespürt werden konnten[3]. Was davon erhalten sein und aufgefunden werden sollte, müßte zur Ergänzung unserer Ausgabe herangezogen werden.

Eine sachbezogene Anordnung bei Editionen legt sich dort nahe, wo die verschiedenen Gruppen wie Briefe, Predigten, Gutachten[4] oder Schriften umfangreich sind. Obwohl wir auch alle diejenigen Stücke aufgenommen haben, an denen Osiander neben anderen beteiligt war oder in denen seine und seiner Freunde Voten einen protokollartigen Niederschlag gefunden haben, ist sein Werk so schmal, daß eine Sachgliederung sich nicht nahelegte.

Zum Beispiel umfaßt sein Briefwechsel so wenige Stücke, daß er nicht einmal einen ganzen Band füllen würde – bisher sind noch nicht 300 bekannt[5], und es besteht auch kein Grund zu der Hoffnung, daß diese Zahl noch stark anwachsen wird. Seine auf uns gekommenen Predigten hätten dies noch viel weniger vermocht. Deswegen haben wir es für richtig gehalten, das Material chronologisch zu ordnen. Wir sind damit dem Vorbild des Corpus Schwenckfeldianorum gefolgt, werden aber in jedem Band Verzeichnisse nach sachlichen Gesichtspunkten zusammenstellen, aus denen hervorgeht, was zu Osianders Zeit gedruckt oder was an Briefen und ähnlichem aus den jeweiligen Jahren überliefert ist[6].

---

3. Ein Verzeichnis dieser Stücke wurde u. S. 21f gedruckt.
4. Wir unterscheiden zwischen ›Gutachten‹, die Osiander allein oder mit anderen zusammen verfaßt hat, und ›Ratschlägen‹, die von Kanzleischreibern verfaßte Protokolle von mündlichen Befragungen der Nürnberger Theologen darstellen (vgl. *Seebaß,* Osiander S. 64–66). Genauso sprechen wir von ›Briefen‹, wenn es sich um persönliche Schreiben, und von ›Sendschreiben‹, wenn es sich um offene Briefe an einen größeren Empfängerkreis handelt (vgl. dazu u. die sachliche Gliederung S. 19f).
5. *Müller,* aaO, Sp. 570.
6. Vgl. u. S. 19–21.

Die chronologische Anordnung hat natürlich den Nachteil, daß ein ganz kurzes Stück neben ein sehr umfangreiches zu stehen kommen und leicht übersehen werden kann. Vor allem aber wird aus der Gliederung nicht sofort ersichtlich, welche Quellen zu Osianders Lebzeiten seine Gedanken bekannt gemacht haben. Man wird deswegen bei jedem Stück beachten müssen, ob es sich um eine persönliche Äußerung gegenüber einem einzelnen Empfänger oder um eine für eine breite Öffentlichkeit bestimmte Publikation handelt[7].

Diese Nachteile schienen uns aber den Vorteil der zeitlichen Gliederung nicht aufzuwiegen, erlaubt unsere Anordnung doch, die zeitlich zusammengehörigen Stücke in ihrem Zusammenhang zu sehen. Häufig wird erst auf diese Art deutlich, wie Osiander neben- und nacheinander verschiedene Fragen von ein und derselben Position aus beantwortete. Schließlich bringt die gleichzeitige Bearbeitung aller Stücke eines begrenzten Zeitraumes auch den Vorteil mit sich, daß sie gegenseitig zu ihrem Verständnis und ihrer Kommentierung ausgewertet werden können. Würden etwa die Briefe in einem gesonderten Teil am Schluß ediert werden, so hätte man sie für die übrigen Stücke kaum adäquat beachtet. Bei großen, internationalen Unternehmungen läßt sich eine parallele Bearbeitung erfahrungsgemäß kaum realisieren. Bei unserer Ausgabe ist dies aber möglich, und es schien uns sachgemäß, diesen Vorteil zu wahren.

Wenn auch die Sammlung des Materials schon weit vorangeschritten ist, so läßt sich doch noch nicht genau sagen, wie viele Bände die Gesamtausgabe umfassen wird. Wir rechnen mit etwa acht. Der vorliegende Band umfaßt sämtliche Dokumente von Osiander und alle an ihn gerichteten Schriftstücke, die aus der Zeit bis März 1525 bekannt geworden sind. Er endet mit der Schlußrede Osianders auf dem Nürnberger Religionsgespräch, das vom 3. bis zum 14. März 1525 durchgeführt wurde. Wir meinen, daß hier ein wichtiger Einschnitt vorliegt, weil in diesem Moment die erste Phase der Entscheidung über die Reformation in Nürnberg ihren Abschluß gefunden hatte, auf die dann diejenige des Auf- und Ausbaus folgte.

An Vorarbeiten waren besonders wichtig die Dissertation von *Gottfried Seebaß*, in der er »Das reformatorische Werk des Andreas Osiander« zusammengestellt hatte[8], und die von ihm im Auftrag und in Zusammenarbeit mit unserer Forschungsstelle bearbeitete »Bibliographia Osiandrica«[9], in der die bibliographischen Druckbeschreibungen durchgeführt sind. Durch allgemeine Umfragen und gezielte Erkundigungen bei Bibliotheken und Archiven gelang es, noch neue Stücke zu finden, die in unsere Edition eingehen werden[10]. Die Druckbeschreibungen,

---

7. Bei der chronologischen Gliederung wurden die Drucke nach ihrem Erscheinungsdatum eingeordnet. Uns schien dies gerechtfertigt, weil hier zwar häufig der genaue Entstehungszeitpunkt noch schwerer als bei Gutachten rekonstruierbar ist, normalerweise aber zwischen Abfassung und Erscheinen von Osianders Publikationen keine lange Zeitspanne lag.

8. Vgl. *Seebaß*, Osiander.

9. Vgl. *Seebaß*, Bibliographie.

10. Bei den archivalischen Recherchen wurde auch viel ergänzendes Material gefunden, das aber nur zur Kommentierung herangezogen wurde.

die in der »Bibliographia Osiandrica« enthalten sind, werden hier allerdings nicht wiederholt. Doch wurden Berichtigungen vermerkt. Wo Ergänzungen nötig waren, sind sie gemäß den Richtlinien der Bibliographie gestaltet[11].

2. Textgrundlage und -gestaltung

Die archivalische Überlieferung des Osiandrischen Werkes ist schmal. Seine Briefe sind nicht, wie es bei bekannteren Reformatoren häufig der Fall ist, durch mehrere Kopien bezeugt. Lediglich einige Gutachten, die ins Politische hineinspielen, sind von der Reichsstadt Nürnberg aus in andere Territorien und Archive gelangt. Wir haben stets die Ausfertigungen ausfindig zu machen gesucht, die dem Druck zugrunde gelegt wurden. Natürlich haben wir uns auch bemüht, andere Überlieferungen zu entdecken, die dann im textkritischen Apparat im Rahmen unserer Grundsätze berücksichtigt worden sind[12]. Bei den Drucken ist die Zahl der Auflagen sehr unterschiedlich. Die – vermutlich oder sicherlich – erste Publikation machten wir zur Grundlage unserer Edition. Nur an einigen Stellen wurde von dem Prinzip abgewichen, stets die älteste Überlieferung unserem Abdruck zugrunde zu legen. Wenn zB Osiander einen überarbeiteten Text zum Druck gebracht hat, der sich von der Urfassung unterscheidet, dann haben wir diejenige Form ediert, die im 16. Jahrhundert zur Wirkung gekommen ist. Teilweise ergaben sich hier auch sinnvolle Ergänzungen. Wenn etwa in modernen Editionen die Urfassung bereits publiziert worden ist, legte es sich besonders nahe, den von Osiander zum Druck gebrachten Text wiederzugeben[13].

Was die Textgestaltung angeht, so haben wir Absätze neu geschaffen oder Zusammengehöriges verbunden. Die Zusammen- und Getrenntschreibung erfolgte nach heutigen Regeln. Auch die Interpunktion wurde modernisiert und unserem Gebrauch angeglichen. Schreib- und Druckfehler wurden aufgrund anderer Überlieferungen korrigiert oder, wo solche fehlten oder derselbe Fehler wiederholt wurde, von uns konjiziert. Auf wichtige Veränderungen wurde im textkritischen Apparat hingewiesen.

Bei Bibelzitaten haben wir die Verse in eckigen Klammern hinzugefügt. Wenn keine sinngemäßen Wiedergaben oder Zusammenfassungen, sondern echte Zitate vorlagen, wurden sie in Anführungszeichen gesetzt, die auch bei direkter Rede verwendet wurden. Einfache Anführungszeichen sind bei Zitaten im Zitat, bei von uns gebildeten Kurztiteln und zur Hervorhebung von Begriffen verwendet.

---

11. Vgl. *Seebaß*, Bibliographie S. VIIIf. Dort sind auch S. 193ff einige Dubiosa aufgeführt worden, die fast alle nicht in unsere Ausgabe eingegangen sind. Wir meinten nach genauerer Prüfung, daß die dort verzeichneten Nr 80 und 82–87 alle doch nicht von Osiander stammen, weil ihr Text seiner Sprache nicht ähnelt oder aber juristische Argumente vorgetragen werden, die nicht auf ihn zurückgehen dürften.

12. Leider wurden mehrfach Gesuche um Arbeitserlaubnis in Archiven der Deutschen Demokratischen Republik abschlägig beschieden, so daß wir bezüglich des dortigen Materials auf die uns schriftlich gegebenen Informationen angewiesen waren.

13. Dies war zB bei Osianders Schrift »Grund und Ursach« der Fall, vgl. u. S. 191f, Nr 20.

Alle Abkürzungen, die nicht ohne weiteres verständlich sind, wurden aufgelöst, ohne daß darauf verwiesen worden wäre. Lediglich allgemeine Anrede- und Titelformen, die ins Abkürzungsverzeichnis aufgenommen sind, verblieben in ihrer Abbreviatur. Die Seiten- oder Blattangaben der Drucke oder Handschriften, denen unser Text folgt, finden sich ebenfalls in eckigen Klammern vermerkt[14]. Bei umfangreicheren Stücken sind auch die Seiten verbreiteter älterer Editionen mitgeteilt worden, um ein rasches Auffinden früherer Zitate zu ermöglichen.

Die Normalisierung der deutschen Texte wurde weitgehend nach den »Richtlinien für die äußere Textgestaltung bei Herausgabe von Quellen zur neueren deutschen Geschichte« vorgenommen[15]. Demgemäß blieben alle Vokale erhalten, einschließlich übergeschriebener Buchstaben. Lediglich der vokalische und konsonantische Gebrauch von u und v sowie von i und j wurde normalisiert. Bei der Doppelschreibung von Konsonanten am Wortanfang oder nach einem anderen Konsonanten wurde die Verdoppelung getilgt[16]. Zusätzlich wurde die Doppelschreibung von n auch vor folgendem Konsonant und am Wortschluß beseitigt, soweit sie nicht auch nach heutiger Schreibweise steht[17]. Am Wortanfang wurden Doppelkonsonanten gestrichen[18]. Andere Doppelkonsonanten wie gk, ck oder dt wurden dagegen beibehalten. Wir meinten, an dieser Stelle zurückhaltender sein zu sollen, als es in den ›Richtlinien‹ vorgesehen ist, da man aus philologischen Gründen darüber streiten kann, welcher dieser Mitlaute zu streichen sei. Es entstand so zwar ein etwas archaischeres Schriftbild, das aber einen historisch wesentlich getreueren Eindruck wiedergibt als ein an diesen Stellen veränderter Text[19].

Groß- und Kleinschreibung wurden entsprechend den ›Richtlinien‹ verändert. Die Majuskel wurde also nur am Satzanfang, bei Eigennamen und Siglen für Titel und Anredeformen verwendet[20]. Eine Besonderheit liegt in Osianders späten Texten bei der Schreibung des Gottesnamens vor, dessen besondere Bedeutung der Reformator damit ausdrücken wollte. Hier soll die Vorlage erhalten bleiben. Bei den Eigennamen des 16. Jahrhunderts wurde außer der durchgängigen Großschreibung nichts normalisiert. Biblische Namen wurden dagegen den allgemeinen

---

14. Bei Drucken wurden Vorder- und Rückseite mit ›a‹ bzw. ›b‹ angegeben, während bei Handschriften ›r‹ bzw. ›v‹ zu stehen kommen. Leere Seiten und Blätter wurden nicht vermerkt. Übersprungene Zahlen weisen auf solche unbedruckten oder unbeschriebenen Seiten hin.

15. Vgl. im Literaturverzeichnis: *Schultze,* Richtlinien.

16. zB wurde ›soltt‹ zu ›solt‹ oder ›ssolt‹ zu ›solt‹.

17. Also wurden ›inn‹ zu ›in‹ oder ›unnd‹ zu ›und‹.

18. zB wurde ›czu‹ zu ›zu‹.

19. Germanisten treten sowieso für einen möglichst genauen Abdruck der frühneuhochdeutschen Texte ein (vgl. zB *Stupperich,* Bucer 1, S. 15). Wenn wir uns trotzdem weitgehend an die Richtlinien der Historiker gehalten haben, dann nicht nur, weil dadurch die Lesbarkeit des Textes erleichtert wird, sondern vor allem deswegen, weil ja immer nur ein Druck von vielen wiedergegeben werden kann, so daß der Philologe sowieso auf die anderen Ausgaben des 16. Jahrhunderts für seine Analysen zurückgreifen muß. Fundorte für die einzelnen Drucke finden sich bei *Seebaß,* Bibliographie.

20. Nach *Schultze* werden ›Gott‹ und ›Herr‹, wenn es für Christus steht, groß geschrieben (Richtlinien, S. 10). Entsprechend haben wir die Bezeichnungen ›Vater‹, ›Sohn‹ und ›Geist‹ für die Personen der Trinität angeglichen und ebenfalls mit einer Majuskel beginnen lassen.

Grundsätzen entsprechend verändert[21]. Fremdworte wie ›euangelion‹, die Osiander ihrer Ursprungssprache gemäß behandelte, bleiben in dieser Schreibweise erhalten. Römische Zahlen wurden durch arabische ersetzt[22].

Bei den lateinischen Quellen haben wir ähnlich zurückhaltend normalisiert wie bei den deutschen. In den ›Richtlinien‹ wird zwar empfohlen, die Schreibung der heute üblichen anzugleichen[23]. Dazu konnten wir uns aber nicht entschließen. Wir meinten, den Lautbestand wahren zu sollen[24]. Lediglich u und v wurden nach heutigem Gebrauch gesetzt und das e caudata sowie das offene e am Schluß eines Wortes zu ae verändert, während j stets mit i wiedergegeben ist. Bei den Konsonanten wurde lediglich t für c gesetzt, wo dies in der Antike der Fall war und wo die Schreibweise im 16. Jahrhundert wechselte[25]. Es wurden also Nebenformen wie ›quum‹ nicht verändert, und auch Besonderheiten wie ›caussa‹, ›quicunque‹, ›imo‹ und ähnliches blieben erhalten. Auch wurden fehlende Assimilationen nicht korrigiert, während Kürzel aufgelöst und die Majuskeln wie in den deutschen Texten und darüber hinaus in von Namen abgeleiteten Substantiven und Adjektiven gesetzt worden sind. Die Interpunktion wurde normalisiert, wobei teilweise auch eingeschobene Nebensätze durch Kommata abgetrennt wurden, wenn dies der Lesbarkeit dienlich zu sein schien.

Es ist gefragt worden, ob diese Art von historischer Gelehrsamkeit nicht bald zu einer Geheimwissenschaft wird, da die Sprachbarrieren zunehmend größer werden[26]. Dies mag richtig sein. Jedoch werden Gesamteditionen höchstens in Grenzfällen populär werden können, was aber bei Andreas Osiander und seinem Werk sicher nicht der Fall sein wird. Wir hielten es deswegen für richtig, den Text so genau und so kritisch wie möglich wiederzugeben. Dem Benutzer sollten eher durch Einleitungen und Apparate, die auf den Bearbeiter zurückgehen, Hilfen gegeben werden.

3. Die Bearbeitung

Gefördert von der Deutschen Forschungsgemeinschaft, hat eine Gruppe jüngerer Mitarbeiter die Bearbeitung der einzelnen Stücke übernommen. Dabei erwies sich die gegenseitige Hilfe und Kontrolle als überaus nützlich. Dem Herausgeber oblag es, die Arbeiten zu koordinieren und zu prüfen. Die sich daraus ergebende Zusammenarbeit war überaus fruchtbar und hat es ermöglicht, daß die Manuskripte

---

21. So wurde zB aus ›Dauid‹ ›David‹.
22. Bei manchen Schreibern war nicht mit Sicherheit auszumachen ob a oder o, a oder e, ti oder ci gelesen werden muß, vgl. schon *Pfeiffer,* Quellen S. 24*. Zwei Punkte über dem u wurden von uns (wie schon von *Pfeiffer,* vgl. ebd) nur berücksichtigt, wenn wahrscheinlich der Umlaut gemeint war.
23. *Schultze,* Richtlinien, S. 11.
24. ›coelum‹ wurde zB beibehalten, oder ›syncerus‹ blieb ungeändert.
25. zB wurde ›eciam‹ zu ›etiam‹. Hierzu glauben wir uns auch deswegen legitimiert, weil in den archivalischen Quellen häufig kaum auszumachen ist, ob der Verfassern ›c‹ oder ›t‹ geschrieben hat.
26. Vgl. *Dienst,* Rezension, S. 258.

für den vorliegenden Band in relativ kurzer Zeit erstellt werden konnten. Trotz der Teamarbeit hat aber jeder Mitarbeiter die Verantwortung für das von ihm bearbeitete Stück übernommen. Auch der Rat des Herausgebers war nicht mehr als ein solcher – was natürlich nicht erhebliche Umarbeitungen ausschloß, die besonders am Anfang einer solchen Edition nötig sein dürften.

Die Bearbeiter haben in ihren Einleitungen die Entstehungsgeschichte der Texte analysiert sowie Inhalt und zeitlichen Rahmen skizziert. Auch die Wirkungsgeschichte der einzelnen Quellen wurde – soweit möglich – festgehalten. Es versteht sich, daß die Überlieferungskette dargelegt werden mußte, wobei wir keine germanistischen Druckbeschreibungen vornahmen, sondern uns mit dem Aufzeigen der Abhängigkeit der einzelnen Drucke voneinander begnügten. Bei archivalischen Vorlagen wurden die Handschriften genau beschrieben. Allerdings wurde auf umfangreiche Inhaltsangaben bei Sammelbänden verzichtet.

Das heißt aber nicht, daß die Einleitungen kurz ausgefallen wären. Die Bearbeiter haben versucht, in die Texte so weitgehend einzuführen, daß deren Verständnis möglichst erleichtert wird. Teilweise sind wir zu anderen Analysen und Datierungen gekommen, als sie bisher in der Forschung üblich waren. Das galt es zu begründen, wobei in Einzelfällen auch noch Detailuntersuchungen gesondert vorgelegt werden sollen. Dennoch haben wir uns bemüht, die Einleitungen nicht zu ausführlich werden zu lassen. Angesichts mancher kurzer, aber komplizierter Texte war dies nicht einfach. Es tragen die Analysen natürlich die Handschrift ihrer Verfasser. Uns schien dies nicht nur ein Nachteil zu sein.

Im textkritischen Apparat wurden nur Varianten berücksichtigt, die eine inhaltliche Änderung zum Ausdruck brachten. Das ist ja nicht nur bei der Wahl anderer Worte, bei Zufügungen und Auslassungen der Fall, sondern zB auch beim Übergang vom Indikativ zum Konjunktiv. All dies wurde festgehalten. Orthographische oder lautliche Varianten blieben dagegen unberücksichtigt. Aus den archivalischen Vorlagen wurden darüber hinaus auch Zusätze, Hervorhebungen, Streichungen und Zeichen vermerkt.

Die sachlichen Erläuterungen lassen sich dagegen nicht so leicht eingrenzen. Hier bleibt ein größerer Ermessensspielraum. Wir haben als gemeinsame Linie festzuhalten gesucht, daß Worte erläutert werden, die gänzlich außer Gebrauch gekommen sind oder die heute eine andere Bedeutung haben als im 16. Jahrhundert. Auch wurde an schwierigen Stellen lieber eine Erläuterung gegeben als unterlassen. Dem Kundigen wurde hier sicher zuviel des Guten getan. Aber wir meinten, auch an solche Leser denken zu sollen, die mit Texten des 16. Jahrhunderts kaum oder gar nicht vertraut sind. Solche Worterklärungen wurden jeweils dort vorgenommen, wo erläuterungsbedürftige Termini in einem Text zum ersten Mal vorkamen. Nur bei langen Quellenstücken wurden sie gelegentlich wiederholt. Jedes Stück wurde für sich erläutert. Die Kenntnis von Erklärungen in vorausgehenden Nummern wurde nicht vorausgesetzt.

Hoffentlich ist es gelungen, die Zitate weitgehend aufzuweisen. Bei von Osiander nicht explizierten oder indirekten Abhängigkeiten von anderen Reformatoren oder älteren Theologen haben wir sicher nicht alle Parallelen aufgezeigt. Es ist aber doch einiges Vergleichsmaterial im sachlichen Apparat zusammengetragen worden. Vor allen Dingen ließen sich Einflüsse Luthers konstatieren, die aber schon beim jungen Osiander mit älteren Traditionen zusammenfließen, was das Eigentümliche seines Denkens schon in dieser Zeit zum Ausdruck bringt.

Es ist beabsichtigt, die weiteren Bände nach derselben Konzeption vorzulegen. Vielleicht werden in ihnen die Einleitungen kürzer ausfallen, weil auf Vorausgehendes verwiesen werden kann. Im Mittelpunkt unserer Bemühungen steht jedenfalls das Werk jenes Mannes, der zu Unrecht bisher so am Rand historischer und theologischer Forschung stand.

4. Chronologia Osiandrica
1522 bis März 1525

14. (oder 19.) Dezember 1496: Geburt in Gunzenhausen
9. Juli 1515: Immatrikulation in Ingolstadt als Kleriker aus der Diözese Eichstätt
1519: Hebräischlehrer im Augustinerkloster zu Nürnberg
1520: Primizfeier in Gunzenhausen
18. Juli 1520: Hektor Pömer zum Probst an St. Lorenz in Nürnberg gewählt
Herbst 1521 bis April 1524: Nürnberg ist Sitz des Reichsregiments.
Dezember 1521: Georg Peßler wird Propst an St. Sebald in Nürnberg.
29. Februar 1522: Dominikus Schleupner zum Prediger an St. Sebald ernannt
23. März bis 8. Mai 1522: Reichstag in Nürnberg
29. März 1522: Osiander wird Prediger an St. Lorenz.
23. Juli 1522: Erlaß einer neuen Almosenordnung durch den Nürnberger Rat
September 1522: Thomas Venatorius wird Prediger an Heilig Geist.
7. November 1522 bis 9. Februar 1523: Reichstag in Nürnberg
März 1523: Der Bamberger Bischof, Weigand von Redwitz, verbietet die in Nürnberg gewünschte Abendmahlsfeier sub utraque.
Mai 1523: Die Nürnberger Witwe Barbara Scheuch macht eine Stiftung für die Lorenzer Prädikatur, die für die Dauer von Osianders Predigttätigkeit diesem zugute kommen, nachher aber an das Almosen fallen soll.
24. November 1523 bis 8. April 1524: Reichstag in Nürnberg
25. Februar 1524: erste deutschsprachige Taufe in Nürnberg
20.–26. März 1524: erste reformatorische Änderungen in Nürnberg: Abendmahl sub utraque bei den Augustinern; Abschaffung des Zwangs zur Ohrenbeichte in den Pfarren etc
Anfang Mai 1524: erste deutschsprachige Messe im Augustinerkloster durch Wolfgang Volprecht
Mai bis Juli 1524: Bauernunruhen im Gebiet des Bistums Bamberg drohen auf Nürnberg überzugreifen.
1. Juni 1524: erste evangelische Kirchenordnung für die Nürnberger Pfarrkirchen
August bis September 1524: Prozeß des Bamberger Bischofs gegen die Nürn-

berger Pröpste und Volprecht, der mit der Exkommunikation der Beklagten endet.
Oktober 1524 bis Januar 1525: Eindringen karlstadtscher und müntzerscher Gedanken in Nürnberg
3.–14. März 1525: das Nürnberger Religionsgespräch

5. Sachgliederung der Werke Osianders
1522 bis März 1525

Schriften zur Kirchenordnung:
- Nr 10 Ordnung, wie man tauft
- Nr 18 Gottesdienstordnung der Pfarrkirchen
- Nr 19 Artikel der Pröpste

Schriften zur Theologie:
- Nr 20 Grund und Ursach
- Nr 23 Ein kurzer Begriff
- Nr 25 Der große Nürnberger Ratschlag
- Nr 31 Christliche Hauptstücke
- Nr 39 Die Zwölf Artikel
- Nr 41 Wider Kaspar Schatzgeyer

Vorreden:
- Nr 3 zur Biblia Sacra
- Nr 6 zum Sendbrief Argulas von Grumbach
- Nr 24 zum Sendbrief Johann von Schwarzenbergs
- Nr 28 zum großen Nürnberger Ratschlag

Predigtreferate und -auszüge:
- Nr 1 Über die guten Werke
- Nr 5 Ein schöner Sermon
- Nr 7 Sendbrief an eine christliche Gemeinde
- Nr 16 Einführung in die Passion

Entwürfe und Protokolle von Reden:
- Nr 42 Handlung mit den Prädikanten
- Nr 43 Schlußrede auf dem Religionsgespräch

Gutachten:
- Nr 2 Gutachten über Johann Winzler
- Nr 21 Gutachten über Heinrich Schwertfeger, gen. Pfeiffer
- Nr 22 Gutachten über Hans Greiffenberger
- Nr 25 Der große Nürnberger Ratschlag

Nr 32 Gutachten über das Bekenntnis Hans Dencks

Ratschläge:
Nr 27 Ratschlag zu dem Teil des großen Nürnberger Ratschlags über den Antichrist
Nr 29 Der Kartäuserstreit, 1. Ratschlag
Nr 30 Ratschlag über Adam Satler
Nr 33 Ratschlag über die Strafe für die »drei gottlosen Maler«
Nr 34 Der Kartäuserstreit, 2. Ratschlag
Nr 35 Ratschlag über die Stiftungsordnung Matthäus Landauers
Nr 36 Der Kartäuserstreit, 3. Ratschlag
Nr 37 Ratschlag über die Landauersche Stiftungsordnung
Nr 38 Ratschlag über die Rückforderung einer Stiftung
Nr 40 Ratschlag über ein Schreiben der Ursula Tetzel

Sendschreiben:
Nr 4 Sendbrief Johann Böschensteins an Osiander
Nr 7 Sendbrief an eine christliche Gemeinde

Briefe:
Nr 8 Osiander an Spalatin
Nr 9 Osiander an Spalatin
Nr 11 Osiander an Spalatin
Nr 12 Osiander an Spalatin
Nr 13 Osiander an Spalatin
Nr 14 Osiander an Spalatin
Nr 15 Osiander an Spalatin
Nr 17 Osiander an Capito, Bucer und Zell
Nr 26 Osiander, Schleupner und Venatorius an den Nürnberger Rat

6. Verzeichnis der im 16. Jahrhundert gedruckten Stücke dieses Bandes

Nr 3 Vorrede zur Biblia Sacra (1522)*
Nr 4 Sendbrief Johann Böschensteins an Osiander (1523)*
Nr 5 Ein schöner Sermon (1523)*
Nr 6 Vorrede zum Sendbrief Argulas von Grumbach (1523)
Nr 7 Sendbrief an eine christliche Gemeinde (1523)*
Nr 10 Ordnung, wie man tauft (1524)*
Nr 16 Einführung in die Passion (1524)*
Nr 20 Grund und Ursach (1524)
Nr 24 Vorrede zum Sendbrief Johann von Schwarzenbergs (1524)*
Nr 25/26/28 Der große Nürnberger Ratschlag (1525)*

Nr 39 Die Zwölf Artikel
Nr 41 Wider Kaspar Schatzgeyer (1525)*
Nr 42 Handlung mit den Prädikanten (1525)*

(Nur in den mit * versehenen Nummern wurde Osianders Name genannt)

7. Verschollene Schriften und Briefe
von und an Osiander 1522 bis März 1525

Osiander an Sebald Münsterer
1523, zwischen Januar 8 und März 1
Vgl. CR 1, Sp. 605f, Nr 234 und *Clemen*, Melanchthons Briefwechsel,
S. 212f, Nr 287.

Osiander an Spalatin
1523, vor Juli 3
Vgl. CR 1, Sp. 616, Nr 245 und *Clemen*, Melanchthons Briefwechsel,
S. 219, Nr 300.

Quaestiones seu summa rerum christianarum Osiandri
1523, vor Juli 3
Vgl. CR 1, Sp. 616, Nr 245 und *Clemen*, Melanchthons Briefwechsel,
S. 219, Nr 300.

Spalatin an Osiander
1523, vor Oktober 2
Vgl. u. S. 100f, Nr 8.

Spalatin an Osiander
1523, vor Oktober 2
Vgl. u. S. 102f, Nr 9.

Spalatin an Osiander
1524, Februar, vor 26
Vgl. u. S. 122, Nr 11.

Spalatin an Osiander
1524, Februar, vor 26
Vgl. u. S. 123f, Nr 12.

Spalatin an Osiander
1524, Februar, vor 26
Vgl. u. S. 125, Nr 13.

Spalatin an Osiander
1524, vor März 5
Vgl. u. S. 128, Nr 15.

Predigt über Ex 34, 20 für Friedrich den Weisen
1524, zwischen 5. und 12. März
Vgl. u. S. 122, 123 und 128, Nr 11, 12 und 15.

Bucer, Capito und Zell an Osiander
1524, vor April
Vgl. u. S. 138, Nr 17.

Osiander an Luther (?)
1524, vor Juli 10
Vgl. WAB 3, S. 322f, Nr 760.

Osiander und Hektor Pömer an den Rat der Stadt Nürnberg
1524, vor August 11
Vgl. Nürnberg SA, RV 706, f. 14v vom 14. August 1524.

Ratschlag über die am 27. Dezember 1524 gehaltene
Predigt eines Dominikanermönches im Nürnberger
Katharinenkloster
1525, zwischen 3. und 7. Januar
Vgl. Pfeiffer, Quellen, S. 35–37, RV 247, 253, 263 und 270.

Ratschlag über Eherechtsfragen, speziell zur Ehe
eines Hans Rotenburger
1525, Januar, 19
Vgl. Pfeiffer, Quellen, S. 41f, RV 293 und 303.

Zwingli an Osiander
1524
Vgl. CR 96, S. 253, Nr 659.

8. Synoptische Tabelle zu den Werken Osianders
1522 bis März 1525

Aufgrund der Nummern in unserer Ausgabe, in *Seebaß*, Bibliographie und *Seebaß*, Osiander (Werkverzeichnis, S. 6–58).

Nr unsere Ausgabe	Nr Bibliographie	Nr Werkverzeichnis
1	–	2,3
2	–	4
3	1	5
4	–	–
5	100	–
6	81	–
7	2	7
8	–	–
9	–	–
10	3	8
11	–	–
12	–	–
13	–	–
14	–	–
15	–	9
16	4	10
17	–	11
18	–	14
19	–	13
20	5	15, 16
21	–	17
22	–	18
23	–	19
24	6	20
25	–	21, 23
26	7	23
27	–	22
28	7	23
29	–	24a
30	–	24b
31	–	24
32	–	25
33	–	27
34	–	25a
35	–	–

Nr unsere Ausgabe	Nr Bibliographie	Nr Werkverzeichnis
36	–	28b
37	–	28d
38	–	28c
39	–	–
40	–	28e
41	8	26
42	10	29
43	–	32

Abkürzungen und Siglen

aaO	am angegebenen Ort
Abs.	Absatz
Abt.	Abteilung
Anm.	Anmerkung
ARA	Ansbacher Religionsakten
AStB	Amts- und Standbücher
AT	Altes Testament
Aufl.	Auflage
Aug.	August
Ausf.	Ausfertigung
autogr.	autographisch
BB	Briefbücher
Bd, Bde	Band, Bände
bes.	besonders
Bibliogr.	Bibliographie
Bl. Bll.	Blatt, Blätter
BM	Britisches Museum
bzw.	beziehungsweise
CA	Confessio Augustana
ca	circa
Cod. Iust.	Codex Iustinianus
CorpIurCan	Corpus Iuris Canonici
CorpIurCiv	Corpus Iuris Civilis
d.	Pfennig
d.Ä.	der Ältere
ders.	derselbe
Dez.	Dezember
dh	das heißt
d.i.	das ist
Diss.	Dissertation
Ditt.	Dittographie
E.	ehrbare(r)
ebd	ebenda
Ed.	Edition
E.E.	ein ehrbarer
E.E.W.	eure ehrbare weisheit, euer ehrbar weisen
Ergbd	Ergänzungsband
Ergbde	Ergänzungsbände
etc	et cetera
E.W.	eure weisheit, ehrbare weise, ehrbare weisheit
f	folgende
f.	Folio
FB	Forschungsbibliothek
Febr.	Februar
fem.	Femininum
F.E.W.	fursichtig ehrbare weise
ff	folgende (Seiten, Spalten, Jahre)

F.G.	fürstliche Gnaden
fl.	Gulden
gedr.	gedruckt
gen.	genannt
gez.	gezählt
GM	Germanisches Nationalmuseum
H.	Heft
HAB	Herzog-August-Bibliothek
Hg.	Herausgeber
hg.v.	herausgegeben von
histor.	historisch
Hom.	Homoioteleuton
Jan.	Januar
Jb.	Jahrbuch
königl.	königlich
Kop.	Kopie
korr.	korrigiert
Kr. Mt.	kaiserlicher Majestät
LB	Landesbibliothek
Lfg.	Lieferung
Lit.	Literatur
LkA	Landeskirchliches Archiv
LXX	Septuaginta
masch.	maschinenschriftlich
m.E.	meines Erachtens
Ms.	Manuskript
Mss.	Manuskripte
N.	nomen
Nbg	Nürnberg, Nürnberger, nürnbergisch
neubearb.	neubearbeitet
Neudr.	Neudruck
NF	Neue Folge
Nov.	November
Nr	Nummer
NT	Neues Testament
NUB	National- und Universitätsbibliothek
o.	oben
o.a.	oben angegeben
o.ä.	oder ähnlich(es)
o.D.	ohne Datum
o.J.	ohne Jahr
Okt.	Oktober
o.O.	ohne Ort
par	und Parallelstellen
philol.	philologisch(e)

philos.	philosophisch(e)
Plur.	Plural
Prd.	Produkt
r	recto
RB	Ratsbuch
reprogr.	reprographisch
RSB	Ratschlagbuch
RV	Ratsverlässe
S.	Seite(n), Sankt
s.	siehe
SA	Staatsarchiv
SBPK	Staatsbibliothek Berlin, Stiftung Preußischer Kulturbesitz
sc.	scilicet
Sept.	September
s.o.	siehe oben
Sp.	Spalte(n)
SStB	Staats- und Stadtbibliothek
St.	Sankt
StA	Stadtarchiv
StB	Stadtbibliothek
StUB	Stadt- und Universitätsbibliothek
SUB	Staats- und Universitätsbibliothek
T.	Teil
TE	Titeleinfassung
theol.	theologisch(e)
u.	unten
u.a.	unter anderem, und andere
u.A.	unsere Ausgabe
UB	Universitätsbibliothek
ULB	Universitäts- und Landesbibliothek
ungez.	ungezählt(e)
u.ö.	und öfter
V.	Vers
v.	von, vom
v	verso
Vg	Vulgata
vgl.	vergleiche
W.	willige(r)
Z.	Zeile
zB	zum Beispiel
Züb.	Zwischenüberschrift
*	geboren
†	gestorben

Die Abkürzungen der biblischen Bücher, soweit sie von den Bearbeitern stammen, entsprechen denen in RGG 6, S. XIXf. Wo für die Kommentierung eines einzelnen Stückes darüber hinaus besondere Siglen gebildet werden, sind sie in der Einleitung des betreffenden Stückes aufgelöst,

Literaturverzeichnis

Adam, Kirchengeschichte = *Adam, Johann:* Evangelische Kirchengeschichte der Stadt Strassburg bis zur franzoesischen Revolution, Strassburg 1922.
ADB = Allgemeine Deutsche Biographie, 55 Bde mit Registerbd, Leipzig 1875-1912, Neudr. Berlin 1967-1971.
AFranc = Analecta Franciscana sive chronica aliaque varia documenta ad historiam fratrum minorum spectantia, edita a patribus collegii S. Bonaventurae, Quaracchi 1885ff.
Agende 1 = Agende für evangelisch-lutherische Kirchen und Gemeinden, Bd 1, Ausgabe für den Pfarrer, 2. Aufl., Berlin 1962.
Ahlborn, Familie = *Ahlborn, Joachim:* Die Familie Landauer. Vom Maler zum Montanherrn, Nürnberg 1969 (= Nürnberger Forschungen 11).
Allen, Epistolae Erasmi = Opus epistolarum Desiderii Erasmi Roterodami, hg. v. *P. S. Allen*, 12 Bde, Oxford 1906-1958.
Altenstaig, Vocabularius Theologiae = Altenstaig, Johann: Vocabularius Theologiae complectens vocabulorum descriptiones, diffinitiones et significatus ad theologiam utilium ..., Hagenau 1517.
Althaus, Theologie = *Althaus, Paul:* Die Theologie Martin Luthers, Gütersloh 1962.
Anrich, Bucer = *Anrich, Gustav:* Martin Bucer, Straßburg 1914.
ARG = Archiv für Reformationsgeschichte.
Arnold, Ketzerhistorie = *Arnold, Gottfried:* Unpartheyische Kirchen- und Ketzerhistorie, Frankfurt a. M. 1700.
ATdeutsch = Luther, Martin: Das Alte Testament deutsch, T. 1-3 (= WADB 8-10).

Baader, Beiträge 2 = *Baader, Joseph:* Beiträge zur Kunstgeschichte Nürnbergs, Bd 2, Nördlingen 1862.
Bächtold-Stäubli, Deutscher Aberglaube = Handwörterbuch des deutschen Aberglaubens, hg. v. *Hanns Bächtold-Stäubli*, 10 Bde, Berlin 1927-1942 (= Handwörterbücher zur deutschen Volkskunde Abt. 1).
Bainton, Dürer = *Bainton, Roland H.:* Dürer and Luther as the man of sorrows, in: The art bulletin 1947, S. 269-272, wieder gedr. in: *Bainton, Roland H.:* Studies on the Reformation, London 1963, S. 51-61.
Balan, Monumenta = Monumenta reformationis Lutheranae ex tabulariis secretioribus S. Sedis 1521-1525, hg. v. *Petrus Balan*, Regensburg, New York, Cincinatti 1884.
Barge, Karlstadt = *Barge, Hermann:* Andreas Bodenstein von Karlstadt, 2 Bde, Leipzig 1905, Neudr. Nieuwkoop 1968.
Baring, Denck-Bibliographie = Hans Denck, Schriften, T. 1: Bibliographie, hg. v. *Georg Baring*, Gütersloh 1955 (= QFRG 24 = QGT 6,1).
Baring, Denck und Müntzer = *Baring, Georg:* Hans Denck und Thomas Müntzer in Nürnberg 1524, in: ARG 50, 1959, S. 145-181.
Bauch, Einführung = *Bauch, Gustav:* Die Einführung des Hebräischen in Wittenberg, in: Monatsschrift für Geschichte und Wissenschaft des Judentums 48, NF 12, 1904, S. 22-32, 77-86, 145-160, 214-223, 283-299, 328-340, 461-490.
Baumgärtler, Erstkommunion = *Baumgärtler, Johann:* Die Erstkommunion der Kinder, München 1929.
BBKG = Beiträge zur bayerischen Kirchengeschichte.
Bechstein, Balthasar Wilhelm = *Bechstein, Ludwig:* Reformatorischer Versuch in Schmalkalden durch den nachmaligen Wirth Dr. M. Luthers, Balthasar Wilhelm daselbst, in: Deutsches Museum für Geschichte, Literatur, Kunst und Altertumsforschung 1, 1842, S. 293-300.
Beckmann, Proprium = *Beckmann, Joachim:* Das Proprium Missae, in: Leiturgia 2, S. 47-86.
Bensing, Müntzer = *Bensing, Manfred:* Thomas Müntzer und der Thüringer Aufstand 1525, Berlin 1966 (= Leipziger Übersetzungen und Abhandlungen zum Mittelalter Reihe B, Bd 3).
Benzing, Buchdrucker = *Benzing, Josef:* Die Buchdrucker des 16. und 17. Jahrhunderts im deutschen Sprachgebiet, Wiesbaden 1963 (= Beiträge zum Buch- und Bibliothekswesen 12).

Benzing, Lutherbibliographie = *Benzing, Josef:* Lutherbibliographie. Verzeichnis der gedruckten Schriften Martin Luthers bis zu dessen Tod, Baden-Baden 1966 (= Bibliotheca bibliographica Aureliana 10, 16 und 19).

Berbig, Akten = *Berbig, Georg:* Akten zur Reformationsgeschichte in Coburg und im Ortslande Franken, in: ThStKr 78, 1905, S. 128–136, 211–226, 414–424, 603–618.

Berbig, Spalatiniana = *Berbig, Georg:* Spalatiniana aus dem auf Herzoglicher Hofbibliothek Friedenstein zu Gotha befindlichen Neudeckerschen Nachlasse, in: Neue kirchliche Zeitschrift 21, 1910, S. 156–168.

Bergendoff, Petri = *Bergendoff, Conrad:* Olavus Petri and the ecclesiastical Transformation in Sweden, New York 1928.

Biedermann, Geschlechtsregister = *Biedermann, Johann Gottfried:* Geschlechtsregister des hochadelichen Patriciats zu Nürnberg, Bayreuth 1748.

Bloch, Müntzer = *Bloch, Ernst:* Thomas Müntzer als Theologe der Revolution, Frankfurt a. M. 1969 (= Bloch-Gesamtausgabe 2).

Böcking, Hutten-Schriften = Ulrichs von Hutten Schriften, hg. v. *Eduard Böcking*, 5 Bde, Leipzig 1859–1861.

Borth, Luthersache = *Borth, Wilhelm:* Die Luthersache (Causa Lutheri) 1517–1524. Die Anfänge der Reformation als Frage von Politik und Recht, Lübeck und Hamburg 1970 (= Historische Studien 414).

Bosinski, Slüter = *Bosinski, Gerhard:* Das Schrifttum des Rostocker Reformators Joachim Slüter, Göttingen 1971.

Bossert, Winzler = *Bossert, Gustav:* Johann Wintzler, ein Horber Kind, in: BWKG 8, 1893, S. 96.

Briesmann, Responsio = Briesmann, Johannes: Ad Gasparis Scatzgeuri minoritae plicas responsio ..., Wittenberg 1523.

Brinkel, Fides infantium = *Brinkel, Karl:* Die Lehre Luthers von der fides infantium, Berlin 1958 (= Theologische Arbeiten 7).

Brinkmann, Pfeiffers doppelte Vertreibung = *Brinkmann, Ernst:* Heinrich Pfeiffers doppelte Vertreibung und Heimkehr, in: Mühlhäuser Geschichtsblätter 16/17, 1917, S. 93ff.

Browe, Pflichtkommunion = *Browe, Peter:* Die Pflichtkommunion im Mittelalter, München 1940.

Brunnenmeister, Quellen = *Brunnenmeister, E.:* Die Quellen der Bambergensis. Ein Beitrag zur Geschichte des deutschen Strafrechts, Leipzig 1879.

BSLK = Die Bekenntnisschriften der evangelisch-lutherischen Kirche, hg. v. Deutschen Evangelischen Kirchenausschuß, 5. Aufl., Göttingen 1963.

Burger, Acta colloquii = *Burger, Johann Ernst:* Acta colloquii religionis causa Norimbergae 1525 habiti ..., philos. Diss. Altdorf 1766.

Burger, Bemerkungen = *Burger, Helene:* Bemerkungen zu den Nürnberger Totenbüchern, in: Festgabe aus Anlaß des 75. Geburtstages von Karl Schornbaum, hg. v. *Heinrich Gürsching*, Neustadt/Aisch 1950. S. 69–79.

Burger, Handakt = *Burger, Helene:* Ein reformationsgeschichtlicher Handakt Lazarus Spenglers, in: ZBKG 31, 1962, S. 30–39.

Burmeister, Münster = *Burmeister, Karl Heinz:* Sebastian Münster. Versuch eines biographischen Gesamtbildes, Basel und Stuttgart 1963 (= Basler Beiträge zur Geschichtswissenschaft 91).

BWKG = Blätter für württembergische Kirchengeschichte.

CCath = Corpus Catholicorum.

Clemen, Beiträge = *Clemen, Otto:* Beiträge zur Reformationsgeschichte aus Büchern und Handschriften der Zwickauer Ratsschulbibliothek, 3 Hefte, Berlin 1900–1903.

Clemen, Handschriftenproben = *Clemen, Otto:* Handschriftenproben aus der Reformationszeit, Zwickau 1911.

Clemen, Hessus = *Clemen, Otto:* Das Pseudonym Symon Hessus, in: Centralblatt für Bibliothekswesen 17, 1900, S. 566–592.

Clemen, Melanchthons Briefwechsel = Melanchthons Briefwechsel, Bd 1 (1510–1528), hg. v. *Otto Clemen*, Leipzig 1926 (= Supplementa Melanchthoniana 6,1).

Clericus, Opera Erasmi = Desiderii Erasmi Roterodami Opera omnia, hg. v. *Johannes Clericus*, 10 Bde, Leiden 1703–1706, Neudr. Hildesheim 1961–1962.
Conzelmann, Brief an die Korinther = Der erste Brief an die Korinther übersetzt und erklärt v. *Hans Conzelmann*, Göttingen 1969 (= Kritisch-exegetischer Kommentar über das Neue Testament, begründet v. *Heinrich August Wilhelm Meyer*, 5. Abt., 11. Aufl.).
CR = Corpus Reformatorum.
CS = Corpus Schwenckfeldianorum, 19 Bde, Leipzig und Pennsburg 1907–1961.
CSEL = Corpus scriptorum ecclesiasticorum Latinorum.
Curtius, Literatur = *Curtius, Ernst Robert:* Europäische Literatur und lateinisches Mittelalter, 2. Aufl., Bern 1948.

Delitzsch, Polyglottenbibel = *Delitzsch, Franz:* Studien zur Entstehungsgeschichte der Polyglottenbibel des Cardinals Ximenes, Festgaben der Universität Leipzig, Leipzig 1871, 1878, 1886.
Delius, Salve regina = *Delius, Hans-Ulrich:* Luther und das »Salve regina«, in: Forschungen und Fortschritte 38, 1964, S. 249–251.
Demuth, Winzler = *Demuth, P. Mauritius:* Johannes Winzler, ein Franziskaner aus der Reformationszeit, in: Franziskanische Studien 4, 1917, S. 254–294.
Denzinger, Enchiridion = *Denzinger, Heinrich – Schönmetzer, Adolf:* Enchiridion symbolorum, definitionum et declarationum de rebus fidei et morum, 34. Aufl., Freiburg i. Br. 1967.
Dienst, Rezension = *Dienst, Karl:* Rezension von: Die Schriften der münsterischen Täufer und ihrer Gegner, T. 1: Die Schriften Bernd Rothmanns, hg. v. *Robert Stupperich,* Münster 1971 (= Veröffentlichungen der Historischen Kommission Westfalens 32), in: Jb. der hessischen kirchengeschichtlichen Vereinigung 22, 1971, S. 257f.
Döllinger, Reformation = *Döllinger, Ignaz von:* Die Reformation, ihre innere Entwicklung und ihre Wirkungen, 3 Bde, Regensburg 1848.
Drews, Beiträge = *Drews, Paul:* Beiträge zu Luthers liturgischen Reformen, Tübingen 1910 (= Drews, Paul: Studien zur Geschichte des Gottesdienstes und des gottesdienstlichen Lebens 4–5).
Druffel, Schatzger = *Druffel, August von:* Der bairische Minorit der Observanz Kaspar Schatzger und seine Schriften, München 1891 (= Sitzungsberichte der bayrischen Akademie der Wissenschaften philos.-philol. und histor. Klasse 2, S. 397–433).
DThC = Dictionnaire de Théologie Catholique, hg. v. *A. Vacant, E. Mangenot* und *E. Amann*, 15 Bde, Paris 1903–1950.
Dürig, Sintflutgebet = *Dürig, Walter:* Das Sintflutgebet in Luthers Taufbüchlein, in: Wahrheit und Verkündigung. Michael Schmaus zum 70. Geburtstag, hg. v. *Leo Scheffczyk u. a.,* Bd 2, München, Paderborn, Wien 1967, S. 1035–1047.

EAKGB = Einzelarbeiten aus der Kirchengeschichte Bayerns.
Eckert – Imhoff, Pirckheimer = *Eckert, Willehad Paul – von Imhoff, Christoph:* Willibald Pirckheimer, Dürers Freund, im Spiegel seiner Werke und seiner Umwelt, Köln 1971 (= Zeugnisse der Buchkunst 5).
Eisenhofer, Liturgik = *Eisenhofer, Ludwig:* Handbuch der katholischen Liturgik, 2 Bde, 2. Aufl., Freiburg i. Br. 1941/42 (= Theologische Bibliothek).
Eissenlöffel, Kolb = *Eissenlöffel, Ludwig:* Franz Kolb, ein Reformator Wertheims, Nürnbergs und Berns. Sein Leben und Wirken, Erlangen 1893.
Endres, Probleme = *Endres, Rudolf:* Probleme des Bauernkrieges im Hochstift Bamberg, in: Jb. für fränkische Landesforschung 31, 1971, S. 91–138.
Engelhardt, Reformation = *Engelhardt, Adolf:* Die Reformation in Nürnberg, 3 Bde, Nürnberg 1936–1939, auch = MVGN 33, 1936; 34, 1937; 36, 1939.
Erichson, Zell = *Erichson, Alfred:* Matthäus Zell, Straßburg 1878.

Falk, Gegner = *Falk, F.:* Die Gegner der Antiphon Salve regina im Reformationszeitalter, in: Der Katholik 83,2, 1903, S. 350–354.

Fehring – Ress, Nürnberg = *Fehring, Günter Paul – Ress, Anton:* Die Stadt Nürnberg, München 1961 (= Bayerische Kunstdenkmale 10).
Feine, Rechtsgeschichte 1 = *Feine, Hans Erich:* Kirchliche Rechtsgeschichte, Bd 1: Die katholische Kirche, 2. Aufl., Weimar 1954.
Fellmann, Denck-Schriften = Hans Denck, Schriften T. 2 und 3, hg. v. *Walter Fellmann*, Gütersloh 1956 und 1960 (= QFRG 24 = QGT 6, 2 und 3).
Fendt, Gottesdienst = *Fendt, Leonhard:* Der lutherische Gottesdienst des 16. Jahrhunderts, München 1923 (= Aus der Welt christlicher Frömmigkeit 5).
Fligge, Osiandrismus = *Fligge, Jörg Rainer:* Herzog Albrecht von Preußen und der Osiandrismus 1522–1568, philos. Diss. Bonn 1972.
Förstemann, Urkundenbuch = *Förstemann, Carl Eduard:* Neues Urkundenbuch zur Geschichte der evangelischen Kirchen-Reformation 1, Hamburg 1842.
Fraidl, Exegese = *Fraidl, Franz:* Die Exegese der siebzig Wochen Daniels in der alten und mittleren Zeit, Graz 1883 (= Festschrift der k. k. Universität Graz aus Anlaß der Jahresfeier am 15. November 1883).
Franz, Müntzer = Thomas Müntzer. Schriften und Briefe. Kritische Gesamtausgabe, hg. v. *Günther Franz*, Gütersloh 1968 (= QFRG 33).
Franz, Quellen = Quellen zur Geschichte des Bauernkrieges, hg. v. *Günther Franz*, München 1963 (= Ausgewählte Quellen zur deutschen Geschichte der Neuzeit [Freiherr-vom-Stein-Gedächtnisausgabe] 2).
Freudenberger, Emser = Hieronymus Emser, Schriften zur Verteidigung der Messe, hg. v. *Theobald Freudenberger*, Münster 1959 (= CCath 28).
Freys-Barge, Karlstadt-Bibliographie = *Freys, E. – Barge, Hermann:* Verzeichnis der gedruckten Schriften des Andreas Bodenstein von Karlstadt, in: Zentralblatt für Bibliothekswesen 21, 1904, S. 153–179, 209–243, 305–331, Neudr. Nieuwkoop 1965.
Friedberg, Corpus = Corpus Iuris Canonici, Bd 1: Decretum Magistri Gratiani, Bd 2: Decretalium Collectiones, hg. v. *Emil Friedberg*, Leipzig 1879, Neudr. Graz 1955.
Friedberg, Kirchenrecht = *Friedberg, Emil:* Lehrbuch des katholischen und evangelischen Kirchenrechtes, 6. Aufl., Leipzig 1909.
Friedensburg, Haner = *Friedensburg, Walter:* Zur Korrespondenz Johannes Haners, in: BBKG 5, 1899, S. 164–191.
Fuchs, Akten = Akten zur Geschichte des Bauernkrieges in Mitteldeutschland, Bd 2, hg. v. *Walther Peter Fuchs*, Jena 1942, Neudr. Aalen 1964 (= Schriften der sächsischen Kommission für Geschichte).

GCS = Die griechischen christlichen Schriftsteller der ersten drei Jahrhunderte.
Geiger, Reuchlin = *Geiger, Ludwig:* Johann Reuchlin, Leipzig 1871, Neudr. Nieuwkoop 1964.
Geisberg, Einblattholzschnitt = *Geisberg, Max:* Der deutsche Einblattholzschnitt in der 1. Hälfte des 16. Jahrhunderts, Bd 1–40* und Gesamtverzeichnis, München 1923–1930.
Geß, Akten und Briefe 2 = Akten und Briefe zur Kirchenpolitik Herzog Georgs von Sachsen, hg. v. *Felician Geß*, Bd 2, Leipzig und Berlin 1917 (= Aus den Schriften der königlich sächsischen Kommission für Geschichte 22).
Ginzel, Chronologie 3 = *Ginzel, F. K.,* Handbuch der mathematischen und technischen Chronologie, Bd 3, Leipzig 1914.
GK = Gesamtkatalog der preußischen (deutschen) Bibliotheken, 14 Bde, Berlin 1930 bis 1939.
Glück, Pandecten 2 = *Glück, Christian Friedrich:* Ausführliche Erläuterung der Pandecten nach Hellfeld, Bd 2, 3. Aufl., Erlangen 1867.
Gmelin, Pencz = *Gmelin, Hans Georg:* Georg Pencz als Maler, in: Münchener Jb. der bildenden Kunst 3. Folge, Bd 17, 1966, S. 49–126.
Goedeke, Grundriß 2 = *Goedeke, Karl:* Grundriß zur Geschichte der deutschen Dichtung, Bd 2, 2. Aufl., Dresden 1886.
Götz, Glaubensspaltung = *Götz, Johann Baptist:* Die Glaubensspaltung im Gebiete der Markgrafschaft Ansbach-Kulmbach in den Jahren 1520–1535, Freiburg i. Br. 1907 (= Erläuterungen

und Ergänzungen zu Janssens Geschichte des deutschen Volkes, hg. v. Ludwig Pastor, Bd 5, H. 3/4).

Götz, Pfarrbuch = *Götz, Johann Baptist:* Das Pfarrbuch des Stephan May in Hilpoltstein vom Jahre 1511, Münster 1926 (= Reformationsgeschichtliche Studien und Texte 47/48).

Götze, Buchdrucker = *Götze, Alfred:* Die hochdeutschen Buchdrucker der Reformationszeit, Straßburg 1905.

Goltzen, Gottesdienst = *Goltzen, Herbert:* Der tägliche Gottesdienst, in: Leiturgia 3, S. 99-296.

Gräf, Palmenweihe und Palmenprozession = *Gräf, Hermann J.:* Palmenweihe und Palmenprozession in der lateinischen Liturgie, Kaldenkirchen 1959 (= Veröffentlichungen des Missionspriesterseminars St. Augustin (Siegburg) 5).

Graf, Scheurl = *Graf, Wilhelm:* Doktor Christoph Scheurl von Nürnberg, Berlin 1930 (= Beiträge zur Kulturgeschichte des Mittelalters und der Renaissance 43).

Graß, Abendmahlslehre = *Graß, Hans:* Die Abendmahlslehre bei Luther und Calvin, 2. Aufl., Gütersloh 1954 (= Beiträge zur Förderung christlicher Theologie 2. Reihe, Bd 47).

Grimm, Wörterbuch = Deutsches Wörterbuch von *Jacob Grimm* und *Wilhelm Grimm,* 16 Bde, Leipzig 1854-1954.

Grotefend, Zeitrechnung = *Grotefend, Hermann:* Taschenbuch der Zeitrechnung des deutschen Mittelalters und der Neuzeit, 10. Aufl., hg. v. *Th. Ulrich,* Hannover 1960.

Gückel, Forchheim im 16. Jh. = *Gückel, Martin:* Beiträge zur Geschichte der Stadt Forchheim im 16. Jahrhundert, Bamberg 1898 (= Programm des königl. neuen Gymnasiums in Bamberg 1897/98).

Güterbock, Redaktion = *Güterbock, Carl:* Zur Redaktion der Bambergensis, Königsberg 1910.

Gußmann, Quellen 1,2 = Quellen und Forschungen zur Geschichte des Augsburgischen Glaubensbekenntnisses, hg. v. *Wilhelm Gußmann,* Bd 1,2, Leipzig 1911.

Haimerl, Prozessionswesen = *Haimerl, Xaver:* Das Prozessionswesen des Bistums Bamberg im Mittelalter, München 1937 (= Münchener Studien zur historischen Theologie 14).

Hampe, Miszellen = *Hampe, Theodor:* Archivalische Miszellen zur Nürnberger Literaturgeschichte, in: MVGN 27, 1928, S. 251-278.

Hartung, Geschichte 1 = *Hartung, Fritz:* Geschichte des Fränkischen Kreises. Darstellung und Akten, Bd 1: Die Geschichte des Fränkischen Kreises von 1521-1559, Leipzig 1910 (= Veröffentlichungen der Gesellschaft für fränkische Geschichte Reihe 2, 1. Bd).

Hase, Koberger = *Hase, Oscar:* Die Koberger. Eine Darstellung des buchhändlerischen Geschäftsbetriebes in der Zeit des Überganges vom Mittelalter zur Neuzeit, 2. Aufl., Leipzig 1885.

Heerwagen, Kartause = *Heerwagen, Heinrich:* Die Kartause in Nürnberg 1380-1525, in: MVGN 15, 1902, S. 88-132.

Hefele, Conciliengeschichte = *Hefele, Carl Joseph von:* Conciliengeschichte, 9 Bde (Bd 8 und 9 v. *J. Hergenröther),* Freiburg i. Br. 1855-1890; Bd 1-6, 2. Aufl., Freiburg i. Br. 1873-1890.

Heigemooser, Rechenbuch = *Heigemooser, Joseph:* Das Rechenbuch von Johann Böschenstein 1514, in: Mitteilungen der Gesellschaft für deutsche Erziehungs- und Schulgeschichte 17, 1907, S. 113-141.

Heinsius, Wort = *Heinsius, Maria:* Das unüberwindliche Wort. Frauen der Reformationszeit, München 1951.

Herold, Alt-Nürnberg = *Herold, Max:* Alt-Nürnberg in seinen Gottesdiensten. Ein Beitrag zur Geschichte der Sitte und des Kultus, Gütersloh 1890.

Hertzsch, Karlstadt = Karlstadts Schriften aus den Jahren 1523-1525, 2 Bde, hg. v. *Erich Hertzsch,* Halle 1956/57 (= Neudrucke deutscher Literaturwerke des 16. und 17. Jahrhunderts 325).

Hilgenfeld, Luthers Abendmahlsschriften = *Hilgenfeld, Hartmut:* Mittelalterlich-traditionelle Elemente in Luthers Abendmahlsschriften, Zürich 1971 (= Studien zur Dogmengeschichte und systematischen Theologie 29).

Hillerdal, Gehorsam = *Hillerdal, Gunnar:* Gehorsam gegen Gott und Menschen, Göttingen 1955.

Hinrichs, Müntzer = Thomas Müntzer, Politische Schriften, hg. v. *Carl Hinrichs,* Halle 1950 (= Hallische Monographien 17).

Hirsch, Theologie = *Hirsch, Emanuel:* Die Theologie des Andreas Osiander und ihre geschichtlichen Voraussetzungen, Göttingen 1919.
Höfling, Sakrament = *Höfling, Joh. Wilhelm Friedrich:* Das Sakrament der Taufe nebst den anderen damit zusammenhängenden Akten der Initiation dogmatisch, historisch, liturgisch dargestellt, 2 Bde, Erlangen 1846.
Hölscher, Reformation in Goslar = *Hölscher, Uvo:* Geschichte der Reformation in Goslar, Hannover 1902 (= Darstellungen zur Geschichte Niedersachsens 7).
Höss, Spalatin = *Höss, Irmgard:* Georg Spalatin 1484–1545. Ein Leben in der Zeit des Humanismus und der Reformation, Weimar 1956.
Hoffmann, Sebalduskirche = *Hoffmann, Friedrich Wilhelm:* Die Sebalduskirche in Nürnberg, Wien 1912.
Hülße, Reformation in Magdeburg = *Hülße, Friedrich:* Die Einführung der Reformation in der Stadt Magdeburg, in: Geschichts-Blätter für Stadt und Land Magdeburg 18, 1883, S. 209–369.

Iserloh, Kampf = *Iserloh, Erwin:* Der Kampf um die Messe in den ersten Jahren der Auseinandersetzung mit Luther, Münster 1952 (= Katholisches Leben und Kämpfen im Zeitalter der Glaubensspaltung 10).

Jöcher, Gelehrtenlexikon = *Jöcher, Christian Gottlieb:* Allgemeines Gelehrten-Lexikon, 4 Bde; 7 Ergbde, hg. v. *J. Chr. von Adelung, W. Rotermund* und *O. Günther*, Leipzig, Delmenhorst, Bremen und Leipzig 1750–1897, Neudr. Hildesheim 1961.
Jörg, Revolutionsperiode = *Jörg, Jos. Edmund:* Deutschland in der Revolutions-Periode von 1522–1526, Freiburg i. Br. 1851.
Jörgensen, Königin Elisabeth = *Jörgensen, Gothard:* Königin Elisabeth, Schwester Kaisers Karl V., die erste evangelische Fürstin, in: Deutsch-evangelische Blätter 28, 1903, S. 113–127.
Jordahn, Taufgottesdienst = *Jordahn, Bruno:* Der Taufgottesdienst im Mittelalter bis zur Gegenwart, in: Leiturgia 5, S. 349–640.
Jordan, Pfeifer in Nürnberg = *Jordan, Reinhard:* Heinrich Pfeifer in Nürnberg, in: Mühlhäuser Geschichtsblätter 6, 1905/06, S. 111–116.
Jordan, Geschichte 1 = *Jordan, Reinhard:* Zur Geschichte der Stadt Mühlhausen in Thüringen (1523–1525) 1, Mühlhausen 1901 (= Beilage zum Jahresbericht des Gymnasiums Mühlhausen in Thüringen).
Jungmann, Sollemnia = *Jungmann, Josef Andreas:* Missarum sollemnia. Eine genetische Erklärung der römischen Messe, 2 Bde, 4. Aufl., Freiburg i. Br. 1958.

Kadner, Gottesdienstordnung = *Kadner, S.:* Eine evangelische Gottesdienstordnung aus dem Jahre 1524, in: Siona 24, 1899, S. 128–132.
Kalkoff, Capito = *Kalkoff, Paul:* W. Capito im Dienste Erzbischofs Albrechts von Mainz, Berlin 1907 (= Neue Studien zur Geschichte der Theologie und Kirche 1).
Kalkoff, Reformation = *Kalkoff, Paul:* Die Reformation in der Reichsstadt Nürnberg nach den Flugschriften ihres Ratsschreibers Lazarus Spengler, Halle 1926.
Kapp, Geschichte = *Kapp, Friedrich:* Geschichte des deutschen Buchhandels bis in das siebzehnte Jahrhundert, Leipzig 1886 (= Geschichte des deutschen Buchhandels 1).
Kawerau, Studien = *Kawerau, Gustav:* Liturgische Studien zu Luthers Taufbüchlein von 1523, in: Zeitschrift für kirchliche Wissenschaft und kirchliches Leben 10, 1889, S. 407–431, 466–477, 519–547, 578–599, 625–643.
Keidel, Winzler = *Keidel, Friedrich:* Johann Winzler von Horb, in: BWKG 9, 1894, S. 14f.
Keller, Aus den Anfangsjahren = *Keller, Ludwig:* Aus den Anfangsjahren der Reformation. Nachrichten über Hans Locher und Heinrich von Kettenbach, in: Monatshefte der Comeniusgesellschaft für Kultur- und Geistesleben, 8, 1899, S. 176–185.
Keller, Staupitz = *Keller, Ludwig:* Johann von Staupitz und die Anfänge der Reformation, Leipzig 1888.
Kern, Böschenstein = *Kern, Karl:* Neue Mitteilungen über Johannes Böschenstein, in: Zeitschrift für Geschichte der Erziehung und des Unterrichts 5, 1915, S. 157–162.

Kirsten, Taufabsage = *Kirsten, Hans:* Die Taufabsage. Eine Untersuchung zu Gestalt und Geschichte der Taufe nach den altkirchlichen Taufliturgien, Berlin 1960.

Kist, Geistlichkeit = *Kist, Johannes:* Die Matrikel der Geistlichkeit des Bistums Bamberg 1400 bis 1556, Würzburg 1965 (= Veröffentlichungen der Gesellschaft für fränkische Geschichte 4. Reihe, Bd 7).

Klaus, Deutsche Messe = *Klaus, Bernhard:* Die Nürnberger Deutsche Messe 1524, in: Jb. für Liturgik und Hymnologie 1, 1955, S. 1–46.

Klaus, Dietrich = *Klaus, Bernhard:* Veit Dietrich. Leben und Werk, Nürnberg 1958 (= EAKGB 32).

Klaus, Rüstgebete = *Klaus, Bernhard:* Die Rüstgebete, in: Leiturgia 2, S. 523–567.

Knetsch, Baltzer Wilhelm = *Knetsch, Carl:* Baltzer Wilhelm und die Anfänge der Reformation in Schmalkalden, in: Zeitschrift des Vereins für Hennebergische Geschichte und Landeskunde in Schmalkalden 18, 1923, S. 25–32.

Köhler, Ehegericht 1 = *Köhler, Walther:* Zürcher Ehegericht und Genfer Konsistorium, Bd 1: Das Zürcher Ehegericht und seine Auswirkung in der deutschen Schweiz zur Zeit Zwinglis, Leipzig 1932 (= Quellen und Abhandlungen zur schweizerischen Reformationsgeschichte 7).

Köhler, Zwingli und Luther = *Köhler, Walther:* Zwingli und Luther, 2 Bde, Leipzig 1924 und Gütersloh 1953, Neudr. New York und London 1971 (= QFRG 6/7).

Köstlin – Kawerau, Luther = *Köstlin, Julius:* Martin Luther. Sein Leben und seine Schriften, 2 Bde, 5. Aufl. v. *Gustav Kawerau,* Berlin 1903.

Kohls, Schule = *Kohls, Ernst-Wilhelm:* Die Schule bei Martin Bucer, Heidelberg 1963 (= Pädagogische Forschungen, Veröffentlichungen des Comenius-Instituts 22).

Kolde, Denck = *Kolde, Theodor:* Hans Denck und die gottlosen Maler von Nürnberg, in: BBKG 8, 1902, S. 1–31, 49–72.

Kolde, Gottesdienstordnung = *Kolde, Theodor:* Die erste Nürnberger evangelische Gottesdienstordnung, in: ThStKr 56, 1883, S. 602–610.

Kolde, Kirchenwesen = *Kolde, Theodor:* Über das Kirchenwesen in Nürnberg im Jahre 1525, in: BBKG 19, 1913, S. 57–74.

Kolde, Prozess = *Kolde, Theodor:* Zum Prozess des Johann Denk und der »drei gottlosen Maler« von Nürnberg, in: Kirchengeschichtliche Studien, Hermann Reuter zum 70. Geburtstag gewidmet, Leipzig 1888, S. 228–250.

Kolde, Seehofer = *Kolde, Theodor:* Arsacius Seehofer und Argula von Grumbach, in: BBKG 11, 1905, S. 49–78, 97–124, 149–188.

Kosel, Heyden = *Kosel, Alfred:* Sebald Heyden (1499–1561). Ein Beitrag zur Geschichte der Nürnberger Schulmusik in der Reformationszeit, philos. Diss., Erlangen 1939, Würzburg 1940 (= Literarhistorisch-Musikwissenschaftliche Abhandlungen 7).

Kostbarkeiten = Kostbarkeiten aus Nürnberger Kirchen. Liturgische Bücher aus der Zeit vor und nach der Reformation. Ausstellungskatalog des Landeskirchlichen Archivs Nürnberg zu einer Ausstellung in der St. Egidienkirche zu Nürnberg Oktober/November 1967.

Kretschmar, Taufgottesdienst = *Kretschmar, Georg:* Die Geschichte des Taufgottesdienstes in der alten Kirche, in: Leiturgia 5, S. 1–348.

Krodel, State and Church = *Krodel, Gottfried:* State and Church in Brandenburg-Ansbach-Kulmbach 1524–1526, in: Studies in Medieval and Renaissance History 5, hg. v. *William M. Bowsky,* Lincoln 1968, S. 137–213.

Krüger – Mommsen, Corpus = Corpus Iuris Civilis, hg. v. *Paul Krüger* und *Theodor Mommsen,* Bd 1: Institutionen und Digesten, Bd 2: Codex Iustinianus, 11. Aufl., Berlin 1908.

Krumwiede, Kirchenregiment = *Krumwiede, Hans-Walter:* Zur Entstehung des landesherrlichen Kirchenregimentes in Kursachsen und Braunschweig-Wolfenbüttel, Göttingen 1967 (= Studien zur Kirchengeschichte Niedersachsens 16).

Kulp, Gemeindegebet = *Kulp, Hans-Ludwig:* Das Gemeindegebet im christlichen Gottesdienst, in: Leiturgia 2, S. 355–416.

Kunze, Lesungen = *Kunze, Gerhard:* Die Lesungen, in: Leiturgia 2, S. 87–180.

Landgraf, Dogmengeschichte = *Landgraf, Artur Michael:* Dogmengeschichte der Frühscholastik, T. 1–4 in 8 Bden, Regensburg 1952–1956.
Lehnerdt, Auctarium = Auctarium, hg. v. *Johann Ludwig Carl Lehnerdt,* o.O., o.J. (Königsberg 1835).
Lehnert, Kirchengut = *Lehnert, Hans:* Kirchengut und Reformation, Erlangen 1935 (= Erlanger Abhandlungen zur mittleren und neueren Geschichte 20).
Leipoldt, Kanonsgeschichte = *Leipoldt, Johannes:* Geschichte des neutestamentlichen Kanons, 2 Bde, Leipzig 1907/08.
Leiturgia = Leiturgia. Handbuch des evangelischen Gottesdienstes, hg. v. *Karl Ferdinand Müller* und *Walter Blankenburg,* 5 Bde, Kassel 1954–1966.
Lelong, Bibliotheca = *Lelong, Jacques:* Bibliotheca sacra seu syllabus omnium ferme Sacrae Scripturae editionum ac versionum (neu bearbeitet von *Christian Friedrich Börner*), Leipzig 1709.
Lexer, Wörterbuch = *Lexer, Matthias:* Mittelhochdeutsches Taschenwörterbuch, 33. Aufl., Stuttgart 1969.
Liermann, Handbuch 1 = *Liermann, Hans:* Handbuch des Stiftungsrechts, Bd 1, Tübingen 1963.
Löhe, Werke 3,2 = *Löhe, Wilhelm:* Gesammelte Werke, hg. v. *Klaus Ganzert,* Bd 3, 2, Neuendettelsau 1958.
Lohse, Mönchtum = *Lohse, Bernhard:* Mönchtum und Reformation, Göttingen 1963 (= Forschungen zur Kirchen- und Dogmengeschichte 12).
LQF = Liturgiegeschichtliche (Liturgiewissenschaftliche) Quellen und Forschungen.
LThK = Lexikon für Theologie und Kirche, 2. Aufl., hg. v. *Josef Höfer* und *Karl Rahner,* 10 Bde mit Registerbd, Freiburg i. Br. 1957–1967.
Lyra, Postillae = Nikolaus von Lyra: Postillae super tota biblia cum additionibus Pauli Burgensis (Benutzt wurden verschiedene Exemplare der UB Erlangen).

Mansi, Collectio = *Mansi, Joannes Dominicus:* Sacrorum conciliorum nova et amplissima collectio, 31 Bde, Florenz und Venedig 1759–1798, Neudr. und Fortsetzung, hg. v. *L. Petit* und *J. B. Martin,* 60 Bde, Paris 1899–1927, Neudr. Graz 1960/61.
Martimort, Handbuch = Handbuch der Liturgiewissenschaft, 2 Bde, hg. v. *Aimé-Georges Martimort,* Freiburg i. Br. 1963.
Mattausch, Beerdigungswesen = *Mattausch, Hubert:* Das Beerdigungswesen der freien Reichsstadt Nürnberg (1219 bis 1806), juristische Diss. Würzburg 1970.
Matthes, Briefe = *Matthes, Otto:* 10 Briefe aus den Jahren 1523–1590 aus dem Besitz Johann Valentin Andreäs, in: BWKG 60/61, 1960/61, S. 19–176.
Maurer, Melanchthon = *Maurer, Wilhelm:* Der junge Melanchthon, 2 Bde, Göttingen 1967/68.
Mentz, Briefe Spalatins = *Mentz, G.:* Die Briefe G. Spalatins an V. Warbeck, nebst ergänzenden Aktenstücken, in: ARG 1, 1904, S. 197–246.
Merx, Münzer und Pfeiffer 1 = *Merx, Otto:* Thomas Münzer und Heinrich Pfeiffer, T. 1, Göttingen 1889.
Meyer, Messe = *Meyer, Hans Bernhard:* Luther und die Messe, Paderborn 1965 (= Konfessionskundliche und kontroverstheologische Studien 11).
MGG = Musik in Geschichte und Gegenwart, hg. v. *Friedrich Blume,* 14 Bde, Kassel 1951 bis 1968.
Minges, Franziskaner = *Minges, Parthenius:* Geschichte der Franziskaner in Bayern, München 1896.
Mirbt, Quellen = Quellen zur Geschichte des Papsttums und des römischen Katholizismus, hg. v. *Carl Mirbt,* 5. Aufl., Tübingen 1934.
Mirbt – Aland, Quellen 1 = Quellen zur Geschichte des Papsttums und des römischen Katholizismus, 1.–5. Aufl. hg. v. *Carl Mirbt,* 6., völlig neu bearb. Aufl. v. *Kurt Aland,* Bd 1: Von den Anfängen bis zum Tridentinum, Tübingen 1967 (in Klammern werden bei der Zitierung die Nummern der 5. Aufl. angegeben).
Moeller, Disputationen = *Moeller, Bernd:* Zwinglis Disputationen. Studien zu den Anfängen der Kirchenbildung und des Synodalwesens im Protestantismus, in: Zeitschrift der Savigny-Stiftung für Rechtsgeschichte, Kanonistische Abt. 56, 1970, S. 275–324.
Möller, Osiander = *Möller, Wilhelm:* Andreas Osiander. Leben und ausgewählte Schriften,

Elberfeld 1870, Neudr. Nieuwkoop 1965 (= Leben und ausgewählte Schriften der Väter und Begründer der lutherischen Kirche 5).
MPL = Patrologiae cursus completus series Latina, hg. v. *J. P. Migne*, 217 Bde und 4 Registerbde, Paris 1878-1890, 4 Supplementbde, 1958-1967.
MThS = Münchener Theologische Studien.
Müller, Bucers Hermeneutik = *Müller, Johannes:* Martin Bucers Hermeneutik, Gütersloh 1965 (= QFRG 32).
Müller, Edition = *Müller, Gerhard:* Edition der Werke des Andreas Osiander, in: Theologische Literaturzeitung 97, 1972, Sp. 567-572.
Müller, Figuraldeutung = *Müller, Hans Martin:* Die Figuraldeutung und die Anfänge der Geschichtstheologie Luthers, in: Kerygma und Dogma 7, 1961, S. 221-236.
Müller, Kurie = *Müller, Gerhard:* Die römische Kurie und die Reformation 1523-1534, Gütersloh 1969 (= QFRG 38).
Müller, Luther und Karlstadt = *Müller, Karl:* Luther und Karlstadt, Tübingen 1907.
Müller, Zensurpolitik = *Müller, Arnd:* Zensurpolitik der Reichsstadt Nürnberg, in: MVGN 49, 1959, S. 66-169.
Müllner, Reformationsgeschichte = Kurzgefaßte Reformations = Geschichte der freyen Reichs = Stadt Nürnberg oder *Johann Müllners*, ehemaligen Raths Syndici, Bericht von Aenderung der Religion und Abschaffung des Papstthums in der Stadt Nürnberg und was deswegen vorgegangen, Nürnberg 1770.
MVGN = Mitteilungen des Vereins für Geschichte der Stadt Nürnberg.

NBD = Nuntiaturberichte aus Deutschland, 1. Abt.: 1533-1559, bearbeitet von *Walter Friedensburg* u. a., Bd 1-4.8 und 9, Gotha 1892-1899; Bd 5-7 und 10-12, Berlin 1901-1912; Bd 13ff, Tübingen 1959ff; Bd 1-12 Neudr. Frankfurt a. M. 1968; 2 Ergbde, bearbeitet v. *Gerhard Müller*, Tübingen 1963 und 1969.
NDB = Neue Deutsche Biographie, Bd 1ff, Berlin 1953ff.
NTdeutsch = Luther, Martin: Das Neue Testament deutsch, Wittenberg 1522 (= WADB 6 und 7).
Nützliche Sammlung = Nützliche Sammlung auserlesener Documenten ... der Reformationshistorie, Nürnberg 1755.

Oberman, Spätscholastik 1 = *Oberman, Heiko Augustinus:* Spätscholastik und Reformation, Bd 1: Der Herbst der mittelalterlichen Theologie, Zürich 1965.
Overbeck, Auffassung = *Overbeck, Franz:* Über die Auffassung des Streits des Paulus mit Petrus in Antiochien (Gal 2,11ff) bei den Kirchenvätern, Basel 1877, Neudr. Darmstadt 1968.

Panzer, Annalen = *Panzer, Georg Wolfgang:* Annalen der älteren deutschen Litteratur, 2 Bde und Zusätze, Nürnberg 1788-1805, Neudr. Hildesheim 1961.
Panzer, Nbg. Bibel = *Panzer, Georg Wolfgang:* Geschichte der nürnbergischen Ausgaben der Bibel von Erfindung der Buchdruckerkunst an bis auf unsere Zeiten, Nürnberg 1778.
Panzer, Peßler = *Panzer, Johann Friedrich Heinrich:* Georg Peßler, letzter Probst zu St. Sebald in Nürnberg, Erlangen 1802.
Pastor, Päpste = *Pastor, Ludwig von:* Geschichte der Päpste seit dem Ausgang des Mittelalters, 16 Bde, Freiburg i. Br. und Rom 1885ff u.ö.
Paulus, Schatzgeyer = *Paulus, Nikolaus:* Kaspar Schatzgeyer, ein Vorkämpfer der katholischen Kirche gegen Luther in Süddeutschland, Freiburg i. Br. 1898 (= Strassburger Theologische Studien 3, H. 1).
Paulus, Winzler = *Paulus, Nikolaus:* Johann Winzler, ein Franziskaner des 16. Jahrhunderts, in: Der Katholik 74, 1894, S. 40-57.
Pfanner, Briefe = Briefe von, an und über Caritas Pirckheimer, hg. v. *Josef Pfanner*, Landshut 1966 (= Caritas Pirckheimer-Quellensammlung H. 3).
Pfanner, Denkwürdigkeiten = Die »Denkwürdigkeiten« der Caritas Pirckheimer, hg. v. *Josef Pfanner*, Landshut 1962 (= Caritas Pirckheimer-Quellensammlung H. 2).

Pfeiffer, Dürer und Spengler = *Pfeiffer, Gerhard:* Albrecht Dürer und Lazarus Spengler, in: Festschrift für Max Spindler zum 75. Geburtstag, hg. v. *Dieter Albrecht, Andreas Kraus, Kurt Reindel.* München 1969, S. 379–400.
Pfeiffer, Einführung = *Pfeiffer, Gerhard:* Die Einführung der Reformation in Nürnberg als kirchenrechtliches und bekenntniskundliches Problem, in: Blätter für deutsche Landesgeschichte 89, 1952, S. 112–133.
Pfeiffer, Quellen = *Pfeiffer, Gerhard:* Quellen zur Nürnberger Reformationsgeschichte, Nürnberg 1968 (= EAKGB 45).
Philoon, Greiffenberger = *Philoon, Thurman E.:* Hans Greiffenberger and the Reformation in Nuernberg, in: The Mennonite Quarterly Review 36, 1962, S. 61–75.
Pollet, Bucer = *Pollet, J. V.:* Martin Bucer. Études sur la Correspondance, 2 Bde, Paris 1958 und 1962.
Pont, Lutheranisme = *Pont, J. W.:* Geschiedenis van het Lutheranisme in de Nederlanden, Haarlem 1911.
Prantl, Geschichte 2 = *Prantl, Carl:* Geschichte der Ludwig-Maximilians-Universität in Ingolstadt, Landshut, München, Bd 2, München 1872.
Preuß, Antichrist = *Preuß, Hans:* Die Vorstellungen vom Antichrist im späteren Mittelalter, bei Luther und in der konfessionellen Polemik, Leipzig 1906.

QFRG = Quellen und Forschungen zur Reformationsgeschichte.
QGT = Quellen zur Geschichte der (Wieder-)Täufer.

RE = Realencyklopädie für protestantische Theologie und Kirche, 3. Aufl., hg. v. *Albert Hauck,* 24 Bde, Leipzig 1896–1913.
Reicke, Nürnberg = *Reicke, Emil:* Geschichte der Reichsstadt Nürnberg, Nürnberg 1896.
Reifenberg, Messe und Missalien = *Reifenberg, Hermann:* Messe und Missalien im Bistum Mainz seit dem Zeitalter der Gotik, Münster 1960 (= LQF 37).
Reifenberg, Sakramente = *Reifenberg, Hermann:* Sakramente, Sakramentalien und Ritualien im Bistum Mainz seit dem Spätmittelalter, 1. Teilband, Münster 1971 (= LQF 53).
RGG, 2. Aufl. = Die Religion in Geschichte und Gegenwart, 2. Aufl., hg. v. *Hermann Gunkel* und *Leopold Zscharnack,* 5 Bde und Registerbd, Tübingen 1927–1932.
RGG = Die Religion in Geschichte und Gegenwart, 3. Aufl., hg. v. *Kurt Galling,* 6 Bde und Registerbd, Tübingen 1957–1965.
Riederer, Abhandlungen = Nützliche und angeneme Abhandlungen aus der Kirchen-, Bücher- und Gelerten Geschichte, hg. v. *Johann Bartholomäus Riederer,* 4 Stücke, Altdorf 1768/69.
Römer, Liturgie = *Römer, Gerhard:* Die Liturgie des Karfreitages, in: Zeitschrift für katholische Theologie 77, 1955, S. 39–93.
Rosenberg, Beham = *Rosenberg, Adolf:* Sabald und Barthel Beham. Zwei Maler der deutschen Renaissance, Leipzig 1975.
Roth, Einführung = *Roth, Friedrich:* Die Einführung der Reformation in Nürnberg 1517–1528, Würzburg 1885.
Roth, Genannte = *Roth, Johann Ferdinand:* Verzeichniß aller Genannten des Größern Raths zu Nürnberg von den ältesten bis auf die neuesten Zeiten, Nürnberg 1802.
Roth, Karthause = *Roth, Johann Ferdinand:* Geschichte und Beschreibung der Nürnbergischen Karthause, Nürnberg 1790.
RTA = Deutsche Reichstagsakten, Jüngere Reihe, Bd 1ff, Gotha und Stuttgart 1893ff, Neudr. Göttingen 1962.
Rublack, Reformation in Konstanz = *Rublack, Hans-Christoph:* Die Einführung der Reformation in Konstanz von den Anfängen bis zum Abschluß 1531, Gütersloh 1971 (= QFRG 40 und Veröffentlichungen des Vereins für Kirchengeschichte in der evang. Landeskirche in Baden 27).

Saalfeld, Argula von Grumbach = *Saalfeld, H.:* Argula von Grumbach, die Schloßherrin von Lenting, in: Sammelblatt des historischen Vereins Ingolstadt 60, 1950, S. 42–53.

Salig, Historie = *Salig, Christian August:* Vollständige Historie der Augsburgischen Confession ..., T. 2, Halle 1733.
Sardemann, Schriften = *Sardemann, J. G.:* Über einige im 16. Jahrhundert in Wesel gedruckte Schriften, in: Zeitschrift des bergischen Geschichtsvereins 2, 1865, S. 358–366.
Schaffer, Stoß = *Schaffer, Reinhold:* Andreas Stoß, Sohn des Veit Stoß und seine gegenreformatorische Tätigkeit, Breslau 1926 (= Breslauer Studien zur historischen Theologie 5).
Schall, Die Genannten = *Schall, Kurt:* Die Genannten in Nürnberg, Nürnberg 1971 (= Nürnberger Werkstücke zur Stadt- und Landesgeschichte 6).
Schatzgeyer, Abwaschung = Schatzgeyer, Kaspar: Abwaschung des unflats, so Andreas Osiander dem Gaspar Schatzger in sein antlitz gespiben hat ..., Landshut 1525 (Erlangen UB, Thl. XV, 20^c 8°).
Schatzgeyer, Opera = Schatzgeyer, Kaspar: Omnia opera reverendi ac perdevoti patris F. Gasparis Schatzgeri ..., Ingolstadt 1543 (Erlangen UB, Thl. V, 1018^{sc}).
Schatzgeyer, Opfer = Schatzgeyer, Kaspar: Von dem hayligisten opfer der meß, sampt iren dreyen fürnemlichsten und wesentlichsten taylen ..., o.O. 1525 (München SB, Polem. 2614).
Schatzgeyer, Replica = Schatzgeyer, Kaspar: Replica contra periculosa scripta post Scrutinium divinae scripturae iam pridem emissum emanata, o.,O.o.J. (Augsburg 1522).
Schatzgeyer, Sakrament = Schatzgeyer, Kaspar: Vom hochwirdigisten sacrament des zarten fronleichnams Christi ..., München 1525 (Erlangen UB Thl. V, 1172 ^{sc}3).
Schatzgeyer, Scrutinium = Schatzgeyer, Kaspar: Scrutinium divinae scripturae pro conciliatione dissidentium dogmatum, 1522, hg. v. *Ulrich Schmidt*, Münster 1922 (= CCath 5).
Schatzgeyer, Tractatus = Schatzgeyer, Kaspar: Tractatus de missa tribus distinctus sectionibus ..., Tübingen 1525 (München SB, Polem. 2468).
Schatzgeyer, Vom Fegfeuer = Schatzgeyer, Kaspar: Vom fegfeur, München 1525.
Schedel, Liber chronicorum = Schedel, Hartmann: Liber chronicorum, deutsche Übersetzung v. Georg Alt, Nürnberg 1493, Neudr. München 1965.
Scheel, Schwarzenberg = *Scheel, Willy:* Johann Freiherr zu Schwarzenberg, Berlin 1905.
Schelhorn, Amoenitates = *Schelhorn, Johann Georg:* Amoenitates literariae, quibus variae observationes, scripta item quaedam anecdota et rariora opuscula exhibentur, 12 Bde, Frankfurt und Leipzig 1725–1729.
Schieß, Blaurer-Briefwechsel = Briefwechsel der Brüder Ambrosius und Thomas Blaurer 1509 bis 1548, hg. v. der Badischen historischen Kommission, bearbeitet v. *Traugott Schieß*, 3 Bde, Freiburg i. Br. 1908–1912.
Schild, Bibelvorreden = *Schild, Maurice E.:* Abendländische Bibelvorreden bis zur Lutherbibel, Gütersloh 1970 (= QFRG 39).
Schmeller, Wörterbuch = *Schmeller, J. Andreas:* Bayerisches Wörterbuch, 2 Bde, 2., vermehrte Aufl., bearbeitet von *G. K. Fromann*, München 1872/77, Neudr. Aalen 1961.
Schmidt, Wyclifs Kirchenbegriff = *Schmidt, Martin:* John Wyclifs Kirchenbegriff. Der Christus humilis Augustins bei Wyclif. Zugleich ein Beitrag zur Frage Wyclif und Luther, in: Gedenkschrift für D. Werner Elert, hg. v. *Friedrich Hübner*, Berlin 1955, S. 97–101.
Schmidt-Clausing, Arbeit Zwinglis = *Schmidt-Clausing, Fritz:* Die liturgiegeschichtliche Arbeit Zwinglis am Sintflutgebet des Tauformulars, in: Zwingliana. Beiträge zur Geschichte Zwinglis, der Reformation und des Protestantismus in der Schweiz 8, 1972, S. 516–543.
Schmidt – Schornbaum, Fränkische Bekenntnisse = Die fränkischen Bekenntnisse, hg. v. *Wilhelm Ferdinand Schmidt* und *Karl Schornbaum*, München 1930.
Schmitt, Synoden = *Schmitt, Leonhard Cl.:* Die Bamberger Synoden, Bamberg 1851 (= Literarischer Bericht über das Wirken des historischen Vereins zu Bamberg 1851).
Schoeffel, Kirchenhoheit = *Schoeffel, Simon:* Die Kirchenhoheit der Reichsstadt Schweinfurt, Leipzig 1918 (= Quellen und Forschungen zur bayerischen Kirchengeschichte 3).
Schonath, Liturgische Drucke = *Schonath, Wilhelm:* Die liturgischen Drucke des Bistums und späteren Erzbistums Bamberg, in: 103. Bericht des Historischen Vereins für die Pflege der Geschichte des ehemaligen Fürstbistums Bamberg, 1967, S. 387–446.
Schornbaum, Aktenstücke = *Schornbaum, Karl:* Neue Aktenstücke zur fränkischen Reformationsgeschichte in: ZBKG 10, 1935, S. 26–32.

Schornbaum, Bayerische Täuferakten 1 = QGT 2: Markgraftum Brandenburg, hg. v. *Karl Schornbaum*, Leipzig 1934, Neudr. New York und London 1971 (= QFRG 16).
Schornbaum, Ehebuch = Das älteste Ehebuch der Pfarrei St. Sebald in Nürnberg 1524–1543, hg. v. *Karl Schornbaum*, Nürnberg 1949 (= Freie Schriftenfolge der Gesellschaft für Familienforschung in Franken 1).
Schornbaum, Markgraf Kasimir = *Schornbaum, Karl:* Die Stellung des Markgrafen Kasimir von Brandenburg zur reformatorischen Bewegung in den Jahren 1524–1527, Nürnberg 1900.
Schornbaum, Protokoll = *Schornbaum, Karl:* Das Protokoll des Ansbacher Landtags 1524, in: 57. Jahresbericht des Historischen Vereins für Mittelfranken, 1910, S. 98–107.
Schott, Meßbuch = Das vollständige römische Meßbuch lateinisch und deutsch mit allgemeinen und besonderen Einführungen im Anschluß an das Meßbuch von *Anselm Schott*, hg. v. Mönchen der Erzabtei Beuron, 10. Aufl., Freiburg i. Br. 1949.
Schottenloher, Bibliographie = *Schottenloher, Karl:* Bibliographie zur deutschen Geschichte im Zeitalter der Glaubensspaltung 1517–1585, 6 Bde, 2. Aufl., Stuttgart 1956–1958, Ergbd, Stuttgart 1966.
Schottenloher, Druckschriften = *Schottenloher, Karl:* Beschlagnahmte Druckschriften aus der Frühzeit der Reformation, in: Zeitschrift für Bücherfreunde NF 8, 1917, S. 305–321.
Schottenloher, Erlinger = *Schottenloher, Karl:* Die Buchdruckertätigkeit Georg Erlingers in Bamberg von 1522 bis 1541 (1543), Leipzig 1907 (= Sammlung bibliothekswissenschaftlicher Arbeiten 21).
Schottenloher, Regensburger Buchgewerbe = *Schottenloher, Karl:* Das Regensburger Buchgewerbe im 15. und 16. Jahrhundert, Mainz 1920 (= Veröffentlichungen der Gutenberg-Gesellschaft 14–19).
Schottenloher, Ulhart = *Schottenloher, Karl:* Philipp Ulhart, ein Augsburger Winkeldrucker und Helfershelfer der »Schwärmer« und »Wiedertäufer« (1523–1529), München 1921, Neudr. Nieuwkoop 1967 (= Historische Forschungen und Quellen 4).
Schubert, Anfänge = *Schubert, Hans von:* Die Anfänge der evangelischen Bekenntnisbildung bis 1529/30, Leipzig 1928 (= SVRG 143).
Schubert, Bekenntnisbildung = *Schubert, Hans von:* Bekenntnisbildung und Religionspolitik 1529/30 (1524–1534). Untersuchungen und Texte, Gotha 1910.
Schubert, Gottesdienstordnung = *Schubert, Hans von:* Die älteste evangelische Gottesdienstordnung in Nürnberg, in: Monatsschrift für Gottesdienst und kirchliche Kunst 1, 1896/97 S. 276–285, 316–328, 349–356.
Schubert, Spengler = *Schubert, Hans von:* Lazarus Spengler und die Reformation in Nürnberg, Leipzig 1934 (= QFRG 17).
Schülin, Reformations-Geschichte = *Schülin, Johann Heinrich:* Fränckische Reformations-Geschichte, Nürnberg 1731.
Schütz, Thomas-Lexikon = *Schütz, Ludwig:* Thomas-Lexikon. Sammlung, Übersetzung und Erklärung der in sämtlichen Werken des h. Thomas von Aquin vorkommenden Kunstausdrücke und wissenschaftlichen Aussprüche, 2. Aufl., Paderborn 1895, Neudr. Stuttgart 1958.
Schultze, Richtlinien = *Schultze, Johannes:* Richtlinien für die äußere Textgestaltung bei Herausgabe von Quellen zur neueren deutschen Geschichte, in: Blätter für deutsche Landesgeschichte 98, 1962, S. 1–11.
Schwarzenberg, Geschichte = *Schwarzenberg, Karl Fürst zu:* Geschichte des reichsständischen Hauses Schwarzenberg, Neustadt/Aisch 1963 (= Veröffentlichungen der Gesellschaft für fränkische Geschichte Reihe 9, Darstellungen aus der fränkischen Geschichte 16).
Seckendorf, Commentarius = *Seckendorf, Veit Ludwig von:* Commentarius historicus et apologeticus de Lutheranismo ..., Frankfurt und Leipzig 1692.
Seebaß, Apologia = *Seebaß, Gottfried:* Apologia Reformationis. Eine bisher unbekannte Verteidigungschrift Nürnbergs aus dem Jahre 1528, in: ZBKG 39, 1970, S. 20–74.
Seebaß, Bibliographie = *Seebaß, Gottfried:* Bibliographia Osiandrica. Bibliographie der gedruckten Schriften Andreas Osianders d.Ä. (1496–1552), Nieuwkoop 1971.
Seebaß, Dürers Stellung = *Seebaß, Gottfried:* Dürers Stellung in der reformatorischen Bewegung,

in: Albrecht Dürer. Festschrift zum 500. Geburtstag, Nürnberg 1971 (= Nürnberger Forschungen 15 S. 101–131).
Seebaß, Hut = *Seebaß, Gottfried:* Müntzers Erbe. Werk, Leben und Theologie des Hans Hut (†1527), theol. Habilitationsschrift (masch.) Erlangen 1972.
Seebaß, Osiander = *Seebaß, Gottfried:* Das reformatorische Werk des Andreas Osiander, Nürnberg 1967 (= EAKGB 44).
Sehling, Kirchenordnungen = Die evangelischen Kirchenordnungen des 16. Jahrhunderts, hg. v. *Emil Sehling* u.a., Bd 1–5, Leipzig 1902–1913, Bd 6,1ff, Tübingen 1955ff.
Siebenkees, Materialien = *Siebenkees, Johann Christian:* Materialien zur Nürnbergischen Geschichte, 4 Bde, Nürnberg 1792–1795.
Simon, Abendmahlsfeier = *Simon, Matthias:* Wann fand die erste evangelische Abendmahlsfeier in den Pfarrkirchen zu Nürnberg statt?, in: MVGN 45, 1954, S. 361–371.
Simon, Ansb.Pfb. = *Simon, Matthias:* Ansbachisches Pfarrerbuch, Nürnberg 1957 (= EAKGB 28).
Simon, Beerdigungssitte = *Simon, Matthias:* Zur Geschichte der Kirchenbücher. Der Zusammenbruch der kirchlichen Beerdigungssitte in Nürnberg 1524, in: ZBKG 33, 1964, S. 164–166.
Simon, Movendelpfründe = *Simon, Matthias:* Movendelpfründe und landesherrliches Kirchenregiment, in: ZBKG 26, 1957, S. 1–30.
Simon, Nbg. Pfb. = *Simon, Matthias:* Nürnbergisches Pfarrerbuch, Nürnberg 1965 (= EAKGB 41).
Simon, Osiander = *Simon, Matthias:* Wie kam Andreas Osiander nach Nürnberg?, in: ZBKG 36, 1967, S. 1–7.
Simon, Spitalmessen = *Simon, Matthias:* Die Nürnberger Spitalmessen der Reformationszeit, in: ZBKG 28, 1959, S. 143–153.
Smend, Deutsche Messen = *Smend, Julius:* Die evangelischen deutschen Messen bis zu Luthers Deutscher Messe, Göttingen 1896, Neudr. Nieuwkoop 1967.
Soden, Beiträge = *Soden, Franz von:* Beiträge zur Geschichte der Reformation und der Sitten jener Zeit mit besonderem Hinblick auf Christoph Scheurl II., Nürnberg 1855.
Soden – Knaake, Briefbuch = *Soden, Franz von – Knaake, J. K. F.:* Christoph Scheurl's Briefbuch, ein Beitrag zur Geschichte der Reformation und ihrer Zeit, 2 Bde, Potsdam 1867/72, Neudr. Aalen 1962.
Speciale missarum = Speciale missarum secundum chorum Bambergensem, Bamberg 1506.
Spital, Taufritus = *Spital, Hermann Josef:* Der Taufritus in den deutschen Ritualien von den ersten Drucken bis zur Einführung des Rituale Romanum, Münster 1968 (= LQF 47).
Stadelmann, Mittelalter = *Stadelmann, Rudolf:* Vom Geist des ausgehenden Mittelalters, Halle 1929, Neudr. Stuttgart-Bad Cannstatt 1966.
Stenzel, Taufe = *Stenzel, Alois:* Die Taufe. Eine genetische Erklärung der Taufliturgie, Innsbruck 1958 (= Forschungen zur Geschichte der Theologie und des innerkirchlichen Lebens 7/8).
Strasser, Capito = *Strasser, Otto Erich:* Capitos Beziehungen zu Bern, Leipzig 1928 (= Quellen und Abhandlungen zur schweizerischen Reformationsgeschichte 4).
Straub, Dokument = *Straub, Heinrich:* Ein Bamberger reformationsgeschichtliches Dokument, in: 97. Bericht des historischen Vereins für die Pflege der Geschichte des ehemaligen Fürstbistums Bamberg, S. 169–172.
Straub, Gerichtsbarkeit = *Straub, Heinrich:* Die Geistliche Gerichtsbarkeit im alten Bistum Bamberg von den Anfängen bis zum Ende des 16. Jahrhunderts, München 1957 (= MThS 3, Kanonistische Abt. Bd 9).
Strobel, Miscellaneen = *Strobel, Georg Theodor:* Miscellaneen literarischen Inhalts 1.–6. Sammlung, Nürnberg 1778–1782.
Stupperich, Argula von Grumbach = *Stupperich, Robert:* Eine Frau kämpft für die Reformation. Das Leben der Argula von Grumbach, in: Zeitwende. Die neue Furche 27, 1956, S. 676 bis 681.
Stupperich, Bucer = Martini Buceri Opera omnia, Series 1: Martin Bucers deutsche Schriften, hg. v. *Robert Stupperich* u. a., Bd 1ff, Gütersloh und Paris 1960ff.
Stupperich, Die Frau = *Stupperich, Robert:* Die Frau in der Publizistik der Reformation, in: Archiv für Kulturgeschichte 37, 1955, S. 204–233.

Stupperich, Interim = *Stupperich, Martin:* Das Augsburger Interim als apokalyptisches Geschehnis nach den Königsberger Schriften Andreas Osianders, in: ARG 64, 1973, S. 225 bis 245.
Stupperich, Melanchthon-Studienausgabe = Melanchthons Werke in Auswahl, hg. v. *Robert Stupperich*, Bd 1ff, Gütersloh 1951ff.
Stupperich, Osiander = *Stupperich, Martin:* Osiander in Preußen 1549–1552, Berlin 1973 (= Arbeiten zur Kirchengeschichte 44).
SVRG = Schriften des Vereins für Reformationsgeschichte.

Thausing, Dürer = *Thausing, Moriz:* Dürer. Geschichte seines Lebens und seiner Kunst, Leipzig 1876.
ThStKr = Theologische Studien und Kritiken.
Thomas, Summa = Thomas von Aquin: Summa theologica. Vollständige ungekürzte deutschlateinische Ausgabe, übers. von Dominikanern und Benediktinern Deutschlands und Österreichs, hg. v. der Albertus-Magnus-Akademie Walberberg bei Köln, Bd 1ff, Heidelberg etc 1933ff.
Tschackert, Amandus = *Tschackert, Paul:* Johannes Amandus, der erste Superintendent der freien Reichsstadt Goslar (†1530), in: Jahrbuch der Gesellschaft für niedersächsische Kirchengeschichte 8, 1904, S. 6–45.

Vogt, Zwölfbrüderhaus = *Vogt, Wilhelm:* Geschichte des Landauer Zwölfbrüderhauses, Nürnberg 1900 (= Festgabe zum Einzug des königl. Realgymnasiums in sein neues Heim).
Voigt, Enea Silvio = *Voigt, Georg:* Enea Silvio de' Piccolomini als Papst Pius II. und sein Zeitalter, 3 Bde, Berlin 1856–1863.

WA = D. Martin Luthers Werke. Kritische Gesamtausgabe, Bd 1ff, Weimar 1883ff.
WAB = D. Martin Luthers Werke. Kritische Gesamtausgabe. Briefwechsel, 14 Bde, Weimar 1930–1970.
Wackernagel, Kirchenlied = *Wackernagel, Philipp:* Das deutsche Kirchenlied von der ältesten Zeit bis zum Anfang des 17. Jahrhunderts, 5 Bde, Leipzig 1864–1877, Neudr. Hildesheim 1964.
WADB = D. Martin Luthers Werke. Kritische Gesamtausgabe. Die Deutsche Bibel, 12 Bde, Weimar 1906–1961.
Walch, Luther = D. Martin Luthers sowol in deutscher als lateinischer Sprache verfertigte und aus der letztern in die erstere übersetzte sämtliche Schriften, hg. v. *Johann Georg Walch*, 24 Bde, Halle 1739–1753.
Waldau, Neue Beyträge = *Waldau, Georg Ernst:* Neue Beyträge zur Geschichte der Stadt Nürnberg, 2 Bde, Nürnberg 1790/91.
Waldmann, Kleinmeister = *Waldmann, Emil:* Die Nürnberger Kleinmeister, Leipzig 1910 (= Meister der Graphik 5).
Wander, Sprichwörterlexikon = *Wander, Karl Friedrich Wilhelm:* Deutsches Sprichwörterlexikon. Ein Hausschatz für das deutsche Volk, 5 Bde, Leipzig 1867–1880, Neudr. Aalen 1963.
Wappler, Müntzer = *Wappler, Paul:* Thomas Müntzer in Zwickau und die »Zwickauer Propheten« (= Wissenschaftliche Beilage zu dem Jahresbericht des Realgymnasiums mit Realschule zu Zwickau, Ostern 1908, Neudr. Gütersloh 1966 = SVRG 182).
Wedewer, Dietenberger = *Wedewer, Hermann:* Johannes Dietenberger 1475–1537. Sein Leben und Wirken, Freiburg 1888, Neudr. Nieuwkoop 1967.
Weller, Repertorium = *Weller, Emil:* Repertorium typographicum. Die deutsche Literatur im ersten Viertel des 16. Jahrhunderts, mit 2 Supplementen, Nördlingen 1864, 1874 und 1885, Neudr. Hildesheim 1961.
Welzig, Erasmus-Schriften = Erasmus von Rotterdam, Ausgewählte Schriften, hg. v. *Werner Welzig*, Bd 1ff, Darmstadt 1967ff.
Westermayer, Kirchenvisitation = *Westermayer, Hans:* Die Brandenburgisch-Nürnbergische Kirchenvisitation und Kirchenordnung 1528–1533, Erlangen 1894.
Wetzer-Welte, Kirchenlexikon = *Wetzer* und *Welte's* Kirchenlexikon oder Encyklopädie der

katholischen Theologie und ihrer Hülfswissenschaften, 13 Bde, 2. Aufl., Freiburg i. Br. 1882–1903.
Wilken, Osiander = *Wilken, Carl Heinrich:* Andreas Osiander's Leben, Lehre und Schriften, 1. Abt., Stralsund 1844.
Will, Beyträge = *Will, Georg Andreas:* Beyträge zur Fränkischen Kirchen-Historie ..., Nürnberg 1770.
Will, Bibliotheca Norica = *Will, Georg Andreas:* Bibliotheca Norica Williana oder kritisches Verzeichniß aller Schriften, welche die Stadt Nürnberg angehen ... T. 1–8, Altdorf und Nürnberg 1772–1793.
Will, Gelehrtenlexicon = *Will, Georg Andreas:* Nürnbergisches Gelehrten-Lexicon ..., 4 Bde, Nürnberg und Altdorf 1755–1758, fortgesetzt v. *Christian Conrad Nopitsch,* 4 Bde (= Bd 5–8), Altdorf 1802–1808.
Wislöff, Abendmahl und Messe = *Wislöff, Carl Fr.:* Abendmahl und Messe. Die Kritik Luthers am Meßopfer, Berlin 1969 (= Arbeiten zur Geschichte und Theologie des Luthertums 22).
Wolf, Gesetz und Evangelium = *Wolf, Ernst:* Gesetz und Evangelium in Luthers Auseinandersetzung mit den Schwärmern, in: Evangelische Theologie 5, 1938, S. 96–109.
Wolter, Religionsgespräche = *Wolter, Hans:* Frühreformatorische Religionsgespräche zwischen Georg von Sachsen und Philipp von Hessen, in: Testimonium Veritati. Philosophische und theologische Studien zu kirchlichen Fragen der Gegenwart, hg. v. *Hans Wolter,* Frankfurt a.M. 1971 (= Frankfurter Theologische Studien 7), S. 315–333.
Wülcker – Virck, Berichte = Des kursächsischen Rathes Hans von der Planitz Berichte aus dem Reichsregiment in Nürnberg 1521–1523, hg. v. *Ernst Wülcker* und *Hans Virck,* Leipzig 1899 (= Schriften der sächsischen Kommission für Geschichte).
Würfel, Beschreibung = *Würfel, Andreas:* Beschreibung der übrigen Kirchen, Klöster und Capellen in Nürnberg, o.O., o.J.
Würfel, Dipt.Cap.Mariae = *Würfel, Andreas:* Diptycha Capellae B. Mariae ..., Nürnberg 1761.
Würfel, Dipt.Laurent. = *Würfel, Andreas:* Diptycha Ecclesiae Laurentianae ..., Nürnberg 1756.
Würfel, Dipt. Sebald. = *Würfel, Andreas:* Diptycha Ecclesiae Sebaldinae ..., Nürnberg 1756.

ZBKG = Zeitschrift für bayerische Kirchengeschichte.
ZKG = Zeitschrift für Kirchengeschichte.

SCHRIFTEN UND BRIEFE

Nr 1
Über die guten Werke
[1522]

Bearbeitet von *Gottfried Seebaß*

Einleitung

Die folgenden beiden kurzen Aussagen Osianders über die reformatorische Lehre von den guten Werken stammen aus einem Heft in Quartformat, in dem sich Spengler[1] in der Hauptsache ihm besonders eindrückliche oder wichtige Sätze aus Predigten notierte, die Linck[2] in der Adventszeit 1521 über das Johannesevangelium gehalten hat[3]. Deswegen müssen freilich die Notizen, die Spengler sich unmittelbar danach über ähnliche Sätze Osianders und Schleupners[4] machte, nicht unbedingt auch aus Predigten stammen[5]. Die lateinischen Aussprüche Schleupners deuten darauf hin, daß sie vor einem dieser Sprache mächtigen Kreis getan wurden[6], möglicherweise bei Zusammenkünften der entschieden lutherisch gesinnten vornehmen Nürnberger im Augustinerkloster[7] oder bei anderer Gelegenheit.

So ist weder eine eindeutige Herkunftsangabe noch eine genaue Datierung möglich. Da aber die Osiander-Sätze nach denen von Linck aus dem Ausgang des Jahres 1521 und vor denen Schleupners stehen, der im Frühjahr 1522 nach Nürnberg kam[8], können sie aus der Zeit unmittelbar nach der Übernahme des Predigtamtes an St. Lorenz durch Osiander im März 1522 stammen[9].

Unserem Text liegt das Autograph Spenglers im Nürnberger Stadtarchiv, Spengler-Archiv Nr 9, f. 7r, zugrunde. Weitere Überlieferungen sind nicht bekanntgeworden.

---

1. Lazarus Spengler (1479-1534), vorderster Ratsschreiber Nürnbergs seit 1507, vgl. RGG 6, Sp. 239f (Lit.).
2. Wenzeslaus Linck (1483-1547), bereits vor 1525 mehrfach in Nürnberg, danach Prediger an Heilig Geist, vgl. *Simon,* Nbg.Pfb., S. 128f, Nr 759 (Lit.).
3. Zu Titel und Inhalt der Handschrift vgl. *Schubert,* Spengler, S. 343-346. Die Notizen über Lincks Predigten in Nürnberg StA, Spengler-Archiv Nr 9, f. 1r-7r.
4. Dominikus Schleupner (†1547), vor 1522 Chorherr und bischöflicher Rat zu Breslau, danach Prediger an St. Sebald in Nürnberg, vgl. *Simon,* Nbg.Pfb., S. 198, Nr 1211.
5. Nürnberg StA, Spengler-Archiv Nr 9, f. 7r-8v.
6. Vgl. *Schubert,* Spengler, S. 345, Anm. 1.
7. Im Augustinerkloster versammelte sich früher die Sodalitas Staupitziana, die später aus ›Martinianern‹ bestand, vgl. *Schubert,* Spengler, S. 138-142, 161-164. Osiander selbst war seit 1520 Hebräisch-Lehrer in diesem Kloster, vgl. *Seebaß,* Osiander, S. 73. Daß auch später enge Beziehungen dorthin bestanden, geht aus der Entstehungsgeschichte der Nürnberger Abendmahlsvermahnung hervor, vgl. u. S. 143ff, Nr 18.
8. Vgl. *Engelhardt,* Reformation 1, S. 90f und *Schubert,* Spengler, S. 334.
9. Vgl. *Seebaß,* Osiander, S. 90.
zur Einleitung von Nr 2

Text

[7r:] A. Osiander

Unsere werck müssen aintweder nit gut sein oder es sein nit unsere werck, dhweil der mensch in aller seiner wurckung durch und auß natur vergifft ist[1] und von ime selbs nichts guts wurcken mag. Wann es aber gute werck sein, so wurckt die Got in uns. So sind es dann Gottes und nit unsere werck.

Was gute werck sein

Gute werck, wie wir die nennen, alls fassten, petten und andere dergleichen, sind an inen selbs nit pöß, sonder allain deß unglaubens halben, darin sie beschehen, dhweil nach den worten Pauli alles das, das ausserhalb deß glaubens beschicht, sund ist[2]. Wann ich aber solche werck thue zu der eer Gottes und pesserung deß nechsten und hab den glauben und vertrauen zu Got, das sie ime gefellig sein, dann sind sie gut, nit ihrer natur und wurckung halben, sonder von wegen deß glaubens. Und der glaub, der allso den wercken vorgeet, hat sie schon, ehe sie beschehen, gut gemacht.

1. Vgl. Spenglers Lied: ›Durch Adams Fall ist ganz verderbt‹, in: *Wackernagel,* Kirchenlied 3, S. 48f, Nr 71.
2. Röm 14,23.

Nr 2
Gutachten über Johann Winzler
[1522, September, zwischen 2 und 6]

Bearbeitet von *Dietrich Wünsch*

Einleitung

1. Zur Person Winzlers

Im Mittelpunkt der Kontroverse, durch die das folgende Gutachten ausgelöst wurde, steht der Prediger des Nürnberger Franziskanerkonvents, Johann Winzler[1]. Seit 1522 hatte Winzler dieses Amt inne[2]. Sein kurzer Aufenthalt in Nürnberg bildete nur eine Episode in seinem beinahe achtzig Jahre währenden Leben, von denen er über sechzig im Dienste seines Ordens stand. Freilich dürfte seine Nürnberger Zeit für ihn deshalb von besonderer Bedeutung geworden sein, weil er hier in die Auseinandersetzung mit der reformatorischen Bewegung hineingeführt wurde, die sein ganzes weiteres Leben bestimmte. In Nürnberg exponierte er sich als entschiedener und geschickter Verfechter der altkirchlichen Lehre, dessen Äußerungen, soweit sie auf uns gekommen sind[3], man es abspürt, daß er mit voller Überzeugung die Sache seiner Kirche und seines Ordens vertrat. Nürnberg war unseres Wissens der erste, aber nicht der letzte Ort, den der Barfüßer wegen seiner Treue zur überlieferten Glaubenslehre verlassen mußte[4]. Die Mühen, die Winzler im Dienste seines Ordens auf sich nahm, lohnten ihm seine Brüder damit, daß sie ihn in ehrenvolle und entscheidende Ämter, bis hin zum Provinzial[5], beriefen. In dieser Position begegnete Winzler fast zwanzig Jahre nach der Kontroverse seinem Nürnberger Widersacher Osiander wieder auf dem Religionsgespräch zu Worms[6].

2. Die Ereignisse von 1522 bis zu Winzlers Ausweisung[7]

Im Frühjahr 1522 – das Reichsregiment hatte seit einigen Wochen seine Arbeit in

---

1. *1478 in Horb/Neckar, †1555 in München. Lit. über Winzler: *Bossert,* Winzler, S. 96; *Keidel,* Winzler; *Paulus,* Winzler; *Demuth,* Winzler, S. 254-294; LThK 10, Sp. 1184 (weitere Lit.); *Kist,* Geistlichkeit, S. 439, Nr 6672.
2. Vgl. AFranc 8, 1956, S. 751.
3. Auszüge aus den überlieferten Schriften Winzlers bei *Demuth,* aaO, S. 272-294.
4. Weitere Ausweisungen erlebte er in Basel (1523), im Gebiet von Kempten und Memmingen als Guardian von Lenzfried (1524) und in Ulm (1526).
5. eine Zusammenstellung seiner Ämter in: *Minges,* Franziskaner, S. 94 und AFranc 8, 1956, S. 848.
6. Vgl. CR 4, Sp. 87; zu seinem vorzeitigen Verlassen der Tagung vgl. *Demuth,* aaO, S. 271f und *Paulus,* aaO, S. 56, Anm. 2.
7. Die Darstellung der Ereignisse in der Literatur ist bisher weithin unzuverlässig oder zu-

Nürnberg aufgenommen[8] – legte der Rat den Predigern der Kirchen und Klöster die Verpflichtung auf, bei der Predigt nicht Partei in den Glaubenszwistigkeiten zu ergreifen und vor allem nichts zu sagen, »das zu aufrur, auch zu verachtung und verklainerung aines rats regiment dien«; vielmehr sollten sie »bei dem evangelio und cristenlicher ler pleiben«[9]. Mit dieser Verordnung war natürlich den Auseinandersetzungen zwischen ›Alt-‹ und ›Neugläubigen‹ keineswegs Einhalt geboten. Nicht nur die Theologen erhitzten sich an dieser Materie, auch der ›gemeine Mann‹ nahm lebhaften Anteil, und durchaus nicht nur als passiver Beobachter. So geht bei dem Rat vor dem 21. August 1522 eine Anzeige ein: Niklas Kadolzburger, von Beruf Deckenweber, habe dem Prediger bei den Barfüßern, eben Johann Winzler, »zetteln zugeschickt und ... im under der predig eingeredt«. Die Ratsherrn beschließen, den Beschuldigten deshalb zu verhören, aber auch in Erfahrung zu bringen, »was ungeschicktes der prediger zun parfussern geprediget hab«[10].

Schon zwei Tage später wissen sie mehr über die Angelegenheit und fällen ein erstes Urteil: »Niclas Cadolzburger, deckweber, umb das er dem prediger zu den parfussern zwen brief zugeschickt, in der ainen er sich am ersten nicht undterschrieben, den prediger ain plintenfurer genennt und mit anderen mer unzimlichen worten angetast hat etc, ist er drey jar langk von diser stat gestrafft ... Und dhweil der prediger zu den parfüssern solich schreiben verursacht und sich bißher, uber vil vleissige warnung und undersagen, an der kantzel mermals ungeschickter hitziger red und wort geprauicht hat, ist bevolhen, den guardian von rats wegen zu ersuchen, solich unschicklichait bei seinem prediger abzustellen, damit er kain verner unrue im volck geweck.«[11] Noch ehe die acht Tage abgelaufen waren, die man Kadolzburger als Frist eingeräumt hatte, das Nürnberger Gebiet zu verlassen, war er auch schon begnadigt. Er hatte einen Fürsprecher gefunden, dessen Bitte man schlecht abschlagen konnte: Kurfürst Friedrich von Sachsen[12]. Während der Handwerker also mit dem Schrecken und einer Ermahnung davonkam, spitzten sich die Ereignisse für Winzler so zu, daß er schließlich derjenige war, der sich nach einer neuen Bleibe umsehen mußte: Am Sonntag vor Egidien und am Egidientag selbst (31. August und 1. September) behandelte er vor seinen Predigthörern den Problemkreis: ›die Absicht Gottes mit seinen Geboten und deren Erfüllbarkeit‹, ein Thema, das im Zentrum der Kontroverse zwischen ›Altgläubigen‹ und Anhängern der Reformation stand. Der Rat, der davon erfuhr, sah darin einen Verstoß gegen sein Mandat vom Februar und handelte prompt. Schon am Tag darauf beauftragte er die drei Prediger von Sebald (Schleupner), Lorenz

mindest verkürzt. Eine ins einzelne gehende Auseinandersetzung damit kann hier aber nicht durchgeführt werden.

8. Vgl. *Schubert,* Spengler, S. 316.
9. Nürnberg SA, RV 673, f. 8r (14.2.1522). Der Ratsverlaß ist zitiert bei *Schubert,* Spengler, S. 325.
10. Nürnberg SA, RV 680, f. 6r (21.8.1522).
11. Nürnberg SA, RB 12, f. 91v (23.8.1522); vgl. auch den RV 680, f. 8r vom gleichen Tag. Guardian war seit 1522 Michael Fries (AFranc 8, 1956, S. 751).
12. Nürnberg SA, RB 12, f. 92v und RV 680, f. 10r (27.8.1522). Kurfürst Friedrich war im August 1522 beim Reichsregiment in Nbg., vgl. *Schubert,* Spengler, S. 317.

(Osiander) und Heiliggeist (Venatorius), einen Vorschlag zu unterbreiten, wie man verhüten könne, daß der inkriminierte Barfüßerprediger Unruhe unter dem Volk stifte[13]. Denn Unruhe konnte der Rat jetzt, wo der Reichstag unmittelbar bevorstand, am allerwenigsten brauchen[14].

Die drei als Gutachter ins Auge gefaßten Theologen waren allesamt – wie Winzler auch – erst seit kurzem auf ihrer Nürnberger Stelle[15]. Es war dies das erste Mal, daß sich das Stadtregiment mit der Bitte um Beratung an dieses Kollegium wandte. Der Jüngste der drei, Osiander, übernahm es, dem Auftrag des Rates nachzukommen, vielleicht deshalb, weil er sich unter den Predigern schon damals eine führende Stellung hatte erringen können, vielleicht aber auch, weil er über die Winzlerpredigt – wegen der darin enthaltenen deutlichen Spitzen gegen ihn – besonders verärgert war[16]. Ob unter den drei Kollegen eine Beratung über das betreffende Thema stattfand oder ob die anderen beiden Osiander die Sache ganz überließen, wissen wir nicht. Jedenfalls beeilte sich der Lorenzer Prädikant, dem Rat das Schreiben zukommen zu lassen, worin er den Inhalt der Predigt, die er selbst gehört hatte, skizzierte und die seiner Meinung nach anstößigen Punkte zusammenstellte, außerdem einen Exkurs über die rechte evangelische Gesetzesauffassung einflocht. Den Vorschlag der Prediger, die Barfüßer sollten die von Winzler vorgetragenen Thesen aus der Heiligen Schrift beweisen, griff der Rat auf. Er beschloß: »Clement Volkamer und Bernhardt Paumgartner sind von rats wegen beschicken ins closter zu den parfüssern mit dem bevelhe, das sy dem gardian und etlichen alten vatern solten verzaichent uberantwurten die artickel, so ir prediger am vergangen sant Egidientag auff offner cantzel für ergerlich dem gemainen volck angezaigt hat, und darauff in ains rats namen begern, das sy mit demselben irem prediger wollen verfugen, soliche artickel mit vernunftigen ursachen und der schrifft zu beweren und solchs aim erbern rat in schrifften zu ubergeben, damit sy daruber bei anderen gelerten rat suchen mogen, wie sy sich zu verhueten, das derhalben zwischen dem volck kain cisma, irrsal oder unruwe entstee, in crafft irer oberkait halten sollen«[17].

Die Sprache der Aktenstücke verrät, daß es dem Rat nicht darum ging, sich eine Meinung zu bilden, wer nun im Recht sei, die Bettelmönche oder die evangelischen Prediger. Die Sympathien des Rates liegen schon fest. Das wird noch deutlicher am weiteren Gang der Affäre: Winzler selbst schreibt eine ausführliche Entgegnung, in der er unter anderem den Wortlaut seiner Predigt vom 1. September, die den Anlaß zum Ärger gab, wiederholt und zu den von Osiander als anstößig

---

13. Nürnberg SA, RV 680, f. 13r (2.9.1522).

14. Der Reichstag sollte ursprünglich am 1. Sept. 1522 beginnen (vgl. die Ausschreibung, RTA 3, S. 187). Es dauerte aber bis zum 17. November 1522, bis die feierliche Eröffnung stattfinden konnte (RTA 3, S. 215–217).

15. Seit März/Juni 1522; vgl. *Schubert,* Spengler, S. 332–336; *Engelhardt,* Reformation 1, S. 90–92.

16. Ein Abschnitt des Gutachtens (s.u. S. 60) verrät, daß Osiander Winzler aufgefordert hatte, mit ihm in eine schriftliche Diskussion einzutreten. Der Franziskaner war dem aber nicht nachgekommen.

17. Nürnberg SA, RB 12, f. 94r und RV 680, f. 18r (6.9.1522).

markierten Artikeln Stellung nimmt. In der Sache bekennt er sich nachdrücklich zu der überlieferten kirchlichen Lehre. Der Rat denkt nun gar nicht daran, noch einmal die Theologen zu Wort kommen zu lassen. Für ihn ist der Fall spruchreif. Er läßt dem Barfüßerkonvent mitteilen: »Ain rate hab irs predigers schrifftlich gegebne underrichtung hörn lesen, und sey ir gemute nit, uber solchs zu urtailen oder deßhalben ainichten entschied zu geben, erkennen sich auch zu demselben vil zu wenig. Aber gleichwol find ain rate, das sich gedachter prediger uff der cantzel und sonst so hitzig und ungeschickt erzaig, das sein furnemen allein zu aufrur und emporung des gemainen manns ferderlich sei, und darumb siht ainen rate nit allein gemainer stat, sonder auch iren, der munch, halben fur nutz und fruchtpar an, lassen sie auch deßhalb zimlich ersuchen, den prediger an andern ort zu verordten. Das wird ainem rat zu gefallen und inen allen und irem convent zu vortail und furdrung raichen.«[18] Das war eine mit höflichen Floskeln verhüllte, aber deutliche Ausweisung Winzlers. Der Konvent beugte sich. Winzler verließ die Reichsstadt und schloß sich dem damaligen Ordensprovinzial Kaspar Schatzgeyer als Begleiter an[19].

3. Das Gutachten der Prediger

Das von Osiander geschriebene Dokument ist erhalten. Osiander selbst tritt darin namentlich nicht hervor. Er schreibt ja im Namen des Dreierkollegiums, und deshalb erscheint der Absender in der ersten Person Pluralis.

Nach einem einleitenden Abschnitt, der sich auf die Beauftragung durch den Rat bezieht und den Vorschlag bringt, man möge den Barfüßerprediger zu einer schriftlichen Stellungnahme nötigen, faßt Osiander den Inhalt der von Winzler gehaltenen Predigt in sechzehn ›Artikeln‹ zusammen – freilich nicht in der tatsächlichen Reihenfolge, wie ein Vergleich mit der Aufzeichnung des Mönches beweist. An diese sechzehn Artikel schließt der Lorenzer Prädikant unter der Überschrift: ›Warum des Mönchs Predigt sträflich sei‹ seinen Kommentar zu den jeweiligen Punkten an, in dem er seinen Widersacher meist scharf zurechtweist. Unterbrochen werden diese Glossen durch zwei Exkurse, einen kürzeren über die Gottesliebe und einen längeren über die evangelische Gesetzeslehre. In ersterem betont Osiander mit Nachdruck, daß Gottesliebe und Nächstenliebe untrennbar zusammengehören, in letzterem unterscheidet er Buchstaben und Geist des Gesetzes und damit die beiden Funktionen: Töten und Lebendigmachen, die Sünde aufzeigen und zu Christus führen. Den Buchstaben des Gesetzes kann der Mensch nicht halten; der Glaube an Christus aber ist die Gerechtigkeit, deretwegen Gott den Geist in unser Herz gibt, der uns treibt, seinen Willen zu erfüllen ohne Gebot, wie das Wasser zu Tal fließt, ohne daß man es ihm befehlen müßte.

Aus dem Verantwortungsschreiben Winzlers wird klar, daß die sechzehn Punkte, in denen Osiander den Inhalt der Predigt wiedergibt, identisch sind mit den

---

18. Nürnberg SA, RB 12, f. 96v und RV 681, f. 6v (16.9.1522).
19. Vgl. *Demuth*, aaO, S. 261f; zu Schatzgeyer vgl. auch u. S. 471ff, Nr 41.

Artikeln, die Clemens Volkamer und Bernhard Baumgartner den Brüdern im Barfüßerkloster zur Stellungnahme überbrachten. Der Rat hat also offenbar vom ersten Hauptteil des Osianderschreibens eine Abschrift anfertigen lassen, die dann Winzler bei der Abfassung seiner Entgegnung vorgelegen hat.

4. Das Antwortschreiben Winzlers

Winzler kam der an ihn ergangenen Forderung nach einer schriftlichen Verantwortung nach, allerdings hielt er vorher noch die Sonntagspredigt (am 7. Sept.), in der er die Besprechung des in der beanstandeten Predigt angeschnittenen Themas weiterführte[20].

Der Barfüßer drückt zuerst einmal seine Verwunderung darüber aus, daß seine Predigt, die er so gründlich vorbereitet und über eine »so trefflich hoch notturftig materii« gehalten habe, in den sechzehn vom Rat ihm zugestellten Artikeln so verunstaltet wiedergegeben sei. Er tröstet sich damit, daß seine Hörer, die »nit allein eyner, drey oder zehen, sondern vyl hundert« gewesen seien, bezeugen könnten, was er geredet habe. Deshalb will Winzler die Verantwortung für jene Artikel dem zuweisen, »der sy on mein bit erdacht und mir on grund der warheit zugelegt hat«. Dem Verlangen des Rates will der Prediger insoweit nachkommen, als er seine kritisierte Predigt »in guttem glauben, trewlich und, so vyl mir muglich ist, von wort zu wort«[21] niederschreiben und die jeweiligen Punkte anzeigen wolle, »wo mich mein ansager, anders dan ich geredt hab, verklagt hat«[22]. Vorher aber müsse er noch kurz angeben, was er am Tag vor Egidien gepredigt habe, denn darauf baute seine Feiertagspredigt auf: Die christliche Gerechtigkeit wird in zwei Bereichen geübt, denen zwei Grundgebote entsprechen, in der Enthaltung von allem Bösen (»Du sollst nicht begehren!«) und im Vollbringen des Guten (»Du sollst lieben aus ganzem Herzen ...!«). Zwei Fragen ergeben sich nun, die in der kommenden Predigt besprochen werden sollen: ob Gott seine Gebote den Menschen gegeben habe mit der Auflage, sie zu halten, und ob die Menschen überhaupt in der Lage seien, sie zu erfüllen. Damit war der Rahmen für die Ansprache am Egidientag vorgezeichnet, die Winzler im folgenden Wort für Wort wiedergab.

Er setzt noch einmal neu ein mit dem Gebot der Gottesliebe, das an vielen Stellen der Heiligen Schrift ausgesprochen werde[23]. Man könne die Aufforderung:

---

20. »Hie nun habe ich die predig beschlossen, verheißen, woll auff kunfftig sontag die andern inred deß gebotz halb: ›Du solt nit begern‹, und ob wir on sünd sein mögen, erklären, wie ich dan klarlich gethan hab, dabei den spruch acth. 15 [10] von dem schweren joch etc und warumb dyße zwei gebot unß in so hoher volkummenheit furgeschriben weren, erklärt, wie meniglich [= jedermann] gehört hat« (f. 5v–6r).
21. f. 1r; zu den Zitaten aus der Winzlerpredigt beachte u. S. 54.
22. f. 1r; zu den Stellungnahmen Winzlers zu Osianders Artikeln vgl. den Sachkommentar zum jeweiligen Abschnitt.
23. f. 2rv.

»Du sollst Gott lieben aus ganzem Herzen!« auf zweierlei Weise verstehen, entweder: im Herzen dürfe nichts Platz greifen als die Liebe Gottes, oder: das Herz dürfe von nichts erfüllt werden, was der Liebe Gottes widerstreitet. Zu ersterer, der vollkommenen Gottesliebe – so der Prediger – sind wir in diesem Leben nicht fähig, denn die Voraussetzung dafür wäre vollkommene Gotteserkenntnis. Da wir aber jetzt im Glauben und nicht im Schauen leben (2Kor 5,7), ist unsere Gotteserkenntnis Stückwerk, also ist auch unsere Gottesliebe weit entfernt von der vollkommenen Liebe der Seligen[24]. Die nächste Unterscheidung, die zu treffen ist, ist die zwischen einem ›Gebot‹ und den ›Evangelischen Räten‹. ›Gebote‹ sind diejenigen Forderungen Gottes, deren Übertretung eine Todsünde bedeutet und uns der göttlichen Gnade verlustig gehen läßt. ›Räte‹ hingegen verpflichten uns nicht in gleicher Weise. Ihr Nichtbefolgen ist nicht gleichzusetzen mit Todsünde und Zorn Gottes[25]. Was die Gebote betrifft, so können wir sie aus eigener Kraft zwar nicht halten, denn es gilt das Wort Jesu: »Ohne mich könnt ihr nichts tun« (Joh 15,5). Mit Hilfe der göttlichen Gnade aber, die uns allen gegeben wird, sofern wir Gott darum bitten und sie nicht zurückweisen, können wir Gottes Gebote sehr wohl erfüllen. Die Vorstellung, daß uns Gott etwas als verpflichtend auferlegt habe, dem wir gar nicht nachkommen können, wie etliche behaupten, ist wider alle Schrift und geradezu eine Schmähung Gottes. Er, Winzler, hat sagen hören, »daß ethlich auch der gelerten und weltweysen und die den andern vorsten sollen«[26], diese irrige Ansicht verbreiten. Es werde auch behauptet, die Gebote Gottes seien uns nur als ein Spiegel gegeben, in dem wir uns als Sünder erkennen sollen. Wenn diese Leute das als einzigen Sinn der Gebote hinstellen, dann verführen sie ihre Mitmenschen. Denn zur Sündenerkenntnis muß unbedingt der Vorsatz kommen, die Sünde hinfort zu lassen und Gottes Gebote zu halten[27]. Ein weiterer beliebter Einwand der Gegner sei der Hinweis, daß dazu noch niemand in der Lage gewesen sei, wobei sie mit Augustinus und Röm 7 argumentierten. Könnte man die Gebote Gottes halten, dann würde man ja ohne Sünde sein. Solche Argumente, betont Winzler, verblenden das Volk. Um in diesem Problem zu einer Lösung zu kommen, genügen nicht Hebräisch- und Griechischkenntnisse – die ansonsten gut sind, um die Schrift grammatikalisch zu verstehen –, sondern man braucht dazu einen in der Heiligen Schrift wohlbewanderten Mann, der die einzelnen Bibelstellen miteinander in Verbindung bringen kann. Da die Schrift den Heiligen Geist zum Urheber hat, kann sie sich nicht selbst widersprechen. Wenn also einerseits aus ihr klar zu ersehen ist, daß wir die Gebote halten müssen und können, wenn andererseits dem nicht zu widersprechen ist, daß das Liebesgebot in dieser Zeit in vollkommenem Maße von uns nicht erfüllt werden kann, dann muß man daraus folgern, daß es von diesem Gebot erstens eine uns verpflichtende Auslegung gibt – nämlich aus dem Herzen alles auszuschließen, was der Liebe Gottes entgegensteht – und zweitens eine Auslegung, die

---

24. f. 2v.
25. Als Beispiel für einen ›Rat‹ führt Winzler 1Kor 7,25 an im Unterschied zu 1Kor 7,10.
26. f. 3v.
27. f. 4r.

»unß wol vorgeschriben, aber nit gebotten der maß, daß wir im zorn oder ungnad Gottes seyen alß die ungehorsamen, so wir daß gebot nach der hohen volkummenheit nit halten; sußt weren wir alle im zorn Gottes«[28]. Durch das Gebot der Nächstenliebe gibt Gott ja zu verstehen, daß er uns zu dieser vollkommenen Erfüllung des Gebotes nicht verpflichtet, denn jede Aufmerksamkeit, die wir dem Nächsten widmen, muß notwendigerweise der vollständigen und ausschließlichen Zuwendung zu Gott abträglich sein. Die weiteren Fragen zu diesem Thema verspricht Winzler in der Predigt des nächsten Sonntags zu behandeln[29].

Der Barfüßer beschließt sein Schreiben an den Rat mit der Versicherung, er könne alles, was er bisher in Nürnberg gepredigt habe, mit der Heiligen Schrift verantworten. Mit der ›lutherischen Lehre‹ wolle er in den Punkten, in denen sie verurteilt worden sei, nichts zu schaffen haben, denn er sehe nur eine Alternative: »Aintweder die gantz christenheit hat gemeinlich 12 oder 13 oder 1400 jar schedlich geirrt in haubstucken unßers glaubens, so lang pyß Luther die warhait in die welt gebracht hat (daß weit von mir sey zu glauben), oder aber die heilig christenheit (deren ich anhang) hat recht gelaubt«[30]. Falls er, Winzler, doch, ohne es zu wissen, irgendwo geirrt habe, unterwerfe er sich dem Urteil derer, denen es zukommt, in Sachen des Glaubens Recht zu sprechen. Damit gibt er deutlich genug zu erkennen, daß er das Nürnberger Stadtregiment nicht als zuständige Instanz in theologischen und Glaubensfragen akzeptiert.

In einem Nachsatz versucht der Prediger schließlich noch, seinen Konvent aus der ganzen Angelegenheit herauszuhalten. Was er gepredigt und geschrieben habe, habe er auf eigene Verantwortung getan. Man möge es seinen Guardian und seine Mitbrüder nicht entgelten lassen.

Vermutlich hat Winzler in Nürnberg keine Gelegenheit mehr gefunden, seine Ankündigung wahr zu machen, er wolle in einer anderen Predigt über die Frage sprechen, ob die Gnade Gottes, die uns zum Halten seiner Gebote befähigt, »sey nuda benevolentia Dei vel an ponat aliquid in gratificationem«[31]. Wenn man seine theologische Position genauer kennenlernen will, muß man deshalb auf die an anderen Orten entstandenen Schriften des Franziskaners zurückgreifen[32].

5. Überlieferung

Das von Osianders Hand geschriebene Gutachten befindet sich im Staatsarchiv Nürnberg (S.I L. 78, Nr 2), verteilt auf vier Produkte: Prd. 1, f. 1r: Dorsale von Spenglers Hand: »Ein verzaichnuß etlicher irriger articel, die der prediger zu den parfussern auff sant Egidientag gepredigt hat. Und darbey, wie und warin er sich geirrt und sich ein rat darinnen halten soll. Von den dreyen predigern zu sant

28. f. 5v.
29. Vgl. o. Anm. 20.
30. f. 6r.
31. f. 3v.
32. Vgl. o. Anm. 3.

Sebolt, sant Lorentzen und zum neuen spital, aim rat auff ir begern zugestelt.« Darunter findet sich von anderer Hand der Vermerk, der den Beginn der für die Ablage maßgeblichen ›Bürgermeisterfrage‹ bezeichnet: »frag 4. post nativitatem Mariae 1522« (= Mittwoch, 11. September 1522). Prd. 2, f. 1r: die einleitenden Worte Osianders an den Rat. Prd. 3, f. 1r–2r: die sechzehn Artikel, die die Predigt wiedergeben. Prd. 4, f. 1rv und Prd. 5, f. 1r–2r: »Warumb des menchs predig streflich sey«. Im gleichen Akt befindet sich als Prd. 6 das Autograph von Winzlers Verantwortungsschreibens (f. 1r–6r). In unserer Bearbeitung beziehen sich die Folienangaben bei Winzlerzitaten auf dieses Schriftstück. Prd. 6, f. 6v enthält Dorsale und Ablagedatum: »Deß predigers zu den parfussern allhie gethane predig am sonntag Egidii 1522, frag 4. post nativitatem Mariae 1522«.

Prd. 2–5 liegen unserem Abdruck zugrunde. Abschriften oder Drucke sind bisher weder von dem Gutachten der Prediger noch von Winzlers Schreiben bekannt.

Weiterhin befinden sich im gleichen Akt des Staatsarchivs Nürnberg auch die Dokumente zum ›Fall Mülich‹, des Nachfolgers Winzlers als Prediger im Barfüßerkonvent[33].

Text

[Prd. 2, f. 1r:] Dieweyl ein erbar hochweyser rhat durch die erbarn herren Clementen Volckhamer[1] und herren Bernharten Baumgartner[2] an uns gelangt, wie am nechsten[3] sandt Egidientag[4] der parfusser prediger[5], wie ein erbar rhat bericht, solt ein unformlich[6], widerspennige[7] predig gethon, die wir gehort hatten[8], nun

---

33. Vgl. u. Nr 15, S. 128, Anm. 6.

1. Clemens Volkamer, Nürnberger Patrizier, *23. 11. 1495, Ratsherr seit 1518, war 1530 einer der beiden Nürnberger Gesandten auf dem Augsburger Reichstag, die für die Reichsstadt die CA unterschrieben (BSLK, S. 136, Anm. 1); †19. 7. 1541 *(Biedermann,* Geschlechtsregister, Tafel 534).

2. Bernhard Baumgartner, 1492–1549, Nürnberger Patrizier und Ratsherr (seit 1519); älterer Bruder des Luther- und Melanchthonfreundes Hieronymus Baumgartner; über ihn einige Notizen in dem handschriftlichen Verzeichnis: »Herren des raths, so dem regiment zu Nurnberg ...«, Nürnberg StA, Y 669a, f. 88r, Nr 23. Die beiden genannten Ratsherrn wurden am 2. September 1522 beauftragt, von den Predigern das Gutachten einzuholen, vgl. Nürnberg SA, RV 680, f. 13r.

3. am vergangenen.

4. Montag, 1. September 1522.

5. Johann Winzler; jeder Barfüßerobservantenkonvent der Straßburger Ordensprovinz hatte einen als Praedicator beauftragten Bruder. Dieses Amt wurde (ebenso wie die anderen ›officia‹ in den einzelnen Konventen: Guardian, Vizeguardian, magistri novitiarum, magistri iuvenum, legentes und lectores) jeweils auf dem ›Kapitel‹ der Provinz, das in der Regel alle drei Jahre stattfand, besetzt. Ein Verzeichnis der »officiales conventuum« der Straßburger Observantenprovinz mit ihren 32 Konventen (und 10 Klarissenklöstern) aus dem Zeitraum von 1486–1543 findet sich in AFranc 8, S. 748–779, ein Verzeichnis der Kapitel und Provinzialen seit 1517 im gleichen Band S. 130ff.

6. unziemlich.

7. widersetzliche.

begerend ein erbar rhat, unser gunstige herren, erstlich unser unterricht[9], wie wir die predig gehort, und darnach unsern rhat, wie solchem widerspenigen handel furzukommen[10], also haben wir dieselbig predig, die wir in frischer gedechtnus gehabt, auffgezaichendt und daneben einem erbarn rhat etlich anzeigen aus der heiligen geschrifft, und warin der parfusser unformlich und der gottlichen warhait entgegen geredt, unsern herren zu unterricht und auff iren weitern bedenck raths weiß[11], aufgezaichent. Zum andern, wie man seinem mutwilligen furnemen[12] wern soll, wirt ein erbar rhat aus hohem verstand on zweyfel langst bedacht haben. Aber unser rhat ist nit, das man es lasse dem wort Gottis entgegen einreyssen, sunder, das ein erber rhat dem parfusser sein predig in allem weg[13] furhalten lassen und seiner widerspennigen rede und predig schriftlich ursach und antwort[14] fordern, welche er aus gruntlicher schrifft[15] nit wirt vermogen und schwerlich zu thun sich untersteen[16]. Wirt er es dann wegern[17], so wissen unser herren schon, was si pillich thun wollen. Werde er sich aber solches schrifftlich mit der geschrifft[a] (dan sonst mocht er sich anderswo eines andren beruemen[18]) zu verantworten untersteen, und als dann ein erbar rhat widerumb unser verlegung[19] darauff, rhatis weyß oder sunst, begern, wollen wir umb des volckis seligkait willen und von wegen der warhait inen, als unsern gunstigen herren, ganz beraitwillig und dienstlich sein.

[Prd. 3, f. 1r:] Zum ersten: Nachdem er das heilig evangelium[20], in dem nichts, nachvolgende predig antreffend, begriffen[21], kurtzlich nach dem text gesagt und verlassen het[22], nam er fur sich die wort: »Du solt Gott deinem herren lieben aus

---

a) folgt durchgestrichen: untersteen.

8. Die Predigten im Nürnberger Barfüßerkloster – zwischen Pegnitz und Lorenzkirche – waren bis zum März 1525 (vgl. *Pfeiffer,* Quellen, S. 64, RV 451) öffentlich.
9. Bericht.
10. wie man solchem widersetzlichen Treiben begegnen könne.
11. als Rat für ihr weiteres Bedenken dieser Angelegenheit.
12. Vorhaben, Verhalten.
13. in jedem Falle.
14. Begründung und Verantwortung.
15. mit Schriftgründen.
16. auf sich nehmen.
17. verweigern.
18. Sinn: denn sonst könnte er jeweils mit etwas anderem prahlen.
19. Widerlegung.
20. Mt 24,42 (geht aus Winzlers Predigtaufzeichnung hervor).
21. enthalten.
22. und es dabei belassen hat; aus Winzlers Verantwortungsschreiben geht hervor, daß er am Tag vorher seine Predigthörer mit dem Versprechen entlassen hatte, er wolle am Egidientag eine Antwort auf die aufgeworfene Frage geben, ob Gott uns verpflichtet habe, seine Gebote zu halten, und ob es uns möglich sei, einer solchen Verpflichtung nachzukommen. Wegen dieses Vorsatzes wendet er sich gleich nach der Verlesung des angeordneten Evangelientextes und nach wenigen diese Stelle erläuternden Worten sofort der weiteren Behandlung der angekündigten Frage zu. Man kann sich vorstellen, daß die Ankündigung des Themas der kommenden Predigt den Anlaß dafür gegeben hat, daß Osiander diese Predigt ›abgehört‹ hat.

gantzem hertzen, gemuet und krefften und deim nechsten als dich selbs«[23], bedinget[24] und verpflichtet sich anfengklich, das gepott, wie es zu versteen, auszulegen und erkleren, nachvolgend ein frag, nemlich: ob den gepotten Gottis durch uns genug mocht geschehen, zu verfuren und ortern[25].

Zum andern leret er[b], wie bey[26] den hertzen, gemuet und krefften verstand, wil und gedechtnus verstanden werden solt[27].

Zum dritten saget er, dieweyl man Gott in disem leben nicht gentzlich versteen mocht, kundt man in[28] auch nicht auß gantzen verstand lieben. Dergleichen, dieweyl man nicht albeg[29] an Gott gedecht, sunder auch an weib und kind und andere anligende sach[30], mocht dem gepott auch nicht genug geschehen; dann die lieb, die auff den nechsten gelegt werd, gee an der lieb Gottis ab. Darumb das gepott: »den nechsten als dich selbs« nur ein linderung und ringerung[31] des ersten gepots wer[32].

Zum fierdten kam er an die frag und saget ursach, warumb er die zu furen und entschliessen[33] furgenomen het, nemlich, das etlich sprechen und lerten, man wer die gepott Gottis nicht schuldig zu halten und man vermochts auch nicht zu halten, sunder wern geben, zu erkhennen die sunde. Es wer aber nicht war! Die gepott wern nicht zu erkantnus gegeben der sunde; sie wern gegeben, das man sie halten must[34].

Zum funften saget er mit sanfter stym, muglichait[35], die gepott Gottis zu halten, wurd in zwen weg verstanden: ainmal on die gnad Gottis. Und also wer nicht allain unmuglich, die gepott Gottis zu halten, sonder auch alle unsere thun und lassen wer nichts. Bezeugts selbs mit den worten Christi: »On mich kunnet ir nichts thun«[36]. Das andermal wurd es verstanden mit der gnade Gottis, und also wer es muglich.

---

b) verbessert aus: eer.

23. Lk 10,27.
24. erbietet sich.
25. auszuführen und zu erörtern.
26. unter.
27. Die von Osiander wiedergegebene Gleichsetzung referiert Winzler in seiner Predigt nur. Er selbst legt eine andere Identifikation vor, nämlich: Herz = Wille, Gemüt = Verständnis, Seele = Sinnlichkeit, Kräfte = äußeres Wirken, f. 2rv.
28. ihn.
29. immer.
30. Dinge, an denen einem liegt.
31. Einschränkung.
32. Vgl. u. S. 59, Anm. 66.
33. behandeln und erklären.
34. dazu Winzler: »Ich hab nit also geredt, aber also hab ich geredt: ›Die gebot Gottes seint unß nit allein gegeben, die sund zu erkennen, sonder auch, daß wir sy solten halten: Daß groß underscheid ist, sprechen: ›Sy seint nit geben zu erkantnuß der sund‹, und sprechen: ›Sy seint nit allein geben etc.‹ Daß erst ist irrig und offenlich wider die geschrifft, ... daß ander ist recht und christenlich« (f. 4rv).
35. Möglichkeit.
36. Joh 15,5.

Zum sechsten schlug er auff den predigstul[37] und schrie mit voller stym[38], welcher sprech, das wir Gottis gepot nicht halten und volpringen mochten, der luge, wer ein verfluchter gotteslesterer, ein ketzer[39], der wider alle geschrifft redet, ein schedlicher verfurer sein selbs und der gantzen gemain[40].

[IV:] Zum sibenden meldet er offt, er redet darvon, wie die gewonhait und der geprauch ein lange zeit gewest wer, und wie man vor[41] auch darvon het geredt[42].

Zum achten entschuldiget er sich, man mocht sprechen, er wer zornig und unbeschaiden; es zweng in aber sein ampt und gewissen darzu: Man verfuret und betrug die leut, sie wolten wennen[43], sy hetten geschrifft, so wer es betrug und kain geschrifft. Sie kundten auch nichts darwider, dann das sie sprechen, er solt doch ainen anzaigen, der Gottis gepott nicht geprochen het, ausgenomen Christum unseren herren[44].

Zum neundten entschuldiget er sich aber, er het selbs personlich solcher predig kaine gehert, er kundt auch nicht darzu geen. Es wurd im aber also gesagt[45].

Zum zehenden saget er, es wurdt nicht allain solcher irthumb gelert und gepredigt, sonder – Gott solt es erparmen – auch angenomen, und von den weysen diser welt und grossen und geweltigen herren[c]. Was das arm gemain volck[46] thun solt? Musten woll hinach und den starcken kopfen[47] anhangen. Wurden aber verfurt[48].

c) folgt durchgestrichen: angenomen.

37. Kanzel.
38. Offensichtlich versuchte der Prediger durch gestische und stimmliche Akzentuierung seine Zuhörer trotz der diffizilen Thematik zur Aufmerksamkeit zu bewegen. Daß solche ›Hilfsmittel‹ sich nicht aus einer augenblicklichen Laune heraus ergaben, sondern bei der Präparation der Predigt bereits eingeplant wurden, scheint mir das Schreiben Winzlers an den Rat zu zeigen, in dem er bei der Wiedergabe seiner Predigt die Stellen, an denen er auf die Kanzel schlug, mit angibt.
39. Winzler bestreitet, die Worte ›Ketzer‹ bzw. ›ketzerisch‹ und ›verfluchter Gotteslästerer‹ in der Predigt gebraucht zu haben. Immerhin habe er sich vorher überlegt, was er sagen wolle. Geäußert habe er: »Welcher dich anders lert, der irrt und redt offenlich wider geschryfft und verfürt dich«. Und dazu stehe er (f. 4v).
40. Gemeinde.
41. vorher schon.
42. Winzler beklagt sich, daß dieser Artikel »spötlich gedicht« sei. Er habe nur getan, was vorgeschrieben sei (f. 3r).
43. wähnen, meinen.
44. Dazu Winzler: »Im achtenden artikel hat er mir auch meine wort unformlich und anderß, dan ichs geredt hab, auffgewackt« (f. 4v–5r). Allerdings finden sich in Winzlers Wiedergabe seiner Predigt die von Osiander referierten Sätze dem Sinne nach durchaus (f. 3v; 5r).
45. Aus Winzlers Predigt: »Ich sag nit, daß mans hie predige [nämlich die Meinung, daß wir Gottes Gebote nicht halten können], dan ich kein predig hier gehört habe den eyne. Aber man sagt mir, daß ethlich auch der gelerten und weltweysen und die den andern vorsteen sollen, frey sagen, daß wir die gebot Gottes nit mögen halten« (f. 3v).
46. die armen, einfachen Leute.
47. den großen Herren.
48. Winzler wehrt sich energisch gegen die Unterstellung, den zweiten Teil dieses Artikels geredet zu haben. Freilich habe er von ›Weltweisen‹ gesprochen (vgl. o. Anm. 45), aber dabei

Zum ailften sagt er, man wer nicht versorgt mit jungen leutten⁴⁹. Es wer nicht genug, das ainer die grammatick latinisch, kriechisch und hebraisch gelernet het. Es thet und hulf nichts zum verstand der heiligen geschrifft, sunder muß ein wolgeubten man haben⁵⁰.

Zum zwelften sagt er auch, es wern vil evangelischer rhett⁵¹, die zu volkummenhait dieneten, die auch nicht yederman schuldig wer zu halten⁵².

Zum dreizehenden sagt er, der heilig Augustinus het an einem ort schriben, man hielt die gepott Gottis nicht in disem leben, sunder in dem zukunftigen⁵³.

Zum vierzehenden saget er, er wolt inen den rechten grund sagen. Er kundt wol ermessen, das sie es selbs nicht verstunden, darumb er inen nichts verhaltn⁵⁴ welt, sie auch nicht im zweyfel hangen lassen, sunder die sach gantz verstentlich erklern und volenden. Item, er wolt das unkraut hinwegtreyben, ausreuten und gantz vertylgen⁵⁵.

[2r] Zum funfzehenden saget er, Gottis gepott wer nicht allain muglich, sunder auch gantz leicht zu halden. Das wolt er aus baiden testamenten beweysen: Erstlich sprech Moses: »Nym war! Das wort ist dir nahendt in deinem mund und in deinem hertzen«⁵⁶. Zum andern sprech Christus: »Mein Joch ist sues und mein purde ist leicht«⁵⁷.

Zum sechzehenden beschlus er und verhieß, er wolt auff nechsten sontag das gepott: »Du soltist nicht begern etc«⁵⁸ auch auslegen und die warhait erst recht sagen, dieweyll sie ein behelf⁵⁹ in disem gepott suchen, ire falsche leer zu schutzen⁶⁰.

habe er keineswegs an die Vertreter des Nürnberger Rats gedacht. Schließlich tagten ja das Reichsregiment und das Kammergericht in Nürnberg, und wenn es nötig sei, könne er angeben, über welchen dieser Doktoren ihm die Äußerung, die er zitiert habe, zugetragen worden sei.

49. Sinn: junge Leute nützen nichts.

50. Winzler behauptet, er habe auf der Kanzel nichts von ›jungen Leuten‹ gesagt. Auch habe er die Sprachkenntnisse nicht für unnütz erklärt. Ihr Nutzen beschränke sich jedoch auf das grammatikalische Verständnis der Schrift und beziehe sich nicht auf die Klärung von gewichtigen theologischen Kontroversen. Dazu benötige man einen in der Schrift bewanderten Mann (f. 6r).

51. Die Unterscheidung zwischen ›Evangelischen Räten‹ (consilia evangelica) und ›Geboten‹ (praecepta) ist gemeinkatholisch. Zu vergleichen wäre beispielsweise Thomas, S.th. II–II, qu. 184, 2 und 3 (Thomas, Summa 24, S. 22–32). Luther hatte sich mit dieser Unterscheidung in seiner zu Beginn des Jahres 1522 erschienen Schrift ›De votis monasticis‹ (WA 8, S. 564–669, bes. S. 580–583) auseinandergesetzt. Vgl. auch LThK 3, Sp. 1245–1250.

52. Diesen Artikel erkennt Winzler an.

53. Winzler bekennt sich zu dem Inhalt dieses Artikels, wenn man – wie er es in der Predigt getan habe – dazusetzt: ›nach ganzer Vollkommenheit‹, also: Man halte die Gebote Gottes auf vollkommene Weise nicht in diesem Leben. Winzler bezieht sich wohl auf Augustins antipelagianische Schrift ›De perfectione iustitiae hominis‹, bes. III,8 und VIII–X (MPL 44, Sp. 291 bis 318, bes. Sp. 294f und 299–304; CSEL 42, S. 1–48, bes. S. 7f und 14–23).

54. vorenthalten.

55. Winzler schreibt, daß er das »letzt punctlin am 14. artikel« zugebe (f. 3v).

56. Dtn 30,14.

57. Mt 11,30; vgl. Winzlers Schreiben f. 3v. Der Mönch erhebt gegen diesen Artikel keinen Einwand.

58. Röm 7,7; vgl. Ex 20,17; Dtn 5,18.   59. Ausrede, Zuflucht.

[Prd. 4, f. 1r:] Warumb des menchs predig strefflich sey:

Zum ersten hat er seinem verhaissen[61] in baiden stucken nicht genug than, wie hernach angezaigt wirt.

Zum anderen hat er sein auslegung, was durch hertz, gemuet und krefft verstanden werden solt, auß keiner heiligen geschrifft, sonder aus haidnischer philosophirn genommen[62].

Zum dritten laut[63] die auslegung ungeleich zu dem sechsten artickel[64].

Weiter: Das das ander gepot[65] ein ringerung des ersten sey, wirt sich in kainer geschrifft finden; dann die lieb Gottis wirdt nicht gehindert durch rechte und christliche lieb des nechsten, sonder volkommen[66], dweyl Christus gesagt: »Was ir dem geringsten auß den meinen thut, habt ir mir selbs gethan«[67], und Paulus ad Rho. 5 [5]: »Die lieb Gottis ist gegossen in unsere hertze durch den heiligen gaist, der uns gegeben ist«. Darumb ist es ein ainige, unzertrente lieb, die Gott uber alle ding und alle dinge umb Gottis ehre und willen liebet, gleich wie die lieb des vaters zu dem sone und des sones zu dem vater ein ainiger heiliger Gaist ist in der ewigen ainigen gotthait[68]. Weiter sagt auch Paulus ad Rho. 13[69], das unter den dreien, glaub, lieb und hoffnung, allain die lieb ewig beleyb. Nun wirt aber in dem kunftigen leben nichts unvolkumens sein, Paulus, 1. Cor. 13 [10]. Darumb mus volkumne lieb Gottis und des nechsten bey und mitteinander sein. Wil er aber sprechen: im zukunftigen, und nicht: im gegenwertigen leben, so leidet es der sechst, auch der funfzehend artickel nicht[70]. Daraus volget, das solches gepott Gottis aufs hochist und ernstlichist, on linderung und ringerung zu versteen ist.

60. Vgl. Winzlers Schreiben f. 6r und o. S. 51, Anm. 20.

61. Versprechen; nämlich das Verständnis des Gebotes klarzulegen und die Frage zu beantworten, ob wir die Gebote Gottes halten können, vgl. Artikel 1.

62. Vgl. dazu o. S. 56, Anm. 27. Mit ›heidnischer Philosophie‹ pflegten die Reformatoren den Aristotelismus zu bezeichnen (vgl. Luther, ›An den christlichen Adel‹, 1520, WA 6, S. 457f), der in verschiedenen Ausprägungen die scholastische Theologie beeinflußte (LThK 1, Sp. 859 bis 862, Lit.).

63. reimt sich.

64. Osiander unterschlägt dabei, wie Winzler die beiden gegensätzlichen Aussagen (Unmöglichkeit der vollkommenen Gottesliebe in diesem Leben und Verpflichtung zu eben dieser Gottesliebe) vermittelt, vgl. o. S. 52.

65. das Gebot der Nächstenliebe.

66. Das ist eine klare Gegenposition zu Winzler, der bei vollkommener Gottesliebe keinen Platz mehr für die Nächstenliebe sieht (vgl. o. S. 53). Osiander hat also den umfassenderen Liebesbegriff, der von vornherein Gottes- und Nächstenliebe ungetrennt beinhaltet. Man kann in den beiden gegeneinanderstehenden Aussagen Beispiele für die beiden Grundkonzeptionen des Mittelalters zu diesem Thema sehen, vgl. dazu LThK 6, Sp. 1034ff.

67. Mt 25,40.

68. Osiander knüpft hier an Augustins Erklärung der Trinität an, der die Personen der Trinität in Analogie zu amans, quod amatur, amor sieht, vgl. Augustin, De Trin. IX,2 und XV,6 (MPL 42, Sp. 961f und 1063f).

69. Hier liegt wohl ein Versehen vor: Es ist nicht an Röm 13, sondern an 1Kor 13,8a.13 gedacht.

70. Osiander will wohl sagen: Wenn Winzler die vollkommene, mit der Nächstenliebe verbundene Gottesliebe dem zukünftigen Leben vorbehält, dann kann er doch nicht sagen, Gottes Gebot sei leicht zu halten.

Zum vierdten: Das imand sprech und leere, man sey Gottis gepott nit schuldig zu halten[71], redt er mit gewalt das sein[72]; wirt es auch nicht beweysen mugen, weder auff uns hie, noch auff die prediger des gantzen lands; dann es ist ein ungehort wort, das weder schrifftlich oder mundlich ye^d an tag und das liecht kommen ist. Das er aber solche lugen auff etliche prediger listiglich[73] zu treyben[74] sich understeet[75], gibt gut anzaigen[76], das er ir leer und predig mit der warhait nicht widersprechen kann und doch nicht feirt[77], neyd und haß zu erwecken in deren hertzen und gemuet, die in allain und andere prediger nicht horen, [4v:] und si unwyssend das warhafftig Gottis wort in und bey uns zu lesteren raytzet, welches dann dem wort Gottis nicht zu klainer schmach und inen on zweyfel zu grossen schaden raichen mag.

Das er aber in seinem gewissen besorgt und gefunden hab, es wer sich in der warhait nicht also finden, zaygt klerlich der neunde artickel an, do er begert, den unglimpf[78] solcher lugen durch einen zweyffel auff ander leut zu legen. Aber solch arglistig spiegelfechten und insinuation[79] eroffnet der achtet artickel, in dem er grosse nott furwendet[80], durch welches er anzaigt, das solche irthumb hie in diser stat gelert und geprediget werden, das doch nicht war ist. Treybt es noch weyter im zehenden artickel, und im ailften wil er klerlich[81] durch argelistige verporgenhait solchen prediger anzaigen, nemlich durch die jugent, die drei sprach, als wer es der bey sant Lorentzen[82], so er doch wol wais, das nicht war ist^e. Dann het er solche irrung bei ime gewisset oder gehoffet[83], wurd sich nicht, schrifftlich mit im zu erkundigen, geforcht haben, darzu er in freundlich gepeten und ernstlich ermanet hat, doch mit kainerlai pitten und erpieten in darzu bewegen hat mugen[84].

Sagt auch, das volck wird verfurt durch die haubter. Was er damit wolle, ist gut zu versteen[85].

d) verbessert aus: nye. – e) übergeschrieben; in der Zeile durchgestrichen: wer.

71. Vgl. o. S. 57, Anm. 45.
72. Sinn: das ist seine eigene, gewaltsame Formulierung einer bestimmten evangelischen Lehre.
73. mit Arglist.
74. [etlichen Predigern] anzuhängen.
75. Winzler vermeidet, die evangelischen Prediger in diesem Zusammenhang zu erwähnen. Er versichert ausdrücklich: »Ich sag nit, das mans hie predige« (f. 3v; vgl. o. S. 57, Anm. 45). Daß die Predigthörer Winzlers Ausführungen als gegen seine lutherischen Kollegen gerichtet auffaßten, darf man aber ruhig voraussetzen.
76. zeigt deutlich.
77. feiert, aufhört.
78. Schmach.
79. Einschmeichelung.
80. vorschützt.
81. deutlich.
82. also Osiander selbst. Er war damals etwa 26 Jahre alt (vgl. *Seebaß,* Osiander, S. 292 und *Möller,* Osiander, S. 1f) und als guter Kenner des Hebräischen bekannt. Hebräisch- und Griechischkenntnisse waren in jenen Jahren bei einem Theologen durchaus noch nichts Alltägliches.
83. vermutet, geargwöhnt.
84. Vgl. o. S. 49, Anm. 16.   85. Vgl. o. S. 57, Anm. 48.

Weiter widerspricht er, das[f] Gottis gepotten[g] uns unmuglich sey, gnug zu thun. Wirt hirnach angezaigt, wie pillich[86] er das thue. Auch: das nicht die sund zu erkennen gegeben sei, indem er dann den heiligen sant Paul geweltig und frevelich lug strafft[87].

Das mans aber wol verstee, wollen wir kurtzlich ein wenig von dem gesetz reden:

Das gesetz wirt in zwai tail getailt: in den buchstaben und den gaist[88], Paulus, 2. Cor. 3 [6]. Der buchstab des gesetz ist die geschrifft, wort und verstant, die uns auswendig gegeben sein; ist das alt gesetz.

Der gaist aber ist der gaist Gottis, der nicht allain das wissen des gesetz und den verstant uns[h] anzaygt, sunder auch das hertz endert, verneuet[89], taufft mit wasser und feur zu einer neuen gepurt[90], nicht ausserhalb unser, sonder durch sein gegenwertigkait in dem grund unsers hertzens[91], und ist das neu gesetz. [Prd. 5, f. 1r:] Der puchstab ausserhalb unser wirt auch das gesetz Mosi in den stainen taffeln[92] gennenet. Wann das durch die orn und verstant in den menschen felt[93], thut es nicht, dann[94] das es in erschröckt, sein sund anzaigt und gaistlich todtet, wie Paulus zu den Rho. spricht: »Das gesetz wurckt den zorn«[95], item: »Aus dem gesetz ist die erkantnus der sund«[96], item: »Das gesetz, das mir gegeben ist zum leben, ist mir zum tod geratten«[97] und dergleichen vil spruch. Dann es haist mich wol, Gott liebhaben, gibt mir aber nit krafft, dasselbig zu thun; so hab ichs auch selbs nicht. Dann ich pin der gnaden Gottis beraubt und in sunden geporn[98], darumb spricht Paulus 2. Cor 3 [6]: »Der bustab [!] todtet«, das ist: macht mir mein sund und unmuglichait bekannt, daraus ich an mir selbs verzweyfel, aber nit an Gott, weist mich darnach weiter auff Christum. Bey dem werd ich gnad und hilf finden, dann Paulus spricht: »Das end des gesetz ist Christus«[99]. Also ist des alten[i] gesetz Mosi, des puchstaben, ambt, das mir die sund anzaig, wie Paulus spricht ad Rho.: »Ich wist nicht, das begird sund, wail wann[k][100] nicht das gesetz

f) von oben eingewiesen. – g) folgt durchgestrichen: sey. – h) folgt verwischt: ans. – i) verbessert aus: dalten. – k) folgt durchgestrichen: ich.

86. mit welchem Recht.
87. Vgl. Röm 3,20; 7,7ff.
88. Diese Zweiteilung des Gesetzes, wie sie im weiteren von Osiander ausführlich dargestellt wird, entspricht dem von ihm an anderer Stelle aufgezeigten Unterschied von ›Gesetz‹ und ›Evangelium‹ (vgl. den ›großen Ratschlag‹, u. S. 299ff, Nr 25).
89. Mt 3,11; Apg 1,5.
90. Joh 3,5f; Tit 3,5f.
91. 2Kor 1,22; Gal 4,6; Ez 36,26f.
92. Ex 24,12; 2Kor 3,3.
93. fällt.
94. nichts, als.
95. Röm 4,15.
96. Röm 3,20.
97. Röm 7,10.
98. Ps 51,7.
99. Röm 10,4.
100. weil wann = wenn.

sprech: ›Du solt nicht begern‹«[101] und mich auff Christum fuer[102] und nicht auff meine werck. Darumb ligen ernider der fierd und sechst articel. Wann also die sund erkant ist und wir auff Christum gewisen werden, so horen wir Gottis zusagen, Christus sei sein geliebter son, den sollen wir horen[103]. So spricht er: »Wer in mich vertrauet und getaufft wurdt, der wirt selig.«[104] Also dweyl er uns vergebung der sund zusagt, die uns das gesetz anzaigt hat, und wir glauben, wirt unser hertz durch den glauben gerainigt und durch das wort Gottis das leben wider geben, Act. [?][105] etc, Joh. 1[106].

So wirdt uns dann auch der hailig Gaist geben, das ist das gesetz des lebens, der gnaden, durch und umb des glaubens willen, in unsere hertzen[107]. Da wirt unser hertz durch Gottis gaist verandert. Dann halten wir alles, das Gott wolgefelt, obschon kain gepot wer, gleich wie nicht vonnoten ist, das man dem wasser gepiet, das es zu tal fliesse. Das ist das neu gesetze, von dem [IV:] der prophet Jeremias spricht: »Ich wil mein gesetzt [!] in ir hertz schreiben«, 31 [33] etc. Nun pflegt aber die geschrifft solche werck nicht dem menschen, sunder Gott zuschreiben. So spricht Paulus: »Ich leb, leb aber nicht ich, sonder lebt in mir Christus«[108]. Item Esaias: »Her, alle unsere werck hastu in uns gewurckt«[109]. Und Christus: »On mich kunt ir nichts thun«[110]. David: »Her, nicht uns, sunder deinem namen gib die ehr«[111]. Das wais aber der monch wol. Darumb hat er sich im sibenden articel entschuldigt, dann die geschrifft redt anderst darvon dan er und seine bruder.

Also ist nit muglich, das der mensch aus aigen crefften das gesetz Mosi halt, sunder mus glauben, Christus mach in selig. Derselbig glaub ist die gerechtigkait[112], umb welcher willen Gott den heiligen Gaist gibt[113], durch den wir allein Gottis willen erfullen[114].

---

101. Röm 7,7.
102. Vgl. Gal 3,24a.
103. Mt 17,5.
104. Mk 16,16; »in mich« ist von Osiander hinzugefügt.
105. Apg 15,9.
106. Eine passende Stelle findet sich weder in Joh 1 noch in 1Joh 1. Vielleicht denkt Osiander an Joh 4,12f.
107. Röm 5,5; Tit 3,5–7.
108. Gal 2,20.
109. Jes 26,12.
110. Joh 15,5.
111. Ps 115,1.
112. Röm 3,28; 4,5; Gal 2,16.
113. Röm 8,10b; Gal 3,2.
114. Der Weg vom Leben unter dem Gesetz bis zum Leben im Geist enthält also folgende Stationen: Das Gesetz läßt den Menschen an sich selbst verzweifeln, weil er erkennt, daß er dem, was Gott von ihm fordert, nicht Genüge tun kann. Insofern tötet das Gesetz den Menschen. In diese verzweifelte Situation hinein trifft den Menschen die Zusage Gottes, die ihn auf Christus als seinen Retter und auf die Sündenvergebung hinweist. Glaubt der Mensch an diese Zusage, dann ist dieser Glaube die Gerechtigkeit, die Gott mit der Verleihung des Heiligen Geistes beantwortet, der im Menschen Wohnung nimmt und nun zum ›Gesetz‹ des Menschen wird, das ihn bestimmt, das Gott Wohlgefällige zu tun, ohne daß es dazu noch eines Gebotes bedürfte.

Zum funften ist der artickel leidlich[115].

Zum sechsten: Hat nit angezaigt, aus sonderlicher poshait, ob mans on oder mit Gottis gnaden versten soll[116]. Helt sich auch ubel zum dreizehenden artickel[117].

Zum sibenten, achten, neunten, zehenten versteet man in woll[118]. Zum ailften spricht er, es sei nicht gnug^l etc. Ist war. Wir sagen auch frei, das ein christlicher prediger muß Gottis gelert sein. Das aber nichts darzuthun[119], glauben wir nicht. Die geschrift spricht: »Der gaist Gottis hat erfullt den umkrayß des erdreichs, und das alle ding in sich beschliest, hat je erkantnus der stim und sprach etc«[120]. Die erkantnus der sprach schliest alle ding in sich.

Zum 12.–13., vierzehenten zaigt er an, wie er ein kostlich prediger sei.

[2r:] Zum funfzehenden hat er die geschrifft lesterlich und schentlich verkeret, dann die erst[121] ist im Paulo zum Rho. am 10. [8] von dem glauben und nicht den wercken eingefurt[122], die ander [123] dergleichen, wie wir das, wo nit wirt uberflussig, bewern[124] und unuberwindlich schliessen wollen.

Hiemit haben wir eur E.W. undertheniglich und kurtzlich underrichten wollen. Wo es aber weiter beweysens wurt bedurfen, wollen wir eurn E.W. alzeit willig und berait erfunden werden.

l) folgt durchgestrichen: das.

115. erträglich.
116. Vgl. aber Winzler: »So man redt von vermögen, mag es in zwen weg verstanden werden: zum ersten, daß wirs aus eigner krafft unsers freyn wyllen vermögen, und also red ich hie nit von vermögen, dan also vermögen wir nit allein die gebot Gottes nit halten, sonder auch nichts gutzs thun ... Mit hilff seiner götlichen gnad mögen wir seine gebot wol halten« (f. 3rv).
117. Vgl. o. S. 58, Anm. 53.
118. Sinn: man merkt genau, wo er hinauswill.
119. Subjekt: die Sprachkenntnisse.
120. Weish 1,7.
121. Die erste Bibelstelle, auf die Winzler sich in diesem Zusammenhang bezieht, ist Dtn 30,14.
122. Röm 10,8b.
123. Mt 11,30.
124. bewähren, beweisen.

Nr 3
Vorrede zur Biblia Sacra
1522

Bearbeitet von *Gerhard Müller*

Einleitung

Es kann nicht Aufgabe dieser Edition sein, Osianders Arbeit als Übersetzer umfassend zu würdigen. Auch bedarf seine Übertragung des gesamten biblischen Textes ins Lateinische hier keiner Wiedergabe, zumal er selbst seine Arbeit als unvollkommen bezeichnet und das von ihm entworfene Programm nicht durchgehalten hat. Es müssen noch genauere Untersuchungen über seine Abhängigkeit von älteren Übersetzungen und das von ihm wirklich Geleistete angestellt werden[1]. Das persönliche Vorwort, das er seiner Übersetzung und Bearbeitung vorangestellt hat, kann aber hier nicht übergangen werden.

Osiander berichtet, daß er gebeten worden sei, für einen neuen Druck der biblischen Schriften einen besseren Text vorzulegen. Einmal ging es um die Beseitigung der Druckfehler und sodann um eine Verbesserung des üblichen Textes – gemeint ist: des lateinischen Textes – mit Hilfe der hebräischen Überlieferung und der Septuaginta. Der Nürnberger Prediger bedauert, daß er keine günstigen Arbeitsvoraussetzungen besaß: Es fehlten ihm alte Bibelausgaben und auch Zeit für seine Bemühungen. Immerhin habe er Anmerkungen zum besseren Verständnis des Textes gemacht, die nicht zuletzt junge Gelehrte zum Studium der Sprachen anreizen sollen, die dann ihren Beitrag zum wirklichen Verständnis der Bibel leisten sollen und können. Er habe, so läßt Osiander durchblicken, keine neue Übersetzung vorgelegt, wie Erasmus das beim Neuen Testament getan hatte. Lediglich die Verbesserung von Einzelstellen und der Personen- und Ortsnamen konnte er vornehmen. Es ist ein Zeichen von Osianders Überheblichkeit, wenn den Druckern im Vorbeigehen »nicht selten« Ungebildetheit nachgesagt wird und er den Gegnern seiner Arbeit zuruft, sie könnten sich ja mit den zahlreichen schlechten Ausgaben begnügen. Es wird also von ihm kein theologisches Programm entwickelt, sondern lediglich ein philologisches Vorhaben geschildert. Daraus wird

---

1. Im Alten Testament hat er dieselbe Reihenfolge der Bücher und auch zumeist denselben Wortlaut wie ihn die von Anton Koberger 1520 in Lyon verlegte Bibel bietet (vgl. über sie und andere Bibelausgaben Kobergers: *Panzer,* Nbg. Bibel, S. 87f). Im Neuen Testament hat Osiander nicht einfach die lateinische Version des Erasmus wiedergegeben, wie ein Vergleich mit *Clericus,* Opera Erasmi 6, S. 2ff ergibt. Auch hier läßt sich vielmehr eine große Ähnlichkeit zu der Koberger-Bibel von 1520 feststellen; zB druckt Osiander die Schriften in derselben Reihenfolge ab, so daß die Apostelgeschichte hinter den Hebräerbrief zu stehen kommt, während Erasmus dieses Buch dem Johannesevangelium hatte folgen lassen. Von einem Einfluß Karlstadts auf die Anordnung des neutestamentlichen Kanons durch den Nürnberger Prediger kann keine Rede sein, denn Karlstadt hatte gerade Evangelien und Apostelgeschichte als wichtigste neutestamentliche Schriften hervorgehoben (gegen *Leipoldt,* Kanonsgeschichte 2, S. 96; vgl. auch aaO, S. 109).

deutlich, daß Osiander sich dem humanistischen »ad fontes« nicht verschlossen hat, sondern wie Erasmus – allerdings in bescheidenerem Maß – einen Beitrag zum besseren Verständnis der Heiligen Schrift leisten wollte, die für die evangelische Bewegung so großes Gewicht besaß.

Vergleicht man die Ausführung mit diesem Programm, dann fällt auf, daß sich Randbemerkungen hauptsächlich in den ersten biblischen Büchern finden. Später nimmt ihre Zahl ab, ja im Neuen Testament kommen gar keine mehr vor[2]. Sie können sich nicht mit den Annotationes des Erasmus messen, da es sich nur um kurze Notizen handelt[3]. Ebenfalls am Rand finden wir Parallelstellen, die besonders bei den Evangelien sehr zahlreich sind. Zu dem Bibeltext, in den auch die alttestamentlichen Apokryphen aufgenommen wurden, kommen noch die üblichen Bibelvorreden des Hieronymus und anderer[4], eine kurze Äußerung des Erasmus und weitere Beiträge von Euseb von Caesarea und Athanasius hinzu[5]. Dem Nürnberger Erstdruck von 1522 folgte ein Jahr später ein weiterer[6]. Während Osianders Drucker Friedrich Peypus 1530 eine andere lateinische Bibelausgabe herausbrachte[7], hat Peter Quentel in Köln den Text des Nürnbergers 1527 und 1529 mit nur geringfügigen Änderungen ediert, zu denen allerdings die Weglassung von Osianders Vorrede gehörte[8]. Da der Erstdruck laut Aussage des Druckerkolophon im Dezember 1522 beendet war[9], dürfte Osianders Vorrede im Herbst desselben Jahres geschrieben worden sein.

Unserem Druck liegen die beiden Fassungen der Vorrede zugrunde, die erhalten sind[10]:

A: Nürnberg, Friedrich Peypus für Johann Koberger, 1522 = *Seebaß*, Bibliographie, S. 3, Nr 1.1.

B: Nürnberg, Friedrich Peypus für Johann Koberger, 1523 = *Seebaß*, aaO, S. 3 und 5, Nr 1.2.

---

2. Osiander hatte in seiner Vorrede gesagt, daß er auf den hebräischen Text und die Septuaginta zurückgreifen wolle. Zu der Art seiner Beschäftigung mit dem Neuen Testament hatte er sich nicht geäußert. Offenbar ging es ihm vor allem darum, seine Hebräischkenntnisse (vgl. o. S. 60, Anm. 82) anzuwenden.

3. Vgl. dazu u. die Beispiele S. 66, Anm. 3 und 5.

4. Vgl. *Schild,* Bibelvorreden; der Ausdruck »Bibelvorreden« trifft auf die meisten Stücke des Hieronymus eigentlich nicht zu, vgl. *Schild,* aaO, S. 16ff. Leider behandelt *Schild* nicht die Bibelausgabe Osianders. Die von ihm erwähnte »lateinische Bibel Andreas Osianders von 1600« (S. 271), eines Enkels des Nürnberger Predigers, geht auf ein Werk von dessen Vater Lukas zurück (vgl. RE 3, S. 45,5ff).

5. Vgl. *Seebaß,* Bibliographie, S. 3, wo beim Druck Nr 1.1 versehentlich die Äußerung des Erasmus zu einem Brief des Hieronymus als Bl. *4a stehend bezeichnet wird; sie steht Bl. *2a.

6. *Seebaß,* aaO, S. 3 und 5.

7. *Panzer,* Nbg. Bibel, S. 110–112; die Biblia Sacra ist von Peypus nur gedruckt und von Johann Koberger verlegt worden, vgl. *Seebaß,* Bibliographie, S. 3, Nr 1.1 und 1.2; über J. Koberger vgl. *Hase,* Koberger, S. 32–35.

8. Vgl. *Seebaß,* Bibliographie, S. 5f, Nr 1.3 und 1.4.

9. *Seebaß,* aaO, S. 3, Nr 1.1.

10. Auszüge aus der Vorrede finden sich bei *Lelong,* Bibliotheca, S. 659f.

Text

[1b:] ªAndreas Osianderª pio lectori

Cum essent apud nos sacra utriusque testamenti biblia typis excudenda, cuperentque vehementer ii, quorum sumptibus res agebatur[1], ut, quam fieri posset, emendatissima in lucem prodirent, neque tamen omnia, quae laudabile hoc eorum studium requirebat, in promptu essent, carebamus enim optimo in hoc laboris genere subsidio, nempe vetustis exemplaribus, quorum saepe vel antiquitas incorruptiorem servat veritatem, vel diversitas non modo indicat errorem, verum etiam restituendae veritati praebet ansam, in partem laboris ab eis sum invitatus rogatusque, ut expunctis erroribus, quos typographorum vel incuria vel rerum grammaticarum ignorantia invexerat, simul etiam, sicubi barbaries vel aliud sermonis incommodum suspicionem faceret, consultis Hebraea veritate et septuaginta interpretibus[2] subodorarer, quid esset legendum. Quod cum facere coepissem conferremque Latina Hebraeis, occurrebant nonnulla, quae interpres vel non fuerat assequutus vel parum commode explicarat, quorum aliqua placuit obiter annotare[3] non alia causa, quam ut studiosos iuvenes ad sectanda studia linguarum acrius incitarem, sine quarum cognitione frustra speramus genuinam sacrarum literarum intelligentiam, senes vero morosos aequanimiores redderem, iis, si qui forte Erasmi exemplum imitati novam veteris testamenti translationem molirentur[4], nonnulla vero prudens dissimulavi, alii vel tempori vel authori reservans, quod eiusmodi essent, quae nuda et suis rationibus orbata non viderentur tuto in lucem prodita exagitantibus et calumniantibus omnia indoctissimis sophistis. Quod si nihil aliud, certe temporis iniquitas, mira typographorum festinatione contracti, manum retrahere coegit obstititque, quo minus satisfaceremus ipsi nobis, ne quid dicam de typographis, in quibus non raro diligentia et eruditio desyderantur. In propriis nominibus vel hominum vel locorum restituendis paulo fuimus audaciores[5]. Si quis veterem salivam magis probat, similes habent labra lactucas[6], nempe corruptissimorum exemplariorum alibi excusorum vel myriadas, tametsi nos quoque multa tulimus abiicienda, non nostro, sed aliorum stomacho servientes, cum non ignoremus optima non nisi paucissimis placere. Vale.

a–a) fehlt B.

1. In dem Kolophon heißt es, der Druck sei auf Kosten von Johann Koberger zustande gekommen (A: Bl. qq6a; zu B vgl. *Seebaß*, Bibliographie, S. 5, Nr 1.2).
2. Über die Hebräisch- und Griechischkenntnisse Osianders, der seit 1520 Lehrer für Hebräisch im Nürnberger Augustinerkloster war, vgl. *Seebaß*, Osiander S. 71–73 und o. S. 60, Nr 2.
3. zB fügte Osiander zu Gen 1,1: »In principio creavit Deus caelum et terram« die Randbemerkung hinzu: »Hebrei caelos ubique pluraliter enunciant« (A: Bl. a1a).
4. Desiderius Erasmus von Rotterdam (1469–1536) hatte 1516 das Neue Testament in griechischer Sprache ediert, der er eine lateinische Übertragung und Erklärung hinzugefügt hatte (gedr. *Clericus*, Opera Erasmi 6, S. 2ff).
5. zB spricht Osiander Gen 22,22 von »Caseth et Asau«, vermerkt aber am Rand zu Asau, daß im Hebräischen »Haso« stehe (A: Bl. a8a).
6. Vgl. *Wander*, Sprichwörterlexikon 3, Sp. 1845, Nr. 9.

Nr 4
Sendbrief Johann Böschensteins an Osiander
1523

Bearbeitet von *Gottfried Seebaß*

Einleitung

Als Osiander Johann Böschenstein, »kaiserlicher Majestät gefreiter hebräischer Zungen Meister«[1], kennenlernte, war er Student in Ingolstadt[2]. Unter dem Einfluß eines neuplatonisch gefärbten Humanismus und beeindruckt von der zweiten Auflage von Reuchlins ›De verbo mirifico‹ aus dem Jahre 1514 mag in ihm der Wunsch erwacht sein, die hebräische Sprache zu lernen[3]. Jedenfalls belegte er bei Böschenstein, der von 1505 bis 1517 in Ingolstadt die hebräische Sprache lehrte, eine Psalmenauslegung[4]. Zwischen Lehrer und Schüler entwickelte sich damals ein so gutes Verhältnis, daß sich Böschenstein noch Jahre später daran erinnerte und veranlaßt wurde, seine Schutzschrift in eigener Sache Osiander zu senden.

Die beiden Männer dürften sich seit der Ingolstädter Zeit nicht aus den Augen verloren haben. Zwar ist es nicht zu beweisen, daß Böschenstein, als er sich im Oktober 1518 auf der Reise nach Wittenberg kurz im Augustinerkloster in Nürnberg aufhielt, der einflußreichen Sodalitas Staupitziana seinen Ingolstädter Schüler als Lehrer des Hebräischen für das Kloster empfahl[5] – unmöglich aber ist es nicht. Auf jeden Fall dürften sich die beiden wiedergetroffen haben, als Böschenstein nach einer kurzen, von Luther und anderen scharf kritisierten Lehrtätigkeit in Wittenberg Anfang des Jahres 1519 mit einer Empfehlung Melanchthons in Nürnberg eintraf[6]. Lange wird er sich damals allerdings nicht in der Stadt aufgehalten haben. Ein unstetes Wanderleben führte ihn über Augsburg, Heidelberg und Zürich gegen Mitte 1523 nach Nördlingen.

Von den dortigen Schulmeistern wurde die Arbeit des neuen Kollegen, der gerade die Kinder aus den vornehmen und reichen Familien der Stadt in seinem Unterricht versammeln konnte, nicht gern gesehen[7]. Möglicherweise stammten also aus ihrem Kreis jene Beschuldigungen, gegen die sich Böschenstein mit seiner ›Versprechung‹ zur Wehr setzte. Den Namen seines Gegners hat Böschenstein nicht genannt. Doch ist seinen Andeutungen zu entnehmen, daß es sich um einen

---

1. Über Böschenstein (* Eßlingen 1472, † Nördlingen 1540?) vgl. *Will*, Gelehrtenlexikon 1, S. 129–134; ADB 3, S. 184–186; NDB 2, S. 407.
2. Vgl. *Seebaß*, Osiander, S. 71f.
3. Vgl. *Simon*, Osiander, S. 2f.
4. Vgl. *Prantl*, Geschichte 2, S. 486, Nr 17.
5. Vgl. *Simon*, Osiander, S. 4f.
6. *Bauch*, Einführung S. 152–160 und 214–223, sowie CR 1, Sp. 60f, Nr 31.,
7. Über Böschensteins Nördlinger Aufenthalte vgl. *Kern*, Böschenstein S. 157–162, bes. S. 157 und 160.

ehemaligen Mönch gehandelt haben muß, der offenbar unter den Einfluß der lutherischen Form der Reformation gekommen war, da er eine Verwerfung der Bilder aufgrund des alttestamentlichen Bilderverbotes ablehnte[8]. Freilich ist auch nicht auszuschließen, daß Böschenstein sich gegen von auswärts kommende Vorwürfe verteidigte. Möglicherweise haben Äußerungen Luthers und Melanchthons über ihn das Gerücht verbreitet, er sei ein getaufter Jude[9].

Es war nicht nur der damals durch die Teilnehmer an den Nürnberger Reichstagen frisch begründete Ruhm seines ehemaligen Schülers als unerschrockenen Predigers, der Böschenstein veranlaßte, seine Apologie an Osiander zu senden. Ihm war bekannt, daß dieser selbst Anfang des Jahres 1523 von dem päpstlichen Nuntius Francesco Chieregati beschuldigt worden war, ein getaufter Jude zu sein und die Ehre der Mutter Gottes verletzt zu haben. Damals war es zu einem Verhör vor einem kleinen Ausschuß des Reichstages gekommen, bei dem Osiander, unterstützt von Johann von Schwarzenberg und dem Ansbacher Markgrafen Kasimir von Brandenburg, die gegen ihn erhobenen Vorwürfe entkräften konnte[10]. Osiander selbst scheint in seinen Briefen dafür gesorgt zu haben, daß die Sache über die Grenzen der Stadt hinaus bekannt wurde[11]. Doch dürften dazu auch die Gesandten der Stände und Städte beigetragen haben, die sich damals in Nürnberg aufhielten. So konnte Böschenstein mit seiner Schrift, die also wahrscheinlich um Mitte 1523 entstand und in der er zunächst seine christliche Abstammung bewies, um anschließend seine Stellung zu Bildern und Heiligenverehrung zu erläutern, bei Osiander auf freundliche Aufnahme rechnen.

Von einer Antwort Osianders ist nichts bekannt. Die beiden Männer dürften aber auch später in engem Kontakt gestanden haben. Anfang des Jahres 1525 begab sich nämlich Böschenstein von Nördlingen nach Nürnberg, wo er mit kurzen Unterbrechungen bis 1533, seit 1526 auch an dem unter Mitarbeit Melanchthons gegründeten Gymnasium, unterrichtete. Erst in diesem Jahr verließ er – möglicherweise der Pest wegen[12] – die Reichsstadt an der Pegnitz, um sich wieder nach Nördlingen zu begeben, wo er im Jahr 1540 gestorben sein wird[13].

Eine handschriftliche Fassung von Böschensteins Sendbrief hat sich nicht gefunden. Er ist wohl auch von vornherein als eine Art ›Offener Brief‹ gedacht

---

8. Vgl. u. S. 71, 25–73, 4.

9. Vgl. Luthers Äußerung über Böschenstein im Brief an Johann Lang vom 13. April 1519: »nomine christianus, re vera iudaeissimus«, WAB 1, S. 368,12f, Nr 167, und die nicht datierte, sich möglicherweise auf Böschenstein beziehende Äußerung Melanchthons in CR 25, Sp. 611. Auch Sebastian Münster hat später die Behauptung aufgestellt, Böschenstein sei getaufter Jude gewesen, vgl. *Burmeister,* Münster S. 35.

10. Vgl. *Schubert,* Spengler, S. 380f und S. 385–390. Doch sind *von Schuberts* Zweifel an dem Bericht, den Melanchthon über einen Brief Osianders an Sebald Münsterer gab, nicht berechtigt. Dessen Angaben lassen sich durchaus mit den amtlichen Quellen vereinen.

11. Vgl. Melanchthon an Spalatin, 1. März 1523, CR 1, Sp. 605f, Nr 234. Melanchthon sagt ausdrücklich: »Habes paene totidem verbis descriptam epistolam Osiandri quando properando consequi potui«. Vgl. auch *Clemen,* Melanchthons Briefwechsel, S. 212f, Nr 287.

12. Vgl. *Kern,* Böschenstein, S. 158.

13. Vgl. *Kern,* Böschenstein, S. 159.

gewesen. Da aber Osiander nicht nur in einer Widmung, sondern fortlaufend angesprochen wird, darf diese Veröffentlichung Böschensteins als an Osiander gerichteter Brief in dieser Ausgabe nicht fehlen.

Unserem Text liegt der allein erhaltene Druck durch Philipp Ulhart in Augsburg nach dem Exemplar der Stadtbibliothek Nürnberg (22 in Theol. 910 4°) zugrunde:

[Augsburg: Philipp Ulhart, 1523]
Ain Diemietige Uersprechung: || durch Johann Bôschenstain / geborn von || Christenlichen ôltern / || auß der stat Eßlingen / wider || etlich die von jm sagen / Er seye von Jüdischem || stāmen / vnd nit von gebornē Christen her= || kōmen / Zů gesāt / dem Christenlichē || seynē lieben brůder Andree Osi= || ander / Prediger zů Nůrn= || berg / der samlūg sant Lorentzen Pfarr || genannt. || ... || .. || .||
4°, 6 ungez. Bll. (Titelrückseite und letztes Bl. leer), A⁶.
Schottenloher, Ulhart, S. 100, Nr 36.
Erlangen UB, München SB, Nürnberg StB (22 in Theol. 910 4°).

Text

[A1a:] Ain diemietige versprechung[1] durch Johann Bôschenstain, geborn von christenlichen ôltern, auß der stat Eßlingen, wider etlich, die von im[2] sagen, er seye von jüdischem stammen und nit von gebornen christen herkomen, zůgesant dem christenlichen, seynem lieben brůder Andree Osiander, prediger zů Nůrnberg, der samlung[3] sant Lorentzen Pfarr genannt.

[A2a:] Allerliebster Andree! So du etwan[4] vor jaren dich gegen mir freüntlich zů Ingolstat erzaygt[5] und gar brůderlich, erbarlich gehalten, auch von mir, deinem mindern[6] diener, etlich lobgesang Davids des propheten[7] gehört in hebrayscher sprach und, als ich war sag, baß[8] dan ich vil dings verstanden, hast doch mir sollich lieblich beweysung gethon[9], das ich, deiner freüntlichen geberde noch wol gedåchtig[10], bin bewegt worden, dir mein anfechten[11] und betrübung zů klagen, Gott für mich zů bitten, mir gedult und leydung[12] ze geben. Dann ich offt als ain mensch schwermůttig und hoch betrůbt würde in meinen begegnussen[13], so ich

---

1. Verteidigung.   2. ihm.
3. Gemeinde, hier offenbar vom hebräischen קָהָל her gedacht.
4. bisweilen.
5. Osiander wurde am 9. Juli 1515 in Ingolstadt immatrikuliert, vgl. *Seebaß*, Osiander, S. 71.
6. geringen.
7. Psalmen.
8. besser.
9. dich so liebevoll erwiesen.
10. eingedenk.
11. Anfechtung.
12. Kraft zum Leiden.
13. Widerfahrnissen.

kainen sichern biegel[14] in der ganzen welt mag finden, kain rosenstock on doren, kain garten on nôsseln[15], kain frucht on myßwachsung, kain menschen on betrug, auch mich selbs von den myßbreüchen, neyd und haß und aller torhait nit entwenen kan, auch mit mir selbs gar nit ains werden mag, biß die zeyt des Herren kumpt, sein genad mitzetaylen, wie er gethon hatt Mose[16], Johanni° dem tôuffer[17], Petro[18], Paulo[19], dem schacher in der marter[20]; sunst ist all mein sach verloren on dise gnad. Aber ich bleyb noch ain mensch und lasse mich gar kain sachen hoch bekümern, so diejhenen, die als[21] yetz neüw volkommen christen wôllen sein, mich also umbtreyben. Doch verwundert es mich mer, dann[22] es mich bekümmert, das sy sich gegen Got verschulden und ich mich mit inen, dann wir sollen ye ainander uberheben, das[23] wir begeren, von den anderen uberhebt ze werden[24].

Hat sich aber begeben, das ain gaistlich person[25] mich dargeben[26], ich seye ain getauffter Jud[27] und mein vatter sey ain hochgelerter raby undern Juden gewesen. Darumb sey ich wider die bilder und gemäl, das man sy nit machen oder brauchen soll etc. Des muß ich mich (Gott verzeyhe mirs) verantwurten, nit von meinen wegen, sonder meiner freundtschafft[28] und meinem nachkummenden geplûet[29] zûgût. Und ich sag also: Mein lieber vater sâlig, ains gar alten geschlechts der stat Stain[30] am Reyn underhalb Costentz[31] geboren und [A2b:] herkommen, ist gût[32] Hainrich Bôschenstain, und noch heüt, auff datum diser schrifft[33], meines vatters brûders sun gût Clôwe Bôschenstain und Batt Bôschenstain noch disen tag zû Stain vischer seind, heüslich und burgerlich[34] da wonend.

Das red ich nit darumb[35], ob ich joch[36] (wie der brûder[37] von mir sagt) ains

---

14. Winkel.
15. Nesseln, hier Brennesseln.
16. Ex 3 und 4.
17. Lk 1,80.
18. Joh 21,18.
19. Apg 9,1–20.
20. Lk 23,43.
21. eben.
22. als.
23. verschonen, worin.
24. Vgl. Mt 6,12; 7,12.
25. Wer gemeint ist, läßt sich nicht feststellen. Es muß sich aber um einen evangelisch gewordenen ehemaligen Mönch handeln, vgl. Einleitung.
26. ausgegeben, von mir behauptet hat.
27. Über diesen Vorwurf gegen Böschenstein vgl. die Einleitung.
28. Verwandtschaft.
29. Über Böschensteins Nachkommen ist wenig bekannt Sein Sohn Abraham Böschenstein gab in den Jahren 1518 und 1530 das ›Rechenbüchlein‹ seines Vaters von neuem heraus, vgl. *Heigemooser*, Rechenbuch, S. 115.
30. Stein, am Ausfluß des Rheins aus dem Bodensee gelegen.
31. Konstanz.
32. der angesehene.
33. fehlt. Über die Datierung vgl. die Einleitung.
34. als Hausbesitzer und Bürger.
35. ergänze: daß ich.
36. auch immer.   37. Es handelt sich also um einen ehemaligen Mönch.

Juden sun were, mich dester verwürflicher vor Got schetzen³⁸, dann ich wayß, das Got kain person besonder ansicht ᵃ, aber ain yeder, der Got fürcht und würckt die gerechtikait, er sey welches geschlechts oder volcks er wölle, der ist angenem Got dem herren. Aber ich müß dannocht meinen nachkommen zügüt disen argkwon³⁹
umbstossen, damit die menschen sich nit ubertreten⁴⁰ durch neyd⁴¹, der noch in gewonhait ist, das man die Juden (wiewol unbillich) hasset und verjaget auß allen enden⁴². Auch so diser mein günner⁴³ als ain besonder gütter christen⁴⁴ auff mich sollichs sagt vor meinen güten freünden nit zü fürderung, sonder zü nachtayl, müß ich dannocht dem thorn auch antwurten nach seyner torhait ᵇ, er wurde sich
sunst selbs zü vil weyß achten. Davon soll man in⁴⁵ und mich weysen. Wiewol auch nit alweg auff yede torhait ain antwurt gehört, so ist doch die warhait nit verbotten anzüzaygen und die menschen auß argkwon ze füren. Auff dises stuck will ich mich gegen disem meinem vervolger verantwurt haben, wiewol ich gegen Gott nit dester angenemer mag sein, als ob ich schon ain getauffter Jud were.

Hie sichstu, lieber brüder, wie wir ewangelisch christen seyen, ja, wol etwann listig, ain yeder den andern zü verstossen, schmähen, und yeder sein aygen eer süchen, durch listig fünd und anschleg seinem nächsten zü schaden. Das ist warlich kain brüderliche lieb, davon wir all tag schreyen. So macht es kain ainigkait noch frydsam leben, sonder alle zwitracht und des teüfels frucht würt also
außgedroschen. Aber wir solten, so vil wir möchten, frid halten mit allen menschen, uns selber nit rechen mit zoren, sonder wolsprechen den, die uns verfolgten ᶜ. Auf sollichs will ich warlich kain rachung⁴⁶, sonder freüntliche [A3a:] ermanung gegen disem menschen gethon haben, auß kaynem zorn, aber auß brüderlicher freündtschafft.

Das aber diser mensch (Gott vergebe ims) sagt, ich sey den bilden feynd auß jüdischer angeborner art, thüt er im selbs auch mir gar unchristlich und unrecht. Wol ist war, das ich gesagt hab, die schrifft sage, »verflücht sey der man, wöllicher ain bild machet oder ain gleychnuß, das da ist ain verbannenschafft⁴⁷ des Herren, das da ist ain werck der hend des menschen«ᵈ. Auch steet geschriben: »Du sahest
kain gleychnuß, da der Herr mitt dir redet von den berg Oreb, das du nit villeicht wurdest betrogen, dir ze machen ain bild ains manns oder ains weybs oder

---

a) am Rand: Actuum 10[34]; Colosen. 3[25]; Ephesi. 6[9]; Roma. 2[11]; Deutro. 10 [17]. – b) am Rand: Prover. 26[5]. – c) am Rand: Roma. 12[13–19]. – d) am Rand: Deutr. 27[15].

38. ergänze: würde.
39. hier: argen Wahn, falsche Annahme.
40. vergehen.
41. Haß.
42. Die letzte große Judenverfolgung hatte sich 1519 in Regensburg ereignet und von ihr wäre Böschenstein, wenn Melanchthons Äußerung sich auf ihn bezieht, unmittelbar betroffen gewesen, vgl. CR 25, Sp. 611 (›Postilla Melanchthoniana‹ hg. v. Christoph Pezel 1594).
43. wohl ironisch gemeint.
44. ebenfalls ironisch gemeint.
45. ihn.
46. Rache.
47. Übersetzung von תּוֹעֵבָה, das Luther mit ›Greuel‹ wiedergibt.

ainicherlay gleychnuß der thyer oder vyhe«ᵉ etc. Weyter steet: »Es sollen verschåmet⁴⁸ werden alle, die da eerend die geschnitten bild und die sich berůmen in iren abgöttern«ᶠ. Auch Ysaias am 44.ᵍ und am 2. capitel⁴⁹, item Hieremias am 10.ʰ, Baruch am 6.ⁱ und wol an hundert ortenᵏ leße ain frummer mensch, ob ichs von jüdischer art hab oder auß der schrifft. Ob aber etlich personen, der bibel onwissent, wölten das alt testament verwerfen und sagen, es were nit not, die bibel zů halten dann allain den Juden⁵⁰, so hör, was sagt Christus Matthei an dem 23.: »Die schrifftgelerten seynd gesessen auff dem stůel Mose. Alles das sy euch hayssen, das thond«ˡ. Ja, wann sy auff dem stůel Mose sitzen! Was ist aber der stůel Mose anders dann das alt testament, die propheten und Mose, die uns Christum anzaygen? Und kain andere bewerung⁵¹ haben wir. Item Christus Luce am letsten: »Es můssen alle ding erfült werden, die von mir im gsatz Mosy und in propheten und im psalmen geschriben steet«ᵐ. Item Luce am 16. sprach Christus zum reychen man: »Sy haben Mosen und die propheten, die sollen sy hören«ⁿ. Weytter sagt Christus Matthei am 5.: »Ich bin nit kommen, das gesatz auffzulösen, sonder zů erfüllen« etcᵒ. Nun, was sagt das neüw testament? Hör, sagt nit Paulus, »da sich die menschen sagten selbs weyse und warden thorn und verwandelten die eer des unzer- [A3b:] störlichen Gottes in die gleychnuß ains bilds, ains zerstörlichen menschens und der vogel und der vierfůssigen und der schlangen« etc?! Dann »sy haben«, spricht Paulus, »verwechselt⁵² die warhait Gots in die lugin⁵³ und haben geeret und gedienet der creatur mer dann dem schöpfer, der da ist gebenedeüt in ewigkait. Amen«ᵖ. Seynd ye das⁵⁴ die klaren wort sant Pauls.

Fürwar, mein allerliebster Andree, diser mein gůter freünd, der mich also hat gefürdert⁵⁵, wayßt dise text und vil mer selb wol und hat mer dann ich davon disputiert. Er ist auch vil baß underricht im latein dann ich, darumb laß ich mich gern⁵⁶ ain andern weysen, doch das er meyner torhait nit geleych sey. Was solte mich irren⁵⁷, wann alle stayn und seülen aller gepeüw von Gott zů bildern beschaffen oder durch werckleüt hauen weren? Ja, wa der ainfeltig brůder nit auß

---

e) am Rand: Deutro. 4[15f]. – f) am Rand: Psalm 96[Vg; 97,7]. – g) am Rand: Ysaie 44 [9–21]. – h) am Rand: Hiere. 10[14f]. – i) am Rand: Baruch 6[3–72]. – k) am Rand: Psalm 113 [Vg; 115,2–8]. – l) am Rand: Math. 23[2f]. – m) am Rand: Luce ulti.[24,44]. – n) am Rand: Luce 16[29]. – o) am Rand: Math. 5[17]. – p) am Rand: Roma. 1[22f.25].

48. ganz und gar beschämet.
49. Jes 2,17f.
50. Böschensteins Hochschätzung des Alten Testaments mag schon früh bei seinen Gegnern zu einer ähnlichen Begrenzung der Geltung dieses Teils der Bibel geführt haben, wie sie Luther später gegen die ›Schwärmer‹ geltend machte, vgl. zB WA 18, S. 76,4 (›Wider die himmlischen Propheten‹, 1524).
51. Beweismittel.
52. verwandelt.
53. Lüge.
54. Eben das sind.
55. wieder ironisch gemeint.
56. ergänze: von.
57. beirren, aufbringen.

irrung sy eerette⁵⁸ und anbettete, rechte ware erkantnuß Gotes in seynem hertzen nit außschliege! Fürwar, mich irren die bild nicht, wiewol sy verbotten seynd zů machen. Dann ich glaub an Gott, den meyne leypliche augen nit sehen mügen. Dann nyemandt mag Got sehen ymmer⁵⁹, verstee, leyplichs gesichtsq.

Auch sagen ander vil, man sey den hayligen und der mûter unsers erlösers feynd und günnen inen kain eere. Ja, sy sagen doch selbs, die außerwölten: »Nit uns, o Herr, nit uns, sonder deynem namen gib die eer«ʳ. So seynd doch auch alle sâligen seelen eingeleybet Christo Jhesu und seynd gaystlich glyder des Herren. Wann ich nur das haupt eer, das haupt anbeet, das haupt anrûff umb hilf, so ist warlich kain ausserwölt glid von dem haupt abgeschyden. Also, wann ich Christum anrûff, so rûff ich auch Mariam, seyn wirdige mûter, und alle sâlige im Herrn an. Ich sag auch für mich – und ist mein glaub vest und on wanckel, bey meyner seel hayl –, das Maria, die mûter Christi Jhesu, die allersâligest und allerwirdigest creatur sey nach Christo dem herren, die ye erschaffen ist worden, und acht, ich künde ir (ob auch sy noch personlich auff erden bey uns were) kayn grösser eer beweysen, dann [A4a:] so ich sy ermanete⁶⁰ an den herren Christum Jhesum, iren aynigen sun, ires leybs gebenedeytte frucht, das er sy begnadet und voller gnaden begabt und sy auß allen creaturn erwölt, gebenedeyt und erschaffen, »grosse ding gethon. Dann er hatt angesehen die diemûttigkait seyner dienerin. Auß dem werden sy sâlig sagen alle geschlecht! Der mir das gethon hatt« (sagt Maria), »der ist mechtig, und seyn nam ist haylig, und sein erbarmung ist von geschlecht in ⁶¹ geschlecht, die in fürchten. Er hat gethon gewalt mit seynem arm. Er hatt zerströwet die hochmûtigen ires hertzens. Er hat abgesetzt die mechtigen von irem gewalt oder stûel und hat erhebt die nidertrechtigen⁶²ˢ etc. Diser gebenedeytten mûter Christi, wölche mit Got dem herren im ewigen leben wonet, embeüt ich dise eer und nit dem holtz, stayn oder gemâl. Mich soll auch dero kains ermanen an Christum oder sein werde mûtter Mariam, sonder mein vester, stâter, gelerter⁶³ glaub im hertzen, den ich auß der schrifft, Gottes wort, habᵗ. Das soll mir mein hertz allweg auffwecken und nit ain werck der hend der menschen. Dabey, da würd⁶⁴ ich bleyben, biß ich weytter underwysen⁶⁵ würd, und mich von der leer Christi und der bibel nit lassen dringen⁶⁶ mit sollichen worten, wie dann mir Gott die gnad gibt.

Also, allerliebster Andrea, würd ich vervolgt: So ich sag, die bild möchte ain

---

q) am Rand: Johannis an dem 1.[18], 5.[37] und 6.[46]. – r) am Rand: Psalm 113[Vg;115,1]. – s) am Rand: Luce 1[46–55]. – t) am Rand: Roma. 10[8–11].

58. ehrte.
59. jemals.
60. erinnerte.
61. zu.
62. gering Geschätzten.
63. kenntnisreicher.
64. werde (so auch im folgenden Satz).
65. unterwiesen.
66. drängen.

gůtter christ wol geratten⁶⁷, so kummen sollich gůt mein günner, ich seye ain geborner Jud und die art erayesche⁶⁸ das. Und diser gůt mensch ist meer darwider dan ich, das möcht ich wol beweysen⁶⁹. Noch laufft unser esel ungezämpt vor allen tugenten und wer geren⁷⁰ der erst in der wayd, so fellt er etwa⁷¹ in die vorgrůb⁷² und můß verderben. Got helff uns allen zů rechter bekantnuß seines götlichen willens. Doch ist das mein glaub, das der mensch Christus Jhesus mit allen eingeleybten ausserwölten gelydern allweg⁷³ stee vor dem Vater, für unser sünd vergebung ze bitten^u. Ich glaub auch, das der will Christi, unsers herren, und der will aller seiner hayligen ain verayinigter will sey, also was [A4b:] Christus will, das wöllen alle hailigen, kain⁷⁴ außgeschlossen. Dann Christus spricht also: »Hailiger Vatter, behalt sy in deynem namen, die du mir hast geben, das sy seyen ain ding, wie wir ains seyen«, und: »Ich hailig mich selb für sy, das sy gehayligt werden in der warhait. Nit bitt ich für sy allain, sonder für alle, die da werden glauben in mich durch ir wort, das sy all ain ding seyen als du, Vatter, in mir und ich in dir, und das sy in uns ains seyen« etc. »Vater, die du mir hast geben, will ich, auf das, wa ich bin, das auch sy seyen mit mir, zů sehen mein klarhait, die du mir geben hast«^v etc. Also ist in dem ewigen leben ain ainiger will aller ausserwölten in Gott und Got in inen^w. Da ist kain verwandlung, kain widerwill, kain verenderung, sonder es ist alles ain will, ain såligkait on allen mangel.

Also, wer Christum anrůfft, der das haupt ist, růfft auch an seyne gelyder, das seynd alle seyne ausserwölten, die mitt im durch seyn aufferstehung eingeleybet seynd, aber nit ain gelyd besonder allain anzůrüffen on das haupt, dann Christus und alle seine erwölten seind ain ding, ain will, ain gaistlicher leyb durch sein klarificierten leib, als er aufgestigen ist gewaltigklich⁷⁵ in die hymel etc. Darumb sagt unser erlöser: »Ich bin der weynstock und ir seit die zweig. Bleibt in mir, und ich in euch. Als das zweig nit mag frucht tragen von im selbs, es bleyb dann an dem weynstock, also mügt ir auch nichts thon, ir bleybt dann in mir. Ich bin der weynstock und ir seyt die zweyg; wöllicher in mir bleybt, und ich in im, der würt vil frucht tragen, dann on mich mügt ir nichts thon; und so ir in mir bleybt, und so meine wort in euch bleyben, ain yedes ding, das ir wölt, solt ir bitten und es würt euch geschehen«^x etc. Soll ich mich davon treyben lassen? Soll ich ain andern helfer, tröster, fürbitter, mitler gegen Got dem vatter haben dann Christum

u) am Rand: 1Timo. 2[5f]. – v) am Rand: Johannis am 12.[28],14.[10–13] und 17.[19.21.24]. – w) am Rand: Johan. 6[39f]. – x) am Rand: Johan. 15[1.4f.7].

67. entbehren.
68. erheische, verlange.
69. Diese Bemerkung macht es unmöglich, Böschensteins Gegner im Lager der strengen Lutheranhänger zu suchen.
70. gern.
71. irgendwo.
72. den Graben vor der Weide, vgl. *Schmeller,* Wörterbuch 1, Sp. 984.
73. immer.
74. keine.
75. als einer, der die Macht innehat.

Jesum? So ich in anrůff, so růff ich warlich das haupt mit all sein gelydern an, als sein werde můtter Maria und alle außerwŏlten, dann wa Christus ist, da seynd sy auch ain ding mit im. Das seynd die rechten bild, [A5a:] die wir für[76] uns setzen sollen: die wort Christi Jhesu in unser hertz bilden und behalten, wie er uns
5 gelert hatt. Er hatt uns nit auff die bilder gewysen, aber wir sollen seyne wort behalten und ainander leren[77]. Alsdann sagt: »Unser hilf sey in dem namen des Herren, der da hatt gemacht himel und erden«[y] etc. Lese ain yeder frummer mensch alle tag disen gantzen psalm mit aufmerckendem fleyß, so würt er versteen, wer uns helfen soll, kan und mag. Hiemit will ich mich des andern stucks
10 verantwurt haben gegen diesem menschen, der bilder halb, dann ich bin kainem bild von stain oder holtz feynd. Was were mir mit sollicher torhait geholfen? Aber den mysbrauch haß ich bey mir selbs und hůte mich vor demselbigen, so vil ich gnad von Gott hab. Das thů ich auß kainer jüdischen angebornen art. Aber mein günner hatt gethon nach seynes lands art[78].
15 Ich bezeuge auch hie mit meyner aygen schrift vor Got, dem almechtigen, und allen menschen, das dises obgeschribens mein glaub und vertrauwen in Gott ist und in sein aingebornen sun, unsern herren Jhesum Christum, und das Maria, sein werde gebererin, sein menschait wunderbarlich durch gŏtlich fürsehung[79] geborn hat uns zů hayl, ain unverserte junckfrau von ewigkait beliben und in
20 ewigkait beleyben würt. Also haben mich meyne frummen ŏltern, vatter und mein liebe můtter, gelert, die frumm geborn christen seind gewesen, das ich mit ainem ersamen rat der stat Eßlingen und der stat Stayn in Schweytz genůgsam beweysen mag. Auch hab ich darnach getreüwe, frumme, christglaubige schůlmayster gehapt an vil orten, auch auff hohen schůlen bey frummer, gelerten
25 männern die schrifft gelernt. Haben mich auch alweg forchtsamlich[80] gezogen und in züchtiger[81] straff gehalten; das[82] will ich noch meinen obern in gŏtlichen underweysungen gern gehorsam sein als ein gehorsamer christlicher sun seinen ŏltern, mich weysen lassen im gesatz Gottes, auch nit allain den frummen, sonder auch ettwa den bŏßen von frydes wegen gehorsam sein, zwitracht zů ver- [A5b:]
30 meyden[83] und brůderliche liebe zů meren. Also haben mich meine ŏltern und schůlmayster durch die gnad Gottes gelert, bis ich in die schrifft kommen bin und mich selber durch gottes hilf ůben mag. Gott wŏlle, das es mir und meynen underweysern zů ewiger sǎligkait gerayhen mŭge. Das verleyhe uns die gŏtlich barmhertzigkait. Amen.

y) am Rand: Psal. 122[Vg; 121,2].

76. vor.   77. Lk 8,15.
78. An welches Land hier gedacht ist, muß ebenso offenbleiben wie die Frage, ob Böschenstein unter der ›Art‹ die Benutzung falscher Anschuldigungen oder eine besondere Judenfeindlichkeit versteht.
79. Vorsehung.
80. zur Gottesfurcht.
81. fruchtbringender.
82. darum.
83. Röm 12,17f; 1Petr 3,18.

Allerliebster Andrea, dises hab ich dir zůgeschriben, das[84] ich wayß dich auch mit sollich gleicher that angetascht[85] und verletzet von aynem phariseyschen menschen mit unwarhait[86]. Wir můssen entgelten der hebrayschen hayligen sprach, so wir von christenlichen ôltern geborn und diser bey uns ungewonlichen hayligen zungen[87] ain wenig bericht seynd, von unverstandnen menschen verhaßt werden. Gott sey gelobt seyner gnaden in ewigkait. Er verzeyhe unsern widertaylen[88] und uns alle sünd und myssethat. Bitt du auch Gott für mich und für alle menschen der gemaynen samlung gottes[89] des gantzen umbkreyß der erden. Das will ich auch thon etc.

84. weil.
85. angetastet, angegriffen.
86. Über den Vorwurf, Osiander sei Jude gewesen, vgl. die Einleitung.
87. Sprache.
88. Gegnern.
89. gesamten Kirche, vgl. oben Anm. 3.

Nr 5
Ein schöner Sermon
1523

Bearbeitet von *Gottfried Seebaß*

Einleitung

Vor September 1523, wahrscheinlich kurze Zeit nachdem sie am 19. April gehalten worden war, erschien in Augsburg die Nachschrift einer Predigt Osianders über Joh 2,1–11. Obwohl auf dem Titelblatt sein Name erscheint, wird im Text nicht der Anspruch erhoben, daß er von Osiander persönlich zum Druck gegeben worden sei.

In dieser Predigt wurden zunächst verschiedene Antworten auf die Frage gegeben, warum Jesus seine Mutter bei ihrem Verlangen nach Hilfe so brüsk abgewiesen habe (Joh 2,3f). Maria drängte sich mit ihrer Bitte in den Bereich göttlichen Wirkens. Das stand ihr nicht zu. Gott will sich nämlich ungebeten des gläubigen Sünders erbarmen. Weder die Fürbitte Marias noch der Heiligen ist dazu notwendig. Überhaupt soll der Mensch seinen eigenen Willen fahrenlassen und Gottes Wirken vertrauen.

Dieser Gedanke wurde auch im zweiten Abschnitt, der laut der vorangestellten Inhaltsangabe der Erklärung der sechs steinernen Krüge (Joh 2,6) gewidmet sein sollte, noch weiter verfolgt. Jesus erhört die – stillschweigend – ihn bittenden Diener, ein Hinweis dafür, daß Gott die langen Gebete nicht liebt. Die sechs mit Wasser gefüllten Krüge bedeuten die Menschen, die allein von ihren eigenen Plänen und Vorhaben erfüllt sind. All das aber ist gemessen am Wein des Wortes Gottes nur Wasser. Erst wenn der Mensch zu Christus und seinem Wort eilt, wird das Wasser in Wein verwandelt, indem der Mensch seine Eigenmächtigkeit fahrenläßt.

Im letzten Abschnitt wird die Frage beantwortet, warum Christus die Hochzeit aufsuchte. Er tat es, um den ehelichen Stand zu loben. Gott hat die Ehe dem schwachen Menschen zugut eingesetzt. Aus diesem Grund sind Zölibat und Mönchtum als Irrlehre und Verführung zu betrachten. Vor allem aber handeln diejenigen unrecht, die ihre Kinder vor der Geschlechtsreife in die Klöster geben, denn die Heranwachsenden können später ihre Gelübde kaum halten. Es wäre daher am besten, wenn alle Mönche und Nonnen in die Ehe träten.

Rechnete man früher diese Predigt normalerweise zu den Werken Osianders, so wurde sie seit *Wilken* aufgrund der Gegenschrift des Lorenzer Predigers mit dem Titel ›Sendbrief an eine christliche Gemeinde‹ nicht mehr dazu gezählt[1].

---

1. Vgl. *Wilken*, Osiander, S. 10 und 48, Anm. 48; *Möller*, Osiander, S. 9f; *Seebaß*, Osiander, S. 6. Noch in der Bibliographie habe ich daher den Augsburger Druck zu den Falsa gerechnet, vgl. *Seebaß*, Bibliographie, S. 223, Nr 100. Über Osianders Gegenschrift vgl. u. S. 93ff, Nr 7.

Dennoch ist mit dem Hinweis auf diese Schrift die Frage nach dem Wert der in Augsburg veröffentlichten Predigt nicht ohne weiteres erledigt. Osiander hat nämlich in ihr zugegeben, über den genannten Text gepredigt zu haben. Weiter fällt auf, daß er sich mit rein formalen Gründen dagegen verwahrte, die Predigt als sein Produkt gelten zu lassen[2]. Die Inhaltsangabe, die er selbst in fünf Punkten ganz knapp von der seinerzeitigen Auslegung des Johannestextes gab, läßt sich nach Reihenfolge und Inhalt der Gedanken durchaus mit der in Augsburg gedruckten Predigt vereinigen[3]. Außerdem fand er nichts »schedlichs« in ihr, wenn er sie auch insgesamt als »flickwerck« betrachtete[4].

Nach alldem sieht es so aus, als habe sich Osiander hauptsächlich darüber geärgert, daß hier die Nachschrift eines Mannes, der weder die Art seiner Sprache – Osiander schrieb ein weit besseres und eleganteres Deutsch als das der Predigt – noch seine Gedanken überall zutreffend und die Gewichte richtig verteilend wiedergab, unter seinem Namen verbreitet wurde. Und da zu dieser Zeit noch keine deutsche Schrift von ihm erschienen war[5], hätte die Augsburger Veröffentlichung möglicherweise wirklich seinen Ruf als Prediger beeinträchtigen können. Außerdem passierte es ihm damals zum ersten Mal, daß eine nicht direkt von ihm selbst stammende Schrift mit seinem Namen erschien. All das mag seine Reaktion erklären. Jedenfalls hielt er später, als eine sehr viel knappere Zusammenfassung einer seiner Predigten mit seinem Namen gedruckt wurde[6], keine Entgegnung für notwendig.

Osianders Gegenschrift bietet also keinen ausreichenden Grund dafür, die in Augsburg gedruckte Predigt von der Aufnahme in die Edition seiner Werke auszuschließen, auch wenn es sich um eine Nachschrift handelt, die in ihren einzelnen Formulierungen nur mit Vorsicht als Quelle für Osianders Theologie herangezogen werden darf.

Dem folgenden Text liegt der allein bekannte Augsburger Druck von Melchior Ramminger nach dem Exemplar der Staatsbibliothek München (4° Hom. 1628 = *Seebaß*, Bibliographie, S. 223, Nr 100) zugrunde.

2. Vgl. u. S. 97,10–20.
3. Vgl. u. S. 98,1–39.
4. Vgl. u. S. 97,15 und 99,6.
5. Vgl. u. S. 96,22f.
6. Vgl. u. S. 130–136, Nr. 16.

Text

[A1a:] Ain schöne sermon, geprediget zů Nůremberg von Andreas Oseander, prediger zů S. Lorentzen, am sontag Miseriacordia Domini[1] auff das evangelium Johannes secundo etc, im jar 1523.

[A2a:] Auf sontag Misericordia Domini ist diser nachvolgend sermon zů Nůrenberg geprediget worden zů sant Lorentzen durch den wirdigen, wolgeleerten herrn Andreas Oseander, predicanten daselbst etc; anfencklich nach ettlichen schönen sprüchen in dem latein[2] fürgehalten das hailig evangelium nach dem text, wie hernach volget.

Das haylig ewangelium Johannis am andren capitel[a] [1–11] laudt nach dem text also:

»Am dritten tag ward ain hochzeyt zů Chana in Gallilea. Und dye můter Jhesu war da. Jhesus aber und seine junger wurdent auch auff die hochzeyt geladen. Und da es am wein gebrach, sprach die můter Jhesu zů im[3]: ›Sy haben nit wein‹. Do sagt zů ir Jhesus: ›Weyb, was hab ich mit dir? Mein stund ist noch nit kommen‹. Do sprach sein můter zů den dienern: ›Was er euch haissen oder sagen wirt, das tůdt‹.

Es warend aber da sechs staini[4] wasserkrieg gesetzt nach der jüdischen rainigung, der yegklicher inhyeldt zwů oder drey metreten[5] oder bey uns so vil maß. Do sprach zů in[6] Jhesus: ›Füllendt die krůg vol wasser‹! Und sy fülltendt sy bis oben an, und er sprach zů in: ›Schenckent nun ein und bringendts dem verseeher und speißmaister[7]! Und sy brachtents im. Als aber der speyßmaister versůcht den wein, der wasser gewesen was[8], und wyßt nit, von wannen er kam – die diener aber, die es geschöpft hetent, wyßtent es wol –, růffet der speyßmaister den breütgam und sprach zů im: ›Ain yeder gibt von ersten den gůten weyn für, und wann sy truncken worden seind, alsdann setzt er den geringern für. Du hast den gůten wein byß daher be- [A2b:] halten.‹ Dysen anfang oder das erst wunderzaichen thät Jhesus zů Chana Gallilea und offenbart sein glori, und seine junger glaubtend in in[9]« etc. Das ist der text des hailigen evangelium.

a) am Rand: Johan. 2[1–11]. Der Druck setzt überall, wo im Text ein biblisches Buch genannt wird, die entsprechenden Verweise am Rand, bietet aber darüber hinaus keine weiteren Schriftstellen. Sie bleiben daher normalerweise unberücksichtigt.

1. 19. April 1523.
2. Worum es sich dabei gehandelt hat, ist unklar. Osiander hat in seiner Gegenschrift bestritten, in seinen Predigten Latein zu verwenden (vgl. u. S. 97), obwohl aus der obigen Formulierung hervorgeht, daß es sich nicht um einen Teil der Predigt gehandelt haben kann.
3. ihm.
4. steinerne.
5. aus dem Griechischen: $\mu\varepsilon\tau\varrho\eta\tau\alpha\iota$, Joh 2,6.
6. ihnen.
7. verseeher und speißmaister = Küchenchef.
8. war.
9. ihn.

Nun weyter, außerwölten, lyeben kinder Gots, ist eüch und unß allen not, wol zů verston und auffzůmercken den verstand un warhait des hailigen evangeliums; dann es ist klar, lauter, hochverstendig und rain und uns armen sünder ain groß, schön exempel und fürbildung von Christo Jhesu, auff anregung[10] vil grosser haidnischer mißbreüch, so wir noch under uns haben. Auf sôlichs alles eüch zů underweysen und leeren, hab ich den nachvolgenden sermon fürgenomen, in drey tail eüch zů sagen und erkleren. Vom ersten: Auß was ursach Christus der herr seyner lieben můter Marie als ain hörte[11] antwurt auff ir begeren und fürbit gegeben. Aufs ander: Was die sechs kryeg mit dem wasser bedeüttent, die Christus der herr mit seynem götlichen wort in die gůte krafft[12] des weins verwendet[13]. Zům dritten: Umb was ursach Christus mit seinem auserwölten lieben gesind so erwirdiklich, wiliklich sich zů der hochzeyt des eelichen bands hat lassen berůffen und laden, etc.

Nun well wir vom ersten für uns nemen zů verston, was Christus der herr darmit gemaint und bedeüt hat, uns fürzůhalten, als Maria, die hailig junckfraw, zů Cristo sprach: »Sy haben nicht wein«, oder: »Sollichs mangeldt in«[14], als welt sy in freintlich bitten und mit fürbit in der hochzeit inen deshalb hilflich sein, alls wolt sy sprechen: So nit wein verhanden ist, so bleybt kain frôliche hochzeyt nit. Dann sy glaubet krefftiklich wol durch die genad des hailigen Gaists, das im alle hilf zů thůn müglich warendt, wiewol er vor[15] nie kain wunderwerck gewürckt het; der glaub leüchtet störcker in ir dann in kainem seiner junger. Nun ir auserwölten in Cristo, vermerckt mit fleyß: Der wein [A3a:] bedeüt uns das halig[16] wort Gotes, on das kan kain frôd und ergetzlikait sein. Es ist ain hailsamme, liepliche gab von Got, darin ist krafft, frôd und alle tugent. Auch sonst natürlich darvon zů reden, bedôrfft[17], weil nit not, alles zů erzôlen, dann allain, das Christus der herr den natürlichen wein in sein hailigs blůt, unser rainigung, verwandelt hat in dem hochzeytlichen, frôlichen nachtmal etc, darin er selbs der edel preüttigam gegen der armen braut, der sündtlichen welt, gewesen und sich mit yr, die er zů aim gesponß[18] hatt wellen haben, mit seyner grossen marter und sterben verainiget hat, damit er uns alle alls seine gespons zů im in seinen ewigen sal und tabernackel bringen möcht etc.

Nun, auff begeren und fürbit der můter Gots von mangel des weins, auß was ursach gab ir Christus also ain schnelle, hôrte antwurt? Das well mir[19] besehen. Ir solt wissen, das es nit on ursach beschehen ist. Warumb nennet er sy weyb und

10. Veranlassung; hier soviel wie: im Blick auf.
11. so eine harte.
12. Menge.
13. umändert; verwandelt.
14. Joh 2,3.
15. vorher.
16. heilig.
17. Offenbar ist der Text an dieser Stelle durch eine versehentliche Auslassung (möglicherweise von ›ir nit‹) verdorben.
18. einer Braut.
19. wollen wir.

nit můter? Darumb, dann²⁰ sy begeret hymmlische, götliche werck; über die was sy kain můter, nur über die menschait Christi. Auch weyter, so hat er darbey auch wellen anzeigen, das sich die junckfrau Maria und auch andre lieb hailigen nit sollet zůvil vermengen²¹ in die wunderbarlichen würckung der gothait. Dann was in der ewigen gothait verordnet, fürgenomen und volendt sol werden, das kan kain yerdische²² creatur, wie hailig sy yemer ist, im hymel und auff erden ermessen. Got hat im²³ seine wunderwerck und alle götliche urtayl allain vorbehalten. Darumb zaiget er hie an, als wolt er sprechen: Was die gothayt würcken wil, das gat niemand an zů erfragen, gar kain yerdische creatur, dann von yerdischer nattur kompt nichs dann angst und not und ain wessrige vermůttung und wenung²⁴, zůletzst der todt; als wolt er auch zů ier sprechen: Das, das ich von dier hie auff erden entpfangen hab, [A3b:] das můß auff erden wider kraftloß werden.

In disem hat Cristus der her die fürbit und dergeleich begeren der můtter Gots und der hailigen von im abgewysen und nit wellen haben. So nun Cristus, der ewig Got und herr, hat sölichs seiner lieben můter Marie also zů erfragen und wissen und ir beger oder bitt darbey abgeschlagen und ain anzaigung geben, das er selbs ongebetten und ongemandt den sünder erhören will, so der sünder ain gerecht²⁵ hertz und gemůt im glaben zů im tregt²⁶, was well wier armen sünder²⁷ dann so vermeßlich und frevenlich underston, Got in seinen willen zů greyffen und nach unsern köpfen zů handlen, Gotes wort weither²⁸ und schmöler, auch kürtzer und lenger zů machen. Dann er unß selbs bevolhen, auch fylmal verpotten hat, als Mathei am 5. [18f] und Deutrono. am 4. ca. [2], dann er unß auff sich selb vertröst und weißt, er well selbs mit unß handeln und unß helfen, als Esaie am 43. [11–13]. Und Mathei am 11. [28] spricht er: »Komend zů mir alle, die beschwert seind in arbait, ich wil eüch erquicken«, etc. Da spricht er gar klarlich: »Kommendt zů mir«, er spricht nit: »Gond²⁹ vorhin zů meiner můtter oder zů disem oder yenen hayligen«. Auch sprach Cristus in disem evangelio zů Maria: »Mein stund ist noch nitt kommen«³⁰. Darumb hat er unß hie ain anzaigung gethon, das wier durch unß selbs noch durch yemands³¹ nit söllend für unß nemen, ander zeit und stund zů sůchen, dann seines willens in seiner stund zů erwarten. Er waißt wol, wann die recht stund, unß zů helffen, not ist. Cristus der herr redt noch mer von ainer stund Mathei am 24. ca. [42ff]. Daselbs haißt er unß wachen und mundter sein und alle stund in seinem götlichen willen leben, damit

20. weil.
21. einmischen.
22. irdische.
23. sich.
24. Meinung.
25. recht.
26. hier: hat.
27. ergänze: uns.
28. weiter.
29. geht.
30. Joh 2,4.
31. irgend jemand anderen.

unß der Herr nit in der finstri³², das ist in sünden, ergreiff, als wolt er sprechen: Lond³³ eüer weßrige fürnemen und menschengedicht fallen, sůchent die kraft des weinß, das ist das haylyg wort Gots. Bey dem bleibend und richt eüch darnach, so werd ir sicherlichen³⁴ erfunden etc.

[A4a:] Nun weitter, diß evangelium zů vermercken³⁵. Als Maria, die hailig junckfraw, dise antwurt von Cristo vernommen hett, redt sy nit weyther mer mit im von dergleichen dingen. Sy batt in nit, so begert sy nit weyther. Sy vermercket wol an dyser antwurt, das ir nit zimen wolt, weither zů pitten oder begeren, dann allain die gothayt selbs lassen würcken. Sy schwigend alle gegen im in sôlicher mainung styll, für³⁶ nichte zeitlicher ding zů begeren. Darbey gar gůt zů vernemen ist und zů leernen, nichs zeitlichs oder zergengklichs zů begeren, und das Got in allem selbs handlen wil. Wir sôllend allzeit unsern willen im zůstellen³⁷.

Auff sôlichs wendet sich Maria, die můtter Jhesu, zů den diener der hochzeit und sprach: »Gett hin zů im, und was er eüch haißt oder sagt, das tůdt«, als wolt sy sprechen: Ich waiß eüch nit zů helfen, ir můßt seiner hilf in seinem wort aufmercken und nachfolgen und von im allain gnad erwerben; als welt sy weiter sprechen: Ich radt eüchs mitt treuen³⁸, dann er ist allein der gnaden außtailer, sonst gar niemandt. Mein bitt wirt nit helfen; so kan ich eüch nit genad beweysen, dann die můß allain von Got kommen, so wil er von den nottürftigen selbs ersůcht³⁹ werden etc.

Nach sôlichem, als sich die diener zů Cristo wendtendt mit styllschweigender begerung des munds, aber mit begyr und erhebung des hertzen, do erhôredt sy Cristus. Hiebey soll wier lernen betten mit erhebung in Got mit dem hertzen in aim starcken glaben. Das haist dann warhafftigklich im gaist und in der warhait Got angebet, Johan am 4. ca. [24]. Dann dise diener glabtend krefftigklich in yerem stilschweigen und begeren an Cristo, das er inen in allen mangelen helfen môcht. Dann Got fraget nit grossem geschray und langem gebet nach, wie er dann zů den gleißner melldet Mathei am 23. [14]. Allain will er das hertz mit erhebung im gemůt in aim brinniden⁴⁰ ernst im glaben haben, ob schon⁴¹ wenig wort [A4b:] darbey sind etc.

Also stůndent sechs staini wasserkrůg zů der raynigung daselbst. Do sprach Cristus: »Füllend dise krůg vol wasser!« Und sy füllendt sy mit wasser biß oben an. Er sprach zů in: »Schôpfend nun und bringens dem speyßmaister der hochzeit!« Und sy brachtent im solichs. Als nun der speyßmaister versůcht, das es so gůter wein was, und wisset nit, von wanne er kam, do redt er die vorgenanten

---

32. Finsternis.
33. Laßt.
34. wahrhaftig, zuverlässig.
35. genau zu verstehen.
36. um.
37. anheimgeben.
38. guter Meinung, Aufrichtigkeit.
39. gesucht, angegangen.
40. brennendem.
41. wenn auch.

wort zů dem breittigam also: »Du bringst den gůtten wein auffs letst« etc., wie dann vor gemeldt⁴².

Auff sōlichs well wir besehen, was uns diser edel wein bedeütt und dise yrdin wasserkrůg, die Christus der herre mit im in dise hochzeit bracht und dieselbigen
5 so eerlich⁴³ mit vereeret, auch was grosser krafft und gůtten geschmacks in dem edlen, lieplichen wein ist. Zů disem auch so wōll wyr die yrdin krůg lassen besehen, die vor der verwandlung in wein mit wasser erfüllt warend biß oben an. Wer seind nun die yrdin krůg, was ist die bedeütnuß darvon? Das sind alle yerdische menschen der erden, die von der erden kumend und wider zů erden
10 müssen werden⁴⁴. Was ist in inen, oder warmit seind sy erfüllt oder beschwärt in yr yrdischen kraft? Nur mit wasser biß oben an. Wie nur mit wasser? Warlich, so felt da hinweeg aller menschen fürnemen und ungōtlichen, unordenliche weyßhayt und alle arge hofnung, und wyrt der spruch Jheremye am 17. [5] erfült, darin der mund Gots spricht: »Verflůch sey der mensch, der sich verhoft in die menschen
15 und schaidt seyn hertz von Got und seinem wort« etc. Dann all unser verwenung⁴⁵, all unser geduncken, all unser yrdische selbserfindung, all unser fürnemen und radtschlag, die der hailigen geschrifft nit gleich sehend, sind wasser, und ist kain krafft darbey. Sag mir ainer: Welcher mensch wiert allain von wasser frōlich, wann nit ain gůtter zůsatz darzůkumpt, der es krefftig macht etc?

20 Nun, wie můß wir im aber tůn, das das unkrefftig wasser in unsern krůgen [B1a:] zů krefftigem, gůtem wein werd? Also můß wier im thůn: Wir müssend des radts und der anweysung Marie, der mütter Gotes, volgen, wie sy unß selbs hie leernet⁴⁶ und anweyßt, mit unsern wessrigen krůgen zů Cristo kommen, mit erhebtem hertzen im glauben begeren sein hailigs wort, und allain bey im hilf und
25 gnad sůchen, darbey bleiben und all unser und aller menschen gedicht fallen lassen, so wirt unser wasser in unsern krůgen zů wein und gewinnet krafft und frōd in der hochzeit des ewigen vatterlands⁴⁷. Da wyrt der ewig gōtlich speißmaister dann unsern wein loben, der vorhin⁴⁸ wasser und arg gewesen ist, und also durch das hailig wort Gots gůt ist worden durch die barmhertzigkait Christi etc.

30 Nun auffs drit und letst zů verston, warumb Cristus der herr mitsampt seiner lieben můter und junger, auf die hochzeit kommen sey, die selbigen eerwyrdigklichen ersůcht⁴⁹, auch mit seinem ersten wunderzaichen⁵⁰ so hoch geerdt und mit disem edlen wein begabt. Fürwar ain schōner verstandt und ain würdige, hailige bedeütnuß ist darauß zů nemen.

35 Und auff sōlichs solt ir wissen, das Gott im anfang und schōpfung der welt kain

---

42. Joh 2,6–10; vgl. oben S. 79,21–26.
43. ehrenvoll.
44. Gen 3,19.
45. feste Meinung, Erwartung.
46. lehrt.
47. Vgl. Apk 19,7.
48. vorher.
49. aufgesucht.
50. Joh 2,10.

erlichern[51] gesellschafft oder brůderschafft und kain wirdige[r]n seckt[52] hat gewyßt auffzůrichten und zůsammenfůgen, das im zů seinem götlichen lob liepplicher und fruchtparlicher wurd, das himelschlich vaterland zů zieren, als den hailigen, eerlichen stand des eelichen lebens, als er dann Genesiß primo [28] zů Adam und Eva sprach: »Seidt fruchtpar und meret eüch« etc. Auch hat Got zůgesagt dem frommen patriarchen Abraham, ummb seins starcken glaubens willen seinen somen zů meeren wie den grieß deß mereß, Genesis am 16.[53] Auch hab wir Paulum am ersten zů den Corintti 7 [2]: Got ist wol keüschlichen zů dienen, aber ummb blödigkait[54] der natur der unkeüschhait halb nit uneelich zů gebrauchen, ist gůt, das »jetlicher man hab sein ai- [B1b:] gen weib, und yetlich weib hab ieren aigen man«, dann in disem, spricht Paulus, keüsch zů bleiben, eüch fürzůhalten, hab ich kain gebot von Got[55], aber vor ungeordneter unkeüschayt verhütte sich menigklich[56], dann in der ee ist ain eerliche vermischung gůt. Auch spricht Paulus: »Es ist besser, eelich sein, dann gebrent[57] zů werden« etc[58].

Weither hab wyr Paulum zů Thimotheo in der 1. epi. im 3. [2.4.12] und 4., das ain yeder man und auch besonder ain bischoff sol haben sein eelich weib mit globhafftigen[59] kinder. Auch spricht Paulus in demselbigen 4. [1.3], das »in den letsten zeiten werdend kommen irrige gayster, auch abtretter im glauben, die verbietten werdend, eelich zů werden und die speiß zů meyden, die Got beschaffen hat den glaubigen, mit danksagung zů empfahen« etc. Auch so hab wir Paulum zů Tito[b] gar klar, wie vorgemelt auch, das ain yetlicher priester oder bischoff sol haben sein eelich weyb mit glaubhafftigen kinder etc. Und zům beschluß, so hab wir Mat. am 19. c. [4f]: Sprach Cristus zů den Juden: »Habt ir nit gelesen, das der, der im anfang den menschen gemacht hat, der macht, das ain man und ain weyb sein solt, und sprach: ›Darumb wyrt der mensch vatter und můter verlassen und an seinem gemahelschafft hangen, und werdend die zway ain flaisch sein‹« etc. Solichs hab wir in der hailigen geschrifft überauß schöne gezeügknus und bewerung[60] des eelichen bands, darumb, so dann Got unser blödigkayt angesehen hat und derselbigen geschonet und wol gewyßt, das wyr an disem ort durch unser vermügen nit haben kinden[61] bestendig bleiben, so hat er unß allen, und gar niemand außgesündert[62], die freyhait geben, das wir eelich söllend werden, und

---

b) am Rand: Titum 1[6].

51. höher zu ehrende, geziemendere.
52. bei Osiander übliche Bezeichnung für das Mönchtum; hier gleich: Stand. Vgl. auch u. S. 350, Anm. 209.
53. Vgl. Gen 16,10; der zitierte Text steht aber Gen 22,17.
54. Schwachheit.
55. 1Kor 7,6f.
56. jedermann.
57. ergänze: von sexuellen Begierden.
58. 1Kor 7,9.
59. gläubigen, ehrbaren, treuen.
60. Bestätigung.
61. können.
62. ausgesondert, ausgenommen.

dieselbigen hochloblichen freyhayt hat er hie, in diesem hailigen evangelio begriffen, selbs bestått⁶³ mitt seiner hailigen, hochwyrdigen gegenwürttigkayt seiner hay- [B2a:] ligisten person, mit erzaigung götlicher macht seines ersten wunderzaichens.

Sag an, welche seckt hat Christus mit seinem hailigen wort dermaß eingesetzt und inen bevolhen, im in ainer andern seckt oder gestalt mit gugeln⁶⁴ oder dergeleichen abgesünderte klaidung zů dienen, als wie in unsern weßrigen fürnemen erfunden worden ist, und auch denselbigen dergleichen eer beweysen, als er selbs dem eelichen stand bewysen und so hochwyrdigklich erzaiget hatt? Fürwar, ain frommes eefolck, die mit eeren in der liebe und mit dem willen Gots kinder mitainander erziehend, die sind zům alereerlichisten für⁶⁵ alle seckt der welt zů eeren, wie Cristus da ain schön exempel gegeben hat.

Herwiderumb hat Got ausserthalb der ee die unkeüschait gar hert verbotten, besonder von erst in den gebotten zů Mosen gethon⁶⁶, und darbey den eelichen stand hoch erlobt, wie vorgemelt⁶⁷, als dann auch Cristus sprach, Mathei am 19. [9]: »Ich sag eüch, wer sich von seinem weib schaidt, es sey dann umb schandtlicher unkeüschait, gegen ander personen zů lyeben, der bricht sein ee, und weliche ain abgeschaiden person annimpt oder haimet⁶⁸, der bricht auch die ee« etc. Hiebey, ir ausserwöllten in Christo Jhesu, so wyßt ir auch, wie der eebruch in dem alten gesatzt so hart gestrafft ist worden⁶⁹ und wie es dergleich im neuen gesatzt auch gehalten sol werden, bey berabung ewigs lebens⁷⁰. Darumb, so betracht menigklich der grossen eeren des eelichen bands und haltend eüch auch eerlich und cristenlich darin, so werdt ir rechte evangelische kynder genendt etc.

Und also sehend hiebey auch menigklich zů, wie hoch sich die verschuldent vor Got, die eüsserlichs scheins und ires berůmenß mit hailiger klaydung sich underston dürfendt zů geloben, keüsch zů beleyben wider die starck krafft der nattur, von Got im menschen er- [B2b:] schaffen, der Got iren freyen gang gegeben hat. Wol spricht Cristus mer, Mathei am 19. [12]: »Es sind etlich verschnitten auß můterlaib geboren«, die hayßt man inpotentes, kalt, schwach oder mangel des leibs untüchtig, on nattürlichen somen, baide, man und weibsbild. Über die ist der segen nit kommen, das sy sich meeren künnend. Die gat das wort nit an: »Wachsend und meeredt eüch«, wie Genesis am ersten [28] etc. »Es sind auch etlich enuchi⁷¹, von menschen verschnitten«, die gat es auch nit mer an, wiewol sy sonst untüchtig und sündtlich begierig sind. Darumb hab ich sölichs eüch gesagt, das ir wisset, in was gestalt, wie und wa sich der mensch verschult gegen Got, herwide-

---

63. bestätigt.
64. Kapuzen (Anspielung auf den Habit der Mönche).
65. vor.
66. Ex 20,14; Lev 20,10.
67. Vgl. o. S. 83,35–84,7
68. heimführt.
69. Vgl. Lev 20,10.
70. Vgl. 1Kor 6,9; Eph 5,5; Hebr 13,4; Apk 21,8.
71. Eunuchen.

rumb, wie groß unrecht der thůt, der die jugend in der unenpfintlichait⁷² beredt und auch darzů in die klôster nôtten⁷³. Warlich, du wirst vor Got ain großen stand darumb můssen thůn⁷⁴, das du das in deinem kind oder in solichem jungen flaisch wildt wider zůbinden, das im Got aufgelößt und frey gemacht hat. Dann wann es zů sein kreften und entpfindlichait kumbt, was mainstu, das es⁷⁵ marter und anfechtung leiden můß? Was mainstu dann, das es⁷⁶ williger hertzlich andacht oder begyriger gehorsame in im trag? Sind doch die menschlichen creaturen nit unenpfintlich geschôpft als holz und stain. Darumb wil Got alzeit von sünder ain ungezwunges hertz und gemůt haben, wie dann stat in der kronig Johannis des evangelisten: »Es gefallend Got nit die gezwungen dienst«ᶜ etc⁷⁷. So spricht Paulus zů den von Corinthi 2. epi. und 9. [7]: »Got hat lieb den frôlichen geber« etc. Wie kan dann ain sôlichs jungs gezwunges plůt, so es zů sein krefftig kumpt, frôlich sein, willig in auffopfrung zů Got von im zů geben sein gebett? Liß Matheum am 15. [19], was gůts auß des menschen hertzen gang: nichts dann bôß gedancken, flůchung und nachred. Dasselbs wyrt dir von sôllicher jugent nachgesprochen.

Got spricht: Erbarm dich über dein nåhsten. Das ist in al- [B₃a] len mangeln forgesagt. Das solt du da thůn! Straff hyerin dein hertigkait! Nym ain exempel bey dyr selbs und deinsgleichen, ob du auch ain abpruch⁷⁸ sôlicher brunst in deiner jugend hettest mügen in dyr abwürgen und hinwegthůn. Waß mainst du, das darauß erwachs? Nichs dann ain vermaledeyung auff dein seel und ain fürdernuß zů verdamnuß der armen gefangnen seel diß gezwungen blůts. Dann wan solichem etwaz widerfert in diser gfengknus, das wider Gotes gebot ist, wer ist schuldig daran? Liß Paulum zů den Corinthi, die 1. epi. das 2. [11] spricht also: »Welcher mensch waißt, waz in dem andern menschen wonet, on der gaist, der in demselben menschen ist?« etc. Nim darnach Paulum, zům Gallatern am 5. [1] spricht: »Bleibet in dem, darin unß Cristus befreyt hat, und laßt eüch nit wyderumb in das knechtisch joch verknüpfen« etc. Da maint er die menschengebot. Nun hat Got ye sôlichs nit gebotten.

Lieber, laß dyr mer sagen, nymm nur für dich münnich und pfaffen, die nur auff menschengebot sehen und also darin mit zůsagen⁷⁹ genôdt werden, rainigkait zů halten. Schau aber, waz für ain leben under in sey, wie sy sôlichs mügend hallten, mit was spot und bôsem exempel sy in disen sünden vor Got und der welt standend, so wyrst du erlernen und enpfinden, ob es yrer seel såligkait halber mit ranigung der gewissen nit besser wer auff die vorangezaigten bewerung der

---

c) am Rand: Non placent Deo coacta servitia.

72. vor der Geschlechtsreife.
73. nötigt.
74. du wirst dich vor Gott hart verantworten müssen.
75. was es für.
76. was es an.
77. Konnte nicht identifiziert werden.
78. hier besser: Aufbruch.
79. Gelübden.

hailigen geschrifft, des götlichen wordts und willenß, sy stůnden in eelicher
pflicht und sicherhayt – so doch alweg die flaischlich begierd für den gaist
zeücht[80]–, dann das sy und menigklich also genennt, die sölichs brauchend, also in
unrainer, stinckeder, böser sünd ausserthalb der ee vergraben ligend. Nempt alle
die hailigen geschrifft für eüch, wie vorgemelt und angezaigt, und besecht sy nach
dem grund. Schauwt darnach, waz ich eüch all[81] gesagt hab, und urtailt darnach
selbs in eüren [B3b:] gewissen etc. Got spricht im obgenanten[82] capitel[d]:
Wachendt, dann ir wißt die stund nit und die zůkunft Cristi. Dann ir nembt eüch
je nit für[83] ain stund, darin ir abston welt, und bleibt also verharrend. Nun wyrt
Got der herr nyemant kain versprochen zyl stecken[84]. Damit seydt Got befolhen.
Amen, etc.

d) am Rand: Math. 24[42].

80. dem Geist voraus, überlegen ist; vgl. Mt 26, 41.
81. alles.
82. Hier ist nicht Mt 26 (vgl. Anm. 80), sondern Mt 24 gemeint (vgl. Anm. d).
83. vor.
84. Der Sinn ist wohl: Gott wird niemandem sein Ende vorhersagen.

Nr 6
Vorrede zum Sendbrief Argulas von Grumbach
1523

Bearbeitet von *Jürgen Lorz*

Einleitung

1. *Arsacius Seehofer*

Den Anlaß zur vorliegenden Schrift bildet die Verurteilung des Magisters Arsacius Seehofer durch die Universität Ingolstadt im Jahr 1523. Seehofer stammte aus einer wohlhabenden Münchner Familie und studierte an der Ingolstädter Universität. Im Jahr 1521 zogen ihn Wittenberg[1] und dort vor allem Melanchthon – Luther war ja abwesend – an. Nach kurzer Zeit war Seehofer für die neue evangelische Lehre gewonnen und kehrte voller Begeisterung dafür wieder nach Ingolstadt zurück. Dort versuchte man mit strengen Überwachungsvorschriften, das Eindringen des Luthertums zu verhindern. Zumal auf die von Wittenberg Kommenden wurde besonderes Augenmerk gerichtet. Auf Anregung Johannes Ecks[2] zwang man Seehofer anläßlich seiner Magisterpromotion[3], an Eides Statt zu geloben, »daß er sich der luthrischen leer nit gebrauchen wölle«.

Trotz aller Vorsichtsmaßnahmen konnte jedoch die heimliche Lektüre reformatorischer Literatur in der Studentenschaft nicht verhindert werden. Seehofer wurde beim Senat als Hauptschuldiger für das Eindringen solcher Schriften denunziert[4]. Nach einer bei ihm angestellten Haussuchung fand man Material, das den Verdächtigen noch schwerer belastete. Er wurde in strenge Haft genommen, und man untersagte ihm jeden Verkehr mit der Außenwelt. Seine Manuskripte übergab man einer Theologenkommission zur Begutachtung, seine Schüler wurden verhört und mit leichten Karzerstrafen belegt. Die Irrtümer seiner Lehre stellte man in 17 Artikeln zusammen[5] und übergab diese dem bayerischen Kanzler Leonhard von Eck[6]. Dieser war vor allem bemüht, den rechtmäßigen Richter in dieser Angelegenheit, Gabriel von Eyb, den Bischof von Eichstätt[7], aus der Sache herauszuhalten. Deswegen verurteilte er selbst Seehofer zum Widerruf[8], zu einer Kaution von 1000 Gulden und zur weiteren Verwahrung des der »rechten Erzketzerei und Büberei« Verurteilten im Kloster Ettal.

---

1. Seehofer kam kaum vor Frühjahr 1521 nach Wittenberg (*Kolde*, Seehofer, S. 50).
2. Über ihn s. LThK 3, Sp. 642ff.
3. Weihnachten 1522 (*Kolde*, aaO, S. 53).
4. 11. August 1523 (*Kolde*, aaO, S. 54).
5. Diese sind in einigen Drucken mitveröffentlicht (vgl. *Seebaß*, Bibliographie, S. 195–202, Nr 81.5–12).
6. Über ihn s. LThK 3, Sp. 644.
7. Über ihn s. LThK 3, Sp. 1324.
8. Am 7. September 1523 widerrief Seehofer (*Kolde*, aaO, S. 64).

Der Unmut über dieses Vorgehen war bei Freunden und Bekannten Seehofers groß – allein, niemand wagte, für den Geschmähten einzutreten. Mit Recht also erkennt Osiander in seiner Vorrede das mutige Eingreifen einer Frau an, das »bey unsern zeiten nie gehört«: Argulas von Grumbach.

2. *Argula von Grumbach*

Aus dem Geschlecht der Reichsfreiherren von Stauff geboren, widmete sie sich früh dem Bibelstudium und wurde durch ihre zahlreichen freundschaftlichen Beziehungen zu einigen der bedeutendsten Männer der Reformation bald auch für die lutherische Lehre gewonnen. Politisch interessiert, verfolgte sie die Entwicklung und das Eindringen des neuen evangelischen Gedankengutes, vor allem die verschiedenartige Stellung der Obrigkeit dazu. Dabei blieben ihr Ungerechtigkeit und Mißgunst manches Herrschenden nicht verborgen und sie wollte schon öfter gegen Intrigen und Abgötterei literarisch wirksam werden – allein, den letzten Anstoß dazu gab erst die Verurteilung Seehofers. Ein Nürnberger Bürger teilte ihr, die »Prozeßführung« an der Universität verspottend, das Schicksal Seehofers mit. Kurz nach dessen Widerruf[9] reiste Argula von Grumbach zu Osiander nach Nürnberg, um sich mit ihm über die Sache zu besprechen. Bald darauf[10] traf – zunächst handschriftlich – ihr Sendbrief an Rektor und Universität in Ingolstadt ein.

3. *Osianders Vorrede*

Der Nürnberger Prediger kommt als Herausgeber dieses Schreibens und Verfasser des Vorwortes mit einiger Wahrscheinlichkeit in Betracht[11]: Einmal erschien die Schrift zuerst in Nürnberg im Druck – freilich anonym; trotzdem wußte man in Ingolstadt bereits am 11. November über den Druckort Bescheid[12]. Zum andern führte Argula von Grumbach mit Osiander schon vor der Abfassung ihres Sendschreibens einen Briefwechsel, welcher aber – genau wie der mit Luther – leider völlig verlorengegangen zu sein scheint[13]. Ihr Besuch bei Osiander[14] war wohl für ihn der Anlaß, sich mit dem Vorhaben Argulas durch Abfassung eines Vorwortes und Herausgabe ihres Briefes solidarisch zu erklären.

Es geht Osiander vor allem um den Erweis der anbrechenden Endzeit: In dem Auftreten einer vom Geist Gottes inspirierten Frau sieht er ein deutliches Zeichen

---

9. s. Anm. 8.
10. 20. September 1523 (*Kolde,* aaO, S. 64).
11. Sichere Kriterien für Osianders Autorschaft gibt es freilich nicht, vgl. *Heinsius,* Wort, S. 141; *Saalfeld,* Argula von Grumbach, S. 45f; *Stupperich,* Argula von Grumbach, S. 678; ders.: Die Frau, S. 223.
12. *Kolde,* aaO, S. 71, Anm. 4; vgl. Anm. 14.
13. *Kolde,* aaO, S. 62, Anm. 4.
14. Vgl. *Wülcker-Virck,* Berichte, S. 557, Nr 242.

dafür. Die Zeit des Schlafens ist vorüber und die Heilszeit, in der Christus neben den Gelehrten der Schrift auch manche andere Menschen zur Verkündigung seines Wortes erweckt, ist gekommen. Sagt nicht Joel, daß Gott »nach dieser Zeit« seinen Geist über alle Menschen ausgießen werde? Diese Weissagung ist nun erfüllt »mancherlay weyß und sunderlich ytz in gemeltem weib«.

Das bewundernde Interesse an dem Mut dieser Frau zeigen die zahlreichen Nachdrucke der Schrift.

4. Überlieferung

Drucke:

A: [Nürnberg, Friedrich Peypus, 1523] = *Seebaß*, Bibliographie, S. 194, Nr 81.1. Dieser Druck liegt unserem Abdruck nach dem Exemplar in Wolfenbüttel HAB (435.9. Theol.) zugrunde.
B: [Nürnberg, Friedrich Peypus, 1523] = *Seebaß*, Bibliographie, S. 194, Nr 81.2.
C: [Augsburg, Philipp Ulhart, 1523] = *Seebaß*, Bibliographie, S. 194f, Nr 81.3.
D: Breslau, [Kaspar Libisch], 1523 = *Seebaß*, Bibliographie, S. 195, Nr 81.4.
E: Zwickau, [Jörg Gastel, 1523] = *Seebaß*, Bibliographie, S. 195, Nr 81.5.
F: [Eilenburg, Jakob Stöckel und Nikolaus Widemar, 1523] = *Seebaß*, Bibliographie, S. 195ff, Nr 81.6.
G: [Erfurt, Mathes Maler, 1523] = *Seebaß*, Bibliographie, S. 198, Nr 81.7.
H: Straßburg, Martin Flach, 1523 = *Seebaß*, Bibliographie, S. 198ff, Nr 81.8.
J: [Augsburg, Jörg Nadler, 1523] = *Seebaß*, Bibliographie, S. 201, Nr 81.9.
K: [Augsburg, Heinrich Steiner, 1523] = *Seebaß*, Bibliographie, S. 201, Nr 81.10.1.
L: [Augsburg, Heinrich Steiner, 1523] = *Seebaß*, Bibliographie, S. 202, Nr 81.10.2.
M: [Stuttgart, Hans von Erfurt, 1523] = *Seebaß*, Bibliographie, S. 202, Nr 81.11.
N: [Straßburg, Johann Knobloch d.Ä.], 1524 = *Seebaß*, Bibliographie, S. 202, Nr 81.12.
O: Als Ergänzung zur Bibliographie ist folgender Druck nachzutragen:

81.13   Straßburg, Samuel Emmel, 1556
Wie ein Christliche Frauw des Adels || in Bayern / durch jren / in Göttlicher schrifft wolge= || gründten Sendbrieffe / die Hohe Schůl zů Jngolstatt / vmb || das sie einen Euangelischen Jüngling / zů widerspre= || chung des wort Gottes / bedrengt habē / straffet. ||

Vorrede Osianders: S. 38–39; Argulas Sendbrief: S. 39–46
in: [rot] Historien- || Der Heyligen Außer= || [schwarz] wőlten Gottes Zeü- gen / Bekeñern vnd || Martyrern / so zů disen vnseren letsten zeytten / da= || rinnen der Allmechtig Ewig Gott seine Kirchen || mit der reynen Lehre seines Gnadenreychen Euangeli || ums Vätterlichen heymgesůcht hat / hin || vnnd wider in allen Landen || wordē seind. || [Kleeblättchen] [rot] Alles ausz Glaubwürdigen Schrifften || [schwarz] vñ Zeügnussen / zů gemeyner auff- bauwung der Angefoch || tenen Kirchen Teütscher Nation / Durch Ludoui- cum Rabus von || Memmingen / der Heyligen Schrifft Doctorn / vnd ||

Prediger der Kirchen zů Straßburg / || auffs eynfaltigst vn̄ warhaff || tigst beschrybē. || [Kleeblättchen] [rot] Der Fünffte Theyl. || [schwarz] M.D.LVI. || 4° [Am Ende S. 210]: Getruckt zů Straszburg durch || Samuel Emmel. || M.D.LVII. || Erlangen UB (Thl. V. 112)

Nach dieser Ausgabe, welche abgesehen von zahlreichen Veränderungen in der Doppelkonsonanz und einigen Angleichungen an die Sprache der Zeit E folgt, hat auch *Kolde* seine Drucke besorgt[15].

Wegen der geringen Abweichungen zwischen den einzelnen Drucken, die sicher auch auf deren rasche Aufeinanderfolge zurückzuführen sind (im Jahr 1523 erschienen die zwölf Drucke A–M), konnten für die Erstellung eines Stemmas hinreichende Unterschiede nicht festgestellt werden.

Text

[A1a:] Wie eyn christliche frau des adels in Beiern durch iren in gotlicher schrifft wolgegründten sendtbrieffe die hohenschul zů Ingoldstat, umb das sie einen evangelischen jungling zů wydersprechung des wort Gottes betrangt haben, straffet.

5   [A1b:] Vorrede

Brüder, es ist zeit, vom schlaff aufzusten. Wann[1] unser heyl ist neher, weder[2] wir glauben[3]. Darumb, o christlicher leser und auch ir verplenten, plinden, wůttenden phariseier[4], die ir alwegen dem heyligen Gaist widerstanden habt, wölt ir den worten Christi nit glauben, so glaubt doch den wercken, die er dadurch thůt.
10 Legt ab den decksal[5] euer grossen hochfart, geytz und fleyschlichen wolust. Mercket und greuffet[6], wie gnediglich, vetterlich[a], manigfeltig und wunderberlich Christus, unser seligmacher, in diesen letzsten tagen (als im anfang seiner kirchen auch beschach[7]) uns nit allein durch gelerte der schrift, sunder auch durch ander vil, junger und alter[b], manß- und weibsbilder, grossen bestendigkeyt, pein,
15 marter und tod zů seinem götlichen seligmachenten wort locket und stercket und die vervolger desselben so scheinlich[c][8] entlich schendet, damit euer hertzen nit als

a) fehlt E,F. – b) alte: A, alter: B–N. – c) schentlich: D, schemlich: E.

15. *Kolde,* aaO, S. 76f, Beilage 3.
1. Denn.
2. als.
3. Röm 13,11.
4. an die Ingolstädter Professoren gerichtet?
5. Deckmantel.
6. begreifet.
7. geschah (nämlich an Pfingsten, vgl. Apg 2, wo V. 17–19 die auch von Osiander herangezogene Joelstelle [Jo 3] zitiert wird).
8. offenbar.

Pharaonis (Exodi am 4. [21]) verstockt und verhertet beleibe. So ir doch nichts gewyßers spûret, dann, so die kinder (Luce am 19. [40]) schwigen[d], das die steyn reden wurden. Und (Johelis am 2. (Vg; 3,1–4]): »Nach dyser zeit wurd[9] ich giessen meinen geyst auff alles fleysch, und werden propheceien oder warsagen euer sûne und euer dôchter, auch euer knecht und mayde, und ich wurd wunder[e] wûrcken im himel und auff erden, ehe der groß und erschrockenlich tag gottes kumbt«. Welcher spruch ytzo mancherlay weyß und sunderlich ytz in gemeltem weib[10] offenlich erscheinet, dieweil auß irem nachgeschriben sendbrieff funden wirt, das sie darinnen die schrifftgelerten der hohenschûl zû Ingoldstat (als Judith am 8. [8–22] die irrenden priester) mit vil eingefûrten unûberwindtlichen gôtlichen schrifften[11] von wegen irer vervolgung des heiligen evangeliums mer weder glauplich[12] (und vormals von weiplichem geschlecht dergleichen gar wenig und bey unsern zeyten nie[f] gehôrt) [A2a:] straffet, ermanet und underweiset. Und, das noch mer ist, sich in gemeltem irem sendtbrieff erbeut, derhalb fûr gedachte schrifftgelerte zû verhôr zû kumen[13]. Daraus zû versteen ist, das sie sôlch ir gethanes schreiben nit durch anderer underweysung, sunder allein vom geist Gottes hat. Sie lest sich auch vil neulicher exempel greuslicher straff[14] (wider etliche verfechter des gôtlichen worts gebraucht) an sôlchem irem christlichen werck nit verhindern, sunder sich gleych der heyligen Hester umb heyls willen des volcks (Hester am 4. [16]) dem tode und der verderbung ergeben hat. Und will mit der heiligen Susanna (Danielis am 13. [Vg 23]) lieber on werck in die hend der menschen fallen, denn mit verschweigung der warheit vor Got sündigen. Darumb wir, von wegen siglicher[15] überwindung der allerhochfertigsten, grôsten feind Christi (als Judith am 9. [12]), zû Got betten und sprechen môgen: O Herr, es wirt ein grosse gedechtnus deines namens, so ine die handt des weibs überwindet. Und sôllen billich mit dem heiligen Zacharia in Got jubiliren und singen: Gebenedeyet sey der her Got Israhel, der heimsûchung und erlôsung gethan hat seinem volck[16].

d) schweigen: N. – e) fehlt G. – f) nit: C,H,N.

9. werd'.
10. Argula von Grumbach.
11. Die Bibelkenntnis Argulas hat Osiander bei ihrem Besuch (vgl. o. S. 89) in Erstaunen versetzt, vgl. *Wülcker-Virck,* Berichte, S. 557, Nr 242.
12. mehr als man glauben würde.
13. Argula von Grumbach fordert in ihrem Sendbrief (Bl. B3a des Erstdruckes, *Seebaß,* Bibliographie, S. 194, Nr 81.1) die Ingolstädter Professoren zu einer Disputation auf: »Ich scheuch mich nit, für euch zu kommen, euch zu hören, auch mit euch zu reden.«
14. Die »neulichen exempel« beziehen sich u.a. auf die beiden Augustinermönche Voss und Esch, die am 1. Juli 1522 in Brüssel hingerichtet wurden, weiter auf einen Münchner Bäckergesellen, der gemäß der Forderung des von Franz Burkhard erstellten Gutachtens im Sommer 1522 zum Tod verurteilt wurde, und auf einen Ungenannten, der in Freiburg i. Br. um die gleiche Zeit Maria geschmäht hatte und dafür grausam bestraft wurde (vgl. *Kolde,* Seehofer, S. 55).
15. siegreicher.
16. Lk 1,68.

Nr 7
Sendbrief an eine christliche Gemeinde
1523

Bearbeitet von *Gottfried Seebaß*

Einleitung

1. Entstehung

Irgendwann nach dem 19. April 1523 war bei Melchior Ramminger in Augsburg[1] die Nachschrift einer Osianderpredigt erschienen, deren Text zwar den Inhalt von Osianders Ausführungen über Joh 2,1–11 etwa zutreffend wiedergab, aber keineswegs derart wortgetreu war, daß er über ihre Verbreitung hätte glücklich sein können[2]. So benutzte Osiander einen Aufenthalt auf dem Landgut des Kaspar Nützel in Sündersbühl, südwestlich vor den Mauern Nürnbergs gelegen, um eine kurze Gegenschrift zu entwerfen, die gleichzeitig als Eröffnung des eigenen schriftstellerischen Oeuvre gedacht war.

In einem ersten Teil der Schrift[3] begründete Osiander unter Verwendung der üblichen Topoi, warum er sich bisher gescheut habe, etwas Eigenes zu veröffentlichen, nun aber doch zur Feder greife. Erst danach ging er auf den eigentlichen Anlaß seines Sendschreibens ein und begründete mit drei rein formalen Argumenten, warum die in Augsburg gedruckte Predigt nicht von ihm stammen könne[4]. Gleichzeitig gab er eine kurze Inhaltsangabe der tatsächlich von ihm über Joh 2,1–11 gehaltenen Predigt[5] und unterrichtete den Leser davon, daß er in Zukunft alle seine Veröffentlichungen – eine Auslegung von 1Petr 3 und 4 sei für den Druck vorbereitet – in Nürnberg publizieren werde[6].

2. Überlieferung

Handschrift:

a: Nürnberg StB, Will VII, 1152, f. 35r–38v, Kop. von A aus der zweiten Hälfte des 16. Jahrhunderts. Das am Ende angegebene Datum 1522 erklärt sich aus der in der von Höltzel verwendeten Titeleinfassung angegebenen Jahreszahl.

---

1. Vgl. über ihn: *Benzing*, Buchdrucker, S. 16, Nr 14.
2. Vgl. oben Nr 5.
3. Vgl. u. S. 95,4–97,9.
4. Vgl. u. S. 97,10–20.
5. Vgl. u. S. 97,21–99,3.
6. Vgl. u. S. 99,12–20.

Drucke:
A: Nürnberg, Hieronymus Höltzel, 1523 = *Seebaß*, Bibliographie, S. 7, Nr 2.1. Dieser Druck liegt unserem Text nach dem Exemplar in Erlangen UB, Thl. V 108ee, zugrunde.
B: [Straßburg, Matthias Schürer Erben], 1523 = *Seebaß*, Bibliographie, S. 7, Nr 2.3. Unveränderter Nachdruck von A.
C: Zwickau, Jörg Gastel für [Johann] Schönsberger, 1523. Dieser Nachdruck von A hat konsequent diejenigen Stellen der Vorlage verändert oder getilgt, in denen Osiander davor warnt, außerhalb Nürnbergs gedruckte Schriften als seine zu betrachten.
Von diesem Druck existieren zwei Auflagen, die sich allein dadurch unterscheiden, daß auf dem Titelblatt der zweiten nachträglich durch Stehsatzkorrektur der Zusatz »Prediger zů Nůrmberg.« erfolgte. *Seebaß*, Bibliographie, S. 7, Nr 2.2, ist daher folgendermaßen zu berichtigen:

2.2.1   Zwickau, J. Gastel für [J.] Schönsberger, 1523. Eyn Sendbrieff an || eyn Christlich ge= || main / nutzilch[!] zu lesen. || Andreas Osiander. || An: M.D.xxiij. || [TE]. Am Ende: [Rubrum] Gedruckt in der Fürstlichen Stat Zwickaw || durch Jörg Gastel des Schön= || spergers diener.||
4°, 4 ungez. Bll. (letzte Seite leer), A4.
Abbildung des Titelblattes bei *Seebaß*, Bibliographie, S. 8.
Leipzig UB; Wolfenbüttel HAB (316.5.Th. 4°/13).

2.2.2   Zwickau, J. Gastel für [J.] Schönsberger, 1523. Gleiche Ausgabe wie Nr 2.2.1 aber im Titelblatt nach dem Verfassernamen mit der zusätzlichen Zeile: »Prediger zů Nůrmberg.«
Weller, Repertorium, S. 295, Nr 2629.
Augsburg SStB, Frankfurt a. M. StUB, Gießen UB, Gotha FB, London BM, Tübingen UB, Uppsala UB, Utrecht UB, Wolfenbüttel HAB (Quodl. Helmst. 4° 95/13), Zwickau Ratsschulbibliothek.

Es ergibt sich demnach folgendes Stemma:

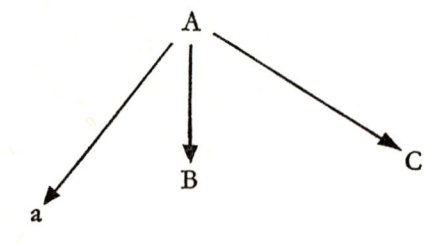

Text

[A1a:] Eyn sendbrieff an eyn christlich gemayn, nützlich zů lesen.
Andreas Osiander. Nurmberg. Anno 1523.

[A2a:] Andreas Osiander allen christlichen lesern
Gnad und frid von Got dem vater und Jesu Christo, unserm herren[1]. Nachdem
der allmechtig Gott auß sonderlicher[2] gnad und gunst zů disen unsern zeiten das
klar, helle liecht evangelischer warhayt widerumb erscheinen lassen und mich
durch sein versamlung hie zů Nürmberg, sôlche reychthumb seiner gnaden zů
verkünden, berůfft und geordnet hat[3], haben vil frummer liebhaber gôtlichs worts
mich zum merern mal freüntlich ersůcht und ernstlich gepetten, ettliche meiner
predig, in denen die fürnemsten haubtstuck der geschrifft und unsers glaubens
gehandelt wern, schrifftlich außzůgeen[a] lassen[4]. Dieweil ich aber vleissig bedacht,
was grossen schadens auß dem uberflüssigen schreiben, so nun ettlich hundert jar
allenthalben beschehen, dadurch wir von dem teuren und bestendigen wort
Gottes auff unnütze und baufellige menschenwon[5] gefůrt sein, entstanden[6], hab
ich denselben ansůchenden sôllichs biß hieher abgeschlagen und sy widerumb
freüntlich vermanet und ernstlich gewarnet, Gottes wort, die haylige geschrifft,
allain zů lesen und aller menschen geschrifft nicht weiter, dann sy die rechten
gôtlichen geschrifft zů versteen und liebzůhaben [A2b:] furderlich weren, anzůnemen. Dann unser glaub můß ye nicht auf menschlicher weyßhait, sonder auff
Gottes krafft (wie Paulus zun Corinthiern spricht[7]) besteen. Und was hülf es doch,
wie klar und verstentlich auch von den allergelertisten und allerhailigsten leuten
das wort Gotes gepredigt würd, wann wir nicht wůsten, daß es Gottes wort were,
welches allayn der velß ist, wider den die hellischen pforten nichts vermôgen[8].
Wir můssen wissen, daß es war sey, auff daß wir môgen wider die sünde, todt und
hell darmit fechten und uberwinden. Das wissen wir aber nymmermer, dann

a) außzugeen zu: C.

1. Gal 1,3.
2. besonderer.
3. Osiander fühlt sich also, obwohl er auf Vorschlag des Propstes Hektor Pömer vom Nürnberger Rat als Prediger angestellt worden war (vgl. *Seebaß*, Osiander, S. 199 und 211f), von der
Gemeinde Nürnbergs berufen. Die Berechtigung dazu lag darin, daß er in dem Rat, obwohl
dieser nicht ›demokratisch‹ gewählt wurde, die Vertretung der Bürgerschaft erblickte (vgl. sein
Gutachten über die Zeremonien, *Seebaß*, Osiander, S. 13, Nr 50, f. 60v–61r).
4. Obwohl es sich hier um einen bekannten Topos handelt (vgl. *Curtius*, Literatur, S. 94f),
kann die Möglichkeit, daß derartige Bitten wirklich an Osiander herangetragen wurden, nicht
ausgeschlossen werden (vgl. *Seebaß*, Osiander, S. 73).
5. Menschenwahn, -meinung.
6. Die negative Bewertung der Erfindung der Buchdruckerkunst und die Klage über das
viele Büchermachen ist allgemein verbreitet gewesen, vgl. *Stadelmann*, Mittelalter, S. 120f und
WA 10,1,1, S. 625,19–627,21 (›Kirchenpostille‹, 1522).
7. 1Kor 2,5.
8. Vgl. Mt 16,18.

wann es Gottes wort und hailige schrifft ist, darumb daß alle menschen, wie David sagt, lügner sein[9], und Esaias, alles flaysch sey wie graß und alle sein herligkayt wie ain plům des feldis; Gottes wort aber bestee ewigklich[10]. Wo man nun[b] Gottes wort predigt, ist recht und wol gethan. Es bedarf aber kayns schreibens, dann es ist vorhyn[11] geschriben und thůt nichts anders, dann daß es sünd und todt durch das gesetz anzaigt[12] und Christum, der sünd und todt von allen denen, so an in glauben, hynwegnympt, durch das euangelion offenbaret. Wiewol aber nun diß ain kurtzer begriff[13] der gantzen geschrifft ist[14], wirt es doch an eynem ort mit klaren und verstentlichen worten, am andern mit verdeckten und verporgenen gehandelt. Welcher nun die klaren und hellen geschrifft recht handeln, [A3a:] die tunckeln und verdeckten gründtlich außlegen und mit der hellen vergleichen kann[15], der mag es wol schrifftlich außgeen lassen, die frummen und aynfeltigen darmit zů trösten, stercken und in die schrifft zů füren, den lesterern aber, die wider Gotß wort toben und wůten, das maul zů stopfen, auf daß yederman sehe und alle zungen bekennen, daß Jesus Christus herr sey, der gelobt und gepreyßt ist ymmer und ewigklich[16]. Amen.

Dieweil ich nun gesehen hab, daß nicht allain vil unnützer büchlein, die der obgemelten stuck kayns thůn, imm land hyn und wider gefůrt werden, sonder auch die, so sich des auffs höchst befleissen, wenig außrichten und sölche büchlein nur auß fürwitz für[17] neue mer gelesen werden, darbey auch vleissig betracht, daß niemandt ichts[18] fruchtparlichs on Gotes berůff in der christlichen versamlung außrichten mag[19], hab ich biß hieher meyns berůffs gewartet mündtlich, als vil mir Got verlihen, geprediget und mich des schreibens enthalten[20]. Nun aber das bitten meiner gůtten freündt, die mir auch in Christo wol gepieten möchten, nit auffhörn will, und uber sölchs auch ander leut etliche büchlein undter meinem namen, die ich doch nit geschriben hab, trucken und verkauffen[21], will ichs,

b) nůn aber: B.

9. Ps 116,11.
10. Jes 40,6.8.
11. vorher bereits.
12. Vgl. Röm 7,7–13.
13. Zusammenfassung.
14. Vgl. WA 7, S. 502,34f ›Enarrationes epistolarum et evangeliorum‹, 1521).
15. Vgl. WA 10,3, S. 238,6–12 (Predigt vom Juli 1522).
16. Vgl. Phil 2,11.
17. Neugierde auf.
18. irgend etwas.
19. Daß die ordentliche Berufung des Predigers Voraussetzung für fruchtbare Tätigkeit sei, hat Osiander auch später gegen die ›Schwärmer‹ immer wieder betont; vgl. u. S. 564, außerdem WA 2, S. 454,40–455,4 (›Galaterkommentar‹, 1519) und WA 10,3, S. 10,6–10 (›Invokavitpredigten‹, 1522).
20. Tatsächlich hat Osiander vor dieser Schrift von 1523 nichts veröffentlicht. Daß er 1522 eine lateinische Bibel herausgegeben hatte (vgl. o. Nr 3), widerspricht seiner hier aufgestellten Behauptung nicht.
21. Außer dem im folgenden erwähnten Augsburger Druck von 1523 ist bisher keine Schrift unter Osianders Namen vor dieser bekannt geworden.

dieweyl ich denselben schrifftlich wörn²² mûsz, für ain berůff annemen²³ und
Got lassen [A3b:] walten, füro²⁴ selbs schreiben und in truck geben, was ich
ainer christlichen gemayn zů trost und undterweisung vermag.

Bitt hiemit baide, freünde und feinde, wöllen füro kayn teütsche schrifft undter
meynem namen annemen, kauffen oder lesen, sy sey dann hie zů Nürmberg bey
mir⁽ᶜ⁾ getruckt und auszgangen²⁵; dann ich will den feinden, wo ettwas on mein
ᵈwissen und willenᵈ anderszwo getruckt würde und sy es anfechten wölten, kayn
antwort zů geben schuldig sein und die freündt warnen, sy werden nichts gantzs
rains und volkommens darinnen finden.

Dann sy haben ayn predig von der hochzeyt zů Chana in Galilea²⁶ zů Augspurg
getruckt und mir zůgeschriben²⁷, die ich doch weder geschriben noch gepredigt
hab, welches man darbey wol spüren mag, dasz sy zum ersten meinen namen noch
nicht recht gewust haben²⁸. Zum andern, dasz sy mir im anfang vil schöner
sprüch im latein zůlegen²⁹, so doch menigklich³⁰ waisz, dasz ich in meynen
teütschen predigen nit mer latein prauch dann Cicero in seinen lateinischen reden
kriechisch³¹. Zum dritten, daß es mein sprach nit ist, noch vil weniger die recht
art meiner rede; dann es ist ain sölchs unvolkommen flickwerk, dasz ichs auf den
heutigen tag selbs noch nit alles verstee. Zum vierdten, dasz die predig in drey
tail getailt ist³², welches ich auch nit pfleg zů thůn, noch vil weniger das hynder
herfür zů keren, wie daselbst beschehen ist³³.

[A4a:] Wiewol ich noch ingedechtig bin und bekenn, daß ich auch von derselben evangelischen hystorien gepredigt hab, ist doch ain andere maynung
gewest. Ich will den, der dieses zůsamengeflickt hat, wer er auch ist, nicht verachten, sonder mir nit lassen zůschreiben, das ich nit gemacht hab.

c) mir oder nach demselbigen: C. – d–d) willen und wissen: C.

22. wehren. 23. als Berufung erkennen.
24. in Zukunft.
25. Trotz des hier geäußerten Vorsatzes, seine Schriften allein in Nürnberg zum Druck zu
bringen, mußte Osiander später, wenn er Veröffentlichungen plante, die dem Nürnberger Rat
nicht genehm waren, auswärtige Pressen in Anspruch nehmen. So geschah es Anfang 1525 beim
›Nürnberger Ratschlag‹ (vgl. u. Nr 25) und noch einmal 1537 bei seiner Schrift über die verbotenen Verwandtschaftsgrade bei Eheschließungen (vgl. *Seebaß*, Osiander, S. 194f). Daß seine
›Evangelienharmonie‹ bei Froben in Basel erschien, hatte wohl andere Gründe (vgl. *Seebaß*,
Bibliographie, S. 108, Nr 24.1).
26. Joh 2,2–11.
27. Vgl. *Seebaß*, Bibliographie, S. 223, Nr 100 und o. S. 77–87, Nr 5.
28. Auf dem Titelblatt des Augsburger Druckes stand: »Oseander«, *Seebaß*, Bibliographie,
S. 108, Nr 24.1.
29. Vgl. o. S. 79,6f.
30. jedermann.
31. Die von Osiander erhaltenen Predigten rechtfertigen diese Behauptung. Dennoch rechnete
auch Luther Osiander zu den Predigern, die gern fremdsprachliche Ausdrücke in ihren Reden
gebrauchen, vgl. WATR 5, S. 645,7–11, Nr 6404.
32. Vgl. o. S. 80,5–13.
33. Dieser Vorwurf ist nicht berechtigt, da die Gedankenfolge der in Augsburg gedruckten
Predigt weithin mit der Inhaltsangabe von Osiander übereinstimmt, vgl. o. S. 80ff mit S. 98.

Ich hab aber zum allerersten gesagt, man dürff hierinne kayn gaistliche bedeutung sůchen, man soll weyn weyn bleyben lassen, sonder den glauben recht darinnen lernen; dann es sey ain recht schon³⁴ exempel, darbei uns fürgebildet und angezaygt werd, wie Christus, unser herr, allen glaubigen zů helfen pflege.

Zum ersten hab ich gesagt, sey er ayn helfer zur rechten^e zeyt in der not, wie dann David sagt, wann wir aller ding gar verlassen sein und sunst kayn hilf mer haben, alles trosts beraubt sein und allayn auff in³⁵ sehen und vertrauen. »Wie die augen der knecht«, spricht David, »sehen auff die hende und hilf irer herren, und die augen der dienerin auff die hende irer frauen, also sein unser augen zů Got, unserm herren, so lang, biß er sich unser erbarm«³⁶. Gleichwie er auch nicht ee wasser zů wein macht, es wisse dann yederman, daß an wein mangel und kainer mer da sey.

Zum andern erzaygt er sölche seine hilf nit umb unsers verdienstes noch umb frembder fürbitt willen, sonder auß aygener und unaußspre[ch]licher [A4b:] gnad und barmhertzigkayt umb unsers glaubens willen, seinem götlichen namen zů eren, wie das die geschrift an vielen orten anzaygt. Darumb er auch hie seiner můter manen und fürbitt verwirft und spricht, was er mit ir zů thůn hab³⁷, daß nit yemantz maynet, sy hets erworben.

Zum dritten thů er alle seine werck auß ewigem, unerforschlichem rath seines götlichen willens, also daß wir nit sorgen dürfen. Er waiß zuvor, was wir bedürfen, ist auch die stund schon geordnet, darin er uns geben und hilf erzaigen will. Darumb spricht er: »Mein stund ist noch nit kommen.«³⁸

Zum vierdten zayge er die rechte frucht des leydens und mangels an, in denen wir seiner hülf bedürfen. Dann gleichwie der letst weyn besser denn der erst, also ist auch alle hülf Christi süsser und tröstlicher, wann man zůvor aller creaturlichen hilf beraubt und entsetzt wirt. Dann wo das geschicht, můß man darnach greyffen³⁹, daß uns nymand dann Got allain geholfen hatt und darbey sein götliche lieb, gnad und barmhertzigkait spüren, darauß dem hertzen ain unaußsprechliche freud und lieb entsteet, darvon es gleych zurschmiltzt und truncken wirt.

Zum fünften und letsten hab ich den eelichen standt nach inhalt der hailigen schrifft gelobt, yder- [B1a:] man^f, der nit rechte, rayne und gaistliche junckfrauschafft halten möge, frey gemacht und darneben angezaygt, wie die, so den eelichen standt verpieten, vom glauben abgetretten und des teüffels apostel seyen, wie das Paulus zůvor gesagt hatt in der ersten zů Timotheo am 4. [1–3]: »Der Gayst aber sagt deutlich, daß in den lesten zeytten werden ettliche von dem glauben abtretten und anhangen den irrigen gaysten und leren der teüffel durch die, so in gleißnerey lůgenreder seind und brandtmal in iren gewissen haben und verpieten, eelich zů werden und zů meyden die speyß, die Got geschaffen hat, zů nemen mit dancksagung den glaubigen und denen, die die warhait erkennt haben.«

---

e) rechter: C. – f) yederman: B, C; yderman: A.

34. schön. 35. ihn. 36. Ps 123,2.
37. Joh 2,4. 38. Joh 2,4. 39. begreifen.

Dises alles hab ich lautter, klar und verstäntlich gehandelt und mit der hayligen schrifft uberflüssig⁴⁰ bewisen und yetzo nur kürtzlich angezaigt, auff daß man sehe, wie ferre⁴¹ dyser flicker noch des rechten ziels gefelet hab.

Warumb sy aber mir sölche verwickelte und unvolkomne predig zůaygnen, kann ich nit gründtlich wissen. Daß sy mirs zum nachtayl thůn, glaub ich noch nicht, dieweyl ich nichtsᵍ schedlichs darinne gefunden hab. Daß sy es mir zů eren thůn, glaub ich auch nit⁴². Dann es můsten ye grobe und unverstendige leüt sein, die sölchs ir flickwerck fur růmwirdig achten wölten. Und ob es schon gůt were, söllen wir ye [B1b:] uns in Gottes wort und gaben kainen rům schepfen noch hochfertig⁴³ sein, sonder Gott allain die eer geben. Darumb kann ich nicht anders gedenken, dann sy haben meinen namen daran gehenckt, auff daß sy es dester fürderlicher verkaufften. ʰDieweyl aber sölcher frevel und geytziger⁴⁴ můtwill dem wort Gottes zů grossem nachtayl gelangen möcht, will ich mich vleissen, daß mein schrifft nyrgen dann hie zů Nürmberg getruckt werd, und yederman bitten, wölle, was anderßwo getruckt wirt, nit für das mein halten, kauffen oder lesen, damit dem geytz seyn můtwill auch verhindert und beschlossen⁴⁵ werdʰ.

Außlegung uber das 3. und 4. capitel der ersten epistel Petri will ich kürtzlich in truck geben und darin yederman meines glaubens grundt und ursach anzaigen⁴⁶, auff daß alle die, so mir unchristlicher leer schuldt geben, zuschanden werden und auffhören, das hailig wort Gotes zů lestern⁴⁷. Amen.

Die gnad und gunst unsers herren Jesu Christi sey mit euch allen⁴⁸. Bitt Gott für mich. Geben zum Syntterßpůhel⁴⁹ am 22. tag des Herbstmonds⁵⁰ nach Christi, unsers haylands, geburt 1523.

Getruckt zů Nürmberg dürch Hieronymum Höltzel⁵¹ im jar 1523.

g) nichts: B, C. – h–h) fehlt C.

40. sehr ausführlich (überfließend).
41. weit.
42. Der Herausgeber von Osianders Predigt hatte ihn jedenfalls ehren wollen, da er von ihm als ›würdigem und wohlgelehrten Herrn‹ sprach, vgl. o. S. 79,5f.
43. hoffärtig, anmaßend.
44. geldgieriger.
45. beendet.
46. Diese Predigten sind nie erschienen. Auch eine handschriftliche Überlieferung ist bisher nicht aufgetaucht.
47. Osiander wird an Vorwürfe denken, die in der seit 1522 in Nürnberg währenden Kanzelpolemik erhoben worden waren. Einzelne gegen ihn und seine Lehre erhobene Anschuldigungen sind lediglich aus der Begründung bekannt, die der päpstliche Nuntius Francesco Chieregati Anfang 1523 für seine Forderung der Verhaftung Osianders angab (vgl. *Schubert*, Spengler, S. 379–383).
48. Röm 16,24.
49. heute Sündersbühl (im Südwesten von Nürnberg), damals außerhalb der Stadt gelegen. Osiander dürfte dort im Haus des Kaspar Nützel gewohnt haben, vgl. *Will*, Gelehrtenlexikon 3, S. 46.
50. September.
51. Vgl. über ihn *Benzing*, Buchdrucker, S. 331, Nr 4.

Nr 8
Osiander an Spalatin
[Nürnberg], 1523, [vor Oktober 2][1]

Bearbeitet von *Martin Stupperich*

Basel UB, Ms. G. I 31, f. 73rv, autograph. Ausf.

Der Dank Spalatins hätte Kaspar Nützel gelten müssen, der über größeren Einfluß verfügt. Die Prediger leiden Not. Vakante Stellen sind daher schwer zu besetzen. Osiander brachte die Sache vor den Rat: ohne Erfolg. Scham über diese Stadt. Sein Gehalt beträgt 70 fl., nicht ausreichend für Bücherkauf und Almosen. Sehnt sich an einen anderen Ort, wird von zahlreichen Personen aufgesucht. Kaspar Nützel hat keine Hoffnung, seine Forderung durchzusetzen. (Balthasar) Wilhelm aus Schmalkalden soll nicht weit von dort pastor vicarius sein.

[Adresse:] Doctissimo et integerrimo viro Georgio Spalatino principis Friderici a Saccis amico suo charissimo.
[Eingangsvermerk Spalatins:] Andr. Osiander 1523.

Gratiam et pacem a Deo. Iure quidem Caspari Nutzelio[2], michi vero longe praeter meritum gratias agis, suavissime Spalatine[3]. Nam ut utrique nostrum animus erga te promptus non desit, certe facultas eadem utrobique non est. Ille enim quidvis impetrare atque impendere potest. Ego vero ne ea quidem, quae viderentur rei publicae prius, deinde et evangelio collatura, obtinere possum. Ministri ecclesiae egestate premuntur, ita ut hic etiam prius seposita absumat, ille pusillanimis sordide uniat; hic ludo fortunas suas committit inani spe in hoc barathrum coniectus, ille rebus amatoriis se solatur inde damnum resarcire studens, et nemo prorsus hoc munere dignus. Ideoque fit, ut si qui abeant, successores non habeant. Ego autem dederam operam, ut res ad senatum referretur[4]; fit; profero rationem

---

1. Datierung: Die Ratsentscheidung vom 2. Oktober 1523 über Osianders Gehalt steht noch aus, daher ist der Brief vor diesem Zeitpunkt einzuordnen (vgl. Nürnberg SA, RV 695, f. 10r).
2. Kaspar Nützel war Nürnberger Ratsherr und Pfleger des Klaraklosters. Er wurde meist mit der Durchführung der Ratsentscheidungen in kirchlichen Fragen befaßt (vgl. ADB 24, S. 66–70).
3. Der Gegenstand der Danksagung Spalatins ist nicht mehr erkennbar. Die Mitwirkung Nützels läßt darauf schließen, daß es sich um eine Bitte handelte, für deren Erfüllung die Zustimmung des Rates erforderlich war.
4. Es ist durchaus denkbar, daß es sich hierbei um die Verhandlungen Hektor Pömers mit dem Rat vom 21. Aug. 1523 handelte (Nürnberg SA, RV 693, f. 19r), in der es allerdings zunächst um das Gehalt Osianders selbst ging. Von einem Vorstoß Osianders wegen der allgemeinen Notlage der Nürnberger Prediger findet sich nichts in den Ratsverlässen, so daß angenommen werden darf, daß das Problem im Zusammenhang mit der Gehaltsfrage Osianders verhandelt wurde (vgl. Nürnberg SA, RV 695, f. 19v).

esse hos liberaliter habendos, ut decedentibus honestiores et doctiores succederent; nihil effeci. Paenitet me huius urbis. Gratuler profecto mihi, si Deus alio me vocet, nam eadem inopia conficior. Stipendium enim meum 70 fl.[5] non excedit, quod pene eiusmodi rebus impendendum est, quorum nulla ratio, tantum abest, ut
5 libris emendis pauperibus sublevandis satis esse posset[6]. Nam probus evangelista esse qui possit, non video, qui, quae docet, non faciat etiam. Sed hec in sinum tuum effundo. Cupiam enim, si Christo videretur, alibi vivere, ubi vel fortuna amplior vel officium inferius. Neque latere mihi liceret, iam enim quottidie tot praestantes homines undecumque confluunt mei visendi et salutandi gratia, ut,
10 si cuique vel vini haustus sit porrigendus, perierim.

Usque adeo non sumus hic evangelici, ubi pecuniae negotium agitur. Eadem questus sum Nutzelio, sed quantum conicio, desperat posse aliquid extorqueri[7]. Ita hic habent res, mi Spalatine, quod ideo scripsi, ut videas, quam fallax sit vetus Adam, et ubique suspectam habeas hypocrisin. Video enim nos secundum carnem
15 de evangelio gloriari[8]. D. Wilielmus Smalcaldiensis[9] fertur non longe a patria pastorem vicarium agere. Nihil tum certi habeo. Si quid apud te dignum, quod sciam, fac ne non sciam. Vale in Christo et has meas ineptias boni consule.

Tuus Andreas Osiander

5. Damit gibt Osiander sein Gehalt korrekter an als später in dem Schreiben an den Nürnberger Rat (vor dem 3. September 1534, vgl. *Seebaß,* Osiander, S. 213, Anm. 268; gedr. *Pollet,* Bucer 2, S. 137ff), wo er behauptet, zu dieser Zeit 30 fl. und freien Tisch erhalten zu haben. Er verschweigt dort die Stiftung der Witwe Barbara Scheuch, aus der ihm jährlich weitere 30 fl. zuflossen (vgl. *Seebaß,* Osiander, S. 212). Rechnet man diese Beträge zusammen, so ergibt sich ungefähr die von Osiander in unserem Brief angegebene Summe; die Differenz von 10 fl. wird auf Einkünfte aus den ›Winkelmessen‹ zurückgehen. Vgl. hierzu auch *Möller,* Osiander, S. 203f und *Pfeiffer,* Einführung, S. 113. Vgl. auch die Korrektur, u. A. Bd 2, Nr 81.

6. Vgl. den o.a. (Anm. 5) Brief an den Rat von 1534, wo Osiander feststellt, daß er wegen des Ankaufs von Büchern »und andrer notdurft ein grossen unkosten einer christlichen gemain und gemainer stat zugut« habe aufwenden müssen und deshalb in Schulden geraten sei.

7. Nützel hatte Osiander abgeraten, die beiden anderen Forderungen, die er ursprünglich dem Rat hatte vorlegen wollen, nämlich Krankenversorgung und Altersversicherung, aufrechtzuerhalten, da dies zu einer Ablehnung auch der Gehaltsforderung führen könne. Es sei besser, die beiden übrigen Forderungen später zu gelegener Zeit anzubringen. Vgl. den o.a. (Anm. 5) Brief an den Rat von 1534; *Seebaß,* Osiander, S. 212.

8. Vgl. Röm 3,27; 1Kor 1,29; 2Kor 11,18.

9. Es handelt sich wahrscheinlich um Balthasar Wilhelm, der in Erfurt Theologie studiert hatte, sich um 1521 Luther zuwandte und im Jahr 1525 in Schmalkalden einen reformatorischen Versuch unternahm, vgl. *Knetsch,* Baltzer Wilhelm, S. 25f; *Bechstein,* Balthasar Wilhelm.

Nr 9
Osiander an Spalatin
[Nürnberg], 1523 [vor Oktober 2]¹

Bearbeitet von *Martin Stupperich*

Basel UB, Ms. G. I. 31, f. 104rv, autograph. Ausf.

Spalatins Brief hat ihn erfreut. Die Not zwang ihn, mit Kündigung zu drohen, um ein höheres Gehalt zu erwirken. Die Sache wurde durch den Propst (Hektor Pömer) vor den Rat gebracht, wo sie der heftigen Kritik der Altgläubigen ausgesetzt war. Doch auch im eigenen Lager gibt es Nachrede. Dies war Anlaß, die Übernahme einer andersgearteten Tätigkeit zu erwägen. Hofft auf günstigen Ausgang. In der Bibelsache will er Nachforschung halten, bisher keine Gelegenheit.

[Adresse:] Erudito et pio viro Georgio Spalatino suo in Christo fratri.
[Eingangsvermerk Spalatins:] D[ominus] Andr. Osiander.

Gratiam et pacem. Quam me recrearunt literae tuae², Spalatine suavissime, tum aestimare posses, quum quid mihi usu venerit, plene cognosceres. Cogebat me egestas et aes alienum ad conquerendum denuntiandumque, nisi uberius stipendium obtingeret, me durare non posse³. Res per dominum prepositum⁴ ad senatum relata est⁵, ibique diu acriter pugnatum ab adversariis verbi, ne aerarium gravaretur. Inter[im] fama exit: Osiandrum abiturum, quod stipendium non satis amplum obtingeret. Ibi miris modis acceptus sum ab amicis et per literas et coram in faciem⁶. Quales tamen ii sint, non libet dicere; aliqui avarum, aliqui superbum,

---

1. Der Brief setzt voraus, daß eine Entscheidung des Rates über Osianders Gehalt bereits gefallen ist. Dies geschah am 2. Oktober 1523 (vgl. Nürnberg SA, RV 695, f. 10r und RB 12, f. 194v). Der Brief wird also kurz nach diesem Datum geschrieben worden sein.

2. Der Brief Spalatins ist nicht erhalten.

3. Vgl. den Brief an Spalatin Nr 8 (vor Oktober 2). In dem Brief Osianders an den Rat, der vor dem 3. September 1534 (vgl. *Seebaß*, Osiander, S. 213, Anm. 268) geschrieben wurde (gedr. *Pollet*, Bucer 2, S. 137–139), heißt es, Osiander habe seine Kündigung eingereicht. Aufgrund dieser Aussage unseres Briefes ist die spätere Aussage jedoch zu korrigieren.

4. Gemeint ist der Propst an St. Lorenz, Hektor Pömer (1495–1541), vgl. *Simon*, Nbg.Pfb., Nr 1029, *Matthes*, Briefe, S. 33–49.

5. Die Verhandlung Hektor Pömers mit dem Rat über das Gehalt Osianders wurde am 21. August 1523 geführt (vgl. Nürnberg SA, RV 693, f. 19r). Dabei wurde vom Rat geprüft, ob zu diesem Zweck Gelder aus den Kirchengütern beschafft werden könnten. Am 18. September ließ der Rat deshalb die Kirchenrechnung von St. Lorenz durchsehen (Nürnberg SA, RV 694, f. 16r). Vgl. hierzu *Seebaß*, Osiander, S. 212.

6. Die Einigung erfolgte am 2. Oktober 1523, s.o. Anm. 1. Danach sollte Osiander ebensoviel wie der Prediger an St. Sebald (Dominikus Schleupner) erhalten: 140 fl. jährlich. Jedoch war dieses Gehalt nicht unwiderruflich festgelegt. Zum Vollstrecker des Beschlusses wird Kaspar

ut qui mihi persuasissem nostros mei similem non reperturos, aliqui scortatorem, qui mea in meretrices insumpsissem, aliqui cauponatorem verbi Dei. Quibus conviciis adeo derectus eram, ut plane diu noctuque nihil aliud cogitarem quam liberale aliquod negotium, quod me alere posset, ita tamen, ut ministerium verbi non relinquerem, nam de stipendio verbi desperarem. Sed spero tamen fore rem bene habituram. De bibliis experiar, quod iam fieri non potuit[7]. Bene in Christo et Osiandrum ama[8].

A. Osiander

Nützel bestimmt. Es wird bemerkt, daß auch Venatorius nicht mit seinem Gehalt auskommt. Der Vorstoß Osianders scheint grundsätzliche Erwägungen über die Finanzlage der Prediger ausgelöst zu haben (vgl. Brief Nr 8, Anm. 5): Am 14. Oktober 1523 wird beschlossen, eine Berechnung über die Haushaltskosten der einzelnen Pfarrhöfe anzustellen (Nürnberg SA, RV 695, f. 19v).

7. Spalatin interessierte sich möglicherweise für die Nürnberger Druckausgaben deutscher Bibeln. 1523 erschienen bei Gutknecht »Evangelia und Epistel teutsch« und bei Peypus »Ein christenlich nützpar Betpüchlein mit dem Auszug der heyligen Evangelien und aller sant Pauls Episteln« etc, vgl. *Panzer,* Nbg. Bibel, S. 113–116. Vielleicht ging es auch um die Vorbereitung der NT-Übersetzung Luthers, die im folgenden Jahr bei Peypus erschien, vgl. aaO, S. 117–120.

8. Am Ende des Satzes findet sich ein Zeichen, das nachträglich eingefügt zu sein scheint. Möglich wäre die Bedeutung »tuus«, doch setzt Osiander im allgemeinen ein »T.« vor seinen Namen.

Nr 10
Ordnung, wie man tauft
[1524, Januar, vor 24]

Bearbeitet von *Martin Stupperich*

Einleitung

1. Entstehungsgeschichte

Osianders deutsche Taufordnung gehört zu den ersten Veränderungen, die im Nürnberger Gottesdienst im Zuge der Reformation durchgeführt wurden. Zwar hatte sich der Bischof von Bamberg im Jahre 1523 auf Anfrage gegen die Abendmahlsfeier sub utraque ausgesprochen, doch war man auf die Dauer nicht geneigt, sich der bischöflichen Jurisdiktion zu fügen[1]. Wohl verlief das Jahr 1523 ohne gottesdienstliche Veränderungen, aber es erschien in Nürnberg bereits ein Nachdruck der »formula missae« Luthers[2].

Schon zu Beginn des Jahres 1524 arbeitete Osiander an einer deutschen Taufordnung, die bereits am 24. Februar erstmalig von Propst Peßler bei der Taufe eines Kindes angewandt wurde[3]. Osiander legte dieser Ordnung das Taufritual der Lorenzkirche[4], das der Bamberger Agende von 1514 folgte[5], zugrunde. Seine Anlehnung an dieses Taufformular ging soweit, daß er es nicht nur über weite Strecken hin wortwörtlich übersetzte, sondern auch die äußere Textgestaltung der lateinischen Vorlage angleichen ließ[6]. Dennoch sind die Abweichungen von der Bamberger Ordnung erheblich:

Zunächst fällt die vorangestellte Weihe von Wasser und Salz fort[7]. Osiander läßt die Taufzeremonie sogleich mit der Frage des Priesters nach dem Namen des Täuflings beginnen. Im Anschluß an das Gebet »Omnipotens sempiternus Deus« fügt Osiander die deutsche Fassung des »Deus immortale praesidium« ein. Dieses

---

1. Im folgenden Jahre 1524 wurde trotz des abermaligen Verbots des Bischofs eine Abendmahlsfeier sub utraque im Augustinerkloster gehalten, und Osiander reichte auf der Burg Königin Isabella von Dänemark, der Schwester Karls V., das Abendmahl sub utraque. Bald darauf wurde die Gottesdienstordnung grundlegend umgestaltet (s. u. Nr 18). Die Verlesung der bischöflichen Mandate von der Kanzel wurde in ›Artikel der Pröpste‹ einzustellen beschlossen (Art. 14; vgl. u. S. 173, Nr 19); vgl. *Schubert*, Spengler, S. 396; *Seebaß*, Osiander, S. 217.

2. *Klaus*, Deutsche Messe, S. 12, Anm. 51; *Seebaß*, Osiander, S. 217.

3. Vgl. den Brief Osianders an Spalatin, zwischen dem 5. und 12. März 1524, s. u. S. 128, Nr 15; *Sehling*, Kirchenordnungen 11, S. 18.

4. Nürnberg StB, Cent. VI, 43t.

5. Vgl. *Reifenberg*, Sakramente, S. 85; die Agende ist vorhanden Bamberg SB, R.B. Inc.typ. V. 28; zur Charakterisierung dieses Rituals s. *Reifenberg*, Sakramente, S. 196f; zur Entstehung s. *Reifenberg*, aaO, S. 79f.

6. Osiander nennt den Schreiber dieses Textes in seinem Brief an Spalatin, s. u. S. 128, Nr 15.

7. Vgl. die Gottesdienstordnung vom Juni 1524 (s. u. S. 154, Nr 18): »Neque sal, neque aqua consecretur«; s. auch ›Artikel der Pröpste‹, 10. Art. (u. S. 171, Nr 19).

Gebet findet sich in der Magdeburger Agende von 1497 und gehörte wahrscheinlich auch in die in Wittenberg gebräuchliche Liturgie[8]. Es wurde von Luther in sein deutsches Taufbüchlein von 1523 aufgenommen und gelangte von dort zu Osiander.

An die Stelle des Gebets »Deus patrum nostrorum«, das die verschiedenen Fassungen der herkömmlichen Taufritualien boten, setzt Osiander Luthers »Sündflutgebet« ein, das dieser möglicherweise aus einem seltenen Taufordo übernommen hatte[9]. Der Schluß des Gebets stimmt mit dem Ende des »Deus patrum nostrorum« der mittelalterlichen Taufordnungen überein, was Osiander veranlaßt haben kann, den Text aus der lateinischen Vorlage um den Satz: »Und nachdem er die ersten speyß, das saltz, versucht hat, nicht lenger in hunger, daß er nicht himlischer speyß ersettiget werde, auffhalten und verzeihen« zu erweitern. Andere Taufordnungen, die dieses Gebet von Luther übernahmen, waren wesentlich freizügiger in der Veränderung dieses Textes, so zB Leo Juds Züricher Ordnung[10] und die dänische des Hans Tausen[11].

Im folgenden schließt sich Osiander wieder eng an seine Lorenzer Vorlage an: Er bringt den dort enthaltenen dreifachen Exorzismus, jeweils getrennt für Knaben und Mädchen. Dabei läßt er das »Ergo maledicte« jeweils als »Repetitio« – im ganzen also sechsmal – folgen.

Diese Form des ausführlichen Exorzismus fehlt bei Luther. Er kennt weder die Unterscheidung von Knaben und Mädchen bei der Beschwörung noch die Repetitio, was vermutlich auch in seiner Vorlage nicht enthalten war. Die drei Exorzismusgebete, die Luther an dieser Stelle seines Taufbüchleins bringt, stellen in Osianders Zusammenhang (und dem der Bamberger Agende) die Repetitio,

---

8. Vgl. *Kawerau*, Studien, S. 425 (Rückschluß Kaweraus von der brandenburgischen Kirchenordnung (1540) auf das Ritual, das Luther vorgelegen haben muß).

9. *Kawerau* (Studien, S. 591) vermutet die Autorschaft Luthers, da sich eine Vorlage in der mittelalterlichen Tradition bis dahin nicht nachweisen ließ. Diese These wurde jedoch mit verschiedenen Argumenten in Zweifel gezogen, am umfassendsten von *Paul Drews* (Beiträge, S. 112ff), der den Ursprung des Gebets in einem Wasserweihegebet des Ostens sah, das den Anfang und Schluß des »Deus patrum nostrorum« bot. Dieses Gebet sei im Osten zur Weihe des Öls gebraucht worden, im Westen dagegen seien Anfang und Schluß mit einem passenden Zusatz zum Salzdarreichungsgebet umgebaut worden, als die Wasserweihe vom Taufritus abgetrennt wurde. In einigen Gegenden habe sich das alte Taufwassergebet jedoch erhalten, ohne daß eine Wasserweihe vollzogen wurde. *Drews* Vermutung war, daß Luther das sogenannte Sündflutgebet aus einer bisher unbekannten lateinischen Vorlage übersetzt habe. Diese Hypothese konnte kürzlich teilweise verifiziert und weitergeführt werden durch *Walter Dürig* (Sintflutgebet, S. 1043ff), dem es gelang, in der Breslauer Dombibliothek in einem schlesischen Taufordo vom Ende des 15. Jahrhunderts das Sündflutgebet in deutscher Sprache aufzufinden. Damit ist sehr wahrscheinlich gemacht, daß Luther bereits die deutsche Fassung vorfand und Wort für Wort übernahm. Dennoch unternahm es vor kurzem *F. Schmidt-Clausing*, die These von der Autorschaft Luthers erneut zu bekräftigen u. a. auch mit dem Argument, Osiander würde es nicht gewagt haben, einen Einschub vorzunehmen, wenn er nicht um Luthers Verfasserschaft gewußt hätte (*Schmidt-Clausing*, Arbeit Zwinglis, S. 535). Die Diskussion um die Herkunft des Sündflutgebets ist noch nicht abgeschlossen.

10. *Kawerau*, Studien, S. 531.

11. *Kawerau*, aaO, S. 476; 593.

die zweite und die dritte Beschwörung über die Knaben dar. Keines der Stücke wird wiederholt. Vermutlich bezieht es sich auf diesen Sachverhalt, wenn Osiander im Titel der Druckausgabe schreibt: »Ordnung, wie man tauffet etc ... Hierin ist auß etlichen ursachen, was die andern als uberflussig veracht haben, nicht ausgelassen.«

Die Lesung von Mt 19,13–15, wie sie in der lateinischen Lorenzer Ordnung vorgesehen ist, ersetzt Osiander durch die Lesung von Mk 10,13–16. Auch darin folgt er Luther, doch war dies keine Neuerung, denn schon die Magdeburger Agende von 1497 ließ statt Mt 19 Mk 10 lesen[12].

Die auf die Evangelienlesung folgende Anweisung zur Vermahnung der Paten ersetzt Osiander durch einen offensichtlich von ihm selbst formulierten Admonitionstext. Die Wahrscheinlichkeit der Verfasserschaft Osianders wird unterstrichen durch die Tatsache, daß die deutsche Taufordnung Osianders in der Brandenburgisch-Nürnbergischen Kirchenordnung von 1533 zwar durch Luthers Taufbüchlein von 1526[13] ersetzt wird, die Admonition an die Gevattern jedoch beibehalten und dem Taufbüchlein in verkürzter Form angefügt wird[14].

Die eigentliche Taufhandlung am Schluß des Textes gibt Osiander abweichend von Luther und in enger Anlehnung an die Bamberger Agende von 1514 wieder.

2. Wirkungsgeschichte

Daß der erste Nürnberger Druck spätestens Anfang August 1524 vorgelegen haben muß, geht aus dem Schreiben der Stadt Nürnberg an die Stadt Magdeburg vom 9. August 1524 hervor[15]. Daß es sich dabei um einen offiziellen Druck der Stadt Nürnberg handelte, zeigt das Stadtwappen auf dem Titelblatt. Die Nachdrucke sind im wesentlichen von dieser Ausgabe abhängig.

Osianders Taufordnung hat vereinzelt weitergewirkt: Deutlich abhängig ist die »Ordnung der tauff nach wirtzburgischer Rubriken von wort zu wort verteutscht«. Dieses Formular fügt in die getreue Übersetzung des Würzburger Taufrituals Osianders Vermahnung an die Paten ein[16].

An verschiedenen Stellen zeigt sich das »Tauffbuch deutsch Breslisch« (1524) außer von Luther von Osiander abhängig. Möglicherweise ist Johann Heß, der im Frühjahr 1523 von Nürnberg nach Breslau übersiedelte, der Verfasser dieser Taufordnung[17]. Am deutlichsten ist die Übernahme der Exorzismen, die von

---

12. Vgl. die Übersicht des Aufbaus der Taufagenden bei *Kawerau,* Studien, S. 428ff.

13. WA 19, S. 531ff.

14. *Sehling,* Kirchenordnungen 11, S. 180; vgl. *Kawerau,* Studien, S. 472.

15. *Pfeiffer,* Quellen, S. 280, Nr 39.

16. Der Text von »Ordnung der tauff nach wirtzburgischer Rubriken« etc ist abgedruckt bei *Kawerau,* Studien, S. 519–525; vgl. auch aaO, S. 468f und 472.

17. *Kawerau,* Studien, S. 473; Abdruck der Breslauer Taufordnung aaO, S. 525–546; hier sind die Wittenberger, Nürnberger, Züricher und Breslauer Ordnung als Synopse abgedruckt, so daß Abweichungen und Übereinstimmungen leicht überblickt werden können.

Osiander beibehalten worden waren. Die Vermahnung an die Paten wird im Breslauer Taufbuch allerdings nicht aufgenommen.

3. Überlieferung

Handschriften:

a: Nürnberg LkA, Fen.IV, 180 4°. Es handelt sich um eine aus der Lorenzer Pfarrei stammende, kalligraphierte und rubrizierte Pergamenthandschrift mit starken Spuren liturgischen Gebrauchs. Gegen Sehling, Kirchenordnungen 11, S. 33, Anm., läßt sich eindeutig feststellen, daß es sich um eine Fassung handelt, die älter ist als der erste Nürnberger Druck. Die Handschrift bietet nämlich – im Gegensatz zum Druck – die abweichenden Formulierungen für die Taufe von Mädchen, vgl. u. S. 111, Anm. g. Außerdem kann die zweimalige Auslassung des Stückes »und laß die eere dem lebendigen und waren Got« im Abschnitt der Exorzismen nicht ursprünglich sein, da die Fortsetzung »und laß die eere seinem sun Jesu Christo« dann ohne Bezug dastünde. Der Zwickauer Drucker Jörg Gastl (vgl. D) hat dies bemerkt und seine Druckvorlage (A) an dieser Stelle ergänzt. Dennoch ist a wahrscheinlich nicht die Vorlage für A, vgl. b.

b: Chicago (Illinois), The Newberry Library, Case Ms C 821 646. Es handelt sich um eine kalligraphierte und rubrizierte Pergamenthandschrift. Da sie mit a seiten- und zeilengleich, genau wie jene gebunden ist (vgl. Sehling, Kirchenordnungen 11, S. 33, Anm.) und die Spuren liturgischen Gebrauchs aufweist, dürfte es sich um das Exemplar der Sebalder Pfarrei handeln. Es wurde, wie auch a, von dem Schreiber Alexius Bierbaum angefertigt (vgl. u. S. 128, Nr 15, Anm. 4). Aufgrund zweier Stellen, an denen die Zeilengleichheit nicht gewahrt ist, läßt sich feststellen, daß es sich um eine Kopie von a handelt, wobei der Abschreiber bemüht war, seine Vorlage zu verbessern. Dabei machte er den Fehler, daß er auf Bl. 8r in der Formulierung »raiche nun den lon dem, der (der, die) da bittet« das doppelte »der«, da es in der unmittelbar folgenden ähnlichen Formulierung fehlte, für Dittographie hielt und deswegen ausließ. Mit Recht aber schrieb er im ›Sintflutgebet‹ auf Bl. 10r »deine grundtlose barmhertzigkeit«, vgl. u. S. 112, Anm. l. Die drei anderen Stellen, an denen die Zeilengleichheit nicht gewahrt ist, gehen auf andere Kürzungen von Worten (7v, 17v) und nachträgliche Einfügung eines vergessenen Wortes (16r) zurück.

Aufgrund der korrekteren Formulierung des Sintflutgebetes darf man vermuten, daß b die Vorlage für den ersten Nürnberger Druck (A) darstellt. Vielleicht erklärt sich das daher, daß Lazarus Spengler, der im Auftrag des Rates die Drucklegung übernommen haben dürfte, zur Sebalder Gemeinde gehörte.

Da die Handschrift erst während der Drucklegung dieses Bandes von Herrn Vikar Jürgen Lorz gefunden wurde und außer den oben erwähnten keine für die Textkritik relevanten Abweichungen bietet, brauchte sie im Apparat nicht berücksichtigt zu werden.

Drucke:

A: Nürnberg: [Jobst Gutknecht], 1524 = *Seebaß*, Bibliographie, S. 9, Nr 3.1.
B: [Augsburg: Heinrich Steiner], 1524 = *Seebaß*, Bibliographie, S. 9, Nr 3.2.
C: [Ausgburg: Jörg Nadler], 1524 = *Seebaß*, Bibliographie, S. 9, Nr 3.3.
D: [Zwickau: Jörg Gastel, 1524] = *Seebaß*, Bibliographie, S. 10, Nr 3.4.
E: Nürnberg: [Friedrich Peypus], 1529 = *Seebaß*, Bibliographie, S. 10, Nr 3.5.

Editionen:

Ed. 1: *Strobel, Georg Theodor:* Geschichte des Exorcismi in der Nürnbergischen Kirche, in: Ders.: Miscellaneen 4, S. 173ff, darin die Seiten 176–194. Vorlage: A.
Ed. 2: *Kawerau*, Studien, S. 524–546. Vorlage: B.
Ed. 3: *Sehling*, Kirchenordnungen 11, S. 33–38. Vorlage: A.

Aufgrund des Textvergleiches ergibt sich folgendes Abhängigkeitsschema:

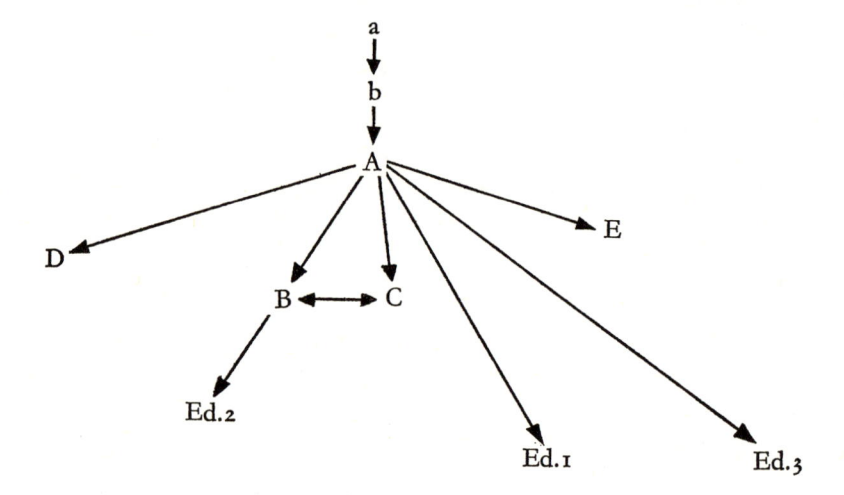

Text

[Auf dem Innendeckel:] ᵃDer tauf halben muß man acht haben:
Erstlich: Wen ein kindt fur die kirchen kumpt, soll man fragen, ob es jachtaufft¹ sey. So die am² ›ja‹ sagt, zeigt aber daneben an, sie hab sie in worten geirt oder etwas anders dan wasser genumen, oder das der prister sie fraget, wie sie das kindt
5 tauft het, und befundt, das sie es nicht recht getaufft het, soll er das kindt allerding³ von neuwem taufen.

Zum anderen: So sie sagt, sie hab das kindt jachtaufft, sey aber in einem schrecken geschehen, sie wiß nicht, wie sie gesagt hab, oder daran zweiffelt, ob das kindt recht getaufft sey, oder villeicht truncken ist – wie dan auch beschehen
10 mag –, also das zu besorgen, sie hab es nicht recht taufft, so soll er daß kindt sub conditione – ›bistu nicht getaufft‹ etc – tauffen.

Zum dritten: So aber die am sagt, sie hab es jataufft, und, so man sie fragt, wie sie im gethan hab, das sie dasselbig anzeigt, und man sicht, das sie im recht gethan hat – als sie hat es im namen des Vatters und des Suns und des heyligen Geist
15 getaufft und mit wasser begossen –, alsdann sol man das kind nicht wider tauffen, weder simpliciter noch sub conditione, wan⁴ es were ein widertauff. Doch soll man den exorcismus und andere gepett halten und dem kindt ein namen geben etcᵃ⁵.

[1r:] Ordnung, wie man die, so in Christum glauben, tauffen soll, bissher im
20 latein gehaltenᵇ⁶.
Zum ersten soll ein diener der christenlichen gemain, der darzu geordnet, ᶜwann er yemand tauffen will, der glaubig worden [1v:] istᶜ, nach seinem namen fragen und sprechen: Wie haist du?⁷

a–a) nur in a.
b) Die Drucke führen ein eigenes Titelblatt mit folgendem Wortlaut: »Ordnung wie man tauffet, bißher im latein gehalten, verteutscht. Hierin ist aus etlichen ursachen, was die andern als überflüssig veracht haben, nicht außgelassen. Andreas Osiander. Nürnberg 1524.«
c–c) Wenn er yemant, der glaubig worden ist, tauffen wil: A–E.

1. notgetauft; zum hier vorliegenden Text und zur Frage der Nottaufe und Konditionaltaufe in Nürnberg zu dieser Zeit vgl. *Seebaß*, Osiander, S. 227ff; s. auch *Höfling*, Sakrament 2, S. 296 bis 304; zum vorreformatorischen Ritus s. *Reifenberg*, Sakramente, S. 238f.
2. Amme.
3. jedenfalls.
4. denn.
5. Bei notgetauften Kindern soll die Taufzeremonie also ausschließlich des eigentlichen Taufaktes stattfinden.
6. Es handelt sich hier um den ursprünglichen Beginn der handschriftlichen Tauforordnung.
7. Die Bamberger Agende beginnt unmittelbar mit der Frage nach dem Namen. Der Eingangsteil mit den altkirchlichen Tauffragen (Quis vocaris? – Abrenuntias? – Credis?) ist nicht in allen vorreformatorischen Taufritualen enthalten. Er fehlt zB in der Magdeburger Agende von 1497 und wurde auch in Luthers Taufbüchlein von 1523 nicht aufgenommen, vgl. die Synopse bei *Kawerau*, Studien, S. 428ff und die ausführlichere Gegenüberstellung bei *Spital*, Taufritus, S. 51f. Zur Frage der Wurzeln der Abrenuntiation s.u. Anm. 79.

⁸Da soll im dan der glaubig oder, so es^d ein unmundig kind ist⁸, der gevatter, ⁹darzu gepetten, von seinenwegen⁹ antworten: N.

Darnach solle der diener weiter fragen: N., widersagst [2r:] du dem teufel?

Antwort: Ja, ich widersag.

Frag: Und allen seinen wercken?

Antwort: Ja, ich widersag.

Frag:¹⁰ Und allem seinem wesen?

Antwort: Ja, ich widersag.

Frag: Glaubst du an Got, den allmechtigen vater, schöpfer himels und erden? [2v:] Antwort: Ja, ich glaub.

Frag: Glaubst du an Jesum Christum, seinen einigen son, unsern herrn, geborn und gelitten?

Antwort: Ja, ich glaub.

Frag: Glaubest du an den heiligen Geist, ein heilige, christliche kirchen, gemainschafft der heiligen, ver-[3r:]gebung der sünd^e, auffersteung des flaischs und nach dem todt ein ewigs leben?

Antwort: Ja, ich glaub.

Darnach blaß der diener dem kind dreymall under^f augen und sprech¹¹:

Far aus, du unrainer gaist, und weiche von disem pildnus Gotes¹², der dich [3v:] straffet, und gib die ere dem lebendigen und waren Got und Jesu Christo, seinem son¹³, und gib raum dem heiligen Geist.

Darnach bezaichne der diener den glaubigen mit dem creutz an der stirn und an der brust und spreche¹⁴:

Nym hin das zaichen des creutzs¹⁵ [4r:] Christi, baide, an der stirn und an der brust, und empfahe den glauben, durch den du die himlischen gebott erfüllest,

---

d) er: A, E. – e) sünden: A–E. – f) under die: A–E.

8–8. fehlt in der lateinischen Vorlage.
9–9. fehlt in der lateinischen Vorlage.
10. Hier folgt in der Bamberger Agende (1514) die erneute Frage nach dem Namen.
11. Die Exsufflation ist Allgemeingut aller vorreformatorischen Taufritualien. Sie reicht in ihren Wurzeln bis ins 4. Jahrhundert zurück, vgl. *Eisenhofer*, Liturgik 2, S. 247; *Kretschmar*, Taufgottesdienst, S. 182; 227; 253; *Spital*, Taufritus, S. 52ff. Das dreimalige Blasen unter die Augen des Kindes übernimmt Osiander von Luther, dessen Taufbüchlein von 1523 mit diesem Satz beginnt; nach *Jordahn*, Taufgottesdienst, S. 366f, stammt diese Form ursprünglich aus der Agenda communis von 1512. Statt »dreimal« hieß es in der Lorenzer Taufordnung »in modum crucis«.
12. Gen 1,27.
13. »und Jesu Christo, seinem son« fehlt in der lateinischen Vorlage.
14. Dieser Abschnitt war in der Bamberger Agende von 1514 in zwei gleichlautende Teile der Bezeichnung an der Stirn und an der Brust zerlegt. Osiander zog beides, wohl in Anlehnung an Luther (WA 12, S. 42,6), zu einer Handlung zusammen.
15. Der Abschnitt »Accipe signum crucis – sume fidem« findet sich in fast allen Taufritualen an dieser Stelle. Luther läßt ihn allerdings schon in seinem ersten Taufbüchlein, abgesehen von der ersten Zeile, fallen, nach *Jordahn*, Taufgottesdienst, S. 367, im Anschluß an die Agenda communis von 1512. Zur Tradition des Kreuzes als Taufsignation s. *Kretschmar*, Taufgottesdienst, S. 36–42; 71f; 94; *Spital*, Taufritus, S. 60.

und füre ein solichen wandel, das du ytzo Gottes tempel sein mögest[16]. Tritt in die kirchen Gottes und erkenne mit freuden, das du den stri- [4v:] ken des tods entflohen bist. Fleuch die abgötter, veracht die bilder und ere Got, den allmechtigen vater, und Jesum Christum, seinen son, der mit demselbigen vater und dem
5 heiligen Geist lebet und herrschet, ein Got von ewigkeit zu ewigkeit. Amen.

[5r:] Dann sprech der diener weiter:

Last uns bitten: O herre Got, du wöllest unsere bitt[17] genedigklich erhören und dise(n)g deine(n) ausserwelte(n) diener(in) durch die crafft des herrlichen creutzes, damit wir ien (sie) betzaichent haben, erhalten, auff das er (sie) die [5v:] ersten
10 lere von deiner grossen herrlichait behalt und durch das aufsehen auf deine göttliche gebott zur genade der neuen geburt kommen möge. Durch Christum, unsern herrn. Amen.

Dann spreche der diener weiter:

Last uns bitten: Allmechtiger[h], ewi- [6r:] ger Got[18], vater unsers herren Jesu
15 Christi, du wöllest sehen auf dise(n) N., deine(n) diener(in), den (die) du zu des glaubens unterricht beruffen hast: Treib alle blindthait seines (ires) hertzen von im (ir), tzureyss[19] alle strick des teufels, damit er (sie) gepunden ist. Thu im (ir) [6v:] auff, Herr, die thür deiner gütte, auff das er (sie), mit dem zaichen deiner weißhait betzaichnet, des gestancks aller bösen lüsten on[20] sey und nach dem süssen geruch
20 deiner gepot dir in der christenheit frölich diene und teglich zuneme. Und das er (sie) tüchtig [7r:] werde, zur genade deiner tauff zu kommen und ertzney zu empfahen. Durch Christum, unsern herrn. Amen.

Dann[i] spreche der diener weiter:

Last uns bitten: O Got, du unsterblicher trost[21] aller, die etwas fodern[22],
25 erlöser aller, die dir flehen, und [7v:] frid aller, die dich bitten, leben der glaubigen,

g) Die Hinzufügung des jeweiligen Femininums an allen in Frage kommenden Stellen in der Tauforordnung findet sich allein und ohne die von uns vorgenommene Kennzeichnung durch Klammern in der Handschrift. Jedoch erscheint hier die feminine Endung stets als Rubrum. Vgl. u. S. 120, Anm. c-c.
h) O allmechtiger: A–E.
i) Darnach: A–E.

16. 1Kor 3,16; 6,19.
17. Das Gebet »Preces nostras« findet sich in mehreren älteren Taufritualien, allerdings z.T. erst nach dem »Omnipotens sempiternus Deus«. Luther nimmt es 1523 nicht auf, vermutlich, da es auch in der Magdeburger Agende von 1497 fehlt; vgl. *Spital,* Taufritus, S. 59ff.
18. Das »Omnipotens sempiternus Deus« ist nach *Spital,* Taufritus, S. 59, das stabilste im Orationsabschnitt der lateinischen Taufritualien. Osiander lehnt sich mit wenigen Abweichungen an den Wortlaut der deutschen Übersetzung in Luthers Taufbüchlein von 1523 an.
19. zerreiß.
20. frei.
21. Das »Deus immortale praesidium« findet sich in der Magdeburger Agende von 1497 an dieser Stelle. Osiander übernimmt auch hier den Wortlaut der Übersetzung aus Luthers Taufbüchlein von 1523. In den übrigen Ritualien, die das Gebet aufweisen, findet es sich innerhalb des Exorzismenabschnitts, vgl. die Übersicht bei *Kawerau,* Studien, S. 428f und *Spital,* Taufritus, S. 75.
22. fordern, bitten.

aufersteung der todten[23]: Ich ruffe dich an über dise(n) deine(n) N., diener(in)[24], der (die) deiner tauff gabe bittet und dein ewige genad durch die geistlichen widergeburt begeret: Nym in[25] auff, Herr, und, wie du gesagt hast: [8r:] »Bittet, so werdt ir nemen, sucht, so werdt ir finden, klopfet an, so wirt euch auffgethan«[26], so raiche nun den lon dem, der (der, die) da bittet, und öffne die thür dem, der ([der], die) da anklopfet, das er (sie) den ewigen segen dises himelischen bades erlange und das ver- [8v:] haissen reich deiner gaben empfahe. Durch Christum, unseren herrn. Amen.

Hie leg nun der diener dem glaubigen saltz in den mund und spreche[27]:

Nym hin, N., das saltz der weißhait, weliche dich fürdere zum ewigen leben. Amen. Der frid sey mit dir!

[9r:] Dann sprech der diener weiter:

Last uns bitten: Almechtiger, ewiger Got, der du hast durch die sindfluß[28] nach deinem gestrengen gericht die unglaubige welt verdambt und den glaubigen Noe selbacht[29] nach deiner grossen barmhertzigkait er- [9v:] halten und den verstockten pharao mit allen seinen im Roten Meer ertrenckt und dein volck Israel truken hindurchgefüret[30], damit dises bad deiner heiligen tauff zukunftig betzaichnet und durch die tauf deines lieben sons Jesu Christi, unsers herrn[31], den Jor- [10r:] dan und alle wasser zur seligen sindfluss und reichlicher abwaschung der sunden geheiligt[k] und eingesetzt: Wir bitten durch dieselben deine[l] barmhertzigkeit, wöllest dise(n) deine(n) diener(in) N. gnediglich ansehen und, nachdem er (sie) die ersten speiß, das saltz, ver- [10v:] sucht hat, nicht lenger im hunger, das[32] er (sye) nicht mit himlischer speiß ersettigt werde, aufhalten und vertzihen, sonder mit rechtem gaist im glauben beseligen, das durch die[m] hailsame sindfluß an im (ir) ersauffe und untergee alles, was in (sie) vom [11r:] Adam angeporn ist und er (sie) selbs dartzu gethan hat, und er (sie) aus der unglaubigen zall gesondert, in der heiligen arca[33] der christenheit trucken und sicher behallten[34], allzeit

---

k) geherligt: A, C. – l) deine grundlose: A–E. – m) dise: A–E.

23. Joh 11,25.
24. An dieser Stelle läßt Osiander versehentlich das bei Luther vorhandene »deynen« (diener) aus, vgl. WA 12, S. 43,14.
25. ihn.
26. Mt 7,7.
27. Das Salzreichen ist Bestandteil aller traditionellen Taufordnungen. Auch Luther behält es bei, vgl. WA 12, S. 43,21. Die datio salis hatte ursprünglich bundesstiftende Bedeutung, entwickelte sich aber zu einer sakramentalen Handlung. Dieser Charakter wurde durch die ältesten protestantischen Kirchenordnungen wieder rückgängig gemacht, vgl. *Höfling*, Sakrament 1, S. 343ff; *Eisenhofer*, Liturgik 2, S. 247; *Stenzel*, Taufe, S. 171ff; *Kretschmar*, Taufgottesdienst, S. 73f; *Spital*, Taufritus, S. 64ff.
28. Zu diesem ›Sündflutgebet‹ vgl. die Einleitung o. S. 105.
29. Noah und seine sieben Angehörigen; vgl. Gen 7,13; 1Petr 3,20f.
30. Ex 14,5–31.
31. Mk 1,9–13.
32. sinngemäß: der darin besteht, daß.
33. Arche.   34. bewahrt.

prünstig im gaist, frölich in hoffnung³⁵ deinem namen diene. Füre in (sie) zum bad der neuen [11v:] gepurt³⁶, auff das er (sie) mit allen glaubigen deiner verheissung ewigs leben erlangen³⁷ möge. Durch Jesum Christum, unsern herrn. Amen.

Hernach volgen nun drey beschwerung³⁸, die man über die knablin allein spricht und darnach drey, die man [12r:] über die magdlin allein spricht³⁹:

Uberⁿ die knablin sprech der diener weiter:

Last uns bitten: Got des Abrahams⁴⁰, Got des Isaacks, Got des Jacobs⁴¹, Got, der du deinem diener Mosi auff dem berg Sinai erschinen bist und die kinder Israel aus dem [12v:] land Egipten ausgefurt hast und inen zugeaignet den engel deiner gütte⁴², der sie bewaret tag und nacht: Wir bitten dich, Herr, du wöllest deinen engel schicken, das er disen deinen diener N. gleichermaß bewar und zu der gnade deines tauffes füre. Durch Christum, [13r:] unsern herrn. Amen.

Repetitio: Darumb, du laidiger teufel⁴³, erkenn dein urtail und lass die eere dem lebendigen und waren Got, lass die eere seinem son Jesu Christo und dem heiligen Geist, und weich von disem N., seinem diener. [13v:] Dann Got und unser herr Jesus Christus hat in zu seiner heiligen genade und segen und zum brunnen der heiligen tauffe durch sein gab beruffen. Und das du dises tzaichen des heiligen creutzes [Kreuzeszeichen], das wir – hie mach der diener dem glaubi- [14r:] gen ein creutz an die stirn – an seine stirn thun, müssist nymer thürn⁴⁴ verstören⁴⁵, durch den, der zukünftig ist, tzu richten die lebendigen und die toden⁴⁶ und die welt mit feur⁴⁷. Amen.

Die ander°:

So höre nun, du laidiger teufel⁴⁸, bei dem namen [14v:] des ewigen Gottes und

n) Die erst beschwerung uber: A–E. – o) ander beschwerung: A–E.

35. Röm 12,11f. 36. Tit 3,5.
37. Gal 3,29; Eph 3,6. 38. Beschwörungen.
39. Dieser Abschnitt ist ein Einschub Osianders. Die folgenden Exorzismen sind in Wortlaut und Anordnung eine getreue Übersetzung der Bamberger Agende (1514). Über die Tradition der Exorzismen in der alten Kirche s. *Höfling*, Sakrament 1, S. 377ff; *Eisenhofer*, Liturgik 2, S. 248; *Kretschmar*, Taufgottesdienst, S. 78; 81; 94; 99; 227f; 255; 259.
40. Dieses Gebet »Deus Abraham« taucht in allen vorreformatorischen Tauformdnungen auf, vgl. *Spital*, Taufritus, S. 70f.
41. Ex 3,5.
42. Ex 14,19; 23,20.
43. Dieser Exorzismus »Ergo maledicte« war in allen mittelalterlichen Taufritualien enthalten und wurde dreimal wiederholt im Anschluß an verschiedene Vorsatzgebete. In denjenigen Agenden, die das Tauformular für die Mädchen zusätzlich vollständig zitierten, tauchte das »Ergo maledicte« entsprechend sechsmal auf, so auch in der Bamberger Agende. Luther zitiert diesen Beschwörungstext lediglich einmal (WA 12, S. 44,8).
44. nicht mehr wagen darfst.
45. zerstören.
46. Apostolikum, vgl. BSLK, S. 21,17.
47. 2Petr 3,7.
48. Es handelt sich hier um die Übersetzung des »Audi maledicte«, das auch Luther in seinen Exorzismusabschnitt aufnahm (WA 12, S. 44,15); dazu *Spital*, Taufritus, S. 77.

unsers hailands Jesu Christi beschworen, und weiche mit zittern und seufftzen, sambt deinem hass uberwunden, das du nichts zu schaffen habest mit disem diener Gotes, der nun nach dem, das himlisch ist, tracht- [15r:] tet, dir und deiner welt widersaget und in seliger unsterblichait leben sol. So lass nun die eere dem heiligen Gaist, der da kombt und von der höchsten pürge⁴⁹ des himels herabferet, deine triegerey zu verstören und das hertz mit dem götlichen brunnen ge- [15v:] rainigt, ein heiligen tempel und wonung Got zu beraitten⁵⁰, auff das diser diener Gotes, von aller schuld der vorigen laster erlößet, dem ewigen Got allzeit danck sage und seinen heiligen namen ewigklich lobe. Amen.

    Repete^p:

    Darumb, du laidiger [16r:] teufel, erkenn dein urtail und laß die eere ^qdem lebendigen und waren Got. Laß die eere^q seinem son Jesu Christo und dem heiligen Gaist und weiche von disem N., seinem diener. Dann Got und unser herr Jesus Christus hat in zu seiner heiligen gnade und segen und [16v:] zum brunnen der heiligen tauffe durch sein gabe beruffen. Und das du dises zaichen des heiligen creutzes [Kreuzeszeichen], das wir (hie mache der diener dem glaubigen ein creutz an die stirn) an seine stirn thun, müssist nymer thüren verstören. Durch den, der [17r:] zukünfftig ist, zu richten die lebendigen und die todten und die welt mit^r feur. Amen.

    Die dritt beschwerung:

    Ich beschwere dich⁵¹, du unrainer gaist, bei dem namen des Vaters und des Sons und des heiligen Geists, das du ausfarest und weichest [17v:] von disem diener Gotes N. Dann der gepeut dir, du laidiger, der mit füssen auff dem mere gieng und dem sinckenden Petro die hand raichet⁵².

    Repetitio:

    Darumb, du laidiger teufell, erkenn dein urtail und laß die eere ^sdem lebendigen und waren Got. [18r:] Lass die eere^s seinem son Jesu Christo und dem heiligen Gaist und weich von disem N., seinem diener. Dann Got und unser herr Jesus Christus hat in zu seiner heiligen genade und segen und zum brunnen der heiligen tauffe durch sein gabe beruffen. Und das [18v:] du dises zaichen des heiligen creutzes [Kreuzeszeichen], das wir (hie mach der diener dem glaubigen ein creutz an die^t stirn) an seine stirn thun, müssist nymer thüren^u verstören, durch den, der zukunftig ist, zu richten die lebendigen und die todten und die welt mit^v feur. Amen.

    [19r:] Über^w die magdlin spreche der diener: Last uns bitten. Got des himels, Got der erden⁵³, Got der engel, Got der ertzengel, Got der propheten, Got der

---

p) Repetitio: A–E. – q–q) fehlt A–E. – r) durch das: A–E. – s–s) fehlt A, B, C, E. – t) der: A, E. – u)fehlt A–E. – v) mit dem: A, E. – w) Die erst beschwerung über: A–F.

    49. Burg.   50. 1Kor 3,16; 6,19.
    51. Es handelt sich hier um das herkömmliche »Exorcisco te«, das auch Luther 1523 in sein Taufbüchlein aufnahm. Osiander bringt den Wortlaut der lutherschen Übersetzung.
    52. Mt 14,22–33.
    53. Diesem Text liegt das lateinische »Deus caeli, Deus terrae« zugrunde; s. dazu *Spital*, Taufritus, S. 71f.

zwelfbotten, Got der martyrer, Got der bekenner, Got der jungfrauen, Got aller der, die ein gut leben [19v:] füren, Got, dem alle zungen bekennen und alle knie sich biegen, der himelschen, irdischen und hellischen⁵⁴: Wir rufen dich an über dise deine dienerin N., das du sie wollest füren zu der genade deines taufs. Durch
5 Christum, unsern herrn. Amen.

Repetitio: [20r:] Darumb, du laidiger teufel, erkenn dein urtail und laß die eere dem lebendigen und waren Got, laß die eere seinem son Jesu Christo und dem heiligen Gaist, und weiche von diser N., seiner dienerin. Dann Got und unser herr Jesus Christus hat sie zu [20v:] seiner heiligen gnade und segen und zum
10 brunnen der heiligen tauffe durch sein gab beruffen. Und das du dises zaichen des heiligen creutzes [Kreuzeszeichen], das wir – hie mache der diener derˣ glaubigen ein creutz an die stirn – an ire stirn thun, mussist nymer thüren ver- [21r:] stören. Durch den, der zukünftig ist, zu richten die lebendigen und die todten und die welt mit feur. Amen.
15 Die ander beschwerung:

Got des Abrahams, Got des Isaaks, Got des Jacobs, Got, der die stemme Israel von dem egiptischen dinst aus- [21v:] gefürt und durch deinen diener Mosen, wie sie deine gebot halten solten, in der wüste unterrichtet und die Susanna von der falschen anklag erlediget hast: Wir bitten dich, Herr, diemutigklich, wöllest
20 auch dise deine dienerin N. erlediget und zu der genaden deines [22r:] taufs füren. Durch Christum, unsern herrn. Amen.

Repeteʸ: Darumb, du laidiger teufel, erkenn dein urteil und laß die eere dem lebendigen und waren Got, laß die eere seinem son Jesu Christo und dem heiligen Gaist, und weich von diser N., seiner die- [22v:] nerin. Dann Got und unser herr
25 Jesus Christus hat sie zu seiner heiligen gnade und segen und zum brunnen der heiligen tauffe durch sein gabe beruffen. Und das du dises zaichen des heiligen creutzes [Kreuzeszeichen], das wir – hie mach der diener derᶻ glaubigen [23r:] ein creutz an die stirn – an seineᵃ stirn thun, mussist nymer thüren verstören. Durch den, der zukünftig ist, zu richten die lebendigen und die todten und die welt mit
30 feur. Amen.

Die dritt beschwerung:

Ich beschwere dich, du unrainer gaist, [23v:] bei dem Vater⁵⁵ und dem Son und dem heiligen Gaist, das du ausfarest und weichest von diser dienerin Gottes, N. Dann der gepeut dir, du laidiger, der dem blindgebornen die augen eröffnet⁵⁶ und den viertagigen Lazarum aus dem grab erwecket⁵⁷.

x) den: A, E. – y) Repetitio: A, E. – z) dem: A–E. – a) ire: A–E.

54. Phil 2,10; die Vorlage bildet das traditionelle Gebet »Deus Abraham, Deus Ysaac«, vgl. *Spital*, Taufritus, S. 70f.

55. An der entsprechenden Stelle des Exorzismus über die Knaben heißt es: »bei dem namen des Vaters etc.«.

56. Joh 9,6f.

57. Joh 11,39–44; diese beiden Beispiele treten an die Stelle des Beispiels vom sinkenden Petrus im Exorzismus über die Knaben.

Repetitio. [24r:] Darumb, du laidiger teufel, erkenn dein urtail und laß die eere dem lebendigen und waren Got, laß die eere seinem son Jesu Christo und dem heiligen Gaist, und weiche von diser N., seiner dienerin. Dann Got und unser herr Jesus Christus hat sie zu seiner [24v:] heiligen gnade und segen und zum brunnen der heiligen tauffe durch sein gabe beruffen. Und das du dises zaichen des heiligen creutzes [Kreuzeszeichen], das wir – hie mach der diener der[b] glaubigen ein creutz an die stirn – an ire stirn thun, mussist nymer thüren ver- [25r:] stören. Durch den, der zukünftig ist, zu richten die lebendigen und die todten und die welt mit feur. Amen.

Darnach sprech der diener[c] uber knäblin und magdlin: Last uns bitten. Herr, heiliger vater, allmechtiger ewiger Got, von dem al- [25v:] les liecht der warheit kombt: Wir bitten deine ewige und allersenftigste[d] gute[58], das du deinen segen auf dise(n) N., deine(n) diener(in), aussgiesist und wollest in (sie) erleuchten mit dem liecht deiner erkanntnus. Rainige und heilige in (sie), gib im (ir) die [26r:] rechte erkantnus, das er (sie) halte[e] ein feste hofnung, rechten rhatt und heilige lere, das er (sie) geschickt werde, die gnad deiner tauff zu empfahen. Durch Christum, unsern herrn. Amen[59].

Darnach sprech der diener zu allen, die darbeisteen: Der Herr sey [26v:] mit euch!

Antwort: Und mit deinem geist.

Der diener sprech[f]: Die nachvolgenden [Kreuzeszeichen] wort – hie betzaichne der diener den glaubigen mit dem creutz an der stirn – des 'heiligen [Kreuzeszeichen] euangelion – auff dem munde – Sant [Kreuzeszeichen] Marcus[60] – und auff der[g] [27r:] prust –.

Antwort: Ere sei dem Herren.

»Zu derselben zeit brachten sie kindlin zu Jesu, das er sie solt anruren. Aber die jungern furen die[h] an, die sie trugen. Da es[i] aber Jesus sahe, wurd er unwillig und sprach zu in: ›Last die kindlin zu mir khommen und [27v:] weret in nicht, dann solicher ist das himelreich. Warlich sag ich euch: Wer nicht empfahet das reich

---

b) dem: A–E. – c) diener beyde: A–E. – d) allersüsste: A–E. – e) habe: A–E. – f) fehlt A–E. – g) die: A–E. – h) sie: D. – i) fehlt B.

58. Die Übersetzung dieses Gebetes, das in der Regel mit dem Incipit »Aeternam ac iustissimam« zitiert wird, lehnt sich stark an die Formulierung Luthers an (WA 12, S. 44,30). Osiander läßt jedoch den Halbsatz »Das er wirdig werde, zu deyner tauffe gnade zu komen« fallen, obwohl er auch in der lateinischen Lorenzer Vorlage enthalten ist. Da sich der Satz am Schluß in etwa wiederholt, scheint bei Osiander Absicht und kein Versehen vorgelegen zu haben.

59. Hier läßt Osiander folgende Passage der Bamberger Agende von 1514 fallen: »Deinde legatur Evangelium Matthaei XIX. Jube Domine benedicere. Dominus sit in corde meo et in labiis meis, ut digne pronuntiem evangelium pacis. Pax mecum. Dominus vobiscum. Signetur infans signo crucis in fronte, ore et pectore. Sequentia sancti evangelii secundum Matthaeum. Pone manum cum stola super infantem.«

60. Osiander läßt statt Mt 19,13–15 Mk 10,13–16 lesen. Er folgt darin Luther (WA 12, S. 45,3). Vor Luther war eine Lesung der Markusstelle schon in einigen Taufritualien vorgesehen, vgl. *Jordahn*, Taufgottesdienst, S. 371.

Gotes wie ein kindlein, der wirt nicht hineinkommen‹. Und er umbfieng sie und leget die hend auf sie und segnet sie«[61].

Got sei gedanckt[62].

Da soll nun [28r:] der diener, so er ein unmundig kind tauffet, dasselbig dem gevattern, dartzu gepetten, dermassen, wie hernach volgt, oder dergleichen, wo es seiner elltern durch todes oder andere fell, ee dann es zum brauch[k] seiner vernunft und erkantnus christli- [28v:] ches glaubens köme, beraubt wurd, zu unterrichten bevelhen[63]:

N. etc[l], ich bevilhe dir nun das kind in crafft der christenlichen lieb. Wann es seiner eltern durch todes oder ander unfall beraubt würde, ee dann es zum[m] brauch seiner vernunft und [29r:] erkantnus des heiligen christlichen glaubens köme, das du es vleyssig und treulich wöllest unterrichten und leeren: zum ersten die heiligen zehen gebot, in denen es den willen Gotes und seine sund lern erkennen; nachvolgend den heiligen christlichen glau- [29v:] ben, durch den wir gnad, vergebung der sünd, den heiligen Gaist und gotliche lieb von Got empfangen und nach dem gaist gerechtfertigt und from werden, und darneben ermanen, dieweil das flaisch dem gaist widerstrebt, das es umb der [30r:] erbsund willen, die im flaisch ist, in den tod bewilligt hab und in der tauff mit Christo begraben sei, auff das, wie Christus widererstanden ist[64], es auch ein neu und gotlich leben fure; darnach das heilig gepet ›Vater unser‹, mit welchem es [30v:] genad und hillf von Got erwerb, das alles, so ytz durch den[n] glauben und tauf in im angefangen ist, seligklich volendet werde, und das zu disem allem der allmechtig Got sein genad, wort und gaist geben und schicken wolle.

So bittet auch [31r:] ytzo mit andacht und sprecht ein vaterunser.

Darnach sprech der diener uber den glaubigen, es sei ein knablin oder magdlin:

Du solt auch wissen[65], Sathan, das uber dich dahergeet die pein, das uber dich dahergeet die quelung[o][66], das über [31v:] dich daher geet der tag des urtails, der tag der ewigen straff, der da kunftig ist als ein prinnender[67] ofen, an dem dich und

---

k) zu gebrauchen: A–C, E. – l) fehlt A–E. – m) zu dem: A–E. – n) fehlt A–E. – o) erqueung: B.

61. Mk 10,13–16.
62. Hier läßt Osiander folgende Passage der Bamberger Agende von 1514 fallen: »Pro istos sermones sancti evangelii indulgeat tibi dominus universa delicta tua.«
63. An Stelle dieses und des folgenden Abschnitts steht in der Bamberger Agende ein kurzer Hinweis auf die Notwendigkeit der Vermahnung der Paten, jedoch kein vollständiges Admonitionsformular, wie es Osiander hier einsetzt. Der Text stammt aus seiner eigenen Feder. Luthers Taufbüchlein enthält keine Vermahnung an die Paten, vermutlich weil in seiner Vorlage eine solche nicht vorkam. Osiander folgt Luther, indem er ›Credo‹ und ›Ave Maria‹ fallenläßt und lediglich das Vaterunser beibehält.
64. Röm 6,4.
65. Das »Nec te lateat«, das diesem Exorzismus zugrunde liegt, war in allen lateinischen Agenden enthalten. Luther ließ, seiner Tendenz zur Beschränkung der Exorzismen folgend, diesen Abschnitt fallen. *Spital*, Taufritus, S. 79 und 95, schreibt »nec te lateat«, dazu aaO, S. 95, Anm. 518.
66. Qual.
67. brennender.

deine engel das ewig verderben uberfallen wirt. Darumb, du laidiger und verdamter, gib die eer dem lebendigen und waren Got, [32r:] gib die eer Jesu Christo, seinem son, und dem heiligen Gaist. In des^p namen und crafft gepeut⁶⁸ ich dir, wer du auch bist, du unrainer gaist, das du ausfarest und weichest von disem (dieser) diener (dienerin) Gotes, welchen (welche) heut Got und unser [32v:] herr Jesus Christus zu seiner heiligen gnade und segen und zum^q bronnen der heiligen tauff durch sein gabe beruffen hat wolen, das er (sie) im werd ein heiliger tempel⁶⁹ durch das wasser der neuen gepurt zur vergebung aller sund. In dem na- [33r:] men unsers^r herrn Jesu Christi, der zukunftig ist, zu richten die lebendigen und die todten und die welt durch das feur. Amen.

Hie müsche der diener ein erden mit seiner spaicheln⁷⁰, streich es dem glaubigen in^s das recht or und sprech: Ephthah⁷¹, [33v:] das ist: Thu dich auff⁷².

Darnach unter die nasen und sprech: Zu einem süssen geruch⁷³.

Darnach in das linck or und sprech: Aber du, teufel, heb dich hinweg; dan es nahet sich Gotes gericht herbei.

Darnach füre der diener den glaubigen in die kirchen⁷⁴ und sprech: [34r:] Got behüt deinen eingang und deinen außgang von nun an bis zu ewigen zeiten⁷⁵.

Wann man nun zum tauffbronnen kombt⁷⁶, so frag der diener: Wie haissist du?⁷⁷ Antwort: N.

ᵗDarnach soll der diener weiter fragenᵗ: N., widersagist du dem teufel?⁷⁸ [34v:]

p) dem: A, E. – q) zu dem: A–E. – r) unsern: C. – s) eyn: D. – t–t) Frag: A–E.

68. gebiete.   69. 1Kor 3,16f; 6,19.
70. Hier steht in der Bamberger Agende (1514) zusätzlich: »Hanc mixturam recipiat inter pollicem et indicem lineatque per modum crucis auriculam dexteram infantis et dicat ...«
71. ἐφφαθά: Mk 7,34.
72. Dieser Abschnitt (Effeta – in odorem – tu autem effugare) – neben ›Effeta‹ auch ›Apertio aurium‹ genannt – ist in allen vorreformatorischen Taufritualien enthalten, s. *Spital*, Taufritus, S. 98f. Luther läßt den Ausspruch »zu einem süßen Geruch« fallen (WA 12, S. 45,14). Zu den Wurzeln des Ritus des Effeta vgl. *Eisenhofer*, Liturgik 2; *Stenzel*, Taufe, S. 166; *Kretschmar*, Taufgottesdienst, S. 225f; 256f.
73. Eph 5,2.
74. Mit der »Introductio in ecclesiam« beginnt die eigentliche Taufhandlung; s. dazu *Spital*, Taufritus, S. 100ff. An welchem Ort die bisherige Liturgie stattfinden sollte, ob vor der Kirche oder im Vorraum, darüber macht die Tauforduung keine Aussage. Die meisten Agenden lassen an dieser Stelle das »Dominus custodiat« sprechen (vgl. die Übersicht bei *Kawerau*, Studien, S. 428ff).
75. Ps 121,8.
76. Hier folgt in der Bamberger Agende von 1514: »accersito infante et sacro oleo ponente quaerat sacerdos de nomine infantis dicendo ...«.
77. Die erneute Frage nach dem Namen findet sich außer in der Bamberger auch in der Würzburger Agende von 1482 und in der Eichstätter von 1488 (vgl. die Übersicht bei *Kawerau*, Studien, S. 430).
78. Die hier folgende dreifache Abrenuntiatio findet sich in allen lateinischen Tauforduungen. Zur Tradition vgl. *Kretschmar*, Taufgottesdienst, S. 42–44; 97–100; 311f. Auch Luther bringt die entsprechenden Fragen in seinem ersten Taufbüchlein (WA 12, S. 45,22). Zu den Wurzeln der Abrenuntiation s. *Kirsten*, Taufabsage, vor allem auch die Zusammenstellung der altkirchlichen und mittelalterlichen formulae abrenuntiationis aaO, S. 39–51. Vgl. auch *Stenzel*, Taufe, S. 98ff.

Antwort: Ja, ich widersag.
Frag: Und allen seinen werken?
Antwort: Ja, ich widersag.
Frag: Und allem seinem wesen?
5 Antwort: Ja, ich widersag.
ᵘFrag: Wie haissist du?
Antwort: N.ᵘ
Frag: Glaubst du an Got[79], den allmechtigen [35r:] vater, schöpfer himels undᵛ erden?
10 Antwort: Ja, ich glaub.
Frag: Glaubst du an Jesum Christum, seinen ainigen son, unsern herrn, geborn und gelitten?
Antwort: Ja, ich glaub.
Frag: Glaubst du an den heiligen Gaist, ein heilige, christliche kir- [35v:] chen,
15 gemainschafft der heiligen, vergebung der sündʷ, aufersteung des flaischs und nach dem tod ein ewigs leben?
Antwort: Ja, ich glaub.
Darnach tuncke der diener den daumen in das öle des hails und salbe den glaubigen auf der brust und sprech: Und [36r:] ich salbe dich mit dem öle des
20 hails[80].
Darnach auch zwischen den schultern und sprech: In Christo Jesu, unserm herrn.
Darnach frage der diener widerumb: Wie haissist du?[81]
Antwort: N.
25 Fragˣ: Will du getaufft werden?
Antwort: Ja, ich will.
[36v:] Frag: Wie haissist du?
Antwort: N.
Frag: N., will du getaufft werden?

u–u) fehlt A–E. – v) und der: A–E. – w) sünden: E. – x) Frag N.: A–E.

79. Die Fragen nach dem Credo des Täuflings sind vermutlich der Grund für das Fallenlassen des vollständigen Glaubensbekenntnisses im Anschluß an die Evangelienlesung. Zur Tradition des Credo in der Taufliturgie vgl. *Jordahn*, Taufgottesdienst, S. 374ff.

80. Die postbaptismale Salbung mit Öl findet sich in fast allen traditionellen Taufliturgien (vgl. die Übersicht bei *Kawerau*, Studien, S. 430f). Diese Salbung im Anschluß an die Abrenuntiation vor der Taufe wurde im Westen von der morgenländischen Kirche übernommen, s.u. Anm. 85. Auch Luther behält 1523 die präbaptismale Ölsalbung bei. Zu den ursprünglichen Formen dieser Salbung s. *Eisenhofer*, Liturgik 2, S. 258; *Kretschmar*, Taufgottesdienst, S. 27ff; 119ff; 123ff; 183; 192ff; 201ff.

81. Das erneute »Quis vocaris?« findet sich an dieser Stelle außer in der Bamberger, Würzburger und Eichstätter auch in der Straßburger Agende. Demgegenüber ist die Frage »Vis baptisari?« Bestandteil aller traditionellen Taufliturgien (vgl. die Übersicht bei *Kawerau*, Studien, S. 430f), ebenso natürlich der eigentliche Taufakt, der sich an diese Fragen anschließt. Luther beschränkt sich vor dem Taufakt auf die einmalige Frage: »Willtu getaufft seyn?« (WA 12, S. 45,31).

Antwort: Ja, ich will.
Frag: Wie haissist du?
Antwort: N.
Frag: N., will du getaufft werden?
Antwort: Ja, ich will.
Frag: Wie haissist du?
Antwort: N.

Da tauffe ʸdan inʸ der diener [37r:] und sprech:⁸² Und ich tauffe dich im namen des Vaters und des Sons und des heiligen Gaists⁸³. Amen.

ᶻDarnach sprech er, der diener, weitterᶻ: Last uns bitten: Der allmechtig Got und vater unsers herrn Jesu Christi, der dich neu geborn hatt [37v:] aus wasser und dem heiligen Gaist⁸⁴ und dirᵃ verzeihung aller deiner sünd gegeben hat – hie salbe erᵇ den glaubigen auff der schaittel mit dem chrisma⁸⁵ des hails –, der salbe dich auch mit dem chrisma des hails in Christo Jesu, unserm herrn, zum ewigen le- [38r:] ben. Amen.

Darnach ziehe im der diener das weiss klaid⁸⁶ an und spreche: Nym hin das weiss und unbeflecks klaid und pring dasselb fur den richtstul Christi⁸⁷, auff das du habest das ewig leben. Der frid sei mit dir. Amen.

[38v:] ᶜEs ist auch zu wissen⁸⁸, das nichts der vorgeschriben wort und gebett

---

y–y) in dann: A–E. – z–z) Dann sprech der diener: D. – a) der: A–E. – b) der diener: A–E. – c–c) fehlt A–E; dafür folgender Abschnitt: »Wir haben auch hierin, wo und wie offt man die wort: ›so man ein maydlein tauffet‹, ändern und für er sy, für diener dienerin sprechen sol, nit wöllen anzaygen, sunder eines yeden güten verstandt darüber vertrauet.« Vgl. o. S. 111, Anm. g.

82. Die Taufform war von sehr früher Zeit an die trinitarische. Zur Frage der Wasserverwendung vgl. *Eisenhofer,* Liturgik 2, S. 259f. Osiander macht über die Frage der Wasserverwendung keine Angabe. Vermutlich setzt er die Immersionstaufe nicht mehr voraus. Zum Taufakt in den vorreformatorischen Ritualien s. *Spital,* Taufritus, S. 112ff.

83. Mt 28,19.

84. Joh 3,5.

85. Die Salbung mit dem Chrisam, dh einer Mischung aus Öl und Balsam (im Okzident, vgl. *Höfling,* Sakrament 1, S. 490) war in den Taufliturgien der abendländischen Kirche die ursprünglich einzige Salbung, während ein Teil der morgenländischen (die syrische) Kirche lediglich eine Salbung vor dem Taufakt kannte. Letztere wurde im Okzident zusätzlich übernommen, erhielt aber stärker den Sinn einer Unterstreichung des Abrenuntiationsaktes statt, wie im Orient, des Taufaktes (vgl. *Höfling,* Sakrament 1, S. 492). Entsprechend wurde in der östlichen Kirche die postbaptismale Salbung allgemeiner Brauch. Im Westen kam es zur Abspaltung der bischöflichen Konsignation, die sich zur Firmung entwickelte. Übrig blieb lediglich die Scheitelsalbung, die auch bei Osiander und Luther noch vorliegt (WA 12, S. 46,7). Die mit der Scheitelsalbung verbundene Vorstellung ist die Königs- bzw. Priestersalbung, dh die Geistmitteilung, die aber an die Firmung nicht heranreicht. Zur Geschichte der Chrismation vgl. *Kretschmar,* Taufgottesdienst, S. 120; 217ff; 249; 260ff; 266ff.

86. Die Übergabe des weißen Kleides beruht auf der altkirchlichen Entkleidung des Täuflings und seiner nach der Taufe vollzogenen neuen Bekleidung mit einem weißen Gewand, das den Vollzug der Reinigung symbolisierte, vgl. *Höfling,* S. 538; *Eisenhofer,* Liturgik 2, S. 263; *Kretschmar,* Taufgottesdienst, S. 38; 188; 261. *Spital,* Taufritus, S. 118ff.

87. Apk 7,9; 2Kor 5,10.

88. Dieser gesamte Schlußteil ist eine eigene Formulierung Osianders.

zu der tauff so nöttig ist, man mag es in der not und eill außlassen on schaden, ausgenommen die tauff des wassers sambt den worten: »N., ich tauffe dich im [39r:] namen des Vaters und des Sons und des heiligen Gaists. Amen«.

    Darumb ist es genug, wann der glaubig in der nott also getaufft wirt. Wann es aber die zeit baß leidet, mag man dem teufel widersagen und den glauben bekennen lassen, [39v:] darnach unter die augen blasen, das saltz in mund geben, das gepet hernach: »Allmechtiger ewiger Got, der du hast durch die sindfluss« etc sprechen, das euangelion lesen und alsdann tauffen. Wo aber khein gefar des tods ist, mag man die [40r:] ordnung, wie obgeschriben ist, gantz halten[c].

Nr 11
Osiander an Spalatin
[Nürnberg], 1524 [vor Februar 26]¹

Bearbeitet von *Martin Stupperich*

Basel UB, Ms. G. I. 31, f. 83rv, autograph. Ausf.

Ist mit Arbeit überlastet; will dennoch gern den Wunsch des Kurfürsten erfüllen; hofft, dazu in der Lage zu sein.

[Eingangsvermerk Spalatins:] A. Osiander 1524².

Gratiam et pacem. Occupatior sum, quam ut vel hiscere iam vacet. Satisfaciam libentissime et diligentissime pietati clementissimi principis nostri³. Si ᵃ modo satisfacere possum. Iuvabit spiritus Christi. Vale.

Tuus Osiander

a) Ms.: Sit.

1. Der Brief bezieht sich auf den Wunsch Friedrichs des Weisen, eine Predigt Osianders in schriftlicher Form zu erhalten (vgl. die folgenden Briefe). Der Grad der Unbestimmtheit, wann die Erfüllung des kurfürstlichen Wunsches möglich sein wird, zeigt, daß dieser Brief zeitlich vor die übrigen dasselbe Thema behandelnden Briefe gehört und damit – wie diese – vor dem 26. Februar 1524 einzuordnen ist. An diesem Tag reiste Friedrich der Weise aus Nürnberg ab (vgl. *Höss,* Spalatin, S. 254). Das Postskript zu Nr 14 beweist, daß die Arbeit Osianders an dieser Predigt schon weit fortgeschritten war, als der Kurfürst abreiste.
2. Adresse fehlt.
3. Anscheinend hatte Friedrich der Weise im Winter 1523/24 während des Nürnberger Reichstages diese Predigt in St. Lorenz selbst gehört.

Nr 12
Osiander an Spalatin
[Nürnberg], 1524 [vor Februar 26][1]

Bearbeitet von *Martin Stupperich*

Basel UB, Ms. G. I. 31, f. 85rv, autograph. Ausf.

Hat die Schriften gern gelesen, schickt beide zurück. Will den Wunsch des Kurfürsten erfüllen, sobald er Johann Haner geantwortet hat, der ihn einen Ketzer und Aufrichter des Reiches der Sünde genannt hat. Kündigt öffentliche Gegenschrift an.

[Eingangsvermerk Spalatins:] A. Osiander 1524. Non placet. Hanero respondet[2].

Gratiam et pacem. Legi libellos perlibenter[3]. Remitto utrumque. Principi satisfaciam[4], ubi prius Ioanni Hanero[5] respondero, qui me non quidem haereticum,

1. Der Brief gehört sachlich vor den Brief Nr 14, somit auch vor den 26. Februar.
2. Adresse fehlt.
3. Dies bezieht sich offensichtlich, wie auch der Schluß des Briefes nahelegt, auf Schriften Johann Haners, durch die sich Osiander angegriffen fühlte. Haner bemühte sich in dieser Zeit, Papst Clemens VII. und Erasmus zum Eintreten für die bedrohte Kirche zu bewegen. Am 5. Januar 1524 schrieb er an den Papst (gedruckt: *Balan,* Monumenta, S. 316ff) und am 17. Februar 1524 wandte er sich an Erasmus (gedruckt: *Allen,* Epistolae Erasmi 5, S. 402ff). Haner schreibt in seinem Brief an den Papst, daß er gewisse Schriften im Druck habe (sub incude). Er versäumt jedoch anzudeuten, welcher Art diese libelli seien, versichert lediglich, daß die Feinde durch sie eine Krafteinbuße erleiden würden (*Balan,* Monumenta, S. 319). Ob es sich dabei um die beiden Briefe oder einen anderen Inhalt handelte, ist undeutlich. Die Angabe Osianders, daß er persönlich als Ketzer und als erector und confirmator regni peccati bezeichnet worden sei, taucht in den beiden Briefen wörtlich nicht auf, so daß es wahrscheinlich ist, daß Haner außer den beiden Briefen noch eine weitere Schrift verfaßte, in der Osiander persönlich angegriffen wurde.
4. Dies bezieht sich auf die gewünschte Predigt (vgl. Briefe Nr 11, 13 und 14).
5. »Johannes Haner ist ein Typus jener humanistisch gerichteten Theologen, die eine Zeit lang sich der Reformation zuwandten, dann, als einzelne ihrer Hoffnungen sich nicht erfüllten, im Hinblick auf das Zustandekommen eines Konzils die Rolle von Exspektanten spielten und schließlich sich wieder der römischen Kirche in die Arme warfen« (*Theodor Kolde* in: RE 7, S. 400). Haner stammte aus Nürnberg, wo er an verschiedenen Kirchen in unterschiedlichen Stellungen tätig war (vgl. *Simon,* Nbg.Pfb., S. 85f). Anfang 1525 ging er als Domprediger nach Würzburg, wo er die Nachfolge Johann Polianders antrat, der seiner reformationsfreundlichen Gesinnung wegen hatte weichen müssen. Doch wandte sich Haner in Würzburg nach kurzer Zeit ebenfalls der Reformation zu, weshalb er sich gegen Ende des Jahres zu Philipp von Hessen begab, zu dem er auf dem Reichstag von Speyer Beziehungen hatte anknüpfen können. Haner soll dem Landgrafen zur Abhaltung des Religionsgesprächs geraten haben (*Kolde,* RE 7, S. 401). Seine Hoffnung, bei den Verhandlungen über die großen Kirchenfragen eine Rolle zu spielen, erfüllte sich nicht, da man seiner früheren altkirchlichen Einstellung wegen einen Rest von Mißtrauen gegen ihn bewahrte. 1532 wandte er sich nach Unterredungen mit Aleander in Regensburg zur katholischen Kirche zurück (vgl. den Bericht Aleanders in: NBD 1. Abt., Ergbd 2, S. 239). Bis

sed regni peccati erectorem et confirmatorem in faciem suis litteris appellare ausus est. Quid de libello scripto sentiam, coram audies. Non placet. Vale.

Tuus Osiander

zu seinem Tode war er in Bamberg als Domprediger tätig, nachdem er 1534 einer antireformatorischen Schrift wegen aus Nürnberg ausgewiesen worden war. (Vgl. das Kapitel über Johann Haner bei *Döllinger*, Reformation, S. 130ff; *Friedensburg,* Haner.)

Nr 13
Osiander an Spalatin
[Nürnberg], 1524 [vor Februar 26]¹

Bearbeitet von *Martin Stupperich*

Basel UB, Ms. G. I. 31, f. 88rv, autograph. Ausf.

Will gegen Haner eine scharfe Antwort veröffentlichen. Der Fürst möge sich mittlerweile gedulden. Sein Wunsch wird nach Beendigung der Schrift gegen Haner schnell erfüllt werden, zumal die Vorbereitungen bereits abgeschlossen sind.

[Adresse:] D[omino] Georgio Spalatino suo in Christo fratri.
[Eingangsvermerk Spalatins:] A. Osiander 1524.

Gratiam et pacem. In Hanerum² ita meditor, ut sperem vim Dei amantibus placituram. Nam edam³. Fortassis hoc triduo absolvam. Principem interim velim
5 patientem esse⁴. Nondum enim tam sum exercitatus, ut diversa ita scribere possim eodem tempore, ut mihi placeat. Videbis in Hanerum spiritus mei in docendo et pugnando specimen. Tantum elegantiam et speciosa orationis ornamenta ne expecta. Principi post Hanerum brevissime satisfaciam, omnia enim meditata sunt, tantum ut scribantur. Animo omni aliter scribam, quam in publico loquuturus
10 essem, si modo ita scribere valeo, ut loquor. Vale.

Tuus Osiander

1. Datierung: Der Brief gehört wie Nr 11 und 12 in das Frühjahr 1524. Da die Auseinandersetzung mit Haner vorausgesetzt ist, ist der Brief nach Nr 12 einzuordnen, jedoch vor dem Datum der Abreise Friedrichs des Weisen am 26. Februar (vgl. oben Nr 11, Anm. 1).
2. Vgl. oben Nr 12, Anm. 4.
3. Ob die Schrift von Osiander wirklich herausgegeben wurde, ist unklar; bisher wurde keine Arbeit gegen Johann Haner von ihm aufgefunden.
4. Dies bezieht sich auf die in den beiden vorigen Briefen zugesagte schriftliche Predigt (vgl. o. S. 123, Nr 12, Anm. 4 und o. S. 122, Nr 11, Anm. 1 und 3, sowie u. S. 126f, Nr 14).

Nr 14
Osiander an Spalatin
[Nürnberg], 1524 [kurz vor Februar 26]¹

Bearbeitet von *Martin Stupperich*

Basel UB, Ms. G. I. 31, f. 81rv, autograph. Ausf.

Beendigt die Predigt langsamer als erwartet. Will die Materie breit ausführen, da sie der Überlegung wert ist. Die Predigt soll veröffentlicht werden. Frage der Dedikation. Ausführliche Darlegung der Übersetzungsmöglichkeiten von Ex 34,20 und Interpretation dieser Stelle.

[Adresse:] D[omino] Georgio Spalatino suo in Christo fratri.
[Eingangsvermerk Spalatins:] Exodi 23 [sic!]. Non apparebis in conspectu meo vacuus. 1524. A. Osiander.

Salutem, gratiam et pacem. Sermonem², nescio quo fato, tardius absolvo. Materia est uberrima et digna omni cognitione. Quare late eam prosequor in lucem, nisi 5
tibi aliud videatur. Editurus³ tibi dicabitur, nisi noles. Nam principi inscribere fortassis ambitiosum videretur. An vero principis erga te ᵃin dedicandoᵃ mentionem facere liceat, velim mihi significes. Locus exodi sic habet: וְלֹא יֵרָאוּ פָנַי רֵיקָם⁴,
id est: »Et non videbuntur facie mea frustra«. Textus autem et natura linguae cogit verbum transitive intelligi. Tum sine dubio רֵיקָם adverbialiter sit 10
intelligendum, id est: »non fient videntes faciem meam frustra«. Potest etiam convenitus per praeteritum reddi, ut legatur: »Et non viderent faciem meam frustra«, quamquam exactius intuenti omnino sic habet: »Et non videbuntur facies meae frustra«, cum פָנַי pluralis sit numeri, utut igitur grammatice tractaveris. Sensus erit nos aliquid accipere, nihil conferre hactenus, ut Iudei delyrare solent. 15
Nunc meam accipe sententiam: »Sit«, inquit Dominus, »septem diebus comedetis azima etc tempore mensis novorum, quoniam in eo egressus es de terra Egipti⁵, et non videbuntur facies meae frustra«. Id est: »Hoc fac, ut beneficentiae meae

a–a) eingewiesen vom linken Rand.

1. Der Brief ist, wie aus dem Postskript ersichtlich, kurz vor der Abreise Friedrichs des Weisen aus Nürnberg am 26. Februar 1524 geschrieben worden.
2. Es handelt sich um die in Nr 11, 12 und 13 angekündigte Predigt für Friedich den Weisen.
3. Es scheint so, als habe Osiander diese Absicht nicht wahrgemacht. Eine Veröffentlichung dieser Predigt wurde bisher nicht gefunden. Auch ein Manuskript ist nicht bekannt.
4. Ex 34,20.
5. Die Predigt behandelte dieser ausführlichen Textangabe zufolge vermutlich nicht nur Ex 34,20, sondern einen größeren Teil oder das ganze Kapitel über den Bundesschluß auf dem Sinai. Die in unserem Brief behandelte Stelle scheint lediglich ein für Osiander schwieriges Problem dargestellt zu haben. Möglicherweise aber stellte Ex 34,20 die Kernstelle der Predigt

reminiscaris, non ut mihi obsequium praestes. Quod si feceris fiet, ut, quoties namque iuxta ritum legis in conspectu meo steteris, festa et ceremonias legis observaveris, semper aliquid adiicietur fidei tuae.« Nam videre faciem Domini est in conspectu eius in atriis ipsius ambulare[6], hoc est legem observare cum suis
5 ceremoniis. Sed quando hoc fecerimus tamquam hisce operibus nos iustificaturi, frustra apparemus in consepectu Domini; quum vero ideo facimus, ut eorum, propter quae instituta sunt vel quae significant, reminiscamur, non frustra videmus faciem Domini et non sine fructu versamur coram Domino in ceremoniis legis. bAugetur enim fides cognita et in mentem revocata bona Dei voluntate super nosb.
10 Hanc sententiam unice veram esse nihil dubito. Vale.

A. Osiander

Si, quod nolim, contingat principem abire[7] ante perfectum sermonem, edetur
15 nihilominus. Tu fac me certiorem de editionis conditione.

[Vermerk von der Hand Spalatins:] Non apparebis vacuus coram me. Hebraice. Non videbuntur facies meae frustra.

b–b) eingewiesen vom linken Rand.

dar, denn Osiander sieht hier die reformatorische Glaubensgerechtigkeit und damit die Ablehnung der Werkgerechtigkeit verankert.
    6. Jes 1,12; hier wohl in Verbindung gebracht mit Ex 34,24.
    7. Friedrich der Weise reiste am 26. Februar ab (vgl. *Höss,* Spalatin, S. 254).

Nr 15
Osiander an Spalatin
[Nürnberg], 1524 [März, zwischen 5 und 12]¹

Bearbeitet von *Martin Stupperich*

Zwickau Ratsschulbibliothek, Ms. J 11, autograph. Ausf.
Ed. 1: *Clemen*, Beiträge 2, S. 134f.
Ed. 2: ders.: Handschriftenproben, Tafel 49 (Faksimile und Umschrift).

Die Predigt, die er für Friedrich den Weisen schrieb, wäre schon übersandt worden, wenn der Abschreiber nicht mit der Abschrift der Taufordnung belastet wäre. Sie soll mit dem nächsten Boten zugesandt werden. Über die Predigt des Minoriten (Jeremias Mülich) sind vom Rat Zeugen verhört worden. Er beschränkte die Wirksamkeit des Leidens Christi auf die Erbsünde und die Sünde vor Christi Menschwerdung. Heute seien dagegen gute Werke zu tun. Die Ohrenbeichte führte er auf das Alte Testament zurück. Osiander befürchtet Verwirrung.

[Adresse:] Optimo viro Georgio Spalatino suo in Christo fratri.
[Eingangsvermerk Spalatins:] A. Osiander 1524. De Minorita Nurmberg.

Gratiam et pacem a Deo patre et domino nostro Iesu Christo. Missa fuisset tibi contio², quam principi tuo scripsi, nisi in scribendo libellos, quibus pueros nostra lingua baptisemus³, Alexius⁴ meus occupatus excribere, sicut iussisti, otium non habuisset⁵. Quapropter, ne egreferas, mittetur proximo nuntio. Negotia iam exhibet minorita noster⁶ impiissimis contionibus. Testes auditi sunt a senatu⁷.

---

1. Datierung: nach dem 5. März, da an diesem Tag die von Osiander erwähnten Zeugen gehört werden, vgl. Nürnberg SA, RV 700, f. 18r, vor dem 12. März, da Osiander eine Entscheidung des Rates in der Frage des Barfüßermönchs (vgl. Anm. 6) noch nicht bekannt ist, an diesem Tage aber ein Predigtverbot gegen Mülich ausgesprochen wurde (Nürnberg SA, RV 701, f. 3v). Zu diesen Vorgängen vgl. den Bericht Spalatins in: *Schelhorn*, Amoenitates 4, S. 414; vgl. auch *Müllner*, Reformationsgeschichte, S. 35f; *Soden*, Beiträge, S. 168f.
2. Gemeint ist die in Nr 11 und Nr 12 angekündigte Predigt.
3. Es handelt sich hierbei um Osianders Übertragung der Bamberger Taufordnung ins Deutsche, die wahrscheinlich von Propst Peßler am 24. Februar 1524 zum ersten Mal bei einer Taufe verwendet wurde (*Sehling*, Kirchenordnungen 11, S. 18). Die Ordnung ist gedr. o. S. 109ff, Nr 10.
4. Es handelt sich demnach um den Schreiber der beiden zum liturgischen Gebrauch bestimmten Handschriften der Taufordnung (vgl. o. S. 107, Nr 10 bei Überlieferung a und b). In den Nürnberger Stadtrechnungsbelegen wird gelegentlich ein Alexius Bierbaum als Schreiber erwähnt (vgl. Nürnberg SA, Repertorium 54aII, Nr 6). Er dürfte mit dem hier genannten Alexius identisch sein.
5. Der Kurfürst sollte die Predigt Osianders also in kalligraphischer Abschrift erhalten.
6. Es handelt sich um den Barfüßermönch Jeremias Mülich, der am 25. Februar predigte (s.o. Anm. 1) (*Kolde*, Denck, S. 6 schreibt »Milich«). Mülich war seit 1522 Konventual im Kloster

Dixit enim Christum pro originali tantum et pro peccatis ante se actualibus tantum passum; quae nos admittamus, bonis operibus esse redimenda. Confessionem auricularem in apostolos authores reiecit eamque ex veteri testamento probavit stupidissime[8]. Vereor, ne, si ad hunc modum scripturas semper tractaturi sint, aut
5 seducant multos, aut perniciem sibi, nobis omnibus seditionem concitent. Deus viderit, cuius negotium agitur. Vale in Christo.

Tuus Osiander

Nürnberg. Auf Verlangen des Rates mußte er die Stadt 1524 verlassen und war seitdem in Landshut, später in Ingolstadt als Prediger tätig. Vgl. *Kist,* Geistlichkeit, S. 295, Nr 4476. Die Predigt ist in der Form einer Aussage gegenüber dem Nürnberger Rat erhalten (Nürnberg SA, S.I L. 78, Nr 2,15a). Die Vermutung von *Clemen,* Beiträge 2, S. 134, Anm. 2, der Minorit sei identisch mit dem Predigermönch, der in den Weihnachtstagen im St. Klarakloster gepredigt hatte, ist also nicht richtig, obwohl das angeführte Zitat aus dieser Predigt mit der Inhaltsangabe unseres Briefes zusammenzustimmen scheint. Zur Tradtition des in unserem Brief ausgesprochenen Gedankens siehe die Literatur bei *Clemen,* aaO.
    7. Vgl. hierzu Nürnberg SA, RV 700, f. 16r vom 2. März 1524 und RV 700, f. 18r vom 5. März 1524.
    8. Vgl. Nürnberg SA, RV 701, f. 8v.

Nr 16
Einführung in die Passion
1524

Bearbeitet von *Gottfried Seebaß*

Einleitung

1. Entstehung

Die vorliegende Predigt Osianders wurde nicht von ihm selbst herausgegeben. Sie erschien wohl bald nach Ende März 1524 in Augsburg. Dort war schon im Vorjahr eine Predigtnachschrift Osianders gedruckt worden, die ihn zu einer Gegenschrift veranlaßte[1]. Daß in unserem Fall eine solche Entgegnung fehlt, darf nicht ohne weiteres zu dem Schluß verleiten, Osiander habe die Veröffentlichung indirekt sanktioniert; hatte er doch in der gerade erwähnten Gegenschrift ausdrücklich festgestellt, er werde in Zukunft auf Veröffentlichungen unter seinem Namen, die an anderen Orten als Nürnberg gedruckt würden, nicht mehr antworten.

Die Datierung ergibt sich aus dem Titel. Die Karwoche fiel im Jahr 1524 auf den 20. bis 26. März. Bald danach könnte der Augsburger Druck also herausgekommen sein. Die Formulierung ›Ein Einführung in den Passion‹ könnte darüber hinaus bedeuten, daß es sich um die erste Predigt handelte, die Osiander in der Karwoche hielt. Der zugrunde liegende Text ist nicht mehr eindeutig feststellbar. Fast sieht es so aus, als habe Osiander Mt 26 und 27 unter Heranziehung der synoptischen und johanneischen Parallelen zusammenfassend ausgelegt.

Wieweit in der Predigt Osianders eigene Formulierungen enthalten sind, läßt sich nicht ausmachen. Am Anfang handelt es sich eindeutig um Bericht und zusammenfassendes Referat eines Unbekannten. Im zweiten Abschnitt aber überwiegen die Formulierungen in der ersten Person des Singular und Plural. Hier dürfte also eine stärkere Anlehnung an den Wortlaut der Predigt Osianders vorliegen. Dennoch scheint es sich nicht um eine wörtliche Nachschrift zu handeln. Es ist beispielsweise sehr unwahrscheinlich, daß Osiander von Christus einfach als Gott dem Herrn gesprochen haben sollte[2]. Auch kann der vorliegende Text nicht den tatsächlichen Umfang der Predigt wiedergeben. Osianders Predigten sind normalerweise sehr viel länger. Man vermißt auch den zu erwartenden Schluß[3]. Der unbekannte Referent gab also bewußt nur jene Partien der Predigt wieder, in denen es um die polemische Anwendung der Passionsgeschichte auf die Geistlichen ging.

1. Vgl. o. Nr 5 und 7, S. 77–87 und 93–99.
2. Vgl. u. S. 134,9f.
3. Selbst Reihenpredigten, wie sie Osiander 1551/52 über den Römerbrief hielt, sind mit einem traditionellen Predigtschluß versehen, vgl. *Seebaß*, Bibliographie S. 184, 186, 189f, Nr 71, 73, 75, 76.

Denn in ihnen sieht die Predigt die eigentlichen Verfolger Christi, der Prediger des Evangeliums und des Wortes Gottes. Papst, Kardinäle und Bischöfe werden daher nicht nur den Hohenpriestern und Schriftgelehrten verglichen. Sie sind auch der Judas, der den Herrn verrät. Osiander scheut sich nicht, auf offener Kanzel die neutestamentlichen Stellen vom Antichrist nach Luthers Vorbild[4] auf die römische Geistlichkeit zu beziehen. Die Vorwürfe gegen sie gipfeln gut reformatorisch in der Verdammung einer Lehre, die den Menschen auf eigene Werke statt auf das Erlösungswerk Christi weist und ihn zur Einhaltung der kirchlichen Gesetze verpflichtet. Aber auch die Vorwürfe der andern Seite gegen die Evangelischen werden referiert: Man lege die Schrift nicht richtig aus und stehe gegen die gesamte Tradition der Kirche. Auch die ausbleibenden ethischen Früchte sprächen gegen die neue Lehre.

Schwerwiegender als dieses aber ist für Osiander die Behauptung, die Predigt des Evangeliums führe zu Aufruhr. In diesem Vorwurf findet er die falsche Anklage, mit der die heutigen Hohenpriester die Pilatus gleichgesetzte weltliche Obrigkeit zu ihrem Vorgehen gegen die evangelischen Prediger bringt. Eine Tendenz der evangelischen Berichte aufnehmend bemüht er sich, die Verantwortung für diese Verfolgung von der weltlichen Obrigkeit zu nehmen und auf die Geistlichkeit zu wälzen. Während gegen sie in schärfsten Formulierungen polemisiert wird, findet Osiander geradezu werbende Worte an die Obrigkeit. Sie solle sich nicht verführen lassen, sondern selbst urteilen. Eine versteckte Drohung aber ist auch damit verbunden: Die Obrigkeit solle sich nicht in dem Wahn wiegen, als könne sie sich in Unschuld die Hände waschen. Von ihren Händen werde Gott das unschuldig vergossene Blut fordern.

Eine derart allegorische Auslegung der Passionsgeschichte auf die unmittelbare Gegenwart war nicht neu. Sie ist vorbereitet in den Passionsbetrachtungen des ausgehenden Mittelalters. Schon Jahre vorher war das Vorgehen der römischen Kurie gegen Luther mit Hilfe der Passionsgeschichte erzählt worden[5].

Der Papst als Antichrist scheint Osianders beliebtestes Thema gewesen zu sein, nachdem am 14. März 1524 der päpstliche Legat Lorenzo Campeggio in Nürnberg eingeritten war[6]. Aus verschiedenen Berichten wissen wir, daß er am Morgen des darauffolgenden Tages in St. Lorenz vor allem 1 Joh 2,18f und 4,3 antipäpstlich auslegte[7], ohne freilich die ungeteilte Zustimmung der evangelisch Gesinnten zu finden[8]. Die Feststellung Osianders, er habe lediglich entsprechende Schriftstellen ohne weitere Auslegung zusammengestellt, ist sicher nicht ganz wörtlich zu

---

4. *Preuß,* Antichrist, S. 83ff.
5. *Bainton,* Dürer.
6. *Müller,* Kurie, S. 19f.
7. Vgl. Balthasar von Wolfstal an Friedrich von Sachsen, Nürnberg, 15. März 1524; Philipp von Feilitzsch an denselben, Nürnberg, 31. März 1524, in: *Förstemann,* Urkundenbuch, S. 159 und 175, Nr 42 und 55; Hans Holdermann an Eßlingen, Nürnberg, 15. März 1524, in: RTA 4, S. 726, Nr 221.
8. Vgl. Hans von der Planitz an Friedrich von Sachsen, Nürnberg, 17. März 1524, in: *Förstemann,* Urkundenbuch, S. 164, Nr 45.

nehmen⁹. Schon die Behauptung, mit der Verlegung der kaiserlichen Residenz von Rom nach Konstantinopel sei Rom zum Sitz des Antichristen geworden, zeigt nur zu deutlich, daß es eine entsprechende Auslegung gab[10]. Zwar ist uns diese Predigt – wenn der hier vorliegende Text nicht ein Ausschnitt aus ihr ist – nicht überliefert. Ihren Inhalt aber kann man ohne weiteres jenem Teil des Nürnberger Ratschlags entnehmen, der vom Antichristen handelte, denn dieses Stück wurde von Osiander nur ein halbes Jahr später niedergeschrieben[11]. Selbst die dort zu findenden Berechnungen der Endzeit muß Osiander schon im Frühjahr vorgetragen haben. Bei einem Essen, zu dem er vom damaligen Hochmeister des Deutschen Ordens, Albrecht von Brandenburg, gebeten wurde, scheint er sie ausführlich entwickelt zu haben[12].

Daß Osiander derartige Gedanken in seiner Predigt gerade zu der Zeit thematisierte, als in den Mauern Nürnbergs nicht nur der Gesandte des Papstes, sondern auch eine große Zahl deutscher Fürsten und deren Vertreter weilten, verlieh ihr zweifellos eine besondere Bedeutung. Doch wird man den Mut, den er damit bewies, auch nicht überschätzen dürfen. Sicher waren derartige Predigten nicht im Sinn des Rates, der gerade zu dieser Zeit wenigstens nach außen den Schein der Unparteilichkeit wahren wollte. Aber Osiander wußte auch aufgrund der Vorgänge im Jahr 1523, daß der Rat nicht gewillt war, aufgrund von Interventionen päpstlicher Legaten gegen die von ihm angestellten Prediger vorzugehen[13]. Ihm konnte auch nicht verborgen sein, daß ein Großteil der Gesandten und Fürsten der evangelischen Lehre nicht abgeneigt, sicher aber antikurial eingestellt waren[14]. Immerhin beweist seine Predigt und vor allem sein Verhalten in der Karwoche 1524[15], daß er nicht bereit war, die Taktik des Nürnberger Rates mitzumachen.

2. Überlieferung

Drucke:

A: [Augsburg, Philipp Ulhart], 1524 = *Seebaß*, Bibliographie, S. 12, Nr 4.1. Dieser Druck liegt als der wahrscheinlich älteste unserem Text nach dem Exemplar in Erlangen UB (Thl. 4° V 108 ef) zugrunde.
B: [Augsburg, Jörg Nadler], 1524 = *Seebaß*, aaO, S. 12, Nr 4.2.
C: [Straßburg, Matthias Schürer Erben], 1524 = *Seebaß*, aaO, S. 12, Nr 4.3.

---

9. Vgl. u. S. 139,5–8.
10. Vgl. Balthasar von Wolfstal an Friedrich von Sachsen, Nürnberg, 15. März 1524, in: *Förstemann*, Urkundenbuch, S. 159, Nr 42.
11. Vgl. u. S. 304ff und 352–371.
12. Vgl. Ludwig von Boyneburg an Wilhelm von Henneberg, Nürnberg, 19. März 1524; in: RTA 4, S. 732, Nr 228.
13. *Schubert*, Spengler, S. 379–384.
14. *Schubert*, Spengler, S. 420–441 zur Situation in Reichstag und Reichsregiment.
15. Vgl. u. S. 139,8–140,4.

Text

[A1a:] Ain einfůrung in den passion, in der karwochen durch den prediger zů sant Lorentzen in Nůrnberg gepredigt, 1524.

[A1b:] Dieweyl yetz die vermainten obristen priester[1], cardinel, bischoff und hochste heupter hie seyn[2], so woll er das euangelion klar und lauter unentsetzt[3] hell predigen. Sy mussen auch das horen, und solt in[4] das hertz brechen, auff das menigklich[5] sehe, wer die seyen, die Christum und seyn wort ye[6] und allweg vervolgt und noch heutzůtag undertrucken. Und wo der antechrist mit seynem anhang uber so lang, vilfeltig ermanung von irem unverschampten liegen und triegen[7] nit ston[8] und irer irthumb bekennen, woll er in das hůtlein auff dem kopf rucken[9] und erst zů dem rechten schwerdt (das von der schwachen wegen bisher und noch in der hailigen schrifft verborgen beliben ist[10]) greyffen, auff das sy ja gar am[a] eckstain wie die Juden sich stossen[11], vor aller welt zůschanden werden und darob zů boden gon můssen. Und hat darauff den bapst, cardinal und bischoff offentlich antichrist, widerchristen, seelmorder und des teufels kinder gehayssen, wie dann Christus den Juden im euangelio[12] auch thůt, und das alles auß dem euangelion, auch auß den propheten und sunst vil starcken sprüchen, auß Paulo, Petro und andern episteln[13] und psalmen genůg und uberflüssig bewysen, das ye menigklich spürt, das solch recht widerchristen seynd.

Er hat darnach die obristen priester zů Jhe- [A2a:] rusalem, so wider Christum zů radt giengen, wie sy in[14] möchten tödten und verhůten, das under dem volck, das dann zů osterlicher zeyt vil da waren und fast[15] an Christum hiengen, kayn aufflauff wurd[16], gantz vergleicht dem bapst, cardinal und bischoffen: Die geen yetz auch zů radt tag und nacht, wie sy das wort Gottes under die füß tretten und verfinstern und dagegen sich selbs und iren gleyssenden, falschen scheyn erheben[b]

---

a) Druckfehler: ain: A–C. – b) erhehen: C.

1. angeblichen Hohenpriester.
2. Damals tagten Reichstag und Reichsregiment in Nürnberg, vgl. Einleitung.
3. unerschrocken.
4. ihnen.
5. jedermann.
6. schon immer.
7. Lügen und Betrügen.
8. abstehen.
9. sprichwörtliche Redensart; nicht bei *Wander*, Sprichwörterlexikon. Der Sinn ist: Wir wollen aufdecken, was sich hinter den sogenannten Geistlichen wirklich verbirgt.
10. Röm 14,1.
11. Mt 21,42 par; Ps 118,22.
12. Joh 8,44.
13. 2Thess 2,3–12; 2Petr 2,1–4; 1Joh 4,1–3; Gal 2,4.
14. ihn.
15. sehr, ganz, fest.
16. Mt 26,3–5.

möchten. Und so sy ferrer[17] nit kůnden, sůchen sy hilf bey den zwayen, als[18] Judassen, dem verreter, und Pilatussen[19], das ist bey dem weltlichen schwerdt; dann in disen zwayen haben wir gar ain schön exempel und ebenbild. Dann wiewol Christus den Judas als[20] ander apostell on allen zweyffel nit berůfft noch erfordert[21], hat er im doch nit[22] gestatt[23], das er sich zů im gethon und sich selbs zů seinen jungern eingemischt, sonder auch in für ander fürgezogen und gebraucht, indem er ine zů seinem pfenningmayster oder schafner gemacht[24], also das er im das ampt bevolhen, den armen das almůsen außzůtaylen. Aber solchs unangesehen und unbetracht der manigfeltigen erinnerung und warnung, damit in Gott der herr ob[25] dem nachtmal mit disem freüntlichen ansprechen von seynem fürnemen gern bewegt het, als er sagt: »Ir seyt rayn, aber nit all«, nachmals: »Ainer under euch wirdt [A2b:] mich verraten«[26]. Und als Judas sagt: »Herr, bin ichs«, sagt der Herr: »Du hast's gesagt«[27]. Und zum letsten: »Was du thůn wildt, das thů bald«[28]. Aber es mocht alles nichts helfen; dann Judas nam das gelt und verriet den Herren[29]. Das[c] verwegen leüchtfertigen volcks findt man yetzt zů unsern zeyten auch nitt wenig, und eben die am allergelertesten und in der hayligen geschrifft erfarn, auch die darinnen seckelmayster[30] seyn, das wort wissen, leßen und verston und den armen schaffen solchs billich fürtragen, leeren, weysen, sy damit speysen und under sy außtaylen sollen, geen hin, nemen mit irem brůder Judas das schnöd gellt ein und dürfen frey unverschampt wider ir aygen anklag irs gewissens Christum verratten und in todt geben. Das ist, das sy understond[31], seyn wort nach allem iren vermügen (wie man teglich sicht) zů vertrucken[32] und die leut von Christo, der sy mit seynem blůtt erkaufft[33], von seyner wayd[34] auff aygne werck, alten won[35] und under den zwang des geltstricks, des bapsts gesetz, zů bringen und darzů mit lugen offentlich sagen, das man yetz der schrifft ain falschen verstand geb und die nit recht außleg, auch man nichts gůts von uns sehe und

c) Des: C.

17. ferner.
18. nämlich.
19. Vgl. Mt 26,14–16 und Mt 27,2.
20. wie.
21. aufgefordert.
22. ergänze: nur.
23. Osiander zieht einen Schluß e silentio. Eine Berufungsgeschichte des Judas fehlt im NT.
24. Joh 12,4–6; 13,29.
25. während.
26. Joh 13,10f; 13,21.
27. Mt 26,25.
28. Joh 13,27.
29. Mt 26,14–16.
30. Geld-, Vermögensverwalter.
31. sich unterstehen.
32. zu unterdrücken.
33. Apg 20,28.
34. Joh 10,9.
35. Wahn.

unser evangelisch weßen nichts anders dann zerstörung und auffrůr geberen werd. Und geleychwie die obristen priester besorgten, das volck hieng [A3a:] zů vil an Christo und möcht in ain aufrůr gebern³⁶; also thůn unser tyrannen³⁷: So sy mit warhait und schrifft das wort Gotts nit undertrucken mügen, geben sy für ain
5 auffrůr, sůchen hilf mitt falschen listen und practicken, wie sy künden bey der weltlichen oberkait sagen: Lassen sy das fürgeen³⁸, werd es den nechsten an in seyn³⁹, ir regiment erstört⁴⁰ und ir gewalt genommen – wie dann die obristen priester mit Christo auch theten, sagten: »Laß wir in leben, so werden die Römer kommen und unsern gewallt zerstörn«⁴¹, und zů Pilatus, er sollt nit ain freündt
10 des Kaysers seyn⁴².

Zům andern wöllen wir nun sehen, was uns in Pilatus anzaygt wirt: Erstlich bekent er, kain ursach zů finden, darumb Christus des todts schuldigen, und brüfft also bey im selbs, das er warhafftig und kayn schuld in im sey, als wollt er sprechen: Ey, es gedunckt mich fürwar, es sey ain frummer^d mensch und im
15 geschech unrecht. Und sitzt darauff nyder, wascht die hend und spricht: »Ich wil unschuldig sein an disem blůt«⁴³. Aber die Juden fragen nichts darnach, sagen: »Sein blůt gee uber uns und unsere kinder«⁴⁴. Damit hat Pilatus (wiewol er ain hayd gewest und im gesetz fürsehen was⁴⁵, so ainer unschuldig richt, des blůt wurde von im gefordert werden⁴⁶) vermayndt, endtschuldiget seyn, ließ sich
20 sollichs (und das [A3b:] die Juden sagten: »Lastu den ledig, wirstu nitt ain freündt des kaysers sein«⁴⁷; das ist, er forcht, er möchte seyns gewalts dardurch entsetzt werden) zů dem unrechten urtayl bewegen.

Diser Pilatus ist nicht anders dann die weltlich oberkait; und geet in euch selbs, so befindet sich, als es auch offenbar am tag ist, so unser tyrannen das wort Gottes,
25 wie ir secht, mit der hailigen schrifft nit mer undertrucken mügen, auch wievil sy geblöckt, gestöckt⁴⁸, haymlich ermördt, ertruckt^e⁴⁹ und verbrandt, haben sy doch damit auch nichts außgericht, sonder geet das wort Gottes dardurch ye lenger ye mer auff. Darumb faren sy zů⁵⁰, rüffen Pilatus, die weltlich oberkait, an, sagen, die

---

d) Druckfehler: frummen: A. – e) ertrenckt: C.

36. gebären; Mt 26,3–5.
37. hier nicht auf die weltlichen Herrscher, sondern auf die geistlichen Fürsten zu beziehen.
38. weitergehen.
39. dh nach der Auseinandersetzung mit der Geistlichkeit werde sich die evangelische Predigt gegen die weltliche Herrschaft wenden.
40. zerstört.
41. Joh 11,47f.
42. Joh 19,12.
43. Joh 18,38; Mt 27,24.
44. Mt 27,25.
45. vorgesehen war.
46. Dtn 19,10.
47. Joh 19,12.
48. in den Block und in den Stock geschlossen.
49. erwürgt? Vgl. Anm. e.
50. fahren sie fort, gehen sie weiter.

conciliis^f und so vil alter vetter künden nit irren, wöllen ir seel zů pfand setzen; das ist »Seyn blůt gee uber uns und unsere kind«[51]. Und wiewol nun die weltlich oberkait bey ir briefft[52] und gedunckt, sy finden nit genůgsam ursach, das wort Gots zů verdammen – dann das evangelium will inen zum tayl ir hertz erleüchten – so ist doch der sathan mit seiner geselschafft gerüst, sy zů uberwinden. Uberreden[53] sy mitt lysten, das sy es in der natürlichen vernunft nit fassen mügen noch anders verston, maynen[54], solt es so lange zeyt gestanden seyn und so vil hailiger, hochwirdiger und dapferer[55] leerer irren, es kündt nit müglich sein. [A4a:] Lassen sich also mit sehenden augen blind machen und auff den richterstůel Pilati fůren, sitzen nyder, urtaylen und verbrennen das war wort Gottes, wie an vil orten on alle ursach, grundt und erforschungen der schrifft geschehen ist[56], also das zů erbarmen, das der hayd Pilatus mer nach der warhait und grechtigkait gefragt hat, dann yetz unsere gaystlichen und weltlichen fürsten und junckherrn thůnd. Ja ich, wolt Gott, das sy der warhait so fleyssig nachforschten und nitt weniger dann Pilatus thetten, verhofft ich, so sy so weyt kemen, das sy fragen wurden, was die warhait were[57], sy solten nit davon weychen wie Pilatus, sonder darnach baß nachforschen.

Also habt ir nu zum tayl, wer die seind, davon Christus sagt: »Haben sy mich vervolgt, so werden sy euch auch vervolgen«[58].

f) concilia: C.

51. Mt 27,25.
52. bei sich prüft.
53. Subjekt: der sathan mit seiner geselschafft.
54. Subjekt: die weltlich oberkait.
55. angesehener.
56. Osiander wird an die von Aleander in Antwerpen, Lüttich, Löwen, Köln und Mainz vorgenommenen Verbrennungen von Luthers Schriften denken, aber auch an die in den Herzogtümern Sachsen und Bayern sowie der Kurmark verlangte Auslieferung der Übersetzung des NT durch Luther, vgl. WA 11,267,14-16 (›Von weltlicher Obrigkeit‹, 1523).
57. Joh 19,33-38; 19,9-12.
58. Joh. 15,20.

Nr 17
Osiander an Capito, Bucer und Zell
Nürnberg [1524, Ende April][1]

Bearbeitet von *Martin Stupperich*

Handschriften:
a: Straßburg StA, AST 40 (21,1–2), autograph. Ausf.
b: Straßburg NUB, ThB 23, f. 121r–122r, Kop.
Editionen:
Ed. 1: *Pollet*, Bucer 2, S. 98–104;
Ed. 2: ZKG 13, 1892, S. 390–392[2].

Entschuldigung wegen Ausbleibens einer Antwort auf die Briefe der Straßburger. Gründe: Abneigung Osianders gegen Briefschreiben, vor allem jedoch Unerfreulichkeit der Zustände, über die zu schreiben gewesen wäre; inzwischen Besserung eingetreten. Ankunft Campeggios am 14. März 1524. Predigt Osianders über 1Joh 2,18 (Antichrist). Abschaffung der Ohrenbeichte. Einführung der communio sub utraque angeraten, bei den Augustinern und gegenüber Isabella von Dänemark durchgeführt. Empörung Ferdinands darüber. Mißachtung des bischöflichen Befehles, die alten Bräuche beizubehalten. Neue Verteilung der Predigten auf die Wochentage. Drohungen von altgläubiger Seite nach dem Abzug der Fürsten aus der Stadt. Der Rat ist der Reformation geneigt. Deutliche Konstituierung zweier Lager in Nürnberg. Beseitigung von Grablegungszeremonie und Feuerweihe. In der Markgrafschaft Ansbach-Bayreuth ähnlich günstige Zustände.

[1r:] Optimis viris d[ominis] suis Volphango Fabricio Capitoni[3], Martino Bucero[4], Matthiae Zellio[5], Christi servis et Argentorati evangelistis in Domino diligendis[6].

---

1. Der Inhalt des Briefes macht es wahrscheinlich, daß Osiander den Reichstagsabschied vom 18. April kannte, der der weiteren reformatorischen Entwicklung Spielraum ließ, vgl. *Engelhardt*, Reformation 1, S. 146; daher der hoffnungsfrohe Grundtenor des Schreibens. Ein Teil der Fürsten wird jedoch noch als anwesend vorausgesetzt: Erzherzog Ferdinand verließ die Stadt am 27. April 1524, vgl. *Schubert*, Gottesdienstordnung, S. 277.

2. Unserer Ausgabe liegt die autographische Ausfertigung zugrunde. Der Abdruck in ZKG 13 geht auf eine weitere (bislang nicht gefundene) Abschrift zurück, die sich – von *Johann Wilhelm Baum* in Straßburg angefertigt – im Besitz *Wilhelm Möllers* in Kiel befand, vgl. aaO, S. 390, Anm. 1. – Ed. 1 legt a zugrunde und benutzt Lesarten aus Ed. 2 (zB für »Interim nobis cunctantibus«: »Interim nobis communicantibus«). Die Textwiedergabe Ed. 1 enthält darüber hinaus weitere sinnentstellende Fehler, zB für »non«: »nos« (S. 141,5), Auslassung des Verbs »optare« (S. 140,12).

3. Zu Wolfgang (Fabricius) Capito (1478–1541) s. *Kalkoff*, Capito; *Adam*, Kirchengeschichte; *Strasser*, Capito (Bibliogr.).

4. Zu Martin Bucer (1491–1551) s. *Anrich*, Bucer, und *Müller*, Bucers Hermeneutik.

5. Zu Matthäus Zell (1477–1548) s. *Erichson*, Zell.

17. OSIANDER AN DIE STRASSBURGER

Gratiam et pacem a Deo patre et domino nostro Iesu Christo, amen. Non dubito, fratres in Domino charissimi, quin magna vos admiratio teneat, cum toties vestris me litteris dignati sitis[7] measque rursum tam diligenter provocaveritis, quid causae fuerit, quominus hucusque responderim. Ego vero, ut ingenue fatear, quemadmodum nonnihil meae negligentiae, qui litteris scribendis non admodum delector[8], imputandum scio, ita iudicio quoque nonnullo abstinui. Quid enim facerem? Scriberem laeta, tranquilla, pacata, verbi Dei apud nos sinceritatem, victoriam, fructus? At neque hostibus iisque geminis et atrocissimis carebamus, quorum alteri potentes, nobiles et mundi principes[9], alteri domestici, subdoli operarii iniquitatis, qui sub praetextu benevolentiae hostilia cogitabant[10], neque fructus illos sinceri verbi Dei et fidei nostrae ferebamus, nempe mutuam charitatem et patientiam, sed quod pessimum videbatur mihi, inter verbum Dei et hominum mendacia fluctuabamus atque ferebamur solliciti[11], suspensis in salicibus organis illis[12], quibus in petram edificati[13] prae exultatione cordis erumpentis laudant Dominum. Annuntiarem tristia et ut res ipsa videbatur? At timebam, ne vos, qui bene currebatis et etiam nunc curritis[14], vel prae pusillanimitate respiceretis vel prae christiana charitate dolore afficeremini, quorum alterum vobis damno, alterum vero nobis inutile fuisset. Nunc vero, cum et iudicium Dei, sinceritas verbi et fructus, non modo spes et flos, verum etiam maturitas apparuerint, tacere

---

6. Hier ist von der Hand Capitos angefügt: »Andreas Osiander ex Nürnberga«; vgl. ZKG 13, 1892, S. 390, Anm. 3.

7. Die Briefe der Straßburger, auf die Osiander hier Bezug nimmt, scheinen nicht erhalten zu sein, vgl. *Pollet,* Bucer 2, S. 98, Anm. 3.

8. Der Umfang von Osianders Briefwechsel ist im Vergleich zur Korrespondenz anderer Humanisten und Reformatoren äußerst gering. Schon diese Tatsache bestätigt die Richtigkeit der Angabe in unserem Schreiben; vgl. *Seebaß,* Osiander, S. 6–58.

9. Osiander unterscheidet zwischen äußeren und inneren Feinden. Zu den ersteren gehören offensichtlich der Bamberger Bischof Weigand von Redwitz, der päpstliche Legat Campeggio, sowie die altgläubigen Kräfte innerhalb des Nürnberger Reichstags, s. dazu *Roth,* Einführung, S. 130ff; 138f; 148f; *Pfeiffer,* Quellen, S. 275f, Br. 31.

10. 2Kor 11,13; Lk 13,27. Zu den Feinden innerhalb Nürnbergs wird Osiander die zurückhaltenden Kräfte innerhalb des Rates und des humanistisch gebildeten Patriziats, die sich in ihrer vermittelnden Haltung gegenüber Bischof und Reichstag zunächst durchsetzen konnten, gerechnet haben, aber auch die Orden der Franziskaner und Dominikaner. Die Nürnberger Franziskaner waren es vermutlich, die ihren ehemaligen Guardian Kaspar Schatzgeyer zu seinen Schriften gegen Osiander veranlaßten, s. u. S. 472–479, Nr 41; *Roth,* Einführung, S. 146f; *Engelhardt,* Reformation 1, S. 163ff.

11. Osiander denkt offensichtlich an die aufgrund der Kompromißbereitschaft des vorsichtig operierenden Nürnberger Rates ausgelöste Ungewißheit über den Fortgang der Reformation; vgl. die Bemühungen des Rates um Verringerung der Opposition gegen den päpstlichen Legaten und Reduzierung der Anzahl evangelischer Predigten in der Stadt, s. *Roth,* Einführung, S. 134; s. auch das von Osiander beklagte, immer wieder erneuerte Verkaufsverbot für lutherische Bücher, u. S. 481, Nr 41, Anm. 11; *Roth,* Einführung, S. 113; *Soden,* Beiträge, S. 174f.

12. Ps 137,2.

13. Mt 7,24.

14. Gal 5,7. Zu den Anfängen der Reformation Straßburgs, des neben Wittenberg und Nürnberg frühesten Zentrums der Reformation, s. *Adam,* Kirchengeschichte.

amplius non libet[15]. Ipsi enim quanto magis verbo restiterunt, tanto fortius et praedicatum est et copiosiores fructus attulit; quanto acerbius irascebantur, tanto minus videre potuerunt, quid in nobis accusarent, ut iam plane didicerimus quod propheta dixit: »Inite consilium et dissipabitur, quia Dominus nobiscum«[16].
5 Postridie enim eius diei, quo cardinalis legatus urbem nostram ingressus esset[17], mihi tractanda erant verba 1 Joh 2: »Sicut audistis quia Antichristus venit« etc[18], ubi collatis omnibus scripturae de Antichristo locis recitabam, quid esset in vero, nullam addens omnino interpretationem rei per se quam lucidissimae; tantumque lucis populo affulsit, ut deinde ultro postularent, quid de confessione sentiendum
10 et in communione quid tenendum esset. Duobus sermonibus sabato ante Palmarum et in die Palmarum[19] confessionem clanculariam eliminavi, servata tamen potestate dimittendi peccata, sed his verbis Christi limitata: »Qui crediderit et baptizatus fuerit, salvus erit, qui non, condemnabitur«[20]. Communionem corporis et sanguinis Christi suasi, imo persuasi, petens ut patienter agerent, nos propediem
15 innovaturos[21]. Interim nobis cunctantibus [apud][22] [iv:] Augustinenses utraque specie, ut vocant, volentium aliquot milia participarunt[23]. Regina quoque Dano-

15. Die gottesdienstlichen Änderungen, die dieses Urteil ermöglichen, werden von Osiander im weiteren Verlauf des Briefes im einzelnen aufgezählt.
16. Jes 8,10.
17. Lorenzo Campeggio, der päpstliche Legat, traf am 14. März 1524 in Nürnberg ein; vgl. Balthasar von Wolfsthal an Friedrich den Weisen, 15. März 1524, in: *Förstemann*, Urkundenbuch, S. 158; zum Auftreten Campeggios in Nürnberg s. *Roth*, Einführung, S. 130–135; *Soden*, Beiträge, S. 167ff; zu Campeggio s. RE 3, S. 698–704; LThK 2, Sp. 909f (Lit.); NBD 1. Abt. Ergbd 1, S. XLVII–LXXIII.
18. 1 Joh 2,18; vgl. den Brief Balthasar von Wolfsthals an Friedrich den Weisen vom 15. März 1524, in: *Förstemann*, Urkundenbuch, S. 158f: Osiander habe am Tage der Ankunft des päpstlichen Legaten gepredigt, der Antichrist befinde sich in Rom und sei bereits seit 1300 Jahren dort. Das habe er mit der Schrift belegt. – Vgl. auch Hans von der Planitz an Friedrich den Weisen, 17. März 1524, aaO, S. 163f. Danach soll Osiander den Beginn des antichristlichen Wesens in Rom auf die Zeit des Abzuges Konstantins aus Roms festgelegt haben. Vgl. auch *Möller*, Osiander, S. 14; *Roth*, Einführung, S. 133f. Diese Äußerungen Osianders wurden vom Legaten heftig beklagt, wie aus den angegebenen Quellen hervorgeht. Zu Osianders Auffassung über den Antichrist in dieser Zeit s. die ausführliche Darstellung im Ratschlag u. S. 352–371.
19. 19. und 20. März 1524.
20. Mk 16,16; Osiander behielt also die private Absolution bei. Die Abschaffung bezog sich lediglich auf die Beseitigung des privaten Sündenbekenntnisses. Die »offene Schuld« wurde von Osiander nicht übernommen. Er geriet später darüber in Streit mit den übrigen Predigern in Nürnberg; s. dazu *Seebaß*, Osiander, S. 254ff; *Klaus*, Dietrich, S. 147–168.
21. Zur Art und Weise der Bemühungen Osianders für die Einführung der Kommunion sub utraque s. *Seebaß*, Osiander, S. 217–219; vgl. auch Melanchthon an Spalatin, 1. März 1523, CR 1, Sp. 605, wo Melanchthon berichtet, der Legat habe Osiander vorgeworfen, seinen Propst zur Einführung der Kommunion sub utraque veranlaßt zu haben.
22. Dieses Wort, das in der unteren rechten Ecke von a gestanden haben muß, ist abgerissen.
23. Über die Austeilung des Abendmahles sub utraque am 27. März 1524 (Ostersonntag) im Augustinerkloster berichtet Spalatin (Annales, in: *Schelhorn*, Amoenitates 4, S. 413). Er spricht von über 3000 Teilnehmern; s. auch Philipp von Feilitzsch an Friedrich den Weisen, 31. März 1524, in: *Förstemann*, Urkundenbuch, S. 174f; s. weiterhin den Bericht des Nürnberger Rates nach Magdeburg vom 9. August 1524, in: *Pfeiffer*, Quellen, S. 282, wo es im Abschnitt über die Mönchs- und Nonnenklöster heißt, die Augustiner hätten längst vor den Pröpsten das voll-

rum, quae tum forte fortuna venerat, soror Ferdinandi, me porrigente accepit[24], quod Ferdinandus[a] pessime habuit[25]. In die Palmarum et deinceps omnem idolatriam veterem obmisimus vetante et excommunicationem minante episcopo Bambergensi, quem fortiter contempsimus[26]. Desperaverunt plane impii.

Nos modo Deus deinceps iuvet, ut hactenus omnia pro honore Dei et verbo eius fortiter faciemus et patiemur. Sermones nostros distinximus. Die Lunae Thomas Venatorius in hospitali[27], Martis apud sanctum Egidium[28], Mercurii ego apud S. Laurentium, Iovis apud Augustinenses[29], Veneris apud S. Sebaldum[30] contiones habemus. Tot enim sumus qui evangelium profitemur. Minantur nobis, posteaquam discesserint principes, atrocissima[31]; »hi in curribus, illi in equis, nos autem in nomen Domini Dei nostri sperantes invocabimus«[32]. Senatum iam habemus, quem meliorem optare fortassis possimus; ex omni vero[b] populo meliorem eligere, quod ad verbum attinet, non credo cuiquam possibile[33].

a) Ms.: »Ferdinandum«. – b) übergeschrieben und eingewiesen.

ständige Sakrament gereicht. Vgl. dazu *Roth,* Einführung S.143; *Engelhardt,* Reformation 1, S. 152.

24. Diese Spendung des Abendmahles fand am 24. März 1524 statt. Isabella war die Schwester Karls V. und Erzherzog Ferdinands. Sie kam am 21. März 1524 nach Nürnberg, um von Ferdinand eine Geldanleihe für ihren verschuldeten Gemahl Christian II. und Unterstützung bei der Rückgewinnung des dänischen Thrones zu erwirken. Die näheren Umstände der Sakramentsreichung durch Osiander schildert Philipp von Feilitzsch in seinem Schreiben an Friedrich den Weisen vom 31. März 1524, gedr. *Förstemann,* Urkundenbuch, S. 174f. Vgl. dazu *Jörgensen,* Königin Elisabeth, S. 113–127.

25. Philipp von Feilitzsch schreibt an Friedrich den Weisen (31. März 1524, in: *Förstemann,* Urkundenbuch, S. 174f): »... darob der erzherzog, als man saget, ein groß mysfallen trag, und sol zu ir gesagt haben, er wolt das sy nit sein schwester wer«.

26. Bischof von Bamberg war Weigand von Redwitz (†1556), s. über ihn ADB 42, S. 442–445; *Endres,* Probleme, S. 123ff. Über die Abschaffungen wird von Osiander weiter unten in diesem Schreiben genauer berichtet.

27. Thomas Venatorius war Prediger am Neuen Spital.

28. Das Egidienkloster war das Kloster der Benediktiner, auch Schottenstift genannt (vgl. *Reicke,* Nürnberg, S. 76); Abt war Friedrich Pistorius (1486–1553); s. über ihn *Will,* Gelehrtenlexikon 3, S. 201–203. Prediger war Sebastian Fürnschild (†1540); s. über ihn *Simon,* Nbg.Pfb., S. 70 (Lit.).

29. Prediger im Augustinerkloster war Karl Ress (†1528), s. *Simon,* Nbg.Pfb., S. 181 (Lit.). Zum Augustinerkloster, s. *Fehring – Ress,* Nürnberg, S. 150ff.

30. Prediger zu St. Sebald war Dominicus Schleupner, vgl. *Simon,* Nbg.Pfb., S. 198, Nr 1211 (Lit.).

31. Erzherzog Ferdinand ließ am 18. April 1524 ein Mandat ausgehen, das sich auf den Reichstagsabschied stützte und in dem die Lehre Luthers, das Lesen seiner Bücher und das Disputieren darüber verboten wurde, s. *Förstemann,* Urkundenbuch, S. 190f; vgl. dazu Hans von der Planitz an Friedrich den Weisen, 17. April 1524, in: *Förstemann,* aaO, S. 188–190; Philipp von Feilitzsch schreibt an Friedrich den Weisen am 18. April 1524 (in: *Förstemann,* aaO, S. 192), der Legat habe auf dem Hintergrund des Mandats eine scharfe Schrift gegen die Ketzer ausgehen lassen, worin er die Vertilgung der lutherischen Lehre fordere »mit vil grossen worten«.

32. Jes 20,8.

33. Wichtigste Stützen der Reformation im Rat waren die beiden Losunger Hieronymus Ebner (1477–1532, ADB 5, S. 592f) und Kaspar Nützel (1471–1529, ADB 24, S. 66–70), außerdem

Tranquilla sunt omnia, crescit charitas, detegitur sua sponte abominatio monachorum et sacerdotum[34], omnia fervent apud nos pietate et verbi studio, apud illos nocendi libidine, atrocitate, livore, et plane tales sumus utrinque, quales agnoscere quilibet posset meliores[c] et hostes verbi. Christum ligneum resurgere non fecimus, neque enim sepelieramus[35], crucem adorare et circumferre magna crucifixa noluimus[36], ignem non execrati sumus, non consecravimus volui dicere[37], asinum et pullum in angulo sinebamus latere[38]. Et ut omnia dicam: Si papistae, ut spero, hec inulta permiserint[39], in libertatem asseruimus et nos et vicinos nostros[40]. Omnia ubique fervent, etiam sub marchione[41]. Quapropter, ut Dominus confirmet quod operatus est in nobis[42], pro nobis orate et valete. Plura

c) im Manuskript: mliores.

Hieronymus Baumgartner (1498–1565), ein Schüler Melanchthons (ADB 2, S. 168f), und vor allem der Ratsschreiber Lazarus Spengler.
34. Osiander hat vor allem die ablehnende Haltung der Dominikaner, Franziskaner und Karmeliter sowie der Frauenklöster im Auge, vgl. *Roth,* Einführung, S. 146.
35. Vgl. dazu Spalatin, Annales, in *Schelhorn,* Amoenitates 4, S. 413, und den Bericht Spenglers an die Stadt Goslar von 1528, in: *Pfeiffer,* Quellen, S. 440–447, Br. 262: »Verzaichnus der geenderten mißpreuch und ceremonien, so in Kraft des wort Gottes zu Nurmberg abgestelt und gepessert seyen«; s. die Zuordnung und Datierung dieses Schriftstückes bei *Seebaß,* Apologia, S. 24–28. Der »Christus ligneus« ist das Christusbild, das in einer feierlichen Grablegung am Karfreitag »eine Stund vor mittag ins Grab (darzu dann in allen Kirchen schöne Gemählte und Vergulden Gräber gemachet und verordnet gewesen) gelegt« wurde (aus »Kurze Beschreibung derer Ceremonien etc.« des Joh. Müllner, gedr.: *Herold,* Alt-Nürnberg, S. 60; s. auch RE 21, S. 424); dem entsprach am Ostersonnabend die Auferstehungsfeier (LThK 6, Sp. 7). Die für die Karwoche 1524 vom Rat festgesetzte Gottesdienstordnung findet sich in RTA 4, S. 739, Anm. 3.
36. Die »adoratio crucis« ist fester Bestandteil der mittelalterlichen Karfreitagsliturgie, vgl. RE 21, S. 424; *Römer,* Liturgie, S. 70ff. Die adoratio crucis gehört auch in die Palmsonntagsprozession, vgl. *Gräf,* Palmenweihe und Palmenprozession, S. 117ff. Auf diese Prozession wird Osiander auch das »circumferre magna crucifixa« bezogen haben.
37. Zur Tradition des Ritus der Feuerweihe am Ostersonnabend s. RE 14, S. 748.
38. Zu der Sitte, einen »Palmesel« in der Palmsonntagsprozession mitzuführen, s. RE 21, S. 418. Joh. Müllner berichtet über Nürnberg: »Am Palmtag stellet man des Herren Christi Bild aus, auf einem Esel sizend in die Kirche; das hätte ein gulden Cron auf, und einen Scepter in der Hand ... Zu St. Sebald führt man unsern Herrn Gott auf dem Esel mit einer großen Procession ...« (*Herold,* Alt-Nürnberg, S. 59).
39. Die Möglichkeit für die Altgläubigen, Gegenmaßnahmen zu ergreifen, hing von der Einstellung des Rates ab. Die Exkommunikation der Pröpste (September 1524) blieb zB wegen deren Rückhalts am Rat der Stadt ohne Folgen; vgl. *Roth,* Einführung, S. 149; *Soden,* Beiträge, S. 201.
40. Dazu gehörten neben der Markgrafschaft Brandenburg-Ansbach die kleineren Reichsstädte Windsheim, Weißenburg und Rothenburg. Aber auch die weiter entfernten Städte wie Augsburg, Ulm, Nördlingen und Schwäbisch-Hall ebenso wie Regensburg, Dinkelsbühl und Donauwörth richteten sich in der Frage der Neuordnung des Kirchenwesens nach Nürnberg; sogar von weiter her, aus Magdeburg, Straßburg und Riga, kamen Anfragen, vgl. *Roth,* Einführung, S. 150.
41. Über die Stellung des Markgrafen Kasimir (1481–1527) zur Reformation s. *Schornbaum,* Markgraf Kasimir, S. 85f. Über die Stimmung in der Markgrafschaft und die sich daraus ergebenden politischen Konsequenzen s. *Schornbaum,* aaO, S. 25ff.
42. Ps 68,29.

scripsissem, nisi negotia et circumstrepentium exercitus alia et alia postulantium impedirent. Pax Christi vobiscum.

Andreas Osiander ecclesiastes Norimbergae

Nr 18
Gottesdienstordnung der Pfarrkirchen
1524, [Juni 1]

Bearbeitet von *Gottfried Seebaß*

Einleitung

1. Entstehung und Entwurf

a) Die Volprechtsche Deutsche Messe

In der Karwoche 1524 war es an den Nürnberger Pfarrkirchen zum ersten Mal zu größeren Änderungen im Gottesdienst gekommen, die reformatorischer Verkündigung entsprachen[1]. Seit aber Reichstag und Reichsregiment die Stadt Ende April verlassen hatten, war man im Augustinerkloster einen entscheidenden Schritt weitergegangen. Zwar hatte der dortige Prior Wolfgang Volprecht[2] in seiner Kirche schon in der Karwoche das Abendmahl unter beiden Gestalten gereicht[3], aber erst Anfang Mai feierte er nach einer eigens entworfenen Ordnung den gesamten Gottesdienst in deutscher Sprache[4].

Es sprechen verschiedene Gründe dafür, daß Osiander an der Ausarbeitung dieser Volprechtschen Ordnung beteiligt war. Sein Interesse, der reformatorischen Predigt die angemessene gottesdienstliche Praxis folgen zu lassen, beweist sein Brief an die Straßburger Prediger vom April 1524[5]. Womöglich war er es auch, der schon 1523 einen Nachdruck von Luthers Schrift ›Von Ordnung des Gottesdienstes‹ bei Hieronymus Höltzel veranlaßte[6] und bei dem gleichen Drucker Anfang 1524 eine deutsche Übersetzung von Luthers ›Formula missae‹ erscheinen ließ[7]. Jedenfalls war Höltzel bis in den Herbst 1524 Osianders Drucker[8]. Erst als er im Dezember dieses Jahres auch Karlstadt-Schriften verlegte[9] und deswegen vom Rat belangt wurde, erhielt er von dem Lorenzer Prediger keine Aufträge

---

1. Vgl. die Einleitung zu den Artikeln der Pröpste u. S. 165f, Nr 19 und Osianders Brief an die Straßburger Prediger vom April 1524, o. S. 139,8–140,4, Nr 17.
2. Vgl. über ihn: *Simon*, Nbg.Pfb., S. 240, Nr 1471.
3. *Klaus*, Deutsche Messe, S. 34–36.
4. *Klaus*, Deutsche Messe, S. 36–39 und 1–7.
5. Vgl. o. S. 137–142, Nr 17.
6. WA 12, S. 31–37; *Benzing*, Lutherbibliographie, S. 190, Nr 1619.
7. WA 12, S. 197–201; *Benzing*, Lutherbibliographie, S. 199, Nr 1706.
8. Auffälligerweise erscheinen bei Hieronymus Höltzel diejenigen Schriften, die Osiander privat drucken ließ. Dazu gehören vor allem der ›Sendbrief an eine christliche Gemeinde‹ von 1523 und ›Grund und Ursach‹ von 1524, vgl. o. Nr 7 und u. Nr 20. Die Taufordnung, die bei Gutknecht erschien, ist wohl ein von dem Rat der Stadt in Auftrag gegebenes Stück, vgl. o. S. 106, Nr 10.
9. *Freys-Barge*, Karlstadt-Bibliographie, S. 309f, Nr 136.

mehr. An Mut fehlte es Osiander ebensowenig wie Volprecht. Gleich diesem hatte er – freilich nur in einem, dafür aber spektakulären Fall – schon in der Karwoche 1524 das Abendmahl unter beiden Gestalten ausgeteilt[10]. Er selbst war früher Hebräisch-Lehrer im Augustinerkloster gewesen und sicher mit Volprecht eng verbunden. Vor allem aber behauptete er später im Streit um die allgemeine Absolution, die Vermahnung an die Kommunikanten vor dem Empfang des Sakramentes sei »vil jar zuvor« von ihm »gestelt« worden[11]. Diese Vermahnung findet sich für uns erstmals in der Volprechtschen deutschen Messe. An deren Abfassung muß also Osiander in irgendeiner Form beteiligt gewesen sein.

b) Der erste Entwurf für die Gottesdienstordnung der Pfarrkirchen

Trotz Volprechts kühnem Vorstoß dauerte es noch fast einen Monat, bis man auch an den Pfarrkirchen zu weiteren Änderungen entschlossen war. Am 1. Juni trafen sich die beiden Pröpste Hektor Pömer und Georg Peßler, möglicherweise auch Osiander sowie die Schaffer der beiden Pfarrkirchen, um gemeinsam in neunzehn Artikeln eine erste evangelische Kirchenordnung auszuarbeiten[12]. Im neunten Artikel wurde unter Hinweis auf »die verzeichnus darüber begriffen« auch die Ordnung der Gottesdienste neu geregelt. Möglicherweise lag bei dieser Zusammenkunft die Gottesdienstordnung also schon vor[13].

Über die Entstehung dieser Ordnung und die Verhandlungen des Gremiums vom 1. Juni wußte man bisher so gut wie nichts. Inzwischen lassen sich einige Vermutungen aufgrund einer Gottesdienstordnung aufstellen, die sich in einem Handschriften-Sammelband aus dem Besitz Christophs II. Scheurl fand[14]. Daß sie in den Zusammenhang der Reformen des 1. Juni gehört, beweisen nicht nur die Propriumsteile der Messe, die auf den 2. Sonntag nach Trinitatis weisen, sondern ebenso die in der Nähe des Stückes stehenden Abschriften, die ausnahms-

---

10. *Seebaß*, Osiander, S. 94.
11. Nürnberg SA, Nürnberger Handschriften Nr 451, f. 311: Osianders Gutachten über die allgemeine Absolution, September 1533. Zur Vorgeschichte der Vermahnung vgl. *Klaus*, Deutsche Messe, S. 28–30. Daß Osiander der Verfasser ist, läßt sich auch durch innere Kriterien belegen. So ist die Behauptung, das Abendmahl sei eine Speise der Seele, nicht aber des Leibes, in ›Grund und Ursach‹ beinahe mit denselben Worten wie in der Abendmahlvermahnung ausgedrückt, vgl. u. S. 159 mit S. 207. Auch zwischen Osianders Ratschlag für das Speyerer Nationalkonzil und der Vermahnung bestehen Übereinstimmungen. Darauf hat schon *Smend*, Deutsche Messen, S. 185f aufmerksam gemacht.
12. Zu Georg Peßler, Propst von St. Sebald (*um 1470 †22. Aug. 1536): *Panzer*, Peßler, und *Simon*, Nbg.Pfb., S. 166f, Nr 996; zu den beiden Schaffern, Georg Mann (†27. Juni 1535) und Michael Rupp (†19. Dez. 1548): *Simon*, aaO, S. 144, Nr 859 und 191, Nr 1160. Über die Teilnehmer ist abgesehen von den beiden Pröpsten keine letzte Sicherheit zu gewinnen. Doch steht fest, daß Osianders Kollege an St. Sebald, Dominikus Schleupner, an der Sitzung nicht teilgenommen hat, vgl. die Einleitung zu den ›Artikeln der Pröpste‹, u. S. 166, bes. Anm. 6.
13. Vgl. u. S. 171,3f, Nr 19.
14. Nürnberg-Fischbach, Familienarchiv von Scheurl, Manuskriptband C, f. 92v–93v und 107rv.

los die Maßnahmen der Pröpste verteidigen[15]. Außerdem läßt sich der Formulierung der Ordnung einwandfrei entnehmen, daß wir es mit einem Entwurf zu tun haben, der den Verhandlungen über die Reform der Messe zugrunde gelegen hat und von einem einzelnen erarbeitet wurde[16]. Vergleicht man diesen Vorschlag mit der später tatsächlich eingeführten Messe, so kann man gleichzeitig ein wenig über die Verhandlungen und vielleicht auch den Verfasser des Entwurfs erfahren.

Offenbar überwiegen die Übereinstimmungen. Schon der Entwurf streicht Mette und Komplet und behält lediglich vier tägliche Gottesdienste bei: die Frühmesse, einen Gebetsgottesdienst, dem die Predigt folgen konnte, das Tagamt und die Vesper. Auch hier findet sich die charakteristische Mischung von lateinischer Liturgie und deutschen Lesungen in allen Gottesdiensten, wobei in Frühmesse und Tagamt Evangelien und Episteln, im Predigtgottesdienst und der Vesper Psalmen und Altes Testament fortlaufend gelesen werden sollten, so daß eine kursorische Lektüre der ganzen Bibel zustande kam. Der Ablauf der Gottesdienste entspricht im wesentlichen der später angenommenen Ordnung. Es gibt allerdings zwei auffällige und wichtige Unterschiede: Die Verlesung von Heiligenlegenden von der Kanzel bei der Abkündigung der Heiligenfeiertage für die kommende Woche wird im Entwurf grundsätzlich untersagt. Statt dessen soll Euseb, wohl die ›Historia ecclesiastica‹, gelesen werden[17]. Außerdem ist an die Vermahnung der Kommunikanten, die dem Text der Volprechtschen Messe entspricht, eine ›Offene Schuld‹ mit Absolution und die Bitte des Priesters an die Gemeinde angefügt, die sich in der Messe des Kaspar Kantz für Nördlingen aus dem Jahr 1522 als Rüstteil findet[18]. Beides fehlt in der Ordnung der Pröpste. Daß man den Entwurf gründlich überarbeitete, zeigt auch die Auslassung des Wiederholungsbefehls bei den Einsetzungsworten. Er fiel weg, da sie, leise gesprochen, nicht an die Gemeinde gerichtet waren.

Die Frage nach dem Verfasser des Entwurfs ist schwer zu beantworten. Jedenfalls ist es ein Mann, der nicht eigenständig arbeitet. Seine Vorschläge für den Ablauf des Gottesdienstes lehnen sich an Luthers ›Formula Missae‹ an[19]. Beim Introitus wird der Gesang des ganzen Psalmes verlangt. Die deutschen Lektionen

15. Es findet sich in dem Bd, f. 94r–98v, eine Abschrift der Instruktion des Nürnberger Rates für seine Gesandten an Erzherzog Ferdinand wegen des Vorgehens der Pröpste, vgl. *Pfeiffer,* Quellen, S. 261–263, Br. 10; f. 99v–101r eine Abschrift des Berichts Scheurls über seine Aussprache mit Ferdinand, vgl. *Pfeiffer,* Quellen, S. 264f, Br. 11; f. 101r–103v eine Abschrift des Vortrags der Nürnberger Gesandten vor dem Bischof von Bamberg, vgl. *Pfeiffer,* Quellen, S. 273–275, Br. 29; f. 104r–106r eine Abschrift der Antwort des Bischofs von Bamberg, vgl. *Pfeiffer,* Quellen, S. 275f, Br. 31.

16. Vgl. etwa Formulierungen wie »cantandum puto«, »hic, si libet, desinat canere« sowie die übrigen konjunktivischen Verbformen.

17. s. das Anm. 14 genannte Ms., f. 93rv.

18. s. das Anm. 14 genannte Ms., f. 107v; der Text entspricht dem in der Nördlinger Messe des Kaspar Kantz, vgl. *Sehling,* Kirchenordnungen 12, S. 285. Später war in Nürnberg eine von W. Linck geschaffene Form im Brauch, deren älteste Gestalt in Regensburg erhalten ist, vgl. *Sehling,* Kirchenordnungen 13, S. 403f, Anm. 1. Gegen sie wandte sich Osiander in einem Jahre dauernden Streit, vgl. *Seebaß,* Osiander, S. 254–262.

19. Vgl. WA 12, S. 205–220.

hatte Luther freigestellt und den Vorschlag gemacht, das Offertorium und den Kanon auszulassen. Die Präfation entspricht Luthers Vorstellungen. Der Kommunion geht der Friedensgruß voran. Während der Austeilung sollen das Agnus Dei und die Communio gesungen werden. Nur an wenigen Stellen weicht der Entwurf von der ›Formula missae‹ ab. Das gilt für die lectio continua[20], vor allem aber für die Formulierung der Einsetzungsworte, die die traditionelle Form haben und leise gesprochen werden, während der Chor Sanctus, Benedictus und Hosianna singt[21]. Am Schlußteil änderte man, im Gegensatz zu Luther, nichts. Auch die bei Luther nicht vorhandenen Stücke, Abendmahlsvermahnung und Absolution, waren vorliegende, fertige Texte.

Eine derartige Arbeitsweise wäre bei Osiander ganz ungewöhnlich. Er war im allgemeinen nicht der Mann, der von anderen borgte, sondern schrieb eigenständige Entwürfe. Außerdem war er schon im Juni 1524 im Grunde für eine nur die deutsche Sprache verwendende Gottesdienstordnung[22]. Geradezu ausgeschlossen wird seine Verfasserschaft aber durch die Offene Schuld mit Absolution. Wegen dieser Stücke kam es im Frühjahr 1526 zu ersten Verhandlungen, bei denen Osiander sich scharf gegen beide äußerte. Und als sie sich später in einer von Linck stammenden Formulierung in manchen Kirchen Nürnbergs dennoch einbürgerten, versuchte er in einem Jahre dauernden Streit, ihre Abschaffung durchzusetzen[23].

Kommt Osiander als Verfasser nicht in Frage, so wird man diesen dennoch im Kreis derer suchen dürfen, die sich am 1. Juni trafen, um die neue Kirchenordnung festzulegen. Dabei müssen die beiden Pröpste, die zwar theologisches Verständnis hatten, aber gelernte Juristen waren, ausscheiden. So bleibt eigentlich, will man nicht an die untergeordneten Schaffer denken, nur Dominikus Schleupner als Verfasser übrig. Ihm, dem wenig originellen Theologen, wäre eine derart kompilatorische Arbeit durchaus zuzutrauen. Und für ihn sprechen eben die beiden Punkte, die oben gegen Osiander als Verfasser geltend gemacht wurden. Schleupner lehnte noch im Frühjahr 1526, als es um die Frage weiterer Änderungen am Gottesdienst ging, die Einführung deutscher Liturgie strikt ab[24]. Vielleicht ging auch von St. Sebald im Frühjahr 1526 die Anregung aus, die Offene Schuld mit

---

20. Luther hatte sie in der ›Ordnung des Gottesdienstes‹ für den Früh- und den Abendgottesdienst empfohlen, vgl. WA 12, S. 36,3–8; 36,18–24, für die gottesdienstlichen Lesungen von Epistel und Evangelium jedoch die herkömmlichen Perikopen beibehalten, vgl. ›Formula Missae‹, WA 12, S. 209,16–210,4.

21. Das hat als erster für die Gottesdienstordnung der Pröpste schon *Fendt* erkannt, vgl. *Klaus,* Deutsche Messe, S. 23f; *Simon* in: *Sehling,* Kirchenordnungen 11, S. 47, Anm. 17 behauptet daher zu Unrecht, daß dies bisher nicht beachtet worden sei. Ganz eindeutig ist in dieser Hinsicht der Entwurf, wenn er schreibt: »Interim cantetur a choro Sanctus et Benedictus«, wobei sich das ›Interim‹ auf die Einsetzungsworte bezieht.

22. Das darf man wohl den Ausführungen über die deutsche Sprache im Gottesdienst in der Rechtfertigungsschrift der Pröpste entnehmen, vgl. u. S. 230,11–233,21, Nr 20.

23. Vgl. *Seebaß,* Osiander, S. 254–262.

24. Vgl. sein Gutachten über die Zeremonien, Nürnberg LkA, Fen. IV, 906 2°, f. 85v; vgl. außerdem *Burger,* Handakt, S. 33.

Absolution zu verwenden. Jedenfalls stand Schleupner später in dieser Frage gegen Osiander[25]. Auch der Vorschlag, die Verlesung des Alten Testamentes vom Johannes-Altar aus vorzunehmen, weist nach St. Sebald, da der betreffende Altar nur hier eine Stellung hatte, die eine solche Ortswahl sinnvoll machte[26]. Damit ist die Verfasserfrage nicht vollständig geklärt. Doch spricht alles dafür, daß Schleupner den ersten Entwurf für die Gottesdienstordnung der Pfarrkirchen aufgesetzt hat.

2. *Die endgültige Fassung der Ordnung*

Im großen und ganzen wurden die Vorschläge des Anonymus, hinter dem wir Schleupner vermuten, in der Zusammenkunft am 1. Juni akzeptiert. Osiander drang mit seinem Wunsch, in den Gottesdiensten nur die deutsche Sprache zu verwenden, nicht durch, erreichte aber wenigstens, daß die Pröpste derartiges für die nächste Zeit in Aussicht nahmen[27]. Man hat den Eindruck, das sei mehr ein Zugeständnis an die drängenden Lorenzer Prediger als ihre ehrliche Absicht gewesen. Wahrscheinlich wollten sie auch hier ein Wittenberger Vorgehen abwarten. Jedenfalls mußte Osiander noch 1526 erfolglos für deutsche Messen plädieren[28]. Auf wessen Betreiben die Lesung des Euseb abgesetzt wurde, läßt sich kaum mehr feststellen. Dagegen darf man vermuten, daß es vornehmlich Osiander war, der die Offene Schuld mit ihren Anhängseln zu Fall brachte. Keinesfalls aber kann die endgültige Gottesdienstordnung ohne seine intensive Mitarbeit entstanden sein. Wahrscheinlich hat er sie sogar in allen Stücken voll bejahen können, denn als seitens des Rates kurz nach Einführung der neuen Ordnung die Wiederherstellung der alten verlangt wurde, setzte Osiander für die Pröpste eine ausführliche Rechtfertigungsschrift auf[29]. Dazu hätte er sich wohl nicht bereit gefunden, wenn an irgendeiner entscheidenden Stelle seine eigenen Wünsche nicht berücksichtigt worden wären.

Es ist zweifellos richtig, wenn *Klaus* festgestellt hat, daß »das gottesdienstliche Geschehen in der Messe der Pröpste in St. Sebald und St. Lorenz ..., wie es sich rein äußerlich der Gemeinde darbot, vom äußeren Bild der vorreformatorischen Messe kaum unterschieden« war[30]. Es wäre aber falsch, deswegen von einer besonders konservativen Art der Reform in Nürnberg zu sprechen. Die Änderung des Gottesdienstes war ja nur ein kleiner Teil dessen, was die Pröpste am 1. Juni beschlossen. Erst wenn man, wie es in einem anonymen Bericht von 1525 geschieht, nacheinander aufzählt, was alles ›abgestellt‹ wurde, kann man ermessen, wie sehr sich das kirchliche Leben von da an von dem der vorreformatorischen Zeit unterschied[31].

---

25. Vgl. *Seebaß,* Osiander, S. 255f. 26. Vgl. *Hoffmann,* Sebalduskirche, S. 132.
27. Vgl. u. S. 230,11–13. 28. Vgl. Nürnberg LkA, Fen. IV, 906 2°, f. 65r–66v.
29. Vgl. die Einleitung zu ›Grund und Ursach‹, u. S. 175–177, Nr 20.
30. *Klaus,* Deutsche Messe, S. 24.
31. Vgl. *Schubert,* Gottesdienstordnung, S. 320f. Die beste Darstellung vorreformatorischen Gottesdienstes in Nürnberg bietet noch immer *Herold,* Alt-Nürnberg, S. 41–92.

3. Die Einführung der neuen Ordnung

Simon hat gemeint, man habe die reformierten Gottesdienstformen ursprünglich schon am 1. Sonntag nach Trinitatis, dem 29. Mai 1524, einführen wollen, sei aber aus irgendwelchen Gründen davon abgehalten worden. Als Begründung gibt er an, daß die Propriumsteile der Gottesdienstordnung denen des 2. Sonntags nach Pfingsten, also des 1. Sonntags nach Trinitatis entsprächen[32]. Diese Beobachtung ist richtig, gilt allerdings erst für die spätere römische Messe[33]. Zur Reformationszeit aber wurde, wie das von *Simon* zitierte bambergische ›Speciale missarum‹ von 1506 auch deutlich ausweist, das Proprium des 2. Sonntags nach Trinitatis tatsächlich an diesem Sonntag, und nicht wie später am 1. Sonntag nach Trinitatis gefeiert[34]. Diesem Brauch folgt daher auch die heutige lutherische Agende[35]. Überschrift und Inhalt der Gottesdienstordnung der Nürnberger Pfarrkirchen stimmen also völlig überein. Da außerdem auch der oben erwähnte Vorentwurf für diese Ordnung schon das Proprium des 2. Sonntags nach Trinitatis bietet, ist absolut sicher, daß erst für diesen Sonntag, an dem sie dann auch tatsächlich eingeführt wurde[36] – den 5. Juni 1524 –, die neue Ordnung in Aussicht genommen war.

Ihre Einführung durch die Pröpste bedeutete insofern ein Novum, als weder der Bamberger Bischof noch der Nürnberger Rat vorher über die geplanten Änderungen in Kenntnis gesetzt worden waren. Zwar hatten die Pröpste schon früher wiederholt beim Rat gebeten, Änderungen vornehmen zu dürfen, waren aber meist mit der Antwort abgespeist worden, die Entscheidung darüber falle nicht in die Kompetenz des Rates, sondern stehe dem Bamberger Bischof zu. Von diesem aber war eine Genehmigung so weitreichender Änderungen, wie sie im Juni vorgenommen wurden, niemals zu erwarten. Man war also gezwungen, in eigener Verantwortung zu handeln. Es war aber von vornherein klar, daß weder der Rat noch der Bischof eine solche Eigenmächtigkeit einspruchslos hinnehmen würde. Und tatsächlich schloß sich an die Einführung der neuen Ordnungen eine Auseinandersetzung mit beiden Instanzen an[37].

---

32. *Sehling,* Kirchenordnungen 11, S. 46, Anm. 4. Der dortige Hinweis auf S. 19, Anm. 32 muß in S. 18 verbessert werden.
33. Vgl. *Schott,* Meßbuch, S. 623–626.
34. Speciale missarum, Bl. 54a. Dort heißt es zwar nur »Dominica secunda« in der Überschrift zum Proprium des Sonntags, doch geht aus der Überschrift des vorhergehenden Sonntags »Dominica prima post trinitatis« einwandfrei hervor, daß post Trinitatis gemeint ist, vgl. aaO, Bl. 53b. Vgl. außerdem zu dieser Frage: *Reifenberg,* Messe und Missalien, S. 22ff, bes. Anm. 154f.
35. Agende 1, S. 144–146.
36. *Simon,* Abendmahlsfeier.
37. Vgl. u. S. 155–186, Nr 20.

4. Zur weiteren Geschichte der Ordnung in Nürnberg

Erklärtermaßen war die Gottesdienstordnung der Pröpste nur als erster Schritt auf dem Weg zu weiteren Reformen gedacht gewesen[38]. Und wirklich kam es bald nach ihrer Einführung und in den folgenden Jahren zu verschiedenen Änderungen, die größtenteils im Kommentar unserer Edition an den entsprechenden Stellen vermerkt sind. Ausführlich braucht auf sie an dieser Stelle nicht eingegangen zu werden, da nur schwer zu beantworten ist, wie der Gesamtgottesdienst in den Jahren bis 1533 im einzelnen aussah. In ihren wesentlichen Teilen blieb die Ordnung jedenfalls unverändert. Eine wichtige Neuerung war es allerdings, als man – wohl im Lauf des Jahres 1525 – für die gewöhnlichen Sonntage das Proprium der Missa de resurrectione, also des Ostersonntags, und das ›de tempore‹ der Sonntage für die Gottesdienste der jeweils folgenden Woche verbindlich machte[39]. Dagegen konnte die lateinische Sprache im Gottesdienst trotz wiederholten Drängens der Prediger nicht beseitigt werden. Und obwohl die brandenburgisch-nürnbergische Kirchenordnung des Jahres 1533 eine andere Gottesdienstordnung entwickelt hatte, bestimmte die Ordnung der Pröpste in den Grundzügen weiterhin den Ablauf der Gottesdienste in den Nürnberger Pfarrkirchen bis zum Ende des 18. Jahrhunderts[40].

Zunächst war die Gottesdienstordnung lediglich für die beiden Pfarrkirchen bestimmt. Sie fand aber schon bald in anderen Kirchen der Stadt Nachahmung. In der zweiten Hälfte des Jahres 1524 wurde in der Spitalkirche eine evangelische Gottesdienstordnung eingeführt, die nicht einfach die an den Pfarrkirchen übliche übernahm, aber doch stark von ihr beeinflußt war[41]. Zwar hatte sie den Rüstteil aus der Messe des Suttenkaplans Döber genommen[42], verwandte auch viel stärker die deutsche Sprache und ersetzte verschiedene Stücke des Gottesdienstes durch Lieder, die von der Gemeinde oder dem Chor gesungen wurden[43], aber schon das Nebeneinander von lateinischer Abendmahlsliturgie und deutschen Teilen weist auf die Ordnung der Pröpste zurück. Der Ablauf der Abendmahlsfeier und die dabei verwandten Texte der vorreformatorischen Messe entsprachen völlig der Ordnung an den Pfarrkirchen, nur daß das Sanctus – auf deutsch – nach den

---

38. Vgl. zum Beispiel Osianders Wunsch nach deutscher Sprache im Gottesdienst, u. S. 230, 11–233,21, Nr 20.

39. Vgl. *Schubert*, Gottesdienstordnung, S. 326. Der Text einer solchen Messe aaO, S. 321 bis 326, vgl. auch Speciale missarum, Bl. 33a–34a. Möglicherweise griff man damit auf eine Praxis zurück, die schon – mindestens für die Zeit zwischen Ostern und Himmelfahrt – vorreformatorisch üblich war, vgl. *Reifenberg*, Messe und Missalien, S. 25, Anm. 162.

40. Vgl. *Sehling*, Kirchenordnungen 11, S. 19.

41. der Text in *Sehling*, Kirchenordnungen 11, S. 56f, Nr I,7; zur Entstehungsgeschichte vgl. aaO, S. 20.

42. Vgl. *Sehling*, Kirchenordnungen 11, S. 51. Der Verweis von *Simon* in *Sehling*, Kirchenordnungen 11, S. 56 auf S. 48f muß in S. 51 verbessert werden. Über Döber vgl. *Simon*, Nbg.Pfb., S. 47, Nr 240.

43. Der gesamte Gottesdienst bis zur Präfation wurde in deutscher Sprache gehalten. An die Stelle von Introitus, Halleluja-Vers und Credo trat ein deutsches Lied, vgl. *Sehling*, Kirchenordnungen 11, S. 56.

Abendmahlsworten gesungen wurde[44], eine Stellung, die sich möglicherweise an den Pfarrkirchen sehr bald ergeben hatte und also auch von dort übernommen sein kann[45]. Diese Spitalmesse erschien in leicht voneinander abweichenden Fassungen zwischen 1525 und 1528 in verschiedenen Auflagen[46]. Erst mit dem Jahr 1533 dürfte sie von der Gottesdienstordnung der damals erlassenen Kirchenordnung abgelöst worden sein[47].

Nach dem Religionsgespräch im März 1525[48] wurde die Gottesdienstordnung der Pröpste aufgrund eines Ratsbeschlusses, dem eine Beratung der Prediger vorangegangen war[49], für sämtliche Klöster der Stadt und die Deutschordenskirche maßgebend[50]. Davon wurden aber die seit Mai 1524 in der Augustinerkirche gehaltene deutsche Messe Volprechts und die Spitalmessen nicht betroffen. In den altkirchlichen Klöstern hielt man sich nicht an diese Anordnung des Rates. Die Eingaben der evangelischen Prediger aus späteren Jahren beweisen, daß man hier weiterhin die Messe in alter Weise hielt[51].

5. Die Wirkung der Ordnung über Nürnberg hinaus

Obwohl die Gottesdienstordnung der Pröpste mit dem Erscheinen der Verteidigungsschrift ›Grund und Ursach‹ und deren zahlreichen Nachdrucken weit über die Grenzen Nürnbergs hinaus bekannt wurde[52], hat sie kaum Nachahmung gefunden. Das mag nicht zuletzt der weithin unverändert gebliebenen Meßordnung und der Verwendung der lateinischen Sprache zuzuschreiben sein. Daß dies keine unbegründete Vermutung ist, zeigen die Vorgänge vor der Bewilligung der Coburger Kirchenordnung des Jahres 1524, die im Ablauf von Frühmesse, Hochmesse (dem Nürnberger Tagamt) und Vesper fast unverändert der Nürnberger Ordnung entsprach und sicher von dort entlehnt wurde. Allerdings behielt man hier die Mette und das Salve Regina mit verändertem Text bei[53]. Als die Coburger ihre Ordnung beim Herzog einreichten, bemängelte dieser, daß man an zwei täg-

---

44. Vgl. *Sehling*, Kirchenordnungen 11, S. 57.
45. Vgl. u. S. 157f, Anm. 40.
46. Nachweise bei *Sehling*, Kirchenordnungen 11, S. 20, Anm. 45–47 und S. 56 zu Druckvorlage. Vgl. auch *Smend*, Deutsche Messen, S. 162, Nr II–IV. Es ist daher unwahrscheinlich, daß die Vor- und Nachrede in dem Druck ›Das Deutsch Gesang, so in der Meß gesungen wird‹ (vgl. *Seebaß*, Bibliographie, S. 212–215, Nr 87) von Osiander verfaßt wurde.
47. so *Simon*, Spitalmessen, S. 153.
48. Vgl. u. S. 501–540, Nr 42.
49. Vgl. darüber u. S. 511, Nr 42.
50. *Pfeiffer*, Quellen, S. 72, RV 524.
51. *Seebaß*, Osiander, S. 99f.
52. Vgl. u. S. 175–254, Nr 20; bes. 227,18–230,10.
53. Vgl. den Text der Ordnung – offenbar an vielen Stellen fehlerhaft – bei: *Kadner*, Gottesdienstordnung, S. 129f; außerdem mit den Fehlern *Kadners* in: *Sehling*, Kirchenordnungen 1,1, S. 542f, Nr 72. Die Behauptung von *Fendt*, Gottesdienst, S. 168, diese Ordnung habe nach den Einsetzungsworten den Embolismus beibehalten, beruht auf einer völlig falschen Interpretation einer Bemerkung *Kadners*, aaO, S. 131.

lichen Messen festhalte, obwohl Messen ohne Kommunikanten nicht mehr stattfinden sollten, und die Einsetzungsworte lateinisch spreche, obwohl man andernorts bereits die deutsche Sprache für sie verwende[54]. Ganz offensichtlich wollte der Herzog die Coburger (= Nürnberger) Ordnung noch stärker der ›Formula missae‹ Luthers angleichen. Aber nach nochmaliger Korrespondenz mit dem Coburger Stadtrat, der darauf hinwies, daß man »gemach und von tag zu tag« ändern wolle, wurde schließlich doch im Oktober 1524 die Einführung der Ordnung in unveränderter Form beschlossen[55].

Wieweit der Bericht, den Spengler über die Nürnberger Ordnung nach Magdeburg sandte[56], in dieser Stadt vorbildlich wurde, habe ich nicht feststellen können. *Hülße* behauptet – leider ohne Quellenbelege –, daß Nikolaus von Amsdorf, nachdem er bereits im Juni 1524 als Begleiter Luthers in Magdeburg gewesen war, ab September 1524 den Gottesdienst nach Wittenberger Vorbild eingerichtet habe[57].

Daß man dieser Nachricht nicht absolut trauen darf, scheint mir daraus hervorzugehen, daß der Rat der Stadt Goslar, kurz nachdem er beschlossen hatte, dem Drängen des Volkes auf Einführung reformatorischer Ordnungen nachzugeben, und Amsdorf aus Magdeburg berufen worden war, sich mit einer Anfrage wegen der Gottesdienstordnung nach Nürnberg wandte[58]. Sollte Amsdorf in Magdeburg doch die Nürnberger Ordnung kennengelernt und aus diesem Grund zur Anfrage in Nürnberg geraten haben? Oder war dem ja keineswegs überzeugt reformatorischen, sondern eher zögernden Goslarer Rat die Nürnberger Ordnung noch am ehesten annehmbar, weil sie sich am wenigsten weit von der herkömmlichen Messe entfernte? Auf diese Frage läßt sich anhand der bisher bekannten Quellen keine Antwort geben. Offiziell jedenfalls wurde in Goslar Spenglers Bericht über die Nürnberger Ordnungen[59] angenommen, nachdem er vor Rat, Gilden und Gemeinde verlesen worden war[60]. Doch handelte es sich nur um eine scheinbare Anerkennung. Das kirchliche Leben in Goslar haben die Nürnberger Ordnungen nicht bestimmt. Der Rat versuchte immer wieder zu verhindern, daß die reformatorische Predigt Folgen zeitigte[61]. Auch dem Volk war sie, wenn auch aus andern Gründen, nicht recht[62]. Tatsächlich hatte dann die von Amsdorfs Nachfolger Amandus entworfene Kirchen- und Gottesdienstordnung kaum etwas mit der Nürnberger gemein[63]. Von dessen Nachwirkung in Goslar kann also kaum die Rede sein.

---

54. Vgl. Johann von Sachsen an den Rat der Stadt Coburg, Weimar, 6. September 1524, bei: *Berbig*, Akten, S. 609, 614f.
55. Vgl. den bei *Berbig*, aaO, S. 615–618, Nr III und IV veröffentlichten Briefwechsel.
56. Vgl. u. S. 153 zum Siglum Spengler 1.
57. Vgl. *Hülße*, Reformation in Magdeburg, S. 272–277 und S. 312–316.
58. Vgl. *Seebaß*, Apologia, S. 24–28.
59. der Text bei *Pfeiffer*, Quellen, S. 440–447, Br. 262.
60. Vgl. *Hölscher*, Reformation in Goslar, S. 68. Die Charakterisierung des von Spengler aufgesetzten Berichtes aus Nürnberg (aaO, S. 46) ist falsch.
61. *Hölscher*, aaO, S. 68f.
62. *Hölscher*, aaO, S. 51.
63. Vgl. *Hölscher*, aaO, S. 48–51 und über Amandus: *Tschackert*, Amandus.

Eine Abschrift der »neuhen ordnung in der kirchen« – also wohl der Gottesdienstordnung der Pfarrkirchen – erhielten auch die Gesandten der Stadt Weißenburg, als sie Ende Mai 1525 in Nürnberg wegen der Auseinandersetzungen zwischen dem Prediger Johannes Tipontius und dem Pfarrer Andreas Minderlein Rat suchten. Doch scheint die Nürnberger Ordnung durch die Ereignisse des Bauernkrieges in Weißenburg keine Geltung erlangt zu haben[64].

Wenn sich auch kaum direkte Übernahmen der Gottesdienstordnung der Nürnberger Pröpste nachweisen lassen, so hat sie doch indirekt – über die oben bereits erwähnten Spitalmessen – eine weite Verbreitung erlangt. Die Nürnberger Spitalmesse wurde 1531 von dem Reformator Rostocks, Joachim Slüter, übernommen, und sie wurde noch bis in die fünfziger Jahre des 16. Jahrhunderts mehrfach in niederdeutscher Sprache neu aufgelegt. Außerdem benutzte sie Olaus Petri in Schweden als Grundlage für die evangelische Hochmesse dieses Landes[65].

Noch weitere Verbreitung aber hat ein kleiner Teil der Gottesdienstordnung gefunden: die Abendmahlsvermahnung. Von ihr erschienen schon bald einzelne Nachdrucke[66]; und durch die Aufnahme in die brandenburgisch-nürnbergische Kirchenordnung und später in die badisch-pfälzischen Agenden, ist sie beinahe zum Gemeingut protestantischer Kirchenordnungen geworden[67]. Ich verzichte an dieser Stelle auf Einzelnachweise, halte aber abschließend fest, daß die von Osiander bearbeitete Gottesdienstordnung der Nürnberger Pröpste in ihrer Bedeutung für die Liturgiegeschichte der deutschen Kirchen nicht unterschätzt werden sollte.

6. Überlieferung und Sigla

Handschrift:

a: München SB, Clm 27308. Etwa gleichzeitige Kop. in sehr schöner und klarer Schrift auf zwei Blatt Folio. Sie wurde am 21. August 1839 von *H. Ritter* in der Bibliothek entdeckt. Dieser Text liegt unserem Abdruck zugrunde.

Editionen:

Ed. 1: *Kolde*, Gottesdienstordnung, S. 604–610. Nicht ganz fehlerfreier Abdruck von a.

Ed. 2: *Simon, Matthias:* Gottesdienstordnung der Pfarrkirchen 1524, in: *Sehling*, Kirchenordnungen 11, S. 46–50, Nr I,5. Abdruck von Ed. 1, wobei durch falsche Zeichensetzung weitere Fehler in den Text kamen.

Eine Übersicht über die Ordnung findet sich auch bei *Smend*, Deutsche Messen, S. 177f und bei *Fendt*, Gottesdienst, S. 157–159.

---

64. Vgl. *Pfeiffer*, Quellen, S. 96f, RV 722 und *Sehling*, Kirchenordnungen 11, S. 654.
65. Nachweise bei *Simon*, Spitalmessen, S. 153. Vgl. auch: *Bosinski*, Slüter, S. 240–250.
66. Vgl. *Smend*, Deutsche Messen, S. 185f.
67. Vgl. *Sehling*, Kirchenordnungen 11, S. 195f und S. 122–125; *Smend*, Deutsche Messen, S. 186.

Sonstige Sigla:

Missale: Speciale missarum secundum chorum Bambergensem, Bamberg 1506, vgl. *Schonath*, Liturgische Drucke, S. 411f, Nr B 4 (Lit.).

Volprecht: *Klaus*, Deutsche Messe, S. 1-7. Die deutsche Messe des Augustinerpriors Wolfgang Volprecht vom Mai 1524.

Anonymus 1: Nürnberg-Fischbach, Freiherrlich von Scheurlsches Familienarchiv, Manuskriptband C, f. 92v-93r, 107rv. Der Vorentwurf für die Gottesdienstordnung der Pfarrkirchen. Etwa gleichzeitige Kop.

Pröpste 1: Vgl. u. S. 169–174, Nr 19. Die Artikel der Pröpste vom 1. Juni 1524.

Osiander: Vgl. u. S. 227–230. Die Beschreibung der Gottesdienstordnung, die Osiander in seiner Rechtfertigungsschrift für die Pröpste (vor dem 17. Juni 1524) bot. Sie unterscheidet sich nicht von der Formulierung in der erst am 24. Oktober 1524 erschienenen Schrift ›Grund und Ursach‹.

Spengler 1: *Pfeiffer*, Quellen, S. 280–283, Br. 39. Der Bericht Lazarus Spenglers über die Nürnberger Kirchenordnung für die Stadt Magdeburg vom 9. August 1524.

Pröpste 2: *Pfeiffer*, Quellen, S. 286f, Br. 45. ›Die Artikel, so Bischof von Bamberg die zwei Pröpste und den Prior Augustinerordens zu Nürnberg gefragt‹ etc. Ob Osiander an der Herausgabe dieses Textes mitgewirkt hat, läßt sich nicht mehr entscheiden. Zu den verschiedenen Ausgaben vgl. *Seebaß*, Bibliographie, S. 205–207, Nr 83.

Anonymus 2: *Schubert*, Gottesdienstordnung, S. 319–328. Der Bericht eines Nürnberger Geistlichen über die gottesdienstlichen Ordnungen der Stadt im Jahr 1525.

Spengler 2: *Pfeiffer*, Quellen, S. 440–447, Br. 262. Der Bericht Lazarus Spenglers über die kirchlichen Ordnungen Nürnbergs für Goslar vom 30. März 1528. Zur Datierung und Einordnung vgl. *Seebaß*, Apologia, S. 24–28.

In den textkritischen Apparat wurden bei der Abendmahlsvermahnung nur die Fassungen aufgenommen, die vor der Gottesdienstordnung vom Juni 1524 liegen. Die späteren sollen bei der Edition der brandenburgisch-nürnbergischen Kirchenordnung von 1533 berücksichtigt werden.

Text

[11:] Dominica secunda post Trinitatis[1] Nurnbergae in ecclesiis parrochialibus[2] incaeptus est ordo subsequens, 1524.

Hora consueta dimidia scilicet ante horam primam diei[3] pulsetur ad primam missam[4].

Neque sal neque aqua consecretur[5], sed confestim ad altare sese recipiunt celebrans et ministri[6].

Introitus[7]: Factus est Dominus protector meus etc[8].

Deinde loco versus[9]: Psalmus 17, hoc modo:

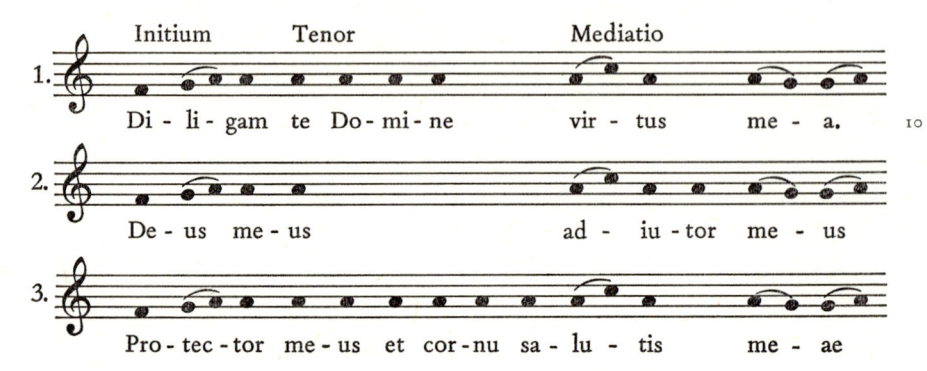

Initium — Tenor — Mediatio

1. Di - li - gam te Do - mi - ne   vir - tus   me - a.
2. De - us me - us   ad - iu - tor me - us
3. Pro - tec - tor me - us et cor - nu sa - lu - tis me - ae

1. 5. Juni 1524.
2. die Kirchen St. Lorenz und St. Sebald.
3. = »ein or gen den tag«, ist in Nürnberg, wo die ›große Uhr‹ gebräuchlich war, die erste Stunde nach Sonnenaufgang, am 5. Juni 1524 also etwa 5 Uhr früh, vgl. *Ginzel,* Chronologie 3, S. 95f.
4. Spengler 1, S. 280: »frühmes«.
5. Am Sonntagmorgen fand üblicherweise die Weihe von Salz und Wasser statt, vgl. die Bestimmung der Pröpste über deren Aufhebung: Pröpste 1, S. 171. Möglicherweise war diese Weihe an St. Lorenz schon im Frühjahr 1524 aufgehoben worden, da Osiander in der Nürnberger Tauforduung die Weiheriten schon ausgelassen hatte, vgl. o. S. 106, Nr 10.
6. Vgl. Spengler 1, S. 280: »... daß der priester mit zwaien leviten uber den altar geet ...«. Die ministri waren Kapläne, vgl. u. S. 156,10.
7. Ein Rüstgebet wird nicht erwähnt. Allerdings ist es fraglich, ob man daraus schließen darf, daß es gefehlt habe. Es gilt zu beachten, daß die Niederschrift der Ordnung offenbar dem überlieferten Missale folgte, das in seiner Bamberger Form niemals die Vorbereitungsgebete enthalten hat, vgl. *Schonath,* Liturgische Drucke, S. 391. Es ist fast undenkbar, daß ein Vorbereitungsgebet des Priesters völlig gefehlt haben sollte. Wahrscheinlich war es ihm aber, wie später in der brandenburgisch-nürnbergischen Kirchenordnung (vgl. *Sehling,* Kirchenordnungen 11, S. 188) freigestellt.

Der Introitus wurde von dem im folgenden mehrfach erwähnten Chor gesungen, der von den im Pfarrhof wohnenden Kaplänen und Vikaren gebildet wurde, vgl. Spengler 1, S. 280: »die andern priester«.

8. vollständig Ps 17,19b–20 (Vg), vgl. Missale, Bl. 54a.
9. Die Antiphon, die damals allein noch gesungen wurde (vgl. *Jungmann,* Sollemnia 1, S. 415 bis 419), umfaßte Ps 17,2–3a (Vg), vgl. Missale, Bl. 54a.

4. Lau- dans in - vo - ca - bo Do - mi - num

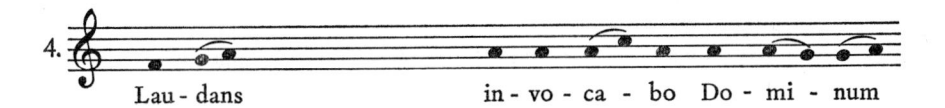

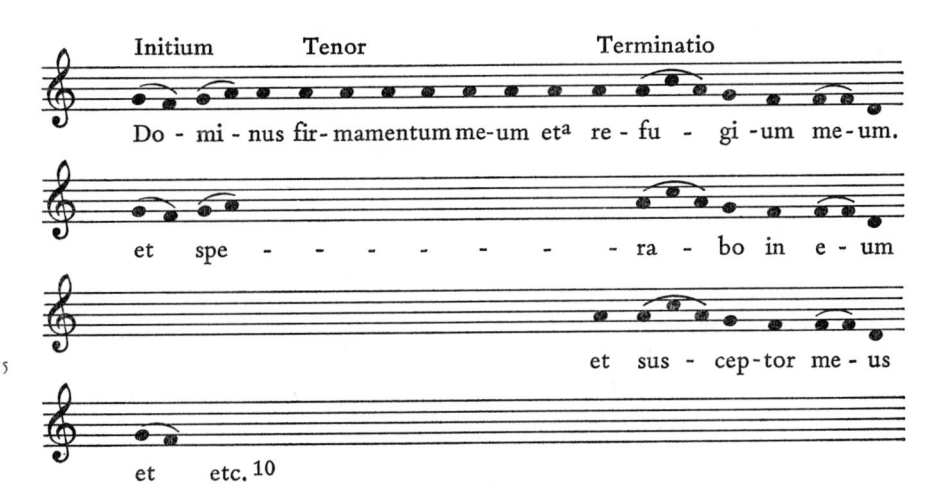

Initium Tenor Terminatio
Do - mi - nus fir- mamentum me-um et^a re - fu - gi -um me-um.

et spe - - - - - - ra - bo in e - um

et sus - cep-tor me - us

et etc. 10

Sub hac melodia[11] totus cantetur psalmus.
Finis psalmi cum Gloria Patri concludatur atque Introitus repetatur.
Et per quamlibet septimanam cantat chorus[12] alium Introitum et psalmum, ut de tempore cantionalia[13] habent.
    Dein: Kyrie eleyson, dominicale[14].
    Celebrans: Gloria in excelsis.
    Chorus: Et in terra[15].
    Postea celebrans orationem dominicalem[16] cantat:

a) fehlt Ed.1 und 2.

10. Ps 17,2–4a (Vg).
11. Vgl. zur Melodie: MGG 10, Sp. 1680–1690.
12. Vgl. o. Anm. 7.
13. Die für die Gesänge in der Messe üblichen Vorlagen, das Antiphonarium und das Graduale, gab es in Nürnberg nur in handschriftlichen Fassungen, vgl. zB: Kostbarkeiten, Nr 2 und 4.
14. das traditionelle neunfache Kyrie in der Melodie für die Sonntage. Daß sich diese Anweisung nur auf den betreffenden Sonntag bezog, beweist Anonymus 2, S. 321, wo solemniter, dominicaliter oder ferialiter für die Melodie zur Wahl gestellt werden. Zum Kyrie allgemein vgl. *Jungmann,* Sollemnia 1, S. 429–446.
15. Das eigentliche Gloria aus Lk 2,14 war selbstverständlich auch hier um die Lobpreisungen Gottes vermehrt (Laudamus te etc), vgl. Missale, zwischen Bl. 72 und 73, und Anonymus 2, S. 322. Zum Gloria allgemein vgl. *Jungmann,* Sollemnia 1, S. 446–461.
16. das Kollektengebet des betreffenden Sonntags. Es wurde mit dem hier nicht erwähnten Gruß (Dominus vobiscum etc) eingeleitet, vgl. Spengler 1, S. 280: »Dann singt der priester ein oration oder collecten mit dem Dominus vobiscum«.

Sancti tui nominis etc[17].

Oratione finita incipit minister canere[18] caput primum – dein ad subsequens officium[19] aliud caput, ut ordo expostulat[20] – ad Romanos lingua Germana et praemittit hanc praefationem[21]:

Ir allerliebsten, vernemet das n. capitel der epistel, die der heilig S. Paulus schreibt zu den Romern[22]:

Paulus, ein Diener Jesu Christi[23] etc.

Graduale[24]: Ad Dominum, cum tribularer, clamavi etc[25]. Alleluia: Deus iudex iustus etc[26].

Subinde diaconus[27] cantare orditur caput n. Matthaei Germanice, hanc praemittens praefationem[28]:

17. Der vollständige Text des für den 2. Sonntag nach Trinitatis üblichen Kollektengebetes in Missale, Bl. 54a. Offenbar aber wurden die Kollektengebete nicht unbesehen beibehalten. Über kleinere Änderungen vgl. Osiander, u. S. 228,14f.

18. Gemeint ist der übliche Sprechgesang. Wenn Spengler 1, S. 281f, und Anonymus 2, S. 322, von ›lesen‹ sprechen, so ist darin kein Widerspruch zu dem hier erwähnten ›canere‹ zu sehen. Die Lesungen erfolgten von der Kanzel aus oder von einem Nebenaltar, von dem aus der Lesende gut zu verstehen war, vgl. Spengler 1, S. 280, und Anonymus 2, S. 322.

19. Nach dem Zusammenhang des Textes wäre damit das unten folgende Tagamt gemeint, so daß in jeder Messe eine eigene Lesung stattgefunden hätte – bei konsequenter Durchführung der lectio continua ein durchaus verständliches Verfahren. Dafür spricht auch die Anordnung für die Lesung des Alten Testaments, aus dem im Vespergottesdienst das auf das im Predigtgottesdienst am Vormittag gelesene Kapitel folgende vorgetragen wurde, vgl. unten.

Andererseits geht aus Spengler 1, S. 280, Anonymus 2, S. 322, und Spengler 2, S. 443, hervor, daß man die lectio continua bei Evangelium und Epistel tageweise – also analog der alten Perikopenlesung – durchführte. Unklar ist Spengler 1, S. 281, wo es heißt, man lese »alle tag oder mes ein gantz capitel« aus dem Evangelium. Die Möglichkeit allerdings, daß bei Epistel und Evangelium unterschiedlich verfahren wurde, vgl. Spengler 1, S. 280 mit 281, scheidet aus.

20. Mit ordo ist hier zunächst einfach die Reihenfolge der Kapitel des Römerbriefes gemeint, also die lectio continua, vgl. darüber Osiander, u. S. 229. Als Kanon für die Epistellesung galten zunächst anscheinend nur die Paulusbriefe und die Apostelgeschichte, vgl. Spengler 1, S. 280, und Anonymus 2, S. 322. Erst später nahm man auch die Petrus- und Johannesbriefe in die Leseordnung auf, vgl. Spengler 2, S. 443.

21. Osiander schlug später in ›Grund und Ursach‹ für die alttestamentlichen Lesungen eine daran anschließende kurze ›Erklärung‹ vor, vgl. Osiander, u. S. 231. Solche Erklärungen wurden offenbar schon sehr bald auch bei den Epistel- und Evangelienlesungen eingeführt. Doch standen sie zunächst vor den Lesungen, vgl. Spengler 1, S. 280f. Da Osiander in seinem Vorschlag die Lesung solcher Erklärungen bei den neutestamentlichen Texten ausdrücklich abgelehnt hatte, könnte dieser Brauch an St. Sebald entstanden sein, wie schon *Schubert,* Gottesdienstordnung, S. 217 vermutet. Allerdings darf man aus ›Grund und Ursach‹, vgl. Osiander, u. S. 231 nicht schließen, daß an St. Lorenz diese Erklärungen nicht gelesen wurden (gegen *Schubert*, ebd), da Osiander an dieser Stelle den Wortlaut der Handschrift vom Juni unverändert in den Druck vom Oktober übernommen hatte.

22. Der Wortlaut war anscheinend nicht bindend vorgeschrieben, da Anonymus 2, S. 322, eine etwas andere Fassung bietet.

23. Röm 1,1.

24. gesungen vom Chor der Geistlichen, vgl. Spengler 1, S. 281. Zum Graduale allgemein vgl. *Jungmann,* Sollemnia 1, S. 543–548.

25. Der vollständige Text des Graduale (= Ps 119,1f, Vg) Missale, Bl. 54a.

26. Der vollständige Text des Halleluja-Verses (= Ps 7,12) Missale, Bl. 54a.

27. der andere der beiden oben S. 154 erwähnten ministri, vgl. auch Spengler 1, S. 281. Ein

18. GOTTESDIENSTORDNUNG   157

Ir allerliebsten, vernemet die wort des heiligen evangelii, das uns schreibt der heilig evangelist S. Matthaeus am n. capitel[29]:
Das puch der gepurt Jesu Christi[30] etc.
Et sic ex ordine[31].
5 Evangelio lecto celebrans canit: Credo[32].
Chorus: Patrem[33] dominicale[34].
Symbulo[b] finito, Offertorio[35] ac Canone minore[36] omissis, incipit celebrans: Dominus vobiscum[37].
Sursum corda.
10 Gratias agamus domino Deo nostro.
Vere dignum et iustum est aequum et salutare nos tibi semper et ubique gratias agere, domine sancte pater omnipotens aeterne Deus per Christum dominum nostrum.
Hic finitur Praefatio[38].
15 Chorus: Sanctus, sanctus[39].
Celebrans autem subiungit legendo[40]: Qui pridie, quam pateretur, accepit

---

b) von anderer, aber gleichzeitiger Hand am Rand: σύμβολον τοῦτο nota a Cicero[ne] dicitur signum. Signa militaria.

Subdiakon las in der Messe die Epistel, mindestens ein Diakon das Evangelium, vgl. LThK 3, Sp. 952 und 1259.
28. Über die vor oder nach der Lektion erfolgende Verlesung einer Erklärung vgl. o. Anm. 21.
29. Wie bei der Epistel, so bietet auch hier Anonymus 2, S. 322 eine etwas andere Einführungsformel.
30. Mt 1,1.
31. lectio continua der vier Evangelien, vgl. Spengler 1, S. 281, und Anonymus 2, S. 322. Zur lectio continua vgl. auch o. Anm. 19 und 20.
32. Der zelebrierende Geistliche leitet mit »Credo in unum Deum« den Gesang des Glaubensbekenntnisses ein, vgl. Anonymus 2, S. 322.
33. Die Fortsetzung des Glaubensbekenntnisses in der Form des Nicaenums, vgl. Anonymus 2, S. 323. Auch in Spengler 2, S. 443 ist mit der Formulierung »der apostel glaub, so man das patrem nennt«, das Nicaenum gemeint, gegen *Fendt*, Gottesdienst, S. 159. Während des Gesangs bereitet der zelebrierende Geistliche die Feier des Abendmahles vor, vgl. Anonymus 2, S. 323.
34. Bezeichnung der Art der Melodie.
35. Der Text des sonntäglich wechselnden Offertoriums entsprach am 2. Sonntag nach Trinitatis Ps 6,5.
36. Mit dem Canon minor sind alle restlichen Gebete des traditionellen Offertoriums gemeint, sowohl die gleichbleibenden Gebete als auch die sonntäglich wechselnde Secreta, vgl. zu den Texten Missale, zwischen Bl. 72 und 73 und Bl. 54b.
37. Bei den folgenden Präfationsstücken sind die Antworten des Chores stets ausgelassen, vgl. zu den Texten Anonymus 2, S. 323f.
38. Der vorangehende Präfationstext ist der des Grundschemas der Präfation (Praefatio cottidiana oder communis). Ausgelassen wurden die in die Aufforderung zum Sanctus überleitenden Sätze, vgl. Missale, zwischen Bl. 72 und 73. Diese Auslassung hatte schon Luther vorgeschlagen, vgl. WA 12, S. 212,13-16.
39. Der Text entspricht Jes 6,3 und Mt 21,9, vgl. u. S. 158,11.
40. Während der Chor das Sanctus singt, spricht der Zelebrant leise die Einsetzungsworte in der überlieferten Form, vgl. *Klaus*, Deutsche Messe, S. 23. Diese schon für die vorreformatorische Zeit nicht auszuschließende Praxis setzt auch Spengler 1, S. 281 voraus. Sie war möglich, solange

panem in sanctas ac venerabiles manus suas et elevatis oculis in caelum ad te,
Deum patrem omnipotentem, tibi gratias agens benedixit, fregit, dedit discipulis
suis dicens: Accipite et manducate ex hoc omnes! Hoc est enim corpus meum.
Elevatur panis.

Simili modo, postquam cenatum est, accipiens et hunc praeclarum calicem in
sanctas ac venerabiles manus suas, item tibi gratias agens benedixit, dedit discipulis suis dicens: Accipite et bibite ex eo omnes! Hic est enim calix sanguinis mei,
novi et aeterni testamenti misterium fidei, qui pro vobis[c] et pro multis effundetur
in remissionem peccatorum[41].

Elevatur calix[42].

Finito Osanna in excelsis[43] celebrans incipit[44]: Oremus praeceptis salutaribus
moniti etc[45]:

Pater noster, qui es in etc.

[IV:] Posthac admonetur populus sacramentum sumpturus his verbis[46]:
Mein[d] allerliebsten in Got! Dieweil wir jetzo das abentessen unsers lieben

---

c) fälschlich: nobis: Ed.1 und 2. – d) Ir: Anonymus 1.

man, wie es Osiander ursprünglich tat (vgl. Osiander, u. S. 225), die Abendmahlsvermahnung weniger als Vermahnung und mehr als Auslegung der Einsetzungsworte verstand. Je mehr sie aber als adhortatio an die Kommunikanten aufgefaßt wurde, desto weniger konnte das leise Sprechen der Einsetzungsworte beibehalten werden. Deswegen schloß sich später unmittelbar an die Präfation der laute Gesang der Einsetzungsworte an, vgl. Anonymus 2, S. 323f; Spengler 2, S. 443. Das Sanctus wurde erst anschließend vom Chor gesungen. Diese Praxis ist wohl auch in Spengler 2, S. 443, vorausgesetzt, obwohl dort das Sanctus nicht ausdrücklich erwähnt wird, gegen *Fendt,* Gottesdienst, S. 159, vgl. auch *Sehling,* Kirchenordnungen 11, S. 196. Mit dieser Anordnung folgte man Luthers Vorschlägen, vgl. WA 12, S. 212,27f.

41. Der Text der Einsetzungsworte ist – anders als bei Luthers Vorschlag, WA 12, S. 212,17 bis 22 – nicht dem Wortlaut der Evangelien entnommen, sondern stammt aus dem Canon maior der überlieferten Messe, vgl. Missale, zwischen Bl. 72 und 73. Anders aber als im überlieferten Text ist der Wiederholungsbefehl nach dem Weinwort ausgelassen. Das ist verständlich, da die Einsetzungsworte sich – leise gesprochen – nicht an die Kommunikanten wandten, sondern Wandlungsworte waren. In dem Moment aber, in dem die Einsetzungsworte laut und für die Gemeinde hörbar gesungen wurden, fügte man den Wiederholungsbefehl wieder ein, vgl. Anonymus 2, S. 324. Alle übrigen Gebete des Canon maior wurden ausgelassen, vgl. zu ihnen *Jungmann,* Sollemnia 2, S. 185–243 und 252–340; zum Text vgl. Missale, zwischen Bl. 72 und 73.

42. Über das Problem, das die Elevation später in Nürnberg bot, vgl. *Seebaß,* Osiander, S. 262–265. Auch wenn bei Spengler 2, S. 443, die Elevation nicht erwähnt wird, hat sie sicher nicht gefehlt, gegen *Fendt,* Gottesdienst, S. 159.

43. der zweite Teil des Sanctus, vgl. o. Anm. 39.

44. Auch das folgende Paternoster und die Einleitung wurden gesungen, vgl. zum Text Anonymus 2, S. 324f.

45. Es fehlen die Worte: »et divina institutione formati audemus dicere«, vgl. Missale, zwischen Bl. 72 und 73. Der Embolismus und alle weiteren Zeremonien und Gebete, die sich an das Vaterunser anschlossen, unterblieben, vgl. dazu: *Jungmann,* Sollemnia 2, S. 363–399, zum Text: Missale, zwischen Bl. 72 und 73. Man folgte damit Luthers Vorschlägen in der ›Formula missae‹, vgl. WA 12, S. 213,5–7.

46. Zur ›Vermahnung‹ vgl. o. S. 144 und u. S. 225f. Sie wurde von dem Lektor des Evangeliums gelesen, vgl. Spengler 1, S. 281 und Anonymus 2, S. 325. Die seit 1526 in St. Sebald übliche Anfügung einer Offenen Schuld mit Absolution wurde in St. Lorenz aufgrund von

herren Jesu Christi wollen bedencken und halten, darin^e uns sein flaisch und plut zur speiß und zu eim tranck nicht des leibs, sonder der selen gegeben wurdt, sollen wir pillich mit grossem^f fleiß ein itlicher sich selbs prufen, wie Paulus sagt, und^g von diesem brot essen und von dem kelch trincken. Dan es sol nicht dan nur^h ein hungerige seel, die ir sund erkent, Gottes zorn und den tod furcht und nach der gerechtigkeit hungerig und durstig ist, dis heilig sacrament empfahen. So wir aber uns selbs prufen, finden wir nichts in uns dan sundt und tod, kunnen auch uns selbs nit^i darauß helfen. Darumb hat unser lieber herr Jesus Christus sich uber uns erbarmet, ist umb^k unsertwillen mensch worden, das er fur uns das gesetz erfullet und lide, was wir mit unsern sunden verschuldigt hetten. Und das wir das ye festiglich glauben und uns frolich darauff verlassen mogen^l, nam er nach dem abentessen das brot, saget danck, prachs^m und sprach: Nembt hin und esset! Das ist mein leib, der fur euch dargeben wirt. Als wolt er sagen: Das ich mensch pin worden, und alles, was ich thue und leid, das ist^n alles euer aygen, fur euch und euch zu gut geschehen. ^oDes zu eim^o wartzeichen gib ich euch mein leib zur^p speiß. Desgleichen auch^q den kelch und sprach: Nembt hin und trinckt ^rauß disem all^r! Das ist der kelch des neuen testaments mit^s meinem plut, der^t fur euch und fur vil vergossen wirdt zu vergebung der sundt. Sooftt ir das thut, solt ir mein darpei gedencken. Als wolt er^u sprechen^v: Dieweil^w ich mich euer angenomen^x und euer sundt auf mich geladen hab, wil ich mich selbs fur die^y sundt opfern, mein plut vergiessen, gnad und vergebung der sund erwerben und also ein neu testament aufrichten, darin der sund ^zewig nicht gedacht soll werden. Des zum^z warzeichen gib ich ^aeuch mein leib zu essen und^a mein plut zu trincken.

Wer nun ^balso^c von disem brot^d isset und von^e disem kelch trincket, das ist, wer^b disen worten, die er hort, und disen zeichen, die er empfahet, festiglich glaubet^f, der pleibt in Christo und Christus in im und lebt ewiglich. Darpei sollen wir ^gnun auch^g seins tods gedencken und im dancksagen, ein ytlicher sein kreutz auf sich nemen und im nachvolgen, und zuvor einer den andern liebhaben, wie^h er uns geliebt hat. Dan wir vil sein ein brot und ein leib, die wir all eins brots tailhaftig sein^i.

Subiungit deinde celebrans: Pax Domini sit semper vobiscum.

e) das in (Lesefehler): Anonymus 1. – f) hohem: Volprecht. – g) alsdann: Anonymus 1; und alsdann: Volprecht. – h) fehlt Anonymus 1. – i) in keinen weg: Volprecht; in keinem wege: Anonymus 1. – k) von: Volprecht. – l) solten: Anonymus 1. – m) fehlt Volprecht. – n) fehlt Volprecht. – o–o) des zu: Anonymus 1; das zu: Volprecht. – p) zu einer: Anonymus 1. – q) auch nam er: Volprecht. – r-r) all daraus: Volprecht. – s) in: Volprecht. – t) das: Volprecht. – u) der Herr: Volprecht. – v) sagen: Anonymus 1. – w) Wiewol: Volprecht. – x) angenomen habe: Anonymus 1. – y) eur: Volprecht. – z-z) nit soll ewig gedacht werden. Das zu: Volprecht. – a-a) fehlt Anonymus 1; Volprecht. – b-b) fehlt (Homoioarkton?) Volprecht. – c) fehlt Anonymus 1. – d) brot also: Anonymus 1. – e) aus: Anonymus 1. – f) geglaubt: Anonymus 1. – g–g) auch: Anonymus 1; fehlt: Volprecht. – h) wie auch: Anonymus 1. – i) sein. Gott geb seliglich amen: Volprecht (Es ist aber fraglich, ob dieser Nachsatz nicht bereits zum Schluß der gesamten Aufzeichnung der Messe Volprechts gehört).

Osianders Einfluß zunächst nicht verwandt, dürfte sich aber später auch hier durchgesetzt haben, vgl. *Seebaß,* Osiander, S. 254f, und *Klaus,* Rüstgebete, S. 551–553.

Chorus respondet[47].

Incipiatur dein populus comunicari officiante panem praebente et ministro calicem[48].

Sub comunione chorus canit Agnus Dei et Comunionem[49] tardius aut velocius iuxta hominum comunicantium numerum[50]. Administrato sacramento, si quid superest a celebrante et ministrantibus sumitur[51].

Demum officium cum oratione, quam Complendam vocant[52], concludatur[53].

47. Et cum spiritu tuo, vgl. Anonymus 2, S. 326. Nach Spengler 1, S. 281, wären Friedensgruß und Agnus Dei (vgl. u.) erst nach der Kommunion gefolgt. Aber diese Ordnung ist unwahrscheinlich, vgl. auch Anonymus 2, S. 325f, und Spengler 2, S. 443.

48. Nach Anonymus 1, f. 93v wurde rechts vom Altar das Brot und links der Wein ausgeteilt, vgl. auch Anonymus 2, S. 326. Spengler 1, S. 281, erwähnt ausdrücklich: »Ob aber an werckentagen nit personen vorhanden synd, daß sacrament zu empfaen, werden die zwen leviten communicirt, damit in allen messen communicanten sein«. Man wollte also gemäß reformatorischer Lehre keine Messe ohne Kommunikanten dulden. Wenn Spengler aber noch 1528 behauptete, daß »zu allen ampten täglich derselbigen hungerigen und begerenden personen vor augen sein, den leib und blut Cristi in bederley gestalt, wie es Cristus zu niesen bevolhen hat« (vgl. Spengler 2, S. 443), dürfte er nicht ganz bei der Wahrheit geblieben sein. Schon Anfang 1526 war es in Nürnberg zu Auseinandersetzungen mit den Kaplänen gekommen, die sich geweigert hatten, stets das Abendmahl zu empfangen, vgl. Osianders Gutachten über die Zeremonien, Nürnberg LkA, Fen. IV, 906 2°, f. 72r–74r. Wenn Osiander damals und später so sehr auf der Kommunion der zelebrierenden Geistlichen bestand, dann doch wohl deshalb, weil sonst keine Kommunikanten dagewesen wären und man eine ›Stillmesse‹ hätte halten müssen. Vgl. zur gesamten Problematik *Seebaß*, Osiander, S. 231–235. Die Spendeformel lautete wahrscheinlich: »Der leib unsers Herrn Jesu Christi beware dein seel zum ewigen leben!«, bzw.: »Das blut unsers Herrn Jesu Christi beware dein seel zum ewigen leben!«, vgl. *Sehling*, Kirchenordnungen 11, S. 57. Da die Spendeformel in dieser am Spital gebrauchten Messe nicht mit der in der Döberschen Deutschen Messe übereinstimmt und innhalb einer Ordnung steht, die deutlich den Abendmahlsteil der Pfarrkirchen aufnimmt (vgl. die Einleitung, o. S. 149f), darf man annehmen, daß wir es hier mit der Spendeformel aus der Abendmahlsfeier der Pfarrkirchen zu tun haben.

49. Die Communio gehört zu den wechselnden Stücken der Messe. Für den 2. Sonntag nach Trinitatis war sie aus Ps 12,6c (Vg) genommen, vgl. Missale, Bl. 54b.

50. Anonymus 2, S. 326 rechnet damit, daß selbst ein langsam gesungenes Agnus Dei nicht ausreicht, und schlägt noch das Responsorium »Coenantibus illis« vor.

51. Die Anordnung sollte die Aufbewahrung der konsekrierten Elemente speziell im Sakramentshaus überflüssig machen, aber wohl auch die mißbräuchliche und abergläubische Verwendung von Wein und Brot verhindern, die damals nicht selten war, vgl. dazu: *Bächtold-Stäubli*, Deutscher Aberglaube 4, Sp. 414–418. Allerdings wurde schon bei der Vorbereitung die Anzahl der zu erwartenden Kommunikanten berücksichtigt: »Under dem patrem, dieweil so es der Chor singet, preparirt sich der Offitians mit dem prot und Wein, nachdem er vil oder wenig Communicanten hat«, Anonymus 2, S. 323. Dabei konsekrierte man lieber zu wenig als zu viel: »So aber sach ist, das souil communicanten do sind, das nit genug particul vorhanden, aber erstlich consecrirt wer worden, so consecriren wir ain Jedes, so offt es noth ist, yedoch halten wir also ordnung, das das, so uberleibt baide von leib und plut Christi, durch den Offitianten und ministrantes wirdt sumirt, und richtn unns also darnach, das man nichts aufhebt«, vgl. Anonymus 2, S. 326. Die Kommunion der Geistlichen folgte also nach der der Gemeindeglieder.

52. Die heutige Postcommunio, vgl. *Jungmann*, Sollemnia 2, S. 520–527. Auch hier behielt man den vorreformatorischen Text bei, der zum de tempore, also zu den wechselnden Stücken der Messe gehörte, vgl. Missale, Bl. 54b. Luther hatte die Complenda abgelehnt und an ihrer Stelle als ständiges Gebet »Quod ore sumpsimus« oder »Corpus tuum, Domine« vorgeschlagen, vgl. WA 12, S. 231,21–23. Aus der inhaltlichen Beschreibung des Schlußgebetes in Osiander,

Finita prima missa⁵⁴ incipiuntur tres psalmi⁵⁵, qui quottidie ex ordine, ut psalterium habet⁵⁶, psallentur. Dominicis et feriatis⁵⁷ diebus officium immediate sequuntur psalmi, sed aliis diebus publicum praecedunt officium⁵⁸.
Incipit enim regens: Deus in adiutorium meum etc ⁵⁹.

S. 230 darf man kaum folgern, daß an dieser Stelle die Vorschläge Luthers aufgenommen wurden, gegen *Klaus,* Deutsche Messe, S. 30 *(Klaus* selbst hat aaO, S. 26 die Complenda richtig mit der Postcommunio identifiziert). Daß zwischen dem 5. Juni und der wenig später erfolgten Niederschrift der Rechtfertigungsschrift für die Pröpste hinsichtlich der Complenda neue Anordnungen erfolgt wären, ist doch wohl ausgeschlossen. Der die Postcommunio einleitende Gruß »Dominus vobiscum« ist als selbstverständlich ausgelassen, vgl. Anonymus 2, S. 326.

53. Das »concludatur« darf nicht so verstanden werden, als sei mit der Complenda der gesamte Gottesdienst beendet gewesen. Sie schloß lediglich die Kommunionshandlung ab. Selbstverständlich folgte dann die übliche Entlassung, dh eine erneute Salutation, anschließend das »Ite, missa est« bzw. das »Benedicamus Domino« mit seiner Antwort und danach der Segen, der wohl der Formulierung in Num 6,24f entsprach, wie Luther vorgeschlagen hatte. Nur in diesem Punkt hielt man sich also an dessen Vorschläge für den Schlußteil, vgl. WA 12, S. 213,23–214,3, gegen *Klaus,* Deutsche Messe, S. 30. Daß die Entlassung in dieser Weise gehalten wurde, bezeugt auch die Formulierung bei Osiander, u. S. 230: »Darnach volgt wider ain christlich gepet auß freyem, christlichem willen, darin man Got pittet, daß er sein heyligs sacrament unserm glauben fruchtpar machen und zů nütz khommen woll lassen. Alßdann beschleüst man und gibt den segen ...« Das Gebet ist die Complenda (gegen *Klaus,* Deutsche Messe, S. 30), und in dem »beschleust man« stecken die übrigen Stücke der Entlassung; vgl. auch Spengler 1, S. 281, Anonymus 2, S. 326, und Spengler 2, S. 443, wo jeweils verschiedene Stücke der Entlassung erwähnt werden.

54. Der hier beginnende, eigene Gottesdienst darf nur sehr bedingt als Predigtgottesdienst bezeichnet werden, da er auch an den Tagen gehalten wurde, an denen keine Predigt stattfand, wie aus dem folgenden »quottidie« deutlich hervorgeht. Auch das Benedicamus am Ende beweist, daß es sich um einen eigenen Gottesdienst handelt, der unabhängig von der Predigt täglich stattfand, vgl. auch Anonymus 2, S. 326, gegen *Fendt,* Gottesdienst, S. 159f, und *Simon* in Ed. 2, S. 49, Anm. 27.

55. Der Vorschlag, drei Psalmen zu singen, geht offenbar auf die Verteilung der Psalmen in den Horen zurück, vgl. *Goltzen,* Gottesdienst, S. 160. Doch war der Gesang von drei Psalmen nicht obligatorisch, vielmehr wurde auf ihre Länge Rücksicht genommen, vgl. Anonymus 2, S. 326.

56. Bei dieser Anordnung ist zu beachten, daß im Vespergottesdienst fünf Psalmen gesungen werden sollten, so daß am folgenden Tag nicht direkt an die im Vormittagsgottesdienst des vorhergehenden Tages gesungenen angeschlossen werden konnte, vgl. u. S. 164. Später wurde an Sonn- und Festtagen vor der Psalmodie noch das sogenannte Athanasianum »Quicumque vult salvus esse« gesungen (vgl. Spengler 2, S. 443), das traditionell an bestimmten Tagen in der Prim seinen Platz hatte.

57. Hier nicht von feria (Wochentag) abzuleiten, im Sinne von unfestlich, sondern von feriae (Feiertage), also Festtage, vgl. Ed. 2, S. 49, Anm. 26, und Spengler 2, S. 443.

58. Die Anordnung erklärt sich wohl daraus, daß an den Wochentagen in den Nürnberger Kirchen reihum, aber nicht in jeder gepredigt wurde, vgl. Spengler 1, S. 281, und o. S. 140, Nr 17. Die Wochentage waren also bis auf einen Tag predigtfrei. So kommt es zur wechselnden Stellung des Gottesdienstes zwischen den beiden ›Ämtern‹. Wurde nicht gepredigt, dann entstand zwischen Frühmesse und diesem Gottesdienst eine Pause, da er unmittelbar dem Tagamt vorhergehen sollte, vgl. Anonymus 2, S. 326. Wurde aber gepredigt, was an Sonn- und Festtagen immer geschah, so folgten die Psalmen direkt der Frühmesse, da sonst kein Raum für die Predigt geblieben wäre.

59. Es handelt sich um den in allen Horen gleichen Ingressus aus Ps 69,2 (Vg), der mit dem Gloria patri abgeschlossen wird.

Antiphona intonatur de historia⁶⁰, sub cuius tono cantentur⁶¹ psalmi:
Beatus vir⁶²
Quare fremuerunt⁶³
Domine, quid multiplicati⁶⁴
Dein Antiphona repetatur.

Finita Antiphona recipiat sese regens [2r:] ad aram Joannis⁶⁵ legens in Geneseos libro caput⁶⁶ et praemittens praefationem similem eius, quae epistolis Paulinis praemissa est⁶⁷.

Capite finito idem regens in choro cantat: Dominus vobiscum⁶⁸, et subiungit orationem dominicalem⁶⁹.

Deinde: Benedicamus⁷⁰.

His completis praesbyter ascendit contionem populo Orationem dominicam⁷¹, Salutationem angelicam⁷², Symbolum⁷³ et Decem praecepta praedicens item et festa sanctorum⁷⁴ in septimanam futuram incidentia⁷⁵.

60. Gemeint ist eine aus dem Repertoire der traditionellen Horen stammende Antiphon (zB »Historia de Iob«). Der Text war entweder dem gelesenen alttestamentlichen Buch entnommen oder ihm entsprechend gestaltet. Zusammen mit der Lesung und der Predigt (vgl. Sermo und Homilie in der Matutin) erinnert das an das mitternächtliche Gebet (Nocturn oder Matutin).
61. Die Ausführungen waren die Schüler der bei St. Sebald und St. Lorenz vorhandenen Schulen bzw. die Kapläne und Diakone, vgl. Anonymus 2, S. 326.
62. Ps 1,1.   63. Ps 2,1.   64. Ps 3,1.
65. Es handelt sich um eine Anordnung, die wohl unbemerkt aus dem an St. Sebald erarbeitetem ersten Entwurf übernommen wurde, obwohl sie an St. Lorenz nicht sinnvoll war, vgl. Einleitung, S. 147, und Anonymus 1, f. 93r. Übrigens scheint die Anordnung auch nie in Kraft getreten zu sein, da Spengler 1, S. 281, und Spengler 2, S. 443, von einer Verlesung des Alten Testaments von der Kanzel aus berichtet wird.
66. Gemeint ist Gen 1, da auch hier die lectio continua angeordnet wurde, vgl. Anonymus 2, S. 326, wo ausdrücklich die fortlaufende Lesung der fünf Bücher Mose vorgeschrieben wird.
67. Vgl. o. S. 156. Später wurde mit der Lesung des Alten Testament eine Erklärung des jeweils vorgetragenen Kapitels verbunden, wie sie Osiander gewünscht hatte, vgl. Osiander, u. S. 231. Nach Spengler 1, S. 281, ging sie der Lesung voran, nach Spengler 2, S. 443, folgte sie ihr. In Anonymus 2, S. 326f, wird die Erklärung nur im Anschluß an die Lesung des Alten Testaments im Vesper-, nicht aber im vormittäglichen Gottesdienst erwähnt.
68. Die Salutatio wird vom Chor beantwortet.
69. Das Kollektengebet des betreffenden Sonntags, vgl. o. S. 155, Anm. 16 – an den Werktagen das des vorhergehenden Sonntags.
70. Mit dem Benedicamus wird ein deutlicher Einschnitt markiert. Hier endete der zwischen Frühmesse und Tagamt eingeschobene Gottesdienst, vgl. Anonymus 2, S. 326. Die folgenden Stücke wurden offenbar nur am Sonntag gelesen.
71. das Vaterunser.
72. Vgl. Lk 1,28.42. Das Fürbittgebet an Maria war zu dieser Zeit noch nicht fest mit dem Gruß des Engels verbunden, jedenfalls aber wurde es in Nürnberg nicht gelesen, vgl. LThK 1, Sp. 1141.
73. das Apostolikum, vgl. *Jungmann*, Sollemnia 1, S. 629.
74. Offenbar war es auch in Nürnberg in vorreformatorischer Zeit üblich, die Verkündigung der Heiligenfeiertage mit Lesungen aus der ›Legenda aurea‹ zu verbinden, da in Anonymus 1, f. 93r, ausdrücklich deren Verwendung untersagt wurde, vgl. auch *Jungmann*, Sollemnia 1, S. 629, Anm. 3. Die statt dessen vorgeschlagene Lesung aus Euseb wurde nicht verwirklicht. Die Feier der Heiligentage war zu dieser Zeit in Nürnberg kirchlich schon nicht mehr üblich, und man erzwang auch sonst deren Einhaltung nicht mehr, vgl. Pröpste 2, S. 286. Zu einer

Subinde ecclesiastes sermonem facit[76].

grundsätzlichen Neuregelung der zu feiernden Feste kam es erst nach dem Religionsgespräch im Frühjahr 1525, vgl. *Pfeiffer,* Quellen, S. 84, 236–239, 413, RV 617, Rschl. 46, Br. 218.

75. Die aufgezählten Stücke gehören durchweg zu den schon im Mittelalter üblichen Predigtannexen, vgl. *Jungmann,* Sollemnia 1, S. 629f, stehen hier aber vor der Predigt. Spengler 2, S. 443f, nennt die gleichen Stücke, allerdings in anderer Reihenfolge. Außerdem erwähnt er noch »ein cristenliche ermanung zu allem volck, wie sie für alle oberkeiten, fur alle unglaubige, für die schwachen im glauben, fur die geengstigten, fur sunder und sunderin Got getreulich bitten und ine umb erhaltung seins gotlichen worts flehen und manen, auch ir hantraich zu dem gemeinen großen almusen geben sollen«. Obwohl es zu dieser Zeit in Nürnberg das ›Große Almosen‹ noch nicht gab, dürfte ein derartiges ›allgemeines Kirchengebet‹, wie es auch schon die vorreformatorische Zeit kannte (vgl. *Jungmann,* Sollemnia 1, S. 614–628), schon um diese Zeit in Nürnberg üblich gewesen sein, obwohl es in der Ordnung nicht ausdrücklich erwähnt wird.

Eine spätere Sammlung der vor Predigt und Kommunion der Gemeinde zu verlesenden Texte, auf die *Klaus,* Dietrich, S. 406 aufmerksam machte, hat sich in Nürnberg LkA, Fen. IV, 335 4° erhalten: [rot] Christliche vermanung / al || le Sontag vor der Pre- || digt vnnd Communion / der || Gemeine fürzulesen. || [Blättchen, Spitze nach links] [Blättchen, Spitze nach rechts] || [Blättchen, Spitze nach unten] || 4°, 8 ungez. Bll. (Titelrückseite und letzte Seite leer), A–B⁴. Obwohl dieser Druck erst aus dem Jahr 1560 stammt (über spätere Auflagen vgl. *Will,* Bibliotheca Norica, 2, S. 83f), dürfte er mit seinen Texten auf ältere Vorlagen zurückgreifen. Wir drucken daher die oben erwähnten Stücke hier ab:

1. Abkündigung der Heiligentage: »Verkündigung der heyligen tage. Euer liebe sol vernemen die heyligentage, so gefallen in diser zukünftigen wochen. Heut haben wir den N. sontag der ostern. Oder dergleichen: nach dem sontag der heyligen Dreyfaltigkeyt etc. Biß sambstag haben wir ... oder den heyligen sanct N. Da wird man euer lieb und andacht verkündigen das wort Gottes«, aaO, Bl. A2a.

2. Das allgemeine Kirchengebet: »Folget das gebet für alle stende. Ir außerwelten, bittet Gott, den vatter aller barmhertzigkeyt, durch Jesum Christum, unsern liebsten herrn, umb ein fruchtbar gedeyen des heyligen euangelions, das er rechtschaffene arbeyter in sein erndten senden wöll, auch beyde, diener und hörer des worts, gnedigklich erleuchten zur heyligung seines gebenedeyten namens, mehrung seines [A2b:] reychs und erfüllung seines gotlichen willens. Darnach umb ein christenlich, erbarlich regiment: für alle christliche obrigkeyt und in sonderheyt einen erbaren, weysen rath dieser stadt, unsere herrn, sampt allen amptleuten, so zum regiment dienen, auff das wir ein gerühlich und stilles leben füren mögen in aller gottseligkeyt und redligkeyt und unser täglich brot oder was zur zeytlichen leybs notturft gehört mit segen gebrauchen mögen.

Ferner bittet für alles, so einem jeden menschen, was stands er sey, anligt, nemlich für alle eheleut, haußherren und -frauen, arbeyter, handtirer, ehehalten, sünder und sünderin, krancke, gefangene, betrübte, verlaßne, witwe, auch bedrangte, irrige, verfürte gewissen und die in anfechtung stecken oder was dergleychen seindt. Der ewig gütig und barmhertzig Gott wölle sich irer aller erbarmen, ire missetat verzeyhen, [A3a:] ehrlichen, fridlichen, erbaren wandel nach seinem wort verleyhen und in keiner versuchung sincken lassen, sondern von allem ubel, es sey leyblich oder geistlich, durch reine lehr und festen glauben gnedigklich erlösen. Amen. Solches alles zu erlangen, sprecht auß rechtem glauben: Vatter unser etc.«, aaO, Bl. A2a–A3a.

3. Die Bitte für die Armen: »Vermanung, der armen leut indenck zu sein. Umb Gottes willen aber wöllet euch die armen leut lassen befohlen sein und derselben mit euer hilf zu gemeinem, gottseligen almusen nicht vergessen«, aaO, Bl. B1a. Vgl. zu den übrigen Texten des Buches: *Klaus,* Dietrich, S. 406.

Nach Spengler 2, S. 444, wäre die Verlesung dieser Stücke an den Sonn- und Festtagen unmittelbar nach der alttestamentlichen Lektion erfolgt, danach ein Kollektengebet und dann die Predigt. In diesem Fall mußte das Benedicamus selbstverständlich ausfallen.

76. Die Predigt dauerte in Nürnberg normalerweise etwa eine Stunde, vgl. Spengler 2, S. 444. Eine Predigt am Vormittag gab es in Nürnberg erst seit 1522, vgl. *Sehling,* Kirchenordnungen 11, S. 17, Anm. 19.

Post sermonem publicum peragatur officium[77] per hunc, ut supra notatum est, modum.

Ad vesperas[78].
Deus in adiutorium meum etc[79].
Antiphona de historia, ut supra[80], intonatur.
Sub eius tono cantentur psalmi quinque ex ordine, ut in psalterio saequuntur[81].
Dein Antiphona repetatur, quam saequatur subsaequens in Genesi caput[82].
Capite lecto saequitur Responsorium de historia[83], post quod Versiculus: Dirigatur[84] aut Vespertina oratio[85] etc.
Deinde Magnificat[86] cum Antiphona de historia[87].
His finitis subiungit regens omisso Completorio[88]: Dominus vobiscum et orationem[89].
Demum: Benedicamus[90].

[2v:] Norimbergensis prima ordinatio evangelica[k].

k) Dorsale von anderer, aber gleichzeitiger Hand.

77. das sogenannte Tagamt oder die Tagmesse, vgl. Spengler 1, S. 280; Anonymus 2, S. 326; Spengler 2, S. 443.
78. Der Aufbau des folgenden Vespergottesdienstes entspricht in allen wesentlichen Stücken dem der herkömmlichen Vesper, vgl. Leiturgia 3, S. 229.
79. der Ingressus der Vesper aus Ps. 69,2 (Vg), der mit dem Gloria Patri beschlossen wurde, vgl. Anonymus 2, S. 326.
80. Vgl. o. Anm. 60. *Simon* in Ed. 2, S. 50, Anm. 39 bezieht »ut supra« fälschlich auf die Frühmesse, in der eine Antiphona de historia aber nicht vorkommt. Nach Anonymus 2, S. 327, wäre auch eine Antiphon mit neutestamentlichem Text möglich gewesen.
81. Vgl. o. S. 162,1–4.
82. Gemeint ist in diesem Fall Gen 2. Jedenfalls muß »subsaequens« auf die am Vormittag erfolgte Lesung des Alten Testaments bezogen werden, vgl. o. S. 162. Später hat man offenbar nicht streng an der lectio continua festgehalten, da Anonymus 2, S. 327, schreibt: »Darnach list der priester widerumb das capitel aus dem alten Testament, welhes man zu frue vor der tagmeß gelesen hat, unnd interpretiert dasselbig mit ainer clainen außlegung«. Diese Auslegung, die Osiander gewünscht hatte, muß schon bald angehängt worden sein, vgl. o. Anm. 21 und 67.
83. In der traditionellen Vesper wurde die Lesung mit einem Responsorium abgeschlossen. Zur Erläuterung von »de historia« vgl. o. Anm. 60.
84. Gemeint ist der Versikel: »Dirigatur ad te, Domine, oratio mea, sicut incensum in conspectu tuo«. *Simon* in Ed. 2, S. 50, hat »dirigatur« fälschlich als Verbum zu versiculus gezogen, also den damit bezeichneten Versikel nicht erkannt.
85. Gemeint ist der Versikel: »Vespertina oratio ascendat ad te, Domine, et descendat super nos misericordia tua«. Die Kommentierung von *Simon* in Ed. 2, S. 50, Anm. 41 ist von seiner falschen Auffassung des »dirigatur« bestimmt, vgl. die vorige Anm.
86. Lk 1,46–55.
87. Das Magnificat wurde von der Antiphon de historia eingerahmt. Ihr Text war aus den Evangelien genommen oder deren Inhalt angelehnt, vgl. Anonymus 2, S. 327.
88. Über die Abschaffung der Komplet vgl. Osiander, S. 244,9–28.
89. Nach Anonymus 2, S. 327, wäre auch hier noch einmal (vgl. oben S. 162) die Kollekte des vorangegangenen Sonntags gebetet worden.
90. Benedicamus Domino – Deo gratias.

Nr 19
Artikel der Pröpste
1524, Juni 1

Bearbeitet von *Hans-Ulrich Hofmann*

Einleitung

1. Entstehung und Inhalt

Im Jahr 1523 war die evangelische Bewegung in Nürnberg unter dem Einfluß der reformatorischen Predigt so weit erstarkt, daß man daran denken konnte, konkrete Änderungen im Kirchenwesen vorzunehmen. Da die Erlaubnis dafür vom zuständigen Bamberger Bischof nicht zu erwarten war und der Rat ohnehin in kirchlichen Fragen ein entscheidendes Mitspracherecht hatte, wandten sich die Pröpste von St. Sebald und St. Lorenz, Georg Peßler und Hektor Pömer, an ihn. Aber auch der war zu dieser Zeit mit Rücksicht auf das in Nürnberg tagende Reichsregiment nur zu geringfügigen Änderungen bereit. So wurde allzu großer Aufwand bei den Zeremonien eingeschränkt, einige Prozessionen wurden überhaupt unterbunden. Die Bitte der Pröpste aber, zu Ostern das Abendmahl unter beiderlei Gestalt reichen zu dürfen, wies man ab. Nur im kleineren Kreise konnte der Augustinerprior Volprecht dies tun[1].

In der Passions- und Osterzeit 1524 kam es trotz des Reichstages und eines bischöflichen Verbotes zu aufsehenerregenden eigenmächtigen Änderungen in der Beichtpraxis und verschiedenen Zeremonien, die jedoch nur ad hoc angeordnet wurden. Die Messe in den Pfarrkirchen blieb davon vollkommen unberührt[2]. Inzwischen wurde das Volk von den Kanzeln durch Predigten auf weitere Änderungen im gottesdienstlichen Leben vorbereitet, die reformatorischer Lehre entsprechen sollten. Jedoch mahnten die Prediger die drängende Gemeinde, noch etwas Geduld zu haben[3].

Als aber Ende April Reichstag und Reichsregiment Nürnberg verlassen hatten, konnten die Verantwortlichen darangehen, gründlichere Reformen zu planen und durchzuführen. Den Anfang machte wiederum Volprecht: In den ersten Maitagen feierte er eine vollständig deutsche Messe in seinem Kloster[4]. Der Propst von St. Lorenz erhielt vom Rat die Erlaubnis, am Mittwoch nach Pfingsten (18. Mai) die übliche Prozession mit den Deokarusreliquien außerhalb der Kirche zu unter-

---

1. *Soden*, Beiträge, S. 156ff; *Schubert*, Gottesdienstordnung, S. 276ff; ders., Spengler, S. 396; *Engelhardt*, Reformation 1, S. 119ff; *Klaus*, Deutsche Messe, S. 33ff; *Seebaß*, Osiander, S. 217.
2. Vgl. die in Anm. 1 angegebene Literatur, dazu *Pfeiffer*, Einführung, S. 115ff; *Simon*, Abendmahlsfeier; Brief Osianders an die Straßburger Prediger von Ende April 1524, o. S. 137ff, Nr 17.
3. Osiander an die Straßburger, o. S. 139,13ff, Nr 17.
4. dazu *Klaus*, Deutsche Messe, S. 36ff.

lassen, auch für die Fronleichnamsprozession (26. Mai) wurden Einschränkungen angeordnet[5].

Kurz darauf, am 1. Juni – zu gleicher Zeit drohte der Forchheimer Bauernaufruhr auf Nürnberger Gebiet überzugreifen –, kamen die für das Kirchenwesen an den beiden Hauptkirchen St. Lorenz und St. Sebald Verantwortlichen zusammen, um sich über die zu treffenden Maßnahmen abzusprechen. Ob an dieser Sitzung nur die Pröpste teilgenommen haben, ist nicht sicher auszumachen. Der Prediger von St. Sebald, Dominikus Schleupner, jedenfalls behauptet 1526 in seinem Gutachten über die Zeremonien, zu den Beratungen nicht hinzugezogen worden zu sein, zumindest bei dem, was die über die Meßordnung hinausgehenden Punkte betrifft[6]. Er äußert auch an verschiedenen Entscheidungen Kritik (im sachlichen Apparat ist diese bei den einzelnen Artikeln berücksichtigt). Osiander dagegen war nicht nur bei den Neuerungen der Passions- und Osterzeit neben Volprecht die treibende Kraft gewesen, sondern er hat auch, als es bald nach dem 1. Juni notwendig wurde, die auf dieser Sitzung beschlossenen Maßnahmen gegenüber dem Rat zu verteidigen, allein die Rechtfertigungsschrift aufgesetzt[7]. Daß aber Osiander ohne seinen Kollegen an den Beratungen beteiligt war, ist nicht sehr wahrscheinlich. Eher ist anzunehmen, daß er auf seinen Propst, Hektor Pömer, vorher schon persönlich eingewirkt und ihn veranlaßt hat, sich mit dem wohl weniger reformfreudigen Georg Peßler zusammenzusetzen und eine Neuordnung des Kirchenwesens durchzuführen, wofür er ihm auch gleich die wichtigsten Gesichtspunkte an die Hand gegeben haben wird. Daneben scheint auch über Wünsche und Bedenken der Kapläne beraten worden zu sein[8].

Das Ergebnis faßten die Pröpste in einem neunzehn Artikel umfassenden Schriftstück zusammen, das sicher nicht für die Öffentlichkeit bestimmt war. Es wurden darin Maßnahmen aufgeführt, die schon mit Erfolg durchgeführt worden waren, wie zB die Abschaffung der Ohrenbeichte, solche, die in den nächsten Tagen getroffen werden sollten, wie zB die Änderung der Gottesdienstordnung, die am 5. Juni in Kraft trat, und andere, die erst für die fernere Zukunft vorgesehen waren oder über die noch weiter beraten werden sollte, wie zB die Ordnung für die Geistlichen[9].

Die ersten acht Artikel behandeln die Sakramente: Artikel 1 die Beichte, 2–4 das Abendmahl der Gemeinde, 5–7 das Krankenabendmahl und Artikel 8 die letzte Ölung. Artikel 9 und 10 betreffen die Gottesdienste, 11–13 Begräbnis und Toten-

---

5. Vgl. *Pfeiffer,* Einführung, S. 116.

6. Nürnberg LkA, Fen. IV, 906 2°, f. 84v: »Obwohl etzliche stugk neben den lesterlichen mißbreuchen auch abgethan sein, die ich, wenn mich die pröbst geratfraget hetten, nach zur zeit hette bleiben lassen«.

7. Vgl. dazu die Einleitung zu ›Grund und Ursach‹, u. S. 177, Nr 20.

8. Für die Gottesdienstordnung dagegen, die bei der Beschlußfassung schon fertig vorlag (vgl. Art. 9: »... die verzeichnuß, daruber begriffen ...«), könnte eine eigene Beratung, an der auch die Prediger beteiligt waren, angenommen werden.

9. In den Anmerkungen zu den einzelnen Artikeln wird versucht, der Frage nachzugehen, wann und inwieweit die beschriebenen Maßnahmen durchgeführt worden sind.

gedächtnis, Artikel 14 die Abkündigungen und 15–19 Dienst und Unterhalt der Kleriker.

Man vermißt in den Artikeln eine Reihe von Neuerungen, für die sich die Pröpste im Herbst 1524 vor dem Bamberger Bischof verantworten mußten und die größtenteils auch im Juni, manche auch schon früher vorgenommen worden waren. Die Taufe hielt man in deutscher Sprache[10]. Das Feiern der Heiligentage und die Beachtung der Fasttage wurde nicht mehr verbindlich gemacht. Die Geistlichen hatte man von der Pflicht, die Horen zu halten, entbunden. Eine schwerwiegende Änderung vollzog man im Eherecht, indem man nicht mehr die durch kirchliche Gesetze verbotenen Verwandtschaftsgrade als Ehehindernis betrachtete, sondern nur noch die in Lev 18,6–18 erwähnten[11]. Dennoch können die Artikel zusammen mit der dazugehörenden Gottesdienstordnung[12] als die erste Form evangelischer Kirchenordnung in Nürnberg gelten. Und sie bedeuteten praktisch bereits die Trennung von der alten Kirche, da mit Artikel 14 und dem in den bisherigen Editionen fehlenden Artikel 19 die Anerkennung der Jurisdiktion des Bamberger Bischofs aufgekündigt wurde.

Die am 1. Juni 1524 beschlossenen Ordnungen prägten bis 1533 und darüber hinaus das kirchliche Leben der Stadt. In Spalatins Annalen wurde das denkwürdige Ereignis folgendermaßen notiert: »Nurmbergae uno die abrogatae sunt missae et vigiliae defunctorum, restitutusque mos est instituti Christi totum sacramentum Eucharistiae dandi communicantibus, non negato ut aliquandiu sanguine Christi«[13]. Freilich blieb abzuwarten, ob der Rat der Stadt und der Bamberger Bischof bereit waren, die eigenmächtige Handlungsweise der Nürnberger Pröpste und Prediger hinzunehmen[14].

2. Überlieferung

Handschrift:

a: Nürnberg StB, Will II, 51 8°: Probstey Historia, || Wie es mit den zwei= || en Pfarrkirchen zu || Nürnberg hergangen, biß || die Pröbst vmb besserung || der Besoldung [haben] Supplici= || ren müssen. || Handschrift vom Ende des 16. Jahrhunderts; f. 2r–9v: Stücke aus dem Briefwechsel Hektor Pömers vom Jahr 1520 (gedr. bei *Siebenkees*, Materialien 3, S. 269–277) und ein Schreiben der beiden Pröpste an den Rat vom Ende des Jahres 1532; f. 10r–12v: die Artikel der Pröpste; f. 12v–14v: Regel für das Leben der Priester und Diakone an den beiden Pfarrkirchen (im Text abbrechend, vollständig gedr. bei *Siebenkees*, Materialien 3, S. 332–336).

Als *Siebenkees* im Jahr 1794 aus der Handschrift edierte, befand sich vor dem

---

10. Vgl. o. S. 104ff, Nr 10.
11. Vgl. *Pfeiffer*, Quellen, S. 286, Br. 45.
12. Vgl. o. S. 143ff, Nr 18.
13. Gedr. in: *Schelhorn*, Amoenitates 4, S. 415, auch bei *Simon*, Abendmahlsfeier, S. 366.
14. Vgl. dazu u. S. 175ff, Nr 20.

heutigen Bl. 1 noch ein Blatt, ein weiteres Blatt nach Bl. 6 sowie ein Bogen am Ende, auf dem der von *Siebenkees*, Materialien 2, S. 627–633, veröffentlichte Briefwechsel der Pröpste wegen der Erhöhung ihrer Besoldung gestanden hat. Der Schreiber der Handschrift (1) hat die verschiedenen Dokumente selbst gesammelt und durch überleitende Texte miteinander verbunden. Da er seine Vorlagen an einigen Stellen nicht richtig gelesen hat, haben spätere Bearbeiter versucht, sinnentstellende Fehler zu korrigieren. Dabei lassen sich eine Hand (2) mit breiterer Feder und blasser Tinte und eine andere Hand (3) mit spitzerer Feder und schwarzer Tinte unterscheiden. Von einer weiteren Hand (4) sind mit rötlicher Tinte vor allem die Überleitungstexte unterstrichen und einige Hinweise am Rand angebracht worden. Ed. 1 setzt die Hände 1 und 2 voraus. Hand 3 hat Ed. 1 mit der Handschrift verglichen, kann also erst dem ausgehenden 18. Jahrhundert entstammen.

Editionen:

Ed. 1: *Siebenkees*, Materialien 3, S. 328–332. Unvollständiger und sprachlich leicht geglätteter Abdruck von a.

Ed. 2: *Sehling*, Kirchenordnungen 11, S. 44f, Nr I,4. Normalisierter Abdruck von Ed. 1 ohne Kenntnis von deren Vorlage.

Unserem Text liegt a zugrunde. Für die Kommentierung wurden außerdem folgende Schriften herangezogen:

Osiander 1: Schreiben Osianders an die Straßburger Prediger, Ende April 1524, vgl. o. S. 137–142, Nr 17.

Artikel: ›Die Artikel, so Bischof von Bamberg ... gefragt‹ (*Seebaß*, Bibliographie, S. 205–207, Nr 83), gedr. bei *Pfeiffer*, Quellen, S. 286f, Br. 45.

Osiander 2: ›Grund und Ursach‹, vgl. u. S. 175–254, Nr 20.

Osiander 3: Gutachten Osianders über die Zeremonien vom Februar 1526, Nürnberg LkA, Fen. IV, 906 2°, f. 33r–76v.

Schleupner: Gutachten von Dominikus Schleupner über die Zeremonien vom Februar 1526, Nürnberg LkA, Fen. IV, 906 2°, f. 79r–87v.

Spengler: Bericht Lazarus Spenglers an die Stadt Goslar vom 30. März 1528 über die Nürnberger Kirchenordnung, *Pfeiffer*, Quellen, S. 440–447, Br. 262 (zu Datierung und Vorgeschichte vgl. *Seebaß*, Apologia, S. 24–28).

Text

[10r:] ᵃArtikel, die wir uns vereynigt¹ haben nechst², als wir beyeinander waren³, primo Iunii 1524ᵃ.

Zum ersten: Wo sich die vicarien⁴ in beichthören anders wurden halten, dann das evangelium außweist⁵, soll ihnen das beichthören untersaget werden.

5 Zum andern soll das sacrament halb oder ganz⁶ nach eines jeglichen begeren⁷ gereicht werden.

Zum dritten: Daß diejenigen, so wollen zum sacrament gehen, sich den tag davor ansagen⁸, und mit den kindern, so noch nicht zu verständigen alter sein kommen, soll es gehalten werden nach altem gebrauchᵇ⁹.

10 Zum vierdten: Das man das sacrament deß weins nicht uber nacht behalt¹⁰.

[10v:] Zum funften: Der krancken halben sollen sie vermahnt werden, das sie

---

a–a) Die Überschrift in Ed.1 und 2 ist eine Neuformulierung der handschriftlichen durch *Siebenkees.* – b) korr. aus: allen gebräuchen: 2.

1. über die wir uns geeinigt.
2. beim letzten Mal, unlängst.
3. Über die Teilnehmer vgl. die Einleitung.
4. Zu den Aufgaben der Vikare, die bis dahin hauptsächlich die Totenmessen zu lesen hatten, vgl. *Herold,* Alt-Nürnberg, S. 56.
5. Schon in der Passionszeit 1524 war der Zwang zur Ohrenbeichte gefallen und an St. Sebald möglicherweise eine allgemeine Absolution eingeführt worden, vgl. Osiander 1, o. S. 139, und Simon Ribisen an den Bischof von Straßburg, 29. März 1524, RTA 4, S. 738,18ff, Nr 236. Über die spätere Praxis vgl. Artikel, S. 286, und Spengler, S. 445.
6. Brot und Wein oder nur Brot. Zur Einführung der communio sub utraque in Nürnberg vgl. *Simon,* Abendmahlsfeier, S. 361ff und Osiander 1, o. S. 139. Die Maßnahme wird verteidigt in Osiander 2, u. S. 205f.
7. Also wird Rücksichtnahme auf die ›Schwachen‹ gefordert, vgl. Osiander 2, u. S. 195. Auch 1526 hält Osiander diese Rücksichtnahme noch für notwendig, vgl. Osiander 3, f. 74v. 1528 scheint es nur noch das Abendmahl in beiderlei Gestalt gegeben zu haben, vgl. Spengler, S. 443.
8. Die Abendmahlsanmeldung bot Möglichkeiten zu Beichte und Kirchenzuchtmaßnahmen. Bei der Vorbereitung der Kirchenordnung gab es 1531 um diese Einrichtung einen Streit zwischen Theologen und Juristen, da man die Wiedereinführung des Bannes befürchtete, vgl. vorläufig *Sehling,* Kirchenordnungen 11, S. 118.
9. In den Bamberger Synodalstatuten von 1431 schreibt ein Abschnitt, der 1491 und 1506 fast wörtlich wiederholt wird, vor: »Pueri carentes usu rationis, qui non possunt distinquere inter cibum corporalem et spiritualem, ad sumptionem corporis dominici nullatenus admittantur, cum ad ejus sumptionem et susceptionem exigatur devotio actualis. Incipientibus autem habere discretionis, etiam ante perfectam etatem, puta, cum fuerint decem, undecim, duodecim, tredecim annorum et alias quando ad hujus sacramenti perceptionem post signa distinctionis et devotionis fervor aut desiderium rationabiliter appareurit, sacratissimum corpus domini ministretur«, *Schmitt,* Synoden, S. 50, 129 und 185. Eine gemeinsame Erstkommunion aller Gleichaltrigen war damals noch nicht üblich. Die Vorbereitung der Kinder auf den Empfang der Hostie war Aufgabe der Eltern, vgl. *Baumgärtler,* Erstkommunion und *Browe,* Pflichtkommunion, S. 179ff.
10. u.a. zur Vermeidung von Mißbrauch für magische Handlungen, vgl. *Bächtold-Stäubli,* Deutscher Aberglaube 4, Sp. 414–418.

das sacrament in der kirchen nemen, ehe sie lägerhafft[11] werden, oder, ob sie zu bett legen aber[12] sonst mit langwuriger[13] kranckheit beladen, mögen sie ihnen zu rechter tagzeit mess in ihrer behausung lassen lesen. In der noth aber, alß wann eins gehling[14] kranck wirdt, soll das sacrament von einem priester auff das krancken begeren consecrirt werden und ihm gegeben[15].

Zum sechsten: Alßdann[16] der kleidung halben soll gnug sein ein korrock[17] und stoll[18].

Zum siebenden: Daß man keinem munch oder pfaffen außerhalb der verwilligung[19] der pröbst oder ihrer schaffer[20] gestatten soll, die sacrament zu reichen[21].

11. bettlägerig.
12. oder.
13. langwieriger.   14. plötzlich.
15. In vorreformatorischer Zeit wurden die im Sakramentshäuschen aufbewahrten konsekrierten Hostien in einer kleinen Prozession durch die Stadt zum Haus des Kranken getragen und von den Vorübergehenden durch Kniefall verehrt, vgl. *Würfel,* Dipt. Sebald., S. 32; *Herold,* Alt-Nürnberg, S. 56. Um diese den Reformatoren anstößige Sakramentsverehrung zu vermeiden, sollten die Elemente erst im Krankenzimmer konsekriert werden. Da aber manche am alten Brauch hängenden Nürnberger ein solches Krankenabendmahl nicht für vollwertig hielten, wurden noch 1526 beide Formen nebeneinander geübt, vgl. Osiander 3, f. 74v; dagegen Schleupner, f. 83r: »Was ausserhalben dieses brauchs furgenohmen wirt, das ist nit nach dem willen und worte Gots gethan, sunder ist wider Got ... Nuh hat yhe Christus nit gesprochen: Nempt hyn und sperret mich in ein heuslein, stegkt lichtlein vor mir auff, ader in ain glas ader in ein buxen und tragt mich umb. Ja, es ist dem brauch entgegen, so er gesprochen hat: ›Nemmet hyn und esset etc.‹ Dorczu ist es auch den krangken mehr ein schregken wenn trost, so man ime das sacrament mit eim syngen und clingen und prangen zutregt, und wirt inen swerlich, Christum in der menschlichen demuttigkait und in der geringen form des creutzs zu begreiffen; es ist ihnen auch one nutz, wenn sy das wort Christi, in welchem sy seinen leib und blut entphangen, nit hören. Ob nuhn ymands spreche, man verneuht das wort Christi und sprichts nach einmal bey dem krangken, so ist das erste sprechen und gassentragen vorgebens gewest und der namen Gots onnutzlich in mund genohmen. Dorumb thuen diejenigen gotlose, die des worts bericht und das sacrament gleichwol einsperren, kertzlein davor brennen ader ain leibliche speiß und apotekrisch ertzney machen oder in ein buxen ubir die gassen tragen oder sunst ein eusserlich gepreng damit treiben. Es mag sich nymands entschuldigen, er thett es umb der schwachen willen, dann es ergert auch die stergkern und furet sie melich von dem rechten brauch. Dorumb sol man solche mißbreuch und greuhl auch abestellen ...« Spengler, S. 144, erwähnt nur die neue Form; in den Nürnberger dreiundzwanzig Visitationsartikeln von 1528 *(Schmidt - Schornbaum,* Fränkische Bekenntnisse, S. 472) stehen sich beide Auffassungen gegenüber.
16. Die Anordnung galt nur beim Krankenabendmahl, sonst wurden die bisher üblichen Meßgewänder in Nürnberg beibehalten, vgl. Osiander 3, f. 63r–64r. *Sehling,* Kirchenordnungen 11, S. 44, Anm. 1, wird dieser Satz fälschlich auch auf den Gemeindegottesdienst bezogen.
17. Das Superpelliceum, ein etwa bis zu den Knien reichendes weißes Gewand mit weiten Ärmeln, vgl. LThK 9, Sp. 1190.
18. Die Stola, ein meist weißer Stoffstreifen, der über dem Superpelliceum getragen wird, vgl. LThK 9, Sp. 1090f.
19. Einwilligung.
20. Verwalter (dispositor), dh der Kaplan, der die Pfarramtsgeschäfte führt.
21. Dadurch sollte für alle Gemeindeglieder die evangelische Abendmahlsfeier sichergestellt und ihnen die finanziellen Forderungen der Orden erspart werden, vgl. Schleupner, 84v: »Was nuhn dorneben der gantzen gemain, arm und reich, nachgelassen und erspart [bleibt], ist unzelich, besunder, was haimlich in die closter und beichtvätter gestossen ward. Wie offt haben wir

Zum achten: So einer an seinem letzten end der öhlung²² begehren wird, soll ihm gereicht werden.

[111:] Zum neundten: Daß mit dem gsang in der kirchen gehalten werden soll, wie die verzeichnuß²³, daruber begriffen, ausweist^c.

Zum zehenden: An festen und sambstagen^d soll es gehalten werden^e inhalts der verzeichnuß, alß im nechsten articul gemeldt²⁴. Das Salve²⁵ aber am sambstag und gsang am pfingstag²⁶, auch engelmeß²⁷, deßgleichen alle umbgäng²⁸, saltz und wasser weyhen²⁹ soll ab³⁰ seyn.

c) korr. aus: auffweist: 1. – d) Schreibfehler für: sonntagen? In dem »verzeichnus«, der Gottesdienstordnung, sind besondere Anordnungen für Samstage nämlich nicht vermerkt. – e) fehlt Ed.1 und 2.

das clagen der armen gehort, mit was onkostung und beswernis sie ire todten begraben und die sacrament mit gelth haben beczalen mussen.«

22. Das Sakrament der letzten Ölung, vgl. Artikel, S. 286. Eine vorreformatorische Ordnung der letzten Ölung, die wahrscheinlich an St. Lorenz im Gebrauch war, findet sich in Nürnberg LkA, Fen. IV, 181 4°.

23. Gemeint ist die Gottesdienstordnung o. S. 143ff, Nr 18.

24. nach dem Verzeichnis, das im vorigen Artikel erwähnt ist.

25. Zur Geschichte dieser Antiphon vgl. LThK 9, Sp. 281f, und die dort angegebene Literatur. 1505 war ein Salve regina für alle Samstage an St. Lorenz gestiftet worden, vgl. *Würfel,* Dipt. Laurent., S. 29. Nachdem Luther 1522 in einer Predigt (WA 10,3, S. 321,7ff) an den im Salve regina Maria beigelegten übersteigerten Prädikaten Kritik geübt hatte, ersetzte der Kantor am Neuen Spital, Sebald Heyden, für die dortigen Gottesdienste das Salve regina durch eine lateinische Umdichtung auf Christus und mußte sich dafür gegen Angriffe der Altgläubigen verteidigen, vgl. *Kosel,* Heyden. Die Begründung für die endgültige Abschaffung wird in Osiander 2, u. S. 214,19ff gegeben, vgl. auch Spengler S. 445.

26. pfinztag = Donnerstag, vgl. *Schmeller,* Wörterbuch 1, Sp. 437–440. Mit dem Gesang an diesem Wochentag könnten die Passionsandachten gemeint sein, vgl. LThK 3, Sp. 509. Schleupner, f. 85r-v, bezeichnet anscheinend dasselbe als die »stifftung der angst«. Er war nicht für Abschaffung, sondern für evangelischen Ersatz, nämlich daß man »anstat der zwaihe altherkomener stifftung der angst und Patris sapientia [LThK 9, 1125] am donrstag bald nach der vesper und am freytag bald nach der tagmesse den ainundzweincigsten psalmen ›Deus, Deus meus, respice in me etc‹ deutz ader latinisch sunge und kain besunder fest dormit trieb«.

27. Damit sind die jeden Donnerstag zu Ehren der Eucharistie stattfindenden und mit Prozession verbundenen Votivmessen gemeint. Die Ableitung der Bezeichnung »engelmeß« für diese Messen ist unsicher, vgl. LThK 3, Sp. 875; *Götz,* Pfarrbuch, S. 37ff; für Nürnberg: *Haimerl,* Prozessionswesen, S. 59.

28. Kleinere und größere Prozessionen gab es in Nürnberg in großer Zahl an bestimmten Wochen- und Feiertagen, zB Markus (25. April), Deokar (7. Juni), Lorenz (10. August), Sebald (19. August), Palmsonntag, Ostern, Kreuzauffindung (3. Mai), Fronleichnam. Dazu kam die berühmte Heiltumsweisung mit den Reichsreliquien und -kleinodien am 2. Freitag nach Ostern. Eine Zusammenstellung dieser und weiterer Prozessionen in Nürnberg bei *Haimerl,* Prozessionswesen (Register); dort ist auch angegeben, wann die einzelnen Prozessionen eingeschränkt und dann ganz abgeschafft worden sind. Vgl. außerdem Spengler, S. 444.

29. Salz- und Wasserweihe erfolgte jeden Sonntag früh. Das Formular dafür steht am Anfang jedes mittelalterlichen Missales. Das Salz wurde zur Weihung des Wassers und bei der Taufe verwandt, vgl. LThK 9, Sp. 284f. Das Weihwasser diente für verschiedene kirchliche Segnungen, aber auch für allerhand abergläubische Zwecke, vgl. LThK 10, Sp. 965ff. Die Begründung für die Abschaffung bringt Osiander 2, u. S. 243,6–244,8.

30. abgeschafft.

Zum eilften: Mit den leichten[31] hinaußzutragen, soll vor deß verstorbenen behausung gesungen werden der psalm Benedictus[32], und mit der antiphon Media vita[33] und einem guten respons[34] die leicht hinauß auff den kirchhoff – mit dem halben oder ganzen chor nach begeren deß verstorbenen – getragen werden.

Zum zwölften sollen diejenigen, so begern wurden [11v:] begängnussen[35], siebendt, dreissig oder jahrtag[36] zu halten, gutlich davon gewiesen werden oder, wo sie uberauß solches gehalten wolten haben, mögen sie in die clöster gehen[37].

Zum dreytzehenden soll das seelverkunden[38], uber die gräber gehen[39] abgestellt werden und diejenigen, so villeicht geld, daß doch wenig ist, vor[40] hinauß hätten geben[41], mit guten worten dahin gewiesen werden, daß sie es dabey bleiben lassen.

31. Leichen. Zu Art. 11–13 vgl. *Mattausch,* Beerdigungswesen, S. 26 ff, 43ff, 87 ff und bes. 94–97.

32. Lobgesang des Zacharias, Lk 1,68–79.

33. Text bei *Wackernagel,* Kirchenlied 1, S. 94, Nr 141, vgl. LThK 7, Sp. 230. Luthers Umdichtung ›Mitten wir im Leben sind‹ erschien 1524, vgl. *Wackernagel,* Kirchenlied 3, S. 10f, Nr 12, und WA 45, S. 126ff und 453,20ff.

34. Responsorium (Wechselgesang): Beispiele in der Literatur über das Begräbnis, zB LThK 2, Sp. 118, und *Eisenhofer,* Liturgik 2, S. 434–446. Das Ergebnis dieser Maßnahme ist beschrieben in einer wohl aus dem Jahre 1525 stammenden Ordnung, die bei *Schubert,* Gottesdienstordnung, S. 327f, abgedruckt ist. Es wird dort noch erwähnt, daß auch Begräbnisse ohne Geistlichen zugelassen werden. Die Möglichkeit bestand bis 1833, vgl. *Burger,* Bemerkungen, S. 69ff. Die Ablehnung der alten Beerdigungsbräuche kommt auch in dem starken Rückgang der Totengeläute um die Mitte der Jahres 1524 zum Ausdruck, vgl. *Simon,* Beerdigungssitte.

35. Totenmessen, vgl. LThK 8, Sp. 1246f. In katholischer Zeit bewegte sich der Leichenzug normalerweise vom Sterbehaus in die Kirche, wo die Totenmesse gehalten wurde, und von dort aus zum Grab. Der Gottesdienst in der Kirche sollte jetzt ganz wegfallen.

36. Totenmessen wurden außer bei der Beerdigung noch am 7., am 30. und am Jahrestag nach dem Todestag gehalten, vgl. LThK 1, Sp. 577.

37. Der Ausweg in die Klöster, der den ›Schwachen‹ (anders als in Art. 7) offengelassen wurde, war freilich nur noch bis zum 21. April 1525 gangbar, da dann das ›papistische‹ Messelesen auch in den Klöstern vom Rat verboten wurde, vgl. *Pfeiffer,* Quellen, S. 72, RV 524. Aus diesem Ratsverlaß geht übrigens auch hervor, daß sich anscheinend nicht alle Vikare an die Beschlüsse vom 1. Juni 1524 hielten, sondern – wahrscheinlich weil ihre finanzielle Lage noch nicht gesichert war – bis ins Jahr 1525 hinein in den Pfarrkirchen ihre Privatmessen lasen. 1528 ist bei Spengler, S. 445, davon auch nicht mehr die Rede. Mit der Abschaffung der Totenmessen wurde auch der ›Liber mortuorum‹ von St. Sebald, in den alle gehaltenen Jahrtage eingetragen wurden (Nürnberg LkA, St. Sebald 298), 1524 außer Dienst gestellt, vgl. *Engelhardt,* Reformation 1, S. 162; *Simon,* Abendmahlsfeier, S. 355f. Polemik gegen die Totenmessen enthält auch das wahrscheinlich schon vor dem Juni 1524 erschienene Schriftchen eines sonst nicht näher bekannten Kaplans von St. Lorenz: ›Ein kurzer unterricht Wolffgangs Oechßners, zů Nůremberg bey Laurentzen capellan, von dem geplerre und mißbrauch der seelmessen, vigilien und jartägen etc., auß schriften gezogen, an Hansen Hennen, schneyder daselbst, gethon‹, ohne Ort und Jahr, 4 Bll. 4°, vorhanden in Bamberg SB.

38. Verkündigung der in die Woche fallenden Totenmessen. Ein derartiger Verkündzettel aus dem 15. Jh. ist abgedruckt bei *Waldau,* Neue Beiträge 2, S. 192ff.

39. Im Anschluß an die Totenmessen und am Allerseelentag (2. Nov.) wurden die Gräber gesegnet und mit Weihwasser besprengt.

40. früher.

41. Jahrtagsstiftungen. Über solche Stiftungen wurde im folgenden Jahr mehrfach beraten, s. *Pfeiffer,* Quellen, Register.

19. ARTIKEL DER PRÖPSTE

Zum viertzehenden sollen die mandat von Bamberg^f den partheien unter augen außerhalb der cantzel verkundet werden⁴². Wo aber jemand etwas verlohrn hätte, mocht wol auff der cantzel verkundt werden.

Zum funftzehenden: Daß man ein meinung furnem, wie es mit den zuherrng⁴³ in baiden höfen⁴⁴ gehalten soll [12r:] werden, dem mit fleiß nach ist zu dencken⁴⁵, dazu auch die alten statuta⁴⁶ dienstlich⁴⁷ mögen seyn.

Zum sechtzehenden: Der tauff und hochzeit, so viel es muglich ist, soll es in den häusern nicht bestehen⁴⁸. Ob aber ein krancker eines zuherrn^h wird begeren, trost^i von im zu haben, soll ihm bey tag auff zimbliche⁴⁹ zeit nicht abgeschlagen werden.

Zum siebtzehenden: Der zuherrn^k halben, wo sich dieselben eines erbarn lebens werden halten und treulich ihrem ampt vorsein, sollen sie ohn zweiffel ihres lohns halben wol versehen werden von einem erbarn rath⁵⁰. Aber der ehe halben soll ihm nachgedacht werden⁵¹.

f) am Rand: NB: 1. – g) Konjektur des Bearbeiters, vgl. Anm. h und 43; zuhörern: a, Ed.1 und 2. – h) korr. aus: zuhören: 2; am Rande: i. e. Caplans: 3. – i) fehlt Ed.1 und 2. Das schlecht lesbare Wort der Handschrift ist noch einmal lesbar übergeschrieben: 3. – k) korr. aus: zuhörern: 2.

42. Damit sind wohl hauptsächlich die Entscheidungen des bischöflichen Ehegerichts gemeint.
43. Hilfsgeistlichen, vgl. *Schmeller*, Wörterbuch 1, Sp. 1152. Über die Zahl und Gliederung der Geistlichen an den beiden Pfarrkirchen und ihre Aufgaben zu dieser Zeit vgl. *Herold*, Alt-Nürnberg, S. 55f. *Simon* (in Ed. 2) ist dieser Artikel unklar geblieben, da er die Form »zuhörern« in der Vorlage nicht als Lesefehler erkannt hat.
44. Pfarrhöfen, vgl. *Würfel*, Dipt. Sebald., S. 66f (1. Zählung).
45. Das Ergebnis dieser Überlegungen ist offensichtlich die ›Regel für die Priester und Diakone‹, die sich in a anschließt, vgl. die Einleitung, oben S. 167.
46. Solche Statuten und eine Kapitelsordnung aus vorreformatorischer Zeit sind gedruckt bei *Siebenkees*, Materialien 2, S. 550–559; vgl. *Waldau*, Neue Beiträge 2, S. 190–192, und *Herold*, Alt-Nürnberg, S. 36f.
47. dienlich.
48. Taufen und Trauungen sollten möglichst nicht zu Hause, sondern in der Kirche gehalten werden.
49. angemessene.
50. Der in diesen Artikeln beschlossene Wegfall der Totenmessen und anderer bezahlter Zeremonien brachte die Geistlichen, vor allem die Vikare (s. Anm. 4), in finanzielle Schwierigkeiten. Anfang Juli 1524 scheinen die Pröpste deshalb beim Rat vorstellig geworden zu sein. Jedenfalls hat diesem am 7. Juli ein nicht mehr erhaltener Ratschlag über den Unterhalt für die beiden Pfarrhöfe vorgelegen, wie aus *Pfeiffer*, Quellen, S. 10f, RV 66 hervorgeht. Der Rat beschloß an diesem Tage mehrere Maßnahmen zur Unterhaltung der Kapläne, nämlich Aufstellung eines Opferstockes, jährliches Einsammeln des Meßpfennigs und Verleihung von Pfründen nur unter Vorbehalt. Am selben Tag erhielt der Rat jedoch außerdem noch eine im Namen aller Vikare und Kapläne abgefaßte Supplikation, die er den Juristen vorlegen ließ, vgl. *Pfeiffer*, Quellen, S. 11, RV 67. Die Ratskonsulenten empfahlen, die Beschwerde abzulehnen, da erstens nicht alle Vikare und Kapläne dahinterstünden, sondern nur die Kollektoren, die die Jahrtagsstiftungen verwalteten, und zweitens der Rat für die Abschaffung der Jahrtage nicht verantwortlich zu machen sei. Dementsprechend wurde den Vikaren am 9. Juli ein hinhaltender Bescheid gegeben, vgl. *Pfeiffer*, Quellen, S. 12, RV 78. Für die Kapläne dagegen wurde am 30. Juli eine weitere finanzielle Aufbesserung beschlossen, vgl. *Pfeiffer*, Quellen, S. 16, RV 118. *Pfeiffer*

Zum achtzehenden soll mit einem erbarn rath gehandelt werden, ob etliche auß den dienern der kirchen [12v:] mit der zeit kranckheit oder alters halben dem dienst nicht mehr vor kundten seyn, wo sie nachmals unterhalten wurden.

¹Zum neuntzehenden: Ob auß denselben einer oder der mehr dieser ordnung halben von dem bischoff furgenommen wirdt, weil er in unserm dienst were, soll er dieseshalben von uns verthaidigt werden¹⁵².

l–l) fehlt Ed. 1 und 2.

hat bei seiner Darstellung der Vorgänge (Einführung, S. 118f) die unterschiedliche Behandlung der Kapläne und Vikare nicht berücksichtigt.

51. Über die Priesterehe wurde zB in einem Ratschlag vom 8. Mai 1525 beraten, vgl. *Seebaß, Osiander*, S. 184.

52. Dieser Artikel kündigt praktisch die Anerkennung der Jurisdiktion des Bamberger Bischofs auf.

Nr 20
Grund und Ursach
1524

Bearbeitet von *Gottfried Seebaß*

Einleitung

1. Der Anlaß

Am 1. Juni 1524 hatten sich die beiden Pröpste der Pfarrkirchen Nürnbergs, Hektor Pömer an St. Lorenz und Georg Peßler an St. Sebald, auf eine reformatorische Neuordnung des kirchlichen Lebens in der Stadt geeinigt[1]. Jedoch wurde die beschlossene Ordnung nicht sofort praktiziert, sondern erst noch einige Tage über die geplanten Maßnahmen gepredigt[2]. Auf diese Weise sollte verhindert werden, daß jemand ohne wirkliches Verständnis und eigene Überzeugung an den geänderten Gottesdiensten – um sie ging es hauptsächlich – teilnähme[3]. Am 5. Juni trat dann wie vorgesehen die reformatorische Gottesdienstordnung in Kraft. Und obwohl die Pröpste beim Rat offiziell nicht um Genehmigung ihrer Maßnahmen nachgesucht hatten, regte sich auch dort kein Widerspruch. Man konnte daher annehmen, die Obrigkeit sei mit dem Vorgehen einverstanden.

Da traf am 7. Juni in Nürnberg ein Bote des Reichsregiments ein, der ein kaiserliches Mandat überbrachte, das mit dem Datum des 18. April 1524 die Beschlüsse des Nürnberger Reichstages über Luthersache und Türkenfrage verkündigte[4]. Zum ersten Punkt wurde nicht nur ein Reichstag nach Speyer ausgeschrieben, sondern von allen Obrigkeiten verlangt, über die Einhaltung des Wormser Mandates zu wachen[5]. Obwohl die Städte auf Betreiben Nürnbergs schon während des Reichstages gegen die Beschlüsse in der Luthersache protestiert hatten[6], konnte dem Rat das Zusammentreffen der Änderungen in der Stadt mit dem Erhalt des kaiserlichen Mandates nicht gleichgültig sein. Konnte es doch so aussehen, als habe man in Nürnberg das Mandat geradezu mit weiteren reformatorischen Maßnahmen beantwortet[7].

Jedenfalls war das Stadtregiment »auß vil beweglichen ursachen und angesehen Kr. Mt. mandat, so aim rat siderher zukomen, nicht wenig sorgveltig, das dise

---

1. Vgl. die ›Artikel der Pröpste‹ und die ›Gottesdienstordnung der Pfarrkirchen‹, o. Nr 19 und Nr 18.
2. Vgl. u. S. 193f, Anm. a–a.
3. Vgl. u. S. 199,10–200,10.
4. Das Mandat in RTA 4, S. 615–620, Nr 152. Zum Empfang in Nürnberg vgl. *Pfeiffer*, Quellen, S. 10, zu RV 61.
5. RTA 4, S. 617,29–618,23, Nr 152.
6. Vgl. das Gutachten Spenglers über eine Antwort der Städte in der Luthersache und den Protest der Städte in RTA 4, S. 489–495, Nr 107, und S. 506–508, Nr 113.
7. Vgl. *Simon*, Abendmahlsfeier, S. 368f.

verenderung, so doch dergleichen an andern orten ausserhalb Wittemperg noch nicht seyen furgenomen, gemainer stat, zuvorderst bey k. mt., auch sunst bey vil churfursten, fursten und andern stenden des reichs zu grosser beswerung, nachred und den iren zu verderplichem schaden mög raichen und zum ergsten außgelegt werden«. Man beschloß daher, die Ratsherrn Christoph Koler, Sebald Pfinzing und Martin Tucher[8] zu den Pröpsten zu schicken, um ihnen sagen zu lassen, es könne bei den Änderungen die »on vorgende anzaigen, wissen und willen eins rats« vorgenommen seien, in der jetzigen Form nicht bleiben. Der Rat plane zwar nicht die vollständige Zurücknahme, es sei aber »an vil der abgestelten stücken zu der menschen seligkait endtlich nicht gelegen, die geschechen oder nicht«, und in diesen Punkten solle man die alte Ordnung wiederherstellen. Dennoch wolle man vor einem endgültigen Beschluß zunächst einmal der Pröpste »bewegnus, rat und gutbeduncken vernemen«[9].

Auf eine derartige Forderung des Rates waren die Pröpste nicht gefaßt, nachdem bereits fast eine Woche seit der Einführung der neuen Ordnungen verstrichen war. Vielleicht waren sie selbst – obwohl theologisch nicht ungebildet[10] – auch gar nicht in der Lage oder nicht willens, dem Rat so schnell eine Rechtfertigung und Verteidigung ihrer Maßnahmen zu bieten. Den Tadel des Rates, man hätte besser mit den Änderungen »nicht so ser geeylt, sonder mit gutem bedacht« gehandelt[11], wiesen sie zurück: Sie hätten »mit gutem vorbedacht ires ampts und gewissens halb« die Neuordnung durchgeführt. Diese erstrecke sich auch keineswegs auf unwichtige, sondern die »ding, die dem gotswort nicht gemeß« seien. Die Pröpste erklärten sich aber bereit, dem Rat eine schriftliche Begründung ihrer Maßnahmen einzureichen[12].

Aber damit war dieser nicht einverstanden. Allerdings versuchte man auch jetzt noch, die Pröpste merken zu lassen, daß man »vom rechten Weg des glaubens und ewangelion« nicht weichen wolle[13]. Die drei Ratsherren, die mit den Pröpsten verhandelt hatten, erhielten den Auftrag, sie »mit anzaigung des nehern k. mandats pitlich zu ersuchen, das sy die ceremonien und geprauch in irer kirchen widerum in den vorigen stand stellen« möchten. Gleichzeitig aber überließ man es ihrer Entscheidung, die deutsche Verlesung von Epistel und Evangelium sowie die Austeilung des Kelches beizubehalten[14]. Offenbar glaubte man, damit den Pröpsten entgegenzukommen. Wie wenig der Rat willens war, seine Macht ihnen gegenüber einzusetzen, zeigte sich, als diese sich auch jetzt weigerten, dem Befehl nachzukommen. Sie hielten an den Veränderungen fest und erbaten noch einmal eine Frist, die sie auch erhielten, um ihre Antwort aufzusetzen[15].

8. Vgl. zu den erwähnten Ratsherren: *Biedermann* Geschlechtsregister, Tafel 601, 402, 497.
9. die vorigen Zitate nach *Pfeiffer,* Quellen, S. 5f, RV 22.
10. Vgl. die Charakterisierung bei *Engelhardt,* Reformation 1, S. 88–90.
11. *Pfeiffer,* Quellen, S. 5, RV 22.
12. *Pfeiffer,* Quellen, S. 6, RV 23 und zu RV 23.
13. *Pfeiffer,* Quellen, S. 6, RV 22.
14. *Pfeiffer,* Quellen, S. 6, RV 23.
15. *Pfeiffer,* Quellen, S. 6, RV 26. Das diesbezügliche Schreiben der beiden Pröpste, vor 13. Juni 1524, das bei *Pfeiffer* fehlt, druckte *Schubert,* Gottesdienstordnung, S. 283.

2. Die Rechtfertigungsschrift der Pröpste

Die Ausarbeitung der Schrift, mit der sich die Pröpste zu verantworten gedachten, übernahm derjenige, der wohl auch die treibende Kraft der Reformen gewesen war – Osiander. Diese schon aufgrund einer inhaltlichen Analyse früher aufgestellte Behauptung[16] wird durch eine spätere Äußerung Spenglers einwandfrei erhärtet. Als nämlich Osiander im Streit um die allgemeine Absolution im Jahr 1533 erklärte, der Rat wolle sich offensichtlich zum Herrn und Richter über die Kirche und ihre Predigt aufwerfen[17], wies Spengler diesen Vorwurf unter Verweis auf die Ereignisse des Sommers 1524 zurück: »Dann wie hoch sich meine herrn bißhero in die religionsachen geschlagen, was sy auch fur sich selbs darinnen geordent, verschafft, aufgericht, abgethun und verendert haben, gibt das buchlein, so die bröbst oder pfarherr beider pfarrkirchen alhie, das Osiander allein gestelt hat, vor etlichen jaren haben außgehen lassen mit dem titel ›grund und ursach etc‹ genugsame anzeygung«[18]. Die Verfasser der späteren Gegenschriften hatten also durchaus recht, wenn sie in dem Lorenzer Prediger den Autor vermuteten[19].

In der kurzen, an den Rat gerichteten Vorrede gingen die Pröpste – in ihrem Namen schrieb Osiander – noch einmal auf den Vorwurf des Rates ein, man habe ohne sein Wissen gehandelt. Sie wiesen darauf hin, daß man sich früher wiederholt »in dergleichen sach« an den Rat gewandt, aber stets die Auskunft erhalten habe: »Dises betreff ein E. rat nicht, werden uns wol darynnen wissen zu halten«. Aus diesem Grund hätten sie diesmal von einer offiziellen Eingabe abgesehen. Dennoch könne der Rat nicht behaupten, er habe um die geplanten Änderungen nicht gewußt, da vor der Einführung über sie gepredigt worden sei, »also das uns ser wunder nimbt, das sie E.E. nicht fur soll komen sein und desselben unbewist angefangen soll geacht werden«[20]. Damit entlarvte man eine Behauptung, mit der von seiten des Rates später immer wieder operiert wurde, um die Verantwortung für die Einführung der reformatorischen Gottesdienstordnung zu leugnen[21], als reine Fiktion. Der Rat hat von den für den 5. Juni geplanten Maßnahmen gewußt und hätte sie zweifellos – wäre er dazu entschlossen gewesen – verhindern können.

Die Rechtfertigungsschrift geht keineswegs auf alle von den Pröpsten am 1. Juni beschlossenen Änderungen ein, sondern beschränkt sich darauf, die vom Rat beanstandete Änderung und Abschaffung gottesdienstlicher Handlungen zu verteidigen. Dabei liegt das Hauptgewicht – schon die Länge der Ausführungen beweist es – auf der Begründung der Änderungen bei der Abendmahlsfeier und

---

16. Vgl. *Hirsch,* Theologie, S. 285–288 und *Pfeiffer,* Einführung, S. 124f.

17. Osiander an die Ratsherrn Leonhard Tucher, Leonhard Schürstab und Hieronymus Baumgartner, Nürnberg, 16. Mai 1533, Nürnberg SA, Nürnberger Handschriften 415, f. 3r.

18. Gutachten Spenglers über das in Anm. 17 genannte Schreiben Osianders, Nürnberg SA, Nürnberger Handschriften 415, f. 4v–5r.

19. Vgl. *Pfeiffer,* Einführung, S. 124 und u. S. 190.

20. Vgl. u. S. 193f, Anm. a–a. Der folgenden Inhaltsangabe liegt die in Nürnberg SA vorhandene Handschrift der Rechtfertigungsschrift zugrunde, vgl. u. S. 191 unter a.

21. Vgl. *Pfeiffer,* Quellen, S. 262, Br. 10; S. 271, Br. 28; S. 273, Br. 29.

der damit unmittelbar zusammenhängenden Ablehnung der Messen für die Verstorbenen. Und zweifellos waren dies die für die Bevölkerung bedeutendsten Änderungen. Dagegen werden die Abschaffung des Salve Regina, die Aufhebung der Salz- und Wasserweihe sowie die Beseitigung von Mette und Komplet viel kürzer behandelt. Osiander hat sich auf die wesentlichen Punkte konzentriert.

Da der Rat behauptet hatte, viele der Änderungen beträfen eigentlich Adiaphora, beginnt die Verantwortung mit zwei Punkten, in denen unter Berufung auf Gal 2,11–14 klargemacht wird, daß es angesichts der Gegner, die »auß der freiheit ein not machen« wollen und das Übertreten von kirchlichen Geboten als Ketzerei bezeichnen, darauf ankomme, »mit der that zů erhalten, daß menschensatzung vergeblich seyen«. Osiander proklamiert also den status confessionis in adiaphoris.

Allerdings – und diese Steigerung ist vom Verfasser wohl beabsichtigt – handelt es sich bei den grundlegenden beiden Änderungen an der Messe, der Wiedereinführung des Laienkelches und der Aufhebung des Opfercharakters des Abendmahls, nicht um die Neuordnung ›freier Stücke‹, sondern um die Beseitigung widergöttlicher, menschlicher Anordnungen.

Für den Laienkelch führt Osiander die in der Diskussion über die Messe immer wiederholten Gründe an. Er beruft sich auf die Einsetzungsworte, sieht, wie Karlstadt den Wortlaut pressend, gerade im Wein das Zeichen der Sündenvergebung und verweist auf die Praxis der alten und der nichtrömischen Kirche. Die Entziehung des Kelches aufgrund der Konkomitanzlehre erkennt er nicht an, da der angefochtene Glaube des äußeren Zeichens für das Blut Christi nicht entbehren könne. Und da der Kelch absolut verboten wird, müßte man ihn schon austeilen, um die Freiheit zu beweisen.

Mit der Behauptung, daß gerade der sündige und im Glauben angefochtene Mensch der rechte Empfänger des Abendmahles ist, und einer Auslegung des lukanischen Weinwortes mit Hilfe des Hebräerbriefes als eine Stiftung des neuen Bundes, in dem es kein Priestertum und kein Opfer mehr gibt, leitet Osiander über zu dem umfangreichen Abschnitt, der den Opfercharakter der Messe bestreitet. Dabei wird unter ständiger Konfrontation der Opferterminologie in den Gebeten des Canon minor und maior mit der Lehre des Hebräerbriefes über Priestertum und Opfertod Christi dargelegt, daß der die Messe haltende Priester sich die priesterliche Funktion Christi anmaßt, dessen Opfer in seiner Einmaligkeit nicht anerkennt, ihn immer von neuem kreuzigt, das Opfer auf Golgatha für nicht ausreichend erklärt, die Aufhebung aller Opfer im neuen Bund nicht beachtet und im Gegensatz zum ausdrücklichen Befehl Christi dessen Opfer nicht gedenkt, sondern ein neues aufrichtet. In dem kurzen Satz: »Darumb geprauchen wir die messz nicht mer fur ain opfer, sonder nur zů einer gedechtnuß« faßt Osiander diesen Teil zusammen. Mit der Aufhebung des Kelchverbotes und der Beseitigung der die Opfertheorie enthaltenden Kanõnsgebete hat man – so fährt er fort – den Gottesdienst von dem gereinigt, was direkt göttlicher Anordnung und dem christlichen Glauben widerspricht. Indem man aber in den Gottesdienst die ›Abendmahlsvermahnung‹ einfügte, die Osiander als ›Eröffnung‹ der bisher ›verborgenen‹ Einsetzungsworte Christi versteht, habe man die Anordnung Christi und Pauli, den Tod des Herrn zu verkündigen, von neuem erfüllt.

Mit der Bemerkung: »Also haben wir abgelegt bey der messz söliche gotteslesterung und widerauffgericht, was nöttigs vor undterlassen ist worden. Die andern menschliche zůsetz, dieweil sy nicht wider Gottes wort, sondern frey sein, haben wir pleiben lassen«[22], leitet Osiander zum folgenden Abschnitt über, der, die Gottesdienstordnung entlanggehend, die übrigen Änderungen begründet. Darin zeigt sich, daß im Hintergrund des Ganzen eine Gliederung nach den von Gott verbotenen, gebotenen und menschlicher Freiheit anheimgestellten Stücken steht – eine Einteilung, die gerade beim Entwurf kirchlicher Ordnungen für Osiander große Bedeutung besitzt[23].

In seinem Überblick über die restlichen Änderungen begründet Osiander – häufig unter Berufung darauf, die ursprüngliche Ordnung wiederherzustellen – den vollständigen Gesang des Introituspsalmes, die Abschaffung mancher Kollektengebete und Gradualverse sowie die Einführung der lectio continua. An den übrigen Stücken des Gottesdienstes, die er erwähnt, Kyrie, Gloria, Kollektengebet, Glaubensbekenntnis, Präfation und Schluß der Messe gibt es für ihn nichts auszusetzen. Der ganze Abschnitt läßt das Prinzip der Änderungen in Nürnberg erkennen: Nur das, was reformatorischer Lehre direkt widerspricht, muß beseitigt werden. Alles übrige wird übernommen.

Lediglich die Verwendung der deutschen Sprache bei den Lesungen rechtfertigt Osiander noch einmal ausführlich mit einer Auslegung von 1Kor 14. Dabei wird deutlich, daß eine Rücknahme des bisher Erreichten für ihn nicht mehr zur Diskussion steht. Den Zweck seiner Schrift und die Situation außer acht lassend, spricht er davon, daß man »zu gelegener zeyt« den gesamten Gottesdienst in der Landessprache halten wolle. Daß er so offen über seine Pläne sprechen konnte, beweist m.E., daß er ernsthaft mit einer gewaltsamen Wiederherstellung des alten Zustandes durch den Rat nicht rechnete.

Bei der Abschaffung der Messen für die Verstorbenen, dem Thema des zweiten großen Abschnitts der Rechtfertigungsschrift, führt Osiander fünf Gründe ins Feld: Diese Messen seien praktisch nur des Geldes wegen von den Priestern gehalten worden und daher nur den Reichen zugute gekommen. Das Abendmahl könne für die Toten nicht gefeiert werden, da es eben nicht ein Opfer sei, sondern den Glauben an das mit den Zeichen verkündigte Wort fordere. Die Texte dieser Messen seien nicht schriftgemäß, und wo sie aus der Bibel stammten, wie zum Beispiel die in dem Officium defunctorum verwandten Stücke aus Hiob, verwende man sie in falschem Sinn. Außerdem sei nirgends in der Schrift ein Gebet für die Toten vorhanden oder angeordnet.

Den fünften Grund für die Abschaffung der Totenmessen gewinnt Osiander aus

---

22. Vgl. u. S. 226. Der Text ist nach der späteren gedruckten Fassung zitiert, die sich nur durch eine Wortumstellung von der in der Handschrift unterscheidet, vgl. *Schmidt - Schornbaum*, Fränkische Bekenntnisse, S. 167.

23. Vgl. Osianders Gutachten über die Zeremonien vom Februar 1526, Nürnberg LkA, Fen. IV, 906 2°, f. 42v-43v.

der Ablehnung der Vorstellung vom Fegfeuer. Gäbe es derartiges, so hätte Gott um der Liebe willen ein Gebet für die Toten anordnen müssen. Aber die Totenklagen des Alten Testamentes enthalten keine solchen Gebete und auch im Neuen gibt es sie nicht. Vor allem aber bieten die johanneischen Aussagen über den Glauben als Verbindung des Gläubigen mit Gott und Christus und seine Gleichsetzung mit dem ewigen Leben Argumente gegen die Möglichkeit eines Purgatoriums. Ob das Fegfeuer als Strafe oder Heilmittel für die Sünde aufgefaßt wird, macht keinen Unterschied: In jedem Fall widerspricht es der im Neuen Testament gegebenen Verheißung der Sündenvergebung.

Bei der Begründung für die Beseitigung der übrigen Stücke faßt sich Osiander sehr kurz. Das Salve Regina ist erst in der mittelalterlichen Kirche entstanden und nimmt mit seinem Marienlob Gott und Christus die ihnen gebührende Ehre. Gleiches gilt für geweihtes Salz und Wasser, das ohnehin nur zu Aberglauben verführt hat. Mette und Komplet können, da die Gemeinde nicht daran teilnimmt, nur als Dienst des Menschen an Gott aufgefaßt werden, obwohl doch der Gottesdienst – ein maßgeblicher Gesichtspunkt für Osianders Kritik der Überlieferung – nur als Dienst Gottes am Menschen aufgefaßt werden darf.

In einem längeren Schlußwort warnt Osiander den Rat davor, die Wiederherstellung der alten Ordnungen zu verlangen. Dabei wird nicht etwa die Kompetenz des Rates in Fragen der Kirchenordnung bestritten. Im Gegenteil! Unter Hinweis auf die deuteronomistische Tradition schärft er dem Rat ein, daß es seine Aufgabe sei, für das Seelenheil der Untertanen zu sorgen. Ohne Rücksicht auf die eigene Person droht Osiander damit, die Prediger würden gegen eine Rücknahme der Änderungen ihre Stimme erheben, selbst wenn der Rat diese nicht aus Überzeugung, sondern aus politischer Rücksichtnahme verlangen sollte. Das könne dann leicht zu Aufruhr führen – ein Argument, das in einer Zeit, in der die Bauernschaft um Nürnberg von den Unruhen im benachbarten Bamberger Gebiet ergriffen zu werden drohte[24], seine Wirkung kaum verfehlen konnte. Den Zusammenhang von rechtem Kult und Heil voraussetzend erinnert Osiander schließlich auch an die ewigen und zeitlichen Strafen, die Gott bei falschem Gottesdienst verhängen werde. Mit der Mahnung, daß man Gott mehr gehorsam sein müsse als den Menschen, schließt die Schrift.

3. Die Ereignisse bis zur Veröffentlichung von ›Grund und Ursach‹

Die Rechtfertigungsschrift hatte den beabsichtigten Erfolg. Als der Rat am 17. Juni über sie verhandelte, war von den ursprünglichen Forderungen an die Pröpste keine Rede mehr. Vielmehr wurde »die sach zu vernerm nachgedencken gestelt«[25]. Vielleicht hielt man es angesichts der unruhigen Bauern nicht für ange-

---

24. Zu den Unruhen um Forchheim vgl. *Gückel*, Forchheim im 16. Jh., S. 19–26. Über die Verhältnisse um Nürnberg vgl. *Engelhardt*, Reformation 1, S. 185–187 und *Pfeiffer*, Quellen, S. 1–7, RV 2–5, 8, 10f, 13–16, 18–20, 25, 28, 30, 32, 35 und S. 259, Br. 1; S. 261, Br. 8.
25. *Pfeiffer*, Quellen, S. 7, RV 34.

bracht, durch gewaltsame Wiederherstellung des alten Zustandes noch Öl ins Feuer zu gießen. Inzwischen hatte der Rat erfahren, daß beim Reichsregiment in Eßlingen und am Hof Ferdinands in Regensburg gewisse Artikel kursierten, die sich für die Stadt bei den katholischen Reichsständen nachteilig auswirken mußten[26]. Darin wurde über die Einführung der neuen Kirchenordnung durch die Pröpste berichtet. Auch von der bedrohlichen Lage der altkirchlichen Geistlichen war die Rede. Ein Klostersturm drohe in der Stadt. Man verweigere die Abgabe des Zehnten an die Geistlichkeit. Der Rat habe Söldner angeworben. Wer nicht evangelisch sein wolle, werde, wie der Dominikaner Wunderlin[27], der Stadt verwiesen. Offenbar mischte sich in den Artikeln[28] also Wahres mit Übertreibung und falscher Nachricht. Man sandte daher Christoph Scheurl zu Ferdinand, um die Stadt zu entschuldigen. Scheurl sollte klarstellen, daß die Pröpste »in irn kirchen etliche enderung, die gotlichen ampt und ceremonien belangend, fur sich selbs allein in iren kirchen furgenommen und aufgericht, on eins erbern raths wissen und willen, die auch das bey dem hochsten glauben weder bewilligt, beratschlagt noch bevolhen hetten«. Und das sei »in wenig tagen zuvor und ehe das key. mandat eynem erberen rathe zukumen« geschehen. Der Aufforderung, den alten Zustand wiederherzustellen, seien die Pröpste unter Angabe ihrer Gründe nicht nachgekommen. Die Lage in Nürnberg sei kritisch: »Also das in eines erberen raths macht diser zeit nit steet, auch inen keins wegs muglich ist, dise furgenomene neuerung mit eynichem gewalt und zuvor on erkantnus eins cristlichen conciliums irer gemein zu benemen und mit eynem ernst abzuschaffen«[29]. Scheurls Gesandtschaft hatte den gewünschten Erfolg. Jedenfalls konnte Georg Geuder im Juli vom kaiserlichen Hof in Burgos melden: »Erant iam saevissime litere conscripte, que patriam a tali secta dehortabantur ac summam ei perniciem extremumque excidium ac supplicium, si minus obediisset, a Cesare indicabant. Sed ille, nescio quanam causa, vobis non fuerunt misse«[30].

Erst Mitte Juli, anderthalb Monate nach den Änderungen der Pröpste, hielt es der Rat für notwendig, sich beim Bamberger Bischof, dem offiziellen kirchlichen Herrn der Stadt, zu entschuldigen. Die Gesandtschaft erhielt eine ähnliche Instruktion wie die an Ferdinand. Nur erklärte sich der Rat diesmal damit einverstanden, die Maßnahmen der Pröpste und Prediger vom Bischof daraufhin überprüfen zu lassen, ob sie dem Evangelium gemäß seien. Sollte sich das Gegenteil herausstellen, so werde man ihnen keinen Schutz gegen ein bischöfliches Vorgehen gewähren[31]. Da man damit faktisch einen Prozeß des Bi-

---

26. Vgl. *Pfeiffer*, Quellen, S. 260f, Br. 6, 7 und 9.
27. Vgl. *Pfeiffer*, Quellen, S. 1, RV 1.
28. Vgl. *Pfeiffer*, Quellen, S. 266, Br. 13. Die in dem dort erwähnten Gespräch zwischen Christoph Scheurl und dem päpstlichen Legaten Lorenzo Campeggio diskutierten Artikel dürften diejenigen sein, die aus Nürnberg an den Hof geschrieben worden waren, vgl. *Pfeiffer*, Quellen, S. 261, Br. 9.
29. Vgl. die Instruktion für Scheurl bei *Pfeiffer*, Quellen, S. 261-263, Br. 10. Die Berichte Scheurls über seine Gespräche in Regensburg bei *Pfeiffer*, aaO, S. 264-267, Br. 11 und 13.
30. *Pfeiffer*, Quellen, S. 269, Br. 21.
31. Vgl. die Instruktion für die Gesandten bei *Pfeiffer*, Quellen, S. 271-273, Br. 28.

schofs heraufbeschwor, wurden die Pröpste vom Inhalt der Instruktion verständigt[32].

Spengler hat später in einem Ratschlag die Gründe des Rates für die Gesandtschaft an den Bischof mit aller wünschenswerten Deutlichkeit ausgesprochen: Man wollte im Fall der Klage vor Bischof, Reichsregiment und Kaiser darauf hinweisen können, daß man seitens des Rates alle ordentlichen rechtlichen Schritte getan habe. Gleichzeitig sollte auf diese Weise ein Vorgehen des Bischofs gegen Rat und Stadt verhindert werden[33].

Die Antwort des Bamberger Bischofs, in der erwartungsgemäß ein Prozeß gegen die Pröpste und Prediger in Aussicht gestellt wurde[34], legte der Rat sofort seinen Juristen zur Beratung vor. Sie schlugen vor, die Pröpste und Prediger zunächst ohne offizielle Hilfe von seiten des Rates zu lassen, da sie ohne Zweifel selbst in der Lage sein würden, sich vor dem Bischof zu verantworten. Doch solle man ihnen von dem bevorstehenden Prozeß Mitteilung machen, damit sie sich darauf vorbereiten könnten. So geschah es dann auch[35]. Ernsthaft dachte zu dieser Zeit mindestens die evangelische Partei im Rat nicht mehr an eine Rückkehr zum alten Zustand. Schon Anfang Juli hatte man Entschlüsse gefaßt, um den Unterhalt der Vikare und Kapläne, denen mit Beseitigung der Stillmessen wesentliche Einkünfte entzogen worden waren, sicherzustellen[36]. Und als sich Magdeburg Ende Juli mit einer Anfrage wegen der Neugestaltung der kirchlichen Verhältnisse an Nürnberg wandte, berichtete Spengler mit Zustimmung des Rates ausführlich über die Änderungen der Pröpste[37].

Zur gleichen Zeit erwog man in Nürnberg, eine Gesandtschaft zum Reichsregiment in Eßlingen abzuordnen. Die Juristen befürworteten sie und rieten, die Rechtfertigungsschrift der Pröpste in Eßlingen zu verlesen. Doch möge man zunächst die Rückkehr der nürnbergischen Vertreter vom Städtetag in Speyer abwarten[38]. Angesichts der dortigen Beschlüsse schien es später der Mehrzahl der Rechtsgelehrten nicht mehr ratsam, die geplante Gesandtschaft durchzuführen, und in diesem Sinn entschied auch der Rat[39].

Das Vorgehen des Bischofs ließ auf sich warten. Offenbar gab es an seinem Hof in Bamberg Kräfte, denen an einem Prozeß gegen die Pröpste vor dem für den Herbst in Aussicht gestellten Nationalkonzil nichts lag[40]. Erst Ende August wurden die beiden Pröpste und der Augustinerprior Wolfgang Volprecht[41] auf den 12. September nach Bamberg geladen[42]. In Nürnberg beabsichtigte man, bei

---

32. Vgl. *Pfeiffer*, Quellen, S. 13f, RV 95f.
33. Vgl. *Pfeiffer*, Quellen, S. 174, Rschl. 12.
34. Vgl. *Pfeiffer*, Quellen, S. 275f, Br. 31.
35. Vgl. *Pfeiffer*, Quellen, S. 157f, Rschl. 6 und S. 16, RV 116.
36. Vgl. *Pfeiffer*, Einführung, S. 118 und o. S. 173f, Anm. 50.
37. Vgl. *Pfeiffer*, Quellen, S. 18, RV 135f; S. 277f, Br. 33; S. 280–283, Br. 39.
38. Vgl. *Pfeiffer*, Quellen, S. 158–161, Rschl. 7 und S. 16, RV 121.
39. *Pfeiffer*, Quellen, S. 165f, Rschl. 9. und S. 18, RV 131.
40. Vgl. *Pfeiffer*, Quellen, S. 293, Br. 59.
41. Über Volprecht vgl. *Simon*, Nbg.Pfb., S. 240, Nr 1471.
42. *Pfeiffer*, Quellen, S. 283, Br. 41 und S. 19f, RV 147–149.

dieser Gelegenheit dem Bischof die Rechtfertigungsschrift Osianders vorzutragen. Spengler selbst übernahm es, den Text so abzuändern, daß er verlesen werden konnte.

An die Stelle der an den Rat gerichteten Einleitung trat folgende Einführung: »Hochwirdiger furst und herr! Auff euer F. G. schrifftlich citation und ervordern, uns vor disen tagen zukomen, in dero wir ettlicher abgethunen oder geenderten ceremonien halben in den beden unsern bevolhnen pfarrkirchen angeregt werden, geben wir euern F. G. die ursachen, so uns auß ervorderung und zwangk deß wort Gottes, auch unsers auffgelegten ampts und gewissens zu solcher enderung haben bewegt, hiemit in gemain[43] und sonders nachvolgender mainung underthenigklich zu erkennen. Und erstlich ist es war ...«[44]. Außerdem ergaben sich kleinere Änderungen im Text[45]. Auch das an den Rat gerichtete Schlußwort mußte natürlich ausgelassen werden[46].

In Begleitung einer größeren Zahl Nürnberger Bürger reisten die Pröpste und der Augustinerprior nach Bamberg und erschienen am 12. September vor dem Bischof. Die Verhandlung wurde durch Paul Neidecker[47] als procurator fisci mit der Verlesung der Anklage eröffnet. Sofort protestierten die Beklagten gegen das bischöfliche Gericht, da es in ihrem Fall um eine Sache gehe, die nicht nur das Bistum Bamberg, sondern die gesamte Christenheit betreffe. Sie seien bereit, Gründe aus der heiligen Schrift anzuerkennen, und erboten sich auch ihrerseits, solche Gründe für sich darzulegen. Offensichtlich wollten sie an dieser Stelle der Verhandlung die Rechtfertigungsschrift verlesen. Aber dazu kamen sie nicht. Der Anklagevertreter legte ihnen eine Reihe von Fragen vor, die ausnahmslos derart formuliert waren, daß eigentlich nur mit Ja oder Nein geantwortet werden konnte. Offenbar wollte man lediglich ein Geständnis der in Nürnberg erfolgten Änderungen, um Punkte für die Urteilsbegründung zu erhalten. Und die erhielt man auch, da die Angeklagten sich freimütig zu ihren Maßnahmen bekannten[48].

43. Danach in der Handschrift von Spengler selbst gestrichen: »und auff ein yeden«.
44. Vgl. Nürnberg SA, S.I L. 78, Nr 7, f. 1r. Mit Auslassung von »mainung« gedruckt bei *Schubert*, Gottesdienstordnung, S. 284. Zur Fortsetzung des Textes vgl. u. S. 193, Anm. a–a.
45. Auf S. 194, Anm. a–a ergänze nach »Canzeln«: »zu Nurnberg offenlich«. Der Text auf S. 193f, Anm. a–a von »Also« bis »wurde« sollte nicht gelesen und für »haben darauf« die Worte »Und erstlich haben wir« gesetzt werden. Auf S. 245, Anm. t–t sollte der Abschnitt von »dweyl« bis »mechtig sein« nicht verlesen werden. Im folgenden Satz sollte statt »wir« »demnach euer F. G.«, statt »euch« »eurn G.« und statt »der obrigkeyt« »dem bischof« gesetzt werden. Auf S. 248,12–14 findet sich neben den Worten »ketzer« bis »schon« ein »geendet« mit Einweisungszeichen am Rand, das aber im Text nicht wiederholt ist. Wahrscheinlich sollte damit die Auslassung des Textes von »wolten alsdan« bis »antzeygt haben« angemerkt werden.
46. Hinter »wirt nit betrogen« auf S. 253 hat Spengler »cessa« notiert, wohl ein Hinweis darauf, daß der folgende Text auf S. 253, Anm. 9–9 nicht gelesen werden sollte.
47. Vgl. über ihn *Kist*, Geistlichkeit, S. 300, Nr 4536.
48. Vgl. die Schilderung der Verhandlung in der ›Appellation der Pröpste‹ bei *Strobel*, Miscellaneen 3, S. 64–71, als Regest bei *Pfeiffer*, Quellen, S. 290f, Br. 53. Die Fragen des Anklägers und die Antworten der Pröpste und des Augustinerpriors werden September/Oktober 1524 veröffentlicht, vgl. *Seebaß*, Bibliographie, S. 205–207, Nr 83, abgedruckt bei *Pfeiffer*, Quellen, S. 286f, Br. 45. Nach dem Bericht, den Hieronymus Ebner und Kaspar Nützel am 23. September

Die Verhandlungen mit den Pröpsten dauerten mehrere Tage[49]. Neidecker versuchte immer wieder, die Strafwürdigkeit des Verhaltens der Nürnberger zu beweisen, während diese das bischöfliche Gericht ablehnten, schließlich sogar ein Vorgehen des Bischofs gegen Neidecker verlangten, da ihnen der Prozeß unnötige Kosten verursache[50]. Weigand selbst zögerte offensichtlich, den Prozeß mit einer Verdammung der Pröpste zu beenden. Bei den Beratungen über die Strafe sprach sich ein großer Teil für ein geringes Strafmaß, die »excommunicatio ecclesiastica« aus, während Neidecker auf eine »diffinitiva sententia« drängte[51]. Ihm gelang es schließlich, sich durchzusetzen[52]. Der Bischof setzte für den 19. September eine letzte Zusammenkunft mit den drei beklagten Nürnbergern in Bamberg fest. Bei dieser Gelegenheit sollte ihnen der Spruch des geistlichen Gerichts verkündigt werden.

Die Nürnberger, die zweifellos von der Absicht des Bischofs Kenntnis hatten, waren vorsichtig. Sie reisten nicht selbst nach Bamberg, sondern schickten einen Vertreter. Dieser wurde vorsorglich mit einer Appellation an ein »frey, sicher, christenlich und gottselig concilium« versehen[53]. Er erhielt den Auftrag, sie zu verlesen, bevor es zur Verkündung des Urteils komme.

Und so geschah es. Kaum hatte die Verlesung des von Neidecker aufgesetzten bischöflichen Urteils[54] begonnen, da unterbrach der Beauftragte der Pröpste die Verhandlung und las die vorbereitete Appelation ans Konzil vor, um anschließend den Raum zu verlassen[55]. Offiziell hatte man also in Nürnberg von dem Urteil des Bischofs, das auf excommunicatio maior und Enthebung aller Ämter für die Pröpste und den Prior lautete, keine Kenntnis.

an Kurfürst Friedrich den Weisen sandten (vgl. *Walch,* Luther 15, Sp. 2709–2711; nicht bei Pfeiffer, Quellen!), wurden die Pröpste und der Augustinerprior einzeln verhört, gaben aber dennoch fast die gleichen Antworten.

49. Sowohl die Pröpste als auch Neidecker sprechen von mehreren mündlichen Verhandlungen, vgl. *Strobel,* Miscellaneen 3, S. 67 und *Straub,* Dokument, S. 171.

50. Vgl. *Strobel,* Miscellaneen 3, S. 67f.

51. Vgl. *Straub,* Dokument, S. 171. Die excommunicatio hätte die Pröpste in Amt und Benefizium belassen und sie nur an der Ausübung und Nutzung behindert. Die Sentenz war gleichbedeutend mit einem endgültigen, rechtskräftigen Urteil, gegen das es auch keine Appellation gab (nach freundl. Auskunft von Prof. Dr. Dr. *Mörsdorf,* München).

52. Vgl. Neideckers Bericht bei *Straub,* Dokument, S. 171. Daß er in seinem Schreiben an den Papst seinen Einfluß auf die Verhandlungen nicht zu hoch ansetzte, beweist auch der Bericht der Pröpste, vgl. u. S. 198. In Nürnberg wußte man – jedenfalls später – sehr wohl um die Rolle, die Neidecker gespielt hatte, vgl. *Pfeiffer,* Quellen, S. 381, Br. 173.

53. Vgl. *Strobel,* Miscellaneen 3, S. 68. Die Pröpste betonen ausdrücklich, daß sie nach geltendem Recht nicht zum persönlichen Erscheinen verpflichtet seien, sondern einen Vertreter schicken dürften, vgl. aaO, S. 64.

54. Der Text des Urteils bei *Straub,* Gerichtsbarkeit, S. 272–274, und *Strobel,* Miscellaneen 3, S. 73–78, als Regest bei *Pfeiffer,* Quellen, S. 287f, Br. 47. Der Originalplakatdruck stammt von Georg Erlinger in Bamberg, vgl. *Schottenloher,* Erlinger, S. 133, Nr 7. Eine weitere, in der Literatur nicht beachtete Ausgabe von Paul Kohl, Regensburg 1524, vgl. *Schottenloher,* Regensburger Buchgewerbe, S. 184, Nr 24 (nicht bei *Pfeiffer,* aaO).

55. *Strobel,* Miscellaneen 3, S. 69. Die verschiedentlich auftauchende Behauptung, daß Osiander der Vertreter der Pröpste gewesen sei, besitzt wenig Wahrscheinlichkeit, vgl. *Pfeiffer,* Einführung, S. 121, Anm. 47.

Es sieht so aus, als habe in Bamberg nach der Verhandlung vom 19. September zunächst doch die Partei die Oberhand behalten, die zu einem gemäßigten Vorgehen riet. Denn erstaunlicherweise unterblieb die offizielle Mitteilung des bischöflichen Urteils an den Nürnberger Rat, und dieser wurde auch nicht aufgefordert, die Amtsenthebung der Pröpste durch die Präsentation neuer Kandidaten für ihr Amt durchzuführen. Die Verzögerung der üblichen Rechtsfolgen war geeignet, in Nürnberg Unsicherheit und Besorgnis zu wecken. Man mußte mit der Möglichkeit einer Klage des Bischofs an anderer Stelle, vor dem Schwäbischen Bund oder dem Reichsregiment, rechnen. Jedenfalls schien es den Pröpsten notwendig, ihre in Bamberg mündlich vorgetragene Protestation schriftlich niederzulegen und zu veröffentlichen. Am 13. Oktober 1524 erklärten sie in der Wohnung des Priors Volprecht im Augustinerkloster in Gegenwart verschiedener Nürnberger Bürger, unter denen sich aber charakteristischerweise kein Mitglied des Rates befand, ihren Protest. Die originale lateinische Fassung ließ man direkt anschließend bei Peypus als Plakat drucken[56] und schlug sie in Bamberg und Nürnberg öffentlich an. Weitere Exemplare gingen an das Reichsregiment nach Eßlingen und an andere Stellen, bei denen die Mitteilung des Protestes ratsam schien[57]. Für das Volk, das an der ganzen Sache reges Interesse nahm, wurde in der Offizin von Peypus eine deutsche Übersetzung als Flugschrift hergestellt[58].

Aber auch im Rat mußte überlegt werden, wie man sich angesichts der zu erwartenden Forderung des Bischofs, dem Urteil nachzukommen, verhalten solle. Spengler jedenfalls hielt es für notwendig, seine Überlegungen dem Rat vorzutragen. Er legte dar, daß mit der Entfernung der jetzigen und der Einsetzung neuer Pröpste nichts gewonnen sei, weil es um die Sache, die neuen gottesdienstlichen Ordnungen, nicht aber um die Personen gehe. Würde der Rat ihre Rücknahme aus Furcht vor dem Bischof verlangen, so müsse er mit einem Aufstand der Bürgerschaft rechnen. Man habe auf seiten des Rates auch genügend Gründe, sich für die Nichtbeachtung des bischöflichen Urteils bei Reichsregiment und Bischof zu entschuldigen. Wie geschickt Spengler taktierte, zeigt sich darin, daß er, der wahrscheinlich früher zur Gesandtschaft an den Bischof geraten hatte, nun den Rat daran erinnerte, daß möglicherweise erst diese Gesandtschaft das auslösende Moment für den Prozeß des Bischofs gewesen sei. Unausgesprochen stand dahinter, daß man daher kein Recht habe, nun die Pröpste allein zu lassen. Allerdings rechnete Spengler nicht ernsthaft mit Bann oder Interdikt des Bischofs über die Stadt. Aber selbst wenn das erfolgen sollte, könne man sich dagegen in geeigneter Weise zur Wehr setzen. Außerdem sei ja allgemein bekannt, wieviel ein bischöflicher Bann derzeit gelte. Am Ende ermahnte Spengler den Rat, sich in dieser Sache auf Gott zu verlassen, der dann auch gewiß helfen werde[59].

Man kam aber in Nürnberg nicht in die Lage, von Spenglers Gutachten Gebrauch machen zu müssen. Erst während des Religionsgespräches im März 1525

---

56. Vgl. *Seebaß*, Bibliographie, S. 208, Nr 84.1.
57. Vgl. *Pfeiffer*, Quellen, S. 175, Rschl. 12 und *Straub*, Dokument, S. 171.
58. Vgl. *Seebaß*, Bibliographie, S. 208, Nr 84.2.
59. Vgl. *Pfeiffer*, Quellen, S. 174–177, Rschl. 12.

teilte Bischof Weigand die Exkommunikation der Pröpste und des Priors mit[60]. Zu dieser Zeit aber kam ihr noch weniger Bedeutung zu, als sie vielleicht im Herbst 1524 noch gehabt hätte.

4. Die Veröffentlichung von ›Grund und Ursach‹

Offenbar war den Pröpsten die Veröffentlichung ihrer Protestation nicht genug. Am 23. Oktober 1524 erschien bei Hieronymus Höltzel ihre Rechtfertigungsschrift vom Juni im Druck[61]. Selbstverständlich hatte man sie zu diesem Zweck noch einmal überarbeitet.

An die Stelle der kurzen, an den Rat gerichteten Einleitung trat jetzt ein ausführliches, auf den 21. Oktober datiertes Sendschreiben der Pröpste, in dem ein kurzer Überblick über die Wirkungen der evangelischen Predigt in Nürnberg und die Ereignisse seit den Änderungen im Juni 1524 gegeben wurde. Gleichzeitig warnte man davor, die Neuordnung in Nürnberg unbedacht als Vorbild für andere Gebiete zu übernehmen, bevor das Volk durch die Predigt genügend darauf vorbereitet worden sei. Mehrfach wurde das Prinzip der ›Schonung der Schwachen im Glauben‹ als maßgebend erwähnt[62].

Auch das Schlußwort erhielt eine andere Gestalt. Der letzte, an den Rat gerichtete Absatz fiel weg. An seine Stelle setzte man das Angebot, sich von jedermann aus der heiligen Schrift belehren zu lassen[63]. Außerdem fügte man die Verheißung von Segen und Fluch aus dem 28. Kapitel des Deuteronomiums, auf das in der Rechtfertigungsschrift nur hingewiesen worden war, Wort für Wort in den Text ein[64].

Am eigentlichen Inhalt der Rechtfertigungsschrift wurde verhältnismäßig wenig geändert. Es fiel die Erwähnung der Meßgewänder als Beispiel für die Adiaphora weg, der Text der Vermahnung vor dem Abendmahl wurde eingearbeitet, und bei den Begründungen für das Salve Regina wurde der neunte Grund hinzugesetzt, der sich gegen die Rolle Marias als Fürsprecherin wandte[65]. Der bedeutendste Einschub aber war die ausführliche Auseinandersetzung mit der altkirchlichen Auslegung von Gen 14,18 und Mal 1,10f[66]. Er war notwendig geworden, da man mit den Gründen für die Abschaffung der Messe automatisch in die Diskussion hineingezogen wurde, die seit 1520 zwischen Luther, Zwingli und ihren Gegnern ausgetragen wurde[67] und erst jüngst durch zwei Schriften Hieronymus Emsers gegen den Wittenberger und den Zürcher neu belebt worden war[68].

---

60. Vgl. *Pfeiffer*, Quellen, S. 353f, Br. 140.
61. Vgl. *Seebaß*, Bibliographie, S. 15, Nr 5.1.
62. Vgl. u. S. 199,10–200,10 mit Anm. a–a.
63. Vgl. u. S. 253,13–28 mit Anm. 9–9.
64. Vgl. u. S. 248,31–253,10.
65. Vgl. u. S. 227, Anm. h, S. 225,22–226,24, S. 242,20–25.
66. Vgl. u. S. 216,11–225,9.   67. Vgl. dazu *Iserloh*, Kampf, passim.
68. Vgl. *Freudenberger*, Emser, S. IX–XXIX; u. S. 216, Anm. 48.

Bei der für eine Veröffentlichung notwendigen Bildung eines Titels griff man mit der einleitenden Formulierung ›Grund und Ursach‹ offenbar auf frühere Schriften Luthers zurück[69] und begnügte sich im übrigen mit einer Aufzählung der geänderten Stücke, so daß der Titel einer Inhaltsangabe praktisch gleichkam.

Nach Spenglers späterer Bemerkung[70] stammte die Neubearbeitung aus der Feder Osianders. Ob von diesem auch die Anregung zur Veröffentlichung ausging, läßt sich nicht mehr feststellen. Auf jeden Fall erschien die Schrift mit Wissen und Willen der beiden Pröpste, aber ohne die Genehmigung des Nürnberger Rates. So erklärt es sich wohl auch, daß die Erstauflage bei Höltzel und nicht bei einem der renommierten Drucker Nürnbergs erschien.

5. Die Reaktionen auf die Schrift

Über die Aufnahme der Veröffentlichung im Nürnberger Rat liegen uns keine Äußerungen vor. Doch war man offenbar nicht besonders verärgert, da der Druck sonst zweifellos konfisziert worden wäre. Vielleicht wurde die Publikation der Rechtfertigungsschrift sogar begrüßt. Entsprach doch die Darstellung, die die Pröpste im Vorwort von den Ereignissen im Juni und dem Prozeß vor dem Bamberger Bischof gaben, durchaus der Verteidigungsstrategie des Rates. Sie gaben zu, die Änderungen von sich aus vorgenommen und das Verlangen des Rates, sie zurückzunehmen, abgelehnt zu haben. Sie lobten außerdem das Stadtregiment dafür, daß es sich nicht zum Richter über kirchliche Belange aufgeworfen, sondern dem Bischof die Entscheidung überlassen habe[71]. Der Nürnberger Rat konnte also, nachdem die Sache ohnehin weit bekanntgeworden war, in dem Druck von ›Grund und Ursach‹ nur eine weitere für ihn sprechende Entschuldigung sehen. Doch machte er selbst von der Schrift keinerlei Gebrauch. Erst 1526, als es während des Speyrer Reichstages so aussah, als würden sich die evangelischen Stände für ihre Duldung oder Durchführung reformatorischer Änderungen verantworten müssen, verlangten die Nürnberger Gesandten, man möge ihnen zur besseren Verteidigung ein Exemplar von ›Grund und Ursach‹ schikken[72]. Aber selbst zu diesem Zeitpunkt hielt man in Nürnberg die strenge Trennung zwischen dem Vorgehen der Pröpste und dem Handeln des Rates durch. Spengler entwarf nämlich auf Anraten der Juristen eine eigene Rechtfertigungsschrift für den Rat, die allerdings durch die weiteren Ereignisse auf dem Reichstag überflüssig wurde[73].

69. Vgl. ›Grund und Ursach aller Artikel D. Martin Luthers, so durch römische Bulle unrechtlich verdammt sind‹, WA 7, S. 299 (1521), und ›Daß ein christliche Versammlung oder Gemeine Recht und Macht habe, alle Lehre zu urteilen und Lehrer zu berufen, ein- und abzusetzen, Grund und Ursach aus der Schrift‹, WA 11, S. 401 (1523).
70. Vgl. o. S. 177, Anm. 18.
71. Vgl. u. S. 196,3–19.
72. Vgl. Bernhard Baumgartner an den Nürnberger Rat, Speyer, 13. Juli 1525, in: Nürnberg SA, S.I L. 78, Nr 6, Produkt 7.
73. Vgl. dazu *Seebaß*, Apologia, S. 28–48.

Wie die Rechtfertigungsschrift der Nürnberger in evangelischen Kreisen aufgenommen wurde, läßt sich weithin nur indirekt erschließen. Die vielen Auflagen, die die Schrift im Einflußbereich der Wittenberger Reformation erfuhr – es erschien sogar eine niederdeutsche Fassung in Wittenberg[74] – sprechen jedenfalls dafür, daß sie in lutherischen Kreisen viel gelesen wurde. In ihnen konnte das Buch auch sehr wohl Anregung zu eigenen und weiteren Reformen sein, da es mit den Prinzipien für die gottesdienstlichen Änderungen – ausreichende Information des Volkes vor jeder Neuordnung, Schonung der Schwachen im Glauben – dem Vorbild Luthers durchaus entsprach. Allerdings lassen sich direkte Auswirkungen von ›Grund und Ursach‹ auf die Reformationsgeschichte anderer Gebiete kaum feststellen. Zwar mahnte Georg Spalatin schon am 17. November 1524 den Dekan des Altenburger Kapitels, das Buch der Nürnberger Pröpste zu lesen und zur Richtschnur eigener Änderungen zu machen, und er sandte wenig später ein Exemplar der Schrift an den neugewählten Propst Heinrich Bünau mit einer ähnlichen Aufforderung[75], doch hatten diese Mahnungen keine unmittelbaren Folgen. Ebenso ergebnislos blieb die Aufforderung Philipps von Hessen an seinen Schwiegervater Herzog Georg von Sachsen, sich von dem Buch der Nürnberger Pröpste überzeugen zu lassen, daß der Meßkanon eine Lästerung Gottes sei[76]. Ein unverdächtiger Zeuge für die Bedeutung, die der Nürnberger Schrift damals dennoch zukam, ist Hieronymus Emser. Er vermerkte nämlich, daß das »büchlin mit vil tzirlichen worten geschmuckt und ouch von wegen des alten und grossen geruchtes der loblichen stat Nuremberg bey vil leuthen ein gros ansehen hat«[77].

Es ist sicher kein Zufall, daß in Oberdeutschland und der Schweiz keine Nachdrucke von ›Grund und Ursach‹ erschienen. In den Städten dieser Gebiete war es meist zu viel einschneidenderen Änderungen der herkömmlichen gottesdienstlichen Formen gekommen. Hier konnte die Nürnberger Schrift kein Vorbild sein und ihr Inhalt kaum Bedeutung haben. Es sieht aber so aus, als habe Martin Bucer von den Nürnbergern die Anregung empfangen, die in Straßburg während des Jahres 1524 geschaffenen reformatorischen Ordnungen in einer eigenen Schrift zu verteidigen. Ihr Titel, der mit den Worten ›Grund und Ursach aus göttlicher Schrift‹ beginnt, und auch die Anlage der Schrift sprechen deutlich für eine Abhängigkeit von Osianders Arbeit[78].

Eine letzte literarische Verwendung fand ›Grund und Ursach‹ noch im Jahr 1545, als Leonhard Jakob, Prediger an St. Ulrich in Magdeburg, für Balthasar von

---

74. Vgl. u. S. 191f die Drucke B–N und *Seebaß*, Bibliographie, S. 20–22, Nr 5.8.

75. Vgl. Spalatin an Conrad Gerhard, Kolditz, 17. November 1524, und derselbe an Heinrich von Bünau, Altenburg, 29. November 1524, bei *Mentz*, Briefe Spalatins, S. 204f und 207f.

76. Vgl. Philipp von Hessen an Georg von Sachsen, Kassel, nach 19. Februar 1525, bei *Geß*, Akten und Briefe 2, S. 44–46, Nr 813; bes. S. 45,26–46,2; dazu: *Wolter*, Religionsgespräche, S. 319f.

77. *Freudenberger*, Emser, S. 113,2–4.

78. *Stupperich*, Bucer 1, S. 185, 194. Die Möglichkeit, daß Bucers Schrift »primär vorlag«, die *Stupperich*, aaO, S. 190 erwogen hat, besteht m.E. nicht, da die Nürnberger Schrift schon im Oktober 1524 erschien, während Bucers Arbeit erst Ende des Jahres gedruckt wurde, vgl. aaO, S. 190.

Platow eine Bearbeitung des Teiles gegen den Meßkanon vornahm, um dessen Wiederaufnahme in evangelischen Herrschaften zu verhindern[79].

Selbstverständlich rief die Schrift verschiedene Antworten von altkirchlicher Seite hervor. Die umfangreichste und als vollständige Widerlegung gedachte Replik stammte von Johann Dietenberger, damals Prior im Dominikanerkloster zu Frankfurt am Main. Dietenberger muß sich unmittelbar nach Erscheinen von ›Grund und Ursach‹ an die Arbeit gemacht haben, da er schon am 12. Dezember 1524 seine Widmung an Johann Faber unterzeichnen und die Vorrede am 18. des gleichen Monats vollenden konnte[80]. Allerdings wurde die Schrift nie gedruckt und ist auch bis heute nicht bekannt geworden[81]. Nur ein kleiner Teil, der sich mit der Abschaffung von Salve Regina, geweihtem Salz und Wasser, Mette und Komplet befaßte, erschien mit einer wahrscheinlich von Cochläus stammenden Vorrede 1526 bei Peter Quentel in Köln[82]. Er läßt erkennen, daß Dietenberger Punkt für Punkt Osianders Schrift zu widerlegen versuchte[83]. Eine größere Bedeutung kann man seiner Arbeit aber kaum zumessen. Jedenfalls gab es 1526 für die Pröpste und Osiander keinen Grund, auf Dietenbergers Traktat zu antworten. Die neuen Ordnungen waren in Nürnberg längst gültig und unumstritten.

Ähnlich wie mit Dietenbergers Schrift steht es mit den beiden Predigten über das Salve Regina, die Georg Hauer, Professor für Kanonistik und Pfarrer der Liebfrauenkirche in Ingolstadt, 1526 herausbrachte[84]. Hauer erneuerte damit lediglich seine Versuche, die Marien-Antiphon gegen die reformatorischen Gegner in Schutz zu nehmen. Ähnliches hatte er schon früher gegen Sebald Heyden unternommen[85].

Von größerer Bedeutung war die Schrift, die Hieronymus Emser im Frühjahr

---

79. Vgl. *Seebaß*, Bibliographie, S. 23, Nr 5.13. Der bearbeitete Text von ›Grund und Ursach‹ umfaßt im wesentlichen unten S. 204-226 in stark gekürzter Form. Osiander selbst hat sich der Thematik von ›Grund und Ursach‹ während der Auseinandersetzungen über das Interim noch einmal zugewandt, vgl. ›Grund und Ursach, warum man den Kanon der Messe laut des kaiserlichen Interims mit gutem Gewissen nicht annehmen kann‹, 1549 (Seebaß, Osiander, S. 41f, Nr 303). Besonders Osianders Behandlung von Ps 110,4 und Gen 14,18-20 in dieser Schrift zeigt deutliche Anklänge an ›Grund und Ursach‹, vgl. Möller, Osiander, S. 331-334 und Stupperich, Interim, S. 236-242.

80. Vgl. über Dietenberger LThK 3, Sp. 382; *Falk*, Gegner, S. 352f, und *Wedewer*, Dietenberger, S. 114.

81. Die Vermutung *Wedewers*, Dietenbergers später erschienenes Werk ›Fragstuck an alle Christgläubigen‹ könne mit dem Hauptteil des Buches gegen die Pröpste identisch sein (vgl. *Wedewer*, Dietenberger, S. 114 und 167), ist nicht haltbar. In den ›Fragstucken‹ behandelte Dietenberger fast alle kontroversen Punkte theologischer Lehre, darunter auch die Messe. Es ist außerdem nirgends zu erkennen, daß es sich um eine Schrift gegen ›Grund und Ursach‹ handeln sollte, vgl. die Auszüge bei *Wedewer*, Dietenberger, S. 354-371.

82. Der genaue Titel und die verschiedenen Auflagen bei *Wedewer*, Dietenberger, S. 466f und Tafel 1.

83. Vgl. die Auszüge bei *Wedewer*, Dietenberger, S. 326-329 und *Falk*, Gegner, S. 353.

84. Vgl. über ihn LThK 5, Sp. 30. Der genaue Titel und die beiden Auflagen seiner Schrift bei *Weller*, Repertorium, S. 279, Nr 2452; S. 421, Nr 3809.

85. Vgl. *Kosel*, Heyden, S. 7-12 und *Falk*, Gegner, S. 352.

1525 gegen ›Grund und Ursach‹ richtete[86]. Emser glaubte – wohl nicht zu Unrecht –, daß sich Osiander mit seiner ausführlichen Widerlegung von Gen 1,18 und Mal 1,10f als Schriftbeweis für die Messe als Opfer gegen ihn gewandt habe. Beide Stellen nämlich hatte er in seiner ›Missae christianorum contra Lutheranam missandi formulam assertio‹ im Frühjahr 1524 herangezogen[87]. Emser beschränkte sich dementsprechend auf eine Widerlegung der beiden wichtigsten Teile von ›Grund und Ursach‹, der Bestreitung der Messe als Opfer und der Totenmessen, und verwies für die übrigen Punkte auf bereits früher erschienene Verteidigungsschriften von altkirchlicher Seite[88]. Zweifellos war Emser ein ernstzunehmender Gegner[89], zumal er gelegentlich mit der Äbtissin des Nürnberger Klarissenklosters, Caritas Pirckheimer, korrespondierte, die in der Stadt die Seele des Widerstandes gegen die Reformation war[90]. Diese Korrespondenz hatte schon 1523 zu einer unwürdigen Schmähschrift von evangelischer Seite geführt[91] und wurde auch später von den evangelischen Predigern nicht gern gesehen[92]. Es ist daher nicht erstaunlich, daß der Nürnberger Rat, noch ehe die beiden Ratsherren, die über den Inhalt von Emsers Schrift referieren sollten, diesen Auftrag erledigt hatten, vorsorglich ein Verkaufsverbot für Nürnberg anordnete[93]. Daß Osiander auf Emsers Angriff nicht antwortete, mag daran liegen, daß er sich inzwischen zur Frage der Messe noch einmal in seiner gegen Kaspar Schatzgeyer gerichteten Schrift geäußert hatte.

Denn Kaspar Schatzgeyer war der erste gewesen, der die Schrift der Nürnberger Pröpste angegriffen hatte. Ihm war Osianders Verfasserschaft nicht verborgen geblieben. Und da er außerdem in Nürnberg aufgrund seiner früheren Wirksamkeit in dieser Stadt über einigen Einfluß verfügte, hielt es Osiander für seine Pflicht, ihm zu antworten. Diese Auseinandersetzung, auf die an anderer Stelle eingegangen wird[94], lag, als Emsers Schrift nach Nürnberg kam, erst einige Wochen zurück. Inzwischen war Anfang März 1525 mit dem Religionsgespräch und seinen Folgen Nürnberg zur evangelischen Stadt geworden. Damit konnte für Osiander die Diskussion über die Probleme, die in ›Grund und Ursach‹ zur Debatte gestanden hatten, als abgeschlossen gelten.

---

86. Vgl. *Freudenberger*, Emser, S. XXIX–XXXIV.
87. Vgl. *Freudenberger*, Emser, S. X–XXI und 16,25–18,7; 113,10–18.
88. *Freudenberger*, Emser, S. 113–145; 146f.
89. Vgl. das Urteil von *Iserloh*, Kampf, S. 19–26.
90. Vgl. LThK 8, Sp. 516.
91. Vgl. ›Ein Missive oder Sendbrief‹, *Seebaß*, Bibliographie, S. 193, Nr 80. Der Text mit den Randglossen ist abgedruckt bei *Pfanner*, Briefe, S. 261–263, Nr 168. Ob die Glossen von Osiander stammen, läßt sich kaum mehr ausmachen.
92. Vgl. *Pfeiffer*, Quellen, S. 243, Rschl. 49.
93. *Pfeiffer*, Quellen, S. 86, RV 630.
94. Vgl. u. Nr 41.

6. Überlieferung

Handschriften:

a: Nürnberg SA, S.I L. 78, Nr 7, f. *r–31v. Beschreibung:
f. 1r: Ein von der Hand Lazarus Spenglers geschriebener zehnzeiliger Text, der für die geplante Verlesung der Rechtfertigungsschrift vor dem Bischof von Bamberg am 12. September 1524 als neue Einleitung gedacht war, vgl. o. S. 183. Geschrieben wohl kurz vor diesem Datum. Gedruckt bei *Schubert*, Gottesdienstordnung, S. 284, vgl. o. Anm. 44. f. 2r–27v: Die Rechtfertigungsschrift der Pröpste, von Hektor Pömer eigenhändig unterschrieben. Der Name Georg Peßlers stammt vom Schreiber – ein Hinweis dafür, daß die Schrift bei St. Lorenz entstand. Im Text kleinere Änderungen von der Hand Lazarus Spenglers, vgl. dazu o. S. 182f. An einigen besonders derben Stellen, zB S. 235, 5–7; 235,21f; 243,3–5; 243,13f ist am Rand eine hinweisende Hand zu finden, möglicherweise ebenfalls von Spengler. f. 29v: Dorsale: »Beder bröbst antwurt«. f. 31v: Dorsale: »Beder bröbst antwurt und underricht mit anzeigung götlicher schrifft, warum sy in iren kirchen die mess geendert und etliche ceremonien und kirchengeprauch abgestelt haben. frag 4. post Trinitatis 1524[95], N. Heller, 1524«.
f. * mit f. 31 und f. 1 mit f. 30 bilden je einen Umschlag, der erst in der Ratskanzlei zugefügt wurde.

b: Nürnberg SA, Nürnberger Handschriften 380; f. 12r–158v: »Appendix ad relationem 22 von Aenderung der Religion und Abschaffung des Pabstums« (*Müllner*, Reformationsgeschichte). Kop. des 18. Jahrhunderts von A, die im textkritischen Apparat unberücksichtigt bleibt.

Drucke:

A: Nürnberg, Hieronymus Höltzel, 1524 = *Seebaß*, Bibliographie, S. 15, Nr 5.1. Dieser Druck liegt unserem Text nach dem Exemplar in Erlangen UB, in Thl. (V, 82) zugrunde.

B: Nürnberg: Hans Hergot, 1524 = *Seebaß*, Bibliographie, S. 15–17, Nr 5.2.

C: [Augsburg, Heinrich Steiner, um 1525] = *Seebaß*, Bibliographie, S. 17, Nr 5.3.

D: [Augsburg, Heinrich Steiner, um 1525] = *Seebaß*, Bibliographie, S. 17–19, Nr 5.4.

E: [Zwickau, Jörg Gastel, um 1525] = *Seebaß*, Bibliographie, S. 19, Nr 5.5.1.

F: [Zwickau, Jörg Gastel, um 1525] = *Seebaß*, Bibliographie, S. 19, Nr 5.5.2. Dieser Druck brauchte wegen seiner geringfügigen Abweichungen von E im textkritischen Apparat nicht berücksichtigt zu werden.

G: [Erfurt, Johann Loersfeld, um 1525] = *Seebaß*, Bibliographie, S. 19f, Nr 5.6.

H: Wittenberg, [Johann Rhau-Grunenberg], 1525 = *Seebaß*, Bibliographie, S. 20, Nr 5.7.

---

[95] 25. Mai 1524. Es handelt sich dabei um das Datum der Bürgermeister-›Frage‹, in die das Aktenstück gehörte. Zu der Einteilung des Nürnberger Amtsjahres und der ihr folgenden Registrierung der Akten vgl. *Pfeiffer*, Quellen, S. 19*f.

I: Wittenberg, Hans Barth und Hans Bossow, 1525 = *Seebaß*, Bibliographie, S. 20–22, Nr 5.8. Als niederdeutsche Fassung blieb der Druck im textkritischen Apparat unberücksichtigt.
K: [Leipzig, Johann Thanner], 1525 = *Seebaß*, Bibliographie, S. 22, Nr 5.9.
L: [Königsberg, Hans Weinreich, 1526] = *Seebaß*, Bibliographie, S. 22, Nr 5.10.
M: Königsberg, [Hans Weinreich, 1526] = *Seebaß*, Bibliographie, S. 22f, Nr 5.11.
N: Königsberg, Hans Weinreich, [1526] = *Seebaß*, Bibliographie, S. 23, Nr 5.12.

Die Drucke L–N stellen teilweise Nachdrucke verschiedener Abschnitte aus ›Grund und Ursach‹ dar. Gleiches gilt für den nicht berücksichtigten Druck *Seebaß*, Bibliographie, S. 23, Nr 5.13. Außerdem hat sich ein weiterer anonymer Nachdruck gefunden, der einen ganz kleinen Abschnitt aus ›Grund und Ursach‹ bietet. Er wäre – unter Nichtbeachtung der chronologischen Anordnung – bei den Auszügen von ›Grund und Ursach‹ nachzutragen:

5.14 [Nürnberg: Jobst Gutknecht, c. 1527]
Etlich schluszred in welch ‖ en das leiden Christi gegen seinem ‖ Abentmal gehalten wirdt / gar ‖ nützlich einem christen men- ‖ schen zuwissen. Auch darbey die ‖ fünff fragstück / vonn dem ‖ hochwirdigen Sacra- ‖ ment des Altars. ‖ [Holzschnitt, 63 × 42 mm, ein Priester, der einem knieenden Mann in Schaube die Oblate reicht].

8°, 4 ungez. Bll. (Titelrückseite und letzte Seite leer), *4.
Die Schlußreden Osianders aus ›Grund und Ursach‹ (u. S. 219,6–20): *2a–*2b; die Lutherischen fünf Fragen (vgl. WA 11, S. 79,21–80,13; WA 30,1, S. 258,5–259,24 und 564–566): *3a–*4a.
Weller 2259 (mit falscher Datierung).
Nürnberg StB (Will II, 153 8°/13).

Im textkritischen Apparat ist dieser Druck nicht berücksichtigt worden.

Edition:

Ed. 1: *Schmidt - Schornbaum*, Fränkische Bekenntnisse, S. 157–179. Abdruck von a unter sehr willkürlicher Beseitigung der Doppelkonsonanz und mit einigen Fehlern. Die Seitenangaben dieser Edition sind im Text berücksichtigt.

Aufgrund des Textvergleichs läßt sich folgendes Stemma geben:

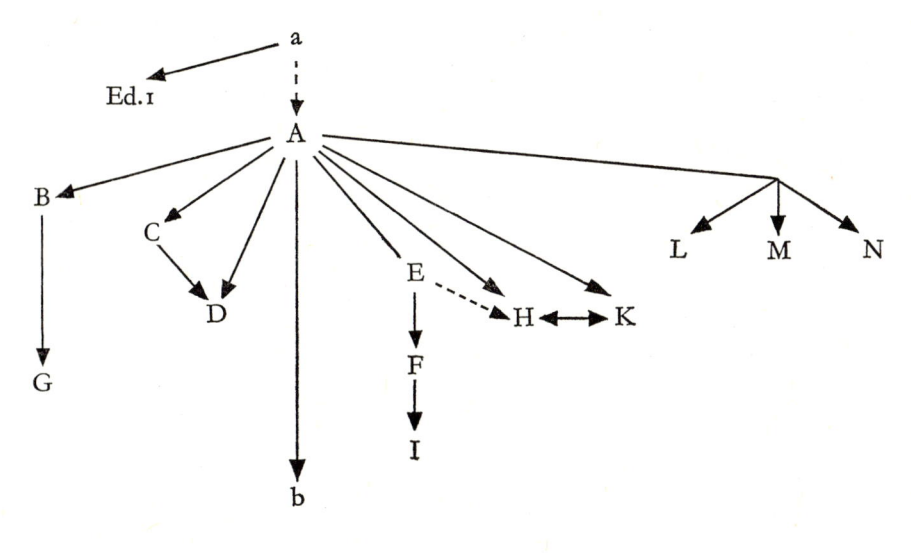

Text

[A1a:] Grundt und ursach auß der heiligen schrifft, wie und warumb die eerwirdigen herren baider pfarkirchen, S. Sebalt und S. Laurentzen, pröbst zu Nürmberg, die mißpreüch bey der heyligen messz, jartåg, geweycht saltz und wasser sampt ettlichen andern ceremonien abgestelt, undterlassen und geendert haben. Nürmberg. Paulus, 2. Corinth. 10 [4f]: »Die waffen unser ritterschafft seind nit flaischlich, sonder mechtig vor Gott, zů verstören die befestungen, damit wir verstören die anschleg und alle höhe, die sich erhebt wider die erkantnuß Gottes. Und nemen gefangen alle vernunfft undter den gehorsam Christi. Und sein berayt, allen ungehorsam zů rechen«.

[A2a:] ᵃ(A)llen und yeden christlichen personen, was standts und wirden die sein, den dyse unser schrifft fürkumpt, entpieten und wünschen wir, Georgius Peßler,

---

a–a) Fursichtigen, erbern, weysen, gunstigen, lieben herren! Es sein auff sambstag nechst verschinen auß E. W. bevelhe bey uns gewest die E. W. herrn Sebolt Pfintzing, Merten Tucher und Christoff Koler. Haben uns angetzaigt, wie wir ein enderung an eins E. rats wissen furgenomen sollen haben, darauff derselben halben ursach begert. Weil aber die ursach auff dasselb mal nicht angetzaigt kunden werden, weil uns die zeit zu kurtz wolt sein, auch villeicht so eygentlich nicht behalten werden worden, haben wir uns erpoten, dieselben schrifftlich zu verfassen und E. W. zutzustellen.

Erstlich ist es war, nachdem ytzund lange zeit her das evangelium etwas clerlicher gepredigt ist worden, haben sich untzelich vil misbreuch erfunden in dem vermeynten gottesdienst, welche zum tail nicht allein on schrifft sein eingewurtzelt, sunder auch vil der schrifft entgegen und Gott dem almechtigen, auch seinem wort zu grosser lesterung und uneer reichendt, das wir betracht, auch angesehen, das ser vil und tapfer leut, durchs evangelium bericht, uns ernstlich zum öffternmal angesucht, begert, soliche zu endern und dem wort Gottes gleychmessig zu halten, und ob sie gleich zum öffternmal gutlich abgewisen, doch altzeyt widerumb kumen, also das wir ins weytter mit gutem fuge, auch one sunderliche beschwerung unsers gewissen nicht

sant Sebalts, Hector Pômer, sant Laurentzen, baider pfarrkirchen pröbst zů Nürmberg[1], gnad, frid und barmhertzigkeit von Got, dem vatter, und seinem aynigen son Jesu Christo, unserm herren.

 Wir können und mögen dem allmechtigen Got und vatter aller barmhertzigkeit nymmermer gnůg dancksagen[2], umb daß er in dysen unsern letsten zeyten, in denen doch die hailsam und rechtschaffen leer von vilen noch verlestert wirt[b], die finsternuß menschlicher unwissenhait und irrthumb, durch welche auch die außerwelten, so es möglich were, verfůrt würden[3], mit dem klaren und hellen liecht seines götlichen worts widerumb erleüchtet und vertriben, darbey auch seinen sun Jesum Christum, unsern aynigen herren und haylandt, so reychlich angezaygt und offenbargemacht hatt. Dann[4] wir ye vor augen sehen, daß die frucht, so darauß erwachsen soll, nemlich unser selen seligkayt, durch das köstlich und teuer blůt unsers herren Jesu Christi erworben, nicht allayn auß heyliger schrift beweiset, sonder auch widerumb mit plůtvergiessen unüberwintlich bezeüget wirt[c][5]. Also daß ain yeder frommer christenmensch die zeyt wol er- [A2b:] kennen mag, darvon der Herr Matthei am 24. [9–14] sagt: »Alßdann werden sy euch in trůbsal uberantworten und werden euch tödten, und můst umb meines namens willen von yederman gehasset werden. Dann werden sich vil ergern und sich undterainander verraten und undterainander hassen. Und werden sich vil falscher propheten erheben und werden vil verfůren. Und dieweil die ungerechtigkait[d] uberhandtnemen, wirt die lieb in vilen erkalten. Wer aber beharret biß an das end, der wirt[e] selig. Und das euangelion vom reych wirt[f] in der gantzen welt zů ainem gezeügnuß[6] über alle völcker geprediget werden, und dann wirt das endt kommen.«

 Welchs euangelion auch bey uns ain zeytlang her lautter und rain, also daß sich des menigklich[7] pessern und trösten, niemand aber das mit aynicherlay[g][8] gůttem

haben kunen abschlagen, darumb uns beraten und solicher enderung nachgedacht, dieselben furgenomen und etwa vil tag darvor, ehe und wir sie angefangen, auff den cantzeln verkundigen lassen, also das uns sehr wunder nymbt, das sie E. E. rat nicht fur soll komen sein und desselben unbewist angefangen soll geacht werden. Das wir es aber nicht in sunderheyt an E. W. haben lassen langen, hat uns bewegt, das sich dieselbigen nye haben wollen um die sach annemen, sunder, so wir in dergleychen sach rat von E. W. begert – als dan beschehen –, ist uns zu antwort worden, dises betreff ein E. rat nicht, werden uns wol darynnen wissen zu halten. Diser ursach halben haben wir fur gnugsam angesehen, ab es auff den cantzeln in der kyrchen, do meniglich zusamenkumbt, verkundt wurde; haben darauf die meß auß nachvolgenden ursachen geendert: a.

 b) wůrdt: B; wurdt: G. – c) wůrdt: B; wurd: G. – d) ungerechtigkeyt wirt: E, F. – e) wůrt: B; wurt: G. – f) wůrdt: B; wurt: G. – g) eynerley: H, K.

 1. Vgl. Einleitung, o. S. 176.
 2. Diese Verbindung von Wunsch und Dank entspricht den Exordien paulinischer Briefe, vgl. 1Kor 1,3f, Phil 1,2f, 1Thess 1,1f.
 3. Mk 13,22.
 4. Denn.
 5. Gedacht ist an das Martyrium evangelischer Männer, vor allem wohl das der beiden Augustiner Henricus Voss und Johannes van den Esschen, vgl. WA 35, S. 91f.
 6. Zeugnis.   7. mit dessen Hilfe jedermann.   8. irgendeinem.

und bestendigem grund widerfechten hat mögen, geprediget worden ist⁹, darauß dann nicht allayn erkantnuß unser seligkayt, sonder auch viler unchristlichen mißpreüch klare offenbarung geflossen ist. Wiewol wir nun für unser person dieselbigen mißpreüch zum thayl vorhyn wol gewüst, zum thayl aber auß täglicher der heiligen schrifft ubung nachvolgend erkant, haben wir doch umb der schwachen willen, denn[h][10] es alles noch verporgen, mit grosser forcht ain lange zeyt gedult tragen[11] und sy des falschen scheyns nicht ee[12] wöllen berauben, es were dann vor[13] der recht grundt gelegt und die bestendig warhait [A 3 a:] offenbar. Darzů dann baide unsere prediger[14] mit emsiger des heyligen euangelions erklerung nicht wenig forderlich[15] gewest sein[16]. Welches wir in[17] auch, wiewol es on mercklichen abgang[18] der zeitlichen güter nit ergen möcht[19], zů predigen nicht allain vergünt, sonder auch vleissig und ernstlich bevolhen haben, angesehen, daß ain gůtter hyrt[20] nicht allein den reychthumb, sonder auch die selen für die schäflein setzen[21], ja auch mit dem heyligen Paulo von Christo verpannet sein wöllen, auf daß die brüder selig würden[22], schuldig ist. Welches dann der teüffel, ain feind aller warhayt, nicht gern gelitten, sonder mit all seiner macht und krafft zů vervolgen und zů vertrucken[23] unterstanden, und dieweyl ime an unserm leyb und leben noch nichts gestattet werden möcht, uns doch an unsern eren und christlichem namen durch die gotlosen, seine glider, zů verletzen und imm landt hyn und wider[24], als weren wir ketzer, andern leüten einzupilden[25] versůcht hat[26].

h) dann: B. G.

9. Osiander rechnet die Zeit der evangelischen Predigt in Nürnberg vom Datum seiner Anstellung als Prediger an St. Lorenz am 29. März 1522, vgl. *Pfeiffer*, Einführung, S. 113.
10. denen.
11. Röm 15,1f.
12. eher.
13. denn vorher.
14. Osiander selbst und der seit 1522 als Prediger an St. Sebald tätige Dominikus Schleupner; vgl. *Simon*, Nbg.Pfb., S. 198, Nr 1211.
15. förderlich.
16. Man ist also nach dem Prinzip vorgegangen, das Luther in seinen Invokavitpredigten 1522 verlangt hatte. Osiander hat stets gefordert, daß vor Änderung irgendwelcher gottesdienstlicher Gebräuche darüber gepredigt werden müsse, vgl. seinen Brief an die Straßburger Prediger, o. S. 139,10–13, Nr 17.
17. ihnen.
18. spürbare Minderung.
19. Gedacht ist an den Wegfall der bezahlten Stillmessen aufgrund der Beschlüsse vom 1. Juni 1524; vgl. die ›Artikel der Pröpste‹, o. S. 173, Anm. 50, und *Pfeiffer*, Einführung, S. 118f.
20. Joh 10,12.
21. einzusetzen.
22. Röm 9,3. In dieser Stelle hat Osiander den höchsten Grad der Nächstenliebe gefunden, vgl. *Hirsch*, Theologie, S. 80 und 286, Anm. 19.
23. unterdrücken.
24. landauf landab.
25. darzustellen.
26. Spätestens seit den Ereignissen in der Karwoche 1524 mußten die Nürnberger den Altkirchlichen als lutherisch und ketzerisch gelten; vgl. o. S. 139,5–140,4, Nr 17.

Des wir auch nit fast²⁷ erschrocken, sonder in unserm christlichen fürnemen so lang, biß der peste thayl unsers volcks der warhait rechten grundt erlangt und die geitzigen²⁸ mißpreüch gnůgsam erkennt hatt, bestendig bliben sein. Und alßdann, dieweyl sy uns so hertzlich baten und in krafft des worts offt und dick²⁹ ernstlich darumb ersůchten, haben wir inen vor³⁰ offt versagte und auffgezogene³¹ endrung nicht lenger mögen abschlagen, sonder, wie die christlich und bestendig³² fürzůnemen, mit rath [A3b:] und hülf unser baider prediger³³ offt und vil bedacht und also mit der zeyt zů werck gezogen³⁴.

Dieweyl aber ettlich darfür hielten und gůtter christlicher maynung treulich anzaygten, es möcht gemayner stat Nürmberg mercklichen und unwiderpringlichen schaden und nachtayl geperen³⁵, haben unser gepietende, günstigen, lieben herren, ain erbar weyser rath, denen nach götlicher ordnung, daß gemayner nutz³⁶ nicht schaden leyd, zů verhütten gebürt, uns beschickt³⁷ und sölcher unser endrung grund und ursach auß heyliger schrifft von uns begert³⁸. Die wir auch dazůmal iren E. W. in ayner eyl mit allem vleiß undtertheinigklich dermassen angezaygt und dargethan³⁹, daß ir E. W. auß besonder christenlicher beschaydenhait⁴⁰ darwider zů handeln weyter nichts fürgenomen, sonder die sach⁴¹ gar⁴² den genannten gaistlichen und gelerten⁴³, durch die heyligen schrifft zů verwerffen oder aber anzůnemen, wie dan pillich⁴⁴ und christlich, haymgesetzt⁴⁵ haben⁴⁶. Was ungeschickter⁴⁷, pöser anschleg aber der gotloß hauff in mitler zeyt⁴⁸ wider Gotes wort und uns fürgenomen hab, sein wir wol innenworden, dieweil ettlich in win-

27. sehr.
28. aus Habgier entstandene.
29. sehr häufig.
30. früher.
31. aufgeschobene.
32. dauerhaft.
33. Osiander und Schleupner.
34. die Änderungen in der Karwoche 1524 (vgl. o. S. 139f, Nr 17), vor allem aber die Beschlüsse der Pröpste vom 1. Juni 1524 (vgl. o. S. 169–174, Nr 19).
35. gebären, bringen.
36. Vgl. zu diesem Ausdruck *Kohls,* Schule, S. 121–129.
37. Abgeordnete an uns geschickt (Christoph Koler, Sebald Pfinzing, Martin Tucher).
38. Die Aufforderung des Rates an die Pröpste zur Rechenschaftsablage war am 11. Juni 1524 erfolgt, vgl. *Pfeiffer,* Quellen, S. 5f, RV 22 und die Einleitung, o. S. 175f.
39. in der im textkritischen Apparat berücksichtigten Handschrift a.
40. Verständnis.
41. den Rechtsfall, die Angelegenheit.
42. ganz.
43. Gemeint sind der Bamberger Bischof und das Geistliche Gericht. Die ›Gelehrten‹ bezeichnen in Nürnberg, wo sie neben den ›Geistlichen‹ auftauchen, die Juristen.
44. angemessen.
45. anheimgestellt.
46. Zum Vorgehen des Rates nach der Übergabe der Handschrift ›Grund und Ursach‹ durch die Pröpste vgl. Einleitung, o. S. 180–182.
47. unrechter.
48. inzwischen.

ckeln⁴⁹, die warhait wider uns, wann sy schutz und schirm hetten, beweisen wôlten, khônlich⁵⁰ dürften⁵¹ reden. Ettlich aber auch in winckeln, desselben sich frey erpoten⁵² haben, were aber in unpillich abgeschlagen, felschlich hyn und her berůmpten⁵³ und also in der finstern das volck von der warhait wider abzů- [A4a:]
5 wenden verhofften⁵⁴. Sôliches und dergleychen mer haben wir ain zeitlang tâglich gesehen und erfaren und doch in aller gedult darzů stillgeschwigen und gegen inen nichts ernstlichers, daß wir doch in krafft Gottes worts wol thůn hetten môgen, biß hieher fürgenomen, gůtter hoffnung und zůversicht, der almechtig Got würd inen – dieweil sy doch empfinden, daß sy nicht allayn nichts auß-
10 richten, sonder auch ire torhayt yederman nur offenbar würde – mit der zeyt ain bessers gemůt verleyhen und, daß⁵⁵ wir durch unüberwintlich der heyligen schrifft gezeügnuß yetzo nicht môchten erheben⁵⁶, sôlt die lange zeyt und gewonhait, auch frommer christen gepett gegen⁵⁷ Got bey inen erlangen und kündtlich machen.
15 Dieweyl wir aber sehen, daß sy durch sôlche unser senftmůttigkait nicht allayn nit gepessert, sonder in iren ungeschickten fürnemen nur gestercktt werden und, das wir inen zůgůt auß christenlicher lieb unterlassen, sy für ain schwachait achten und darauß ain neue kůnhayt, das volck von der warhait wider abzůziehen, ye lenger ye mer empfahen⁵⁸; und⁵⁹ wir auch neulich derhalben von dem hoch-
20 wirdigen fürsten und herren, herrn Wigand, bischoff zů Bamberg⁶⁰, unsern gnedigen herren, fürgefodert⁶¹, erschinen⁶² und ettlicher gotloser mißpreüch abstellung, als christlich gehandelt, gestanden sein⁶³; darbey seine fürstliche gnaden als unsern bischof, uns auß heiliger schrifft, wo sy das wüsten, ain pes- [A4b:] sers zů leeren unterthanigklich ersůcht und nachvolgend grund und ursachen unsers thůns auß
25 heyliger und unüberwintlicher schrifft klårlich anzůzaigen für uns selbs erpotten

49. ergänze: daß sie.
50. kühn.
51. wagten zu.
52. ergänze: zu.
53. sich rühmten.
54. Über die Widerstände gegen die Anordnungen der Pröpste in Nürnberg gibt es sonst kaum Nachrichten.
55. was.
56. erreichen können.
57. zu.
58. empfangen, daraus ziehen, entnehmen.
59. ergänze: weil, vgl. Z. 15.
60. Weigand von Redwitz, Bischof von Bamberg 1522–1556.
61. vorgeladen. Ein bischöflicher Prozeß gegen die Pröpste, die beiden Prediger und den Augustinerprior Wolfgang Volprecht war schon am 23. Juli 1524 angekündigt worden; vgl. *Pfeiffer,* Quellen, S. 276, Br. 31. Die definitive Vorladung erging am 26. Aug. 1524; *Pfeiffer,* Quellen S. 283, Br. 41, vgl. auch S. 19f, RV 146–149.
62. Die Verhandlung mit den Pröpsten und dem Augustinerprior fand am 12. Sept. 1524 in Bamberg statt; vgl. oben S. 183f und den evangelischen Bericht in: ›Die Artikel, so Bischof von Bamberg ... gefragt‹ *(Seebaß,* Bibliographie, S. 205–207, Nr 83 und *Pfeiffer,* Quellen S. 286, Br. 45). Ein Bericht von altkirchlicher Seite bei *Straub,* Dokument, S. 170–172.
63. vertreten haben.

haben und doch der kayns von seinen gnaden erlangt noch uns vergônt; uber das auch der procurator seines geltkastens⁶⁴ in seiner vermessen, ungeschickten, gotßlesterlichen action und klag, wie dann sôlches an tag khommen wirt¹⁶⁵, wider unser person fürgefarn⁶⁶ ist und (nach laut des gemaynen⁶⁷ gerüchts⁶⁸) ayn vermaynte⁶⁹ urthayl, darin das gôtlich wort und wir, als die demselbigen gefolgt, verungelimpft, verurthaylt und verdampt werden sôlten, von seinen fürstlichen gnaden außgepracht⁷⁰ hatt, davon wir dann ôffentlich uns berûffen und (wie im truck außgangen) appelliert haben⁷¹, damit unsers christlichen und wolgegründten wercks ursach und anzaygung dem hochgedachten⁷², unserm gnedigen herren von Bamberg, zû des aygener person wir uns ayns frommen, christlichen gemûts vertrôsten⁷³, zû erkennen fürkhomen môg, sein wir derhalb verursacht, dieselbigen gründ und ursach unsers christenlichen fürnemens, wie wir sy vormals eynem erbarn weysen rath auf ir pillich⁷⁴ begern und ansûchen uberantwort haben⁷⁵, widerumb in die hende zû nemen, zû besehen⁷⁶ und ôffentlich in truck zû geben, auf daß diejhenigen, so sich pessers zû wissen und auß heyliger schrifft zû beweisen berümpt⁷⁷ haben, dasselbig zû thûn verur- [A5a:] sacht oder aber als der sach ungegründt⁷⁸, verzagt und flüchtig ôffentlich yederman bekant werden. Wissen sy bessers und môgen dasselb auß heyliger schrifft beweisen, wôllen es

i) wûrdt B; wurd: G.

64. Es handelt sich um eine absichtlich drastisch-wörtliche Übersetzung von procurator fisci, die Bezeichnung für den kirchlichen Anklagevertreter; vgl. *Feine,* Rechtsgeschichte 1, S. 486. Im Fall der Nürnberger Pröpste übernahm Paul Neidecker das erwähnte Amt; vgl. über ihn *Straub,* Dokument, S. 169 und die Einleitung, o. S. 183f.

65. Diese Bemerkung bezieht sich mit Sicherheit nicht auf ›Die Artikel‹, vgl. o. Anm. 62. Vielmehr plante man damals eine ausführliche Publikation über den Prozeßverlauf, die aber dann doch nicht erschien. In der Antwort auf die offizielle Mitteilung des Urteils über die Pröpste durch den Bamberger Bischof teilten diese im März 1525 dem Rat mit, sie hätten bisher geschwiegen und »die ungeschickte, unchristenliche handlung, ßo mit uns zu Bamberg gehandelt, nicht an tag wollen geben«, vgl. *Pfeiffer,* Quellen, S. 357, Br. 142.

66. weiter verfahren.

67. allgemein.

68. Offiziell war dem Nürnberger Rat zu dieser Zeit der am 19. Sept. 1524 gefällte Urteilsspruch des Bischofs über die Pröpste – excommunicatio maior – noch nicht bekanntgegeben worden; vgl. Spenglers Formulierung bei *Pfeiffer,* Quellen, S. 174, Rschl. 12; das Urteil ebd. S. 287f, Br. 46 (Regest), außerdem die Einleitung, o. S. 185f.

69. angebliches.

70. erwirkt.

71. die Appellation als Regest bei *Pfeiffer,* Quellen, S. 290f, Br. 53. Zu den Drucken vgl. *Seebaß,* Bibliographie, S. 208, Nr 84.

72. hochgeschätzten.

73. dem wir dir für seine Person fromme und christliche Absicht zutrauen.

74. berechtigtes.

75. die Handschrift a, vgl. Einleitung, S. 176–181.

76. überarbeiten; über die wichtigsten Änderungen im Druck gegenüber der Handschrift vgl. Einleitung, S. 186f.

77. gerühmt.

78. ohne Grundlage für ihren Standpunkt.

wir von in mit dancksagung annemen. Haben aber sy falsch und irer alten gewonhaiten und preüch unbestendigen grundt, wöllen wir inen dieselbigen, so vil uns gnad von Gott verlyhen, freüntlich entdecken⁷⁹. Folgen sy uns und nemens an, wöllen wir uns von gantzem hertzen mit inen freuen. Thůn sy das nicht, so wöllen doch wir, das volck in krafft des götlichen worts von in zů reissen und sy demselbigen allain anzůhangen^k zů undterweisen, kayn můhe und arbait sparen, auf daß wir doch ettlich in dysen gefårlichen letsten zeiten erretten und zů erkantnuß der götlichen gnaden, so uns in Christo Jesu geschenkt und behalten⁸⁰ ist, brůderlich fůren.

Endtlich aber wöllen wir alle und yede christlich personen, was standts und wirden die seyen, so dysen unsern grundt und ursach lesen, hören, bedencken, annemen und sich darnach zů richten begeren, untherthåniger, gůtter maynung vleissig bitten und in christlicher, brůderlicher lieb treulich ermanen, daß sy sich weyßlich⁸¹ und christlich hierin halten und dem armen, gemaynen⁸², ungelerten man zůvor durch Gottes wort treulich und wol undterrichten und alsdann erst, was darwider ist, ernider- [A5b:] legen⁸³ und abthůn wöllen. Dann sölt man sölche mißpreüch mit gewalt, ee dann⁸⁴ sy recht erkannt, auß dem wege thůn und ablegen, würden zwen nicht geringe schåden darauß erwachsen.

Zum ersten würd das volck, so grundt und ursach noch nicht wüst, gewißlich maynen, man thet unrecht, und darauß sich mercklich ergern⁸⁵, deßgleichen die nachvolgende leer als unchristlich hassen und schwårlich mer annemen.

Zum andern würden sy sölche alte, unchristliche mißpreüch imm hertzen haymlich für gůt und gotgefällig behalten und also nicht weniger vor Got, der das hertz allein ansicht⁸⁶, unrecht thůn und sündigen, dann so⁸⁷ es noch in vollem schwanck daher gieng und gehalten würd, welches übel dann, den menschen verporgen, durch menschenvleiß auch nicht mer gepessert möcht werden. Uber das ist auch sonst, eüsserliche preüch und gewonheit abzůthůn, ein schlechte kunst⁸⁸, das auch ain Thürck oder hayd wol kann. Aber das hertz inwendig mit gewissem, bestendigem gotteswort recht und christlich zů unterrichten und von alter, böser gewonhayt abzůreissen, das ist ain recht, gůt und löblich werck, darin sich ain recht, gůtter christ bemůhen und anzaygen⁸⁹ soll⁹⁰. Darumb auch wir das heylig

---

k) anhangen: C, D.

79. aufdecken.
80. bewahrt.
81. weise.
82. einfachen, schlichten.
83. niederlegen, abschaffen.
84. bevor.
85. daran ... Anstoß nehmen.
86. 1Sam 16,7.
87. als wenn.
88. einfache Sache.
89. erweisen.
90. Vgl. WA 10,3, S. 13–20 (Predigt vom 10. März 1522).

euangelion lenger dann zway gantze jar⁹¹ bey uns predigen, darbey die mißpreüch eröffnen⁹² und also das volck, uns umb derselbigen abstellung zů ersůchen,
hungerig und begyrig haben werden [A6a:] lassen, ee dann sölche endrung geschehen ist. Und sein auch noch gůtter zůversicht, so uns yemand hierin nachzůvolgen und sein volck mit rayner götlicher warhait, wie gůtten hyrten und getreuer
obrigkait wol zimbt, zů wayden undtersteen werd, der allmechtig, ewig Gott werd
sein heyligs wort nicht on frucht gepredigt lassen werden⁹³, sonder denen, so das
euangelion verkhündigen, das wort mit grosser krafft, wie David sagt⁹⁴, geben,
auff daß wir alle das hayl, so uns in Christo Jesu, unserm herren, auffgericht ist,
erkennen und also ewig leben und loben. Amen.
    Der frid Gottes sey mit euch allen⁹⁵.
    Geben zů Nürmberg am 21. tag des Weynmonats⁹⁶ im jar 1524ª.

[B1a:] ˡGrundt und ursach, wie und warumb man die messz geendert hab, auß
                        der heyligen schrifftˡ.
Zum ersten: Dieweyl niemant widersprechenᵐ kann, daß nichtⁿ alles, so Christus
und seine aposteln bey der messz nicht gethon und gehalten haben, menschliche
fünd⁹⁷ und zůsetz seyen, und Christus Matth. 15[9] frey⁹⁸ gesagt und auß dem
propheten Isaia ᵒam 29. cap. [13]ᵒ beweiset und gesprochen hat: »Vergeblich
dienen sy mir, dieweyl sy leren sölche leer, die nur menschengepot sein«, so volget
on mittel⁹⁹ und unwidersprechlich, daß sölichs zů halten kein not noch gepot sey
und undterlassen keyn sünd und schad, noch vil weniger (als¹⁰⁰ ettlich gotlosen
lestern¹⁰¹) sträfliche und verdampte ketzerey gehalten werden soll.
[158:] ᵖDann es nicht allain von Christo, unserm herren¹⁰², vergeblich und
unnütz, sonder auch von dem propheten¹⁰³ sträflich und verderblich gescholten
wirt, welchem widerumb Christus zeügnuß gibt und spricht, Esaias hab recht und
wol von inen geweissagt¹⁰⁴. Seine wort aber lauten also: »Darumb, daß sich dyses
volck mit seinem mundt zů mir nahet und mich mit seinen lefftzenᑫ preiset und
doch ir hertz weit von mir ist und fürchten mich mit menschengepotten [B1b:]

l–l) Ursach, warumb man die meß geendert hab: a. – m) laugnen: a. – n) gestrichen a. –
o–o) fehlt a. – p–p) fehlt bis S. 201,28 in a. – q) lippen: H, K.

91. Vgl. o. Anm. 9.
92. aufdecken.
93. Jes 55,11.
94. Ps 68,12.
95. Vgl. das ›Pax Domini sit semper vobiscum‹ in der Meßliturgie.
96. Oktober.
97. Erfindungen.
98. offen.
99. unmittelbar.
100. wie.
101. ergänze: für.
102. ergänze: als.
103. ergänze: als.
104. Mt 15,7–9.

und leren, darumb will ich zůfarn[105] und ain verwunderung under dysem volck mit eynem grossen und erschröcklichen wunder anrichten. Es soll sich verlieren die weißhait von den weisen, und die klůghait soll sich vor den klůgen verpergen.«[106] Dieweil dann nun das recht geweissagt ist, so wirt es gewißlich erfüllet werden. Die erfüllung aber steet in dem, daß Got von allen denen, die im mit menschengepoten zů dienen vermaynen, leren und gepieten, sein heyligs wort, welchs allain weißhait ist und genennt werden soll[107], entziehe und hynwegneme, welches auch mit unserm grossem, aber wolverdienten schaden geschehen und erfült ist. Dann wer sicht nicht, wie Got alle klůgen und weltweisen gestrafft hatt, daß sy sehent nicht sehen, hörent nicht hören und in iren hertzen nicht versteen?[108] Wer waiß nicht, ja, wer klagt nicht, daß Gottes wort in[109] christen durch christen mit sölcher grymmiger tyranney verfolget wirt, dergleichen auch pey den hayden unerhört[110] ist? Sehen wir noch nicht, daß sölches die gerecht straff Gottes ist uber die, so im mit menschengedichten[111] zů dienen understanden und so lange zeit fürgedrungen[112] haben? Wer menschensatzung und -gepot dermassen annympt, als sey es Gottes will, daß sy angenommen und gehalten werden müssen, so es doch nicht also ist, sonder im vergeblich darinnen gedienet wirt, der helt das für Gottes wort und willen, das nicht Gottes, sonder etwa eines flaischlichen menschen wort, [B2a:] wille und gůtgedunckt ist. Dieweil dann Gottes wort und wille ain ding und Got selbs ist – dann es ist nichts in Got, das nit Got selbs sey –, wer will nit mercken, was unchristlicher abgötterey in einem sölchen hertzen verporgen lygt, das also mit menschensatzungen verwicklet ist? Wie möcht es anders ergeen, dann daß es aller götlichen weißhait und klůghait beraubt würd? Menschensatzungen aber haissen wir alles, das menschen on Gottes bevelhe und wort zů seiner eer und dienst und zů unser seligkait als fürderlich und nötig halten, leren und gepieten. Doch alles, das er frey gelassen und nicht verpoten hatt, mag man auß bürgerlichen gůten ursachen wol thůn, soferne menigklich wisse, daß sölches zů Gottes eer und unser seligkait nichts weder geb noch neme[p].

Zum andern: Dieweil Christus sagt Math. 24 [35]: »Hymmel und erden werden zurgeen, meine wort aber werden nicht zergeen«, und doch ettlich gotlose lerer und verfürer sein zůgefarn[r], haben nicht allain gesagt, sölche menschliche zůsätz seyen gůt und vonnöten, sonder auch, die sölches undterlassen, eyner todtsünd [s]beschüldigt, ketzer[s] geurtaylt und in pann gethan, also Christum, die ewige warhait, der da sagt, menschliche satzung und leer sein vergeblich[113], gantz freventlich

---

r) zugefarn und: a. – s) schuldig: a.

105. eingreifen.
106. Jes 29,13f.
107. Sir 1,5.
108. Mt 13,13; Jes 6,9.
109. unter.
110. selbst von Heiden noch nie vernommen worden.
111. menschlichen Erfindungen.
112. auf ihnen bestanden.
113. Mt 15,9.

und öffentlich lügstrafft, das da grausam und erschröckenlich zů gedencken ist, wissen wir [B2b:] uns bey unser selen seligkait schuldig, irer gotßlesterung mit worten und wercken entgegenzůgeen, wie auch der heylig Paulus gethan ᵗund zů thůn geweisetᵗ hatt Galath. 2[11ff], dermassen ᵘzů vernemenᵘ:

Eynem christen ist es frey, mit haiden essen oder nit essen. Den Juden aber, die allwegᵛ ein anders imm prauch hetten gehabt, warʷ sölche freiheit gar frembdˣ. Darumb wolt in Petrus zů gefallen die hayden meyden, und da er sölches thet, gedachten die haiden: Dieweil uns Petrus als die unbeschnitten meydet ʸund unser speiß als unrayn fleuhetʸ114, můssen wir villeicht auchᶻ Juden werdenᵃ, uns beschneiden lassen ᵇund underschidliche speiß essenᵇ115, wöllen wir sampt inen zů Christoᶜ in ein aynigen glauben khommenᵈ. Da strafft Paulus den heyligenᵉ Petrum offentlich darumb, daß er nicht richtig wandlet nach der warhait des evangelii, und sprach: »So du dann ein Jud bist ᶠund dochᶠ haydnisch lebest und nit judisch, warumb zwingstu dann die hayden, judisch zů leben«?116 Also, wiewol es frey war, mit hayden essen oder nicht essen, sopaldt aber den brüdern ein falscher won117 und aberglauben darauß erwüchß, denᵍ da Petrus weder geprediget noch geschriben hett, auch in seinem hertzen nicht hielt, was es im118 schonʰ nymmer frey, sonder můst abtretten und das widerspill119 mit den wercken erzaigenⁱ, auff daß die falsch maynung außgetilget würde, oder er were stråflich gewest und hett der evangelischen warhait gefelet.

[B3a:] Deßgleychen warᵏ die beschneidung auchˡ frey, dann wo nicht, so khondt kainer selig werden, der ein geporner Jud ᵐund beschnitten wereᵐ. Auchⁿ wo auß zůfelligen kranckhayten ᵒoder andern ursachenᵒ eynem christen die vorhaut hynweggeschnitten würde, ᵖmůst er auch der seligkayt halben nachtayl leydenᵖ. ᵠDieweil aber im die beschneidung frey warᵠ, ließ auch Paulus Timotheum, den Juden zů gefallen, ʳdaß er unter inen wandeln und predigen mochtʳ, beschneiden, Actuum am 16. [3]. Da aber etlich auß Judea lerneten120, wann ir euch nit beschneiden last, könnt ir nicht selig werden, ˢAct. 15 [1]ˢ, wolten also, das frey was, nöttig machen, legten sich Paulus und Barnabas darwider ᵗund widerfachten121 estᵗ122. Dergleychen spricht Petrus: »Was versůcht ir Got mit dem auflegen«

---

t–t) fehlt a. – u–u) fehlt a. – v) fehlt a. – w) thet: a. – x) andt: a. – y–y) fehlt a. – z) fehlt a. – a) werden und: a. – b–b) fehlt a. – c) Christo kumen und: a. – d) tretten: a. – e) fehlt a. – f–f) fehlt a. – g) den: a; denn: A–K. – h) fehlt H, K. – i) thun: a. – k) fehlt a. – l) war: a. – m–m) werd: a. – n) Desgleichen: a. – o–o) fehlt a. – p–p) fehlt a. – q–q) Also: a. – r–r) fehlt a. – s–s) fehlt a. – t–t) fehlt a.

114. flieht.
115. Unterschiede hinsichtlich der Speisen beachten.
116. Gal 2,14.
117. Wahn, Vorstellung.
118. war es ihm.
119. Gegenteil.
120. lehrten.
121. widerfochten, bestritten.
122. Apg 15,2.

etc.[123]? Und Paulus zů den Galath. am 2. [3] spricht, man hab Titum nicht bezwungen, daß er sich beschneiden ließ umb etlicher falscher brůder willen, die sy wolten fangen, das ist, auß der freihait ein not[124] machen. »Welichen wir«, spricht Paulus, »dazůmal nit ein stund wichen, underthon zů sein, auff daß die warhait des evangelii bey euch bestünd«. Deßgleichen spricht er am 5. cap. [2–4]: »Sehend, ich, Paulus, sag euch, wo ir euch beschneiden last, so ist euch Christus kein nütz. Ich zeüg abermal yederman, wer sich beschneiden lest, daß er noch des gantzen gesetz schuldig ist. Ir seyt schon abgefallen von Christo, wann ir durch das gesetz rechtfertig werden wölt, und habt der [B3b:] gnad gefelt.« So dann nun die aposteln, wo man eyn frey ding nöttig hatt wöllen machen, mit der that entgegengangen und sich nicht ayn stund lang undterworfen, darneben auch[u] ernstlich anzaigten, wann sy es thäten, daß es nit richtig nach dem evangelio gewandelt, ein gottesversůchung, ein[v] umbstürtzung der evangelischen warhayt und ain abfall von Christo were, wievil mer sein wir schuldig, mit [159:] der that zů erhalten, daß menschensatzung vergeblich seyen, wie Christus sagt[125], und nit gestatten, daß sein wares wort zur lůgen gemacht und ire lůgen für warhait gehalten und das euangelion gefelscht werde[126]? Dyse ursach were allayn mechtig und starck gnůg, wann nicht noch grössere vorhanden weren.

Zum dritten ist ye gewiß, daß die messz keinem andern ding soll dienen und kain andere frucht würcken mag, dann darzů sy Christus, unser herr, selbs geordnet und eingesatzt hatt. Dann wer will uns eines dings in dysen hohen und götlichen sachen gewiß machen, das Got nit selbs geredt und geordnet hat, dieweil David sagt: »Alle menschen seind lůgener[w]«[127], wer will sich understeen ettwas zů sagen, das er nit gesagt hatt, dieweyl Salomon spricht Proverb. 30 [5]: »Alle gotteswort seind feürig und ein schilt allen denen, die in in[128] vertrauen. Setz nichs zů seinen worten, auff daß du nicht gestrafft werdest und erfunden ein lůgner.« So wir dann Gotes wort, damit die [B4a:] messz ist eingesetzt, besehen wöllen[129], finden wir, daß sy allain den glauben an Christum zů stercken eingesetzt ist, auff daß er unverhyndert sein rechte frucht, die christlichen liebe, in allweg pringen mög.

Dann also schreibt Matthe. am 26. [26–28]: »Da sy aber assen, nam Jesus das prot und danckt und brachs und gabs seinen jungern und sprach: ›Nempt, esset;

---

u) sie: a. – v) fehlt a. – w) lugner und: a.

123. Apg 15,10.
124. Notwendigkeit, Zwang.
125. Mt 15,9.
126. Osiander vertritt also den status confessionis in adiaphoris. Ähnlich war seine Stellungnahme zum Interim, vgl. *Stupperich*, Osiander, S. 33–35 und 101–105.
127. Ps 116,11.
128. ihn (= Gott).
129. Auch Luther hatte in ›Vom Mißbrauch der Messe‹ 1521 die Einsetzungsworte in ihrer verschiedenen biblischen Tradition so ausführlich zitiert wie Osiander im folgenden, vgl. WA 8, S. 506,20–507,5 Doch ist der Wortlaut nicht aus dieser Schrift Luthers übernommen. Vgl. aber NTdeutsch WADB 6, S. 118, 194, 310; WADB 7, S. 116, 118.

das ist mein leyb‹. Und er nam den kelch und danckt und gab inen und sprach: ›Trincket alle darauß; das ist mein plůt[x] des neuen testaments, welchs vergossen wirt für vil zur vergebung der sünde‹.«

Deßgleichen Mar. am 14. [22–24]: »Und indem sy assen, nam Jesus das brot, sprach den segen und prachs und gabs inen und sprach: ›Nemet, esset; das ist mein leichnam.‹ Und nam den kelch und danckt und gab inen, und sy truncken alle darauß, und er sprach: ›Das ist mein plut des neuen testaments, welchs für vil vergossen wirt‹.«

Deßgleichen Lucas am 22. [19f]: »Und er nam das prot, danckt und prachs und gabs inen und sprach: ›Das ist mein leib, der für euch geben wirt; das thůt in meiner gedechtnuß.‹ Desselbigengleichen auch den kelch, nachdem sy zů abent gessen hetten, und sprach: ›Das ist der kelch, das neu testament in meinem plůt, das für euch vergossen wirt‹.«

Deßgleichen Paulus 1.Cor. 11 [23–32]: »Der herr Jesus in der nacht, da er verraten ward, nam er das prot und danckt und prachs und sprach: ›Nemet, esset; [B4b:] das ist mein leyb, der für euch prochen wirt; sölches thůt zů meiner gedechtnuß‹. Desselbengleichen auch den kelch nach dem abentmal und sprach: ›Dyser kelch ist ein neu testament in meinem plůt; sölches thůt, so offt ir trinckt, zů meiner gedechtnuß‹. Dann so offt ir von dysem prot esset und von dysem kelch trinckt, sölt ir des Herren tod verkhündigen, biß daß er kumpt. Welcher nun unwirdig von dysem prot isset und von dem kelch des Herren trinckt, der ist schuldig an dem leyb und plůt des Herren. Der mensch aber prüff sich selbst und also essz er von dem prot und trinck von dem kelch. Dann welcher unwirdig isset und trinckt, der isset und trinckt im[130] selber das gericht damit, daß er nicht underschaidet den leyp des Herren. Darumb sein auch so vil krancken und ungesundten undter euch und ain gůt thail schlaffen. Dann so wir uns selbs richteten[y], so würden wir nit gerichtet. Wenn wir aber gericht werden, so werden wir von dem Herren gezüchtiget, auff daß wir nicht sampt dyser[z] welt verdampt werden.«

[160:] Hie sicht man nun, daß es[a] das fleysch und plůt Christi ist – dann er hats geredt und kann nicht liegen[131], wie schwår es auch der vernunft ist[132] – und daß man es essen und trincken soll[b], nicht ayner oder zwen, sonder alle, die da[c] glauben, daß es[d] für sy gegeben und vergossen sey. Wie offt aber und zů welcher zeit ein christ das thůn soll, ist im haymgesetzt[133]; dann der Herr spricht: »Soofft ir das thůt, so solt ir mein dar- [C1a:] bey gedencken«[134].

---

x) leib: G. – y) richten: a. – z) der: a. – a) er: G. – b) thut: a; von Spengler verbessert: sollt. – c) fehlt a. – d) er: G.

130. ihm sich.
131. lügen.
132. Auf das Problem der Begründung der Präsenz von Leib und Blut Christi geht Osiander nicht ein. Das Desinteresse daran teilt er mit Luther, vgl. WA 6, S. 508,1–512,6 (›De captivitate Babylonica‹, 1520).
133. anheimgestellt, überlassen. Über die Häufigkeit der Kommunion vgl. DThC 3, Sp. 528–533; *Jungmann,* Sollemnia 2, S. 437–445; *Meyer,* Messe, S. 317–319.
134. 1Kor 11,24f.

Dieweil sich aber der gotloß hauff undterstanden hat, den[e] layen das plůt Christi zů verpieten[135], haben wir sőlches [f]auß vil ursachen[f] widerumb můssen auffrichten[136], – erstlich darumb, daß [g]der herr[g] Christus lautter[137] sagt: »Trincket alle«[138].

Zum andern, daß das plůt ain zaichen der vergebung der sünd im neuen testament ist und nicht der leyb[139], und Paulus sőlches allen glaubigen zů Corintho geben hat und dabey gesagt: »Sooft ir von dysem prot esset und von disem kelch trincket, sőlt ir des Herren todt verkhündigen, biß er kumpt«[140]. Darin ye klarlich angezaigt ist, daß der kelch nicht abgestelt[141] noch verpotten soll werden, biß am[h] jüngsten tag. Es habens auch die gotlosen nye dahyn mögen bringen, daß yederman [i]ir gepot angenommen hett und demselbigen gehorsam were[i] gewest[142].

Zum dritten: [k]Wann uns[k] gleich Christus nicht het gehaissen all trincken und es gantz frey wer bliben[l143], [m]würden wir[m] doch yetz gezwungen, sőlchs zů thůn, dieweil es ettlich verpieten als sünd und ketzerey wider das lautter und klar wort Gottes[144], daß wir mit der that zů handthaben schüldig sein, wie in der andern ursach angezaigt ist[145], wőllen wir anderst nit als verråther der evangelischen warhait von Got geurtaylt werden. Dann so wir in[146] volgten, můsten wir auch

e) dem: a. – f–f) fehlt a. – g–g) fehlt a. – h) an: a. – i–i) irem gepot wer gehorsam: a. – k–k) darumb, wan es: a. – l) fehlt a. – m–m) worden, wer: a, A–D, G (Schreibfehler in a wirkte sich auf die Drucke aus); würden wir: E, F; wurden wir: H, K.

135. Ein ausdrückliches Verbot des Laienkelches in der 13. sessio des Konstanzer Konzils vom 15. Juni 1415 vgl. *Denzinger,* Enchiridion, Nr 1198–1200, und in der Bulle »Inter cunctas« Martins V., vgl. *Denzinger,* Enchiridion, Nr 1258.
136. In Nürnberg wurde zunächst nur die Möglichkeit der Kommunion sub utraque specie geschaffen, vgl. die ›Artikel der Pröpste‹, o. S. 169. Sie dürfte sich aber sehr schnell als alleinige Form des Abendmahlsempfangs durchgesetzt haben.
137. deutlich, klar.
138. Auch für Luther waren die Einsetzungsworte das stärkste Argument gegen die Verweigerung des Laienkelches, vgl. WA 6, S. 502,29–503,29 (›De captivitate Babylonica‹, 1520), vgl. Mt 26,27.
139. Osiander nimmt einen Gedanken auf, mit dem Karlstadt am 11. Okt. 1521 in Wittenberg die Notwendigkeit des Kelchempfangs begründet hatte, vgl. *Barge,* Karlstadt 1, S. 319f, 487f, und *Freys – Barge,* Karlstadt-Bibliographie, S. 36f, Nr 67.
140. 1Kor 11,26.
141. abgeschafft.
142. Osiander denkt an den Gebrauch des Laienkelches bei den Böhmen aufgrund der Prager Kompaktaten von 1433 und die Kommunion sub utraque in den orthodoxen Kirchen, vor allem der griechischen. Diese Beispiele hatte auch Luther früher angeführt, vgl. WA 6, S. 505,18–506,13 (›De captivitate Babylonica‹, 1520).
143. Osiander war dieser Meinung sicher nicht, da für ihn die Einsetzungsworte verbindlich waren. Dennoch wurde in Nürnberg nicht die Kommunion unter einer Gestalt verboten, vgl. Die ›Artikel der Pröpste‹, oben S. 169. Trotz des von ihm gebrachten Karlstadtschen Argumentes (vgl. o. Anm. 139), zog Osiander also nicht die Konsequenzen Karlstadts.
144. Für Osiander ist also der status confessionis in der Frage der communio sub utraque gegeben. Daß er in dieser Situation nicht nur predigen, sondern auch praktische Konsequenzen ziehen will, unterscheidet ihn in dieser Frage von Luther, vgl. WA 10, 2, S. 11–41 (›Von beider Gestalt des Sakraments‹, 1522).
145. Vgl. o. S. 201,29–203,18.   146. ihnen.

bekennen, daß Christus, Paulus und die gantze christenhait biß auff die zeit Cipriani, des [C1b:] bischoffs und mertrers[147], auch lange zeyt darnach[148] eyttel ketzer gewest weren[149]. Dann Christus spricht ye: »Nemet, esset alle, nemet und trincket alle«[150]. Des haben im[n][151] sein aposteln gevolgt, also gethan und gelernet, deßgleichen die gantz christenhait lenger dann 400 jar[152]. Ist es ainmal recht, so ist[o] es allmal recht, und die es unrecht haissen, ketzerey schelten und vervolgen, die vervolgen Christum selbs; dann wo pleibt sunst das: »Hymmel und erden werden zergeen, meine wort aber[p] werden nicht zergeen«[153].

Zum vierdten hilft sy auch nicht[q] ir aygen[r] gedicht, daß sy sagen, das plůt sey auch im flaisch und sey gleych als vil ayns als baide[154]. Dann sy selbs sprechen, eyn sacrament sey ein eüsserlich, sichtlich und begreiflich warzaychen der unsichtlichen gnaden oder zůsagung Gottes. Dieweil ich dann das plůt Christi nicht eüsserlich, sichtlich und begreiflich hab, mangelt mir des gewisen warzaichens und sacraments, dardurch mein glaub bestettigt soll werden, daß Christus sein blůt für mich vergossen und mein sünd darmit abgetilget hab. Wann ich nun so gantz[s] schwach pin, daß ich on das warzaichen nicht glauben kann und verderb, sein sy schuldig an meiner seel, und Got wirt sy von iren henden fordern[155]. Also haben wir ursach gnůg gehabt, den layen das sacrament, wie es Christus aufgesetzt[156] hat, wider[t] zů raichen.

Weytter[157] sicht man, daß Christus sein flaisch und plůt leyblich zů essen und trincken bevolhen hatt, [C2a:] aber umb einer geistlichen ursach, das ist umb des glaubens willen. Dann er spricht Joan. 6 [35.63]: »Ich pin das prot des lebens.

---

n) nun: a. – o) sey: E, F. – p) fehlt a. – q) nichts: a. – r) fehlt a. – s) fehlt a. – t) fehlt a.

147. In der Auseinandersetzung über die communio sub una specie hatte schon Luther wiederholt als Beweis für die Spendung des Laienkelches in der alten Kirche Cyprian herangezogen, vgl. Cyprian, De lapsis, cap. 9 und 25 (CSEL 3, 1, S. 243,9–14; 255,14–23) und WA 6, S. 377, 28–31. (›Ein Sermon von dem Neuen Testament‹, 1520); 506, 14–26 (›De captivitate Babylonica‹, 1520).

148. Vielleicht rechnete Osiander bis zum 4. Jahrhundert n. Chr., da in der Auseinandersetzung zwischen Alveldt und Luther auch eine Erzählung über den Bischof Donatus von Arezzo als Beleg für den Laienkelch angeführt worden war, vgl. WA 6, S. 506,26–28 (›De captivitate Babylonica‹, 1520).

149. wären.

150. Die Formulierung ist nicht der Bibel, sondern der in der Messe üblichen Form der Einsetzungsworte entnommen, vgl. die ›Gottesdienstordnung der Pfarrkirchen‹, o. S. 157f.

151. Darin sind ihm.

152. Vgl. o. Anm. 148.

153. Mt 24,35.

154. Zur Lehre von der concomitantia realis vgl. *Wetzer – Welte*, Kirchenlexikon 3, Sp. 815f. Auf die spekulativen Probleme der Konkomitanz geht Osiander ebensowenig wie Luther ein, vgl. *Graß*, Abendmahlslehre, S. 47–52. Er verlangt das äußere Zeichen des Weines als Stütze des angefochtenen Glaubens.

155. Vgl. Ez 3,18; 34,10.

156. verordnet, eingesetzt.

157. Trotz dieses Anschlusses geht es im folgenden nicht mehr um eine Begründung des Laienkelches, sondern um die Frage, wer das Sakrament würdig nimmt.

Wer zů mir kumpt, den wirt nit hungern, und wer an mich glaubt, den wirt nymmermer^u dürsten«. Und am selben^v ort spricht er weytter [63]: »Der gayst ist^w, der da^x lebendig macht, das flaisch ist keyn nütz. Die [161:] wort, die ich red, sein geyst und leben.« Also spricht auch Paulus: »Wer es unwirdig ysset und trincket, der isset und trinckt im¹⁵⁸ das zum gericht und ist schuldig des leibs und plůts Christi, darumb daß er nicht undterschiedet [!]«¹⁵⁹. Das maynt er also: Alle andere speyß isset und trinckt man für leiplichen hunger und durst, den leyb zů erhalten. Dyse speyß soll man auch essen und trincken, aber mit underschaidt: nicht für leyblichen hunger und durst, sonder für hunger und durst nach der gerechtigkeit, die seel imm glauben zů stercken. Darumb spricht Christus: »Welcher nicht die wort hört und glaubt, dem ist mein flaisch kain nütz«¹⁶⁰. Paulus spricht: »Welcher nicht unterschidet, der empfahet es zum gericht«¹⁶¹. Darumb soll sich ain yetzlicher so lang und wol probieren¹⁶², biß er sich von grund seins hertzens ein sünder und aller gerechtigkait leer erkennt und sich nach der gerechtigkeit hungerig und durstig empfindet. Alßdann soll er von dysem prot essen und von dem kelch trincken¹⁶³. Wann wir uns selbs also urtaylen, so urtayl uns der Herr nicht¹⁶⁴, sonder verzeyhet uns. So wir aber das nicht thůn, urtaylt uns der Herr; so er uns [C2b:] aber urtaylt, strafft er uns, daß wir nicht mit dyser welt verdampt werden. Dann die straff ^yerschreckt das gewissen und^y manet uns an die sünd. Die sünd treibt uns zů dyser speyß, darin wir das leben haben. Das ist der aynig und recht prauch des heyligen sacraments. Wer es anderst praucht, der praucht ims¹⁶⁵ selbst zum gericht und verdampnuß und ist nit weniger schuldig an dem leyb und plůt des Herren dann die Juden, die in fiengen^z, gaysleten, kreützigten, sein plůt vergossen und zůletst^a in gar tödteten^b.

^cZum vierdten^c wöllen wir sehen, was das neu testament sey, da Christus spricht: »Das ist der kelch des neuen und ewigen testaments mit meinem plůt, welches für euch und für vil vergossen wirt zů vergebung der sünd¹⁶⁶; das thůt zů meiner gedechtnuß«¹⁶⁷. ^dDann da^d ers ain neu testament haist, gibt er zů versteen, daß zůvor ain alt testament ist, welchs yetzo ain endt soll haben. Das alt testament aber was die verpündtnuß, daß, dieweil sy glaubten, sölten sy alle in Abrahams

---

u) nymer mer: a. – v) selbigen: C, D. – w) ists: a. – x) fehlt E, F. – y–y) fehlt a. – z) verrieten: a. – a) fehlt a. – b) todten: a. – c–c) Weyter: a. – d–d) Das: a.

158. sich.
159. 1Kor 11,29.
160. Joh 6,36. Osiander bezieht Joh 6 wie Luther auf das geistliche Essen des Glaubens, sieht die Aussagen aber im Zusammenhang mit dem leiblichen Essen im Sakrament, während Luther sie davon löst, vgl. WA 6, S. 499,22–501,15; 502,7–28 (›De captivitate Babylonica‹, 1520).
161. 1Kor 11,29.
162. prüfen, 1Kor 11,28.
163. 1Kor 11,28.
164. 1Kor 11,31.
165. es sich.
166. Osiander zitiert die Einsetzungsworte in der Formulierung des Meßkanons, vgl. ›Gottesdienstordnung der Pfarrkirchen‹, o. S. 157,16–158,9
167. Lk 22,19.

samen, welcher der zůkünftig Christus war, gebenedeyt werden[168], wolt in Got ire sünde umb sölches glaubens willen verzeyhen, soferne sy ain lebendig opfer thätten und mit dem plůt des opfers den altar und das volck besprengten zů ainer ᵉbedeutung und zeügnuße[e], daß er inen ire sünde umb Christus willen, der sein plůt für sy vergiessen und sy damit gaistlich[f] besprengen würd, [C3a:] verzeihen wölt[169]. Sölches was[170] nicht das recht opfer, sonder nur ain bedeutung und ain schatten des rechten opfers, [g]durch welchen sy nur des rechten und zůkünftigen ermanet und im glauben gestercht würden, biß das recht und aynig opfer, Christus, am creütz auffgeopfert und die sünd bezalt würde[g]. Derhalben was es nicht ewig, sonder zergengklich[171].

Was aber das neu testament sein soll, hat [h]der prophet[h] Jheremias am 31. cap. [31–34] verkündigt und gesprochen: »Sich, es kommen die tag, spricht der Herr, daß ich will machen mit dem hauß Israel und mit dem hauß Juda ain neu verpündtnuß. Das soll nit sein wie die verpündtnuß, die ich mit iren våttern macht zů der zeyt, da ich sy bey irer handt nam und auß dem landt Egipten fůret, welche sy ubertretten haben, und ich hab sy auch auß der acht[172] gelassen. Sonder das soll die verpündtnuß oder das testament sein, daß ich mit dem hauß Israel will auffrichten: Nach dysen tagen, spricht der Herr, will ich mein gesetz in iren leyb geben und in ire hertz will ich es[i] schreiben und will ir Got sein und sy söllen mein volck sein. Und wirt kainer mer lernen[k] seinen nachpauren[173] und seinen brůder, sprechend: Erkenn[l] [162:] den Herren! Dann sy söllen mich all kennen, von dem wenigsten piß auff den maisten, spricht der Herr, darumb daß ich gnedig pin uber ire mißhandlung und ire sünd nymmermer will gedencken.«

Also ist das das[m] neu testament, daß Got allen glaubigen seinen hayligen Gayst geben will, Joan. [C3b:] am 7. [39], durch welchen die lieb, die das gesetz erfült, in unsere hertz gegossen werd, Rom. am 5. [5]. Der leret uns dann auch alle warhait, Joan. am 16. [13], und die prediger seind nicht leermayster, sonder diener und werckzeüg, Paul. 1. Cor. 4 [1]. Die christen sein alle von Got gelert, Joan. am 6. [45], und die sünd werden nachgelassen und verziehen. Das hatt alles Christus mit seinem plůtvergiessen und sterben bey Got dem vatter erworben, daß er sich also mit uns verpunden und ain testament auffgericht hatt, darinnen die sündt vergeben

---

e–e) bedeutnus: a. – f) fehlt a. – g–g) fehlt a. – h–h) fehlt a. – i) fehlt a. – k) leren: E, F, H, K. – l) erkenn: a, C–F; er kenn: A, B, H, K, G. – m) fehlt a.

168. Gen 22,18; Gal 3,16.
169. Hebr 9,19–24.
170. war.
171. vergänglich; Hebr 8,3–7. Diesen Unterschied zwischen Altem und Neuem Testament hatte mit Berufung auf die gleichen Schriftstellen auch Luther gemacht, vgl. WA 6, S. 357,28 bis 358,13. Während aber Luther dann anschließend den Inhalt des Neuen Testaments als Sündenvergebung bestimmt, vgl. WA 6, S. 358,14–34 (›Ein Sermon von dem Neuen Testament‹, 1520), gewinnt Osiander über die Erwähnung des Neuen Testaments und das Zitat von Jer 31,31–34 in Hebr 8,8.12 den Übergang zur Bestimmung des Heilsgutes als Empfang des Geistes Gottes, der das rechte Leben ermöglicht, vgl. im folgenden.
172. Aufmerksamkeit.
173. seinen Nachbarn lehren.

ist[n][174], wie er selbs spricht Luce am letsten [24,46]: »Also můst Christus leyden und aufferste͏̈n von den todten am dritten tag und predigen lassen in seinem namen puß und vergebung der sünde unter allen võlckern und anheben zů Jherusalem«. An welchem ort ist er selbst der hôchst priester gewest, Psal. 109 [Vg; 110,4]: »Der Herr hatt geschworen, und hat in nicht gereuet: Du bist ain priester ewigklich nach der art Melchisedech«. Und hatt seinen leyb geopfert, zů den Hebreern am 10. [10]: »Wir seind gehayligt auff aynmal durch das opfer des leibs Jhesu Christi«. Und am 9. [11f]: »Christus ist darkhommen, ain hoherpriester der zůkünftigen gůtter, nicht durch pôck- oder kelberplůt, dann er ist durch sein aigen plůt ainmal eingangen in das haylige und hat ein ewige erlôsung funden«. Und am 10. [12.14]: »Dyser priester, Christus, da er het ein opfer für die sünde geopfert, das ewig gilt, ist er gesessen zů der gerechten Gottes. Dann mit ainem [C4a:] opfer hatt er in ewigkait vollendet die geheiligten.« Und am 9. [25f]: »Nicht daß er sich selbst offtmal opfert, sonst hett er offt můssen leiden von anfang der welt. Nun aber, am end der welt, ist er ainmal erschynen, durch sein aygen opfer die sünd auffzůheben.«

Also[o] haben wir obgemelter ursachen halben auß der messz hynweggelegt canonem minorem[175] und maiorem[176], welche, so sy gegen dysen sprüchen gehalten werden, nichts dann eyttel erschrockenliche[p] gotteslesterung sein, das ainem verstendigen wol ein môcht[q] fallen, der teüffel selbs het sôlches unleidlichs ubel angericht; und das auß vil ursachen: Zum ersten ist Christus ain ewiger priester. Das hatt im Got geschworn und gereuet in nicht[177]. Zum andern thůt er nur ain aynigs opfer[178]. Zum dritten geschicht das opfer durch plůtvergiessung und sterben[179]. Zum 4. gilt es ewigklich und hatt ain ewige erlôsung erfunden[180]. Zum fünften, wo dieselb ist, da ist kain opfer für die sünd mer, Hebreo am 10. [18]. Zum sechsten bevilcht[181] er, desselbigen aynigen opfers zů gedencken[182].

Welicher[183] aber die canones helt, der verstôsset zum ersten Christum auß

---

n) wirdt: a. – o) Zum vierden: a. – p) teufelische: a. – q) mag: a.

174. Vgl. o. Anm. 171. Um die Bestimmung des Abendmahles als Testament und das in ihm gewährte Heilsgut entspann sich später die Auseinandersetzung zwischen Schatzgeyer und Osiander, vgl. u. S. 471–479, Nr 41.

175. Zur Gestalt des Canon minor, des heutigen Offertoriums, in der vorreformatorischen Messe, vgl. *Meyer,* Messe, S. 135–151. Der Text des in Nürnberg üblichen Bamberger Missale in: Speciale missarum, zwischen Bl. 72 und 73.

176. Der Canon maior, der eigentliche Canon missae, der mit dem Gebet ›Te igitur‹ beginnt, umfaßt die Gebete vor und nach den Einsetzungsworten. Der Text in: Speciale missarum, zwischen Bl. 72 und 73. Vgl. zum Canon maior: *Meyer,* Messe, S. 204–246.

177. Ps 110,4.
178. Hebr 9,28; 10,14.
179. Hebr 9,17f.
180. Hebr 9,12; 10,12.
181. befiehlt.
182. Lk 22,19.
183. Von hier ab entspricht der Gedankengang bis zum Schluß des Abschnittes über die Messe der Begründung für die Ablehnung der Messen in herkömmlicher Gestalt, etwa dem in

seinem ampt und setzt sich selbs an sein stat, nimpt sich des priesterthumbs an und opfert für die sünde und spricht in canone minore: »Herr, mach heylig dyses opfer«, und: »Ich opfer Got dem herren ain opfer«, und: »Wir opfern dir, Herr, dysen kelch«[184]. ʳUnd wirtˢ da durch sy erfüllet, das Christus selbs hat gesagt Mat. amᵗ 24. [5]: »Es werden vil [C4b:] in meinem namen kommen«, das ist, als hett ich sy außgeschickt, »und werden sprechen: ›Ich bin Christus‹«ᵘ, werden sich der werck annemen, die mir allayn zůgehören, als da auch ist für die sünd opfern, »und werden vil verfüren«[185] – als dann layder geschehen ist und noch nicht will auffhören, sonder sy sein verhart und verstockt in irer blinthayt und gotteslesterung, welche alsdann noch grössere wirt, dieweil sy nur wein und prot, welche noch nicht das flaysch und plůt Christi, unsers herren, seind worden[186], mit sölchem pracht auffopfern, ja auch die erlösung Christi, unsers lieben herren, verlaugnen, dieweil sy bitten, durch dyses opfer weins und prots, das noch nicht flaysch und plůt des Herren ist, von den sünden [163:] erledigt werdenʳ[187]. An ettlichen orten aber (dann man helts nicht an ainem ort wie an dem andern, als aller ᵛirrthumb undᵛ lügen art ist) sprechen sy uber das naturlich prot, ehe dann es ʷflaisch und plůt des Herrenʷ wirt: »Dir, Got, meinemˣ schöpfer, opfer ich ain opfer des hayls umb vergebung aller meiner sündt und allerʸ christglaubigen, lebendigen und todten. Mach haylig dyses opfer und verleyhe, daß es deins suns leichnam werde.«[188] Hie hayst er ein opfer für die sünde, das noch prot ist, und ein opfer des hayls, ehe dann es der leychnam Christi wirt, welches alles ayn rechte teüffelische abgötterey ist. Dann wir dürfen[189] kain opfer merᶻ für die sünde, Hebreo. 10 [18]. Christus ist ainmal geopfert und uns von [D 1a:] sünden erledigt[190], und wer ain ander sündopfer auffwürft[191], der verlaugnet Christum und seinen

r–r) Und alsdan wirt dise gotslesterung noch grosser, dweyl es nur brot und wein und noch nicht consecrirt ist. Darnach beschweren sie es noch paß, wan sie Christus erlosung verlaugnen und bitten, durch dises opfer wein und prots, das noch nicht consecrirt, von den sunden erledigt werden: a. – s) würt: B; wurt: G. – t) fehlt B, G, H, K. – u) Christus, das ist: E, F; Christus, das ist, sie: H, K. – v–v) fehlt a. – w–w) consecrirt: a. – x) meyn: a. – y) viler: C. – z) fehlt a.

Zwinglis ›De canone missae epicheiresis‹: Auseinandersetzung mit den Opfergebeten des Kanons (bis S. 226), Behandlung der Adiaphora (bis S. 227, wobei in a noch die bei Zwingli gemachten Ausführungen über das Meßgewand erhalten sind, vgl. u. S. 227, Anm. h, und Darstellung der gereinigten Form des Gottesdienstes (bis S. 230,10), vgl. CR 89 (Zwingli 2), S. 556–608.

184. übersetzt aus dem bambergischen Canon minor; vgl. o. Anm. 176.

185. Luther hatte 1521 in ›De votis monasticis‹ Mt 24,5 antirömisch ausgelegt: »Omnes autem dicunt: ›Ego sum Christus‹, nomine abstinent, sed officium, opus et personam arrogant«, vgl. WA 8, S. 599,14–22.

186. Osiander setzt voraus, daß die Präsenz Christi im Abendmahl sich mit der Rezitation der Einsetzungsworte vollzieht, die erst im Canon maior folgten, vgl. o. Anm. 176.

187. Im bambergischen Canon minor heißt es: »Sanctifica nosque a peccatorum nostrorum maculis clementer emunda«, vgl. o. Anm. 175.

188. Woraus Osiander zitiert, war mit Hilfe der in Erlangen UB vorhandenen Missalien nicht zu klären.

189. bedürfen.

190. Hebr 9,28.   191. einsetzt, lehrt.

todt; das ain yegklicher thůt, der ayn schlecht¹⁹² prot oder weyn ain »opfer des hayls« nennet¹⁹³. ᵃAlso auchᵃ, wer sich des opfers undtersteet, verlaugnet des priesterthumbs Christi, das im sein vatter geschworn hat¹⁹⁴, und setzt sich selbs an Gottes stat, wie Lucifer auch thet¹⁹⁵.

Deßgleichen thůn sy all in canone maiore, bitten, daß Got ir opfer, wein und prot, wöll im gefallen lassen¹⁹⁶, ehe dann es ᵇflaisch und blůt Christi, unsers herrenᵇ, ist¹⁹⁷, welches sy opfern für die kirchen¹⁹⁸: »Welches wir opfern« (sprechen sy) oder »welchs sy ᶜ(die gemain)ᶜ opfern für sich und alles, was ir ist, und für die erlösung irer selen«¹⁹⁹ etc.ᵈ. Thůn wie die rechten pauchheyligen²⁰⁰, lassen wein und prot iren got und erlösung irer selen sein.

Zum andern: Welcher die canones helt, der verdampt das opfer, das Christus hat gethan, dieweil er Christum offtmals wider alle schrifft opfert²⁰¹. Dann sy lassen nicht nach; ᵉso wol ist in mit dem opfer, das doch Christo allayn zůgehörtᵉ. Wann sy lang wein und prot vor der benedeyung²⁰² geopfert haben, fahen sy wider an, nachdem es der war leichnam und das war plůt Christi ist worden, und opfern noch ymmerdar und sprechen: »Wir seind indechtig²⁰³ des leidens deins suns Jesu Christi etc. und opfern deiner maiestat von deinen gaben ein raynes opfer, ein [D1b:] heyligs opfer und ein unbefleckts opfer, das heylig prot des ewigen lebens und den kelch des ewigen hayls«²⁰⁴, so doch droben angezaigt ist²⁰⁵, daß erᶠ nur ainmal am creütz geopfert ist und fürohynᵍ nicht mehr geopfert mag werden. Söliche irʰ gotteslesterung wirt alßdanni noch grössere, wann sy einherfaren und bitten Got für seinen sun, gleich als gelt er sonst nichts bey imᵏ, sy peten dann für in und sprechen: »Auff welche (prot und kelch) du mit gnedigem und freüntlichem anplick sehen wöllest und sy annemen, wie du das opfer deines dieners Abel²⁰⁶ und opfer des vatters Abrahams²⁰⁷, und daß dir ˡdein höchsterˡ

a–a) Desgleichen: a. – b–b) consecrirt: a. – c–c) fehlt a. – d) fehlt a. – e–e) fehlt a. – f) fehlt a. – g) furho: a. – h) fehlt a. – i) fehlt a. – k) Got: a. – l–l) der hohe: a.

192. einfaches.
193. Vgl. o. Anm. 184.
194. Ps 110,4.
195. 2Thess 2,4.
196. Im bambergischen Canon maior heißt es: »Te igitur, clementissime pater per Jesum Christum, filium tuum, dominum nostrum, supplices rogamus ac petimus, uti accepta habeas et benedicas haec dona, haec munera, haec sancta sacrificia illibata«, vgl. o. S. 209, Anm. 176.
197. Vgl. o. Anm. 186.
198. Im bambergischen Canon minor heißt es: »In primis quae tibi offerimus pro ecclesia tua sancta catholica«, vgl. o. S. 209, Anm. 175.
199. Übersetzung verschiedener Stellen aus dem bambergischen Canon maior, vgl. o. S. 209, Anm. 176.
200. Phil 3,19.
201. Vgl. Hebr 9,26.
202. die Segnung der Elemente durch die Einsetzungsworte, beginnend mit dem ›Qui pridie‹.
203. eingedenk.
204. freie Übersetzung des Gebetes ›Unde et memores‹ aus dem bambergischen Canon maior, das unmittelbar auf die Einsetzungsworte folgt, vgl. o. S. 209, Anm. 176.
205. Vgl. o. S. 209,6–16.   206. Gen 4,4.   207. Gen 22,13.

priester Melchisedeck[208] geopfert hatt, angenommen hast«[209]. Pfů sich der schanden! Sőllen sy, ᵐdie ellende sünderᵐ, für Christum bitten (wann er gleich zum andernmal ein opfer were), daß in der vater anneme? Und soll dennoch nit mer gelten und nicht hőher angenommen werden dann Abels, Abrahams und Melchisedech opfer, die nur elende creatur geopfert haben, so doch das der lebendig gottessun, Got selbs ist, durch den alle ding erschaffen und gemacht sein worden, ⁿder alle glaubige durch sich selbs dem vatter versőnet hattⁿ? Got wőll den sathan zertretten[210] und sőlche lesterung seines heyligen namens bald° vertilgen. Amen.

Man frag nun weytter, woher dyse schwăre undᵖ sorgliche leuffte[211], so yetzund vor augen, uber uns khommenq. Dyse gotteslesterung allayn wer gnůg, daß Got die gantz welt darumb umbkeret. Es ist [D2a:] zů Noe gezeytten von flaischlicher sünd wegen die sündtfluß uber das gantz menschlich geschlecht gangen[212]. Was maynen wir, [164:] das wir zů warten haben, so wir Got selbst also uneeren und schmăhen[213]? Dennoch will man uns dahyn weisen und uns gepieten, [wir] sőllen dyse grausame gotteslesterung, ʳnachdem wir sy von Gottes gnaden erkant und abgelegt haben, wider auffrichten und noch lengerʳ halten, ˢgleich alsˢ sőlt man die menschen und ir gepot hőher ᵗachten und mer fürchtenᵗ dann Got selbs.

Noch ist sein an dysem allainᵘ[214] nit gnůg; sy lestern Got noch tiefferᵛ und sprechen: »Wir bitten dich demůttigklich, wőllest gepieten, daß dyse durch die hend deines heyligen engels auff deinen hohen altar für[215] das angesicht deiner gőtlichen maiestat gefürt werden«[216]. Gleich als seßʷ Christus, der war lebendig gottessun, nicht vorhyn[217] zů der gerechten[218] Gottes, kőnd auch selbs nicht geen, man můst in erst die engel in hymmel tragen lassen, so doch zů den Hebreern am 9. [24] geschriben ist, er sey »einmal eingangen, nicht in ain hütten mit henden gemacht, sonder in den hymmel selbst, zů erscheynen vor dem angesicht Gottes«; und am 10. [12f]: »Ist gesessen zů der gerechten Gottes und wartet hynfüro daselbst, biß daß seine feind zum schemel seiner fůß gelegt werden«. Es were nicht ain wunder, daß Got umb sőlches unchristlichen, teüflischen lesterns willen

---

m–m) fehlt a. – n–n) fehlt a. – o) fehlt a. – p) und gantz: a. – q) gynen: a. – r–r) fehlt a. – s–s) Eben sam: a. – t–t) furchten und achten: a. – u) fehlt a. – v) paser: a. – w) setz: a.

208. Gen 14,18.
209. Fortsetzung der Übersetzung des Gebetes ›Unde et memores‹ aus dem bambergischen Canon maior, vgl. o. S. 209, Anm. 176.
210. Röm 16,20.
211. Besorgnis weckende gegenwärtige Situation.
212. Gen 6,5–7,17.
213. Dementsprechend hatte schon Luther in ›Ein Sermon vom Sakrament‹ 1519 Krankheit und Krieg auf den Mißbrauch des Abendmahls zurückgeführt, vgl. WA 2, S. 752,24f. Vgl. auch 1Kor 11,27–30.
214. verlesen aus: allem?
215. vor.
216. Übersetzung des Anfangs vom Gebet »Supplices te rogamus« aus dem bambergischen Canon maior, vgl. o. Anm. 176.
217. ohnehin.
218. Rechten.

alle pfaffen und münch, kirchen und altar, stiffter und stiffterin mit helli- [D2b:] schem feur wie Sodoma und Gomorra²¹⁹ in abgrundt der hellen ewigklich versengkt.

Zum dritten: Dieweil das opfer durch plůtvergiessen und sterben geschehen
5 můst, wie oben gesagt ist²²⁰, solt er sich, der herr Christus, offtmals opfern, wurd er auch offt leyden můssen, Hebre. am 9. [26]. Derhalben alle die, so canones halten und Christum täglich opfern, kreützigen in auch täglich; dann darvon sagt er zů den Hebre. am 6. [4-6]: »Es ist unmöglich, daß die, so ainmal erleücht sein und geschmeckt haben die hymmlischen gaben und taylhafftig worden sein
10 des heiligen Geysts und geschmeckt haben das gůt wort Gottes und die krafft der zůkünfftigen welt, wo sy empfallen²²¹, daß sy sölten verneut werden zur půß, die da widerumb inen²²² den sun Gottes kreützigen und für ain spot halten«. Das ist: »Welche ainmal durch das evangelium imm glauben erleücht sein«, daß sy wissen, daß Christus ire sünd hab gepůßt und inen ein gnedigen Got gemacht, »und ge-
15 schmeckt die hymmlischen gabe, die auß dem glauben khommen«, nemlich frid und freud im heiligen Geist²²³, »und des heiligen Geists tailhafftig seind worden«, das ist, sein gegenwertigkeit in den früchten erkennt haben, »und haben geschmeckt das gůttig wort Gottes«, das ist, durch söliche erfarung erlernt, wie gůt, lieplich und mechtig Gottes wort ist, durch welches dyses alles in uns ange-
20 richt wirt, »und die krefft der zůkünfftigen welt«, das ist, die art des ewigen lebens in dem [D3a:] glauben abgepildet, »wann sy empfallen«, das ist, auß dysem glauben tretten˟ und sich ayncherlay zůfallende²²⁴ sünd oder schwachait erschrecken lassen, daß sy ain andere und aygene gnůgthůung sůchen und nicht mer glauben, daß das aynig opfer und der aynig tod Christi für alle sünde gnůg sey
25 und ayn ewige erlösung gepracht habʸ, »ist unmöglich, daß dieselben durch půß«, das ist, durch reu und layd und durch vleissig sůchen ainer andern gnůgthůung »sölten verneut und gerechtfertigt werden«. Dann es kann uns nichts mit Got versönen dann der aynig todt seines suns Jesu Christi, unsers herren. Sonder weil sy vom glauben empfallen sein ᶻund setzen iren trost fürohynᵃ auff aygene werck und
30 gnůgthůung und nicht in das aynig leyden Christi, soᶻ verspotten sy das leyden und sterben Christi, als sey es nichts und gelt nicht mer; er hab auch nicht ainmal alle sünd darmit außgetilget, und faren zů, wöllen in noch ainmal für die sünd opfern, wie unser pfaffen und münch thůn. [165:] Wo aber Christus geopfert wirt, da wirtᵇ sein plůt vergossen, und er getödt. Derhalben spricht er recht: »Sy
35 kreützigen in wider«²²⁵, wieᶜ Paulus sagt: Welcher das unwirdig nympt, das ist,

x) weychen: a. – y) hat: C. – z–z) fehlt a. – a) furdhyn: H, K. – b) würt: C. – c) wie auch: a.

219. Gen 20,3f.
220. Vgl. o. S. 207,25–208,10.
221. herausfallen (aus dem Glauben).
222. ihnen = für sich.
223. Röm 15,13.
224. irgendwelche auftretende.
225. Hebr 6,6.

anderst, dann Christus will, sich des gepraucht, der ist schuldig des leibs und plůts Christi[226], wie oben gesagt[227]. Deßgleichen spricht er auch zů den Hebre. 10 [23], nachdem er das priesterthumb Christi und sein opfer wol erklert hatt, die maynung: Weyl wir das [D3b:] wissen, »last uns festhalten an der bekantnuß der hofnung«, das ist, last uns in keynen weg zweiffeln an dem, daß Christus ainmal unser sünd hynweggenommen hab. »Dann so wir můtwillig sündigen, nachdem wir die erkantnuß der warhait empfangen haben«, das ist, wann wir auß dem glauben fallen und in ᵈon alle notᵈ faren lassen, nicht glauben, daß Christus durch sein aynigs opfer unser sünd allzůmal vertilget hab, sonder ain anders opfer sůchen, »ist uns kain opfer mer hyndterstellig«[228], das ist, wir finden nichts, damit für die sünd möge gnůg geschehen, »sonder nur ain erschröcklich warten des gerichts und des feurin[229] eyffers, der die widerwertigen verzeren wirt«. Wann der, so das gesatz Moysi pricht, stürbt on erparmungᵉ durch zwen oder drey zeügen, wievil, maynt ir, erger quelung wirtᶠ der wirdig sein, der den sun Gottes mit füssen tritt und das plůt des testaments unrayn achtet, in welchem er geheiligt ist und den geyst der gnaden schendet«[230]. Moyses gesetz ist ain verpündtnuß des volcks mit Got: Sy söllen in iren Got lassen sein, so wöll er sy für sein volck halten[231]. Sy söllen sein gepot halten, so wöll er inen wolthůn[232]. Welcher das präch und ain andern got anbetet, der můst sterben[233]. Das neu testament ist ayn verpündtnuß Gottes mit uns: Wir söllen an Christum, unsern könig und priester, glauben, so wöll er uns umb seinetwillen alle sünde verzeyhen, ᵍden heiligen Gaystᵍ und das ewig leben geben. Welcher nun [D4a:] nicht glaubt, daß im sein sünd durch den aynigen todt Christi verziehen werden, und ain anders opfer sůcht, der pricht den neuen pundt, »tritt Gottes sun mit füssen«[234], dieweil er sein ainigs opfer nit gnůgsam achtet für die sünd, »und achtet das plůt des testaments unrayn, damit er gehayligt ist«[235]. Dasʰ plůt Christi hat in geraynigt und geheyligt von sünden, wann ers nur glaubt; er aber achts für unrayn, das ist, glaubts nicht, daß es in raynige und heilig mach, und schendt den gnedigen geyst Gottes, dieweil er darfür helt, er zörne ⁱnoch umb der sünd willenⁱ und wöll sölchen zorn durch ain neu opfer abgelegt haben, welches ist Christum mit füssen tretten, kreützigen und verspotten[236].

---

d–d) fehlt a. – e) erparnuss: a. – f) würdt: B; wurd: G. – g–g) fehlt a. – h) Das ist, das: a. – i–i) fehlt a.

226. 1Kor 11,27.
227. Vgl. o. S. 207,8–24.
228. übrig.
229. feurigen.
230. Hebr 10,26–29.
231. Ex 6,7.
232. Dtn 7,11f.
233. Dtn 13,6–11.
234. Hebr 10,29.
235. Hebr 10,29.
236. Hebr 10,29; 6,6.

Zum vierdten: Dieweil das aynig opfer Christi ewigklich gilt, und er ain ewige erlösung dadurch gefunden hat²³⁷, verlaugnen alle die des herren Christi, die es nicht ewig gelten lassen, sonder nur ain zeytlang. Das thůn aber die, so²³⁸ Christum in der messz wider opfern, so²³⁹ wir doch imm gantzen neuen testament kayn opfer mer für die sündt haben. Welcher nun offt opfert, der verlaugnet das priesterthumb, das reych, den todt, das plůtvergiessen, das leyden, die menschwerdung Christi, unsers herren, und das gantz neu testament. Dann sein wir im neuen testament, so ist uns alle sünd vergeben, wie Ihere. am ᵏ31. [34]ᵏ sagt und zů den Hebre. am 10. [16] geschriben ist. Dürfen auch nichts mer opfern für die sünd, dieweil das [D4b:] opfer Christi ewig gilt und wir ewigklich dadurch volendt sein. Bedürfen wir aber eynes opfers für die sünd, so ist sy noch nicht verziehen, so seind wir noch nicht im neuen testament, so ist Christus noch nit geporen, noch vil weniger ge-[166:]storben, erstanden und zů hymmel gefaren, ja, es ist der gantz christlich glaub falsch²⁴⁰. Ist er aber gerecht, als er dann gerecht ist, so můß das ain teüffelisch gotteslesterung sein, daß man das opfer Christi nicht ewig will gelten lassen, sonder alle tag vil tausentmal auff ein neus opfern, welches doch nur verlaugnen und kreützigen ist. Deßgleychen, wem Got vil nachlest, der hat auch vil lieb²⁴¹. Nun er aber ain ewige erlösung von sünden auffgericht hatt, söllen wir auch ain söliche lieb gegen im haben. Dann es felet nicht, glauben wir vil, so lieben wir vil, dann wer da glaubt, der empfahet den heiligen Gayst, Joan. 7 [39]. Der heylig Gayst aber, der geüst die lieb in unsere hertzen, Rom. 5 [5]. Dieweil sy aber der gnad abprechen und nicht ewig, sonder paufellig²⁴² halten und leren, die man offtmals durch opfer widerholen můß, geschicht vonnötten auch der lieb ain abpruch. Dann ye reychlicher man Gottes gnad predigt, ye mer lieb erwechst, und ye schmäler man sy predigt, ye mer aygener nutz sich erhebt. Die lieb aber erfült allayn Gottes gebot²⁴³. Wer nun die lieb schmälert, der richtet sünden an. Derhalben durch ire tägliche opfer nichts anders dann verdunckelung der gnad Gottes und der ewigen erlö-[E1a:]sung, verschmälerung christlicher lieb, auffnemen²⁴⁴ der sünden und alles ubel verursacht wirt, darvon auch Christus Matth. am 24. [5.11f] sagt: In letzten zeytten, wann vil verfürer khommen, die sich an Christus stat setzen und sprechen, sy sein Christus, wirt die lieb erkalten und die boßhait uberhandtnemen.

Zum fünften: Wo söliche vergebung der sünd und ewige erlösung ist, da ist kayn opfer für die sünde mer, Hebre. 10 [18]. Derhalben lygt ernyder alles, das man auff das opfer gepauet hat, und alle, die mit dem opfer umbgeen, betriegen

k–k) 33.[8]: G.

237. Hebr 9,12; 10,12.
238. die.
239. obwohl.
240. Osiander liebte derartige, zur Klimax geordnete Syllogismen bei seinen Beweisführungen.
241. Lk 7,47.
242. anfechtbar, wankend.
243. Röm 13,10.
244. Gedeihen.

sich selbs und alle, die in anhangen, erstlich[l] umb die seel, darnach auch umb das gůt, welches man in umb ires opfers willen geschickt und geschenckt hatt.

Zum sechsten hatt Christus bevolhen, man soll sôlches zů seiner gedechtnuß thůn[245], und Paulus: »So offt ir esset von dysem prot und trincket von dysem kelch, werd ir den todt des Herren verkündigen so lang, biß er kumpt«[246]. Welches ye klar ist: Dieweyl es ain sôlchs opfer ist, das ewig gilt, soll man nicht ain ander opfer auffrichten, sonder des aynigen opfers gedencken, das ist, den tod Christi verkhündigen, biß an jüngsten tag. Die aber ein neus opfer auffrichten, stellen das erst in vergessung, vervolgen und verlestern diejhenigen, so das recht opfer verkhündigen, allain darumb, daß inen ir nutzung[247] abgeet.

[m]Wir wissen aber auch wol, und ist niemant verporgen, was sy für gegenred einfüren, mit denen sy [E1b:] verma[i]nen, daß die messz ain opfer sein môg, zů beweisen[248]. Und wiewol nun dieselbigen ire gegenwôr in dysem krieg vil zů schwach sein und auß der heiligen schrifft grossem unverstandt herfliessen, dieweil doch ettlich mit der heiligen schrifft dermassen geferbt sein[249], daß sy den gemaynen, ainfeltigen hauffen môchten plenden und verfüren, wôllen wir dieselbigen auch kürtzlich anzaygen und, daß sy mit uns wider sy fechten, offenbar machen. Dann also faren sy herein und sprechen: Christus ist ain priester ewiglich nach der ordnung Melchizedeck. Das hatt im Got der vatter geschworen und wirt in nicht gereuen, Psalm. 109 [Vg; 110,4]. Melchizedeck aber hatt wein und prot geopfert, Gen. 14 [18]. Darumb můß Christus auch wein und prot opfern. Derhalben ist die messz ain opfer[250]. Das beweysen sy dann weytter durch den spruch Malachiae. 1 [10f]: »Ich hab kain gefallen an euch, spricht der Herr, und will kain gab von euern henden annemen. Dann von auffgang der sonnen biß zum nidergang ist mein namen groß undter den hayden, und an allen orten wirt gepracht und geopfert meinem namen ain raines opfer. Dann mein namen ist groß undter den hayden, spricht Gott der herr.«[251]

---

l) fehlt a. – m–m) fehlt bis S. 225,9 in a.

245. Lk 22,19.   246. 1Kor 11,26.   247. Einnahme, Nutzen.

248. Die folgende Auseinandersetzung über Gen 14,18 und Mal 1,11 wurde von Osiander erst nach der Abgabe der Rechtfertigungsschrift an den Nürnberger Rat in den Text eingefügt. Daß er sich damit auf eine Auseinandersetzung mit dem Ansbacher katholischen Ratschlag vom 30. September 1524 einlassen wollte (so *Pfeiffer*, Einführung, S. 127, Anm. 71), ist zwar nicht ausgeschlossen, aber wenig wahrscheinlich. Vielmehr dürfte er die Schriften Hieronymus Emsers gegen Luther und Zwingli im Auge gehabt haben, in denen die erwähnten beiden Bibelstellen zur Verteidigung des Meßopfers herangezogen worden waren, vgl. *Freudenberger,* Emser, S. 17f, 82. Emser selbst hat Osianders Ausführungen auf sich bezogen, als er in seiner Schrift gegen ›Grund und Ursach‹ schrieb: »Dieweyl ir meyne tzwey argument wider Luthers Messe, namlich vor dem priesterthumb Melchisedech und der prophezey Malachie, damit ich beweyst hab, daß die Meß ein opfer sey, sonderlich furgenommen und getadelt habt, wil ich ouch furnhemlich euch alleyn von der Meß antworten«, vgl. *Freudenberger,* Emser, S. 113, 13–17.

249. dh die Schrift wird von den Gegnern zur Begründung herangezogen, obwohl sie eigentlich nicht für sie spricht.

250. Vgl. *Freudenberger,* Emser, S. 17,29–18,3.

251. Vgl. *Freudenberger,* Emser, S. 16,25–17,15.

Das ist ungevårlich ir grundt, und was sy uber das[252] herfürpringen, ist alles kainer antwort werdt. Darumb wöllen wir das auffs kürtzst verantworten und sagen: Daß Christus ain ewiger priester [E2a:] nach Melchizedecks ordnung ist, wissen wir nicht allain wol, sonder trösten uns auch des wider alle sünd, todt und helle. Daß aber Melchisedeck wein und prot geopfert hab, das ist nicht war, und sy werdens auch nymmermer mit heyliger schrifft beweisen mögen. Doch auff daß sy nicht sprechen, wir fliehen und, was wir nicht verantworten kōnden, das pflegen wir zů verleügnen, so wöllen wir inen das nachgeben, wiewol es nicht war ist[253], auff daß sy sehen, daß man mit liegen nichts außrichten kann, wann es gleych wol geferbt ist.

Nun wolan, es hab gleich Melchizedeck weyn und prot geopfert, was ligt daran? Es folget darumb nicht, daß Christus auch sein flaisch und plůt undter prot und weins gestalt in dem abentmal geopfert, oder aber in der messz füro[n] zů opfern eingesetzt hab. Dann wiewol Christus ain priester ist nach Melchizedecks ordnung[254], ist er darumb dem Melchizedeck nit in allen stucken gleich. Wie wölten wir sonst besteen, wann ayner sprech: Melchizedeck hatt erstlich für sein aygen sünd und darnach auch für des volcks sünd geopfert. »Dann ain yegklicher priester, auß den menschen genomen, wirt gesetzt für die sünd zů opfern, der da kōnd mitleiden haben mit den schwachen; nachdem er selbs auch mit schwachait umbgeben ist, soll er für das volck und für sich selbs opfern für die sünde« etc., Hebre. 5 [1–3]. Darumb mŭß Christus auch für sein aigen sünd am ersten opfern. [E2b:] Hie mŭsten wir bekennen, daß Christus ain sünder were gewesen. Das wöll aber Got nicht[255]! Also auch, wann ainer sprech: Melchizedeck hatt in der statt Salem (welche etwan[256] auch Jebus, zůletst Jerusalem genennt ist worden[257]) sein opfer gethan, und Christus hatt im nachgefolgt und sein abentessen auch zů Jerusalem gehalten, darumb müssen alle messz daselbst und sonst nyndert[258] gehalten werden. Desgleichen, wie Melchizedeck allain weyn und prot hatt geopfert, also mŭst auch in der messz nichts dann wein und prot und nicht Christus fleisch und plůt sein. Was wolten wir hiezů sagen, würden wir nicht ain feyn spill anrichten?

Nun ist aber Christus dem Melchizedeck on zweifel nicht in allen stucken gleich. In welchen ist er im aber gleich und in welchen ist er im ungleich? Wer will uns des gewiß machen? On zweiffel allain die heylig geschrifft. Dieselbig aber zaygt uns wol an, wie Christus der herr dem Melchizedeck gleich sey in den nachvolgenden stucken: Nemlich, wie Melchizedeck wirt verteütscht eyn kōnig der

---

n) furd: H, K.

252. darüber hinaus.
253. Osiander versucht im folgenden bis S. 220 zu beweisen, daß auch unter der Annahme, Melchisedek habe Wein und Brot geopfert, Gen 14,18 nicht für die Gegner spricht.
254. Hebr 5,6.10.
255. Hebr 4,15.
256. vorzeiten.
257. 1Chr 11,4.
258. nirgends.

gerechtigkait, also sey auch Christus in der warheit ein künig der gerechtigkait. Und wie ein künig Salem wirt verteütscht eyn künig des fridts, also sey auch Christus warlich ein künig des fridts. Und wie Melchisedeck in der geschrifft kain gepurt, kayn eltern, kein todt, kayn anfang noch endt hat, also ist Christus nach seinem götlichen wesen und priesterthumb auch [E3a:] ewig und unerforscht. Und wie Melchizedeck den zehenden²⁵⁹ vom Abraham, der da ain vatter aller levitischen priester war, hatt genommen, damit angezaigt würde, daß Melchizedeck ain höher priesterthumb hett dann die leviten, also hab auch Christus ain edler und höher priesterthumb dann das priesterthumb des alten testaments ist gewest, und was dergleichen mer zu den Hebreern am 7. [1–4] angezaigt wirt. Der gleichnus aber mit wein und prot opferⁿ° gedenckt die schrifft mit kainem wort an kainem ort. Ja, sy sagt auch das widerspill²⁶⁰ und spricht, Christus hab sich selbs ainmal geopfert, nicht daß er sich offtmal opfer, sonst het er offt müssen leiden von anfang der welt, Hebre. 9 [24–26]. Damit ye klärlich angezaigt wirt, daß Christus in der messz nit mer geopfert werden mag.

Nun wöllen wir aber das auch faren lassen und weytter sehen, ob ire maynung besteen mag oder nit. Christus ist ain priester ewigklich nach Melchizedecks ordnung²⁶¹. Gott hats im geschworen und wirt in nicht gereuen²⁶². Wann nun Melchizedecks ordnung ist, wein und prot in der meß opfern, so müß es auch ewig weren und bleibenᴾ. Da müssen dann imm hymmel auch kirchen und altar gepauet werden, weyn und prot da sein und messz gehalten werden. Dann wie es aynmal angefangen hatt, so müß es ja on allen zweiffel ewig gehalten werden. Was möcht man aber lecherlichers erdencken? Ist es nicht ain grosse [E3b:] schandt, daß söliche gelerte leut so gar blindt sein? Stossen sy doch eben ir priesterthumb allhie selbs zu poden! Dann es ist zu den Hebreern am 7. [23f] auch geschriben, das Christus ewig leb und ain unvergengklich priesterthumb hab. Darumb darf man kain andern an sein stat stellen, wie den levitischen geschach, die durch den todt abgiengen. Wer hat sy dann haissen an Christus statt tretten und opfern, dieweil er noch nicht von seinem priesterthumb abtretten ist, dieweil er ewig priester bleibt?

Also auch ain yedlicher priester wirtq eingesetzt, für die sünd zu opfern, Hebre. am 5. [1]. Und wo vergebung der sünd ist, da ist kayn opfer mer für die sünd, Hebr. am 10. [18]. Ist nun die messz, wie sy bißher gehalten worden ist, die ordnung Melchizedecks, so müssen ewigklich messz gehalten werden, so müssen auch wir ewigklich sündigen; dann wo kain sünd ist, da ist auch kayn opfer für die sündt, da ist kayn messz, da ist kayn ordnung Melchizedecks mer. Wol wirt dann Got so ain schon reich haben, wann aintweder wir sündigen, oder aber sein geschworner aydt zerprechen müssen.

o) opfer: H, K. – p) bleyben, und: C, D. – q) würt: B; wurd: G.

259. Zehnten.
260. Gegenteil.
261. Hebr 5,6.10.
262. Ps 110,4.

Weytter: Dieweil sy nicht laugnen noch widersprechen mögen, das recht opfer, dardurch unser sünd uns vergeben sein worden, sey am creütz durch das blůtvergiessen und sterben Christi geschehen, wöllen wir sein leiden gegen seinem abentessen halten und sehen, wie es sich weytter zů dysem priesterthumb werd schicken.

[E4a:] Am abentessen ist Christus als ain ewiger, almechtiger, warer Got bey seinen jungern gewest, dann wie hett er inen sonst sein war flaisch und plůt zů essen und zů trincken mögen geben? Am creütz ist er als ain arm, vervolgt und verlassen mensch in der feinde hende gewest, dann wie hetten in sonst die Juden mögen tödten? Am abentessen hatt er gesagt: »Ich hab mit grosser begyrd dits abentmal mit euch zů essen begert«[263]. Am anfang seines leidens hatt er gesagt: »Meyn seel ist traurig biß in todt«[264], und: »Vatter, ist es möglich, so gee dyser kelch von mir«[265]. Am abentessen hat er sein flaisch und plůt seinen lieben freünden und brůdern zů ainem pfandt der seligkait geben, und sy seind dadurch gestërckt worden. Am creütz hatt er sein flaisch und plůt den gotlosen Juden und hayden zů aller schmach und pein biß in den pittern todt ergeben, und seine jüngern seind darab geergert worden[266]. Sein abentessen hatt er offtmals in seiner gedechtnuß zů halten bevolhen[267]. Sein leiden und sterben hatt er durch die auffersteeung uberwunden, stirbt hynfüro nicht mer, und der todt wirt füro nicht uber in herschen, Ro. 6 [9].

Dyses alles ist kürtzlich darumb angezaigt, daß man on alles widersprechen můß bekennen, daß das abentessen nicht das leiden sey gewest, und daß sein leiden widerumb nicht das abentessen sey gewest.

[E4b:] Darauff wöllen wir also beschliessen: Ist das abentessen des Herrn oder die messz das ampt und opfer, darumb er ain priester nach Melchizedecks ordnung in ewigkait gesetzt ist worden, so volget, daß aintweder das leiden Christi nicht ain opfer und gnůgthůung für unsere sünde sey gewest, das doch erschröckenlich, grausam, unchristlich und gantz teüflisch were zů gedencken. Oder aber[r] Christus hett in seinem leyden die allergrössisten, gotßlesterlichsten sünd gethan, dergleichen noch nye auff erden geschehen were, dann er hett seinen hymmlischen vatter zů ainem lůgner gemacht; welches doch so unpillig zů gedencken were, daß es kain zunge in hymmel noch auff erden möcht außsprechen.

Daß aber dyses alles auß irem ungeschickten, erlognen außlegen hernach volg, ist gůt zů beweisen. Dann so nach Melchizedecks ordnung priester sein als vil soll gelten, als des Herren abentessen oder aber[s] ain messz halten, und doch Got geschworn hatt, er soll ewig ain priester nach Melchizedecks ordnung bleiben, so were derselbig aydt nach dem abentessen nicht 24 stundt gehalten worden, dieweil

---

r) fehlt H, K. – s) fehlt H, K.

263. Lk 22,15.
264. Mt 26,38.
265. Mt 26,39.
266. Mt 26,31.
267. Lk 22,19.

Christus am creütz priester gewest ist und ain opfer gethan hatt, welches der
ordnung Melchizedeck so ungleich gewest ist, als nacht und tag, todt und leben.
Also were aintweder Christus leyden und todt kayn opfer, oder Melchizedecks
ordnung were verprochen²⁶⁸ und der aidt nicht gehalten. Sôlche teüf- [F1a:]
lische gotteßlesterung volget auß irer lůgen, da sy sagen, Melchizedeck hab wein
und prot geopfert, und Christus můß auch also nach der ordnung Melchizedecks
undter der gestalt prots und weins in der messz geopfert werden.

Bißher²⁶⁹ haben wir wider ir maynung gehandelt, gleich als were es war, daß
Melchizedeck wein und prot geopfert het. Nun wôllen wir kürtzlich anzaigen, daß
dasselbig nicht in der schrifft ist. Dann am ersten bůch Mosi am 14. cap. [17–20]
steet also von im geschriben: »Da Abraham widerkam von der schlacht etc., gieng
im der kônig von Sodom entgegen etc., und Melchizedeck, ain kônig zů Salem,
trůg herfür prot und wein, und derselb war ein priester des hôchsten Gottes und
segnet in und sprach: ›Gesegnet seyst du, Abraham, dem hôchsten Got, der da
besitzt hymmel und erden, und gelobt sey Got, der allerhôchst, der deine feindt in
deine hend hat geben‹. Und Abraham gab im zehenden von allem.« Hie sicht man
alsbald, daß Melchizedeck nicht wein und prot als ain priester geopfert, sonder als
ein reicher kônig den Abraham und die sein darmit vereeret hatt. Dann das wôrtlein ›hotzij‹ in hebraischer sprach haist nicht opfern, sonder hynaußverschaffen,
hinaußstossen, -fůren oder -tragen²⁷⁰. So war es auch der prauch, daß man den
kriegßleuten, wo sy für ire freündt²⁷¹ zogen, mit speiß und tranck entgegengieng.
Derhalb auch die Ammoniter und Moabiter verstossen worden, [F1b:] daß sy zů
ewigen zeiten nicht in die gemain des Herren sôlten khommen, darumb daß sy
den kyndern Israhel nicht mit wasser und prot entgegen waren khommen, da sy
auß Egipten zogen, als geschriben ist im 5. bůch Mosi am 23. cap. [4f]. Deßgleichen zerschlůg Gedeon die 70 eltisten zů Succoth mit dornen und zerprach
den turn zů Pnuel, darumb daß sy seinem volck nit speiß und tranck zur sterck
geben wolten, da er die kônig Sebah und Zalmuna vervolget, als geschriben ist
im bůch der Richter am 8. cap. [5f und 16f]. Es ist auch lautter und klar im text:
Darumb daß er ain kônig war, gab er dem Abraham wein und prot. Darumb aber,
daß er ayn priester war, gab er im den segen²⁷². Da wirt⁽ᵗ⁾ aber nirgen kaines opfers
gedacht.

Wann aber yemand fraget, was ist das opfer, da Malachias von sagt: »An allen
orten wirt meinem namen ain rain opfer pracht«²⁷³, da wôllen wir auch auff das
kürtzist von reden: Christus ist ain ewiger priester nach der ordnung Melchize-

---

t) wůrdt: B; wurd: G.

268. gebrochen.
269. Vgl. o. S. 217,6–10.
270. Vgl. Gen 14,18: הוֹצִיא‎ אִיצָה‎ = Hiphil, Perf., 3. Pers. sing. masc. Die Bedeutung ist von Osiander korrekt angegeben.
271. ihren Freunden, Verwandten entgegen.
272. Gen 14,18f.
273. Mal 1,11.

decks, hat sich selbs ainmal in todt für uns geopfert, welches opfer ewigklich gilt, hat ain ewige erlösung erfunden und ewigklich volkomen gemacht alle heiligen, als geschriben ist zů den Hebre. am 8., 9. und 10. cap. [8,3; 9,11f; 10,12]. Aber Got der vatter hat in vom todt wider aufferweckt und »vor allen dingen gesetzt zů ainem haupt der gemain, welch da ist sein leib und die fülle des, der alles in allen erfüllet«, Ephe. am 1. [20.22f]. Darumb sein [F2a:] alle glaubige seine glider und gaistlicher leib, wie er selbs sagt Joan. am 6. [56]: »Welcher mein flaisch isset und mein plůt trincket, der pleibt in mir und ich in im«. Und er ist »das haupt, an welchem der gantz leib durch gelenck und fůge handtraichung empfahet und aneinander sich helt und also wechst zů der grösse, die Got gibt«, Colo. 2. [19]. »Dann gleich als wir in einem leib vil glider haben, also sein wir vil ain leib Christi. Aber untereinander ist einer des andern glidt«, Ro. 12 [4f]. Wie nun Christus, das haubt, hat »můssen leiden und also in sein herlichait eingeen«, Luce 24 [26], also můssen auch seine glider leiden und durch den todt das reich, so Christus erworben hatt, einnemen, wie Petrus in der ersten epist. am 3. cap. [4,1] sagt: »Weil Christus imm flaisch gelitten hatt für uns, so wapent euch auch mit demselben synn; dann wer am flaisch leidet, der höret auch auff von sünden«. Deßgleychen der heylig Paulus zů den Coloss. am 1. [24]: »Ich freu mich in meinen leiden, die ich leide für euch, und erstate den mangel der trůbsal Christi an meinem leib, für seinen leib, welche ist die gemayn«; als wölt er sagen: Christus hat sich ainmal für unser sünd in todt geopfert und hat uns ain ewige erlösung gefunden, daran ist kain mangel. Wir aber haben das reich noch nicht eingenommen, sonder müssen vor[274] auch leyden und sterben, wie Christus gestorben ist. Und weil[275] das nicht geschicht, so ist noch ain mangel an dem gaistlichen leib Christi, welches seine glaubige gemayn ist. Im [F2b:] mangelt aber nichts dann leydens und sterbens, dann das hymmelreych ist nach dem tod allen gelidern Christi gewiß. Darumb spricht er: »Ich erstatte den mangel der trůbsalen Christi an meinem leib«[276], welcher sein glidt ist, und thů das nicht allayn von meinenwegen[277], daß ich selig werd, sonder vilmer für den gantzen gaistlichen leib Christi, »welches die gemayn ist«. Dann durch mein leyden wirt das wort Gottes, dardurch sy selig werden, in der christlichen gemayn bezeüget und befestiget. Und sölche erfüllung des leidens in dem gaystlichen leib Christi ist das opfer, da der prophet Malachias am 1. capit. [11] von redet. Nicht ain opfer für die sünde, dann dasselbig hatt Christus in seinem aygen leib außgericht und volendt, sonder ain wolgefelligs opfer durch und in Christo zum süssen geruch Got dem herren. Das wöllen wir kürtzlich beweisen. Dann so man die wort des propheten Malachie in hebraischer sprach recht ansicht, lauten sy also: »An allen orten wirt gepracht meinem namen rauchwerck und ain raines speyßopfer, darumb daß mein namen groß ist unter den haiden, spricht Got der herr«. Ein sölchs opfer aber beschreibt Moses im 3. bůch am 2. cap. [1–3.11.13] und spricht: »Wenn ain seel dem Herren ain speyß-

274. vorher.
275. solange.
276. Kol 1,24.
277. meinetwegen.

opfer thůn will, so soll es von semelmel²⁷⁸ sein und soll öle darauffgiessen und weyrauch daraufflegen und also pringen zů den priestern, Aarons sönen. Da soll der priester ein handtvoll nemen von demselben semelmel und öle [F3a:] und den gantzen weyrauch und anzünden zum gedechtnuß auff dem altar. Das ist ain opfer, das wol reücht²⁷⁹ vor dem Herren. Das ubrig aber soll Aarons und seiner söne sein« etc. Und alle speyßopfer söllen on sauertayg und on hönig sein, söllen alle gesaltzen und mit weyrauch verprennt werden.

Es waiß aber yederman wol, daß alle opfer des alten testaments nun ab sein und an irer stat, was sy bedeutet haben, gehalten wirt. Der prophet aber verwürfft auch das alt und spricht: »Ich hab kain gefallen an euch und will das speyßopfer von euern henden nicht mehr annemen«²⁸⁰, und redet nun von dem neuen, durch das alt bedeut und figurirt²⁸¹, dieweil er spricht: »an allen orten«, und: »ain raynes speyßopfer«²⁸². Das alt was nit rayn, solt auch nirgen dann zů Jherusalem im tempel geopfert werden²⁸³. Darumb müssen wir, was das alt bedeut hab, auß der heiligen schrifft beweisen und sagen, daß ain sölch speyßopfer sey ain yedlichᵘ rechtglaubig christenmensch²⁸⁴. Dann sein flaisch ist das semelmel oder gepachen²⁸⁵ prot, das öle der heylig Geyst, damit er durch den glauben begabt ist, der weyrach das gantz neu gaystlich wesen, das der heylig geyst in den menschen anrichtet. Daß aber kain sauertayg darbey soll sein, ist wider menschenleer geredt, Math. 16 [6]. Daß kain hönig darbey soll sein, ist, das Paulus sagt: »Wann ich ᵛden menschen nochᵛ gefiele, wer ich nicht ain diener Christi«²⁸⁶; sonder es soll nur saltz [F3b:] und creütz darbeysein. Das bezeügt der prophet David am 140. psalm [Vg; 141,2] und spricht: »Es werde berayt meyn gebet als ain rauchwerk vor deinem angesicht und das auffheben meiner hend als ein speißopfer des abents«. Deßgleichen spricht Paulus zun Rö. 12 [1f]: »Ich erman euch, lieben brüder, durch die barmhertzigkait Gottes, daß ir eure leib begebet zum opfer, das da lebendig, heylig und Got wolgefellig ist, welches ist euer vernünftiger gottesdienst. Und stellet euch nicht gleich dyser welt, sonder last euch verendern durch verneuerung euers synnes, auff daß ir prüfen mögt, welches da sey der gůt, wolgefellig und vollkhommen gotteswill.« Wann wir nun unsere leib nach den worten Pauli in allerlay leyden und trübsal zum opfer wöllen dargeben, auff daß die bewerung unsersʷ glaubens »erfunden werd vil köstlicher dann das zergengklich

---

u) redlich: B, G. – v–v) dennoch menschen: H, K. – w) des: C, D.

278. Semmelmehl.
279. riecht.
280. Mal 1,11.
281. angedeutet und vorgebildet.
282. Mal 1,11.
283. Dtn 12,2–5.
284. Diese Deutung des Opfers wurde in der Polemik gegen die Messe als Opfer immer wieder vorgetragen, vgl. WA 8, S. 492,12–493,15 (›Vom Mißbrauch der Messe‹, 1521); *Barge,* Karlstadt 2, S. 89.
285. gebacken.
286. Gal 1,10.

golt, das durchs feur probiert wirt«, 1. Petri 1 [7], so empfinden wir unser schwacheit und thůt uns wee, daß unser flaisch geprochen soll werden, dann es tregt das
creütz nit gern. Da mögen wir dann wol nach der maynung Davids und Pauli
sprechen: »Allmechtiger Got, wir wissen wol, daß dir das alt speißopfer nicht
gefelt²⁸⁷ und nicht rayn vor deinen augen ist. Darumb haben wir unsere leib zum
lebendigen, wolgefelligen und heyligen opfer dargeben. So uns aber nun das
leyden truckt, heben wir unsere hend auff zů dir, bitten hilf, sterck und trost und
klagen dir, daß unser [F4a:] flaisch im feur des leidens schmertzlich brinnet. Laß
dir nun, Herr, dyses auffheben unser hend, dieweyl wir also prinnen, ain wolgefelligs speyßopfer sein und sterck uns durch deinen heiligen Geist, daß wirs
mögen ertragen. Dann derselbig ist allayn das recht öle, das auff dyses speyßopfer
gehört, auff daß es das feur des creützes anneme und nicht fliehe, dardurch wir
verneuet ˣund verendertˣ werden in unserm synn, dieweil trůbsal gedult pringt
und gedult erfarung, erfarung hoffnung. Die hoffnung aber lest uns nicht zůschanden werden. Und das alles darumb, daß die lieb in unser hertz gegossen ist
durch den heiligen Geist, der uns geben ist, wie Paulus zun Rö. am 5. [3-5]
spricht. Wann wir nun durchs leiden erfarung, hoffnung und verendrung unsers
synnes erlanget und den gůtten, wolgefelligen, vollkommen willen Gottes geprüfft
haben²⁸⁸, so erhebt sich unser gemůt und geyst zů dir, vertrauen und hoffen in
dich allayn, und in aller not eylet unser gepet zů dir. Laß dir nun, o allmechtiger
Got, dasselb gepet ein rauchwerck und weyrach sein, daß auß dem speißopfer
unsers leydenden flaischs zů dir sich auffschwing zů ainem süssen geruch, durch
Christum, unsern herren, des leyden in uns yetzo erfüllet wirt.« Das ist dann ain
rechts rauchwerck und speyßopfer, das dem Herren in der christenheit an allen
orten geopfert wirt, wie Paulus in der ersten zů Timotheo am 2. [5] anzaygt und
spricht: »Es ist ain Got und ain mitler zwischen Got [F4a:] und den menschen,
nemlich der mensch Jesus Christus, der sich selbs geben hat für yederman zů ainer
erlösung, daß sölches zů seiner zeyt predigt würde«. Dann hie möcht yemant
fragen: Ist Christus allein mittler und hatt yederman erlöset, so bedürfen wir
kaines andern mittlers, und ist kayn ander opfer für die sünde. Wo bleibt dann das
opfer, da Malachias von sagt, und wer soll dasselbig opfern? Das verantwort²⁸⁹
er feyn in der still und spricht: »So will ich nun, daß die man betten an allen orten
und auffheben heylige hende, on zorn und widerwillen. Desselbengleichen auch
die weyber«²⁹⁰. Das ist: Dieweil Christus für die sünd gnůg hatt gethan, bedürfen
wir kaines andern opfers, dann daß baide, man und frauen, imm leyden ire rayne
hende auffheben, on zorn und widerwillen in aller gedult. Das ist das rayn speyßopfer. Und söllen betten an allen orten: Das ist das rauchwerck, darvon Malachias
gsagt hatt, daß man yetzo Got dem herren an allen orten undter den hayden

x-x) fehlt C, D.

287. gefällt.
288. Röm 12,2.
289. beantwortet.
290. 1Tim 2,8f.

opfert[291]. Und umb dits[292] opfers willen spricht der heilig Petrus zů allen christen in der ersten epist. am 2. cap. [5]: »Bauet euch zum geistlichen hauß und heiligen priesterthumb, zů opfern gaistliche gab, die Got angeneme sein durch Jesum Christum«. Und baldt hernach volget: »Ir seyt das außerwelt geschlecht und königklich priesterthumb, das heylig volck, das volck des aygenthumbs, das verkhündigen soll die thugent des, der euch berůfft [G1a:] hat von der finsternuß zů seinem wunderbarlichen liecht«[293]. Also sicht man, was Malachias für ain opfer verkhündigt hatt und wer die priester sein, die dasselbig söllen opfern, nemlich alle christglaubige menschen. Dann die Gottes wort verkhündigen und dem volck die heiligen sacrament raichen, nennet die geschrifft darumb nicht priester, sonder nur diener und hyrten etc.

Daß aber sölchs opfer nicht möge auf die meß gezogen und verstanden werden, zaygt das auch gnůgsamlich an, das der prophet spricht, es werde an allen orten geopfert[294]. Dann man ye wol sicht, daß man nit an allen orten kann messz halten, sonder allain, da die gemayn zůsamenkhumpt. Das opfer aber des leydens kann Gott an allen orten, zů allen stunden von ainem yegklichen christenmenschen, er sey frau oder man, mit raynem gepet imm geist und der warheit auffgeopfert werden. Sölt aber ye[295], das da nit möglich ist, die messz ain sölchs opfer sein, so weren der bapst mit seinen bischoffen lautter bůben, dieweil sy nirgen messz lassen halten dann an den orten oder auff den staynen, die sy geweicht[296] haben, und also Got dem herren sein opfer nicht allain verhynderten, sonder in auch, als vil an in gelegen ist, zů ainem lůgner machten, in dem daß er gesagt hat: »An allen orten opfert man meinem namen«[297]; zůvor dieweyl[298] auch der herr Christus sein abentmal nicht an aynem geweychten ort hatt gehalten.

[G1a:] Nun achten[299] wir, sehe menigklich wol, daß man weder mit Melchizedeck noch Malachia[300] beweysen kann, daß die messz ain opfer sey, sonder sy ist und pleibt ain gedechtnuß des testaments Christi und ain speiß aller frummen christen, durch die sy in irem glauben gesterckt werden. Das findet sich nit allain imm neuen testament lautter und klar, sonder auch imm alten und das baide, in figurn[301] und klaren sprüchen. Dann wie Melchizedeck, ain könig zů Salem, dem Abraham und den seinen wein und prot gab, da sy vom streyt khamen, sy damit zů stercken[302], also hat auch Christus, unser hymmlischer könig, sein flaisch und

---

291. Mal 1,11.
292. dieses.
293. 1Petr 2,9.
294. Mal 1,11.
295. tatsächlich.
296. geweiht.
297. Mal 1,11.
298. vor allem, weil.
299. meinen.
300. Gen 14,18f; Mal 1,10f.
301. Vorausdarstellungen. Figura ist terminus technicus der Bibelauslegung, vgl. *Müller*, Figuraldeutung, S. 221–236.
302. Gen 14,18f.

plůt, wann wir wider unser flaisch, die welt, den todt, die sünd, den teüffel und die hell streitten, uns zur sterck geben, wie das David am 22. Psalm [Vg; 23,5] auch bezeügt und spricht: »Du hast vor meinem angesicht mir ain tisch berayt wider alle, die wider mich fechten«. Es ist aber kain opfer, sonder nur ain gedechtnuß seines todts und was dadurch erlangt ist. Dann Christus spricht: »Das thůt, so offt irs thůt, mein darbey zů gedencken«[303]; deßgleichen David am 110. psal. [Vg; 111,4f]: »Der gnedig und barmhertzig Herr hat ain gedechtnuß seiner wunder gemacht und speiß gegeben denen, die in fürchten«; wie auch Christus spricht: »Nempt hyn und esset, nempt hyn und trincket alle«[m][304].

Darumb geprauchen wir die messz nicht mer für ain opfer, sonder nur ʸzů ainerʸ gedechtnuß. Und die- [G2a:] weyl die ordenlich[305] predig nicht allmal vom tod Christi lauttet, haben wir ain kurtze vermanung an das volck verordnet, darinnen begriffen, wie und warumb Christus gestorben sey, was wir dardurch erlangt haben und was wir hernach zů thůn schuldig sein. Dann das wort Christi und Pauli tringt hart, man můß sein gedencken, seinen todt verkhündigen, so offt man das thůt[306]. Deßgleichen, dieweyl der Herr spricht: »Das flaysch ist kain nütz, die wort, die ich red, dieᶻ sein gayst und leben«[307], haben wir seine wort, damit[308] er das haylig, hochwirdig sacrament eingesetzt hatt, die verporgen gewest[309], wider eröffnet und yederman frey verkhündigt und außgelegt[310]; wöllen auch sölchs für und für imm prauch behalten; dann wo seine wort verporgen sein, da ist das heylig sacrament schon kayn nütz mer.

[167:] ᵃDas ist aber die vermanung an das volck, ehe dann man inen das sacrament raycht[311]:

Ir allerliebsten in Got! Dieweil wir yetzoᵇ das abentessen unsers herren Jesu Christi wöllen bedencken und halten, darin uns sein flaisch und plůt zur speiß und zum tranck nicht des leibs, sonder der selen geben wirt, söllen wir pillich mit grossem vleiß ain yedlicher sich selbs prüfen, wie Paulus sagt, und alsdann von dysem prot essen und von dysem kelch trincken[312]. Dann es soll nicht dann nur ain hungerige seel, die ir sünd erkennt, Gottes zorn und den todt [G2b:] fürcht und nach der gerechtigkayt hungerig und durstig ist, diß heylig sacrament empfahen. So wir aber uns selbs prüfen, finden wir nichts in uns dann sünd und

---

y-y) zur: a. – z) die vor: a. – a-a) fehlt bis S. 226,24 in a. – b) ytzund: L.

303. 1Kor 11,25.
304. Mt 26,26f.
305. angeordnete, übliche.
306. Lk 22,19; 1Kor 11,26.
307. Joh 6,63.
308. mit denen.
309. Die Einsetzungsworte als Teil des Meßkanons wurden leise gebetet.
310. Hier zeigt sich, daß der eigentliche Sinn der folgenden ›Vermahnung‹ nicht die Mahnung ist, sondern die öffentliche Verkündigung der in Nürnberg auch weiterhin leise gesprochenen lateinischen Einsetzungsworte, vgl. die ›Gottesdienstordnung der Pfarrkirchen‹, o. S. 157f, Nr 18.
311. Zur Entstehung der folgenden Abendmahlsvermahnung und zum Vergleich mit anderen Überlieferungen vgl. die ›Gottesdienstordnung der Pfarrkirchen‹, o. S. 144, Nr 18.
312. 1Kor 11,28.

todt, khönnen^c auch uns selbs in kaynen weg darauß helfen. Darumb hatt unser lieber herr Jesus Christus sich uber uns erparmet, ist umb unsertwillen mensch worden, auff daß er für uns das gesetz erfüllet und lide³¹³, was wir mit unsern sünden verschuldet hetten. Und daß wir das ye festiglich glauben und uns frölich darauff verlassen möchten, nam er nach dem abentessen das prot, »saget danck, prachs und sprach: ›Nempt hyn und esset. Das ist mein leyb, der für euch dargegeben wirt‹«³¹⁴; als wölt er sagen: Daß ich mensch bin worden und alles, was ich thů und leide, das ist alles euer aigen, für euch und euch zůgut geschehen. Des zů ainem gewissen warzaichen gib ich euch mein leyb zur speyß. »Deßgleichen auch den kelch und sprach: ›Nempt hyn und trinckt auß dysem alle. Das ist der kelch des neuen testaments mit meinem plůt, das für euch und für vil vergossen wirt zur vergebung der sünd. So offt ir das thůt, sölt ir mein darbey gedencken‹«³¹⁵; als wölt er sprechen: Dieweil ich mich euer angenommen und euer sünd auff mich geladen hab, will ich mich selbs für die sünde in den todt opfern³¹⁶, mein plůt vergiessen, gnad und vergebung der sünd erwerben und also ain neu testament auffrichten, darin der sünd ewig nicht mehr gedacht soll werden³¹⁷. [G3a:] Des zů ainem gewisen warzeichen gib ich euch mein plůt zů trincken. Wer nun also von dysem prot isset und von dysem kelch trincket, das ist, wer dysen worten, die er horet, und dysen zaichen, die er empfahet, festigklich glaubet, der bleibet in dem herren Christo und Christus in im und lebet also ewigklich³¹⁸. Darbey söllen wir nun seines todts gedencken, ime darumb dancksagen, ain yedlicher sein creütz auff sich nemen und im nachvolgen³¹⁹ und zůvor ayner den andern lieben, wie er auch uns geliebt hat³²⁰. Dann wir vil sein ain prot und ain leib, die wir alle aines prots taylhafftig sein und auß ainem kelch trincken^a³²¹.

Also haben wir abgelegt bey der messz söliche gotteslesterung und wider auffgericht, was nöttigs vor undterlassen ist worden. Die andern menschliche zůsetz, dieweil sy nicht wider Gottes wort, sonder frey sein, haben wir pleiben lassen. ^dDann wir wissen, daß alles, was uns frey gelassen ist, wol on schaden gepraucht mag werden. Allayn, daß es yederman für frey und unnötige ding, die man eben als wol undterlassen als geprauchen darf, erkenne und anneme. Wir hoffen auch^d, es sey ein ytlicher christ so verstendig, daß er sölchs für freywillige ^eund unnöttige^e ding anneme und urthaile, ^fzůvor³²² dieweyl es in allen predigen so vleissig angezeigt wirt^f. Sonst, wo ettlich wölten halten und lernen, es weren

c) künden: C, D. – d–d) darum das wir hoffen: a. – e–e) fehlt a. – f–f) fehlt a.

313. litte.
314. Mt 26,26; Lk 22,19.
315. Mt 26,27f; Lk 22,20; 1Kor 11,25.
316. Vgl. Gal 1,4.
317. Vgl. Jer 31,34.
318. Joh 15,4f.
319. Mt 16,24.
320. Eph 5,2; Joh 13,34.
321. 1Kor 10,16f.
322. zumal.

nôttige ding, würden wir, wie oben beweiset ist^g 323, gezwungen, dieselbigen auch
abzůthůn^h. Dieweil aber^i alles [G3b:] christliches wesen in zway thayl getaylt ist –
undter welchen das erst begreifft alle stuck, damit Got der herr uns dienet und
dienen lest, ^kalß da^k sein predig, tauffen, meßhalten^l und auß der heyligen schrifft
leren, wunderzaichen zů bestettigen des worts thůn und was dergleychen mer ist;
das ander begreifft 324 alles, damit wir Got dienen und dem nåchsten, das ist
glauben, hoffnung, lieb, gebet, lob und dancksagung, hertzlich und mündtlich,
brüderliche liebe mit den wercken gegen dem nechsten erzaigen und alles anders,
was die lieb erfordert 325 –, haben wir vleissig darauff gesehen, daß ain yedlichs in
seinem ampt pleib. Dann solt der stuck ains, darmit uns Got dienet und dienen
lest, dafür gehalten werden, wir dieneten im darmit, so were es gar ain grosse
undanckparkayt und gotteslesterung, wie oben gehört ist 326, da wir Got mit der
messz haben wöllen dienen und im opfern, so doch er uns damit dienet, den
glauben in sein wort zů bestettigen und unüberwintlich^m zů machen.

Darumb haben wir zum ersten vleissig betracht, woher ain yedes stuck sein
ursprung hab und warzů es dienen soll, des dann fast aines yetzlichen namen und
titel urkhund geben hat, ^nwie dann hernach volget^n.

Das erst gesang in der messz 327 wirt genennt^o introitus, das ist ^pzů teütsch^p eyn
eingang, welcher auffgesetzt ist, ^qauff daß man^q, so das volk erstlich zůsammen-
kumpt^r, biß sich der diener ^szum altar^s rüstet, [G4a:] ein weyl nicht můßt^t feyren 328,
sonder Got loben, bitten und dancksagen, wie auch Paulus zů den Ephesi. am 5.
[18–20] leret und spricht: »Werdet voll geysts und redet undterainander von
psalmen, lobgesangen und geystlichen liedern. Singet und spillet dem Herren in
euern hertzen und saget danck allezeit Got dem vatter vor yederman in dem
namen unsers herren Jesu Christi.« Dieweil man nun sonst feyret, biß sich der
priester rüstet, den altar berayt und hyneintritt, hatt man pillich dieweil ain
gaistlichen psalm gesungen, welcher auch darumb der eintritt oder eingang genennt ist 329 und helt sich also: Man nimpt auß ainem psalm ain hübschen, merckli-

---

g) fehlt a.

h) abzuthun. Es sein aber die stuck: Zum ersten alle kleydung, wie sie bißher im prauch gewest
sein, welliches wol etlich nicht fur gut ansehen, zuvor dweyl der meyst teyl von heyden genomen
ist. Doch die freyheyt nicht allein mit dem lassen, sunder auch mit dem thun zu beweisen, haben
wirs pleyben lassen wollen. Zum andern: a.

i) fehlt a. – k–k) das: a. – l) meßlesen: a. – m) in uberwindlich: a (Versehen?). – n–n) also:
a. – o–o) heyst: a. – p–p) fehlt a. – q–q) fehlt a. – r) kom: a. – s–s) fehlt a. – t) zu: a.

323. Vgl. o. S. 201,29–203,18.   324. umgreift, umfaßt.

325. Hinter dieser Gegenüberstellung stehen Gedanken, die Luther in seiner Polemik gegen
die Messe als ›Werk‹ ausgesprochen hat, vgl. *Wislöff*, Abendmahl und Messe, S. 42–53 und WA
6, S. 526, 13–17 (›De captivitate Babylonica‹, 1520).

326. Vgl. o. S. 209,27–216,10.

327. Zu der bis S. 230 reichenden Beschreibung der Nürnberger Gottesdienstordnung vgl.
die ›Gottesdienstordnung der Pfarrkirchen‹, o. S. 143–164, Nr 18.

328. feiern, ruhen, nichts tun.

329. Osiander beschreibt Sinn und Zweck des Introitus durchaus richtig, vgl. *Jungmann*,
Sollemnia 1, S. 414–429.

chen und tröstlichen spruch, macht ain gesang darauß³³⁰. Darnach singt man den gantzen psalmen von wort zů wort und beschleüst in zůletst mit dem ›Gloria Patri‹ und singet damit widerumb das erst gesang. Also ist es auch*ᵘ* von anfang gewest und zů unsern gezeiten auß faulhait allain der erst verß gesungen³³¹. Darumb haben wir das auch wider angericht und den psalm gantz lassen singen. Dann wir sein wol innenworden, was es*ᵛ* für schaden pringt, wo man die schrifft zerreyst und nur stuckwerck list und singt³³².

Darnach volgt das kriechisch gesang ›Kyrie eleison ymas‹³³³, das ist *ʷ*zů teütsch*ʷ*: ›Herr, erbarm dich unser‹.

Und dann das ›Gloria in excelsis‹ und das*ˣ* ›Et in terra‹, welchs gůte und gantz christ- [168:] liche wort sein. Die laß wir auch*ʸ* pleiben³³⁴.

[G4b:] Alspald*ᶻ* volgt die collecten³³⁵, das ist ain gemains gebet von der gantzen gemayn, welchs wir pleyben lassen, allain, daß es ain sölchs gebet sey, daß eyttel der gantzen gemayn nöttige stuck von Got bitte. Dann die fürwitzigen³³⁶ collecten, die on not sein, haben wir abgestellt³³⁷. Das*ᵃ* haist aber collecten, das ist samlung, darumb daß man vorzeiten *ᵇ*bey und*ᵇ* unter derselben – wie auch yetzo*ᶜ* bey uns –, die armen leut zů unterhalten, gesamlet hatt³³⁸.

Dann list man sant Paulus episteln³³⁹.

Darnach ain gradual, das ist ain stiegengesang, *ᵈ*darumb daß unter demselben der diener die stiegen hynauff*ᵈ* in die höhe tritt, das evangelium zů lesen³⁴⁰, welches wir auch bleiben lassen, allain, daß es recht christlich wort seyen*ᵉ*³⁴¹.

u) fehlt a. – v) fehlt C (Versehen?). – w–w) fehlt a. – x) fehlt a. – y) fehlt a. – z) Pald: a. – a) Die: a. – b–b) fehlt a. – c) fehlt a. – d–d) fehlt a. – e) sind: H, K.

330. Gemeint ist die Antiphon, vgl. *Jungmann*, Sollemnia 1, S. 415.

331. Die Verkürzung des Introitus auf die Antiphon war schon im frühen Mittelalter erfolgt. Über die Gründe vgl. *Jungmann*, Sollemnia 1, S. 417f.

332. Vgl. u. S. 229,1–13.

333. Itazismus.   334. bestehen.

335. Die ›Salutatio‹ wird, weil mit dem Kollektengebet eng verbunden, nicht extra erwähnt. Sie fehlte aber selbstverständlich nicht, vgl. *Pfeiffer*, Quellen, S. 280, Br. 39.

336. vorwitzigen, hier: die der reformatorischen Lehre nicht entsprechenden, überflüssigen Kollekten.

337. Eine genauere Angabe, welche Kollektengebete nicht mehr gebetet werden sollen, fehlt. Wahrscheinlich wollte man sich im Sinn von Luthers ›Formula missae‹ auf die de-tempore-Kollekten beschränken, vgl. WA 12, S. 209,14f.

338. Die Erklärung des Wortes collecta ist unzutreffend, vgl. *Kulp*, Gemeindegebet, S. 383f, Anm. 115. Osiander übernahm sie von Luther, vgl. WA 2, S. 747,14–19 (›Ein Sermon vom Sakrament‹, 1519).

339. Die Lesung erfolgte in deutscher Sprache (vgl. u. S. 230) und als lectio continua (vgl. u. S. 229).

340. Epistel und Evangelium wurden in Nürnberg von der Kanzel verlesen, vgl. *Pfeiffer*, Quellen, S. 281, Br. 39. Der Name ›Graduale‹ erklärt sich anders als Osiander angibt, vgl. Leiturgia 2, S. 69.

341. Dabei dürfte Osiander vor allem an die dem Psalter entnommenen Texte des Graduale im Gegensatz zu den späteren Bildungen ohne biblische Vorlage denken, vgl. *Beckmann*, Proprium, S. 69. Den an das Halleluja sich anschließenden Sequenzen wird man in Nürnberg wie Luther ablehnend gegenübergestanden haben, vgl. WA 12, S. 210,13–211,2.

20. GRUND UND URSACH

Dann volgt das euangelion, welches wir nicht stuckweiß³⁴² – wie vormals – sonder nach ordnung lassen lesen³⁴³, welches dann imm anfang auch also^f beschehen ist³⁴⁴, ehe die abgötterey mit den heyligen und seelmessen entstanden ist³⁴⁵. Des gezeügnuß ist³⁴⁶, daß der diener ᵍnoch heutigs tagsᵍ spricht: Sequentia
5 sancti evangelii etc., das ist: die nachvolgende wort des heyligen evangelii; als wölt er sprechen: Da wirs am nächsten gelassen³⁴⁷ haben, ʰda wöllen wir es wider anfahen, undʰ volgt also hernach etc.ⁱ³⁴⁸. Welches wir bayde, mit sant Paulus episteln und dem evangelio wider angericht haben, daß sy gar³⁴⁹ und nach ordnung, ᵏwie sy geschriben seind wordenᵏ, gelesen wer- [H1a:] den, angesehen
10 daßˡ, wenn man ain stuck liset und das ander verschweyget, daß esᵐ nymmer on falschen verstandt, irrsal und verfürung ergeen mag. ⁿDann es ye on zweiffel und unwidersprochen ist, daß der heyligen geschrifft rechter verstandt zum dickernmal³⁵⁰ auß dem, das vor- und nachgeet, erforscht wirtⁿ³⁵¹

Darnach volgt das symbolum³⁵², welches ist ayn gemayne bekantnuß unsers
15 christlichen glaubens. Dieᵒ lassen wir auch pleyben.

Alsdann fahet sich erst recht die messz an, wie syᵖ Christus eingesetzt hat, da wir kain menschlichen zůsatz haben dann ain wenig wort, die der diener ᵠsingt, und wirt die prefation³⁵³ genenntᵠ.

Darnach consecriert erʳ³⁵⁴, ˢwie dasˢ von Christo eingesetzt istᵗ³⁵⁵.
20 ᵘDarnach volgt das Pater noster. Das hatt Christus auch gelertᵘ³⁵⁶.

f) fehlt a. – g–g) fehlt a. – h–h) fehlt a. – i) fehlt a. – k–k) fehlt a. – l) fehlt a. – m) fehlt a. – n–n) fehlt a. – o) das: B, G. – p) sich: a. – q–q) in der prefation singt: a. – r) fehlt a. – s–s) das ist: a. – t) fehlt a. – u–u) Das vaterunser hat Christus gelert: a.

342. also nach Perikopenordnung.
343. in lectio continua, vgl. die ›Gottesdienstordnung der Pfarrkirchen‹, o. S. 156, Anm. 19.
344. Daß in der alten Kirche, wie allgemein angenommen, die lectio continua geübt wurde, hat *Kunze,* Lesungen, S. 129–135, bestritten.
345. Osiander hat mit seiner Begründung für die Perikopenlesung insofern recht, als wahrscheinlich die Feste, auch die Heiligenfeste, ein Grund dafür waren, von der lectio continua oder der Bahnlesung abzugehen, vgl. *Jungmann,* Sollemnia 1, S. 510.
346. Ein Zeugnis dafür ist.
347. beim letztenmal beendet.
348. Osiander hat die Ankündigung der Lesung richtig gedeutet, vgl. *Jungmann,* Sollemnia 1, S. 518.
349. ganz.   350. sehr oft.
351. Osiander weist auf die Bedeutung des Kontextes für die Exegese hin. Möglicherweise liegt hier ein Grund für die von ihm geübte fortlaufende Auslegung biblischer Bücher; vgl. *Seebaß,* Osiander, S. 248f, 253f.
352. Es handelt sich um das Nicaenum, vgl. o. S. 157,5f.
353. Über die zur Präfation gehörenden Stücke vgl. die ›Gottesdienstordnung der Pfarrkirchen‹, o. S. 157,7–14.
354. Die Einsetzungsworte wurden in Nürnberg lateinisch und leise in dem Wortlaut des Canon maior gebetet, vgl. ›Gottesdienstordnung der Pfarrkirchen‹, o. S. 157f. Das von Osiander nicht erwähnte ›Sanctus‹ fehlte nicht, wie *Schubert,* Gottesdienstordnung, S. 353 meinte, sondern wurde während der Rezitation der Einsetzungsworte vom Chor gesungen; vgl. o. S. 157, Nr. 18.
355. Mt 26,26–29; Mk 14,22–25; Lk 22,17–20; 1Kor 11,23–25.
356. Mt 6,9–13; Lk 11,2–4.

Daß man aber^v die wort eröffnet und den todt Christi verkhündigt, ist uns gepotten³⁵⁷.

Deßgleychen^w, daß man dem volck das sacrament solt geben, ist auch von Christo eingesetzt^x und bevolhen³⁵⁸. ^yEs hats auch Paulus und die gantz kirch imm anfang also gehalten^y³⁵⁹.

Darnach volgt wider ain christlich gepet auß freyem, christlichen willen, darin man Got pittet, daß er sein heyligs sacrament unserm glauben fruchtpar machen und zů nütz khommen wöll lassen³⁶⁰.

Alsdann^z beschleüst man³⁶¹ und gibt den segen mit sőlchen worten, die in der heyligen schrifft verfasset und recht sein³⁶².

[H1b:] Daß wir aber die epistel S. Pauls und das heylig evangelium in teütscher sprach lesen lassen und desgleychen zů gelegener zeyt das ander alls in teütsche sprach ziehen wöllen³⁶³, ist dyse ursach: Paulus in der ersten epistel zů den Corinthiern am 12., 13. und 14. cap.³⁶⁴ leret feyn, wie man sich hierin halten soll. Zayget^a von erst an^b, was da^c sey mit zungen reden; und^d das ist, wann yemant nur die zungen darleyhet, redet, was die propheten geschriben haben, thůt nichts darzů und nichts darvon³⁶⁵. Deßgleichen, wann der heylig Geyst auß den christen redet, nicht wie sy wöllen, sonder allain, was er will, und^e setzen im, ^fdie da reden, auch^f nichts darzů und thůn nichts darvon – unangesehen, ob schon die zůhőrer die maynung des heyligen Geysts, ^gdurch sy geredt^g, nicht aygentlich versteen –, das hayst auch mit zungen reden, wie Act. am 2. [4] geschriben ist: »Sy fiengen an zů predigen mit andern zungen, nach dem der Geyst es inen gab außzůsprechen«³⁶⁶. Also ist es beydes mit zungen reden, wann wir unser zungen [169:]

v) fehlt a. – w) fehlt a. – x) fehlt a. – y–y) fehlt a. – z) Dann: a. – a) sagt: a. – b) fehlt a. – c) fehlt a. – d) fehlt a. – e) fehlt a. – f–f) fehlt a. –g–g) fehlt a.

357. 1Kor 11,26. An dieser Stelle wird also die Vermahnung an die Kommunikanten gesprochen, vgl. oben S. 225. Friedensgruß und ›Agnus Dei‹ werden von Osiander hier nicht erwähnt, vgl. dazu ›Gottesdienstordnung der Pfarrkirchen‹, o. S. 159,30 und 160,4.

358. Über die Austeilung des Abendmahles vgl. ›Gottesdienstordnung der Pfarrkirchen‹, o. S. 160, Anm. 48.

359. 1Kor 11,26.

360. Der Inhaltsangabe nach könnten die Gebete ›Quod ore sumpsimus‹ und ›Corpus tuum, Domine‹ gemeint sein, die Luther in der ›Formula missae‹ 1523 an Stelle der ›Complenda‹ (der heutigen Postcommunio) empfahl, vgl. WA 12, S. 213,21–24. Diese Deutung wird von Klaus, Deutsche Messe, S. 30, vertreten. Da aber in der ›Gottesdienstordnung der Pfarrkirchen‹ nur die ›Complenda‹ erwähnt wird (vgl. o. S. 160) und auch auf sie die Inhaltsbeschreibung zutrifft, dürfte hier ebenfalls die mit der Salutatio eingeleitete ›Complenda‹ gemeint sein.

361. Mit dem Abschluß der Messe ist die Salutatio und das darauffolgende ›Benedicamus Domino‹ bzw. das ›Ite, Missa est‹ gemeint.

362. Vgl. Num 6,24f; Ps 67,7f. Offenbar benutzte man in Nürnberg nicht mehr die überlieferte Segensformel »Benedicat vos omnipotens Deus, Pater et Filius et Spiritus sanctus«, vgl. WA 12, S. 213,28–214,3 (›Formula missae‹, 1523).

363. Osiander konnte sich mit dieser Absicht gegen seinen Kollegen Dominikus Schleupner nicht durchsetzen, vgl. Einleitung zur ›Gottesdienstordnung der Pfarrkirchen‹, o. S. 146f.

364. 1Kor 12,4–11; 13,1; 14,1–33.

365. Dtn 4,2; 13,1; Apk 22,18f.

366. Apg 2,7–12.

dem geist oder seiner heyligen schrifft darleyhen, es sey in bekanter oder unbekanter sprach.

Darnach ʰzayget er auch anʰ, was mit dem synn reden sey[367]. Und das ists: Wann yemand seines geists und christlichen gemůts maynung, gedancken, gebet oder dancksagung dermassen in die eüsserliche sprach herfürpringtⁱ, daß es die zůhörer versteen und [H2a:] begreiffen, urthayln und ir gemůt in gleyche gedancken richten khönnen.

Zum dritten ᵏzaigt er weytter anᵏ, was weyssagen sey; und das ist nemlich, wenn man die verdeckten und verborgene wort der propheten und des alten testaments oder aber des heyligen Geysts, der yrgend durch ain menschen redt, nach rechtem syn außleget, daß es ain ytzlicherˡ zůhörer begreiffen und dadurch gepessert werden mag. Söliches außlegen hayst er prophecey, weyssagung und außlegung[368]. Nun ᵐlobet der heylig Paulusᵐ wol, die mit zungen reden, das ist, die daⁿ singen und lesen die schrift. Erᵒ gepeut aber, daß allweg einer dasey�ᵖ, der es außleg, ᵍund dasᵍ zur pesserung, dann es sey sonst kain nütz[369]. Undʳ vermanet sy mit mancherlay gleichnussen der pfeiffen, harpfen und pusaunen[370]. Dannˢ es nicht taug, schrift oder propheten lesen, wenn man dieselbige nit außlege. Wie vil weniger danntᵗ taugᵘ es, so man in frembder sprach liset, da man nicht allein kain synn darauß nemen, sonder auch kein wort versteen kann. Derhalben er paldt hernach sagt von mancherlay sprachen, die der heilig Geyst zů wunderzaichen gab, ᵛund sprichtᵛ: Wann sy all mit zungen würden reden, und ein laye hyneingieng, der sy nit verstünde, würd er sy für unsynnig halten[371]. ʷAuß diser ursachʷ söllen und wöllen wir mit der zeyt und auf das erst, so ymmer möglich ist, durch unser prediger und ˣandere der kirchen dienerˣ samptlich verordnen, daß inen ʸ(dem volck)ʸ [H2b:] die capitel des alten testaments söllen mit hellen und kurtzen worten außgelegt werden, daß sy den rechten synn und was man christlichsᶻ darauß lernen soll wol mögen begreiffen und fassen[372]. Dann das neu testament ist an im selbs ain außlegung und ainᵃ entdeckung des alten testaments, ᵇderhalben es on andere außlegung gelesen und der ordenlichen predig behalten[373] wirtᵇ[374].

h–h) fehlt a. – i) bringt – k–k) sagt er: a. – l) zeytlicher: H, K. – m–m) Paulus lobet: a. – n) fehlt a. – o) fehlt a. – p) sey: a. – q–q) fehlt – r) fehlt a. – s) das: a. – t) fehlt a. – u) tauget: a. – v–v) fehlt a. – w–w) derhalben: a. – x–x) caplan: a. – y–y) fehlt a. – z) geystlichs: a. – a) fehlt a, H, K. – b–b) fehlt a.

367. 1Kor 14,19.
368. 1Kor 14,3.26.29.
369. 1Kor 14,2–6.
370. 1Kor 14,7f.
371. 1Kor 14,23.
372. Eine Lesung des Alten Testamentes fand in den Pfarrkirchen nur im Predigtgottesdienst zwischen Frühmesse und Tagamt und im Vespergottesdienst statt, vgl. ›Gottesdienstordnung der Pfarrkirchen‹, o. S. 162,6f und 164,7.
373. vorbehalten.
374. Osiander griff also nur in abgeänderter Form auf einen Vorschlag zurück, den Luther in der ›Formula missae‹ 1523 gemacht hatte, vgl. WA 12, S. 219,22–25. Er hat sich aber damit nicht durchsetzen können. An St. Sebald wurde es schon bald üblich, auch die Epistel- und Evan-

Daß es bey unsern eltern³⁷⁵ auch^c also im prauch sey gewest, zaigen an die homelien, das ist das gesprech und außlegung, so gewönlich^d nach den lectionen volgen³⁷⁶.

Deßgleichen, daß die andern gebet und lobgesang mit der zeyt in das teütsch khommen söllen, ist eben die ursach: Paulus will nit leyden, daß yemand öffentlich beth oder sing in der gemayn, er mach es denn also, daß yederman, der zůhöret, den synn verneme³⁷⁷. Noch vil weniger würd er leiden, daß man gar ein frembde, unbekante sprach prauchet, ^ewie bißher geschehen ist^e. Dann er spricht: »Welcher ein gebet mit der zungen redet«, das ist, öffentlich singet oder list, »der soll es also sprechen, daß ers außlege«, das ist, daß yederman der zůhörer des gebets maynung versteen und begreiffen mög. Sonst, wo ainer mit zungen wölt reden, der es^f nit außleget, sölt er stillschweigen³⁷⁸. Warumb? »Wann ich mit der zungen beth, so beth mein geyst«, das ist, mein geyst allayn waiß des gebeths maynung und synn. »Aber mein synn, dieweil in [H3a:] niemand waiß« – spricht Paulus –, »pringt niemandts kain frucht«³⁷⁹. Ist es dann unrecht und soll man stillschweigen? Nayn! Also aber soll man im thůn: »Ich will betten« – spricht Paulus – »mit dem gayst und will betten auch mit dem synn«³⁸⁰. Das ist: Man soll das gebeth öffentlich lesen und singen mit dem geyst, das ist, daß das hertz darbey sey, und soll es auch lesen mit dem synn, das ist, daß ain ytzlicher zůhörer des [170:] gebets synn und maynung hören und versteen mög und bey im selbs auch also beten und zůletzt, wann ers verstanden und es im gefallen hatt, von grund seines hertzen mög amen darauff^g sprechen³⁸¹. Weytter spricht er: »Ich will singen mit dem geyst«, das ist, daß das hertz und der geyst die wort des gesangs vleissig betracht; »und will singen mit dem synn«³⁸², das ist, des geysts und hertzen oder des gesangs synn und maynung in worten also herfürpringen, daß die zuhörer auch versteen. Das alles aber kann nicht beschehen dann nur in bekanter, gemayner³⁸³ sprach, und wo das nicht also geschicht, da were besser geschwigen. Dann Paulus sagt weiter: »Wann du benedeyest mit dem geist, wie soll der lay ›amen‹ sagen, seintemal³⁸⁴ er nicht wayß, was du sagest. Du sagest wol fein danck, der andere aber wirt nicht gepessert«³⁸⁵. Er hatt aber vorhyn gepoten, es soll alles auff die pesse-

---

c) fehlt a. – d) fehlt a. – e–e) fehlt a. – f) fehlt C, D. – g) fehlt a.

gelienlesungen mit einer kurzen Auslegung zu versehen, die entweder vor oder nach der Lesung stand, vgl. *Schubert*, Gottesdienstordnung, S. 352; *Pfeiffer*, Quellen, S. 281, Br. 39; S. 443, Br. 262. Hier hielt man sich also genau an Luthers Vorschläge.

375. Vorfahren.

376. Osiander bezieht sich wie Luther in der ›Formula missae‹ 1523 auf die Väterlesungen des Breviers, vgl. WA 12, S. 219,26–29.

377. 1Kor 14,4f.17.19.
378. 1Kor 14,27f.
379. 1Kor 14,14.
380. 1Kor 14,15.
381. 1Kor 14,16.
382. 1Kor 14,15.
383. gewöhnlicher.
384. zumal.   385. 1Kor 14,16f.

rung gericht sein. Und spricht weytter: Er wőll lieber fünf wort reden in der gemayn durch sein synn dann fünfzehentausent mit der zungen³⁸⁶. Das ist: Es [H3b:] sey pesser, fünf wort auß der schrifft mit der außlegung dann zehentausent, da man nur redet oder liset und doch nicht außlegt, wann sy schon in
5 bekanter sprach geredt werden. Wievil weniger ist es nütz, wann man unbekante sprach handelt. Und endtlich, weil alle heylige schrifft und gesang durch den heiligen Geyst uns zůgůt geordent sein³⁸⁷, sőllen wir die auch zů pesserung prauchen, ʰwie das der heylig Paulus auch zů den Coloss. am 3. cap. [16] vleissig leret und spricht: »Last das wort Gottes in euch wonen reychlich in aller weyßhait,
10 lerent und vermanent euch selbs mit psalmen und lobgesangen und gaistlichen liedern in der gnad und singet dem Herren in euern hertzen«. Hie sicht man ye feyn und klar, daß man den Herren also in gesang soll loben, daß wir es versteen und in der erkantnuß der gnaden Gottes dardurch gelerter werdenʰ. Wo das nicht beschicht, sonder in ungekanter sprach pleybet, wirt der gemayn man verfůrt.
15 Dann er kann nicht ⁱdarfür halten ⁱ, daß man es von seinenwegen lese, dieweil ers nicht versteet, sonder můß in ain sőlche maynung tretten und halten, man sing oder lese daß Gott dem Herren zů dienst, wie dann bißhere ᵏbeschehen istᵏ. Das ist dann schon ain ˡ verkert wesenᵐ. Dannⁿ daß uns Got zůgůt schickt und wir ᵒim darumbᵒ dancken sőlten, das wőllen wir im geben ᵖund dann ainᵖ lon darumb
20 begeren und also Got zum zorn raytzen, ᑫindem daßᑫ so wir alles, was er macht, wider verkeren und zerprechen.

[H4a:] ʳGrundt und ursach, warumbʳ wir die seelmessz³⁸⁸ ˢund der verstorbnen jartågˢ³⁸⁹ haben abgethan.

Zum ersten: Wann es gleich recht und gůt were an im selbst, ᵗfür die todten
25 bittenᵗ, ist es doch in ain sőlichen unchristlichen mißprauch kommen, daß einsehens allayn des geytz halben³⁹⁰ vonnőtten gewest. Dann Christus spricht ye: »Umbsonst habt ir es entpfangen, umbsonst sőlt ir es auch geben«³⁹¹, das dann ᵘon zweiffelᵘ von allen geystlichen dingen geredt ist, undter welchem ye die fürbitt aynes christenmenschenᵛ für den andern auch gezeltʷ soll sein. Wer wayß aber nicht, wie gar die
30 armen hierinnen nicht bedacht sein³⁹², und daß es allayn umb gelts willen ist geschehen. Fegfeur hyn oder her! Man hat kainem kain seelmessz oder jartag

h–h) fehlt a. – i–i) glauben: a. – k–k) geschehen: H, K. – l) fehlt a. – m) fehlt a. – n) fehlt a. – o–o) fehlt a. – p–p) uns: a. – q–q) fehlt a. – r–r) Ursach, das: a. – s–s) fehlt a. – t–t) fehlt a. – u–u) fehlt a. – v) menschen: a. – w) fehlt C, D.

386. 1Kor 14,19.
387. 2Tim 3,16.
388. Messen für Verstorbene, vgl. LThK 8, Sp. 1246f.
389. Messen, die ein Jahr nach dem Todestag des Verstorbenen gehalten wurden, vgl. LThK 1, Sp. 577. Osiander denkt aber selbstverständlich auch an die nach einer Woche und einem Monat üblichen Messen für die Toten, vgl. die ›Artikel der Pröpste‹, o. S. 172,5–8, Nr. 19.
390. daß ein Eingreifen allein schon der Geldgier wegen.
391. Mt 10,8.
392. daß man dabei an die Armen überhaupt nicht gedacht hat.

gehalten, er hab dann gelt gehabt. Und was solt und ist anders darauß erwachsen, dann daß yederman nach gelt, mit recht und unrecht, ˣwie er gemöchtˣ³⁹³, gestelt³⁹⁴ und gemeint hat, wann ich nurʸ messz dargegenᶻ laß lesen, so ist es schon alsᵃ schlecht³⁹⁵.

Deßgleychen waiß man auch, wie die priesterschaft durch den geytz geplendet und yedermans spott worden ist, dieweil man gesehen hatt, wie sy sich hierinnen ᵇgehalten habenᵇ. Paulus sagt nit umb- [H4b:] sonst: Fliehet den geytz, in welchem abgötterey ist, Ephe. 5 [5]. Desgleychen zů den Corin. am 11. [29] ᶜtroet erᶜ: »Wer unwirdig isset und trincket« von dysem prot und kelch, »der isset und trincket im das gericht«. Man waiß aberᵈ ye³⁹⁶ wol, daß sy nicht ᵉder hungerᵉ und durst nach der gerechtigkayt³⁹⁷, sonder der geytz hynzůgetriben hatt, dieweil man irn unfleiß, wo kayn gelt gewest, nicht allain gespürt, sonder [171:] auch offtmalsᶠ geklagt hat. Soll man in dann mit gelt ursach zum gericht geben? Gibt man inen ᵍaber kain geltᵍ, so fallen die seelmessz schon dahynʰ.

Zum andern: Wann gleich für die tödten bitten gerecht und nöttig were, das doch nit ist, was soll die messz darzů thůn? Consecriert man ⁱund handelt das flaisch und plůt Christiⁱ, so hilft es ye die todten nicht. Isset und trincket man aberᵏ das flaisch und plůt Christi, was hilft dasselbˡ auch die todten? Es hilft ye nur die, so³⁹⁸ das wort hören, die zaichen empfahen und fest daran glauben. Verkhündigt man dann den todt des Herren, so hören sy es nicht, und erwechst in auch kayn frucht darauß. Sagt man aber, man soll für sy bitten, antworten wir, die messz sey keyn gepett, sonder ain testament Christi, unsers herren, darin nicht wir im, sonder er uns dienet, verhaist und gibt. Was thůn wir dann? Söllen wirs zů ainem opfer machen, welchs wir Got dem herren für der verstorben menschen sünd [I1a:] opfern? Haben wir doch droben klar gnůg angezaigt, was es für teüflische gotßlesterung sey³⁹⁹. Derhalben kann und mag kayn christ nymmermer ain seelmessz halten oder bestellen und verwilligen zů halten, der sölches waiß und versteet, und ain christ pleiben. Wir haben Got gnůg zů pitten, daß er unser vergangene unwissenheit nicht rechenᵐ⁴⁰⁰ wöll, und zůⁿ dancken, daß er uns so gnedig unser augen eröffnet hattᵒ; dann daß man die leut unter dem tittel⁴⁰¹ der seelmessen und des opfers umb ir gelt und gůt betrogen hatt, ist der geringste schad⁴⁰².

x-x) fehlt a. – y) fehlt a. – z) fehlt a. – a) fehlt a; alles: B, G, H, K. – b-b) halten: a. – c-c) fehlt a. – d) fehlt a. – e-e) hungert: a. – f) fehlt a. – g-g) keyns: a. – h) fehlt a. – i-i) fehlt a. – k) fehlt a. – l) es: a. – m) recht: B, G. – n) fehlt E, F. – o) fehlt a.

393. vermocht.   394. gejagt.
395. in Ordnung.
396. sehr.
397. Mt 5,6.
398. eben nur denen, die.
399. Siehe o. S. 209,27–225,12.
400. anrechnen oder rächen.
401. Vorwand (als hänge die Seligkeit daran).
402. Den Haupteinwand gegen die Seelenmessen liefert also nicht ihre finanzielle Ausnutzung durch die Kirche, sondern die in ihnen vorausgesetzte falsche Sakramentslehre.

Zum dritten: Wann man gleich die seelmeß pleiben ließ, wie sy ist, so ist doch nit ain ainig[403] wort darinnen, das[p] den verstorbnen zůgůt sôlt khommen, das auch in der heyligen schrifft gegründet wer. Es ist wol[q] ein wenig ellends geschwetz darinnen, das[r] sy auß iren aigen kôpfen erdicht haben, welches der gemayn man, wann ers verstünde, nicht umb ain gůtten morgen kaufft[404]. Was aber auß der heyligen schrift genommen[s] und gegründt ist, das lauttet ebensovil auff die verstorben christen als auff [t]ain todtes viehe[t].

Zum vierdten: Dieweil dann auch[u] kain gebet von Got erhôrt wirt, es geschehe dann in einem festen glauben in dem namen Christi[405], kann der gebet keins auß einem rechten glauben geschehen. Dann wer kann [I1b:] glauben, daß es Gott angeneme sey, dieweil er von ewigkait nie kain[406] wort darvon geredt noch kain[407] exempel in der heyligen schrifft geben hatt? Der glaub besteet ye nicht dann auff Gottes wort allain[v]; wo das nicht ist, da müssen wir zweyffeln. Was aber[w] auß ainem zweiffel und nicht auß dem glauben geet, das ist sünd, wie Paulus sagt[408], und geschicht hie den gotlosen eben, wie der geyst Christi imm 108. psal. [Vg; 109,7] sagt: »Sein gepett soll zů ainer sünde werden«. So môgen wir es auch nicht in Christus namen thůn, dieweil er nichts davon bevolhen hat. Dann in seinem namen bitten ist nicht, das man spreche: »Wir bitten dich umb Christus willen« – es műst sunst alles geschehen, was unser fürwitz nur wôlt. Es ist auch nicht, daß man spreche: »In Christus namen wôllen wir anfahen zů bitten« – es würd sonst das sprichwort auch recht: In Gottes namen schlahen[409] die pauren ainander zů tod[410]. Sonder es můß also zůgeen, daß man kann vor Got sprechen: »Allmechtiger Got, wir kommen und bitten dich etc. nicht auß aygnem fürnemen, sonder es ist ain sôliche sach, darinnen wir bevelhe von deinem sun haben; in seinem namen und umb seinen willen bitten wir«. Als[411] Christus hatt gesagt, man soll im das creütz nachtragen[412]. Wer nun zů schwach ist und das nit kann, der bitt Got umb gnad [172:] und sterck und sprech: »Es ist nicht [x]mein aigen[x] fürwitz, sonder deines suns bevelch, daß ich das creütz soll tragen. Geschicht es, so geschicht sein will und nicht [I2a:] der mein; geschicht es nicht, so wirt sein will gehindert und nicht der mein. Darumb bitt ich dich in deines suns namen, gib mir gnad, daß ich im seinen willen môg laysten [y]und erfüllen[y].« Das haist dann[z] in Christus namen gebetten, [a]wie das Joannes in seyner ersten epistel am 5. cap. [14]

---

p) das also lautet, das es: a. – q) fehlt a. – r) welliches: a. – s) fehlt a. – t-t) des mullers esell: a. – u) fehlt a. – v) fehlt a. – w) fehlt a. – x-x) in eygem: a. – y-y) fehlt a. – z) fehlt a. – a-a) fehlt a. –

403. einziges.
404. nicht einmal ohne Bezahlung erwerben würde.
405. Joh 16,23.
406. weder ein.
407. hier: ein.
408. Röm 14,23.   409. schlagen.
410. *Wander*, Sprichwörterlexikon 1, Sp. 255, Nr 19.
411. Zum Beispiel:
412. Mt 16,24.

bezeügt und spricht: »Das ist die fraidigkait[413], die wir haben zů im, daß, so wir ettwas bitten nach seinem willen, so höret er uns[a]«. Dyser kayns kann nun in dem gebet für die todten sein; darumb ist es nichts dann sünd.

Deßgleichen soll man die vigilg[414] auch bedencken. Es ist ye alles[b] nur [c]auff den geytz gericht[c], dann in allen psalmen, die man darinnen singt, ist kayn wort von den todten, das für sy bethe. So sein die lectiones und responsoria, die auß der heyligen schrifft sein, deßgleichen – außgenommen etliche[d] responsoria [e]und derselben wenig[e] – die nicht auß der schrifft, sonder auß aygenen treumen gedicht sein, also[f], daß es[g] on zweifel ist, wann es der gemayn man verstünd, er geb nicht ain heller umb alle vigilien, die in ainem jar gesungen werden. Dieweil nun der gemayn man sölches täglich list, höret und erfört, und wir doch unsers betrigens nicht auffhöreten, was solt er uns uber[415] sein gewissen und Gottes wort vertrauen? Bitten hie ain ytzlichen christen, er wöll doch bedencken, was uns zů thůn sey. Wann es schon den gemainen man an Gottes wort nicht hynderte, söllen wir darumb für und für wider unser gewissen thůn[h] und also[i] [I2b:] in Gottes erschröcklichen und grymmen zorn und urthail fallen und darzů vor der welt auch[k] für erlose leut gehalten werden?

Darzů ist auch das nicht ain klayner schad[l] und geringe klag, daß das edel bůch der heyligen schrift, der Job, durch den mißprauch und den falschen verstandt[416], damit man in auff die todten genöttigt hat[417], also verdunckelt und verdeckt ist[418], daß in undter tausent pfaffen und münchen nicht ayner versteen kann. Und wann wir bey unsern eren sagen söllen, so ist kain grössere ursach, dann daß er in den vigilien in ainem falschen verstandt eingefürt und also[m] von den jungen schülern gelernet wirt, der sy darnach hindert und plendet, daß sy nicht wissen, was es ist. Dann es ist ye kain wort von den todten in dem gantzen bůch, sonder ain köstliche hystori und exempel, was sich ain recht christgelaubig mensch leyden můß, biß Got seinen glauben wie das golt im feuer probiert[419], und doch die versůchung nymmer grösser wirt, dann er mag ertragen[420], ist er anderst glaubig. Der teüfel greifft in an leib und gůt [n]am ersten[n] an, darnach[o] fallen dann die schrecken des gewissens auch daher, und zůletst khommen die heüchler auch und wöllen in uberreden, er hab sich geirret und gesündigt, er sey nicht im rechten glauben, Got

---

b) fehlt a. – c–c) ein geyz: a. – d) etliche wenig: a. – e–e) fehlt a. – f) fehlt a. – g) fehlt a. – h) fehlt a. – i) fehlt a. – k) fehlt a. – l) fehlt H, K. – m) fehlt a. – n) fehlt a. – o) da: a.

413. der Freimut.
414. Das Officium defunctorum, vgl. *Wetzer – Welte,* Kirchenlexikon 9, Sp. 787f, und *Martimort,* Handbuch 2, S. 160–164.
415. gegen.
416. Deutung, Auslegung.
417. gegen den eigentlichen Sinn bezogen hat.
418. Die Lektionen im Officium defunctorum aus dem Buch Hiob sind so ausgewählt, daß sie in persona defuncti gelesen werden können, vgl. Hi 7,16–21; 10,1–7. 8–12. 16–22; 13,22–28; 14,1–6. 13–16; 17,1–3. 11–15; 19,20–27.
419. erprobt, 1Petr 1,7.
420. 1Kor 10,13.

würd in sonst nicht also hart angreiffen⁴²¹. Sólchs bewisen dem Job auch seine
beste^p freünd, deren wort ^q nichs dann^q eyttel versůchung und verfürung sein, wie
Got selbs zů endt [I3a:] des půchs zeüget⁴²²; und unser gelerten füren⁴²³ sy doch,
damit ir ding zů beweisen, eben als wann einer sprech: Das hat Cayphas gesagt^r,
5 darumb ist es auch war.

Deßgleychen ist auch^s sant Paulus epistlen, den evangelien und ander heyliger
schrifft geschehen. Dieweyl man sy nicht ordentlich nachainander, ^t sonder nach
underschid der feyrtagen^t in der kirchen gelesen hatt, ist geacht worden, ain
yedlichs sag von dem fest, daran man es singt und liset – ^u und das zů grossem
10 abnemen^u christliches glaubens⁴²⁴. Daher kumpt, daß die schrifft von der ewigen
weißhait und wort Gottes der hochgelobten^v junckfrauen Marie zůgeleget sein
worden⁴²⁵, [173:] ^w daran ir on zweiffel kayn gefallen geschehen ist, und ander
mißpreüch vil, die dermassen eingefürt sein worden^w.

^x Zum fünften^x wóllen wir nun^y auch sehen, ob es der christlich glaub erleyde⁴²⁶
15 und fordere, daß man in aynicherlay^z ⁴²⁷ weg für die verstorben christen bitt, das
ist, ob ain fegfeuer sey oder nicht, und da finden wir unüberwintlich, daß es^a
nichts ist.

Zum ersten: Wann ain fegfeur wer und die verstorben durch unser gebet
getróst und darvon^b erlóset móchten werden, so were^c on laugnen⁴²⁸, daß der
20 grósser tayl christlicher lieb billich in demselben werck sich bemühen sólt. Dann
sy sein ye eben also woll unser brüder, glider, flaisch und plůt als die lebendigen,
so were auch ir not unbegreiflich grosser dann der [I3b:] lebendigen, derhalben
not were, man lieβ alle lebendigen christen farn so lang, biß man vor den⁴²⁹ imm
fegfeuer geholfen het. Dann es ist ye unwidersprechlich^d, es begeret sólichs die
25 recht christlich lieb, wann ain fegfeuer were. So dann nun Christus spricht, das
gesetz und alle propheten werden durch die lieb erfüllet⁴³⁰, und daß gantz gesetz
tringt nur auff die lieb Gottes und des náchsten, wie kumpt es dann, daß in der
gantzen schrifft alts und neues testament von dem gebet für die todten kein wort
ist? Und uber das gepeut auch Got so gestreng, man soll von seinem wort weder
30 zů der gerechten⁴³¹ noch zů der lincken geen⁴³², das ist, nicht mehr und mynder

---

p) fehlt a. – q–q) fehlt a. – r) gesatzt: a. – s) auch mit: a. – t–t) fehlt a. – u–u) zu grossern
verderben: a. – v) fehlt a. – w–w) und dergeleichen viel: a. – x–x) Hie: a. – y) fehlt a. –
z) manicherley: a. – a) fehlt a. – b) fehlt a. – c) wer darvon: a. – d) widersprechlich: H, K.

421. zusammenfassende Beschreibung des Schicksals Hiobs nach dem biblischen Buch.
422. Hi 42,7–9.
423. benutzen.
424. Osiander gibt einen weiteren Grund für seine Ablehnung der Perikopenlesung, vgl. o.
S. 237,1–13.
425. Gemeint ist wohl die Lesung von Spr 8,22–25 am Fest der Empfängnis Mariens.
426. leide, erlaube.
427. irgendeinem.
428. nicht zu leugnen.
429. vorher denen.
430. Mt 22,37–40.
431. Rechten.   432. Dtn 28,14.

ᵉfür nöttig halten undᵉ thůn, ᶠdann was er gehaissen hatᶠ. Sein wort sagt yeᵍ nichts von sölchemʰ gepet; wer will sich dann des untersteen? Erforderts aber die lieb und hats doch Got verschwigen und mit dem schweigen verpoten, so hatt Got sein selbs verlaugnet. Dann »Got ist die lieb«, alsⁱ Joan, am 4. ᵏcap. seiner [1.] epistel [16] sagtᵏ. Das sey aber ferne von Got. Wann es gůt und nütz were, für die todten zů bitten, soˡ het er on zweyffel uns dasselb eröffnet, zůvor⁴³³ dieweil er so ernstlich gepotten hat, man söll in geistlichen sachen nichs on sein bevelh fürnemen⁴³⁴. Daᵐ sicht man alspald, was es für gotßlesterung auff sich tregt, für die todten bitten. Ist es vonnöttenⁿ und gůt, so fordert es die lieb; erfordert es die liebe und Gott hats dannocht verpoten (dann es ist alles verpotten in gaistlichen dingen, [I4a:] was Got nit haist), so ist Got wider die liebe; ist Got wider die liebe, so ist er nicht die lieb, so hatt auch der heylig Joannes gelogen⁴³⁵ – oderᵒ aberᵖ Got můß nicht Got sein⁴³⁶. Das ist das marck, hertzᑫ und der kern auß den gleissenden menschenfunden, nemlich sölich teüffelisch gotteslesterung. Darumb ringt und tringt erʳ, ˢder teüffelˢ, auch soᵗ fast⁴³⁷ darnach, ᵘwo er sy kann anrichtenᵘ, auff daß er uns alsoᵛ haymlich undʷ undter dem scheyn des gůtten so grimmigklich erwürg und von Got abfallen mach. Des argument ˣachten wirˣ allain starck gnůg, alle fegfeur nach dem todt abzůleschen.

Zum andern haben wir so vil tapferer⁴³⁸ leut imm alten testament, deren todt, begråbnuß und klag beschriben wirt. Als nemlich imm ersten bůch Mosi am 23. cap. [2] klagt Abraham sein haußfrau Sara. Am 37. [34f] klagt Jacob seinen sun Joseph. Am 50. cap. [3] klagt man denʸ Jacob 70 tag. Item am 2. Regum am 1. cap. [Vg; 2Sam 1,19–27] klagt David den Saul und seinen sun Jonathan, ᶻund ist daselbstᶻ auch das klaggesang beschriben. Dergleychen sein ungezelte exempel der klag ᵃin der heiligen schrifftᵃ, und wirt doch kain gebet für die gestorben nirgent gemeldet. Man klagt sy auch nicht, daß inen imm todt ubel sey geschehen, sonder daß man sy nicht gern verlorn hat. Welches auch ain gewiß zeügnuß ist, daß ain unnöttig ding ist, ᵇfür die todten zů pittenᵇ. Dann Paulus sagt, alles, was geschriben sey, das sey uns zur lere geschriben⁴³⁹. [I4b:] So dann die schrifft von unsertwegen da ist, wirtᶜ sy auch pillich ᵈund on zweyffelᵈ begreiffen alles, was uns nöttig zů wissen isteᵉ⁴⁴⁰, und würdᶠ also auch das gebeth für die todten erfordernᵍ, wann es ʰnötig undʰ inen fruchtpar sein soltⁱ.

e–e) fehlt a. – f–f) fehlt a. – g) fehlt a. – h) dem: a. – i) fehlt a. – k–k) fehlt a. – l) fehlt a. – m) Das: C, D. – n) nötten: E, F. – o) fehlt H, K. – p) fehlt a. – q) fehlt a. – r) fehlt H, K. – s–s) fehlt a. – t) fehlt H, K. – u–u) fehlt a. – v) fehlt a. – w) fehlt a. – x–x) ist: a. – y) fehlt a. – z–z) daselbst ist: a. – a–a) fehlt a. – b–b) fehlt a. – c) solt: a. – d–d) fehlt a. – e) wer: a. – f) fehlt a. – g) fehlt a. – h–h) fehlt a. – i) soll: a.

433. zumal.
434. Dtn 28,14; Mt 15,7–9.
435. Vgl. 1Joh 4,16.
436. Zur Art der Beweisführung vgl. o. S. 215, Anm. 240.
437. sehr.
438. berühmte.   439. 2Tim 3,16.
440. Zu dieser Behauptung der sufficientia der Schrift vgl. WA 8, S. 491,15–17 (›Vom Mißbrauch der Messe‹, 1521).

[174:] Zum dritten haben die heiligen aposteln nichts sôliches yemals[k] gelert oder gethan, ist auch in allen iren schrifften kayn bůchstab, darauß man für die todten zů bitten geraitzt werden môcht.

Zum 4. wôllen wir erst recht besehen, was es doch[l] im grund sey, und tailen zum ersten die glaubigen [m]von den[m] unglaubigen, wie Christus selbst sagt: »Wer glaubt und getaufft wirt, der wirt selig, wer aber nit glaubt, der wirt verdampt«[441]. Das ist ye ain gewiser felß, [n]darauff wir frôlich môgen pauen[442] und[n] der uns nicht betriegen kann. So ist ungezweyfelt zwischen glauben und unglauben kein mittel, als wenig als zwischen todt und leben. Die unglaubigen werden alle verdampt, die glaubigen alle selig. Weytter: Christus spricht Joan. am 6. [56]: »Wer mein flaisch isset und mein plůt trincket, der pleibt in mir und ich in im«. Sein flaisch aber essen und sein plůt trincken ist in[443] hôren und im[444] glauben, wie er daselbst sagt [35]: »Wer zů mir kumpt, den wirt nicht hungern, und wer an mich glaubt, den wirt nicht dürsten«; deßgleichen Joan. am 14. [23]: »Wer mich lieb hatt, der wirt mein wort behalten, und mein vatter, der wirt in lieben, und wir werden zů im khommen und wonung [K1a:] bey im machen«. Also ist klar, wer glaubt, der pleibt in Christo und Christus in im[445]. So dann nun Christus in uns ist und[o] wir in im, wer kann begreiffen, daß wir erst mit[p] Christo und Christus mit uns [q]nach dem tod[q] sôlten in das fegfeuer gesetzt werden?

[r]Zum fünften[r] spricht Christus Joan. 1 [12,26][446]: »Vatter, ich will, daß, wo ich bin, da soll auch mein diener sein«. Und Paulus zů den Philip. am 3. cap. [20]: »Unser wandel oder bürgerschafft ist imm hymmel«. Und zů den Ephe. am 2. [6]: »Gott hatt uns mit Christo aufferweckt und sampt im gesetzt in das hymmlisch wesen«. Und pald darnach [19f]: »So seyt ir nun nicht mehr geste und frembdling, sonder bürger mit den heyligen und haußgenossen Gottes, erpauet auff den grundt der aposteln und der[s] propheten, da Christus der eckstayn ist«. So dann nun Christus will, daß seine diener seyen, wo er ist, und wir durch den glauben in dysem leben unser burgerschafft imm hymmel haben, wievil mer, wann wir durch den todt den leyb der sünden ablegen, werden wir bey Christo sein imm hymelischen Jherusalem und mit kaynem fegfeuer nichts[t] zů schaffen haben.

[u]Zum sechsten[u] sagt der Herr Joan. am 5. [24] »Warlich, warlich sag ich euch: Wer meine wort hôret und glaubet dem, der mich gesandt hatt, der hatt das ewig leben und kumpt nicht in das gericht, sonder er ist vom todt in das leben hyndurchdrungen«. Wer nit glaubt, der ist verdampt; wer aber glaubt, [K1b:] der hatt das ewig leben und kumpt nicht in das gericht, vil weniger in das fegfeuer. Dann

---

k) fehlt a. – l) fehlt a. – m–m) und: a. – n–n) fehlt a. – o) das: H, K. – p) in: H, K. – q–q) fehlt a. – r–r) Desgleichen: a. – s) fehlt H, K. – t) fehlt M. – u–u) Desgleichen: a.

441. Mk 16,16.
442. Mt 7,24f.
443. ihn.
444. ihm.
445. Joh 15,4; 1Joh 4,16.
446. Schon a hat die falsche Stellenangabe.

wer nicht für gericht kumpt, der wirt nicht geurtaylt; wer nit geurtaylt wirt, der leidt kain straff. Nun, wer glaubt, der kumpt nicht allayn nicht[v] in das gericht, sonder ist vorhyn von dem tod in das ewig leben hyndurchdrungen[447] und ain burger imm hymmel worden[448]. Wann er [w]dann auch[w] vor dem leiblichen tod durch den glauben in das ewig leben gedrungen ist, wievil mer wirt er nach dem leiblichen tod kayn urthayl, zorn und straff tragen.

[x]Zum sybenden[x] spricht Christus Joan. am 3. [13]: »Niemandt steygt in hymmel, dann der herabgestiegen ist, nemmlich des menschen sun«, das ist Christus, »der imm hymmel ist«. So nun Christus allayn gen hymmel fürt[y], müssen wir alle herniden[z] pleiben, oder aber[a] Christus [175:] muß in uns und wir in im sein[449]. So dann Christus durch den glauben in uns ist, und wir in im sein, wie droben beweist[b] ist[450], und so[c] wir in hymmel faren, faren doch nicht wir, sonder Christus, der in uns ist. So müsten auch[d] widerumb, wann wir in das fegfeuer kemen, nicht wir, sonder Christus darein komen, das doch unmöglich ist. Dann wie Paulus sagt: »Ich lebe, leb aber nicht ich, sonder Christus lebt in mir«[451], also ist mit allen Christen, die da recht glauben[452].

Endtlich, so wir gantz teütsch darvon söllen reden, so müß das fegfeuer eintweder ain straff oder aber ain ertzney der sünden sein. So nun Gott die [K2a:] sünd durch das fegfeuer wölt straffen, so were es ain zaichen, daß er die sünd noch nit vergeben und vertziehen hett. Hatt dann Got die sünd noch nit vergeben, so hatt Christus sein plůt noch nit vergossen oder hats aber vergebenlich vergossen, und ist auch das neu testament noch nit auffgericht. Dann Christus spricht: »Das ist der kelch des neuen und ewigen testaments mit meinem plůt, welches für euch und für vil vergossen wirt zů vergebung der sünde«[453]. Deßgleichen Jhere. am 31. [34]: »Sy söllen mich alle kennen[e], dann ich will gnedig sein uber ire mißhandlung und ire sünd will ich nymmer gedencken«. Welcher nun sagt, daß Got aines glaubigen menschen sünd imm fegfeuer strafft[f], der verlaugnet das gantz neu testament, das ist, den gantzen christlichen glauben[454].

Will er aber sagen, es sey nicht ain zornige straff, sonder ain haylsame ertzney, welche die sünde, so uns Got durch das plůt Christi vertziehen hat, gantz und [g]gar von grundt[g] hynwegneme und außtilge, so můß er der tauff verlaugnen, [h]den

---

v) fehlt H, K. – w–w) nun: a. – x–x) Desgleichen: a. – y) fert: a, B, C, G, H, K. – z) ernyder: C, D. – a) fehlt H, K. – b) gesagt: a. – c) fehlt a. – d) fehlt a. – e) erkennen: C, D. – f) straff: a (t gestrichen). – g–g) grundtlich: a. – h–h) Petrum und Paulum heyssen liegen: a.

447. Joh 5,24.
448. Phil 3,20.
449. Joh 15,4.
450. Vgl. o. S. 239,4–19.
451. Gal 3,20.
452. Den Zusammenhang der Entscheidung des Jüngsten Gerichtes mit Glaube und Unglaube hatte auch Zwingli in ›Auslegen und Gründe‹ gegen das Fegefeuer geltend gemacht, vgl. CR 89 (Zwingli 2), S. 426,19–433,26. Zu Luthers Interpretation des Fegefeuers vgl. WA 1, S. 234,3–10 (›95 Thesen‹, 1517).
453. zitiert nach dem Wortlaut im Canon missae.
454. Über die Art des Beweisganges zu diesem Schluß vgl. o. S. 215, Anm. 240.

heiligen Petro und Paulo widersprechen^h. Dann Paulus sagt zů den Rö. am 6. [7]: »Wer gestorben ist, der ist gerechtfertigt von sünden«. Deßgleichen Petrus in der ersten epist. am 4. cap. [1]: »Wer am flaisch leydet, der höret auff an[455] sünden«. Das ist kürtzlich die maynung: Wir sein alle sünder geporn. Daß uns Got die sünde vertzeyhet und wir nicht verdampt werden, das hatt Christus mit seinem plůt erworben. Daß die [K2b:] sünde ein end neme und außgetilget werde, das thůt das creütz und der leyblich todt, in welchem wir getaufft sein. Dann Paulus spricht^i zů den Römern am 6. cap. [2]: »Alle, die wir in Jhesum Christum getaufft seind, die sein in seinem todt getaufft«. Das ist: Wie Christus durch den todt in das ewig leben von der sünd, die er ^knicht gethan, sonder^k von uns auff sich genommen hat^l, getretten ist, also haben auch wir bey der tauff in todt bewilligt und^m uns Gott zůgesagt, daß wir durch den todt auch wie Christus von unsern sünden in das ewig leben tretten sollen. Also nympt das plůt Christi allen gotteszorn uber die sünde hynweg[456]. Der todt aber nympt auch die sünd hynweg. Derhalben es^n unmöglich ist, daß ayn fegfeuer nach dem todt sein mag. Umb ^oso vil krefftiger^o ursach willen kann kayn rechter christ sich der todten halben mit messen oder gepetten verwickeln; dann er můß Christum verlaugnen, die tauff verwerfen und aller geschrifft entgegengeen, will er anderst^p für die todten bitten.

[K3a:] ^qGrundt und ursach,
warumb man das Salve regina[457] hab abgelegt^q[458].
Daß wir aber das Salve regina haben abgethan, das^r seind dyse ursach:
Zum ersten, daß es ayn unnöttig gesang ist.
Zum andern, daß man es sonst auch nit uberall helt.
Zum dritten, daß es nicht vieerhundert^s jar alt ist[459].
Zum vierdten, daß es auch hie ein neulich^t[460] gestifft ding ist. Und wie gůt

---

i) sagt: a. – k–k) fehlt a. – l) het: a (verbessert aus hat). – m) fehlt a. – n) fehlt a. – o–o) diser: a. – p) fehlt a. – q–q) fehlt a. – r) fehlt a. – s) 3 hundert: a. – t) neu: a.

455. mit.
456. 1 Joh 1,7.
457. die alte Antiphon ›De Mariae origine‹; der Text bei *Wackernagel,* Kirchenlied 1, S. 103, Nr 157. Zur Geschichte vgl. LThK 9, Sp. 281f. In Nürnberg wurde in den Pfarrkirchen am Samstagabend, wenn es den ›Garaus‹, die letzte Stunde des Tages, schlug, ein besonders feierliches Salve regina gesungen; vgl. *Würfel,* Dipt. Sebald., S. 33; *Würfel,* Dipt. Laurent., S. 29.
458. Der Abschnitt über das Salve regina wurde von altgläubiger Seite verschiedentlich angegriffen, vgl. Georg Hauer, Andere zwei Predigten vom Salve regina etc, Landshut 1526 (vgl. *Weller,* Repertorium, S. 431, Nr 3809) und Johannes Dietenberger, Grund und Ursach aus der Heiligen Schrift, wie unbillig und unredlich das heilig Lobgesang Marie, Salve regina ... wird unterlassen, Köln 1526 (vgl. *Weller,* Repertorium, S. 415f, Nr 3766). Über Luthers Stellung zum Salve regina vgl. *Delius,* Salve regina, S. 249–251.
459. Heute rechnet man mit einer Entstehung des Salve regina um 1000, vgl. LThK 9, Sp. 282. In der Reformationszeit galt Hermann der Lahme (1013–1054) als Verfasser. Die falsche Angabe des Alters des Salve regina wurde in den Gegenschriften selbstverständlich angemerkt, vgl. *Falk,* Gegner, S. 353.
460. vor kurzer Zeit; Osiander bezieht sich wohl auf die erst 1505 erfolgte Salve-regina-Stiftung an St. Lorenz, vgl. *Würfel,* Dipt. Laurent., S. 29. An der Frauenkirche wurde das Salve

christen seind gewest, ehe man das gestifft hat, so [176:] mögen auch noch gůt christen sein, wann es undterwegen⁴⁶¹ pleibt.

Zum fünften, daß es auff das allergröbst^u gotßlesterlich ist. Dann es nennet die junckfrauen Mariam unser leben, sůssigkait und unser hoffnung⁴⁶², so doch Christus selbst sagt: »Ich bin der weg, die warhait und das leben«⁴⁶³. Und Joan. am 1. [4.1]: »In im«, das ist im wort, »was das leben; und das wort was bey Got, und Got was das wort«. Wer sy nun das leben hayst, der macht ain Got auß ir, daran man ir on zweiffel kain dienst thůt.

Zum sechsten ist sy nit unser sůssigkait, sonder Got selbs, wie David sagt am 33. psalmen [Vg; 34,9]: »Versůchet und sehet, wie sůß ist Got der herr«; und am 144. psalm [Vg; 145,9]: »Sůß ist Got der herr gegen yederman«.

[K3b:] Zum sybenden ist sy nicht unser hoffnung, sonder, wie David sagt am 39. psalmen [Vg; 40,5]: »Selig ist der man, des hoffnung ist der nam des Herren«; und am 70. psalm^v [Vg; 71,5]: »Herr, du bist mein hoffnung von meiner jugent auff«; und am 90. psalmen^w [Vg; 91,9]: »Herr, du bist mein hoffnung^x am tag der trůbsal«.

Zum achten schreyen wir nit zů ir, sonder zů Got, wie er am 90. psalmen [Vg; 91,15] sagt: »Er wirt zů mir schreyen, und ich würd in erhören«. Und Esaie am 65. [24]: »Es wirt^y werden, ehe dann sy schreyen, wird^z ich sy erhören«.

^aZum neundten ist sy nicht unser fürsprecherin, sonder Christus der herr ist allain unser mittler und fürsprech, als dann bezeügt Paulus in der ersten zů Timotheo am 2. cap. [5]: »Es ist ain Got und ain mitler zwischen Got und den menschen, nemlich der mensch Jesus Christus«. Und Joan. in der ersten epistel am 2. cap. [1f]: »Ob yemand sündiget, so haben wir einen fürsprechen bey Gott, der gerecht ist, und derselb ist die versönung für unser sünd^a«.

Ob aber yemand wölt sagen, man sölt die wort ^bgeendert haben^b, wie auch^c anderßwo beschehen ist⁴⁶⁴, haben wir auß zwayen ursachen nit wöllen thůn.

Zum ersten, daß die maynung nichtsdestemynder im volck were bliben, welches die endrung nit gemerckt würd haben. Dann ir^d vil, so es teütsch können und das latein nicht versteen, hetten nicht anderst können wissen, dann es were noch

---

u) gröbst: E, F. – v) fehlt a. – w) fehlt a.

x) hoffnung. Jhere. am 17. [17 Vg.]: »Herr, du bist mein hoffnung«: a (Aberratio oculi des Druckers?).

y) wurt: C; würt: D. – z) würd: B–D; wurd: G. – a–a) fehlt a. – b–b) andern: a. – c) fehlt a. – d) fehlt a.

regina dagegen bereits seit 1439 aufgrund einer Stiftung gesungen, vgl. *Würfel,* Dipt. Cap. Mariae, S. 21.

461. unterlassen.

462. Vgl. *Wackernagel,* Kirchenlied 1, S. 103, Nr 157.

463. Joh 14,6.

464. Schon während des Nürnberger Reichstages von 1523 hatte der Kantor Sebald Heyden das Salve regina umgedichtet, woran sich eine längere literarische Auseinandersetzung anschloß, vgl. *Kosel,* Heyden, S. 7–12. In Augsburg hatte 1524 Johann Frosch den Text ebenfalls verändert, und auch eine Straßburger Ausgabe der Messe des Kaspar Kantz enthielt eine umgedichtete Fassung, vgl. *Smend,* Deutsche Messen, S. 84f.

unverruckt[465] [K4a:] ᵉbliben, undᵉ wern also durch uns in irem unglauben gestersckt und befestigt worden.

Zum andern: Wann wir aines ᶠyeden gotlosen menschenᶠ gesang nicht allain bessern, sonder auch ewig singen sŏlten, ᵍbesorgten wir, esᵍ würd uns der ʰmůhe undʰ arbayt zů vil macheni.

ᵏGrundt und ursach, warumb wir das geweycht saltz und wasser haben abgethanᵏ.

Daß wir aber das geweycht saltz[466] und wasser[467] abgethon haben[468], des haben wir auch treflich und mechtig ursach gehabt, wiewol ettlich maynen, es seyen frey ˡund nützlichˡ ding gewesenᵐ, die man wol on schaden ⁿhett halten mŏgenⁿ. Darzů sagen wir:

Erstlich: Es ist war, saltz essen und sich mit wasser sprengen ist ain frey ding, das wol on sünd kann geschehen, man můst sonst alle bader in bann thůn und kayn essen saltzen. Das ist aber ain grosse gotßlesterung, daß man dem geweychten saltz und dem geweychten wasser zůlegt, daß sy sŏllen unser hayl an leyb und an seel sein, alle teüffelische gewalt vertreyben, den lufft raynigen und die sünde hynwegnemen, wie dann das in allen meßbůchern geschriben [K4b:] istᵒ, ŏffentlich in dem segnen außgesprochen wirt[469] und es auch der gantz gemayn hauff ŏffenlich darfür gehalten hatt, so doch sŏlchs aigentlich ᵖdes aynigenᵖ Gottes werck allayn sein, wie das kainer beweisung darf. qDann es ist yeq wissentlich, das Christus allain unser hayl ist, der die sünd hynwegnympt. Wer dann sŏliches dem saltz und wasser zůschreibt, der verlaugnet Christum und lest saltz und wasser seinen Got sein. Was khŏndt man doch unchristlichers und nerrischers erdencken? Welcher sŏlches sicht, hŏret und schweiget, der wirts vor Got nicht khŏnnen verantworten; und wir sŏlten nicht allayn ᵛsehen undᵛ schweygen, sonder auch sŏlches selbs thůn?

ʷZum andernʷ ist yederman wissentlich, daß sŏliche stuck am allermaisten zur zauberey gepraucht ˣsein wordenˣ[470]. Dieweil sy dann kayn grundt haben und nur

---

e–e) fehlt a. – f–f) ydlichen narren gotlose: a. – g–g) fehlt a. – h–h) fehlt a. – i) werden: a. – k–k) fehlt a. – l–l) fehlt a. – m) fehlt a. – n–n) thon mocht: a. – o) ist und: a. – p–p) fehlt a. – q–q) So ist ye nun: a. – v–v) fehlt a. – w–w) Weyter: a. –x–x) werden: a.

465. unverändert.
466. Die Salzweihe erfolgte an jedem Sonntag. Geweihtes Salz wurde bei der Wasserweihe und bei der Taufe verwandt, vgl. LThK 9, Sp. 284f.
467. Weihwasser wurde für die verschiedensten Segnungen verwendet. Die Weihe erfolgte ebenfalls jeden Sonntag, vgl. LThK 10, Sp. 965–967.
468. Vgl. die ›Artikel der Pröpste‹, o. S. 171, und die ›Gottesdienstordnung der Pfarrkirchen‹, o. S. 154,5.
469. Osiander bezieht sich auf die Benediktion von Salz und Wasser und die dabei üblichen Gebete, die zB im Speciale missarum auf dem zweiten der ersten zehn ungezählten Blätter standen.
470. Über abergläubische Praktiken mit geweihtem Salz vgl. *Bächtold-Stäubli,* Deutscher Aberglaube 7, Sp. 897–913, bes. 908–910; über derartigen Umgang mit Weihwasser vgl. aaO, 9, Sp. 286–289.

mißpraucht werden, pleibt es pillicher undterwegen, wann schon Christus nicht darin verlestert würd.

Dergleichen, [177:] daß es dem teüffel soll weren[471] und in vertreiben, ist auch Gottes werck allain, wie Paulus zů den Rômern am letzten sagt [16,20]: »Der Herr wőll den sathan undter euern fůssen zertretten in kürtz. Amen.« Deßgleychen Zacha. am 3. [2]: »Es wôre dir der Herr, Sathan, es were dir der Herr, der im erwelet hatt Jherusalem«.

Der ursach halben wirt es ain yedlicher frummer christ wol ungeweycht lassen.

[L 1 a:] ʸWarumb wir die metten[472] und complet[473] undterlassen habenʸ. Die metten aber und die complet haben wir alß unnôttig und unnütz gesang fallen lassen[474]. Dann alles, was man in der kirchen thůt, soll zur pesserung des nâchsten oder aberᶻ zů Gottes eer dienen, sonst ist es nichts anders dann Gottes und seines worts gespottᵃ. Daß es dem nâchsten nit dienet, ist offenbar und am tag; dann nymant versteet, was man singt, auch kumpt niemand darzů[475]. Daß es aberᵇ Got auchᶜ nicht dienet, ist gleich so klar, dieweyl es nur menschenfünd sein, darmit man Gott vergebenlich dienet. Derhalben wir nichtsᵈ damit wissen zů verdienen. Dann was zur pesserung der gemayn dienet, ist uberflüssig[476] in den andern stucken[477] ᵉnach gelegenhait des volcksᵉ geordnet, allayn, daß es noch nicht alles teütsch istᶠ. So ist uns auchᵍ in allen schrifften[478] uberflüssig angezaigt, wie hoch man Got belaidigt, wann man menschengedicht und -fünde auffwürft für gottesdienst, welches dann hierin nicht umbgangen mag werden, dieweil es den menschen nicht dienet. Es ist auch widerumb die grôst plag, die Gott auff erden schickt, wann er unsʰ erplendet[479], daß wirⁱ in aygnen fünden, menschensatzungen und falschem gottesdienst dahergeenᵏ, wie David am 80. psalmen [Vg; 81,13] bezeügt: »Ich [L 1 b:] hab sy dahyngeben«, spricht der Herr, »in ires aygen hertzen lustˡ; sy werden dahyngeen in iren aygen fünden«; und am 105. psalm [Vg; 106,43]: »Sy haben den Herren erbittert in iren aignen fünden, und es ist manigfeltig worden undter inen der fall«.

y–y) fehlt a. – z) fehlt H, K. – a) spotten: a. – b) fehlt a. – c) fehlt a. – d) nichts dan zorn: a. – e–e) fehlt a. – f) ist und die außlegung des alten testaments noch zu rue steet: a. – g) fehlt a. – h) fehlt a. – i) man: a. – k) dahergeet: a. – l) luste: a.

471. wehren.
472. der erste Tagesgottesdienst im Brevier, vgl. *Goltzen*, Gottesdienst, S. 168f.
473. der letzte Tagesgottesdienst im Brevier, vgl. *Goltzen*, Gottesdienst, S. 157.
474. In der Neuordnung der Gottesdienste durch die Pröpste waren Mette und Komplet nicht mehr enthalten, vgl. o. S. 145. Doch wurde kein eigentliches Verbot von Mette und Komplet in den ›Artikeln der Pröpste‹ ausgesprochen, vgl. o. S. 171. Auf die Frage nach der Lesung des Breviers antworteten die Pröpste später vor dem Bamberger Bischof: »Wir beten nicht nach bischoflicher ordnung, sonder unsers hertzen andacht«, vgl. *Pfeiffer*, Quellen, S. 286, Br. 45.
475. Offenbar wurden Mette und Komplet von der Gemeinde nicht besucht.
476. im Übermaß.
477. die nach der Neuordnung durch die Pröpste beibehaltenen Gottesdienste: die Frühmesse, der Predigtgottesdienst, das Tagamt und die Vesper, vgl. o. S. 145.
478. den biblischen Büchern.   479. so vollkommen blendet, verblendet.

Das sein die fürnemsten ursach, durch die wir bewegt sein, angezaigtem nöttige endrung zů thůn, welche, so von ⁿaynichem frummen christen auß gůtten und gegründten ursachenⁿ nicht gnůgsam geacht⁰ und wir des bericht würden, wölten wir alßdann nach möglichem vleiß weytter bericht thůn und anzaygen. ᵖUnd so wir aber das nicht können noch vermöchten, sonder von yemand auß hailigen, raynen und klaren gotteswort eynes pessern bericht würden, wölten wir dasselbig alsbald mit grossen freüden annemen und auffs fürderlichst nach allem unserm vermögen christliche volg thůn.ᵖ

Wiewol wir nunᵠ bey uns endtlich⁴⁸⁰ entschlossen sein, daß wir uns niemandt wider Gottes wort zů handeln wöllen dringen lassen, verhoffen auch und getrauen, ʳder allmechtigʳ Gott werde uns ˢmit allen frummen christen, die on zweyffel auch des gemůts und willens seinˢ, in sölichem christlichem fürnemen erhalten und stercken, ᵗwöllen wir dannocht alle christliche obrigkait vleissig bitten, ermanen und darneben auch getreulich warnen, daß sy sich in dyser und dergleychen sachen, das heylig wort Gotes und unser hail betreffent, nicht so ungeschickt, [L2a:] als an ettlichen orten angefangen ist, halten und erzaigen wöllen. Dann es ye nit möglich ist, daß unser alter prauch, auß unwissenhait der heyligen schrifft eingefůrt, bey sölichem hellen und klaren liecht des götlichen worts, so yetz zů unsern zeytten auffgangen und herfürgeprochen ist, in die leng besteen und erhalten werden mög. Solt nun yemandt, was standts und wirden er auch were, das wort Gotes zů hyndern und sölche alte, ungeschickte gepreüch mit gewalt und on die heyligen schrifft zů erhalten oder, wo sy abgelegt werden, wider auffzůrichten sich understeen, würd er on zweyffel nichts anders außrichten, dann daß er grosse gefårlicheit, můhe und arbeit on alle frucht auff sich lůde – dann die warhait last sich mit kaynem gewalt in die lenge verdrucken⁴⁸¹ – und damit auch sich gegen denen es im am wenigsten nütz were als ein offenbar feind götlicher warhait verdechtig machet. Dann wer wölt so ainfeltig sein, daß er nicht verstünde, wie die sach ain gestalt hett, dieweil er höret, daß man sich allenthalben der heiligen, götlichen schrifft zů volgen erpeut, und doch undter so vil pfaffen, so vil pettelmünchen, so vil reicher münchen⁴⁸², so vil prelaten, so vil doctorn, so vil hohen schůlen, so vil bischoffen und cardinalen kayner herfürtritt, der dieselbigen wider uns khönd anzaigen, sonder all gleich den weltlichen gewalt anrüffen zů fahen, zů verjagen, zů würgen, zů mörden? Ist es doch unglaublich, daß sy nicht [L2b:] lieber sölten mit der schrifft uberwinden, ire widersacher ain pessers leren,

m) fehlt a. – n–n) E. W.: a. – o) geacht oder nicht gnugsam verstanden: a. – p–p) fehlt a. – q) fehlt a. – r–r) fehlt a. – s–s) fehlt a.

t–t) dweyl wir doch E. W. und eyner gemayn stadt dyner sein und E. W. als die weltlich obrigkeyt unsers guts, leybs und lebens mechtig sein, bitten wir, dieselben wollen fleisig bedencken, das nicht weniges, sonder vil mer an euch als der obrigkeyt gelegen ist und solt das wort Gottis dem volck entzogen, ir glaub geschwecht und ir seel versaumpt werden, Gott wurd sie gar ernstlich von euren henden vordern, ob es schon vor der welt ungestrafft belieb.: a.

480. endgültig.
481. auf die Dauer unterdrücken.
482. die älteren, vor den Bettelorden entstandenen Mönchsorden.

wider auff iren weg füren und also das lob bayde, der kunst und der christlichen senftmüttigkait, behalten, dann also toben und wütten, fahen und mörden und aller menschen ungunst auff sich laden, wann ire lere und ir wesen nit gestracks[483] wider die hayligen geschrifft weren, sonder mit derselbigen erhalten und verfochten werden möchten[u]. Daher kumpt dann ain unüberwintlich begyrd dem gemaynen man, die warhait zu erfaren, darbey ain unaußsprechlich mißfallen gegen den gaystlichen, die so vil hundert jar nicht allain reichlich, sonder auch gantz fürstlich in aller christlicher nation begabet[484] und erhalten seind worden, auff daß sy ja die hayligen, göttlichen schrifft in stiller rue on alle hyndernuß erlernen und das volck recht und christlich leren möchten, dieweyl er sicht, daß sy nicht allayn sóliche ire gottesgab und allmusen in aller leiblicher wollust bißher verthan und darneben Gottes wort vergessen haben, sonder auch, so yetzt ander leut dasselbig lautter und rayn herfürbringen, sich darwiderlegen und eben mit den güttern, damit sy es erhalten sölten haben, sich das haylig wort Gottes zu verdrucken understeen – und hilft sy doch ir sölch ungeschickt fürnemen nichts, wie man das sicht und erfert. Dann wer kann yemandt sein gedancken, forschen und fragen erweren[485]? Oder wer will so turstig[486] sein und yemand das heylig euan- [L3a:] gelion zu lesen verpietten? Sonder es wirt das wort Gottes haimlich nur dardurch gefürdert, dieweil man mit grossem vleiß liset, das man offentlich zu predigen nicht vergönnet.

So dann nun baide, geistliche und weltliche obrigkait, on allen grund, allain mit gewalt die warhait verfolgen und doch kaineswegs unterdrucken mögen, sonder der gemayn man nur dester vleissiger nachfraget und dester mer erferet, kann ain yedlicher verstendiger leychtlich ermessen, was entlich[487] darauß entsteen und ervolgen werde, das doch on zweyffel undterwegen belib[488], so man die warhayt frey unverhyndert geen ließ. Fünde sich aber yrgent an aynem ort ettwas ungeschickts oder unchristlichs fürnemens, daß man dasselbig mit der heyligen schrifft und nicht mit dem schwert angryff. Dann wie mögen sy inen selbst sampt der heiligen schrifft grössere schand zuziehen, dann daß sy dem schwert mer getrauen dann dem heyligen wort Gottes, so es doch alle fürsten, köning und kayser uberwunden hatt und das recht ritterlich, christlich schwert ist, von dem Paulus in der 2. zu den Cor. am 10. [4f] beschriben: »Die waffen unser ritterschafft sein nicht flayschlich, sonder mechtig vor Gott, zu verstören die befestungen, damit wir verstören die anschleg und alle höhe, die sich erhebt wider die erkantnuß Gottes, und nemen gefangen alle vernunft undter der gehorsam Christi«.

Darumb, wenn es gleich möglich were, daß sölichs ge- [L3b:] waltigs[489] für-

---

u) fehlt C, D.

483. direkt.
484. beschenkt.
485. verwehren.
486. kühn.
487. schließlich.
488. unterlassen bliebe.
489. gewaltsames.

nemen bestandt haben möcht, sölten sy doch billich in christlicher gottesforcht vleissig bedencken, warumb die obrigkayt von Got auffgesetzt⁴⁹⁰, und wie gar vil an inen gelegen ist. Dann sölt das wort Gottes dem volck entzogen, ir glaub geschwecht und ir seel versaumpt werden, Gott würd sy gar ernstlich, ob es^v
5 schon vor der welt ungestrafft blib, von iren henden fordern^t. Dann wir sehen auch^w, wie ernstlich Got der obrigkayt imm alten testament ob seinem wort zů halten bevolhen hatt, ^xdieweil er dem Josua gepeut, er soll das bůch des gesetz von seinem mund nicht lassen khommen, sonder sich tag und nacht darinnen besprechen, auff daß er halt und thů alle ding nach dem, das darinnen geschriben ist.
10 Alßdann werd^y im gelingen in seinen wegen und werd^z all sein sach klůgklich hynaußfůren⁴⁹¹.

Sölt dann nun das heylig wort Gottes und sölche endrung, die auß grosser not darnach volgt, yrgen an ainem ort verhyndert oder, wo sy schon angericht were, wider abgestelt, und die alten, ungeschickten gepreüch^x wider auffgericht werden,
15 kann man leichtlich ermessen, was darauß entspringen würde.

Dann würden sy undter dem tittel⁴⁹² ^avertaidigt oder wider^a auffgericht, als můsten sy sein, und man dürft sy in kaynen weg undterlassen, so es doch nicht allayn unnöttige, sonder auch den maysten tayl gotteslesterliche stuck sein^b, würde gar groß jamer und not bey dem armen volck imm glauben erwachsen. ^cDann so
20 man [L4a:] der heyligen aposteln und evangelisten schrifft, desgleychen die ordnung, so Christus selbs gehalten, eingesetzt und bevolhen, seine jüngere von im entpfangen und sich die christlich kirch derselben vil hundert jar gepraucht haben, mitten in der christenhait, wie etwa fürgenomen wirt, als verdampte ketzerey wölt vervolgen, würd man on zweyfel nit dem wenigern tayl des volcks
25 am christlichen glauben zů zweifeln und, so andere anfechtung darzůkhomen, von Christo gar abzůfallen ursach geben^c, welches dann ain unwiderbringlicher^d⁴⁹³ fall und grausamer mordt were, den man ehe mit verlierung leibs und lebens fürkhommen⁴⁹⁴ solt. Es würden auch ^ealle der heiligen schrift verstendige^e, wo sy anderst christlich handeln wölten, in kaynen weg still khönden schweygen umb
30 der vilfeltigen^f ursach willen, die wir hiemit^g erzelt haben, darauß villeicht auffrůr

---

v) sie: E, F. – w) fehlt a.
x–x) Solten nun diser stuck, so wir auß grossen und geweltigen ursachen haben hingelegt, etliche: a.
y) wird: H, K. – z) wird: H, K. – a–a) fehlt a. – b) gewesen sein: a.
c–c) Dan es must von ersten geurteylt werden, das sich die prediger ge- [178:] irret hetten, welichs dem volck wurd ursach geben, nicht allein an diesen stucken, sunder an allen dem, das sie ye gepredigt haben, zu zweyfeln und so die anderen anfechten, dartzu fieln, gar von Christo abzuweychen,: a.
d) unwiderbrenlicher: H, K. – e–e) die prediger: a. – f) andern: a. – g) im anfang: a.

490. Vgl. Röm 13,1ff.
491. Jos 1,8.
492. Vorwand.
493. nicht wieder gutzumachender.
494. zuvorkommen.

und alles unglück, das man durch sölch ʰgewaltig fürnemen verhyndern undʰ fliehen wölt, erst angericht und verursacht würd.

Sölten sy aber als unnötige ding allain den vheinden des wort Gottes, ⁱdarumb daß sy mechtig sein, zů gefallen undⁱ zů einer plendung⁴⁹⁵ ᵏerhalten oder widerᵏ auffgericht wöllen werden, so ist erstlich gewiß, daß sich dieselbigen nichs daran ˡwerdenˡ keren, sonder ᵐwider Gottes wortᵐ nur trutziger würden, bevor⁴⁹⁶ dieweil das undterwegen pleibt, daran inen am maysten gelegen ist. Es würd auchⁿ von kaynem verstendigen christen anderst [L4b:] mögen dann für ain ergerlichen abfall ᵒvom glaubenᵒ außgelegt werden, ob schon die prediger ᵖhyn und widerᵖ so geschickt darmit umbgiengen, daß es bey dem gemainen volck ᑫnicht grössen schaden prächtᑫ. Dann dieweil ʳdie vheind des wort Gottesʳ darfür halten, lerenˢ und dringen, sölche stuck sein vonnötten, und wer sy nicht helt, sey ain ketzer, so es doch nicht war ist, ᵗwürd alßdanntᵗ inen nicht mit der that entgegengangenᵘ, so were schon ain ᵛabfall geschehen, ir irrthumb bestettigetᵛ, des glaubens verlaugnet und das euangelion gefelscht, wie wir das am anfang in der andern ursach angezaygt haben⁴⁹⁷.

Dieweyl nun dem also ist und es niemand widersprechen kann, sonder allain umb die gefar, ʷder man hierinnen warten můßʷ, zů thůn ist, wöllen wir ˣaller und yeder christlichen obrigkait undterthånigklichˣ gůtter maynung kürtzlich zů versteen geben, was ʸvom wort Gottes abfallen und dasselbig mit seinen ordnungen vervolgen, oder aber darbey besteen, frey geen lassen, fürdern und darnach handelnʸ für schaden und frucht bringen wirt.

Erstlich: So man die warheit erkennetᶻ und doch dieselbigen mit worten oder wercken hyndert undᵃ undtertruckt, ist es ain sünd in den heyligen Geyst, welche nach den worten Christi weder hie noch dort vergeben wirt⁴⁹⁸, sonder ist schuldig ainer ewigen sünd, und – wie Joan. in seiner [1.] epistel ᵇam 5. cap. [16] schreibtᵇ – eyn sünd zum todt, für welche niemandt [M1a:] bitten soll. Undᶜ das betrifft nun die seel.

Die außwendigen⁴⁹⁹ straff aber, so uber die Gottes wort verlassen, verhengt wirt, beschreibt Moses am letsten bůch am 28. cap. [15–67]⁵⁰⁰, ᵈda er also spricht: »Wenn du der stymm des herren, deines Gots, nit gehorchen wirst, daß du haltest und thůst alle seine gepot und sytten, die ich dir heute gepiet, so werden alle dyse

---

h–h) aufrichten: a. – i–i) fehlt a. – k–k) fehlt a. – l) fehlt a. – m–m) fehlt a. – n) auch E. W.: a. – o–o) fehlt a. – p–p) fehlt a. – q–q) on schaden wer: a. – r–r) euer, unser und des wort Gottis veind: a. – s) lernen: a. – t–t) wolten alsdan E. W.: a. – u) entgegengeen: a. – v–v) abfal in irthumm durch euch bestetigt: a. – w–w) fehlt a. – x–x) E. W.: a. – y–y) fallen oder besteen: a. – z) erkentnet: a. – a) oder: a. – b–b) sagt: a. – c) fehlt a. – d–d) welches ytzund zu ertzelen wol vonnotten wer, woe es nicht zuvil wort geprauchet: a.

495. Blendung.
496. zumal.
497. Vgl. o. S. 201,29–203,18.
498. Mt 12,31f.
499. äußerlichen.
500. zitiert nach ATdeutsch, WADB 8, S. 644–650.

flůch uber dich khommen und dich treffen. Verflůcht wirstu sein in der stat, verflůcht auff dem acker, verflůcht wirt sein dein korb und dein ubrigs, verflůcht wirt sein deines leybes frucht, die frucht deines landts, die frucht deiner ochsen, die frucht deiner schaff. Verflůcht wirstu sein, wenn du eingeest, und verflůcht, wenn du außgeest.

Der Herr wirt undter dich senden verschwinden und klagen und flůch in allem, das du für die handt nympst, das du thůst, biß er dich vertilg und bald umbbring, umb deines bößen thůns willen, daß du mich verlassen hast. Der Herr wirt dir pestilentz lassen lang weren, biß er dich alle mach auff dem land, dahyn du kumpst, dasselb einzůnemen. Der Herr wirt dich schlahen mit schwulst[501], fieber, hitz, brandt, prunst, dürre und bleyche, und wirt dich vervolgen, biß er dich umbringe.

Dein himmel, der uber dein haupt ist, der wirt sein ehren[502], und die erden undter dir eyßne[503]. Der Herr wirt deinem landt staub und aschen für[504] regen geben und aschen von hymmel auff dich, biß daß er dich vertilg.

[M1b:] Der Herr wirt dich vor deinen vheinden schlahen lassen; durch aynen weg wirstu zů in außziehen und durch syben weg wirstu vor in fliehen, und wirst zerstreuet werden under alle reych auff erden. Dein leychnam wirt ain speyß sein allem gefögel des hymels und allem vich auff erden, und niemand wirt sein, der sy scheücht. Der Herr wirt dich schlahen mit drůßen Egipti, mit feygwartzen, mit grind und kretz, daß du nicht kanst hayl werden. Der Herr wirt dich schlahen mit wansynnigkait, blinthait und rasen der hertzen, und wirst tappen imm mittag, wie ayn plinder tappet imm dunckeln.

Und wirst gewalt und unrecht leyden müssen dein leben langk, und niemandt wirt dir helfen. Eyn weib wirstu dir vertrauen lassen, aber ain ander wirt bey ir schlaffen. Eyn hauß wirstu pauen, aber du wirst nicht darinnen wonen. Eynen weynperg wirstu pflantzen, aber du wirst in nicht gemain machen[505]. Dein ochß wirt vor deinen augen geschlacht werden, aber du wirst nicht darvon essen. Dein esel wirt für deynem angesicht mit gewalt genommen werden und dir nicht widergeben. Dein schaff wirt deinen vheinden gegeben werden, und niemandt wirt dir helfen.

Deine söne und deine döchter werden aynem andern volck geben werden, daß deine augen zůsehen und alle werden uber inen den gantzen tag[506], und wirt kayn sterck in deinen henden sein. Die frucht [M2a:] deines landts und alle deine arbeit wirt eyn volck verzeren, daß du nit kennest, und wirst nur sein, der zerknirscht wirt, und unrecht leyden dein leben lang und wirst wansynnig werden für[507] dem gesicht, das dein augen sehen werden.

Der Herr wirt[e] dich schlahen mit ainer bösen drůß an den knyen und waden,

e) wůrdt: B; wurd: G.

501. Geschwür.
502. ehern.
503. eisern.
504. statt.
505. keinen Nutzen davon haben.
506. dh wohl, daß so lange geweint wird, bis man keine Tränen mehr hat.
507. von, über.

daß du nicht kanst gehaylet werden von der fůßsolen an biß auff die scheitel. Der Herr wirt dich und deinen kônig, den du uber dich gesetzt hast, fůren undter ain volck, das du nit kennest noch deine våtter, und wirst daselbst dienen andern gôttern, holtz und staynen, und wirst verwůstet und ayn sprichwort sein under allen vôlckern, da dich der Herr hyngefůrt hatt.

Du wirst vil samens außfůren auff das feldt und wenig einsameln; denn die heuschrecken werdens abfressen. Weynberg wirstu pflantzen und pauen, aber kainen weyn trincken noch lesen; dann die würm werdens verzeren. Oelbaum wirstu haben in allen deinen grentzen, aber du wirst dich nit salben mit ôl; denn dein ôlbaum wirt außgerissen werden. Sône und tôchter wirstu zeügen und doch nit haben; denn sy werden weggefůrt. Alle deine baume und frücht deines lands wirt der brandt fressen.

Der frembdling, der bey dir ist, wirt uber dich steygen und ymmer oben schweben. Du aber wirst herundersteygen und ymmer underlygen. Er wirt dir leyhen, du aber wirst im nicht leyhen. Er wirt [M2b:] das haupt sein, und du wirst der schwantz sein.

Und es werden sôlche flůch uber dich khommen und dich verfolgen und treffen, biß du vertilgt werdest, darumb daß du die stymm des herren, deines Gots, nicht gehorchet hast, daß du seine stymme, gepot und sytten hieltest, die er dir gepotten hat. Darumb werden zaychen und wunder an dir sein und an deinem samen ewigklich, daß du dem herren, deinem Gott, nit gedient hast mit frôlichem und gůttem hertzen, da du allerlay gnůg hettest, und wirst deinem feindt, den dir der Herr zůschicken wirt, dienen in hunger und durst, in blôsse und allerlay mangel, und wirt ain eyßerin[508] joch auff deinen halß legen, biß er dich vertilge.

Der Herr wirt ain volck auff dich laden von ferren[509], von der welt ende, wie ayn adler fleügt, des zungen du nicht versteen kanst, ain frech volck, das nit ansicht die person des alten, noch gnedig ist den jüngelingen, und wirt verzeren die frucht deines vichs und die frucht deines landts, biß dichs vertilgt und dir nichts uberlaß an korn, most, ôle, an früchten der ochsen und schaff, bis daß dichs umbbring, und wirt dich engsten in allen deinen thôren, biß daß es niderwerf deine hôhe und feste maur, darauff du dich verlest, in allem deinem lande, das dir der herr, dein Gott, geben hatt.

Du wirst die früchte deines leybs fressen, das flaisch deiner sône und deiner tôchter, die dir der [N1a:] herr, dein Gott, geben hatt, in der angst und nott, damit[510] dich dein feindt nôtigen wirt, daß ain man, der zůvor zertlich[511] und lustig gelebt hatt undter euch, wirt seinem brůder und dem weyb in seinem arm und dem sone, der noch ubrig ist von seinen sônen, vergônnen[512], zů geben yemand undter inen von dem flaisch seiner sône, daß er frisset, seyttemal[513] im

508. eisern.
509. fern.
510. mit der.
511. verzärtelt.
512. mißgönnen.
513. sintemal, zumal.

nichts ubrig ist von allem gůt in der angst und not, damit dich dein feind engsten in allen deinen thôren. Eyn weib under euch, das zůvor zertlich und in lusten gelebt hat, das sy nit versůcht hat, ire fůßsolen auff die erden zů setzen für zertlichkait und wollust, die wirt dem man in iren armen und irem son und irer tochter ver-
5 gônnen die afftergeburt⁵¹⁴, die zwischen iren aygen baynen seind außgangen, darzu ire sône, die sy geporen hatt; denn sy werden sy für allerlay mengel haymlich essen in der angst und not, damit dich dein feindt engsten wirt in deinen thôren.

Wo du nicht wirst halten, daß du thůst alle wort dyses gesetzs, die in dysem bůch geschriben steen, daß du fürchtest dysen herlichen und schrecklichen namen,
10 den herren, deinen Got, so wirt der Herr wunderlich mit dir umbgeen, mit schlegen auff dich und deinen samen, mit grossen und bestendigen schlegen, mit bôsen und bestendigen kranckhayten, und wirt dir zůwenden alle seücht Egipti, darfür du dich fürchtest, und werden dir anhangen, dazů alle kranckhait und alle schlege, die nicht geschriben seind in [N1b:] dem bůch dises gesetzs, wirt der
15 herr, dein Got, uber dich khommen lassen, und wirt euer wenigs půbels⁵¹⁵ uberpleyben, die ir vorhyn⁵¹⁶ gewesen seyt wie die stern am hymmel nach der menge, darumb daß du nit gehorchet hast der stymm des herren, deines Gots.

Und wie sich der Herr uber euch zůvor freuet, daß er euch wolthåt und meret euch, also wirt er sich uber euch freuen, daß er euch umbring und vertilge, und
20 werdet verstôret werden von dem land, da du yetzo eintzeüchst einzůnemen; denn der Herr wirt dich zerstreuen undter alle vôlcker, von aym endt der welt biß an das ander, und wirst daselbst andern gôttern dienen, die du nicht bekennest noch deine våtter, holtz und staynen.

Darzů wirstu undter denselben vôlckern kayne wôre⁵¹⁷ haben, und deine fůß-
25 solen werden kayn růe nit haben; denn der Herr wirt dir ein behenders⁵¹⁸ hertz geben daselbs und amacht⁵¹⁹ der augen und ain verschmachte seel, daß dein leben wirt für dir hangen. Nacht und tag wirstu dich fürchten und deinem leben nit vertrauen. Des morgens wirst du sagen: Wer gibt mir den abent? Des abents wirstu sagen: Wer gibt mir den morgen? vor grosser forcht deins hertzen, die dich
30 schrecken wirt und vor gesichten deiner augen, die du sehen wirst.«ᵈ

Wann man aber bey Gottes wort pleiben will, darf man nicht auff menschliche hilf sehen; dann der Herr spricht Jhere. am 17. [5f]: »Verflucht sey der mensch, [N2a:] der auff ainen menschen vertrauet, und setzet [auf] flaischliche hilf sein zůversicht, und wendet sein hertz ab von Got. Er wirt wie ein dürr graß auff ainer
35 haid und nicht erleben, biß das gůt kumpt.« So man aber Got dem herren vertraut, so ist der lon alsbald benedeyung. Dann daselbst spricht er auch [7f]:

f) erschrockens: B, E–H, K.

514. Nachgeburt.
515. Pöbel, hier Volk im Sinn von Bevölkerung.
516. vorher.
517. Dauer, Bestand, Bleibe.
518. zur Flucht bereites, flüchtiges.
519. Ohnmacht, Unfähigkeit.

»Gebenedeyet ist der mensch, der da vertrauet in Got, und lest Got den herren sein trost sein. Er wirt wie ain paum bey dem wasser gepflantzt, der sich nit fürcht noch sorgfeltig ist[520], so ayn dürre kumpt, und nymmer on frücht gefunden wirt.« Dann Got ist ain helfer in der nôt zur rechten zeyt. Also half er seinem volck, [g]da er sy durch das Rot Môr[g] auß Egypten [h]fůret und ire vheind, den pharao sampt allen seinen reütern und wågen, darin versenckt[h][521]. Also half er inen, [i]da er die syben kônigkreych umbkeret und, wie er inen verhayssen hett, in ire hende gab[522]. Also half er inen, da die frumme Judith den Olofernes erwürgt[523]. Also half er inen auch, da Sennacherib die statt Jherusalem belegert und der engel des Herren hundertundfünfundachtzig mal tausent man in ayner nacht erschlůg[i][524].

E[k] werden auch die früchte, so [l]in disem leben[l] hernach volgen, wo man unverzagt bey dem gotteswort bleibt[m], durch Mosen am 28. cap. des [179:] letsten bůchs [1–14] beschriben, [n]und spricht also[525]: »Wenn du der stymm des herren, deines Gots, gehorchen wirst, daß du behaltest und thůst alle seine gepot, die ich dir heut gepiet, so wirt dich der herr, dein Gott, [N2b:] das hôhist[526] machen uber alle vôlcker auff erden; und werden uber dich khommen alle dyse segen und werden dich treffen, darumb daß du der stymm des herren, deins Gots, bist gehorsam gewest. Gesegnet wirstu sein in der stat, gesegnet auff dem acker, gesegnet wirt sein die frucht deines leibs, die frucht deins lands und die frucht deines viechs und die frucht deiner ochsen und die frucht deiner schaff. Gesegnet wirt sein dein korb und dein ubrigs, gesegnet wirstu sein, wenn du eingeest, gesegnet, wenn du außgeest.

Und der Herr wirt deine vheinde, die sich wider dich aufflehnen, für dir schlahen lassen. Durch aynen weg sôllen sy außziehen wider dich, und durch syben weg für dir fliehen. Der Herr wirt gepieten dem segen, daß er mit dir sey imm keller und in alledem, das du für handen nympst, und wirt dich segnen in dem lande, das dir der herr, dein Got, geben hatt.

Der Herr wirt dich im zum hayligen volck auffrichten, wie er dir geschworn hatt, darumb daß du die gepot des herren, deines Gots, heltest, und wandelst in seinen wegen, daß alle vôlcker auff erden werden sehen, daß du nach dem namen des Herren genennt bist, und werden sich vor dir fürchten, und der Herr wirt machen, daß du uberflüssig an gůttern haben wirst, an der frucht deines leybs, an

---

g–g) fehlt a. – h–h) fehlt a.
i–i) die syben kunigreich im glopten land gewinnen. Also half er durch Judith. Also half er, do Sennacherib Jherusalem belegert, erschlug der engel des Herren in eyner nacht hundertundfunfundachtzigk mal tausent man: a.
k) fehlt a. – l–l) im zeytigen: a. – m) fehlt a. – n–n) fehlt a.

520. Sorge hat.
521. Ex 14,9ff.
522. Gemeint sind wohl die Stammesnamenlisten in Jos 3,10; 24,10.
523. Jdt 13.
524. 2Kön 19,32–36.
525. zitiert nach AT-deutsch, WADB 8, S. 643f.
526. am höchsten, als höchstes.

der frucht deines viechs und an der frucht deines ackers auff dem lande, das der Herr deinen våttern geschworn hatt, dir zů geben.

[N3a:] Und der Herr wirt seinen gůten schatz auffthůn, den hymmel, daß er deinem landt regen geb zů seiner zeyt und daß er segne alle werck deiner hendt, und du wirst vilen vőlckern leyhen, du aber wirst von niemant entlehen, und der Herr wirt dich zum haupt machen und nit zum schwantz, und wirst nur oben schweben und nicht unden lygen, darumb daß du gehorsam bist den gepotten des herren, deines Gots, die ich dir gepiete zů halten und zů thůn, und daß du nicht gewichen bist von yrgent aym wort, das ich heut gepiet, weder zů der rechten, noch zů der lincken.«[n]

Und ob es schon[o] die vernunft nit begreifft, sonder verlacht, ist es doch ye Gottes wort, und wer gentzlich darein vertrauet, wirt nit betrogen[p].

[q]Bißher haben wir, was uns, nőttig endrung zů thůn, bewegt hat und wes man sich derhalben besorgen und trősten soll, kürtzlich in ainer summa angezaigt und sein urpůtig[527], ainem yeden, der es gůtter, christlicher maynung und ordenlich, schrifftlich oder mündtlich, von uns erfordert, in denen und andern, was wir gethan haben oder füro, so es die eer Gottes und gemayner nutz erfordert, noch thůn würden, weytter erklerung, bericht, grundt und ursach auß der heyligen schrifft darzůthůn. Wie wir auch von aynem yeden, niemandt außgeschlossen, der auß heyliger geschrifft bessers gelernet hatt und [N3b:] schrifftlich oder mündtlich anzaigen kann und will, dasselbig gern annemen und statlich volg thůn wőllen[528], unangesehen, wie gering er vor der welt geacht und mit kaynem gewalt uber uns zů gepieten erhebt sey[529]. Dann gleichwie wir uns aller menschen, die wider Gottes wort uns zů handeln dringen wőllen, entschlahen[530], also wőllen wir uns alle denjhenen, so Gottes wort und willen versteen und lautter leren, wie sich gepürt, gentzlich unterworfen haben, und bitten den allmechtigen Got, er wőll uns sampt allen andern frommen glaubigen menschen diß unser christlich gemüt stercken und erhalten, zůr eer seines heyligen namen. Amen.

Der frid Gottes sey mit euch allen.

Getruckt zů Nürmberg durch Hieronymum Hőltzel[531] imm jar 1524, außgangen 23. Octobris[q].

o) wol: a.
p) betrogen. Beschlus dises buchs.: H, K.
q-q) Dises, F. E. W. gunstigen lieben herren, haben wir auff E. W. begern denselben wollen antzeigen. Und wiewol es etwo fur lang geacht mag werden, jedoch solten wir dise mispreuch nach wirden haben gehandet, wer uns zwifache zeit nit gnugsam gewesen. E. W. wollens gutwilliglich annemen und bedencken, wie gar uns in keynen weg will getzimmen, auch das wenigst, so wir furgenomen, widerumb zu endern, weyl wir es on sunderliche grosse beschwerung unsers gewissens nicht kunten. Sollen auch E. W. bedencken, wie wir hieher verordnet, die seel zu be-

527. erbietig, bereit.
528. angemessen Folge leisten wollen.
529. keinerlei Befehlsgewalt über uns besitzt.
530. entschlagen, dh nicht beachten.
531. Vgl. über ihn *Benzing*, Buchdrucker, S. 331, Nr 4.

trachten, wie den auch eyn ytzliche christliche obrigkeyt. Was wir aber für selmorderey wurden anrichten, so wir widerumb die abgethon gottislesterung auffrichten, weyl ytzundt die gantz gemayn, aber ydoch der pest und mayst tayl, diser sach unterricht ist, geben wir E. W. zu gedencken. Wollen geschweygen des tumults und gemurbel, des sich zu besorgen.

Und beschlußlich: Wir haben ja in dieser endrung weder unser ere noch nutz betracht, als augenscheinlich, sunder wirt uns vor den menschen beydes auff das hochst dardurch geringert, und alleyn Gottes ere und lob und des volcks heyl, wie dan unser ampt erfordert, angesehen; wollen uns darumb E. W. als diser stadt christlichen obrigkeyt dartzu hilflich sein, als dieselben auch bey irer seligkeyt schuldig. Wir sein ja Got mer verpflicht zu gehorsam denn den menschen, die wir im den auch vermittel seiner hilf wollen leysten, unangesehen alle geverd, die uns vor den menschen darauff stehen kan, weliche nit weyter betrifft dan den leib, der on das zu aschen muß werden. Wan das wir zugleich Got und den menschen zu danck sollen oder kunnen dyenen, ist uns unmuglich.

Georg Peßler, probst S. Sebolt pfarkirchen, Hector Pömer, probst S. Lorentzsen pfarkirchen: a.

Nr 21
Gutachten über Heinrich Schwertfeger (gen. Pfeiffer)
[1524, Ende Oktober]

Bearbeitet von *Dietrich Wünsch*

Einleitung

1. Zum Namen Schwertfegers

Das vorliegende Schreiben Osianders ist ein Gutachten über zwei Schriften eines Heinrich Schwertfeger[1]. Dieser ist bekannter geworden unter dem Namen Heinrich Pfeiffer. So wurde er in seiner Heimatstadt Mühlhausen in Thüringen genannt, wo er von 1523 bis 1525 für manche Unruhe sorgte und neben Müntzer zum Anführer der Mühlhäuser Erhebung wurde. Es scheint aber sicher zu sein, daß »Schwertfeger« sein eigentlicher Name war. Dafür sprechen folgende Gründe:
  a) In dem einzigen uns bekannten von ihm selbst formulierten Schreiben, einem Bittbrief an Herzog Johann von Sachsen, unterschreibt er mit »Henrich Swerthfeger«[2]. b) Heinrichs Bruder Georg heißt ebenfalls Schwerdtfeger[3] und nennt seinen Bruder in einem Brief an Herzog Georg[4] »Heynrich Schwerdtfeger, den man Pyffer nente«. c) In Nürnberg wird Heinrich in einem Ratsverlaß[5] ›Meister Heinrich von Mühlhausen‹ genannt. Im Ratsbuch[6] taucht der Name ›Meister Heinrich Schwertschmied‹ auf. Osiander nennt ihn ›Heinrich Schwertfeger‹ und er hat diesen Namen doch wohl in den ihm vorliegenden Manuskripten verzeichnet gefunden. Der Name ›Pfeiffer‹ scheint in Nürnberg für den ›Diszipel Thomas Müntzers‹ überhaupt nicht bekannt gewesen zu sein.
  Fazit: Der Mühlhäuser Genosse Müntzers hieß eigentlich Heinrich Schwertfeger. In Mühlhausen und Umgebung wurde er ›Heinrich Pfeiffer‹ genannt. Dieser Name wurde so geläufig, daß selbst sein Bruder »Jorg Schwertfeger alias Pfeyffer«[7] genannt werden konnte.
  Der Schreiber des Vermerks im Nürnberger Ratsbuch hat ›Schwertfeger‹ wohl als Berufsbezeichnung aufgefaßt und dafür – willkürlich oder unwillkürlich – den ihm geläufigeren Begriff ›Schwertschmied‹ gesetzt. Dafür, daß man in Nürnberg ›Schwertfeger‹ als Berufsbezeichnung verstanden hat, spricht auch die Verbindung

---

  1. Literatur zu Heinrich Schwertfeger: *Fuchs*, Akten; *Franz*, Quellen; *Merx*, Münzer und Pfeiffer 1; *Kolde*, Denck; *Jordan*, Pfeifer in Nürnberg, S. 111ff; *Brinkmann*, Pfeiffers doppelte Vertreibung; *Bensing*, Müntzer; dort auf S. 267–283 ein ausführliches Verzeichnis neuerer Literatur zum Thema des Buches.
  2. *Fuchs*, Akten, S. 19, Nr 1101.
  3. *Fuchs*, Akten, S. 752f, Nr 1963.
  4. *Fuchs*, Akten, S. 938, Nr 2142.
  5. Nürnberg SA, RV 709, f. 14v (*Pfeiffer*, Quellen, S. 25, RV 190).
  6. Nürnberg SA, RB 12, f. 267v (*Pfeiffer*, aaO, S. 25 zu RV 190).
  7. *Fuchs*, Akten, S. 752, Nr 1963.

›Meister Heinrich Schwertschmied‹ bzw. ›Meister Heinrich von Mühlhausen‹. Daß Schwertfeger zu allem Überfluß auch noch einmal ›Schwertfisch‹ betitelt wird[8], muß auf einen Irrtum zurückzuführen sein.

2. Zur Person Heinrich Schwertfegers

Heinrich Schwertfeger, ein ehemaliger Mönch des Zisterzienserklosters Reiffenstein auf dem Eichsfeld, hatte schon im August 1523 Mühlhausen, wo er sich seit Februar dieses Jahres aufgehalten hatte, verlassen müssen, nachdem er in seinen Predigten gegen Mönche, Nonnen und Pfaffen gewettert hatte und auch zum politischen Gegner des Rates der Reichsstadt geworden war – wenn auch nicht deutlich ist, ob und wieweit er direkt an den Aktionen der Bürgerschaft[9] gegen den alten Rat beteiligt war. Nach seiner Ausweisung hielt er sich vermutlich im Kursächsischen auf. Schon Ende des Jahres 1523 oder Anfang 1524 findet man Schwertfeger wieder in den Mauern Mühlhausens. Im August 1524 mußte Müntzer in Allstedt weichen und begab sich ebenfalls in die thüringische Reichsstadt, wo sich nun die Lage rasch zuspitzte. Es kam zu Bilderstürmereien, zu Zinsverweigerung und schließlich zu einer Erhebung der Anhänger Müntzers und Pfeiffers, die sich schnell zusammengefunden hatten, gegen die Mühlhäuser Obrigkeit. In den ›Elf Artikeln‹[10] wird u.a. die Einsetzung eines neuen Rates gefordert, der nach Bibel und Gottes Wort regieren und Arme und Reiche gleich behandeln soll. Doch die müntzersche Partei hatte ihre Kräfte überschätzt. Als es zur Entscheidung kam, hielt die Mehrzahl der Bürger und der Landbevölkerung zum alten Rat, der nach seinem Sieg sofort die beiden führenden Köpfe des Aufstandes, eben Schwertfeger und Müntzer, samt dem ihnen verbliebenen Anhang der Stadt verwies. Am 27. September mußte Heinrich Pfeiffer seiner Heimatstadt zum zweiten Mal den Rücken kehren. Er und Müntzer kamen zunächst nach Bibra und trafen dort Hans Hut[11]. Während über den weiteren Aufenthalt Müntzers in den folgenden Wochen nichts Eindeutiges auszumachen ist, zogen Hut und Schwertfeger – doch wohl gemeinsam – nach Nürnberg. Hut hatte von Müntzer das Manuskript seiner ›Ausgedrückten Entblößung‹ bekommen mit dem Auftrag, die Schrift in Nürnberg drucken zu lassen. Auch Schwertfeger hatte zwei Manuskripte bei sich, eben die, zu denen Osiander sein Gutachten erstellte.

3. Zur Entstehung des Osiandergutachtens

Die näheren Umstände der Entstehung dieser Osianderschrift implizieren einige Probleme. Klar ist der Abschluß von Schwertfegers Nürnberger Aufenthalt. Am

---

8. Vgl. *Will*, Beyträge, S. 47.
9. zB Wahl der Achtmänner, Mühlhäuser Rezess (*Fuchs*, Akten, S. 9–15, Nr 1092f).
10. *Franz*, Quellen, S. 491, Nr 165; *Fuchs*, Akten, S. 47–49, Nr 1128.
11. Vgl. dazu und zu Huts und Pfeiffers Aufenthalt in Nürnberg: *Seebaß*, Hut, S. 101–104.

29. Oktober 1524 beschließt der Rat: »Maister Hainrichen von Mulhausen, des schwurmers, Thoman muntzers discipel, dhweil er sich understet, mit disputacion anhang ze machen, von rats wegen beschicken und sagen, das ain rat und gemain alhie mit guten predigern zur notdurft versehen, darum irs fugs nicht sey noch gestatten werden, sein anwesen alhie ze haben, sonder sol sich furderlich von hinnen thun und sein gelt anderßwo zern«[12]. Im Ratsbuch wird als Grund für diese Ausweisung außerdem angeführt: »Dhweil er auch neben dem benanten Muntzer die aufrur zu Mulhawsen verursacht, welchs ein reichsstat, und derhalben auß derselben verwandnuß sein hie wonen und gemainschaft gemainer stat verweißlich und nachredlich sein wurd«[13]. Der Rat war fest entschlossen, eine Wiederholung der Mühlhäuser Ereignisse unter seinen Augen gar nicht erst zu ermöglichen. Am gleichen Tag noch mußte Meister Heinrich, »wiewol ungern«[14] und »auf eroffnung dises bevelhs hoch beschwerdt und gewidert, dem ze volgen«[15], aus der Stadt ziehen. Wohin er seinen Weg genommen hat, ist nicht bekannt[16]. Am 13. Dezember dieses Jahres ist er bereits wieder in Mühlhausen[17].

Es hat den Anschein, als sei der Rat erst wenige Tage, bevor er Pfeiffer abschieben ließ, auf die Anwesenheit dieses ungebetenen Gastes aufmerksam geworden. Denn der Ratsverlaß vom 26. Oktober 1524 ist doch wohl auf Heinrich Schwertfeger zu beziehen: »Darneben zu erfaren, ob sich des falschen propheten, Müntzer genant, jünger einer im teutschen hof enthalt und was sein thun und ler sey, solchs herwiderpringen«[18]. Ins Gerede gekomen ist Schwertfeger dadurch, daß er »sich mit disputacion vil anhangs ze machen understanden«[19]. Bei seiner Ausweisung bezieht sich der Rat mit keinem Wort auf ein Gutachten Osianders, sondern er schiebt die formale Begründung in den Vordergrund, »das ain rat und gemain alhie mit guten predigern zur notdurft versehen«[20] sei. Es findet sich in den Ratsakten auch keinerlei Hinweis auf eine Beauftragung Osianders zu einem Gutachten über die bei Schwertfeger beschlagnahmten Manuskripte[21]. Auch das Gutachten selbst findet sich nicht unter den Ratsakten, die im Staatsarchiv Nürnberg liegen, sondern in der Nürnberger Stadtbibliothek. Zweifellos hat aber Osiander dieses Gutachten an den Rat gerichtet, wie aus der Anrede hervorgeht.

12. Nürnberg SA, RV 709, f. 14v (*Pfeiffer*, Quellen, S. 25f, RV 190).
13. Nürnberg SA, RB 12, f. 267v-268r (*Pfeiffer*, Quellen, S. 25 zu RV 190).
14. Vgl. Anm. 12.
15. Vgl. Anm. 13.
16. Vielleicht weist der nach Ansbach gerichtete Brief des Kastners von Cadolzburg (*Schornbaum*, Bayerische Täuferakten 1, S. 2, Nr 3) auf einen Aufenthalt Schwertfegers Mitte November 1524 in Erlangen hin. Vgl. auch *Pfeiffer*, Quellen, S. 40, RV 290.
17. *Franz*, Quellen, S. 494, Nr 166. Über das weitere unglückliche Schicksal Schwertfegers vgl. die Literatur zum Thüringer Bauernkrieg (Literaturverzeichnis bei *Bensing*, Müntzer, S. 267-283).
18. Nürnberg SA, RV 709, f. 12v (*Pfeiffer*, Quellen, S. 25, RV 186).
19. Nürnberg SA, RB 12, f. 267v (*Pfeiffer*, aaO, S. 25 zu RV 190).
20. Nürnberg SA, RV 709, f. 14v (*Pfeiffer*, aaO, S. 25, RV 190).
21. Dagegen wird im RV vom 19. Oktober 1524 (*Pfeiffer*, Quellen, S. 25, RV 189) der Prediger von St. Sebald, Dominikus Schleupner, beauftragt, ein Gutachten über Müntzers ›Ausgedrückte Entblößung‹ zu erstellen.

Aus diesen Gegebenheiten läßt sich der Schluß ziehen, daß Osiander seine Beurteilung nicht aufgrund eines offiziellen Ratsauftrages erstellt hat. Es ist denkbar, daß der Ratsschreiber Spengler ihm die beiden Manuskripte aus eigener Initiative mit der Bitte um eine Stellungnahme übergeben hat und daß Osiander diese Aktion als eine offizielle Beauftragung durch den Rat verstand[22].

Schwierigkeiten bereitet auch die Datierung der Schrift. Osiander spricht vom ›vergangenen Samstag‹, an dem ihm die Manuskripte überreicht worden sind. Am Samstag, dem 29. Oktober, wurde Schwertfeger ausgewiesen. Wenn Osiander schon vorher sein Gutachten verfaßt hätte, dann käme man für den fraglichen Samstag auf das Datum: 22. Oktober 1524. Erst am 26. Oktober hat aber der Rat beschlossen, dem Gerücht, ein Anhänger Müntzers halte sich bei den Deutschherren auf, nachzugehen[23]. Im Verlauf dieser Nachforschung dürfte Pfeiffer samt seinen Manuskripten aufgegriffen worden sein[24]. Dann kann Osiander nicht vor dem 26. mit der Inspizierung dieser Schriften beauftragt worden sein. Ich möchte deshalb annehmen, daß der Ratsbeschluß über die Ausweisung Schwertfegers schon feststand, als der Prediger von St. Lorenz am selben Tag (29. 10.) die ›zwei geschriebenen Büchlein‹ mit der Bitte, ›dieselbigen zu überlesen‹ ausgehändigt bekam. Als Osianders Stellungnahme zu Papier gebracht war, hatte Pfeiffer die Stadt schon längst verlassen[25].

4. Schwertfegers Schriften

Wenn wir Osianders Gutachten nicht hätten, wären wir gezwungen, zur Rekonstruktion der Schwertfegerschen Gedanken auf die Mühlhäuser Dokumente zurückzugreifen[26]. Darauf können wir auch so nicht verzichten, doch ist es mög-

---

22. Jedenfalls lief das Gutachten durch Spenglers Hand, wie der Vermerk von Spengler auf f. 6v beweist.

23. Vgl. o. bei Anm. 18.

24. vorausgesetzt natürlich die Richtigkeit der Behauptung, daß sich der in Anm. 18 genannte Ratsverlaß auf Schwertfeger bezieht. Aber auf wen sonst?

25. Daraus würde sich ergeben, daß das Datum, welches das Gutachten in der Gothaer Kopie (b) trägt, nämlich der 20. Oktober 1524, das *Möller,* Osiander, S. 529 als »unzweifelhaft richtig« bezeichnet, unzweifelhaft falsch sein muß. Man käme sonst auf den 15. Oktober (!) für den »sambstag nechst verschinen«. Wie aber der 20. Oktober als Entstehungsdatum gelten konnte, ist ungeklärt.

26. Auch da finden wir nur wenig, was zur Darstellung von Pfeiffers Anschauungen dienen könnte. In der Mühlhäuser Chronik wird berichtet, daß Pfeiffer zu Beginn seiner Mühlhäuser Agitation Pfaffen, Mönche und Nonnen gescholten habe (*Franz,* Quellen, S. 475, Nr 159). In dem ›Mühlhäuser Rezess‹ vom Juli 1523 (*Franz,* Quellen, S. 479–485, Nr 161; *Fuchs,* Akten, S. 10–15, Nr 1093) können pfeifferische Gedanken mit verarbeitet sein. Es wird von Bilderstürmereien in Mühlhausen berichtet (*Franz,* Quellen, S. 489, Nr 164), die durch Pfeiffers Predigt ausgelöst worden sein könnten. In seiner Urgicht (*Fuchs,* Akten, S. 383, Nr 1582) bekennt Schwertfeger sich als Anhänger Karlstadts. An der Ausarbeitung der elf Forderungen der Mühlhäuser Gemeinde vom September 1524 (*Franz,* Quellen, S. 491–494, Nr 165; *Fuchs,* Akten, S. 47–49, Nr 1128) war Pfeiffer neben Müntzer maßgeblich beteiligt. Von Müntzer wurde auf der Folter die Aussage erpreßt, daß Pfeiffer gesagt habe, »das gnug sei in einer jeden Pflege ein Schloß,

lich, aus der Widerlegung Osianders die eine oder andere theologische Aussage Pfeiffers zu erschließen und das zu belegen, was man von vornherein vermuten wird, daß nämlich Schwertfeger sich sehr stark von Müntzer hat prägen lassen[27].

Zwei Schriften Pfeiffers hatte Osiander vor sich. In der ersten, so schreibt er, will Schwertfeger ›anzeigen, wie der Aufruhr zu Mühlhausen sich erhoben hat‹. Es handelt sich also offensichtlich um eine Rechtfertigungsschrift Pfeiffers über die Mühlhäuser Vorgänge vom Sommer 1524. Osiander sieht den Hauptnenner dieses Büchleins darin, daß die Gesetze des Alten Testaments noch heute zu halten seien. Bezogen auf die Mühlhäuser Ereignisse kann das bedeuten, daß Pfeiffer sich im Sinne der elf Mühlhäuser Artikel geäußert hat, in denen jeweils politische Forderungen mit Bibelstellen belegt werden und wo es im 2. Artikel ausdrücklich heißt: »Das man in [= dem neuen Rat] die bibel ader das helig worte gotes bevel, darnach gerechtigkeit und urtell fellen«[28]. Oder aber Schwertfeger hat die in Mühlhausen vorgekommenen Bilderstürmereien verteidigt mit dem Hinweis auf das Bilderverbot des Alten Testaments.

Leider gibt Osiander aus dieser Schrift nicht mehr wieder als die schon genannte Summe und eine Andeutung, daß der Verfasser ergründen wolle, was vom biblischen Gesetz aufgehoben und was noch gültig sei.

Etwas günstiger sieht es mit der Rekonstruktion des zweiten Büchleins aus, das an die gleiche Problematik anschließt. Die Worte ›von Aufhebung des Gesetzes‹ sind vielleicht sogar identisch mit dem von Schwertfeger selbst gewählten Titel[29]. Gleich zu Beginn steht eine heftige Polemik gegen die nicht vom Geist erfüllten Prediger, auf die die Stelle von den falschen Propheten aus Dtn 13 bezogen wird. Vorzuwerfen ist diesen Predigern, daß sie sich auf die Schrift berufen, die doch ein »bloß gezeugnis« ist, daß sie aber den Geist Christi nicht haben und nicht offen sind für die lebendige Stimme Gottes. Reine Schriftpredigt nützt gar nichts ohne den Geist, und der Geist impliziert Konsequenzen, wie etwa Beseitigung der Bilder. Wer diese Konsequenzen nicht mitvollzieht, ist ein größerer Volksverführer als die Papisten, ein ›Schriftstehler‹, und er muß laut alttestamentlichem Gesetz (Dtn 13) ›erwürgt‹ werden. Auf die Verderbtheit der Prediger bezieht

---

die andern solt man zustoren« (*Franz,* Quellen, S. 533, Nr 190). In seinem eigenen Geständnis gibt er an, er und Müntzer hätten »nach vortilgung aller uberigkait ... ein christlich reformation machen« wollen (*Fuchs,* Akten, S. 383, Nr 1582). Obwohl er aussagt, er sei mit Luther und Strauß (Jakob Strauß, ca 1480/85 – ca 1533, Prediger und Reformator in Eisenach; von den oberschwäbischen Bauern wird er unter den Männern aufgeführt, die »in iren Sachen und uber die christlichen Lere erkennen sollen«, *Franz,* Quellen, S. 150, Nr 32 und RE 19, S. 92–97) nicht einig gewesen, sind doch etliche der neunzehn in seinem Haus konfiszierten Bücher »von der ler Martinus« (*Fuchs,* Akten, S. 713, Anm. 1). Schwertfeger ist also sicher – wie Müntzer auch – von einem Anhänger Luthers zu dessen Gegner geworden. Einzelheiten oder zusammenhängende Gedankengänge lassen sich aus diesem Material kaum noch rekonstruieren.

27. Zu den Parallelen Schwertfegerscher Aussagen bei Müntzer vgl. den Sachkommentar zur jeweiligen Stelle.

28. *Fuchs,* Akten, S. 47, Nr 1128; *Franz,* Quellen, S. 492, Nr 165.

29. Dagegen ist nicht anzunehmen, daß Pfeiffer seine erste Schrift betitelt hat: »Wie die auffrur zu Mulhausen sich erhebt hab«. Er hätte das Geschehen in seiner Heimatstadt sicher nicht als Aufruhr charakterisiert.

Schwertfeger das Zitat aus Jes 1,5f, und er zieht sich für diese eigenwillige Exegese einen schroffen Verweis Osianders zu.

Zu den Konsequenzen, die zu ziehen sind, gehört auch die Beseitigung der Verfolgung, die nicht nur die Leute daran hindert, rechte Christen zu sein, sondern sogar ›eitel Teufel‹ aus ihnen macht. Eine deutliche Parallele in Müntzers ›Ausgedrückter Entblößung‹ spricht dafür, daß an dieser Stelle Pfeiffer eine soziale Anklage gegen die Unterdrücker der Armen in Gestalt der gottlosen Obrigkeit vorgetragen hat.

Die von Osiander mitgeteilten Schwertfegerschen Sätze decken sich vollständig mit Müntzerschen Äußerungen vor allem im ›Unterschied Danielis‹ und in der ›Ausgedrückten Entblößung‹. Der Schluß wird also erlaubt sein, daß Schwertfeger – zumindest in diesen beiden Schriften – ein treuer Herold müntzerscher Lehre war, daß man die von Osiander nur sehr lückenhaft wiedergegebenen Gedankengänge des Mühlhäusers aus den Schriften des Allstedters rekonstruieren kann und daß Osianders Gutachten über Pfeiffer implizit eine Auseinandersetzung mit Müntzer darstellt.

5. Osianders Gutachten

Gegen Schwertfegers erste Schrift und ihre Forderung nach Praktizierung der alttestamentlichen Gesetze setzt Osiander die bündige Feststellung, daß das alte Gesetz völlig aufgehoben sei, sowohl in seiner Wirkung als auch in seiner Geltung. Da gibt es nichts zu ergründen, was davon außer Kraft gesetzt und was noch aktuell sei. Denn anstelle des alten Gesetzes ist ein neues Gebot durch Gott selbst ins Herz der Christen geschrieben, die Liebe, die mit Gott identisch ist. Durch diese Gleichung postuliert Osiander praktisch die Einwohnung Gottes in den Christen, und auch an dieser Stelle steht die eigentümliche Rechtfertigungslehre, die im ›Nürnberger Ratschlag‹ und in den späten Schriften Osianders entfaltet wird, im Hintergrund.

In seiner Auseinandersetzung mit Schwertfegers zweiter Schrift legt Osiander das Verhältnis von Geist Gottes – Heiliger Schrift – Prediger dar: Der Geist Gottes gelangt zu den Menschen durch gläubiges Hören der Predigt. Dabei liegt die Verleihung des Heiligen Geistes ganz in der Willkür Gottes. Sie ist nicht von der Qualität des Predigers abhängig. Das Vehikel des Geistes ist das verbum externum, die Heilige Schrift, die also keineswegs ein »bloß gezeugnis« ist. Für den Prediger ergibt sich daraus der Auftrag, Gottes Wort »lauter« zu predigen, auf die Wirkung des Geistes zu vertrauen und nicht etwa mit Gewaltmaßnahmen die Beseitigung äußerer Mißstände – wie etwa der Bilderverehrung – zu erzwingen. Auch Mißstände, unter denen man zu leiden hat, erlauben kein gewaltsames ›Rumoren‹ – im Gegenteil: je mehr wir leiden, desto kräftiger kommt das Wort Gottes zum Zug. Nicht der Heilige Geist ist es, der zu Umtrieb und Aufruhr antreibt, sondern der Teufel. Pfeiffer und seine Gesinnungsgenossen müssen sich außerdem Willkür vorwerfen lassen. Sie legen die Schrift aus, wie es ihnen gerade paßt, was besonders an der Interpretation von Jes 1,5f deutlich wird. Was bei all dem herauskommt, ist Mord, Aufruhr und ›Veränderung‹ der Obrigkeit, die Verwechslung des Reiches Christi mit einem weltlichen Reich, wo Schwert und Gewalt regieren.

So steht am Ende von Osianders Gutachten die Charakterisierung Pfeiffers als gefährlicher, schwärmerischer Aufrührer, und seine Ausweisung durch den Nürnberger Rat wird so (im nachhinein) durch den Prediger gutgeheißen.

6. Überlieferung und Sigla

Handschriften:
a : Nürnberg StB, Cent. V, App 34 K, Nr 4; Ausfertigung von der Hand Osianders. Auf f. 5r–6v findet sich der Text des Gutachtens, auf f. 6v auch ein Vermerk von der Hand Lazarus Spenglers: »Osianders unterricht und anzaigen wider die propheten und schwermergeyst«. a liegt unserem Abdruck zugrunde.
b: Gotha FB, Chart. A 94; f. 428r–430r; Abschrift des 16. Jahrhunderts. Sie unterscheidet sich vom Original vor allem durch eine durchgängige Aufweichung der Silben und Konsonanten, zB: dan statt dann, got statt gott, bringt statt pringt.
Von dieser Gothaer Abschrift fertigte Friedrich Stephan, der Stadtarchivar von Mühlhausen, im Jahr 1893 eine Kopie an[30].

Editionen:
Ed. 1: *Möller*, Osiander, S. 63–66; Abdruck nach a, allerdings an manchen Stellen etwas gekürzt und in der Orthographie des ausgehenden 19. Jahrhunderts.
Ed. 2: *Kolde*, Denck, S. 28–30.
Ed. 3: *Jordan*, Pfeifer in Nürnberg, S. 112–114.

Text

[5r:] Fursichtig[a], erber, weyß, gonstige, liebe herrn. Es sein mir sambstag nechst verschinen[1] zway geschribene[2] buchlin, von Hainrichen Schwertfeger[3] gemacht, zugeschickt, dieselbigen zu uberlesen und, was sonders[4] darin unchristlichs und wider die heiligen schrifft were, kurtzlich anzuzaigen – welche ich auch gelesen und, kurtzlich zu sagen, nichts gutts uberal[5] darinnen funden hab.

a) Wider Hainrichs Schwertfegers aufrurerische buchlein. 1524 [von anderer Hand geschrieben als der Text]. Fursichtig: b.

30. Vgl. *Jordan,* Geschichte 1, S. 22f.
1. vergangenen Samstag; vermutlich am 29. Oktober 1524; zum Datum vgl. Einleitung, o. S. 258.
2. Es handelt sich also um Manuskripte, die man bei Pfeiffer gefunden hatte.
3. = Heinrich Pfeiffer; vgl. Einleitung, o. S. 255f.
4. besonders.   5. überhaupt nichts Gutes.

Dann das erste⁶, darin er will anzaigen, wie die auffrur zu Mulhausen⁷ sich erhebt hab, ist alles gantz und gar dahin gestellet, das man soll und muß die judischen gericht, im alten gesetz beschriben⁸, noch heutigs tags halten⁹ und in kainer sachen anderst urtailen, dan wie daselbst beschriben ist, welches nicht allain wider die geschrifft, sonder auch wider die vernunft ist. Dann das alt gesetz, durch Mosen gegeben, ist gantz und gar frei¹⁰ lauter auffgehebt¹¹, nicht allain, das es nymant mer verdam¹² und verfluch, sonder auch, das man dasselbig nicht mer zu halten schuldig sey; und ist dargegen ein neu gesetz¹³ durch Gottis finger in aller christen hertz geschriben¹⁴, das ist die liebe, welche Gott selbs ist¹⁵, und was die lieb mit ir pringt, vormals auch in Moses gesetz beschriben, das pleibt¹⁶, nicht darumb, das es ᵇ von Mose gepoten ist, sonder darumb, das es derᶜ gaist Gottis in die glaubigen hertzen also pflantzet. Was aber die lieb nicht pringt und erfordert, das ist tod und ab¹⁷, wie das Christus selbs bezeugt und spricht Matt. 22 [37–40]: »Du solt lieben Gott deinen hern von gantzem hertzen, von gantzer seelen, von gantzem gemuet. Dis ist das furnemist und groß gepott. Das ander aber ist dem gleich: Du solt deinen nechsten lieben als dich selbs. In disen zwaien gepoten hangt das gantz gesetz und alle propheten«¹⁸; und Paulus zun Rom. am 13. [8. 10]: »Wer den andern liebet, hatt das gesetz erfullet. Die liebe thut dem nechsten nichts boses, so ist nun die liebe des gesetzs erfullung.« [5v:] Darumb irret diser Schwertfeger gantz unchristlich, dieweil er das gesetz ergründen will, was auffgehebtᵈ und nicht auffgehebt sey, dann es ist unmoglich, anderst zu unterschaiden, dann das die lieb beleib und das ander alles fall¹⁹, wie es Christus und Paulus selbst nicht anderst haben wollen leeren.

Er zeucht²⁰ auch solches allain darumb herfur, auff das er das gesetz wider mocht auffpringen²¹, das man die falschen propheten zu tod schlug²², wie er das

---

b) folgt durchgestrichen: der gaist Gottis: b. – c) den: b. – d) fehlt b.

6. die eine von beiden Schriften.
7. im September 1524, vor der Ausweisung Pfeiffers und Müntzers, vgl. Einleitung, o. S. 256.
8. die Gebote und Vorschriften des AT.
9. Vgl. Müntzer, ›Unterschied Danielis‹, *Franz*, Müntzer. S. 260,16.
10. völlig.
11. Röm 7,6; vgl. Luthers Schrift von 1525 ›Wider die himmlischen Propheten‹, WA 18, S. 81,7ff: »Darumb ist ... alles, was Moses mehr und uber das naturliche gesetze hat gesetzt ... frey, ledig und abe ...«. Vgl. zu Luthers Stellung zu diesem Thema: *Wolf*, Gesetz und Evangelium.
12. Röm 8,1f.
13. Joh 13,34.
14. Vgl. Jer 31,33; Röm 5,5; 2Kor 1,22.
15. 1Joh 4,16.
16. vgl. 1Kor 13,8.
17. abgetan.
18. Mt 22,37–40.
19. Vgl. Luther, ›Wider die himmlischen Propheten‹, 1525, WA 18, S. 76,4f: »Denn Mose ist alleyne dem Judischen volck geben und geht uns Heyden und Christen nichts an«.
20. zieht. 21. in Geltung setzen.
22. Vgl. Müntzer, ›Unterschied Danielis‹, *Franz*, Müntzer, S. 258f.

mit solchen worten im puchlein von auffhebung des gesetz anzaigt: »Den falschen propheten solt ir erwurgen, der euch von eurem Gott und Hern gefurt hatt etc«[23]. Wen er aber maint, hatt er am ersten blatt desselben buchlins genug anzaigt, nemlich alle prediger, die nicht mit seinem gaist umbgeen[24]. Dann es will in[25] das creutz, das sie umb Gottis wort willen leiden, zu schwer sein[26], wolten gern mit der faust hinwider schlagen[27]; das weret[28] in die schrifft, darumb verspotten sie die schrifft und geben von gaisten fur[29], das man inen nicht fur ubel soll haben[30], wan sie wider die schrifft handeln. Es ist woll war und von kainem frommen christen je widersprochen, das »wir alle von Gott mussen gelert sein«[31], und »wer den gaist Christi nicht hatt, der ist nicht sein«[32]. Das[33] widerspricht man aber, das inen der heilig Gaist zu rumoren[34] rhatt und hellf[35], sonder man sagt, es sei der teufel, der (als Christus sagt) von anfang ein lugner und todschlager ist gewest[36]. Man widerspricht in auch, das die schrifft nichts dan[37] ein bloß gezeugnus sei[38], wie sie liegen, sonder es ist eben der recht werckzeug, dardurch uns der Gaist geben wirt. Und wer den Gaist nicht durch das gehore des glaubens[39] empfahet, wirt in sonst in kainem andern weg empfahen, wie Paulus zu den Galathern anzaigt[40]. Dann es hatt Gott gefallen, die welt durch torhait der predig selig zu machen, [6r:] wie Paulus zu den Corinthiern sagt[41] und Christus selbst seinen

23. Dtn 13,6; vgl. Müntzer, ›Unterschied Danielis‹, *Franz*, Müntzer, S. 259, 13f.
24. Auch bei Müntzer sind die ›falschen Propheten‹ identisch mit den Predigern, die nicht vom Geist erfüllt sind, vgl. zB *Franz*, Müntzer, S. 258f.
25. ihnen.
26. Wenn Pfeiffer auch an diesem Punkt ähnlich dachte wie Müntzer, dann wird ihm von Osiander hier Unrecht getan. Für Müntzer stand die Notwendigkeit des Leidens der Frommen außer Frage, vgl. ›Unterschied Danielis‹, *Franz*, Müntzer, S. 259, 21ff.
27. Müntzer, ›Unterschied Danielis‹: »Ihr dörfft nicht zcweyffeln, Gott wirt all ewr widdersacher zu drůmmern schlagen, die euch zu verfolgen undterstehn« *(Franz*, Müntzer, S. 258,7f).
28. wehrt, verbietet.
29. Immer wieder bei Müntzer, zB ›Ausgedrückte Entblößung‹: »Wenn eyner nu seyn leben lang die biblien wider gehöret noch gesehen het, kůndt er woll für sich durch die gerechten lere des geystes eynen unbetrieglichen christenglauben haben, wie alle die gehabt, die one alle bůcher die heylige Schrifft beschriben haben« *(Franz*, Müntzer, S. 277,25–33).
30. verübeln soll.
31. Joh 6,45; vgl. Müntzer, ›Unterschied Danielis‹, *Franz*, Müntzer, S. 246,5.
32. Röm 8,9; vgl. Müntzer, ›Hochverursachte Schutzrede‹, *Franz*, Müntzer, S. 323,1f.
33. dem.
34. Aufruhr zu stiften.
35. Nach Müntzer offenbart der Geist den Frommen die Notwendigkeit einer »trefflichen, unüberwindlichen, zukünftigen Reformation«, ›Unterschied Danielis‹ *(Franz*, Müntzer, S. 255, 23ff).
36. Joh 8,44.
37. als.
38. lediglich eine Bezeugung; vgl. Müntzers ›Ausgedrückte Entblößung‹, *Franz*, Müntzer, S. 276, 34ff.
39. Vgl. Röm 10,17; vgl. dagegen Müntzer, ›Ausgedrückte Entblößung‹, *Franz*, Müntzer, S. 275,35ff.
40. Gal 3,5.
41. 1Kor 1,21.

vater bittet fur seine junger und fur alle, die durch ir wort glauben werden⁴². Darumb es lauter und klar erlogen ist, das Gott selbs mit lebendiger stim mit uns muß reden⁴³, wie sie furgeben, sonder durchs auswendig wort⁴⁴ und schrifft muß man den glauben und den Gaist empfangen, wie Paulus zu den Corinthiern auch sagt, wir sein diener des Gaists und nicht des buchstaben⁴⁵. Sie wollen auch furgeben, wan ein prediger schon recht die lauter heilige^e schrifft predig, wann er iren gaist nicht hab und alsbald anheb zu rumorn, die bild aus den kirchen werf etc, verfur⁴⁶ er vill mer dan die papisten⁴⁷, so doch Christus klar sagt, man soll den folgen, die auff Moses stul sitzen⁴⁸, das ist die schrifft herfurpringen⁴⁹, ob sie gleich selbs nicht darnach thun; das ist, Gottis wort sei recht, wann es gleich⁵⁰ ein gottlos mensch predigt und anzaigt. Sie wollen aber, ir gaist thue es allain, setzen sich an Gottis statt und stellen sich, als wer es an inen und irem gaist gelegen, ob das wort fruchtbar wird in den zuhorern oder nicht, so doch Paulus klarlich⁵¹ sagt: »Ich hab nur gepflantzet, Apollo hatt gewessert, Gott aber hatt das zunemen⁵² gegeben«⁵³. Was hulf es uns, wan sie gleich so voll gaist stecketen, das sie zerprechen musten⁵⁴, so kann dannoch ir predig nicht ee⁵⁵ frucht wurcken, dann wan⁵⁶ Gott will; er muß je⁵⁷ den Gaist geben und nicht sie. Darumb spürt man ir

---

e) heilige: b.

42. Joh 17,9.20.
43. Müntzer, ›Unterschied Danielis‹: »Und wilcher mensch dieses [= das innerliche Wort] nit gewar und empfindtlich worden ist durch das lebendige gezceugnis Gottis, Roma. 8, der weiß von Gotte nichts gründtlich zu sagen, wenn er gleich hunderttausent biblien hett gefressen« (*Franz,* Müntzer, S. 251, 16ff.).
44. das ›äußere‹, gepredigte oder geschriebene Wort (verbum externum). Vgl. Luther, ›Wider die himmlischen Propheten‹: »Im selben wort kompt der geyst und gibt den glauben, wo und wilchem er will« (WA 18, S. 139,23). Vgl. auch CA Artikel 5, BSLK, S. 58.
45. 2Kor 3,6; vgl. Röm 7,6.
46. verführe.
47. Vgl. Müntzer, ›Ausgedrückte Entblößung‹: »Wenn sie gefragt werden, wie sie zum solchen hohen glauben kumen, do sie also vill unauffhörlich von schwatzen ..., da kumen sie mit eynem über die massen lamen, schalen fratzen und sprechen schlecht unverschempt: Sihe, ich glaub der schrifft! Und werden do also neydisch und grimmig, das sie schlecht auß dem barte grüntzen, sagende: Oho, diser laugnet die schrifft! Da wöllen sie vil erger mit irem lestern aller leüt maul verstopffen denn der tölpel, der babst, mit seinen butterbůben« *(Franz,* Müntzer, S. 274,28ff).
48. Mt 23,2f.
49. im Sinne von: predigen.
50. selbst wenn es.
51. deutlich.
52. Zunehmen, Gedeihen.
53. 1Kor 3,6.
54. Müntzer, ›Von dem gedichteten Glauben‹: »Wan dem gelarten nach menschlicher weyße furgetragen wirt die gantze geschryfft, so kan er sie doch nicht, solt er auch von eynander prasten« (*Franz,* Müntzer, S. 224,24-26); vgl. auch ›Unterschied Danielis‹, *Franz,* aaO, S. 251,16-19.
55. eher.
56. dann wan = als.
57. ja.

morderisch furnemen⁵⁸ woll, dieweil sie alle prediger, die nicht rumoren, schrifftsteler⁵⁹ und verfurer schelten, darnach sagen, man soll die verfurer erwurgen⁶⁰. Paulus wurd durch solche lose buben auch gedrungen, das er sich rumen must, er thets aber nicht gern, bekennet, das es ein torhait wer⁶¹. Derhalben rumen wir uns auch noch⁶² kains gaists⁶³, sonder predigen Gottis wort lauter und schlagen nicht mit [6v:] feusten darein; dan wir wissen, das es nichts nutz^f ist, wann man ausserliche ding aus dem gesicht mit gewalt thut, ee dann sie mitt Gottis wort aus dem hertzen geprediget werden⁶⁴, sein gutter zuversicht, das wort sei allain starck genug, durf⁶⁵ kaines schwerts, da je^g mer wir leiden, ye krefftiger das wort geeth^h⁶⁶. Darumb Paulus auch spricht, wir rhumen uns auch des leidens⁶⁷; sie aber sprechen, wann die verfolgung nicht geweret und mit gewalt verhindert wurde, so wurden eitel⁶⁸ teufel aus den leuten⁶⁹, gleich als kan^i Gottis wort in der verfolgung

f) nicht: b. – g) ja: Ed.1, Ed.3. – h) geert: b. – i) kon: b.

58. Vorhaben.
59. ›Schriftstehler‹ – der Begriff stammt aus Jer 23,30 und kommt bei Müntzer häufig vor, zB ›Protestation oder Erbietung‹: »Ire Rede [nämlich die der Schriftgelehrten] hat nit die gewalt Gottis, denn sie sagen mit unvorschempter stirn, sprechen, sie haben keinen andern glauben noch geist, dann den sie aus der schrifft gestolen haben. Aber sie heissen es nicht gestolen, sondern gegleubet« (*Franz*, Müntzer, S. 235,22–25); vgl. auch ›Unterschied Danielis‹, *Franz*, aaO, S. 245,7; 251,1; ›Ausgedrückte Entblößung‹, *Franz*, aaO, S. 274,26ff; 306,24ff. ›Schriftstehler‹ sind also die Leute und vor allem die Prediger, die sich aus der Bibel ihren Glauben zusammenstehlen, ohne vom Geist Gottes erfüllt zu sein.
60. s.o. S. 263, Anm. 23.
61. 2Kor 11 und 12.
62. erst recht; Sinn: Wenn schon Paulus sein Rühmen für Torheit hält, so rühmen wir uns erst recht nicht.
63. Vgl. Müntzer, ›Ausgedrückte Entblößung‹, *Franz*, Müntzer, S. 303,11ff. Auch Müntzer will sich des Geistes nicht rühmen: ›Hochverursachte Schutzrede‹: »Was der almechtig Got mit mir machet und redet, kann ich nit vill rümens von; dann allayn, was ich durchs gezeügnuß Gottes dem volck auß der heyligen schrifft vorsage, und will, ob Gott will, meinen dunckel nit predigen« (*Franz*, Müntzer, S. 338,19–22).
64. Dieser Gedanke wird von Luther öfters vorgetragen, zB WA 15, S. 220,25–33.
65. bedarf.
66. vorankommt.
67. 2Kor 11,30; 12,5.9; Gal 6,14.   68. richtige.
69. Vielleicht hat Pfeiffer einen ähnlichen Gedanken ausgedrückt, wie er bei Müntzer öfters vorkommt, daß nämlich die Armen durch die Unterdrückung und Ausbeutung daran gehindert werden, zum rechten Glauben zu kommen; vgl. ›Ausgedrückte Entblößung‹: »... auch yetzt etlich erst recht anfangen, ir volck zu stöcken, plöcken, schinden und schaben und bedrawen darzů die gantzen christenheyt und peynigen und tödten schmalich die iren und frembden auffs allerscherpffst, das auch Got nach dem ringen der außerwelten den yammer nit lenger wirt künnen und mügen ansehen, und die tag müß er seynen außerwelten verkürtzen, Mat. am 24. Sonst würden die leůt durch keyn recht betrachten die menschwerdung Christi annemen, es würden eyttel heyden und teůfel drauß, vil erger secten denn vorm anfang« (*Franz*, Müntzer, S. 283,19–25); vgl. auch ›Ausgedrückte Entblößung‹, *Franz*, aaO, S. 275,23–34; 303,20–26; ›Hochverursachte Schutzrede‹, *Franz*, aaO, S. 330,18–21. Eine schöne Darstellung der Gedanken Müntzers über das soziale und das »echte, christbildende« Leid gibt *Bloch* in seinem Müntzerbuch unter der Überschrift: »Die Entgröbung«, vgl. *Bloch*, Müntzer, S. 183ff. Osiander geht auf eine zu vermutende soziale Anklage Pfeiffers mit keinem Wort ein.

nicht frucht bringen; so unverschembt leugt⁷⁰ ir morderischer teuffel und gaist.

Das es aber schein⁷¹ hatt, als beweysen sie es mit der heiligen schrifft, ist doch nichts dan eitel betriegen, dan sie ziehen die schrifft in einen frembden sin, das alles zu erzelen lange zeit bedorft; doch ains, dem die andern fast alle gleich sein, will ich anzaigen: Esaias am 1. cap. [5f] spricht: »Waᵏ soll ich mein volck mer schlagen? Alle haubt sein schwach und alle hertzen betrübt, von der fußsolen bis auff die schaitell ist kain gesundthait.«⁷² Das ist: Durch die sund ist mein volck so tieff verderbt, das es nicht erger geplagt kan werden, es darf nicht straffens mer, sonder hailens und helfens. Das wort zeucht⁷³ diser Schwertfeger auff die prediger und sagt, es sei von der solen bis an die schaitel nichts gutts in irer leere, besonder da man solchen schwermern widersteet und sie iren mutwillen nicht aus lest furen. Also wolten sie uns juden machen⁷⁴, wanˡ sie wolten, und, wo es zu irem rumorn dienet, das alt gesetz auffrichten, waᵐ aber die schrifft wider sie ist, dieselben verspotten und uns auff iren gaist⁷⁵ weisen und verleugnen, das der Gaist durch das gehör des glaubens geben werd, mord, auffruhr, verendrung der obrigkait⁷⁶ einfuren undⁿ aus dem gaistlichen reich Christi gar ein weltlich reich machen, das nicht mit Gottis wort, sonder mit schwert und gewalt regirt – welchs unchristlich und gantz teuflisch were, welchs ich auch, wo das eurᵒ E. W. begern, weiter beweysen und ercleren will.

ᵖE.E.W. W. A. Osiander, prediger bei S. Laurentzenᵖ

k) wo: Ed.1, Ed.3. – l) wen: Ed.3 (a schlecht leserlich). – m) wo: Ed.1, Ed.3. – n) und und: b (Ditt.). – o) fehlt b, Ed.1, Ed.3. – p–p) 1524. 20 octobris. Osiander [von gleicher Hand wie der Text]: b.

70. lügt.
71. den Anschein.
72. Diese Stelle Jes 1,5f. spielt bei Müntzer keine Rolle.
73. deutet.
74. im Sinne von: wollen sie uns auf das jüdische Gesetz festlegen. Vgl. Luther, ›Wider die himmlischen Propheten‹: »Wollen sie aber durch Mosen aus uns Juden machen, so wollen wyrs nicht leyden« (WA 18, S. 76,7f).
75. den Geist der ›Schwärmer‹.
76. Nur an dieser Stelle geht Osiander innerhalb des Gutachtens darauf ein, daß Pfeiffer – wie Müntzer – auch ein politisch-revolutionäres Anliegen hatte. Der Nürnberger Rat hingegen begründet seine Ausweisung Pfeiffers ausdrücklich damit, daß »er auch neben dem benanten Muntzer die aufrur zu Mulhawsen verursacht«, Nürnberg SA, RB 12, f. 267f *(Pfeiffer,* Quellen, S. 25 zu RV 190).

Nr 22–23
Schriften zum Fall Greiffenberger
[1524, Anfang November]

Bearbeitet von *Dietrich Wünsch*

Einleitung

1. Hans Greiffenberger

Die Nachrichten über Hans Greiffenberger[1] fließen denkbar spärlich. Quellenmäßig faßbar ist er uns 1524 und 1526 in Nürnberg: in beiden Jahren bekam er mit dem Rat zu tun. Die Ereignisse vom Herbst 1524 waren der Anlaß zum vorliegenden Osiandergutachten; 1526 befaßte sich eine ganze Gutachterkommission aus Juristen und Theologen (auch Osiander war wieder dabei) mit einer Affäre um Greiffenberger, die allerdings schon länger zurücklag[2].

Greiffenberger war Maler. Aus diesem Bereich seiner Tätigkeit kennen wir aber keine Zeugnisse. In der Kunstgeschichte hat er keine uns greifbaren Spuren hinterlassen. Wir wissen auch nicht, ob er mit anderen Nürnberger Malern in künstlerischem oder gedanklichem Verkehr stand[3]. Nicht als Künstler, wohl aber als Schriftsteller tritt uns Greiffenberger gegenüber. Er hat in den Jahren 1523 und 1524 mehrere religiöse Traktate verfaßt, von denen uns sieben als gedruckte Schriften erhalten sind[4]. Sie weisen Greiffenberger als einen Mann aus, der tief beeindruckt ist von den frühen Lutherschriften, der Befreiung, die sie den Gewissen gebracht haben, und der versucht, die lutherische Reformation in dem Sinne, wie er sie versteht, gegen Einwände zu verteidigen.

An keiner Stelle bieten diese Traktate einen Hinweis, daß Greiffenberger die Realpräsenz beim Altarsakrament verneint hat[5]. Deshalb stehen seine Schriften in keinem unmittelbaren Zusammenhang mit den Vorgängen vom Herbst 1524. Es findet sich in ihnen auch nichts, was das Mißfallen des Rats erregt und sein Eingreifen gefordert haben könnte.

---

1. Literatur zu Hans Greiffenberger: *Keller*, Aus den Anfängen; *Möller*, Osiander, S. 66–69; *Kolde*, Denck, S. 12–16, 30f; *Philoon*, Greiffenberger, sowie die Artikel in *Will*, Gelehrtenlexikon 1, S. 570f und ADB.
2. Vgl. Nürnberg SA, RSB 5, f. 163r–164v. Dieser Ratschlag über Greiffenberger wird im 2. Bd dieser Ausgabe zum Abdruck kommen.
3. Die Nürnberger Maler bildeten in jener Zeit einen religiösen und sozialen Unruheherd; vgl. die Verhöre der ›gottlosen Maler‹, das Material bei *Kolde*, Prozeß, und u. S. 418ff, Nr 33.
4. Die Liste dieser Werke mit Hinweisen auf Zweitdrucke bei *Kolde*, Denck, S. 12–14.
5. Zwar wird in dem Büchlein ›Die falschen Propheten‹ der Kelch als Zeichen der Zusage Christi apostrophiert, aber das schließt ja die Realpräsenz keineswegs aus (vgl. Osianders ›kurzer Begriff‹). Vielmehr deutet die in gleichem Zusammenhang geschehene Erwähnung des ›Kelches des Blutes Christi‹ darauf hin, daß Greiffenberger hier noch ganz ›korrekt‹ über das Abendmahl dachte.

2. Die Ereignisse von 1524

Die erste Erwähnung Greiffenbergers in Nürnberg betrifft gleich die Angelegenheit, die Osianders Stellungnahme hervorrief. Sie findet sich in den Ratsverlässen vom 31. Oktober 1524[6] im Anschluß an einen Erlaß gegen die Hergottschen Druckergesellen, die sich wegen des Druckes von Müntzers ›Ausgedrückter Entblößung‹ verantworten mußten[7]. Es heißt dort: »Mer den Greiffenberger, maler, beschicken und zu red halten seiner ungeschickten gemel halben und das er die leut zu ainer neuen sect verfur. Sein antwort sampt der erfarung herwiderpringen. C. Coler, B. Paumgartner.«[8] Zwei Vorwürfe sind es also, derentwegen Greiffenberger zur Rede gestellt werden soll: Er habe ›ungeschickte Gemälde‹ angefertigt und die Leute zu einer neuen Sekte verführt.

Die Bilder Greiffenbergers, die beanstandet wurden, kennen wir nicht. Wir wissen aber aus dem Ratsverlaß vom 10. November 1524[9], daß sie von antipäpstlicher Tendenz gewesen sein müssen. Schon seit einiger Zeit hatte der Rat, der ja darauf bedacht war, sich in der Religionsfrage möglichst nicht zu exponieren, mit solchen polemischen Gemälden Kummer gehabt[10]. Er hatte den Verkauf solcher Stücke verbieten lassen und Beauftragte eingesetzt, die nach Übertretungen dieses Gebots fahnden sollten[11], getreu dem Nürnberger Reichstagsabschied vom 18. April 1524, daß »schmaheschrift und gemelts hinfurter genzlich abgethan und nit weiter ausgepreit etc., und das furter der truckerien halber inhalt unsers mandats gehalten werde«[12]. Große Wirkung scheint aber diese Anordnung nicht gezeigt zu haben, denn das Verbot mußte mehrfach neu ausgesprochen und die für die Inspektion der Drucke und Gemälde Verantwortlichen zu sorgfältiger Wahrnehmung ihrer Aufgabe ermahnt werden[13]. Einmal erfahren wir aus den Ratsverlässen sogar Näheres über den Inhalt eines beanstandeten Gemäldes: »Endressen Stengel aufm neuen pau von rats wegen gepieten, das er das gemel an seinem pau laß endern und die babstlichen cron am fuchs abthue«[14]. Wenn Greiffenberger später vorgeworfen wird, daß er ›Schandgemälde wider päpstliche Heiligkeit‹ verfertigt habe[15], dann hat man hier einen Anhaltspunkt, wie so ein ›Schandgemälde‹ ausgesehen haben könnte. Weitere anschauliche Beispiele sind uns aus jener Zeit reichlich bekannt[16].

Nichts zwingt uns anzunehmen, daß der gegen Greiffenberger erhobene Vor-

---

6. *Pfeiffer,* Quellen, S. 26, RV 196.
7. Vgl. *Hinrichs,* Müntzer, S. 30 und *Müller,* Zensurpoltik, S. 87.
8. *Pfeiffer,* Quellen, S. 26, RV 196.
9. *Pfeiffer,* Quellen, S. 27, RV 202.
10. Vgl. die Ratsverlässe 24, 57, 125, 154, 157 bei *Pfeiffer,* Quellen, S. 6–21.
11. *Pfeiffer,* Quellen, S. 6, RV 24.
12. RTA 4, S. 604,2–4; vgl. auch *Müller,* Zensurpolitik, S. 75.
13. Vgl. RV 57, 125, 154 bei *Pfeiffer,* Quellen, S. 9, 17, 20.
14. *Pfeiffer,* Quellen, S. 21, RV 157.
15. *Pfeiffer,* Quellen, S. 26, RV 202.
16. Aus Nürnberg beispielsweise der Holzschnitt von Sebald Behaim: Die Höllenfahrt des Papstes, 1524, Nürnberg GM (HB 26537); vgl. *Geisberg,* Nr 224.

wurf, ›ungeschickte Gemälde‹ produziert zu haben, zusammenhängt mit der weiteren Anschuldigung, die Leute zu einer neuen Sekte bezüglich des Abendmahls zu verführen. Daß seine Haltung zum Altarsakrament »aus Unterschriften und Sprüchen, der er nach der Sitte der Zeit den Bildern beigab, hervorging«, wie *Kolde* annimmt[17], ist eine unnötige Vermutung. Weder Greiffenberger selbst in seiner ›Antwort‹ noch der Rat in seinen einschlägigen Verlässen stellen eine solche Verbindung her. Es ist durchaus denkbar, daß Greiffenberger seine Ansichten mündlich verbreitet hat – möglicherweise nur in vertrautem Kreise – und daß er bei der Obrigkeit denunziert wurde[18]. Für den Rat scheint jedenfalls die Sache mit den ›Schandgemälden‹ der wichtigste Punkt gewesen zu sein. Für Greiffenberger waren die Gewichte gerade entgegengesetzt verteilt. In seiner angeforderten Verantwortung[19] geht er nur nebenher auf ›seine Arbeit, die er bisher gemalt hat‹, ein, stellt aber in einer längeren Ausführung seine Abendmahlsanschauung dar.

Dieses schriftliche Bekenntnis wurde Osiander zur Begutachtung vorgelegt. Auch in diesem Falle scheint es so zu sein, daß Spengler sich die Erstellung des theologischen Gutachtens angelegen sein ließ. In den Akten des Rats ist von einer Beauftragung des Lorenzer Predigers nichts vermerkt, und es findet sich auch dort weder ein Bezug auf die Antwort Greiffenbergers noch auf die Stellungnahme Osianders. Sämtliche einschlägigen Dokumente waren offenbar in Spenglers Privatbesitz[20].

Am 10. November 1524 bringt der Rat die ›Angelegenheit Greiffenberger‹ zum Abschluß. Der entsprechende Ratsverlaß lautet: »Hansen Greiffenberger maler beschicken und von rats wegen sagen, das er mit sein schandgemelen, die er wider bäbstliche hailigkeit gemacht, nicht pillichs gehandelt und damit wol ein straf verdient hab. Die wöll ein rat ditzmal bey inen behalten und ein aufsehen haben, wie er sich hinfuro halten werd, und soverr er weyter uberfaren, werd man im ains zum 2 geben[21], darum soll er sich hinfuro dergleichen gemels, auch der sonderlichen secten, darinnen er des sacraments halb ytzo geirret hab, enthalten, auch seinen irrthumb bey andern revociren. C. Coler, B. Paumgartner.«[22] Der Maler kommt also mit einer Verwarnung davon. Dieses Urteil steht im Einklang mit der Empfehlung des Predigers. Ob aber das osiandrische Gutachten bei dieser Entscheidung wirklich eine Rolle gespielt hat, läßt sich nicht sagen[23]. Wahrscheinlich geht die Beurteilung der Abendmahlsauffassung Greiffenbergers als ›Irrtum‹ auf Osianders Stellungnahme zurück. Wie die Durchführung der Auflage, »seinen irrthumb bey andern revociren«, gedacht war und ob Greiffenberger

---

17. *Kolde*, Denck, S. 15.
18. Vgl. *Pfeiffer*, Quellen, S. 27, RV 203.
19. gedr. in: *Pfeiffer*, Quellen, S. 295–299, Br. 66.
20. Greiffenbergers ›Antwort‹ findet sich im Spenglerschen Familienarchiv, Nr 22, jetzt im StA Nürnberg; das Schreiben Osianders an den Rat sowie sein ›kurzer Begriff‹ liegen in der StB Nürnberg in einer Sammlung Spenglerscher Korrespondenz.
21. im Sinne von: wenn er sich noch einmal schuldig mache, werde ihm der Rat die erste diesmal erlassene Strafe zur neuen Strafe dazuschlagen.
22. *Pfeiffer*, Quellen, S. 27, RV 202.
23. Zum Vorgehen des Rats in anderen Zensurfällen vgl. *Müller*, Zensurpolitik, S. 77–94.

dieser Aufforderung nachgekommen ist, wissen wir nicht, wohl aber, daß er sich tatsächlich der osiandrischen Argumentation gebeugt hat. Aus Osianders Schreiben an den Rat geht nämlich hervor, daß zwischen ihm und dem theologisch engagierten Maler auf Vermittlung eines gewissen Mathis Jorion eine Unterredung im Hause Osianders zustandekam, zu der auch noch ›fünf oder sechs Personen‹ zugezogen wurden, wobei der Theologe dem Laien die Gründe für seinen Irrtum aufzeigte und ihn im ›richtigen‹ Abendmahlsverständnis unterwies. Greiffenberger habe eingesehen, so versichert Osiander, daß er sich von den genannten Gründen habe irreführen lassen, und habe für die Zukunft korrektes Denken und Reden vom Sakrament versprochen. Eine Zusammenfassung der von ihm in dieser Unterredung oder besser Belehrung vorgebrachten Gedanken legt Osiander seinem gutachtlichen Schreiben an den Rat bei.

3. Greiffenbergers ›Antwort‹

In seiner Verantwortung[24] geht Greiffenberger fast ausschließlich auf die Vorhaltungen ein, die man ihm wegen seiner Abendmahlsauffassung gemacht hat. In umständlicher Sprache und oft schwer verständlichen Formulierungen legt er seine Interpretation des Sakraments vor. Man könnte zweifeln, ob hier der gleiche Mann spricht wie in den Traktaten, doch die Sprödheit der Materie und die erzwungene Situation können die sprachlichen Härten erklären. Die Hauptgedanken in der Darlegung Greiffenbergers sind folgende[25]:

Die ganze Heilige Schrift weist unseren Glauben auf geistliche Dinge. Man darf nicht an Äußerlichem hängenbleiben wie die Juden. Das gilt auch für das Abendmahl. Brot und Wein im Abendmahl sind nicht etwa Fleisch und Blut, sondern Zeichen für die Verheißung Christi, die er bei seinem letzten Abendmahl ausgesprochen hat, nämlich daß er sein Leben für uns in den Tod geben wolle. Diese Verheißung hat Christus inzwischen eingelöst, das Erlösungswerk ist ausgerichtet. Christus sitzt jetzt nach Fleisch und Blut zur Rechten des Vaters. Wenn die Christen heute – wie ihnen befohlen – Abendmahl feiern, dann sind das Brotbrechen und das Weintrinken für den Glauben eine Erinnerung an die Verheißung Christi. Würdig Abendmahl feiern heißt: im Glauben diese Verheißung erkennen. So werden die Christen teilhaftig des Leibes Christi, dh des Erlösungswerkes Christi, das er mit seinem Leib und Blut am Kreuz ausgerichtet hat. Wer an Christus als an seinen Erlöser glaubt, von dem kann man sagen, daß er *geistlich* den Leib Christi ißt und sein Blut trinkt. Gegen ein anderes als das geistliche Verständnis, gegen eine Realpräsenz also, stehen die Worte Christi: Das Fleisch ist nichts nütze (Joh 6,63). Von alldem abgesehen sind die Worte Christi sicher nicht dazu da, daß man Wein und Brot damit segne, sondern sie sollen gepredigt werden, um die Herzen der Menschen zum Glauben zu erwecken.

24. gedr. in: *Pfeiffer,* Quellen, S. 295-299.
25. Zu Einzelheiten vgl. den Sachkommentar zu Osianders ›kurzem Begriff‹.

Woher hat Greiffenberger seine Anschauungen? Drei verschiedene Meinungen kann man zu dieser Frage lesen: *Kolde* vermutet, daß er »unter dem Eindruck der ersten damals schon erschienenen Schriften Carlstadts über das Abendmahl dazu gekommen«[26] sei. *Barge* zählt ihn zu den Leuten, die mit ihren Anschauungen »den von Karlstadt in seinen Traktaten ausgesprochenen Gedanken und Lehren entgegenwuchsen«[27]. Schon vor dem Erscheinen der Karlstadtschen Abendmahlstraktate habe Greiffenberger die Realpräsenz geleugnet. Zu dieser Vermutung ist *Barge* aufgrund seiner Spätdatierung der Karlstadttraktate[28] gezwungen. *Engelhardt*[29] schreibt Greiffenberger kurzerhand zwinglische Gesinnung zu[30]. Ihm folgt *Philoon*, wenn er meint: »Greiffenberger ... tendet strongly toward ideas of Zwingli or Calvin«[31]. *Philoon* ist der einzige der Genannten, der das dem Rat vorgelegte ›Bekenntnis‹ Greiffenbergers gekannt hat. Diese Kenntnis ermöglichte ihm aber offenbar auch keine genauere Bestimmung der Herkunft der Gedanken Greiffenbergers.

Es läßt sich jedoch zeigen, daß *Kolde* mit seiner Vermutung, der Nürnberger Maler sei in seiner Abendmahlsauffassung von dem damals schon aus Orlamünde vertriebenen Karlstadt geprägt, im Recht ist[32]; denn die wichtigsten Greiffenbergerschen Thesen finden sich auch in Karlstadts Abendmahlstraktaten, vornehmlich im ›Dialogus‹[33]. Ein paar Belege mögen dies erhärten:

Greiffenberger: [Die Pfaffen] »haben sich mit der deutung ernert und die leut mit gewalt genotigt, dises zu glauben, das der leyb so gross und brayt und dick da sey im prot (nachdem der hücher daruber geblasen hat) als gross er am crutz gehangen sey« (*Pfeiffer*, Quellen, S. 297).

Dialogus: »Dann die gestalt des brodts bleybt ye so kleyn und groß / so tick / und allenthalben alß vor / ehe die pfaffen drüber hauchen / oder blasen.... Gemser: Christus leib ist so groß in der hostien / als er an dem kreütz hinge« (*Hertzsch*, Karlstadt 2, S. 11f).

Greiffenberger: »Das aber Cristus gesagt hat ...: ›Esst, das ist myn leyb, der fur euch geben würt‹, das kan ich nit verston, das es das brot sey, sonder ich nim die wort uf Cristi leyb gedeut ...« (*Pfeiffer*, Quellen, S. 297).

Dialogus: »Ich hab es stets uff die weyse geschatzt / das Christus uff seinen leyb hab gedeut / unnd also gesagt / diß ist der leyb meyn / welcher für euch gegeben würt« (*Hertzsch*, Karlstadt 2, S. 17).

26. *Kolde*, Denck, S. 14; auch *Köhler*, Zwingli und Luther 1, S. 231.
27. *Barge*, Karlstadt 2, S. 192 und 202.
28. *Freys-Barge*, Karlstadt-Bibliographie; zur Chronologie und Drucklegung der Abendmahlstraktate Karlstadts: S. 81–89.
29. *Engelhardt*, Reformation 2, S. 50.
30. wohl im Anschluß an *W. Möller*, ADB 9, S. 651.
31. *Philoon*, Greiffenberger, S. 62.
32. Zwingli kommt schon deshalb nicht als geistiger Vater von Greiffenbergers Leugnung der Realpräsenz in Frage, weil der Zürcher Reformator selbst erst in seinem Brief an Matthäus Alber vom 16. 11. 1524 zu dieser Konsequenz gelangt. Zu Zwinglis Entwicklung in dieser Frage vgl. *Köhler*, Zwingli und Luther 1, S. 1–117, bes. S. 75.
33. *Hertzsch*, Karlstadt 2, S. 5–49.

Greiffenberger: »... und ist luter und klar durch den glauben gaystlich zugangen« (*Pfeiffer*, Quellen, S. 298).

Dialogus: »geistlich müssen wir des hern fleisch essen« (*Hertzsch*, Karlstadt 2, S. 25).

Greiffenberger: »Wie Cristus sagt, wan die valschen propheten komen werden und euch sagen, hie hab ich Cristus, was gypst mir, ich will in fur dich opfern, ... hat unß Gottis son flysig gewarnet, wir solens nit glauben« (*Pfeiffer*, Quellen, S. 298).

Dialogus: »Nym Christus wort der also saget. Wenn sie sagen hie ist Christus / dort ist Christus (als ir pfaffen ein lang zeyt gethan / unnd gesagt habt / inn der hostien ist Christus / unnd in ihener hostien / und in allen winckeln ist Christus) so solt ir nicht hinauß gehen / noch glauben« (*Hertzsch*, Karlstadt 2, S. 42).

Greiffenberger: »Der kelch der dancksagung sey eyn gemaynschafft des bluts Cristi, das in nor[34] alle, die in Cristus blut glaupten, das es ier erlossung sey, die solen alayn von disem kelch drincken« (*Pfeiffer*, Quellen, S. 296).

Dialogus: »In dem steht die gemeinschafft / das niemanß des herren kelch drincken sol / denn nur der / der versteht warumb Christus sein blut vergossen hat / und aus grosser lieb / und danckberkeyt / und brünstigem gedechtnüs / sol er von des hern kelch drincken / der on gmeinschafft des hern / nicht seliglich gedruncken wirt« (*Hertzsch*, Karlstadt 2, S. 44).

Diese Parallelen kann man kaum als zufällig erklären. Greiffenberger ist – was die Abendmahlsfrage betrifft – der erste Karlstadtschüler in Nürnberg, von dem wir wissen. Wenn man annimmt, daß der Maler schon bevor der Rat auf ihn aufmerksam wurde die gleiche Lehre vom Abendmahl vertreten hat wie in seiner ›Antwort‹, dann muß man mit der Erscheinungszeit des Karlstadtschen ›Dialogus‹ wohl doch auf Mitte Oktober zurückgehen[35]. *Barges* Datierung: »Vor Ende Oktober wird kaum ein Traktat die Presse verlassen haben«[36], erscheint deshalb als etwas zu knapp gefaßt[37].

Nach der längeren Erörterung über das Abendmahl geht Greiffenberger am Ende seiner ›Antwort‹ noch kurz auf den anderen Vorwurf ein, den man ihm gemacht hat, und er versichert, was er bisher gemalt habe, gründe sich nicht auf Unglauben oder ein falsches Verständnis der Schrift. Nun, da er wisse, daß er damit Mißfallen erregt habe, wolle er darauf achten, in Zukunft alles, was Anstoß erregen könnte, zu vermeiden. Was die Bücher betreffe, die von ihm erschienen seien, so könne man die ja leicht nachlesen; Exemplare fänden sich bei den Buch-

---

34. = ihn nur.

35. Denn dieses Buch mußte ja nicht nur von Basel nach Nürnberg gelangen, man muß vielmehr auch noch Zeit veranschlagen für die Lektüre durch Greiffenberger und für sein Weitererzählen (vgl. *Pfeiffer*, Quellen, S. 26, RV 196: »das er die leut zu ainer neuen secten verfur«). Auch kann man wohl annehmen, daß Greiffenberger sich über die Karlstadtschen Thesen erst einige Gedanken gemacht hat, bevor er sie weiter unters Volk getragen hat.

36. *Freys-Barge*, Karlstadt-Bibliographie, S. 87.

37. Deshalb kann ja *Barge* Greiffenberger auch nicht als Schüler, sondern muß ihn als Wegbereiter Karlstadts auffassen, vgl. o. S. 271, Anm. 27.

führern oder bei Leuten, die schon eins davon gekauft haben. Eine Liste der Titel habe er zusammengestellt.

Leider ist uns dieses Verzeichnis nicht erhalten. Wir könnten sonst prüfen, ob außer den sieben uns bekannten Traktaten von dem Maler noch mehr Schriften verfaßt worden sind. Daß er von ›geschriebenen und gedruckten Büchlein‹ spricht, könnte ein Hinweis darauf sein. Greiffenberger schließt sein Verantwortungsschreiben mit der Beteuerung, daß er Belehrung, die sich auf das göttliche Verständnis der Heiligen Schrift gründet, bereitwillig akzeptieren werde. Es wäre interessant zu wissen, welcher Nachdruck an dieser Stelle auf dem ›göttlichen, rechten Verständnis‹ liegt. Möglicherweise haben wir hier einen Hinweis darauf, daß Greiffenberger sich in seinem Schriftverständnis auf dem ›linken Flügel der Reformation‹ angesiedelt hat.

4. Osianders Brief und ›kurzer Begriff‹

Osiander schildert in seinem Schreiben an den Rat zunächst seinen Eindruck von Greiffenbergers Rechtfertigungsschrift, an der er nichts zu tadeln hat, abgesehen von der Bestreitung, daß Brot und Wein Fleisch und Blut Christi seien. Dann berichtet er, wie er mit dem Beschuldigten persönlich zusammengetroffen sei und ihn im rechten Abendmahlsverständnis unterwiesen habe und daß diese Unterweisung von Erfolg gekrönt war. Greiffenberger habe versprochen, in Zukunft korrekt vom Abendmahl zu reden. Deswegen empfiehlt Osiander dem Rat, den ›Bekehrten‹ straffrei ausgehen zu lassen; zur Belehrung anderer, die auch schon zu diesem Irrtum hinneigen, könne Greiffenberger ein nützliches Exempel sein.

Osiander nimmt die Verhandlung mit Greiffenberger zum Anlaß, seine Gedanken über das Abendmahl – zumindest über die Realpräsenz – zusammenzustellen und dieses Scriptum dem Rat als Beilage zu übersenden. Zuerst führt er die Gründe an, die zu einer Bestreitung der Realpräsenz verleiten können, sodann legt er in Auseinandersetzung damit seine Beweisführung für die Realpräsenz vor. Er verzichtet auf polemische Töne. Es wird der Eindruck erweckt, als sei das ganze Problem, wenn man nur die nötigen Voraussetzungen, zB Hebräisch- und Griechischkenntnisse, mitbringe, völlig klar. Von den vorgebrachten Gründen für einen Irrtum wird ja auch nur der ›gemeine ungelehrte Mann‹ verführt.

Diese Zeilen des Lorenzer Predigers sind ein Ad-hoc-Entwurf und nicht für die innertheologische Diskussion gedacht. Osiander scheint auch noch nicht Karlstadts Abendmahlstraktate kennengelernt zu haben, sonst hätte er wohl darauf Bezug genommen und der Auseinandersetzung mehr Gewicht beigemessen[38].

38. Zu Einzelheiten vgl. den Sachkommentar.

5. Überlieferung und Sigla

Handschriften:

a: Nürnberg StB, Cent. V, App. 34 K, Nr 4. Diese Ausfertigung von der Hand Osianders liegt unserem Abdruck zugrunde; f. 7rv enthält das Schreiben an den Rat, f. 8r–9v den beigelegten ›kurzen Begriff‹. Spengler hat auf f. 6v eigenhändig dem Dokument mit roter Tinte folgenden Vermerk gegeben: »Osianders undterricht wider die irrigen, ketzerischen opinion, so Hanns Greifenberger gehalten hat, deß fronleichnams und pluts Christi halb, das die nit undter der gestallt prots und weins sein«.

b: Gotha FB, Chart. A 94, f. 430r–431v. Diese zeitgenössische Abschrift ist von gleicher Hand geschrieben wie die im gleichen Kodex enthaltene Kopie von Osianders Gutachten über Heinrich Schwertfeger[39], der sie unmittelbar folgt und mit der sie auch den orthographischen Charakter teilt[40]. Diese Gothaer Kopie beinhaltet aber nur den ›kurzen Begriff‹ Osianders, nicht sein Schreiben an den Rat. Am Ende des Textes steht die Notiz: »die et anno quo supra«. Auf welches Datum sich diese Angabe beziehen soll, ist nicht ganz klar; wahrscheinlich aber doch auf das Datum des (in der Handschrift weggelassenen) Briefes an den Rat und nicht auf das letzte in dieser Handschrift vorausgegangene Datum[41].

Editionen:

Ed. 1: *Möller*, Osiander, S. 66–69 gibt eine Paraphrase des Briefes Osianders sowie des ›kurzen Begriffs‹ mit langen wörtlichen Zitaten aus dem Original.

Ed. 2: *Kolde*, Denck, S. 30f druckt den Brief Osianders an den Rat nach a.

Ed. 3: *Pfeiffer*, Quellen, S. 299, Br. 67, gibt vom Brief Osianders nur ein Regest, doch druckt er auf S. 299–301, Br. 68, den ›kurzen Begriff‹ nach a und auf S. 295–299, Br. 66, erstmals auch die ›Antwort‹ Greiffenbergers.

---

39. s.o. S. 255ff, Nr 21.
40. Vgl. o. S. 261; einige Notizen über diesen Codex gibt WA 39,2, S. XXIXf, Nr 11.
41. Dieses wäre die (fälschliche, s.o. S. 258) Datierung des Gutachtens über Schwertfeger auf den 20. Oktober 1524.

Nr 22
Gutachten über Hans Greiffenberger
[1524, Anfang November]

Text

[7r:] Fursichtig, erber, weyß, gonstig, lieb herrn. Ich hab die antwort Greiffenbergers[1], von euren E.W. mir uberschickt, gelesen und dieselbigen, wo er nicht darin setzet[2], das heilig sacrament des altars were nur prot und wein, nicht flaisch und blut, gantz unstrefflich[3] gefunden; dan alles, was er sagt von prauch[4] und nutz ausserhalb des obgemelten artickels[5], ist gantz gut und christlich geredet[6], derhalben ich mich seer verwundert, seines irthumbs erparmet und, was in dahin gefürt, vleyssig nachgedacht hab[7]. In dem[8] ist Matthis Jorion[9] zu mir komen, gesagt, man hab mich gesucht, der mainung[10], wan es mir gelegen wer, wolt Greiffenberger zu mir kommen. Hab ich geantwort, ich wolt, das er keme, welches auch geschehen. Nun hab ich im in beywesen[11] gemelten[12] Matthis Jorion und ander mer, funf oder sechs personen, furgehalten, wie mir meine herrn, ein erber rhatt, sein antwort zugestelt, die zu besehen[13], darin ich[a] nit vil, aber trefflich[14] groß und wichtig mangel find. Wiewoll nun solche irthumb, soferne er allain irrete, allain mit Gottis wort solten angefochten werden, muste doch, dieweil er solchs offenlich redet und andern auch zu zweifeln ursach geb, umb des nechsten willen ein ernstlich einsehen gethon[15] werden, wo er sich nicht weysen ließ[16]. Derhalben ich des willens wer, wo er nicht bey im selbs schon beschlossen

---

a) übergeschrieben a.

1. gedruckt bei *Pfeiffer,* Quellen, S. 295-299, Br. 66; zu Hans Greiffenberger vgl. die Einleitung, o. S. 267.
2. soweit er darin nicht behauptet.
3. untadelig, unbedenklich.
4. Gebrauch, Vollzug.
5. abgesehen von dem genannten Punkt, d. i. abgesehen von der Leugnung der Realpräsenz.
6. Osiander billigt also vor allem das, was Greiffenberger in seinem Bekenntnis über den Glauben an das Werk der Sündenvergebung durch Christi Kreuzestod und an Polemik gegen das katholische Meßopfer vorbringt, aber sicher auch solche Sätze wie: »so wil ich nit myn glauben an das brotessen hencken, sonder an den, der mir verhayssen hat seyn leyb fur mich opfern« (*Pfeiffer,* Quellen, S. 298), sofern sie nicht als gegen die Realpräsenz gerichtet aufgefaßt werden.
7. Vgl. die Anlage Osianders zu diesem Schreiben: ›Ein kurz Begriff der Ursachen ...‹, u. S. 277-282, Nr 23.
8. unterdessen.
9. ein Nürnberger Bürger; vgl. *Pfeiffer,* Quellen, S. 299, Anm. 1 zu Br. 67.
10. mit dem Vorschlag, mit der Absicht.
11. ihm im Beisein.
12. des genannten.
13. um sie zu begutachten.
14. außerordentlich.   15. mit Ernst darauf geachtet werden.
16. Osiander vertritt hier mit dem Prinzip, daß dem Irren eines einzelnen mit Gottes Wort

hett, sein mainung wer allein gerecht[17] und konnt nymand bessers beweysen, im ongeverlich[18] die ursach zu zaigen, die in und seinesgleichen dahin gefurt oder furen mochten, darnach was in an denselben ursachen mangelt[19], zuletst die schrifft lauter und klar wider in. Gab er zu antwort, er wolt sich gern weysen lassen und were drumb zu mir kommen. Also redet ich kurtzlich die mainung, wie hernach geschrieben[20], mit im und bewegt in, das er bekennet, die ursach von mir gemelt wern die rechten ursach, und es wer war, das euangelion lautet, das es flaisch und blut were. In hetten aber die ursach von mir erzelet, bewegt, das ers anderst hett gehalten, wollt es[b] aber furo[21] anderst halten und nymand anderst, [c]dan wie christlich und im prauch herkommen[c], zu glauben ursach geben.

[7v:] Nun dieweil nicht allain als kunftig zu besorgen[22], sonder auch schon vor augen ist, das ander mer in solchen irthumb kommen[23], bedeucht mich besser[24], soferne ein E.W. rhatt nicht ander ursach wider in hett, das man in (doch bessers rhats unverzihen[25]) seiner besserung geniessen ließ; dan es mocht uns ainer, der also geirret und doch von hertzen widerkeret[26], nutzer sein zum exempel wider solchen irthumb dann zehen, die darin beharreten und von der obrigkait gestrafft wurden. Derhalben mich gedeucht gut, in aller sanftmutigkait gegen im zu han-

b) übergeschrieben a. – c–c) vom linken Rand eingewiesen a.

begegnet werden müsse, sobald er aber seinen Irrtum öffentlich verbreite, die Obrigkeit eingreifen müsse, damit nicht noch mehr verführt werden, einen anderen Standpunkt als Luther in seinem ›Brief an die Fürsten zu Sachsen‹ vom gleichen Jahr 1524. Luther schreibt dort: »Man lasse sie [= die Verfechter falscher Lehre, bes. die ›Schwärmer‹] nur getrost und frisch predigen, was sie konnen, und widder wen sie wöllen ... Man lasse die geyster auff eynander platzen und treffen. Werden ettlich ynn des verfûret, Wolan, so gehets noch rechtem kriegs lauff. Wo eyn streyt und schlacht ist, da mûssen ettlich fallen und wund werden ... Wo sie aber wöllen mehr thun denn mit dem wort fechten, wöllen auch brechen und schlahen mit der faust, da sollen E.F.G. zu greyffen« (WA 15, S. 218,19–219,6). Zu diesem Problem gerade in Nürnberg vgl. auch WA 15, S. 218, Anm. 2 und WAB 3, S. 432. Osianders Standpunkt in diesem Brief ist identisch mit dem, den Luther 1530 in seiner Auslegung des 82. Psalms vorträgt, vgl. WA 31,1, S. 208,11–37. Zu den sich im Laufe der Zeit wandelnden Aussagen Luthers über das Verhalten der Obrigkeit in ›Religionssachen‹ vgl. *Hillerdal*, Gehorsam, S. 81ff.

17. richtig.
18. vielleicht: ›ohne böse Absicht‹, vgl. *Schmeller*, Wörterbuch 1, Sp. 742.
19. welche Fehler sich aus diesen Ursachen ergeben.
20. ›Ein kurz Begriff der Ursachen‹ ist also eine Zusammenfassung der von Osiander in der Verhandlung mit Greiffenberger vorgebrachten Argumente und Thesen.
21. in Zukunft.
22. für die Zukunft zu befürchten.
23. Vgl. beispielsweise *Pfeiffer*, Quellen, S. 27, RV 203, oder, etwas später, *Pfeiffer*, Quellen, S. 34f., RV 243, 248, 249.
24. scheint es mir besser.
25. doch ohne besseren Rat außer acht zu lassen.
26. Anklang an Lk 15,10b. Vgl. auch Luther, Von weltlicher Oberkeit, 1523: »Denn wie hart sie [= die Obrigkeiten] gepieten und wie fast sie toben, ßo kunden sie die leutt yhe nicht weyter dringen, denn das sie mit dem mund und mit der hand yhn folgen, das hertz mügen sie ja nicht zwingen ..., treyben damit die schwachen gewissen mit gewallt zu liegen, zuverleucken unnd anders sagen denn sie es ym hertzen hallten, unnd beladen sich selb also mit grewlichen frembden sunden« (WA 11, S. 264,25–33).

deln. Darin sich an²⁷ zweyfel meine herrn, ein E. W. rhatt, woll wissen zu halten, den ich mich hiemit unterthenigklich bevilhe.

Eur E. W. williger Andreas Osiander, prediger S. Laurentii

Nr 23
Ein kurzer Begriff
[1524, Anfang November]

Text

[8r:] Ein kurtz begriff¹ der ursachen, so den gemainen², ungelerten man das heilig sacrament des altars allain fur^a wein, prott und nicht fur flaisch und plut Christi zu halten bewegen mochten, sambt kurtzer anzaigung der schrifften³, so darwider sein und solchen irthumb prechen und umstossen.

Die erst ursach: Es geschicht gemainklich⁴, wann der teufel ein irthumb und misprauch von dem rechten gottlichen weg auff die lincken seiten abzufuren aufgericht und dasselb offenbar wirt, das ers nicht lenger erhalten kann, feret er zu⁵ und untersteet sich⁶ dann, auff die rechten seiten abzufuren, wie auch hie geschicht⁷. Dann man hatt dem heiligen sacrament mit ausserlichen, unnutzen, aigen erdichten⁸, menschlichen, narrischen geprenck⁹ lang vergeblich gedienet¹⁰. Nun es offenbar wirt und ausgereut¹¹, vermaint der teufel, er wolle anrichten¹², das auch^b das gut mit dem bosen werd ausgetilget etc.

a) fehlt b. – b) übergeschrieben a.

27. ohne.
1. Zusammenfassung.
2. der ›gewöhnliche‹, ungebildete Mann.
3. Gemeint sind Stellen aus der Heiligen Schrift.
4. allgemein, immer wieder.
5. fährt er fort.
6. macht sich daran.
7. Einen ähnlichen Gedanken über die verschiedenen Methoden des Satans, gegen das göttliche Wort anzugehen, bringt Luther am Anfang seines ›Briefes an die Fürsten zu Sachsen‹ (WA 15, S. 210f).
8. selbsterdichteten.
9. Gepränge.
10. In der Polemik gegen den katholischen Mißbrauch des Sakraments weiß sich Osiander mit Greiffenberger einig. Greiffenberger hat in einem seiner Traktate (Diß biechlin zaigt an die Falschen Propheten ... Augsburg, ca 1523) ausdrücklich darauf hingewiesen, daß man für das rechte Verständnis der Messe die ›lutherischen Büchlein von der Meß‹ lesen solle (zB ›Ein Sermon von dem Neuen Testament‹, 1520; ›Vom Mißbrauch der Messe‹, 1521).
11. ausgerottet.
12. anstiften.

Die ander ursach: Das es der vernunft ein schwer und unmuglich ding zu glauben ist, das wein und brott flaisch und blut Christi sein soll[13].

Die dritt ursach: Das der Herr nach art der hebreischen sprach sagt: »Das ist der kelch des neuen testaments in meinem blut«[14]. Da gedenckt man bald, der Herr sagt vom blut nicht, das es im kelch sei, sonder das das neu testament in seinem blut auffgericht sei etc.[15]

Die viert ursach: Das Paulus zu den Corinthiern sagt, wie es geteutscht ist: »Der kelch der benedeyung, ist der nicht die gemainschafft des bluts Christi? Das brott, das wir prechen, ist das nicht die gemeinschafft des leibs christi?«[16] Da mainen sie, es sei nicht flaisch und blut, sonder nur warzaichen, die uns gewiß machen, das wir gemainschafft an der erlosung durch sein blutvergiessen und sterben erworben haben sollen[17].

Die funft ursach: Dieweil der babstisch hauff alle erkantnus[c] Christi so gar vertunckelt und ausgelescht hatt, wie man ytzo sicht und teglich offenbar wirt, und doch ob[18] disem artickel so fest halten, die sonst kainer warhait achten, wirt

---

c) erkantnus so: a; folgt durchgestrichen: so: b.

13. Im ›Nürnberger Ratschlag‹ (u. S. 344f, Nr 25) wird, anders als hier, nicht ein Problem der Vernunft, sondern eine Glaubensschwierigkeit konstatiert: Die menschliche Schwachheit kann es schwer fassen, daß das Evangelium, das Erlösungswerk Christi, mir persönlich gilt. Christus kommt unserer Schwachheit zu Hilfe, indem er uns seinen Leib und sein Blut zu essen und zu trinken gibt. Daß diese Vergewisserung der menschlichen Vernunft widerstreben könnte, wird im ›Nürnberger Ratschlag‹ nicht angedeutet. Vgl. auch Luthers Predigt am Gründonnerstag 1525: »Hoc ergo. 1. firmiter credendum est ab omnibus piis in coena domini verum esse et exhiberi corpus et sanguinem Christi sumentibus. Ultra hoc requiritur, ut credas hoc corpus pro te traditum et sanguinem fusum esse in remissionem peccatorum. Hoc paucissimi credunt. Impii et diabolus possunt quidem credere et credunt corpus et sanguinem Christi esse in Sacramento, et Papa idem hucusque docuit, sed alterum negant et damnat Papa etc.« (WA 17,1, S. 174,1–7).

Freilich spricht Luther in seinem ›Brief an die Christen zu Staßburg‹ von 1524 auch davon, wie sehr der natürliche Mensch geneigt ist, von dem Artikel der Realpräsenz wegzukommen: »Ja wenns noch heuttes tages môcht geschehen, das yemand mit bestendigem grund beweysete, das schlecht brod und weyn da were, man dürfft mich nicht so antasten mit grymm, Ich byn leyder allzu geneigt dazu, so viel ich meynen Adam spure« (WA 15, S. 394,21–24).

14. Lk 22,20.

15. Vgl. u. S. 280, Anm. 29; zu Karlstadts Auslegung von Lk 22,19f vgl. *Barge,* Karlstadt 2, S. 166.

16. 1Kor 10,16.

17. Greiffenberger legt in seiner ›Antwort‹ die entsprechende Stelle folgendermaßen aus: »Dann Paulus sagt ..., das er der kelch der dancksagung sey eyn gemeynschaff des bluts Cristi, das in nor alle, die in Cristus blut glaupten, das es ier erlosung sey, die solen alayn von disem kelch drincken. Also sagt er auch vom brot, das wir Cristen die wir von dem brot essen, seyen daylhaftig des leypß Crist (des, das er mit hat für uns ussgericht in seynem sterben für uns) ... das brot brechen und das wyndrincken mit (obgemeltem glauben und gedechtnuss und der verhaysung Crist) solen und seyn mir eyn ermanung und erynerung mynes glaubens an die wort Crist, das er fur mich gestorben ist und seyn blut fur mich vergossen hat ... Darum hayss ichs gedenckzaychen und nit flaysch und blut« (*Pfeiffer,* Quellen, S. 296f). Vgl. auch Luther, ›Von Anbeten des Sakraments‹, 1523 (WA 11, S. 440,3–9).

18. an.

es bei dem gemain man, der in[19] nichts mer trauet, nur desster argwöniger[20] und dan leichtlich fur falsch gehalten etc[21].

[8v:] Ursach, warumb obgemelter artickel fur falsch und irrig erkannt wirt:

Zum ersten: Wie Gottis zway werck sein todten und lebendigmachen, 1. Regum 2[22], also sein auch zwaierlai predig: gesetz und euangelion. ᵈDas gesetz ein ambt des tods[23], das euangelionᵈ ein ambt des Gaists und lebens, 2. Corinth. 3 [6]. Also sein auch zwaierlai ausserliche warzaichen und sacrament, damit anzaigt und bestetigt wirt, was uns das wort und predig anzaigt[24]: Das gesetz todet den menschen, darumb ist im angehenckt die tauff; dan kain element ist des menschenᵉ leben mer entgegen dan[25] wasser. Das euangelion macht wider lebendig und pringt Gott in uns, das wir mit im gantz verainigt werden, auff das er selbs all seinen willen in uns wirck. Das wirt angezaigt durch das flaisch und blut Christi, dan wein und prott kan kain zaichen sein, das Christus in mir woll wonen; aber sein flaisch und blut, mir zu einer speyß und zum tranck geben, das ist ein gewiß warzaichen, das Christus in mir wolle sein, darauff ich mich frolich verlassen kann. Dan das sacrament muß von seiner aigen natur eben das wirckenᶠ, was die predig sagt: Gleichwie das wasser von natur todet, also bringt das sacrament von aigner natur Christum in uns (welchs doch nicht sein kan, wan es nur wein und prott were)[26]. Es ist aber weder tauff noch andere sacrament den unglaubigen kain nutz, es hilft den getaufften nichts, das er warlich sterben muß, wan er nicht gelaubt. Es hilft in auch nicht, das er warlich flaisch und blut Christi empfahet, wann er nicht gelaubt[27].

d-d) fehlt b (Hom.). – e) menschlichen: b. – f) wurken: b.

19. ihnen.   20. verdächtiger.
21. Vgl. Greiffenbergers ›Antwort‹: »darum wan ich gedenck den missverstandt diser zaychen ..., so byn ich gantz ungeschickt zu glauben, das das die bapisten also heftig welen verfechten; dan habenß sünst alle ewangelie gethut uf ierem mutwillen und geytz« (*Pfeiffer*, Quellen, S. 298).
22. 1Sam 2,6.   23. Sinn: Das Gesetz führt zum Tode.
24. Die Kombination der beiden Stellen 1Sam 2,6 und 2Kor 3,6 auch bei Luther, zB in: ›Auf das überchristlich usw. Buch Bock Emsers Antwort‹, 1521: »Das seyn nu tzwey gottis werck, ynn der schrifft vilmal gepreysset, das er todet und lebendig macht. ... Wilche werck er thut durch diße zwey ampt, das erste durch den buchstaben, das ander durch den geyst« (WA 7, S. 658,34–659,2). Die Zuordnung der beiden Sakramente Taufe und Abendmahl zu den beiden Ämtern des Todes (Gesetz) und des Lebens (Evangelium) ist dagegen ein eigener Gedanke Osianders. Er wird noch einmal ausgeführt im ›Nürnberger Ratschlag‹ (u. S. 341, Nr 25), vgl. dazu *Hirsch*, Theologie, S. 23–24; 94–109.
25. als.
26. Diese Beweisführung gibt nur dann einen rechten Sinn, wenn man, wie es Osiander tut, das Werk des Evangeliums mit der Vereinigung mit Gott gleichsetzt (wieder ein Anklang an Osianders Rechtfertigungslehre). Würde es Osiander bei der Zuordnung Gesetz-Töten-Taufe einerseits und Evangelium-Lebendigmachen-Abendmahl andererseits belassen, dann könnte ja sehr wohl der Genuß von Brot und Wein ein Wahrzeichen und Sakrament für ›Lebendigmachen‹ sein, genausogut wie das Wasser für das ›Töten‹.
27. ähnlich Luther, zB in seiner Predigt vom 14. März 1522, WA 10,3, S. 48,9–49,2; 51,14–52,1.

Zum andern sagt Christus lauter und klar: »Nemet hin und esset, das ist mein leib. Nemet hin und trinckt etc.«[28]

Zum dritten: Das der Herr Luce 22 [20] sagt: »Das ist das neu testament in meinem blut«, das ist hebreische art und solt geteutscht sein: »mit meinem blut«. Dan die hebraisch sprach vermag nicht das wortlin »mit«, darumb muß sie das »in« darfur prauchen, wie mer dan tausent ort in der bibel gefunden werden. Darzu sagen die andern evangelisten klarlich: »Das ist mein blut«[29].

Zum vierdten spricht der Herr Joh. 6 [63]: »Mein flaisch ist kain nutz; die wort, die ich rede, sein gaist und leben«. Damit angezeigt wirt, das wir sein flaisch und blut empfahen. Wann wir aber den worten nicht gelauben, so ists kain nutz[30], wie auch Paulus sagt: »Wer das unwirdig nymbt, der nymbt in^g das gericht, [9r:] darumb das er nicht unterschidet[31] den leib des Herrn«[32]. Wan es dann nur wein und prott wer, so wurde Christus gesagt haben: »Das prott ist kain nutz«, und nicht: »Das flaisch ist kain nutz«, desgleichen Paulus: »darumb das er nicht unterschidet das prott«, und nicht: »den leib«[33].

Zum funften: Das Paulus zu den Corinthiern sagt, 1. Cor. 10 [16]: »Der kelch

g) im: b.

Auch Greiffenberger betont den Glauben beim Abendmahl: Nur wer an die Verheißung Christi, für die das Abendmahl ein Zeichen ist, glaubt, genießt Brot und Wein würdig, »dan dises brot und wyn zu niessen on glauben der woltat Crist gethon und vobracht (!) mit seym leyb und tot und blutvergiessen, ist grusame undanckbarkayt und unachsam, was Cristus ist und worum er komen ist. Und ist gleych sovil als wer er schuldig mit den, die verachten Cristi dot und erlosung« (*Pfeiffer*, Quellen, S. 296).

28. Mt 26,26f par. ›Nehmet hin und trinket‹ heißt es allerdings an keiner dieser Stellen. Die parallele Formulierung war aber vom Meßkanon her geläufig.

29. Es kommt Osiander darauf an, daß auch bei Lk unmißverständlich deutlich ist, daß das Blut im Kelch real gegenwärtig ist und nicht der Ausweg bleibt, das Blut nur auf die Konstituierung des Neuen Testaments zu beziehen. Leider sagt Osiander in diesem Brief an den Rat nicht, wie er sich den entsprechenden hebräischen Satz gedacht hat. Eine wörtliche Rückübersetzung des griechischen Textes würde ergeben: הכוס היא הברית החדשה בדמי, und erlaubt die Deutung Osianders keineswegs. Osiander denkt sich die Abendmahlsworte offensichtlich ursprünglich hebräisch gesprochen (oder er nimmt an, daß Lukas eine hebräische Quelle als Vorlage hatte). Sein Brief an den Rat vom 20. Januar 1529 beweist (vgl. *Seebaß*, Osiander, S. 17, Nr 79), daß er sehr wohl wußte, daß zur Zeit Jesu die Juden aramäisch (= chaldäisch) sprachen.

30. Während Greiffenberger Joh 6,63 gegen die Realpräsenz ausspielt, sieht Osiander in dieser Stelle gerade die Bestätigung, daß beim Abendmahl Fleisch und Blut Christi dargereicht werden, sonst müßte es ja heißen: »das prot ist kain nutz«. Nichts nützen werden Fleisch und Blut Christi dem, der seinen Worten nicht glaubt.

31. im Sinne von: nicht richtig beurteilen, nicht angemessen würdigen. Vgl. zu dieser Stelle die Kommentare zu 1Kor, zB: *Conzelmann*, Brief an die Korinther, S. 227 und 239.

32. 1Kor 11,29.

33. Greiffenberger bezieht 1Kor 11,29 und die dort genannte ›Unterscheidung des Leibes des Herrn‹ auf das gläubige Erkennen des Erlösungswerkes, das Christus mit seinem Leib und Blut vollbracht hat. Osiander zieht die gleiche Stelle als Beleg für die Realpräsenz heran, trifft aber in seiner Widerlegung nicht Greiffenbergers Ansatz, denn bei diesem kommt es ja wirklich darauf an, den Leib des Herrn zu unterscheiden (im genannten Sinne) und nicht etwa das Brot. Gegessen wird bei Greiffenberger Brot und Wein (mit 1Kor 11,27), ›unterschieden‹ werden muß der Leib Christi (1Kor 11,29).

der benedeyung, ist der nicht die gemainschafft des bluts Christi? Und das brott, das wir prechen, ist das nicht die gemainschafft des leibs Christi?«, kann nicht anderst verstanden werden, dann man in einer gemainsam[34] den laib und das blut Christi empfahe, welches auch im kriechischen text klarer ist dan im teutschen.

5 Es must sonst Paulus gesprochen haben: »Bedeut nicht das die gemainschafft des leibs und bluts Christi?« Nun er aber spricht: »Ist nicht das die gemainschafft des [h]leibs und bluts Christi?«, ists klar, wie er das mainet. Wan man es aber wolt dahin ziehen auff die gemainschafft des[h] gaistlichen leibs Christi, des glider alle glaubige sein, so wurde folgen, das das prott die gantz christenhait were, das vil unglaub-
10 licher ist, dann das es der leib Christi sei. Dann er spricht je[35]: »Das prott ist die gemainschafft«, nicht: »es bedeut die gemainschafft«[36].

Zum sechsten stimbt das alt testament fein darzu mit dem osterlamb. Die musten[i] das lamlin toden oder opfern, mit seinem blut die uberthur sprengen[37] und es darnach gar[38] essen oder aber es verprennen[39]. Also ist auch Christus
15 geopfert und getodet, sein blut vergossen und darnach wir damit gerainigt von sunden[40]. Aber wir mussen in[41] auch essen, eben vom flaisch des lamlins, und nicht ein prott, und mussens gar essen. Nicht das ainer sprech: Ich iß die wort gaistlich durch den glauben und laß das flaisch faren. Es muß je alles geessen sein, das gottlich und das menschlich, das ist das wort und das flaisch.

20 [9v:] Darumb muß man sich an Gottis gewiß wort halten und weder argwon, er-

h-h) fehlt b (Hom.). – i) musten musten: a (Ditt.).

34. in einer Gemeinschaft.
35. ja.
36. Zur Auslegung Greiffenbergers von 1Kor 10,16 vgl. oben S. 278, Anm. 17. Während Greiffenberger die Gemeinschaft des Leibes und Blutes Christi als Teilhabe an seinem Versöhnungswerk auffaßt, zieht Osiander die gleiche Stelle als Beleg für die Realpräsenz heran. Andernfalls hätte, so argumentiert er, Paulus nicht: »ist«, sondern: »bedeutet« gesagt. Was im griechischen Text klarer sein soll als in der deutschen Übersetzung, ist nicht ersichtlich. Zur Auslegung von 1Kor 10,16 vgl. auch Luthers ›Vom Anbeten des Sakraments‹, 1523. Auch da findet sich eine Abgrenzung gegen eine Deutung auf die Gemeinschaft des geistlichen Leibes Christi, die Gemeinde: »Hie meynen sie, S. Paulus habe die wortt außgelegt, das da Christus spricht ›Das ist meyn leyb‹ sey so viel gesagt: Das ist die gemeynschafft meyns leybs, das ist, wer des brotts isset, der isset nicht meynen leyb, ßondern isset die gemeynschafft meyns leybs, das er meynes leybs ... geneusset sampt den andern« (WA 11, S. 437,33–438,5).
37. den Türsturz, den oberen Türbalken besprengen.
38. ganz.
39. Vgl. Ex 12,6–10.
40. 1Kor 5,7; 1Petr 1,19. Greiffenberger schreibt in seiner Verantwortung: »ich nim die wort uf Cristi leyb gedeut, damit und in dem er hat usgericht, was das osterlamp bedüt hat und nit das brotbrechen« (*Pfeiffer,* Quellen, S. 297). Er bezieht also das Schlachten des Osterlammes auf den Tod Christi für die Erlösung der Menschen. Osiander geht noch einen Schritt weiter. Auch er ist der Meinung, der Ritus von Ex 12 deute auf den Opfertod Christi. Aber auch das dortige Gebot, daß das Lamm ganz aufgegessen werden müsse (V. 8–10), hat seine Entsprechung im Neuen Testament. Auch das Osterlamm des Neuen Testaments muß von uns gegessen werden. Wären die Gaben beim Abendmahl nur Brot und Wein, dann würde diese Beziehung, daß beidesmal das Osterlamm geschlachtet *und* gegessen werden muß, nicht mehr stimmen.
41. ihn.

gernus oder den teufel darvon furen lassen. Dann es ist gewiß sein flaisch und sein blut, wie er das selbst geredet hatt, es konnt sonst nicht ein zaichen des neuen testaments sein[42].

Das hab ich eur E.W. kurtzlich angezaigt und will gern auch einem yeden, wo es weiter begert wurd, mer beschaid und unterricht geben. Damit mich eurn E.W. bevelhen[k] etc[l].

k) bevolhen: b. – l) folgt: Die et anno quo supra: b.

42. Osianders Auffassung bietet das gleiche Problem wie die Luthers in seinen Schriften bis 1524 (vgl. dazu *Althaus,* Theologie, S. 321): Wie kann ein Zeichen, das erst verschiedene, von der Vernunft schwer einsehbare Bedingungen erfüllen muß, um wirklich Zeichen zu sein, seiner Zeichenfunktion gerecht werden? Brot und Wein wären doch wohl viel besser als Zeichen geeignet als die für die Sinne nicht wahrnehmbare Präsenz von Leib und Blut Christi.

Nr 24
Vorrede zum Sendbrief Johann von Schwarzenbergs
1524

Bearbeitet von *Jürgen Lorz*

Einleitung

1. Johann Freiherr von Schwarzenberg

Johann Freiherr von Schwarzenberg wurde am 26. Dezember 1465 geboren[1]. Seine ritterliche Erziehung verlief ganz im Stil der damaligen Zeit. Der junge Edelmann hat es nach einigen Berichten im Turnierkampf zu beachtlichen Fähigkeiten gebracht, auch seine gewaltige Körperkraft wurde oft gerühmt. Im Jahr 1501 erscheint Schwarzenberg am würzburgischen Hof als Amtmann, zur gleichen Zeit wird er erstmals als Vorsitzender des bambergischen Hofgerichts erwähnt.

Der Tod der Gattin (1502), die ihm zwölf Kinder geschenkt hatte, erschütterte den bis dahin lebenslustigen Mann so sehr, daß er sich in eifrigem Studium eine profunde humanistische Bildung aneignete und sich die Erziehung seiner Kinder hinfort allein angelegen sein ließ. In diesem Jahr entsteht sein erstes literarisches Werk, der »Kummertrost«, in welchem er den Schmerz um die verlorene Lebensgefährtin dichterisch zu bewältigen sucht.

Unter Bischof Georg III. Schenk von Limburg bekleidete Schwarzenberg in Bamberg das Amt des Hofmeisters (1505), bereits 1507 erscheint als wichtiges Werk seiner Arbeiten die Bambergische Halsgerichtsordnung. Sie leitete eine völlige Neuordnung des Strafrechts und der Prozeßverfahren ein. Die Pflege des deutschen Strafrechts war über zwei Jahrhunderte lang auf sein Werk gegründet. Schwarzenberg war damit in die vorderste Reihe der Berater in Strafrechtsfragen aufgerückt.

In dieser Funktion unterstützte er auf dem Wormser Reichstag von 1521 wahrscheinlich den Ausschuß, der die Reichskriminalordnung erarbeitete, die im wesentlichen auch die Bambergische Halsgerichtsordnung zur Grundlage hatte.

Seit September 1522 war Schwarzenberg unter dem Nachfolger Bischof Georgs III., Weigand von Redwitz, nicht mehr als Hofmeister, sondern nur noch als Rat und Diener tätig. Dasselbe Amt übertrug man ihm am brandenburg-ansbachischen Hof, zu dem er in der Folgezeit immer engere Beziehungen knüpfte. So konnte er während seiner Mitgliedschaft im Reichsregiment (1522 bis 1524) seine Unabhängigkeit wahren, die ihm besonders bei seinem mutigen Eintreten für die Reformation Luthers sehr zugute kam.

Wann sich Schwarzenberg für die Reformation entschied, wissen wir nicht genau. Sicher ist, daß er die 1520 erschienenen Schriften Luthers bereits mit eige-

---

1. Zu allen biographischen Angaben vgl. *Scheel*, Schwarzenberg, S. 1–129.

nem, sicherem Urteil las und sich daraufhin besonders der Klosterfrage widmete.

Während der Nürnberger Reichstage 1522–1524 erreichte Schwarzenberg den Gipfel seines politischen Ruhmes, er nimmt zeitweise die höchste Stelle im Reichsregiment ein. Speziell wird von Planitz und anderen sein Eintreten für die Rettung der von Chieregati angegriffenen Nürnberger Prediger (Osiander, Schleupner, Venatorius) hervorgehoben. Besonders interessiert war er daran, Osiander nicht der römischen Kurie auszuliefern. Der Prediger weiß sich ihm daraufhin in treuer Kampfgemeinschaft um die lutherische Sache verbunden[2].

Das Jahr 1524 bringt für Schwarzenberg das Ende seiner Mitgliedschaft im Reichsregiment. Im Kampf um die Neuwahl des Vertreters des fränkischen Kreises für die nun in Esslingen tagende Versammlung des Regimentes schloß sich Schwarzenberg sehr eng an Markgraf Kasimir an. Dieser leitete eine Versammlung der evangelisch gesinnten Stände des fränkischen Kreises in Windsheim, um einen aus ihren Reihen als Vertreter nach Esslingen zu bringen. Kasimir war damals bestrebt, die lutherische Bewegung so zu unterstützen, daß er dabei nicht mit den politischen Großmächten – nämlich Kaiser und Papst – brach.

2. *Der Anlaß des Sendbriefes an Bischof Weigand*

Schwarzenberg dagegen hielt es für seine Pflicht, in dieser Zeit offen gegen die alte Kirche vorzugehen. Anfang November 1524 nahm er seine Tochter Barbara[3] aus einem Bamberger Kloster und verteidigte diesen – für einen Mann seines Standes sicher ungewöhnlichen – Schritt in einem Brief an Bischof Weigand vom 12. November 1524. Nüchtern und unpolemisch berichtet Schwarzenberg von den seiner Meinung nach durch das Klosterleben entstandenen Schäden. Er hat sich zu diesem Problem auch in anderen reformatorischen Schriften geäußert und trat stets für Aufhebung des Zölibats und der Klöster in ihrer damaligen Form ein. Besonders in dem um 1524 entstandenen Gutachten über die Frauenklöster tritt sein politisches Geschick überragend zutage. Er will die Klöster als Versorgungseinrichtungen für ledige Edelfräulein bestehen lassen, jedoch sollte es den Insassinnen unbenommen sein zu heiraten.

2. Dafür sei nur beispielhaft die geplante Zusammenarbeit zwischen Osiander und Schwarzenberg erwähnt, als es darum ging, den englischen Archidiakon Lee zu einer Begutachtung etlicher Artikel zu veranlassen. Schwarzenberg hatte Lee diese durch den Propst von Wien zustellen lassen und gebeten, sich dazu zu äußern. Sollte dies nicht im lutherischen Geist geschehen, so sollte auch Osiander sein Gutachten dazu abgeben. Doch hatte sich Lee mit der Bemerkung, dazu (sc. zur Beantwortung der Artikel) sei er nicht hier, geweigert, die Artikel zu begutachten. Planitz, der diese Angelegenheit am 25. Oktober 1523 dem Kurfürsten Friedrich berichtete (*Wülcker-Virck*, Berichte, S. 569f), hatte seinem Schreiben die deutsche Übersetzung der lateinischen Artikel beigelegt, doch sind sie nicht erhalten.

3. Barbara von Schwarzenberg wurde am 9. Febr. 1490 geboren. Sie trat 1503 in das Dominikanerinnenkloster »Zum heiligen Grab« in Bamberg ein und hatte dort auch eine Zeitlang das Amt der Priorin inne. Kurz nachdem sie den Konvent verlassen hatte, starb sie im August 1525 (vgl. *Schwarzenberg,* Geschichte, S. 68).

3. Osianders Vorwort

Osiander dagegen, der das Vorwort zu dem Sendbrief Schwarzenbergs an Bischof Weigand verfaßte, kündigte schon im Titel an, worum es ihm ging: Die Mönche sollten »ihres zukünftigen Untergangs erinnert und ernstlich gewarnt werden«. In allegorischer Weise verwendet Osiander das 19. und 20. Kapitel des Richterbuches, um darzustellen, wie das »ungöttlich Klosterleben« bald zu Ende sein werde. Zug um Zug wird verdeutlicht, wie bisher die im Glauben Ungefestigten von den Vertretern der irdischen, äußerlichen Werkgerechtigkeit verführt worden sind und wie die biblische Botschaft durch unrichtige Auslegung verfälscht und teilweise sogar unterdrückt wurde. Als besonders markantes Beispiel erwähnt Osiander den Pfefferkorn-Streit[4], bei dem ihn als einen leidenschaftlichen Vertreter der Hebraistik die Taktik derer, die der alttestamentlichen Exegese durch Entzug der außerbiblischen hebräischen Quellen jegliches Arbeits- und Vergleichsmaterial entwenden wollten, besonders erregte.

Osiander schlägt vor, sich in Anlehnung an die Kampfweise der Israeliten zur Verteidigung des Gotteswortes künftig derjenigen Mönche und Geistlichen zu bedienen, die schon eine Zeitlang auf der anderen Seite gekämpft haben, dh der Altkirchlichen, die durch die reformatorische Erkenntnis von ihren früheren Irrtümern zur Wahrheit gekommen sind. Im Bund mit ihnen soll der Sieg errungen und jeglicher falschen Lehre ein Ende bereitet werden. Osianders Vorrede wurde zusammen mit Schwarzenbergs Sendbrief 1524 gedruckt. Seine Polemik war dem Rat der Stadt Nürnberg zu scharf. Er tadelte den Prediger und warnte ihn, in Zukunft derartige Schriften zu publizieren[5].

4. Überlieferung

Eine bei *Goedeke*, Grundriß 2, S. 234f, erwähnte Ausgabe unseres Sendbriefs ist irrtümlich ins Jahr 1523 datiert. Es handelt sich nach dem bei *Goedeke* beschriebenen Titel um den Druck E, der aber die Jahreszahl 1524 trägt.

Handschrift:
a: Nürnberg StB, Will VII, 1152, Beiband 4. Kop. 2. Hälfte des 16. Jahrhunderts. Die in einer größeren Anzahl Abschriften von Osianderwerken enthaltene Kopie des Sendbriefes ist wegen der sehr willkürlich vorgenommenen Änderung des Konsonantenbestandes und zahlreicher Schreibfehler nicht für die Textkritik herangezogen worden. Aus denselben Gründen konnte auch die Druckvorlage der Abschrift nicht ermittelt werden.

4. Vgl. u. S. 293.
5. Vgl. *Möller,* Osiander, S. 44–52; Nürnberg SA, RV 710,15 vom 1. Dezember 1524; *Pfeiffer,* Quellen, S. 29f, RV 214.

Drucke:

A: Nürnberg, [Friedrich Peypus], 1524 = *Seebaß*, Bibliographie, S. 24 Nr 6.1.1. Dieser Druck liegt unserem Abdruck nach dem Exemplar in Wolfenbüttel HAB (148.26) zugrunde.
B: Nürnberg, [Friedrich Peypus], 1524 = *Seebaß*, Bibliographie, S. 24 Nr 6.1.2. Zu ergänzen ist eine weitere Korrektur auf C2b: statt »falch« (Druck A) heißt es »falsch« (Druck B).
C: Nürnberg, [Jobst Gutknecht, 1524] = *Seebaß*, Bibliographie, S. 24f Nr 6.2.
D: [Augsburg, Philipp Ulhart], 1524 = *Seebaß*, Bibliographie, S. 25 Nr 6.3.
E: [Augsburg, Melchior Ramminger], 1524 = *Seebaß*, Bibliographie, S. 25 Nr 6.4.
F: [Erfurt, Wolfgang Stürmer], 1524 = *Seebaß*, Bibliographie, S. 26 Nr 6.5.

Text

[A1a:] Ein schöner sendtbrief des wolgepornen und edeln herrn Johannsen, herrn zu Schwartzenberg, an bischoff zu Bamberg außgangen, darin er treffenliche und christenliche ursachen anzeigt, wie und warůmb er sein tochter auß dem closter daselbst (zum heyligen grab genant) hinweggefůrt und wider unter sein vätterlichen schutz und oberhand zu sich genomen hab.
Ein vorred, darin die münch ires zukůnftigen untergangs erinnert und ernstlich gewarnet werden. Andreas Osiander. Nuremberg Anno 1524.

[A1b:] Allen und yeden fromen christen wůnscht Andreas Osiander, prediger bey sanct Lorentzen zu Nůremberg, gnad, frid und barmhertzigkeyt von Gott dem vatter und von Jesu Christo, unserm herren[1].

Es ist on zweyfel menigklich[2] unverporgen, wie das unter allen feinden des göttlichen worts, so zu diesen unsern zeyten auß besönder Gottes güte und gnaden klårlich herfůrpricht und an tag kombt, kein hauff trützlicher[3] und hochmütiger widerstandt thut denn die tyrannischen pettelmunch. Welche doch billich[4] für[5] allen andern stenden dasselbig treulich leren und, wo es not würd, leib und leben darob[6] solten lassen, darůmb das sie nicht allein durch dasselbig allerheyligst gotteswort wie alle andere menschen erstlich erschaffen, nachmals von sůnd und tod erledigt[7], sönder auch, dasselbig emsigklich zů erforschen, in aller faulheit und müssigung so reichlich zu großem nachteyl der andern armen christen biß hieher erhalten sein worden. Welches etlich meiner besönder lieben herrn und brůdere[a]

---

a) brüder: C, D.

1. 1Tim 1,2.
2. jedermann.
3. trotziger.
4. ganz besonders.
5. vor.   6. dafür.   7. befreit.

in Christo gesehen und zu hertzen genomen, mich zum dickern mal[8] gefragt
haben, warůmb wir das ungőtlich klosterleben nicht auch wie andere mißpreuch
durch die krafft des gőttlichen worts abzůthun und außzůtilgen uns bemůhen,
angesehen[9], das sie durch ir unverschempt, falsch predigen soviel einfeltiger leut
verfůren. Den[10] hab ich alzeit geantwort, [A2a:] ich wisse und sey des gewiß, das
sie ein sőlchs leben fůren. Wann es nur offenbar werde, so sey es gewißlich schon
in aller wellt mit in[11] auß. Aber sőlche offenbarung konn[12] und mőge durch mich
und meinesgleichen nicht wol geschehen. Dann es sey als[13] zu überschwencklich[14],
unglaublich und wurd bey vielen darfůr gehalten werden, als hetten wir es auß
neyd auff sie erdichtet; darauß dann nicht allein unseren personen, sőnder auch
dem wort Gottes grosse nachred entsteen mőcht. Es sőllen aber und werden
gewißlich diejhenigen, so durch Gottes wort erleuchtet wider von in heraus-
lauffen, disen krieg fůren und sein[15] ein end machen. Welches sie zwar selbs wol
mercken, darůmb sie auch also toben und wůten, wo in einer entlaufft, das sie
doch on zweyfel nicht auß cristenlicher lieb, sőnder auß menschlicher forcht, auf
das nicht ir gottloß wesen der wellt durch die abtrůnnigen offenbar werde, fůr-
nemen. Denn die christenlich lieb, die strafft, leeret, trőstet, pessert und bauet. Sie
aber stőcken und plőcken[16], lassen sie in gefengnůs erfrieren und hungers sterben,
auff das sich ja die andern daran stossen[17] und keiner außtret. Aber wie man sicht,
hilfft es doch nicht, sőnder Gottes wort macht ir anschlege zůnichte und wird sie
auch entlich gar zůnichte machen. Amen.

Auff das aber ir untergang nicht unversehens hereynfall, sőnder sie mit be-
dachtem muet[18], gutem wissen und mit offnen und sehenden augen zů trůmmern
gehen, will ich in kůrtzlich anzeygen, was wir fůr [A2b:] ein krieg mit in angefangen haben und wie er ein außgang werd nemen.

Denn er ist im buch der richter am 19. und 20. capiteln auß der maßen[19] schőn
in einer figur[20] abgepildet, die hellt[21] sich kůrtzlich also: Ein levitisch mann von
Ephraim nam ein kebßweyb[22] von Bethlehem; die huret und lieff von im zu irem

---

8. oftmals.
9. in Anbetracht dessen.
10. Denen.
11. ihnen.
12. könne.
13. alles.
14. jedes Maß übersteigend.
15. ihm (sc. dem Krieg).
16. schließen in den Stock und in den Block. Ein konkreter Fall, den Osiander vor Augen gehabt haben könnte, ist nicht bekannt, vgl. aber die Behandlung Arsacius Seehofers (s. Einleitung zu Nr 6, ›Vorrede zum Sendbrief Argulas von Grumbach‹, o. S. 88).
17. gewarnt sein lassen.
18. überlegt, mit Absicht.
19. besonders.
20. Gleichnis (zur Verwendung des Begriffs vgl. *Hilgenfeld,* Luthers Abendmahlsschriften, S. 150ff).
21. beinhaltet, lautet.
22. Nebenfrau.

vatter. Er holet sie wider, aber der vatter hielt sie auff biß an sechsten tag. Und da sie sich auffmachten, kamen sie gen Gibea der kinder Benjamin. Des nachts aber kamen kinder Belial, puchten an der herberg und forderten die gest mit gewalt herauß, schentlich mit in zů handeln, also das der Levit sein kebßweyb hinauß geben must, mit der sie ir unzucht die gantzen nacht triben. Des morgens fand er sie tod vor der thůr und fůret sie heym, zerteylt sie in zwölf stůck und schickets den zwölf geschlechten der kinder Israel, auff das sölches übel gestrafft würd. Man forderet, die das übel gethon hetten, das man sie tödet, aber die von Gibea woltens nicht dargeben[23], sönder verteydigen. Und fiel in zu das gantz geschlecht Benjamin, 26 tausent streitbar mann, und warn zu Gibea auch 7 hundert streitbar mann und unter den allen 7 hundert linck[24], geschickt, mit der schleuder ein har zů treffen. Aber der kinder Israel, die wider Gibea wolten streiten, warn viermal hunderttausent mann. Gott hieß die kinder Israel streiten, und Juda solt den krieg anfahen. Aber die kinder Benjamin fielen auß Gibea und schlugen von Israel 22 tausent mann. Gott [A3a:] hieß sie wider streitten. Aber die von Gibea fielen wider herauß und schlugen 18 tausent von Israel. Gott hieß sie zum drittenmal streitten und verhieß in, er wolts in ire hend geben. Da machten sie ein hinterhut[25], und die von Gibea fielen wider herauß; die hinterhut aber zündet die stat an, und wurden die von Gibea hinten und vornen angriffen und all erschlagen biß an 6 hundert, die flohen und enthielten sich[26] 4 monat in dem fels Rimon etc. Das ist jhe[27] ein erschröcklich geschicht, wiewol ichs mit kurtzen worten erzelt hab. Aber noch erschröcklicher ist ir bedeutung, die wöllen wir auch sehen:

Das gantz geschlecht Levi mit seinem priesterthum bedeut uns Christum den herrn, der ein ewiger priester ist – Got hats im geschworn und wirt in nicht reuen, Psal. 109 [Vg; 110,4] und Hebre. 5 [6], 6 [20] und 7 [1ff]. Er ist aber nicht allein ein priester, sönder auch könig über sein volck, Psal. 2 [6f]: »Ich hab mein könig eingesetzet auff mein heyligen berg Zion. Ich will von dem gsatz predigen, das der Herr zu mir gesagt hat: Du bist mein sůn, heut hab ich dich gezeuget« etc., und regirt das volck mit dem scepter seines worts, das da tödet im gesetz und macht wider lebendig im euangelio[28]. Darůmb spricht David weiter am 2. Psal. [9]: »Du solt sie mit dem eyßnen scepter zerschlagen und als eines hafners[29] gefeß solt du sie zerschmeissen«, und Psal. 109 [Vg; 110,2]: »Der Herr wird die ruten deiner sterck aussenden von Zion, hersche unter deinen feinden«, und Esaias am [A3b:] 2. [3]: »Von Zion wird außgeen das gesetz und Gottes wort von Jerusalem«. Er[30] ist auch über das alles der recht eynig gesponß[31] und breutgam, der ime[32]

23. zugestehen.
24. Linkshänder.
25. Hinterhalt.
26. hielten sich auf.
27. ja, schon.
28. Röm 7,10f; Gal 3,21; Hebr 4,12; vgl. auch 1Sam 2,6.
29. Töpfers.
30. Sämtliche Drucke bieten »Es«, doch erscheint der Bezug auf das Subjekt Christus besser; deswegen die Korrektur in »Er«.
31. Gatte.   32. sich.

selbs die gantzen christenheit, das ist, alle glaubige seelen vermehelt hat, wie
Johan. am 3. [29] gesagt ist: »Wer die braut hat, der ist der breutgam« etc., und
2. Corin. 11 [2]: »Ich hab euch vermehelt einem mann, das ich Christo ein reine
junckfrauen zubrecht«, und Canti.³³ 6 [7]: »Sechzig sein der kőnigyn und achzig
5 der kebßweyber, aber der jungen meydlein ist kein zal«. Also ist der herr Christus
priester, kőnig und breutgam, bedeut³⁴ durch den levitischen[b] mann von Ephraim,
und hat im vermehelt die gantzen christenheyt. Darin sein ettlich kőnigin, das sein
die, so im glauben nun starck sein worden und ire leib umb des wort Gottes willen
zum heiligen opfer in allerley leyden dargeben, Rom. 12 [1]; die nennet der heylig
10 Petrus 1. Petri 2 [9] ein kőniglich priesterthumb.

Etlich aber sein kebßweyber, das sein, die im glauben angefangen haben, aber
noch mit lieb und vertrauen an den creaturen hangen und sich dem eynigen³⁵
breutgam Christo noch nicht gentzlich ergeben haben. Etlich aber sein junge
meidlein, das ist, die Christum noch nit erkant haben, sőnder fahen³⁶ erst an zű
15 lernen; von denselben spricht Can.³⁷ 1 [2]: »Dein name (das ist das euangelion,
das man von dir predigt) ist ein außgeschűttes őle; darűmb lieben dich die meidlein«. Nun hat Christus, unser levit und őberster priester, nicht allein kőnigyn
[A4a:] und meidlein, sőnder auch kebßweyber im vermehelt – dasselbig kebßweyb,
das huret. Hurerey aber in der heyligen schrifft heist, wenn ein mensch sein ver-
20 trauen und sein lieb durch falsche menschenleer von Gott auff die creatur oder
eygne gerechtigkeyt abwendet, wie Ezech. am 16. [15–34] und[c] Osee am 1. [2–9]
klarlich angezeigt wirdt. Darűmb laufft dises kebßweyb heym zu irem vatter, das
ist, nachdem sie iren glauben und ir lieb von Christo, dem eynichen gemahel,
abgewendet und also gehurt hat, wendet sie beyde, ir vertrauen und lieb, auff
25 yrdische ding, daher auch ir ursprung ist; das³⁸ ir doch der breutgam Christus
verpotten hat, Psal. 45 [11]: »Hőre tochter, schau darauff, vergiß deines volcks und
deines vatters hauß«. Doch wiewol sie das nicht hellt, sőnder huret und hynlaufft,
holet sie doch der Herr und nymbt sie wider an, wie Jere. am 3. [1–5] bezeugt und
spricht: »Es ist ein sprichwort: Wenn ein mann sein weyb von sich lest und sie
30 huret mit einem andern, wird er sie auch wider annemen? Ist nit dasselb weyb
befleckt und geschmehet? Aber du hast gehurt mit vil bulern; doch kom wider,
spricht der Herr, und ich will dich annemen. Heb auff deine augen und sihe fűr³⁹
dich, wo du dich nicht nider habst gelegt. Du saßest am weg und wartest auff sie
wie eyn rauber, der in der wűste lauret, und hast die erden befleckt mit deiner
35 hurerey und mit deiner bűberey. Hast ein hurnstirn gehabt und dich nicht wőllen
schemen. Doch⁴⁰ heb noch an und sprich: Mein vatter und gema- [A4b:] hel

b) levitischnen: A, B, F. – c) C, D, E, F.

33. Hoheslied.
34. angedeutet.
35. alleinigen.
36. fangen.
37. Hoheslied.   38. was.
39. vor.   40. Dennoch.

meiner junckfrauschafft bist du, zůrne nicht ewigklich und verharre nicht biß an das end« etc.

Also fordert er sie durch sein wort und bleibt mit seinem wort bey ir in ires vatters hauß; das ist, leßt ir nicht hőher ding predigen denn sie begreyffen kan, biß sie auffstehet und von dem yrdischen vatterland wider abtritt. Aber da hat sie sich zů lang versaumet, sie solt von jugent auff Gottes wort allein gehőrt und demselbigen gehorsam gewest und also vom gőttlichen samen fruchtbar worden seyn. So hat sie gehuret und lang verzogen, das ir der tag zů kurtz wirt, kan nicht mit im heym komen, sőnder můß unterwegen bleyben. Denn wiewol sie gelernet hat, das sie von ires vatters hauß, das ist auß dem yrdischen, sůndigen leben, hynweggehen můß, kan sie doch nicht erkennen noch erreichen die gerechtigkeyt des glaubens an[41] das wort Gottes, welches über die maß ein treffenlich hohe erkantnůß ist, dahyn sie komen soll. Da fellet denn die nacht des unwissens daher, und sie můß zu Gibea über nacht bleyben. Gibea heyst aber zu teutsch ein hugel[42] oder ein půhel[43] und bedeut eygentlich die gleyssenden menschlichen gerechtigkeyt, die nicht inwendig im glauben, sőnder außwendig in geperden, unterschied der namen, kleyder, speyß, tranck, gezeyt[44], stett, schuhen, kutten, blatten[45] und gebets stehet, wie der gantz geystlich genant hauff leeren und anrichten. Sőlche falsch, gleyssende, fleyschliche und yrdische gerechtigkeyt nennet Esaias am 40. [4] berg und [B1a:] bůhel[d] und spricht: »Alle tal werden erhebt werden und alle berg und bůhel[e] werden ernidrigt werden«.

Also nachdem das arm kebßweyb von ires vatters hauß ist außgangen und will ein neu leben anfangen, dringt sie die nacht, so[46] die sonn der gerechtickeyt, das ist das heylig wort Gottes, geschwigen[47], verporgen und untergangen ist, das sie můß zu Gibea bleyben, das ist, in sőlchem falschen geystlichen leben ruhen und die selickeyt darin sůchen. Denn wer ist in viel hundert jaren gewest, der bessers het mőgen lernen, wenn er schon gern pessers gethon het?

Nun wer es ein kleiner schad gewest, das sie gen Gibea komen wer, wenn sie nur bey iren Leviten bliben und dieselben nacht geschlaffen het, biß der tag wider wer auffgangen. Das wir auch in dise letzte zeyt, darin man eyttel menschentreum gelert hat, kommen sein, het auch nit viel geschadet, wenn wir nur des spruchs »Wer glaubt und taufft wird, der wird selig«[48] und dergleychen uns getrőstet und, dieweil Gottes wort geschwigen war, wir auch geruhet und nichts neues ausserhalb und wider Gottes wort angefangen hetten, solang biß Gottes wort wider offentlich an tag komen und die sonn der gerechtickeyt wider auffgangen wer.

---

d) hügel: C. – e) hühel: C.

41. ohne.
42. Hügel.
43. Bühl.
44. Horen (Stundengebete).
45. Tonsuren.
46. wenn.
47. verschwiegen.
48. Mk 16,16.

Und es wer zwar⁴⁹ auch also geschehen, wenn nicht die bôsen, mutwilligen, ungezognen, gottlosen teuffelskinder von Gibea, die kinder Belial, das arm kebßweyb mit gewalt auß dem hauß genomen und zu sôlcher geistlicher hurerey genôtigt hetten. Wer sein aber diese Be- [B1b:] lialkinder? Es sein eben die, von den Christus sagt: »Es werden falsche christen und falsche propheten auffstehen und große zeychen und wunder thun, das verfûret wûrden (wo es mûglich were) auch die ausserwelten; sihe, ich hab euchs vor gesagt«⁵⁰. Und Paulus Rom. 16. [17f]: »Ich erman euch, lieben brûder, das ir auffsehent⁵¹ auf die da zertrennung und ergernûs anrichten neben der leer, die ir gelernet habt, und weicht von denselben; denn sôlche dienen nicht dem herrn Jesu Christo, sônder irem bauch, und durch sûsse und prechtige wort verfûren sie die unschuldigen hertzen« etc. Und 2.Petri 2 [1–3]: »Es werden unter euch sein falsche lerer, die neben einfûren verderbliche secten und verlaugnen⁵² den Herrn, der sie erkaufft hat, und werden ûber sich selber fûren ein schnel verdamnuß. Und viel werden nachvolgen irem verderben, durch welche wirt der weg der warheit velestert werden, und durch geytz mit erdichten worten werden sie an euch hantieren; ûber welche das urteyl von lang her nicht seumig ist, und ir verdamnuß schlefft nicht.«

Dise Belialkinder haben ein grausam puchen und poldern, das ist ein großmechtig geschrey angehebt und grausame ding von irrigen geysten, erdichten fegfeuer und mancherley erschrôcklichen offenbarungen fûrgeben, der sie doch keins ye verstanden noch gesehen haben, und denn⁵³ darzu gelogen, wie auff ein tag viel tausent menschen gestorben und nur einer oder zween, die auch mûnch gewest, selig sein worden; und wenn diesel- [B2a:] ben nicht ein sôlch streng leben im closter gefûrt hätten, werden⁽ᶠ⁾⁵⁴ sie auch, als sie sagen, verdampt worden. Über das alles haben sie denn auch irrende poltergeyst in den heusern, da reich leut gestorben sein, angericht – wie zu seiner zeyt offenbar werden muß – und dergleichen viel. Wenn denn die leut seer erschrocken sein und gefragt haben, wie sie sich halten und ein recht leben fûrn sôllen, haben sie dieselben alßbald in das closter und in die kutten gewisen, gantz nichtz vom glauben an Christum geweist oder geleert, sônder ir kutten die andern⁵⁵ tauf geheissen, darmit die ersten tauf verstossen, Christum, der sie erkauft hat, verlaugnet und eytel verderbliche secten und zertrennung angericht⁵⁶, das ytzt einer sanct Franciscus, der ander sanct Dominicus, der dritt sanct Benedictus, der vierd sanct Augustinus orden hellt. Einer ist ein kartheuser, der ander ein teutscher herr⁵⁷, der dritt ein carmelit, und

---

f) werden: A, B, E, F; weren: C, D.

49. wahrlich.
50. Mt 24,24f.
51. achthabt.
52. verleugnen.
53. dann.
54. wären.
55. zweite (vgl. zum Gesamtproblem *Lohse,* Mönchtum, S. 58ff, 69f, 120ff, 157ff, 167ff, 249ff, 332f u.ö.).
56. 2Petr 2,1.   57. Deutschordensherr.

will yeder besser sein denn der ander und mit gelůbden und menschenwercken die seligkeit erlangen. Und so sie andere leut also leeren, darzu weysen, reytzen und treyben, thun sie nichts anders, denn das sie mit gewalt sie von Gott dem herrn durch geistlich hurerey abzůweichen benôtigen und dringen; also haben die Belialkinder durch dise weg das arm kebßweyblein heraußgenôtigt und unter sich gepracht.

Hie môcht nun yemant fragen: Ist denn ir mann, gesponß und levit Christus der herr bey ir im hauß, warůmb last er ims nemen? Antwort: Das ist Gottes heymlich gericht, [B2b:] das er sůnd mit sůnd strafft, wie Paulus Rom. 1 [21. 24–27] sagt: »Darůmb das sie Gott erkent und nicht als Gott geert haben, hat er sie dahyngeben in irer hertzen lust, in unreinickeyt, zů schenden ir eygne leib durch sich selbs. Denn ire weyber haben verwandelt den natůrlichen prauch in den unnatůrlichen; auch die mann haben verlassen den natůrlichen prauch des weybs etc. und den lohn irs yrthumbs durch sich selbs empfangen.« Also gehet es auch diesem kebßweib: Dieweil sie ires Leviten getreu hertz erkent und im doch nicht glauben hat gehalten, lest ers nun auch faren und widersteht den Belialkindern nicht – so ists auch zu unsern zeytten mit der verfůrung zugangen. »Darůmb«, spricht Paulus, »das sie die lieb der warheyt nicht haben auffgenomen, das sie selig wurden, darůmb wirt in Gott senden krefftige yrthumb, das sie glauben der lůgen« (2. Tessa. 2 [10f]). Darzu sein die Belialkinder so durstig[58] und frech, das sie nicht allein das kebßweyb, sônder auch den Leviten – es ist grausam und erschrôcklich – zů schenden begeren, und er muß schweygen und verporgen bleiben.

Also ists auch in disen farlichen zeitten zugangen, da sie der schwachen gewissen durch menschengesetz mechtig sein worden. Wenn das lauter und reyn wort Gottes in widerstanden wer, hetten sie es auch gefelscht, vertilgt und zur huren gemacht, zuvor[59] dieweil so wenig guter bůcher und noch viel weniger recht christlich geleerter leut warn, ehe denn der truck zůletzt erfunden wurd. [B3a:] Denn zur selben zeit wer es inen gantz leichtlich zů thun gewest; wie sie denn dasselb zuletzt auch fůrnamen, dem gemeinen mann die teutschen bibel verpotten[60] und sich offentlich liessen hôren, sie wolten, das all verprunnen[61] werden; desgleichen offentlich an keiserliche maiestat die hebreischen bůcher auch zů verbrennen begerten[62], damit die recht[63] geleerten des lautern grunds und ursprungs auch beraubt wůrden. Und so dasselb wer geschehen, wer fůrwar die heilig schrifft schon zur huren gemacht und geschmecht gewest. Denn die alt verdolmetschung auß hebreischer sprach ist nicht an allen orten lauter und reyn, wie wir täglich ye lenger ye mehr erfaren[64], hat auch durch das unfleissig abschreiben in sovil jaren nicht

---

58. kühn.
59. vor allem.
60. Zum Bibelverbot vgl. RE 2, S. 703ff.
61. verbrannt.
62. Vgl. u. Anm. 66.
63. wahrhaft.
64. Osiander hatte dies bei seiner Übersetzungstätigkeit sicher des öfteren bemerkt (vgl. o. S. 64).

wenig nachteyls empfangen; welchs der babst selbs bekent, darůmb auch verordnet, das man im zweyfel zu den kriechischen und hebreischen bůchern lauffen soll⁶⁵. Es hilft sie auch nicht, das sie sagen, man hab nicht die bibel, sônder andere hebreische bůcher wôllen verprennen⁶⁶. Denn die es fůrnamen, nicht so gelert waren, das sie ein hebreische bibel hetten môgen kennen⁶⁷, will schweigen, das sie solten urteyln, welche bůcher bôß oder gut weren; dazu, so die andern bůcher verprent weren, hetten wir die sprach nicht mehr konnen lernen und were also die hebreisch bibel auch nichts mehr nůtz gewest. Umb sôlcher grosser vermessenheyt wegen hat Gott sein wort verporgen und in dasselbig zů schenden nicht ursach wôllen geben. Auff [B3b:] das ye⁶⁸ fest bestůnde, das er gesprochen hat: »Es wird keyn buchstab vom gesetz verfallen, biß alles erfüllt wird⁶⁹. Hymel und erden werden zergeen, aber mein wort werden nicht zergeen.«⁷⁰

Wenn nun dises kebßweyb irem mann wer⁷¹ angehangen, das ist, das heylig,

---

65. Dieses Zitat konnte nicht wörtlich nachgewiesen werden. Schon die Synode von Vienne bestimmte 1311, daß an verschiedenen Universitäten Lehrer für Hebräisch, Aramäisch und Chaldäisch anzustellen seien, damit die Bibel besser erklärt werden könne (vgl. *Hefele*, Conciliengeschichte 6, S. 545). Osiander könnte aber auch einen der Renaissancepäpste zitiert haben, etwa den der Pflege der Wissenschaften besonders aufgeschlossen gegenüberstehenden Pius II. Doch blieben die Nachforschungen bei *Pastor* (Päpste 2, bes. S. 33ff) und *Voigt* (Enea Silvio) ergebnislos. Die größte Wahrscheinlichkeit der Verfasserschaft ergibt sich m.E. für Leo X. Er förderte das Entstehen der sechsbändigen Complutensischen Polyglotte durch den spanischen Kardinal Ximenes (vgl. RE 15, S. 530, 49f; *Pastor*, Päpste 4,1, S. 480; *Delitzsch*, Polyglottenbibel). Daneben hat Leo X. in seiner Vorrede zu Erasmus' »Novum Instrumentum« und in einem Breve (am 10. September 1518) diese griechische Ausgabe des NT wegen ihres »Nutzens für das Studium der Theologie und des orthodoxen Glaubens überhaupt« propagiert (vgl. *Welzig*, Erasmus-Schriften 3, S. XVII).

66. Osiander spielt hier und in den vorhergehenden Sätzen auf den Pfefferkorn-Reuchlinschen Streit an. Pfefferkorn hatte 1509 ein Mandat Kaiser Maximilians I. erwirkt, das ihn ermächtigte, diejenigen jüdischen Bücher, deren Inhalt christlichem Glauben und jüdischem Gesetz entgegenstand, zu konfiszieren. Den dabei auftretenden Schwierigkeiten suchte der Mainzer Erzbischof Uriel von Gemmingen – ihm war die Angelegenheit vom Kaiser übertragen worden – durch Universitätsgutachten zu begegnen. Dabei forderte der von Mainz ausgearbeitete Vorschlag, man solle von den Juden alle Bücher einschließlich der Bibel vorläufig zu einer Prüfung einziehen. Osiander hatte bei der Abfassung unseres Stückes das nach dem Kölner Entwurf erstellte Gesamtgutachten im Auge, welches das AT unberücksichtigt ließ, die talmudischen Bücher aber einzuziehen und – falls die Juden nicht freiwillig auf sie verzichten wollten – zu verbrennen befahl. (Eine sehr ausführliche Darstellung des Streites bei *Geiger*, Reuchlin, S. 203-454).

67. Vgl. dazu Pirckheimers ›Epistola apologetica‹ für Johannes Reuchlin, ein Schreiben Pirckheimers an Lorenz Beheim, 1517, August 30, übersetzt bei *Eckert – Imhoff*, Pirckheimer, S. 244ff. (Bibliographisch genaue Wiedergabe des Titels s. *Geiger*, Reuchlin, S. 395 Anm. 2.) Pirckheimer schreibt in bezug auf die Ungebildetheit der Pfefferkorn-Partei: »Indessen fehlte ihnen zwar nicht der Wunsch, das Wollen und das Verlangen danach (sc. so bedeutende Werke wie Reuchlin zu schreiben), wohl aber das Talent, die Gelehrsamkeit und die Genauigkeit, sowie die Kenntnis der griechischen, lateinischen, bzw. der von ihnen am meisten verachteten hebräischen Literatur, die sie nicht zu beherrschen vermochten, während sie behaupteten, daß sie diese nicht für wert gehalten hätten, um Ruhm zu suchen« (aaO, S. 252).

68. ja.
69. Mt 5,18.
70. Mt 24,35.
71. wäre.

lauter, lebendig gotteswort allein in irem gewissen het lassen regiren, wer sie on zweyfel entlich darvon schwanger und fruchtbar und also auß einem kebßweyb ein eeliche und herrliche kônigyn worden. Denn Christus, das wort des vatters, ist der seel gemahel (Joha. 3 [29]) und ist der samen, darvon sie schwanger wird (Matt. 13 [4–9] und Esa. 26 [7f]); er ist auch die frucht, die in ir geporen wůrd (Gal. 4 [4], Apoc. 12 [2.5]). Sie wer auch mit im gantz ein ding worden, denn »wer dem Herrn anhangt, wirt ein geyst mit im« (1. Cor. 6 [17]), und wer von Gott dem vatter auch wie Christus selbs geliebt worden, wie er spricht Joh. 17 [26]: »Vatter, ich hab in deinen namen erôffnet, auff das dein lieb, darmit du mich geliebt hast, sey in in und ich auch in in«. Nun sie aber die Belialkinder mit gewalt von Gottes wort, dem rechten gemahel, abgerissen haben, muß sie mit in huren und fremde, das ist menschenleer, in die schlaffkamer irs gewissen einlassen, welches vor Gott ein grausam und strafflich eebruch ist. Und da treyben denn die verfürischen Belialkinder iren mutwillen mit ir die gantzen nacht, solang die gôttlich warheyt verporgen ist, und beladen sie mit eytel lauter menschengedicht von unterschid der secten, speyß, tranck, schuch, [B4a:] gůrtel, kleyder, farben, kutten, platten, reuchen[72], schweigen, neygen[73], ablas, lichtlein, wallen[74], geloben[75], stifften[76], malen, schnitzen[77] – und wer kan den mutwillen irer geistlichen hurerey allen erzelen? Da muß das arm gewissen herhalten und einem yglichen gerecht sein, was er edicht hat bey dem bann und einer todsünd annemen, dasselb halten und darmit huren. Und empfind doch kein trost, freud oder lust, sônder wirdt nur schwach und crafftloß; denn was môcht ein sůndig gewissen durch sôlche gottlose thorheyt getrôst, befridet und gestercktwerden? Gottes wort und gnad muß es allein thun; es ist sônst alles verloren und komen nymer zů friden, sônder tichten jhe lenger jhe mer, eins über das ander, noch wirt dennoch ir gewissen nicht frey, sônder beleybt alweg erschrocken und unsicher.

Zuletzt, dieweil sie durch sôlch ire eygen gauckelwerck nicht konnen zu fride komen, fahen sie an und wôllen anderer leut gerechtigkeyt theilhafftig werden und erkauffen. Da muß denn das zeytlich gut auch herhalten, da kaufft man ablaß, bild, gemel, meßgewand und macht bruderschafft[78], stifft[79], jartag[80] und huret also für und für mit überschwencklich grossen kosten, wie der Herr Ezech. am 16. [33f] ernstlich klaget und spricht: »Alle hurn empfahen lon. Aber du hast all dein bulern lon geben und schenckung gethon, das sie zu dir eingiengen und mit dir hureten, und hast gethon wider ander weyber gewonheit an deiner hurerey, und nach dir wird kein hurerey mer sein.«

72. Raucharten.
73. Kniefall.
74. Wallfahrten.
75. Gelübde.
76. Stiftungen (Vgl. LThK 9, Sp. 1077f).
77. Osiander äußert sich hier unter dem Eindruck des Bilderverbotes, hat sich aber nicht zu der Konsequenz der Bilderstürmerei hinreißen lassen. Zur Bilderfrage vgl. u. S. 380.
78. Bruderschaften (Vgl. LThK 2, Sp. 719ff).
79. Stiftungen.
80. Vgl. o. S. 172, Anm. 36.

Wo es [B4b:] denn[81] also zugehet, da felt[82] der glaub erstlich, darnach die lieb und alle recht gute christliche werck bleyben unterwegen. Da dienet man weder vatter noch muter, weder schwestern noch brůdern, auch keinem andern armen christen, sônder wartet nur des eygen nutz. Haben ein hand zum einnemen, die andern zum behalten, aber keine zum außgeben, samlen grosse schetz, kauffen den fůrsten land und leut ab und lassen in die tittel oder kauffen ein cardinal zu Rom, der in denn viel freiheyt und ablas geb, damit man durch betrug ein anders sameln mồg[83], und wirt darneben der armen an leyb und seel vergessen. So will man denn wenen, das kebßweyb schlaff im beschaulichem leben, dieweyl es kein brůderlich werck thut; aber in der warheyt schlefft es nicht, sônder ist gestorben von der menig[84] der grosen hurerey, denn »der gerecht lebt seins glaubens«[85]. Wie können sie aber glauben, dieweil sie Gottes wort verlassen und eyttel menschengeschwetz angenomen haben? So nun Christus, der recht priester und levit, sein kebßweyb tod findt, hauet er sie zů stůcken und schickts in alle land, das man sôlches übel straff und außtilg; das geschicht, wenn dises gottlosen wesens ein stück da, das ander dort durch Gottes wort offenbar wirt, denn es kans nymand auff einmal gar sehen, es ist sein zůviel und zů erschrôckenlich.

Ists aber nicht war? Hat man nicht vor viel jaren hin und wider stůcksweyß gesehen, das mûnch und pfaffen zůviel mit iren eygen fůnden wider Gottes wort [C1a:] sich understanden haben? Hat man sie nicht zum offtermal ersucht, sie sôllen die herfůr geben, die das kebßweyb mit hurerey getôdet, das ist, die gewissen mit menschensatzungen verstrickt, verfůrt und erwůrgt haben, auff das man sie auch tôde, das ist, sôlche menschensatzung mit iren erfindern auß dem prauch und gedechtnůß vertilge und das wort Gottes anstat desselben wider auffrichte? Es habens aber die wirdigen geystlichen und heiligen väter von Gibea nicht wôllen thun, sônder zur wer gegriffen und dieselbigen alten preuch sambt iren erfindern verfechten und verteidingen wôllen und haben an sich gehenckt all ir nachbarn: fůrsten, bischoff und hohe schulen; die schliessen sich zu in hyneyn in die stat Gibea, das ist, halten sich auch zu diser fleyschlichen, falsch gleysenden gerechtickeit und wôllens helfen erretten. Das sein die streitparn helden zu Gibea, nemlich der gewaltigsteil[g] der welt.

Darzu haben sie noch zween vorteyl: Der erst, sie haben siebenhundert außerwelter helden, die das schwert des geists, das wort Gottes, in der lincken hand, das ist in einem falschen verstand, fůren und können mit der schleuder ein har treffen, das ist: Alles, was sie nur wôllen, konnen sie mit irer lincken hand widerfechten oder verteydigen, und ist nichts so klar geredt, sie können ein glôßlein[86]

---

g) gewaltigst teyl: C, D.

81. aber.
82. fällt.
83. Anspielung auf Albrecht von Mainz (Vgl. RE 1, S. 306, 53ff).
84. Menge.
85. Röm 1,17.
86. eine Auslegung.

finden und ein nasen dreen[87] und also mit der schleuder verwerfen. Der ander vorteyl ist, das sie in der stat verschlossen sein; wenn sie wöllen, so fallen sie herauß und [C1b:] fechten, wenn sie nicht wöllen, bleyben sie darin verporgen und verschlossen, das ist: Wenn wir mit Gottes wort wider sie zů fechten anfahen, bedunckt sie, sie können uns mit rechter oder lincker hand – das ist mit grund oder mit lůgen – überwinden, so fallen sie herauß und fechten mit uns. Bedunckt sie aber, es sey ůmbsônst, so bleyben sie in irer stat, das ist, sie lassen uns recht und sagen: »Wir halltens auch also und haben nye anderst gelert und gethan«, wenn es gleych die öffenlich unwarheyt ist, trösten sich, das ir Gibea und closterleben verdeckt und verporgen, das ist gantz verschlossen ist; denn sie verpieten bey dem bann, das man die heymlicheyt[88] des ordens keinem leyen eröffnen soll.

Dargegen hat sich das gantz Israel, das ist alle glaubige, auch zum streyt geschickt, haben aber zůvor den mund Gottes, das ist sein heyligs wort, gefragt, ob sie fechten und sölchen betrug antasten söllen, das ist, ob ir sach gerecht sey oder nicht, und haben funden, das sie söllen fechten. Aber die überwindung ward in nicht vergewißt[89]. Denn[90] man soll übel nicht gut lassen seyn, es gehe gleych darob, wie Gott wölle.

Und ist also dises Gibea mit einem grossen sturm, erstlich durch Johannsen Hussen und ander mehr, zur selben zeyt angegriffen. (Denn vor im hat sölch falsch, gleyssend leben niemandt öffenlich angriffen und widerfochten, sönder yderman durch betrug fůr heylig gehalten.) Aber sie fielen herauß und fachten zu Costnitz[91] im concilio[92] mit [C2a:] irem lincken schwert, das ist mit der schrifft, aber fellschlich gedeutet und außgelegt, wie das zu seiner zeyt kůrtzlich wird yderman offenbar werden, und schlugen in und behielten also den sig. Es nympt mich aber nit wunder; denn ich vorzeyten in fechtschulen auch wol gesehen und erfaren hab, wie ferlich es ist, wenn ein rechter mit einem lincken muß fechten, denn der streich gehet her an dem ort, da man nicht meinet, darzu überlengt[93] er in. So geets auch mit der schrifft zu: Der recht verstand der heyligen schrifft ist einfeltig, aber die falsch außlegung wol tausentfeltig; den rechten verstand kan man wol vorbetrachten, aber den falschen nicht. Darůmb wird er unversehens von den widersachern hereyngefůrt und, so man denn nicht vorhyn drauff bedacht ist, kan man nicht bald antworten. Darzu haben sie auch die leng des allten prauchs, damit haben sie denn gewunnen; es wert[94] aber nicht lang.

Also sein im ersten sturm viel von Israel erwůrgt, das ist, von dem lebendigen wort Gottes abgefallen und der von Gibea hurerey angehangen. Was solt nun

---

87. eine Unwahrheit aufreden.
88. Klausur (vgl. RGG 3, Sp. 1645).
89. zugesichert.
90. Aber.
91. Konstanz.
92. Konzil von Konstanz (1414–1418).
93. übervorteilt.
94. währt.

Israel anders thun denn weinen und klagen und des Herrn wort aber[95] fragen, ob sie streiten solten, das ist, ob doch ye ir sach gerecht sey oder ob sie es nicht recht verstanden hetten? Aber da ist guter bescheid in heiliger schrifft: Sie sŏllen fechten, doch verheist er in den sig aber nicht. Also haben sie den andern sturm im concilio zu Basel[96] mit erschrockem hertzen gethan, da[97] man nichts anders, denn[98] das Gottes wort und or- [C2b:] denung für menschensatzung erhebt und gehalten mŏchten werden, gefochten hat. Sein aber auch nider gelegen. Und von derselben zeyt an sein die heiligen väter von Gibea fast hochmŭtig, aber Gottes volck gantz traurig gewest, haben geweint, gefastet und Gottes mund und wort aber gefragt, ob sie doch weytter fechten oder aber still stehen solten. Und ist da der entlich bescheid gefallen, man soll fechten, Gott wŏll sie in unser hend geben. Denn es zeigt nicht allein die heylig schrift an, das ir wesen ungŏtlich sey, derhalben on unterlaß wider sie zŭ fechten ist, sŏnder wir finden lauter und klar, das die zeyt – von Daniel bestimbt – ein end hat und das wesen fallen und brechen muß[99].

Darŭmb wŏllen wir ytzo zween hauffen machen: Der ein soll mit heiliger, lauter, gŏtlicher schrifft in freyem feld wider euch, euer menschenleer und alte preuch ritterlich fechten, der ander soll verporgen in der hinterhut ligen. Und wenn ir herauß fallet und wŏlt aber mit der lincken hand, das ist mit falschen verstand der schrifft, wie ir vor gethan habt, mit uns fechten, sŏllen sie eur stat Gibea mit feur anzŭnden, das ist, eur falsch, gleissende gerechtikeyt und verdeckte bŭberey offentlich an tag geben und durch Gottes wort anzeygen, das dieselb eur falsch[h] gerechtickeyt vor Gott nichts denn ein greul und vor seinem feurigen eyfer nicht bestendig, sŏnder wie Sodoma und Gomorrha verprennens wol wirdig sey[100]. Und wenn ir hynder sich sehet und den rauch erkennet, soll[101] [D1a:] euer hertz empfallen[102] und euer lincke hand schwach werden. Denn so man euer ungŏttlich leben wirt erfaren, wirt man euch über die schrifft auch nymmer trauen, sŏnder fleyssig nachsŭchen und den falsch[103], damit ir bißher überwunden habt, finden. Alßdenn wirt euer lincke hand kein schaden mehr thun kŏnnen. Zu diser hynterhut wŏllen wir außerlesen alle die, so ein zeyt bey euch in euer hurischen verfŭrung gewest, dieselben wol erlernet, aber durch Gottes wort wider erleuchtet und heraußgefŭrt seyn[104]. Und so sie euer stat angezündet und alles, was darin ist, mit dem schwert erwürget, das ist, all euer leben und thun als **sträflich** angezeygt, erŏffnet und mit der schrifft überwunden haben, sŏllen sie denn

---

h) falch: A.

95. wieder.
96. Konzil von Basel (1431–1449).
97. wo.
98. als.
99. Dan 7,11f.
100. Gen 19, 1–28.
101. Ergänze: »euch«, welches als Kustode auf Bl. D1a nicht wiederholt wurde.
102. mutlos werden.
103. Tücke.
104. Osiander könnte dabei etwa an Blasius Stŏckel gedacht haben (vgl. u. S. 387).

mit dem schwert göttlichs worts hynden in euch fallen und uns euer menschenleer, -satzung und -treum vollend¹⁰⁵ helfen stürtzen und außtilgen. Vornen wöllen wir fechten, euer leer sey wider Gottes wort, hynden aber, wenn sie gleych göttlich were (wie irs doch nie gehallten, sönder die leut mit gleissen und lügen nur betrogen habt), wöllen euch also ümbgeben¹⁰⁶, züschlagen und zerknischen¹⁰⁷, das keiner auß disem streyt soll überbleyben, das ist, etwas gellten für¹⁰⁸ Gott oder den menschen – er fliehe denn, das ist, er beken denn, das er geyrret hab, und verperg sich in den fels Rimon, das ist, er ergebe sich denn gantz in Christum und sein heyligs wort, der allein der fels ist, darauff wir gepauet söllen werden¹⁰⁹, und [D1b:] nicht Dominicus noch Franciscus. Heyßt auch billich¹¹⁰ der fels Rimon, das ist der hohe fels; denn so dise euer hurerey ein end nympt, also das hernach kein hurerey mehr seyn wirt (wie oben angezeygt ist), so wirt Gott der herr in selben tagen allein erhöhet werden (Esa. 2 [2]).

Wir wöllen aber denselbigen flüchtigen eben¹¹¹ nachsehen und gar nichts trauen, sönder, wenn sie von dem fels wolten abweychen und wider in die alten yrthumb tretten, soll das schwert alsbald wider auff irem hals seyn und sie als die feynd wider angreyffen. Sie müssen auch ein gute zeyt in disem fels bleyben, biß sie wol im glauben erstarcken, ehe denn wir sie zu freunden wider anemen. Denn es ist einem münch nit gut zü trauen, er leßt sein dück¹¹² als ungern als ein allter wolf. Also wirdts ein end nemen mit den, die menschenleer verfechten.

Das hab ich in wöllen anzeygen, sie müssens wissen und söllen im doch nicht entrinnen. Darümb bitt ich alle fromme, christliche hertzen, die in clöstern seyn oder kinder darin haben (denn ich zweyfel nicht, ir seyen viel, den noch zü helfen ist), sie wöllen heraußgehen oder inen heraußhelfen, auff das sie nicht mit dem grossen gottlosen hauffen verderben und züschanden werden. Denn es gehet daher, der streyt fahet sich an, wie man das zum teyl auch täglich sihet. Das denn der wolgeporen edel herr Johanns, herr zu Schwartzenberg wol ermessen und derhalben sein tochter auß sölcher verfürung sampt ettlich andern [D2a:] wider erledigt und desselben christenliche genugsame ursach dem bischoff zu Bamberg in einem sendbrief angezeygt hat, welchen ich hiemit im truck laß außgehen, den frommen zu einem exempel, dem sie nachvolgen, den lesteren aber zü verstopfen ire meuler, das¹¹³ sie es nicht anders denn christenlich gehandelt außlegen und verglympfen¹¹⁴ mögen. Der frid Gotts sey mit euch allen. Amen.

i) zerknirschen: C.

105. vollends.
106. umzingeln.
107. völlig besiegen.
108. vor.
109. 1Kor 10,4.
110. mit Recht.
111. genau.
112. Tücke, Arglist.
113. damit.
114. als angemessen betrachten.

Nr 25–28
Der große Nürnberger Ratschlag
1524/25

Bearbeitet von *Dietrich Wünsch* und *Joachim Funk*

Einleitung

1. Vor- und Entstehungsgeschichte

Im Abschied des dritten Nürnberger Reichstages vom 18. April 1524 war bezüglich der Religionsfrage neben der Ermahnung an die Reichsstände, das Wormser Edikt »sovil inen muglich, zu geleben, gemess zu halten und nachzukomen«, auch die Ankündigung eines Nationalkonzils[1] enthalten. Im Blick auf diese Versammlung wurde »churfursten, fursten und stenden und sonderlich denen, so hohe schulen in irn furstenthumben und stetten haben, geschriben und bevolhen, durch ire gelerte, erbare, erfarne und verstendige rethe einen auszug aller neuen lere und bucher, wes darin disputirlich befunden, zu machen und denselbigen ... auf obgemelte versamlung furzupringen«[2]. Dieser Reichstagsabschied entspricht in dem Punkt der ›neuen Lehre‹ dem Beschluß der Fürsten und Kurfürsten, der am 6. April den Städten vorgelegt worden war[3]. Am gleichen Tag noch hatten die Städte mit einem Protestschreiben geantwortet, in dem sie die Gefahren aufzeigten, die daraus resultieren müßten, wenn man dem Drängen des ›gemeinen Mannes‹ nach dem ›Wort Gottes und dem heiligen Evangelium‹ entgegenträte: »Derhalben wir ... besorgen mussen, wo wir dem zu verhinderung etwas ... annemen oder bewilligen ... sollten, das die erbern frei- und reichstett ... domit ain unzweifenliche gewisse ursach geben würden, vil aufrur, ungehorsam, todschleg, pluttvergissen, ja ain ganzes verderben und allen unrat zuvor dieser zeit ... zu erwecken«[4]. Der Vorschlag der Städte geht dahin, bis zu einem in Deutschland abzuhaltenden Konzil Predigt und Reformen freizustellen, soweit sie mit der Heiligen Schrift begründet werden, und nur dann einzuschreiten, »wo jemands ains anderen mit solicher gottlichen schrift uberwunden, wo er sich dann uber das davon nit weisen lassen wollt«[5]. Die Städte standen also in Distanz zum Reichstagsabschied; deshalb zögerte Nürnberg auch mit der Durchführung dieser Beschlüsse. Nachdem das Mandat am 7. Juni 1524 offiziell dem Rat überbracht worden war[6], befaßte man erst einmal die ›Gelehrten‹ damit[7] und verzichtete auf

---

1. geplant für Martini (= 11. November) 1524 in Speyer.
2. Der Reichstagsabschied in RTA 4, S. 590–613; zur Religionsfrage s. S. 603–605.
3. RTA 4, S. 499–501.
4. RTA 4, S. 507.
5. RTA 4, S. 508.
6. Vgl. *Pfeiffer,* Quellen, S. 10, zu RV 61.
7. Vgl. Nürnberg SA, RV 704, f. 13v (11. Juni 1524; *Pfeiffer,* Quellen, S. 6, RV 22).

eine Publizierung⁸. In einer Gesandtschaft an Erzherzog Ferdinand wurde noch einmal die Unmöglichkeit einer vollen Durchführung des Wormser Ediktes betont, weil dadurch der Friede und die öffentliche Ordnung in der Stadt aufs höchste gefährdet würden⁹. Der nächste Termin, der eine Klärung über die Haltung Nürnbergs zum Reichstagsabschied vom April bringen sollte, war der für den 13. Juli 1524 ausgeschriebene Städtetag in Speyer¹⁰. Die Nürnberger Gesandten hatten den Auftrag, dort an die Protestation der Städte zu erinnern und einen Brief an das Reichsregiment anzuregen, der die Lage der Städte schildern sollte, die es ihnen unmöglich mache, den Reichstagsabschied voll zu befolgen, sowie schließlich zu betreiben, »das etlichen stetten bevolhen werd, ratsleg ze machen, wie sich auf dem reichstag zu Speier ze halten sei«¹¹.

Der Abschied des Städtetages (18. Juli 1524) entsprach den Nürnberger Vorstellungen. Der Brief an das Reichsregiment wurde geschrieben¹², und Nürnberg wurde beauftragt, »die sachen, so unßers h. glaubens halben sich jetzt undt zum theil etwas zweivenlich zutragen, durch ihre gelehrte zu berahtschlagen«¹³. Am 4. August endlich, unmittelbar nachdem die Nürnberger Gesandten aus Speyer zurück waren¹⁴, legte der Rat die Richtlinien seines Verhaltens zu dem schon ein Vierteljahr alten Reichstagsabschied fest: Man wolle sich die einhellige Predigt des Evangeliums angelegen sein lassen. Der Druck und Verkauf von Schmähschriften und ›schändlichen Gemälden‹ solle unterbunden werden. Und schließlich müsse man sich Gedanken machen über den die ›Luthersache‹ betreffenden Ratschlag, den man auf dem künftigen Reichstag zu Speyer vorlegen wolle¹⁵. Die Ratskonsulenten wurden befragt, »bey waß persohnen in deß euangelij sachen man raht suchen möge oder solle«¹⁶. Zwei der Juristen, nämlich Johann Hepstein und Marsilius Prenninger, plädierten dafür, Universitätstheologen als Gutachter zu gewinnen, »darunter wol zu findten die unpartheyisch, diße weren graduirt, die weder die prediger oder andere hie nit sein«. Die drei anderen Befragten aber (Protzer, Scheurl und Marstaller) hielten von diesem Vorschlag nichts. Sie verhehlten ihren Unwillen gegen die theologischen Doktoren nicht und äußerten die Meinung, »zue solchen rahtschlägen der Andreas Osiander, der Dominicus [Schleupner] undt andere christliche prediger alhie, auch die pröbste zu gebrau-

---

8. Nürnberg SA, RV 705, f. 17r (11. Juli 1524; *Pfeiffer,* Quellen, S. 12, RV 85), und RTA 4, S. 792, Nr 272.

9. Vgl. die Gesandteninstruktion (1524, vor Juni 22): Nürnberg SA, S.I L. 30, Nr 5 = *Pfeiffer,* Quellen, S. 261–263, Br. 10. Zu den Vorgängen während dieser Zeit in Nürnberg vgl. auch die Einleitung zu ›Grund und Ursach‹, o. S. 175f, Nr 20.

10. Vgl. *Pfeiffer,* Quellen, S. 10, zu RV 61.

11. Nürnberg SA, RV 705, f. 12r (6. Juli 1524; *Pfeiffer,* Quellen, S. 10, RV 61).

12. *Förstemann,* Urkundenbuch, S. 211, Nr 85.

13. Nürnberg SA, RSB 24, f. 531v (*Pfeiffer,* Quellen, S. 163, Rschl. 8).

14. Am 2. August wartete man noch auf die Gesandten, vgl. Nürnberg SA, RV 706, f. 8v (*Pfeiffer,* Quellen, S. 16, RV 121).

15. Nürnberg SA, RV 706, f. 10r (*Pfeiffer,* Quellen, S. 17, RV 125).

16. Nürnberg SA, RSB 24, f. 531vff (*Pfeiffer,* Quellen, S. 163–165, Rschl. 8); diese Quelle gilt auch für die drei folgenden Zitate.

chen sein ... Darneben möchten meine herren dem Andreas einen sonderlichen bevelch vor anderen thun, ihme die sachen bevolhen sein zue laßen ..., der werdte den sachen nicht unrecht thun undt es auß dem göttlichen wort dahin bringen, das weder pabste, teufel oder sein mutter darwider nichts bestendiges aufbringen mögen«. Wolle man ein Übriges tun, dann könne man auch Melanchthon und Bugenhagen konsultieren. Hingegen solle man es sich reiflich überlegen, ob man »der mönch undt widerparther deß göttlichen worts, ... die doch nichts thun dann schreyen undt disputiren wöllen, das in doch nit ernst sey, rahtschläge auch einzuenemen [wolle], damit ihr torheit ferner bekannt würdte«.

So einseitig konnten die Ratsherrn nicht vorgehen. Sie schlugen deshalb einen dritten Weg ein, indem sie von drei verschiedenen Seiten Ratschläge erbaten: von den evangelischen Predigern (Osiander, Schleupner, Venatorius), von den der evangelischen Partei zuzurechnenden Klöstern (Benediktiner von St. Egidien, Augustiner, Kartäuser) und schließlich von den altgläubigen Bettelorden (Dominikaner, Franziskaner, Karmeliten)[17].

Diese Entscheidung war von politischer Vorsicht diktiert; denn man konnte es sich in Nürnberg in jenen Wochen, als die Reichsstadt nicht nur mit dem Bamberger Bischof wegen der gottesdienstlichen Änderungen in Konflikt geraten war, sondern auch beim Reichsregiment, am Hof des Reichsstatthalters Ferdinand und sogar am kaiserlichen Hof Argwohn und Unwillen erweckt hatte[18], nicht leisten, offen als Anhänger der lutherischen Lehre aufzutreten. Auch gab es in Nürnberg selbst einflußreiche Persönlichkeiten, die noch keineswegs der ›neuen Lehre‹ anhingen[19]. Durch den Auftrag an die drei verschiedenen Parteien war der Anschein eines neutralen Vorgehens gewahrt, wenn auch durch die Aufteilung der Klöster in zwei Gruppen von vornherein ein Übergewicht für die evangelische Seite garantiert war. Diese Dreigliederung der Nürnberger Geistlichkeit war nicht traditionell, sondern wurde für diesen konkreten Fall erstmalig praktiziert.

Es ist nicht klar, was das Nürnberger Stadtregiment mit den drei Ratschlägen anfangen wollte. Man kann sich nur schwer vorstellen, daß auf dem geplanten Speyerer Nationalkonzil alle drei Schriftstücke vorgelegt werden sollten[20]. Noch abwegiger wäre wohl die Absicht gewesen, die drei Äußerungen, von denen man erwarten mußte, daß sie in den entscheidenden Punkten kontrovers ausfallen würden, zu einer Synthese zu verschmelzen. Eher kann man noch vermuten, daß sich der Rat zunächst einmal alle Wege offenhalten und die weiteren Entscheidungen vom künftigen Gang der Geschehnisse in der Stadt und im Reich abhängig machen wollte.

Inzwischen hatte sich in der Nachbarschaft Nürnbergs eine Entwicklung angebahnt, die die reichsstädtischen Bemühungen zur Vorbereitung des National-

---

17. Nürnberg SA, RV 706, f. 17v (13. August 1524); *Pfeiffer,* Quellen, S. 18, RV 140).

18. Vgl. in der Einleitung zu ›Grund und Ursach‹, o. S. 180ff.

19. Vgl. die Einleitung zur ›Handlung‹ (u. S. 502f, Nr 42) und zu Osianders Schlußrede auf dem Religionsgespräch (u. S. 548, Nr 43).

20. Die Nürnberger mußten doch Interesse daran haben, die Vorgänge in ihrer Stadt zu rechtfertigen und nicht etwa selbst in Frage zu stellen!

konzils in sich aufsog: Markgraf Kasimir von Brandenburg[21] hatte es zum Ziel seiner Politik erhoben, die Grafen, Herren[22] und Reichsstädte[23] des Fränkischen Kreises[24] gegen die drei Bischöfe[25] dieses Territoriums zu einigen, und außerdem war ihm daran gelegen, die kirchlichen Unruhen in seinem Fürstentum[26] beizulegen. Da Kasimir stets darauf bedacht war, sich dem Kaiser gegenüber loyal zu verhalten, kam ihm der Abschied des Nürnberger Reichstages mit dem Versprechen eines Nationalkonzils und der Aufforderung, für diesen Termin Gutachten über die ›neue Lehre‹ einzuholen, recht gelegen. Unter diesem Vorzeichen konnte er sowohl mit den Geistlichen der Markgrafschaft als auch mit den anderen Ständen des Fränkischen Kreises in Verhandlungen über die Lehrfrage eintreten. Für diesen Zweck ließ er auf dem Tag zu Windsheim (24.–26. August 1524)[27] 23 Artikel vorlegen, die die Materie für die zu fertigenden Ratschläge enthielten[28].

21. Über ihn und die im Folgenden zu schildernden Ereignisse vgl. vor allem *Schornbaum*, Markgraf Kasimir.
22. Am wichtigsten neben dem Markgrafen: die Grafen Wilhelm von Henneberg-Schleusingen und Berthold von Henneberg-Römhild, Graf Georg von Wertheim, Johann Graf zu Castell, Gottfried Schenk von Limburg und Johann Herr zu Schwarzenberg.
23. nämlich Nürnberg, Rothenburg o. T., Windsheim, Schweinfurt und Weißenburg.
24. Zur Geschichte des Fränkischen Kreises vgl. *Hartung*, Geschichte 1. Die religiösen Fragen sind in dieser Darstellung so gut wie nicht berücksichtigt, es finden sich aber auf S. 243–252 Aktenstücke über die Kreistage des Jahres 1524.
25. von Bamberg, Würzburg und Eichstätt.
26. Zum Eindringen der Reformation im Territorium Kasimirs vgl. *Schornbaum*, Markgraf Kasimir, S. 18–26, und *Götz*, Glaubensspaltung, S. 14–29.
27. Auf die Verhandlungen der fränkischen Kreistage des Jahres 1524 gehen wir hier nur insoweit ein, als sie die Ratschläge, die auf die ›23 Artikel‹ hin erstellt wurden, betreffen. Für ausführlichere Informationen muß auf die einschlägige Literatur verwiesen werden, auf die man vor allem in *Schornbaum*, Markgraf Kasimir, *Götz*, Glaubensspaltung und *Schmidt – Schornbaum*, Fränkische Bekenntnisse Hinweise findet.
28. Die Verfasser dieser Artikel sind nicht bekannt. Es ist vermutet worden, sie seien identisch mit den – ebenfalls anonymen – Verfassern des evangelischen Ansbacher Ratschlags (zB *Schmidt – Schornbaum*, Fränkische Bekenntnisse, S. 9; *Krodel,* State and Church, S. 158). Doch das ist keineswegs sicher. *Schmidt* ist der Meinung, daß »besonders die Behandlung des Artikels von der Schriftauslegung, der von keinem der anderen Gutachten in seiner ganzen Tragweite verstanden wurde« (*Schmidt – Schornbaum*, aaO, S. 9, Anm. 4), für die Identität der Verfasser spreche. Aber der Abschnitt von der Schriftauslegung nimmt unter den ›23 Artikeln‹ keineswegs eine überragende Stellung ein. *Hans von Schubert* hat konstatiert, der Ansbacher Ratschlag »leidet ... unter der Gebundenheit an seine unsystematische Vorlage« (*Schubert*, Bekenntnisbildung, S. 68). Diese Beobachtung widerspricht der Annahme, beide Dokumente hätten die gleichen Autoren. Der Ansbacher Ratschlag nimmt ja eine gezielte Umstellung der Artikel vor, indem er die letzten drei an den Anfang stellt und auf diese Weise versucht, theologisches Profil in die Anordnung des Stoffes zu bringen. Die ›23 Artikel‹ hingegen sind eine nach keinem erkennbaren Prinzip zusammengestellte Sammlung von kirchlichen und theologischen Kontroversfragen. Die Mehrzahl der Punkte bezieht sich auf Äußerungen des kirchlichen Lebens. In der Formulierung werden meist der überkommenen Lehre und Praxis die Ansichten der Reformer gegenübergestellt, doch gelegentlich wird auch nur konstatiert, daß ein Punkt strittig sei, ohne die Position der Parteien näher zu bezeichnen. Obwohl der Verfasser der ›23 Artikel‹ sich offenbar bemüht hat, dem Dokument einen neutralen Anstrich zu geben, ist man sich in der Literatur darüber einig, daß er dem evangelischen Lager entstammt (zB *Schubert*, Anfänge, S. 15; *Götz*, Glaubensspaltung, S. 30). In der Tat kann man aus einigen Sätzen eine Zuneigung des Autors zur reformatorischen Partei

Im Abschied des Tages von Windsheim (26. August 1524)[29] einigten sich die Anwesenden[30], daß jeder Stand durch seine Gelehrten für das in Aussicht gestellte Nationalkonzil auf Grundlage dieser ›23 Artikel‹ Gutachten über die strittigen Lehrfragen erstellen sollte. Diese sollten am 12. Oktober in Rothenburg o. T. bei einem neuen Kreistag vorgelegt werden.

Die Nürnberger stellten am 29. August den drei Parteien, die sie schon vor der Windsheimer Versammlung mit der Fertigung von Ratschlägen beauftragt hatten, die ›23 Artikel‹ zu, »darüber ire ratsleg ze machen und ob sy für sich mer artickel wüsten oder bedechten, die zu disen sachen not wern, dieselben sy auch verzaichen und aim rat anzaigen«[31]. Zwischen Georg Vogler, dem markgräflichen Kanzler, und dem Nürnberger Rat fand ein Briefwechsel statt, in dem Vogler sich offenbar schon Anfang September nach Ergebnissen aus Nürnberg erkundigte. Sebald Pfinzing schrieb jedenfalls am 4. September an Vogler, »das durch die verstendigen dieser sachen, so meine herrn hierin zu gebrauchen vorhaben, bißhere nichzit entlichs begriffen oder verfasst ist ... Werden doch die furnembsten aus gemelten angesuchten personen ... durch meins gn. herrn von Bamberg furnemen, darumb das er die bröbst beder pfarkirchen und andere mer geistliche vor seinen gnaden zu Bamberg personlich zu erscheynen citirn und ervordern lassen hat, an solcher handlung und beratschlagung verhindert.«[32] Der Grund, warum aus Nürnberg noch nichts vorgelegt werden konnte, war also die Auseinandersetzung mit dem Bamberger Bischof im Anschluß an die gottesdienstlichen Änderungen vom Sommer 1524, durch die besonders Osiander, der Verfasser von ›Grund und Ursach‹, in Anspruch genommen war[33].

Aus dem gleichen Brief nach Ansbach erfahren wir auch, wie damals der Aufbau der Ratschläge geplant war: Es sei die Absicht der Autoren, die strittigen Artikel zunächst aus dem Wort Gottes darzustellen und zu begründen und dann die Argumente der Gegenpartei Artikel für Artikel zurückzuweisen[34].

---

heraushören, am deutlichsten wohl im 8. Artikel über die »recht evangelisch mess in unsern teutschen landen«. Abschließend wird man über den (oder die?) Verfasser sagen können: Es muß sich um einen Mann aus dem Kreis der Berater Kasimirs handeln, eher um einen Politiker als um einen Theologen, um einen Anhänger der ›neuen Lehre‹, dessen Interessen vorwiegend einer Reform der kirchlichen Praxis galten.

Die ›23 Artikel‹ finden sich handschriftlich in Nürnberg SA, ARA, Bd 1a, 1. Abteilung, f. 12–15. Sie wurden schon 1524 gedruckt (vgl. *Schornbaum,* Markgraf Kasimir, S. 172, Anm. 116); jetzt am besten zugänglich in *Schmidt – Schornbaum,* Fränkische Bekenntnisse, S. 180–182.

29. Nürnberg SA, Ansbacher Kreisakten, Bd 1, f. 209rff; vgl. dazu *Schornbaum,* Markgraf Kasimir, S. 36 und S. 173, Anm. 117.

30. Markgraf Kasimir, Wilhelm und Berthold von Henneberg, Georg von Wertheim, Johann zu Castell, Gottfried von Limburg, Johann von Schwarzenberg und die Abgesandten der Reichsstädte Nürnberg, Windsheim, Rothenburg und Schweinfurt. Zur Vorbereitung Nürnbergs auf den Tag zu Windsheim vgl. *Schornbaum,* Markgraf Kasimir, S. 35 und S. 172, Anm. 115. Die Abgesandten Nürnbergs waren Sebald Pfinzing und Clemens Volkamer.

31. Nürnberg SA, RV 707, f. 8v (= *Pfeiffer,* Quellen, S. 20, RV 150).

32. Nürnberg SA, BB 88, f. 15vff (= *Pfeiffer,* Quellen, S. 283f, Br. 42).

33. Vgl. die Einleitung zu ›Grund und Ursach‹, o. S. 181–186, Nr 20.

34. Keiner der von den drei Parteien erstellten Nürnberger Ratschläge hatte später diesen

Bevor sich die fränkischen Stände auf dem geplanten Tag zu Rothenburg wieder versammeln konnten, wurde das ganze Unternehmen gefährdet. Am 27. September traf sowohl bei Kasimir als auch in Nürnberg ein Schreiben des Kaisers mit seinem ›Edikt von Burgos‹ (datiert vom 15. Juli 1524) ein[35], in welchem er das geplante Nationalkonzil zu Speyer verbot, ebenso alle Vorbereitungen darauf in Form von theologischen Ratschlägen. Die religiöse Frage müsse bis auf ein von päpstlicher Autorität einberufenes und gebilligtes Generalkonzil zurückgestellt werden. Bis dahin bleibe das Wormser Edikt absolut gültig[36]. Den Markgrafen erreichte dieser kaiserliche Bescheid, als er gerade die Städte, Stände und Geistlichen seines Fürstentums in Ansbach versammelt hatte, um von ihnen Stellungnahmen zu den ›23 Artikeln‹ zu erhalten[37]. Er versuchte, der peinlichen Situation dadurch zu entgehen, daß er das Bekanntwerden des Ediktes verhinderte. Er ließ die Beratungen weiterlaufen, die schließlich zu zwei sehr unterschiedlichen Ratschlägen führten[38]; jedoch war dem ganzen Unternehmen mit der Legalität auch der Schwung genommen. Das zeigt am deutlichsten der Abschied dieser Versammlung vom 1. Oktober, in dem keine Entscheidung gefällt, sondern alles auf weitere Überlegungen, Beratungen und Bescheide verschoben wurde[39].

In Nürnberg ließ man sich durch das kaiserliche Verbot nicht bewegen, den an die drei Parteien der Geistlichen ergangenen Auftrag zurückzunehmen. Am 1. Oktober wurden die Betreffenden zu beschleunigter Fertigstellung gemahnt[40], denn der Termin des Kreistages zu Rothenburg war schon sehr nahe gerückt. Die Mahnung fruchtete nichts. Es blieb den Nürnbergern nichts anderes übrig, als sich in Rothenburg wegen der fehlenden Ratschläge zu entschuldigen. Die Nürnberger Gesandten sollten »sich ... erpieten, wann die ratsläg gevertigt werden, das man die hernach zu ainem andern tag wöll anzaigen«[41]. In Rothenburg stellte sich dann heraus, daß nicht nur die Nürnberger mit leeren Händen angereist waren, sondern daß von allen Versammelten überhaupt nur der Markgraf die beiden auf dem Ansbacher Tag gefertigten Schriftstücke vorlegen konnte[42]. So blieb keine andere Wahl, als die Frist zur Ablieferung zu verlängern. Als neuer Termin wurde der Andreastag (30. November) festgesetzt. Eine neue Kreisversammlung, bei der die

---

Aufbau. Am ehesten entspricht noch das Gutachten der evangelischen Klöster (gedr.: *Schornbaum*, Markgraf Kasimir, S. 286–308) diesem Plan.

35. Vgl. *Schornbaum*, Markgraf Kasimir, S. 46 und S. 179, Anm. 152; Nürnberg SA, S.I L. 68, Nr 10.

36. Der Text des Ediktes von Burgos in der Fassung, wie es an Kurfürst Friedrich von Sachsen gesandt wurde, bei *Förstemann*, Urkundenbuch, S. 204–206, Nr 81.

37. Landtag zu Ansbach, 26. Sept.–1. Okt. 1524; vgl. dazu *Schornbaum*, Markgraf Kasimir, S. 37–58; *Götz*, Glaubensspaltung, S. 32–48; *Schornbaum*, Protokoll.

38. Der ›Ansbacher evangelische Ratschlag‹ bei *Schmidt – Schornbaum*, Fränkische Bekenntnisse, S. 183–322; der ›Ansbacher katholische Ratschlag‹ aaO, S. 323–339.

39. Vgl. *Schornbaum*, Markgraf Kasimir, S. 56 und S. 180, Anm. 163; *Götz*, Glaubensspaltung, S. 47f.

40. Nürnberg SA, RV 708, f. 11r (= *Pfeiffer*, Quellen, S. 22, RV 168).

41. Nürnberg SA, RV 708, f. 17v (11. Okt. 1524; *Pfeiffer*, Quellen, S. 23, RV 176).

42. Über den Rothenburger Tag vgl. *Schornbaum*, Markgraf Kasimir, S. 58–60; *Götz*, Glaubensspaltung, S 49f.

Ratschläge vorgelegt und gemeinsam beraten werden sollten, wurde nicht mehr anberaumt – auch dies ein Hinweis darauf, daß man die Angelegenheit nicht mehr mit gleicher Entschlossenheit betrieb wie vor Bekanntwerden des kaiserlichen Ediktes. Man beschloß, die in Zukunft einlaufenden Gutachten sich gegenseitig zuzusenden. Nürnberg sollte die Weitervermittlung an die Städte, Wilhelm von Henneberg an die anderen weltlichen Kreisstände übernehmen[43].

Schon am 17. Oktober wurden bei den Predigern in Nürnberg erneut die Ratschläge angemahnt, »darmit man die laut des abschieds zu Rotemburg auf Andree uberschicken mug«[44]. In dieser und den folgenden Wochen trug man sich in der Reichsstadt mit Überlegungen hinsichtlich einer Reaktion auf das Edikt von Burgos[45] und einer möglichen Vereinigung der evangelischen Reichsstände[46]. Für den Städtetag in Ulm (6.–12. Dezember 1524) hätte man deshalb die Ratschläge der Geistlichen gerne vorliegen gehabt[47]. Doch auch der Termin 30. November wurde noch einmal überzogen. Erst am 10. Dezember konnte der Rat den Empfang der vor fast vier Monaten in Auftrag gegebenen Arbeiten bestätigen und über deren weitere Verwendung nachdenken. Der entsprechende Ratsverlaß zeigt mit seiner feinen Abstufung des Dankes deutlich, wie die drei Parteien in der Reihenfolge der Sympathie beim Stadtregiment rangierten: »Mit den 3 predigern handeln, das sy irn gestelten ratslag miltern und heraußlassen, was vom babst schmehlich geschriben, mit ainer dancksagung irer gehapten muhe, vleiß und arbeit. Deßgleichen den 3 clostern Egidien, Cartheusern und Augustinern auch ein dancksagung thun und furter auch der andern 3 closter ratslag lassen außgen«[48].

Daß der Ratschlag der drei katholischen Konvente[49] nicht mit Begeisterung aufgenommen wurde, ist nur zu verständlich, denn die Bettelorden weigerten sich, in eine Diskussion über die ›23 Artikel‹ einzutreten: »Derhalben will uns noch jemand anders nit gebüren, solche verdampte articel, durch die heyligen concilia gnugsam erwogen, wiederumb disputirlich zu machen ..., sondern will allein aim gemain universal concilio zugehören, sich selbst zu erclern, wo anders etwas in solchen dingen erfunden, das weiter erleuterung wolt erfordern«. Die ›evangeli-

---

43. Der Rothenburger Abschied handschriftlich in Nürnberg SA, ARA, Bd 1a, 1. Abteilung, f. 263–265; 2. Abteilung, f. 2–5.
44. Nürnberg SA, RV 709, f. 4r (= *Pfeiffer*, Quellen, S. 24, RV 181).
45. Vgl. Nürnberg SA, RV 709, f. 7r (19. Okt. 1524; *Pfeiffer*, Quellen, S. 24, RV 184), und die Stellungnahme Spenglers zu diesem Edikt, Nürnberg SA, S.I L. 68, Nr 11 (= *Pfeiffer*, Quellen, S. 168–177, Rschl. 12).
46. Vgl. zB Nürnberg SA, RV 708, f. 16v (10. Okt. 1524; *Pfeiffer*, Quellen, S. 23, RV 173), RV 709, f. 12v (26. Okt. 1524; *Pfeiffer*, aaO, S. 25, RV 186), RV 710, f. 12v (28. Nov. 1524; *Pfeiffer*, aaO, S. 28, RV 209) und BB 88, f. 56ff (18. Okt. 1524; *Pfeiffer*, aaO, S. 291f, Br. 54).
47. Vgl. Nürnberg SA, RV 710, f. 12v (28. Nov. 1524; *Pfeiffer*, aaO, S. 28, RV 209); zum Städtetag in Ulm: *Pfeiffer*, aaO, S. 28f, Anm. zu RV 209.
48. Nürnberg SA, RV 711, f. 3v (= *Pfeiffer*, Quellen, S. 31, RV 222).
49. Gedruckt bei *Schaffer*, Stoß, S. 131–135. *Schaffer*, aaO, S. 36, sieht Andreas Stoß, den Prior des Karmelitenkonvents, als Verfasser des katholischen Ratschlags an. Der Ratschlag handschriftlich Nürnberg SA, ARA, Bd 1b, f. 52r–55v.

schen‹ Klöster zeigten sich nicht so widerspenstig[50]. Sie lieferten einen Ratschlag, der in acht Punkten gegen Mißbräuche, die auf »menschliche aufsatzung, bebstliche decreta, juristen gloss, der veter spruch, ungeleiste historien, der heiligen legend und vill neuerdichter fabel« beruhen, zu Felde zieht. Am ausführlichsten war der Ratschlag der drei Prediger geraten. Nur am Ende – sozusagen in einem Anhang – nimmt er Stellung zu den ›23 Artikeln‹. Das eigentliche Korpus bildet eine Darstellung der Osiandrischen Worttheologie, die in eine längere Ausführung über den Antichrist mündet, in der nicht mit harter Polemik gegen das Papsttum gespart wird. Diese Auslassungen kamen dem Rat gar nicht gelegen. Er trug Bedenken, den Ratschlag in der vorgelegten Form weiterzuleiten, und beauftragte die Prediger, ihr Werk noch einmal zu überarbeiten, dabei Anstößiges zu glätten und vor allem den Antichristteil zu eliminieren. Die drei Geistlichen zeigten sich nur beschränkt kompromißbereit: Der Abschnitt über den Antichrist gehöre notwendig zur Sache. Sie, die Prediger, wollten das Risiko der Veröffentlichung auf sich nehmen und selbst tragen. Wenn der Rat freilich die Schrift ohne Nennung der Autoren weiterreichen wolle, dann könne er damit anfangen, was ihm beliebe[51].

Am 17. Dezember wurden die beiden Ratschläge der Orden entsprechend dem Rothenburger Abschied an den Markgrafen und an Wilhelm von Henneberg überschickt[52]. Im Begleitschreiben heißt es: »Und wiewol uns gleichwol durch unsere prediger sant Sebalds und sant Lorentzen pfarrkirchen, auch zum neuen spital, gleycherweyß ein schrifftlich ratschlag uberraicht ist, gedencken wir doch denselben auß guten ursachen noch derzeit bey uns zu behalten«. Am 23. Dezember kam der Rat auch in dieser Sache zu einem Beschluß: »Der 3 prediger ratslag der evangelischen ler halb soll man unbenennt irer namen und mit underlassung des capitels, was bapst, kaiser und endtenchrist betrifft, dem marggrafen auch zuschicken«[53]. Damit hatten sich die Nürnberger endlich ihrer Verpflichtung gegenüber Kasimir und den anderen fränkischen Ständen entledigt; doch sie waren keineswegs die letzten, die ihre Arbeit vorlegten. Noch bis Februar dauerten die Aktivitäten an, vor allem das erforderliche Abschreiben kostete viel Zeit[54].

50. Ihr Ratschlag handschriftlich Nürnberg SA, ARA, Bd 1a, 2. Abt., f. 136-154; gedr. *Schornbaum,* Markgraf Kasimir, S. 285-308.
51. Diese Antwort der Prediger ist unten unter Nr 27 abgedruckt.
52. Vgl. Nürnberg SA, RV 711, f. 5v (13. Dez. 1524; *Pfeiffer,* Quellen, S. 31, RV 226). Die Ausfertigung des Begleitschreibens an Kasimir: Nürnberg SA, ARA, Bd 1b, f. 50rv; vgl. auch Nürnberg SA, BB 88, f. 142vf. Ein Hinweis, daß Nürnberg diese Ratschläge auch an die anderen Reichsstädte des Fränkischen Kreises geschickt hat (entsprechend dem Rothenburger Abschied), hat sich nicht gefunden.
53. Nürnberg SA, RV 711, f. 13r (= *Pfeiffer,* Quellen, S. 32, RV 237). Die Bedeutung des »auch« in diesem Ratsverlaß ist nicht ganz klar. *Pfeiffer,* aaO, S. 186, Rschl. 17c, schreibt, der Ratschlag sei der Sendung an den Markgrafen beigefügt worden. Aber welcher Sendung? In den Ratsverlässen ist in diesen Tagen von einer weiteren Sendung an den Markgrafen keine Rede. Es findet sich auch weder in den Ansbacher Religionsakten noch in den Nürnberger Briefbüchern ein Begleitschreiben an den Markgrafen. Bezieht sich das »auch« auf die frühere Zusendung der beiden anderen Nürnberger Ratschläge?
54. Vgl. *Schornbaum,* Markgraf Kasimir, S. 60-62 und S. 184-186, Anm. 179-185. Eine Zu-

Das Ende der ganzen Aktion war höchst unbefriedigend. Der enorme Aufwand brachte keine greifbaren Ergebnisse. Das kaiserliche Verbot ließ es nicht zu, daß man aufgrund dieser Ratschläge eine weitere Diskussion über strittige Lehrpunkte führte. Ein Konzil, bei dem man die vorbereitete Arbeit in die Debatte hätte einbringen können, war nicht in Sicht. Die Interessen der Beteiligten wurden durch den weiteren Gang der Ereignisse (Bauernkrieg!) sehr bald von dem gemeinsamen Vorhaben abgelenkt. So verschwanden die meisten der einschlägigen Dokumente in den Archiven, ohne Spuren hinterlassen zu haben. Lediglich der evangelische Ansbacher Ratschlag wurde noch einmal in die Politik einbezogen, als im Sommer 1525 nach dem Bauernkrieg Kasimir mit Kursachsen und Hessen in Verhandlungen stand[55].

2. Die weitere Geschichte des ›Nürnberger Ratschlags‹

Der Nürnberger Rat wußte offenbar mit dem Ratschlag der drei Prediger – ebenso wie mit den beiden anderen Ratschlägen – nicht viel anzufangen. Jedenfalls griff er bei seinen weiteren kirchenpolitischen Entscheidungen nicht darauf zurück. Für das im Frühjahr 1525 stattfindende Religionsgespräch wurden von den Geistlichen neue Schriftstücke angefordert[56].

Es ist vom Charakter des ›Nürnberger Ratschlags‹ her leicht erklärlich, daß er im öffentlichen Geschehen wenig zur Geltung kam: Der erste Teil, das Summarium Osiandrischer Theologie, entbehrt der Handlichkeit, um bei praktischen Fragen eingesetzt werden zu können. Das gleiche gilt für den Antichristteil, der überdies vom Rat aus guten Gründen gar nicht approbiert worden war. Und der Schlußabschnitt, der auf die 23 Ansbacher Artikel Bezug nimmt, war in vielen Punkten einfach zu kurz geraten.

Das soll nicht heißen, daß die Arbeit unbeachtet blieb. Spengler, dessen Interesse an theologischen Fragen bekannt ist, übernahm in seinen ›Handakt‹[57] eine Abschrift des gesamten Ratschlags einschließlich des Antichristteils und ohne die Glättungen, die für die Zusendung an den Markgrafen vorgenommen worden waren. Daß Spengler das Stück nicht nur hat abschreiben lassen, sondern es auch gründlich studierte, zeigen seine Randbemerkungen und Unterstreichungen. Auch das Exemplar in den Ansbacher Akten wurde mindestens noch einmal vorgenom-

---

sammenstellung der im Zusammenhang mit den ›23 Artikeln‹ erstellten Ratschläge bei *Schmidt-Schornbaum*, Fränkische Bekenntnisse, S. IXf (Nr 2–15. 17–19). Zu ergänzen wären nach *Schornbaum*, Markgraf Kasimir, S. 61 und S. 185, Anm. 181, die Nachrichten über den Hennebergischen katholischen Ratschlag und ein Hinweis auf das Schreiben der Schweinfurter an Nürnberg vom 28. Jan. 1525, in dem sie sich unter Hinweis auf eine Intervention des Würzburger Bischofs außerstande erklärten, einen Ratschlag abzuliefern; vgl. *Schornbaum*, aaO, S. 61 und S. 186, Anm. 185; *Schoeffel*, Kirchenhoheit S. 173f; Nürnberg SA, RV 712, f. 22r (1. Febr. 1525; *Pfeiffer*, Quellen, S. 45, RV 327).

55. Vgl. *Schornbaum*, Markgraf Kasimir, S. 73ff; *Schubert*, Anfänge, S. 20f.
56. Vgl. die ›12 Artikel‹, u. S. 460–463, Nr 39.
57. Vgl. *Burger*, Handakt.

men – und zwar vor der Zusammenstellung der Ansbacher Religionsakten –, als der zunächst ausgelassene Antichristteil am Ende nachgetragen wurde.

Schon sehr bald nach der Fertigstellung des Ratschlags erschien das Werk als Druck, den die Prediger selbst, wohl ohne Wissen des Rats, in Auftrag gegeben hatten. In einer kurzen Vorrede rechtfertigt Osiander[58] die Drucklegung: Das Schriftstück sei Leuten in die Hände geraten, die unbefugterweise an eine Veröffentlichung dächten. Ihnen wolle man zuvorkommen. Es ist gut denkbar, daß die von fremder Hand geplante Publizierung[59] nur ins Spiel gebracht wurde, um Vorwürfen des Rats begegnen zu können[60]. Jedenfalls ist ein solcher Druck nie erfolgt. Die Veröffentlichung durch die Prediger war ein deutlicher Affront dem Rat gegenüber[61]. Denn die politische Vorsicht der Stadtväter, die nicht mit der Polemik gegen Kaiser und Papst identifiziert werden wollten, wurde dadurch unterlaufen. Zwar erschien der Druck mit voller Namensnennung der drei Prädikanten, die auch im Vorwort alle Verantwortung auf sich nahmen; doch auf dem Titelblatt waren nicht die drei Namen angegeben, wohl aber der Rat als Adressat des Ratschlags. Außerdem wurde das Begleitschreiben der Prediger an den Rat mit abgedruckt. Es ist daher nicht verwunderlich, daß dieser Band entgegen der Gewohnheit Osianders und entgegen seiner ausdrücklichen Beteuerung, er werde nur in Nürnberg drucken lassen[62], nicht aus einer dortigen Offizin hervorging, denn da wäre das Unternehmen dem Rat nicht verborgen geblieben. Der typographische Befund verrät den Bamberger Georg Erlinger als Drucker[63], der sich während der in Frage kommenden Zeit in Wertheim aufgehalten hat[64]. Auf dem Titelblatt dieser Ausgabe steht die Jahreszahl 1524. Nach Lage der Dinge kann damit nur das Jahr der Abfassung bzw. der Überreichung an den Rat, nicht das Erscheinungsjahr gemeint sein; denn anzunehmen, Osiander habe den Druck in Auftrag gegeben, bevor der Rat das Gutachten in den letzten Tagen des Jahres 1524 entgegengenommen und an den Markgrafen weitergeleitet hat, wäre doch zu unwahrscheinlich[65].

---

58. Die Vorrede (u. Nr 28) steht unter dem Namen Osianders – ein Hinweis darauf, daß er als Verfasser des Ratschlags zu betrachten ist.

59. Derartige ›Raubdrucke‹ gab es tatsächlich in nicht geringer Zahl; gerade auch in Nürnberg übte man diese Praxis, vgl. *Müller*, Zensurpolitik, S. 81. Zu Osianders eigenen Erfahrungen mit nicht legitimierten Drucken vgl. seinen ›Sendbrief‹, o. S. 96, Nr 7.

60. so auch *Seebaß*, Osiander, S. 75.

61. zumal Osiander erst am 1. Dezember 1524 (anläßlich seiner Vorrede zum Schwarzenberg-Sendbrief, vgl. o. S. 286ff, Nr 24) ermahnt worden war, »nichzit mer an wissen ains rats in druck ze geben« (Nürnberg SA, RV 710, f. 15r = *Pfeiffer*, Quellen. S. 29, RV 214).

62. Vgl. o. S. 99, Nr 7.

63. Vgl. *Schottenloher*, Erlinger, S. 93f, Nr 28. Der Drucker wird in der Ausgabe nicht genannt. Erlinger läßt auf der Titeleinfassung das Kästlein, in das er normalerweise seinen Namen setzt (vgl. *Schottenloher*, aaO, Tafel 3 nach S. 44), leer.

64. Vgl. *Schottenloher*, aaO, S. 31–34.

65. Die Angaben über Erscheinungsort und -jahr in *Seebaß*, Bibliographie, S. 27, Nr 7.1 müssen demzufolge korrigiert werden: [Wertheim: Georg Erlinger, 1525].

In Wertheim wirkte unter dem als Anhänger Luthers geltenden Grafen Georg II. von 1523 bis Anfang 1525 Franz Kolb als Prediger, der vorher etliche Jahre im Nürnberger Kartäuser-

In seiner Königsberger Zeit äußerte sich Osiander unzufrieden über das Ergebnis der Drucklegung: Es sei ein »Klügling« darübergekommen, »der capitel und titel seins gefallens mit grossem unverstand darin gemacht hat«[66]. Dieser Tadel könnte sich durchaus gegen Erlinger selbst richten, der an theologischen Fragen interessiert war und auch selbst auf diesem Felde als Autor in Erscheinung trat[67].

Noch im gleichen Jahr wie der Erstdruck erschienen im süddeutschen Raum zwei Nachdrucke. In all diesen Ausgaben fehlt der dritte Teil des Ratschlags. Ein Nachwort nennt den Grund: Diese Artikel seien sehr knapp gefaßt worden, weil die Empfänger des Ratschlags durch die täglichen Predigten der evangelischen Prädikanten über die entsprechenden Punkte schon genügend instruiert gewesen seien. Für den ›gemeinen Mann‹ aber, der jetzt den Ratschlag im Druck lesen könne, sei solche Kürze unverständlich, wenn nicht gar verdächtig, als sei die Sache, die dargelegt wird, nicht genügend begründet. Die Verfasser hätten deshalb die Mühe einer ausführlichen Neubearbeitung dieses Teiles nicht gescheut, wenn sie nicht den Leser auf den umfangreichen Ansbacher evangelischen Ratschlag verweisen könnten, »in dem er genugsame, mit der unsern ainhellige und in heiliger schrift wol gründet erklerung finden werd«[68]. Damit hatten die Nürnberger evangelischen Geistlichen ihre Übereinstimmung mit ihren Gesinnungsgenossen im markgräflichen Territorium ausgedrückt. Doch abgesehen von dieser Einmütigkeitsbekundung zeigt sich auch hier wieder, daß die drei Prediger an dem dritten Teil des Ratschlags kein besonderes Interesse hatten und daß sie der Meinung waren, man könne diesen Abschnitt – nicht aber den Antichristteil – getrost weglassen, ohne dem ganzen Werk Abbruch zu tun.

Ein auszugsweiser Druck des Ratschlags – nämlich der Darlegungen über das Wort Gottes und die Sakramente – erschien in Erfurt. Diese vier Ausgaben innerhalb Jahresfrist lassen ein nicht geringes öffentliches Interesse an dieser Schrift vermuten. In den folgenden Jahren kamen freilich keine Auflagen mehr zustande. Erst nach dem Tode Osianders ließ der Königsberger Drucker Hans Lufft – sozusagen als Vermächtnis Osianders[69] – eine Neuauflage ausgehen; denn im sogenannten Osiandrischen Streit hatte der Angefochtene selbst auf seine früheren theologischen Äußerungen verwiesen[70]. Daß Johann Funck der Herausgeber dieses Bandes war[71], ist eine ansprechende Vermutung. Zwei Theologen des

---

kloster gelebt hatte und aus dieser Zeit mit Osiander sicher gut bekannt war, vgl. *Eissenlöffel,* Kolb, S. 22–44. Es ist denkbar, daß Kolb als Vermittler zwischen den Nürnberger Predigern und Erlinger agiert hat.

66. ›Beweisung‹, Königsberg 1552, Bl. C4b.
67. Vgl. *Schottenloher,* Erlinger, S. 15 und 31–36.
68. u. S. 386. Der Verweis auf den Ansbacher Ratschlag hat für den Leser nur einen Sinn, wenn er diesen auch gedruckt vorfinden konnte. Da aber der Ansbacher Ratschlag erst 1525 (bei Peypus in Nürnberg) gedruckt worden war (vgl. *Schornbaum,* Markgraf Kasimir, S. 180, Anm. 159), haben wir einen weiteren Beweis dafür, daß auch der Erlingerdruck erst 1525 erschienen sein kann.
69. Vgl. die Vorbemerkung des Herausgebers zum 2. Teil, Bl. H2a, u. S. 348, Anm. f.
70. Vgl. vor allem die ›Beweisung‹, Königsberg 1552 = *Seebaß,* Bibliographie, S. 173, Nr 62.
71. so *Seebaß,* aaO, S. 29, Nr 7.4.

Reformationsjahrhunderts bedienten sich des Ratschlags der Nürnberger Prediger bei ihrer schriftstellerischen Tätigkeit: Olaus Petri in einem 1528 erschienenen Werk über Gotteswort und Menschengebote[72] und Kaspar Schwenckfeld, der in seinen Streitschriften gegen Flacius längere Passagen aus dem ersten Teil des Osiandrischen Werkes zustimmend zitiert[73].

3. Der Inhalt des Ratschlags[74]

In der Einleitung wird die Aufgabenstellung formuliert: Zwei Sachverhalte sind klarzulegen, nämlich erstens, daß Christus der alleinige Brunnen und Lehrmeister der rechten Lehre ist, und zweitens, daß der Teufel der Brunnen aller verführerischen Lehre und der Antichrist der Lehrmeister dieser falschen Lehre ist.

So ergeben sich zwei Hauptteile: a) was rechte christliche Lehre ist, und b) was Menschenwort und -lehre ist. Ein dritter Teil zieht die Folgerungen für etliche aktuelle Streitpunkte.

a) Was rechte christliche Lehre ist. Es gab auf Erden schon immer zweierlei Wort und Lehre, Gotteswort und Menschenwort, und dementsprechend zweierlei Reiche: das Reich Gottes, das durch Gottes Wort gläubige Menschen macht, die mit Gott vereinigt werden, und das Reich dieser Welt, das für Ordnung sorgt und den Gottlosen wehrt, sie aber weiterhin gottlos bleiben läßt. Während Gottes Wort für uns Leben und Seligkeit bedeutet, ist Menschenwort – sobald es in Bereiche des Reiches Gottes eingreift – unser Verderben. Gott, der Schöpfer und Herr aller Dinge, ist so unfaßbar, daß nur er selbst sich begreifen, erkennen kann. Diese Gottesselbsterkenntnis nennt man mit der Schrift am besten ›Gottes Wort‹ oder ›Sohn‹. Gottes Wort ist ein ›inwendiges‹, ein geistliches Wort. Durch ein ›äußeres‹, gesprochenes Wort wird es hervorgebracht und angezeigt, bleibt aber doch inwendig. Es ist *ein* Wort, auch wenn es in vielen Wörtern ausgedrückt wird. Gott bildet sich in seinem Wort selbst ab, dh er gebiert von Ewigkeit her einen Sohn. Dieses Bild ist identisch mit Gott. Das Wort Gottes, sein Wille, ist ewig und unwandelbar. Daraus folgt: »Was Got gepeut, das ist und bleybt ewig geboten. Was er verpeut, das ist und bleybt ewig verpoten. Also auch, was Got frey lesst, das ist und bleybt ewig frey«. Der Einwand, daß ja auch das Alte Testament durch

---

72. Olaus Petri, 1493–1552, der wichtigste der Reformatoren der schwedischen Kirche, vgl. RGG 5, Sp. 246 (Lit.). Zum Einfluß des Nürnberger Ratschlags vgl. *Bergendoff*, Petri, S. 140–146, und *Seebaß*, Osiander, S. 75f.

73. Kaspar Schwenckfeld, 1489–1561; über ihn vgl. RGG 5, Sp. 1620f (Lit.). Die Zitate aus dem ›Ratschlag‹ in: CS 13, S. 778–783, und 15, S. 146; vgl. *Seebaß*, Osiander, S. 76.

74. Eine sehr ausführliche Darstellung des Inhalts, die sich weithin dem Wortlaut Osianders anschließt, bei *Möller*, Osiander, S. 24–44 (ohne Berücksichtigung des nicht gedruckten dritten Teiles); theologische Analysen bei *Hirsch*, Theologie, S. 13–115, *Schmidt – Schornbaum*, Fränkische Bekenntnisse, S. 74–99 und *Fligge*, Osiandrismus, S. 24–28, wo besonders die Bedeutung der Gotteslehre für die Theologie Osianders betont wird.

das Neue Testament außer Kraft gesetzt worden ist, trifft nicht, denn es war von jeher Gottes Wille, daß das Alte Testament nur bis zu Christus gelten sollte.

Wie jedes Wort seinen ›Geist‹ hat, der durch den Inhalt, durch die ›Sache, davon man redet‹ bestimmt ist, so hat auch Gottes Wort seinen Geist, den Heiligen Geist, der vom Vater und vom Sohn ausgeht. Dieser Geist ist die ›Lust und Begierde‹, mit der Gott sein Werk in Gang setzt, er ist – wie die Heilige Schrift sagt – die Liebe.

Unsere Seligkeit, das ewige Leben, erlangen wir durch das Wort Gottes, und zwar muß uns der Vater das Wort selbst eröffnen. Er tut das durch das ›äußere‹ Wort. Hier erhebt sich die Frage nach dem Verhältnis von ›äußerem‹ und ›innerem‹ Wort: Das äußere Wort ist nicht identisch mit dem inneren, zeigt es aber an, wie ja auch im Verkehr der Menschen untereinander das äußere Wort Mittler von ›inwendigen Meinungen‹ ist. Das äußere Wort verschwindet wieder, wenn es gesprochen ist; das innere behalten beide: der es gesprochen und der es gehört hat. Durch das äußere Wort empfangen wir also das wahre Wort Gottes, Gott selbst. Wer es im Glauben annimmt und behält, der hat Christus in sich und auch den Heiligen Geist, die Liebe, die dem Nächsten Gutes tut und das Gesetz erfüllt. Nun brauchen wir ein ›gewisses Zeugnis‹, ein Kriterium dafür, was Gottes Wort ist und was nicht; denn wenn wir etwas fälschlich für Gottes Wort annehmen, treiben wir Abgötterei. Dieses erforderliche Zeugnis ist die Heilige Schrift, in der nichts zuviel und nichts zuwenig enthalten ist. Die ganze Schrift bringt zweierlei Lehre, Gesetz und Evangelium, entsprechend den zweierlei Werken, die Gott an uns tut, nämlich Töten und Lebendigmachen. Evangelium ist all das in der Schrift, was uns Gottes Gnade, Güte und Barmherzigkeit anzeigt. Durchs Gesetz hingegen gebietet uns Gott Werke, die wir ohne ihn gar nicht tun können, denn seit dem Sündenfall ist die Natur des Menschen verderbt. Der Teufel hat in den Menschen anstelle von Gottvertrauen und Gottesliebe Vertrauen auf eigene Vernunft und Selbstliebe gepflanzt. Wenn Gott in uns Glauben und Liebe anrichten will, muß er vorher die Eigenliebe ausrotten. Das tut er durch das Gesetz, das seinen Zorn offenbart und alle die verflucht, die es nicht halten. Wenn der Mensch, der das Gesetz gar nicht halten kann, die Unentrinnbarkeit der Verdammung erkennt, gerät er in Haß gegen Gott, so daß das Wort des Paulus, das Gesetz richte nur Zorn an (Röm 4,15), sich bestätigt. Schließlich verzagt der Mensch, der nichts Gutes mehr an sich findet, an sich selbst. Um von der Gewissensangst frei zu werden, möchte er gerne den leiblichen Tod erleiden. Das heißt aber, daß die Eigenliebe gestorben ist; deshalb kann man mit Recht sagen, daß das Gesetz ein Amt des Todes sei (2Kor 3,7), denn es tötet den alten Menschen. Dies ist die spezifische Aufgabe des Gesetzes, und dazu soll man es auch predigen und nicht etwa hoffen, man könne die Leute dadurch fromm machen; denn das ist dem Evangelium vorbehalten.

In der geschilderten Situation ist der Mensch bereitgemacht, daß durch Gottes Wort wieder Glaube und Liebe in ihm aufgerichtet werden können. Der Weg dazu ist komplex: Das Evangelium zeigt uns die Gnade und Barmherzigkeit Gottes. Gott hat, um seine Gerechtigkeit mit der Wahrhaftigkeit seiner den Menschen gegebenen Zusagen in Einklang zu bringen, seinen Sohn Mensch werden lassen. Christus hat die Strafe für unsere Sünden auf sich genommen und der Gerechtigkeit Gottes Genüge geleistet. Die Frucht seines Leidens ist also unsere Versöhnung mit Gott. Doch trotz der Versöhnung sind Sünde und Tod (Eigenliebe und Selbstvertrauen) noch in uns. Deshalb genügt es nicht, daß Gott in der Vergangenheit gehandelt hat; er muß auch jetzt und in Zukunft an uns wirken. Er gibt sich uns durch das Evangelium zu erkennen. Wenn wir es im Glauben annehmen, empfangen wir Gott selbst und werden eins mit Christus. Christus ist jetzt unsere Gerechtigkeit. »Nicht, das er im himel zur gerechten des Vaters gerecht sey und wir hernyden in allen sünden und unflat wolten leben und dann sprechen, Christus wer unser gerechtigkeit!«

Wenn Christus in uns wohnt, dann ist auch der Heilige Geist in uns, dh die Liebe wird in unser Herz ausgegossen. Der neue Bund, den Jeremia (31,33f) geweissagt hat, wird an uns Wirklichkeit. Doch die Erfüllung dieser Verheißung geschieht nicht schlagartig, sondern prozessual. Erst im Tode wird das neue Leben vollendet werden. Im jetzigen Leben existieren immer der alte Adam und der neue Mensch nebeneinander. Deshalb müssen auch ständig Gesetz und Evangelium nebeneinander wirken.

Den beiden Werken Gottes durch Gesetz und Evangelium korrespondieren zwei Zeichen: Taufe und Abendmahl. Die Taufe ist das Wahrzeichen dafür, daß Gott den Menschen – wie beschrieben – durchs Gesetz tötet, ihn aber nicht im Tode lassen will, sondern ihn wie Christus auferwecken und ihm das ewige Leben schenken wird. Die Vereinigung mit Gott wird durchs Abendmahl abgebildet, durch das Christus sagen will: Wenn ihr an mich glaubt, dann eßt ihr in geistlicher Weise mein Fleisch und Blut. Weil es aber für den Menschen so schwer begreiflich ist, daß er Christus nur durch den Glauben an sein Wort in sich aufnimmt, deshalb wird die Zeichenfunktion noch deutlicher ausgedrückt: Der Mensch genießt beim Abendmahl nicht irgendeine Speise, sondern Leib und Blut Christi. »Dann das zeichen muß eben das thun, des wir im wort warten. Das gesetz todet, das wasser todet auch. Das evangelium bringt Cristum in uns, das heylig sacrament des altars thuts auch. Die zaichen aber sein uns an beiden orten kein nutz, wann wir dem wort nit glauben.« Christlicher Glaube aber ist nicht die fides historica, die auch jeder gottlose Mensch haben kann, sondern sein Wesen besteht darin, daß er fest darauf baut, er habe einen gnädigen Gott, von dem er das ewige Leben empfangen werde, und daß er in dieser Zuversicht so fest gegründet ist, als habe er das Verheißene schon empfangen. Solchen Glauben, den nur Gott selbst wirken kann, nennt Paulus die Gerechtigkeit Gottes; denn erstens gibt es sonst keine Gerechtigkeit, die man vor Gott ins Feld führen könnte, und zweitens werden wir durch diesen Glauben mit Gott vereinigt und er selbst wirkt dann seine eigene Gerechtigkeit in uns. Alles, was nicht aus dem Glauben kommt, ist Sünde, und alle guten Werke haben ihren Ursprung aus dem Glauben. Wenn nun der Glaube eine gewisse Zuversicht der Dinge ist, die wir hoffen (Hebr 11,1), was ist dann noch für ein Unterschied zwischen Glauben und Hoffnung? Antwort: Der Glaube als gewisse Zuversicht ruht in sich selbst und hat Frieden; die Hoffnung ist ein sehnsüchtiges stetes Verlangen nach dem, dessen man durch den Glauben gewiß geworden ist. Die beiden Begriffe verhalten sich zueinander wie Gewißheit und Sehnsucht nach dem Eintreten des Gewissen.

b) Was Menschenwort und -lehre ist. Menschenwort ist alles, was uns als zur Seligkeit notwendig vorgehalten wird, soweit es uns nicht Gott selbst durch sein Wort eröffnet. Vier Früchte erwachsen aus dem Menschenwort: 1. Es ist vergebliche Mühe, wenn man Gott durch das Halten von Menschengeboten zu dienen versucht. 2. Wer sich auf Menschengebote einläßt, dem wird das Wort Gottes genommen werden. 3. Das bedeutet, daß die Seelen ihres Lebens beraubt werden. 4. Es entstehen viele verderbliche ›Sekten‹; christliche Liebe und Einigkeit gehen zugrunde. Die falschen Lehrer, die Menschengebote vertreten, sind das Hofgesinde des Antichrists.

Diese Erkenntnis gibt Anlaß, einen Exkurs über den Antichrist einzuschieben, eben jenen Teil, an dem der Nürnberger Rat so wenig Gefallen fand:

Die Propheten, Christus selbst und die Apostel haben vor dem Antichrist gewarnt und seine Bosheit angezeigt. Das Gefährliche an ihm ist, daß er sich mit einem solchen Schein umgibt, daß niemand auf die Idee kommt, er sei der Antichrist, bevor er alles getan hat, was über ihn geweissagt ist. Aus Daniel und einigen neutestamentlichen Stellen erweist sich, daß das Papsttum den Antichrist verkörpert. Deutlich ist das daran zu erkennen, daß es sich weltliche Gewalt angemaßt hat. Es hat sogar vorgegeben, der legitime Nachfolger des römischen Kaisers zu sein, und zwar habe angeblich Konstantin, nachdem er seine Residenz von Rom nach Byzanz verlegt hatte, dem Papst die Obrigkeit über die gesamte Kirche und die Würden kaiserlicher Majestät übertragen. Der Papst braucht zur Verführung der Leute selbst gar nicht viel zu tun. Er hat seine Hilfstruppen, die Mönche, die ausgerüstet mit dem Schein christlicher Lehre und mit heidnischer Weisheit dafür sorgen, daß der Papst angebetet wird. Das Bild, das nach der Prophezeiung von Apk 13,14 dem Antichrist errichtet wird, ist das geistliche Recht. Die geheimnisvolle Zahl des Tieres (Apk 13,18) erweist sich als der Namenszug Silvesters, des Papstes, von dem die ganze pervertierte Entwicklung ihren Ausgang nahm. Doch jetzt muß man den Antichrist nicht mehr fürchten. Christus hat versprochen, daß er ihn mit dem Geiste seines Mundes erwürgen und daß er zuvor die Verführung aufdecken und die Leute wieder zum rechten Glauben zurückführen werde. Dieser Zeitpunkt ist jetzt gekommen. Das Wort Gottes ist dem Antichrist zu stark geworden. Das Ende ist nicht mehr weit.

c) Im dritten Teil, der deutlich die Kennzeichen eines Anhangs trägt, wird auf einige der durch die 23 Ansbacher Artikel aufgeworfenen Fragen eingegangen:

Der Glaube macht selig, die Werke bezeugen ihn. Gute Werke sind die, die Gott geboten hat, wenn sie aus Liebe getan werden. Nur Taufe und Abendmahl sind Sakramente, dh sichtbare Zeichen der Gnade Gottes. Die Kindertaufe wird verteidigt; die unbiblischen Zusätze im Taufritus sind als solche weder nützlich noch schädlich, doch darf man sie nicht für notwendig erklären. Die communio sub utraque und das allgemeine Priestertum werden verfochten, der Zölibat scharf abgelehnt. Als Ehehindernisse gelten nur die in Lev 20 festgelegten. Scheidung wird im Falle eines Ehebruches erlaubt. Der schuldige Teil ist schwer zu bestrafen, der unschuldige darf wieder heiraten. Mönchsgelübde binden niemanden. Die Freiheit des menschlichen Willens wird bestritten. Entschlüssen von Konzilien ist man nur dann Gehorsam schuldig, wenn sie mit der Heiligen Schrift in Einklang stehen. Heiligenanbetung wird abgelehnt, Fasten freigestellt; der alljährliche Beichtzwang, die päpstlichen Reservationen, Ablaß und Bilder werden verworfen.

Im Vergleich zu den ›Ansbacher Artikeln‹ sind hier einige zusätzliche Fragen angerissen, andere werden an dieser Stelle nicht besprochen, sondern es wird auf die im Druck vorliegende Schrift der Pröpste[75] verwiesen.

4. Osiander als Verfasser des Ratschlags

Der Ratschlag war von dem Kollegium der drei Prediger angefordert worden, und dieses Triumvirat zeichnet auch in allen Handschriften und Drucken des 16. Jahrhunderts als Verfasser[76]. Über die Arbeitsweise dieser Männer bei der Anfertigung ihrer gemeinsamen Schrift ist uns nichts bekannt. Man darf aber von vornherein vermuten, daß bei einem solchen Werk die Anteile ungleich verteilt sind. Der Tonangebende unter den dreien kann – nach unserer Kenntnis dieser Gestalten der Nürnberger Reformationsgeschichte – nur Osiander gewesen sein. Dieses Postulat kann durch eine ganze Reihe von inneren und äußeren Zeugnissen verifiziert werden: Osianders Name steht in den Drucken gleich nach dem Titelblatt in großen Lettern; er richtet die Vorrede an den ›christlichen Leser‹. Er war es wohl auch, der den Druck in Auftrag gegeben hat. Er hat diesen Ratschlag zeitlebens als sein Werk betrachtet – das zeigt die Tatsache, daß er ihn in seiner ›Beweisung‹ (Königsberg 1552) zitiert, in der er aufgrund früherer Äußerungen den Nachweis erbringt, daß er stets die gleiche Lehre über die Glaubensgerechtigkeit vertreten hat[77]. Und die Königsberger Ausgabe von 1553 ist eine regelrechte ›Osiander-Gedächtnis-Ausgabe‹[78].

Zwingender noch ist die innere Evidenz. Sowohl die theologischen Gedanken als auch das sprachliche Gewand entsprechen so sehr bei Osiander immer wiederkehrenden Aussagen und Formulierungen, daß gar kein anderer Ausweg bleibt, als auch hinter diesem Ratschlag Osiander als verantwortlichen Verfasser zu erkennen. Die ganze Anlage der Schrift und ihr theologischer Ausgangspunkt zeigen, daß Osiander nicht nur an verschiedenen wesentlichen Punkten, sondern

---

75. ›Grund und Ursach‹, s.o. S. 193–254, Nr 20.

76. Das Ansbacher Exemplar wurde zwar ohne Nennung der Verfasser an den Markgrafen geschickt; bei der Zusammenstellung der ARA wurden aber die drei Prediger als Verfasser angegeben: Nürnberg SA, ARA, Bd 1a, 2. Abt., f. 71r.

77. ›Beweisung‹, Bl. C4bf.

78. Vgl. die vom Herausgeber vor dem 2. Teil eingeschobene Bemerkung, u. S. 348, Anm. f.

beim Gesamtentwurf der maßgebliche Mann war. Deshalb hat man nicht erst in neuester Zeit diesen Ratschlag als Werk Osianders betrachtet. Schon *Veit Ludwig von Seckendorf* tat das in seinem 1692 erschienenem »Commentarius historicus et apologeticus de Lutheranismo seu de reformatione«[79] und *Gottfried Arnold* zitierte jene Schrift in seiner ›Unparteiischen Kirchen- und Ketzerhistorie‹ ausführlich als Beleg für die Lehre Osianders[80]. Heute herrscht darüber Einigkeit[81].

Die einzige Frage, die man berechtigterweise bezüglich der Verfasserschaft stellen könnte, wäre die, ob die beiden Kollegen Osianders an der Ausarbeitung des Ratschlags in irgendeiner Weise beteiligt waren. Man darf natürlich annehmen, daß die drei miteinander in Gedankenaustausch standen und daß Schleupner und Venatorius mit dem fertigen Produkt einvertanden waren, sonst hätten sie sicher nicht ihren Namen daruntergesetzt. Doch zumindest die ersten beiden Hauptteile der Schrift sind so sehr aus einem Guß und tragen die ›Handschrift‹ eines und desselben Verfassers, daß man geneigt ist, jede direkte Mitwirkung der Prediger von Sebald und Heiliggeist in Frage zu stellen. Etwas anders ist es bei dem dritten Teil mit den kurzen Stellungnahmen zu Streitfragen. Hier könnte sich – zB bei der Auswahl der behandelten Punkte – ein Einfluß dieser beiden Geistlichen geltend gemacht haben, doch konkrete Hinweise darauf finden sich nicht. Vielmehr zeigen sich auch in diesem Teil deutliche Parallelen zu anderweitigen Äußerungen Osianders über die entsprechenden Probleme[82].

Man wird damit rechnen müssen, daß Osiander nicht erst im August 1524, als der Rat die Aufträge für die theologischen Gutachten erteilte, mit der Arbeit für den Ratschlag begonnen hat, sondern daß er auf eigene Vorarbeiten zurückgreifen konnte. Denn das eigentliche Korpus des Ratschlags, dh die beiden großen Hauptteile über Gottes- und Menschenwort, berücksichtigt nicht die Aufforderung des Rats, »uber die puncten und artickel unsern heyligen cristlichen glauben belangend und fürnemlich die, so yzo zum höchsten zum missverstand gehalten werden wollen, mit vleyss zu sizen, die nach notturft erwegen und desshalben derselben stat iren fleissigen und wolgegründeten ratschlag geschriftlich und in geheimt [!] zu stellen«[83]. Und noch weniger hält Osiander sich an die etwas später den Predigern vorgelegten ›Ansbacher Artikel‹. Diese Gleichgültigkeit gegenüber dem erteilten Auftrag, die durch das Begleitschreiben, die Einleitung und den angehängten dritten Teil nur notdürftig vertuscht wird, erklärt sich am einfachsten, wenn man annimmt, daß Osiander schon bevor er offiziell angegangen wurde, sehr konkrete Vorstellungen über einen Gesamtentwurf der Grundaussagen seiner Theo-

---

79. von Seckendorf, Commentarius, S. 300 (Liber 1, sectio 61, § 173): »Autorem huius scripti Andream Osiandrum fuisse phraseologia ostendit; iam tum enim dogmatum illorum, quae postea in Prussia asserere voluit, semina in iis animadvertas, quae tamen nemo illo tempore, quod sciam, observavit aut reprehendit, quia obscurius proponebantur, aut ex aliis verbis commodas recipiebant interpretationes«.
80. *Arnold*, Ketzerhistorie, T. 4, S. 435–439.
81. Vgl. *Wilken*, Osiander, S. 15; *Möller*, Osiander, S. 23; *Hirsch*, Theologie, S. 13; *Schmidt-Schornbaum*, Fränkische Bekenntnisse, S. 73; *Seebaß*, Osiander, S. 75.
82. Vgl. zB zu dem Artikel über Ehefragen: *Seebaß*, Osiander, S. 183–197.
83. Zitiert aus dem Ratschlag der Nürnberger Bettelorden; gedr.: *Schaffer*, Stoß, S. 131.

logie gewonnen hatte und daß er den gegebenen Anlaß wahrnahm, seine Überzeugungen der Öffentlichkeit zugänglich zu machen[84].

5. Überlieferung und Sigla von Nr 25 und 26

Handschriften:

a: Nürnberg LkA, Fen. IV, 906 2°, f. 89r–151r[85], von unbekanntem Schreiber. Auf f.88r findet sich von Spenglers Hand die Überschrift: »Ratschlag der prediger alhie, was der furnemsten strittigsten artickell halben in unserm glauben auß der schrifft zu halten sey«. Darunter hat *Georg Theodor Strobel*[86], ein früherer Benutzer dieses Kodex, einen Hinweis auf den Abdruck in *Riederers* ›Abhandlungen‹[87] gegeben. Spengler hat sich den Stoff durch lateinische Randnotizen, die in Stichpunkten den Inhalt des jeweiligen Abschnitts angeben, gegliedert. Es gibt Hinweise darauf, daß der Nürnberger Ratsschreiber auch noch in späteren Jahren seine Abschrift des Ratschlags benützt hat[88].

Diese Abschrift im Spenglerkodex, die unserer Ausgabe zugrunde liegt, repräsentiert die älteste uns bekannte Textform mit der ursprünglichen Anordnung der drei Teile, ohne die für die Zusendung an den Markgrafen vorgenommenen Glättungen und ohne die in die Drucke hineingeratenen Zwischenüberschriften. Es ist zu vermuten, daß wir hier eine – allerdings nicht fehlerfreie – Kopie des von den Predigern beim Rat eingereichten Exemplars vor uns haben. Neben dem Text des Ratschlags enthält a auch das Begleitschreiben der Prediger an den Rat (f.89rv = unsere Nr 26).

b: Nürnberg SA, ARA Bd 1a, 2. Abt., f.72r–133v (alt) bzw. 351r–410v (neu). Auf f.71r (350r) steht die bei der Zusammenstellung des Bandes zugeteilte Überschrift: »Der prediger zu sant Lorentz, zu sant Sebolts und im neuen spital zu Nurmberg ratschlag, von einem rathe zu Nurmberg uberschickt«. f.72r–119v (351r–396v) ist identisch mit dem Exemplar, das der Nürnberger Rat dem Markgrafen zugeschickt hat[89]. Es fehlen also das Begleitschreiben der Prediger an den Rat (unsere Nr 26), ferner der ganze Antichristteil, dh daß nach den Ausführungen über die ›Früchte der Menschenlehre‹ sofort der Teil mit den Stellungnahmen zu den ›23 Artikeln‹ angeschlossen ist. In den verbliebenen Abschnitten finden sich im Vergleich zur ursprünglichen Textform deutliche Überarbeitungen, die vor allem die Anspielungen auf Papst und Antichrist entschärfen. Der zunächst eliminierte Antichristteil ist später[90] nach-

---

84. Vgl. in diesem Zusammenhang auch u. S. 322, Anm. 30, und S. 329, Anm. 76.
85. Zu diesem Kodex vgl. *Burger,* Handakt.
86. 1736–1794, Pfarrer in Rasch und Wöhrd; vgl. *Simon,* Nbg.Pfb., S. 229, Nr 1404.
87. Vgl. u. S. 318, Ed. 2.
88. Vgl. u. S. 353, Anm. w und 227.
89. Ein Begleitschreiben der Nürnberger an Kasimir war nicht zu finden.
90. allerdings noch vor Zusammenstellung der ARA.

getragen worden (f. 120r–133v bzw. 397r–410v). Dieser Nachtrag ist von anderer Hand geschrieben als das aus Nürnberg zugeschickte offizielle Exemplar; er ist gewiß nicht vom Nürnberger Rat nachgeliefert worden, sondern entweder in Ansbach selbst geschrieben oder von ›nichtamtlicher Seite‹ aus Nürnberg zugeschickt worden[91].

c: Nürnberg SA, Nürnberger Handschriften Nr 380, f. 174r–298v; eine Handschrift des 18. Jahrhunderts, die in unserem textkritischen Apparat nicht berücksichtigt ist. Vorlage für c war C.

Obwohl man aufgrund des Verfahrens bei der Verteilung der Ratschläge unter den Ständen des Fränkischen Kreises vermuten sollte, daß noch mehr Abschriften des Nürnberger Ratschlags erstellt und in den Archiven der beteiligten Parteien aufbewahrt sein müßten, sind diesbezügliche Nachforschungen und Anfragen in den Archiven von Windsheim, Rothenburg, Weißenburg i.B., Schweinfurt, Wertheim und Meiningen ergebnislos verlaufen. Auch unter den Nürnberger Archivalien fehlen sämtliche Exemplare der verschiedenen damals durch die Ratsstube gelaufenen Ratschläge[92], sogar der aus Nürnberg selbst stammenden.

Drucke:

A: [Wertheim, Georg Erlinger, 1525] = *Seebaß*, Bibliographie, S. 27, Nr 7.1. A bietet einen Text, der von Osiander für die Drucklegung noch einmal überarbeitet worden ist.

B: [Augsburg, Heinrich Steiner], 1525 = *Seebaß*, aaO, S. 27, Nr 7.2; Abdruck von A, meist seiten- und zeilengetreu, aber voller Druckfehler.

C: Nürnberg, Hans Hergot, 1525 = *Seebaß*, aaO, S. 29, Nr 7.3. C hat im Vergleich zu A und B mehr Zwischenüberschriften und Zusätze zum Text.

A–C enthalten jeweils die Vorrede Osianders an den Leser, das Begleitschreiben der drei Prediger an den Rat und den Text des Ratschlags ohne den dritten Teil, dessen Auslassung in einem Schlußwort begründet wird. C enthält überdies ein Register der einzelnen Abschnitte, die durch ihre Zwischenüberschriften bezeichnet sind.

D: [Erfurt, Wolfgang Stürmer], 1525 = *Seebaß*, aaO, S. 31, Nr 7.5; enthält nur den ersten Teil des Ratschlags nach A.

91. Das Papier des ›Antichristteils‹ unterscheidet sich von dem von der Nürnberger Ratskanzlei zur gleichen Zeit gebrauchten. Das Wasserzeichen ist identisch mit dem von Blättern aus den ARA, die unzweifelhaft aus Ansbach stammen, aber auch mit dem des zur gleichen Zeit in der Lorenzer Schreibstube in Nürnberg gebrauchten Papiers. Ein Textvergleich zeigt, daß dieser Nachtrag in b näher mit der von a repräsentierten Überlieferungsstufe verwandt ist als mit den Drucken. Da das von Nürnberg an den Markgrafen gesandte Dokument auf der Seitenmitte endete, blieb vor dem Antichristteil eine halbe Seite frei (f. 119v bzw. 396v). Dieser Raum wurde von dritter Hand ausgefüllt, indem die Sätze, die in der ursprünglichen Textform den Abschnitt »Vom Antichrist« einleiten, hier eingefügt wurden. Die ersten Wörter dieses Redaktionsnachtrages finden sich demzufolge zweimal in b: hier und vor Beginn des dritten Teiles (vgl. *Schmidt-Schornbaum,* Fränkische Bekenntnisse, S. 433f mit 441).

92. Vgl. zB Nürnberg SA, RV 711, f. 19v; RV 712, f. 22r; RV 713, f. 1v (= *Pfeiffer,* Quellen, S. 36, RV 258; S. 45, RV 327–329).

E: Königsberg, Hans Lufft, 1553 = *Seebaß*, aaO, S. 29, Nr 7.4; deckt sich im Umfang mit C (einschließlich der vermehrten Zwischenüberschriften und des Registers), bietet einen Mischtext aus B und C und fügt auf Bl. 26a – vor Beginn des zweiten Teiles – eine Rechtfertigung des Herausgebers ein, warum der folgende Teil abgedruckt wird, obwohl doch Osiander in seiner ›Vermutung von den letzten Zeiten‹ und in ›Von dem neugeborenen Abgott‹[93] das gleiche Thema in eigenen Werken behandelt hat.

F: Niederländische Übersetzung: Wesel, Hans de Braecker, 1558 = *Seebaß*, aaO, S. 31, Nr 7.6. Ein Exemplar ließ sich bisher nicht finden. Es konnte deshalb auch nicht nachgeprüft werden, ob es sich dabei wirklich um eine Übersetzung unseres Ratschlags handelt[94].

Editionen:

Ed. 1: *Schülin*, Reformations-Geschichte, Nürnberg 1731, Bl. (A1)a–(H1)b. Dieser Band ist in Nürnberg 1755 neu aufgelegt worden unter dem Titel: Nützliche Sammlung auserlesener Documenten ... der Reformationshistorie (ohne Verfasserangabe); lediglich die Seiten 1–11 wurden neu gesetzt. *Schülin* druckt den den Ratschlag nach A, also ohne den dritten Teil.

Ed. 2: *Riederer*, Abhandlungen 3, S. 311–336, Nr 20. *Riederer* druckt nur den dritten Teil des Ratschlags, und zwar nach a.

Ed. 3: *Schmidt – Schornbaum*, Fränkische Bekenntnisse, S. 411–454; Abdruck nach b.

Es ergibt sich folgendes Stemma:

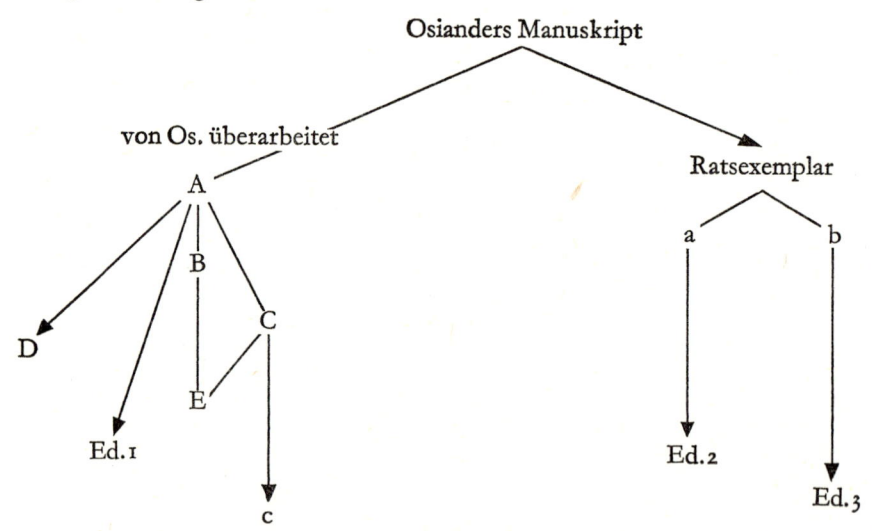

```
                    Osianders Manuskript
                    /                  \
   von Os. überarbeitet                 Ratsexemplar
          A                              /      \
         /|\                            a        b
        / B \                           |        |
       /  |  C                          |        |
      D   | /|                          |        |
      |   E |                           |        |
      |     |                           |        |
     Ed.1   c                          Ed.2     Ed.3
```

---

93. Vgl. *Seebaß*, Bibliographie, S. 142, Nr 40.1 und 40.2 (auch *Seebaß*, aaO, S. 138–140, Nr 38. 1–5), ferner *Seebaß*, aaO, S. 156, Nr 47.1.

94. Vgl. dazu: *Sardemann*, Schriften; *Pont*, Lutheranisme, S. 55ff und S. 103ff.
In *Will*, Bibliotheca Norica, T. 2, S. 38, Nr 90, wird ebenfalls eine niederländische Übersetzung erwähnt, über die nichts Weiteres in Erfahrung zu bringen war.

6. *Überlieferung von Nr 27*

Handschrift:

Nürnberg SA, S.I L. 78, Nr 7, f. 33r–34v. Es handelt sich dabei um die Ausfertigung (von Schreiberhand), die dem Rat eingereicht wurde. Auf f. 34v findet sich ein Dorsale von Spenglers Hand: »Antwurt und anzaigung der prediger zu S. Sebolt, S. Laurentzen und des neun spitals, was sie ires ubergeben ratschlags halben, die evangelischen leer betreffend, herauszuthun erleiden mögen«. Auf der gleichen Seite ist auch das Datum der Bürgermeisterfrage, unter der dieser Ratschlag abgelegt wurde, eingetragen: »frag 4. post Nicolai 1524« (= 7. Dezember 1524).

Dieses Dokument liegt unserer Edition zugrunde.

Edition:

Der Ratschlag wurde erstmals gedruckt in *Pfeiffer*, Quellen, S. 186f, Ratschl. 18.

7. *Überlieferung von Nr 28*

Die beiden für den Druck verfaßten Teile finden sich neben A auch in B, C, E, c und Ed. 1. Unserer Edition liegt A zugrunde.

Nr 25
Der Nürnberger Ratschlag
[1524, vor Dezember 10]

Text

[90r, S. 411:]¹ Ein ratschlag aus ᵃder heyligen schrifftᵃ, wie und wes man sich in diesen ferlichen² zeiten, in denen sich manigerley zwitracht des götlichen worts halben erhabenᵇ, halten und trosten soll, einem erbarn weysen rat zu Nurmberg ᶜdurch ire prediger Dominicum Sleupner bey sant Sebald, Andrean Osiander bey
5   sant Lorentz, Thoman Venatorion imᵈ Neuen Spital beschryben undᶜ uberantwurt annoᵉ 1524ᶠ.

ᵍWir konnen nicht on sondern³ grossen schmertzen und forcht der gotlichen

---

a–a) heiliger götlicher schrifft: A–E. – b) erhaben und zutragen: A–E. – c–c) fehlt b. – d) bey dem: A–E. – e) anno etc.: A–C, E; etc.: D. – f) 1525: C. – g–g) fehlt bis S. 321 in D.

1. Um das Auffinden von Zitaten zu erleichtern, sind zusätzlich zur Blattzählung von a die Seitenzahlen der Edition bei *Schmidt – Schornbaum*, Fränkische Bekenntnisse, S. 411–454 (= Ed. 3) angegeben.
2. unruhigen, gefährlichen.   3. besonders.

gerechtigkeit, so unser undanckbarkeit ʰbiß hieherʰ gestrafft, bedencken und betrachten die manigfeltigen und grossen ubertrettung der heyligen gepot Gottes und die schedlichen mißpreuch, so daraus nicht allein in die sterck der alten loblichen preuch (als man syh nennt), sunder auch in den schein des heyligen gottesdinsts zu groser schmach des cristenlichen glaubens erwachsen sein. Dann wir onⁱ alles laugnen spuren und unwidersprechlich finden, das nicht allein in disen stucken, derohalben [90v:] ytzo in der gantzen cristenheit geforscht, gezanckt und allerley uncristenlicher verfolgung erweckt wirt⁴, sunder auch in denen, daryn unser seligkeit furnemlich stet⁵, erbarmlich⁶ in manicherley weyse geirrt ist worden. Dann wo dieselbigen unverruckt und ungefelscht belyben, rain und fleissig gepredigt und von allen cristen vestiglich geglaubt wern worden, hetten on zweyfel die andern geringern irrthumb und mißpreuch in die heyligen cristenheit einzureyssen keinen weg gefunden. Dann wie mochten⁷ uns solche finsternus der irrthumb uberfallen und gefangen haben, wann wir nicht das ainig⁸ liecht der welt, Cristum, unsern herrn, der die warheit ist, verlassen hetten? Darbey wirᵏ erkennen, das die zeit (davon der heylig Paulus sagt 2. Timo. 4 [3f]: »Es wirt ein zeit sein, da sy die heylsamen lere nicht werden vertragen, sonder nach iren aignen lusten ˡwerden syˡ in⁹ selbs lerer auffladen, nach dem sy die oren juckenᵐ, und werden die orn von der warheit abwenden und sich zu den fabeln keren« uber uns erfullet ist. Und das alles eben umb der ursach willen, die Paulus auch 2. Tessalo. 2 [10–12] anzeigt und spricht: »Dorumb, das sy die ⁿlieb der warheitⁿ nicht haben aufgenomen, das sie selig wurden, dorumb wirt in¹⁰ Got senden krefftigᵖ irrthumb, das sie glauben der lugen, auff das gericht werden alle, die der warheit nicht ge[g]laubt, sunder an der ungerechtigkeit lust gehabt haben«.

[91r:] Uns erfreut aber dagegen auch nit wenig, das wir augenscheinlich sehen, wie das unser herr Cristus deßselbigen mit dem gaist seines munds¹¹, das ist mit seinem raynen und heyligen wort, ein ende zu machen geweltiglich angefangen hat und nun zum andern mal Gottes zorn uber alles gotloses wesen durch das heylig euangelionᵠ entdeckt¹² wirt¹³, wie er dann selbs Math. am 24. [14] gesagt hat: »Es wirt predigt werden das euangelion vom reich zu einer gezeugknus uber

h–h) bißher: b. – i) fehlt b. – k) wir leichtlich: C. – l–l) fehlt A–C, E.
m) gucken: b (die Vorlage von a und b war hier anscheinend schlecht lesbar; a bietet ein Zeichen, das zwischen j, g und z steht).
n–n) wahrhafftigen lieb: C. – p) krefftige: b, A–C, E –q) euangelion von himel herab: C.

4. Vgl. die ›23 Ansbacher Artikel‹, *Schmidt – Schornbaum*, Fränkische Bekenntnisse, S. 180–182, und den dritten Teil des Ratschlags, u. S. 371–380.
5. die Fragen, die Osiander im ersten und zweiten Teil behandelt.
6. zum Erbarmen.
7. könnten.
8. einzige.
9. sich.
10. ihnen.
11. Vgl. 2Thess 2,8.
12. aufgedeckt.
13. Vgl. Röm 1,18.

alle volcker, und dann wirt das ende komen«. Dann gleichwie die verfuerung durch falsche propheten und lerer in die welt eingeryssen hat[14] – das der Herr dasselbst auch bezeugt und spricht [24f]: »Es werden falsch cristen[15] und falsch propheten aufsteen^r und grosse zaichen und wunder thun, also das verfuret wurden (wo es möglich were) auch die ausserwelten; syhe, ich hab euchs zuvor gesagt« –, [S. 412:] also soll auch widerumb[16] der sach durch rechte prediger am allermaysten geholfen werden. Dann das heylig euangelion muß vor dem ende in aller welt geprediget werden und der gaist des munds Cristi muß der verfurung ein ende machen.

Derhalben wollen wir am allerersten nach unserm vermogen mit hochstem fleys[17], welches rechte cristenliche leere und wie unser herr Jesus Cristus derselbigen ainiger prunn und lermeister sey, nachvolgend dargegen^s, welches falsche, verfurische leer und wie der teuffel, ein vater aller lugen[18], derselbigen ^tfalschen lere^t ainiger prun, der anthicrist aber, des zukunft [91v:] nach der wurckung des satanas ist[19], derselbigen^u offenlicher lermeister und handhaber[20] sey, aus der heyligen, gotlichen schrifft anzeigen und beweysen. Dann wo diese hauptstuck recht^v erkannt werden, mag man darnach leichtlich und on alle beschwerde[21] alle andere irrthumb und zwitracht örtern[22] und ablegen^g.

Welchs^w rechte und^x cristenliche lere
und zur^y seligkeit zu wissen not sey.
^zDas erst teyl^z

Anfengklich achten wir, es sey nymant so unverstendig noch so unerfarn, der nicht wisse, das allweg und ye[23] zweyerlay wort und leer auff erden sey gewest, nemlich zum ersten das heylig wort Gottes, das er selbs oder aber durch seine diener, die heyligen propheten, zuletzst auch durch sein aingebornen sun[24], unsern herrn Jesum Cristum, uns eroffnet und verkundigt hat, welchs rain und volkomen in der heyligen schrifft begriffen und verfasset ist, darnach zum andern das manigfeltig und unbestendig menschenwort und -geduncken^a, das der teuffel durch [92r:] sein lugen (da er der Eva im paradiß zusaget, sy wurden weyß und klug wie

---

r) auffersteen: b, A–C, E. – s) aber: A–C, E. – t–t) fehlt A–C, E. – u) fehlt A–C, E. – v) recht begriffen und: C. – w) Rathschlag uber das erst teyl, welchs: C. – x) fehlt A–E. – y) zu unser: b, A–E. – z–z) Das erst theyl. Von zweyerley leer: A–C, E; fehlt D. – a) gůtgedůncken: C.

14. übermächtig geworden ist.
15. Plur. von ›Christus‹.
16. umgekehrt, andererseits.
17. Bemühen, Sorgfalt.
18. Vgl. Joh 8,44.
19. dessen Kommen Werk des Satans ist, 2Thess 2,9.
20. der sie betreibt und schützt.
21. Schwierigkeit.
22. untersuchen, feststellen.
23. immer.
24. Vgl. Hebr 1,1f.

die[b] gotter[25]) gepflantzt und darnach eines yeden furwitz[c][26] herfurgepracht hat, welches[27] hin und her in der gantzen welt an allen orten in schrifften und gepreuchen zerstreuet und ausgepraitet ist.[d]

So sein auch, wie yederman wol wayß, zweyerley reich, nemlich das reich Gottes und das reich dieser welt. Das reich Gottes macht durch Gottes wort ein glaubig und selig kind Gottes, das ewig[e] mit Got verainigt wirt, in im lebet und[f] mit im regiret. Das reich dieser welt macht durch ordenlich und vernunftig regiment in den sachen, die zu Gottes reich nicht gehorn und daryn er nichts gebotten noch verpoten hat, [g]einen leydlichen[g][28] burger und wöret denen, die gotloß sein und in Gottis reich nicht gehörn, das sy iren mutwillen und boßhait dem nechsten zu schaden nicht uben, lesst sy aber inwendig gotloß bleyben, wie es sy gefunden hat.[h]

Darumb wollen wir auch kurtzlich, das Gottes wort unser leben und seligkeit, aber menschenwort (sovil Gottes reich antrifft) unser verderben und tod sey, erclern. Wir maynen aber hie allein die närrischen fund[i][29] [92v:] und leer, die Got nicht gepoten und sy doch die seligkeit zu erlangen furderlich und nöttig geacht werden. Dann was die weltlichen herrn und obrigkeit disem zeitlichen, burgerlichen leben zugut ordnen und gepieten, wo das nicht wider Gottis wort ist und zur seligkeit nicht notig geacht, [S. 413:] sunder nur fur ein burgerliche ordnung, wie es dann auch ist, gamainem nutz zugut auffgericht und angenomen wirt, halten wir nicht allein fur[k] leydlich, sunder auch fur loblich. Und sein demselben alle underthanen gehorsam schuldig, wie das der heylig Paulus zu den Romern am 13. [1–7] und Petrus[l] in der 1. am 2. cap. [13–17] fleissig anzeigen und leren und wir hernach[m] an seinem ort[n] auch weyter erclern und anzeigen wollen[30].

---

b) fehlt b. – c) fûrwitz nach seynem gûtbedûncken: C, E. – d) folgt Züb.: Von zwayerlay reichen: A–E. – e) fehlt C. – f) und ewig: C. – g–g) ein leidlicher: A, B, D. – h) folgt Züb.: Inhalt des gantzen rhatschlags: A–E. – i) menschenfünd: A–E. – k) fehlt D. – l) Paulus: b. – m) fehlt A–E. – n) ort zu seiner zeit: A–E.

25. Vgl. Gen 3,5.
26. Wißbegierde, die dem Menschen nicht zusteht, curiositas. Vgl. dazu *Grimm,* Wörterbuch 12,2, Sp. 1953, wo auf Augustin, Confessiones X, 35 verwiesen wird.
27. sc. das Menschenwort und -gedünken.
28. erträglichen.
29. Erfindungen.
30. Osiander geht darauf im Ratschlag nicht mehr ein – ein Hinweis, daß er eine systematische Darlegung seiner Theologie schon länger geplant und auch schon teilweise konzipiert hatte? Vgl. o. S. 315f. Er scheint dann vorgehabt zu haben, eine Schrift zum Thema ›Obrigkeit‹ später herauszugeben, die jedoch nicht erschien, vgl. die Textänderung in den Drucken, Anm. m, n. Osiander äußert sich zu diesem Thema erst wieder in einer Predigt vom 26. März 1525, die im April gedruckt erschien: ›Ein schöner, fast nützlicher Sermon‹, *Seebaß,* Bibliographie, S. 34, Nr 9.1 = Nr 47 in Bd 2 unserer Ausgabe. Zu Osianders Aussagen vgl. Luther, ›Von weltlicher Obrigkeit‹, 1523, WA 11, S. 262,3ff und 265,28ff, *Hirsch,* Theologie, S. 43–45, sowie u. S. 567f, Nr 43.

°Was Gottes wort° im rechten grund und ursprung sey.ᵖ

Das ein ewiger, allmechtiger Got, erschaffer und herr aller ding sey, leeret uns nicht allein die heylig schrifft, sunder auch alle creaturen, die nicht allein mechtiglich und weyßlich erschaffen sein, sunder auch wunderparlich und ordenlich erhalten und geregirt werden, also das sich die gotlosen, so in irem hertzen [93r:] sprechen: »Es ist kein Got« (ᵠpsalm 14[1] und 53ᵠ[2]), keineswegs mer entschuldigen konnen. Dann »dasjhenig (sagt Paulus Rom. 1 [19f]), das kuntlich³¹ istʳ an Gottˢ, offenbarᵗ bey in istᵘ; dann Got hats ine offenbart, domit das Gottes unsichtbars wesen, das ist sein ewig crafft und gotheit, wirt ersehen, so man deß warnymbt bey den werken, von der schopfung der welt an«. Und als David sagt, psalm 19 [2f]: »Die himel erzelen die eer Gottis, und die veste verkundet die werk seiner hende. Ein tag sagts dem andern, und ein nacht thuts kunt der andern.« Derhalben kein volck auff erden ye gewest ist, das nicht ein won³² von Got empfangen und denselbigen zu horenᵛ und ime³³ zu dienen weg gesucht het. Sy haben aber alle gefelt und geirrt³⁴. Dann »der naturlich mensch vernimbt nichtsʷ vom gaist Gottes. Es ist im³⁵ ein torheit und kans nicht erkennen«, 1. Cor. 2 [14], on dieˣ³⁶ er selbs durch sein götlich wort gelert und geweyset hat, wie Johannes der tauffer sagt, Johann. 3ʸ [1,18]: »Got hat nymant ye gesehen, sonder der aingeborn son, der da ist im schoß des Vatters, hatᶻ uns verkundigt«. »Dann sy mussen alle von Got gelert sein«, Johan. 6 [45], Esaie 54 [13]. Dorumb sollen wir uns kein meister auff erden nennen; dann es istᵃ einer unser meister, Christus im himel, Math. 23 [10]. Derhalben wollen wir das allein horen, was er uns von im selbs durch sich selbs und seine diener, [93v:] die heyligen propheten und apposteln, eroffent hat.ᵇ

Das aber auch in der warheit nur ain ainiger Got sey, zeiget die heylig, gotlich schrifft an vil orten lauter und clar an. Dann Moses spricht Deut. 6 [4]: »Höre, Ißrael, der Herr, unser Got, ist ain ainiger herr«. Und Paulus 1. Cor. 8 [6]: »Wir haben doch nur einen Got, den vater, von welchem alle ding sein, und wir in im« etc., und Gallath. 3 [20]: »Ein mitler ist nicht eins ainigen mitler. Got aber ist ainig«, und Ephes. 4 [5f]: »Ein Herr, ein glaub, ein tauff, ein Got und vater unser aller, der da ist uber uns alle und durch uns allen und in uns allen«, und 1. Timoth. 2 [5]: »Es ist ain Got und ain mitler zwischen Got und den menschen« etc.

Was aber dieser Got in seinem gotlichen und verporgen wesen seyᶜ, das kan

---

o–o) Von Gottis wort, was es: A–E. – p) folgt Züb.: Das ein Got sey: A–E. – q–q) wie David am 14. und 53. psalm sagt: C. – r) in a von Spengler gestrichen. – s) in a von Spengler eingefügt: ist. – t) ist offenbar: A–E. – u) in a von Spengler gestrichen; fehlt A–E. – v) eeren: A–E. – w) nicht: b. – x) die so: C. – y) 1: E. – z) hats: C, E. – a) ist nur: C, E. – b) folgt Züb.: Das nur ein Got sey: A–E. – c) seyen: a.

31. erkennbar, deutlich.
32. Ahnung.
33. ihm.
34. Vgl. Röm 3,12.
35. ihm.
36. ausgenommen die Menschen, die.

nymant aussprechen noch begreyffen dann er selbs allein. Dann »Got den herrn hat ye nyemant gesehen«[37]; wie ᵈer auchᵈ Joh. am 5. [37] spricht: »Der Vater, der mich gesant hat, derselbige hat von mir gezeuget. Ir habt aber nye weder sein stym gehöret noch sein gestalt gesehen.« [S. 414:] »Dann es kan in[38] kein mensch sehen und leben«, Exodi 33 [20]. Er aber allein, wie gesagt ist, erkennet sich selbs nach seinem gantzen gotlichen wesen von ewigkeit her volkomenlich.ᵉ

Und wiewol solche sein erkandtnus gantz ainfaltig[39], ainig und [94r:] unzertheilt und ein ebenpild des Vatersᶠ, dem vater gantz gleich ist, mussen wir doch umb menschlichs verstands schwacheit willen weitleufftiger und nach menschlicher art davon reden und sagen, das er nicht allein erkenn, was er ist, sonder auch wie, wann und warumb er alle ding aus nichteᵍ gemachtʰ und was er in uns oder ausserhalb unser in andern creaturn schaffen und wurcken und wie er alle ding erhalten und regirn woll; deßgleichen, was im in uns und allen andern creaturn ⁱgefallenᵏ oder nichtⁱ ˡgefallen werdˡ, itemᵐ, was er erhalten und pessern, was er straffen und verderben, wie er alle ding zu seinem ewigen preyß hinaußfuren und vollenden wolle, undⁿ nicht das allein, sonder auch alles anders, was er yemalß von ewigkeit zu ewigkeit gedenckt, wayß oder will, daß wir nichtᵒ begreiffen noch erforschen konnen.

Dieses alles ist in Got dem vater einᵖ ainige, ainfaltige, lautere, ewige und unverwandelte erkandtnus und wirt in der heyligen schrifft Gottis hertz, synn, gedancken, wort, weyßheit, ratschlag, krefftiger arm, gerechte[40] hand und eingeporner son genennet[41]. Und wiewol im diese namen allzumal wol geburn und in der heyligen schrifft mitq [94v:] lieblicheit offt und vil gepraucht werden, ist doch der allerbest geprauch, das mansqq Gottis wort und son nenne, des wir uns auch hieryn am meisten vleissen[42] wollen.ʳ

Es soll ime[43] aber nymant ein solch wort furpilden[44], wie eins menschen wort ist, das mit dem mund geredet wirt und ein stymm ist, sunder vilmer ein inwendig, gaistlich wort, welchs durch das mundtlich als durch sein zaichen herfurgepracht und angezeigt wirt und doch nichts destmynder innen pleybt. Und ist nur ein ainigs wort, wie auch das nur ein ainig gotlich wesen ist, das im wort abgepildet wirt,

---

d-d) der Herr: A-E. – e) folgt Züb.: Von Gottis wort: A-E. – f) in a von Spengler eingefügt: auch. – g) in a letzter Buchstabe verdorben; nicht: B, E. – h) gemachte: b. – i-i) fehlt D. – k) gefellig: A-C, E. – l-l) gefellig sey: A-E. – m) auch: C. – n) und dannoch: C. – o) nichts: A-E. – p) fehlt D. – q) mit grosser: b, A-E. – qq) man: a. – r) folgt Züb.: Das Gottis wort nicht ein stym sey: A-E.

37. Joh 1,18; zu Osianders Vorliebe für die johanneischen Schriften s. *Schmidt – Schornbaum,* Fränkische Bekenntnisse, S. 97-99.
38. ihn.
39. einheitlich.
40. rechte.
41. Vgl. zum folgenden *Hirsch,* Theologie, S. 33ff, der die Berührungen mit Reuchlin aufweist, *Schmidt – Schornbaum,* Fränkische Bekenntnisse, S. 77f und 96f, sowie u. S. 555, Nr 43.
42. befleißigen.
43. sich.
44. vorstellen.

unangesehen, das man vil tausend wort darzu bedarf, wann mans in außwendiger[45] stym und menschlicher sprach will anzeigen und aussprechen.[s]

Also begreifft, versteet, erkennet und bildet sich Got ab in seinem heyligen, gotlichen wort, das ist, er gepirt ein sun, und das on allen anfang von ewigkeit her. Dann wer wolt so toricht und unsynnig sein, das er spräch, Gottes sun oder wort het[t] ein anfang und were vorzeiten nicht[u] gewest? Dann da wer[v] alsbald Got der vater zur selben zeit – dieweil er noch nichts erkant noch gewißt het[w], das ist, sein wort noch nicht geporn – auch kein Got ge- [95r:] west, het auch nicht mogen leben; dann das leben ist im wort, Johann. 1 [4]. Dorumb hat Got der vater das wort von ewigkeit in im gehabt und geporn, gleichwie er auch von ewigkeit gewest ist.

Das bezeugt der heylig Johannes am ersten capittel [1] und spricht: »Im anfang war das wort«, das ist: Da Got im anfang himel und erden erschuff, wie Moses sagt[46], war das wort zuvor da und dorft[47] nicht erst werden. Vor dem anfang aber war kein zeit, sonder alles ewig und also das wort auch ewig, wie das Soloman[48] in seinen Spruchen am 8. cap. [22–36] noch clerer[x] beschreybt. Dann daselbst[y] spricht die ewig weißheit, das ist das wort Gottes, also: »Der Herr hat mich gehabt [S. 415:] im anfang seiner wege; fur seinem werck dazumal war ich. Ich bin eingesezt von ewigkeit, von anfang der[z] erden. Da die tieffen noch nicht waren, da war ich schon fertig, da die prunne noch nicht wasser quollen. Ehe dann die berge eingesenckt waren, fur den hugeln war ich fertig. Er häte[a] die erden noch nicht gemacht und was daran ist noch die berge des erdbodens. Da er die himel beraytet, war ich daselbs. Da er die tieffe mit seym zil verfasset[49], da er die wolcken [95v:] droben hefftet, da er festiget die brunne der tieffen, da er dem meer das zil setzet und den wassern, das sie nicht ubergehen seinen befelch, da er den grundt der erden legt: da war ich bey ime und fertigets und häte[b] meine lust täglich und spilet fur im allezeit und spilet auff seinem erdboden, und meyne lust war bey den menschenkindern. So gehorcht mir nu, meine kinder! Wol denen, die meine weg behalten. Höret die zucht und werdet weise und lasset sie nicht faren! Wol dem menschen, der mir gehorchet, das er wach an meiner thur teglich, das er warte an den pfosten meiner thur. Wer mich findet, der findet das leben und wirt schöpfen wolgefallen vom Herrn. Wer aber an mir sundiget, der verletzt seine sele. Alle, die mich hassen, lieben den tod.« Also ist gnugsam [c]beweiset und[c] angezigt, das Gottes wort von ewigkeit herr gewest sey.[d]

---

s) folgt Züb.: Das Gottis wort von ewigkeyt her sey: A–E. – t) hat: A–E. – u) nichts: A–E. – v) war: A, B, D. – w) hatt: A, B, D, E. – x) klårlich: D. – y) da: B, D, E. – z) vor der: b, A–E. – a) hat: b; hatte: A–E. – b) het: b; hatte: A, B, D, E; hette: C. – c–c) fehlt D.
d) folgt Züb.: Warumb es (fehlt D) Gottis wort ist: A, B, C, D; Warumb es Gottes wort ist und genennet wird: C.

45. äußerlicher.
46. Gen 1,1.
47. mußte.
48. Salomo.
49. ihre Grenze festsetzte.

Nun spricht der heylig Johannes weiter: »Und das wort was⁵⁰ bey Got«⁵¹. Das wer aber nach dem kriechischen klarlicher und artlicher⁵² verteutscht⁵³, wann man sprech: Das wort gehoret zu Got. Dannᵉ es gehöret ime zu und ist sein wort, erstlich dorumb, das er der ist, der das wort gepirt, nachmals dorumb, das das wort ein »ebenpild seins [96r:] wesens« und ein »glantz seiner herligkeit« ist, wie zu den Hebreern am 1. [3] geschryben istᶠ. Dann ein ydlich wort gehört erstlich dem zu, der es in im hat oder ausspricht, und darnach dem, des bild und namen es istᵍ und darvon es gesprochen wirt. Also gehoret Gottes wort in bede weg zu Got.ʰ

Darnach trifft der heylig Johannes erst recht die art und crafft des worts und spricht: »Got war das wort«. Dann ein yedlich wort ist ein ebenpild, das die erkantnus macht von dem ding, das sie erkennet. Dieselben ebenbild aber sein untereinander fast⁵⁴ ungleich. Dann so ein mensch etwas leyblichs erkent, empfahet er ein pild darvon in seiner erkantnus. Welchs pild erstlich gantz abgesondert ist von dem ding, darvon es gebildet wirt. Nachmals ist es auch nichtⁱ ein bild des gantzen wesens, sonder nur des außwendigen scheins und ansehensᵏ. Alß so⁵⁵ einer einen menschen kennet, hat er ein ebenpild vom selben bey im, darein er sehen und esˡ anschauen und betrachten kan, wann schon jhener nicht bey im, sonder uber tausend meyl ist. Aber das pild zeigt nicht das gantz wesen des menschen an, sunder nur die größ, farb und ordnung oderᵐ proportion seiner gelliederⁿ.

So aber ein mensch ein geistlich ding erkennet, schopfetᵒ [96v:] er ime in seiner erkanntnus auch ein ebenpild, und dasselb ebenpild lest sich nicht absöndern von dem, des bild es ist. Deßgleichen schleust das bild in sich nit allein ein schein, sonder auch das gantz recht selbstendigᵖ wesen des gaistlichen dings, des bild es ist. Als wann einer ein kunst⁵⁶ soll und will recht erkennen, muß er sy zuvor lernen und also die kunst in seinem verstandt nach allem irem ᵠrechten selbstendigemᵠ wesen fassen. Wann er sy nun begriffen und [S. 416:] gefasset hat, so stellt er sy zu einem pild, schauet sy an und kennt sy dann recht und volkomenlich, was es doch fur ein kunst sey. Und so man im die kunst neme, belyb das pild auch nymer da und er könnt auch nymer wissen, was es fur ein kunst wer. Deßgleichen, wann man im das bild nem, belyb die kunst auch nymer daʳ. Dann die kunst, so er wesenlich in seinem verstand hat, und das pild, dardurch er die kunst erkennt, ist

---

e) fehlt D. – f) steet: A–E. – g) ist, das man darbey verstehet: C. – h) folgt Züb.: Wie Gottis wort Gott selbs ist: A–E. – i) fehlt b. – k) ansehens oder aber der zufelligen eigenschaften: A–E. –l) es in seinem gemüt: A–E. – m) der: b; oder wo: D.

n) gelider und andre eygenschaft des menschen. Das recht wesen aber ist nicht im bild der erkantnus: A–E.

o) so schopft: b. – p) bestendig: D. – q–q) recht selbstendigem: A–E. – r) fehlt C.

50. war.
51. Joh 1,1.
52. passender.
53. Osiander zitiert meist, besonders bei längeren Stellen, nach Luthers Bibelübersetzung, soweit sie bis dahin erschienen war: NTdeutsch 1522; ATdeutsch (= Gen–Hhld) 1523–1524.
54. völlig.
55. wenn zB.
56. Fertigkeit, Können.

als ein ainig ding^s, und ist nichts in der kunst, das er nicht im bilde ansech; so ist auch nichts im pild, das nicht die kunst selbs sey.

So dann nun das in irdischen dingen also erfunden⁵⁷ wirt, wievil mer ist es in Got also, in dem doch nichts dann das allerainfaltigst [97r:] wesen gefunden wirt. Er ist ye Got; so⁵⁸ erkennt er sich auch, und das durch ein bilde. Das pild aber ist eben derselbig Got. Dann »Got ist ein gaist«, Joh. 4 [24]. Darzu ist er unendtlich und an allen orten. Derhalben, was er fur ein bild gepirt, das ist ᵗGot selbsᵗ. Darumb ist es gantz treffenlich hoch und artlich geredet zu den Hebreern am 1. [3], do er spricht: Das wort oder der Son sey ein »glantz seiner herlichait und ein ebenpild seins wesens«, wiewol es Johannes noch kurtzer ausredet⁵⁹ und ebenso recht, da er spricht: »Got war das wort«, das ist: Da sich Got erkennet, fleust sein gantz götlich wesen in das pilde, und das bilde ist das recht inwendig, ewig wort Gottes, Got selbs. »Das war nun im anfang bey Got.ᵘ Alle ding sein durch es gemacht und on es ist nichts gemacht, das gemacht ist«ᵛ⁶⁰, wie auch derʷ zu den Hebreern spricht: »... durch den er auch die welt gemacht hat«⁶¹. Das zeigt auch Moses im ersten puch am ersten capitel [3] clarlich an, da er sagt: »Got sprach: ›Es werd ein liecht‹, und es wurde ein liecht« etc. Und was leeret er im gantzen capitel daselbs anders, dann das Got spricht und es geschicht? Wie David am 148. psalm [5] sagt: »Er gepeut, so wirts geschaffen«, und Esaie am 48. [12f]: [97v:] »Ich bin der erst und der letzst. Mein handt hat das erdrich befestigt und mein gerechte die himel gemessen«, und am 66. cap. [2]: »Mein hand hat dieses alles gemacht und es ist also worden«. Sein hand aber und seineˣ wort, wie droben⁶² gesagt, ist ain ding. Dann gleichwie des menschen seel, in allen glidern gegenwertigʸ, allein durch iren willen alle adern⁶³ regt und alle glider bewegt – dann sie ist ein gaist und hat kein andern werkzeug, die glyder zu bewegen, dann den willen –, also vil mer Got, der »vater unser aller, der da ist uber uns alle und in uns allen« (wie Paulus zu den Ephes. am 4. cap. [6] sagt), bewegt, wurkt, macht, bricht⁶⁴ und endert alle ding, wie es im gefelt, allein durch seinen willen, das ist durch sein gotlich wort. Dorumb ist auch, wie Johannes sagtᶻ, on es nichts gemacht, das da gemacht ist⁶⁵, sonder alles, das da ist und noch werden soll, ist alles zuvor in Gottes rate und

s) ding und inwendig wort: A–E.
t–t) und muß Gott selbs sein. Dann er kann ye kayn bild sein selbs, das Got nicht ist, yrgen an einem ort bilden, dieweil er selbs an allen orten ist: A–E.
u) folgt Züb.: Das durch Gottis wort alle ding erschaffen seyen: A–E. – v) ist, spricht Johann. am 1.: A–E. – w) der apostel: A–E. – x) sein: b, A–E. – y) in a von Spengler eingefügt: ist. – z) fehlt b.

57. gefunden.
58. sc. als Gott.
59. ausdrückt.
60. Joh 1,2f.
61. Hebr 1,2.
62. Vgl. o. S. 324.
63. Muskeln, Sehnen.
64. zerstört.
65. Joh 1,3.

wort verfaßt und von ewigkeit beschlossen. Und wo das nicht were, möcht der keins nymermer ins werck komen noch erschaffen werden.ᵃ

Man soll aber in keinen weg gedenenck, das solches allmechtigs wort Gottes, das Got selbs ist, wandelbar und der zeit underworfen sey, also das er [98r:] ytzo etwas wisseᵇ, wöll oder furneme, das er nicht von ewigkeit gewisst, gewöllt und beratschlaget⁶⁶ het, oder aber, wann er etwas furgenomen hab, das er wider darvon fall und ein anders furneme. Dann Gottes wort ist nicht allein von ewigkeit allweg⁶⁷ gewest, sunder es pleybt [S. 417:] auch in ewigkeit unverruckt und unverwandelt, wie Esaias am 40. [6.8] sagt und spricht: »Alles fleisch ist heu und all sein herrligkeit als ein bluem des velds. Das heu ist verdorret, und die plum gefallen aber Gottes wort bleybt ewiglich«, und David am 118. psalm⁶⁸: »In ewigkeit, Herr, pleybt dein wort«, und Malachias am 1.⁶⁹: »Ich binᶜ Herr und wirt⁷⁰ nicht verwandelt«, und Numeri am 23. [19]: »Got ist nicht als ein mensch, das er möcht liegen⁷¹, noch als eines menschen kynd, das er sich mocht wandeln«. Dann was er einmal in ewigkeit beschlossen und in seinem wort verfasset⁷² hat, das muß also bleyben, kan nicht verruckt noch geendert werden.

Das sagen wir aber dorumb, das yederman merk und verstee, wie uncristlich die handeln, so im sein heylig wort verkeren und, was er verpoten hat, wider erlauben, was er gepotten hat, wider auffheben und wegnemen und, was er frey gelassen hat, wider verstricken⁷³ und seiner freyheit berauben. Dann als wenig Got nicht Got sein kan, als wenig mag sein [98v:] wort geendert und verruckt werden. Es erlaube einᵈ yeder, was er woll.– Was Got gepeut, das ist und bleybt ewig gebotten. ᵉWas er verpeut, das ist und bleybt ewig verpotenᵉ. Also auch, was Got frey lesst, das ist und bleybt ewig freyᶠ. Es must auch ehe himel und erden zergeen, ehe Gottes wort, domit die freyheit eingesetzt ist, zuruck solt geen⁷⁴. Und wiewol man in den dingen, die frey sein, on allen schaden thun und lassen mag, soferrne nicht wider die lieb gehandelt werdtᵍ, kan man doch, was frey ist, on verfelschung der götlichen warheitʰ weder gepieten noch verpieten, sunder muß es frey bleyben lassen, ⁱdas ein yedlicherᵏ mög thun und lassen, wie und wann

---

a) folgt Züb.: Das Gottis wort unwandelbar sey: A–E. – b) weis: E. – c) in a von Spengler (nach Luther?, vgl. WADB 11,2, S. 370), eingefügt: der. – d) fehlt A–E. – e–e) fehlt D.

f) frey. Niemant kan uns das verpieten und wir selbs mögen uns des auch durch kein gelübd verpinden. Dann wievil wir geloben, so spricht Gottes wort ewiglich, es sol frey sein, außgenumen die ding, die er selbs geloben heyssen: C.

g) wird: E. – h) warheit, die Gott selbs ist: A–E. – i–i) in A–E als Züb. gesetzt. – k) yeglicher in freyen dingen: C.

66. bedacht, geplant.   67. immer.
68. Ps 119,89. Osiander zählt und zitiert hier nach Vg., während er sonst die Psalmen meist in Anlehnung an ATdeutsch bietet; vgl. WADB 10,1, S. 510.
69. Mal 3,6.
70. werde.
71. lügen.
72. festgesetzt.
73. binden, festlegen.
74. Vgl. Mt 5,18.

er will[l]. Dann Gottes wort und will, der es frey gesetzt, last sich nit endern. »Himel und erdrich (spricht er Math. am 24. [35]) werden zergeen, aber meine wort werden nicht zergeen«[75].

So aber yemant hie wurdt fragen: Warumb hat dann Got das alt testament abgethan, worumb pleybt es nit auch ewig?, da antworten wir kurtzlich[76]: Es ist Gottes meynung, wort und will nye anderst gewest, dann das das alt testament weren soll biß auff Christum und nicht lenger, wie die schrifft an vil orten anzeigt[77], und ist noch also in Got (wann Cristus nicht komen wer, so musten wirs [99r:] noch halten) und wird ewig also pleyben. Es hat Got[l] nie gerauen[m], wirt in auch ewiglich nit gereuen, das er das alt testament vor der zukunfft[78] Christi geordent[79] hat. Dorumb pleybt es[n] ewig sein will, das das alt testament vor der zukunft Christi gehalten sein soll und nicht lenger.

Also haben wir auffs kurtzist angezeigt, was Gottes wort in Got sey, nemlich ein volkomene erkantnus Gottes, domit er sich selbs und allen seinen willen und werck erkenn, welche Gottes hertz, synn, gedancken, wort, weyßheit, ratschlag, hand, arm und son in der heyligen schrifft genennt werdt und von Got nicht mundtlich wie der menschen wort gesprochen, sunder inwendig geborn werd, deßgleichen, das es kein anfang ye gehabt, sonder ewiglich vom vater geporn, allweg volkomen Got selbs und unwandelbar sey.[o]

Ehe dann wir aber weiterfaren und anzeigen, [p]was es in uns sey[p] und wurck und wie wir uns darzu sollen halten, wollen wir vor ein wenig auch vom heyligen Geist sagen, auff das man alles, so hernach volgen wirt, dester baß[80] versteen und begreiffen mog. Und so man den heyligen Gaist nennet, soll nymant gedencken, das er [99v:] [S. 418:] allein dorumb ein gaist genennet werd, das er nicht leyblich und sichtlich sey – dann dermassen ist der Vater und der Son auch ein geist – sunder vilmer dorumb, das er ein gaist vom Vater und vom wort außgehet[81].

Das mussen wir abermals durch gleichnus der creaturn anzeigen also: Ein ydlich ding hat sein gaist, nemlich ein traurigen oder frölichen, ein hohen oder nyderrigen, ein frischen oder schläfferrigen, ein tröstlichen[82] oder erschrock-

---

l) Got noch: A–D. – m) gerauen und: A–E. – n) fehlt A–E. – o) folgt Züb.: Vom heyligen Geyst: A–E. – p–p) wie es in uns kom: A–E.

75. Vgl. zum Ganzen Nr 20, ›Grund und Ursach‹, S. 201–203, sowie Nr 43, ›Schlußrede‹, S. 567–574, besonders S. 572.
76. Hat Osiander diesem Teil eine Vorarbeit, etwa die »quaestiones« von 1523 zugrunde gelegt, die Melanchthon (Brief an Spalatin vom 3. 7. 1523, CR 1, Sp. 616, Nr 245) erwähnt? Darauf könnte das Frage-Antwort-Schema, das freilich öfter vorkommt, hinweisen sowie die Tatsache, daß die Zitate (Ps 119,89; Num 23,19) nach der Vg. wiedergegeben sind. Vgl. dazu auch *Seebaß*, Osiander, S. 76.
77. Vgl. Mt 5,17; 12,1–14; Röm 10,4; Hebr 8,13 u.a.
78. Ankunft.
79. angeordnet.
80. besser.
81. Vgl. Symbolum Nicaenum, BSLK, S. 27.
82. tröstenden, ermutigenden.

lichen⁸³, ein lustigen⁸⁴ oder greulichen⁸⁵, ein freundtlichen oder feindseligen und was der underschied merᵠ sein. Es hat auch ein ydlich wort oder rede iren gaist dergleichen, aber doch nicht von im selbs, sunder vonʳ dem ding, davon es geredet wirt. Als wann manˢ von einem erschrockenlichen ding redet, so hat die red auch ein erschrockenlichen gaist; und der entspringt nicht aus dem wort, sonder ausᵗ der sachen, darvon man redet, und ist doch im wort, und alle, die das wort hören und glauben, empfahen denselben geist und erschrecken ab⁸⁶ dem erschrockenlichen ding, davon man redet.

Also mussen wir durch diese oder ander solche gleichnus auch Gotes geist erkennen. Dann Got ist allein gut⁸⁷ und ein prun alles guten und hat auch ein gaist, darvon wir ytzo reden. Was aber derselbig gaist sey, ᵘkan [100r:] manᵘ nicht volkomenlich begreiffen noch aussprechen. Die heylig schrifft aber zeigt in gemainglich durch die lieb an, denn der Gaist ist gleich ain inwendig ringen und dringen, das ist ein ausspringende⁸⁸ lust und begir, domit Gotᵛ herfurpricht, sein aigenʷ werk, das ime allein gezimet, zu wurcken und offenbar zu machen. Sein werk aber, das ime als dem höchsten gut allein eignet, ist nichts anders dann sein gute erzeigen und derselben alle creatur (nachdem und ein ydliche⁸⁹ des empfengklich ist) thaylhafftigˣ machen. Solcher gaist kan nach menschenartʸ nicht anderst dann die lieb genennet werden. Dorumb Paulus zu den Romern am 5. [5] spricht: »Die lieb Gottes ist durchgossen in unser hertz durch den heyligen Gaist, der uns geben ist«. Deßgleichen Joh. in seiner ersten epistel am 4. cap. [16]: »Got ist die lieb, und wer in der lieb pleybt, der bleybt in Got und Got in im«. Also ist Got der vater ein ursprung des worts und des Gaists. Das wort aber ist ein ebenpild des Vaters und des Gaists, dann der gaist des Vaters ist auch im wort. Und der Gaist geet aus vom Vater und vom wort. Und ist ein yde person das gantz wesen götlicher mayestät, wie das hernach weiter erclert soll werden. Dann biß hieher haben wir nur ein grund gelegt, aber ein recht bestendigen und [100v:] ewigen grundt, darauff wir nachvolgends wollen pauen.ᶻ

Es soll aber auch nyemand darfur halten, das die gleichnus, durch welche wir das gehaymnus götlicher natur, wie wir gemocht⁹⁰, anzeigt und endeckt haben, der meynung seien eingefurt, als solten sie zu solcher erkantnus gnugsam sein – dann was mocht man in allen creaturn finden, das Got, seinem schöpfer, in allweg

q) mer mögen: A–E. – r) von dem, der es redet, oder aber von: A–E. – s) ein ernstlich mann: A–E. – t) aus dem, der redet, und aus: A–E. – u-u) können wir: A–E. – v) fehlt A, B, D, E; er: C. – w) eygen und allerhöchstes: A–E. – x) in a von Spengler eingefügt: zu. – y) menschlicher art: b, A–E. – z) folgt Züb.: Dasz gotlichs wesen unaussprechlich sey: A–E.

83. erschreckenden.
84. angenehmen, wohlgefälligen.
85. Grauen erregenden.
86. ob, über.
87. Vgl. Mt 19,17.
88. hervorbrechende.
89. je nachdem eine jede, vgl. *Grimm*, Wörterbuch 7, Sp. 35.
90. vermocht.

gantz gleich wer^a –, sunder allein, das wir domit die vernunft gefangennemen unter den gehorsam Cristi^91, das sie seinem wort glaub und nicht zweifel, dorumb das sie es nicht begreiffen kan. Dann das solche gleichnus nicht schedlich noch^b zu verwerfen sein, zeigt Got der herr selbs gnugsam an, da er spricht, Genesis^c 1 [26]: »Last uns ein menschen machen, ein bild, das uns gleich sey« etc. Ist^d der mensch Got gleich, so kan man auch durch gleichnus menschlicher natur die gotlichen natur etlichermaß anzeigen.^e

[S. 419:] Nachdem wir nun den grund gelegt und, was Gottes wort^f sey, angezeigt haben, wollen wir sehen, welches cristenliche leer und zu unser seligkeit [101r:] not sey: Unser seligkeit aber ist das ewig leben; das erlangen wir durch das wort Gottis^92. Dann Cristus der herr spricht Joh. am 17. [3]: »Das ist das ewig leben, das sie dich, das du warer Got bist, und den du gesandt hast, Jesum Christum, erkennen«. »Nymant aber waiß, wer der Son ist, dann der Vater, und nymant waiß, wer der Vater ist, dann der Son und wem es der Son will offenbarn«, ^gLuce 10 [22]^g. Wer nun das ewig leben will haben, der muß Christum hören; dann er hat die wort des ewigen lebens, wie Petrus sagt, Joh. 6 [68]. Dorumb der heylig Johannes am 1. capitel seines euangelion [4] auch zeuget und spricht: »In im war das leben, und das leben war ein liecht der menschen«. Deßgleichen am 1. cap. seiner [1.] epistel [1f] spricht er: »Das da vom anfang war, das wir gehort haben, das wir gesehen haben mit unsern augen, das wir beschauet haben und unser hend betastet haben von dem wort des lebens – und das leben ist erschinen, und wir habens gesehen und zeugen und verkundigen euch das leben, das ewig ist, welches war bey dem Vater und ist uns erschinen« etc.

So nun das leben allein im wort, das Got selbs ist, gefunden wirt, also das auch in Got kein ander leben ist dann [101v:] das wort, wer will nicht sehen, das wir zum ewigen leben auch keiner andern leer bedurfen dann das wort Gottes allein? Wer ewig leben will, der muß Got erkennen; in erkennt aber nyemant dann durch sein^h wort, und das wort ist Got selbs. So muß nun der Vater sein wort, das von anfang bey Got ist gewest^93, uns eröffnen. Dann es kans sonst nymant thun, dieweil den Son, das ist das wort, nymant kennt dann der Vater. Und so uns das wort eroffent wirt, kennen wir den Vater auch, den doch sonst nymant kennt, dann wem es der Son oder das wort will offenwarn. Wem nun der Vater das wort offenbart, dem offenbart widerumb das wort den Vater. Dann es kan nicht geschieden werden, wie der Herr Joh. am 14. [9] spricht: »Philipe, wer mich gesehen hat, der hat^i den Vater gesehen«; denn »er^k ist ein ebenpild seines wesens und der glantz seiner herligkeit«, Hebre. 1 [3]. Also erkennet man Got den vater und das wort, das er gesendet hat, und lebet ewiglich.^l

a) wer, oder wer mag in aussprechen dann er selbs: A–E. – b) noch gar: A–E. – c) im ersten buch Mosi am: C. – d) Ist dann: A–E. – e) folgt Züb.: Was recht christliche leer sey: A–E. – f) wort und geyst: C. – g–g) wie Lucas am 10. spricht: C. – h) sein eigen: C. – i) hat auch: C, E. – k) der Sun: C. – l) folgt Züb.: Das eusserliche predig nur ein werckzeug sey: A–E.

91. Vgl. 2Kor 10,5.
92. Vgl. zum Folgenden Nr 43, ›Schlußrede‹, S. 555 und S. 566.
93. Vgl. Joh 1,2.

Es möcht aber hie ymant fragen und sprechen: Ich höre wol, das Gottes wort im anfang bey Got und Got selbs ist und das in im das leben [102r:] und alle seligkeit ist; wie kan man aber darzu komen und dasselb erlangen? Das wort, das man uns predigt und Gottes wort nennet, das ist ye nur ein außwendig stym und menschlich wort, das durchs menschen mund ein anfang und im lufft bald wider ein ende nymbt. Gottes wort aber ist ein inwendig, gaistlich, ewig, verporgen wort, das Got selbs ist. Was furdert oder wurckt das menschlich predigen zu dem, das Gottes lebendig wort in uns sey?

Da antworten wir kurtzlich also: Es ist recht und war, Gotes wort ist ein inwendig, geistlich, ewig und[m] verporgen wort. Es wirt aber uns durch das auswendig wort eröffent und mitgeteilt. Dann wer versteet nicht, das aller menschen sprach allein dorumb erfunden sein, das einer dem andern sein gedancken und sein inwendig wort und meynung mög anzeigen? Das eusserlich wort ist nicht das inwendig; es zeigts aber [S. 420:] an und machts offenbar. Gleichwie die schrifft auch kein stym, sonder nur farb ist, sie zeigt aber dennoch an, was ein mensch mit lebendiger stym geredet hab oder gern reden wolt. So der mensch sein inwendige mainung mit der zungen ausspricht, behelt er sie doch in[n] im und vergist derselben nicht; [102v:] deßgleichen empfacht[94] sie auch, der im zuhöret, wiewol ers vor[95] nicht gehabt hat. Das eusserlich wort verschwindet, das inwendig aber behalten sy bede. Also ist es auch mit Gottes wort. Got erkennet sich selbs von ewigkeit, und dieselbig erkantnus ist sein inwendig wort und Got selbs. Wann er nun dasselbig inwendig[o] wort durch das eusserlich wort[p] anzeigt oder seine diener[q] anzeigen lesst, nemlich was er sey, so empfahen alle, die es hören, glauben und behalten, eben dieselbigen erkantnus, die er in im selbs hat. Das ist dann das recht lebendig wort Gottis, Got selbs, und ist nicht ein eusserlich wort in der stym, sunder es ist die meynung und der syn, der durch das eusserlich wort angezeigt und in unsere hertzen gepflantzt wirt.

Das alles zeigt der Herr lauter und clar im euangelio Johan. 8 [25]: Da in die Juden fragten und sprachen: »Wer bist du?«, da antwort er in[r]: »Eben das ich mit euch rede«. Nun weyß ein yeder crist wol, das der Herr nach seiner menscheit kein wort, sonder flaisch und plut ist. Aber sein gotlich natur ist das wort und die weyßheit des Vaters. Dasselbig redet er mit den Juden und eroffents in durch das eusserlich wort. Wer es nun glaubet und behelt, der hat Cristum selbs. Dann er ist eben, das [103r:] er redet, wie er Johan. am 6. [63] auch spricht: »Die wort, die ich rede, sein gaist und leben« – nicht die wort, die im lufft klingen und verschwinden, sunder die meynung und der syn, der in den glaubigen hertzen bleybt. Derselb ist gaist und leben und Got selbs. Darumb spricht er auch, Joh. 14 [23]: »Wer mich lieb hat, wirt mein wort behalten, und mein vater wirt in auch lieben, und wir werden zu im komen und wonung bey im machen«, deßgleichen Luce

m) fehlt C. – n) fehlt D. – o) inwendig gotlich: b, A–E. – p) wort, soviel wir mögen begreiffen: A–E. – q) diener, die es von im haben: A–E. – r) in anfenglich: A–E.

94. empfängt.
95. vorher.

am 11. [28]: »Selig sein, die das wort Gottes hören und dasselbig behalten«. Dann wer sein wort hört, glaubt, behelt und im fleissig nachgedenckt, der empfahet die rechten maynung, den rechten syn und verstand. Das ist dann das lebendig wort Gottis, Got selbs. Wo nun das wort ist, da ist auch der Vater. Darumb spricht er: »Wir werden zu ime komen und wonung bey im machen«.

Und da ist auch der heylig Gaist, nemlich die recht gotlich lieb, wie er spricht, Johan. 17 [26]: »Vater, ich hab in deinen[s] nomen kundtgethun, auff das die lieb, domit du mich geliebet hast, sey in in und ich auch in in«. Und Joh. 7 [38]: »Wer an mich glaubt, wie die schrifft sagt, von des leyb werden fliessen fluß des lebendigen wassers«. Und Johan. 4 [14]: »Wer des wassers trincken wirt, des[t] ich im gebe, den [103v:] wirt ewiglich nicht dursten, sunder es wirt in im ein prun werden, der in das ewig leben quillet«. Und Johan. am 6. [35]: »Wer an mich glaubt, den wirt nymermer dursten«. Das ist: Wer meine wort höret und glaubt, der hat mich selbs, dann ich bin das wort. Er hat auch den Vater, dann der Vater ist im wort. Er hat auch die lieb des Vaters, die der Vater zum Son hat, das ist den heyligen Gaist.

Dieselbig lieb pricht wider heraus und wirt wie ein quellender prunn, erzeigt dem nechsten als gut[96] und erfullet das gesetz, wie Paulus zun Römern am 13. [8] sagt: »Wer den nechsten liebt, hat das gesetz [S. 421:] erfullt«. Dann wo die lieb ist, da get es alles rechtgeschaffen zu, wie Paulus 1. Corinth. 13 [4–8] beschreybt und spricht: »Die lieb ist langmutig und freuntlich, die lieb eiffert nicht, die lieb schalket[97] nicht, sie blehet sich nicht, sy stellet sich nit hönisch, sy sucht nit das ir, sy lest sich nicht erbittern, sy gedenckt nichts[u] args[98], sie freuet sich nicht uber der ungerechtigkeit, sy freuet sich aber mit der warheit, sie vertregt alles, sy glaubt alles, sy hoffet alles, sy duldet alles. Die lieb verfellet[99] nymermer, so doch die weyssagung auffhören werden und das erkantnus auffhoren wirt« etc. Also ist die lieb ein rechter prunn aller guten werck [104r:] und springt in das ewig leben; das ist, dieselbigen werk, die also der heylig Geist in uns wurckt, gelten allein vor Gottes gericht und behalten uns im ewigen leben. Also ist clar und offenbar, das wir durch den glauben an das wort Gottes gerechtfertigt und mit Got verainigt werden.

Dorumb spricht[v] Paulus, 1. Corin. 6 [17]: »Wer Got anhangt, der wirt ein gaist mit ime«. Und der Herr, Joh. 17 [20–23]: »Ich bitt aber nit fur sie allein, sunder auch fur die, so durch ir wort an mich glauben werden, auff das sy alle ains seyen, gleichwie du, Vater, in mir und ich in dir, das auch sy in uns eins seyen. Und ich hab in geben die klarheit, die du mir geben hast, das sie eins seyen, gleichwie wir eins sein, ich in inen und du in mir, auff das sie volkomen seyen in

---

s) deinem: A, B, D, E. – t) das: C. – u) nicht: E (vgl. NTdeutsch, WADB 7, S. 122). – v) spricht auch: B, E.

96. alles Gute.
97. ist nicht arglistig.
98. sinnt nicht auf Böses.
99. vergeht.

ains.« Und Paulus zu Phillipp. am 1. [21]: »Cristus ist mein leben«, und zu den
Gallath. am 2. [20]: »Ich lebe, doch nun nit ich, sunder Christus lebet in mir.
Dann was ich lebe im flaisch, das lebe ich in dem glauben des son Gottes.« Wann
wir dann also durch den glauben mit Got verainigt sein, wir[w] in im und er in uns
ist, so haben wir das ewig leben. Derohalben beschleusst sich hieraus[x] unuberwintlich, das wir zu der seligkeit keiner andern lere [104v:] bedurfen dann deß
lebendigen wort Gots, welchs Got selbs ist.[y]

Es soll und muß aber durch das eusserlich predigen als durch den rechten
werckzeug in uns gepracht und gepflantzt werden, wie droben[100] angezeigt ist;
dann es hat Got also gefallen, dieweil die welt in die weyßheit nicht erkennt
hat, das er sy durch toricht predigt will selig machen, wie Paulus 1. Corinth. 1
[21] meldet[z]. Und das sagen wir dorumb, das man sich die buben nicht verfuren
laß, die vil von der lebendigen stymm Gottis furgeben, die schrifft und das auswendig wort verwerfen und doch in der warheit nichts darvon wissen[101]. Dann
wir merken wol, was der teuffel im syn hat und durch sy gern anrichten wolt:
Wann er die schrifft[a] vertruckte[b][102], so mocht er dann unter dem schein des[c]
wort Gottes sein tödlich gifft und lugen durch falsche gesicht und offenbarung
wider auffrichten, darvor uns Paulus [d]2. Corinth.[d] 11 [13–15] treulich warnet und
spricht: »Solche falsche appostel und trugliche arbeiter verstellen sich zu Cristus
aposteln. Und das ist auch kein wunder, dann der teuffel verstellet sich auch zu
einem engel des liechts. Dorumb ists nicht ein groß, ob sich auch seine diener
[105r:] verstellen zu dienern[e] der predig von der gerechtigkeit.«[f]

Nachdem aber wir allein durch Gottis wort selig werden und dasselbig durch
ausserliche predig eröffent und angezeigt wirt, mussen wir ein gewiß zeugnus
haben, darbey wir wissen[g] und erkennen, welches Gottes wort sey oder nicht.
Dann solten wir fur Gottes wort halten, das Gottes wort nicht ist, so wurden wir
gar sträfflich sundigen, die- [S. 422:] weil Gotes wort Got selbs ist. Dorumb, wer
fur Gottes wort helt, das Gotes wort nicht ist, der helt auch fur Got, das Got nicht
ist, das dann ein teufflische abgoterey ist. Und so wir Gottes wort nit lauter und
rain haben, sundern verruckt[103] und falsch, ist dasselbig wort in keinen weg Got

w) das wir: E. – x) herauß: b, A, B, D, E. – y) folgt Züb.: Wider die falschen propheten:
A–E.

z) meldet. Wer aber den namen des Herrn anrüffet, der würdt selig, wie Paulus zun Römern
am 10. sagt. Wie sollen sie aber anrüffen, an den sie nicht glauben? Wie sollen sie aber glauben,
von dem sie nichts gehört haben? Wie sollen sie aber hören on prediger? Wie sollen sie aber
predigen, wo sie nicht gesandt werden? So kumbt der gelaub auß der predig, die predig aber
durch das wort Gottes: C, E.

a) schrifft, als dörft man ir neben dem lebendigen wort nicht: A–E. – b) vertrückte: C; ver-
ruckte: D; vertruckt: E. – c) des lebendigen: b, A–E. – d–d) in der andern zun Corin. am: C. –
e) dienen: D. – f) folgt Züb.: Von der heyligen schrifft: A–E. – g) mussen: a.

100. Vgl. o. S. 332.
101. Gemeint sind Müntzer, Karlstadt und ihre Anhänger in Nürnberg. Vgl. dazu die Gutachten über Schwertfeger, o. S. 261ff, Nr 21, und Greiffenberger, o. S. 275ff, Nr 22 und S. 277ff,
Nr 23, sowie *Seebaß*, Osiander, S. 111f.
102. unterdrückte.   103. verwirrt, verfälscht.

selbs; dann Got ist die wahrheit. Dorumb, wer fur Gotes wort predigt, das Gottes wort nicht ist, der beraubet uns Gottes und des lebens, das in Gottes wort ist, und erwurget (so vil an im ist) die seelen durch die falschen lere, wie das ʰChristus anzeigtʰ Johan. am 8. [44] undⁱ spricht: Der teuffel ist »ein mörder von anfang und ist nicht bestanden¹⁰⁴ in der warheit; dann die warheit ist nicht in im. Wann er die lugen redet, so redet er von seinem eigen. Dann er ist ein lugner und ein vater derselbigen.«

Das soll man also verstän: Der teuffel ist [105v:] nicht bestanden in der warheit, das ist in Gottes wort, sunder hats verlassen. Derhalben hat er im selbs ein ander wort, das ist die lugen, erdichtet. Dorumb ist er ein lugner und ein vater derselbigen. Und dieweil er der Eva sein lugen furgehalten und sie es geglaubt hat, ist er ein mörder worden. Dann durch die lugen hat er sie des lebens beraubet, welchs Gottes wort und die warheit ist, und inen dargegen eingepflantzt den tod durch die lugen, welche sie fur warheit gehalten und also den teuffel fur Got angenomen haben. Also ist der tod aus neid des teuffels eingangen in die welt und volgen im nach alle, die seines theyls sein, das ist, sy leren auch lugen, domit sie sich und andere des lebens berauben.

Dorumb mussen wir, solches ubel zu vormeyden, gewise zeugknus haben, welchs das war wort Gotes sey und welches die lugen sey;ᵏ und das gezeugnus ist die heylig schrifft. Dann das in derselbigen nichts zuviel sey, zeiget der Herr clarlich an Math. am 5. [18] und spricht: »Ich sag euch warlich, biß das himel und erdrich zergeen, wirt nicht zergeen der kleinest buchstab noch ein tittel vom gesetz, biß dasˡ alles geschee.« Deßgleichen, das nichts zuwenig noch vergessen sey, zaigt Moses im letzsten puch [106r:] am 4. cap. [2] und spricht: »Ir solt nichts darzuthun, das ich euch gepiet, und solt nichts davonthun, uff das ir haltet die gepot des Herrn, eurs Gots«; und am 12. cap. [32]: »Alles, was ich euch gebiete, das solt ir halten, das ir darnach thut. Ir solt nichts darzu- noch darvonthun.« Und Josue am 23. [6]: »Thut alles, was geschryben stet im puch des gesetz, das ir nicht darvon weichet, weder zur gerechten noch zur lincken«. Und Proverbiorum am 30. [6]: »Thue nichts zu seinen worten, auff das er dich nit straffe und werdest lugenhafftig gefunden«ᵐ. Deßgleichen zu den Hebreern am ersten [1f]: »Nachdem vorzeiten Got manchmal und manicherley weyse geredet hat zu den vätern durch die propheten, hat er am letzsten in diesen tagen zu uns geredet durch den Son«. Dann das wort, das er durch den Son geredet hat, ist das letzt, und man darf keiner neuen leer mer warten, die nicht geschryben were. Dorumb der Herr auch Math. am letzsten [20] spricht: »Leeret sy halten alles, was ich euch bevolhen hab«. Und Paulus zu den Gallath. am 1. [8f]: »So wir selbs oder ein engel vomᵐᵐ himel euch wurde predigen anders, dann das wir euch gepredigt haben, das sey verflucht. Wie wir ytzo gesagt haben, so sagen wir auch nocheinmal: So yemant

h-h) fehlt E. – i) fehlt E. – k)folgt Züb.: Das die heilig schrifft ein gewyß gezeugnus sey: A–E. – l) das es: b, A–E. – m) erfunden: A–E; vgl. ATdeutsch, WADB 10,2, S. 98. – mm) von: a.

104. gestanden, geblieben.

euch predigt anders, dann ir empfangen [106v:] habt, das sey verflucht.« Dieses alles zeigt der Herr kurtzlich an Johannis am 5. [39] und spricht: [S. 423:] »Erforscht die schrifft, dann dieselb ist, die von mir zeuget«. Cristus ist das wort deß Vaters, und die schrifft gibt ime zeugnus. Wer nun etwas predigt, dem die schrifft kein gezeugknus gibt, der predigt gewißlich nicht Gottis wort, sunder lugen aus dem teuffel.ⁿ

Dieweil nun offenwar ist, das die heylig schrifft allein soll gepredigt werden, wollen wir kurtzlich denᵒ inhalt derselbigen anzeigen. Dann sie ist in zweyerley leer getheilt, nemlich in das gesetz und in das euangelion, gleichwieᵖ Got zweyerlay werk in uns wurckt, nemlich tödten und lebendig machen. qDas euangelion ist alles, das Gottis gute, gnad und barmherzigkeit anzeigt, dardurch wir in erkennen und in unser hertz empfahen. Das gesetz aber ist alles, das uns gepeut, solche werck zu thun, die wir nicht vermögen, er sey dann in uns und wir in im. Dardurch wir erschrecken und unser aigne schwacheit erkennenq. »Das gesetz hat er durch Mosen geben, gnad und warheit aber ist uns durch Cristum erzeigt«¹⁰⁵.ʳ

Da Got der herr am anfang den menschen het aus der [107r:] erden formirt und im eingeplasen ein lebendigen athem¹⁰⁶, alle thier und frucht der erden unterworfen¹⁰⁷, darzu vor der ubertrettung und dem tod gewarnet¹⁰⁸, daraus er die gute Gottes wol mocht erkennen und also in der gerechtigkeit des glaubens leben (dann wer Got erkennt, der hat das lebendig wort Gots in im; daher vertraut er ime und hat in auch lieb und ist also gerecht), hat in der Herr also gelassen. Es ist aber der teuffel in einer schlangen gestalt komen und hat sie der erkandtnus durch sein lugen beraubt. Dann sie vertraueten on zweyfel Got dem herrn von hertzen, dorumb das er inen alles gut underthenig gemacht und sie so fleissig¹⁰⁹ vor dem verderben und tod gewarnet hetˢ. Derhalben hetten sie in auch lieb. Auff sich selbs aber setzten sie weder vertrauen noch lieb, dieweyl sy wol erkanten, das sy inen selbs nicht helfen und die geferlichait des tods nicht erkennen möchtenᵗ, sunder alles von Got dem vater empfangen hetten, und lebten also durch die erkantnus, die sie von Got aus seinen gutthaten hetten geschöpft zuᵘ vertrauen

---

n) folgt Züb.: Das die schrifft beyde, gesetz und euangelion inhalt (innehelt: E): A–E. – o) den gantzen: b, A–E. – p) gleichwie auch: b, A–E.

q–q) Das gesetz ist alles, das uns gepeut, solche werck zu thun, die wir nicht vermögen, er sey dann in uns und wir in im; dardurch wir unser eygne schwacheit erkennen und erschrecken. Das euangelion aber ist alles, das Gottes güte, gnad und barmhertzigkeit anzeigt; dardurch wir in erkennen und in unser hertz empfahen: A–E.

r) folgt Züb.: Wie Adam gefallen sey: A–E. – s) hat: A–E. – t) mögen: A–D. – u) in: b, A–E.

105. Joh 1,17; vgl. zu den folgenden Abschnitten (bis S. 348) Nr 43, ›Schlußrede‹, u. S. 557 bis 562, wo Osiander seine Darstellung – abgesehen von der Behandlung der Sakramente – ganz ähnlich aufbaut.

106. Vgl. Gen 2,7.
107. Vgl. Gen 1,28–30.
108. Vgl. Gen 2,16f; 3,1ff.
109. nachdrücklich.

und lieb gegen Got on sund, biß der teufel kam und sy vil eines andern uberredet.

Dann mit kurtzen worten sturtzt er vertrauen und lieb gegen Got und pflantzt dargegen vertrauen [107v:] auff eigne vernunft und liebhaben sich selbs und sprach: »Ir werdt mitnichten des dots sterben. Dann Gott wayß, das, welches tags ir darvon esset, so werden eure augen wacker[110], wert sein wie Got und wissen das gut und pöß«[111]. Got het[v] gesagt: »Welche stund ir vom holtz des wissens guts und pöß esset, werdt ir sterben«[112], und sie glaubtens und vertraueten im. Da aber der teuffel sprach, sy wurden nicht sterben, verliessen sie den glauben an Gottes wort und hiengen der lugen an. Dorumb vil[113] auch die lieb zu Got, alßpald[114] der teuffel saget, sy wurden weyß wie Got. Denn sie gedachten, Got hette es inen aus neid verpoten, und verachteten in. [w]Darnach volget[w] zuhand[115] die aigenlieb und großachtung sein selbs. Dann sie griffen nach der verpoten frucht, wolten Got gleich sein, sundigten also und vielen in den tod[116], vor dem sy Got so treulich gewarnet het. Und sobald sich die sund in irem gewissen reget, haben sy kein zuflucht mer zu Got, sunder setzen iren vertrauen auf ir aigne weyßheit, bedecken sich mit feigenpletern und verpergen sich vor Got dem herrn[117].

Also ist ir natur verderbt. Dann sy vertrauen Got und seinem wort nymmermer[x], [S. 424:] sunder verlassen sich auff ir vernunft, die doch der warheit nicht erkennet[y], und lieben [108r:] auch Got den herrn nymmer[z], sunder nur sich selbs, und suchen in allen dingen das ir. Und das ist der fleischlich syn, den wir alle vom Adam ererbt haben, von dem Paulus sagt zu den Romern am 8. [7]: »Fleischlich gesynnet sein ist ein feindschafft gegen Got, sinteinmal es dem gesetz Gottes nit underthan ist; denn es vermags auch nicht«. Darumb spricht er auch darvor [6]: »Fleischlich gesynnet sein ist der tod, aber geistlich gesinnet sein ist das leben«. Der geistlich synn aber ist nichts anders dann Got vertrauen und in liebhaben. Also ist »die sund durch ein menschen eingangen in die welt, und durch die sund der tod«[118].[a]

Wann nun der allmechtig Got uns das leben in seinem wort wider geben, das ist, glauben und lieb wider in uns anrichten will, mussen zuvor das falsch vertrauen auff unser vernunft, die[b] aigennutzigen bösen begirden in unserm fleisch ausgereutet und getodet werden. Das geschicht aber allein durchs gesetz. Dann so wir lang[119] auff unser fleischliche, falsche gerechtigkeit uns verlassen, stesst sie

---

v) hat: D. – w-w) das nachvolget: D. – x) nymer: A-E. – y) erkennen: C, E. – z) nymermer: b. – a) folgt Züb.: Das gesetz ein ampt des tods sey: A-E. – b) und die: b, A-E.

110. wach.
111. Gen 3,4f.
112. Gen 2,17.
113. fiel, verschwand.
114. sobald.
115. sofort.
116. Vgl. Gen 3,5f.19.22-24.
117. Vgl. Gen 3,7f.
118. Röm 5,12.   119. solange wir.

Gottes gesetz alle wider umb. [108v:] Dann Gottes gesetz erfordert die lieb, wie der Herr Math. am 22. cap. [37.39f] spricht: »Du solt lieben Got, deinen herrn, von gantzem hertzen, von gantzer selen, von gantzem gemiet und deinen nechsten als dich selbs. In diesen zweyen gepoten hangt das gantz gesetz und die propheten«. Die lieb aber ist Got selbs, wie [1.] Joh. 4 [16] stet: »Got ist die lieb, und wer in der lieb bleybt, der bleybt in Got und Got in ime«. Wer nun Got den herrn nicht hat, der hat auch die lieb nicht. Dorumb erfullt er auch kein gepott nicht, sunder ist alles lauter sund und verdampte gleißnerey, was er thut und lest, es schein und gleisse vor der welt[c], wie es wöll. Dann so wir gleich Gottes gepot eusserlich mit wercken erfullen, haben aber die lieb nicht, sein wir darumb nicht rechtfertig. Dann es spricht Paulus zu den Romern am 3. [20], »das kein fleisch durch die werck des gesetz vor Got rechtfertig sein mog. Dann durch das gesetz kombt nur[d] erkantnus der sund«[e]. Wer wolt sonst wissen, das alle natur des menschen sundig und verdampt, Got aber allein unser gerechtigkeit wer[120], wann nicht das gesetz sprech: »Du solt lieben«, das ist: Got soll in dir wonen und dein gerechtigkeit sein? Dann »Got ist die lieb«. Dorumb spricht Paulus 1. Corinth. 1 [30], Cristus sey »uns gemacht von Got zur [109r:] weyßheit und zur gerechtigkeit und zur heyligung und zur erlösung«[f]. Wann wir nun die sund also erkennen, so ist uns das falsch vertrauen auf uns selbs und unser aigne gerechtigkeit schon genomen. Dann wir mussen bekennen, das wir on Got aus eignen crefften kein gepot mogen erfullen.

Dieweil aber das gesetz verflucht alle die, so es nicht halten[121], volget weiter, das durchs gesetz uns Gottes zorn offenbar wirt, wie Paulus zun Romern am 4. [15] auch[g] sagt: »Das gesetz richt nur zorn an«. Dann so der mensch die vermaledeyung furchtet und ir doch nit entrinnen kan, sonder in sein gewissen strafft, das er Gottes zorn wol verdient hab[122] und billich tragen soll, gewint er ein mißfallen der[h] gerechtigkeit Gottes und wolt von hertzen gern, das Got ein ander gesetz het geben, das nit so streng were. Solches mißfallen, wiewol es uns gering bedunckt, ist es doch ein rechter zorn, domit wir gegen Got ein veindschafft furen, und get also in vollem schwanck[123] daher. Das gesetz nichts an- [S. 425:] ders thut dann zorn anrichten[i]: Got zurnet mit uns als den ubertrettern, und derselbig zorn ist uns verporgen, biß er durchs gesetz offenbar wirt. Dann zornen wir mit Got auch, das er ein so schwere purde uns auffgelegt hat, [109v:] die wir nicht tragen konnen.

Da wirt dann das gewissen noch herter verwundet und verzagt der mensch an im selbs gar. Dann er findt nichts guts in[k] im[124], also das er mit Paulo wol spre-

c) welt gleich: C. – d) fehlt A–E. – e) sünd, es nympt aber die sünd nicht hinweg: A–E. – f) erlösung etc.: b, A–E. – g) fehlt D. – h) ab der: A–E. – i) anrichtet: b, A–E. – k) fehlt b; an: E.

120. Vgl. Jer 23,6; s. dazu u. S. 346, Anm. 173.
121. Vgl. Dtn 27,15–26; 28,15–68; Ps 119,21; Joh 7,49.
122. Vgl. Jer 14,7; 2Makk 7,18.
123. Schwung, Stärke.
124. Vgl. Röm 7,18.

chen mag: »Ich elender mensch, wer wirt mich erledigen[125] von dem leyb dieses tods?«[126] Und da wirt der mensch vor Gottes zorn so gantz erschrocken, das er gern auch den leyblichen tod erlide, wann er nur dardurch von der angst seins gewissens möcht erledigt werden, und gewint ein solch groß mißfallen ab im
5 selbs, das dann die aigenlieb (wie vormals das aigenvertrauen) auch fallen muß. Dorumb nennet sant Paulus 2. Corinth. 3 [7] das gesetz ein ampt des tods. Dann es tödet[l] den alten menschen durch die erkantnus der sund und des zorn Gottes gantz und gar[m], also das alles, was der teuffel mit seiner lugen pflantzt hat, wider fallen und prechen muß, nemlich das er auff sich selbs allein vertrauet und sich selbs
10 uber alle ding geliebet hat. Wann nun diese zwo untugent fallen, so ist dann der mensch geschickt, das durch Gottes wort wider ein rechter glaub und götliche lieb in im uffgerichtet werd; darumb der heylig Paulus, Gallath. 3 [24], das gesetz endtlich ein zuchtmeyster nennet, der uns zu Cristo furet. Dann das gesetz helt uns nicht [110r:] allein fur, was wir zu thun schuldig sein, sunder weyset uns auff Cristum,
15 der uns den Gaist geben werd, das wir das gesetz mogen halten[127]; und das zuzeiten mit offenlichen[128] spruchen, als dan[129] Got dem Abraham[o] verhayssen[p]: »In deinem samen werden alle volcker gebenedeit werden«[130], zuzeiten aber mit verdeckten figurn, als da Got das osterlam zu opfern und zu essen bevilhet[131].

Also fordert das gesetz gotliche lieb, die wir aus aignen crefften nicht vermogen,
20 damit[132] dann unser sundig, schwache natur offenbar wirt, und trohet uns den fluch, damit das gewissen des götlichen zorns gewar wirt, und weyset uns zulest auff Christum, der uns aus dieser not allein helfen kan. Das ist das ampt des gesetz, darzu soll mans[q] prauchen und predigen und nicht verhoffen, das man die menschen durch gebot kann[r] fromm machen; dann dasselb soll und muß durchs
25 euangelion allein gescheen.[s]

Das euangelion ist ein leer, daryn uns angezeiget wirt, was Got sey, nemlich wie gerecht, warhafftig, weyß, gut, gnedig und barmhertzig er sey und das alles in Cristo, unserm hayland[t], erzeigt hab. Dann sein gerechtigkeit leydet nicht, das die sund ungestrafft pleyb. Solt er uns dann straffen, so ist der ernst seines gerichts zu
30 scharpf; wir köntens[u] nicht ertragen, sonder musten daryn verzweyfeln. Verzweyfelten wir dann, so mocht er uns [110v:] nymmer helfen[v]. Dann »alle seine

---

l) tringt: C, E. — m) gar in den tod und zerbricht in: C, E. — n) fehlt D. — o) in a von Spengler eingefügt: hat. — p) verheissen hat: C, E. — q) man: B. — r) in a nachträglich korr. zu: könn. — s) folgt Züb.: Warumb Gottis wort ist mensch worden: A–E. — t) heyland uns: A–E. — u) kontens: D. — v) verhelfen: b.

125. frei machen.
126. Röm 7,24; vgl. dazu Nr 43, ›Schlußrede‹, u. S. 558, ferner *Hirsch,* Theologie, S. 91f, *Schmidt – Schornbaum,* Fränkische Bekenntnisse, S. 83f.
127. Vgl. Ez 36,27; zu den hier und im folgenden entfalteten Gedanken vgl. o. S. 279, Nr 23.
128. deutlichen, offenkundigen.
129. zB wo.
130. Gen 22,18.
131. Vgl. Ex 12.
132. wodurch.

werck gein allein im glauben«, wie David am zwenunddreissigsten psalm [4]¹³³ sagt. Ließ er uns dann verderben, so belyb er nicht warhafftig, dann er hat uns hilf zugesagt. Darumb hat er sein ewig wort, das Got selbs ist, lassen^w mensch werden, wie Johann. am 1. cap. [14] sagt: »Das wort ist flaisch worden und hat gewont in uns«, das ist Cristus, unser herr und seligmacher. Der hat nun als ein war mensch die straff, so wir mit unsern sunden verdient hetten, auff sich genommen – wie Esaias am 53. [6] sagt und spricht: »Wir all haben geirrt wie die schefflein und sein abgedretten¹³⁴, ein yedlicher in seinen weg, aber der Herr hat auf ine gelegt all unser sund« –, aber als warer Got, der alle [S. 426:] ding gewist und vermocht, dieselbigen straf uberwunden^x, das er nicht daryn verdorben noch verzweifelt ist, und hat also der gerechtigkeit Gottis fur uns gnuggethan. Und das ist die erst frucht, die wir durch das leyden Cristi erlangt haben, nemlich das wir »Got dem vater durch den tod seines aingebornen sons widerumb versonet sein«, wie Paulus zun Romern am 5. [10] anzeigt. Dann da ist erfullet, das David sagt am 85. psalm [11]: »Gute und treu begegnen einander, gerechtigkeit und frid kussen sich«.^y

Wiewol uns nun sund und tod durch das plutver- [111r:] giessen und sterben Cristi vergeben und uberwunden ist und uns Got dorumb nicht mer verdammen noch im tod verderben will lassen, sein doch beide, sund und tod, noch in uns. Die sund ^zist, das wir Got nicht lieben, der tod, das wir Got nicht vertrauen^z. Darumb muß uns Got weiterhelfen, das alt wesen ^ain uns vollig^a abtyllgen und ein neus anrichten; und das geschicht dann durchs euangelion und durch das creutz. Dann so das euangelion gepredigt wirt, lernen wir Got dardurch erkennen; und so wir in erkennen, vertrauen wir auch im. Das ist dann das ewig leben, das wir den ainigen warn Got und den er gesant hat, Jesum Cristum, erkennen, Johan. 14^b [17,3], dann »der gerecht wirt seins glaubens – oder vertrauens – leben«, ^cRöm. 1^c [17].

Das wollen wir noch baß erclern: Got erkennet sich selbst. Sein erkantnus ist ein wort, und das wort ist Got selbs. Dasselbig wort lest er uns eroffnen und predigen im heyligen euangelio. Dann daselbst wurdt^d uns die natur Gottes eröffent, nemlich sein gerechtigkeit, warheit, weyßheit, gnad und barmhertzigkeit etc., wie er dann sich selbs erkannt^e und das alles in Cristo erzeigt hat. Und wer das wort recht vernymbt, behelt und glaubt, der empfahet Got selbs, dann Got ist das wort. [111v:] So nun durch den glauben das wort Gottes, Cristus, unser herr, in uns wonet und wir mit im ains sein worden, mogen wir mit Paulo wol sprechen: »Ich lebe, lebe aber nit ich, sunder Cristus lebet in mir«¹³⁵. Und da

---

w) lassen in das fleisch kommen und: A–E. – x) uberwinden: a. – y) folgt Züb.: Das das euangelion ein ampt des lebens und geists sey: A–E. – z–z) und der tod sein, das wir Got nicht vertrauen und in nicht liebhaben: A–E. – a–a) vollend in uns: A–E. – b) 17: E. – c–c) wie Paulus zun Rö. am 1. sagt: C. – d) würt: A–C; wird: E. – e) erkennt: C, E.

133. gezählt und zitiert nach Vg.
134. abtrünnig geworden.
135. Gal 2,20.

sein wir dann durch den glauben gerechtvertigt, dann es leben nicht wir, das ist, wir leben nicht nach dem flayschlichen synn, sunder der syn und gaist Christi ist und lebet in uns. Der kan ye nicht anderst dann gerecht sein und gerechtigkayt in uns wurcken. Dorumb spricht er Johann. 15 [5]: »On mich könnt ir nichts thun«, und Esaias am 26. [12]: »Herr, du wirst uns frid geben, dann alle unsere werk hast du in uns gewurckt«. Und also muß Christus unser gerechtigkeit sein[136]. Nicht, das er im himel zur gerechten des Vaters gerecht sey und wir hernyden in allen sunden und unflat wolten leben und dann sprechen, Cristus wer unser gerechtigkeit! Er muß in uns und wir in im sein[137]. Und so das geschicht, haben wir auch den heyligen Geist, durch den die lieb in unser hertz gegossen wirt, wie Paulus zu den Römern am 5. [5] sagt.

Also sicht und versteet man, das wir durch Gottis wort Got erkennen und also im glauben, das ist in Gottes wort, leben, dann der glaub empfahet und fasset Gottis wort, das Gott selbs ist. Das pringt dann auch den heyligen Gaist mit im, der die lieb in das hertz geust. Und [112r:] wurt[f] durch den glauben der tod, durch die lieb aber die sund vertrieben. Und das ist das neu verpundnus, das uns Got durch Jeremiam am 31. capitel [33f] zusagt und spricht: »Ich will mein gesetz in ir inwendigsts geben, und in ir hertz will ichs schreyben. Und sie sollen mich alle kennen, vom wenigsten biß auff den maysten[138]; [S. 427:] dann ich will iren sunden gnedig sein und ir ungerechtigkeit nymermer gedencken.«

Das alles aber ist nicht volkomen, dieweil[139] wir in diesem leben sein, sunder nur angefangen und wechst von tag zu tag, und ist der neu mensch, von dem die schrifft sagt, der aus wasser und gaist geborn ist[140]. Und gleichwie der neu noch nicht volkomenlich ist auffgewachsen, also ist auch der alt noch nicht gar getodet, sunder geet beydes miteinander. Das gesetz bricht und todet den alten, das euangelion aber gepirt und erhelt den neuen, »der nach Got erschaffen ist in der gerechtigkeit und rechtschaffener heyligkeit«[141].[g]

Diesen zweyen underschidlichen leeren hat Got auch zwey underschidliche eusserliche zeichen[h], welche der leer art und natur fein[i] anzeigen, zugeben[k], nemlich[l] dem gesetz die tauff des wassers und dem euangelio sein fleisch und plut unter der gestalt [112v:] des weins und prots. Darvon wir auch kurtzlich wollen sagen.[m]

Wann der mensch durch gesetz sein sund erkennet und Gottes zorn erfarn und empfunden hat, so sicht er, das seines sundigen lebens kein ende mag werden, er sterbe dann leyblich. Die forcht aber des zorn Gottis dringt in dahin, das er auch

---

f) wirt: b, A, B, D, E; wûrdt: C. – g) folgt Züb.: Von sacramenten: A–D; Vom sacrament: E. – h) zeychen zûgeben: C. – i) fehlt E. – k) und, soferr wir glauben, außrichten: C. – l) fehlt E. – m) folgt Züb.: Von der tauff: A–E.

136. Vgl. 1Kor 1,30; Jer 23,6. Vgl. ferner u. S. 346, Anm. 173.
137. Vgl. Joh 14,20.
138. vom Geringsten bis zum Größten.
139. solange.
140. Vgl. Joh 3,5.
141. Eph 4,24.

in tod bewilligt und gern sterben will, dann es muß also des menschen falsch vertrauen durch das wort des gesetz, das flaisch aber mit seinen begirden durch das creutz und den leyblichen tod abgetödet werden[142]. So nymbt in nun Got an[143] und will in toden, auff das die sund ein ende neme.

Er will in aber im tod nicht verderben lassen, sunder wie Cristus[n] auch wider aufferwecken, das er ewig mit ime lebe[144], und gybt ime des ein warzaichen, die tauff. Dann gleichwie das wort des gesetz dem menschen Gottes zorn eroffent, macht in ängstig und forchtsam, das er nur ungeschickter[145] zur liebe wirt (dann »das gesetz richt nur[o] zorn an«[146]), also thut auch das wasser. Der mensch erzittert und[p] erpidmet[147] und erkaltet daryn amm leyb, gleichwie er im gemuet ab dem gesetz erschrickt, erpidmet und erkaltet. Und gleichwie in das gesetz in[q] tod dringt, also ist auch kein element, das dem menschen sein leben ehe[148] pricht dann [113r:] das wasser. Und gleichwie das gesetz den menschen nicht tödet, das er verderben soll, sunder das das flaischlich untergee und das geistlich leben im wort Gottes dargegen auffgee, also taufft man in [r]in das[r] wasser; nicht das er daryn ertrincken soll, sonder das man in wider herausnem und leben laß.

Das alles zeigt Paulus zu den Romern am 6. [3-7] fleissig an und spricht: »Wist ir nicht, das alle[s], die in Christum taufft sein, die sein in sein[t] tod taufft? So sein wir ye mit im begraben durch den tauff in tod, auff das, gleichwie Cristus ist aufferwekt von den toden durch die herligkeit des Vaters, also sollen auch wir in eym neuen leben wandeln. So wir aber sampt im sein gepflantzt worden zu gleichem tod, so werden wir auch der auffersteung gleich sein, dieweil wir wissen, das unser alter mensch mit im gecreutzigt ist, auff das da feyre[149] der sundlich leyb, das wir fort mer[150] der sund nicht dienen. [u]Dann wer gestorben ist, der ist gerechtvertigt von sunden«[u]. Das ist also zu versteen: Sein wir in seinem tod getaufft, so haben wir auch in tod bewilligt[151], dorumb das wir an Christo sehen, das man durch den tod in das leben muß geen. Es hat auch Got bewilligt, uns wie Cristum wider auffzu- [S. 428:] wecken; dann [113v:] wie weren wir sonst in seinem tod begraben? So sein wir nun durch den tauff in tod begraben. Das ist, wir seind diesem sundlichen leben so feind, das wir zu sterben bewilligen. Wer aber in tod bewilligt, der ist wol halber[152] schon tod, und so er sich dieser meynung taufen lest, ists gleich,

---

n) Christum: b, A–E. – o) nur zur: a; fehlt A–E. – p) fehlt A–E. – q) in den: D. – r–r) im: A–E. – s) alle menschen: C. – t) fehlt b. – u–u) fehlt E.

142. Vgl. Röm 6,6.
143. bemächtigt sich seiner.
144. Vgl. Röm 6,4.
145. unfähiger.
146. Röm 4,15.
147. erbebt.
148. eher, leichter.
149. ruhe, hier: aufhöre.
150. hinfort weiter.
151. eingewilligt.
152. halb.

als begrub man in schon. Wo nun ein solch gemuet[153] bey der tauff ist, da ist on zweyfel auch ein guter theyl der fleischlichen begird schon gestorben. Wir bewilligen aber dorumb in den tod, das wir wissen, das uns Got wider auff werd wecken zum ewigen leben. Wer nun eins solchen vertrauens ist gegen Got, da ist auch on zweyffel ein grosser tayl der gerechtigkeit des glaubens schon vorhanden. Dorumb volget pald nach der tauff ein neu leben, das wir, wie er erstanden ist, auch in einem neuen leben wandeln.

Es ist aber noch nicht volkomen, sonder wir sein durch die tauff mit ime gepflantzt in tod; das ist: Wie ein zweiglein in ein paum gepflantzt wurt[v], das es ye lenger ye mer wachs und zunem, also sein wir in das leyden und tod gepflantzt. Es hebt sich in der tauf nur an, wirt aber erst im tod vollendet. [114r:] Weyl[154] wir nicht gar[155] sterben, dieweil sein die bösen fleischlichen begird nicht gar austilgt, sunder nur zum teyl. Und weil wir nicht vom tod wider auffersteen, dieweil ist die gerechtigkeit und das neu leben auch nicht volkomen.

Wann wir nun sterben, wie Cristus gestorben ist, so werden wir gewißlich wider ersteen, wie er erstanden ist. Und das wissen wir daher, daß unser alter mensch mit Christo creutzigt ist. Dann umb unser sund willen ist er gecreutzigt, und umb unserwillen ist er durch den tod in das leben gangen[156], auff das wir sehen, wie unser alter mensch in das leben muß[w] durch den tod geen[x]. Wann wirs dann sehen, mercken wir wol, das wir also hinach[157] mussen, das ist dann mit im creutzigt werden, und mussen darumb sterben, auff das der sundig leyb feyre und die bösen begird auffhören. Dann wer im glauben stirbt, ist schon rechtfertig von sunden.

Also richtet das gesetz ein gemuet in uns an, das wir zu sterben bewilligen, allein[y], das wir der sund abkomen. Und das es dann also gescheen soll, wirt uns in der tauff zugesagt und ein empfindtlich[158] gleichnus und warzeichen [114v:] geben, das wir festiglich daran mogen glauben.[z]

Es hülfe[a] uns aber nichts, wann schon durch[b] gesetz, tauff und tod der alt mensch am leyb und gemuet getodet wurd[c], wann nicht dargegen der neu von Got geporn und auffgericht wurd[d]. Das geschicht aber alßpald durchs euangelion, welches uns Gottis wort (daryn sein götliche gute gantz abgepildet wirt und Got selbs ist) eroffent und also Got lernet[159] kennen. Dann was ist es anders, wann man predigt, Got hab uns also geliebet, das er seines ainigen sons nicht verschont, sonder in fur uns alle dargeben hab[160], dann das man anzeigt, wie Got die

---

v) wirt: b, A–E. – w) můß: B. – x) dringen: C. – y) allein darumb: A–E. – z) folgt Züb.: Vom sacrament des leibs und bluts christi: A–E. – a) in a ursprünglich: hülft; hilft: b. – b) durchs: E. – c) würd: A–C; wird: E. – d) würd: A–C; wird: E.

153. Gesinnung.
154. solange.
155. ganz.
156. Vgl. Röm 4,25.
157. hinterher.
158. merkbares.
159. lehrt.   160. Joh 3,16; Röm 8,3.

lieb sey? Und so wir dem wort glauben, ist das wort in uns und wir in ime, und das wort ist Got selb, wie droben anzeigt ist[161].

Wann wir dann also mit Got durch den glauben verainigt werden, so wirt durch die gegenwertigkeit Gottis in uns ein neuer syn und ein neuer gaist erschaffen, welcher uns zu Gottes kyndern macht, wie Johan. 1 [12f] geschryben ist: »Er hat macht geben, Gottis kynder zu werden, denen, die da glauben an seinen namen, welche nicht von dem [115r:] gebluet noch von dem willen des flaisch noch von dem willen eins manne, sonder von Got geporn sein«. Und am 82. psalm [6]: »Ich hab gesagt, ir seit gotter und allezumal kynder des allerhohisten«. Welchs Cristus Johann. 10 [34ff] außlegt [S. 429:] und spricht, es sey von denen gesagt, die Gottis wort hören. Also ist das euangelion das wort Gottes, daryn er sich selbs ausspricht, und das wort ist auch Got selbs. Wer es nun höret, glaubet und behelt, der hat Got selbs und ist ein kynd Gottis worden.

Das ist dann in den zaichen auch fein angezeigt und ausgetruckt: Dann der Herr »nam das prot, prachs und gabs seinen jungern und sprach: Nemet, esset, das ist mein leyb, der fur euch geben wirt. Deßgleichen den kelch und sprach: Nement hin und trinckt aus diesem alle, das ist mein plut des neuen testaments, welchs fur euch und fur vil vergossen wirt zur vergebung der sund.«[162] Als wolt er sagen: Ir solt glauben, das ich von eurnwegen mensch bin worden, mein leyb fur euch dar wirdt^e geben, und das ich durch vergiessung meins pluets eur sund werd abwaschen; und wann ir das glaubet, so esset und trinckt ir mein flaisch und plut geistlich[163]. Dann er spricht Johan. am 6. [35]: [115v:] »Ich bin das prot des ewigen lebens. Wer zu mir kombt, den wirt^f nicht hungern, und wer an mich glaubet, den wirt nymmer^g dursten«. Daraus man wol versteet, das, wer zu Christo kompt und an in glaubt, der isset sein flaisch und trinckt sein plut gaistlich. Darvon aber spricht er weiter [56]: »Wer mein flaisch isset und mein pluet trinckt, der bleybt in mir und ich in im«. Das ist, wenn man predigt, Cristus hab sich fur uns geben und sein plut zu vergebung unser sund vergossen, und wirs glauben, so ist Christus in uns und wir in im.

Das kan aber die menschlich schwacheit nicht wol begreiffen, sonder wanckt und zweifelt daran und gedenckt also: Das Cristus fur mich^h gelitten hab, ist wol zu glauben, das ^i er aber^i in mir sein soll, wann ich nur seinem wort glaub, das kan ich nit wol begreiffen. Da kompt dann Cristus unserer schwacheit mit dem eusserlichen zaichen zu hulf und spricht: »Das ist mein leib, der fur euch dargeben wirt, und das ist mein blut, das fur euch vergossen wirt^k. Glaubt ir das, so bin ich

---

e) würd: A; wurd: B, D. – f) würt: A; wurdt: D. – g) nimmer: D. – h) uns: A–E. – i–i) ich aber auch einer auß der zall sey und er: A–E.

k) wirt. Darumb solt irs essen und trincken, auff das ir wisset, das ich mit euch rede, so ich sprich, es werd für euch gegeben und vergossen: A–E.

161. Vgl. o. S. 323–331.
162. Vgl. Mt 26,26–28 parr., 1Kor 11,23–26. Osiander übersetzt mit Auslassungen nach Luthers ›Formula Missae‹, 1523, WA 12, S. 212,17ff.
163. Vgl. 1Kor 10,3f.

in euch und ir in mir. Auff das ir aber [116r:] das festiglich glauben mogt, so nembt hin und esset meinen leyb, nembt hin und trinckt mein pluet.« Dann als war^l die speyß und das getranck in des menschen fleisch und plut verwandelt und nicht mehr von im geschiden wirt, als war^m will Cristus in uns sein, wann wir seinem
5 wort glauben. Dann er selbs ist das wort; dorumb spricht er Johan. 6 [63]: »Das flaisch ist kein nutz. Die wort, die ich rede, die^n sein gaist und leben.«

Also ist das euangelion Gottes wort und Got selbs. Wer es glaubt, hat Got in im. Auf das wirs^o aber festiglich glauben mügen, hylft uns das eusserlich zaichen, doryn uns Cristus zur speyß und tranck gegeben wirt. Dann das zeichen muß eben
10 das thun, des wir im wort warten. Das gesetz todet, das wasser todet auch. Das ewangelium bringt Cristum in uns, das heylig sacrament des altars thuts auch^p. Die zaichen aber sein uns an beiden orten kein nutz, wann wir dem wort nit glauben^q.^r

»Der glaub aber ist ein gewise zuversicht des, das zu hoffen ist, und richtet sich
15 nach dem, das nicht scheinet«, wie zu den Hebreern am 11. [1] geschryben ist. Und da sihet man alsbald, [116v:] das der cristlich glaub nicht in dem stet, das man glaub, es sey war, was uns die historien[164] in der heyligen schrifft furhalten, gleich als wenn wir einer histori vom Turcken glauben. Dann ein solchen glauben (soll mans anderst ein glauben nennen) kan auch ein gotloß mensch haben[165].
20 Sunder es ist ein gewise zuversicht oder, noch clarer [S. 430:] zu verteutschen, ein gewise darstellung der ding, die man hoffen soll, und gibt ein antzeigung der ding, die noch nicht erscheinen. Das ist, wann man Gottis wort horet und es das hertz trifft, das es sich des worts annymt[166], glaubt und paut fest darauff, es hab ein gnedigen Got und vater, von dem es das erbtheyl des ewigen lebens empfangen
25 werd, und diese zuversicht so groß ist, das unser hertz daryn ruhet, gleich als hab es schon empfangen, so ist es ein gewise zuversicht und recht cristenlicher glaub, der sich richtet nach dem, das noch nicht erscheinet, wie Johann in seiner ersten^s epistel am 3. cap. [2] spricht: »Mein lieben, wir sein nun Gottes kynder, und ist noch nit erschinen, was wir sein werden. Wir wissen aber, wenn es er-
30 scheinen wirt, das wir im gleich sein werden.« Aber solchen glauben vermag kein mensch aus eignen krefften, dann es ist ein werk, das Got in uns wurkt, als der Herr sagt Johan. 6 [29]: »Das ist Gottes werck, das ir an den [117r:] glaubt, den er geschickt hat«. Und Paulus zu den Colloß. am 2. cap. [12]: »Ir seit mit Christo aufferstanden durch den glauben, den Got wurckt«. Dorumb mussen wir Got umb

---

l) warlich: A–E. – m) warlich: C. – n) fehlt b. – o) wir: B, E. – p) auch und geen also beyde, wort und werck, nebeneynander daher: A–E.

q) glauben, sonder empfahen sie nur zum gericht und werden am leyb und blüt Christi schuldig: C, E.

r) folgt Züb.: Was ein recht christlich glaub sey: A–E. – s) fehlt a, b, A–D.

164. Erzählungen, Geschichten.
165. gegen die fides historica, bzw. fides acquisita der Scholastik; s. dazu *Oberman*, Spätscholastik 1, S. 72f, vgl. auch Jak 2,19.
166. sich das Wort aneignet.

den glauben pitten, wie auch seine junger thetten, Luce 17 [5], und sprachen: »Herr, mere uns den glauben«.^t

Von diesem glauben redet auch Paulus zu den Epheß. 4 [5f], da er spricht: »Ein Herr, ein glaub, ein tauff, ein Got und vater unser aller, der da ist uber uns alle und durch uns alle und in uns allen«. Dann solcher cristlicher glaub kan nicht sein, dann wo das ewig und unbetryglich wort Gottes ist. Darumb haben weder Juden noch hayden kein gewise zuversicht zu Got dem herrn, sunder nur ein fleischlichen won[167], welcher in der not nicht besteen kan. Dann es ist nur ein glaub, wie auch nur ein Got ist, der denselben glauben in uns wurckt. Er wurckt aber alle ding durch sein wort, dorumb kan auch kein glaub sein, wo sein wort nicht ist. Derhalben irren die sophisten[168] uber die maß in dem, das sie manigerley glauben tichten[169], dann es ist nur ein glaub, wie Paulus sagt. Das sie aber ein gedichten[170] oder doten glauben[171] nennen, darvon sie auch vil schwatzen, ist als wenig kein [117v:] glaub, als wenig ein gemalt pild oder ein todte leich ein lebendig mensch kan sein. Dann den rechten lebendigen glauben nennet Paulus die gerechtigkeit Gottes[172], nicht allein darumb, das sonst kein gerechtigkeit vor Got gilt dann die gerechtigkeit des glaubens, sunder auch, das wir durch den glauben mit Got verainigt werden und er alßdann sein aigene gerechtigkeit selbs durch den glauben in uns wurckt; wie Jeremia am 23. [6] sagt von Cristo: »Das ist der nam, den man von im ausrueffen wirt: Got ist unser gerechtigkeit«, wie droben auch gemelt ist[173].^u

Daher kan man dann leichtlich versteen, warumb Paulus zu den Romern am 14. [23] sagt: »Was nicht aus dem glauben geet, das ist sunde«. Dann so wir zweifeln und nicht gewiß sein, ob unser werck Got gefall oder nicht, und thun es doch, ist es ein große verachtung Gottes[174]. Dann des hertzen grund muß ye also

---

t) folgt Züb.: Wider der sophisten gedicht von mangerley glauben: A–E. – u) folgt Züb.: Warumb alles, das nicht im glauben geschicht, sünd ist: A–E.

167. Wahn.   168. Scholastiker.

169. Gemeint sind die scholastischen Unterscheidungen von fides informis oder mortua und fides (caritate) formata oder viva, von fides acquisita und fides infusa u. a., vgl. *Schütz,* Thomas-Lexikon, S. 304, RE 6, S. 677 und LThK 4, Sp. 918.

170. eingebildeten Glauben, fides ficta (1 Tim 1,5). In dem von Osiander hier vorausgesetzten Sinn (vgl. auch u. S. 522, Nr 42) gebraucht den Begriff Richard von St. Victor: »Fides non ficta illa est, quae per dilectionem operatur. Alioquin non modo fictam, sed etiam mortuam Jacobus eam dicere non veretur« (›Tractatus de gradibus charitatis‹, cap. 4, MPL 196, Sp. 1205). Der ganze Abschnitt bei Richard kehrt wörtlich im cap. 4 des ›Liber seu tractatus de charitate‹ wieder, der unter Bernhards Namen bekannt war (MPL 184, Sp. 594). Vgl. *Landgraf,* Dogmengeschichte 1,2, S. 29f. Thomas von Aquin versteht dagegen unter fides ficta einen Glauben, der sich auf ein falsches Gottesbild richtet, vgl. S.th. II–II, qu. 44, 1c (Thomas, Summa 17B, S. 143f). Wieder anders, nämlich als schwachen Glauben, versteht sie im Anschluß an Gerson Johann Altenstaig (Vocabularius Theologiae, Bl. 87b).

171. fides informis oder mortua (Jak 2,17–20), s. o. Anm. 169.

172. Röm 3,22.

173. Vgl. o. S. 338 und S. 341. Zur Bedeutung von Jer 23,6 für Osianders Theologie s. *Hirsch,* Theologie, S. 23 und S. 27ff.

174. Vgl. Luther, ›Von den guten Werken‹, 1520, WA 6, S. 206,8ff.

steen und gedencken: Wiewol ich nit wayß, ob dieses werck Gott gefall oder
nicht, dannoch will ichs thun. Solche verachtung wurkt Gott nit in uns, dorumb
ist es auch nit Gottis gerechtigkeit, sunder der flaischlich synn, welches^v 175 »dem
gesetz Gottes nicht unterworfen ist, dann es vermags auch nicht«176. Dorumb ist
5 es auch [118r:] sunde.^w

[S. 431:] Wie nun alles sunde ist, das nicht aus dem glauben geschicht, also
ist widerumb der glaub ein ursprung aller guten werck, wie der Herr bezeugt
Johan. am 7. [38f]: »›Wer an mich glaubt, als die schrifft sagt, von des leyb werden
fluß fliessen des lebendigen wassers‹. Das sagt er aber vom gaist (spricht Johannes),
10 welchen empfahen sollten, die an in glauben.« Wo aber der heylig Geist ist, da ist
auch die lieb, wie Paulus zu den Romern am 5. [5] sagt: »Die lieb ist durchgossen177
in unser hertz durch den heyligen Gaist, der uns geben ist«. »Wer nun den nechsten liebt«, als Paulus zu den Römern am 13. [8] sagt, »der hat das gesetz erfullt«.
Dorumb, als wenig der heylig Geist vom wort Gottes, das durch den glauben in
15 uns wonet, geschieden mag werden, als wenig werden die guten werck vom
glauben geschyden.^x

Es möcht aber yemant fragen: Dieweil der glaub ein gewise zuversicht ist der
ding, die wir hoffen178, was ist dann fur unterschid zwischen glauben und der^y
hoffnung?
20 Antwort: Der glaub ist ein gewise zuversicht, die sich nicht nach der zeit
richtet, sonder allweg in im selbs ruhet und frid hat. Die hoffnung aber ist ein
hertzlich senen und stettigs verlangen nach dem, des man [118v:] durch den
glauben gewiß ist worden. Dann gleich wie der glaub mit eitel179 unsichtlichen
dingen umbgeet, also auch die hoffnung, als Paulus zu den Romern am 8. [24f]
25 sagt: »Die hoffnung, die man sihet, ist nit hoffnung; dann wie kann man das^z
hoffen, das man sihet? So wir aber das hoffen, das wir nicht sehen, so warten wir
sein durch gedult« etc. Aber die ding, die wir hoffen, sein uns in zweyerley weise
verporgen: Etliche sein noch nicht da, sunder zukunftig. Als wann wir durch den
glauben gewiß sein, das Got unsern sterblichen leyb nach dem tod wider er-
30 wecken und verclern werd180, so senen wir uns darnach und hoffen darauff. Wir
sehens aber noch nicht, dann es ist noch kunftig^a. Etliche aber sein schon da,
aber noch verdeckt. Als wann wir durch den glauben gewiß werden, das wir
Gottes kinder sein, so ist es schon also, es scheinet aber noch nicht181. Dorumb

v) welcher: A–E. – w) folgt Züb.: Dasz der glaub allein die gerechtigkeit sey: A–E. –
x) folgt Züb.: Von der hoffnung: A–E. – y) fehlt b. – z) des: b. – a) zukünftig: E.

175. sc. der fleischliche Sinn, bzw. fleischlich gesinnt sein, s. NTdeutsch Röm 8,7, WADB 7,
S. 52. Vielleicht liegt auch ein Schreibfehler in der gemeinsamen Vorlage von a und b vor, vgl.
Anm. v.
176. Röm 8,7.
177. Latinismus, Vg.: diffusa.
178. Vgl. Hebr 11,1.
179. lauter.
180. Vgl. Röm 8,11; Phil 3,21.
181. ist noch nicht sichtbar.

warten wir durch gedult und hoffen, biß es uns und allen creaturn offenbar werd[182].

Von der lieb dorfen wir ytzt nicht sonderlichs mer sagen, dann droben gnug erclert ist, das Got selbs die lyb sey[183].b

[119r:] Also haben wir nach unserm vermogen anzeigt, was Gottes Wort im gesetz und euangelio mit seinen zaichen, der tauff und dem heyligen sacrament des fleisch und pluts Cristi, und mit seinen hauptfruchten, nemlich glauben, lieb und hoffnung[184], sey und wurck[c]. Welches man alles wissen muß, soll man anderst[185] in dieser zwitracht etwas recht urteylen[186].d Hernach aber wollen wir von menschenleeren und dem anthicrist sagen, auff das man zuletzst[187] mit kurtzen worten außrichten könn[e], was man halten oder lassen und wes man sich daryn trosten soll.f

Volgt das ander teyl:
gWas menschenwort und -ler seyg

Das ein ander wort dann Gottes wort, das Got selbs ist, im menschen erfunden werd, haben wir droben gnug anzeigt, da wir von des teufels betrug, im paradiß angericht, handelten[188]. Dann [119v:] daselbst, nachdem er den vertrauen zu Got, deßgleichen auch die lieb verstoret[189] und austilget, pflantzet er ein andere maynung[190] in sie: nemlich Got und sein [S. 432:] wort verachten und allen trost und zuversicht auff sich selbs stellen, aus dem on mittel[191] die aigennutzig lieb sein selbs, so in allen dingen aintweder aigennutz, eer und wollust[192] sucht, oder aber, wo sie der keins findt, alspald verdrossen und unwillig wirt, entsprossen und erwachsen ist. Welche meynung und synn alle menschen von Adam ererben und

---

b) folgt Züb.: Beschlusz des ersten teyls: A–C, E; Beschluss: D. – c) wirckt: B, E. – d) folgt: Got sey lob: D. – e) künd: B, E.

f) folgt: Hie endet sich das erst teyl: A–C; Dem christlichen leser. Wiewol herr Osiander seliger gedechtnus in seinen ›vermůtungen von den letzten zeiten‹ und ›über die lůgen vom neugeborn antichrist zu Babel‹ seine meinung hell und klar, was er vom antichrist gehalten, an tag geben hat, derhalben wir es fůr unnötig gehalten, dis ander teil hienach zu drucken, dieweil aber jemand gedencken möchte, wir wolten dem seligen herrn seine bůcher verkůrtzen, haben wir es, verdacht zu vermeiden, alles beysamenbleiben lassen in betrachtung, obgleich wol an andern örten (wie gemelt) dis stůck klerer denn hie geschriben, das dennoch hierinnen auch was mag gefunden werden, des sich ein fleissiger leser bessern mag etc.: E.

g–g) von (vom: B, E) menschenwort und -leeren. Woher menschenleer iren ursprung haben: A–C, E.

182. Vgl. Röm 8,19.
183. Vgl. o. S. 330.
184. Vgl. 1Kor 13,13.
185. überhaupt.
186. Vgl. o. S. 319 und 321, sowie u. Nr 26, S. 381.
187. sc. im dritten Teil, u. S. 371ff.
188. Vgl. o. S. 377.
189. vernichtet.
190. Gesinnung.
191. woraus unmittelbar.
192. Wohlleben.

behalten, biß Gots wort und erkantnus ein anders in uns anricht. Und ist eben der flaischlich syn, von dem Paulus sagt, er sey Gottes gesetz nicht unterworfen, dann er vermogs nicht[193], dorumb das er in allweg der lieb Gottis, so allein im gesetz erfordert wirt, gantz entgegen ist. Dorumb alles, das er furnymbt, ist vor
5 Got sträflich und verdämblich, es schein und gleiß[h], wie es woll. Dieweil wir aber teglich erfarn und offenlich sehen, das derselbig flaischlich syn nicht feyret[194], sunder fur und fur sein eigen gutgedunken herfurpringt und in Gottis reich fur gute gesetz und wege, die seligkeit zu erlangen, aufricht, [120r:] wollen wir anzeigen, was es endtlich[195] fur ein merklichen schaden pring, domit sich menig-
10 lich[196] darvor wisse zu hueten.[i]

Menschenwort, -leer oder -satzung hayssen wir alles, das von Got in seinem ewigen rate und wort nicht verfasset, beschlossen und durch gewiese, wolgegründte potschafft uns von ime selbs eroffnet und gepoten ist und doch durch menschen als zu der seligkeit notig[k] gehalten und furgegeben wirt.[l]

15 Solcher menschensatzung erste frucht ist, die der Herr Math. am 15. [7–9] anzeigt und spricht: »Ir heuchler, es hat wol Esaias von euch geweisaget und gesprochen: Diß[m] volck nahet sich zu mir mit seinen leffzen[197], aber ir hertz ist ferr von mir. Vergeblich dienen sie mir, dieweil sy leren solche lere, die nichts dann menschengebot sein.«[198] Dieweil man nun Got vergeblich dienet, so man
20 menschengebot helt und leeret, so volget onwidersprechlich, das man gegen Got nichts verschuldet, wann mans unterwegen lest[199].[n]

Die ander frucht ist, die Esaias am 29. cap. [14] (daher auch Cristus sein obgemelte wort genomen hat) anzeigt und spricht: »Dorumb will ich ein wunder unter diesem volck anrichten. Es [120v:] soll sich verlieren die weyßheit von den
25 weysen, und die klughait soll sich vor den klugen verpergen.« Das ist: Dieweil sie mit torichten menschengeboten umbgeen, soll das wort Gottes von inen genomen werden und sich vor in verpergen. Dann es ist kein andre weyßheit, die der heylig Gaist weißheit nennet, dann Gottes wort, wie man Proverbiorum am 8. [22ff] wol horet und droben auch anzeigt ist[200]. Solche straff sehen wir mit[201]
30 unserm grossen schaden erfullen, derhalben hiemit gewaltiglich beweyset wirt, das man wider menschensatzung zu fechten und, sovil ymmer möglich, abzu-

h) gleyß vor der welt: A–C, E. – i) folgt Züb.: Was menschenleer heyssen: A–C, E. – k) nötig oder fürderlich: A–C, E.

l) folgt Züb.: Was menschenleer für schaden thun: A–C, E; folgt: Der erst, das sie vergeblich gehalten werden: C, E.

m) das: b. – n) folgt Züb.: Der ander, das sie blenden: C, E.

193. Röm 8,7.
194. ruht.
195. auf die Dauer, schließlich.
196. jedermann.
197. Lippen.
198. Jes 29,13; vgl. zum Ganzen u. S. 570f, Nr 43.
199. unterläßt.
200. Vgl. o. S. 325.
201. zu.

stellen schuldig ist, auff das wir Gottes wort, daryn unser leben steet, rain erhalten und selig werden mogen.°

Die dritt frucht ist, das die selen dardurch des lebens in Got beraubt und kleglich erwurgt werden. Dann so Gottes wort die warheit und das leben ist, muß menschenwort lugen und tod sein. Das mag man baß versteen, wann man der seelen leben und tod, was es sey, erkant hat. Das leben ist, das man Got erkenne und im vertrau, wie er Joh. am 17. [3]²⁰²: »Das ist das ewig leben, das sie dich, ainigen waren Got, und den du gesant hast, Jesum Christum, erkennen«. [121r:] Und Paulus Rom. 1 [17]: »Der gerecht wirt seines glaubens leben«. Der tod aber ist, wann man Got nicht erkennet und nicht waiß, weß man sich [S. 433:] zu ime versehen²⁰³ soll. Dann daraus volgt angst, not, forcht ᵖ, schrecken, flucht, verzagen und zorn. Dann man forcht Got als ein feindt und kan sich doch nyrgen ᵠ vor im verpergen. Darumb des menschen seel in rechter ʳ todsnot ˢ felt und stirbt also ewiglich, das ist, leydet solche angst und not, als must ᵗ sie alle augenplick sterben. Das weret ᵘ dann ᵛ ewiglich.

Wo man nun die gewissen mit menschenleer verstrickt, leeret man sie, das ʷ oder das gefall Got, das im doch nicht gefellt, diß oder jhenes mißfall Got, so es im doch nicht mißfelt. Darnach volget dann, das sie mainen, dis oder jhenes mach in einen gnedigen oder ungnedigen Got, so es doch auch nicht war ist. Dieweil wir dann Got allein in seinem wort erkennen, daryn uns angezeigt wirt, was er uns guts thun ˣ und was er dargegen von uns haben woll ʸ, wer sicht nicht, das dieselbig erkantnus an ihren beiden taylen durch menschenleer gefelscht wirt? Wir versehen uns²⁰⁴ ye seins wolgefallens, das ᶻ es nicht ist²⁰⁵. Nun muß es ᵃ endtlich offenbar werden²⁰⁶. Wann [121v:] das geschicht, so fallen die schrecken des tods und götlichen zorns daher²⁰⁷ und get unser glaub zu trumern; dann wir finden Got anderst, dann wir gemaint haben. Das kombt aus menschensatzungen ᵇ. Wiewol nun Got die seinen erhalten kan, soll man dorumb gifft nemen, auff das der artzet etwas zu thun hab? ᶜ

Die vierd frucht ist, dieweil sie iren ursprung allein aus gutem geduncken haben und darbey das spruchwort auch war ist: Vil kopf, vil synn²⁰⁸, volget daraus, das alßpald verderbliche secten²⁰⁹ entsteen, wie wir das auch sehen. Dar-

---

o) folgt Züb.: Der drit, das sie die seelen erwürgen: C, E. – p) fehlt E. – q) nyendert: B, E. – r) rechts: A, B. – s) todsnöt: b. – t) müß: B; mus: E. – u) nymbt dann kein end, sonder weret: C, E. – v) fehlt C. – w) diß: A–C, E. – x) thů: B. – y) wil: E. – z) da: A–C, E. – a) fehlt b. – b) menschlicher satzung: b. – c) folgt Züb.: Der viert das sie zertrennung und secten anrichten: C, E.

202. Ergänze: spricht.
203. was man von ihm erwarten.
204. rechnen auf.
205. dh das nicht sein Wohlgefallen ist. Vielleicht liegt auch ein Versehen in der Vorlage von a und b vor, s. Anm. z.
206. sc. daß wir zu Unrecht auf Gottes Wohlgefallen rechnen.
207. fallen über uns her.
208. Vgl. *Wander*, Sprichwörterlexikon 2, Sp. 1512, Nr 324.
209. Spaltungen, vgl. Gal 5,20. Seit Wyclif wird der Begriff ›sectae‹ polemisch auf die Bettel-

durch dann cristenliche lieb und ainigkeit zu trumern muß geen, dieweil man sicht, das ymmer ein sect die andern hasset und pesser sein will, so lang biß kein ainigkeit mer unter in ist, dann so man Gotis wort vervolgen soll; dann da muß Herodes mit Pylato freund werden[210].

Solches hat der heylig Petrus am 2. cap. der 2. epistel [1–3.10.12–16] clarlich beschryben und gesagt: »Es warn vorzeiten falsche propheten unter dem volck, wie auch unter euch sein werden falsche lerer, die neben einfuren werden verderbliche secten und verleugnen den Herrn, der sie erkaufft hat, und [122r:] werden uber sich selbs furen ein schnell verdamnus. Und vil werden nachvolgen irem[d] verderben, durch welche wirt der weg der wahrheit verlestert werden. Und durch geytz mit erdichten worten werden sie an euch handtiren[211], uber welche das urteil von[e] langst her nicht seumig ist, und ir verdamnus schlefft nicht. Allermeyst aber[f] die, so da wandeln nach dem flaisch in der lust der unsaubrigkeit und die herrschafften verachten, turstig[212], hoch von sich halten und nicht erzittern, die mayesteten zu lestern« etc. »Sy sein wie die unvernunftigen tier, die[g] naturlich[213] zu fahen und zu wurgen geborn sein[214], verlestern, das sie nicht erkennen. Und in irem wurgen werden sie erwurgt werden und den lon der ungerechtigkeit darvon bringen. Sy achten[h] fur wollust das zeitlich wolleben, sein flecken und unflaten, furen ein zartlich[215] leben von eurm allmussen, zeren wol von dem eurn, haben augen voller eepruchs, irer sund ist nit zu weren, locken an sich die leichtfertigen selen, haben ein hertz durchtryben mit geytz, kinder der maladeyung[216], haben verlassen den richtigen weg, sein irrgangen und haben nachgevolgt dem weg Balaam[217]. Welchem liebet[218] der lon der [122v:] ungerechtigkeit, het aber sein straff: Das stumme lastbar thier redet mit menschenstymm und weret des propheten torheit.«

Also beschreybt der heylig [S. 434:] Petrus die falschen lerer und noch vil hefftiger, dorumb das sie geytzig menschensatzung fur[219] Gottes wort allein umbs gelts willen leeren und handhaben. Und sein eben das recht hofgesindt des anthi-

---

d) iren: B, E. – e) in a nachträglich korr. zu: vor. – f) fehlt: b. – g) den: B. – h) achtens: E.

orden angewandt, die damit den Irrlehrern im NT gleichgestellt werden. Vgl. dazu *Schmidt*, Wyclifs Kirchenbegriff, und *Lohse*, Mönchtum, S. 179ff. Luther wendet ›sectae‹ zunächst gegen die Observanz, die sich ihrer eigenen Heiligkeit rühmt und darum Häretikern und Schismatikern zu vergleichen ist. Vgl. aaO, S. 267ff und S. 277 bei Anm. 203. Die Bezeichnung wird dann in der reformatorischen Literatur gebräuchlich. Vgl. auch o. Nr 5, S. 84, Anm. 52.

210. Vgl. Lk 23,12.
211. Geschäfte machen.
212. keck, verwegen.
213. von Natur.
214. Eigentlich: geboren sind, um gefangen und erwürgt zu werden, vgl. WADB 7, S. 320 mit 321. Osiander zitiert nach NTdeutsch, aaO, S. 320.
215. weichlich, luxuriös.
216. des Fluchs.
217. Bileam, s. Num 22,21–30.
218. lieb war.
219. statt.

crists, von dem Daniel am 7. cap. [25] sagt: »Er wirt[i] maynen, er mog die zeit und die gesetz verändern«, das ist, er maynt, er thue recht und es[k] hab krafft, wann er Gottes ordnung und gebot veränder und zerprech, er sitze[l] an Gottes stat – und ist eben der recht prun, bestettiger und verfechter aller menschentraum[m]. Dorumb wollen wir auffs kurtzist von im auch sagen, und das nicht, wider in zu trotzen und zu pochen[220], sunder nur, das er erkennt werd und vermitten[221]. Derhalben wir auch als[n] bey den hochverstendigen wenig wort wollen machen.

[S. 442:] Vom anthicrist

Der anthicrist ist ein solch verfurisch, schedlich und gottslesterlich ding, das der heylig Geist vom anfang [123r:] durch alle propheten wider in hat gefochten als wider den grosten und höchsten gottslesterer und verfurer, der in letzten zeiten aus hochstem betrug und grymmigen zorn des teufels, der das letzst gericht förcht und mit verhinderung unser seligkeit gern lenger auffziehen[222] wolt, in die welt eingefurt und auffgericht solt werden. So haben auch Cristus der herr selbs und alle seine appostel treulich vor im gewarnet und sein boßheit[o] abgemalet und angezeigt. Herwiderumb ist es auch so ein verdeckte, verporgne, gleyssende, unglaubliche[p] betrygerey, das Cristus selbs spricht Math. am 24. [24]: »Wanns muglich wer, so wurden auch die ausserwelten verfuret, und [22] wann dieselbigen tag nicht verkurtzt wurden, so wurd kein mensch selig. Aber umb der ausserwelten willen sein sy verkurtzt.« Und der heylig Gaist, wann er in in der schrifft recht will entdecken[223], muß er allweg vom anfang der welt biß an das ende raichen[224], domit er zeit, stat und weyse volkomenlich anzeige. Dann man wurd[q] in sonst nicht kennen, sunder allweg mainen, sein zukunft wer noch weyt darvon[r], wann gleich der jungst tag [123v:] vor der thur were. Dann er furet ein sollich scheinparlich[225] wesen, das man nichts weniger besorgt, dann das er der antichrist sey, solang biß er alles erfult, was von ime geweyssagt ist. Dorumb wollen wir aus allen propheten, ewangelisten und aposteln allein [s]die schrifft[s] in zu entdecken einfuren, die lauter und clar von ihm reden, also das die auslegung in keinen zweifel mag[t] komen, das doch sonst in den verdeckten propheceyen[226] geschehen mocht, und zum ersten fur uns nemen das 7. cap. aus dem propheten Daniel, der also sagt [1–28]:[u]

i) wurdt: b. – k) er: b. – l) sitzt: B, E. – m) menschenleer: A–C, E. – n) fehlt A–C, E. – o) boßheit klärlich: A–C, E. – p) unglaubige: B, E. – q) würd: A, B; wird: E. – r) davorn: b, A–C, E. – s–s) diejhenigen schrifften: A–C, E. – t) mog: b; môg: A, C; müg: B, E.

u) folgt Züb.: Das erst gezeügnus vom antichrist auß dem 7. capitel des propheten Daniel: C, E.

220. aufzutrumpfen.   221. völlig gemieden.
222. aufschieben, verzögern.   223. aufdecken, aufzeigen.
224. dh: Er muß das Wirken des Antichrists von Anfang bis Ende durchgehend aufdecken und beschreiben.
225. ansehnliches, glanzvolles.
226. dh an Stellen, die allegorisch auf den Antichrist ausgelegt werden müßten. Beweiskraft besaß auch nach der traditionellen Hermeneutik nur der sensus litteralis, vgl. RGG 3, Sp. 250; *Müller,* Figuraldeutung, S. 229.

»Im ersten jar Balthasar, des kunigs zu Babylon, sahe Daniel ein gesicht. Und das gesicht seins haubts geschache in seiner schlafcamer. Und er beschryb den traum und verfasset in mit kurtzen worten und sprach: Ich sahe in meinem gesicht des nachts, und sihe, die vier wind des himels stritten im grossen mer und vier grosse thier, einander ungleich, stigen aus dem mer.

Das erst war wie ein lewin und het eines adlers flugel. Ich sahe es an, biß im die flugel ausgerissen und es von dem erdrich gethan wurdt, und stund auf sein[v] fuß wie ein mensch, und sein hertz wurd im widergeben.

[124r:] Und sihe, ein ander thier gleichwie ein peer stund an einem ort und het drey zeyl[w][227] in seinem mund und seinen zennen, die sagten also zu im: Stee auf und friß vil fleischs.

Darnach sahe ich ein ander thier wie[x] ein pardel[228], das het wie ein vogel vier flügel auff im, und vier haubt warn am thier. Und der gewalt wurd im geben.

Darnach sahe ich in dem gesicht der nacht, und sihe, das vierd thier war erschrocklich, wunderlich[229] und stark uber die maß, es het grosse eysne zen, es fraß und zerbrach, und das uberig zertrat es mit fussen. Es war aber ungleich den andern thiern, die ich sahe vor im, und het zehen horner. Ich besahe die hörner und sihe, ein ander clein horn wuchs [S. 443:] auff mitten unter in, und drey aus den vorigen hornern wurden ausgeryssen vor im. Und sihe, augen wie[y] menschenaugen warn am selben hörn und ein mund, der redet grosse ding.

Ich sahe es an, biß die stul gesetzt wurden und der ewig nidersaß. Sein kleid glantz wie der schnee und die lock[z] seines haupts wie raine wollen. Sein thron warn feurflamen[a] und seine reder prinnends feur und ein feuriger, schneller fluß ging aus seinem angesicht. [124v:] Tausentmal tausent dieneten im und zehentausentmal tausent stunden bey im. Daß gericht saß nider und die pucher wurden geoffent. Ich sahe darauff von wegen der stym der grossen wort, die dasselb horn geredet het, und ich sahe, das das thier erdötet und sein leyb verderbt war. Und es wurd gegeben, das mans solt mit feuer verprennen. Es war auch den andern thiern der gewalt genomen und die zeit ires lebens bestimbt, ein zeit und ein zeit.

Und ich sahe in meinem gesicht, und syhe, mit den wolcken des hymels kam eines menschen son und kam biß zu dem ewigen, und sy prachten in fur sein angesicht, und er gab im den gewalt, die er[230] und das reich; und alle volcker, geschlecht und zungen werden im dienen. Sein gewalt ist ein ewiger gewalt, der kein ende nymbt, und sein reich geet nicht zu drumern.

Es entsatzt sich mein gaist, und ich erschrack ab den dingen, und die gesicht meines haubts betrubten mich. Ich[b] ging zu einem, der dabey stund, und fraget

---

v) seine: b, A–C, E. – w) in a nachträglich von Spengler korr. zu: zen. – x) was: b. – y) wie die: E. – z) löck oder har: E. – a) feurig flammen: b. – b) Und ich: E.

227. Zeilen, Übersetzung von »ordines« aus Vg. Spenglers Korrektur (Anm. w) beruht auf Luthers erst 1530 erschienener Danielübersetzung, vgl. WADB 11,2, S. 158.
228. Leopard.
229. wunderbar, wundernswert.
230. Ehre.

die warheit uber diesem allem. Der saget mir die außlegung dieser ding und leret mich: Diese vier grosse thier sein die vier reich, die auf erden entsteen sollen. Darnach werden die [125r:] heyligen des allerhöchsten das reich annemen und werdens behalten biß in ewigkeit.

Darnach wolt ich fleissig fragen von dem vierten thier, das ungleich war den andern allen und ser erschrockenlich – sein zen und klaen[231] warn eysnen, es fraß und zerprach, und das uberig zertrats mit fussen –, und von den zehen hornern und von dem andern, das auffwuchs, vor dem die drey fieln, nemlich das die augen het und ein mund, der grosse ding redet, und war grosser dann die andern. Ich sahe es an und sihe, dasselbig horn stritte mit den heyligen ᶜGottis und lag in obᶜ, biß ᵈder ewigᵈ kam und gab das gericht den heyligen des höchsten, biß die zeit kam und die heyligen das reich eroberten.

Und er sprach zu mir: Das vierdt thier wirt das vierd reich auf erden und wirt grosser dann die andern alle werden und wirt das gantz ertrich fressen, zeprechen und zertretten. Aber die zehen horner werden des reichs zehen konig sein. Und ein ander wirt nach in aufsteen und wirt mechtiger dann die ersten und die drey demutigen und wirt wort wider Got den hochsten reden und wirt die heyligen Gottes zerknischen[232] und wirt mainen, er vermog die zeit und die gesetz wandeln. Und es wirt im in die hend gegeben ein zeit, [125v:] zwu zeit und ein halbe zeit. Und das gericht wirt sitzen, das sein gewalt hinweggenomen, zerknischt und verderbt werde biß in ewigkeit. Das reich aber und gewalt und herlicheit unter allem himel werd gegeben dem heyligen volk Gottes, dess reich ein ewig reich ist, und alle kunig werden im dienen und gehorsam sein. Da hat ein ende« das gesicht des propheten.

In diesem gesicht beschreybt der heylig Geist die mechtigsten reich der erden, auff das er anzeig, wie der anthicrist im vierdten und letzsten, das auch das grost ist, kommen und desselben auch der letzt und mechtigst konig sein soll. Er beschreybt aber nicht dorumb vier reich allein, das sonst keins darneben sein werd, sonder, das da eins aus [S. 444:] dem andern komᵉ und vom anfangᶠ biß an der welt ende raichen.

Dann das erst reich auf erden ist durch Nymrod zu Babylonien angefangen[233] und hat gewerdt, biß das reich der Persier stercker wurdᵍ und es untertrucket. Der Persier reich war darnach das sterckist, biß das kriechisch[234] auffkam und der Persier reich verhöret[235]. Die Kriechen blyben hernach die sterkisten, biß das römisch erstarkte [126r:] und nicht allein die Kriechen, sunder die gantzen welt frassenʰ. Und im romischen reich wirt der anthicrist der letzt sein, und in wirtⁱ

---

c-c) des höchsten: b. – d-d) die zeit: b. – e) kam: b. – f) aufgang: A–C, E. – g) würd: E. – h) fraß und undtertrucket: A–C, E. – i) wurdt: b.

231. Klauen.
232. zermalmen.
233. Vgl. Gen 10,8–12.
234. Gemeint sind Alexander und die Reiche der Diadochen.
235. verheerte.

die zeit des jungsten gerichts ergreiffen. Biß hieher in diser auslegung komen uberain Juden, cristen und papisten, und ist noch nie kein andere gehort worden[236].

Ee dann wir aber weiter außlegen, wollen wir den Daniel am achten capitel weiter vom anthicrist hören reden, dann daselbst sagt er also [23–25]:[k] »Und nach dem reich derselbigen (das ist der Kriechen, darvon er vor geredt hat), wann nun die leut durch ubertrettung verfinstert werden (das must im romischen[l] geschehen), so wirt aufsteen ein konig, mechtig von geperden[237] und verstendig auf furschleg[238]. Und sein thun wirt gesterckt werden nicht durch sein crafft. Er wirt ein wunderparlicher[239] verderber sein, und es wirt[m] im glucken, und wirts[n] hinausfuren. Er wirt verderben die starken und das volck der heyligen, und er wirt faren[240] nach seinem synne, und der betrug wirt wol geratten durch sein hand, und in seinem hertzen wirt er groß halten von sich. Und weyl da sein wirt fulle gnug, wirt er damit vil verderben. Er wirt sich auch setzen wider den fursten aller fursten. Er wirt aber on hand zerprechen werden.«[241] [o]

[126v:] So ferne[242] redet Daniel aber vom anthicrist, und ist eben der konig, der im ersten gesicht durch das klein wachsend hornlein mit augen und mund bezeichent ist. Ein horn bedeut in der heyligen schrifft allweg ein kunig oder fursten, aber nicht allein ein person; sunder alle konig, die nocheinander[243] regirn, solang am[p] reich nichts[q] verändert wirt, sein ain[r] horn, wie das im 8. cap. Danielis lauter mer dann einmal funden wirt[244]. Es wirt[s] aber dorumb ein horn genent, das es mit dem schwert[t], mit gewalt regirt wie ein vich mit dem horn – und nicht mit wort und gaist wie Christus in seinem reich.

Der anthicrist ist auch ein horn, das ist ein herr im reich zu Rom, aber nicht wie die andern. Dann die andern haben an irem horn nichts dann sterck, spitz und scherpf, der anthicrist aber hat mund und augen. Dann wiewol er ein mechtiger herr im romischen reich ist, muß er doch ain auffseher und ein leermeister sein, das ist ein seelsorger oder bischoff. Dann ein bischof haist in teutsch ein wachter

---

k) folgt Züb.: Das ander gezeügnus auß dem 8. ca. des propheten Daniel: C, E. – l) römischen reych: C, E. – m) wurt: b. – n) wurts: b. – o) folgt Züb.: Außlegung der oberzelten gezeügnus: C, E. – p) ein: b, B, E. – q) nicht: B, E. – r) nur ein einigs: A–C, E. – s) wurt: B. – t) schwert und: C, E.

236. Vgl. dazu zB Hieronymus, In Danielem, zu Dan 7 (MPL 25, Sp. 527ff) und Lyra, Postillae, zu Dan 7.
237. im Auftreten.
238. Pläne, Entwürfe, Anschläge.
239. unbegreiflicher, daß man sich wundern muß.
240. handeln.
241. Osiander zitiert nach Paul Speratus' Übersetzung von Luthers ›Ad librum Magistri Ambrosii Catharini responsio‹, 1521; s. *Benzing*, Lutherbibliographie, Nr 884–887; WA 7, S. 703 und S. 722ff. Im übrigen berührt sich Osianders Darlegung nur gelegentlich mit dieser Schrift Luthers.
242. weit.
243. nacheinander.
244. Vgl. Dan 8,20–22.

oder auffseher, wie der Herr zum propheten Ezechiel sagt am 3. cap. [17f]: »Du menschenson, ich hab dich gesetzt zum auffseher uber das hauß Israel, du wirst aus meinem mund das wort hören [127r:] und es inen verkunden. Wann ich zum gotlosen sag: ›Du wirst des tods sterben‹, und du wirst ims nicht verkundigen, das er von seinem bosen weg abtret, wirt er in seinen sönden sterben, aber sein plut will ich von deinen henden fordern« etc.[u]

Ein solch ambt hat der anthicrist auch, soll[v] nicht [w]mit dem schwert, sonder mit der predig fechten und nit[w] ein plint regiment furen, das allein im auswendigen schein[245] daher gee wie andere weltliche reich, sunder soll sehen und sich[x] nach dem liecht des gotlichen worts richten. Das ist sein rechts ampt, daryn er auffwechst. Er[y] thuts aber nicht, sonder sobald er groß wirt, [S. 445:] redet er grosse, grausame ding wider Got den herrn[z].

Das bezeugt auch der heylig Paulus in seiner andern epistel zun Thessalonichern [2,3–12] und spricht: »Last euch nymant verfuren[246] in keinerley weyse. Dann der tag des Herrn kompt nicht, es sey dann, das zuvor der abfall komme und offenbar werd der mensch der sunden und das kind der verderbung, der da ist ein widerwertiger[247] und sich erhebt uber alles, das da Got oder gottesdienst haist, also das er sich setzt in tempel Gottes als ein got und gibt fur, er sey Got. Gedenckt ir nicht daran, das ich euch solches saget, da ich noch bey euch war? Und was [127v:] es noch auffhalt, wist ir, das er offenbar[a] werde zu seiner zeit. Dann es reget sich schon berait[248] das gehaymnus der boßheit; on[249] das, der[b] es ytzo auffhelt, muß hinweggethan werden. Und alßdann wirt der bößhafftig offenbart werden, welchen der Herr wirt erwurgen mit dem geist seines munds und wirt sein ein ende machen durch die erscheinung seiner zukunft – des[c] welches zukunft geschicht nach der wurkung des satanas mit allerley lugenhafftigen crefften und zaichen und wundern und mit allerley verfurung zur ungerechtigkeit unter denen, die verlorn werden, dorumb das sy die lieb der warheit nicht haben aufgenomen, das sie selig wurden[d]. Dorumb wirt in Got senden crefftigen[e] irrthumb, das sie glauben der lugen, auff das gerichtet werden alle, die der warheit nicht geglaubt haben, sunder haben lust gehabt an der ungerechtigkeit.« Also bezeuget der heylig Paulus auch, das der anthicrist im tempel Gottes, das ist in der heyligen cristenheit, soll sizen und leren und doch ein mechtiger konig, der sich wider Got und sein wort erheben werd[f], sein sol.[g]

u) fehlt b. – v) er soll: E. – w–w) fehlt E. – x) sich (wann er anderst recht thun wolt): A–C, E. – y) es: A–C, E.

z) herrn, wie Daniel von im gesagt hat: C, E; folgt Züb.: Das drit gezeügnus auß dem andern capitel der andern epistel Pauli zun Thessalonichern: C, E.

a) offenbart: b, A–C, E. – b) fehlt A–C, E. – c) in a nachträglich gestrichen. – d) wůrden: E. – e) krefftige: E. – f) wird: E.

g) folgt Züb.: Das vierd gezeügnus auß dem 13. capitel der heymlichen offenbarung: C; Das viert gezeugnus aus dem 13. cap. der offenbarung S. Johannis: E.

245. äußerlicher Glanz.
246. dh laßt niemanden euch verführen.
247. Feind.   248. bereits.   249. allein, nur.

Aber noch werklicher²⁵⁰ beschreybt in Johannes in der haimlichen Offenwarung am 13. cap. Das wollen wir auch erzelen²⁵¹ und darnach den syn in allen diesen schrifften kurtzlich begreiffen²⁵². [128r:] Er spricht also [1–18]:
»Ich sahe ein thier aus dem mör steigen, das hät syben häubter und zehen hörner und auf seinen hörnern zehen kron und auf seinen haubten namen der lesterung. Und das thier, das ich sahe, war gleich einem pardel und sein fueß^h als perenfuß und sein mund als ein lewinmund²⁵³. Und der trach gab ime sein crafft und seinen stuel und eine grosse macht. Und ich sahe seiner haupt eins, als wer es todlich wund, und sein todliche wund ward hail. Und der gantz erdboden verwundert sich des tiers und beteten^i den trachen an, der dem thier macht gab, und beteten^k das thier an und sprachen: Wer ist dem thier gleich, und wer kan mit im kriegen? Und es ward im geben ein mund, zu reden grosse ding und lesterung, und es ward im geben, das das^l mit im weret zwenundvirtzig monat lang. Und es thet seinen mund auff zur lesterung gegen Got, zu lestern seinen namen und seine hutten^m und die im himel woneten, und ward im geben, zu streiten mit den heyligen und sie zu uberwinden, und macht uber alle geschlecht, zungen und hayden. Und alle, die auff erden woneten, betetens an, der nomen nicht geschryben sein im lebendigen puch des lambs, das erwurgt ist von anfang der welt. Hat yemant oren zu horen, der hore! So ymant in das gefengknus furet, der wirt in das gefengknus [128v:] geen, so ymant mit dem schwert todet, der muß mit dem schwert getodet werden. Hie ist die gedult und glaub der heyligen.

Und ich sahe ein ander thier aufsteigen von der erden, und het zway horner wie das lamb und redet wie der trach. Und es thut alle macht des ersten thiers vor im. Und [S. 446:] es macht, das die erde und die darauff wonen anbeten das erst thier, welches todliche wunden hail worden war, und thut grosse zaichen, das auch feur von himel macht^n fallen fur den menschen und verfurt, die auff erden wonen, umb der zeichen willen, die im geben sein zu thun vor dem thier, und sagt denen, die auf erden wonen, das sie dem thier ein bild machen sollen, das die wunden des schwerts hatt und lebendig worden war. Und es ward im geben, das es^o dem bild des thiers den gaist gab, das des thiers bild redet, und das es^p machet, welche nicht des thiers bild anbeteten, ertodet²⁵⁴ werden, und macht allesambt, die klein und grossen, die raichen und armen, die freien und knecht, das es inen ein malzaichen gab in ir rechte hand oder an ire styrn, das nymant kauffen oder verkauffen kan, er hab dann das malzeichen des thiers oder die zal seines namens. Hier ist weyßheit. Wer den verstandt hat, der uberlege die zal des thiers. Dann es ist eins menschen zal, und sein zal ist sechshundertundsechsundsechzig.«^q

h) fuß: b. – i) beetten: B. – k) beeten: B. – l) fehlt b, A–C, E. – m) in a nachträglich korr. zu: thatten. – n) in a nachträglich korr. zu: möcht. – o) er: b. – p) er: b. – q) folgt Züb.: Erklerung aller gezeûgnus in gemeyn: C, E.

250. kunstvoller.
251. hier: anführen, zitieren.
252. zusammenfassen.
253. Löwenrachen.
254. getötet.

[129r:] Das sein die grosten und kläristen gezeugnus der heyligen schrifft von dem anthicrist. Die wollen wir ein wenig baß erclern: Daniel zelet die vier reich, die auseinander und nacheinander entspringen[r] auf erden, und zeigt, das der antichrist ein konig des letzten, nemlich des romischen reichs sein[s] werd. Johannes furet noch drey reich darzu von der seiten hineyn und zeigt sybene an, nicht das ir nicht mer wern, wenn ers alle wolt anzeigen, sunder dorumb, das diese[t] sybene alle[u] wider Gottes wort gefochten haben (dann nach den andern fragt Gottes volck nichts[v]), und macht aus allen nur ein ainig thier. Es hat aber syben heubter. Dann das weltlich schwert furet ein art und ist ain ding durch die gantzen welt. Wo aber ein konig ist, da ist ein haubt dieses thiers, nemlich des weltlichen gewalts.

Die drey reich aber, die er zu den viern vom Daniel beschryben hinzuzelet, sein das egiptisch, das assyrisch und das judisch zu den zeiten des konigs Manasse; dann unter diesen syben reichen [w]hat Gottes[w] volck vor und nach Crist geburt, das ist[x] Juden und cristen, grosse not [y]umb Gots worts willen[y] erlyden. Und das haubt, das tödlich verwundet ist, bedeut den anticrist. Warumb er aber den allein fur das romisch reich setzt[z], wirt er sich [129v:] selbs außlegen[255].

Also kommen sie bede uberain, das der anthicrist der letzt herr im romischen reich sein soll. Daniel sagt, die vier thier stigen aus dem mer; Johannes sagt, das thier mit syben haubten und zehen kronen stig auch aus dem mer. Und das legt er selbs aus am 17. cap. [15] und sagt: »Das wasser bedeutet volcker, scharen, hayden und zungen«, das ist alles volck auff erden, die inen solche reich auffgericht und erhalten haben. Dann es ist gleich, wann man einen aus dem hauffen zu konig macht, als wann ein thier aus dem mer an das land kombt.

Daniel sagt, das vierd thier, das romisch reich, hab zehen horner und wachs ein kleines hernach, das hab augen und mund. Das ist (wie oben angezeigt[a])[256] das bischoffambt oder das[b] hirtenampt. Dann der babst ist erstlich[257] gantz klein und gering gewest, hat sich aber ye lenger ye baß auffgerichtet und bald nach Crist geburt, wie wir hernach zeigen wollen, furgeben, er sey der obrist bischof aus gotlichem rechten, dorumb das Cristus Petro die schlussel habe bevolhen[258]. Es volgt aber nicht, wie wir zu seiner zeit baß erclern wollen, wann gleich Petrus der obrist wer gewest – das doch nicht ist –, [S. 447:] das dorumb ein ydlicher bischof zu Rom obrister uber die andern all [130r:] were, dann es muste sonst Matias auch ein verreter sein, dorumb das er an Judas stat erwelet worden ist[259].

Da nun der babst also herfur wolt prechen, nemlich das sybend haubt und das

---

r) entsprungen: A, B; entsprungen sein: C, E. – s) fehlt b. – t) die: B, E. – u) allain: b, A–C, E. – v) nicht: A–C, E. – w-w) haben Gottis wort und: A–C, E. – x) ist bey: A–C, E. – y-y) verfolgung und verdruckung: A–C, E. – z) setz: A–C, E. – a) gezaigt: b, A–C, E. – b) fehlt A–C, E.

255. Vgl. u. S. 360f.
256. Vgl. o. S. 355.
257. zuerst.
258. Vgl. Mt 16,18f.
259. Apg 1,15–26.

letzst von allem weltlichen gewalt, wurd^c er mit dem gaistlichen schwert geschlagen, »welches ist das wort Gottes«, Ephes. 6 [17]. Dann Cristus hats zum dickern mal²⁶⁰ verpoten; so die jungern zanckten, welcher unter inen der obrist wird^d sein, sagt er allweg: »Der hayden konig hirschen uber sie, ir aber solt nicht also sein«²⁶¹. Dieses schwert des gotlichen worts wurd dem babst auf sein haubt gelegt mer dann einmal, wie in seinem geistlichen rechten dis. 99 ca. Primae^e geschryben ist²⁶². Dann daselbst wirt angezeigt, das im concilio Affricano²⁶³ beschlossen sey, das sich kein romischer bischoff ein gemeinen bischof, das ist uber ander all, nennen soll lassen. Das war die tödlich wunde; dann yderman mainet, er muste sterben, das ist, es wurd im gar nit fur sich geen²⁶⁴, das er uber die andern bischoff all herr wurd. Und er könnt sich zwar²⁶⁵ mit sant Peters schlusseln nicht wider aufgerichtet haben; het er nicht ein andern list erfunden, er werf^f tod und ab gewest²⁶⁶.

Das ists, das sant Paulus sagt: »Er wurkt schon ytzund das gehaymnus der boßheit«²⁶⁷, als wolt er sagen: Er reget sich schon wie ein kynd, das in muterleyb ist lebendig worden. Dann es warn schon ir vil, die unter dem deckmantel des wort Gottes [130v:] nur gewalt, er und faule tag suchten. Dieselben fauln, bösen glyder haben sich zusammengethun, sein ein leyb und hauff worden und hernach ein haubt gewonnen nach all irem lust. Dorumb spricht Paulus weiter, er werd zu seiner zeit offenbar werden, allein, der es ytzo auffhelt, der muß hinweggethan werden²⁶⁸. Dieses worts verstand²⁶⁹ ist auch biß zu uns von denen, die es aus seinem mund gehört haben, schrifftlich kommen^g, nemlich, er hab vom kayser zu Rom geredet²⁷⁰. Dann weyl der kayser zu Rom hofhielte, konnt sich^h der babst vor im nicht auffrichten, sunder must warten, biß derselbig hinweggethan wurd. Daß geschach, da der groß kayser Constantinus²⁷¹ ein christ wurd²⁷²,

c) wird: E. – d) wurd: b, C. – e) Text am Rand abgedruckt E. – f) wer gewißlich: A–C, E. – g) herkommen: A–C, E. – h) fehlt b.

260. oftmals.   261. Lk 22,25f.
262. CorpIurCan, D. 99, c. 3 und 4 (*Friedberg*, Corpus 1, Sp. 350f).
263. 3. Synode von Karthago 397, s. *Mansi*, Collectio 3, Sp. 884,26. Osiander setzt die Synode etwa 100 Jahre früher an, vgl. u. S. 364. Vgl. ferner WA 2, S. 259,24ff, und *Hirsch*, Theologie, S. 47.
264. vorangehen.
265. in der Tat.
266. abgetan gewesen.
267. 2Thess 2,7.
268. 2Thess 2,8.7b.   269. Verständnis.
270. Vgl. die Glossa Ordinaria zu 2Thess 2,8, MPL 114, Sp. 622, die Magna Glossatura, MPL 192, Sp. 318f, und Lyra, Postillae, zur Stelle. Zur folgenden Auslegung vgl. die Berichte über Osianders Predigt vom 15. März 1524: Br. an Capito, Bucer und Zell, o. Nr 17, S. 139, sowie *Förstemann*, Urkundenbuch, S. 159 und 164 (Balthasar von Wolfsthal, bzw. Hans von der Planitz an Friedrich den Weisen, 15., bzw. 17. März 1524). Vgl. ferner o. Einleitung zu Nr 16, S. 131f, und u. Nr 27, S. 384, bei Anm. 20.
271. Konstantin I. der Große, * um 285, 306 zum Augustus ausgerufen, beherrschte seit 312 den Westen, seit 324 das Gesamtreich, †337.
272. Nach christlicher Überlieferung 312 vor der Schlacht bei der Milvischen Brücke, vgl.

vermaint, das reich ins Kriechenland widerzupringen, verließ Rom, zog gen Byzantz, bauets und nennets das neu Rom und nach seinem namen Constantinopel[273]. Aber es felet[274] im, sein anschlag gieng nicht fur sich, sunder da must sant Paulus weyssagung erfullt werden. Da der kayser hinweg sich gethan het, tichtet[275] der babst und gab fur, wie im Constantinus das reich und alle obrigkeit geschenckt und des brief und sigel gegeben het, mischet darmit ein, wie im solche obrigkeit von sant Peters wegen nach gotlichem rechten gepuret, welches briefs copey in alle cristenheit ist ausgangen[276]. Furwar ein gantz unmaisterliche[i] lugen! Und es ist im also fur sich gangen: Das haubt, das vor[277] [131r:] mit Gottis wort todlich verwundt war, haylet wider von[278] dieser lugen. Dann Constantinus solt im erstlich die obrigkeit uber die vier furnemsten stul, nemlich Alexandria, Anthiochia, Constantinopel und Jerusalem gegeben haben[k], darnach auch uber alle kirchen der gantzen welt, uber alle priester zum fursten gesetzt, das gantz reich und allen zird kayserlicher mayestat ubergeben und geschenckt[279], zuletzt im auch an die stegraif gegriffen[280] haben. Und da ist der anthicrist [S. 448:] offenbar worden, da der kayser hinweg kam und die ganz welt sich verwundert ab dem thier, des wunden gehaylet ward. Dann daher hat man gesagt, wer wider den stul zu Rom thue, gee[l] es weder an leyb oder an seel[m] wol[281]. Und hat yederman geglaubt, es sey von Got, er hab sant Peter also mit den schlusseln zum herrn wollen setzen[282], wie es dann geschinen hat. Aber in der warheit ist es Gottes maynung nicht gewest, sunder der trach, der teuffel, hat ime die herligkeit vermittels seiner lugen geben. Dorumb alle, die da glauben, das babstumb aus Got sey, wie es ytzo ist, beten den trachen an[n] fur[283] Got[o], wie[p] Johannes saget[284]. Also hat der babst das romisch reich erwischt und dem kayser den tittel gelassen.

Da verstet man dann[q] fein, worumb das thier syben haupt und zehen kron hab.

i) und maisterliche: A–C, E. – k) fehlt C. – l) dem gee: A–C, E. – m) seel mer: A–C, E. – n) fehlt C, E. – o) Got an, der im seyn stůl, das ist disen gewalt geben hat: C, E. – p) fehlt a. – q) fehlt b.

Lactantius, De mort. persec. 44 (CSEL 27,2, S. 223f) und Euseb, Vita Const. I, 27–32 (GCS, Euseb 1, S. 20–23). Zur folgenden Deutung vgl. die jüdischen Ausleger bei Paulus von Burgos (Lyra, Postillae, zu Dan 7, additio), die das kleine Horn von 7,8.20 auf die konstantinische Wende und Papst Silvester auslegen.

273. eingeweiht am 11.5.330, s. aber u. S. 363, Anm. 316.
274. schlug fehl.
275. erfand.
276. Gemeint ist die Donatio Constantini, s. dazu LThK 6, Sp. 483f; Text bei *Mirbt – Aland*, Quellen 1, Nr 504 (228), S. 251–256. Lorenzo Valla hatte sie 1440 als Fälschung erwiesen, Ulrich von Hutten Vallas Schrift 1517/18 ediert.
277. zuvor.
278. aufgrund.
279. Vgl. *Mirbt – Aland*, Quellen 1, S. 253–255. Abs. 11–18.
280. den Steigbügel gehalten, vgl. *Mirbt – Aland*, aaO, S. 255, Abs. 16.
281. Vgl. *Mirbt – Aland*, aaO, Abs. 19.
282. Vgl. Mt 16,19 und *Mirbt – Aland*, aaO, S. 253, Abs. 10.
283. anstatt.
284. Apk 13,4.

Dann das babilonisch haubt hat ein kron, [131v:] das egiptisch ein kron, das persisch ein kron, das assirisch ein kron, das judisch ein kron, das kriechisch ein kron und das romisch letzt haubt auch ein kron, der^r sein syben. So nun das sybend haubt^s solt dem babst^t werden und ist im worden, hat der kayser sein tittel und
5 kron behalten^u und der babst im^v ein neu gemacht²⁸⁵ und tregt ytzo nicht eine, sonder drey kron²⁸⁶. Also ist der weltlich gewalt von anfang der welt in syben haubt nacheinander verfast, die^w wider Gottis wort ^xmusten^y fechten^x. Und furen doch die syben haupt zehen kron.

Und da gets dann daher, das der babst nicht mer Gottes wort predigt und pre-
10 digen lest – dann ^zes kan^z Gottes wort und sein²⁸⁷ reich nit^a beyeinander steen –, sunder thut sein mund auf und redet grosse ding wider Got den hern, verpeut, was Got erlaubt hat, und erlaubt, was Got verpoten hat, hayst ketzerey, das Cristus selbs gelert und gethan hat. Und solch sein furnemen get im vonstat. Dann er ist »mechtig in geperden«, blendet^b die ainfeltigen leut mit dem grossen
15 pracht seiner ceremonien und concilien und ist »verstendig in furschlegen«, wie Daniel im 8. [23] sagt. Dorumb ist er auch herr uber alle volcker und zungen worden.

Da kombt dann das ander thier, das horner hat wie das^c lemlein²⁸⁸, das ist, es ficht eben wie Cristus mit [132r:] predigen und mit gutem auswendigem schein,
20 aber es redet wie der trach. Das ist ein solcher hauff²⁸⁹, das einer ein ayd mocht schweren, es wern rechte, fromme, cristliche leerer und dem lämlin Cristo gantz^d gleich. Aber sy reden nicht Gots wort, sunder haydnische weyßheit, aus dem Arißtotele gesogen; das ist dann das recht teuffelswort. Und dieser hauff oder das thier thut »alle macht des ersten thiers«, des babsts, »vor im«²⁹⁰. Der babst sitzt
25 still, hat gute tag, lest sein munich machen und anrichten, was anzurichten ist. Die richten dann an, das die leut auff erden den babst anbeten und fur ein irdischen Got halten, machen »feur von himel fallen«²⁹¹. Das ist eben^e, wie Cristus sagt: »Ich bin komen, das ich feur auf erden woll senden, und was wolt ich, dann das es prunne«²⁹². Das ist, ich will ein zwytracht anrichten, das die meinen verfolgt
30 werden und doch festiglich besteen^f; da soll es als prynnen und ein ernstlicher

r) das: E. – s) haubt, nemlich das römisch reich: A–C, E. – t) babst durch list und lugen: A–C, E. – u) behalten, als der nit anders waiß, dann er hab das römisch reich noch unter ime: A–C, E. – v) im darfür: A, B; im selbs darfür: C, E. – w) den: C. – x–x) zü fechten verhengt ist: C. – y) müsten: B, E. – z–z) fehlt C. – a) künnen nicht: C. – b) blenden: A, B, E. – c) fehlt A, B. – d) fehlt A–C, E. – e) eben zü verstehen: C, E. – f) besteen sollen: A–C, E.

285. Vgl. *Mirbt – Aland,* aaO, S. 255, Abs. 16.
286. Gemeint ist die Tiara, seit Benedikt XII. mit dreifachem Kronreif; s. LThK 10, Sp. 177f.
287. sc. des Papstes.
288. Apk 13,11.
289. Zur Deutung der beiden Tiere auf den Papst (= Antichrist) und die Mönche vgl. die Glossa Ordinaria zu Apk 13,11 (MPL 114, Sp. 733), die das erste Tier als »Antichristum et suos participes«, das zweite als »suos apostolos, quos ipse per totum mundum sparget« deutet.
290. Apk 13,12.
291. Apk 13,12f.
292. Lk 12,49.

streit sein. Also hat dis letzt thier auch feur von himel herab bracht; dann es hat den babst[g] so hytzig in die armen leut getragen und eingebildet[293], das man, in zu erhalten, vil ernstlicher[h] gefochten hat, [i]dann man fur Christum gethan het[ki].

Weiter richtet das thier an, das man dem babst ein pild soll machen[294]. Das muß man auch nach der art Cristi, unsers herrn, versteen. Christus ist ein ebenpild [132v:] des gotlichen wesens und ist das wort des Vaters. Also nennet Johannes hie des anthicrists [S. 449:] wort auch ein pild, und das thier heist[295] ein pild machen, das ist, des babsts wort in ein puch verfassen, welches sein geistlich recht[296] ist. Und da gluckts auch, das bild wird redet[l][297], das ist: man liset es uberal und nymbts an, horet in[m] fleissig zu und lebet darnach. Und wer das bild nicht anbetet, das ist, alvil[n][298] von des babst wort helt als von Gottes wort[o], den erwurgt man, wie man auff diesen tag sihet und greiffet[299]. Und darzu dienet das thier, die petelmunch und[p] ketzermeister[300]. Und das alles wirt[q] crefftig, wie Paulus sagt, »mit allerley lugenhafftigen crefften, zaichen, wundern und verfurungen zur ungerechtigkeit«[301], wie die munich zu Bern wol beweist haben[302]. Da verstet man nun, was sy[303] mainen, da sie sagen: »Er wirt wider Gottes heyligen fechten und inen obliegen«. Dann alle, so diesen greuel nicht anbeten[r], werden fur ketzer gehalten und erwurgt.[s]

Das dann[t] der prophet Zacharias am 11. cap. [16f] auch clar anzeigt (nachdem[u] er von Cristo und wie die 30 d.[304] von Juda in tempel solten geworfen werden, geredet hat) [v]und spricht[v]: »Ich will noch ein hirten auf erden auffwecken, der das verlassen nicht besehen, das verlorn nicht suchen, das zeprochen nicht haylen, das gesund nicht waydnen[305], aber der fasten[w][306] [133r:] flaisch fressen

g) babst unter dem schein des götlichen, hymlischen worts: A–C, E. – h) ernstlicher dann für Christum (Christum selbs: C): A–C, E. – i–i) fehlt A–C, E. – k) hatt: b. – l) reden: C; redent: E. – m) im: b, A–C, E. – n) als vil: b, A–C, E. – o) wort, das Got selbs ist: C, E. – p) sophisten und: C, E. – q) wurdt: b. – r) anbeteten: E. – s) folgt Züb.: Das fünft gezeügnus auß dem 11. capitel des propheten Zacharia: C, E. – t) hat: C. E. – u) dann nachdem: C, E. – v–v) spricht er: C, E. – w) faisten: b, A–C, E.

293. eingeprägt.
294. Apk 13,14.
295. befiehlt.
296. das Corpus Iuris Canonici.
297. redend; Apk 13,15.
298. soviel.
299. mit Händen greift, erkennt; Osiander spielt auf das Martyrium der Augustiner Henricus Voss und Johannes van der Esschen an, vgl. o. Nr 20, S. 194, Anm. 5.
300. Die päpstlichen Inquisitoren gehörten meist den Bettelorden an, vor allem den Dominikanern.
301. 2Thess 2,9f.
302. Gemeint ist der sogenannte Jetzer-Handel 1507–1509 in Bern, vgl. dazu RE 9, S. 43f, RGG 3, Sp. 663 und LThK 5, Sp. 968f.
303. sc. Daniel und Johannes, Dan 7,21 und Apk 13,7.
304. Pfennig.
305. weiden.
306. Starken, s. *Lexer,* Wörterbuch, S. 264. Wahrscheinlich aber liegt ein Versehen des Schreibers vor, vgl. Anm. w.

und ire klaen zerprechen wirt. O des hirten, o des abgots, der die herdt verlesst! Das schwert soll uber seinen arm komen und uber sein gerechtes aug. Sein arm soll verdorren und sein aug finster werden.« Ein solch abgot ist der nechst hirt nach Cristo, nemlich der babst, der nur will angebettet sein und der schäflin doch nicht pflegen.ˣ

Wie lang soll es aber wern? Wann wirts ein ende nemen? Daniel sagt: ein zeit, ʸzwu zeitʸ und eine halbe zeit, das ist vierdhalb jar³⁰⁷. Johannes sagt zwayundvirtzig monat, ist ebensovil³⁰⁸. Es ist aber nicht muglich, das er solche buberey in vierdhalb jarn, wie wirs versteen, möcht außrichten. Darzu tringt fest³⁰⁹, das die apostel all sagen und clagen, der anthicrist hab sich zu iren zeiten schon geregt. So hat er ye³¹⁰ noch kein ende. Dann Paulus spricht: »Es regt sich schon das gehaymnus seiner poßheit«³¹¹, und Johannes ᶻ1. Joh. 3ᶻ: »Kinder, es ist die letzst stunde. Und wie ir gehort habt, das der anthicrist kombt, und sein vil anthicrist worden. Von uns sein sie außgangen, aber sie warn nit von uns.«³¹² Es dringt uns aber noch vil herter die weyßsagung Danielis von Christo, da er sagt: »Uber zwuundsybentzig³¹³ wochen wirt Cristus getodet«³¹⁴, und hat ein jar fur ein tag, syben jar aber fur ein wochen gerechent. Und also ist es auch erfullt worden³¹⁵. [133v:] So mussen wir nun ye auch ein jar nur fur ein tag rechnen. Dann der heylig Gaist sicht die zeit nicht an wie wir. Es get imᵃ die sonn nicht unter, dorumb nennet er ein tag, wann die son einmal durch die zwelf zeichen herumbkombt; das nennen wir ein jar. Also werden dreissig jar ein monat. Dann soltenᵇ wirs anders auslegen, so musten wir die wochen von der zukunft Christi auch anderst auslegen. Wie wirs nun anderst auslegten, so wurdᶜ derᵈ christlich glaub falsch und Jesus nicht der recht Cristus sein.

Dorumb wollenᵉ wir ein jar fur ein tag nemenᶠ und also vierdhalb jar machen. Das thut in summa 1277 jar. So ist kayser Constantinus ongeverlich bey 338 jarn nach Crist geburt von Rom gen Constantinopel gezogen³¹⁶. Sein seidher ver-

x) folgt Züb.: Wie lang des antichrists reych weren sol: C, E. – y-y) fehlt E. – z-z) in der ersten epistel am 3. cap.: C. – a) im auch: A–C, E. – b) sollen: b. – c) wird: E. – d) der gantz: A–C, E. – e) müssen: C. – f) nennen: b.

307. das vierte Jahr halb = dreieinhalb Jahre.
308. Vgl. Dan 7,25 und Apk 13,5.
309. nötigt sehr.
310. immer.
311. 2Thess 2,7.
312. 1Joh 2,18f.
313. Im Text, auch von Osianders Vg-Edition: 62 Wochen. Sind Osiander bei der gedächtnismäßigen Zitierung die 70 Wochen von 6,24 und die 62 von V. 26 zusammengeflossen?
314. Dan 9,26.
315. Zur jüdischen und christlichen Auslegung dieser Stelle bis zum Ende des Mittelalters s. *Fraidl*, Exegese.
316. Vgl. o. S. 360, Anm. 273. Osiander meint das Jahr 328, in dem Konstantin den Bau einer Stadtmauer begann, wie die folgende Berechnung zeigt. Diese oder eine ähnliche Berechnung trug Osiander bereits im März 1524 dem Hochmeister des Deutschen Ordens, Albrecht von Brandenburg, vor, vgl. Ludwig von Boyneburg an Graf Wilhelm von Henneberg, Nürnberg, 19. März 1524, RTA 4, S. 732, Nr 228.

loffen 1200 jar viere minder. Darzu thue^g man die zeit, die er³¹⁷ sich vor Constantino auffgericht hat und mit dem schwert des worts geschlagen ist worden³¹⁸. Dann mit [S. 450:] Constantino ʰist erʰ schon widerⁱ geheilet wordenᵏ. Das ist auffs wenigst 20 oder 30 jar. Oder wann wir nach babstlichen gesetzen woltenˡ urtheiln, hat der babst Zephirinus³¹⁹, der wol sechtzig jar darvor ist gewest, einᵐ uncristlich gesetz gemacht und alle menschen, die zu den jarn komen, das ⁿsy dasⁿ heylig sacrament zu ostern musten empfahen, gedrungenᵒ, sy wern geschickt³²⁰ oder ungeschickt darzu³²¹. Daraus man wol nemen mochtᵖ, das dazumal der anthicrist schon [134r:] ᑫoffenwart, das istᑫ im schwanck wereʳ gewest und dahergefarnˢ. Wann man nun auch bedenckt, das der Herr sagt: »Wann die tag nicht verkurtzt werden, so wurdᵗ kein mensch selig«³²² – das ist, die warheit und der glaub wurden gar vertilgt, darumb ist die zeit verkurtzt, nicht das sein zeit nicht erfult solt werden, dann sein regiment muß 1277 jar erraichen, es wird aber mit dem verkurtzt, das die warheit wider an tag kombt undᵘ die verfurung entdeckt wirt und die leut wider auff den rechten glauben gefurt werden, ee dann der babst gar undergeet –, so kan man leichtlich abnemen, das eben ytzo die recht zeit ist, in der inen »der herr Jesus erwurgen wirt mit dem gaist seines munds«³²³, das ist mit der crafft seines worts. Dann es sagt der Herr Math. am 24 [14], es werd das euangelion in aller welt gepredigt zum gezeugnus uber sy und dann werde das ende komen.

Das ander thier aber, die verfurischen prediger, haben noch aines angerichtet, nemlich das »groß und klein, reich und arm, herrn und knecht«³²⁴ ain zaichen von dem babstᵛ musten empfangen, darbey man sy kennet, das sy ime anhangen. Das ist aintweder in der gerechten handt, [134v:] wann mans mit offenlichen werken bezeugt, oder an der stirn, wann mans mit offenlicher bekantnus und gantzem wandel anzeigt³²⁵, oder muß die zal des thiers, das ist brieff und sigel, haben. Wer nicht also bezeichent ist, das er dem heyligen stul zu Rom underworfen sey, kan

---

g) thut: b. – h-h) hat er sich: A–C, E. – i) fehlt b. – k) fehlt A–C, E. – l) wollenb.: – m) schon ein: C. – n-n) fehlt a, b (Versehen in der Vorlage). – o) mit gewalt gedrungen: A–C, E. – p) mag: A–C, E. – q-q) fehlt A–C, E. – r) fehlt A–C, E. – s) gefarn ist: A–C, E. – t) würd: A–C; wird: E. – u) fehlt A–C, E. – v) thier: A–C, E.

317. sc. der Papst.
318. Vgl. o. S. 359 bei Anm. 263.
319. Zephyrinus (198/199–217). Vielleicht beruht die Zeitangabe Osianders darauf, daß er in Eusebs Chronik die Angabe der 245. Olympiade versehentlich als Jahreszahl las, vgl. GCS, Euseb 7, S. 212.
320. bereitwillig.
321. Nach dem Wortlaut meint Osiander den Beschluß des 4. Laterankonzils von 1215, vgl. *Denzinger,* Enchiridion, Nr 812. Zephyrin wird diese Bestimmung ebenfalls zugeschrieben bei Schedel, Liber chronicorum, Bl. 114b: »... er setzet, das alle cristenmenschen, die zu irn vogtpern jarn komen wern, alle jar amm heiligen ostertag offenlich das heilig sacrament empfahen solten«.
322. Mt 24,22.
323. 2Thess 2,8.
324. Apk 13,16f.
325. Vgl. dazu die Glossa Ordinaria, MPL 114, Sp. 734.

nicht kauffen oder verkauffen. Dann im wirt geistliche und weltliche gemainschafft verpoten³²⁶, verpant³²⁷ und zuletzt auch in die^w acht gethon³²⁸. Und hierauff sehen seine ketzermeister gar fleissig, ob ymant seine gebot halt oder nicht. Nach Gottes worten und gepotten fragen sy nicht. Wann man aber des babsts nicht helt, am fastag fleisch isset, in der vasten nicht peicht³²⁹, zu ostern nicht zu Gottis tisch geet³³⁰, da hat man das zeichen nicht, sein ungehorsame kynder der heyligen muter, der cristenlichen kirchen, und mussen herhalten³³¹ und verpannet sein etc.ˣ

Es haben sich aber vil verirret an dem wort ›zal‹, was die zal seins namens sey; davon wir gesagt haben, es hayß schrifft oder brieff und sigel. Und ist das die ursach: Der heylig Joh., als³³² er ein geporner Jud war, hat er die gantzen offenbarung, was mundtlich mit im geredt ist, in hebreyischer sprach gehöret^y, aber den [135r:] cristen zugut, unter denen er war, in kriechischer sprach^z geschryben, wie das buch selbs clarlich anzeigt³³³. So heist nun in hebrayischer sprach ›sepher‹ schrifft, brieff und zall, wie wir auch unser zal ›sipher‹ nennen. Dann es ist in hebreyischer sprach ain ding, alle buchstaben sein zal, und alle zal^a sein buchstaben. Dorumb gilts gleich, man nenne schrifft oder zall. Also muß man unter andern zaichen auch zuzeiten schrifft und brieff^c vom babst haben, will man anderst zufriden sein.

Welcher nun dise gehaymnus nicht begreyffen kan, der soll im an dem genugen lassen, das er sihet den babst das schwert prauchen, [S. 451:] das doch wider Gottes wort^d ist³³⁴. Dorumb spricht Joh.: »Wer orn hat zu hören, der höre! So ymant in das gefengknus furet^e, der muß in das gefengknus geen. Und wer mit dem schwert todet, der muß mit dem schwert getodet werden. Hie ist die gedult und glaub der heyligen.«³³⁵ Als wolt er sagen: Wann der anthicrist anhebt

---

w) die (fehlt E) keyserlichen: A–C, E. – x) fehlt E. – y) gehöret und empfangen: A–C, E. – z) sprach wider: A–C, E. – a) zal oder sipher: A–C, E. – c) brieffe: b, A; ablaßbrieff: C. – d) wort und seines reichs art: A–C, E. – e) feret: b, A–C, E.

326. Vgl. die Bannandrohungsbulle gegen Luther »Exsurge Domine«, *Mirbt – Aland,* Quellen 1, Nr 789, S. 511, Abs. 13, und das Wormser Edikt gegen Luther, *Mirbt,* Quellen, Nr 419, S. 260, 42ff.
327. exkommuniziert.
328. Seit 1220 folgte rechtlich dem päpstlichen Bann die Reichsacht, s. *Mirbt – Aland,* Quellen 1, S. 321, Nr 618 (343). Freilich war dieses Gesetz seit dem 15. Jahrhundert außer Übung gekommen und wurde erst wieder gegen Luther angewandt. Vgl. dazu *Borth,* Luthersache, S. 121, 125, 175–177.
329. Seit dem 8. Jahrhundert war die jährliche Beichte vor Aschermittwoch üblich, vgl. LThK 2, Sp. 825. Seit dem 4. Laterankonzil war es Pflicht, wenigstens einmal im Jahr zur Beichte zu gehen, vgl. *Mirbt – Aland,* Quellen 1, S. 314, Nr 604 (331) = *Denzinger,* Enchiridion, Nr 812.
330. Vgl. o. S. 364, Anm. 321.
331. es sich gefallen lassen.
332. weil.
333. Vgl. Apk 1,11.19; 9,11.
334. Vgl. Mt 26,25.
335. Apk. 13,9f.

und verstört³³⁶ das wort und die ordnung Gottis und erwurgt, die im dareinreden, sollen im die rechten cristen nicht anhangen. Dann ob sie schon kein andern [135v:] grund haben, das der babst ungerecht sey und zu trumern geen muß, sollen sy es bey dem erkennen, das er fahet und wurget³³⁷, welches ye dem reich Cristi nicht^f zusteet. Dann es ficht und streittet allein mit dem wort und tregt das creutz selbs, erwurgt nymant. Dorumb muß sein reich nicht aus Got, sonder aus dem teufel sein^g, und also auch zu seiner zeit ein ende nemen. Und daraus sollen sie gedult und bestendigkeit im wort Gottes und dem glauben schopfen. Dann wie er mist, so wirt im Got wider^h messen³³⁸.^i

Also hat der Herr Math. am 24. [5] diese verfurung fein ordenlich anzeigt und spricht^k zum ersten: »Es werden vil unter meinem namen komen und sagen, sy seyen Christus, und werden vil verfuren«; das ist, etlich werden sich des^l euangelion zu predigen understeen, als het ich sie geschickt, werden aber sagen, sy sein Cristus. Das ist: Was ich bevolhen hab zu predigen, das sollen die prediger ausrichten als die potten. Die aber nemen^m sich des gewalts an^n³³⁹ und sprechen, sie sein Christus, dann sy solten vergebung der sund in Christus namen [136r:] predigen. Da behielten sy inen selbs den gewalt und sagten, sie hetten macht, die sund zu vergeben oder vorzubehalten³⁴⁰ – das dann nicht war ist. Sonder sie solten nur poten sein und die botschafft treulich außrichten, nichts darvon- oder darzuthun³⁴¹, sunder bey dem lassen bleyben: »Wer glaubt und getaufft wirt, der wirt selig, wer aber nicht glaubt, der wirt verdambt«³⁴².^o

Das aber Cristus sagt, Math. 16 [17-19]: »Selig bist du, Symon Jonas son, flaisch und plut hat dir das nicht offenbart, sonder mein vater im hymel; und ich sag auch dir: Du bist ein felß, und auff diesen felß will ich pauen mein gemayn, und die pforten der helle sollen sie nicht uberweltigen. Und dir will ich die schlussel des himelreichs geben. Alles, was du binden wirdest auff erden, soll auch im hymel gepunden^p, und alles, das du auff erden losen wirst, soll auch im himel geloset sein«, das hat die meynung: Cristus ist der fels, 1. Cor 10 [4], und der grundt, darauff die cristenheit erbaut ist³⁴³. Dann Paulus sagt 1. Cor 3 [11]: »Ein andern grundt kann [136v:] nyemant legen, on der gelegt ist, welcher ist Jesus Cristus«, das wort des Vaters. Wem nun der Vater den Sun offenwart, das ist, Christum recht durch den hayligen Gaist, der in verclern^q³⁴⁴ soll³⁴⁵, zu erkennen

---

f) auch: b. – g) sein, der ein totscheger von anfang war: A–C, E. – h) auch: b. – i) folgt Züb.: Das sechst gezeügnus auß dem 24. capitel Matthei: C, E. – k) folgt Züb.: Das erst alter des antichrists: C, E. – l) das: C. – m) werden: A–C, E. – n) selber annemen: A–C, E. – o) folgt Züb.: Von den schlüsseln: C, E. – p) gepunden sein: b, A–C, E. – q) erkleren: b.

336. zerstört.
337. 2Petr 2,12.
338. Vgl. Mt 7,2.
339. maßen sich die Gewalt an.
340. Vgl. Mt 18,18; Joh 20,23.
341. Vgl. Dtn 4,2.
342. Mk 16,16.
343. Vgl. Eph 2,20f.
344. erklären.   345. Vgl. Joh 14,26.

gibt, der hat Cristum in im³⁴⁶ und ist ein gayst mit im worden³⁴⁷. Dieweil nun Christus der felß ist, wirt ʳer auch ein felß, auf Christum erbaut undˢ gantzʳ ein gaist mit ime gewordenᵗ. Und auff diesenᵘ felß Christum muß die gantz gemainᵛ erpauet sein, das ist, durch die offenbarung des Vaters das lebendig wort emp-
5 fangenʷ, also ein felß werden und unuberwindtlich sein. Diesem felsen gibt Christuß die schlussel, nemlich der gantzen gemain, die durchˣ erkandtnus Christi ein felßʸ ist worden, Joh. am 20. [22f]: »Er pließ dieᶻ an und sprach: Nemet hin den heyligen Gaist! Welchen ir die sund verlasst³⁴⁸, demᵃ sein sie verlassen, und welchemᵇ ir sy behaltet, den sein sie behalten«. Als wolt er sagen: [S. 452:] »Mir
10 ist aller gewalt gegeben in himel und erden«³⁴⁹, ich hab die ᶜmacht, sundᶜ zu vergeben³⁵⁰, ich wurd aber selbs leyblich das nicht ausrichten, sondern ir als die poten must das thun, wie auch Paulus sagt 1. Cor. 4 [1]: »Darfur halt uns yederman, nemlich fur Cristus diener und haußhalter uber Gottes ge- [137r:] haymnus«. Dieweyl aber ich in euch bin und ir durch mich felsen seit worden und nun den
15 heyligen Gaist habt, so greifft es tapfer an. Wiewol ich allein macht hab, die sund zu vergeben, und euch doch nymant benenne, wem irs vergeben oder behalten solt, wirt doch mein gaist bey euch bleyben und euch recht layten³⁵¹. Er wirt euch nichts auff erden lassen binden, es sey dann vor durch mich im hymel gepunden. Er wirt euch nichts haissen aufflösen, es sey dann vor durch mich im
20 himel auffgelöset³⁵². Dorumb ist es kein gewalt, sonder nur ein potschafft, doryn sy der heylig Gaist laytet, das sie es recht ausrichten. Wa³⁵³ aber der heylig Geist ist, handelt er ja nicht wider Gottes wort. Das wort Gottes aber hatᵉ schon bestimbt, wen man pinden, nemlich den unglaubigen, und wen man losen soll, nemlich den glaubigen. Darbey muß es auchᶠ bleyben. Die verfurer haben aber
25 das ir zuforderst gesetzt und gesagt, wen sy entpinden, der werd im hymel hernach entpunden und dieweil³⁵⁴ nicht; das ist als vil gesagt als: Ich pin Cristus. Und das ist das erst alter des anthicrists, daryn erᵍ ge- [137v:] wachsen und zum herrn worden ist. Hat sich zur apostel zeit angefangen und geweret, biß er den kayser under sich hat prachtʰ.

r–r) der an in glaubt, nicht alleyn auff Christum gebauet, sonder auch selbs ein felß, ya eben der felß, der Christus selbs ist, dann er ist: C.
s) in a von Spengler eingefügt: ist. – t) in a ursprünglich und später von Spengler wieder korr.: worden. – u) disem: b. – v) gemeyn dermassen: C. – w) in a nachträglich korr. zu: empfahen; von Spengler eingefügt: und. – x) durchs: E. – y) felß und mit Christo ein geist: C. – z) sie: C, E. – a) den: A–C, E. – b) welchen: A–C, E. – c–c) sund macht: b, A–C, E. – e) has: A; hat es: C, E. – f) fehlt C. – g) er wie ein kind: C, E. – h) folgt Züb.: Das ander alter des antichrists: C, E.

346. Vgl. Joh 6,56; 14,20 u.ö.
347. 1Kor 6,17.
348. erläßt.
349. Mt 28,18.
350. Vgl. Mt 9,6.
351. Vgl. Joh 14,16; 16,13.
352. Vgl. Mt 16,19; 18,18.
353. wo.   354. solange.

Zum andern spricht Cristus: »Ir wert hörn krieg und kriegsgeschrey; erschreckt nicht, dann er muß zum ersten gescheen, aber es ist noch nicht das ende da. Dann es wirt sich emporn ein volck uber das ander und ein königreich uber das ander, und werden theure zeit, bestilentz und erdbiden[355] hin und wider sein, und da wirt sich allerst die not anheben.«[356] Cristus sagt hie nichts[i] von den kriegen, da ein hayd wider den andern umb zeitlich gut, gewalt und ere und was dergleichen ist ein krieg furnymbt; dann dasselb ist nichts besonders noch erschrockenlichs, sunder vor viel tausent jarn im prauch[357] gewest. Aber das ist ein erschrockenlich und unchristlich ding, das ein christ wider den andern fechten soll, und noch vil erschrocklicher und unchristlicher, das man wider die unglaubigen der maynung fechten und das schwert furen soll, als wolt man darmit Gottes wort ausbraiten und sie zum glauben pringen, welches der babst beides angericht und verursacht hat[358]. Dann da er nun [138r:] war mechtig durch sein betrug worden, besorgt er, wann man des[k] gewar wurd, er[l] wurd[m] kein bestand haben[n], richtet krieg an, wo er mocht, auff das der kayser nicht mussig wurd[359], Rom wider under sich zu pringen. Darzu hat er auch gnad und ablaß, wider die unglaubigen zu fechten, außgeben[360], und haben die fromen cristen von den kriegen sovil uncristenlichs wesens gehört und erfarn, das sie billich mochten gedacht haben, der jungst tag wer nicht weyt[o].

Und da kombt dann der[p] Herr noch klerer und spricht, man werd auch kriegsgeschrey hören. Das ist, wann der babst ein turckenzug furgibt, macht ein groß geschrey, ist nichts darhinder, dann das mans gelt von leuten pringt[361]. Und das ist das ander alter des anthicrists, doryn er[q] mutwillig gewest ist.[r]

Zum dritten spricht der Her weiter: »Alßdann werden sie euch antworten[s] in trubsal und werden euch tödten, und ir must gehasst werden umb meines nomen willen von yederman. Dann werden sich [S. 453:] vil ergern und untereinander verraten und sich untereinander hassen und sich vil falscher propheten erheben

---

i) nicht: b. -k) das: b. - l) es: b, A–C, E. - m) wir: b; wür: A; würde: B, C, E. - n) halten: b, A–C, E. - o) weit davorn: A–C, E. - p) in a von Spengler eingefügt; fehlt b. - q) er wie ein jüngling: C. - r) folgt Züb.: Das drit alter des antichrists: C, E. - s) uberantwurten: b, A–C, E.

355. Erdbeben.
356. Mt 24,6–8.
357. üblich.
358. Gemeint ist die gewaltsame Heiden- und Ketzerbekämpfung seit der Alten Kirche, besonders die Kreuzzüge und Ketzerkreuzzüge.
359. keine Zeit, Gelegenheit bekam.
360. Die Kreuzzugsteilnehmer erhielten vollkommenen Ablaß, zuerst belegt 1063, vgl. LThK 6, Sp. 636f. Vgl. auch *Mirbt – Aland,* Quellen 1, S. 296, Nr 569 (300).
361. Leo X. hatte 1517 einen Zehnten für einen Türkenzug ausgeschrieben (*Mansi,* Collectio 32, Sp. 991), wovon er beträchtliche Gelder einem Neffen zukommen ließ (s. *Köstlin – Kawerau,* Luther 1, S. 149), vgl. ferner RTA 4, S. 485,32ff. Zur Stimmung in Deutschland gegenüber diesem Zehnten vgl. die von *Böcking,* Hutten-Schriften 5, S. 98ff, edierten Schriften und Dokumente, am schärfsten die »Exhortatio viri cuiusdam doctissimi ad principes ne in decimae praestationem consentiant«, aaO, S. 168–175.

und werden vil verfurn. [138v:] Und dieweyl die ungerechtigkeit wirt uberhandnemen, wirt die lieb in vil erkalten. Wer aber beharret biß an das ende, der wirt selig.«[362] Und das ist das dritt alter des anthicrists, darin[t] sein tyranney am allercrefftigsten ist gewesst. Dann da hat er alle die erwurgt und verprennt, die nur etwas wider in geredt haben[363]. Und das hat gewert biß hieher.[u]

Zum vierden spricht der Herr weiter: »Das euangelion wirt predigt werden in aller welt zum zeugnus uber alle volcker, und dann wirt das ende komen«[364]. Und das ist unwidersprechlich schon angefangen und ist das letst alter, doryn der anthicrist[v] wider schwach wirt. Dann der herr Cristus wirt in, wie Paulus sagt, mit dem gaist seines munds, das ist durch die predig des heyligen euangelion, wider todten und austillgen[365]. Amen[w].

»Hie ist nun die weyßheit[x]«, spricht Johannes. »Wer den verstand hat, der uberlege die zal des thiers. Dann es ist eins[y] menschen zal, und sein zal ist sechshundertundsechsundsechzig.«[366] Das ist, wer es recht versteet, was dieses thiers wesen sey, der hab nun[z] das zum letzten warzaichen: Er frag nach seinem nomen. Dann wiewol es ein gantz [139r:] reich ist, nennet es sich doch nach einem menschen. Und[a] desselbigen menschen[b] name[c] geschryben ist[d] die zal; dann schrifft und zal ist ein ding[367]. Und da wirt [e]er finden[e] 666. Wann man nun den babst fraget: ›Woher kombt dein gewalt und herlichait? Du hast in ye von sant Petro nicht ererbt, so hast du es auch nicht mit kriegsrechten gewunnen‹, so muß er nach seinem erdichten brieff und sigel sagen, es sey dem babst Silvester[368] geschenckt und ubergeben, von dem hab ers ererbt. Also nennet sich das thier mit einem menschennamen und bedeckt sich mit demselben.

Wann man aber sein namen schreybt in hebrayischer sprach, wie er[369] dann die offenbarung in derselbigen empfangen hat, so findet man die zal gantz fein ordenlich[370] und unzertrennt daryn [f]also: סִלְוֶסְתֵּר, Silvester. Auf das aber auch die, so der hebreyschen schrifft und sprach nicht bericht sein, erkennen und vor augen sehen mogen, das also sey, wollen wir[g] ir zal oder sipher [h]all hieniden[h] nach ordnung anzeigen:

---

t) darin er wie ein man starck worden und: C, E. – u) folgt Züb.: Das viert alter des antichrists: C, E. – v) antichrist wie ein alter man: C, E. – w) fehlt A–C, E. – x) weyssagung: B. – y) ein: C. – z) im: b, A–C, E. – a) in a von Spengler eingefügt: in. – b) fehlt C, E. – c) in a von Spengler eingefügt: ist. – d) in a von Spengler gestrichen. – e–e) erfunden: A–C, E. – f–f) fehlt E. – g) wir hyenach: A–C. – h–h) fehlt A–C.

362. Mt 24,9–13.
363. Vgl. dazu die Bestimmungen des 4. Laterankonzils, *Mirbt – Aland*, Quellen 1, S. 320f, Nr 617 (340), und Friedrichs II., *Mirbt,* Quellen, S. 187f, Nr 341f.
364. Mt 24,14.
365. Vgl. 2Thess 2,8.
366. Apk 13,18.
367. Vgl. o. S. 365.
368. Silvester I., Papst 314–335. Nach der Legende (s. *Mirbt – Aland,* Quellen 1, Nr 504 [228], S. 252f, Abs. 6–10) hat er Konstantin vom Aussatz geheilt, bekehrt und getauft und ist Empfänger der Konstantinischen Schenkung.
369. sc. Johannes.   370. nach der Reihenfolge.

100	ק	10	י	1	א	
200	ר	20	כ	2	ב	
300	ש	30	ל	3	ג	
400	*ת	40	מ	4	ד	
500	תק	50	נ	5	ה	
600	תר	60	ס	6	ו	[Hinweiszeichen]371
700	תש	70	ע	7	ן	
800	תת	80	פ	8	ח	
900	תתק	90	צ	9	ט	

*Das ist der letzt puchstab, dorumb mussen sy dornach[i] zween oder drey[k] zusamennemen[l,f].

[139v, S. 454:] Das aber die ersten zwen puchstaben feyrn und nichts zu der zal thun, das ist nicht unrecht; dann es ist genug, das die zal gantz ordenlich unzertrent im nomen gefunden wirt und des nomens ein theyl ist. Und das dem also sey, gibt auch ein anzeigen, das er wider alle art und natur der lateinischen sprach Silvester und nicht Silvestris heist. Dann es hat die sprach nachteyl mussen leyden, auf das die weyßsagung erfult und die zal im nomen gantz gesehen wurd[m], welche zerstoret wer worden, so man in nach rechter art der latinischen sprach genennet het. Also ist das das letzt zaichen, darbey Johannes in gezeichent372 hat, welches nicht hat konnen und mogen eroffent werden, biß es alles erfult war, wie aller weyßsagung art ist.

Das allergrossist aber, domit er schaden hat gethan, ist sein leer gewest, von welcher wir zu reden ytzo[n] nicht zeit gnug haben. Allein373 soll man fleissig merken, das Daniel von im sagt: »Er wirt mainen, er mog zeit und gesetz verendern«374, welches er auch gethan hat vor der welt, aber vor Got nichts außgericht, dann »Gottes wort pleybt ewiglich«375. »Hymel und ertrich werden zergeen, aber meine wort werden nicht zergeen«, spricht der Herr376. Dorumb muß man Gottes wort under di hand[o] nemen [140r:] und sich wider darnach richten. Und ob sichs gleich ansehen lesst, als werd er grossen schaden thun denen, die von seiner verfurung abtretten, soll man doch sich des trosten, das sein thun gesterkt ist, aber nicht durch sein crafft, und das er on hend zuprochen377 muß werden, wie Daniel am 8. [24f] sagt. On krieg und schwert ist er aufkomen, durch[p] geperd378 und durch den list des andern thiers379; durch dieselbigen ist er auch er-

---

i) hernach: b. – k) drey buchstaben: b. – l) zusammennemen und ligt nichts dran, wellicher zuforderst stee: A–C. – m) wûrd: C; wirdt: E. – n) fehlt C. – o) hend: b, A, B, E; hende: C. – p) durchs: E.

371. Ein Händchen (in a ein Strich) weist auf die Zeile, in der die vier Buchstaben aus ›Silvester‹ stehen.
372. bezeichnet.
373. nur.
374. Dan 7,25.   375. Jes 40,8.
376. Mt 24,35.   377. zerbrochen.
378. Vgl. Dan 8,23, s. o. S. 361.
379. der Orden, s. o. S. 361.

halten. On schwert wirt er^q zergeen; dann der herr Jesus wirt in »erwurgen mit dem schwert seines munds und wirt sein ein ende machen durch die erscheinung seiner zukunft«[380]. Das ist, wie vor dem tag der morgenstern, so muß vor dem ende das euangelion herfurprechen, daselbst^r ist »die erscheinung seiner zukunft«.
Darbey sicht man, das er pald komen soll.

Derhalben darf man sein[381] crafft nit förchten. Er kan keinem land, keinem reich, keiner stat mer schaden, sonder muß prechen. Dann das schwert des wort Gottis verderret im seinen arm, und sein gerechts aug, das wirt auch verfinstert, wie Zacharias saget[382]. Darzu hat er nye^s andern gewalt gehabt, dann mit den^t heyligen zu fechten[383], das ist, ainige personen, die Gottes wort festiglich angehangen sein, zu er- [140v:] wurgen. Hat er sich^u in seiner sterck[384] nicht konnen rechen nach seinem begern, ^vweil das wort Gottis noch nicht so crefftig im schwanck gieng^v, wieviel weniger wirt ers nun thun mogen, nachdem ^wer schwach, das wort Gottes aber starck ist worden^w.

[S. 434:] ^xDas drit teyl
Nachdem droben, als wir maynen uberflussig[385] gnug, entdeckt[386] ist, was Gottes wort mit seinem zaichen sey und wurck, was menschenwort ^ydurch den anthicrist^y fur schaden und verderben anricht, woll[387] wir nun kurtzlich, was zwiträchtig gehalten wirt, erzelen[388] und, was doryn zu halten (soferr man, was droben gesagt, gemerkt und verstanden hat), clerlich anzeigen.

1. Ob der glaub oder die werck selig machen und ob ains on das ander mög sein[389]

Durch den glauben wirt uns der heylig Gaist geben, Joh. 7 [39], der geust die lieb in das hertz, zun Romern am 5. [5]. Die lieb erfult das gesetz, Ro. 13 [10] und ist ein quellender prunn in das ewig leben, Joh. 4 [14] [141r:] und 7 [38], die werk on glauben sein eytel sund, dann »was nicht aus dem glauben get, ist sund«, Rom. 14 [23]. Also ist kein gerechtigkeit, dann wo der glaub ist. Wo aber der glaub ist, da ist Got selbs; dorumb mussen die guten werk vonnoten hernach volgen. Der glaub macht gerecht und selig, die werck bezeugens und bedanckens.

q) er wider: A–C, E. – r) dasselb: b, A–C, E. – s) nye kain: A–C, E. – t) dem: b. – u) sich dann: – A–C, E. – v–v) fehlt A–C, E.
w–w) in Gottis wort schwach gemacht, uberwunden und auß der menschen gewissen gantz gestürtzt hat: A–C, E; folgt Züb.: Hye endet sich der ander teil: A–C.
x–x) folgt Schlußteil der Drucke A–C, E, s. u. S. 385f, Nr 28. – y–y) fehlt b.

380. 2Thess 2,8.
381. sc. des Antichrists.
382. Sach 11,17.
383. Vgl. Apk 13,7.
384. als er stark war.
385. ausführlich.
386. aufgezeigt.
387. wollen. 388. aufzählen.
389. Vgl. die ›23 Ansbacher Artikel‹ in: *Schmidt – Schornbaum*, Fränkische Bekenntnisse, S. 180–182, Artikel 14, S. 181.

2. Welchs recht gute werck sein

Gute werk sein die allein, die Got hat gepotten und von den glaubigen in rechter lieb gehalten werden; dann der inhalt des gantzen gesetz ist die lieb. Gegen Got sollen wir nichts handeln dann nach seinem wort^z; dann mit menschensatzung dient man im vergebens³⁹⁰. Sein wort fordert, das wir in fur ein Got halten, das ist, an in glauben und in lieben, derhalben in allwege nach seinem wort richten, und das wir seinen namen nit unnutz nennen, sonder loben und preysen³⁹¹, das ist, sein heylig wort, als viel einem yeden möglich, furdern und außprayten, und im die rue heyligen³⁹², das ist, die bösen begird des fleisch zemen und austyllgen, das sein gaist in uns unverhindert [141v:] wonen und wurcken mog³⁹³. Gegen dem nechsten soll wir alles thun, das wir wollen, das uns wider geschee³⁹⁴. Das sein allein gute werk.

3. Wievil sacrament seien³⁹⁵

Das wort ›sacrament‹ wirt in zwen weg gepraucht: Einmal heist es ein gehaymnus, nemlich da etwas anders bedeutet wirt, dann man sicht oder höret, und hayst kriechisch ›mysterium‹. Und von dem prauch reden wir ytzo nicht, dann es wurden sonst etlich hundert sacrament in der schrifft gefunden. Zum andernmal haist es ein sichtlich zeichen der gnaden und zusagung Gottis, und darvon reden wir und sagen, das aus den syben, so der babst zelet³⁹⁶, nur zwey sein, nemlich die tauff und sein fleisch und plut, von den wir droben gnug gesagt haben.

Der eelich stand ist eben das, darfur in die cristenheit allweg hat gehalten, aber der name sacrament gepurt ime nicht, dann es [S. 435:] ist die ee kein zeichen göttlicher zusagung. Wol ist es ein gehaymnus, damit die pundtnus zwischen Cristo und seiner gemein bedeutet wirt, als Paulus zu den Epheß. [142r:] am 5. [22–32], Johan. am 3. [29] und Canticorum durchaus³⁹⁷ bezeuget wirt³⁹⁸. Das aber die ee keiner zusagung warzeichen sey, ist offenlich am tag, darf³⁹⁹ keins beweysens. Dorumb ists auch kein sacrament, wie wir ytzo darvon reden.

Die puß ist nichts anders dann erkantnus der sund^a, hassen sich selbs und von hertzen begern der gerechtigkeit Christi, und ist die frucht, die das gesetz in uns wurken soll, wie droben⁴⁰⁰ auch gesagt ist. Ein gantz uncristenlich verstand aber ists, wann man menschliche gnugthueung ein pueß haist⁴⁰¹; dann die heylig

---

z) warheit: b. – a) sunden: b.

390. Vgl. Mt 15,9.
391. Vgl. Ex 20,2–7.
392. Vgl. Ex 20,8–11.
393. Vgl. Luther, ›Von den guten Werken‹, 1520, WA 6, S. 244,3ff.
394. Vgl. Mt 7,12.
395. Vgl. Artikel 1, *Schmidt – Schornbaum,* aaO, S. 180.
396. Zur Siebenzahl der Sakramente s. *Denzinger,* Enchiridion, Nr 860.
397. durchweg.
398. Vgl. Luther, ›De captivitate Babylonica‹, 1520, WA 6, S. 552,6ff.
399. bedarf.
400. Vgl. o. S. 339.
401. Die satisfactio operis ist neben der contritio cordis und der confessio oris Teil der Buße,

schrifft weiß kein andere genugthung dann das leyden und sterben Cristi, wie Esaias sagt am 53. [5]: »Durch sein strymen sein wir gesund worden«. Also ist puß auch kein worzeichen, das uns Got gibt, zu bestettigen sein zusagen, sonder ein kostliche geistliche frucht, die sein wort, das gesetz, in uns wurckt.

Die orden⁴⁰² ᵇhat der babstᵇ erdichtet und selbsᶜ sacrament genennet, sein doch von Got nicht gebotten, bedeuten nichts und haben kein zusagen. Das kan ein kind versteen, wann mans nur nennet. Der erst grad ist clericus, das einer vom weltlichen stand in den genanten geistlichen gezelt wirt, das geschicht durch harabschneyden⁴⁰³. Hostiarius, ein turhuter, [142v:] der darauff sihet, das kein verpannter⁴⁰⁴ in die kirchen gee und das heylig sacrament empfahe. Lector einer, der den blossenᵈ text der schrifft in der kirchen dem volck vorliset⁴⁰⁵. Exorcista, der die teuffel beschwert⁴⁰⁶. Ist ein recht anthicristisch ding, dann ein rechter crist thuts durch sein glauben und nicht mit beschwerung wie die zauberer. Acolythus einer, der einem bischof oder selsorger von eren wegen nachgeet und auff den dienst wartet⁴⁰⁷. Subdiaconus, den wir epistler, diaconus, den wir evangelier⁴⁰⁸ nennen, die bey dem altar dienen; so doch das recht ampt eins diacons ist, das almusen den armen außtheylen⁴⁰⁹. Das priesterthumb wollen wir hernach ercleren. Das alles nennet ᵉder babstᵉ örden, und wiewol die ersten aus irem prauch gantz sein kommen, helt ersᶠ doch noch und weyhet fur und furᴛ¹⁰, und soll ein sacrament sein. Clerici haissen das erbvolck⁴¹¹, und das sein alle cristen in ein gemein. Dorumb ist es ein verfurung, das sich die genanten gaistlichen allein erbvolck nennen. Thurhuter, leser, diener mag man haben, es sein aber nicht sacrament.

Die firmung ist ᵍvom babstᵍ erdichtet, die schrifft sagt nichts darvon, so bedeut es nichts und [143r:] hat kein zusagung, dorumb ists kein sacrament.

Die letst olung ist ein ambt deren, den Got die gnad der gesundheit verliehen

---

b–b) sein: b. – c) fur: b. – d) plasen: b. – e–e) man: b. – f) mans: b. – g–g) fehlt b.

vgl. Thomas, S.th. III, qu. 84, 8c und qu. 90,2 ad 3 (Thomas, Summa 31, S. 36 und 159). Von daher kann sie auch als ›Buße‹ bezeichnet werden, vgl. LThK 4, Sp. 684f.

402. Das sacramentum ordinis (Weihe zum geistlichen Amt) hat sieben Weihegrade: Ostiarius, Lector, Exorcista, Acolythus (ordines minores), Subdiaconus, Diaconus, Sacerdos (ordines maiores).

403. Clericus ist kein eigener Weihegrad; Osiander meint die Aufnahme in den Klerikerstand durch die Tonsur, vgl. LThK 10, Sp. 250f.

404. Exkommunizierter.

405. Im Lauf der Zeit hatte der Lector die Evangelien- und Epistellesung an Diakon und Subdiakon verloren. Vgl. LThK 6, Sp. 937, s. u. Anm. 408.

406. beschwört.

407. aufwartet, dient.

408. Der Subdiakon liest in der Messe die Epistel, mindestens ein Diakon das Evangelium, vgl. LThK 3, Sp. 952 und 1259.

409. Vgl. Apg 6,1–6; vgl. auch Luther, ›De captivitate Babylonica‹, 1520, WA 6, S. 566,34ff.

410. immer weiter. Die niederen Grade hatten keine Funktion mehr; die niederen Weihen wurden jedoch noch erteilt.

411. Vgl. Gal 3,29; Tit 3,7; 1Petr 5,3 Vg; Hebr 1,2.

het, das ist, die die krancken gesund konten machen. Die salbeten sy mit ole und paten Got, und die krancken wurden gesund⁴¹². Wer es noch thun kan, der thue es. Das ʰaber der babstʰ angericht hat, man solls allein den mittheylen, die ytzo sterben wollen, nicht das sy gesundt werden, sunder das in die sund dardurch verzihen werden⁴¹³, ist ein teuflische verfurung, dann die sund wirt uns allein durchs pluetvergiessen und sterben Christi unsers herrn vergeben.

Also pleyben zwey sacrament, die tauff und das heylig sacrament des altars, die warlich sacrament, das ist, gewise zaichen der zusagung Gottis sein, und zwey pleyben, das in allein der nam⁴¹⁴ genomen wirt, nemlich die puß und die ee. Die andern drey, nemlich orden, firmung und ölung sein nicht sacrament, sunder ⁱdes babstsⁱ gauckelwerk und im grund gar nichts.

[S. 436:] 4. Ob man die kinder tauffen mög, ee sy zur vernunft komen

[143v:] Die tauff ist ein zeichen, das uns Got durch den tod in das neu leben woll furen, wie Rom. 6 [4] clarlich angezeigt wirt. Die nun darwider sein, die sprechen: Das kind hat kein vernunft, kann nicht glauben, dorumb ist das zaichen vergebens. Darzu sagen wir nain. Die beschneydung im alten testament war auch ein zaichen, nemlich das in Abrahams samen alle volcker gebenedeiet solten werden⁴¹⁵, und empfingens doch auch die kindlin. Wann sie nun alt wurden und das zusagen höreten, begerten der benedeiung taylhafftig zu werden, so heten sy das zeichen vorhin⁴¹⁶. Also wartet das zeichen auff den glauben wie ein knecht auff ein herrn und mag alle stund in sein wurckung komen, wann mans schon lang darvor empfangen hat. Uber das kan auch nymant urtheyln, ob die kynder glauben oder nicht⁴¹⁷. Dann das sy die vernunft noch nicht prauchen, hindert den glauben nicht, dieweil wir sehen, das Johannes der tauffer vol des heyligen Gaists ist in muterleyb⁴¹⁸. Soll nun ein kind den heiligen Gaist konnen empfahen, weil es noch im muterleyb ist, und solt nicht die tauff empfahen, so es schon geporn ist, dieweil nichts daran verlorn ist, wanns [144r:] gleich uber zehen jar erst glaubig wirt, als woll als mit der beschneydung?

5. Ob die zusetz bey der tauf, so die apostel Christi nicht gebraucht haben⁴¹⁹, leydlich oder schedlich seyen

Man kan nicht laugnen, es sein menschensatzung, derhalben sein sie nicht vonnöten. So⁴²⁰ ist auch nichts im prauch, das dem wort Gottis entgegen ist. Dorumb

---

h-h) man aber: b. – i-i) eitel: b.

412. Vgl. Jak 5,14f.
413. Vgl. *Denzinger,* Enchiridion, Nr 620 und 1324f.
414. die Bezeichnung ›Sakrament‹.
415. Vgl. Gen 12,3 u.ö.   416. vorher.
417. Zum Problem des ›Kinderglaubens‹ vgl. Luther, ›In epistolam Pauli ad Galatas commentarius‹, 1519, WA 2, S. 508,33ff, ›De captivitate Babylonica‹, 1520, WA 6, S. 538,4ff und ›Adversus Cokleum‹, 1523, WA 11, S. 301,23ff. Vgl. ferner *Brinkel,* Fides infantium, S. 24–48.
418. Vgl. Lk 1,41.
419. Gemeint sind wohl Stücke wie exsufflatio, datio salis, traditio crucis, exorcismus etc; vgl. dazu die ›Ordnung, wie man tauft‹, o. Nr 10, S. 109ff.
420. andererseits.

mag ᵏmans alsᵏ freye ding freywillig halten oder lassen. Wann mans aber fur nötig halten wollt, thet¹ man sund und richtet ergernus an, wie droben von menschenleren genug beweyset ist⁴²¹.

6. Ob man den layen das sacrament in bayder gestalt soll raichen⁴²²

Es ist offenbar, das Cristus also hat auffgesezt und seine apostel und die gantz cristenheit lenger dann 400 jar also gehalten haben. Was nun Got einmal eingesetzt hat, kann kein mensch wider aufheben. Dann Christus spricht: Das thut, so offt irs thut, zu meiner gedecht- [144v:] nus⁴²³. Wir sollen ye das thun, das er thun hat, und nicht ein anders. So spricht auch Paulus, 1. Corinth. 11 [26]: »So offt ir von diesem prot essen und von diesem kelch trincken wert, solt ir den tod des Herrn verkunigen, biß er widerkombt«. Domit er ye angezeigtᵐ, das sie aus dem kelch wurden und solten trincken biß an den jungsten tag.

7. Ob die meß ein opfer sey⁴²⁴

8. Ob ein fegfeuer sey

9. Ob die meß fur die todten diene⁴²⁵

10. Ob man fur die todten sonst biten mußⁿ

[S. 437:] Diese stück sein durch die erwirdigen herrn, unsere bröbst, dermassen widerlegt, das mans von uns ytzo besser nicht hoffen darf. Dieweyl es dann im truck ausgangen ist, mag man daselbst guten grund empfahen⁴²⁶.

11. Was das priesterthumb der cristen sey⁴²⁷

[145r:] Das priesterthumb der cristen ist nichts anders dann ein erfullung des bunds, inᵒ der tauff gemachtᵖ. Dann daselbst sein wir durch die tauff in den tod Christi gepflantzt und begraben, Rom. 6 [5], das, wie er gestorben ist, wir auch sterben sollen. Das ist dann das recht opfer, darvon Paulus Rom. 12 [1] sagt: »Ich verman euch, lieben bruder, durch die barmhertzigkeit Gottis, das ir eure leyb begebet zum opfer, das da lebendig, heylig und Got wolgefellig ist«. Umb dieses opfers willen nennet der heylig Petrus 1. Petri 2 [9] alle cristen ein »koniglich priesterthumb«; dann dem priester gehört zu, das er soll opfern. Es ist aber kein opfer in der cristenheit mer dann sich selbs in tod willigklich begebenᵠ. Dorumb sein alle cristen, die getaufft sein, priester. Die man aber bißher priester gennenet hat, der ambt ist predigen und sacrament raichen, nennet die heylig schrifft nur diener⁴²⁸; ist geirret im namen. Daher dann entstanden ist, das man die meß wider das helle gotteswort fur ein opfer gehalten und die schrifft an vil orten anderst, dan sich gepurt, verstanden hat.

k–k) man alle: b; in a ursprünglich: mans alle. – l) het: b. – m) anzeigt: b. – n) müß: b. – o) der in: b. – p) gemacht ist: b; in a gestrichen: ist. – q) fehlt b.

421. Vgl. o. S. 349ff.
422. Vgl. Artikel 5 bei *Schmidt – Schornbaum,* aaO, S. 180.
423. Vgl. 1Kor 11,25.   424. Vgl. Artikel 6f bei *Schmidt – Schornbaum,* aaO, S. 180.
425. Vgl. Artikel 7 ebd.
426. Vgl. o. Nr 20, ›Grund und Ursach‹, S. 233–241.
427. Vgl. Artikel 16 bei *Schmidt – Schornbaum,* aaO, S. 181, ferner vgl. Luther, ›An den Adel‹, 1520, WA 6, S. 407,10ff.
428. 1Kor 3,5; 2Kor 3,6 u.ö.

[145v:] 12. Ob man die eeleut scheyden mög

Cristus spricht Math. am 19. [9]: »Wer sich von seinem weyb schaydet (es sey dann umb der hurerey willen) und nymbt ein andre, der pricht die ee, und wer die abgeschyden nymbt, pricht auch die ee«. Also sicht man clarlich, das kein ursach die ee scheydet dann die hurerey. Das unschuldig aber mag sich wider verheyraten; dann der fall ist außgenomen, das es nicht ein eepruch ist, so es sich wider verheyrat. Dieweil dann Got das zulest, soll billich das pruchig ernstlich gestrafft werden; dann wo das nicht geschicht, wirt man pald sehen, was daraus ervolgen wirt. Man kan ye nymant nöten[429], das es sein gemahel behalt, den es im eepruch ergreifft. Dann es spricht Salomon Proverb. 18 [22Vg]: »Der ein eebrecherin behelt, der ist ein narr.« So kan man im auch, wann es unschuldig ist, zu heyraten nicht weren. Soll dann das schuldig bey dem leben bleyben, muß mans auch wider heyraten lassen oder aber ein ergers gewarten. Sollen sie dann beide zu heyraten frey sein, welche ee wirt gantz pleyben? Got hat nit vergebens gesagt, Levitici 20 [10] und Deut. 22 [22]: »Es sollen beide, der eprecher und die eprecherin, miteinander sterben«[430].

[146r:] 13. Ob der babst macht hab, etliche sipschafft[431] an der ee zu verhindern[432]

Die sipschafft, die Got selbs verpotten hat, mussen verpotten bleyben, dann sein wort vergeet nicht. Deßgleichen, was er erlaubt hat, das muß auch frey bleyben. Do- [S. 438:] rumb ist kein gefatterschafft[433] oder andere freuntschafft[434] kein hindernus an der ee, dann welche Got der herr selbs verpotten hat Levitici am 20. [11–21][435].

14. Ob die priester sollen und mogen eeweyber haben[436]

Keuscheit halten ist nymant moglich, dann dem es Got gibt, Math. 19 [11f]. Wer sich aber nicht enthelt, soll elich werden, dann »es ist besser elich sein dann prinnen« oder anfechtung haben, 1. Corinth. 7 [9]. »Der heylig Gaist aber sagt deutlich, das in letzten zeiten werden etlich abtretten vom glauben, anhangen den irrigen gaisten und leeren der teuffel durch die, so in gleißnerey lugenreder sein, brandmal in irem gewissen haben und verpieten, eelich zu werden und zu meyden die speiß, die Got geschaffen hat zu nemen mit danck- [146v:] sagung den glaubigen und denen, die die warheit erkennt haben«, 1. Timo. 4 [1–3]. »Ein bischof soll unstreflich sein, nur eins weybs man« etc., 1. Thimo. 4 [3,2].

---

429. nötigen.
430. Vgl. dazu Luther, ›Vom ehelichen Leben‹, 1522, WA 10,2, S. 288f.
431. Blutsverwandtschaft, Verwandtschaft.
432. Vgl. Artikel 11 bei *Schmidt – Schornbaum,* aaO, S. 181.
433. geistliche Verwandtschaft zwischen Paten und Täufling, vgl. RE 5, S. 211,23ff.
434. Verwandtschaft.
435. Vgl. dazu CorpIurCan, C. 35 (*Friedberg,* Corpus 1, Sp. 1261ff, sowie ebd, Sp. 1425 und 1431, den »arbor consanguinitatis« und den »arbor affinitatis«). Vgl. ferner Luther, ›De captivitate‹, WA 6, S. 553,22ff, ›Welche Personen verboten sind zu ehelichen‹, 1522, WA 10,2, S. 265f, und ›Vom ehelichen Leben‹, aaO, S. 280–287.
436. Vgl. Artikel 10 bei *Schmidt – Schornbaum,* aaO, S. 181.

15. Ob man die clostergelübde verlassen[437] mög[438]

Wiewol im alten testament von gelubden vil gehandelt wirt, findt man doch nyrgen, das ein mensch etwas geistlichs gelobt het – das man on Gottes gaist nicht möcht außrichten –, sonder sein eitel irrdische gelubd, die der gotloß ebenalswol außrichten möcht als der glaubig, als kue und kelber opfern und was dergleichen mer im alten testament der teglich prauch war. Im neuen testament aber findt man gar nichts von glubden; dorumb mussen wir allein von den stucken des gelubds handeln sambt seinen ursachen und sagen: Gehorsam, armut und keuscheit[439] geloben hat Got weder im alten noch neuen testament ye bevolhen; derhalben ist es ein menschentandt, wann man furgibt, man diene Got und thue ime ein gefallen, so[r] man solche glubd thue. Dann man dienet im vergebens mit menschengeboten, Math. 15 [9]. Darzu sprechen sy dann, es ge- [147r:] fall Got paß, was man aus dem gelubd thue, dann was man on gelubd thue[440]. Das ist dann auch nicht war, dann es bezeugts die schrifft mit keinem wort, dorumb ists auch vergebens. Also haben wir ains, nemlich wann sie schon die gelubd halten mussen, so verdinen sie nichts, thun Got kein gefallen, ist alles vergeblich, dann es sein nur menschenleer.

Fur das ander haben sie es der maynung gelobet, als soll es Got gefellig sein und inen zur seligkeit furderlich. Und wann sie gewisst heten, das nicht also were, hetten sie es wol unterwegen gelassen, sein also betrogen. Nun leret es ye die natur, das auch ein mensch dem andern ein zusagen nachlassen soll, das er im aus irthumb und unwissenheit gethan hat. Wievil mer wurds Got nachlassen, wann mans gleich sonst schuldig were, dieweil im vergeblich daryn gedienet wirt.

Zum dritten sein solche gelubd gestracks wider Gotes wort, und das mer dann in ain weg. Dann wir wollen das glubd der keuschheit fur handen nemen. Cristus spricht Math. 19 [11], es mog nymant keuscheit halten, es sey ime [147v:] dann von Got geben. So dann ymant keuscheit gelobt, muß er ye im synn haben, er konns und wolls halten, und waiß doch nicht, ob es ime geben ist oder nicht. Gelobt er, er wols halten, soferne es im von Got geben werd, so ist es schon [S. 439:] kein gelubd, wann er empfindet, das ime nicht geben ist, und mag wol abtretten. Gelobt er aber on unterschied, so heist er ye Cristum frevenlich ligen, das dann ein grausame sund ist.

Weiter: Got hat in seinem götlichen rat beschlossen, das die ee yederman soll frey sein und er wöll mit nymant zurrnen, der eelich werd. So feret der nun zu, will sich der freyheit durch sein gelubd selbs berauben, darzu den rat Gottes verendern. Das ist ein unmuglich ding; dann als wenig ein ander mir ein freyheit, von Got

---

r) wann: b.

437. fahren lassen, aufgeben.
438. Vgl. Artikel 12 bei *Schmidt – Schornbaum,* aaO, S. 181.
439. Die Gelübde des Mönchs: votum paupertatis, votum oboedientiae, votum continentiae; vgl. LThK 7, Sp. 544, *Schütz,* Thomas-Lexikon, S. 885.
440. Osiander denkt wohl an die Definition des Gelübdes als bonum melius; s. dazu RE 6, S. 494.

geben, nemen kan, als wenig kan ichs auch selbs thun, dann Gottis wort lest sich nit endern. Und als wenig ich kan frey machen, was Got verpoten hat, als wenig kan ich mich verpinden⁴⁴¹, des er mich frey gelassen hat; dann es an bayden orten Gotes unwandelbar wort ist. Mainen sy aber, Gottes wort, will und ratschlag verwandel sich umb ires gelubds willen, so setzen sie sich ye uber Got. Und uber das alles stet Gottes gepot clar vor augen: [148r:] Wer sich nicht enthelt, der soll eelich werden, 1. Cor. 7 [9]. Daraus schleusst sich unuberwintlich, das der, dem Got die gnad der keuscheit nicht geben hat, bey seiner seel seligkeit schuldig ist, eelich zu werden, er hab gelobt, was er wolle.

Also ists auch mit der gehorsam: Sie geloben ye nur gehorsam der menschensatzung, dann Gottis gepoten sein sie vor gehorsam schuldig. Nun ists ye alles vergebens, was man Got mit menschensatzung dienet; dorumb nymbt auch Got der gelubd keins an und sy pleyben vor Got frey ein weg wie den andern⁴⁴². Dann Gottis wort und will kan sich nicht endern. Er hats verworfen, man soll im nicht mit menschensatzungen dienen. Dorumb sein sie weder gelobt noch ungelobt Got gefellig.

Also auch mit der armut: Christus gepeut Luc. am 6. [30]: »Wer dich bit, dem gib«. So globen⁴⁴³ sie armut, auff das sy nichts geben durfen. Wer will so toricht sein, das er glaube, das Got sein gebot und wort nochlaß umb ires globens willen. Es thuts ye nymant dann der anthicrist mit seinem hauffen. Der erhebt sich wider Got und alles, das Gottes dinst ist oder hayst⁴⁴⁴.

Dorumb mag man die gelubd wol verlassen. Sie sein wider Gottes willen, er het sonst darzu geraitzt, wann er sy schon nicht [148v:] gepotten het. So sein sie auch wider die lieb des nechsten; dann mit diesen gelubden werden sie verhindert, dem nechsten zu dienen. Dorumb mag mans nicht allein lassen farn, sonder man ists auch schuldig. Dann es verpindtˢ keinen menschen, er gelobe dann ein ding, das er gewyß sey, das ers halten konn und das es Got wolgefall. Dieser keins wirt aber in clostergelubden erfunden.

16. Ob der mensch ein freyen willen hab⁴⁴⁵

Vom freyen willen ist nicht gut zu reden, dann in der heyligen schrifft der nam nicht wirt gefunden, derhalben bey dem wort ein ydlicher versteet, was er will. Doch wollen wir kurtzlich anzeigen, was hieryn zu wissen not ist, und sagen, das der mensch kein freyen willen hab. Dann on Gottes wort »ist nichts gemacht, das gemacht ist«, Joh. 1 [3]. Gotis wort aber ist eben sein will. Wann er nun nicht will, konnen wir auch weder wollen noch volpringen. So er aber will, muß es ye gescheen, dann seinem willen kan nichts widersteen. Item, wann wir ein freyen willen hetten, bedörfften wir keiner [S. 440:] andern leer dann des gesetz. Dann

---

s) verpind kein gelubd: b.

441. verpflichten.
442. auf die eine wie die andere Weise.
443. geloben.
444. Vgl. 2Thess 2,4.
445. Vgl. Artikel 15 bei *Schmidt – Schornbaum,* aaO, S. 181.

wir mochtens durch den freien willen halten [149r:] und also selig werden. So
were dann Christus vergebens gestorben. Und das wir kurtzlich darvon reden,
stest das gesetz den freien willen mit eim wort zu poden, nemlich mit der lieb.
Dann »Got selbs ist die lieb«, [1.] Joh 4 [16]. Wer nun Got nicht hat, der kan nicht
lieben. So hat er auch kein freyen willen.

Wann man aber sagt: Worumb heist und gepeut er dann sovil, wann wir kein
freien willen haben? Antwort: Die gepot und gesetz sein dorumb da, das wir
sehen sollen unser unvermögen, wie droben vom gesetz gesagt ist[446]. Nachvolgends
so wurkt Got eben durch sein wort in uns, das wir sonst nicht vermöchten,
wie David am 148. psalm [5] sagt: »Er hats gehayssen und es ist worden, er hats
bevolhen und es ist erschaffen«[447]. Darumb bit David auch am 34. psalm [Vg;
35,3] und spricht: »Sag zu meiner sel: Dein heyl bin ich«. Wiewol er vor wol
west[448], das kein ander heyl war dann Got, noch[449] konnt er sich nicht mit trösten,
biß es Got in sein hertz redet. Dann so er redet, so glauben wir, so er schaffet,
so wurken wir. Dorumb beweysen seine gebot kein freyen willen.

17. Ob man teutsch tauf, meß und andre gesang anrichten dorf[450]

[149v:] Antwort: Hats doch nyemant verpoten. Und obs schon yemant verpoten
het, lege nichts daran, so es nur Got nicht verpoten hat[t]. Paulus, 1. Cor. 14
[13], will nicht, das man in der gemein mit zungen rede, man lege es dann aus, das
ist, das man etwas lese, das dem gemain man nicht leicht zu versteen sey, es werd
ime dann außgelegt. Wievil weniger wurd er leyden, das man gar ein unbekante
sprachen furet! Deßgleichen Coloss. 3 [16]: »Last das wort Gottes in euch wonen
reichlich in aller weyßheit. Lert und vermanet euch selbs mit psalmen und lobgesangen
und gaistlichen lidern.« Soll nun das volk etwas aus dem gesang lernen,
muß man ye teutsch singen.

18. Ob die concilia macht haben, etwas zu setzen[451]

Das die concilia etwo[452] wider einander selbs, ettwo[453] wider klare schrifft
gehandelt haben, ist offenbar. Dorumb ist in nymant bey gefar seiner seligkeit
weiter gehorsam schuldig, dann soferne sy ir furnemen durch heylige schrifft beweysen.
Dann was menschenleer fur schaden thun, haben wir genug angezeigt[454].

[150r:] 19. Ob man die heyligen soll anbeten oder anruffen[455]

Es stet geschryben: »Du solt Got, deinen hern, anpeten und demselbigen
allein dienen«, Math. 4 [10] und Deutero. 6 [13].

---

t) hät: b.

446. Vgl. o. S. 338.
447. Zitiert nach Vg.
448. wußte.
449. dennoch.
450. Vgl. Artikel 8f bei *Schmidt – Schornbaum,* aaO, S. 180f.
451. Vgl. Artikel 21f bei *Schmidt – Schornbaum,* aaO, S. 181f.
452. einmal.
453. ein andermal.
454. Vgl. o. S. 349–352.
455. Vgl. Artikel 16 bei *Schmidt – Schornbaum,* aaO, S. 181.

20. Ob man underschid in tagen und speysen haben soll[456]

Paulus, 1. Timo. 4 [3], sagt, es sey des teufels leer, das man speyß und ee verpiete, wie droben gemelt ist[457]. Zun Gallatern am 4. [11] spricht er, er hab sorg, das er nicht villeicht umbsonst an in gearbeit hab, dorumb das sie hielten tag, monat, fest und jarzeit. Dann die ding sein alle frey.

[S. 441:] 21. Ob man muß jerlich dem priester alle sünde beychten

22. Ob im der babst etlich fell zu absolvirn behalten mog

23. Ob sein ablas zur seligkeit furderlich sey[458]

Solche zwitracht und was dergleichen ist, sein droben genug auffgeloset[459], da menschenleer verworfen und umbgesturtzt ist[460]. Wers daselbst nicht versteet, dem wirt man sonst auch nicht genug mogen thun. Was Gottes wort nicht ist, das pindet nymant im gewissen. Dieser keins ist von Got gebotten, dorumb sollens[461] auch nichts.

[150v:] 24. Ob man bild mög haben[462]

»Du solt dir kein pildnus noch irgendein gleichnus machen, weder des, das oben im himel, noch des, das unten auff erden, oder des, das im wasser unter der erden ist. Bete sie nicht an und diene in nicht«, Exodi 20 [4f].

Also haben wir kurtzlich anzeigt, was in dieser zwitracht zu halten sey. Und dieweil nun ᵘder anthicristᵘ offenbar ist, achten wir, es werd ein yedlicher bey im selbs erkennen, das ime nichts zu glauben sey on das gezeugnus der heyligen schrifft. Dieweil man aber auch fraget, wie man die rechten außlegung soll erkennen, dieweil man sie so manigfaltig handeltᵛ, oder wie man sy, wo sie finster ist, erclern soll, ist das die antwort: Wir sollen uns kein meysterʷ nennen, dann es ist nur einer unser meister, Christus im himel[463]. Darzu ist die schrifft so mechtig, das sy kein falsche auslegung leydet. Dann es ervolgen von stund an, wann man recht darauff sihet, sovil ungeschickter irrthumb, wo mans unrecht außlegt, das ein ydlicher widersacher bekennen muß, es sey unrecht außgelegt. [151r:] Es will aber gantz wolgeubt leut haben, die dasselbig anzeigen. Und domit wir beschliessen, mag man sich des trosten, das Cristus, unser herr, der den widerwertigerˣ mit dem gaist seines munds zu toden hat angefangen[464], die sach auch hinaus wirt furen und sein wort lauter und rain herfurbringen, welches allermeist geschicht, wann es vil feind hat. Dorumb der nechst weg ist, man lasse nur frölich allenthalben Gottis wort predigen und forcht sich nicht. Dann wo das im schwanck geet, muß alles prechen, was ime entgegen istʸ.

u-u) die verfuerung des teufels vorlauffer: b. – v) handel: b. – w) maister auf erden: b. – x) widerwertigen: b. – y) s. o. S. 317, Anm. 91.

456. Vgl. Artikel 19f ebd.
457. Vgl. o. S. 376.
458. Vgl. Artikel 2–4 bei *Schmidt – Schornbaum,* aaO, S. 180.
459. geklärt.
460. Vgl. o. S. 348–352.
461. taugen sie.
462. Vgl. Artikel 17 bei *Schmidt – Schornbaum,* aaO, S. 181.
463. Vgl. Mt 23,8.   464. Vgl. 2Thess 2,8.

Nr 26
Osiander, Schleupner und Venatorius an den Nürnberger Rat[1]
(Begleitschreiben zum Ratschlag)
[1524, vor Dezember 10]

Text

[89r:] Fursichtig[a], erber, weyß, gunstig, lieb herrn. Wir sein in kurtzverschinen[2] tagen von E.E.W. umb rate in sachen die heyligen schrifft und unsern glauben betreffend, so in diesen zeiten zwiträchtig gehalten und dem volck furgetragen werden, angesucht worden, der maynung, das wir die furnembsten artickel, darob
5 sich solcher zwitracht erhebt, selbs bedencken und ermessen und nachvolgend, was daryn zu halten, aus gutem und bestendigen grund der heyligen schrifft[3] möglichs fleys anzeigen und erclern solten. Welchs wir von E.E.W. nicht unzeitlich bedacht gehalten[4], derhalben auch mit aller underthenigkeit angenomen und zu thun uns erpotten haben, guter zuversicht, der allmechtig Got werde uns
10 seinen heyligen, gotlichen willen zu erkennen und zu eröffnen, eurn E.W. aber dasselbig treulich[b] abzunemen und gemeinem nutz zugut[c] zu gebrauchen, gnad und weyßheit verleyhen, domit sein gotlich gnad erkannt, sein herlichait und preyß verkundigt und unser selenhayl gefurdert werde; welches on zweifel allweg[5] geschicht, wo man des von hertzen begert und seiner götlichen gute on alles
15 wancken daryn vertraut.

Nachdem wir aber dieser sachen mit grossem fleyß und ernst nachgedacht und, woher solche zwytracht geflossen, emsiglich nachgesucht, haben wir gefunden, das nichts anders dann unwissenheit und verachtung der heyligen, gotlichen[d] schrifft dieser zertrennung ein ursprung ist und zu allerlay irrthumben ursach
20 gegeben hat. Und so man derselbigen allein, on alles widersprechen, wie billich und christlich, volgen wolt, wurden [89v:] on zweyfel aller menschen[e] ungegrundten funde[6], nebeln und finsternus vor dem liecht dieser sonnen alsbald weichen und verschwinden. Daher wir auch unsern rat nicht on frucht darzuthun hoffnung haben empfangen, dieweil die heylig schrifft lauter und clar, E.E.W.

---

a) Jhesus. Fursichtig: A–C, E. – b) gütlich: C. – c) zugůt treulich: C. – d) fehlt E. – e) menschlichen: A–C, E.

1. Vgl. o. Einleitung, S. 299ff.
2. jüngstvergangenen; die erste Beauftragung an die Prediger zu diesem Ratschlag erging allerdings schon am 13. August 1524 (vgl. o. S. 301, Anm. 17), also fast vier Monate vor Ablieferung des Dokumentes.
3. Daß die im Anschluß an die ›23 Artikel‹ erstellten Ratschläge allein aufgrund der Heiligen Schrift zu fertigen seien, war auch im ›Windsheimer Abschied‹ (26. August 1524) festgelegt worden, vgl. *Schornbaum,* Markgraf Kasimir, S. 36 und S. 173, Anm. 117.
4. Sinn: Wir waren der Meinung, E.E.W. habe dies zur rechten Zeit bedacht.
5. immer.
6. menschliche Einfälle, denen eine biblische Begründung fehlt.

aber, dieselbigen anzunemen und iro zu gehorchen, biß hieher allweg nicht allein geneigt, sonder auch willig und berayt erfunden sein.

Wir konnen aber E.W.^f auch nicht verpergen, das der recht grundtlich verstandt der warheit, so in diesen zwitrachtigen[7] und disputirlichen[8] artickeln zu finden und zu halten furgenomen ist, den maynsten[9] tayl aus denen orten der heyligen schrifft und unsers glaubens, die von meniglich[10] als hieryn zu erclern unnotig und zu dieser sachen gantz uberflussig gehalten werden mochten, erkannt und beweyst werden^g mussen[11]. Darumb wir auch E.E.W. fleyssig ermanen und bitten, sie wollen dieselbigen[12] in keinen weg, so sie hieryn von uns gehandelt und erclert werden, als unnotig und die sach wenig betreffend uberfarn und aus der acht lassen, sunder fur ein recht, vest, verporgen fundament dieser gantzen sachen, wie sy dann auch in der warheit sein, halten und zu hertzen nemen, dero in keinen^h weg vergessen, sonder allweg in frischer gedechtnus als ein prinnende fackeln in iren henden, die finsternus dieser zwitracht zu erleuchten und einer ydlichen opinion und meinung farbe, ob sy gut oder böß sey, zu urtaylen[13], behalten. So das geschicht, sein wir guter hoffnung, E.E.W. werden der warheit guten und unuberwintlichen bericht empfahen, denen wir uns auch hiemit undertheniglich unsers vermogens[14] allweg zu dienen erpieten und in ire gunst bevelhen.

E.E.W. underthenige, die prediger,
Dominicus Sleupner,
Andreas Osiannder,
Thomas Venatorius.

f) eurn E. W.: A–C, E. – g) wer, denn: A, B. – h) keinem: E.

7. kontroversen.
8. umstrittenen.
9. meisten.
10. von vielen Leuten.
11. Es hat den Anschein, als wollten die Prediger der Kritik zuvorkommen, ihr Ratschlag konzentriere sich nicht auf die durch die ›23 Artikel‹ vorgezeichneten Themen, sondern gehe in überflüssiger Weise in die Breite.
12. Bibelstellen bzw. Glaubenssätze.
13. Vgl. 1Thess 5,21.
14. soweit wir vermögen.

Nr 27
Ratschlag zu dem Teil über den Antichrist[1]
[1524, Dezember, zwischen 10 und 23]

Text

[33r:] Die drey prediger sand Sebolds, sand Lorentzen pfarkirchen und zum spital[2] zaigen den verordenten herrn[3] uff ir bescheen furhalten nachvolgende meynung an:
Erstlichen so haben sy nit gewüsst, sey ine auch anfengklichen von rats wegen
5 nit eröffend, wartzu ein erber rat ir begerter ratschlege geprauchen, ob sy die zu ir selbst notturftiger underrichtung behalten oder zu dem angesatzten reichstag[4] oder andere ort uberschicken wöllen[5]. Darumb haben sy solchen ratschlag gestelt dergestallt, wie meine herrn[6] den gesehen und gehört haben.
Wo nun meine hern, wie sy dan itzt vernemen, den an andere ort schicken[7]
10 und solchen ratschlag in irer, der dreyer prediger, namen, inmassen[8] er auch gestellt, außgen lassen wollen, so erfodet ir, der prediger, notturft, das der außgehe, wie er gestelt sey. [33v:] Des zaigen sy mancherley ursachen an; vermeinen auch, das sich der artickel, den entenchrist[9] belangend, von dem vor- und nachgeenden mit keinem fug[10] abschneiden oder theiln lass. Daß haben sy abermaln allerley an-
15 zeigung gethan; und wo meine hern daran kömen, diesen ratschlag under ir, der dreyer prediger, namen anderer ort zu uberschicken, so wöllen sy darin allein den namen behalten[11], auch aller fare[12] und abentheuer gewarten[13], und bedörfen

---

1. Vgl. dazu in der Einleitung zu Nr 25–28 o. S. 306 und S. 319 (Überlieferung).
2. Schleupner, Osiander und Venatorius.
3. nämlich Nikolaus Haller und Bernhard Baumgartner, die vom Rat beauftragt waren, in dieser Angelegenheit mit den Predigern zu verhandeln, vgl. Nürnberg SA, RV 711, f. 3v (= *Pfeiffer*, Quellen, S. 31, RV 222). Der vorliegende Ratschlag ist die zusammenfassende Niederschrift der Äußerungen der Prediger während der Unterredung mit den beiden Ratsherrn.
4. Gemeint ist das im Nürnberger Reichstagsabschied vom April 1524 für November in Aussicht gestellte Nationalkonzil, vgl. o. S. 299 bei Anm. 1.
5. Bei den engen Beziehungen zwischen den Predigern und einigen der Ratsherrn bzw. Spengler darf man annehmen, daß die drei Geistlichen sehr wohl über die jeweiligen Absichten des Rates unterrichtet waren.
6. die Ratsherrn.
7. Seit dem Tag zu Windsheim (26. August 1524) war klar, daß die Städte und Stände des Fränkischen Kreises sich ihre Ratschläge gegenseitig bekanntmachen sollten. Dafür war der Kreistag zu Rothenburg vorgesehen. Dort wurde dann briefliche Vermittlung beschlossen. Das kann den Predigern nicht unbekannt gewesen sein.
8. wie.
9. Antichrist.
10. Recht.
11. Sinn: der Ratschlag soll allein unter den Namen der Prediger – nicht etwa als offizielles Dokument des Nürnberger Rates – weitergeleitet werden.
12. Gefahren, Risiken.
13. gefaßt sein.

sich meine herrn fur ir personen deßhalben garnichzit besorgen, dann sy wöllen allen lasst hierinnen allein uff inen[14] ligen lassen. Meine hern konnen auch bedencken, wo er nit in irm, eins erbern rats, namen, sonder ir, der prediger, auß-gehe, auch ein erber raht den von inen gemeß einer suplication empfahen und weder [34r:] approbirn noch verwerfen, das inen deßhalben bei niemand ainicher beschwerd zu gewerten vorstee.

Solten aber meine herrn mer naigung haben, diesen ratschlag in gemein[15] und unbenent, von wem der gemacht oder außgangen, zu ubergeben, so mögen sy, die prediger, leiden, daß sy heraußthan, was inen gefall.

Oder meine herrn mögen den gar bei irn handen behalten und andere ratschlege fur die irn[16] an di gehörigen[17] orten gebrauchen.

Sy halten aber darfür, dieweil ye die sach, den antchrist belangend, durch die schrifft und sunst so gar offenbar, daß auch menigklich[18] daß wiss, solchs auch von viln hievor geschriben und gepredigt, wie dann durch sy, [34v:] die prediger alhie, auch offenbarlich und on scheuchen[19] hievor bescheen sey[20], so wer es on alle far und sorg, daß, so di lautter warheit und unwidersprechlich gotlich schrifft ist, auch nit zu verpergen. Doch stellen sy daß als[21] meinen hern haym.

Nr 28
Vorrede und Schlußteil der Drucke[1]
1525

Text

[Vorrede]

[A1a:] Andreas Osiander dem christlichen leser.
Gnad und frid von Got dem vatter und[a] Jesu Christo, unserm herren. Wiewol wir disen unsern rhatschlag nicht der mainung geschriben haben, das er solt offenlich

---

a) und von: C.

14. sich.
15. allgemein, dh nicht als Stellungnahme ganz bestimmter Personen.
16. als die ihrigen.
17. geeigneten, passenden.
18. jedermann.
19. Scheu.
20. Osiander selbst hatte am 15. März 1524 – also während des Reichstages und während der päpstliche Legat Campeggio in der Stadt anwesend war – in einer Predigt über 1 Joh 2,18 das Papsttum mit dem Antichrist identifiziert, vgl. seinen Brief an die Straßburger Reformatoren, o. S. 139, Nr 17, bei Anm. 17f, und o. S. 131f, Nr 16, bei Anm. 6-12.
21. alles.
1. Vgl. o. Einleitung, S. 319.

im truck ausgeen – dann er sonst on zweyfel reichlicher und uberflüssiger[2] wer
gehandelt worden –, dannoch, dieweil er andern leuten in die hend komen ist und
uns getroet wirt, er soll gedruckt werden[3], haben wir wöllen vorkommen[4] (damit nicht ein ander das on allen vleyß[5] thet, wie gemainklich geschicht[6]) und in
selbs in truck verordnet. Dieweil aber hyerin solche ding gehandelt werden, an
welchen des worts Gottis veinden all ir macht gelegen ist, und zu vermutten, sy
werdens unangefochten nicht lassen, hatt uns kaineswegs unsere namen, wie
etlich gern gesehen, zu verschweigen wöllen gepürn, sonder müssen und wöllen
einem jedem, der des[b] begert, unsers schreibens genugsame rechenschaft darthun,
wie uns der heilig Petrus leeret[7]. Des wöllen wir uns auch hiemit gegen menigklich[8] haben erpoten. Gottis genad sey mit uns allen.

[Schlußteil]

[I3b:] Der[c] dritt tail dises ratschlags[9], christlicher leser, hat allerlay fragen, so in
disen unsern zeiten zwitrechtig gehandelt[10] und doch zu wissen für nötig geacht
werden, durch heilige götliche schrifft aufs allerkürtzist auffgelöset[11] und entscheiden[d], angesehen, das diejhenigen, so dises unsern rhatschlags sich geprauchen sollen, durch tägliche unsere predig iro vorhyn[12] guten unterricht
empfangen und begriffen hetten. Derhalben auch sy nach der lenge zu handlen[13]
für unnötig angesehen ist worden. Dieweil aber solche kürtz dem gemainen
mann nicht allain unverstentlich, sonder auch als ungegründt[14] verdechtlich
möcht gewest[e] sein, hetten wir uns der mühe und arbait, dieselben von neüem und
nach der lenge zu erklern, nicht lassen verdriessen, wo nicht solches auch vorhyn
in eim andern rhatschlag, an ein christlichen fürsten außgangen[15], nach nottdurft[16]

b) das: E. – c) vorangesetzt: Rathschlag: C, E. – d) entschieden: B. – e) fehlt C, E.

2. ausführlicher.
3. Ein von Osianders Ausgabe unabhängiger Druck ist nicht bekannt. Vgl. o. Einleitung, S. 308.
4. zuvorkommen.   5. Sorgfalt.
6. Im Sommer 1523 war bereits die Nachschrift einer Predigt Osianders ohne sein Wissen gedruckt worden: ›Ein schöner Sermon‹, o. S. 79ff, Nr 5. Osiander gab daraufhin die Predigt selbst heraus: ›Sendbrief an ein christliche Gemein‹, o. S. 95ff, Nr 7. Zur damals üblichen Praxis, Bücher nachzudrucken und Manuskripte ohne Erlaubnis zu publizieren, s. *Kapp,* Geschichte, S. 424ff, und *Müller,* Zensurpolitik, S. 81.
7. 1Petr 3,15.
8. jedermann.
9. Dieser Schlußteil steht in den Drucken anstelle des dritten Teils, der die 23 Ansbacher Artikel behandelt, s. o. S. 371 und Einleitung, S. 309.
10. die umstritten sind, vgl. o. Nr 25, S. 371.
11. gelöst.
12. für sich zuvor.
13. ausführlich zu behandeln.
14. nicht begründet.
15. Der Ansbacher evangelische Ratschlag für Markgraf Kasimir zu Brandenburg-Ansbach, *Schmidt – Schornbaum,* Fränkische Bekenntnisse, S. 182–322, vgl. Einleitung S. 309, Anm. 68.
16. wie es nötig ist.

und uberflüssig wer beschehen[17]. Darumb wir, uns der mûe und arbait, den leser aber des ubrigen[18] kostens, lesens und zeitverlierens zu uberheben, solches yetzo gar unterlassen. Wôllen damit ein yeden, der gemelter fragen gute und volkommene unterricht begeret, auff obgedachten außgegangen rhatschlag, als in dem er genugsame[19], mit der unsern ainhellige und in heiliger schrifft wolgegründt erklerung finden werd, gewisen haben. Die genad unsers hern Jesu Christi sey mit uns allen[20]. Amen.

17. geschehen.
18. zusätzlichen.
19. genügende, ausreichende.
20. Röm 16,24; 2Thess 3,18.

Nr 29
Der Kartäuserstreit, 1. Ratschlag
[1525, Januar, zwischen 7 und 14]

Bearbeitet von *Jürgen Lorz*

Einleitung

1. Vorgeschichte

Die zu Beginn unseres Ratschlages geschilderte Vorgeschichte der Verhandlungen des Rates mit den Kartäusern und ihrem Prior ist in so gedrängter und teilweise schwer verständlicher Form wiedergegeben, daß es notwendig ist, die zeitliche Abfolge der Ereignisse ausführlicher darzustellen.

Kurz vor dem 19. Dezember 1524 lag beim Rat eine Eingabe des Kartäuserpriors Blasius Stöckel vor[1]. Der Prior berichtete darin, daß ihm bei der Ausübung seines Predigtamtes im Kloster Schwierigkeiten entstanden seien. Er habe nämlich erkannt, daß Gotteswort und Ordenssatzungen unvereinbar nebeneinander stünden und dies auch in seinen Predigten offen ausgesprochen. Einige Mitbrüder hätten ihm daraufhin geraten, in Zukunft solche Predigten zu unterlassen, andernfalls müßten sie die Angelegenheit dem Rat anzeigen. Stöckel entgegnete ihnen, er könne nur dann damit aufhören, wenn er aus der Heiligen Schrift seiner Fehler überführt würde.

Zufällig war um diese Zeit auch der Ordensprovinzial Georg Muffel in Nürnberg[2], und Stöckel hatte ihm gegenüber seine Meinung zu verteidigen versucht. In seiner Eingabe berichtete er, er habe einsehen müssen, daß er sowohl an der starren altgläubigen Überzeugung dieses Mannes als auch an seiner philosophischen Spitzfindigkeit scheitern würde, wenn nicht durch die Prediger der Stadt und die Priore der anderen Klöster beide Seiten beurteilt und die verschiedenen Argumente am biblischen Zeugnis geprüft würden.

Deswegen bittet der Prior abschließend in seinem Schreiben um die Bekanntgabe der Geistlichen, die der Rat zu einer eventuell stattfindenden Disputation mit Georg Muffel abordnen wolle, damit er, wenn Muffel wieder im Kloster sei, wisse, an wen er sich wenden könne.

Diese Eingabe, die noch durch mündliche Bitten Stöckels unterstützt wurde, ist nach dem 19. Dezember von den Juristen der Stadt beratschlagt worden[3]. Der Rat stellte den Prior unter seinen Schutz und beabsichtigte, auf Stöckels vorgeschlagene Disputation einzugehen.

Allein Dr. Scheurl hielt ein solches Streitgespräch mit allen Nürnberger Pre-

---
1. *Pfeiffer,* Quellen, S. 314, Br. 88, und S. 32, RV 234.
2. *Pfeiffer,* Quellen, S. 315, Anm. 2 und 3.
3. *Pfeiffer,* Quellen, S. 32, RV 234, und S. 193f, Rschl. 21.

digern für unnütz. Ihm schien durch einen solchen Aufwand die interne Angelegenheit eines Klosters überbewertet; vielleicht befürchtete er auch, daß sich eine Disputation über die schriftgemäße Verkündigung eines Klosterpriors sehr schnell zu einer Diskussion über die kirchliche Lehre in der Stadt im allgemeinen ausweiten würde. Deswegen wollte Scheurl es bei einer mündlichen Aussprache mit Georg Muffel belassen. Dieser würde daraufhin – nach Scheurls Meinung – von seinem Vorhaben (nämlich der Absetzung Stöckels) ablassen.

Das Ergebnis dieser Beratung wird am 24. Dezember dem Visitator und Provinzial Muffel mitgeteilt: Der Rat sei bereit, die Prediger und Ordensoberen, die Pröpste und den Abt von St. Egidien zu einer Disputation zur Verfügung zu stellen[4]. Muffel wollte diese jedoch nicht zulassen, denn »darum sei er nicht hier«. Er erklärte sich bereit, die Angelegenheit an die »obern in die Carthaus«, dh dem damaligen Prior der Chartreuse, des nordöstlich von Grenoble gelegenen Mutterklosters der Kartäuser, zu berichten, der jeweils zugleich der Ordensoberste war. Seinen Bescheid wolle er abwarten[5]. Da erfuhr der Rat am 28. Dezember, daß Stöckel als Prior abgesetzt sei[6]. Nach weiterer Untersuchung ergab sich, daß die plötzliche Absetzung durch einen Brief veranlaßt wurde, den die Väter der Nürnberger Kartause und unter ihnen besonders Martin N. aus Hessen – Stöckels Amtsvorgänger – aus der Chartreuse erhalten hatten. Demnach war Stöckel seines Amtes zu entheben, in ein anderes Kloster im Schwarzwald zu versetzen und das Eintreffen eines neuen Priors abzuwarten. Dieser Brief kann zunächst wie die Antwort auf Muffels Bericht an die Chartreuse aussehen, dies ist aber wegen der zwischen beiden Schreiben verstrichenen Zeit von nur vier Tagen unmöglich. Es muß also schon früher ein Bericht an das Mutterkloster abgegangen sein[7].

Der Rat forderte, als die Entscheidung bekannt wurde, sofort eine Begründung für Stöckels Absetzung; die Kartäuser wollten eine solche schriftlich einreichen und wurden diesbezüglich am 29. Dezember vom Rat noch einmal zur Eile gemahnt[8].

Vor dem 3. Januar lag das Schreiben vor. Als Verfasser nannten sich Senior Martin, Vikar Wolfgang und der Schaffer des Klosters Sixt Ölhafen sowie einige andere Väter der Kartäuser[9].

---

4. Die Prediger (wahrscheinlich sind hier nur die beiden Stadtprediger gemeint): Andreas Osiander und Dominikus Schleupner (vgl. *Simon*, Nbg.Pfb., S. 198, Nr 1211). Die Ordensoberen: Michael Fries, Franziskanergardian (vgl. *Kist*, Geistlichkeit, S. 123f, Nr 1835), Andreas Stoß, Karmelitenprior (vgl. *Kist*, Geistlichkeit, S. 404, Nr 6141), Konrad Pflüger, Dominikanerprior (vgl. *Kist*, Geistlichkeit, S. 35, Nr 454), Wolfgang Volprecht, Augustinerprior (vgl. *Kist*, Geistlichkeit, S. 118, Nr 1733). Die Pröpste: Georg Peßler, St. Lorenz (vgl. *Simon*, Nbg.Pfb., S. 166f, Nr 996) und Hektor Pömer, St. Sebald (vgl. *Simon*, Nbg.Pfb., S. 171, Nr 1029). Der Abt von St. Egidien: Friedrich Pistorius (vgl. *Kist*, Geistlichkeit, S. 41, Nr 526).
5. *Pfeiffer*, Quellen, S. 33, RV 239 und zu RV 239.
6. *Pfeiffer*, Quellen, S. 34, RV 244, vgl. auch zu RV 244.
7. Das war in der Tat der Fall, vgl. u. Anm. 9.   8. *Pfeiffer*, Quellen, S. 35, RV 245.
9. *Pfeiffer*, Quellen, S. 317ff, Br. 95. Die Namen der Kartäuserväter s. *Pfeiffer*, aaO, S. 320, Anm. 4.

Zu Beginn melden die Verfasser ihren Protest gegen das ihrer Meinung nach eigenmächtige Vorgehen des Rats an, darauf schildern sie kurz, was sie zur Absetzung Stöckels bisher getan haben: Einem auf der Durchreise befindlichen ehemaligen Vikar der Nürnberger Kartause hätten sie ihr Leid mit Blasius geklagt und ihn um Rat gebeten. Seine Antwort lautete, sich damit an den alten Prior Martin zu wenden. Dies sei auch geschehen, die Eingabe an Martin liege bei. Der Altprior habe in seiner Antwort geraten, sich mit Stöckel zu unterreden und ihm seine dem Evangelium und den Ordensstatuten zuwiderlaufenden Äußerungen zu verbieten. Auf weiteres Bitten der Brüder hin habe Bruder Martin dies dann selbst übernommen. Doch Blasius Stöckel wollte nicht allein ihn, sondern auch alle übrigen Ordensmitglieder hören. Zu einer solchen Aussprache sei es schließlich auch gekommen. Stöckel habe sich erboten, die Angelegenheit der Chartreuse zu schildern, dies sei aber bis auf den heutigen Tag noch nicht geschehen. Nach weiteren erfolglosen Drohungen seien die Väter schließlich übereingekommen, selber dem Ordensobersten ihre Beschwerden mitzuteilen. Daraufhin hätten sie den Bescheid über Stöckels Absetzung erhalten. Dieser fühle sich aber weiterhin als rechtmäßiger Prior, agiere wider die Ordensstatuten und zerstöre so die Disziplin. Am 28. Dezember habe er beiliegende Thesen an die Chortüre anschlagen lassen und die Mönche aufgefordert, in einer öffentlichen Disputation ihre Ordensstatuten und ihre Lebensauffassung zu verteidigen. Dazu sei er nicht berechtigt, sondern dies sei Sache der Konzilien und der Ordensoberen. Man bat schließlich, der Rat wolle diesem jungen, kaum drei Jahre im Kloster anwesenden Prior in Zukunft keinen Beistand mehr leisten und durch die Genehmigung seiner Versetzung zur Herstellung von Ruhe und Frieden im Kloster beitragen.

Dem alten juristischen Grundsatz des »audiatur et altera pars« folgend legte der Rat obiges Schreiben auch Stöckel vor, der sich ebenfalls schriftlich dazu äußerte[10]. Dabei stellte sich heraus, daß die Eingabe der Kartäuser an den Rat ohne Wissen des größeren Teils der Mönche geschehen war und daß auch Muffel sie nicht bewilligt hatte. Zug um Zug versucht Stöckel die Argumente seiner Mitbrüder zu entkräften, deren »Starrköpfigkeit« keine Einsicht zulasse und die es für besser achteten, daß man ihn vertreibe, als daß man die Statuten des Ordens antaste[11]. Zu einer Disputation seien sie ihrer geringen Bildung wegen nicht fähig, obwohl sich gerade in einem solchen Gespräch herausstellen würde, daß er nur das Seelenheil seiner Brüder gesucht habe und noch suche. In gut paulinischer Weise habe er gern alle Schmähungen auf sich genommen, nur um die Mönche für Christus zu gewinnen. Allein, sein Predigen sei fruchtlos gewesen, so habe er für seine Brüder Artikel gefertigt und angeschlagen, um sie auf diesem Weg zu einer Diskussion zu provozieren. Diese seien aber von ihnen ein »libellus famosus«, eine Schmähschrift genannt worden, wobei er, Stöckel, vermute, daß die meisten

---

10. *Pfeiffer,* Quellen, S. 36f, RV 262, und S. 320ff, Br. 96.
11. Diese Statuten brauchten – nach einem Kernsatz des Kartäuserordens – auch gar nicht angetastet zu werden, denn: »Carthusia numquam reformata, quia numquam deformata« (vgl. RE 10, S. 103, 38ff).

unter ihnen gar nicht wüßten, was ein libellus famosus sei. Schließlich stellt es Stöckel dem Rat anheim, mit ihm nach seinem Willen zu verfahren: Wenn man ihn bei den Kartäusern lasse, werde er sein reformatorisches Werk weiter fortsetzen, wenn nicht, möge der Rat eine andere Verwendung für ihn finden. In das für ihn bestimmte Kloster allerdings werde er nicht gehen, »erstlich, weyl solch leben der lere Christi wider ist, zum andern, das sun, mon und ich ainander, als zu besorgen, nit vil mer sehen wurde« – Stöckel rechnete also mit einer strengen Klosterhaft. Er beendet seinen Brief mit der Bitte, die Gründe für seinen eventuellen Klosteraustritt wahrheitsgemäß zu veröffentlichen und ihn mit Kleidung, Nahrung und Büchern in angemessener Weise zu versorgen.

2. Die Verhandlung

Beide Eingaben und deren Vorgeschichte wurden nach dem 7. Januar von Juristen und Predigern beratschlagt[12]. Man hatte noch am 3. Januar Georg Muffel gebeten, in Nürnberg zu bleiben, es ihm aber auf seine Weigerung hin freigestellt weiterzuziehen, der Rat werde sich durch sein Urteil ohnehin nicht beeinflussen lassen[13].

Bevor wir die Verhandlungen im Rat und ihre Ergebnisse im einzelnen erörtern, soll kurz eine Frage beantwortet werden, die sich angesichts des Vorgehens des Rats stellt: Mit Hilfe welcher Rechtsgrundlagen konnte die Stadt über das Kloster bestimmen?

Im Ratschlag selbst wird darauf hingewiesen, daß der Rat der Oberherr über das Kloster sei und daß die Aufnahme des Klosters in die Stadt von »eins raths eltern« herreiche. Tatsächlich finden sich in der »Litera cardinalis de fundatione Carthusien. Nurembergg« vom 7. August 1380 die Bedingungen des Rats, die er damals an Kloster und Mönche stellte. Es heißt da, daß niemand in das Kloster aufgenommen werden oder dort wohnen solle, der dem Rat zuwider wäre, weiter, daß das Kloster für ewige Zeiten unter dem Schutz des Rats sein solle und ihm jederzeit ein Schaffer zugeordnet werden könne, der es mit Wissen (und Genehmigung) des Rats verwalten sollte. Wenn das Klostergebäude in Kriegszeiten dem Rat gefährlich und nachteilig würde, so könne er es niederreißen lassen[14], der Prior schließlich solle in weltlichen Sachen ohne Vorwissen des Schaffers und des Rats nichts vornehmen[15].

Der Rat hatte also kirchen- oder klosterrechtlich keine Machtbefugnis zur Ab- oder Einsetzung eines Priors. Dies läßt der Ratschlag auch an zwei Stellen deutlich werden[16]. Trotzdem aber war man jederzeit in der Lage, mißliebige Kloster-

---

12. *Pfeiffer*, Quellen, S. 37f, RV 271.
13. *Pfeiffer*, Quellen, S. 37, RV 265.
14. Das Kloster lag damals noch vor der Stadt und konnte – im Kriegsfall – als feindlicher Unterschlupf dienen. Dem wollte der Rat mit seiner Bestimmung vorbeugen.
15. Die »Litera cardinalis« abgedruckt bei *Heerwagen*, Kartause, S. 96f.
16. Vgl. u. S. 394,8–13 und S. 395,6–10.

insassen, die – wie in unserem Fall – der Religionspolitik der Stadt entgegenstanden, aus dem Kloster auszuweisen. Nach dem geistlichen Recht waren sie zwar nach wie vor im Amt, nur konnten sie dieses wegen ihrer lokalen Trennung vom Kloster nicht mehr ausüben.

3. Der Ratschlag

Der erste Hauptteil des Ratschlags wird darauf verwendet, die Schutzfunktion des Rates gegenüber den Predigern und ihrer Predigt darzulegen. Die Verkünder des Wortes sind »instrument und gesandte« Gottes und stehen als solche unter der Obhut der Obrigkeit. Diese ist gerade jetzt besonders notwendig, weil es darum geht, das bislang verborgene und verfälschte Gotteswort rein an den Tag zu bringen, eine Aufgabe, die wegen der zahlreichen Widerstände seitens der Altkirchlichen besonderen Schutzes bedarf.

Die Nachprüfung der Stöckelschen Predigten ergab, daß sie ganz im Sinne der reformatorisch eingestellten Prediger der Stadt waren, und auch der Rat konnte in Stöckels Verhalten nichts für die Obrigkeit Anstößiges finden. Den Aufsichtsrechten des Rats zuwiderlaufend war dagegen die Handlungsweise zweier Klosterinsassen, nämlich Bernhard Hammerschlags und Martin N.s aus Hessen. Sie hatten offenbar den Brief an die große Kartause, zu dessen Absendung sich der Visitator Georg Muffel dem Rat gegenüber bereit erklärt hatte, ohne Wissen, aber im Namen des gesamten Konvents geschrieben und darin die sofortige Absetzung Stöckels gefordert. Die diesbezüglich positive Antwort des Generalkonvents, die sie bis zur Ankunft des Visitators zurückhielten, berechtigte sie dann – ihrer Meinung nach –, Stöckel seines Priorats zu entheben und zur Wahl eines neuen Oberen zu schreiten[17].

Der Rat bestimmte dagegen, daß Stöckel in jedem Fall im Kloster wohnen und Prediger bleiben sollte. Die beiden gegen den Prior streitenden Brüder Martin und Bernhard aber verwies man aus der Stadt. Danach sollte noch einmal im Kloster Umschau nach denen gehalten werden, die sich Stöckel widersetzten. Das Ergebnis solcher »Visitation« nimmt der Ratschlag gleich vorweg: Diejenigen, welche den bewußten Brief geschrieben und die Sache angezettelt haben, werden verschwunden sein, und bei den anderen Brüdern werde man sehen, daß sie an ihrem Prior nichts auszusetzen hätten.

Dieser sollte also in seinem Amte bestätigt oder sogar, falls nötig, neu gewählt werden. (Diese geplante Maßnahme zeigt, daß der Rat die von den Ordensobersten in der Chartreuse gegenüber Stöckel getroffenen Maßnahmen respektierte. Freilich agierte er geschickt dagegen, s. u. S. 440 und S. 442.) Die gesamte Verfahrensweise wollte man der Chartreuse anzeigen. Die Beschwerde gegen die Ausweisung ließ bei Martin nicht lange auf sich warten: Am 17. Januar protestierte er, unter anderem mit dem zunächst verblüffenden Argument, daß das Kartäuser-

---

17. *Pfeiffer*, Quellen, S. 39, RV 282.

kloster ja auf markgräflichem Grund liege, die Stadt Nürnberg also über seine Insassen nichts bestimmen könne. Doch der Rat blieb bei seiner getroffenen Entscheidung und verlängerte auf Bitten einiger Brüder lediglich die Ausreisefrist Bruder Martins um einige Tage[18].

Am 19. Januar lag bereits eine neue Eingabe von elf Kartäusermönchen an den Rat vor, die einen neuen Ratschlag der Juristen und Prediger erforderlich machte[19].

4. Überlieferung

Dem Abdruck unseres Ratschlags liegt die Handschrift im Staatsarchiv Nürnberg, S.I L. 78, Nr 15 zugrunde: 9 ungez. Bl.; 1 Bll. leer; Bl. 8 eingelegt (ursprünglich mit Siegellack über Bll. 7v geklebt); Bl. 8r leer; Dorsale auf Bl. 9v: »Ratschlag der gelerten frag 4ta post Circumcisionis Domini 1525«, = 4. Januar 1525. Es handelt sich dabei um das für die Ablage maßgebliche Datum der ›Bürgermeisterfrage‹ vgl. *Pfeiffer*, Quellen, S. 19*. Die Handschrift ist das von einem Schreiber während der Verhandlung gemachte Protokoll und stellt die einzige Quelle dar. Der Text ist gedruckt bei *Pfeiffer*, Quellen, S. 196–200, Rschl. 23, wo das Datum in 1525 zu verbessern ist.

Text

[2r:] Alls eynem erberen rath verschiner zeit durch den prior der Carthausen[1] alhie ein suplicacion ist anpracht[2], dorin er sein vorsteende[3] beschwerden anzeigt, so ime umb deswillen, das er das euangelion gepredigt und, alls er seynem ampt nach zu thuen schuldig, treulich cristlich und unstreflich gehandelt, vorstee. Dorauff ein erber rath alls die oberkeit, zufurkumen uncristliche unschicklichkeit   5
bey des priors widersachern, zue allerley handlung verursacht. Deshalb dan eynem rath in namen des convents ein antwort in schrifften[4], auch des priors dorauff gegebene schrifft mitsampt der verzeichnus der disputacion uberantwort, wes er sich cristlich [2v:] mit dem wort Gottes[a] und was er, prior, gepredigt[a], zu erhalten[5] erpiet. Der aber aller keins stat haben wellen, sonder der prior umb solicher seiner   10
cristlichen lere willen entsetzt[6]. Ist derhalben bey [b]dem abbt Egidy[7], den[b] prob-

---

a–a) übergeschrieben und eingewiesen. – b–b) übergeschrieben und eingewiesen; Schreibfehler: Edidy.

18. *Pfeiffer*, Quellen, S. 40, RV 292 und zu RV 292.
19. *Pfeiffer*, Quellen, S. 43, RV 309, und S. 201ff, Rschl. 26, s.u. S. 429.
1. Blasius Stöckel, vgl. *Simon*, Nbg.Pfb., S. 226, Nr 1386.
2. übergeben, vgl. Einleitung S. 387.
3. bevorstehenden.
4. *Pfeiffer*, Quellen, S. 317ff, Br. 95; S. 36, RV 262; S. 37f, RV 271.
5. aufrechtzuerhalten, als gültig zu erweisen.
6. amtsenthoben; *Pfeiffer*, Quellen, S. 34, RV 244.   7. Friedrich Pistorius.

sten⁸, cristlichen predigern⁹ und eins erbern raths doctoren¹⁰ beratslagt worden, auch die hin und wider ergangen schrifften und die intimacion¹¹ verlesen. Dorauff raths bey inen gesuecht worden, was eynem erbern rath alls der oberkeit bey disen itzigen vor augen wesenden leufften alls zeitlichen regierern zu handeln^c gepuren
5 well, das sich vor Gott und ^d den cristenmenschen^d verantworten laß, und ob man den prior hanthaben¹² soll.

Die zeigen demnach ane, [3r:] das nit one¹³, sy horen disen prediger oder prior fur eynen cristlichen, der gotlichen schrifft erfarnen man beruemen. Nu wissen ein erberer rath zue gutter massen, sey auch kundig und numals aus Gotts genaden
10 offenbar, woraus die verfurung und abwendung von Gottes mund und wort in die welt erschollen, doraus auch die erleschung bruderlicher lieb und alles arg gefolgt, weliches die secten, phariseer oder ordensleut nit di geryngsten furderer gewesen sein. Und pillich solt man sich erfreuen, das diser eyner, das doch ein seltzamer fogel ist¹⁴, zue der erkentnus [3v:] gotlicher warheit und seins worts
15 kumpt und sich von menschendant, neben Gottes wort boslich eingefurt, also das darin unter dem schein der geistlichkeit die hochst gotslesterung geubt worden, abwendet; vilmehr, so eyn solicher dahin gelangt, das er tuglich ist, anderen das heil und liecht zu verkunden, und inen¹⁵ Got zue eynem instrument, ander erleucht zu werden, begenadet und gepraucht. Dieweil nu die eren¹⁶ groß, aber
20 der arbeiter wenig¹⁷, seyen meyne hern, ein erber rathe, alls die, denen Got der almechtig das schwert nit vergebens [4r:] bevolhen¹⁸, vor Got und dem menschen schuldig, zu furdern und mit hochstem ernst dorob zu sein, das nit allein di verkunder des heils alls Gottes instrument und gesandte nit vergewaltigt oder vertriben werden, sonder sy sollen, wue sy imer mogen, trachten, damit di iren nit
25 allein mit zeitlicher narung, gueter pollicei und regirung, sonder auch mit dem heilsamen brot der selen gespeyset werden, das ist das teglich brot, das Got gibt. Solichs aber mus durch mittel der predig gescheen. Dorumb bey inen fur das erst stuck beschlossen: Dieweil Got der almechtig [4v:] aus sonder genaden gemeyner diser stat soliche leut und instrument gibt, das sie dieselben vor gewallt
30 handtzuhaben schuldig und vor Got pflichtig sind.^e Dan wan di hanthabung der

c) Schreibfehler: handen. – d–d) korrigiert aus: der welt. – e–e) eingewiesen vom linken Rand.

8. Georg Peßler, Hektor Pömer.
9. Dominikus Schleupner, Andreas Osiander.
10. Christoph Scheurl (über ihn s. *Gußmann,* Quellen 2, S. 364, Anm. 55; ADB 31, S. 145–154), Martin Tucher (vgl. *Biedermann,* Geschlechtsregister, Tafel 497), Bernhard Baumgartner (über ihn s. *Gußmann,* aaO, S. 364f), Christoph Koler (über ihn s. *Gußmann,* aaO) und Clemens Volkamer (vgl. über ihn o. S. 54, Nr 2, Anm. 1).
11. Anzeige.
12. in Schutz nehmen.
13. es sei schon recht.
14. im übertragenen Sinn: So etwas kommt nicht häufig vor.
15. jenen = ihn.
16. Ernte.
17. Mt 9,37. 18. Röm 13,4.

oberkeit nit were, kont kein cristlicher prediger vor dem grossen phariseischen hauffen auffkumen und must man anstat gotlicher warheit unauffhorlich mit lugen gespeist werden^e. So man auch die biblischen histori ansihet, wurd man finden, wie die oberkeit gelobt und gepreiset werden, die Gottes wort und die verkunder gottlichs willens gehanthabt, ^finen zu abthuung der gotlosigkeit und des, davon Gots bevelh nichts weist, furderlich und hilflich gewest seyn^f, das auch demselben zeitliche und ewige wolefart gevolgt ist^g.

Und obwol in diesem fall ^hund handel, den ein erber rath, alls hernach folgt, furnemen sol^h, die geistlichen recht etwas dawider sind, doch dieselben zue irem[19] vortheil^i [5r:] geordent, so sey man Got ye mehr zu gehorchen schuldig dann dem menschen[20]; ^jund dretten dieselben gotswort widerwertigem recht pillich auff ein ort^j bevor, dieweil man findet und augenscheynlich siht, das dieselben satzung gestracks wider Gottes willen und wort gesetzt sind. Aus dem rathen sy eynmutiglichen, das meyne herrn, ein erberer rath, disen prior nit mynder hanthaben und im hilf und trost erzeigen sollen alls dem treffenlichesten irem burger, der inen am maisten steur und losung[21] geb. Dann ye zu bedencken, das jhens zeitlich guet antreff[22], das Gott augenplicklich nemen und geben kann, aber das der selen heil, das vil hoher zu achten ist, ^kdoraus der unverderblich schatz gesamelt wurd^k [23]. Dann so man Gott und sein reich suecht, ungescheucht[24] des zeitlichen, wurdet [5v:] sich das ander wol finden[25]. Gott das durch seyne mittel wol^l uns so vil zugeben[26], das wir solichs erarnen[27]. Das ist nun fur das erst von der schuldigen handthabung der prediger alls instrumenta, gesandte und verkunder gotlichs worts geredt.

Zum anderen so erfindet sich aus den suplicacionen und antworten, das der prior keynes uncristlichen erpietens ist, auch so vil, das die visitatores oder andere kein rechtmessige ursach seynes entsetzens haben, allein das er die gotlich warheit und seyner bevolhenen selenheylen gesuecht. Item, das der merer theil des convents umb die sach nichts wissen, der frater Martinus[28] dise ding mit dem Hamer-

---

f–f) eingewiesen vom linken Rand. – g) danach gestrichen: schlissen sie doraus, das ein erber rath schuldig. – h–h) eingewiesen vom linken Rand. – i) danach gestrichen: und erhaltung irs geits und verderbung gesetzt und felschlichen. – j–j) eingewiesen vom linken Rand. – k–k) eingewiesen vom linken Rand.

l) danach gestrichen: geben und nit dahinden lassen. Durch diese Korrektur ist der Satz entstellt, vgl. *Pfeiffer*, Quellen, S. 200, Anm. f. – Die folgenden Worte »uns ... erarnen« eingewiesen vom linken Rand.

19. nämlich der Altkirchlichen.
20. Apg 5,29.
21. Stadtsteuer im Unterschied zu den diversen Reichssteuern.
22. betrifft.
23. Mt 6,19f.
24. unbeirrt.   25. Vgl. Mt 6,33.
26. Der Satz ist durch Korrektur entstellt. Ursprünglich folgte auf »Gott das durch seyne mittel wol« das Satzende »geben und nit dahinden lassen«, vgl. textkritischer Apparat zur Stelle.
27. (er)ernten, erwerben.
28. der Altprior Martin N. aus Hessen, vgl. *Heerwagen*, Kartause S. 118.

schlag²⁹ allein und etlich andern wenigen des convents [6r:] geprickelt³⁰ und zue werck gezogen, dorin auch nit ᵐzum besten gehandeltᵐ, ⁿdas er die andern on iren wissen underschribenⁿ. Nu haben di geforderten hern³¹ daneben bedacht, wie ubel sich leiden woll, das diser prior uber anderer willen, die ime widerwertig, ⁿⁿund also waitz und spreuen untereynander³² im closter solt erhalten werden, das solichs nit wurd recht thuen. Dorumb bewegenⁿⁿ, das nit boes mecht sein, nochmals hinaus zu bescheyden, inen des priors glympf³³ anzeigen, die sach anhencken³⁴, dem obersten der Carthausen schreiben ᵒoder, wue es ye³⁵ nit sein wolt, den prior absetzen lassen, doch das der sein wonung danocht im closter hett, nichtdestermynder prediget; und das angezeigt wurd, ein erber rath hett der entsatzung notel nit zu gestatten ursach genug³⁶, well aber sehen, wie cristlich der ander leben und was bequemen wesens sy furnemen woltenᵒ, ob das villeicht mit der zeit auff ander weg in der guete pracht werden mecht. So ist doch daneben angesehen, was guets in der kutten und disen leutten steck, also das sich mitnichten zu vermueten, mit guetem eynichs austreglichs bey inen zu handelen, ᵖnoch vil weniger zu erheben sey, das sy dem prediger und prior sein cristliche grund umbstossen, dan das vermogen sie nit. So sey auch prior mit Gots wort als der warheit der lugen zu weichen nit schuldig. Solt man aber aus cleynmütigkeit mussen weichen, davor uns Got behuet, wer gewiß vor augenᵖ, [6v:] das dise leut nur erger und vil verharter³⁷ sein werden. So nun ein erberer rath ir, der Cartheuser, hern sind, ir auffnemen von eins raths eltern und gemeyner stat herreich, solle ein erber rath sich nit zu iren knechten machen oder sich lynd gegen ine stellen, dann doraus were vil mehr ergernus und halssterkung anderer, ja die hochst eins raths wiewol noch unbedachten beschwerung erfolgen, dann eyniche fruchtparkeit geperen. ᵖᵖDann eynmal sey nit anderst, da man muß den handel mit ernst angreiffen.ᵖᵖ

Dorumb in ansehung des rechten sey, dieweil doch nur brueder Martinus und

---

m–m) korrigiert aus: ein wol clein bubenstuck geubt. – n–n) eingewiesen vom linken Rand.
nn–nn) eingewiesen vom linken Rand, für gestrichen: solt im closter erhalten werden und bedacht.
o–o) eingewiesen vom linken Rand.
p–p) korrigiert aus: sey oder zu erheben sey zuesampt dem, dieweil die warheit am tag, di lugen sich ab dannoch fur und uber alle erkantnus an der warheit stat setzen und sich unter irem mantel verdecken well.
pp–pp) eingewiesen vom linken Rand.

29. Bernhard Hammerschlag, Kartäusermönch, vgl. *Roth,* Karthause, S. 117.
30. angestachelt, angezettelt.
31. Vgl. o. Anm. 7–10.
32. Vgl. Mt 13,24–30.
33. angemessene Lebensart, rechtmäßiges Verhalten.
34. ruhen lassen.
35. trotzdem, anders.
36. Der Rat habe nicht Ursache genug, die ausgefertigte Entlassung des Priors wirksam werden zu lassen (lag ein solches Dokument dem Rat schon vor?).
37. verhärteter.

der schaffner³⁸ alls der wenniger³⁹ theil wider disen prior fechten, die absolucion auch surrepticie auspracht⁴⁰, ᵍder prior uber eins raths bescheid und der custor⁴¹ in hangender sach entsetztᵠ, das ein erber rathe hetten zue dem [7r:] ʳfrater Martino lassen bescheiden, desgleichen dem schaffner und inen lassen sagen, ein erber rathe hett aus diser geubten handlung vernomen, wes sy sich wider einen erbern rath und uber desselben bescheid hetten unterstanden. Nun wer ein erber rath ir weltliche oberkeit, hetten aus disem irem thuen sovil ursach, das sie sich bey inen entschlossen, sy bede nit lenger in diser irer carthaus oder in diser stat zu gedulden, dorumb solten sie sich furderlichen in n. tagen aus Nüremberg fugen, doran geschee eins raths ernstliche meynung. So dann dise hinweckkumen, das alsdan meyne hern zue dem convent liessen bescheiden und fragen, wer die sind, mit deren wissen die ubergeben schrift gefertigt; werd man finden, das die, so des autor gewesen, nicht mehr verhanden sein werden, auch spuren, das die anderen brueder keinen fele am prior haben. Darmals⁴² haben meyne hern zu begeren, inen fur iren prior zu halten und, wue not, von neuem zu erwelen; zue solichem mechten meyne hern einen der iren von prelaten⁴³ und ratsfreunden verordenen, und das vor allen dingen die anderen person, so neben dem prior in der sach sein, mit eingezogen, wiewol sye dafur haben⁴⁴, so des priors sach gefertigt, die andern auch iren bestandt haben werden. So man dann, wie on zweyfel ge-

q–q) eingewiesen vom linken Rand.
r–r) am linken Rand für teils gestrichenen, teils überklebten Text: umb merers ansehens willen hetten zue dem gantzen convent lassen bescheiden und inen sagen: An eynen erberen rathe wer genugsamlichen und unterrichtlichen gelangt, wes sich zwuschen etlichen unter inen und dem prior erhielt, wie auch und warumb der prior, den ein erbar rath fur ein frumen, redlichen, gelerten cristen und biderman hielte, des priorats were entsetzt, nemlich von cristlicher seyner lare willen, die pisher uber alles erpieten von inen, den schreyenden widerfechtern, unumbgestossen were, hetten auch solichs in iren ubergeben schrifften offenlichen bekandt, das es numehr keynen anderen schein oder farben litte. Nu achtet ein erberer rath soliche ursachen für ungenugsam, und wie die entsetzung mit verschweygung der warheit auspracht, het ein rat auch genugsam [7v:] wissen. Diewil nu ein erbere rathe ire weltlich oberkeit und hern weren, achten sy vil mehr vonnotten, vleis furzuwenden, cristenliche personen und lerer bey disem closter zu hegen, dann zuzusehen, das die aus bosem grund verwisen und verfolget wurden. Darumb wer eynes raths ernstlich begern, unangesehen außganger, boslichen ausbrachter absolucion disen prior nochmals fur iren prior zu haben und halten, auch von neuem also zu erwelen und dem andern, so hieher gelangen sol, abzukunden. Doran gesche eins erberen raths gefallen, weren auch dester geneigter, inen liebs und guets zu erzeigen. Wurden sy aber das nit thuen, wurd ein rath geursacht, ferner ir noturfft zu bedenken. Item so wist ein erber rath der unwil und zanck, der zwuschen ine were, das derselben N. und N., der schaffner und frater Martinus ursacher weren. Diewil nu meynen hern alls den getreuen vorsteern pillichs einsehen zu thuen gepuert.

38. Verwalter Sixt Ölhafen, über ihn vgl. *Kist,* Geistlichkeit, S. 308, Nr 4667.
39. geringere.
40. durch Erschleichung herausgebracht.
41. Kustos Wolfgang Settelsted, vgl. *Roth,* Karthause, S. 116.
42. zu diesem Zeitpunkt.
43. wahrscheinlich Friedrich Pistorius, vgl. u. S. 427.
44. halten.

schen werd, erfind, das das convent keynen fel am prior, hab man alsdan[r] [8v:] ursachen, das ein erberer rath in die groß carthausen[45] schreib, den handel anzeig, [rr]und das diser zeit widerwillen, wie die leufft gestalt, im closter zu geduldigen, eynem rat nit thunlich[rr]; oder laß das convent mit wissen eins raths schreyben, wie man des mocht zue rath. Werden dieselben, so anderst der oberst ein biderman sey, ob solichem frater Martinus und seiner mitverwandten poslichen handlung keynen gefallen haben, meyne hern auch wol on sorg sein, das sy dorumb von yemand mochten beclagt werden, dann sy hierin nichts anders gehandellt, dan was pillich und, so man cristlich leben well, sich wol gepüret. Dann sollt ein rath dises arg gesind, so gar und gewaltig in irer stat und dem, das von den iren herkumpt, des sy auch hern sind und nit di monch, regiren, tirannisch und boslich zu gebaren gestatten, wurd solichs bey disen leufften zue keynem gueten end gelangen und man zueletzt, wue [s]die oberkeit nit[s] hant wolt anlegen, müß besorgen, das Contz, rotschmid[46] und messerer[47] hinder sand Jacob auffstuend und reformacion mechte. Darumb vil weniger[t] ein cleyns zu wagen, dan einen vil grossern nachteil zu verursachen und dem raum zu geben.

Es achtet auch doctor Scheurlein[48], das nit ubel mecht gethon sein, das meyne hern in diser carthaus liessen inventiren, rechnung nemen und sich also erzeigten, das man sehe und spuret, des sye obern und prior weren; dann [9r:] einmal suechten meyne hern darin nicht iren nutz, sonder allein, was pillichen ist und zue underhaltung cristlichs guets wesens furder.

Daneben ist bedacht, ob sich mocht zutragen, das sich dise personen weckziehens mochten widersetzen und dagegen furwenden, ein rath hett uber sy nichts zu gepieten etc., wie dan diser leut art ist. Wue sich nu das begeb, des sy sich doch nit versehen, sagen die geforderten hern, das ein erber rath gueten fueg hab, sie auff ein wegenlein[49] zu setzen und aus eins raths gepiet zu furen. Wolten sy dan daruber herein und hie sein, wissten sich ein erber rath gegen inen gleich andern, so ir alls der oberkeit gepott uberdretten, wol zu hallten.

Item eins raths doctores sagen, das sich aus diesem thuen erscheyn, das Bernhardin Hamerschlag nit ein cleyner furderer und prickler in der sach gewesen; dieweil sy inen dan also erkennen, wue er in eyner sach verwandt, das nichts dan widerwertigkeit, zanck und hader sich ereug[50], das guet wer, ein erber rath ime lies sagen, sich dises closters zu eussern; dan wurd er das nit thuen, wurd ein rath sich gegen ime erzeigen, das er den misfallen ob ime spuren solt.

rr–rr) eingewiesen vom linken Rand. – s–s) korrigiert aus: nymant. – t) Schreibfehler: weger.

45. das Mutterkloster Chartreuse bei Grenoble.
46. *Pfeiffer,* Quellen, S. 200, Anm. 2 identifiziert den Rotschmied Kunz N. mit Hilfe der libri litterarum im StA Nürnberg (28,2) als Kunz Frank. Wahrscheinlich aber ist »Contz« hier als Bezeichnung des gemeinen Volkes gebraucht, wobei der Zusatz ›Rotschmied‹ und ›Messerer hinter Sankt Jakob‹ auf jene Berufsgruppen und Stadtviertel verweist, die innerhalb Nürnbergs als besonders unruhig galten.
47. Messerschmied.
48. Christoph Scheurl.
49. kleiner Wagen.   50. ereigne.

Nr 30
Ratschlag über Adam Satler
1525, Januar 11

Bearbeitet von *Martin Stupperich*

Einleitung

Das Gutachten bezieht sich auf einen Fall vorzeitiger Eheabsprache und möglicherweise Bigamie eines gewissen Adam Satler[1].

Der Wortlaut des Ratschlags könnte nahelegen, daß es sich um einen Fall von Ehebruch der ersten Frau Adam Satlers und dessen mit diesem Ehebruch legitimierte Wiederheirat handelt. Hier ist jedoch der Ratsverlaß vom 20. Januar 1525 zu beachten[2], in dem es heißt: »Jorg Kressen und Hannsen Tucher von wegen irer gethanen undterhandlung zwischen Adam Satler und seinem anhang, darinnen sy ir zugesagt und versprechen, gut dafür zu sein, wan im sein eeweyb sterb, das er sie elichen soll, beschicken und derhalb zu red halten, ir antwurt herwiderpringen«. Aus diesem Text wird deutlich, daß ein Fall vorzeitiger Eheabsprache vorlag. Daß dieser Tatbestand schon zur Zeit des vorliegenden Gutachtens bekannt war, zeigt die in der Originalhandschrift vom Protokollanten gestrichene Passage: »und der pact unter anderem laut, wan sein frau sterb, soll es ein ehe sein, des nu nit . . .«

Die Gutachter stehen angesichts dieses Sachverhalts vor der Frage, ob die Tat Satlers lediglich als vorzeitige Eheabsprache, die dem Ehebruch gleichgestellt ist[3], oder als dem Ehebruch gegenüber schwerer wiegende Bigamie zu beurteilen ist[4]. Die Faktenaufzählung zu Beginn des Gutachtens (»solemniteten«, »gastung«, »vermechtnus«) scheint dem Nachweis zu dienen, daß es sich tatsächlich um den Fall einer zweiten Eheschließung handelt. Vor die Frage gestellt, welche Ehe nunmehr als legitim anzusehen sei, entscheiden sich die Gutachter eindeutig für die erste mit dem Hinweis darauf, daß für Satler keinerlei Veranlassung bestehe,

---

1. Über die Person Adam Satlers ist nichts Näheres in Erfahrung zu bringen. Ein Adam Satler besitzt im Jahre 1527 ein Haus in der hinteren Ledergasse, vgl. Nürnberg StA, libri litterarum 41, f. 39r. Bei dem vorliegenden Fall handelt es sich den erhaltenen Quellen zufolge um den ersten Eheprozeß, der nicht mehr der geistlichen Jurisdiktion des Bamberger Bischofs übergeben wurde. Noch im Sommer 1524 war ein Eheverfahren an das bischöfliche Gericht nach Bamberg überwiesen worden; s. dazu *Seebaß*, Osiander, S. 183.

2. Nürnberg SA, RV 712, f. 13r; der im Zusammenhang mit der Eheabsprache genannte Georg Kreß ist entweder der bei *Biedermann*, Geschlechtsregister, Tafel 269, aufgeführte Georg Kreß junior zu Dormentz (†1559) oder der in Tafel 276 angeführte Georg Kreß von Kressenstein zu Kraftshof (1476-1544). Der ebenfalls genannte Hans Tucher muß, wie aus den Lebensdaten zu schließen ist, der aaO, Tafel 509, genannte Hans Tucher (1503-1537) sein.

3. Zur Gleichstellung von Eheabsprache und Ehebruch s. zB *Köhler*, Ehegericht 1, S. 112.

4. Über das Schwererwiegen der Bigamie gegenüber dem Ehebruch im kanonischen und deutschen Recht s. *Brunnenmeister*, Quellen, S. 264f.

sich eine andere Frau zu nehmen. Da jedoch die Indizien für den Nachweis einer Bigamie anscheinend nicht ausreichten, beschränkte man sich auf die Einstufung der Eheabsprache als Ehebruch. Daher wird eine milde, dem früheren Brauch entsprechende Strafe[5] vorgeschlagen, obwohl nach Auffassung der Gutachter von der Sache her ein hartes Urteil eigentlich geboten war.

Man scheint im Verlauf des Prozesses jedoch weiterhin davon ausgegangen zu sein, daß nicht lediglich Eheabsprache, sondern eine direkte Doppelehe vorlag. Am 16. Januar wurde vom Rat verfügt: »Adam Satler sampt sein zwaien eeweybern ins loch lassen legen«[6]. Die erste Ehefrau muß demnach in Nürnberg greifbar und keineswegs in einem Zustand gewesen sein, der ein baldiges Ableben erwarten ließ. Es handelte sich um eine Art Untersuchungshaft[7], denn unter dem Datum des folgenden Tages heißt es in den Ratsverlässen: »Adam Satler ... weytter zur red halten, ob ir vermechtnuß und geding erzeugt und beschriben sey und wie ir will gestanden«[8]. Man scheint also von der Auskunft, es habe nur eine Eheabsprache vorgelegen, nicht überzeugt gewesen zu sein und ein weiteres Verhör für notwendig gehalten zu haben. Zugleich ging es dabei um die Ermittlung von Mitwissern. Das Verhör muß erbracht haben, daß Jorg Kress und Hans Tucher[9] an der Aufsetzung des Heiratsvertrages beteiligt waren.

Ein Bericht über die Ergebnisse des Verhörs liegt nicht mehr vor, es ist aber denkbar, daß die Betonung der Eheabsprache anstelle der Eheschließung durch Satler bewußt betrieben wurde, um von der schwereren Anklage der Bigamie zur leichteren des Ehebruchs zu gelangen.

Die gesamte Affäre spielt sich ab in der erregten Zeit der Wirksamkeit müntzerischer und karlstadtischer Schriften, direkt parallel zur Verurteilung Hans Dencks und der ›drei gottlosen Maler‹[10]. Die Wahrscheinlichkeit spricht auch im Fall Adam Satler dafür, daß eine radikale Bibelauslegung[11] zu Konsequenzen führte, die die bestehende Ordnung in Frage stellten. Möglicherweise hat also Satler die Bigamie bewußt angestrebt und für sich selbst vielleicht mit dem Beispiel der alttestamentlichen Patriarchen gerechtfertigt. Gerade in dieser Zeit häufen sich in Nürnberg die Fälle von Bigamie, wie aus den Ratsverlässen deutlich zu ent-

---

5. Während die Bigamie in manchen Gegenden, vor allem in Süddeutschland, mit dem Tode (durch Ertränken) bestraft wurde (s. *Brunnenmeister*, Quellen, S. 265; beachte die Unterschiede zwischen römischem und deutschem Recht, aaO, S. 264, und *Güterbock*, Redaktion, S. 25 ff), stand auf Ehebruch, sofern er vom Ehemann mit einer unverheirateten Frau begangen wurde – dies war bei Satler der Fall –, entweder der Einzug des halben Vermögens oder körperliche Züchtigung und Ausweisung (*Brunnenmeister*, Quellen, S. 263).

6. *Pfeiffer*, Quellen, S. 39, RV 284.

7. Vgl. die Praxis während der Verhandlung gegen die ›drei gottlosen Maler‹, s. u. S. 419, Nr 33.

8. Nürnberg SA, RV 712, f. 10r; am folgenden Tag, dem 18. Januar, ergeht der Auftrag des Rates an die Prediger und Juristen, sich aufgrund der neuen Aussage Satlers wiederum mit dem Fall zu befassen, RV 712, f. 11v.

9. s. o. Anm. 2.

10. s.u. Nr 32 und Nr 33.

11. Vgl. die Äußerungen Christoph Scheurls in seinem Brief an Antonio Veneto vom 22. Januar 1525, gedr. *Soden – Knaake*, Briefbuch 2, S. 132.

nehmen ist¹². Ein Zusammenhang mit dem religiösen Gärungsprozeß ist dabei nicht zu übersehen.

Als Strafe sah das Gutachten Turmhaft oder Landesverweisung vor. Welches Urteil schließlich fiel, ist nicht bekannt. Sicher ist jedoch, daß eine Strafe verhängt wurde, da das Urteil über die beteiligten Angehörigen bekannter ratsfähiger Familien, Georg Kress und Hans Tucher, überliefert worden ist: vierzehn Tage Turmhaft, davon die Hälfte mit Geld ablösbar¹³.

Unsere Ausgabe geht zurück auf das handschriftliche Original: Nürnberg SA, RSB 4, f. 190; das Stück ist gedruckt bei *Pfeiffer*, Quellen, S. 200, Rschl. 24.

Text

[190r:] ªHer Sebald Pfintzing¹, C. Volckamer², P. Gruntherª³. Auff Adam Satlers und seynes anhangs⁴ bekanntnus und urgicht⁵ sagen die probst⁶, prediger⁷ und eins erbern raths doctores⁸, das diser personen⁹ handlung stee alsoᵇ, sie seyen ye der meynung zusamkumen gewest, sich beyenander alls eheleut zu halten, ᶜwie dan Satler nach anzeig des predigers sand Lorentzen¹⁰ sich vernemen lassenᶜ. Item sie haben die solemniteten¹¹ gepraucht mit gastung¹² und dergleichen, auch er ir vermechtnus¹³ gethan, und sie bede gewist, das die vorig hausfrau noch im leben. So sey die sach also gestalt, das Adam Satler so rayn oder unschuldig nit

a–a) am linken Rand. – b) gestrichen: gestalt, die die. – c–c) eingewiesen vom linken Rand.

12. Nürnberg SA, RV 712, f. 9r: »Die zween an der grasergassen, so yeder zwey eeweyber haben, soll man sampt den weybern morgen fur rat vordern und derhalben zu red halten«. – RV 712, f. 16v: »Merten von Kronach, darumb das er mer dann ein eweib genomen, ins loch legen und ze red halten«. Vielleicht bezieht sich schon der Ratsverlaß 712, f. 14v, in dem eine Verbindung zwischen Merten von Kronach (Formschneider) und Herrgott (Buchdrucker) vorausgesetzt wird, auf diese Sache.
13. *Pfeiffer*, Quellen, S. 43, RV 313.
1. Zu Sebald Pfinzing (1487–1543), Nürnberger Ratsherr, s. *Biedermann*, Geschlechtsregister, Tafel 402 (Sebald IV.).
2. Zu Clemens Volkamer, Nürnberger Ratsherr, s. o. S. 54, Nr 2, Anm. 1.
3. Zu Paul Grundherr (1497–1557), Nürnberger Ratsherr, s. *Biedermann*, Geschlechtsregister, Tafel 65.
4. Hier ist offensichtlich die illegitime Ehefrau gemeint.
5. Aussage.
6. Pröpste waren Hektor Pömer (St. Lorenz), Georg Peßler (St. Sebald), Friedrich Pistorius (Abt von St. Egidien) und Wolfgang Volprecht (Augustinerprior).
7. Es waren vermutlich die fünf Prediger: Osiander, Schleupner, Venatorius, Fürnschild und Glaser.
8. Die beteiligten Ratskonsulenten waren wohl: Protzer, Scheurl und Hepstein, vielleicht auch Marstaller.
9. Adam Satler und seine zweite Frau.
10. Osiander.
11. Feierlichkeiten.
12. Gastmahl.
13. vertragliche Erbzusage.

sey, das man ime ein ander eweib ᵈbey der andern lebenᵈ zuteylen mog, ᵉsonder er sol der vorigen pillich beywonenᵉ, und diser sol nit anderst [190v:] dan eynem kundtlichen¹⁴ ehepruch, der etwas mit eynem rum¹⁵ bescheen, zu vergleichen. Nu sey in gotlichem und menschlichem rechten genug versehen, wann die warheit und das wort Gottes di underthanen nit ziehen¹⁶ woll, was der weltlichen oberkeit zugepurt, nemlich, so das ubel herauspręch, mit ernstlicher straff dagegen zu gebaren. Dieweil nun ab disem thuen sich vil geergert, es auch weit erschollen, ᶠein schmehung des elichen stands seyᶠ, rathen sy eynmutiglich, das meyne hern disen Adam Satler ungestrafft nit lassen sollen. Das man aber so ernstlich handeln soll, alls sich wol nach recht gepurte (sie auch in kurz den weg, ubel zufurkumen, meynen hern zeigen wellen), konnenᵍ sy nit rathen, dieweil man vor¹⁷ etwa lynd in solchem thuen (doraus doch nit gering laster und leichtfertigkeit entstanden) gewest und noch nicht anderst publicirt seyʰ, sonder man soll sye lassen voneynander schweren und etwan¹⁸ ein straff furnemen ⁱals auf einen thurn oder anderßwue eine zeitlang oder der stat verweysenⁱ, wie meyne hern guet dunckt, die dannocht laut werde, damit ander sehen, das man dannocht solich unbequem¹⁹ dingᵏ nit gestatten will oder zusicht. 11. Januarii 1525.

d–d) nachträglich zugesetzt, z. T. am linken Rand. – e–e) vom unteren Rand eingewiesen.
f–f) vom linken Rand eingewiesen, anschließend gestrichen: rathen und der pact unter anderem laut, wan sein frau sterb, soll es ein ehe sein, des nu nit.
g) korr. aus: wellen. – h) gestrichen: das man solichen ernst geprauchte. – i–i) eingewiesen vom linken Rand. – k) korr. aus: dinh (?).

14. offenkundigen.
15. Aufsehen.
16. erziehen.
17. früher.
18. vielleicht.
19. gegen Sitte und Recht verstoßende.

Nr 31
Christliche Hauptstücke
[1525, Januar, zwischen 9 und 14]

Bearbeitet von *Gottfried Seebaß*

Einleitung

Seit dem Ausgang des Jahres 1524 war für den Nürnberger Rat angesichts der dauernden Kanzelpolemik das Problem einheitlicher Predigt in der Stadt brennend geworden[1]. Als dann während der Auseinandersetzungen im Kartäuserkloster der Prior Stöckel das Angebot machte, seine evangelische Predigt in einem Gespräch mit sämtlichen Predigern der Stadt zu verteidigen, kam die Mehrheit des Rates auf den Gedanken, mit Hilfe einer Diskussion zwischen den altkirchlichen und evangelischen Predigern die einheitliche Lehre in der Stadt wiederherstellen zu können, obwohl die entschieden evangelische Partei sich von einer solchen Veranstaltung nichts versprach[2] und wohl auch die der alten Kirche Treugebliebenen nicht dafür waren.

Am 3. Januar 1525 beschloß der Rat, mit den fünf »cristenlichen«, also evangelischen Predigern – Dominikus Schleupner (St. Sebald), Andreas Osiander (St. Lorenz), Thomas Venatorius (Heilig Geist), Martin Glaser (Augustinerkloster) und Jakob Dolmann (St. Jakob) –, darüber zu beraten, wie man zu einhelliger Predigt kommen könne[3]. Damit stand schon durch die Auswahl der Personen fest, daß am Ende nur die evangelische Predigt die offizielle in der Stadt sein könne. Auch den modus procedendi hatte man bereits festgelegt: Die fünf genannten Prediger sollten einige Artikel aufstellen, die man den anderen, »widerwertigen predigern« – Lienhard Ebner (Franziskanerkloster), Jobst Pergler (Dominikanerkloster), Ludwig Hirschvogel (Karmeliterkloster), Georg Erber (Katharinenkloster) und Nikolaus Lichtenstein (Klarakloster) – zur Stellungnahme vorlegen wollte, damit man auf diese Weise »zu ainer cristenlichen disputacion und also durch einen ordenlichen weg zu dem end komen mog«[4]. Wenn die zur Verhandlung mit den Predigern bestimmten vier Ratsherren – Bernhart Baumgartner, Christoph Koler, Clemens Volkamer und Martin Tucher – außerdem den Auftrag erhielten, sich in Augsburg, Konstanz und Straßburg zu erkundigen, wie dort »in solchem ordnung gemacht sein«, so ist deutlich zu spüren, wie die oberdeutschen Religionsgespräche für Nürnberg zum Vorbild geworden waren[5].

---

1. Vgl. *Pfeiffer*, Quellen, S. 27, 29, 31, RV 201, 212, 223.   2. Vgl. o. S. 387f.

3. *Pfeiffer*, Quellen, S. 37, RV 263. Zu den genannten Predigern vgl. *Simon*, Nbg.Pfb., S. 198, 162f, 235, 74f, 48, Nr 1211, 971, 1439, 401, 244. Später rechnete auch Sebastian Fürnschild (St. Egidien) zu den ›evangelischen Predigern‹. Vgl. über ihn: *Simon*, aaO, S. 70, Nr 376.

4. *Pfeiffer*, Quellen, S. 37, RV 263. Zu den genannten Predigern vgl. *Pfeiffer*, aaO, S. 11*, und *Kist*, Geistlichkeit, S. 28, 99f, 185, 258, Nr 348, 1418, 2756, 3936.

5. *Pfeiffer*, Quellen, S. 37, RV 263. Über den Versuch einer Disputation zwischen evangelischen

Die evangelischen Prediger hatten gegen die Absicht des Rates nichts einzuwenden. Möglicherweise aber kam aus ihrem Kreis der Vorschlag, beiden Seiten die gleichen Chancen einzuräumen und gleichzeitig von allen, auch den Klosterpredigern, solche Artikel zu verlangen. So jedenfalls beschloß der Rat am 7. Januar[6].

Daraufhin bat man für den 9. Januar alle Prediger der Stadt aufs Rathaus. Dort verlas man ihnen ein Schreiben des Rates, in dem zunächst daran erinnert wurde, daß man sie immer wieder ermahnt habe, das Evangelium »einmutig zu predigen«, damit »der selen heile und zeitlicher frid« für die Bürgerschaft erhalten bliebe. Man habe erwartet, sie würden sich danach richten. Das sei aber nicht geschehen. Man sei daher gezwungen, auf andere Weise für einheitliche Predigt zu sorgen. Sie möchten – jeder für sich – überlegen, welches die »notigisten hauptstuck unsers glaubens und christlicher predig« seien, bei deren Kenntnis jeder Laie selig werden könne. Sie sollten sich dabei möglichst kurz fassen, alle unnötigen »stuck« weglassen und keine Erläuterungen dazu geben. Der Rat erwarte ihre Artikel innerhalb der nächsten acht Tage. Von dem Plan einer Disputation, den die evangelischen Prediger bereits kannten, erwähnte man nichts. Nur kurz wurde am Ende des Schreibens der Zweck der geforderten Artikel genannt. Sie seien für den Fall gedacht, »wann sich ein erber rat bei eurn wirden oder andern, so darzu tuglich geacht werden, sich wolten erkundigen und erfarn, das si do mechten wissen, was und warnach si billich, ordenlich und am fuglichsten mochten fragen«[7]. Von diesem Brief erhielt jeder Anwesende eine Abschrift[8].

Die evangelischen Theologen konnten dem Rat das Ergebnis ihrer Überlegungen am 14. Januar übergeben[9]. Zwar hatte jeder von ihnen, wie verlangt, in Frageform eine eigene Artikelreihe eingereicht, aber diese waren nicht unabhängig voneinander entstanden, wie die Übereinstimmungen in Reihenfolge und

und altkirchlichen Predigern in Konstanz vgl. *Rublack,* Reformation in Konstanz, S. 52–55. In Augsburg läßt sich ein solcher Versuch nicht nachweisen. Man dachte offenbar an die Einsetzung evangelischer Prädikanten in den Klöstern der Stadt, vgl. *Pfeiffer,* aaO, S. 222, Rschl. 37. In Straßburg hatte es eine zwar vom Rat nicht veranstaltete, aber gewünschte Disputation im Sommer 1524 gegeben, vgl. *Adam,* Kirchengeschichte, S. 79f.

6. *Pfeiffer,* Quellen, S. 37, RV 270. Der Wortlaut des Verlasses ist nicht ganz klar. *Pfeiffer* hat offenbar die beiden Worte »verzeichet fragartikel« als zusammengehörig betrachtet, also an bereits vorliegende Artikel gedacht, die ja aufgrund des Beschlusses vom 3. Januar durchaus zu erwarten wären. Derartige Artikel sind aber nicht erhalten. Jedenfalls kann sich der Verlaß nicht auf die von den evangelischen Predigern eingereichten Artikelreihen beziehen, da deren einleitende Formulierungen beweisen, daß sie erst aufgrund des Schreibens entstanden, das den Predigern am 9. Januar übergeben wurde (vgl. *Pfeiffer,* aaO, S. 105 mit 118). Wahrscheinlich gehört also in dem Verlaß »fragartikel ze stellen« zusammen, während sich die Wendung »auf die verzeichet« – vielleicht vom Protokollanten fälschlich für »verzeichnus« – auf den am 9. Januar übergebenen Brief bezieht.

7. Vgl. *Pfeiffer,* Quellen, S. 105. Der vollständige Text des Schreibens findet sich in dem Bericht Christoph II. Scheurls über das Religionsgespräch: Freiherrlich von Scheurlsches Familienarchiv, Nürnberg-Fischbach, Cod. MS M (mittlerer Teil), f. 19v–20r (im folgenden = Scheurl M).

8. Vgl. *Pfeiffer,* Quellen, S. 118, wo von der »gschrifft mir uberantwurt« die Rede ist.

9. das Datum bei *Pfeiffer,* Quellen, S. 115.

Wortlaut beweisen[10]. Ihre Grundlage muß das Ergebnis gemeinsamer Beratungen gewesen sein.

An diesen hat auch Osiander teilgenommen. Es ist zwar auffällig, daß bei ihm die dritte und vierte Frage von Glaser und Venatorius, die nach der Gerechtigkeit und dem Evangelium, fehlen, doch ist an dieser Stelle die Abschrift seiner Artikelreihe, die wir allein besitzen, zweifellos verdorben. Der Schreiber hat nämlich nach der zweiten Frage von Osianders Reihe die Abschrift unterbrechen müssen, um umzublättern. Als er dann fortfuhr, passierte ihm eine aberratio oculi. Das war um so leichter möglich, als in seiner Vorlage das Ende der zweiten Frage, der nach dem Gesetz, und das der vierten, der nach dem Evangelium, wahrscheinlich gleich lauteten[11]. Man darf also die fehlenden zwei Artikel in Osianders Reihe ohne Bedenken aus einer der anderen ergänzen, wenn dabei beachtet wird, daß damit nur das Thema, nicht aber der Wortlaut der ausgefallenen Artikel feststeht[12].

Dann aber kann man wohl annehmen, daß der grundlegende Entwurf für die Artikel der evangelischen Seite von Osiander kam, er also bei der Beratung führend war. Seine wiederhergestellte Artikelreihe stimmt mit der von Glaser und Venatorius ziemlich genau überein[13]. Schleupner nahm nur an einer Stelle eine Änderung vor, die allerdings ausgesprochen interessant ist. Er zog nämlich Osianders achten Artikel über die guten Werke nach vorn hinter dessen dritten, der nach der vor Gott bestehenden Gerechtigkeit fragte. Damit aber verknüpfte er unter dem Stichwort ›Gerechtigkeit‹ zwei Fragen miteinander, die von Osiander absichtlich so weit auseinander gestellt worden waren, da er unter der Gerechtigkeit, die vor Gott Bestand haben würde, allein den Christus in uns verstand[14]. Sie sollte nicht mit den Werken des Glaubens vermischt werden.

Einen Beleg dafür, daß Osianders Entwurf den Reihen der anderen erwähnten drei Prediger zugrunde lag, liefern auch die späteren, endgültigen ›Zwölf Artikel‹ für das Religionsgespräch. Sie stimmen bis auf zwei leicht zu erkennende Einschübe[15] in der Reihenfolge der Punkte mit den von Osiander, Schleupner, Venatorius und Glaser eingereichten Artikeln überein. Außerdem lassen sie im Gliederungsprinzip für die ersten fünf Artikel, in der Verbindung von Gesetz und Evangelium mit Taufe und Abendmahl und in der Formulierung des siebten Artikels deutlich Osianders Theologie erkennen[16].

10. Vgl. die Texte bei *Pfeiffer*, Quellen, S. 115–118.
11. Daß ein Homoioteleuton vorlag, macht der Vergleich der Formulierung der zweiten Frage von Osiander mit der vierten bei Schleupner, Venatorius und Glaser wahrscheinlich, vgl. *Pfeiffer*, Quellen, S. 116–118.
12. Wir setzen die Formulierungen Glasers in Osianders Text ein, da er, wie der Vergleich beweist, am engsten mit Osiander übereinstimmt, vgl. *Pfeiffer*, Quellen, S. 118.
13. Dieses Urteil bezieht sich mehr auf die Reihenfolge als auf den Wortlaut der Artikel.
14. Vgl. *Pfeiffer*, Quellen, S. 116 und den siebten der ›Zwölf Artikel‹, u. S. 462,4–11.
15. Vgl. die Einleitung zu den ›Zwölf Artikeln‹ u. S. 455.
16. Zum Gliederungsprinzip der ersten fünf Artikel (Joh 16,8–11) vgl. u. S. 455f. Zur Parallelisierung der beiden Sakramente mit Gesetz und Evangelium vgl. *Hirsch*, Theologie, S. 94, und o. S. 279,5–23, Nr 23; S. 341,28–32, Nr 25.

Vergleicht man Osianders Artikel mit der vom Rat formulierten Aufgabe, so fällt ins Auge, daß er sich nicht an sie gehalten hat, sondern im Blick auf das zu erwartende Gespräch mit den altkirchlichen Predigern und offenbar unter dem Eindruck der Lektüre des ersten Teiles von Luthers Schrift ›Wider die himmlischen Propheten‹[17] nur solche Artikel aufgestellt hatte, in denen die reformatorische Lehre von der bisherigen kirchlichen Lehrtradition abwich. Er hatte die kontroversen Punkte benannt, aber nicht niedergelegt, was ein Laie zur Seligkeit wissen mußte.

Darin mag für einen Teil der evangelischen Prediger der Anlaß gelegen haben, Osianders Artikel mit einer Einleitung zu versehen, die der Trinität, der Schöpfung und der Frage nach den Kräften des natürlichen Menschen zu seinem Heil gewidmet war. Im übrigen aber hielten sich auch Venatorius und Dolmann, Fürnschild etwas weniger, an die Osiandrische Vorlage[18].

Anders als die evangelischen Prediger, die wenigstens nach außen den Schein getrennter Arbeit gewahrt hatten, und gegen den ausdrücklichen Wunsch des Rates reichten für die altkirchliche Seite am 16. Januar die Prediger der Franziskaner, Dominikaner und Karmeliter eine gemeinsame Antwort ein. Darin wurden nach einer umfangreichen aggressiven und apologetischen Einleitung sieben Artikel genannt: Glaube, Liebe, Hoffnung, Abtötung des alten Adams, Verzeihung für die Schuld des Nächsten, Gehorsam gegenüber den Geboten der kirchlichen und weltlichen Obrigkeit und die Vermeidung von Ärgernis. Allen Artikeln, von denen keiner die gewünschte Frageform hatte, waren mit einer ausführlichen Erläuterung versehen, was ebenfalls dem erteilten Auftrag widersprach[19]. Jedenfalls aber lag dem Rat damit genügend Material für die weitere Vorbereitung der Disputation vor[20].

Die Artikel Osianders sind nur in dem Bericht über das Nürnberger Religionsgespräch erhalten, den Georg Klostermair, ehemals Franziskanermönch in Nürnberg, am 24. März 1527 im Münchner Franziskanerkloster beendete[21]: München SB, Cod. germ. 4683, f. 13rv. Diese Handschrift liegt dem folgenden Abdruck zugrunde. Die bisher einzige Edition des Textes erfolgte durch *Pfeiffer*[22].

Text

[13r:] Das acht ich fur die namhafftigisten haupstuck, die ainem jedem christen zu wissen vonnöten und darin alle prediger ainhelliklich unterricht sollen sein:

---

17. Vgl. WA 18, S. 65,3–66,20.
18. Vgl. *Pfeiffer,* Quellen, S. 116–119.
19. der vollständige Text bei *Pfeiffer,* Quellen, S. 105–115, aber ohne die Unterschrift: »E. F. W. diemutig und gedultig predicanten prediger-, parfuser- und carmelitenordens«, die sich in Scheurls Abschrift findet; vgl. Scheurl M, f. 13r–15v.
20. Über die weitere Vorbereitung vgl. u. S. 455–457, Nr 39.
21. Über Klostermair und seine Arbeit vgl. *Pfeiffer,* Quellen, S. 11*–13*.
22. *Pfeiffer,* Quellen, S. 105–150, bes. S. 116.

[1] Was di sundt sein und waher si kummen;
[2] Was das gsecz, warum es gegeben und was sein werck sei;
[3] ᵃWas die gerechtikait sei, die vor Got gilt;
[4] Was das evangelium und was sein kraft oder frucht sei;ᵃ [13v:]
[5] Was die tauff und was ir krafft oder werck sei;
[6] Wie der alt Adam sol absterben;
[7] Was das heilig sacrament des fleisch und bluts Christi wurcken soll;
[8] Was recht gute werck sein und ob die gerechtikait auß den wercken oder die werck auß der gerechtikait des glaubens entspringen und herfliessen;
[9] Wie, wo, wann und warum der menschen saczung in Gottes reich vergeblich und schedlich sein;
[10] Ob durch schaidung der eleut um des beweisten epruchs willen das unschuldig freiha[i]t, wider zu heiraten, erlangt.

Andreas Osiander

a–a) aus den Artikeln Martin Glasers eingefügt, da in Osianders Text aufgrund von Homoioteleuton ausgefallen; vgl. die Einleitung o. S. 404.

Nr 32
Gutachten über das Bekenntnis Hans Dencks
1525, [Januar, zwischen 16 und 21]

Bearbeitet von *Martin Stupperich*

Einleitung

Seit dem Herbst 1524 hatte – vermutlich durch den Aufenthalt Müntzers und Pfeiffers (Schwertfegers) ausgelöst – eine spiritualistische Richtung in Nürnberg Platz gegriffen[1]. Nachdem Hans Hut hier Ende Oktober im Auftrage Müntzers die ›Ausgedrückte Entblößung‹ hatte drucken lassen, erschien im Dezember die ›Hochverursachte Schutzrede‹. Beide Schriften wurden vom Rat verboten und eingezogen[2]. Heinrich Schwertfeger (Pfeiffer), der sich im Herbst noch in Nürnberg aufhielt, wurde am 29. Oktober 1524 wegen des Versuchs der Drucklegung von Schriften im müntzerschen Geist ausgewiesen[3]. Der Nürnberger Maler Hans Greiffenberger, der sich auch als Verfasser religiöser Schriften betätigte, wurde seiner papstfeindlichen Bilder und seiner karlstadtischen Sakramentsauffassung wegen verhört, doch auf das Votum Osianders hin milde behandelt[4]. Die Schriften Karlstadts, die in Nürnberg verbreitet waren[5], scheinen eine starke Wirkung in der Stadt ausgeübt zu haben: Mehrfach werden Personen erwähnt, die sich karlstadtischer und sakramentsfeindlicher Äußerungen schuldig gemacht hatten[6]. Zu diesen gehörten auch die sog. drei gottlosen Maler Sebald und Barthel Behaim sowie Georg Pencz[7]. Da sie sich über das Sakrament abfällig geäußert und die weltliche Obrigkeit in Zweifel gezogen haben sollten, wurde ihnen der Prozeß gemacht[8]. Während der Verhöre stellte sich die Mitwisserschaft Hans Dencks heraus. Sein Fall wurde vom Rat gesondert verhandelt[9].

Hans Denck war zu dieser Zeit Schulmeister bei St. Sebald. Er stammte aus Oberbayern (geb. um 1500)[10] und hatte in Ingolstadt studiert. Um 1521/22 war er als Lehrer in Regensburg tätig gewesen und von dort – »von dem luterischen

---

1. Zu diesen Vorgängen in Nürnberg vgl. *Kolde*, Prozeß; *ders.*, Denck; *Kalkoff*, Reformation, S. 90; *Baring*, Denck und Müntzer, S. 152; *Seebaß*, Osiander, S. 111ff.
2. *Pfeiffer*, Quellen, S. 25, RV 189; S. 26, RV 196, 198; S. 27, zu RV 198; S. 32, RV 230, 231 u.ö.
3. Zu Schwertfeger s.o. S. 255-260, Nr 21.
4. *Pfeiffer*, Quellen, S. 27, RV 202; vgl. *Seebaß*, Osiander, S. 112; das Gutachten Osianders gegen Greiffenberger s.o. Nr 23.
5. *Pfeiffer*, Quellen, S. 31f, RV 228, 229, 235.
6. *Pfeiffer*, Quellen, S. 34f, RV 243, 244, 249; S. 36, RV 256; vgl. *Kolde*, Denck, S. 18f.
7. Zu Sebald und Barthel Behaim sowie zu Georg Pencz s.u. S. 418, Anm. 2, Nr 33.
8. *Pfeiffer*, Quellen, S. 38f, RV 276, 279, 280, 283; vgl. *Kolde*, Denck, S. 49-51.
9. *Pfeiffer*, Quellen, S. 41, RV 299; vgl. *Kolde*, Denck, S. 50. Erwähnung Dencks in der Verhöraussage Sebald Behaims, gedr. *Kolde*, Prozeß, S. 244.
10. Zur Herkunft Dencks vgl. *Kolde*, Denck, S. 20f; *Fellmann*, Denck-Schriften 2, S. 8.

geist begossen«[11] – nach Basel zu Ökolampad gegangen. Hier wirkte er als Korrektor in der Druckerei von Curio. Ökolampad vermittelte ihm die Stelle des Rektors der Schule bei St. Sebald in Nürnberg, die er im September 1523 antrat[12]. In Nürnberg pflegte er Beziehungen zu den Humanisten Pirckheimer, Sachs, Spengler u. a. Dabei ergab sich vermutlich auch die Verbindung zu den Malern, die später mit ihm zusammen angeklagt wurden. Es ist bekannt, daß Denck Hans Hut in Nürnberg beherbergte; daß er mit Müntzer im Herbst 1524 hier zusammentraf, läßt sich nicht nachweisen[13].

Im Januar 1525 wurde Denck zunächst gemeinsam mit den Malern und anderen Personen im Auftrag des Rates von den Predigern verhört[14]. Da dies zu keinem Ergebnis führte[15], wurde ihm zur Auflage gemacht, sein Bekenntnis über folgende Punkte einzureichen: Schrift, Sünde, Gerechtigkeit Gottes, Gesetz, Evangelium, Taufe, Abendmahl[16].

Denck reichte sein Bekenntnis in zwei Teilen ein. Zunächst übergab er dem Rat seine schriftliche Konfession über die ersten fünf Punkte[17]. Sie befaßte sich im wesentlichen mit der Frage ›Schrift und Glaube‹ und berührte die vier übrigen nur am Rande. In einigen Partien des letzten Abschnittes scheint sich Denck an

---

11. zit. nach *Fellmann,* Denck-Schriften 2, S. 9.
12. Nach Nürnberg SA, RV 690, 24v beauftragte der Rat Osiander, das Berufungsschreiben an Denck zu richten.
13. *Fellmann,* Denck-Schriften 2, S. 10; nach *Kolde,* Denck, S. 23, ist es jedoch unwahrscheinlich, daß Denck und Müntzer sich nicht persönlich begegnet sind. *Baring,* Denck und Müntzer, S. 154, nimmt sogar an, daß Müntzer vier Wochen lang im Hause Dencks wohnte.
14. Aus dem Einleitungsabschnitt des Gutachtens der Prediger über Dencks Bekenntnis (f. 1r) geht hervor, daß Denck nicht gesondert verhört wurde, wie es nach *Kolde,* Denck, S. 52, scheint, sondern in Gegenwart anderer; vgl. *Seebaß,* Osiander, S. 113f. Da in den Ratsverlässen vom 10. Januar 1525 lediglich von zwei Malern die Rede ist, ist es wahrscheinlich, daß das Verhör Dencks u.a. erst kurz danach stattfand (nicht am selben Tag, wie *Fellmann,* Denck-Schriften 2, S. 10, schreibt; hier fehlt der Quellenbeleg für die eindeutige Aussage). Erst am 18. Januar wurde die Untersuchung gegen die Maler zugunsten des Denckprozesses zurückgestellt; *Pfeiffer,* Quellen, S. 41, RV 299.
15. s.u. S. 411.
16. Brief Dencks an den Rat der Stadt Augsburg (1526), gedr. *Fellmann,* Denck-Schriften 3, S. 132f. Die genannten Punkte unterscheiden sich von denen, die den Malern vorgelegt wurden; letztere sind gedruckt bei *Kolde,* Prozess, S. 244. Die Punkte, die Denck vorgelegt wurden, sind offenbar eine Modifizierung der Fragen, die die Nürnberger Prediger dem Rat zur Vorbereitung des Religionsgesprächs vorlegten, und zwar speziell des Entwurfs Osianders; vgl. u. S. 460ff, Nr 39. Bei den Fragen an Denck handelt es sich um die ersten sieben Punkte dieses Entwurfs (in anderer Reihenfolge), wobei der Artikel über das Absterben des alten Adam durch die Frage nach der Heiligen Schrift ersetzt wurde. Diese letztere Veränderung wurde wohl durch die besondere Einstellung Dencks zur Schrift veranlaßt, die im Verhör bemerkt worden sein muß und im Bekenntnis Dencks zum Ausdruck kommt.
17. Das Bekenntnis ist gedruckt bei *Fellmann,* Denck-Schriften 2, S. 20–23 (erster Teil des Bekenntnisses). Es ist zu datieren auf die Zeit zwischen dem 10. und 14. Januar 1525, wie es bei *Baring,* Denck-Bibliographie 1, S. 68, steht, nicht jedoch auf den 14. Januar direkt, wie es bei *Fellmann,* Denck-Schriften 2, S. 11, zu lesen ist; am 14. Januar wird Denck bereits vom Rat aufgefordert, sein zweites Bekenntnis (über Taufe und Abendmahl) einzureichen; *Pfeiffer,* Quellen, S. 39, RV 281.

die Lehre Osianders anzulehnen, um die Aussagbarkeit seiner Anschauung in traditionellen Termini und damit seine Rechtgläubigkeit zu erweisen[18].

Grundprinzip des Bekenntnisses ist die scharfe Trennung von innen und außen. Dabei kommt es wesentlich auf die innere Verfassung des Menschen, die Geisterfüllung, an, während die äußere Seite, der Buchstabe der Schrift, jede selbständige Bedeutung verliert und lediglich zur nachträglichen Bestätigung des durch den Geist Offenbarten dienen kann[19].

Denck reichte dem Rat sein Bekenntnis ein, ohne auf die Punkte Taufe und Abendmahl eingegangen zu sein. Nach einer Aufforderung des Rates vom 14. Januar 1525[20] übergab er seine Antwort auf diese Artikel gesondert[21]:

Die Aussagen Dencks über die Taufe sind ähnlich strukturiert wie die über die Schrift. Der Bund in der Taufe ist Parallele der Geisteröffnung, die dem Glaubenden das Schriftverständnis ermöglicht. Wie dem Schriftverständnis die Geisteröffnung, so läuft der äußeren Taufe der innere Bund mit Gott praktisch voraus, so daß die Wassertaufe ähnlich wie der Buchstabe der Schrift keine selbständige Bedeutung für den Glauben mehr besitzt. Entsprechend ist auch in dem Bekenntnis Dencks über das Abendmahl, trotz der hier auftretenden Mehrdeutigkeit mancher Aussagen, wiederum die Betonung der geistlichen Aufnahme des Wortes zu beobachten, während er die Notwendigkeit der äußeren Elemente des Sakraments ablehnt.

Dencks Bekenntnis wurde den Predigern unter dem Datum des 16. Januar 1525 zur Begutachtung zugestellt[22]. Ihre Antwort wurde von Osiander verfaßt. Das beweisen nicht nur die Tatsache, daß es sich bei der Handschrift um ein Autograph Osianders handelt, sondern auch die Gedankenführung und Argumentationsweise der Schrift[23]. Das Gutachten geht auf die längere Passage über das Verhältnis von

---

18. Hieß es im ersten Teil des Bekenntnisses, der Glaube entstehe aus der Eröffnung der Schrift durch den Geist Gottes, jedoch nur unvollkommen, denn nach wie vor sei der Mensch von der Finsternis beherrscht, so heißt es jetzt lapidar: Der Glaube kommt aus dem Hören; wo der Glaube ist, ist keine Sünde, sondern die Gerechtigkeit Gottes. Überdies stellt Denck fest, die Gerechtigkeit Gottes sei Gott selbst und die Gerechtigkeit wirke durch das Wort. Dies sind Bemerkungen, die stark an die Theologie Osianders anklingen.

19. Das spiritualistisch verstandene ›Wort‹, die Geisteröffnung, umfaßt Gesetz und Evangelium: »Die gerechtigkayt würkt durch das wort, das von anfang war, und wirt darum in zway getaylet, gesetz und evangeli, von zwayer ambt wegen, so do Christus, ein konig der gerechtigkayt übet, nemlich zu tödten die unglaubigen und lebendig zu machen die gläubigen« (*Fellmann,* Denck-Schriften 2, S. 23).

20. *Pfeiffer,* Quellen, S. 39, RV 281, s.o. Anm. 17.

21. gedr. *Fellmann,* Denck-Schriften 2, S. 23–26. Dieser Teil des Bekenntnisses ist zu datieren auf die Zeit zwischen dem 14. und 16. Januar 1525, denn am 16. Januar werden beide Teile den Predigern zur Begutachtung vorgelegt; *Pfeiffer,* Quellen, S. 40, RV 287.

22. *Pfeiffer,* Quellen, S. 40, RV 287; s.o. Anm. 21. Dabei wurde das Autograph Dencks offensichtlich direkt an Osiander übergeben, wie aus der Tatsache, daß sich keinerlei Ratsabschriften auffinden lassen, und daraus, daß die Verhandlungen über Denck mit erstaunlicher Schnelligkeit vonstatten gingen, zu schließen ist.

23. s. die Handschriftenbeschreibung u. S. 411; vgl. *Seebaß,* Osiander, S. 114. Zu datieren ist die Schrift auf die Zeit zwischen dem 16. Januar (Übergabe des Bekenntnisses Dencks an die Prediger) und dem 21. Januar (Urteil des Rates gegen Denck).

Schrift und Glaube, die den Hauptteil des ersten Bekenntnisses Dencks bildet, kaum ein. Es schließt aus der Feststellung, daß dieser auf die vorgelegten Fragen nicht unmittelbar antworte, sondern »die gedanken und bedunken seiner vernunft« herausstreiche, daß es der Geist des Satans sein müsse, der ihn dazu veranlaßt habe. Dies wird für Osiander im folgenden bestätigt durch die Vermischung »richtiger« und »falscher« Aussagen innerhalb des Bekenntnisses. Dencks Problematisierung der Selbstevidenz der Schrift gegenüber wird die These vertreten, daß sich die Schrift jedem Verständigen erschließe. Nichtverstehen der Schrift liegt in der Bosheit des Menschen begründet.

Der Nachweis der Häresie Dencks wird vor allem anhand der von diesem nur am Rande berücksichtigten Punkte – Sünde, Gesetz, Gerechtigkeit Gottes, Evangelium – geführt. Dabei werden die Darlegungen Dencks über Sünde und Gerechtigkeit Gottes, die von Osiander zunächst gutgeheißen werden, durch den Nachweis der falschen Verwendung des Gesetzes (das Gesetz zerbricht laut Denck die Sünde) ebenfalls als falsch erwiesen[24]. Im Abschnitt über das Evangelium wird die Widersprüchlichkeit der Aussage Dencks zum ersten Teil seines Bekenntnisses festgestellt.

In der Frage der Taufe kritisiert Osiander die Behauptung Dencks, daß die äußere Taufe nutzlos sei, mit der Begründung, sie sei von Christus selbst eingesetzt. Das Bekenntnis über das Abendmahl bleibt für Osiander zweideutig. Daher soll Denck aufgefordert werden, erneut klarzustellen, ob er die Abendmahlselemente für Brot und Wein oder für Leib und Blut Christi halte.

Die übrigen Abweichungen des Bekenntnisses scheinen Osiander jedoch so schwerwiegend zu sein, daß er eine weitere Belehrung – obwohl er sich grundsätzlich dazu bereit erklärt – für überflüssig hält und die gegen Denck zu ergreifenden Maßnahmen dem Rat anheimstellt, der eine Verbreitung des »Giftes« zu verhindern wissen werde.

Dem Rat muß das Gutachten Osianders unmittelbar einleuchtend erschienen sein, denn am 21. Januar 1525 heißt es in seinen Beschlüssen[25], Denck solle mitgeteilt werden, daß er in der Stadt nicht länger geduldet werden könne, da er Irrglauben verbreitet habe und sich nicht habe belehren lassen wollen. Er erhielt die Auflage, sich noch vor Einbruch der Nacht fortzubegeben. Das Aufenthaltsverbot bezog sich auf einen Umkreis von zehn Meilen rund um Nürnberg.

Das Ratsbuch setzt einen Vermerk über Dencks Reaktion hinzu: »Welchs er also ohn sonder widerred, wiewol mit grossen erschrecken angenommen und ze halten ein gelerten aid geschworen vor her Niclasen Haller und Lazarusen Holtzschuher«[26].

Bereits am 23. Januar beschloß der Rat[27]: »Magister Sebold Haiden ist zu ainem schulmaister gein sant Sebolt ertailt«.

---

24. s.o. Anm. 19.
25. *Pfeiffer,* Quellen, S. 42, RV 307 und zu RV 307.
26. *Pfeiffer,* Quellen, S. 42, zu RV 307.
27. aaO, S. 43, RV 312.

Überlieferung

Handschrift:

a: Unserm Text liegt das Autograph Osianders[28] in Nürnberg SA, S.I L. 78, Nr 14 zugrunde (f. 5r–11r); f. 12v trägt den Rückenvermerk: »Ratslag der gaistlichen und prediger auff Johann Dencken, schulmaisters zu sant Sebolt, antwurt auff die furgehalten artickel, darumb im dise stat versagt ist«. Darunter das Datum für die Ablage (Bürgermeisterfrage, vgl. *Pfeiffer*, Quellen, S. 19*): »frag 4ta post Circumcisionis Domini 1525« (= 4. Januar 1525). Wasserzeichen: f. 5r–11r weist dasselbe Wasserzeichen auf, wie ein Teil von ›Grund und Ursach‹. Darin liegt ein weiterer Hinweis auf die Verfasserschaft Osianders. f. 1r–4v enthält das Autograph des Bekenntnisses Dencks für den Nürnberger Rat, das in der Einleitung besprochen ist.

Editionen:

Ed. 1: *Keller*, Staupitz, S. 411–417: Nach Regeln *Kellers* normalisierter Text (konsequente Tilgung der Konsonantenverdoppelung, moderne Großschreibung u. a.).

Ed. 2: *Kolde*, Prozeß, S. 237–243: Es handelt sich um eine diplomatisch genaue Textwiedergabe.

Ed. 3: *Fellmann*, Denck-Schriften 3, S. 136–142: Es handelt sich um einen normalisierten Text. Die Normalisierungsregeln finden sich *Fellmann*, Denck-Schriften 2, S. 5f. Die Textwiedergabe läßt etliche Wünsche offen; zB wird durch eine Textwiederholung ein falscher Sinn eingetragen.

Text

[1r:] Fursichtig, erber, weyß, gonstig, liebe herren! Nachdem eur E.W. in vergangen tagen ettliche umb irthumb ires glaubens willen, die sie unfursichtigklich und ergerlich vor andern leuten bekennt und ausgepraitet solten haben, gefordert und dieselben sambt andern in solchen iren mitverwanten in gegenwertigkait
5 unser der prediger verhoren haben wollen, ist unter andern Johann Dennck, schulmaister bei Sebold, dermassen geschickt gewest, das mundlich mit ime zu handeln fur unnutzlich ist angesehen worden[1]. Derhalben ime auff etliche artickel[2] schrifftlich zu antworten bevolhen, das er auch gethon, und wir es von eurn E.W. entpfangen, hiemit kurtzlich wollen verantworten.

---

28. Lediglich der Schlußvermerk »E. W. willige die prediger zu Nurmberg« stammt von anderer Hand.

1. Dencks Argumentation war so beschaffen, daß ihm aus seinen mündlichen Äußerungen nichts nachzuweisen war. Vgl. die Beschreibung seines Bekenntnisses in der Einleitung o. S. 408f. Denck verbindet in seiner Lehre orthodoxe und heterodoxe Elemente in einer Weise, die die Prediger über seine Abendmahlsauffassung selbst nach Vorlage des schriftlichen Bekenntnisses keine Klarheit gewinnen ließ.

2. Zu diesen Artikeln s. o. S. 408.

Zum ersten antwort er nicht gestracks auff die articul, so ime von euern E.W. sein zu verantworten auffgelegt, sonder bemuet sich seere, die gedancken und beduncken seiner vernunfft (dann die schrifft redet nicht so spitzig³, als er thut) hoch auffzumutzen⁴ und zu ferben, das man darbei woll spuret, das in ein frembder und nicht der gaist Christi, der durch alle propheten und apostelᵃ vil einer andern weys, dan er geredt hatt, darzu treybet. Also das es billich einem yeden rechten christen umb der ursach willen solt argwonig sein; dann das sein red nicht die art sey, die der heilig Gaist in der schrifft allenthalben furet, ist so klar und offenbar, das wir uns gentzlich versehen, er selbs konns und werds nicht laugnen.

Zum andern: Ob schon seine wort von im solcher mainung und christlichem verstand weren geschriben, das man seinen syn und mainung mochte gedulden⁵, wissen wir doch die anschleg und arglistigkait des satans, der durch disen weg vormaint, das wort Gottis sambt seinen fruchten zu dempfen und zu verderben. Dann so ain tayl redet [1v:] nach art der heiligen schrifft, wie der hailig Gaist zu thun pflegt, der ander aber nach seinem aigen beduncken, kanns nicht felen, sie mussen in worten zwitrachtig werdenᵇ und wortgezanck anfahen, damit dan ein yeder tail des andern warhait (wan ers gleich recht mainet) widerfechte und verwerf; das were dann eben des teufels lust, da wir⁶ die liebe zertrennt und alle frucht gehindert. Gleichwie der babilonisch turn nicht mocht gebauet werden, sobald sie in der sprach zertailt wurden⁷, also mogen auch wir mit dem heiligen evangelio nichts ausrichten, wann wir nicht ainer art reden⁸, die mussen wir aber vom heiligen Gaist aus der schrifft lernen, das wirt hernach als⁹ klerer befunden werden.

Zum dritten ist im auffgelegt, was er von der heiligen schrifft halt anzuzaigen; das er dann mit kurtzen worten het mogen thun und also sagen: Die heilig schrifft ist anzweifenlich war in dem synn, den der heilig Gaist, der sie geben, gemaint hatt. Darzu zeuget sie von Christo, Joh. am funften [39], und leeret uns, Rom. am 15. [4f], alles, was geschriben ist, ist uns zur leere geschriben, auff das wir durch gedult und trost der schrifft gedult haben etc, und 2. ad Timotheum 3 [16]: »Alle schrifft von Gott eingeben ist nutz zur leere, zur straff, zur besserung, zur zuchtigung in der gerechtigkait« etc.

Aber solches thut er nicht, sonder feret mit listen herein und verwurft sie, als were sie darum kain nutz, das sie nicht jederman verstunde¹⁰, so sie doch verstantlich genug ist und uns nicht am verstand mangelt, sonder am gaist. Als wer

---

a) danach gestrichen: geredt hatt. – b) eingewiesen vom linken Rand.

3. spitzfindig.
4. herauszuputzen.
5. ein erneuter Hinweis auf die durch die Prediger empfundene Zweideutigkeit in den Aussagen Dencks, vgl. o. Anm. 1.
6. wird.
7. Gen 11,1–9.
8. Röm 15,5f. Die Uneinigkeit der lutherischen Prediger untereinander war ein beliebtes Argument gegen diese auf seiten des »linken Flügels« der Reformation.
9. alles.
10. *Fellmann,* Denck-Schriften 2, S. 21, 13 und 16; 22,4–6.

wolt nicht wissen und versteen, was Christus sagt, da er spricht: [2r:] »Liebet eure feind; benedeyet, die euch maledeyen; thut wol den, die euch hassen; bittet fur die, so euch belaidigen und vervolgen, auff das ir kinder seit eurs vaters im himel«, Matth. am 5. [44f]? Es felet uns aber am gaist, das wir solchs zu thun weder lust noch krafft haben. Derglaichen urtaile man alle schrifft, sie ist verstentlich genug, wann man zuvor die sprach kan und die hystorien wayß, darauff sie sich zeuchet. Menschliche boßhait aber, die da findet, das sie weder lust noch lieb hat zu dem, das die schrifft sagt und leeret, dichtet ir selbs ein andern syn und legt die schrifft anderst auß, dann der gaist Gottis, die art der sprach und sein aigen gewissen leiden mogen. Darumb ist die schrifft nicht schuldig, sonder menschliche boßhait. Derhalben bleybt die schrifft zum ersten gantz warhafftig, zum andern ist sie ein werckzeug zu leeren, zu straffen, zu bessern, zu zuchtigen, den glauben auffzurichten[11], als Paulus sagt, Rom. 10 [17]: »Der glaub kombt aus dem predigen, das predigen aber durch das wort Gottis«. Nun ligt aber nichts dran, die propheten oder apostell haben mundlich oder schrifftlich gepredigt, derhalben gilt die schrifft als vil als das predigen und kombt der glaub daraus, und umb des glaubens willen wirt der heilig Gaist geben, Joh. am 7. [39]. Darumb spricht Paulus, 2. Corinth. 3 [6], das sie diener seien des neuen testaments, nicht des buchstaben, sonder des gaists. Das ist, das [2v:] die glaubigen durch ir predigen und schreyben den heiligen Gaist empfangen. Zum dritten ist die schrifft auch ein gezeugnus von Christo, Joh. am 5. [39]. Das er[12] aber sagt, Gott allain geb den glauben, und wan er in aus der schrifft het, so het er in von im selbs und nicht von Gott[13], das ist ein betrug und list, wie dise propheten pflegen zu handeln. Es ist woll war, Gott gibt den glauben, er gibt in aber durch mittel des gehors, wie droben gezaigt ist. Das gehor kombt aus predigen oder schreyben, also bleybt Gott der werckmaister und die schrifft oder predigambt der werckzeug; und als wenig ein werckmaister on werckzeug ettwas volenden kan, als wenig will Gott den glauben geben den, die sein schrifft oder predig verachten, als der Herr Matth. am 10. [14f] sagt: »Wo euch ymand nicht annemen wirt und eur rede nicht horen, so geet heraus vom selben haus oder statt und schuttelt den staub von euren fussen. Warlich, ich sag euch, dem land der Sodomer und Gomorrer wirt es treglicher ergeen am jungsten gericht dan solcher statt.«

    Diser Denck aber und seine gesellen wollen die schrifft weder wissen noch horen dan allain umb zeucknuß willen, wie sie es schrifftlich und muntlich bekennen[14]. Darumb der Denck auch lang sagt[15], er befinde ettwas in im, das seiner boßhait widerstand thue, will im aber kain namen geben, dan er besorgt, er werd mit schrifft uberweyset, das er dasselbig aus horen oder lesen empfangen hab. Bis zuletst bekennet er, es sei Christus[16], und laug- [3r:] net doch dabei, er hab noch

---

11. 2Tim 3,16.
12. Denck.
13. *Fellmann*, Denck-Schriften 2, S. 22,6.
14. aaO, S. 21,18.
15. aaO, S. 20,9–10.
16. aaO, S. 21,20.

kain glauben und durf sich sein nicht rümen, spricht doch, der unglaub kann in im vor disem (das er nicht nennen wil) nicht besteen[17], daraus man woll sicht, wievil es geschlagen hatt. Ist Christus in im, der im weret[18], in treibt, gurt und laitet, so muß er je glauben, glaubt er aber nicht, so wirt je Christus nichts mit im zu thun haben. Will er aber seinen glauben kain glauben nennen, biß er gantz vollkommen wirt, das doch in disem leben nicht geschicht, so thut er wider Christum und alle schrifft. Also sicht man woll, das es ein gantz frevenlicher teufel ist, der also wider Christum, sein wort und werck leuget. Ist Christus in ime[19], so muß er glauben, glaubt er nicht, so ist Christus nicht, der in treibt, sonder der teufel. Will er, man soll glauben nicht glauben haissen, biß er volkommen wirt, so ist er wider Christum, der es anderst gehalten hatt[20]. Darumb sicht man da alsbald, das nicht ein guter gaist in disen leuten ist, der durch solche list vermaint, die heiligen gottlichen schrifft, die ein werckzeug ist, durch den Gott den glauben in uns wurckt, wider unter die bank zu stossen. Das wer sein lust; dann so wir den worten der schrifft nicht glauben, wirts Sodoma und Gomorra besser haben dan wir[21].

Zum vierdten soll er anzeigen, was er von der sund halte, und da zaigt er an, er halt [3v:] allain^c den unglauben für sund[22]; und das were woll recht, wann ers recht verstund. Das ers aber nicht recht verstee, wirt hernach offenbar werden.

Zum funften soll er anzeigen, was er vom gesetz halte. Das hat er gethan mit disen worten: »Allein unglaub ist sund. Die zerbricht die gerechtigkait Gottis durch das gesetz«[23]. Und das ist der allergreulichst irthumb, darin er nicht allain die alten papisten, sonder auch die Juden ubertrifft. Dann so sund unglaub ist, muß sie der glaub, so durch das gehor des euangelions kombt, hinwegnemen und nicht das gesetz. Dann das gesetz^d nymbt die sund nicht weg, sonder zaigt sie nur an und machts offenbar, Rom. 3 [20], wurckt nicht glauben, sonder zorn, Rom. am 4. [15]. Darumb ists lauter und klar, das das gesetz die sund nicht pricht, sonder nur auffweckt und sterker macht, wie das bezeuget Paulus zun Rom. am 7. [7ff] und spricht: »Die sund erkannt ich nicht on durchs gesetz, dann ich west[24] nicht von dem lust, wan das gesetz nicht saget: Laß dich nicht^e gelusten! Da nam aber die sund ein ursach am gesetz und erreget in mir allerlai lust, dan on das gesetz war die sund tod. Ich aber lebet ettwan an[25] gesetz, da aber das gesetz kam, ward die sund wider lebendig. Ich aber starb und es befand[26] sich, das das gesetz

---

c) danach gestrichen: die sund. – d) danach gestrichen: rechent nicht glauben an, sonder zaigt die sund an, Rom. 3[20] – e) übergeschrieben, eingewiesen.

17. aaO, S. 21,22–23.
18. der ihn wappnet.
19. Joh 14,20 u.ö.
20. Mk 10,14f par.
21. Mk 6,11; Lk 10,12.
22. *Fellmann,* Denck-Schriften 2, S. 22,29.
23. ebd.
24. wüßte.
25. ehedem ohne.
26. erwies.

mir zum tod raichet, das mir doch zum leben geben war. Dan die [4r:] sund nam ein ursach am gebot und betrog mich und todet mich durch dasselbig gebott. Das gesetz ist je heilig und das gebott heilig, recht und gut. Ist dann, das gut ist, mir ein tod worden? Das sei ferne, aber die sund, auff das sie erschine, wie sie sund ist, hat sie mir durch das gut den tod gewurckt, auff das die sund wurd uberauß sundig durchs gebott.« Also bezeugt Paulus lauter und klar, das die sund durchs gesetz nicht zerprochen, sonder nur lebendig wirt und so starck, das sie uns ertodet, wie er auch 1. Corinth. 15 [56] bezeugt: »Und die krafft der sund ist das gesetz«. Derhalben, wan das gesetz die sund zerprech, so dorfften²⁷ wir Christum nichts. Und alle, die sagen, das gesetz zerprech die sund, die verlaugnen und verwerfen Christum, als das Paulus anzaigt Rom. 8. [3f], ᶠund sprichtᶠ: »Das dem gesetz unmoglich war (derhalben es auch durch das flaisch geschwecht war), das thet Gott und sandt seinen sun in der gestalt des sundlichen flaischs und verdambt die sund im flaisch durch sund, auff das die gerechtigkait, vom gesetz erfordert, in uns erfullt wurd«. Also ist sund verdammen und prechen und die gerechtigkait an die statt setzen ein werck, das Gott durch Christum, seinen sun, allain hat ausgericht, und ist dem gesetz unmoglich gewest. Derhalben sicht man aber, was Denck fur ain gaist hatt, der solchs wider offenliche schrifft dem gesetz zumist, damit Christus verlaugnet und verstossen würde.

[4v:] Zum sechsten soll er anzaigen, was er von der gerechtigkait halte, die vor Gott gilt. Und das hatt er auch recht verantwort²⁸, da er spricht: Gerechtikait Gottis ist Gott selbs²⁹. Unrecht ists aber, das er der gerechtigkait Gottis nicht zulegt, das sie die sund vertreybe, sonder will es dem gesetz zuschreiben, so es dem glauben zugehoret. Dan wer an Christum gelaubet, der empfahet den heiligen Gaist, Johannes am 7. [39]. Der hailig Gaist erloset uns von sunden, Ro. 8 [2], und nicht Mosis gesetz.

Zum sibenden soll er anzaigen, was er vom euangelio halt. Das hatt er auch nicht gethon. Dan was solt er vom euangelio sagen, dieweil er vorhin alles, das dem euangelio zugehoret, dem gesetz hatt zugelegt? Wiewoll er sagt, wann das gesetz sein ambt verpring³⁰, so kem das euangelion³¹. Wann das gesetz die sund konnd prechen, warzu bedorft man des euangelions? Die warhait ist den leuten zu starck, woltens gern widerfechten, konnens aber nicht. Er bekennet, der glaub kom aus dem gehor, der glaub hab kain sund³². Wo nun glaub ist, da ist kain sund, so pricht auch der glaub die sund und nicht das gesetz. Ist der glaub auß dem gehor, warumb sprechen sie, sie konnen aus dem predigen und lesen kain glauben schopfen?³³ Man solt ye billich hierin des satans mutwillen erkennen.

f-f) übergeschrieben, eingewiesen.

27. bedürften.   28. beantwortet.
29. *Fellmann,* Denck-Schriften 2, S. 23,1.
30. verrichte.
31. *Fellmann,* Denck-Schriften 2, S. 22,30.
32. aaO, S. 22,31.
33. aaO, S. 21,13 und 16; 22,4–6.

[5r:] Zum achten soll er anzaigen, was er von der tauff halt. Und er zaigt an vil von der innerlichen tauff und macht die eusserlichen gantz unnutz[34], unangesehen, das sie Christus selbs eingesetzt und zu halten bevolhen, desgleichen alle apostell gethon haben. Daran er auch nicht wenig unrecht thut.

Dann die innerlich tauff ist das absterben des alten Adams[35], welchs nymand erduldern noch erleyden kann, er sey dan durchs wort Gottis versichert, das dasselbig leiden und absterben des alten Adams ime zugut, aus genaden und nicht aus zorn, von Gott geordnet sey. Dasselbig wort und zusagen finden wir bei der eusserlichen tauff, wie Paulus, Rom. 6 [3ff], anzaigt, durch die tauff seien wir eingeleybt in den tod Christi, das wir, wie er erstanden ist, auch wider ersteen sollen. Darumb er zu den Ephesiern am 5. [25f] sagt, Christus hab sich selbs fur sein gemain »dargeben, auff das er sie heiliget, und hatt sie gerainigt durchs wasserbad im wort« etc. Darbei man woll sicht, das Gottis wort allain rainigt, aber dasselbig wirt uns zugesagt im wasserbad der tauff. Darumb sich kainer der zusagung darf annemen, der nicht taufft ist. Doch bleyb Gottis werck ungefangen[36], der ainen, so der tauff begert und nicht erlangen kann, wol selig machen und in seinem bund erhalten kann.

[5v:] Zum neundten solt er anzaigen, was er vom sacrament des altars halt. Das thut er mit vil worten, in der heiligen schrifft nicht gegrundt, sonder aus seinem aigen kopf erdicht. Darzu kan man nicht vernemen, was er mainet. Will er sagen, es sey allain wein und prott, warumb sagt er dann, es sey das unsichtbar wort Gottis im prott, in dem sichtbarn leib, der aus Maria sey geporn?[37] Will er aber sagen, es sey flaisch und blut Christi, warumb spricht er dan, Gottis wort sey unsichtbar im brott und es sey doch nichts dan brott?[38]

Nun ist es ye on zweyfell flaisch und blut Christi, dann ob schon die falsche gloß ein ansehen gewunn, als hett Christus gesagt: »Mein leib ist der leib, der fur euch geben wirt« – das doch ein recht teufelsgedicht ist –, wie wolten wir den evangelisten Marcum entschuldigen, der da spricht: »Er nam das prott, brachs und gabs in und sprach: Das ist mein leichnam!«[39] und schweigt still, »der fur euch geben wurdt«. Dabei man je sicht, das er von dem, das er in geben hat, spricht: Das ist mein leichnam! Und noch klarer Paulus, 1. Corint. 10 [16ff]: »Der kelch der benedeiung, welchen wir benedeien, ist der nicht die gemainschafft des bluts Christi? Das brott, das wir brechen, ist das nicht die gemainschaft des leibs Christi? Sehet an den Israel nach dem flaisch, welche die opffer essen, sein die nicht in der gemeinschafft des altars?«

[6r:] Gleichwie nun Israel warlich von dem opfer des altars isset und ist in der gemainschafft des altars, allso essen wir warlich von dem opfer, das Christus geopfert hatt, nemlich sein flaisch und blut, und sein in der gemeinschafft des weins

---

34. aaO, S. 24,25–29.
35. Röm 6,3–6.
36. nicht festgelegt, ungebunden.
37. *Fellmann*, Denck-Schriften 2, S. 25,29–31.
38. aaO, S. 25,28–29.
39. Mk 14,22.

und protts, welchs die gemainschafft des leibs und bluts Christi ist. Darumb soll sich^g Dennck noch hierin erklern, was er halt, ob ers fur lauter wein und brott oder fur flaisch und blut Christi halte.

Zum letsten solten wir uns bemuen, inen seiner irthumb zu unterrichten und ein pessers zu weysen. Er zaigt aber selbs genugsam an, das solchs bey im nicht wurdt statthaben. Dann er lest sich in seinem schreiben horen, er wiß, das das sein die warhait sei, und wer im das nemen woll, dem woll ers nicht gestaten[40].

So hatt er auch ein copei[41] seiner schrifft unter die gemain ausgeen lassen, welchs er pillich[42] nicht gethon, wan er unterrichtung warten wolt. Dann so er sich irret und des unterricht wirt, wie will er das wider außreuten, das also unter die gemain schrifftlich, als sey es recht und unstrafflich, ausgepraіt ist worden? Dabey sicht man auch, wie es ein falsch ist, das sie stätts laugnen, sie reden mit nymand, sie leeren nymand, [6v:] sie begern nymand auff ir seiten zu zihen, und doch das schrifftlich und mundlich nicht unterlassen.

Darumb, fursichtig, E.W. gonstig, liebe herren, haben wir hierin auch nicht ime, sonder eurn E.W. zu unterrichtung geantwort, sonst hett es mer wort und zeit bedorft, die doch, als wir besorgen, umbsonst und gantz verlorn werden. Wollen aber doch nichtsdestminder, so das eur E.W. fur gut ansehen, weiter mit ime handeln, hilft es im namen Gottis; hilft es nicht, so wirt [7r:] alsdan eurn E.W. von ambts und gottlicher ordnung wegen gepurn, einsehen zu thun[43], damit sie ir gifftig irthumb (das sie doch nicht unterlassen), nicht weiter unter das volck auspraitten.

E. W. willige die prediger zu Nurmberg

g) danach gestrichen: sich.

40. *Fellmann,* Denck-Schriften 2, S. 23,13–14.
41. Diese Kopie seiner Schrift war nicht aufzufinden.
42. von Rechts wegen, angemessenerweise.
43. Mittel zu schaffen, s. *Schmeller,* Wörterbuch 2, Sp. 247.

Nr 33
Ratschlag über die Strafe für die »drei gottlosen Maler«
1525, Januar 26

Bearbeitet von *Martin Stupperich*

Einleitung

1. Der Hintergrund des Ratschlags

Der Prozeß gegen Hans Denck[1] war herausgelöst worden aus einem Prozeß gegen einen größeren Personenkreis, der sich sakramentsfeindlicher Äußerungen schuldig gemacht haben sollte. Als die Hauptangeklagten traten dabei die sogenannten drei gottlosen Maler – die beiden Behaim und Georg Pencz[2] – hervor: Am 10. Januar beschloß der Rat der Stadt Nürnberg, die Brüder Sebald und Barthel Behaim zu verhören[3]. Die Befragung muß am selben Tag stattgefunden haben, denn noch unter dem Datum des 10. Januar heißt es in den Ratsverlässen, daß die Aussagen der Maler den fünf Predigern[4] vorgehalten und diese um Rat gefragt werden sollten, wie man sich den Beklagten gegenüber zu verhalten habe[5].

Die Verhörsaussagen der beiden Brüder sind als Protokollnotizen erhalten[6]: Sebald Behaim gestand seine Unsicherheit hinsichtlich des Sakraments, während

---

1. Über Denck s.o. S. 407f, Nr 32.
2. Hans Sebald Behaim (1500–1550) war Kupferstecher und Holzschneider. Er kehrte nach der Verbannung aus Nürnberg bereits Ende 1525 dorthin zurück. Später wirkte er in Frankfurt/Main, wo er das Bürgerrecht erwarb. Er war einer der fruchtbarsten Graphiker seiner Zeit. – Barthel Behaim (1502–1540) war Maler und Kupferstecher; nach der Verweisung durch den Nürnberger Rat war er vor allem für den Herzog von Bayern tätig. Bekannt wurde er durch seine Fürstenporträts. Auf dem Gebiet des Kupferstichs gehört er wie sein Bruder Sebald und Georg Pencz zu den »Kleinmeistern« (sog. wegen des kleinen Formats der Stiche). Beide Behaims werden als Dürerschüler bezeichnet; daß ein direktes Lehrverhältnis bestand, ist jedoch nicht nachweisbar. – Zu Sebald Behaim: ADB 2, S. 277f; zu Barthel Behaim: ADB 2, S. 279f; zu beiden: *Baader*, Beiträge 2, S. 74–76; *Rosenberg*, Beham; *Waldmann*, Kleinmeister, S. 24–26. – Georg Pencz (gest. 1550) war Maler und Kupferstecher. Er ist 1523 im Nürnberger Malerbuch als Meister eingetragen. Gemeinsam mit den Brüdern Behaim wurde er 1525 aus Nürnberg verwiesen, erhielt jedoch im selben Jahr die Erlaubnis zur Rückkehr. Gegen Ende seines Lebens begab er sich in die Dienste Herzog Albrechts von Preußen, starb aber schon auf der Reise nach Königsberg. – Vgl. ADB 25, S. 253–255; *Baader*, Beiträge 2, S. 53f; 77; *Waldmann*, Kleinmeister, S. 26; *Gmelin*, Pencz, S. 49–126.
3. *Pfeiffer*, Quellen, S. 38, RV 276.
4. Es wird sich um dieselben Prediger handeln, die im Gutachten genannt sind: Dominicus Schleupner von St. Sebald, Osiander, Martin Glaser (Prediger des Augustinerklosters), Sebastian Fürnschild (Prediger des Egidienklosters), vgl. *Simon*, Nbg.Pfb., S. 70, 74f und 198, Nr 376, 401 und 1211. Der fünfte, im Ratschlag nicht genannte Prediger wird Thomas Venatorius vom Heilig-Geist-Spital gewesen sein.
5. *Pfeiffer*, Quellen, S. 38f, RV 279.
6. Gedr. *Kolde*, Prozess, S. 243–247; die Lesefehler *Koldes* sind korrigiert bei *Pfeiffer*, Quellen, S. 324. Die bei *Kolde* angegebene Reihenfolge der Verhörsaussagen ist fraglich.

sein Bruder Barthel darüber hinaus Schrift und weltliche Obrigkeit in Zweifel zog. Diesen Aussagen der beiden Maler lag keineswegs eine aus Aufklärungsprinzipien entsprungene Skepsis gegenüber jeglicher Glaubenshaltung zugrunde, wie es in der Literatur vielfach dargestellt wurde[7]. Sehr viel wahrscheinlicher ist es, daß die Maler sich von den auf dem »linken Flügel« der Reformation beheimateten Vorstellungen leiten ließen, vor allem denjenigen Hans Dencks[8]. Auch Einflüsse Karlstadts und Müntzers, deren Schriften gerade in dieser Zeit in Nürnberg verbreitet waren, sind anzunehmen[9].

Sehr wesentlich für die Haltung des Rates gegenüber den Malern muß die Aussage des Zeugen Veit Wirsberger[10] gewesen sein. Dieser gab an, die Brüder Behaim hätten unter dem Einfluß eines »Pfaffen« gestanden, den der Rat aus der Stadt verwiesen habe[11]. Bekehrungsversuche seinerseits seien erfolglos gewesen; die Maler hätten sich auch obrigkeitsfeindlich geäußert. Diese Aussage muß der Anlaß für ein speziell der Obrigkeitsfrage gewidmetes Verhör gewesen sein, von dem in den Ratsverlässen vom 14. Januar berichtet wird[12]. Es sollte in der »capellen«, d.h. im Folterraum des Lochgefängnisses stattfinden, jedoch ohne Anwendung der Folter[13].

Am 16. Januar wurde beschlossen, die Maler wiederum in der Folterkammer über bestimmte Glaubensartikel zu befragen, die der Rat zu diesem Zweck vermutlich von den Predigern erbeten hatte[14]. Zu diesem Verhör wurde nun auch der dritte der sog. drei gottlosen Maler, der von Sebald Behaim erwähnte Jörg Pencz, sowie Sebald Baumhauer[15], der Sohn des Kirchners von St. Sebald, und der Goldschmied Ludwig Krug hinzugezogen[16]. Während Baumhauer und Krug sich offenbar von dem gegen sie bestehenden Verdacht reinigen konnten, gehörte Pencz von nun an zu den Angeklagten.

Am 18. Januar wurde das Verfahren gegen die Maler zugunsten des Prozesses gegen Hans Denck zurückgestellt und erst am 23. Januar (nach dessen Ausweisung)

---

7. Besonders ausgeprägt findet sich diese Auffassung bei *Waldmann*, Kleinmeister, S. 33f; s. auch *Gmelin*, Pencz, S. 49; *Kolde*, Denck, S. 65. *Thausing*, Dürer, S. 468, bezeichnet die Ansichten der Maler als »deistisch, ja atheistisch und sozialistisch«, womit er dem Sachverhalt, ganz abgesehen von der fragwürdigen Zusammenstellung der Adjektive, keineswegs gerecht wird; solche und ähnliche Begriffe gehören in eine spätere Epoche.

8. Der ersten Verhörsaussage Sebald Behaims zufolge hatten die Maler mit Hans Denck Umgang gehabt.

9. Vgl. die Aussage Veit Wirsbergers, die Maler hätten sich mit den Schriften Müntzers und Karlstadts befaßt (*Kolde*, Prozess, S. 246).

10. gedr. *Kolde*, Prozess, S. 246; *Jörg*, Revolutionsperiode, S. 731f.

11. *Pfeiffer*, Quellen, S. 25, RV 190 und zu RV 190.

12. *Pfeiffer*, Quellen, S. 39, RV 280.

13. Vgl. *Kolde*, Denck, S. 64.

14. *Pfeiffer*, Quellen, S. 39, RV 283. »Die fragstuck darauff die gottlosen maler verhort sind« sind gedr. bei *Kolde*, Prozess, S. 244; *Jörg*, Revolutionsperiode, S. 732.

15. Über Sebald Baumhauer vgl. *Kolde* in: Göttingische gelehrte Anzeigen 1887, S. 14: Es handelte sich um den Sohn des Malers und Kirchners von St. Sebald, der ebenfalls den Namen Sebald Baumhauer trug.

16. *Kolde*, Prozess, S. 246f.

wieder aufgenommen[17]. An diesem Tag entschied der Rat, die Aussagen der drei Maler den Predigern und den Ratskonsulenten zustellen zu lassen und diese für den 25. Januar auf das Rathaus zu bestellen, um die Maler einzeln zu verhören und zu belehren[18]. Am 26. Januar wurden die fünf Prediger[19] und drei Juristen (Doktoren)[20] vom Rat über ihre Ansicht befragt, was mit den Malern zu geschehen habe[21]. Das von ihnen vorgelegte gemeinsame Gutachten spiegelte angesichts der Tatsache, daß die Angeklagten inzwischen ein formales Bekenntnis abgelegt hatten, die unterschiedliche Auffassung beider Gruppen wieder. Während die Juristen sich mit der formalen Erklärung zufriedengeben wollten, drangen die Theologen auf den Nachweis der inneren Überzeugung und sprachen sich in Ermangelung dieses Nachweises für die Vertreibung der Maler aus.

Auch Lazarus Spengler verfaßte eine Stellungnahme, die in einem Exemplar von seiner Hand erhalten ist[22]. In diesem Gutachten stellte er sich auf die Seite der Theologen gegen die Ratskonsulenten, benutzte jedoch nicht in allen Punkten die gleichen Argumente wie diese: Die Stellungnahme ist deutlich vom Standpunkt der Stadtobrigkeit konzipiert. Der Titel »Ursach, warumb es beschwerlich sei, die drei maler hie in der stadt zu gedulden« enthält bereits das Endurteil Spenglers, das im weiteren in sechs Punkten begründet wird.

Der Nürnberger Rat schloß sich dem Ratschlag Spenglers offensichtlich an. Die Ausweisung der Maler muß am 27., möglicherweise schon am 26. Januar erfolgt sein. Dies ergibt sich aus der Rechnung des Lochhüters, wonach er die Gefangenen 15 Tage lang unterhalten mußte[23].

Der Rat blieb in der folgenden Zeit verschiedenen Gnadengesuchen gegenüber unerbittlich: So heißt es in den Ratsverlässen vom 8. März 1525: »Den dreien malern, so umb ir verhandlung von hinnen gewisen und itz umb erlaubnus der stat und nachlassen irer straf suplicirt haben, ist solch ir begern gegen irer muter abgelaindt«[24]. Am 18. März findet sich der Eintrag: »Graf Albrecht von Mansfeld

---

17. *Pfeiffer,* Quellen, S. 41, RV 299; S. 42, RV 308.
18. Über den Inhalt dieser Verhöre und Belehrungen sind keine Nachschriften oder ähnliche Quellen erhalten.
19. s.o. Anm. 4.
20. Laut Ratschlag waren dies Johann Protzer, Christoph Scheurl und Michael Marstaller (1486–1533). Marstaller war seit 1517 Professor der Jurisprudenz in Ingolstadt und ging noch im selben Jahr nach Nürnberg, wo er bald die Konsulentenstelle erhielt (*Jöcher,* Gelehrtenlexikon, Ergbd 4, Sp. 804). Johann Protzer (gest. 1528) war Konsulent in Nürnberg seit 1507. Er schrieb 1526 ein ›Bedenken die Meß belangend‹ (*Will,* Gelehrtenlexikon 3, S. 250; Ergbd 3, S. 213). Christoph Scheurl (1481–1542), Doktor beider Rechte, war seit 1512 Ratskonsulent in Nürnberg; vgl. ADB 31, S. 145–154; *Graf,* Scheurl.
21. *Pfeiffer,* Quellen, S. 43, RV 316.
22. Nürnberg SA, S.I L. 78 ad Nr 14; gedr. *Baader,* Beiträge 2, S. 78f; *Rosenberg,* Beham, S. 137f (nach *Baader); Kolde,* Prozess, S. 249f. Spengler hatte sich mit Luther in Verbindung gesetzt, vgl. Luther an Spengler, 4. Februar 1525, WAB 3, S. 432f, Nr 824; vgl. auch Luther an Briesmann, 4. Februar 1525, WAB 3, S. 433f, Nr 825.
23. *Kolde,* Denck, S. 69, Anm. 1.
24. *Pfeiffer,* Quellen, S. 55, RV 373.

seiner gnaden furpit fur die drey maler mit erbern worten und bericht irer verhandlung laynen«[25].

Erst am 16. November fand sich der Rat bereit, die Maler zu begnadigen, und gestattete ihnen unter Vorbehalt eine Rückkehr nach Nürnberg[26].

2. *Überlieferung*

Handschrift:

a: Der Ratschlag der Theologen und Juristen über den Fall der drei ›gottlosen‹ Maler ist erhalten im Nürnberger Staatsarchiv, RSB 4, f. 195v–197v. Es handelt sich hier offensichtlich um eine eilige Ausarbeitung des ursprünglichen Konzeptes des Verhandlungsprotokolls, was auch aus einigen Einschüben in den sonst gleichmäßig geschriebenen Text geschlossen werden kann.

Edition:

Ed. 1: Der Text erschien gedruckt bei *Kolde*, Prozeß, S. 247–249. Die Wiedergabe bemüht sich, diplomatisch genau zu sein, leidet jedoch unter verschiedenen Lesefehlern.

Unser Abdruck basiert auf der Handschrift des Nürnberger Staatsarchivs.

Text

[195v:] ªHer Cristoff Tetzel[1], her B. Bauwmgartnerª[2].
Alls hievor drey maler[3], die etwas uncristlicher reden unseren heiligen glauben mit verlaugnen desselben und der heiligen geschrifft aussgegossen, auch daneben trutzigkeit und widerspenstigkeit wider die oberkeit bezeigt, derhalb auch, damit
5 ir gifftᵇ, unglaub ᶜund verweysungᶜ[4] nymant ergerlich sey oder schaden pring, zu hafft angenomen, uff ir begeren hinach cristlich unterricht, ist bey den predigern Sebaldi, Laurenti, Augustinern und Egidy[5], auch eins erbern raths doctorn[6] beratslagt, dieweil dise drey maler nun by virzehen tage gefangen gelegen, was eynem erbern rath gegen ine zu handeln fueglichen sein wellᵈ.

a–a) am linken Rand. – b) gestrichen: und. – c–c) eingewiesen vom linken Rand. – d) gestrichen: die zeigen dem rath.

25. *Pfeiffer,* aaO, S. 59, RV 399.   26. *Kolde,* Denck, S. 71.
1. Christoph Tetzel (†1544), Nürnberger Ratsherr, s. Nürnberg StA, Y 669a, f. 87r.
2. Über Bernhard Baumgartner s. o. S. 54, Nr 2, Anm. 2.
3. Sebald und Barthel Behaim sowie Georg Pencz; s. dazu o. S. 418, Anm. 2.
4. Irreführung, falsche Weisung.
5. Schleupner, Osiander, Glaser, Fürnschild; zu diesen Predigern s. in der Einleitung o. S. 418, Anm. 4.
6. Protzer, Scheurl, Marstaller; zu diesen Ratskonsulenten s. o. S. 420, Anm. 20.

Und zeigen demnach die prediger ane, das in der heiligen schrifft[e] lauter versehen[f], wue[7] abtrünige oder gotsverlaugner sind, das die sollen underwisen werden; wue aber di nit gehorchen wellen, sollen die [196r:] aus der cristlichen versamlung geworffen und in ban gethan werden[g][8]. Das sey nu von dem gemeynen cristenman[h] und der versamlung gesagt; was aber der oberkeit gepure, werd zum theil hinach angezeigt werden. Nu haben dise maler iren irthumb, unbefragt deren, die sie pillich[9] bespracht[10] hetten, ausgegossen, das mit eynem trutz beharret, [i]Gott und sein wort vernicht und also die hohst gotslesterung geubt, die etwe[11] wol anderst wer gestraft worden[i], auch erstlich von den predigern cristliche unterricht nit horen oder gedulden[12] wellen, pis sie im gefencknus waich worden und »ja« zur unterricht sagen[13]. Dabey[k] noch ein grosser zweyfel, ob es ine also im hertzen sey, und des zue eyner anzeig und das sich ein anders bey ine zu vermueten, hab der ein gestern nach bescheener, mit grosser muhe gehapten unterricht, sopald er fur di thur kumen, gesagt, ja, es sey wol vil genug geredt, aber wenig bewisen. Wue nu ein erber rath alls di oberkeit gleich ir straff in der kirchen oder versamlung straff [l]oder gnad[l] wolten lassen hingeen[14] und, so sie an der unterricht genugen zu haben bekenten, daran genugen haben und sy gedulden welten, so sey doch dagegen das zu bewegen[15], das hinfur, zuvor wie man [196v:] die leufft und des teufels unrue sehe, ein yeder sich eins solichen wurd understeen[16] und denocht hinnach, so er ein ander bekentnus thett, wol eins gleichen bekumen.

Wie vil personen aber mitlerweil, ehe es fur meyne hern keme, in irsal wurden gefürt, sich auch hinach pluetvergiessen und zerstorung burgerlichs fridens[m], dahin sich[n] diser leut thuen, wiewol verporgen, zeucht[17], zutragen[o], haben meyne hern leichtlich zu erwegen. Dann der teufel suecht soliche weg, daraus hinach mocht gesagt werden: »Sihe, das thut ir evangelium«; dadurch dann die gotlich warheit gehindert und verworfen[p], der theufel wider fur got, wie vormals bescheen, angepett wurd[q]. Item, so haben sich dise maler, ehe sie in fencknus kumen,

e) gestrichen: ge. – f) übergeschrieben und eingewiesen. – g) gestrichen: Nu wes all aber f. – h) gestrichen: kirchen. – i–i) eingewiesen vom linken Rand. – k) korr. aus: und. – l–l) übergeschrieben und eingewiesen: oder gnad. – m) gestrichen: doraus darin. – n) übergeschrieben und eingewiesen. – o) übergeschrieben und eingewiesen. – p) gestrichen: wurd. – q) gestrichen: dorumb well meyne.

7. wo.
8. Vgl. Mt 18,15–17.
9. angemessenerweise.
10. befragt, verhört.
11. früher einmal.
12. Gegenstand der Duldung kann nicht der Unterricht als solcher, sondern muß der Inhalt desselben gewesen sein, denn die Belehrung fand statt und führte schließlich zu dem formalen Bekenntnis, das die Maler ablegten; s. dazu das Gutachten Spenglers o. S. 420, Anm. 22.
13. Gemeint ist, daß sie ein Bekenntnis ablegten; s. vorige Anm.
14. Gemeint ist: wenn die Obrigkeit sich lediglich dem Urteil der Kirche anschließt.
15. erwägen.
16. Gemeint ist: sich unterstehen werde, gotteslästerliche Äußerungen zu tun.
17. Zu lesen ist: dahin sich dieser leut thuen ... zeucht, dh worauf ihr Handeln hinausläuft.

lassen horen, sie haben den predigern ein lateyn auffgeben, daran sye wol zwey jar zu keuen gehapt. Item, so sey wissenlich, wie wenig die geryng, lind straff, so ein rath vormals gegen etlichen vast[18] gleichmessigen geubt[r], geholfen.

Nun[s] hab die kirch, das ist die versamlung, bey der apostel zeiten, so eyner apostatirt, inen auch nit sogleich wider angenomen, sonder ein zeitlang aus der gemeyn gelassen und gesehen, wie er sich gehalten[19]. Dieweil [197r:] dann bey disem, wue dise person in der stat pleiben solten, vil ubels mag kument[t] und sie doch daussen auch so wol als hie entweder zu besserung oder aber – uff[20] verhertung – zur straff kumen[u] mogen, rathen sy, die theologen, eymutiglich, das ein erber rath ir straff nit dahinden lassen[21]. Dann ob sich eyner bekant[22], hab er der kirchen wol genug gethan; damit hab er aber dannocht die oberkeit nit bezalt[v]. Und darumb soll man sy der stat verweysen und dise ursachen an die hand nemen, die dann vast genugsam[w].

Die doctores aber, nemlich Protzer, Scheurl und Marstaller[23], sagen, das gleichwol die keiserlichen recht und gesetz halten, das die, so apostatirn, des lands sollen verwisen werden[24]. Dabey sey auch zu bedencken, das etwe die ketzer, so dem Arriano[25] anhengig gewesen, etliche wenig derselben sich bekeret, iren irthumb bekent und daruber nit verwisen worden. Nun seyen dise[26] dannacht[27] zymlich[28] gestrafft, in der gefencknus irs glaubens halb befragt, darnach unterricht worden und des dannacht setigung getragen[29]. [197v:]

Item, so bekennen sye die oberkeit[30] und hielten[31] dafur, wann man etlich biderleut versampte[32], die bekantnus also von ine vor denselben neme[x], das hinach auff den predigstülen lis verkünden, die leut ab[33] solichen irrungen warnen, das den sachen genug gescheen were; daneben mocht man sich erkunden, wie

r) am linken Rand. – s) korr. aus: drob und. – t) am linken Rand gestrichen: dieweil sie halsstarrig und stoltz leut. – u) gestrichen: kunt. – v) gestrichen: Rathen sy. – w) gestrichen: und zum h. – x) gestrichen: das den sachen genug gescheen were.

18. völlig, ganz.
19. Vgl. Artikel ›Apostasie‹ in: RE 1, S. 698.
20. im Falle (der Verhärtung).
21. auf ihre Bestrafung nicht verzichten solle.
22. ein Glaubensbekenntnis abgelegt habe.
23. s. o. S. 420, Anm. 20.
24. Vgl. »Eos, qui ... haeresin et dogmata abominanda sectati sunt, omnibus poenis, quae ... adversus haereticos constitutae sunt, iubemus teneri et extra ipsum quoque Romani imperii solum repelli ...«, CorpIurCiv, Cod. Iust. I, 7, 6 *(Krüger – Mommsen,* Corpus 2, S. 61).
25. Arius, Diakon in Alexandrien, 318/19 wegen Häresie exkommuniziert, LThK 1, Sp. 842.
26. die Maler.
27. dessenungeachtet.
28. geziemend.
29. und haben sich damit auch noch zufriedengegeben.
30. Offensichtlich hatten die Maler also nicht nur ein Glaubensbekenntnis, sondern auch ein Bekenntnis zur herrschenden Obrigkeit abgelegt.
31. nämlich die Juristen.
32. versammelte.
33. vor.

sie sich furter³⁴ hielten. Würd dann die sach nit recht thuen, hetten doch hinach meyne hern ein offene handt⁽ʸ⁾.

Dawider aber die theologi, das sich solichs mitnichten leiden well, dann meniglich³⁵ wurd sagen, man hett die zum glauben genetet³⁶, und der verkert hauff sich auch mit irem thuen darnach richten, das doch nit sein soll. Dann obwol sie umb iren irthumb in der gefencknus bespracht³⁷ worden, sey doch das nit dorumb bescheen, sy zu netigen, sonder die guet unterricht drauff gefolgt; das erspries gleich, so vil es mug. Darzue: Solten dise personen weiter anheng machen, wie sich dann vil mehr dann eines bessern zu vermueten, würden meyne herrn das zu vil spat bereuen. So muss man diser zeit die leufft und wie das vollk gesitt sey, mehre ansehen, dan wie es etwe gehandelt worden. Dorumb sollen meyne hern dise personen in der gemein diser zeit nit gedulden. Actum 26. Januarii 1525⁽ᶻ⁾.

y) gestrichen: dann dieweil. – z) korr. aus: 1524.

34. weiterhin.
35. jeder.
36. genötigt.
37. verhört, befragt.

Nr 34
Der Kartäuserstreit, 2. Ratschlag
1525 [Januar, zwischen 23 und 28]

Bearbeitet von *Jürgen Lorz*

Einleitung

Der Rat hatte mit der Ausweisung des Bruders Martin, der einer Reformation des Klosters entgegenstand, keineswegs die erhoffte Lösung der Auseinandersetzungen mit den Kartäusermönchen gefunden[1]. Einen Tag, bevor der Altprior das Kloster zu verlassen hatte, am 19. Januar, lag eine Bittschrift von elf Kartäusern vor, die den Rat zu einer Änderung seines gefaßten Beschlusses veranlassen sollte[2]. Schon vorher waren der Schaffer des Klosters, Sixt Ölhafen, und ein anderer Kartäuser[3] vor den Stadtvätern erschienen und hatten um die Zurücknahme des Ausweisungsbefehls gebeten[4]. Ihrem Ansuchen wurde nicht stattgegeben, doch ließ man den Mönchen mitteilen, daß von Rats wegen nichts als »des closters nutz« und der Brüder »frid und ainikait zu schaffen« angestrebt werde[5].

Allein, die Mönche erklärten, sie könnten ein solches Vorhaben aus den bisher getroffenen Entscheidungen nicht erkennen und bäten deshalb noch einmal um ihren früheren Prior. Sie hätten den guten Willen des Rates sehen können, wenn ihr hochgeschätzter Martin noch weiterhin in ihrer Mitte weilte und statt seiner Blasius Stöckel ausgewiesen worden wäre. Nicht den Alten, Schwachen, um die Renovierung der Kartäuserkirche und die Pflege der Armen Hochverdienten, sondern den Jungen, der die Ruhe des Klosters zerstört habe und dort nur noch esse und trinke, ansonsten aber ständig in der Stadt umherlaufe, um sich über die evangelische Predigt an anderen Kirchen zu informieren, hätte man des Klosters und der Stadt verweisen sollen. Die Mönche hätten Stöckel nicht ins Kloster gerufen, folglich könne er auch aus freien Stücken wieder austreten, wenn ihm das Leben dort zuwider sei.

Wie sich nun der Rat auch entscheiden würde, sie wären fest entschlossen, Stöckel nicht mehr als einen der ihren, geschweige denn als Prior anzuerkennen. Statt dessen warteten sie auf den von der Chartreuse angekündigten neuen Prior. Mit ihm würden dann wieder Ruhe und ein geregeltes Leben ins Kloster einziehen. Sollte sich allerdings der Rat gegen dessen Amtsübernahme wenden, sähen sich die Unterzeichneten genötigt, Kloster und Gotteshaus zu verlassen. Mit der Bitte um gnädige Antwort und den Unterschriften von elf von insgesamt fünfzehn Kartäusermönchen schließt das Schreiben.

1. Vgl. die Einleitung zum 1. Ratschlag über den Kartäuserstreit, o. S. 387, Nr 29.
2. *Pfeiffer*, Quellen, S. 325ff, Br. 103a und S. 43, RV 309.
3. Endres Amlinger, vgl. *Pfeiffer*, Quellen, S. 40f, RV 292.
4. *Pfeiffer*, Quellen, S. 40f, RV 292.
5. *Pfeiffer*, Quellen, S. 325ff, Br. 103a; S. 40f, RV 292.

Am 23. Januar wurde es den Predigern und Juristen der Stadt zur Begutachtung vorgelegt[6]. Das Ergebnis ihrer Unterredung ist in unserem Ratschlag niedergelegt:

Auf die Bitte der Kartäuser um Wiederaufnahme Martin N.s aus Hessen in das Kloster ging man überhaupt nicht ein. Viel wichtiger erschien das von den Mönchen angedrohte Verlassen des Klosters, falls der Rat nicht die Absetzung Stöckels als Prior anerkennen würde.

Diese Starrköpfigkeit der Kartäuser – nach dem Auszug Martins – können sich die beratschlagenden Theologen und Juristen nur mit der Vermutung erklären, daß Martin kurz vor seinem Abschied die Brüder so aufgehetzt habe, daß diese nun ganz in seinem Geist weiteragierten. Die vom Rat geäußerte Hoffnung, daß die Mönche nach der Ausweisung Martins keinen Widerstand mehr leisten würden, hatte sich demnach als trügerisch erwiesen. Deswegen sei jetzt »eins raths ernste handlung mehr vonnoten dann vor je«. Alle bisherigen Maßnahmen des Rats wären umsonst gewesen, wenn man sich jetzt durch die Drohungen der Kartäuser einschüchtern und auf die geplanten Handlungen nicht auch deren Ausführung folgen ließe.

Um zu erfahren, was in einer vor dem Weggang Martins noch stattgefundenen Unterredung mit einigen Konventsmitgliedern erörtert worden sei, ließ der Rat durch Bernhard Hammerschlag, einen engen Vertrauten Martins, ein Protokoll dieser Unterredung ausarbeiten und mahnte dessen Fertigstellung am 27. Januar bei ihm an. In gleicher Sache sollte auch der Drucker Hieronymus Höltzel gehört werden, der zu dieser Unterhaltung von Bruder Martin hinzugezogen worden war[7]. Die beratschlagende Kommission ist weiterhin der festen Überzeugung, daß Stöckel zu Recht gegen die Satzungen seines Ordens vorgehe, weil sie aus der Heiligen Schrift nicht zu belegen seien. Deswegen müsse der Rat, so sehr ihm auch generell an einer friedlichen Regierung liege, diesen Kampf aufnehmen, den Prior gegen die Anfeindungen der Mönche schützen und ihn weiterhin in seinem Amt als Obersten der Nürnberger Kartause belassen. Man habe außerdem entdeckt, daß der Brief der Mönche an die Chartreuse (mit der Bitte um einen neuen Prior) noch im Kloster zurückgehalten werde – nämlich so lange, bis sich der Rat geschlagen gebe. Dies dürfe aber unter keinen Umständen eintreten. Gewiß sei man nicht auf die Person Stöckels angewiesen – ein Ersatz für ihn wäre sicher gefunden worden –, aber allein durch seine unbegründete Absetzung »geschee dem wort Gottes underdruckung«, und dagegen müsse sich die Stadt ganz entschieden wenden.

Einige Kartäuser, so hoffte man, würden diese Überlegungen auch akzeptieren, auf die anderen, die dennoch in starrer Uneinsichtigkeit den Auszug aus ihrem Kloster vorziehen würden, könne man getrost verzichten. Auch um ihre sicher-

---

6. *Pfeiffer,* Quellen, S. 43, RV 309.

7. *Pfeiffer,* Quellen, S. 44, RV 322. Man vermutete von seiten des Rats, daß Martin einige Mönche vor Zeugen (Hieronymus Höltzel) vereidigt hatte, nie in die Beschlüsse des Rats, die eine Reformation des Klosters anstrebten, einzuwilligen. (Vgl. *Pfeiffer,* Quellen, S. 336, Antwort des Kartäusers Johannes Herr von Vrach auf Frage 18.)

lich üble Nachrede solle man sich nicht kümmern: Ein jeder wisse, »was unter iren kutten verporgen« sei.

Stöckel solle ermahnt werden, bei seinem künftigen Predigen und Lehren im Kloster niemanden zur Einsicht zu drängen, sondern die Mönche »durch guete cristliche unterricht« in der Wahrheit zu unterweisen, so daß schließlich die althergebrachten falschen Überzeugungen vor ihr zurückweichen müßten.

Die im vorhergehenden Ratschlag geäußerte Möglichkeit, der Absetzung Stöckels zuzustimmen und ihn dennoch im Kloster wohnen und predigen zu lassen[8], wird jetzt strikt zurückgewiesen: Es wären »das wort und die warheit schon gefangen«, wenn Stöckel einen anderen über sich haben würde. Deshalb gebe es nur die eine Entscheidung: Stöckel müsse Prior bleiben.

Abschließend schlagen die beratenden Herren vor, im Kloster eine Umfrage unter den Mönchen zu halten. Der Abt von St. Egidien, Friedrich Pistorius, ein Prediger und ein Ratsverordneter sollen erkunden, was den einzelnen Kartäusern an ihrem Prior mißfiel und wer von ihnen sich den Ratsbeschlüssen widersetzen würde.

Dem schon öfter unangenehm aufgefallenen Freund des Altpriors, Bernhard Hammerschlag, sollte nach dem Schlußvermerk des Ratschlags nahegelegt werden, sich freiwillig aus dem Kloster zu entfernen.

Die vorgeschlagene Visitation wurde Ende Januar im Kloster durchgeführt[9]. Die dazu verordneten Herren[10] erstellten zunächst einundzwanzig »fragstuck«, die jedem der fünfzehn Klosterinsassen zur Beantwortung vorgelegt werden sollten. Für drei Mönche, die ihrem Prior Blasius Stöckel und seiner reformatorischen Lehre besonders aufgeschlossen gegenüberstanden, setzte man, um bessere Informationen sowohl über die anderen, altgläubigen Fratres als auch über ihre eigenen Beweggründe zu erhalten, extra sieben Fragen auf, die neben den allgemeinen gesondert zu beantworten waren[11].

Mit den beiden ersten der einundzwanzig allgemeinen Fragen sollte der Verfasser der dem Rat zugestellten Supplikation ermittelt werden. Es ergab sich, daß sie von Sixt Ölhafen allein erstellt worden war. Die Fragen 3–6 und 9–17 beziehen sich auf Blasius Stöckel: Predigt er das reine Wort Gottes, straft er solche, die gegen dieses handeln? Wie unterrichtet er die Mönche? Verwaltet er das Klostergut verantwortungsvoll oder macht er Schulden? Mit wem hat er Umgang, kann er mit Recht ein Nachfolger Christi genannt werden?

Frage 7 will die Mönche zum Nachdenken darüber bewegen, worin ihre Antipathie gegen die besteht, die, um die Predigt des Wortes Gottes auch in anderen Kirchen zu hören, aus dem Kloster in die Stadt gehen. Eng damit verknüpft ist Frage 8, bei der es um das Gerücht geht, die Mönche hätten geäußert, daß auch ohne irgendeinen Prediger das Gotteswort bei ihnen im Kloster wohne.

8. s.o. Anm. 1.   9. *Pfeiffer,* Quellen, S. 44, RV 321.
10. Es waren dies der Abt von St. Egidien Friedrich Pistorius, sowie Dominikus Schleupner, Christoph Scheurl und Bernhard Baumgartner (vgl. *Pfeiffer,* Quellen, S. 44, RV 321).
11. Die Fragen sind zusammen mit den Antworten der Kartäusermönche abgedruckt bei *Pfeiffer,* Quellen, S. 329ff, Br. 109a.

Die 19. und 20. Frage wollen Näheres über eine eventuell noch bestehende Verbindung einiger Brüder zu Martin N. aus Hessen und über die von ihm aus dem Kloster mitgenommenen Güter klären. Zuletzt wird zusammenfassend nach weiteren Fehlern gefragt, welche die Mönche an ihrem derzeitigen Prior gefunden haben.

Die Antworten der Kartäuser zeigen ziemlich übereinstimmend, daß es sich bei Stöckel um einen in seinen Amtsgeschäften sehr zuverlässigen Prior gehandelt haben muß, der freilich in seiner reformatorischen Sicht des Klosterwesens unnachgiebig gegen die Vorstellungen seiner Mitbrüder vorging. Obwohl er sich nach den Aussagen in seinen Diskussionen stets äußerster Sachlichkeit befleißigt hat, passierten ihm doch hin und wieder einige Entgleisungen, die natürlich von seinen Widersachern unverblümt zitiert wurden. Frater Sebastianus Norprecht gibt dafür in seiner Antwort auf Frage 11 ein treffendes Beispiel: »Prior hab frater Symon und her Hansen, auch Nicolao bedroet, werd er wider prior, der theufel soll sy bescheissen«[12].

Den größten Anstoß bereitete er den ihrer Tradition sehr verbundenen Kartäusern damit, daß er ihre Ordensstatuten nicht nur nicht achtete, sondern sogar umstoßen wollte. »Der theufel hab iren orden erdacht«[13], hörten ihn die Mönche sagen, und er »halt nur auf das euangeli und Paulum, heis das ander doctrina demoniorum«[14]. Einer der Anhänger Stöckels charakterisiert die vorgeschriebene tägliche Bibellektüre der Mönche folgendermaßen: »Sy lesen verbum Domini nach dem buchstaben; wen sy es anheben, welten sy, das es aus wer. Daraus kum kein frucht, es muß nur geeylt und obenhin gemürmelt sein«[15].

Anhand der durch die beantworteten Fragen erhaltenen Informationen setzten sich die Geistlichen und Gelehrten erneut zusammen, um sich – ihrer Meinung nach endgültig – zu entscheiden, ob man Stöckel als Prior im Kloster belassen oder die Kartäuser durch einen anderen Prediger mit der reformatorischen Botschaft vertraut machen solle[16].

Der Ratschlag vom 7. Februar bringt das Ergebnis dieser Überlegungen[17].

Unserem Text liegt die Handschrift im Ratschlagbuch 4, f. 191v–195v, des Staatsarchivs Nürnberg zugrunde. Sie stellt das von einem Schreiber während der Verhandlung verfaßte Protokoll dar und bildet die einzige Quelle. Der Text ist gedruckt bei *Pfeiffer*, Quellen, S. 201–203, Rschl. 26.

12. *Pfeiffer,* Quellen, S. 332, Br. 109a, Antwort Sebastian Norprechts auf Frage 11.
13. *Pfeiffer,* Quellen, S. 332, Br. 109a, Antwort Sebastian Norprechts auf Frage 3.
14. *Pfeiffer,* Quellen, S. 331, Br. 109a, Antwort Hugo Schnitzlins auf Frage 3.
15. *Pfeiffer,* Quellen, S. 339, Br. 109a, Antwort Johannes Textoris auf Frage 8.
16. *Pfeiffer,* Quellen, S. 45, RV 333.
17. Vgl. u. S. 438, Nr 36.

Text

[191v:] ªHer Mertin Tucher¹, her B. Bawmbgartnerª². Alls die Cartheusermonch uff bescheen eins erbern raths pisher irenthalb furgenomen handlung, zu erhaltung des priors³ geubt, widerumb ein suplicacion ubergeben, dorin sye anzeigen, das diser prior unleidlich und ehe sie den gedulden oder ime gehorsam leisten, ehe
5 alle von hynnen ziehen wollen, ist soliche suplicacion vor dem abbt Egidi⁴, beden probsten⁵, den predigern⁶ und eynes erber raths doctor⁷ verlesen, rath und unterricht begert worden, wes eynem erberen rath dorin zu handeln fuglich und thuenlich⁸ sein soll.

Soliche zeigen eynmutiglichen ane und sagen, sy haben negst⁹ guetr, treur und
10 cristlicher meynung meynen hern, eynem erbern rath, geratten, wie und aus was ursachen sie schuldig sein, dem [192r:] prior pilliche hanthabung zu thuen¹⁰, und des versehens gewesen, so¹¹ der brueder Martinus¹² von dannen geschafft, es sollt der sachen etwas geholfen worden sein. Aber diser Martinus hab einen rauch hinter ime gelassen¹³, wie nun aus diser ubergeben suplicacion sich wol ereug¹⁴.
15 ᵇDorumb eins raths ernste handlung mehr vonnoten dan vor yeᵇ. Nun, wenn man dise suplicacion recht beweg¹⁵, hab es eynen schein, abt¹⁶ hinter disem gemalten rosenbusch lig ein ubermessige gifftige schlang verborgen, die sich selbs zu melden nit unterlas ᵇᵇund offentlich anzeig, das ir gemuet nur zur bauchfull geneigt und Gots wort und er¹⁷ zu verdruckenᵇᵇ¹⁸. Dan wes¹⁹ ein erber rath pisher
20 gehandelt, dorin haben sy²⁰ mitnichten iren nutz gesuecht, sonder wes cristlich

---

a–a) am linken Rand. – b–b) eingewiesen vom linken Rand. – bb–bb) eingewiesen vom linken Rand.

1. Über ihn vgl. o. S. 393, Anm. 10.
2. Über ihn vgl. o. S. 393, Anm. 10.
3. Blasius Stöckel.
4. Friedrich Pistorius, vgl. o. S. 388, Anm. 4.
5. Hektor Pömer und Georg Peßler, vgl. o. S. 388, Anm. 4.
6. Andreas Osiander, Dominikus Schleupner, vgl. o. S. 45, Anm. 4.
7. Aus dem vorliegenden Ratschlag ist nicht ersichtlich, ob nur ein Jurist (= doctor) oder deren mehrere daran beteiligt waren. Da es sich aber vorwiegend um theologische Überlegungen handelt, ist es wahrscheinlich, daß sich die Hinzuziehung zweier oder mehrerer Juristen erübrigte und tatsächlich nur einer (Christoph Scheurl?) beteiligt war.
8. passend und angemessen.
9. beim letzten Mal, nämlich im 1. Ratschlag zum Kartäuserstreit; vgl. o. S. 387, Nr 29.
10. angemessenen Schutz zukommen zu lassen.
11. hätten erwartet, wenn.
12. Altprior Martin N. aus Hessen, Stöckels Amtsvorgänger.
13. Eine ähnliche Wendung bei *Wander*, Sprichwörterlexikon 3, Sp. 1503, Nr 135.
14. offenbar werde.
15. betrachte.
16. als ob.
17. Ehre.
18. unterdrücken; vgl. Röm 16,18.
19. was.   20. die Ratsherren.

und der erberkeit und pillichkeit gemes geubt. Mit diser suplicacion aber vermeynen die Cartheuser, eynen erbern rath dahin zu bewegen, hand abzuziehen und wes sie vor gehandelt, also in prun fallen zu lassen. Doraus sy[21] ursach schopfen mechten, zu reden: Sy[22], wol fein bedechtlich haben dise leut[23] gehandelt – und inen[24] also ein unwidderpringliche schmach ᶜzu nachteil dem wort Gottes, des ere und furderung hierin allein gesucht wurdᶜ, in busen zu stossen. Dann was frucht hetten doch eyn erberer rath geschafft, das sy den bruder Martinus hinweck verfuegten, [192v:] das doch allein der meynung, das wort Gots und den prior alls den verkunder desselben zu hanthaben, wann sy die verstreckung[25] nit dorauff furter thuen[26] wollten. Dann sie alle wissen, was unterredens und seltzamer hendel dise Cartheuser mit andern monchen und widerwertigen geistlichen halten, die ein groß aufsehen auff dise haben. Item so sey ye[27] die warheit, das die Cartheuser sonst eynich[28] ursachen nit zue des priors entsetzung haben dann allein, das er mit dem wort Gotts wider ir statuta, gotslesterung und affenweis[29] fichtet, die sie doch mit eynichem buchstaben aus gotlicher heilger schrifft und seynem bevelh zu erhalten nit wissen oder nymerme konnen.

Item so sey hierin noch ein stuck hoch zu bedencken, das allein meyne hern genugsam verursachen solt, das brueder Martinus[30] vor seynem abschid sovil geprickelt[31], nemlichen den Hamerschlag[32], Holtzel[33] und ander gefordert, die andern monch zue sich berufft und vor notari und zeugen protestirt und [193r:] villeicht instrument[34] auffgericht, das sy, eins raths bevelh zuwider, disen prior nit haben und ehe das closter verlassen wellen, villeicht alle bose stuck, sovil an inen ist[35], anrichten, wie man dises gesinds art und condicion[36] an vil orten erkennt, ᵈzu welichem inen eins raths leyß und milte handlung nit clein sterckung gibtᵈ. Ob eynem erbern rath nu dise halsstarrigkeit, doraus vil args fliessen mog, von denen, die von dem iren[37] erhalten werden, zu geduldigen leidlich oder was guts solichs ᵉgegen ander, die sich wider sy auffwerffen und bey disen leufften nit umbgangen werdᵉ, geberen mog, geben sy einem erbern rath zu bedencken.

c–c) eingewiesen vom linken Rand. – d–d) eingewiesen vom linken Rand. – e–e) eingewiesen vom linken Rand.

21. die Kartäusermönche.
22. Siehe.   23. die Ratsherren.
24. den Ratsherren.
25. Vollstreckung.
26. anschließen.
27. ja.
28. irgendwelche.
29. Torheit.
30. Vgl. o. Anm. 12.
31. gehetzt, gestichelt (vgl. *Pfeiffer,* Quellen, S. 488, zu »prickeln«).
32. Bernhard Hammerschlag, s. o. S. 395, Anm. 29.
33. Hieronymus Höltzel, s. o. S. 99, Anm. 51.
34. (notarielle) Bestimmungen.
35. soweit sie es vermögen.
36. Veranlagung.   37. von ihrem (= des Rats) Gut.

Und dorumb, so lieb meynen hern sey, beschwerlichkeit in irem zeitlichen regyment und vil args an seel und leib der iren zufurkumen[38], rathen sy eynmutiglichen, das meyne hern mitnichten also hend und fues falln lassen[39] sollen, sonder verdrucken, den prior hanthaben und zue dem convent beschieden und ine sagen lassen, ein erber rath hett ir suplicacion vernommen, auch alle verloffene handlung, pisher geubt, wol[f] bedacht und befunden, das die ungehorsam und alles, so sy dem prior bezeigt, umb keyner andern ursach willen geschech, dann allein dorumb, [193v:] das er das wort Gottes, das lauter euangelion, gepredigt, damit aber ire statuta und ceremonien etwas angegriffen wurden. Nun hett der prior pisher sich ein ubermessigs erpotten, aus dem allem ein erber rathe nit ermessen mecht, das ursach vorhanden were, ine, den prior, zu entsetzen. [g]Die absolucion[40] wer auch durch sie felschlich, dem prior in ruck und ungehort[41] auspracht[g][42]. Dieweil nu ein erber rath vor Got und der welt schuldig were, vleis furzuwenden[43], damit nymant das gotlich wort entzogen wurd, und aber aus disem thuen nichts anderst gesuecht, dann das gotlich wort zu verdrucken, das meynen hern mitnichten, sofern sy Gottes schwere straff entpfliehen wolten, gelegen sein wolt, das zuzusehen; und dorumb, so wer eins erbern raths ernstliche meynung, das sye disen Blasien[44] [h]diser zeit[h] fur iren prior haben und halten welten, dem auch ein rath hiemit den bevelh geb, prior uber das closter zu sein, desselben einkomens und nutzung zu verwalten und inen alls ein cristenman wol solt vorsein. [i]Wurden sy das thun, wer guet, wue nit, wurd ein rath ir noturfft[45] gegen ine ferner bedencken[i]. Dann bey disen leufften gedecht ein erber rathe mit cristen und nit mit uncristen hauszuhalten; sie suchten auch dorin iren eigen[j] nutz nit oder abprechen[46] des closters, sonder des closters cristliche wolefart [194r:] und nutz [k]und bevor[47] Gottes ere[k]. Dise eins raths handlung und handthabung des priors geschee auch nit darumb, das ein rath uff dises Blasius' person so hart gepunden weren, sonder dieweil durch sein entsetzung dem wort Gotts underdruckung geschee, damit[48] angefangen und fur und fur also geubt wurd, damit eynem erbern rath unter den iren und in irer statt allerlay uncristlich wesen einprech und allweg an eins cristen stat ein uncrist gesetzt wurd, das sy solichs nit gedulden oder erleiden mechten.

f) danach gestrichen: wol. – g–g) eingewiesen vom linken Rand. – h–h) übergeschrieben und eingewiesen. – i–i) eingewiesen vom linken Rand. – j) eingewiesen vom linken Rand. – k–k) übergeschrieben.

38. zuvorzukommen, zu verhindern.
39. mutlos werden.
40. Absetzung Stöckels.
41. hinterrücks und ohne den Prior anzuhören.
42. erwirkt.
43. anzuwenden.
44. Blasius Stöckel.
45. die notwendigen Maßnahmen.
46. Schaden.
47. vor allem.
48. womit diese.

So dann di monch den ernst eins raths sehen, den[49] auch meyne hern werden beharren, werd es mit disen und anderen, die ir auffsehen haben[50], ein anders werden. Wolten dann daruber etliche nit pleiben, das dan meyne hern dieselben im namen Gots lissen hinziehen und ine sagten, nit mehr herwider zu kumen, und in dem sollen sich meyne hern an ir alfentzisch anhencken[51], was red doraus kumen werd etc., gar nit keren; dan von Gots genaden es dahin kumen, das yederman dise gesellen, was unter iren kutten verporgen, kundig. Ein rath sollt auch, [194v:] so sie also selbs hinausziehen, nit groß dofur nemen[52], doch sollen sy nit gestatten, vil mit sich zu nemen; dann gewislichen es in kurtz[53], dieweil ir fechten, doben und wueten wider Gott und sein wort nit ein end nemen will, sonder sie sich auch understeen wellen, an vil orten blutvergissen zu erwecken und burgerlichen friden zu erstoren[54], das man und etwas mit eyner merern unschick[55] gegen den monchen aus der not zu handeln geursacht[56] werd. Deshalb besser, sy weren vor daussen[57], dan das man sy allererst hinaustreiben must.

Dabey ist auch bedacht, das diser prior im closter dannocht keynen mit gewalt von seynem alten geprauch solt dringen[58], dan das laß sich nit zwyngen oder dringen; mit der zeit aber durch guete cristlich unterricht mochten die andern selbs erzuekumen. Item so haben auch sie, di geforderten herrn[59], bedacht, ob man gleich wolt dises priors entsetzung zusehen und im dannocht bevelhen, im closter zu predigen und dazupleiben, das es sich ubel leiden well; dann soll er ein andern ob ime[60] haben, sey das wort und die warheit schon gefangen, auch den andern, ime anhengig, nachteylig. Deshalb diser und keyn anderer weg zu wandern bequem[61]. [195r:]

So ist auch wissentlich, das der briff, dorin der ander prior wurdt gefordert, noch im closter verhalten[62] wurd, allein dorumb, das sy sehen wellen, ob meyne hern ine das hasenbanier wellen in busen stecken lassen[63] oder nit; dann alle ir sach auff geferbten schein und ungrundt, damit sy vor dem liecht mitnichten besteen konnen, gericht. Dorumb sollen meyne hern, dieweil es doch ye[64] angefangen und aus der not nit anderst sein muß und sein will, volgend mit ernst und guetem gemuet hindurchdrucken, Got sein wort als die ewig warheit an die handt

49. auf dem.
50. darauf achten.
51. lächerliche Nachrede.
52. sich nicht viel daraus machen.
53. wird es in Kürze so kommen.
54. zerstören.
55. Härte.
56. veranlaßt.
57. vorher draußen.
58. nötigen, drängen.
59. Vgl. o. Anm. 5–7 und den 1. Ratschlag zum Kartäuserstreit, o. S. 387, Nr 29.
60. über sich.
61. angemessen.
62. zurückgehalten.
63. sich Angst machen lassen.
64. bereits.

zum schirm nemen, damit kan man sich diser leut wol auffhalten⁶⁵. Item guet wer, so meyne hern dise ernstliche handlung bey dem convent hetten gethan, das dann meyne hern hetten verordent den abbt Egidi⁶⁶ alls ein prelaten, der der monch thuen kundig, ein prediger alls ein theologen und einen des raths zue dem convent lassen beschieden, das sie yeden in sonderheit forderten und von ime vernemen, was mangells er am prior hett und was die ursach des mangels were¹; und auch von ine vernem, welicher sich eins [195v:] raths bevelh gemes halten wolt oder nit, ᵐdamit man zu ferner noturft die haupter wisteᵐ. Es mocht auch, wie im nehern⁶⁷ ratschlag gemelt, guet sein, dem Bernhardin Hammerschlag zu sagen, sich dises closters zu massen⁶⁸.

l) danach gestrichen: damit man hinfort uff weiter fürfallend sachen wiss, welchs die werckmeister unter ine weren.
m–m) eingewiesen vom linken Rand.

65. erwehren.
66. Friedrich Pistorius.
67. letzten; vgl. 1. Ratschlag zum Kartäuserstreit, o. S. 387, Nr 29.
68. zu enthalten; hier: auszuziehen.

Nr 35
Ratschlag über die Stiftungsordnung Matthäus Landauers

1525, Januar 30

Bearbeitet von *Martin Stupperich*

Einleitung

Der Ratschlag gehört in den Zusammenhang der Gutachten, die durch das Problem der reformatorischen Beurteilung der Stiftungen notwendig wurden. Anfangs wurde für jeden Fall eine gesonderte Stellungnahme angefordert, während der Rat der Stadt Nürnberg sich später von einem allgemeinen Gutachten zum Gesamtkomplex der Stiftungsfragen leiten ließ[1].

Im vorliegenden Ratschlag nehmen die beiden Prediger Osiander und Schleupner und der Ratskonsulent Dr. Scheurl zu dem Antrag des Johann Maußer Stellung, die Stiftungsordnung des Landauerschen Zwölfbrüderhauses[2] in bezug auf den Gottesdienst in der dortigen Allerheiligenkapelle zu ändern.

Dieses Armenhaus war von dem Nürnberger Montanunternehmer Matthäus Landauer[3] 1501 gestiftet worden. Es sollte zwölf alten arbeitsunfähigen Handwerksleuten eine Versorgung gewähren[4]. Landauer selbst hatte seine letzten Lebensjahre bis zu seinem Tode 1515 in der eigenen Stiftung zugebracht[5]. Die Stiftungsordnung vom 21. Januar 1510[6] sah vor, daß in der Allerheiligenkapelle wöchentlich dreimal Messe gehalten und jeden Abend ein »Salve Regina« gesungen werden mußte. Gegen diese Verordnung wandte sich nun der Priester Johann Maußer, offensichtlich mit der Begründung, daß er nicht ohne Kommunikanten Messe lesen wolle. Diese Begründung wurde zwar von den Gutachtern abgelehnt[7], doch wurde Maußer grundsätzlich zugestanden, das Messelesen, das dem Seelenheil nicht diene, einzustellen und durch die Verlesung von Evangelien und Episteln bzw. die Auslegung derselben zu ersetzen, da so dem Stifterwillen besser Genüge getan werde[8].

Unsere Ausgabe geht zurück auf das handschriftliche Original Nürnberg SA, RSB 4, f. 201v–202r. Das Stück ist gedruckt bei *Pfeiffer*, Quellen, S. 203–204, Rschl. 27.

---

1. s. dazu das Gutachten über die Stiftungsfrage vom 1. November 1525 (in Bd 2 dieser Ausgabe).
2. s. darüber *Würfel*, Beschreibung, S. 150–153.
3. Zu Landauer s. *Ahlborn*, Familie, S. 24ff.
4. *Ahlborn*, aaO, S. 105.
5. *Ahlborn*, aaO, S. 109.
6. ausführliche Beschreibung der Stiftungsordnung bei *Ahlborn*, aaO, S. 105–109.
7. Auch später noch vertrat Osiander diese Auffassung, vgl. das Gutachten über die Zeremonien vom Februar 1526, Nürnberg LkA, Fen. IV, 906 2°, f. 72r–74v.
8. Vgl. dazu *Pfeiffer*, Quellen, S. 45, RV 331 und Anm. *Seebaß*, Osiander, S. 232.

Text

[201v:] ªHer Leo Schurstab¹, her Cristof Colerª². Uf die zwen ubergeben suplicacion Karl Ortls³, gerichtschreybers, und her Johann Mausers⁴, betreffend die movendelpfrund⁵ und derselben versehung zu allen heiligen⁶, ist bey den beden predigern sant Sebolden⁷ und sant Lorentzen⁸, auch doctor Scheurl⁹ geradschlagt und durch sie einmutiglich davon geredt, wie hernach volgt:

5 Nemlichen, wiewol Mathes Landawer¹⁰ in seiner stifftung¹¹ dise movendel verordent und gewolt hat, das ein yeder priester wochenlich 4 meß in der capelln zu allen heiligen halten¹² solle, so sehe man und finde doch yeze durch das wort Gottes lauter, das solichs mer ein verfurung gewest dann nutzlicken der selen hayl und das diser oder ein ander priester unbillich dohin verstrickt werden, sovil,
10 mynder oder mer, meß zu halten ᵇund sie zu neten, das sie¹³ den leib und plut Christi empfahen, sie seien hungrig, begirig und geschickt darzu oder nit; dan

---

a–a) am linken Rand. – b–b) eingewiesen vom linken Rand.

1. Leonhard Schürstab (1488–1559), Nürnberger Ratsherr; s. über ihn Nürnberg SA, Nürnberger Handschriften 249, f. 377v.
2. Christoph Koler (1483–1536), Nürnberger Ratsherr; s. über ihn *Biedermann*, Geschlechtsregister, Tafel 601 und 602 A.
3. Karl Oertel war neben seiner hier angegebenen Stellung als Gerichtsschreiber Pfleger des Landauerschen Zwölfbrüderhauses (1515–1539); s. u. Nr 37, *Pfeiffer*, Quellen, S. 48, RV 344, und *Würfel*, Beschreibung, S. 153.
4. Johann Maußer war ursprünglich Schreiber Willibald Pirckheimers. Seine Primiz feierte er 1512 bei St. Lorenz. Er war Vikar zu Allerheiligen, später zu St. Katharina. Im Juni 1525 gab er die Pfründe bei Allerheiligen zugunsten der bei St. Katharina auf; vgl. *Pfeiffer*, Quellen, S. 103, RV 781; *Kist*, Geistlichkeit, S. 280, Nr 4238; *Hampe*, Miszellen, S. 260.
5. Die in Nürnberg sog. Movendelpfründen (Befehlungen; seit etwa 1500) waren selbständige Rechtspersonen, also keine Zustiftungen zu einer Pfarrpfründe. Sie unterschieden sich vom üblichen Benefizium, das dem Inhaber auf Lebenszeit zugesprochen wurde, dadurch, daß die Möglichkeit der Absetzung bestand. Die Absetzbarkeit des Pfründeninhabers lag vor allem im Interesse der weltlichen Obrigkeit, die sich auf diese Weise über das Patronatsrecht Einfluß auf die geistliche Ämterbesetzung verschaffte. Neben der Movendelpfründe gab es auch die ›Movendelmesse‹, die jedoch im Gegensatz dazu eine unselbständige Stiftung darstellte. Der Name ›Movendel‹ stammt anscheinend von den stellenlosen fahrenden Klerikern, die man ›Movendler‹ oder ›Ränzler‹ nannte und die derartige Pfründen ursprünglich zuerst einnahmen. Zum Ganzen s. *Simon*, Movendelpfründe.
6. die Allerheiligenkapelle des Landauerschen Zwölfbrüderhauses.
7. Dominikus Schleupner.
8. Andreas Osiander.
9. Dr. Christoph Scheurl.
10. Über Matthäus Landauer (†1515) s. *Ahlborn*, Familie, S. 24ff.
11. Die Stiftung des Zwölfbrüderhauses mit der Allerheiligenkapelle; s. dazu *Würfel*, Beschreibung, S. 150–153; *Simon*, Nbg.Pfb., S. 312; *Vogt*, Zwölfbrüderhaus. Zur Einordnung in das Spitalwesen der Zeit s. *Reicke*, Spital 1, S. 307f.
12. Dies war in der Stiftungsordnung betreffend den Gottesdienst vorgesehen, vgl. *Ahlborn*, Familie, S. 107f. Allerdings sind nicht vier Messen, sondern drei Messen und jeden Abend ein »Salve Regina« vorgesehen.
13. Hier müssen die Priester gemeint sein.

das ist ain unchristenliche, unpundige verstrickung^b14. Darumb sie auch keinswegs raten konnen, disen her Hans Mauser an die stifftung[15] zu binden, das er eben schuldig sein solte, wechenlichen 4 meß zu halten. Dargegen entschuldig aber in[16], her Hans Mauser, nit, das er sagen will, er kenne oder welle nit meß halten, er habe dann comunicanten; dann das sey nit, wie er verstee, vonnoten, sonder wann er sich geschickt und begirig erfinde, meß zu lesen, so muge er solchs one communicanten auch thun. Und ob er, her Hans Mauser^c, der schrifften nit gnugsamen bericht hete, so seyen bede prediger urbutig[17], wann er sich zu inen fug[18], ime auß heiliger schrift und mit dem gotswort gnugsamen bericht zu thun^d19. Doch soll man disen her Hans Mauser nit dohin [202r:] verpflichten, eben wechenlich dise 4 meß zu halten, sonder ein erber rate mugen ime zu antwurt geben und sagen lassen, ein erber rate hete sein anbringen[20] gehort und wern nit genaigt, ime zugegen[21] dem wort Gots etwas auffzulegen. Wiewol nun die stifftung vermechte[22], das er wechenlich 4 meß lesen solte, so wolte man ine doch ein zeitlang darynnen freyen[23] und sehen, wie er solhe seine cristenliche freyheyt gebrauchen welte. Also dergestalt, das er wechenlich vier oder mynder meß lesen gar[24] oder das evangelium und epistel teutsch, sovern er sich an das[25] meß zu lesen geschickt und begirig erfunde, wo nit, so were er, her Hans Mauser, dannoch schuldig, den armen schefflein auch trostlich zu sein. So solt er dargegen, wo er nit meß hielt, alle tag oder wechenlich 4 tag den armen 12 prudern und wer sonst mer hinein in die capelln keme, ein capitl oder zwey ine auß den evangelien in teutsch verlesen und vorsagen und dieselben mit dem wort Gottes speysen und trosten, wie dann ein erber rate des versehens were[26], er werde das zu thun sonsten[27] und on das genaigt. Darbey hat wol[28] doctor Scheurlein[29] gemelt, wann[30] man ine dann mit der pfrund zu sant Katherina[31] versehe und sonst einen

c) gestrichen: des. – d) gestrichen: und man.

14. eine unchristliche (und darum) nicht verbindliche Festlegung.
15. Stiftungsordnung.
16. ihn.
17. erbötig, bereit.
18. verfüge.
19. Dies muß sich auf die Frage der Schriftgemäßheit der Institution Messe insgesamt beziehen, nicht auf die Frage der Notwendigkeit von Kommunikanten für die Messe.
20. Vorbringen, Antrag.
21. entgegen.
22. vorschriebe.
23. davon befreien.
24. ganz, vollständig.
25. ohnedies.
26. wie der Rat es erwarte.
27. sowieso.
28. wohl, zwar.
29. Scheurl.   30. vorgebracht, ob.
31. Diese Pfründe wurde von Maußer bereits seit dem 30. April 1513 verwaltet, vgl. *Kist,* Geistlichkeit, S. 280, Nr 4238. Im Juni wechselte er tatsächlich vom Benefizium bei Allerheiligen auf die Katharinenpfründe über, vgl. *Pfeiffer,* Quellen, S. 103, RV 781.

armen priester zu allerheiligen dienen ließ[32]. Darwider stund aber bede prediger, dann das[33] wurde der stifftung gemeß gescheen. Und darnach gesagt werden, ein rathe wolte ob diser stifftung halten[34], warumb nit ob andern auch etc. Actum 2. post Conversionem Pauli, 30. Januari 1525.

32. Hier meint Scheurl offensichtlich einen altgläubigen Priester.
33. Gemeint ist die Verordnung gegenüber Maußer, dh die Veränderung der Stiftungsordnung.
34. darüber wachen.

Nr 36
Der Kartäuserstreit, 3. Ratschlag
1525, Februar 7

Bearbeitet von *Jürgen Lorz*

Einleitung

Das Ergebnis der Anfang Februar 1525 im Kartäuserkloster vorgenommenen Visitation[1] stellte den Rat vor die Entscheidung, entweder Blasius Stöckel und die beiden Mönche, die sich zu seiner Lehre bekannten[2], in ihren Ämtern zu belassen oder sie aus dem Kloster zu nehmen und dafür einen anderen evangelischen Prediger dorthin zu verordnen[3]. Am 7. Februar 1525 erwogen die Geistlichen und Juristen der Stadt diese beiden Möglichkeiten[4]. Unser Ratschlag bringt die Ergebnisse ihrer Verhandlungen.

Zu Beginn wird das Ergebnis der Visitation zusammengefaßt: Die Kartäuser wollen Stöckel allein deswegen vertreiben, weil sie ihre Ordensstatuten – die er nicht hält – höher achten als die göttliche Wahrheit. Von ihrer Überzeugung, die sie für die allein richtige halten, sind sie weder durch sachliche Argumentation noch durch Drohungen abzubringen, so daß sie von den beratenden Herren als »mehr dann grob waldtertzbuffel«[5] bezeichnet werden, die sich noch dazu nur für die Absetzung Stöckels auf ihre Ordenssatzungen beriefen; nur einige wenige hielten sich auch an alle anderen Verordnungen.

Man war sich darüber einig, daß nun die Haltung des Rats deutlich werden müsse: entweder könne man nachgeben, das hieße Stöckel aus dem Kloster nehmen und dafür den Vikar Wolfgang Settelsted als Verwalter einsetzen, oder den Prior und die Predigt des reinen Gotteswortes weiterhin schützen und gegen die halsstarrigen Mönche vorgehen. Wenn man sich für den ersten Weg entscheide, werde jedermann meinen, es sei der Stadt um die Einführung der Reformation nicht sehr ernst, bei der Wahl der zweiten Möglichkeit habe man keinerlei Nachteile zu erwarten; »dan was wellen doch dise monch thuen?«[6] Im Gegenteil, man sei dann seinem Vorsatz treu geblieben und habe ihn auch in Zeiten äußerster Bedrängnis nicht verlassen.

Da man einen Auszug der Brüder aus dem Kloster befürchtete, schien es den Ratschlagenden gut, bei den Kartäusern »rechnung nehmen zu lassen« und die

---

1. Vgl. dazu o. S. 425, Nr 34.
2. Es handelt sich um Hans Wullenweber und Wolf König; vgl. *Pfeiffer*, Quellen, S. 318, Br. 95 und S. 320, Anm. 3 und 4.
3. *Pfeiffer*, Quellen, S. 45, RV 333.
4. *Pfeiffer*, Quellen, S. 204ff, Rschl. 28.
5. u. S. 444. Die Verwendung eines solchen Schimpfwortes zeigt den Ärger der beratenden Herren (besonders Osianders?) über die Unnachgiebigkeit der Kartäusermönche.
6. u. S. 445.

Barschaft des Klosters in sichere Verwahrung zu bringen. Die vorgeschlagene Methode garantierte ein Maximum an Sicherheit[7] und zeigt andererseits das Mißtrauen, mit dem man den Kartäusern begegnete.

Nach dieser Inventur solle den Mönchen in aller Deutlichkeit gesagt werden, in welch gefährlicher Situation für Leib und Seele sie sich befänden. Deshalb sei es für sie das Beste, ihren Prior weiterhin bei sich zu haben und ihm gehorsam zu sein.

Es folgt nun im Ratschlag der leicht falsch zu interpretierende Satz, daß der Rat alle, die wegen des Priors und der seinethalben bisher vorgenommenen Handlungen ihrer Ämter enthoben worden seien, wieder einsetzen solle[8]. Man könnte meinen, der Rat habe damit eine Wiedereinsetzung des Altpriors Martin N. aus Hessen und Bernhard Hammerschlags geplant; daran war aber sicher nicht gedacht. Vielmehr werden es die beiden Anhänger Stöckels, Hans Wullenweber und Wolf König, gewesen sein, die der Rat wieder als ordentliche Mitglieder des Klosters eingesetzt haben wollte[9].

Weiter solle den Mönchen auch für die Zukunft freigestellt werden, sich – wenn triftige Gründe dafür vorhanden seien – über ihren Prior beim Rat zu beschweren; man sei bereit, darüber zu beraten und dem Wort Gottes gemäß zu entscheiden. Sollten es die Brüder aber trotz allem vorziehen, ihr Kloster zu verlassen, so gebe es niemanden, der sie davon abhalte; einem eventuell eintretenden Mangel an Kartäusermönchen oder gar einem Leerstehen des Klosters werde man durch Übersiedlung anderer Mönche nach Nürnberg wohl entgegentreten können.

Aber auch eine andere Möglichkeit wurde von den beratenden Herren erwogen: Die Mönche könnten ja auch im Kloster bleiben wollen, sich aber weigern, die Predigten Blasius Stöckels anzuhören! Für diesen Fall wird vorgeschlagen, sich einer in der Kartause schon lange üblichen Strafe zu bedienen, die die Visitatoren bei ihrem Verhör kennengelernt hatten: Den Widerspenstigen solle der Wein entzogen werden[10]. Die Folge davon werde sein, daß die Mönche bestimmt zur evangelischen Predigt kämen und sich unter ihrem Einfluß sicher bald wandeln würden.

Es folgen einige Anweisungen für den Prior, die sich mit dem pädagogischen Vorgehen gegenüber den Brüdern befassen: »leis« solle er mit ihnen umgehen und sie immer von einem Geringeren zu einem Größeren führen, bis sie schließlich zur Erkenntnis ihrer »narrnweis« kämen. Außerdem sei von seiner Seite viel Geduld nötig, er dürfe also sein Priorat nicht gleich deswegen niederlegen, weil ihn die Mönche in ihrer Verstocktheit zunächst nicht annehmen wollten. Wenn er trotzdem sein Amt aufgeben wolle, so solle man den Vikar des Klosters, Wolf-

---

7. u. S. 446. Die Truhe, in welcher das Geld verwahrt wurde, konnte nur dann geöffnet werden, wenn drei verschiedene Schlüssel zur Hand waren.

8. u. S. 447.

9. Vgl. o. Anm. 2. Zur Ausweisung Martins und Hammerschlags vgl. o. S. 391ff, Nr 29.

10. *Pfeiffer*, Quellen, S. 335, Br. 109a, Antwort des Wolfgang Settelsted auf die Frage 6: »... prech ine den weyn beweylen ab, wue des ordens straf sey«.

gang Settelsted, zu seinem Nachfolger erheben[11]; freilich sei es besser, wenn Stöckel um der Schwachheit seiner Mitbrüder willen noch einige Zeit sein Amt versehe.

Abschließend gibt Dr. Scheurl noch den Rat, man solle bei einem eventuellen Auszug der Mönche nicht darauf warten, bis auch der Schaffer Sixt Ölhafen und der Kustos[12] des Klosters die Stadt verlassen hätten, sondern die beiden – »als die vordersten fendlefürer« – vorher ausweisen. Mit dieser Macht und Ansehen der Stadtväter bekräftigenden Bemerkung schließt dieser letzte Ratschlag über die Kartäuser vor der Übergabe des Klosters, die im Juni 1525 erfolgte[13].

Über die folgenden Ereignisse geben die Ratsverlässe weitere Auskunft. Unser Ratschlag ist »in rue gestelt« worden. Er kam in seiner vorliegenden Form nie zur Ausführung. Man ließ vielmehr den Kartäusern sagen, sie sollten an der derzeitigen Verteilung der Ämter im Kloster nichts ändern. Blasius und seine beiden Anhänger[14] blieben weiter in der Kartause wohnen. Da aber die Mönche nicht geneigt waren, Stöckel als Prediger zu hören, entschloß man sich, zwei andere Geistliche in das Kloster zu senden, nämlich den Augustinerprior Wolfgang Volprecht und den Prediger an St. Egidien, Sebastian Fürnschild[15]. Sie sollten zweimal in der Woche »sich dieser cristenlichen sache und muhe beladen« und bei ihnen das Gotteswort verkündigen. Der Rat hoffte, mit dieser Lösung den Mönchen zu dienen und ihnen zu helfen, »frid und ainigkeit« im Kloster wiederherzustellen. Ein zweiter Erlaß in dieser Sache fordert, daß die Predigt der beiden Geistlichen nur den Mönchen der Kartause gelten solle. Für die »layen auß der stat« sei sie nicht bestimmt[16].

Die Hoffnungen des Rates wurden jedoch durch die Kartäuser gründlich zunichte gemacht: Bereits am folgenden Tag, dem 11. Februar, beschwerten sie sich über den Beschluß und erklärten, sie seien auch nicht geneigt, die neuen Prediger zu hören. Ihre Begründung war inzwischen bekannt: Es verstoße gegen ihre Ordensstatuten, sie müßten zuvor bei ihren Oberen die Erlaubnis einholen. Der Rat reagierte hart: Die Predigten sollten stattfinden, und zwar unter Bewachung der Mönche. Am 12. Februar hielt Wolfgang Volprecht seinen ersten Gottesdienst in der Kartäuserkapelle[17].

Vier Mönche jedoch – natürlich handelte es sich um Stöckel und seine Anhänger – hatten sich diesem Protest nicht angeschlossen. Vielmehr sprachen sie sich in ihrer Eingabe an den Rat über die Neuregelung des Predigtdienstes sehr

---

11. u. S. 444.
12. wohl Johann Auracher, vgl. *Pfeiffer*, Quellen, S. 47, RV 339 (dort werden mit Sixt Ölhafen und Johann Auracher wohl die »vordersten fendlefürer« genannt). Auracher war aber nicht Kustos des Klosters, sondern Settelsted (vgl. *Roth*, Karthause, S. 116). Gab es mehrere Küster oder hat der Schreiber sich geirrt?
13. Vgl. *Pfeiffer*, Quellen, S. 431, Br. 248.
14. Vgl. o. Anm. 2.
15. *Pfeiffer*, Quellen, S. 45f, RV 334.
16. *Pfeiffer*, Quellen, S. 46, RV 336.
17. *Pfeiffer*, Quellen, S. 46f, RV 337 und 339, die Eingabe der Kartäuser S. 345f, Br. 118.

lobend aus[18]. In ihrem Brief betonten sie auch, daß das Vorgehen des Rates keineswegs den Ordensstatuten widerspreche, doch waren sie mit ihrer Meinung in der Minderheit und konnten sich den anderen elf Mönchen gegenüber nicht behaupten. Diese hatten allem Anschein nach über die Maßnahmen des Rates an die Chartreuse berichtet, denn schon bald trafen zwei Visitatoren in der Stadt ein[19]. Sie nun richteten ein Bittgesuch an den Rat und wurden daraufhin am selben Tag über die bisherigen Maßnahmen im Fall Kartäuserkloster unterrichtet mit der Bitte, »das sy inen solches gefallen lassen und dem zewider nichtzit schaffen«[20]. Bereits am 18. Februar verlangten die beiden Visitatoren, der Rat möge den Augustinerprior nicht mehr in der Kartause predigen lassen; statt dessen wollten sie als Prediger jemanden von den anderen Bettelorden Nürnbergs zu den Mönchen abordnen. Die Stadtväter blieben jedoch bei ihrer Entscheidung[21].

Zwei Tage später lag eine neue Bittschrift der Herren vor: Der Rat möge das für die Kartause erlassene Verbot der Stellenumbesetzung oder Entlassung aufheben. Sie seien sonst nicht in der Lage, ihren Weisungen nachzukommen, die sie selbstverständlich nur mit Wissen des Rates vornehmen würden. Die Antwort der Stadt war sehr vorsichtig: erst wolle man wissen, was die Visitatoren denn ändern wollten, dann werde man – natürlich nur, wenn dies auch im Sinn des Rates sei – das Verbot aufheben. Die beiden Abgesandten der Chartreuse erboten sich daraufhin, ihr Vorhaben schriftlich anzuzeigen[22].

Ihre Eingabe wies zunächst darauf hin, wie fremd es die beiden von der Chartreuse mit Befehlen des Ordensobersten ausgerüsteten Herren anmute, von dem Rat einer Stadt an der Ausführung ihrer Aufträge gehindert zu werden. Weiter wurde betont, daß man nichts anderes zu erreichen suche als die Stadt auch: Friede und Ruhe im Kloster, aber keine Unterdrückung des Wortes Gottes. Dazu müsse die Nürnberger Kartause aber einen Prior haben, zumindest einen Rektor bis zum nächsten allgemeinen Kapitel. Weiter seien Vikar, Schaffer und Kustos nötig, diese vier Stellen hätten sie neu zu besetzen. Sie wollten sich dabei nach Kräften um solche Personen bemühen, die diese Ämter zur Zufriedenheit des Rates ausüben würden[23].

Aus diesem Schreiben wird klar, daß die durch das Generalkapitel der Chartreuse verordnete Absetzung Stöckels nach Meinung der Ordensoberen immer noch gültig und nicht durch die gegenteiligen Erlasse des Rats aufgehoben war. Deswegen sah man sich jetzt nach einem neuen Prior um.

Die Antwort der Stadt hebt hervor, daß es ihr bei keiner ihrer bisher vorgenommenen Aktionen um den eigenen Vorteil, sondern stets um die Ehre Gottes und das Heil der Mönche gegangen sei. Deswegen habe man darauf geachtet, daß den Brüdern »das hailig euangelion recht und cristenlich furgetragen und ge-

---

18. *Pfeiffer,* Quellen, S. 344f, Br. 117a.
19. *Pfeiffer,* Quellen, S. 48, RV 345 vom 17. Februar.
20. Ebd.
21. *Pfeiffer,* Quellen, S. 48, RV 349.
22. *Pfeiffer,* Quellen, S. 48ff, RV 350.
23. die Eingabe der Visitatoren *Pfeiffer,* Quellen, S. 49f.

predigt« werde. Wenn die Visitatoren dasselbe Anliegen hätten, sei von Rats wegen gegen die Neubesetzung der erwähnten Stellen nichts einzuwenden. Es müsse sich aber um Personen handeln, die christlich seien, öffentlich predigten, das Anhören anderer Prediger durch die Mönche nicht verhinderten und den derzeit im Kloster predigenden Augustinerprior nicht in der Ausübung seiner Tätigkeit störten[24]. Diese ausführliche Antwort des Rates sollte gegenüber den Visitatoren klare Fronten schaffen und beide Seiten davor bewahren, aneinander vorbei zu reden.

Die Stadtväter, die sich nach wie vor »als der Cartheuser oberkeit« ansahen, waren nicht geneigt, dem Kloster irgendwelche Sonderrechte zuzugestehen: sollte sich herausstellen, daß die verordneten Visitatoren etwas vornehmen würden, das zur »mynderung gottlichs worts sollte verstanden werden«, so werde man dagegen einschreiten[25]. Am 23. Februar bat Stöckel, der jetzt im entsprechenden Ratsverlaß[26] als der »entsetzt[e] prior zu den Cartheusern« bezeichnet wird, seine Ordenstracht ablegen zu dürfen, weil er nicht mehr länger in diesem Kloster bleiben könne. Der Rat empfahl, damit noch zu warten, bis die Neubesetzung der Ämter durch die Visitatoren vorgenommen sei, danach werde man ihm auf seine Bitte antworten.

Zwei Tage später schrieb der Rat nach Würzburg und lud neben Poliander auch Georg Koberer auf Stadtkosten zum Religionsgespräch nach Nürnberg ein[27]. Damit verbunden war sicher der Vorschlag an den Würzburger Kartäuser, sich des Priorats im Nürnberger Kloster anzunehmen. Koberer hat offensichtlich zugesagt; er erscheint in der Liste der Teilnehmer am Religionsgespräch als »prior Carthusien.«. Dieser Schritt des Rates zeigt, daß er sich nicht das Recht einer eigenen Entscheidung über die Person des Kartäuservaters aus der Hand nehmen ließ[28].

Dem Abdruck unseres Ratschlags liegt die Handschrift im Ratschlagbuch 4, f. 202v–207v, des Staatsarchivs Nürnberg zugrunde. Sie stellt das von einem Schreiber während der Verhandlung verfaßte Protokoll dar und bildet die einzige Quelle. Der Text ist gedruckt bei *Pfeiffer*, Quellen, S. 204–207, Rschl. 28.

24. die Antwort des Rats ebd.
25. *Pfeiffer*, Quellen, S. 50, RV 355.
26. *Pfeiffer*, Quellen, S. 51, RV 357.
27. *Pfeiffer*, Quellen, S. 51, RV 358; die Teilnehmerliste S. 54. Zu Koberer und Poliander vgl. *Simon*, Nbg.Pfb., Nr 422 und 655.
28. Die weiteren Verhandlungen des Rats mit den Kartäusern bis zur Übergabe des Klosters sind dargestellt bei *Heerwagen*, Kartause, S. 120ff.

Text

[202v:] ªHer Mertin Tucher¹, her Cristoff Coler², her Bernhart Bambgartner³. Abbas Egidy⁴, prediger Sebaldi⁵, prediger Laurenti⁶, D. Scheurle⁷, prior Augustinernª⁸. Alls hievor ein erberer rathe gueter meynung und aus bewegten⁹ ursachen die visitacion des Cartheuserclosters furgenomen¹⁰, eynen iglichen monch insonders¹¹ gehort und dieselben gleichwol etwas ungeschickt¹² und, wol zu sagen, uncristlich leutᵇ¹³, das sie auch den prior umb nichte anders, dann allein umb das¹⁴ er das wort Gotts und die warheit gesagt und wider ire statuta, die sie hoher dann di gotlich warheit achten und halten, gepredigtᵇᵇ, verfolgen und vertreiben, erfunden. Derhalben dann eynem erbern rath allerley beschwerlichkeiten, wie man sich furter¹⁵ mit Got und glympf¹⁶ in die sach schicken soll, beywonet ᶜetc., wie dan die bey eynem erbern rath wissen und den geforderten¹⁷ nach eyner leng erzelet sind etc.ᶜ, und dorauff raths begert worden.

Zue solchem sagen ᶜᶜdie gefordertenᶜᶜ eynmutiglichen, sye haben meynen herrn hievorᵈ [203r:] in diser sachen mehr dann eynen ratslag zugestellt¹⁸ und darinnen so treffenlich ursachen angezeigt, wie sich die zeit und fell zutragen, was man augenscheynlich vor der thur sehe und wie man sich, das sich erlich und wol vor Got und den cristenmenschen verantworten laß, in die sach richten soll; das auch ain erber rath schuldig, ja Got dem almechtigen am hochsten bey irer selen heylen verpflichteᵉ sey, sein heiliges wort, damit er uns doch itzt in disen zeitten so

---

a–a) am linken Rand. – b) danach gestrichen: sind erfunden. – bb) übergeschrieben und eingewiesen für gestrichen: sye.

c–c) Anstelle des durchgestrichenen Textes: »Nemlich, das sich ubel schicken wellt, disen prior wider der andern willen zu erhalten, und das fur ein mittel angesehen, das man den vicario aufwurff, der der monch oberster diser zeit were, und Plasius dannocht im closter erhalten wurd«, wurde der endgültige Wortlaut vom linken Rand eingewiesen.

cc–cc) übergeschrieben und eingewiesen. – d) danach gestrichen: eynen. – e) korrigiert aus: schuldig.

1. Vgl. o. S. 393, Nr 29, Anm. 10.
2. Vgl. o. S. 435, Nr 35, Anm. 2.
3. Vgl. o. S. 54, Nr 2, Anm. 2.
4. Friedrich Pistorius; vgl. o. S. 388, Nr 29, Anm. 4.
5. Dominikus Schleupner; vgl. o. S. 45, Nr 1, Anm. 4.
6. Andreas Osiander.
7. Über ihn vgl. o. S. 420, Nr 33, Anm. 20.
8. Wolfgang Volprecht, vgl. o. S. 143, Nr 18, Anm. 2.
9. überlegten.
10. Vgl. o. S. 425, Nr 34.
11. einzeln.
12. unbotmäßige.
13. hier ist das Hauptverb »erfunden« einzufügen.
14. deswegen, weil.
15. in Zukunft.
16. angemessenem Verhalten.
17. Es handelt sich um die zu Beginn des Ratschlags aufgeführten Herren.
18. Vgl. o. S. 387, Nr 29 und S. 425, Nr 34.

genediglichen heymbsuecht und seynen willen uns lautter und clar zu versteen gibt, zu hanthaben[19]. Nun seyen eyn erber rath gueter meynung doran kumen, die warheit lauter zu vernemen[20], damit villeicht der prior[f][21] nit unter dem scheyn des wort Gottes icht[22] eynen deckel[23] hett. Und in solichem erkunden hab sich erfunden, wie sy auch zum teil selbs wissen, das er, prior, eynichs[24] lasters oder ubels, ja auch von seynen widerwertigen[25], unbewisen, noch vil weniger beruchtiget, sonder allein ime die verfolgung und abtreybung, umb das er [203v:] das lautter wort Gottes gepredigt, welichs dann wider dise secten und rotten zum hochsten[26] ist, wurdet zugefuegt, das auch [ff]di Cartheusermonch[ff] mehr dann grob waldtertzbuffel[27] seyen, also das Got und sein wort unumbgestossen, ja dawider sy keyn hand mogen auffpringen ausserhalb des, das sie »statuta, statuta« schreyend. Nun, wenn man es beym lichten ansehe, alls auch etlich der verordenten herrn dise zeit her diselben ire statuta ersehen, befind sich, das sy dieselben ire statuta selbs den wenigern theil hallten. Nun hab sich der teufel auff eyn seytten, Got und sein wort auff die andern seitten gestellt. Welichem nu meyne hern hilf und hanthabung thuen wellen, stee bey inen, [g]hetten sich des auch on groß beratslagen wol zu weysen[g][28].

Solten nu ein erber rath gleich wellen uff ein mittel geen[h][29], alls[hh] den vicario[30] wellen zue eynem verwalter machen und deshalb bey inen, den Cartheusern, handeln, zue was anderem wurd[i] das dienlich sein, dan das sie sagen wurden, sy hetten dannocht iren trutz und bach[31] wider meyne herrn, dorauff doch warlich und eigentlich all andere genente[k] geistliche[32] alhie, darzue die gemeyn und kauffleut ein auffsehen haben[33], und bevor[34] wider [204r:] die unumbgestossen warheit erhalten[35]? Zue was gutem solichs eynem erbern rath[l] furderlich sein

f) danach gestrichen: als ein untuchtig man – ff–ff) eingewiesen vom linken Rand für gestrichen: sie. – g–g) eingewiesen vom linken Rand. – h) korrigiert aus: handeln. – hh) übergeschrieben und eingewiesen. – i) übergeschrieben für gestrichen: was. – k) übergeschrieben für gestrichen: vermeynte. – l) danach gestrichen: dienlich und.

19. schützen.
20. nämlich durch die vorgenommene Visitation, vgl. o. S. 427.
21. Blasius Stöckel, vgl. o. S. 392, Nr 29, Anm. 1.
22. irgend.
23. Deckmantel, Vorwand.
24. irgendeines.
25. Gegnern.
26. aufs höchste, am allermeisten.
27. derbes Schimpfwort.
28. das müßten sie auch ohne großes Beratschlagen wissen.
29. einen Mittelweg einschlagen, einen Kompromiß schließen.
30. Wolfgang Settelsted, vgl. o. S. 396, Nr 29, Anm. 41.
31. Streit (vgl. *Lexer,* Wörterbuch, S. 8 zu bac.).
32. gemeint sind die »sogenannten Geistlichen« der übrigen zu reformierenden Klöster Nürnbergs.
33. scharf achten.
34. vor allem.
35. aufrechterhalten.

werd, haben sy wol zu erwegen, und sie, die geforderten hern[36], konnen doch mitnichten auff vleissig erinnern und nachtrachten[37] kunftiger geferlichkeit eynichen nachteil, der eynem rat darob mocht zusten, nit[38] bedencken; dan was wellen doch dise monch thuen – zuesampt[39] dem, das uber die lauter erfindung der warheit[40] nichts anderst wurdet gehandelt, dann was meynen hern alls fromen obern gepurt^m, die der iren wolefart an leib und sele zu suechen schuldig? Darzue, solten meyne hern also hend und fues lassen[41], würd gewislich ir gemuet[42] gespuret, wie geneygt sie, die warheit und gotlich wort zu hanthaben, wern; und ^nsolln meyne hern^n daneben auch wol zu hertzen furen, wie dapferlich dise hendel ander leut angreiffen[43], also das, wie man so lessig wolt wandern, pillich[44] ^omeyner hern halb^o mocht gesagt werden, die ersten werden die letzten und die letzten di ersten[45]. Es sey auch umb des priors person nit, sonder allein umb das, doran meynen hern gelegen, [204v:] zu thuen. Dan ob[46] disem handel werd menigclich[47] ir guet cristlich gemuet ^Pund was sie im schilt füren^P, spüren.

Dieweil dann nu der handel also gestalt wie gemeldet, rathen sy alle eynmutiglich und getreulich, das ein erber rath die beschwerden, so sie hierin (alls unnotig) bewegen mochten, von sich thuen, disen leutten (alls fechtern wider Got, sein wort und warheit, des[48] sie lauter erkandt sind) das schwert nit beym knopf[49] zu bietten oder sie allein zu jagen, solang sie fliehen[50], und so sich der teufel, ^qder in disem handl lauter erkandt worden^q, wendet und ein wenig marret[51], ein anders zu thuen, sonder das sie inen[52] dise ursachen, die ine vergebens[53] fur di thur kum, ja weliche mit großem gellt zu kauffen weren, lassen lieb sein, das

m) korrigiert aus: wil. – n–n) übergeschrieben für gestrichen: gesagt weren, das di spruch. – o–o) eingewiesen vom linken Rand. – p–p) eingewiesen vom linken Rand. – q–q) eingewiesen vom linken Rand.

36. Vgl. o. Anm. 17.
37. Beraten und Bedenken.
38. »mitnichten« und »nit« = überhaupt nicht.
39. noch dazu.
40. Wahrheitsfindung.
41. wenn meine Herrn aber diese Sache trotzdem aufgeben würden, dann ... (zu »Hände und Füße lassen« vgl. *Wander,* Sprichwörterlexikon 2, Sp. 324, Nr 787).
42. Sinn, Absicht.
43. Anspielung auf die Durchführung der Reformation in anderen Städten, zB Straßburg, Zürich, Konstanz, Magdeburg, Zwickau.
44. mit Recht.
45. Mt 20,16.
46. an.
47. jedermann.
48. als die.
49. Knauf. (Das Sprichwort nicht bei *Wander,* Sprichwörterlexikon. Man wird es wohl mit: »Jemandem eine Waffe ›gebrauchsfertig‹ in die Hand geben« übertragen dürfen.)
50. sprichwörtliche Redensart für: unnütze Mühe für eine Sache aufwenden.
51. zögert, innehält (zu »marren« vgl. *Lexer,* Wörterbuch, S. 138 »merren«).
52. sich.
53. umsonst.

waffen gotliches worts und warheit fur[54] die hand nemen und mit hochstem ernst, alls ine[55] irem dapferen, erlichen pisher gehalten regyment nach wol gepuret, und also handeln, das sie widerumb statlichen[56] zue inen, den Cartheusermonchen, bescheiden. Und nit boes mocht sein, das man abermals [205r:] der geistlichen eynen mit liß bescheiden und zuvorderst von eins erbern raths wegen vom prior rechnung neme, darnach, nachdem die anderen monch untereynander des closters barschafft in verwarung haben, von ine auch rechnung zu fordern und zu nemen und alßdann das gelt und barschafft widerumb in verwarung zu thuen, drey[r] schlussel darzue zu machen, der die monch eynen, der prior eynen und ein rath eynen haben solt. Wolten dann die monch sich des widern[57], das man ine ursach dises eynes erbern raths thuen anzeigte, wie das der abbt Egidy[58], der auch eynem erbern rath rechnung thut, zu thuen wol weis. Dann sol[59] ein erber rath ir weltliche und zeitliche oberkeit, schutzer und schirmer sein, ja, die gutter auch von den iren herkumen und abgeschunden sein, ist pillich, das sie auch wissen, wie man mit denselben handel[60]. Wurden dan di monch iren trutz und widerspenigkeit beharren wollen, haben meyne hern dester hoher ursach zue inen[61], sollen sich auch daran nit keren, sonder mit rechnung zu nemen furfarn.

Alsdan, so das bescheen, das man den Cartheusermonchen von eyns raths wegen [205v:] anzeig, ein erber rath hab auff ir bitt – wie sie auch alls ir weltliche obern zu thuen[62], frid und eynigkeit zu erhalten und das ubel auszureutten, schuldig – visitacion und verhorung eynes yeden in sonderheit bey inen lassen thuen, zu vernemen, was mangells und pillich geprechen[63] sie wider den priori[64] haben[s], zue solichem auch die verordnet, so ires wesens verstendig, und erfunden, das sie arm, plind leut sind, ja, die in mercklicher[65] geferlichkeit irer selen zuesampt dem leib steen. Des erkenn sich aber ein erberer rath alls die oberkeit, ine rathe zu schaffen, schuldig. So haben sy[66] wider den prior nichts strefflichs, uncristlichs oder unerbers konnen oder mogen anzeigen, sonder sich erfind[67] sovil, das derselbig ein erber, uffrecht cristenman sey, deshalb sie dises ires furnemens der widerspenstigkeit, so sie ime bezeigen, nit ursach haben. Dorumb laß ine ein erber rath mit ernst sagen, ine noch zue zeit[68] fur iren prior zu haben und zu

---

r) am Rand für gestrichen: drey di. – s) danach gestrichen: und in solichen.

54. in; Anspielung auf Eph 6,10ff.
55. ihnen.
56. in angemessener Weise.
57. weigern, entgegenstellen.
58. Vgl. o. S. 388, Anm. 4.
59. Denn wenn schon ... sein soll.
60. umgeht.
61. gegen sie.
62. Füge von unten ein: »schuldig (sind)«.
63. was an Beschwerden und begründeten Mißhelligkeiten.
64. Blasius Stöckel, vgl.o. S. 392, Nr 29, Anm. 1.
65. bemerkenswerter.
66. Sie haben ja auch.
67. zeigt.   68. vorerst noch.

halten, dem auch gehorsam zu sein. ᵗThetten sy dasᵘ nit, must ein rath sie fur uffrurisch leut halten und ir noturft⁶⁹ gegen inen bedenckenᵗ. Ein erber rath well auch hiemit alle diejhenen, so des priors halb ᵛund in disem thuenᵛ irer ampter entsetzt⁷⁰, wider eingesetzt haben. So sol ine der prior das wort Gottes predigenʷ,
[206r:] sie vleissig und vaterlich unterrichten und thuen, was ine lieb sey. Hetten sy dann mit der zeit hinfure⁷¹ ander bestendig⁷² ursach wider den prior oder das sich derselb nit cristenlich halten wurd, dorin well ein erber rath sy abermals bedencken⁷³; dann wes ein erber rath handelt, thetten sie zue pillicher hanthabung irer oberkeit und des wort Gottes⁷⁴. Welten dann die monch daruber⁷⁵ nit im closter pleiben, das man sy im namen Gottes hin lies ziehen, ein erber rath hab inen ye kein ursach darzue geben⁷⁶ und konnen hinausziehen nymandt weren; ist man dann ferrner monch im closter noturftig, das doch langksam geschen⁷⁷, wurd man die wol konnen bekumen.

Item neben disem ist bewegen⁷⁸, welicher monch den prior nit predigen horen wolt, das der prior demselben ein straff, wie ir gewonheit ist, mit abprechen des weins aufflegte⁷⁹. Daraus wurd folgen, so⁸⁰ sy zue horen des wort Gottes, das ine itzt seltzam⁸¹ ist, kemen, das es mit inen gar⁸² eins andern wurd. Dan dise halsstarrigkeit aus nichten dann⁸³ irer plyntheit erwachs und komen.

[206v:] Item, das auch dem prior gesagt wurd, nachdem dises noch arm, plind leut und mehr dann fur kynder zu achten sind, das er inen ein zeitlang milich zu tryncken geb⁸⁴, das ist, das er mit dem predigen und verkunden des wort Gotts und der cristlichen freyheit eynen solichen grund leg, der zue disem gepeu⁸⁵ dienlich sey; dann so man dise leut mit der ersten⁸⁶ hart angreiff, werden die nur erger. Man mus mit ersten leis mit ine umbgeen und ymmer von eynem geryngen zue eynem grosseren furen, pis sy im letzten zue erkantnus irer narrnweis kumen. Das auch der prior keynen von den statuta oder desselben gepreuchen abzusteen

---

t–t) eingewiesen vom unteren Rand. – u) übergeschrieben und gestrichen: dieses alls. – v–v) übergeschrieben und eingewiesen. – w) danach gestrichen: sie eynes bessern.

69. nötige Maßnahmen.
70. sc. die Anhänger Stöckels; vgl. o. S. 440.
71. weiterhin.
72. unwiderlegbare.
73. nochmals über sie beraten.
74. zur Wahrung ihrer Obrigkeit und zum Schutz des Wortes Gottes.
75. deswegen.
76. ergänze: ins Kloster zu gehen.
77. schwerlich geschehen werde.
78. erwogen.
79. s. o. S. 439.
80. wenn.
81. fremd.
82. ganz.
83. nichts sonst als.
84. Vgl. 1Kor 3,1f.
85. Gebäude, vgl. 1Kor 3,10.
86. gleich von vornherein.

dryng so lang, pis denselben sein selbs⁸⁷ gewissen dem abzusteen weis. Dann sopald man greuel und mißpreuch aus dem hertzen thue, sey es⁸⁸ mit der that auch schon gefallen.

Item es ist bewogen, nachdem der prior sich horen laß⁸⁹, das er nit gern bey den monchen wider iren willen sein wolt, das guet sey, dem prior zu sagen, das er noch ein zeitlang also pleib; dann [207r:] wiewol es umb sein person nit⁹⁰, sey es doch umb erhaltung eins erbern raths oberkeit und des gotswort zu thuen, und mit der zeit kan man des wol rath schaffen. Wue⁹¹ er ye⁹² nit wolt prior sein, das man den vicario⁹³ zue eynem prior machte; aber dißmal sey nutz und guet, das disem halsstarrigen gesind der kopf geprochen⁹⁴ und meyne hern vor vil nachteils verhuett werden. Dann sy, die geforderten⁹⁵, wellen meyne hern mit der that lassen erfaren⁹⁶: Werden sie sich hierin cleynmutig erzeigen, disem gesind irs mutwillens zusehen, das inen und den iren kraut im garten wurd wachsen, das sy nit gern haben, und mussen zuletzt mit grossem unfug⁹⁷ und geferlichkeit handeln, das man itzt mit guetem glympf⁹⁸ mog volziehen.

Item, nachdem prior sich vernemen last, die kutten von sich zu thuen, wie wol nu solichs nit ubel gethan were, so sehen sy doch fur guet ane, dem prior zu sagen, das er woll bewegen, das seyne bruder noch eins theils schwach⁹⁹, dorumb das er umb derselben willen noch ein weil [207v:] pacientz¹⁰⁰ hab, pis er die zum wenigsten eins theils¹⁰¹ mocht gewynnen; alßdann stee im bevor¹⁰² zu thuen, was sein gewissen ausweis. Actum 7. Februari 1525.

Doctor Scheurlein meynt, wann di monch auff irer halsstarrigkeit welten verharren und weckzihen, das meyne hern des schaffners Olhafens¹⁰³ und des wachers¹⁰⁴ selbs weckziehen nit solten erwarten, sonder sy alls die vordersten fendleführer¹⁰⁵ selbs hinausweisen.

87. eigenes.
88. seien sie.
89. läßt.
90. ergänze: gehe.
91. wenn.
92. jedoch.
93. Vgl. o. S. 444.
94. ihr Starrsinn genommen.
95. Vgl. o. S. 443, Anm. 17.
96. sichern meinen Herrn ganz fest zu.
97. ungewöhnlich großen Aufwand.
98. sehr vorteilhaft.
99. Anspielung auf Röm 15,1.
100. Geduld.
101. teilweise.
102. offen.
103. Vgl. o. S. 396, Nr 29, Anm. 38.
104. Kustos, vgl. o. S. 440, Anm. 12.
105. Rädelsführer.

Nr 37
Ratschlag über die Landauersche Stiftungsordnung
1525, [Februar, zwischen 11 und 17][1]

Bearbeitet von *Martin Stupperich*

Einleitung

Karl Oertel[2] war von 1515 bis 1539 Pfleger des Landauerschen Zwölfbrüderhauses[3]. Zu seinen Aufgaben gehörte es der Stiftungsordnung zufolge, jährlich am 1. Mai die Gesamtrechnung des Hauses den drei jüngsten Wählern des neuen Rates vorzulegen[4]. Gleichzeitig sollte eine offizielle Verlesung des Stiftungsbriefes vorgenommen werden und anschließend ein Eintrag über die vollzogene Handlung in das Stadtbuch erfolgen[5]. Aus dem vorliegenden Ratschlag ergibt sich, daß der Pfleger der Zwölfbrüderstiftung offenbar bei derselben Gelegenheit beschwor, die Stiftungsbestimmungen zu befolgen[6]. Dieser Schwur muß beinhaltet haben, für die Einhaltung der Stiftungsregel sorgen zu wollen, die die Verpflichtung enthielt, regelmäßig die Messe zu besuchen, eine bestimmte Anzahl Paternoster zu verrichten und die Jahrtage zu St. Sebald und St. Egidien zu pflegen[7]. Diese Verordnungen müssen von Karl Oertel gemeint sein, wenn er sich über die Verpflichtung der Brüder zu Dingen, die mittlerweile als falsch erkannt wurden, beschwert und um die Gewährung eines größeren Spielraumes bei der Art der Befolgung der Verordnungen nachsucht. Das Gutachten weist darauf hin, daß diejenigen Artikel der Stiftungsordnung, die zu dem Wort Gottes offensichtlich in Widerspruch stehen, nicht verpflichtend seien.

Unsere Ausgabe geht zurück auf das handschriftliche Original Nürnberg SA, RSB 4, f. 210. Das Stück ist gedruckt bei *Pfeiffer*, Quellen, S. 209, Ratschl. 31.

---

1. Das Datum ergibt sich aus *Pfeiffer*, Quellen, S. 48, RV 344 (terminus ante quem) und dem Ratschlagbuch 4 des SA Nürnberg, f. 208r (terminus post quem).
2. s.o. S. 435, Nr 35, Anm. 3.
3. Über das Zwölfbrüderhaus s.o. S. 435, Nr 35, Anm. 11.
4. Über diese Wähler und ihre Aufgaben s. *Schall*, Die Genannten, S. 96ff; zu den weiteren Aufgaben des Pflegers der Landauerschen Zwölfbrüderstiftung s. den entsprechenden Passus in der Beschreibung der Stiftsordnung bei *Ahlborn*, Familie, S. 106; allgemein dazu *Reicke*, Spital 1, S. 207ff.
5. *Ahlborn*, Familie, S. 105; Stiftungsbuch »bei Allen Heiligen«, Nürnberg SA, AStB 339, f. 7v, 19v, 21r.
6. Vgl. über die ähnlichen Bestimmungen der Stiftung Burckhard Sailers (Genannter von 1379-1390) aus dem Jahre 1388 *Schall*, Die Genannten, S. 99f.
7. *Ahlborn*, Familie, S. 107f. Die Verpflichtung der Brüder wurde durch die wöchentliche Verlesung der Stiftungsregel im Brüderhaus vollzogen, s. *Vogt*, Geschichte, S. 11.

Text

[210r:] Alls Karl Ortell an eynen erbern rath hat suplicirt, nachdem im[1] die pfleg uber die zwolfbruder bevolhen, daruber er jarlichen pflicht[2] thuen muß, die stifftung zu handthaben[3], und aber darin begriffen, das die brueder zue etlichen dingen, die man numehr anderst erkent und derselben zue besserem grund kumen, verpflicht[a], wue das alt gehandthabt wider got sey etc.[b], daruff bitt, ime in dem lufftung[4] zu thuen etc., ist bey den predigern[5] und eins raths doctorn[6] beratslagt, ime zu antwort zu geben, ein erber rath hab sein suplicacion vernomen und tragen seyne pflicht, die er jerlichen thue, wol wissen, aber soliche pflicht erstreck sich dahin mitnichten, das er etwas handthaben soll, das wider Got und sein wort sey[c]. Wes nu das gotlich wort ine[7] in dem fall weis[8], darumb durf[9] er sich seyner pflicht halb nicht beschweren[10], sonder im sey bevor gelassen[11], in dem[d] als ein pfleger den brudern bevor zu lassen, wes eynem yedem sein gewissen[e] und das gotlich wort ausweis[12]: Hett er aber in dem[f] mangel, weliche der bruder gepreuch sich mit dem wort und bevelh Gotts in den dingen, so sele und gewissen antreffen, [210v:] nit vergleicheten, mog er bey aln den orten, do er des untericht werden mog, bericht suechen. Actum eodem die.

a) übergeschrieben; durchgestrichen: auch wider. – b) gestrichen: und. – c) gestrichen: darumb nach. – d) gestrichen: jar. – e) gestrichen: aus. – f) gestrichen: unter.

1. ihm.
2. Verpflichtung, Eidesleistung.
3. die Stiftungsordnung zu bewahren, ihre Ausführung zu gewährleisten.
4. Erlaubnis, Erleichterung.
5. Die hier gemeinten Personen s. o. S. 421, Nr 33, Anm. 5.
6. Die hier gemeinten Personen s. o. S. 421, Nr 33, Anm. 6.
7. ihm.
8. gebiete.
9. brauche.
10. beschwert fühlen, bekümmern.
11. anheimgestellt
12. weise, gebiete.

Nr 38
Ratschlag über die Rückforderung einer Stiftung
1525 [vor Februar 17]¹

Bearbeitet von *Martin Stupperich*

Einleitung

Der Auftrag des Nürnberger Rates an die Gelehrten, in dieser Sache ein Gutachten zu erstellen, erging schon am 6. August 1524². Gegenstand des Ratschlags ist die Klage zweier Erbinnen der Stifterin eines Jahrtags³, Barbara Ernst und Anna Lang, die nach der Abschaffung der Messe in Nürnberg aufgrund der Beseitigung des Stiftungszwecks entweder das zur Verfügung gestellte Grundkapital oder aber die jährlichen Zinsen zurückfordern⁴.

Die Gutachter, die Prediger Osiander und Venatorius sowie die drei Ratskonsulenten Protzer, Scheurl und Hepstein, verweisen auf den Stifterwillen, der das Geld für Gottes Ehre und des Nächsten Nutzen bestimmt habe und heute die Ratsentscheidung, das Geld in den Gemeinen Kasten zur Armenunterstützung zu geben, befürworten würde. Die Klage der Erbinnen wird also abgewiesen, jedoch mit der Einschränkung, daß ihnen bei großer Armut bevorrechtigt ein Almosen aus dem Stiftungsgut zugesprochen werden solle, da dies ebenfalls dem Stifterwillen entspreche. Der Anschein, es handele sich um ihr Eigentum, soll den Klägerinnen gegenüber aber unter allen Umständen vermieden werden. Daher wird die Notwendigkeit der Rückzahlung für den Fall der materiellen Verbesserung eigens betont.

Der Inhalt des Gutachtens entspricht deutlich dem späteren Stiftungsgutachten vom November 1525, das die Frage der Stiftungen ein für allemal umfassend regelte⁵. Ein solches Gesamtgutachten wird von Scheurl schon in diesem Ratschlag zur Debatte gestellt, vorerst von den übrigen Beteiligten jedoch noch abgelehnt.

Die Entscheidung des Rates vom 17. Februar 1525⁶ lehnte sich eng an das vor-

---

1. Das Datum ergibt sich aus *Pfeiffer,* Quellen, S. 47, RV 343. Da dieser Ratsverlaß vom 17. 2. auf das vorliegende Gutachten zurückgeht, muß letzteres vor diesem Datum angesetzt werden.
2. *Pfeiffer,* aaO, S. 18, RV 134.
3. Jahrtage waren Seelgeräte, dh Stiftungen zur Abhaltung von Totenmessen, die aufgrund der Erträge eines festen Kapitals die jährliche Wiederholung der Messe in der Regel am Todestag erlaubten (*Liermann,* Handbuch 1, S. 110f). Es gab auch wohltätige Jahrtagsstiftungen (vgl. ebd), doch setzt der Ratschlag eine solche offensichtlich nicht voraus.
4. *Pfeiffer,* aaO, S. 47, RV 343; nach dem vorliegenden Ratschlag sind die Schwiegereltern gemeinsam die Stifter.
5. s. im 2. Band unserer Ausgabe; vgl. auch *Liermann,* Handbuch 1, S. 143f; *Engelhardt,* Reformation 1, S. 229; *Lehnert,* Kirchengut, S. 97f.
6. *Pfeiffer,* aaO, S. 47, RV 343; s. auch Nürnberg SA, RB 12, f. 286v.

liegende Gutachten an und fügte hinzu, daß der einen der beiden Klägerinnen, Barbara Ernst, die anscheinend bedürftiger war, im Falle eines Antrags eine erhebliche Summe aus dem Stiftungsgut als Almosen gereicht werden möge.

Unserer Ausgabe liegt die Originalhandschrift Nürnberg SA, RSB 4, f. 208vff, zugrunde. Der Ratschlag liegt gedruckt vor bei *Pfeiffer*, Quellen, S. 208f, Rschl. 30.

Text

[208v:] [a]Her Leo Schurstab[1], her B. Bawmbgartner[a][2]. [b]Prediger Laurenti[3], prediger im spital[4], doctor Protzer[5], Scheurle[6], Hebstein[b][7]. Alls Steffan Tauchers und Jorgen Tauchers witwe[8] an eynen erbern rath haben[c] supliciert und angezeigt, nachdem irer[d] verstorben haußwirt[9] eltern[10] umb hundert gulden eynen ewigen jartag[11] gestifft und aber soliche jartag auffgehort und nit mer gehalten werden, bitten, inen solich gelt zu geben, ist bey den predigern und eins erbern raths doctorn beratslagt worden, was eynem erbern rath dorauff zu thuen gepuren well.

Die zeigen eynmutiglichen ane, das on zweyfel[e] diser stiffter gemuet sey also gestanden, dasjhene, so sie an irer narung uberig gehapt[f] und also wie gemelt außgeben, nit anderst dann zue Gottes ere und des negsten nutz zu bewenden[12]. Es seyen auch soliche stifftungen ein zeitlang dafur gehalten worden, pis uns Got mit seynem wort erleucht und anzeigt, das[g] alle unsere weg zur seligkeit, so neben und ausserhalb seynes worts und bevelhs[h], schnode und unnutz[i], ja die hochst

a–a) links oben. – b–b) am linken Rand. – c) durchgestrichen: supliciry. – d) gestrichen: haußwirt eltern eynen j. – e) gestrichen: sey. – f) gestrichen: ge. – g) gestrichen: v. – h) gestrichen: sind. – i) gestrichen: sind.

1. Leonhard Schürstab.
2. Bernhard Baumgartner.
3. Osiander.
4. Thomas Venatorius.
5. Johann Protzer.
6. Christoph Scheurl.
7. Dr. Johann Hepstein, Ratskonsulent von 1523–1541 (†); vgl. *Will*, Gelehrtenlexikon 2, S. 88, und 6, S. 62.
8. Jorg Taucher wird zwischen 1492 und 1508 mehrfach in den Nürnberger Grundverbriefungsbüchern erwähnt. Im Jahr 1509 war er noch mit Margarete, Tochter des Kunz Wurm, verheiratet. Dagegen wird im Jahr 1513 als seine Frau bereits Barbara erwähnt, die nach seinem Tod, der bald nach 1513 erfolgt sein muß, offenbar einen N. Ernst heiratete. – Stephan Taucher wird zwischen 1492 und 1501 mehrfach in den Grundverbriefungsbüchern genannt. Seine Frau Anna N. heiratete nach seinem Tod einen Bierbrauer Kunz Lang. Als dessen Frau ist sie in den Grundverbriefungsbüchern oft erwähnt. Alle Angaben nach Nürnberg StA, Repertorium B 7 I, Bd 6, Register zu den libri litterarum.
9. Ehemänner.
10. Ulrich Taucher (so der Name des Schwiegervaters nach *Pfeiffer*, Quellen, S. 47f, RV 343) wird dreimal in den Grundverbriefungsbüchern Nürnbergs erwähnt. 1518 war er tot, vgl. Nürnberg StA, Repertorium B 7 I, Bd 6, Register zu den libri litterarum.
11. Zu den Jahrtagen s. die Einleitung o. S. 451, Anm. 3.
12. verwenden.

gotslesterung sind. Dieweil man nun ein bessers wiss, hab ein erber rath cristlich und wol gehandelt, das sie soliche [209r:] und andere jarteg zue dem ⟨bewendt haben⟩, da es on zweyfel die stiffter hin bewenden wurden, wue sie noch lebten und weren, nemlichen in den gemeyn stock oder casten zu underhalt der armen[k]¹³, und darumb sey man keynem erben, der forderung solicher stifftung halb thet, ichts¹⁴ widerzugeben schuldig, alls das er des in crafft der erpschafft entpfencklich sein wollt. Daneben aber auch zu bewegen¹⁵, das die stiffter ire arme freund, wue sy disen verstand oder genad Gots gehapt hetten, auch nit ausgeslossen, sonder die neben und bevor andern armen[l] bedacht hetten.

Wue nu[m] Jorg Tauchers gelassene hausfrau¹⁶ so arm[n], das sie des noturftig were, wiewol sie kain geplueter erb¹⁷, mocht man ir etwas geben alls ein almusen, auch dabey anzeigen, das es keiner andern ursach geschee, und in solichem geben etwas rey[ch]licher sein, dan sonsten andern geschee, von denen ᵒoder den iren° kein stifftung herkeme, wie dann meyne hern des gelegenheit und maß oder di verordenten pfleger wol zu halten wissen. Hett man [209v:] dann sorg, das sie aus solichem geben der erpschafft halb eynen scheyn¹⁸ schopfen mochten, das man sie lies angeloben, wann sy hinfur zue aufnemen¹⁹ oder besserer narung keme, das sie solichs den pflegern welt wider uberantworten; daraus mocht nit volgen, das[p] sie[q] scheyn eynicher[r] gerechtigkeit²⁰ doraus schopfet[s]. Dann wes eyner verpflicht ist widerzugeben, kann er im fur eigen nit zuschreiben. Dabey meldet auch doctor Scheurlein²¹, ob das ein weg mocht sein, diser frauen itzt eyn hilf ᵗals ein° almusen zu thuen und darnach mit der zeit dise und ander fell, die er all alls fur eynen fal helt, ein bestendigen ratslag zu machen, wie man sich gegen allen anforderern[u], auch den stifftern, so noch im leben, halten soll. Dawider aber di andern sagen, die fell seyen nit gleich, konnen oder mogen nit uff ein maß gezogen werden; man soll in disem handel uff dißmal disen angezeigten weg wandern.

j–j) übergeschrieben und eingewiesen. – k) gestrichen: bewendt. – l) übergeschrieben und eingewiesen. – m) gestrichen: die. – n) gestrichen: were. – o–o) übergeschrieben und eingewiesen. – p) korr. aus: das ni. – q) gestrichen: eynicher. – r) gestrichen: eig. – s) gestrichen: sonder. – t–t) korr. aus: in schein eins. – u) gestrichen: ha alls denen.

13. s. »Eins Rats der Stat Nürmberg ordnung des grossen allmusens Haußarmer leut« von 1522, gedr. *Sehling,* Kirchenordnungen 11, S. 23–32.
14. irgend etwas.
15. erwägen.
16. Witwe.
17. blutsverwandter Erbe.
18. Vorwand, hier: Anspruch.
19. Aufschwung, Gedeihen.
20. Berechtigung.
21. Christoph Scheurl.

Nr 39
Die Zwölf Artikel
[1525, zwischen Januar 16 und Februar 20]

Bearbeitet von *Gottfried Seebaß*

Einleitung

1. Entstehung und Analyse

Seit Anfang Januar 1525 bestand mindestens bei einem Teil des Nürnberger Rates die feste Absicht, ein Religionsgespräch zur Herstellung einheitlicher Predigt in der Stadt abhalten zu lassen. Schon am 16. Januar hatte man von den evangelischen und altkirchlichen Predigern jene Artikel bekommen, die für disputationsnotwendig angesehen wurden[1]. Dennoch ist während der folgenden vier Wochen den Verlässen des Rates keinerlei Aktivität in Richtung auf das Religionsgespräch zu entnehmen. Woran das lag, läßt sich schwer sagen. Die Ausarbeitung der ›Zwölf Artikel‹ kann unmöglich derart lange gedauert haben. Wollte man die aus Augsburg, Konstanz und Straßburg verlangten Nachrichten abwarten?[2] Oder gab es innerhalb des Rates noch Widerstand gegen das Gespräch, der erst allmählich beseitigt werden konnte? Jedenfalls beschloß man erst am 20. Februar, den Predigern der Stadt die inzwischen ausgearbeiteten ›Zwölf Artikel‹ übergeben zu lassen[3].

Von wem stammen diese Artikel? In der älteren Literatur gilt weithin Osiander als ihr Verfasser[4]. Eine Begründung dafür hat *Schmidt* gegeben[5]. Seine Überlegungen sollen hier aufgenommen und zu einem Beweis der Verfasserschaft Osianders erweitert werden.

Zunächst ist das Verhältnis der ›Zwölf Artikel‹ zu den Vorarbeiten der evangelischen und altkirchlichen Prediger zu prüfen. Dabei ist sofort zu erkennen, daß die Artikel der evangelischen Prediger in der von Martin Glaser eingereichten Fassung[6], die aber von Osiander stammte[7], die Grundlage lieferten. Bis auf den Einschub des 10. und 11. Artikels folgen die zwölf genau der Reihenfolge, die Osianders – rekonstruierter – Entwurf zeigt[8].

1. Vgl. oben S. 402ff, Nr 31: Einleitung zu den ›Christlichen Hauptstücken‹; *Pfeiffer*, Quellen, S. 115.
2. Vgl. *Pfeiffer*, Quellen, S. 37, RV 263.
3. *Pfeiffer*, Quellen, S. 49f, RV 351.
4. Vgl. *Salig*, Historie 2, S. 916; *Lehnerdt*, Auctarium, S. CCXX, Nr 12; *Möller*, Osiander, S. 57.
5. *Schmidt – Schornbaum*, Fränkische Bekenntnisse, S. 73, danach auch bei *Engelhardt*, Reformation 1, S. 167.
6. Vgl. *Pfeiffer*, Quellen, S. 118.
7. Vgl. o. S. 403ff.
8. Vgl. o. S. 406,1–13 mit S. 460,6–463,14.

Es blieben also die einleitenden Artikel über Trinität, Schöpfung und Anthropologie weg, mit denen die Prediger Venatorius, Fürnschild und Dolmann die osiandrische Artikelreihe versehen hatten[9], obwohl sie damit der Aufforderung des Rates, die Punkte zu nennen, die für den Christen unbedingt zu wissen notwendig seien, mehr entsprochen hatten[10]. Auch die Umstellung, die Schleupner vorgenommen hatte, blieb unberücksichtigt[11].

Im Gegensatz dazu wurden die Artikel der altkirchlichen Seite nicht einfach übergangen. Nur zeigt ihr Einbau in die osiandrischen Artikel, daß er von einem evangelischen Theologen vorgenommen worden ist. Von den drei ersten Artikeln der altkirchlichen Prediger nahm man lediglich die Stichworte ›Glaube, Liebe, Hoffnung‹ auf und bezeichnete diese Trias in einem Nachsatz zum 4. Artikel als Früchte des Evangeliums[12]. Den vierten Punkt der Altkirchlichen glaubte man wohl im 6. Artikel der Evangelischen ohnehin enthalten, ebenso konnte man den fünften als einen Teil des 8. Artikels betrachten[13]. Der 10. Artikel nahm mit dem Stichwort ›Gehorsamkeit‹ zwar dem Wort nach den sechsten Punkt der Altkirchlichen auf, aber in völlig anderem Sinn. Denn die Klosterprediger hatten aus Röm 13,1–6 die Gehorsamspflicht gegen die weltliche *und* geistliche Obrigkeit hinsichtlich der Anordnungen, deren Befolgung für die Seligkeit unbedeutend sei, ableiten wollen. Dagegen schränkte der 10. der ›Zwölf Artikel‹ durch die feste Verknüpfung mit dem Begriff ›Menschenlehre‹ den Gehorsam auf den gegen die Gebote der weltlichen Obrigkeit ein und verwarf gleichzeitig den gegen die geistliche Obrigkeit ›in adiaphoris‹. Allein der letzte, siebente Punkt der Eingabe der altkirchlichen Prediger wurde mit dem 11. Artikel aufgenommen. Es kann also keine Rede davon sein, daß die ›Zwölf Artikel‹ eine echte Verbindung der dem Rat zugekommenen Vorlagen bildete.

Dieses Verhältnis der ›Zwölf Artikel‹ zu den Vorlagen, die der Nürnberger Rat erhalten hatte, legt es nahe, an Osiander als Redaktor zu denken. Nur er konnte es sich erlauben, die Entwürfe seiner evangelischen Kollegen ohne weiteres zu übergehen, und er hätte das wohl auch mit dem der Mönchsprediger[14] getan, hätte er nicht vom Rat den ausdrücklichen Auftrag bekommen, diesen zu berücksichtigen.

Die Abfolge der ersten acht der ›Zwölf Artikel‹, die schon in den ›Christlichen Hauptstücken‹ da ist, läßt erkennen, daß Osianders Artikel sehr klar aufgebaut waren.

Der Zusammenordnung von Sünde und Gesetz in den ersten beiden entspricht die von Gerechtigkeit und Evangelium in den beiden folgenden Artikeln. Diese

---

9. Vgl. *Pfeiffer,* Quellen, S. 116–119.
10. Vgl. o. S. 403.
11. Vgl. *Pfeiffer,* Quellen, S. 116.
12. Vgl. *Pfeiffer,* Quellen, S. 108–112 mit u. S. 461,18f.
13. Vgl. *Pfeiffer,* Quellen, S. 112f mit u. S. 462,13–17.
14. Es handelt sich um: Leonhard Ebner (Franziskaner), Jobst Pergler (Dominikaner), Ludwig Hirschvogel (Karmeliter), Georg Erber (Dominikaner), Nikolaus Lichtenstein (Franziskaner).

in sich zweiteilige Gegenüberstellung findet sich auch in den folgenden vier Artikeln: Der 5. fragt nach der Taufe, die als Wirkung des Gesetzes angesehen wird, und der 6. nach der ihr folgenden und mit ihr verbundenen Abtötung des alten Adams. Diesen beiden Artikeln stehen der 7. und 8. gegenüber, in denen das Abendmahl als Zeichen der Vereinigung mit Christus und deren Folge, die guten Werke, das Thema sind. Die ersten acht Artikel stellen also eine vierfache Ausführung des Gegensatzes von Gesetz und Evangelium dar.

Die Zweiteilung der Artikel nach dem Grundschema von Gesetz und Evangelium hatte Osiander den ›rechten Hauptstücken‹ entnommen, die Luther zu Eingang seiner gegen Karlstadt gerichteten Schrift ›Wider die himmlischen Propheten‹ genannt hatte. Und schon Luther hatte Joh 16,8–11 als Gliederungsprinzip seiner ersten drei Artikel (Gesetz, Evangelium, Abtötung des alten Adams) genommen[15]. Das behielt Osiander bei. Da er aber die beiden ersten Artikel Luthers zweifach aufschlüsselte, wirkt in seiner Artikelreihe die Gliederung nach Joh 16,8–11 nicht mehr so konsequent wie bei Luther. Seine eigene Zutat war auch die Parallelisierung von Taufe mit Gesetz und Tod, von Abendmahl mit Gerechtigkeit und neuem Leben, sowie die Identifizierung der Gerechtigkeit mit dem Christus in uns[16].

Daß die ›Zwölf Artikel‹ ein Produkt der evangelischen Prediger – an ihrer Spitze Osiander – sind, machen auch andere Nachrichten wahrscheinlich. Spengler und der Rat sprachen später davon, man habe »etlich artikel, die ainem prediger, auch allen cristlichen menschen ires ampts, gewissens und selikeit zu wissen vonnoten, darin auch die ganz summa heiliger gottlicher schriften ungeverlich begriffen sey, verzaichen und allen iren predigern uberantworten lassen«[17]. Der Rat hatte also die Aufgabe, aus den im Januar eingereichten Entwürfen eine Grundlage für das Gespräch zu erarbeiten, an jemanden delegiert. Und nach der Analyse der Artikel können das nur die evangelischen Prediger unter Osianders Leitung oder dieser allein gewesen sein.

Am 20. Februar erhielten die Ratsherren Martin Tucher, Christoph Koler und Bernhard Baumgartner, die schon im Januar die Verhandlungen mit den Predigern geführt hatten[18], den Auftrag, die beiden ›Parteien‹ – die sechs evangelischen Prediger und die fünf Klosterprediger, die die Eingabe an den Rat gemacht hatten – erneut auf das Rathaus zu bitten, um ihnen die Artikelentwürfe der jeweils anderen Partei vom Januar und außerdem die ›Zwölf Artikel‹ abschriftlich zu übergeben. Dies geschah dann auch am folgenden Tag. Gleichzeitig ließ man ihnen sagen, sie möchten sich bereithalten, am 3. März vor dem Rat zu erscheinen, um auf die übergebenen Artikel zu antworten[19].

15. Vgl. WA 18, S. 65,3–66,20.
16. *Hirsch,* Theologie, S. 94–109.
17. aus der Rede der Ratsverordneten an die Klosterprediger vom 28. Februar 1525: Freiherrlich von Scheurlsches Familienarchiv, Nürnberg-Fischbach, Cod. MS M (zweiter Teil), f. 251; vgl. auch *Pfeiffer,* Quellen, S. 361, Br. 151.
18. Vgl. o. S. 402.
19. Vgl. *Pfeiffer,* Quellen, S. 49f, RV 351 und zu RV 351.

Die Formulierung der Überschrift zu den ›Zwölf Artikeln‹, die sich bei fast allen Überlieferungsformen findet, beweist, daß sie vor dem Religionsgespräch entstanden ist[20]. Die Abschriften gehen also letzten Endes auf jene Fassung zurück, die am 21. Februar 1525 den Predigern übergeben und bald darauf auch gedruckt wurde. Daß die Artikel, die durch Wittenberger und Leipziger Drucke[21] bekannt wurden, irgendwelche Wirkung außerhalb Nürnbergs gehabt haben, ist nicht bekannt[22].

2. Überlieferung

Handschriften:

a: Nürnberg-Fischbach, Freiherrlich von Scheurlsches Familienarchiv, Manuskriptband M (zweiter Teil), f. 21v–24r. Wahrscheinlich älteste Abschrift in einem Manuskriptband Christophs II. Scheurl, die aber auch erst nach dem Religionsgespräch entstanden sein kann. Diese Fassung liegt unserem Abdruck zugrunde.

b: Straßburg StA, Archives St. Thomas 95,2. Etwa gleichzeitige Abschrift, die aber nicht, wie man nach der Veröffentlichung von *Kolde* vermuten könnte[23], zusammen mit dem Bericht über das Religionsgespräch nach Straßburg ging. Vielmehr dürfte sie, wie auch ein anderer Bericht über die Reformation in Nürnberg, später dazugelegt worden sein[24]. Es handelt sich aber nicht um eine Abschrift von einem der Drucke.

c: Gotha FB, Cod. chart. B 26, f. 94v–96v[25]. Etwa gleichzeitige Abschrift aufgrund brieflicher Mitteilung aus Nürnberg, da sie keinen der Drucke zur Vorlage hat, bereits auf die Sitzordnung beim Religionsgespräch Bezug nimmt und die übliche Überschrift fehlt[26]. Die am Rand stehenden kurzen Stichworte über den Inhalt sind Zutat, bleiben daher im textkritischen Apparat unberücksichtigt.

d: München SB, Cod. germ. 4683. Es handelt sich um den Bericht, den der frühere Nürnberger und spätere Münchner Franziskaner Georg Klostermair im Jahr 1527 wahrscheinlich aufgrund eines Protokolls der altkirchlichen Seite und anderer Dokumente niederschrieb[27]. Die ›Zwölf Artikel‹ finden sich in dieser Handschrift zweimal in voneinander abweichender Fassung:

20. Vgl. u. S. 460,1–5.
21. Vgl. u. S. 458f: Drucke A und B.
22. Über die weitere Verwendung der ›Zwölf Artikel‹ in Nürnberg vgl. u. S. 501ff, Nr 42.
23. *Kolde*, Kirchenwesen, S. 60, Anm. 1.
24. Vgl. zum Problem der Straßburger Akten über die Nürnberger Reformation *Seebaß*, Apologia, S. 24–28. Die Artikel wurden zB schon vor dem 8. März 1525 an den Gesandten Nürnbergs beim Schwäbischen Bund in Ulm geschickt, vgl. *Pfeiffer*, Quellen, S. 354, Br. 141.
25. Vgl. zur Entstehung und Überlieferung der Handschrift die Notizen von *Hans Volz* in WAB 14, S. 64.
26. Vgl. *Berbig*, Spalatiniana, S. 161, wo allerdings die abweichende Überschrift ausgelassen wurde, vgl. u. S. 459, Ed. 2.
27. Vgl. zu dieser Handschrift *Pfeiffer*, Quellen, S. 11*–13*.

d¹: f. 16r–17v: Die ›Zwölf Artikel‹ hintereinander mit der üblichen Überschrift.

d²: f. 21r, 23v–24r, 25r, 26r, 26v–27r, 28rv, 30v, 33r, 33v, 37v, 39v, 41r jeweils vor den altkirchlichen Äußerungen zu den betreffenden Artikeln während des Religionsgespräches.

e: Nürnberg SA, Nürnberger Handschriften 416, f. 1r–2r. Abschrift vom Ende des 16. Jahrhunderts nach einer Vorlage, deren Fundort mit »E codice manuscriptorum Marciano II« angegeben ist. Der ganze Sammelband stammt aus der Ende des 18. Jahrhunderts verkauften Freiherrlich von Ebnerschen Bibliothek. Am Rand der Abschrift ist von späterer Hand vermerkt: »Noribergensium theologorum articuli de religione anno 1525 traditi, so zugleich eine apologie ist gegen alle falsche bezichtigungen wegen vorgenommener reformation«. Der Abschreiber hat verschiedentlich seine Vorlage nicht lesen können, so daß diese Fassung keinen besonderen Wert besitzt.

f: Nürnberg StB, Will II, 95 4°: Abschrift des Diakons an der Nürnberger Lorenzkirche, *Carl Christian Hirsch*[28], nach e, aus der Mitte des 18. Jahrhunderts, *Hirsch* folgte seiner Vorlage nicht wörtlich, sondern hat den Text zuweilen geglättet.

Drucke:

A: [Wittenberg: Melchior Lotter d. J., 1525]
Artickel aus Euange= || lischer schrifft gezogen / der sich die prediger zu Nurmberg ver= || eynigen sollen / wilchs auch || Christlich vnd gut were / || das man sich der an || allen orten vor= || gleychte. || [Blättchen, Spitze nach unten] || Item wie sich der Babst mit || dem könig von Franckreich yn || newlichkeyt vorbunden hat. || [TE.]

4°, 6 ungez. Bll. (Titelrückseite und letztes Bl. leer), Aa⁶.

Die Zwölf Artikel: Aa2a–Aa3b; der Vertrag zwischen Franz I. von Frankreich und Clemens VII. vom 5. Januar 1525: Aa4a–Aa5b.

Panzer, DA 2, 2867; GK 7,6319.

Coburg LB, Dessau StB, Fulda LB, Halle ULB, Heidelberg UB, Nürnberg GM, Wolfenbüttel HAB (146.16.Th.4°,14) außerdem nach GK: Berlin SB, Breslau UB, Göttingen SUB, Marburg UB.

Der Druck könnte noch vor dem Nürnberger Religionsgespräch im März 1525 entstanden sein, da er auf dieses Ereignis mit keinem Wort Bezug nimmt, sondern im Titel schreibt, daß sich die Nürnberger Prediger über diese Artikel einigen ›sollen‹. In die gleiche Richtung deutet die Verbindung der Artikel mit dem Vertrag zwischen Clemens VII. und Franz I.[29]. Daß dieser schon vor dem Religionsgespräch in Nürnberg und wohl auch in Wittenberg bekannt war, beweist die Abschrift in dem oben unter a genannten Manuskriptband Christophs II. Scheurl, die sich auf f. 17r–18r findet.

---

28. 1704–1754; vgl. *Will*, Gelehrtenlexikon 2, S. 132–136.

29. Über den Vertrag zwischen Franz I. und Clemens VII. vom 5. Januar 1525, dem eine geheime Abmachung vom 12. Dezember 1524 vorausgegangen war, vgl. *Müller*, Kurie, S. 40.

B: [Leipzig: Wolfgang Stöckel, 1525]
Artickel auß Euangelischer schrifft || getzogen, Der sich die Prediger || zu Nurmberg vereynigen sollen, wilchs auch Christ = || lich vnd gut were, das man sich der an allen orten || vorgleychte. || Item, wie sich der Babst mit dem kőnig von Franckreich yn newlikeyt verbunden hat. || [Ornament] ||

4°, 4 ungez. Bll., *4.

Die Zwölf Artikel: *1b–3a; der Vertrag zwischen Franz I. und Clemens VII.: *3b–*4b.

Weller, Repertorium 3275; GK 7,6318.

Kopenhagen KB, Ulm StB (Sch. 1327 8°) außerdem nach GK: Berlin SB, Breslau UB.

Editionen:

Ed. 1: *Burger*, Acta colloquii, S. 6–8 Anm., nach der Vorlage der Handschrift f.

Ed. 2: *Berbig*, Spalatiniana, S. 161–163, nach der Vorlage in Handschrift c, wobei der Text stark normalisiert und vielfach dem heutigen Deutsch angeglichen wurde. Es kommt auch eine große Zahl von Auslassungen und Versehen vor, die nicht im einzelnen aufgeführt werden sollen.

Ed. 3: *Kolde*, Kirchenwesen, S. 63–65, nach der Handschrift b. Verbesserungen: S. 64, Z. 3 von oben: warumb, statt: wurumb. S. 64, Z. 25f von oben: gesuecht, unzelich, statt: gefurcht, ungelich.

Ed. 4: *Schaffer*, Stoß, S. 39–41. Es handelt sich um eine modernisierte Fassung von Ed. 2.

Ed. 5: *Schmidt-Schornbaum*, Fränkische Bekenntnisse, S. 455–457. Der Druck folgt der Handschrift d^1, wobei die Schreibweise stark normalisiert wurde. Verbesserungen: S. 455, Z. 7 von unten: werden, statt: wer den. S. 455, Z. 5 von unten: um, statt un. S. 457, Z. 9–11 von oben: der Text gehört nicht mehr zur Vorlage der Zwölf Artikel, sondern bereits zu dem verbindenden Text des Schreibers der Handschrift d.

Ed. 6: *Pfeiffer*, Quellen, S. 122, 126, 127, 129, 130, 131, 134, 136, 138, 141, 143, 145f nach der Vorlage der Handschrift d^2.

Danach ergibt sich folgendes Stemma, in dem einige erschlossene Fassungen eingesetzt sind:

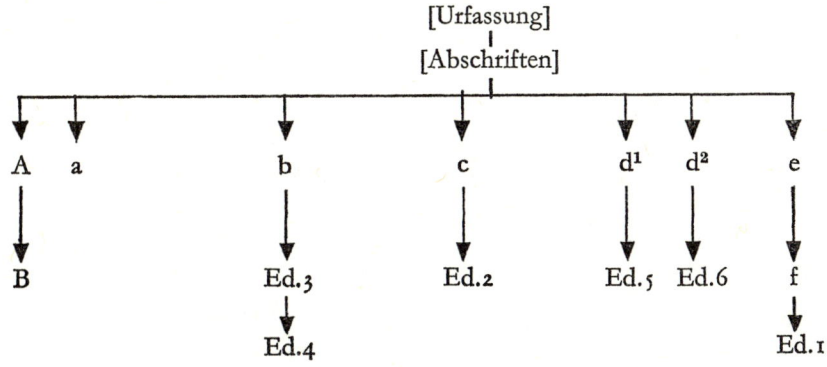

```
                       [Urfassung]
                            |
                       [Abschriften]
   ┌──────┬──────┬──────────┼──────────┬──────┬──────┐
   ▼      ▼      ▼          ▼          ▼      ▼      ▼
   A      a      b          c          d¹     d²     e
   │             │          │          │      │      │
   ▼             ▼          ▼          ▼      ▼      ▼
   B            Ed.3       Ed.2       Ed.5   Ed.6    f
                 │                                   │
                 ▼                                   ▼
                Ed.4                                Ed.1
```

Für den textkritischen Apparat werden daher nur die Handschriften b–e und die Drucke A und B berücksichtigt.

Eine völlig anders geartete Version der ›Zwölf Artikel‹, die lediglich aus den Fragen besteht, die in der originalen Fassung am Ende jedes Artikels standen, findet sich in der ›Handlung mit den Prädikanten‹, dem Bericht über das Nürnberger Religionsgespräch[30]. Sie muß hier erwähnt werden, da sie in der älteren Literatur zuweilen allein berücksichtigt worden ist[31], obwohl sie keinerlei wirkliche Bedeutung besitzt. Denn auch während des Religionsgespräches wurden die Artikel in der originalen Langfassung verlesen[32].

Text

[21v:] ªDie artickel, so durch[b] die prediger[1] in[c] Nurmberg sambtlich und sonderlich vertzeichet und einem[d] ratt auf ir begern ubergeben, sint mit vleiss examinirt und besichtigt und aus[e] dem[f] allen dise artickel von neuen in vertzaichnus pracht, auf die einem rate umb erkundigung willen cristenlicher[g] warheit gruntliche antwort und erclerung zu haben not wirdet[a][2].

[h]Der erst artickel[h]:
Dieweil der her Christus selbst spricht Joannis am 16. [8–11]: »Wann der heilig Geist [i]kumpt, wirdt[i] er di welt straffen umb die sund, umb di gerechtikait und umb das gericht; umb die sund, das sie nit glauben an[k] mich, [22r:] umb die gerechtikait aber, das ich zum Vater geh und ir mich furan[l] nicht sehet«, und[m] »umb das gericht, das der furst diser welt gerichtet ist«, so volgt, das ein ytlicher[3]

---

a–a) fehlt d²; Die zwolff artickel, davon man zu Nurmberg vor dem Rat gehandelt hat, 1525: c. – b) fehlt e. – c) zu: d¹. – d) einem E.: e. – e) fehlt d. – f) den: b, d¹, A, B. – g) ernstlicher: e.

h–h) Die Überlieferungen c und e schreiben konsequent allein die Zahlen 1–12 in Ziffern zur Bezeichnung der Artikel. Die Überlieferungen d¹, d², A und B geben die Zahlen stets unter Verwendung von »der ... Artikel« in Worten. Die Überlieferung b verwendet mal Ziffern, mal das Wort, setzt mal ›Artikel‹ hinzu, mal läßt sie es weg. Die Unterschiede werden nicht berücksichtigt.

i–i) kummen wirt, so wirt: d¹. – k) yn: A, B. – l) furhin: e. – m) fehlt e.

30. Vgl. u. S. 516–540, Nr 42.
31. Vgl. *Müllner,* Reformationsgeschichte, S. 49f; *Löhe,* Werke 3,2, S. 600f (›Erinnerungen aus der Reformationsgeschichte von Franken‹ 1847).
32. Vgl. o. bei d² und vor allem die Auseinandersetzung über die Formulierung des zweiten Artikels, die nur aufgrund der Langfassung möglich ist, u. S. 520,13–18.
1. die sechs evangelischen Prediger: Dominikus Schleupner, Andreas Osiander, Thomas Venatorius, Martin Glaser, Sebastian Fürnschild, Jakob Dolmann, und die fünf altkirchlichen Leonhard Ebner, Jobst Pergler, Ludwig Hirschvogel, Georg Erber, Nikolaus Lichtenstein.
2. Die Formulierung der Überschrift läßt erkennen, daß sie vor dem Religionsgespräch geschrieben wurde.

christenlicher prediger, der ein wergtzeug des heiligen Geists sein sol, anfengklich sol und mus anzeigen, was die sund und ir straf sey.

Der 2. artickel:

Dieweil Paulus zun Romern am 3. [20] spricht: »Durchs[n] gesetz kumpt nur[o] erkantnus der sund«, und am 7. [7]: »Die sund erkant ich nicht Pon durchs[P] gesetz«, und doch die vernunft meynt[q], durchs gesetz kom die gerechtikeit, mus[r] vonnoten ein rechtgeschafner prediger anzeigen, warumb das gesetz geben[s] und wie es zu geprauchen sey.

Der 3. artickel:

Dieweil der heilig Geist zum andern die welt umb die gerechtikait strafft, mus ein getreuer prediger, [t]was gerechtikait, die[u] vor Got gilt, sey, mit vleiss[v] anzeigen[t].

Der 4. artickel:

Dieweil Paulus spricht Rom. 1 [16f]: Durchs euangelion »wirt offenwar die gerechtikait, die vor Got gilt, welche [22v:] kompt aus glauben in glauben«, mus ein warhafftiger[w] prediger anzeigen, was das euangelion sey und wie es zur gerechtikait dienet[x], das ist, was es[y] fur frucht im menschen wircke. Das werden glaub, hofnung und lieb.

Der 5. artickel:

Dieweil zum dritten der heilig Geist die welt [z]umb das gericht straft[z] und der furst diser welt mit al seinem anhangk, darunter auch der alt adam, ist[a] schon verurteilt[b] und wir durch erkantnus der sund aus dem gesetz, welchs ein ampt des todes ist, 2. Corin. 3 [6f], in tod bewilligen, domit wir von sunden gerechtfertigt[c] werden, Ro. 6 [7], und durch di[d] tauf in todt Christi begraben werden, mus ein gotsgelerter prediger vonnoten anzeigen, was di tauf sei, bedeut und [e]in uns[e] wurcken soll.

Der 6. artickel:

Dieweil di[f] tauf uns in todt Christi begrebt, domit der alt mensch abgetodet werd[g], und diselbig abtodung in so manicherlai weis gesucht, unzeliche secten[4] gepirt[h],

---

n) durch das: b. - o) myr: A, B (Lesefehler). - p-p) den durch das: d¹, d²; dann durchs: e. - q) vermeint: b. - r) fehlt d¹. - s) geben sei: d². - t-t) mit vleis anzeigen, was gerechtigkeit, die vor Got gillt, sey: b. - u) fehlt d¹, d². - v) fleisch: d¹. - w) christlicher: d¹. - x) diene: b-e. - y) fehlt d². - z-z) wirt straffen um das gericht: d¹. - a) fehlt d². - b) verurteilt ist: b-e (in diesem Fall ist das Komma nach dem ersten ›ist‹ zu setzen!). - c) gereinigt: e. - d) den: d². - e-e) fehlt d². - f) der: d². - g) werde: c; wer: d²; wyrd: A, B. - h) gebührt: e.

3. jeglicher.
4. Gemeint sind die verschiedenen Mönchsorden, vgl. u. S. 525, Nr 42, und *Lohse,* Mönchtum, S. 179-182.

mus vonnoten ein [23r:] evangelischer prediger, ⁱwas Gottis wort von solcher abtodungᵏ, secten zu vormeyden, aufs allerrainigst, lauterst und allerfleissigst anzeigenⁱ.

Der 7. artickel:

Dieweil dieˡ gerechtikait in dem steht, das Christus allein zum Vater gehtⁱ, so mussen wir in im und er in uns sein, solᵐ wir anderst zum Vatter kommen – das kan aber nicht sichtlich oder greiffenlich sein, dorumb er auch spricht: »Ir werdt mich furanⁿ nicht sehen«⁶ –, undᵒ⁷ solcher verainigung gewises zaichen und versicherung bei demᵖ glaubigen das heiligᑫ sacramentʳ des altars ist, mus vonnoten ein fleisiger prediger, ˢwas dasselbᵗ sacrament sey und in uns wurcken sol, anzeigenˢ.

Der 8. artickel:

Dieweil Christus Johannis am 15. [4] sagt: »Wer in mir bleibt und ich in im, der bringt vil frucht«, und: »Aus iren fruchten solt ir sie kennenᵘ⁸, so mus ein fursichtiger prediger fleisig anzeigenᵛ, was die rechtenʷ frucht und guttenˣ werck sein, danebenʸ auch, ob man durch di werck zur ge- [23v:] rechtikait oder durch gerechtikait zu gutenᶻ wercken mus kommen.

Der 9. artickel:

Dieweil Christus sagt Matthei 15 [9]: »Vergeblich dienen sie mir, dieweil sie lerenᵃ solche leer, die nichts dann menschenleer sein«, so mus vonnoten ein nutzlicher prediger, ᵇwas menschenleer sein und wie ferne man diᶜ halten oderᵈ nicht halten mageᵉ, fleisig anzeigen ᶠund erclerenᵇᶠ.

Der 10. artickel:

Dieweil aus ungeschickter⁹ verwerfung aller menschensatzung bei den unverstendigenᵍ verachtung der oberkeit, von Got eingesetzt, erwachsen¹⁰ gesehen

---

i–i) auffs allerraynest, lauter und allervleissigst anzeigen, was Gottes wort von solcher abtodtung leret, secten zu vermeyden: b.
k) abtottung lernet: d¹; abtottung lerr: d²; abtötung lehret: e. – l) fehlt c. – m) sollen: b–e, A, B. – n) furthin: e. – o) um (gestrichen: undt): d¹. – p) den: b–e. – q) fehlt d¹. – r) fehlt d². – s–s) anzeigen, was dasselb sacrament sey und in uns wurcke: b. – t) das heilig: d². – u) erkennen: b–e. – v) anzeigen und ercleren: d². – w) wahre: e. – x) gute: c–e. – y) fehlt d²; dorum er: d¹. – z) den: d². – a) lernen: d¹, d².
b–b) vleissig anzeigen und ercleren, was menschen lere seyen und wie fern man di halten oder nit halten mug: b.
c) si: d¹. – d) und: e. – e) müß: d². – f–f) fehlt d². – g) verstendigen: d¹.

5. Joh 16,5.
6. Joh 16,10.
7. ergänze: weil.
8. Mt 7,20.   9. einfältiger, fälschlicher.
10. (bereits) herausgewachsen. Vielleicht ist das eine Anspielung auf den Fall der ›gottlosen Maler‹, vgl. o. S. 419, Nr 33.

wirdt, mus ein fridlicher prediger, wieferne man der oberkait gehorsam^h schuldig ist, fleissig leren.

Der 11. artickel:

Dieweil wir Gottes wort nicht allein durch predigen, sonder auch durch fur-
getragne^i exempel erlernen oder verlieren und man nicht allein mit [24r:] falschen predigen verfurt, sonder auch mit straffenlichem leben ergert, das^k hoch verpotten ist, mus ein fursichtiger^11 prediger, was ergernus und wie ferne sie zu meiden^l, mit hochstem vleis anzeigen.

Der 12. artickel:

Dieweil Paulus spricht, es werd kein hurer noch^m eebrecher das reich Gottes ererben^12, und Christus, es mag^n nit ein yder^o das wort der keuscheit ergreiffen^13, mus von noten wegen erclert werden, ob die diener der kirchen mogen eelich werden und die sich von iren eebrecherischen gemaheln lasen scheiden, wider mogen bei leben derselben heyratten.

h) gehorsam zu sein: d². – i) furtragens: d¹, d². – k) das doch: d¹, d². – l) meiden sie: d². –
m) oder: b, d¹. – n) mog: b, c, e. – o) jeczlicher: d².

11. fürsorglicher.
12. 1Kor 6,9.
13. Mt 19,11f.

Nr 40
Ratschlag über ein Schreiben der Ursula Tetzel
[1525, Februar, zwischen 16 und 21]

Bearbeitet von *Gottfried Seebaß*

Einleitung

Als der Nürnberger Rat Ende November/Anfang Dezember 1524 den Dominikanern und Franziskanern empfohlen hatte, Predigt und Seelsorge in den Frauenklöstern der Stadt der möglichen üblen Nachreden wegen aufzugeben, hatte sich Caritas Pirckheimer, Äbtissin des Klaraklosters, sofort mit Bittbriefen an verschiedene einflußreiche Ratsherren und an den Rat selbst gewandt. Und wirklich bestand der Rat damals noch nicht auf der Durchführung seiner Empfehlung[1]. Die Äbtissin aber lebte seitdem in Sorge um ihren Konvent. Denn nicht nur beim Rat, auch in der Bevölkerung machte Osianders Polemik gegen das Mönchtum, unterstützt von den gleichzeitigen literarischen Angriffen, Eindruck[2]. Es meldeten sich Leute, die mit ihren Verwandten in den Frauenklöstern Unterredungen unter vier Augen wünschten, um sie zum Austritt aus ihren Orden zu bewegen. Schon Anfang Dezember 1524 hatte der Rat in einem solchen Fall erklärt, daß er es »fur pillich und cristenlich ansehe, wo andere mit iren töchtern und freundin zu reden begern, das solchs von inen gestatt werd«[3].

Am 3. Februar 1525 erschien Ursula Tetzel, geborene Fürer, die Witwe des Friedrich Tetzel[4], im Klarakloster und verlangte ein Gespräch mit ihrer Tochter Margarete, die sie 1516 als fünfzehnjährige ins Kloster gegeben hatte[5]. Dieses Ansinnen wies die Äbtissin zurück und verlangte gleichzeitig, Ursula Tetzel möge, wenn sie – wie angekündigt – wiederkomme, ihren Bruder Sigmund Fürer mitbringen[6]. Aber die Tetzel, die im Interesse des eigenen Seelenheils und des der Tochter deren Austritt erreichen wollte, gab nicht nach. So gestattete die Äbtissin schließlich ein Gespräch in der Kapelle durch die Öffnung, durch die den Nonnen üblicherweise das Sakrament gereicht wurde. Dabei versuchte

---

1. Vgl. *Pfeiffer,* Quellen, S. 29f, RV 210f und 217; *Pfanner,* Denkwürdigkeiten, S. 1–13. Die Literatur zu Caritas Pirckheimer (1467–1532) bei *Pfanner,* aaO, S. XVf.
2. Vgl. o. S. 83–87, Nr 5 und S. 286–298, Nr 24.
3. *Pfeiffer,* Quellen, S. 30f, RV 219–221. Gemeint war in diesem Fall der Konvent zu St. Katharina.
4. Ursula Tetzel, geb. Fürer (* 5. November 1481, † 21. Mai 1545), verh. 6. Februar 1496 mit Friedrich Tetzel († 18. Januar 1523), vgl. *Biedermann,* Geschlechtsregister, Tafel 369.
5. Margarete Tetzel (* 1. Oktober 1501, †?). Sie trat am 14. Mai 1516 in das Klarakloster zu Nürnberg ein. Nach ihrer am 14. Juni 1525 erzwungenen Heimkehr ins Elternhaus heiratete sie am 31. Juni 1530 den Christoph Kämmerer, Pfleger zu Hiltpoltstein, dem sie vier Kinder gebar, vgl. Nürnberg GM, Handschrift 6222: Geschlechterbuch des Joachim Tetzel, f. 44v, und *Pfanner,* Denkwürdigkeiten, S. 23,16–18, und 79,27f.
6. *Pfanner,* aaO, S. 15,19–21.

Ursula Tetzel dann vergeblich, ihre Tochter wenigstens für eine gewisse Zeit zum Verlassen des Klosters zu bewegen, um in der Stadt die evangelischen Predigten zu hören. Dennoch gab sie ihr Vorhaben nicht auf, sondern versprach einen weiteren Besuch[7]. Das und die Bitte der Margarete, sie nicht ihrer Mutter zu übergeben, bewogen die Äbtissin, an den Pfleger des Klosters, Kaspar Nützel, zu schreiben, ob sie wegen des Vorfalls eine Eingabe an den Rat machen solle[8].

Noch bevor Nützel am 10. Februar zu einem Gespräch mit der Äbtissin ins Kloster kam, erschien die Tetzel in Begleitung ihrer beiden Brüder Christoph und Sigmund Fürer – beides Männer, die keineswegs als entschieden evangelisch gelten konnten[9] – ein zweites Mal im Kloster, um einen vierwöchigen Urlaub für Margarete zu fordern. Die Äbtissin wies das der Regel gemäß ab, erbot sich aber, Margarete noch einmal zu einem Gespräch in die Kapelle zu schicken. Doch davon wollten die Geschwister Fürer nichts wissen. Vielmehr beschlossen nun beide Seiten, die Sache dem Rat zur Entscheidung vorzulegen[10].

Kurz danach kam Nützel ins Kloster. Aber auch bei ihm fand die Äbtissin keine Unterstützung, da er schon damals der Überzeugung war, »das nichcz umb das closterleben wer, wurd keinen bestand kunen haben«. Der jungen Nonne empfahl er, sich selbst noch einmal an ihren Onkel Sigmund Fürer zu wenden[11]. Sie tat es, aber auch ihr Schreiben brachte keinen Fortschritt. Fürer besprach ihren Brief mit seinen Geschwistern, und da Ursula Tetzel erklärte, sie wisse ohnehin, daß ihre Tochter bei dem erbetenen Gespräch den Austritt aus dem Kloster verweigern werde, lehnten die beiden Brüder eine Zusammenkunft mit der Nichte ab[12]. Den Absagebrief sandte die Äbtissin wiederum an Nützel, der ihr empfahl, zunächst die Eingabe der anderen Partei an den Rat abzuwarten. Er wolle dafür sorgen, daß sie diese sofort erhalte, um eine Antwort geben zu können[13].

Das Schreiben der Tetzel ließ nicht auf sich warten. Sie erklärte, sie habe, als sie ihre Tochter ins Kloster gab, geglaubt, Gott und ihrer Tochter damit einen Dienst zu erweisen. Inzwischen aber habe sie erkannt, daß Gott beim Jüngsten Gericht allein nach Glaube und Liebe, nicht aber nach einem klösterlichen Leben fragen werde. Der Rat möge dafür sorgen, daß ihre Tochter wenigstens eine Zeitlang in den Kirchen der Stadt die evangelischen Prediger hören könne, um anschließend frei zu entscheiden, ob sie ins Kloster zurückkehren wolle oder nicht. Da Kaspar Nützel bei der Verhandlung des Rates über diesen Brief sofort erklärte, er sei über die Angelegenheit informiert, erhielt er ihn, um eine Antwort der Äbtissin einzufordern[14].

7. *Pfanner*, aaO, S. 14f.
8. *Pfanner*, aaO, S. 15,1–16,7.
9. Über Christoph I. Fürer (9. Mai 1479 bis 5. Dez. 1533) vgl. *Biedermann*, Geschlechtsregister, Tafel 370.
10. *Pfanner*, aaO, S. 16,13–17,2.
11. *Pfanner*, aaO, S. 17,7–18.
12. *Pfanner*, aaO, S. 17,18–30; 19,10–18.
13. *Pfanner*, aaO, S. 17,35–19,39.
14. *Pfanner*, aaO, S. 20,5–15; 20,22–23,19; *Pfeiffer*, Quellen, S. 47, RV 339a.

Caritas Pirckheimer gab einen ausführlichen Bericht über die bisherigen Ereignisse und stellte fest, ob das klösterliche Leben Gott genehm sei oder nicht, werde nur dieser entscheiden, nicht aber die Menschen. Die Nonnen fühlten sich zum klösterlichen Leben berufen, ohne doch zu glauben, daß die Seligkeit daran liege. Die Berufung der Tetzel auf ihre Gewissensnot wies sie zurück. Sie habe ja mit ihrer Tochter gesprochen. Ihr Gewissen könne damit befriedigt sein. Es müßte sich aber regen, wenn sie die Tochter wider deren Willen aus dem Kloster nähme. Der Rat möge ein Verhör mit Margarete Tetzel anstellen. Wolle er aber, daß die Nonne, ohne gehört zu werden, das Kloster verlasse, so werde sie gehorsam sein. Freilich komme eine Wiederaufnahme nach einiger Zeit nicht in Frage[15].

Am 16. Februar beschloß der Rat, beide Eingaben den Predigern und Juristen zur Beratung vorzulegen[16]. Diese gaben in allen Punkten der Ursula Tetzel recht, rieten jedoch, so kurz vor dem Religionsgespräch[17] die Auslieferung der Tochter nicht zu verlangen, sondern der Mutter zu sagen, sie möge sich noch ein wenig gedulden. Gleichzeitig empfahlen sie ein grundsätzliches Vorgehen gegen die Frauenklöster. Man solle für ungehinderte Gespräche der Nonnen mit ihren Verwandten sorgen, die Lektüre evangelischer Bücher gestatten und vor allem einen evangelischen Prediger anstellen. Außerdem müsse überwacht werden, daß die Nonnen dessen Predigten auch wirklich hörten.

Der Rat verschob die Entscheidung auf die Zeit nach dem Religionsgespräch[18]. Tatsächlich aber fiel sie erst Ende Mai, als man aufgrund eines erneuten Ratschlages von Theologen und Juristen die Richtlinien für das künftige Verhalten gegenüber den Frauenklöstern festlegte[19]. Inzwischen aber verlangten neben der Witwe Tetzel auch Kaspar Nützel und Hieronymus Ebner ihre Töchter Klara und Katharina aus dem Kloster zurück. Da die drei Mädchen sich aber standhaft weigerten, ihren Orden zu verlassen, kam es zu einer nochmaligen Verhandlung mit dem Rat und schließlich, als die Mütter ihre Kinder am 14. Juni 1525 abholen wollten, in Gegenwart der beiden von der Äbtissin als Zeugen erbetenen Ratsherren und einer größeren Volksmenge zu höchst unerfreulichen Szenen. Nur Gewaltanwendung vermochte die drei Nonnen aus dem Kloster zu bringen – ein Verfahren, dessen Fragwürdigkeit man schon damals empfand[20].

Unserem Text liegt die allein erhaltene gleichzeitige Handschrift im Staatsarchiv Nürnberg, RSB 4, f. 210v–213v, zugrunde. Es handelt sich um das von einem Schreiber während der Verhandlung erstellte Protokoll. Der Text ist gedruckt bei *Pfeiffer*, Quellen, S. 209–211, Rschl. 32.

15. *Pfanner,* aaO, S. 21,17–24,42.
16. *Pfeiffer,* Quellen, S. 47, RV 342.
17. Vgl. u. S. 501–504, Nr 42.
18. *Pfeiffer,* Quellen, S. 50, RV 353.
19. Vgl. *Pfeiffer,* aaO, S. 94, 96–98, RV 705, 724 und 743; S. 243–249, Rschl. 49f.
20. Vgl. *Pfanner,* aaO, S. 67f, 76–84, 127–131.

Text

[210v:] ªAbbas Egidi[1], probst Sebaldi[2], probst Laurenti[3], prediger Sebaldi[4], prediger Laurenti[5], prior Augustiner[6], prediger doselbst[7], prediger im spital[8], prediger Egidy[9], doctor Protzer[10], Scheurl[11], Hebstein[12]. Her Sebald Pfintzing, her Martin Tucherª[13].

Als durch her Friderich Tetzels seligen gelassene witwe[14] an eynen erbern rath ein suplicacion ubergeben[15], dorin sie anzeigt, wie ir verstorbner haußwirt und sie vor wenig jarn ein dochter[16] zue sanct Claren in das closter gueter meynung gethan, aber itzt durch Gots wort und genaden bericht, daran ubel gehandlt, deßhalb verursacht, derselben irer dochtr[b] an seel und leib zu hilf zu kumen, der widerumb auß dem closter zu begeren, das ir nun gewegert[17] werd, und doruff abtissin[18] und convent eyn lange mit plassem[19] schein geferbte suplicacion eynem erbern rath ubergeben[20], ist bey den pfarrern[21], predigern[c][22] und doctorn[23] eins erbern raths beratslagt: Nachdem der Tetzlin bitt sich dohin erstreck, mit der abtissin und dem [211r:] convent, irem begern und ansuechen volg zu thuen, zu verschaffen[24], was doch eynem erbern rath in diser sachen zu handeln sey?

Die zeigen alle eynmutiglichen ane, das die warheit, der frauen Tetzlin ansuechen und handlung sey nit uncristlich. Sye handell auch hierin ferner oder weiter nichts, dann was ir die mutterlich und cristlich lieb, aus dem wort Gots gegrundet, zugeb; dann hab sie ir kyndt in geferlichkeit an seel und leib gestellt, sey sie bey ver-

---

a–a) am Rand. – b) gestrichen: dochter wider zu begeren. – c) gestrichen: probsten.

1. Friedrich Pistorius.
2. Georg Peßler.
3. Hektor Pömer.
4. Dominikus Schleupner.
5. Andreas Osiander.
6. Wolfgang Volprecht.
7. Martin Glaser.
8. Thomas Venatorius.
9. Sebastian Fürnschild.
10. Johann Protzer, Ratskonsulent.
11. Christoph II. Scheurl.
12. Johann Hepstein, Ratskonsulent.
13. Pfinzing und Tucher waren die beiden mit der Beratschlagung betrauten Ratsherrn, vgl. *Pfeiffer,* Quellen, S. 47, RV 342.
14. Ursula Tetzel.
15. der Wortlaut des Schreibens bei *Pfanner,* Denkwürdigkeiten, S. 20,23–21,19.
16. Margarete Tetzel. Sie war 1516 in das Klarakloster eingetreten, vgl. Anm. 5 der Einleitung.
17. verweigert.
18. Caritas Pirckheimer.
19. blassem, nichtigem.
20. Das Schreiben bei *Pfanner,* aaO, S. 21,10–24,42.
21. die Pröpste Pömer und Peßler.
22. Schleupner, Osiander, Glaser, Venatorius, Fürnschild.
23. Protzer, Scheurl und Hepstein.
24. bewirken.

pflicht irer selen heil schuldig, dieselben wider zu ledigen[25]. So ir nun das werde gewidert[26], wue wolt sie des volziehung suechen? Nirgent anderst dann bey der ordenlichen oberkeit, das ist ein erberer rath.

Nu haben doruff abtissin und convent ein suplicacion ubergeben[27], doraus im grund sy nit mynder fur arm, elend[d], plynd leut, dann wie sich bey [211v:] den cartheusermonchen erfunden[28], geacht werden mogen und auch sind. Dann sie sagen, sie halten auff ire regel nit, das die zur seligkeit von not wegen sein muß[29], bezeigen doch mit der that ein anders. Zum andern so ist wissenlich und wider alle ir geferbt, scheinlich[30] darthuen bestendig genug, das sye zue ausgesonderten zeiten im jar bey der straff zue beicht, zu entpfahen des sacraments[e] und anderem uff bebstische weis ceremonialischem geprauch gedrüngen und gehalten werden und also on geistlichen hunger, der bey disem volck nymer, sy wurden dann anderst unterricht, gefunden, essen mussen[f]. Item sie mißpreuchen alle spruch Gotts worts auff monchische art, aber gleichwol nit unpillich[31]; dann aus disen monchs[g]-prunnen kan keyn ander wasser fliessen[h]. [i]Der almechtig Got well zu seyner zeit des einmal end machen und, ehe es zu eynem andern gelang, rath schaffen[i]. Furnemlich aber halten sye sich erfordert zue disem irrenden [212r:] leben. [k]So es die meynung hett, must ein unglaubiger ewig also pleiben und sprechen, er wer zum unglauben erfordert[k]. Und wann man disen handl durchaus[32] beweg, sey es anderst nit, dann das die nunnen nicht[33] fur sich haben dan ire sandt Claren oder ires ordens regel. So hatt die mutter[34] fur sich das lauter wort Gottes, das da clerlich anzeigt, vatter und mutter[l] in eren zu haben[35], das ist[l], gehorsam zu laisten. Und hat dawider gar nit stat der nunnen vermeynte furzug[36], alls solten die kyndt zue der mutter gehorsam nit so hoch alls des vatters[m] verpflicht sein[37]. Die weltlichen recht haben auch an dem end nit[n] stat[38], sonder da treff es errettung der selen und gewissen ane[39].

d) gestrichen: leut. – e) gestrichen: uff be[bstische]. – f) gestrichen: so sey im. – g) eingewiesen vom linken Rand. – h) gestrichen: furn. – i-i) eingewiesen vom linken Rand. – k-k) eingewiesen vom linken Rand. – l-l) eingewiesen vom linken Rand. – m) gestrichen: gehorsam. – n) gestrichen: sonder die.

25. befreien. 26. verweigert. 27. Vgl. o. Anm. 20.
28. Vgl. o. S. 387–397, 425–433 und 438–448, Nr 29, 34, 36.
29. Vgl. *Pfanner,* aaO, S. 22,18–23,12.
30. heuchlerisches. 31. unangemessen.
32. vollständig.
33. nichts (an Argumenten).
34. Ursula Tetzel.
35. Ex 20,12. 36. angeblicher Einwand.
37. Vgl. *Pfanner,* aaO, S. 23,18–21.
38. Nach weltlichem Recht ging beim Tod des Paterfamilias die väterliche Gewalt nicht auf die im römischen Recht ohnehin benachteiligte Mutter über, sondern Söhne und Töchter wurden sui iuris, vgl. *Glück,* Pandecten 2, S. 392. Auch die ›Nürnberger Reformation‹ bestimmte nichts anderes. Ganz abgesehen davon, daß Margarete Tetzel 1525 volljährig war, bewirkte die Ablegung der feierlichen Gelübde die Großjährigkeit, vgl. *Friedberg,* Kirchenrecht, S. 275 (nach freundlicher Mitteilung von Herrn Professor D. Dr. *Hans Liermann,* Erlangen).
39. an.

Wiewol nun meyne hern aus gotlichem und menschlichem rechten, dieweil man⁴⁰ monch und nunnen thuen und wesen lauter⁴¹ genug erlernt, warauff⁰ das gegrundt sey, ursach genug hetten, zu verschaffen, [212v:] das der Tetzlin ir dochter volgte und gegeben wurd – dann die oberkeit ye eynmal schuldig, die ungehorsamen kynd zue pillicher gehorsam der elltern zu halten –, so wellen sie doch dißmal nit rathen, sich so weit einzulassen, sonder rathen eynmutiglichen, das meyne hern als getreue vätter und obern der Tetzlin uf dißmal ir begeren leynen⁴² und bitten, ein cleyns⁴³ gedult zu haben – man bedurff ir dorumb eins raths willen⁴⁴ nit eroffenen –, und das alßdann meyne hern nit allein dise der Tetzlin dochter allein, sonder die armen elenden kyndr alle und in allen clostern, inen underworffen, bedencken und zu hertzen furen, was sie handeln und thuen welten, wann soliche vom Türcken oder unglaubigen benotet⁴⁵ und wegkgefurt wurden, vil mehr, so die vom teufel an sele und leib geschwecht, ime mitten im rachen und auff dem weg zum abgrundt [213r:] der hellen seyn, da sy noch mugen erredt werden; bewegen⁴⁶, wie sy yme⁴⁷ verantworten wellen und wie wol es inen an sele und leib dorob geen werd, sie zu verlassen, ᵖja,⁴⁸ zu besorgen, das plut werd von iren henden an dem schweren urtel⁴⁹ Gottes erfordert werdenᵖ.

Darumb sollen eyn erber rath das werck zum furderlichsten⁵⁰ angreiffen, den monchen, so ire frauencloster pisher versehen haben, abkunden⁵¹ und sagen, sich der zu massen⁵². Alßdan soll ein erber rathe dieselben closter yedes oder 2⁵³ mit eynem gelerten cristlichen mann, ᵠden man auch also probirn⁵⁴ sol, das nit ein schein, sonder grund hinder im seyᵠ, versehen, der inen das wort Gottes rayn und clar mittheil, sy auch in der beicht unterricht und auff andere weg weyße;ʳ das inen auch in clostern zugelassen werdˢ, evangelische buechlein zu lesen und zu haben. Es ist auch daneben bedacht, das guet were, das die person⁵⁵ zue zeiten der predig zue den nunnen in rebetter⁵⁶ gyng, [213v:] damit sy all musten

o) gestrichen: sich. – p–p) eingewiesen vom linken Rand. – q–q) eingewiesen vom linken Rand. – r) gestrichen: Es ist auch danebe [n]. – s) korrigiert aus: sey.

40. ergänze: der.
41. klar.
42. ablehnen.
43. eine kurze Zeit.
44. die Absicht des Rates, ein Religionsgespräch durchzuführen, vgl. o. S. 501–540, Nr 42 und S. 541–576, Nr 43.
45. gezwungen.
46. und auch erwägen.
47. sich.
48. ergänze: es sei.
49. am Jüngsten Gericht.
50. aufs schleunigste.
51. aufkündigen.
52. von ihnen fernzuhalten.
53. beide zusammen.
54. prüfen.
55. der vorgesehene Prediger.
56. Refektorium.

zuhoren, das auch die closter dermassen geoffent wurden, das zu rechten zeiten mutter, schwestern und negste bekante freund⁵⁷ den zu- und abgang zue iren nonnen hetten⁵⁸, damit der teufelssame, der sich beyweylen, so man es mit dem werck unterste⁵⁹ anzugreiffen, gewislich sich auch daneben mit eynmisch, inen ᵗdurch guete unterricht auch von den freundenᵗ benemen⁶⁰ und die kynder also bey der erkanten warheit und dem heil erhaltenᵘ. So werd man in kurtz ein soliche frucht spuren, das cristliche eyntrechtigkeit gefurdert und meyne hern bey Got und dem cristenmenschen wolfart und lob erlangen.

t–t) eingewiesen vom linken Rand. – u) gestrichen: werden.

57. Verwandte.
58. In der Auseinandersetzung zwischen Ursula Tetzel und Caritas Pirckheimer war es auch um ein Gespräch mit der Tochter gegangen, das in einem Zimmer und nicht nur durch eine kleine Öffnung stattfinden sollte.
59. wage, beginne.
60. genommen (ergänze: werde).

Nr 41
Wider Kaspar Schatzgeyer
1525

Bearbeitet von *Martin Stupperich*

Einleitung

1. Schatzgeyer und seine Auseinandersetzung mit der Reformation bis 1525

Kaspar Schatzgeyer (1463/64–1527)[1] stammte aus Landshut. Er studierte in Ingolstadt, erwarb das Bakkalaureat und trat anschließend in seiner Heimatstadt in den Franziskanerorden ein. 1508 kam er als Prediger und Lektor nach Ingolstadt und wurde 1514 Guardian des dortigen Konvents. Im Jahr darauf wurde er zum Provinzial der süddeutschen Ordensprovinz gewählt. Diese Stellung, in der er vorwiegend mit Klostervisitationen befaßt war, bekleidete er drei Jahre lang, um anschließend als Guardian im Nürnberger Franziskanerkloster zu wirken (1517). Nachdem er 1522/23 noch einmal die Tätigkeit eines Ordensprovinzials ausgeübt hatte, verbrachte er die letzten vier Jahre seines Lebens als Guardian im Kloster zu München.

Schatzgeyer ließ sich in seinem Handeln von der Überzeugung leiten, daß brüderliche Liebe und Wohlwollen mehr erreichen als hartes Gebieten[2]. Von diesem Grundsatz, den er in den leitenden Funktionen, die er im Franziskanerorden ausübte, erprobt hatte, ging er auch in seiner Auseinandersetzung mit der Reformation aus. Daher heben sich seine Schriften von denen der übrigen katholischen Kontroverstheologen durch einen auffallenden Mangel an scharfer Polemik ab.

Schatzgeyer gehörte der Ordensrichtung der Observanz an und stand auf dem Boden der katholischen Reform. Mit Entschiedenheit wandte er sich gegen die Überbewertung äußerer Werkheiligung. »Was du bist, bist du durch die Gnade Gottes«, konnte er sagen[3]. Er unterschied sich von den übrigen Theologen seines Lagers durch die deutliche Bevorzugung der Heiligen Schrift vor der katholischen Tradition. War ihm die Heilige Schrift die Sonne, so ließen sich Väter und Theo-

---

1. Literatur über Schatzgeyer: *Paulus*, Schatzgeyer; *Druffel*, Schatzgeyer. Eine Bibliographie der Werke Schatzgeyers findet sich bei *Paulus*, aaO, S. 144–149. Schatzgeyers gesammelte lateinische Werke erschienen 1543 bei Alexander Weissenhorn in Ingolstadt (s. Schatzgeyer, Opera). Neu ediert wurde lediglich sein ›Scrutinium‹ von 1522 (s. Schatzgeyer, Scrutinium, wo in der Einleitung von *Ulrich Schmidt* besonders der Nachweis zu beachten ist, daß Schatzgeyer stark von skotistischen Gedanken beeinflußt war). Zu Schatzgeyers Lehre von der Messe s. *Iserloh*, Kampf, S. 39–46.

2. Vgl. Schatzgeyers »Formula vitae christianae«, Antwerpen 1534 (*Paulus*, Schatzgeyer, S. 146, Nr 28) und seine »Dilectio salubris pro monasticis personis« aus einem Kodex der Staatsbibliothek München (*Paulus*, Schatzgeyer, S. 149, *Nr 16), außerdem *Paulus*, Schatzgeyer, S. 9ff.

3. *Paulus*, Schatzgeyer, S. 15; diese Akzentverschiebung gegenüber der Mehrheit der altkirchlichen Theologen trug ihm sogar die Kritik Ecks ein (*Druffel*, Schatzgeyer, S. 422).

logen allenfalls mit den Sternen vergleichen. Dem entsprach eine besondere Hochschätzung der Predigt durch Schatzgeyer: »Divini verbi intenta auditio animae summe neccessaria est et plus quam auditio missae«[4]. Der Primat des Papstes schien ihm im Evangelium nicht begründet zu sein, da dieses die Selbsterniedrigung lehre[5]. Für ihn hatte das Konzil dem Papst gegenüber Vorrang[6]. Es war ihm Grundsatz, daß neue Dogmen nicht geschaffen werden könnten[7].

Wahrscheinlich gerade wegen dieser Verwurzelung in der Reformbewegung wandte sich Schatzgeyer gegen Luther und die reformatorische Lehre, sobald deutlich geworden war, daß es sich bei ihr nicht nur um eine Reform, sondern um eine völlige Neufassung zentraler Lehrstücke handelte. Seine Gesamtauffassung brachte er in der Schrift »Scrutinium divinae scripturae pro conciliatione dissidentium dogmatum« zum Ausdruck, die 1522 bei Froben in Basel erschien. Zur gleichen Zeit wandte er sich in seiner ›Replica‹ gegen die Schriften Luthers über die Mönchsgelübde und die babylonische Gefangenschaft der Kirche, woraufhin Johannes Briesmann im Auftrage Luthers eine Erwiderung verfaßte[8].

Die Bekämpfung der Messe durch die Nürnberger Pröpste in der Schrift ›Grund und Ursach‹ (1524) wurde Schatzgeyer zum Anlaß, eine Verteidigung des Meßopfers und der Seelenmesse zu veröffentlichen. Es ist möglich, daß der Franziskaner durch seine Verbindungen zu Nürnberg aus der Zeit seiner dortigen Tätigkeit Anregungen erhielt, sich gegen Osiander zu wenden. Er tat dies in der 1525 erschienenen Schrift »Von dem hayligisten opfer der meß«, die lateinisch unter dem Titel »Tractatus de missa«[9] herauskam. Außerdem behandelte Schatz-

---

4. *Paulus,* Schatzgeyer, S. 16 (aus einem Kodex der Münchener Staatsbibliothek); zur Einschätzung der Heiligen Schrift vgl. auch *Druffel,* Schatzgeyer, S. 418.

5. u.a. in ›Fürhaltung 30 Artikel‹ von 1525 (*Paulus,* Schatzgeyer, S. 146, Nr 19).

6. *Druffel,* Schatzgeyer, S. 428.

7. *Druffel,* aaO, S. 423.

8. Schatzgeyer, Replica; Briesmann, Responsio. Eine Erweiterung der ›Replica‹ Schatzgeyers liegt in seinem Buch ›Examen novarum doctrinarum‹ von 1523 (*Paulus,* Schatzgeyer, S. 144, Nr 4) vor. Kern der Unterschiede zwischen Luther und Schatzgeyer ist offensichtlich der gerade in der Messeauffassung zum Ausdruck kommende Kirchenbegriff.

9. Schatzgeyer, Opfer; Schatzgeyer, Tractatus; in der deutschen Fassung fehlt der im lateinischen Text, Bl. f3a–i4a, enthaltene Teil über die Lehre von der Satisfaktion und vom Fegefeuer. Dieser Teil erscheint in deutscher Fassung und durch einen neuen Abschnitt erweitert unter dem Titel »Vom fegfeuer« am 24. Januar 1525 bei Schobser in München (*Paulus,* Schatzgeyer, S. 145, Nr 17). Man könnte aufgrund dieser Tatsache annehmen, daß der lateinische Text die Vorlage bildete, nach der dann zwei gesonderte Übersetzungen angefertigt wurden, von denen eine darüber hinaus noch erweitert wurde. Dieser Überlegung folgte anscheinend *Paulus,* der in seiner Bibliographie Schatzgeyers (S. 145) »Von dem hayligisten opfer« als Übersetzung des »Tractatus« bezeichnete. Daß *Paulus* selbst jedoch nicht sicher war, zeigt seine Bemerkung (S. 80), daß die Schrift Schatzgeyers lateinisch und deutsch erschien, wobei er sich jeder Aussage über die Priorität einer der beiden Fassungen enthielt. Da es jedoch im Titel des ›Tractatus‹ heißt: »Quibus inserta est de satisfactione et purgatorio materia«, wird es umgekehrt gewesen sein, als *Paulus* vermutete: Der »Tractatus de missa« ist die lateinische Übersetzung der Schrift »Von dem hayligisten opfer«, der ein Teil der Schrift über das Fegefeuer »eingefügt« wurde. Der Vergleich beider Texte scheint diesen Schluß zu bestätigen, denn die lateinische Fassung ist wesentlich eleganter gehalten als die deutsche, deren Syntax sich nicht an die lateinische anlehnt.

geyer das Thema der Messe in der Schrift »Vom hochwirdigisten sacrament«, die am 10. März 1525 im Druck erschien[10].

Schatzgeyer trug in diesen Schriften in unpolemischer Form seine Auffassung über die Messe vor:

Die Bestimmungen der »gütigen Mutter«, der allgemeinen christlichen Kirche, die sie nicht aus der Heiligen Schrift, sondern aus der Eingebung des Heiligen Geistes festsetzte, dürfen nicht – wie von den Nürnberger Pröpsten getan – als Menschenlehre angefochten werden[11]. Wenn auch durch ihre Befolgung allein das Heil nicht erworben wird und ihre Übertretung allein nicht die Verdammnis nach sich zieht, so sind sie dennoch nützlich und dienen in gleicher Weise der Ehre Gottes wie der Andacht der Gläubigen[12].

Durch das letzte Mahl Christi wurde die Messe in ihrem Kern – Konsekrierung, Opferung, Kommunion – begründet. Durch Eingebung des Heiligen Geistes wurde sie der Kirche dann zur vorliegenden Gestalt der Messe[13].

Das Sakrament ist für Schatzgeyer nicht Testament in der von den Pröpsten vertretenen Deutung als Zusage der Sündenvergebung, sondern allein Bestätigung dieses Testaments, vergleichbar dem Siegel unter dem Brief[14].

Die Bestreitung der Opfervorstellung in der Messe durch den Verfasser von ›Grund und Ursach‹ mit dem Argument, daß Christus durch den Priester nicht geopfert werden könne, widerlegt Schatzgeyer durch den Nachweis, daß Christus sich in der Messe im Grunde selbst opfere: Christus ist das Haupt am Leib der Kirche. Wird er daher in der Messe geopfert, so opfert er sich selbst; zugleich wird er von der Kirche geopfert. Dies wird schon im Alten Testament bezeugt, wenn zB Jesaja sagt: »Er ist geopfert worden«[15].

Dieses Opfer ist allerdings keine Wiederholung des Opfers am Kreuz, sondern Vergegenwärtigung und Sichtbarmachung für den Menschen, der wegen täglicher Sünden dieses Mittels zur Stärkung des Glaubens bedarf. Die Gedächtnishilfe ist für Schatzgeyer stärkster Grund für den Vollzug des Meßopfers[16]. Die Forderung des Laienkelchs ist nach Schatzgeyer in der Schrift nicht begründet; wenn auch die Apostel unter beiden Gestalten empfingen, so sollte dies keineswegs für die Zukunft gelten, denn eine solche Bestimmung ist der Heiligen Schrift nicht zu entnehmen[17].

---

10. 1530 kam diese Schrift (Schatzgeyer, Sakrament) lateinisch als Darstellung der Eucharistie in der Reihe »Ecclesiasticorum sacramentorum ... assertio« heraus; in den Opera omnia Schatzgeyers erschien das Stück unter dem Titel: »De divinissimo eucharistiae sacramento« im Abschnitt »De septem sacramentis ecclesiasticis etc.« Schatzgeyer, Opera, Bl. 295a–302a.
11. Schatzgeyer, Sakrament, Bl. A2a–A2b.
12. Schatzgeyer, Opfer, Bl. A3a.
13. Schatzgeyer, Opfer, Bl. A3b; Schatzgeyer, Sakrament, Bl. B1b.
14. Schatzgeyer, Opfer, Bl. G4a und F1a; Schatzgeyer, Sakrament, Bl. A3b.
15. Schatzgeyer, Opfer, Bl. H1b und K1a; Schatzgeyer, Sakrament, Bl. A3b–A4a und C4b bis D1a; gemeint ist Jes 53,7 (Vg): »Oblatus est, qua ipse voluit«.
16. Schatzgeyer, Opfer, Bl. A2a–A2b, F2a und F3a u.ö.; Schatzgeyer, Sakrament, Bl. A4a–A4b, C4a und D1a.
17. Schatzgeyer, Opfer, Bl. N1a; Schatzgeyer, Sakrament, Bl. A4b.

Kleiner und großer Meßkanon sind irrtumslos, da sie vom Heiligen Geist eingegeben wurden[18]. Darüber hinaus ist die traditionelle Messefeier für Schatzgeyer aber auch in der Schrift begründet[19]. Eine besondere Rolle spielen dabei Mal 1 und Jes 53.

2. Osianders Entgegnung

Osiander reagierte, wie seinen Zitaten zu entnehmen ist, auf den deutschen Text »Von dem hayligisten opfer der meß«. Lateinische Ausgaben (ohne Breitenwirkung) reizten ihn auch sonst nicht zur Replik. Der größte Teil seiner Widerlegung geht aus von nur vier Seiten der Schrift Schatzgeyers[20]. Osiander konzentriert sich auf zwei Hauptpunkte der Schatzgeyerschen Kritik: die Ablehnung der Bezeichnung Testament für das Sakrament und die Verteidigung des Meßopfers. Beide Punkte hängen insofern zusammen, als der Begriff »Testament« in dieser Auseinandersetzung nicht in der Bedeutung »Bund«, sondern als »Erblassung« bzw. populärer als »Gabe« erscheint[21]. Es handelt sich also für Osiander um einen einfachen Gegensatz: Im Meßopfer wird Gott etwas gegeben, im Testament wird von Gott etwas empfangen. Da Osiander die Vorstellung des Meßopfers ohne Schwierigkeit widerlegbar zu sein schien[22], andererseits die Frage der Verbindung von Sakrament und Testament direkt das Zentrum seiner Theologie betraf, widmete er diesem Thema den größten Raum seiner Schrift gegen Schatzgeyer[23].

Das Problem reduziert sich für den Nürnberger Prediger auf die Verbindung von Sakrament und Wort: Das »neue Testament« ist das Wort und das Blut, das das Wort bestätigt[24]. Schatzgeyer behauptete in seiner Schrift, ein Testament begreife in sich *alles* Gut, das der Erblasser dem Erben verschaffe, dies aber sei im Sakrament nicht der Fall[25]. Damit war für Osiander klar, daß Schatzgeyer Wort und Sakrament auseinanderriß und dem Sakrament eine eigene Bedeutung neben dem Wort zuwies. Dies stellte für Osiander eine Undenkbarkeit dar, denn

---

18. Schatzgeyer, Sakrament, Bl. A4b–B1a.
19. Schatzgeyer, Opfer, Bl. H4b–J4b; Schatzgeyer, Sakrament, Bl. B1b; an den angegebenen Stellen sind die von Schatzgeyer herangezogenen Bibelstellen angeführt.
20. Es handelt sich um die Bll. E4a–F4a.
21. s.u. S. 483.
22. Vgl. die Darlegungen am Schluß seiner Schrift u. S. 497–500.
23. Osiander konzentriert sich – wie bereits bemerkt – im größten Teil seiner Schrift auf vier Seiten bei Schatzgeyer (Bl. E4a–F4a). Darin zeigt sich ein auch sonst zu beobachtendes Verfahren Osianders, eine sehr ausführliche Widerlegung auf einen sehr kleinen Teil der angegriffenen Schrift zu konzentrieren, um damit zu demonstrieren, wie stark die betreffende Schrift mit Irrtümern angefüllt sei.
24. s.u. S. 487. Wie *Hirsch* (Theologie, S. 101f) überzeugend nachweist, ist Osiander in seiner Sakramentslehre sehr stark von Luthers Schriften ›Ein Sermon von dem neuen Testament, das ist von der heiligen Messe‹ (1520) und ›De captivitate Babylonica ecclesiae praeludium‹ (1520) abhängig. Die Abhängigkeit Osianders von Luther läßt sich auch für die ›Widerlegung Schatzgeyers‹ in zahlreichen Einzelheiten nachweisen.
25. s.u. S. 483f.

seiner Lehre vom Wort entsprechend war das Sakrament ohne Wort kein Sakrament[26]; andererseits war im Wort aufgrund der Identität des göttlichen Worts mit der Gottheit selbst alles enthalten, so daß die Behauptung Schatzgeyers, das Wort im Sakrament enthalte nicht alles von Gott dem Glaubenden Verheißene, als Ketzerei entlarvt war. Die Gabe des Sakraments ist, da Vergebung der Sünden, Christus selbst: »Was wiltu mer?«[27] Eingehender fundiert Osiander diesen Gedanken gegenüber der Behauptung Schatzgeyers, die Güter, die Christus uns verschaffe, seien nicht allein die Sündenvergebung, sondern »ewige Erbschaft«, »Erdreich der Lebendigen« und »vollkommene Seligkeit«[28]. Mit dieser Aufzählung gewinnt Osiander erneut eine Gelegenheit, den Franziskaner der Häresie zu überführen[29]. Schlagend ist die Argumentation jedoch nur auf der Basis des spezifisch Osiandrischen Ansatzes: Der Zusammenhang der Begriffe ergibt sich aus dem Gedanken der prinzipiellen Unteilbarkeit des göttlichen Wesens. Folgerichtig schließt Osiander: »Vollkommene Seligkeit« ebenso wie »ewige Erbschaft« können nichts anderes sein als Gott selbst. Andererseits ist die Vergebung der Sünden der gnädige Wille und Ratschlag Gottes, dieser wiederum nicht zu unterscheiden vom Wort Gottes selbst[30]. Ist aber das göttliche Wort Gott selbst, so ergibt sich auch die Identität von Sündenvergebung und »vollkommener Seligkeit«. Wie um seine eigene Voraussetzung Schatzgeyer gegenüber hervorzuheben, fügt Osiander hinzu: »Weyter, dieweil vergebung der sünd Gottes will und wort ist und du doch sprichst, volkhommne seligkeit sey weit uber vergebung der sünd, zertrennest du nicht das aynig unzerteilt wesen des vaters, der unser seligkeit und erbtail ist, und des ewigen worts, darin vergebung der sünd ist, und machst darzů das wort geringer dann der vater?«[31] Das »Erdreich der Lebendigen« als eine Kreatur aber setze Schatzgeyer über das Wort Gottes, das Gott selbst sei. Damit war für Osiander der Gipfel der Ketzerei erreicht[32].

Alle weiteren Erörterungen des Nürnbergers laufen im Kern darauf hinaus, die Bedeutung des Wortes im Sakrament herauszustellen: Das Wort des »neuen testaments« ist nicht die Verheißung einer fernen himmlischen Seligkeit, sondern Vergebung der Sünden und damit Gerechtigkeit hier und jetzt, begründet im Blut Christi[33]. Der Zusatz: »Zu meinem Gedächtnis« ist Aufforderung zur Verkündigung des Worts[34]. Nicht Leib und Blut sind die Zusagung der Sündenvergebung, sondern allein die Worte, die sie zusprechen[35].

Sehr wesentlich für die Beurteilung des Osiandrischen Gottesbegriffs scheint der Abschnitt zu sein, in dem Osiander die Ansicht Schatzgeyers widerlegt, die

---

26. s.u. S. 486f.
27. s.u. S. 485.
28. Schatzgeyer, Opfer, Bl. E4b.
29. s.u. S. 487.
30. s.u. S. 487f.
31. s. ebd.
32. s. ebd.
33. s.u. S. 489f.
34. s.u. S. 491f.
35. s.u. S. 495.

unmittelbare Frucht des Sakraments sei die Liebe, denn der Mensch spüre im Sakrament die Liebe Gottes, »mit der er uns so hoch schätzte, daß er sich selbst uns gab«. Osiander bezeichnet dies als eine Teufelsrede, denn der Herr tue alle Dinge um seiner selbst willen: Wenn sich Gott dem Sünder zuneigt, so tut er es nicht, weil er diesen, »sondern weil er sich selbst so teuer schätzte, auf daß er gelobt würde«. Für Osiander beraubt die Aussage Schatzgeyers Gott seiner Ehre und ist die größte Gotteslästerung, die ihm je vorkam[36].

3. Die Datierung der Schrift Osianders

Ein eigenes Problem bildet die Frage nach der Datierung von Osianders Schrift gegen Schatzgeyer:

In Schatzgeyers Replik »Abwaschung des unflats, so Andreas Osiander dem Gaspar Schatzger in sein antlitz gespiben hat« heißt es im Zusammenhang mit der Aufzählung der Schriften, die er über die Frage der Messe bereits hatte ausgehen lassen: »... Zum dritten im pŭchlein von dem heyligisten opfer der meß in der virzehentn christlichen leer und in den nachvolgenten. Zum vieeten[!] im pŭchlein, gemacht wider das gemelt pŭchlel der vermainten seelsorger, das Osiander noch nit het gelesen in schmidung seins pŭchleins, dann es was noch nit außgangen.«[37]

Den Angaben Schatzgeyers zufolge[38] ist mit dem »pŭchlein« gegen die »vermainten seelsorger«, das Osiander noch nicht gelesen hatte, als er sein Buch schrieb, die Schrift »Von dem hochwirdigisten sacrament des zarten fronleichnams Christi« gemeint. Hatte Osiander dieses Buch, das am 10. März erschien, noch nicht gelesen, so ist seine Schrift wohl vor diesem Datum geschrieben worden. Da Schatzgeyer auf die Schrift Osianders mit keinem Wort eingeht, sondern statt dessen später eine eigene Schrift gegen Osiander veröffentlicht, ist es unwahrscheinlich, daß das Erscheinungsdatum der Widerlegungsschrift Osianders wesentlich vor dem 10. März 1525 lag. Man wird somit die Schrift gegen Schatzgeyer auf Anfang März datieren können.

»Vom hochwirdigisten sacrament« enthält in der Einleitung die Bemerkung, daß er – Schatzgeyer – es unterlassen hätte, noch weiter vom Sakrament zu schreiben, »wo nit ain neues verfŭerisch schendtlichs pŭechlin und irrige unwarhaftige entschuldigung wåre außgangen«[39]. Diese Aussage kann als nachträglicher Bezug auf Osianders Schrift aufgefaßt werden; dann wäre diese kurz vor Drucklegung des »hochwirdigisten sacraments« erschienen. Möglich wäre allerdings auch die Annahme einer Verteidigungsschrift für ›Grund und Ursach‹ von dritter Seite, doch ist eine solche nicht bekannt. Daß Osiander die Schrift Schatzgeyers »Vom fegfeur« vom 24. Januar längst kannte, geht aus der Ankündigung hervor, daß er auf »seyn gespay vom fegfeur« ein anderes Mal, wenn er dazu mehr Muße

---

36. s.u. S. 497; vgl. dazu *Pfeiffer,* Einführung, S. 131f und Anm. 102 ebd.
37. Schatzgeyer, Abwaschung, Bl. H1a.
38. aaO, Bl. H2a, J2a, K2a und K3b.
39. Schatzgeyer, Sakrament, Bl. A2a.

habe, antworten wolle⁴⁰. Damit erweist sich die Feststellung von *Paulus*, daß die Schrift über das Fegefeuer noch nicht veröffentlicht und die über das hochwürdige Sakrament noch nicht vollendet war, als Osiander auf dem Kampfplatz erschien, als unhaltbar, was die letztere Schrift anlangt als zumindest unwahrscheinlich⁴¹.

4. Die Replik Schatzgeyers

Schatzgeyer antwortete auf Osianders Entgegnung mit der polemischen Schrift: »Abwaschung des unflats, so Andreas Osiander dem Gaspar Schatzger in sein antlitz gespiben hat«, die Ende März oder Anfang April 1525 erschienen sein wird. Dieses Buch enthält zwar an vielen Stellen eine erneute Bekräftigung der bereits vorgetragenen Argumente, ist aber sehr aufschlußreich dort, wo es auf spezifisch Osiandrische Gedanken ausführlich eingeht:

Gegenüber dem Argument Osianders, daß das göttliche Wesen nicht zertrennt werden dürfe⁴², antwortet Schatzgeyer, es handele sich bei der Vergebung der Sünden nicht um das Wesen, sondern um die Werke Gottes⁴³. Wenn der Satz gelte: Im Wort Gottes ist Vergebung der Sünde, also ist Vergebung der Sünde das Wort Gottes selbst, so folge, daß Himmel und Erde, die durch das Wort Gottes geschaffen seien, dieses Wort selbst seien⁴⁴. Damit traf Schatzgeyer einen der durch das Osiandrische System nicht mehr abgedeckten Punkte der Theologie Osianders: Das grundsätzliche Gegeneinander von Göttlichem auf der einen und Kreatürlichem auf der anderen Seite in hierarchischer Anordnung war für Osiander die unhinterfragte Prämisse seines Denkens.

Der Behauptung Osianders, daß in dem im Sakrament ausgesprochenen neuen Testament Vergebung der Sünden und himmlische Seligkeit beschlossen seien und dies nicht nur den Aposteln, sondern der Gemeinde Christi zugesprochen sei, begegnet Schatzgeyer mit dem Hinweis darauf, daß die Abendmahlstexte dies nicht erwähnten und somit im Sakrament keinerlei Testament zu finden sei⁴⁵. Auf Osianders Frage, was denn für Schatzgeyer das neue Testament eigentlich sei, gibt dieser die Antwort: die sieben Worte, die Christus am Kreuz sprach⁴⁶.

Am empfindlichsten reagierte Schatzgeyer auf Osianders Bestreitung des

---

40. s.u. S. 500.
41. *Paulus*, Schatzgeyer, S. 89.
42. Die Argumentation Osianders wird ausführlich referiert bei Schatzgeyer, Abwaschung, Bl. B3b–C1a.
43. Schatzgeyer, Abwaschung, Bl. C1a–C1b.
44. aaO, Bl. C1b und C2a.
45. breit ausgeführt aaO, Bl. C2a–F3a.
46. Die Frage Osianders findet sich im 11. Punkt seiner Widerlegung Schatzgeyers, u. S. 495. Die sieben Worte Christi am Kreuz werden von Schatzgeyer in recht eigenwilliger Interpretation referiert, Schatzgeyer, Abwaschung, Bl. F3a: 1. Ablassung der Sünden, 2. Ewiges Paradies, 3. Seine allerliebste natürliche Mutter und seine Mitbrüder, 4. Ewige Vereinigung mit Gott, 5. Fülle der Seligkeit, 6. Überwindung des Todes, 7. Beseitigung aller Hindernisse vor dem Eingang zum Himmel.

Satzes, daß Gott die Menschen so hoch schätzte, daß er sich selbst ihnen gab[47]. Schatzgeyer zitiert Osiander auf einer Länge von fast zwei Seiten[48], teilt dessen Behauptung sodann in sechs Einzelthesen auf und stellt dem seine eigene Auffassung entgegen[49]. Die Widerlegung Osianders, die Schatzgeyer dann Punkt für Punkt entfaltet, beruht auf der Unterscheidung von finis principalis (Gott) und finis substitutus (Mensch)[50]. Aus dem Zusammenhang zwischen beiden folgt, daß die Liebe Gottes zum Sünder aus reiner göttlicher Milde der Selbstliebe Gottes nicht zuwiderläuft[51].

Zur Frage der Opferung in der Messe, die Osiander auf den letzten Seiten seiner Schrift anschnitt[52], gibt Schatzgeyer noch einmal seine grundsätzliche Auffassung in neuer Form. Er unterscheidet zweierlei Arten der Opferung: realis (am Kreuz) und mysterialis. Das sacrificium mysteriale ist die figürliche Opferung durch die Kirche im Alten Testament, ehe Christus geboren war. In gleicher Weise wird Christus nach seinem Kreuzestod unter dem neuen Gesetz geopfert. Wurde er vorher unter äußeren (symbolischen) Zeichen geopfert, so nachher unter Einschluß seiner Gegenwärtigkeit[53]. Gegen den Angriff Osianders, daß nach der Schrift Schatzgeyers die Kirche offensichtlich die eigentliche Opferung vornehme, Christus sich selbst hingegen nur uneigentlich opfere, führt Schatzgeyer erneut den Nachweis, daß Christus als Haupt der Kirche sich selbst opfere und zugleich von der Kirche geopfert werde[54].

Nach einem Angriff gegen den Mißbrauch der griechischen und hebräischen Sprache durch Osiander zur Widerlegung kirchlicher Lehrmeinungen[55] kommt Schatzgeyer zu dem Schluß, daß Osiander und die Nürnberger Pröpste durch die Abschaffung des Meßopfers gezeigt haben, »das sie von des antichristn heer sein, von wellichem geschriben stet, das er das stett und ewig opfer in der kirchen wird aufheben«[56].

5. Ein Nachspiel

Osiander sah sich nicht veranlaßt, auf diese Antwort Schatzgeyers erneut öffentlich zu reagieren. Dagegen erschien im folgenden Jahr eine anonyme Schrift unter dem Titel »Anzaygung etlicher irriger mengel, so Caspar Schatzgeyer barfüsser in

---

47. »Wer soll handeln mit windigen und wütenden hunden, die niemantz schonen, sonder mit giftigen zenden anfallen, wer in kumbt, vor wellichen uns unser seligmacher gewarnt, sprechend: Ir solt das heylig (das ist das wort Gotts in rechtem verstand) nit geben den hunden, das sy euch nit zerreissen?« (Schatzgeyer, Abwaschung, Bl. G1a–G1b).
48. Schatzgeyer, Abwaschung, Bl. F4b–G1a.
49. aaO, Bl. G2a–G2b.
50. aaO, Bl. G3a.
51. aaO, Bl. G3b.
52. zitiert von Schatzgeyer aaO, Bl. H2a.
53. aaO, Bl. H3a–H4a.
54. aaO, Bl. K1a–K1b.
55. aaO, Bl. K2b und K3a.
56. aaO, Bl. K3b; Schatzgeyer bezieht sich hier auf Daniel 9,27; 11,31; 12,11.

seinem büchleyn wider Andream Osiander gesetzt hat«[57]. Der Verfasser weist sich aus als Nürnberger Bürger, »doch vom Stamm aus Bayernland geboren«. Wenn er sich auch als »unerfahrener Laie«[58] bezeichnet, so erscheint er doch keineswegs als ungelehrt. Seine Fragen lassen deutlich erkennen, daß er der reformatorischen Theologie zuneigt. Das schwierigste Problem ist für ihn die Frage der Mitwirkung des Menschen an seiner eigenen Seligkeit. Er ist der Auffassung, daß die Ehre Gottes geschmälert werde, wenn dem Menschen eine Mitwirkung an seiner Erlösung eingeräumt wird. Die ganze Auseinandersetzung seiner Zeit um das Wort Gottes führt er auf diese Frage zurück. Folgerichtig lehnt er die Tradition als Argument in der theologischen Auseinandersetzung ab.

Schatzgeyer reagierte auf diese Anfrage mit einer eigenen Schrift: »Ein gietliche und freuntliche antwort auf eines ersamen, der warheyt begerenden christlichen burgers von Nürnberg (doch purtig aus Bayern) sandtbrief« etc[59]. Die Frage des Nürnbergers beantwortet er mit dem Hinweis, daß Christus, da er das Haupt am Leib der Kirche sei, stets in ihr gegenwärtig sei. Überdies habe er verheißen, seinen Heiligen Geist zu senden. Dieser Geist habe die Kirche nie verlassen. Daher seien ihre Satzungen weder unrechtmäßig noch unchristlich, noch dürfe behauptet werden, daß »Evangelium habe etliche hundert Jahre unter der Bank gelegen«[60]. Damit zeigt sich wiederum, daß die Wurzel der Kritik Schatzgeyers an der Reformation seine Lehre von der Kirche war.

6. Überlieferung und Sigla

Drucke:

A: Nürnberg, [Jobst Gutknecht], 1525 = *Seebaß*, Bibliographie, S. 32, Nr 8.1.1. Dieser Druck liegt unserem Text nach dem Exemplar in Erlangen UB, Thl. V, 1254 zugrunde. Die in *Seebaß*, aaO, S. 32, Nr 8.1.2 genannte Ausgabe hat als einzige Änderung eine Verbesserung auf dem Titelblatt.

B: [Augsburg, Philipp Ulhart], 1525 = *Seebaß*, aaO, S. 32, Nr 8.2.

---

57. zitiert nach *Pfeiffer*, Dürer und Spengler, S. 396; nach *Pfeiffer* wurde diese Schrift in Nürnberg gedruckt, vgl. auch *Pfeiffer*, Einführung, S. 133.
58. zitiert nach *Paulus*, Schatzgeyer, S. 86.
59. zitiert nach *Möller*, Osiander, S. 528, Anm. 39; vgl. *Paulus*, Schatzgeyer, S. 146, Nr 24.
60. zitiert nach *Paulus*, Schatzgeyer, S. 88.

Text

[A1a:] Wider Caspar Schatzgeyer barfuser münchs unchristlichs schreyben, damit er, daß die messz eyn opfer sey, zu beweysen vermaint. Andreas Osiander. Nürmberg. Anno 1525.

[A2a:] Dem christlichen leser wünscht Andreas Osiander gnad, frid und barmhertzigkait von Got dem vatter und von seinem aynigen sun Jesu Christo, unserm herren¹.
Es hat mich etwa lange zeyt seer betrübt und ubel verdrossen, daß dem sathan so vil gewalts wider Gottes wort zů üben solt verhengt und gestatet werden, darumb daß ichs dafür hielt, es würd Got dardurch auffs höchst veruneert, die armen unverstendigen verfürt und die diener des worts mit verfolgung, das dann dem flaisch wee thůt, untreglich beschwert.

Aber nun (Gott sey lob) bin ich vil anders gesynnet, und das mich vormals offt hat traurig gemacht, erfreuet mich yetzt auffs höchst; dann ich merck und spür geweltigklich, daß der allmechtig, ewig Gott den sathan mit allen seinen schuppen² und anhengen darumb erweckt, daß er seyn gewalt und weyßhait an im erzayge und dardurch gepreyset werde, gleychwie er auch dem Pharao thett, von dem er spricht Rom. am 9. [17]: »Eben darumb hab ich dich erweckt, daß ich an dir mein macht erzayge, auff daß mein name verkhündigt werd in allen landen«. So sich ich auch darbey, daß erᵃ die feind seynes worts dermassen erplendt³ und zů narren macht, daß sy inen selbst den grösten schaden thůn; also [A2b:] daß sy nicht alleyn nichts außrichten, sonder ihre gotlose boßheyt und greyfliche blintheyt, deren wir sy doch sonsten nicht zeyhen dürfen, auch den kyndern offenbar und bekannt machen und derhalben niemand mer mögen verfůren, dann die vorhyn von Got verlassen und zů irren verstossen sein⁴. Wer wölt doch in sölichem ernstlichen, erschrocklichen und mechtigen werck den allmechtigen Gott nicht erkennen, von dem der frumm Hiob am 12. [13–25] sagt: »Bey im ist weyßheyt und gewalt, rath und verstandt. Sihe, wann er zůpricht⁵, so hilft kein pauen, wann er verschleüst, kann niemant öffnen. Wann er das wasser beschleüst⁶, so wirts alles dürr, und wann ers außlest, so kert es das landt umb. Er ist starck und fůrets hynauß, sein ist, der da irret und der da verfůret. Er fůret die klůgen wie eyn raub und macht die richter toll. Er löset auff der könig zwang und gürtet ire lenden. Er fůrt die priester wie ein raub und lests den festen felen. Er wendet ab die lippenᵇ der wahrhafften und nympt weg die sitten der alten. Er

---

a) fehlt B. – b) lefftzen: B.

1. Vgl. 1Tim 1,2; 2Tim 1,2.
2. Anhänger.
3. verblendet.
4. Vgl. 2Thess 2,11.
5. zerbricht.
6. sperrt, zurückhält.

schüt verachtung auff die fürsten und macht den bundt der gewaltigen loß. Er wendet ab das hertz der obersten des volcks imm lande und macht sy irr auff eym unweg⁷, daß sy die finsternuß tappen on liecht, und macht sy irr wie die truncknen«?

Dieweyl wir nun so ôffentlich sehen, daß Christus der herr, der das wort des vatters ist, also »zû eynem [A3a:] fall und aufferseen viler in Israel und zû eynem zeichen, dem man widerspricht, gesetzt ist, auff daß viler hertzen gedancken offenbar werden«⁸, warumb wolten wir nicht auch mit dem propheten Esaia gedencken und sprechen: »Seyt nur starck, ir werdt dannocht uberwunden, begürtet euch und ir werdt uberwunden. Macht eyn rathschlag, er wirt zertrennt; thût eyn rede, es wirt nit geschehen, dann Got ist mit uns«⁹? Dann was hatt doch der sathan biß hieher – beyde, auff der rechten und lincken seytten, durch seine aposteln und kriegßleut, die sophisten und hymmlische propheten – anders außgericht, dann nur sich selbs und sein gantzes reych zûschanden gemacht und damit unser uberwindung gefürdert?

Sôlcher teuren ritter und kriegßmenner ist auch der elendt parfussermünch Caspar Schatzgeyer eyner, der sich zû beweisen, daß die messz ein opfer sey, understanden, aber vil eyn anders, dann er imm synn gehabt hat, außgericht, nemlich sich selbs vor Got und der welt als eyn tollen, wansynnigen und gotlosen lûgner ôfenlich auch zûschanden gemacht. Derhalben nit unpillig sein schrifft von yederman veracht und verlacht wirt, wie er sich desselbs auffs hôchst beklagt und sagt, man wôl nicht lesen, sonder verhyndern, vertruck¹⁰ und verpiet seine und seinsgleichen bûchlin und fürder dargegen der widersacher schreyben, das doch ein [A3a:] offenbare, greifliche lûgen ist. Dann wer weyß nit, daß lange zeit her des Luthers und seinsgleichen büchlein auch bey denen, die inen anhengig geacht, zû trucken und verkauffen sein verpoten gewest¹¹. Wer hatt aber yemals gehört, daß an eynigem ort eyns bâpstischen schrifft sey verhindert oder verpotten worden? Sein ungeschickte, gotßlesterliche irrthumb machen, daß es wenig leut môgen lesen.

Dieweyl in aber das so hart verdreüst¹² und ye gern wôlt, daß seyn torhait yderman offenbar würde, will ich im darzû helfen und ein sôlche farb anstreychen, daß es menigklich¹³ angenem und also außgepraytet werde. Darumb bitt ich eyn yeden christlichen leser, er wôll mirs nicht für ubel haben, so ich dem narren (wie

---

7. schlechten Weg.
8. Lk 2,34f.
9. Jes 8,9f.
10. unterdrücke.
11. Das Wormser Edikt mit seinem Gebot der Vernichtung lutherischer Schriften war nach wie vor in Kraft (vgl. RTA 2, S. 656). In Nürnberg wurde das Edikt zwar nicht durchgeführt, doch kam es wiederholt zur Erlassen des Rats gegen den Druck und die Verbreitung lutherischer Bücher, die jedoch ziemlich wirkungslos blieben und vornehmlich mit Rücksicht auf die Anwesenheit des Reichsregiments in den Mauern der Stadt ergingen; s. hierzu *Müller*, Zensurpolitik, S. 74–85.
12. verdrießt.
13. jedermann.

mich Salomon leret) »nach seiner torheyt antwort, auf daß er sich nicht weyß bedunckt sein«[14]. Dann es sicht mich für gůt an, daß man sőlch leut scharpf und ernstlich straff, auff daß, so sy verstockt pleyben, sich doch andere daran stossen und fürsichtiger handeln. Gottes gnad sey mit uns allen. Amen.

[A4a:] Es haben die eerwirdigen herren, beyder pfarrkirchen prŏbst hie zů Nürmberg, grund und ursach, warumb sy die mißpreüch bey der messz abgethan, im truck lassen außgeen[15] und den jarmarckt des opfers und meßverkauffens sampt dem fegfeur dermassen gehandelt, daß der abgot solcher meßverkauffer, nemlich der bauch[16], nicht alleyn hoch erzürnt, sonder auch schier verzweyffelt und verhungert ist. Das kőnnen die heiligen våtter, die sich lange zeyt damit ernert haben, nicht ungerochen[17] lassen und müssen auß Gottes ungnaden ein hauptman, der sőlch ir unchristlich herkhommen sich zů verfechten undterstee, auffwerffen[18].

Darzů hatt sich dyser Caspar Schatzgeyer für geschickt und tůglich[19] angesehen, ee dann ers in die hend hat genommen; aber imm werck hat er ein anders gefunden, nemlich daß er im zů schwach gewesen ist. Dann dieweyl er schier von wort zů wort wider sőlich unser außgangen grund und ursach schreybt, will er doch in keynem titel sich desselben lassen mercken, on zweyffel auß keyner andern ursach, dann daß er geforcht hatt, es werden beyde, seyn und unser schrifft gegeneynander gehalten und gefunden, daß er die mechtigisten[20] gründe nicht mit heyliger schrifft angegriffen, sonder nur mit den [A4b:] traümen seines eygen kopfs besudelt hab, welchs zů verpergen dem pauch Gotß ein sonderlich dienst gewest ist. Es soll in aber, ob Gott will, nichts helfen, dann ich will in auß der finstern bey dem har an das liecht ziehen, wie fast er sich verdeckt[21], wann er gleych noch so glat beschoren[22] were, und das mit kurtzen worten.

Wie Schatzgeyer beweyset, daß die messz ein opfer sey

Imm andern teyl seines bůchleins von der meß (dann wer mőcht sein gschwetz alles lesen, will geschweygen verantworten) an der aylften unchristlichen[23] leer schreybt er also:

»Das hochwirdigist gnadenreich sacrament, das man nympt für den leyb und plůt Christi, von dem wir hie reden, ist nicht das neu testament dem verstandt nach deren, die auß dysem wort sich undtersteen zů beweren[24], daß es kein opfer sey«[25].

---

14. für weise hält; Spr 26,5.
15. Vgl. *Seebaß*, Bibliographie, S. 15, Nr 5, und o. S. 175–254, Nr 20.
16. Vgl. Phil 3,19; Rőm 16,18.
17. ungeåcht.
18. einsetzen.
19. tauglich.
20. zwingendsten.
21. wie sehr er sich verbirgt.
22. geschoren.
23. Schatzgeyer spricht von »christlicher« Lehre.
24. beweisen.   25. weitgehend korrektes Zitat aus Schatzgeyer, Opfer, Bl. E4a.

Ich will hie ein yeden frommen christenmenschen umb Gotß willen bitten, er wölle dyse wort nicht obenhyn, sonder mit vleiß und ernst ermessen. Dann man handelt hie nit von unnützer war als aplaßbrieff oder ander menschentandt, sonder vom lebendigen wort Gottes, das Got selbs und unser leben und liecht ist, welchs uns wider zů nemen der teüffel all sein list und behendigkait [B1a:] praucht, wie wir nun wöllen sehen.

Zum ersten: Ist nit das ein unchristlich, grausam, erschrockenlich und teüflische rede, daß der unsynnig münch mit so klaren worten dem heiligen evangelio auffs allerunverschåmptist widerspricht? Schreybt nit Lucas am 22. cap. [20] also: »Das ist der kelch, das neu testament in meynem plůt, das für euch vergossen wirt«, und Paulus 1. Cor. 11 [25]: »Dyser kelch ist eyn neu testament in meinem plůt«? Warumb spricht dann dyser münch, das hochwirdig, gnadenreych sacrament sey nicht das neu testament? Was hatt in doch so unsynnig gemacht? Fürwar, nur ein kleins wörtlin, das also lautet: Imm opfer gibt man Got, imm testament empfahet man von Got; darumb kann eyn ding auff einmal nit ein opfer und testament sein. Auff daß aber das heylig sacrament nach seiner geytzigen[26] maynung ein opfer pleib (darvon er doch nit ein bůchstaben auß der gantzen geschrifft kann anzaigen, wann er gleich darob zerprechen solt), so můß im der heylig Geist zů eynem lůgener werden, der doch so öffenlich sein meynung durch Lucam und Paulum angezaigt und eröffnet, daß es das neu testament sey. Sein nicht das feyne, fromme, heilige münch? Was solt man sich zů den andern versehen, so das die gelertisten undter in thůn und sich doch so gar nit schämen, sonder klagen, man wöll ir ding nit lesen, gleich als hetten sy gar wol auß-[B1b:]gericht? O du unseliges Bayerlandt[27], daß du sölich leut nicht alleyn leyden, sonder auch für göttlich lerer halten und hören můst! Und wee den fürsten, die sich söliche bůben, wider Gottes wort zů fechten und das unschuldig blůt irer underthanen, die sy beschützen und beschirmen und ire våtter sein sölten, zů vergiessen, lassen erwecken. Got wirts on zweifel nicht lang ungerochen lassen.

Zum andern hilft in gar nichts, daß er im vermaynt, ein hůtlein auffzůsetzen[28], und spricht, es sey nicht das neu testament nach dem verstandt deren, die auß dysem wort sich undtersteen zů beweisen, daß es keyn opfer sey. Dan es wirt sich hernach in all seinen worten finden, daß er nicht alleyn wider dieselben, sonder auch öffentlich wider Lucam und Paulum redet und sy, als hettens falsch geschriben, frevenlich strafft. Das will ich hernach beweysen.

Zum dritten understeet er sich, sölch sein unchristlich leer mit syben bewerungen[29] zů erhalten, der doch keyne, wie wir sehen werden, in der geschrifft mit einem aynigen bůchstaben weder angezeygt noch gegründet ist. Dannocht wölt er uns gern uberreden, er hets auß der schrift beweist. Dann er spricht in der ersten bewerung also: Eyn testament soll in im begreyffen alles gůt, das der

26. habgierigen.
27. Schatzgeyer war zu diesem Zeitpunkt Guardian im Münchner Franziskanerkloster; vgl. Einleitung, S. 471.
28. etwas zu verbergen, zu betrügen *(Wander,* Sprichwörterlexikon 2, Sp. 953).
29. Beweisen.

testierer[30] den erben verschafft. Aber das heylig sacrament begreyfft nicht alle gůtter etc., darumb ists keyn testament. Der [B2a:] allmechtig Got wöll sich uber sölche tieffe unwissenheyt und greyfliche blintheyt erbarmen! Dann sag an, lieber Schatzgeyer: Was ist ein testament, die gůtter, die man verschafft[31], oder die schrifft und wort, darin das verschaffen gůt und der erb wirt angezeygt?[32] Weytter: Seind nicht die gůtter, so wir kinder Gottes, brůder und miterben Christi[33] empfahen, alle samptlich in dem gnůgsamlich verfast[34], daß Got von uns hynwegneme alles, was schedlich ist, und gebe uns alles, was uns gůt ist? Was wolstu doch mer begeren oder nur gedencken?

Nun sihe es an, wie du wilt, so kanstu nit entfliehen. Dann wir haben ye[35] vergebung der sünd in dysem sacrament, dieweyl er spricht: »Das für euch und für vil vergossen wirt zur vergebung der sünden«[36]. Daran hangt unwidersprechlich das absteen von sünden; dann Got vergibt gewißlich denen die sünd nit, die ewiglich darinnen verharren. So können wir ye der sünd in dysem leben nicht gentzlich absteen; dann alle unser gerechtigkeit sein wie ein plůtig klaid, als Esaias am 64. [5] sagt. Darumb auch David am 143. psalm [2] spricht: »Herr, tritt nicht mit deinem diener in das gericht, dann vor deinem angesicht wirt nicht gerechtfertigt alles, das da lebet«. Und Eccles. am 7. [20]: »Es ist keyn mensch auff erden, der gůts thů und nicht sündige«. Darumb, soll die sünd vergeben werden, müssen wir sterben; »dann wer gestorben ist, der ist gerechtfertigt von sünden« (Rom. 6 [7]). Derhal-[B2b:]ben sein wir auch durch die tauff vorhyn zů gleichem tod mit Christo gepflantzt, daß wir auch der auffersteung gleych werden[37].

So tregt nun vergebung der sünd, daran das sterben hangt, auff ir[38] hynwegnemung alles ubels, forcht, trauren, schwachheyt, kranckheit, hunger, durst, müde, frost, arbayt und sterblichkait; dann wir werden nach der auffersteeung Christo gleych werden. Diß alles ist durch das wort »vergebung der sünd« eynem yeden christen genůgsamlich anzaygt, so er anderst die tauff, die vor dysem sacrament empfangen und verstanden werden soll, recht versteet, von der du und dein hauff gleich so vil wist als ich von des Machomets alchoran[39].

Weytter haben wir ye Christum in dysem sacrament, welcher uns gemacht ist von Got zur weißheyt und zur gerechtigkeyt und zur heyligung und zur erlösung (1 Cor. 1 [30]). Dann er spricht ye: »Nempt hin und esset, das ist meyn leyb. Nempt hyn und trincket auß dysem alle, das ist mein plůt.«[40] So wir nun hie

---

30. Erblasser.   31. zuteilt.
32. Vgl. Luther in ›De captivitate Babylonica‹ (WA 6, S. 513,24): »Testamentum absque dubio est promissio morituri, qua nuncupat haereditatem suam et instituit haeredes.«
33. Röm 8,17.
34. zusammengefaßt.
35. jedenfalls, ja.
36. Mt 26,28.
37. Röm 6,5.
38. sich.   39. Koran.
40. Mt 26,26–28; Mk 14,22–24; Lk 22,17–20; 1Kor 11,23–25. Das Zitat entspricht keiner der genannten Stellen genau.

Christum selbs haben, so haben wir gantz genůg; dann er spricht Joan. am 6. [57]: »Welcher meyn fleysch isset und mein plůt trinckt, der pleibt in mir und ich in im«. Und wiewol das vom geistlichen essen und trincken im glauben geredt ist, so wissen wir doch, daß das eüsserlich umb des geystlichen willen eingesetzt und on das geystlich nicht sein soll. Welcher nun in Christo pleibt, der pringt vil frücht, Jo-[B3a:]annis am 15. [5], und wo Christus ist, da soll auch sein diener sein[41]. Was mögen wir dann mer begeren, so wir Christum haben?

Wiltu aber sprechen: Es volgt wol alles gůt hernach, wo Christus ist; es wirt aber in dysem sacrament, wie sich in eynem testament gepürt, nit anzaigt? Darauff soll nicht ich, sonder der heylig Paulus, ja du solt dir selbs eben antworten und dein grosse bůberey offenbar machen. Dann bald hernach bekennestu, daß in dysem sacrament alle götliche verhayssung gelaystet werden, und beweisest dasselb mit Paulo, der Rom. 8 [32] also spricht: »Got hatt seines aygen suns nit verschonet, sonder hatt in für uns alle dahyngeben; wie solt er uns dann mit im nicht alles geschenckt haben?« Sichstu nun, daß Paulus für offenbar helt, so Christus, eyn herr aller ding, unser ist, daß uns alle ding mit im geben sein? Gedenckestu auch, daß du es selbs bekennt und also geschriben hast? Ists dann nun nit klar genůg, daß durch vergebung der sünd, hynwegnemung alles bösen und durch darraychung des leibs und plůts Christi schanckung[42] aller gůtter volkommenlich begriffen sein? Wie darfstu dann so ein toller münnich sein und hie verlaugnen, es seyen die gůtter hierin nicht alle genůgsam angezaigt, so du doch baldt hernach nicht allein bekennest, sonder auch streittest, es seyen alle zůsagung und gůtter in dysem sacrament gelaistet?

[B3b:] Wiltu nun die wort ein testament nennen, so hastu ye das wort, darin uns angezaigt wirt, daß die sünd nicht umb unser werck willen, sonder um des blůtvergiessens und sterbens Christi willen wirt nachgelassen[43], für ayns. Du hast auch das wort, das dir das fleysch und plůt Christi anzeigt und nemen haist[44], für das andere. Du hast auch das wort, das dir anzeygt die erben, da er spricht: »Das für euch und für vil vergossen wirt zur vergebung der sünd«[45], für das dritt. Was wiltu mer? Ich merck wol, wann ich dir wölt volgen und in eynem testament eyn bůch verschaffen, ich můst von wort zů wort, was imm bůch geschriben were, anzaigen, oder du wirst sagen, es ist nit gnůgsam anzaigt.

Wiltu aber die verschafften gůter ein testament heissen, so sein sy auch da. Dann vergebung der sünd kanstu ye weder sehen, greiffen, schmecken oder riechen, du můsts ye nur hören; so můß sy auch imm wort sein. Das hastu, da er spricht, sein plůt werd nicht vergeblich, sonder umb vergebung der sünde vergossen[46]. So ist ye Christus selbs auch da und ist nit allain da, sonder wirt dir zů aygen geben, daß er in dir und du in im pleibst[47], so du anderst glaubest. Was gůtter mangeln

---

41. Joh 12,26.   42. Schenkung.
43. Röm 3,20.28; Gal 2,16.
44. Vgl. Anm. 40.
45. Vgl. Anm. 40.
46. Mt 26,28.
47. Joh 6,56.

dir dann? Kaines fürwar, aber verstands mangelt dir. Wer will doch so plint sein und hie nicht sehen, was gotlosen frevels in sölchen leuten sich täglich an tag gibt und offenbar wirt? Und sy dannocht für geystlich und hochgelert leut [B4a:] wöllen geacht und gerûmbt sein.

Zum vierdten bringt er noch ein ungeschicktere beweisung und spricht, Christus heyß allayn das plût ein testament und nicht den leyb⁴⁸. Darumb, so es dyses worts halben ein testament sein soll, so volge, daß allayn das plût ein testament sey⁴⁹. Ich mayn ye, das haiß maisterlich beweist, daß es kayn testament sey! Christus haist allein das plût ein testament und nicht den leib. Das gefelt dem Schatzgeyr nit, dann er maynt, sölt es ye ein testament sein, so müst er den leib auch eyn testament gehaissen haben, damit er zway hett, ob er villeicht ains verlür. Und ist im doch an aynem zûvil; dann er sichts für gût an, vermaints auch zû erhalten, daß es gar kain testament sey, damit es lenger umb gelt verkaufft möcht werden. Und damit sein unsynnig geduncken⁵⁰ und frevel besteen möge, mûß Christus liegen und dises heilig sacrament gar kein testament sein. Wiltu, ellender Schatzgeyr, noch nit mercken, daß der sathan dich und deingleychen reittet und nur für spotfögel⁵¹ des wort Gottes wie die habich in der welt umbtregt? Wie hastu hie des worts so pald vergessen, das du und dein hauff biß zum verdruß getriben habt, der leib sey nicht on plût, und das plût sey nicht on den leib? Und ob schon das plût allain das testament were, mustu darumb dasselb verleügnen und Christum zû einem lügner wöllen machen?

[B4b:] Zum fünften kumpt er mit einem gleichnuß und spricht: »Das plût der böck und kelber ist nicht das alt testament, darumb ist auch das plût Christi nicht das neu testament«⁵². Und waiß doch der grob esel wol, daß die gleichnuß in disen dingen nichts beweisen, es für sy dann der heilig Geist selbs in der heiligen schrift⁵³. Ich wölt sunst auch sprechen: »Das plût der böck und kelber ist ein bestättigung eines zergencklichen testaments; darumb ist auch das plût Christi ein bestättigung eines zerglichen und nicht eines ewigen testaments«. Item: »Das plût der böck und kelber rainiget das gewissen nicht von sünden«, Hebre. am 9. [12f], »darumb rainigt auch das plût Christi nicht von sünde«. Wer nicht das feyn schatzgeyrisch beweiset? Ja, were es nicht eyttel teüflische gotßlesterung? Darzû bedenckt er vor grosser tollhayt nicht, daß der kelch on das wort nicht plût, sonder wein ist. So nun das wort Gottes darbey sein mûß, wie aller sacrament art ist und er im ersten tayl seines bûchleins selbs bekennt, warumb solt es umb

---

48. Vgl. Mt 26,28; Mk 14,24; Lk 22,20; 1Kor 11,25.

49. Schatzgeyer schreibt: »Zum andern in worten unsers behalters ist das wörtlein ›testament‹ nit dem leyb, sondern allain dem blût zûgesetzt. So nun dises worts halben das sacrament des altars ain testament ist, so volget, das allain das blût Christi ist das neu testament« (Schatzgeyer, Opfer, Bl. E4b).

50. Gutdünken, Meinung.

51. Vögel, die die Stimmen anderer nachäffen (*Schmeller*, Wörterbuch, Sp. 691).

52. Schatzgeyer, Opfer, Bl. E4b: »Zum dritten, das blût der böck und kelber (wöliches ain figur des blûts Christi) ist nit gewest das alt testament, sonder ain zaychen seiner bestetigung. Darumb so ist auch nit das blût Christi das neu testament«.

53. Vgl. RGG 3, Sp. 242–262, und *Müller*, Figuraldeutung, S. 229f.

des worts willen nicht ettwas mer gelten dann kelberplůt? Lieber Schatzgeyr, thů das wort Gottes, nemlich die zůsagung des alten testaments, zům plůt der kelber, so wirst du gewißlich müssen bekennen, daß es ein testament sey, und alsdann wirt die gleichnuß also geen: Gottes verpündtnuß⁵⁴ oder zůsagen sampt dem plůt der kelber, damit es besprengt und bestättigt wirt, ist das alt testament. [C1a:] Darumb vil mer das wort, das uns die sünd dürchs blůtvergiessen Christi nachgelassen werd, sampt seinem plůt, damit es bestättigt wirt, ist das neu testament.

Zum sechsten, da khumpt erst die recht maisterschafft; da ist keyn schertz mer, sonder eyttel schneidende wafen und feurige pfeil, darvor sich niemant erreten kann. Dann also sagt er: »Die gůtter, uns von Christo geschafft, seind nicht allain vergebung der sünd, sonder auch die ewig erbschafft und erdtrich⁵⁵ der lebendigen sampt der volkhommen seligkeit, welche weyt fürtreffen⁵⁶ die ablassung der sünden«⁵⁷. Behůt, allmechtiger Got, wo wöln wir ein David nemen, der dysen Goliath erschlage? Ich frage dich, lieber Schatzgeyer, daß ichs hinden anfahe: Was ist volkhomne seligkait? Ists nit Got selbs? Und allain darumb David bittet am 35. psalm [3]: »Sprich zů meiner seel: Dein heyl bin ich«. Oder müssen uns die creatur selig machen? Das wirstu nit sagen, du seyest dann gar unsynning. Was ist aber das erdtrich der lebendigen? Ists nicht das ort oder die stat, da wir mit Christo ewig pleiben, und ein erschaffne creatur? Und was ist die ewig erbschafft? Ists nicht die volkommen seligkeit, wie David am 16. psalmen [5] sagt: »Der Herr ist mein gůt und mein erbtail«. So sein ye unwidersprechlich volkomne seligkeyt und ewige erbschafft ain ding, nemlich Gott selbs; wie zů den Hebreern am 1. [14] anzaigt wirt, daß die engel außge-[C1b:]schickt werden umb der willen, die ererben söllen die seligkeit. Sichstu nun, daß erbschafft und seligkeyt ein ding ist? Warumb zertaylst aber du es?

Was ist aber vergebung der sünd? Ists nicht der gůt, gnedig und barmhertzig will und rathschlag Gottes uber uns? Gottes will und rathschlag, ists nicht Gottes Wort und Got selbs, von welchem Joannis 1 [4]ᶜ: »In im ist das leben, und das leben ist ein liecht der menschen«? Wie darfstu dann sagen, Got möge die sünd vergeben und doch das ewig leben nicht geben? Ist nicht das öffenlich verlaugnet, daß imm wort Gottes das leben sey? Weytter, dieweil vergebung der sünd Gottes will und wort ist und du doch sprichst, volkhommne seligkeyt sey weyt uber vergebung der sünd, zertrennest du nicht das aynig, unzertailt wesen des vatters, der unser seligkait und erbtail ist, und des ewigen worts, darin vergebung der sünd ist, und machst darzů das wort geringer dann der vatter? Ist das nit ketzerey, so waiß ich nit, was ketzerey ist. Uber das alles setzestu das erdtrich der lebendigen,

---

c) ergänze: geschrieben steht.

54. Vertrag, Bund(esschluß).
55. Erdreich.
56. übertreffen.
57. Schatzgeyer, Opfer, Bl. E4b: »Die gůter, uns von Christo in seynem neuen testament geschafft etc ... wöliche allesampt weyt fürtreffen die ablassung der sünden«. Im übrigen ist das Zitat bei Osiander korrekt.

das doch ein creatur ist, uber Gotes wort, darin vergebung der sünd beschlossen und das Got selbs ist. Wie dunckt dich nun, sol man die ketzer verprennen[58], wer seind sy?

Huy nun, Schatzgeyer, schreib mer bůchlein und verwunder dich dann, daß man sy weder kauffen noch lesen will. Es solt dich billicher verwundern, so die menschen dein schonen, daß dich umb solcher [C2a:] deiner gotßlesterung willen nicht die unvernünftigen thier zerreissen oder aber das feur von hymmel herabkeme und dich verzeret. Will dich sonst nichts bewegen, daß du deynes verfůrens absteest, so laß dich doch das bewegen, daß Got uber dein lestern so gnedig und barmhertzig ist und noch ymmerdar wartet, ob du dich bessern wőltest.

Zum sybenden khumpt er aber mit eyner gleichnuß und sagt: »Wie imm alten testament das land Chanaan verheyssen ist, also wirt imm neuen das ewig vatterlandt verhaissen; das geschicht aber bey dysem sacrament nicht, darumb ists kain testament«[59]. Hilf, almechtiger ewiger Got, wie gar ist kein weißheit in uns, wann du uns verlassest! Ich hett nit gemaynt, daß in so wenig worten so vil irrthumb zů begreiffen möglich were, wann ichs nicht bey dysem Schatzgeyer hett erfarn.

Dann das ist der erst irthumb, daß er will mit gleichnussen beweisen, die der heylig Geist nicht selbs angezaigt hat; wie droben[60] gnůg erweiset ist, daß nichts schliesse.

Der ander irrthumb, daß er sagt, die verhaissung des alten testaments sey das landt Canaan; das doch nicht war ist. Sonder also lautet die verhaissung imm andern buch Moisi am 9. cap. [Ex 19,5–8]: »›Werd ir meiner stymm gehorchen und meyn bundt halten, so solt ir mein eygenthumb sein vor allen vőlckern, [C2b:] dann die gantz erd ist mein; und ir solt mir ein priesterlich kőnigreich und ein heyligs volck sein‹. Das sein die wort, die du den kyndern Israel sagen solt. Mose kam und fodert[61] die eltisten imm volck und leget in alle dyse wort für, die der Herr gepoten hatt. Und alles volck antwort zůgleich und sprachen: ›Alles, was der Herr geredt hatt, wőllen wir thůn‹. Und Mose sagt die rede des volcks dem Herren wider.« Darnach gab im Got die gepot alle nachainander, und er zaigets dem volck wider an (am 24. cap. [1–8]) und bestăttiget sőlch testament oder verpündtnuß mit blůt und besprengt das buch der gepot darmit. Sőlches alles wirt auch zů den Hebreern am 9. [11–28] feyn erklert. Aber die verhaissung des landts Canaan geet dyses testament nichts an, dann sy ist vil hundert jar darvor geschehen[62].

---

58. Die Ketzerverbrennung war Reichsrecht. Sie wurde eingeführt durch die Konstitution »Inconsutilem tunicam« Friedrichs II., die 1232 von Sizilien auf das ganze Reich ausgedehnt wurde (vgl. LThK 5, Sp. 700).

59. Schatzgeyer, Opfer, Bl. F1a: »Im alten testament aber ward verhaissen das land Chanaan sampt seynen früchten und fruchtbarkayt. Darumb so begreüft und verhayst das neu testament die seligkayt des hymlischen vaterlands, von welcher hie in worten unsers seligmachers kein meldung geschicht.«

60. s. o. S. 486f.

61. fordert.

62. Gen 12,7.

Der dritt irrthumb, daß er die gleicheyt des alten und neuen testaments, wie, wann und wo er will, on gezeügnuß⁶³ der schrift, allain mit dem spruch Ezechielis am 1. [16] vermaint zů beweisen: »Es war ein rad inmitte des andern rads«⁶⁴. Dann sólchs ist noch nye anderst außgelegt worden, dann daß sich die 4 evangelisten vier råden am wagen gleichen und doch einer in dem andern hange, also daß, der einen recht versteen will, můß sy alle vier wissen⁶⁵. Damit beweist man aber nicht, daß das alt und neu testament můß gleich sein, wie und wann der Schatzgeyer will.

Der vierdt irrthumb: Wann er den Ezechiel gleich [C3a:] einfůrt uber das neu testament, wie es gemainklich verstanden wirt, so schluß⁶⁶ es doch nichts. Dann die außlegung, daß die råder in rådern seyen die vier evangelisten, ist noch nit gewiß.

Der fünft und allergróssist irrthumb ist, daß er spricht, das neu testament ververhaisse die seligkait des hymmlischen vatterlands, von welchen in worten unsers seligmachers kain meldung geschehe.

Hie merck und bedenck ein yeder frommer christ, ob nicht das auff einmal das gantz euangelion Christi, unsers heilands, gefelscht und verlaugnet sey. Dann was uns im neuen testament wirt verhaissen, hatt der prophet Jheremi am 31. [31–34] lang zůvor verkündigt und gesprochen: »Sihe, die tåg khommen, spricht der Herr, ich will machen mit dem hauß Israel ein neu testament, nicht wie das testament, das ich gemacht hab mit euern våttern an dem tag, da ich sy bey iren henden nam und außfůret von dem land Egypti, das sy zůnichte haben gemacht etc. Sonder das soll das testament sein, das ich mit in will auffrichten: Nach dysen tågen, spricht der Herr, will ich mein gesetz in iren leib geben und in ire hertz schreiben. Ich will ir Gott sein, und sy söllen mein volck sein. Und soll keyner seinen nåchsten und brůder lernen und sprechen: Erkenne Got. Dann sy werden mich all erkennen, von dem wenigsten biß auff den maysten, darumb, daß ich gnedig würd sein irer boßheyt und irer sünd ewigklich nicht mer gedencken.«

Dysen spruch [C3b:] fůret auch der apostel zů den Hebre. am 8. [8–12], und wirt darauß klerlich erweiset, daß die verhayssung des neuen testaments ist vergebung der sünd; wie das der Herr selbs Luce am 24. [46f] anzeigt und spricht: »Also ists geschriben, und also must Christus leiden und aufferseen von den todten am dritten tag und predigen lassen in seinem namen bůß und vergebung der sünd undter allen völkern«. Und Matthei am 26. [28]: »Trinckt alle darauß; das ist mein blůt des neuen testaments, welchs für euch und für vil vergossen wirt zur vergebung der sünd.« Ist nun das blůt Christi ein plůt des neuen testaments und wirt vergossen zur vergebung der sünd, so můß ye vergebung der sünd die verhaissung und das hauptstuck des neuen testaments sein, wie Jhere. geweyssagt

---

63. Zeugnis, Beleg.
64. Schatzgeyer, Opfer, Bl. E4b–F1a.
65. Vgl. die dritte Vorrede zu den Evangelien *(Schild,* Bibelvorreden, S. 55), die sich auch in Osianders Vg-Edition (Bl. 384a) findet.
66. bewiese.

hat. Welche vergebung der sünd klårlich von Christo in auffsatzung⁶⁷ dyses heyligen sacraments gemeldet wirt; dann er sagt nicht allain, daß die sünd soll vergeben werden, sonder auch die ursach, nemlich durch sein blůtvergiessen. Wie thar⁶⁸ dann ein gotloser münnich daherfaren und erstlich das zůsagen felschen und darnach gar auß dem testament reissen und sprechen, es sey mit kainem wort nye gedacht worden? Wann doch nur ein klaynes fünklein christlichs verstandts in disen leuten were, sõlten sy lieber alle dyse welt begeben und ee sterben, dann sy Gottes wort dermassen verlaugneten.

Der sechst irrthumb: Dieweil er spricht, ver-[C4a:]haissung des neuen testaments sey die seligkait des hymmlischen vatterlandts, von welcher in worten unsers seligmachers keyn meldung geschehe, so stõst er zů boden alles, das er in seiner ersten außgezogen⁶⁹ verfůrung – oder leer solt ichs nennen – hernach sagt, da er spricht, das plůt Christi sey alleyn ein bestetigens zaichen des neuen testaments. Dann wie kann mir das heylig sacrament die zůsagung des neuen testaments bestetigen, dieweil des zůsagens, wie er spricht, mit kainem wort gedacht wird? Ich kann ye nicht wissen, wes zaichen es sey und was es bedeüt, es were mir dann gesagt. Er aber spricht, es werd sein mit keinem wort gedacht; wie kann es dann bestetigen? Will er sagen: Es ist aber anderßwo angezaigt, frag ich wider: Wie soll ich wissen, daß dieselben wort und dyses zaichen zůsamengehõren, und wie will ers beweisen? Sichstu schier, Schatzgeyr, was es für ein ding ist, wann man wider õffenliche warhait schreiben will? Warumb schreibstu baldt hernach, Christus habs nicht zů einem zaichen seiner verhaissung, sonder zů einer gedechtnuß seines leydens auffgesetzt? Ists yetz ein bestendigs zeichen und uber eyn weyl gar kain zaichen und dann wider ein zaichen? Was zeychstu doch dich selbs, daß du dich vor aller welt also zů einem schentlichen lügner machst? Schäm dich doch ein wenig!

Zum achten lest er den gotlosen grundt seines hertzen erst gar sehen und khumpt mit einem gantz [C4b:] carolstatischen⁷⁰ argument und spricht also: »Christus hatt nicht auffgesetzt sein blůt in dysem sacrament, zů empfahen ablassung der sünden, sonder hat am letsten nachtmal seinen jüngern vorgesagt⁷¹, daß vergossen solt werden zur ablassung der sünd, das dann geschehen ist in seinem leiden am creütz. Dann er nemlich mit außgedruckten⁷² worten spricht: Welchs (blůt) für euch und für vil außgegossen wirt zů ablaß der sünd.«⁷³ Das ist seyn gayfer.

Ich hab lang wol gewist, daß die papisten eyn merckliche grosse freud ob des

---

67. Einsetzung.
68. darf, wagt.
69. ausgeführte.
70. karlstädtischen, nach Andreas Bodenstein aus Karlstadt, der die Realpräsenz Christi im Abendmahl ablehnte.
71. vorhergesagt.
72. ausdrücklichen.
73. Mt 26,28; Schatzgeyer, Opfer, Bl. F1a. Das Zitat Osianders entspricht der Vorlage bei Schatzgeyer bis auf unwesentliche Abweichungen wörtlich.

Carolstats auffrůr und irrthumb gehabt, und darbey auch erfarn, daß ir etlich sich undter inen, nichs darwider zů handeln, verayniget haben. Es ist mir aber nicht seltzam gewest; dann ich hab lengst wol ermessen, daß inen kein irrthumb laydt ist, wann er in der kůchen kein schaden thůt[74]. So hoffen sy auch, Carolstats irrthumb soll ein ursach sein, dardurch auch das war goteswort wider vertilget mög werden.

Aber des hett ich mich nit versehen, daß yemant auß inen sölch unchristlich leer wider sein aigen gewissen durch schrifft solt stercken und außprayten, wie dyser Schatzgeyer thůt, des bůchlein hyn und wider voll carolstatischer argument, auch von wort zů wort auß im gezogen, erfunden wirt, deren das obgemelt auch eynes ist. Und ich spůrets fürwar alsbald in den worten, da er imm eingangk des andern tayls also schreibt: »Das hochwirdigst, gna-[D1a:]denreich zaichen, das man nymbt für den leyp und plůt Christi etc.«[75]. Dann was ist das anders gesagt, dann: Man helts und nympts darfür, es ists aber nicht? Warumb sagt er nicht, daß der leyb und das blůt Christi ist? Item, bald darnach schreibt er, daß die gestalt des prots und weyns, sobaldt die wort gesprochen werden, on mittel[76] den leyb und das plůt Christi bedeuten; warumb nichts sein? Er hatt sorg, es möcht des Carolstats irrthumb verdruckt[77] werden, durch den sy uberwindung und grosse ding hoffen; aber es můß inen, ob Gott will, felen[78]. Sölich sein verdeckt gifft, das allenthalben in seinen bůchlein außgestreuet ist, dermassen, daß ers dannocht allweg auff einen andern synn biegen kann, dann es der gemayn man auß seynen worten versteet, will er mit den prachtigen worten als hochwirdig und gnadenreich etc. verblůmen. Aber es hilfft nicht; wir kennen die anschleg des teüffels, vor den uns Paulus Rom. 16 [17f] gewarnet hatt und gesprochen: »Ich erman euch, lieben brůder, daß ir auffsehent auff die da zertrennung und ergernuß anrichten neben der leer, die ir gelernet habt, und weicht von denselben; denn sölche dienen nicht dem herren Jesu Christo, sonder irem pauch, und durch sůsse predig und prachtige wort verfůren sy die unschuldigen hertzen«.

Des ist aber gůt zů lachen, daß er remissionem peccatorum nicht vergebung der sünd, sonder ablassung verteütscht; und nachdem er dasselbig wortlein [D1b:] lang getriben hatt, schneidt er im das gewendtlein vor dem hyndern ab, nemlich die letsten silben, und nennet es ablaß der sünden, ob er villeicht ein eynfeltigen Bayern damit möcht betriegen und bereden, der römisch ablaß were in heyliger schrifft gegründet. Es guckt der esel ymmer mit den oren durch die löwenhaut[79].

Damit ich aber zů seinem carolstatischen argument antwort, sag ich zum ersten, daß es war ist: Christus hats darumb aufgesetzt, daß man sein dabey gedenckt; aber nicht wie Carolstat und Schatzgeir maynen, sonder wie Paulus 1. Cor. 11 [27]

---

74. wenn er das leibliche Wohlergehen nicht beeinträchtigt.
75. Schatzgeyer, Opfer, Bl. E4a; statt »zaichen« schreibt Schatzgeyer »sacrament«.
76. unmittelbar.
77. unterdrückt.
78. mißlingen.
79. Vgl. *Wander,* Sprichwörterlexikon 3, Sp. 244.

leret und spricht: »Soofft ir werdt essen von disem prot und trincken von dysem kelch, sôlt ir den todt des Herren verkhündigen, solang biß er kumpt«. Hie sicht man ye klarlich, daß das gedechtnuß nicht ein stille betrachtung, sonder ein offenliche predig und verkhündung des leydens und sterbens Christi sein soll.

Was hilft es aber, wann gleich Christus todt verkündigt und doch die ursach und frucht geschwigen wirt?[80] Wissens nicht auch die Juden und heyden, und hilft sy doch nichts?[81] Warlich, man můß es nit bloß verkhündigen, sonder mit dem anhang, wie Christus selbs gethan und uns ein exempel geben hatt, nemlich, daß sein leyb geben sey für uns – für uns, spricht er, lieber Schatzgeir! – und sein plůt vergossen nicht vergeblich, sonder zur vergebung der sünd. Des soln wir gedencken, predigen und glauben; darumb hatt ers auch auffgesetzt.

So sehen wir ye nun kler-[D2a:]lich, daß es umm die predig zů thůn ist, daß Christus' leyb für uns dargeben und wir dardurch erlöset, sein blůt vergossen und die sünd dardurch vergeben sey worden. Wer sein sy aber, für die Christus sein leib gibt und ir sünd durch sein blůt hinwegnimpt? Seins nit eben die, zů den er spricht: »Nempt hyn und esset! Das ist mein leib, der für euch (das merck!) geben wirt. Nempt hyn und trinckt alle! Das ist mein plůt, das für euch und für vil zur vergebung der sünden vergossen wirt?« Wer thar sich nun des wortleins »für euch« annemen, wann er sich des nicht auch annympt, da er spricht: »Nempt hyn und esset, nempt hyn und trincket«?[82] Oder wer hat ursach zů zweifeln, ob er auß der zal sey deren, für die Christus gelitten und inen vergebung der sünd erlangt hat, so er den leib und das plůt Christi empfacht[83], dieweil Christus nicht spricht »für etlich aus euch«, sonder »für euch und vil«?[84] Ists nit klar gnůg, daß Christus sein fleisch und blůt umb der predig willen, das für uns geben und zů vergebung der sünd vergossen sey, hat hynder im gelassen und wirs darumb söllen essen und trincken, damit wir gewiß weren, daß wir auch in der zal sein und das wort »für euch und vil« uns antrifft? So hören wir ye, Christus sey für uns geben, hab uns erlöst, sein plůt für uns vergossen und vergebung der sünde erworben, empfahen auch das zaichen, damit wir gewiß werden, das der trost der vergeben sünde uns antreff und zůgehör. Was ist aber das al-[D2b:]les anders dann vergebung der sünd (aber imm wort, dem das sacrament dienet und on das es keyn sacrament sein kann) empfahen? Wie darf dann Schatzgeyer liegen, es sey nicht zů empfahen vergebung der sünd eingesetzt?

Zum neündten spricht er: »Christus in den worten ›Das thůt in meiner gedechtnuß‹ meldet keyn testament, auch keyn andere ursach dann gedechtnuß. Warumb tichtet man dann ein andere, die Christus nicht außgedruckt hat?«[85] Ich mayn

---

80. Vgl. Melanchthon in den ›Loci‹ von 1521, CR 22, Sp. 85: »... hoc est Christum cognoscere, beneficia eius cognoscere, non, quod isti docent, eius naturas, modos incarnationis contueri«.
81. Vgl. Jak 2,19.
82. Mt 26,26f; Mk 14,22; 1Kor 11,24.
83. empfängt.
84. Mt 26,28; Mk 14,24; Lk 22,20; 1Kor 11,24.
85. Schatzgeyer, Opfer, Bl. F1a: »Unser hayland in seinen worten, mit welchen er diß sacrament aufgesetzt hat, als dise ›Das thut zu meiner gedechtnus‹, thůt kein meldung vom testament

fürwar, Schatzgeyr, du hast dich selbst uberredet, es sey kein mensch mer auff erden, der seyn vernunft recht hab. Soll es darumb keyn testament sein, darumb daß in den worten »Das thůt in meiner gedechtnuß« keyn testament genennet wird? Was ist das für ein argument? Bistu nicht unsynnig, so glaub ich nicht, daß ye ein unsynnig mensch auff erden sey gewest. Hôr mir zů, ich wil auch ein sôlich argument machen und sprich: »Christus in den worten ›Das thů in meiner gedechtnuß‹ meldet nicht, daß sein leib und blůt da sey; darumb ist sein leib und blůt nicht da«. Hôrest du, Schatzgeyr, wie ubel sich das reympt? Noch eyns: »Christus meldet in den gedachten worten nicht, daß der Schatzgeyr ein vernünftige seel hab, darumb ist er ein zwypayniger[86] esel«. Das laut ein wenig baß[87] dann das erst. Waist du nicht, daß er darvor gesagt hatt: »Das ist meyn plůt, das neu testament«? Můß er dirs noch [D3a:] einmal sagen?

Noch eins: Drumb daß ers zů seiner gedechtnuß hat eingesetzt, maynstu, man sôls nicht umb vergebung willen der sünden prauchen. Hab ich aber dir nit gnůg beweiset, daß Christus gedencken sey: sein todt verkhündigen, und das nicht schlechtlich[88], sonder daß vergebung der sünde dardurch erworben sey? Wie darfstu dann sagen, wir tichten neu ding? Dir ists eytel neue ding, dann du versteest nicht, so glaubestu es auch nicht.

Zum zehenden fůret er den heiligen Geist mit sant Luca und Paulo in die schůl und leret sy erst recht schreiben. Dann er spricht in der ersten außgezogen leer, es sey nicht ein testament, sonder ein bestettigends zaichen[89] (welichs er doch am 3. blad darnach wider hyneinleügt und bald darnach wider herfürbringt), und will das mit sant Matthes und S. Marcus beweisen und sagt, sy haben geschriben nicht ›testament‹, sonder ›des testaments‹, und das gilt bey im als vil als ein bestetigends zaichen des testaments; will damit, man soll darumb Lucam und Paulum auch also versteen.

Darzů sag ich: Ist das war, daß Christus den kelch darumb eyn kelch des neuen testaments haist, das er ein bestetigends zaichen des testaments und nicht das testament selbs sey, wie dyser Schatzgeyr sagt, so volgt unwidersprechlich, daß Lucas und Paulus sich schedlich[90] geirret haben; dann [D3b:] die art und natur irer wort vermag[91] in keyner sprach auff erden den synn, den Schatzgeyr fürgibt, sonder steen klar da: »Der kelch ist das neu testament«. Haben sy es also gemaynt, wie es lautet und es doch nach Schatzgeyers maynung nit war ist, was möchten wir erschröcklichers erdencken auff erden? Sôlten sôlche heylige leut in den grossen dingen so gefårlich geirret haben, wer wôlt der gantzen schrifft mer getrauen?

außtruckt, auch kain ander ursach der aufsetzung dises sacraments dann allein zů seiner gedechtnus. Warumb erdichtet man dann yetzund ein andere, die wir nit haben von Christo außgetruckt im text?«

86. zweibeiniger.
87. besser.
88. schlechthin.
89. bei Schatzgeyer erwähnt im Zitat o. S. 486, Anm. 52. Da Osiander über diesen Begriff einen eigenen Abschnitt plante, ließ er ihn im o. a. Zitat aus.
90. gefährlich.
91. bedeutet.

Haben sy es aber nicht also gemaint, sonder wie es der Schatzgeyer außlegt, und doch also geschriben, wie es dasteet, so haben sy uns bößlich betrogen. Dann was hilfts uns, daß sy es recht mainen und wirs doch auß iren worten nicht recht versteen können? Ire wort geben ye des Schatzgeyers maynung nicht. So ists unwidersprechlich: Vil glaubige haben sich nach Paulus wort gerichtet, ee sy die andern evangelisten haben gelesen. Wer wolt denselben gesagt haben, das ›testament‹ als vil als ein bestettigend zaichen des testaments verstanden solt werden?

Deßgleichen, wer kann glauben, daß den evangelisten solt der sprach zerrunnen sein⁹², daß sy ir maynung nit, wie sy gewest ist, herfür hetten mögen bringen? Hatt in Christus zůgesagt, sy söllen nicht sorgen, wie und was sy reden, wann sy vor fürsten und herren steen, es soll in zur selben stund geben werden; sy seyens nicht, die da reden, sonder der geyst ires vaters im hymmel⁹³ – warumb solt er nicht auch in geben [D4a:] haben, was sy sölten schreiben, dieweil das schreiben nicht ein tag, nicht wenig person, sonder allezeyt die gantze christenheit antrifft?

Das alles bedenckt Schatzgeyr nicht, sonder strafft die heiligen evangelisten frevenlich und den heyligen Geyst in in, als hetten sy ein falsch und irrthumb geschriben. Darbey man yetzo greift – wie ich mich droben imm andern stuck zů beweysen erpotten hab⁹⁴ –, daß er hie nicht alleyn wider uns, sonder auch wider die evangelisten selbs fichtet und das wörtlein, es sey nicht ein testament nach dem verstandt deren etc, nur allayn zur bedeckung seynes gotlosen frevels hynzůgesetzt hat.

Nun wöllen wir sehen, wie wol ers troffen hatt. Wolan, wann gleich Lucas und Paulus gar nichts geschriben hetten und nur Mattheus und Marcus dastůnden, maynstu darumb, lieber Schatzgeyer, wir würden dir zůgeben, daß der kelch des neuen testaments sölt verstanden werden nur ein bestettigends zaychen des testaments? Wie aber, daß du es selbs hernach widersprichst und doch drauff nit besteest? Warmit wilt du beweysen, daß es den synn hab? Ich waiß wol, daß du es nicht beweisen kanst; so müssen wir ye bey den worten pleiben.

Nun steen aber ander zwen gezeügen⁹⁵ da, die sprechen, der kelch sey das neu testament. Den wöllen wir getrauen und deynem gotlosen kopf gar nicht zůlassen, daß er sy eines irrthumbs oder falsch beschul-[D4b:]dig, und sagen darzů, daß die wort bey allen vieern ain ayngen synn haben, daran man nicht zweiffeln darf noch kann, nemlich daß es das testament selbs sey und nicht allain ain bestettigends zaichen des testaments, wie das oben imm dritten stuck genůgsamlich erweist^d und erklert ist⁹⁶.

Die wort sant Lucas und sant Paulus sein ye klar, das kann niemandt laugnen.

d) beweist: B.

92. gemangelt haben.
93. Mt 10,19f.
94. s. o. S. 483.
95. Zeugen.
96. s. o. S. 483–486.

Sant Mattheus aber und sant Marxen will ich dir auch klar machen: Waistu schon die hebreische sprach nit, so hastu es doch imm latein so offt gehört zůvor in der alten translation, das nicht möglich ist, du můsts wissen, daß es der apostel gewonhait und prauch gewest ist, also zů reden. Wie Lucas in Geschichten⁹⁷ am 9. [15] Paulum nennet »ein faß der außerwelung« und Petrus in der ersten epistel am 2. [9]⁹⁸ »eyn volck des aygenthumbs« und Paulus Ephesio. 4 [24] »heyligkeit der warheyt« und maynen doch nichts anders dann ein faß, das außerwelt ist, nicht, daß die außerwelung bedeut; ein volck, das das aygenthumb ist, nicht, daß aygenthumb bedeut; eyn heyligkait, die warhafftig und ungedicht⁹⁹ ist, nicht, die die warheit bedeut – dergleichen auch der kelch des testaments, der das testament ist und nit das testament bedeut. Also bleiben sy all vieer imm synn und in der sprach aynhellig und unstråflich, nemlich, daß es das testament Christi sey. Darumb solt sich Schatzgeyr baß bedacht haben, ee dann er so frevenlich wider den heyligen Geyst sich erhebt hett¹⁰⁰.

[E1a:] Zum aylften: Nachdem Schatzgeyer lang gefochten hat, zů beweisen, daß das heilig sacrament nicht das neu testament sey, will ich in nun fragen, was dann das testament sey. Sag an, Schatzgeyr! Die propheten sagen, Christus werd ein neu testament machen¹⁰¹. Nun frag ich dich: Wann, wo, wie und mit was worten hat ers gethan? Es were dir ye wol angestanden, da du vernaynest, das heylig sacrament were nit das testament Christi, das du darneben angezeigt hest, welchs dann were. Du hasts aber nit kőnt und wirst, ob Got will, nymmermer kőnnen. Diewei du aber das recht verlaugnest und doch keyn anders kanst anzaigen, hastu nicht das neu testament gar auffgehebt? Hast du nicht des gantzen christlichen glaubens verlaugnet? Bistu nicht eyn verzweyfelter münich? Darfür ich dich auch halten will, biß du mir ein ander testament anzaigest und auß der heiligen schrifft beweisest.

Zum zwölften: Er sagt in seiner zwölften unchristlichen leer also: »Auß götlicher schrifft wirts krefftig nicht beweist, daß diß sacrament auß der auffsetzung Christi sey eyn verhayssung der nachlassung der sünden dem menschen, der es empfahet«¹⁰². Hie merck ein yeder christ umb Gottes willen die grosse untreu, die Schatzgeyr hie ubet. Niemand hat ye gesagt, das fleisch und plůt Christi die zůsagung sey, sonder die wort, damit es eingesetzt ist und die da [E1b:] gesprochen werden, nemlich, daß sein leib für uns geben, seyn plůt zůr vergebung der sünd vergossen solt werden. Das waiß er wol, wölts aber gern verbergen und fürcht, er möchts nicht erhalten. Darumb gauckelt er also mit den worten, das sacrament sey kein zůsagung, und maynet, man sőlts versteen, bey dysem sacrament gescheh kein zůsagung; welchs öffenlich erlogen ist. Darumb maynet er, wann es angezaigt werd, so wöll er entwüschen und sprechen, er hab nicht von worten, sonder vom sacrament geredt. Seind nicht das frumm leut?

97. Apostelgeschichte.
98. ergänze: spricht.
99. nicht erfunden.   100. s. o. S. 483 und 494.
101. Jes 49,8; 55,3; 59,21; 61,8; Jer 31,31ff; 32,40; Ez 16,60; 34,25; 37,25; 37,26.
102. Schatzgeyer, Opfer, Bl. F1b; korrektes Zitat.

Daß aber das sein maynung und darzů irrthumb sey, geben seine eygene wort; dann er spricht alsbaldt darnach: »Die wort Christi sein vorsagung[103] und nit verhaissung«[104]. Da redt er ye nit vom sacrament, sonder von worten. Warumb gauckelt er also? Er waiß, daß er mit lůgen ummget und fůrcht sich, man mercks. Dann wer kann doch widersprechen, daß das nicht eyn zůsagung sey: »Das ist mein leib, der für euch geben wirt«?[105] Er sagt mir ye, er sôll geben werden, und lests nicht darbey bleiben, sonder sagt auch, daß er für mich soll geben werden, damit ich ledig sei. Deßgleichen mit dem kelch: Er sagt uns ye, daß sein plůt soll vergossen werden, und nicht allain dasselb, sonder das zur vergebung der sünd soll geschehen, damit uns die sünd nicht mer verdamb. Sein das nit zůsagung?

Ich waiß wol, wann eyner zum Schatzgeyer [E2a:] keme und geb im tausent gülden und sprech: »Nymm hyn und schleüß ein; das sein tausent gülden, damit ich nach meinem tod dich und deine brůder begaben[106] will«, und die erben nach seinem tod würden sprechen, das gelt were nicht des Schatzgeyers, er sôlts widergeben, er würd sprechen, es were sein, der gestorben hets im bey leben zůgesagt und geben. Kenn ich den Schatzgeyer recht, er würd ye den schatz nicht von im lassen. Aber diewerl das zůsagen der vergebung der sünd in dysem wort uns umbsonst ankumpt und geschenckt wirt, haben die Schatzgeyr sorg, man werd in vergebung der sünd nymmer abkauffen und sy derhalben kain schatz mer sameln môgen, sonder hunger leiden můssen. Darumb wôlten sy das zůsagen gern verpergen.

Zum dreyzehenden: Nachdem er das zůsagen von vergebung der sünd lang getretten und widerfochten hatt – dann er darf[107] ir villeicht nicht –, kumpt er mit einer andern frucht, die auß dysem sacrament erwachsen soll, nemlich die lieb, und spricht also: »Ist das nicht – ich bitt dich – ain grosse, faiste, safftige waidung des glaubens, durch welche der mensch gelert wirt, Got lieb zů haben nit drumb, daß er uns vil verhaissen hat, sonder deßhalben, daß er gůttig, süß und lieblich ist, der uns so groß geschetzt, so groß geliebt hat, daß er sich uns allen geb?«[108] Ist nicht das – ich bitt dich [E2b:] auch, lieber Schatzgeyr – ein feyne, glatte, süsse, prachtige rede? Wer sôlt sich nicht verwundern und sôlch andechtig, inprünstig, ja phariseisch hertz lieben, bevor[109] ein aynfeltiger, der es nicht verstůndt? Ich will dir aber zaigen, daß nicht du, sonder der leydig teüffel selbs die rede gethan hatt!

Sag an, hastu nicht gelesen Proverbi. am 16. [4]: »Der Herr macht alle ding umb sein selbs willen, auch den gotlosen zum bôsen tag«, und Esaie am 48. [9.11]: »Von meines namens wegen will ich wegthůn meinen zorn und dich mit meinem lob zâmen, daß du nicht verderbst. Umb meinenwillen, umb meinenwillen will

---

103. Vorhersage.
104. Schatzgeyer, Opfer, Bl. F2a: »Darumb sein es vorsagung und nit verhayssung«.
105. Lk 22,19; 1Kor 11,24.
106. beschenken.
107. bedarf.
108. Schatzgeyer, Opfer, Bl. F3a–F3b: »waydung und starke übung des glaubens ... deßhalben, daß er gütig, lieblich und süß ist, der uns so groß geschetzt, so groß geliebet, auf das er sich selbst uns allen gebet«.
109. vor allem.

ichs thůn, daß ich nicht gelestert werd, und mein eer will ich keynem andern lassen«? Sichstu, mit was grossem ernst Got anzaigt, daß er alles umb sein selbs willen thů und keyn andere ursach alle seiner werck in hymmel und erden leiden môg, dann sich selbs? Warumb? Da were die ursach besser oder als gůt als Got selbs und Got gleich; dysen preiß aber will er niemand lassen, sonder im allein behalten. Wie darfstu dann sprechen, er hab dich so groß und teur geschatzt und so geliebt, daß er sich selbs dir hab geben? Wiltu wissen, wie teur er dich geschatzt und wie hoch er dich geliebt hab? Von natur sein wir alle kynder des zorns, Ephe. 2 [3]; wa bleibt da die lieb? Und umb unser sünd willen hat er sein eygen sun geschlagen und sein nit verschonet, Esa. 53 [4f] und Rom. 8 [23]. Sein wir nit in abgrundt verworfen gewest, [F1a:] da der zorn so groß war, daß er auch des aynigen suns nicht schonet? Was hatt er dann so teur geschetzet, daß er sich uns geben hatt, was hatt er so hoch geliebt? Warlich nicht dich, lieber Schatzgeyer, sonder sich selbs, auff daß er gelobet würde.

Was thůstu aber, dieweil du dir selbst so wol gefelst, daß du dir darfst fürpilden[110], Got hab dich und nicht sich für so teur geacht und so hoch geliebet? Raubestu nit Got sein eer, machstu dich nit im gleich? Ists aber menschlich? Naynes[111]. Was dann? Der teüffel, der vom anfang sprach: »Ich will in hymmel steigen und Got gleych sein«[112], der hatt dir den synn eingepflantzt und in auch herfür an tag gezogen. Wer hett sôliche geystliche hoffart und verdamptes wolgefallen in einem diemütigen barfussermünch gesůcht?

Lieber Schatzgeyr, laß dichs nicht wundern, daß ich also mit dir handel! Mir ist grössere gotßlesterung unter christlichem namen mein lebenlang nye fürkommen dann durch dich; kann ich dich nit erretten, will ich aber mein gewissen erretten, daß ich nit durch stilschweygen mit dir schuldig were[113].

Biß hieher hatt sich Schatzgeyer das testament zů verlaugnen und die zůsagung der vergebung, wie angezaygt ist, zů vertrucken[114] bemůhet. Was er aber außgerichtet hat, acht ich, soll ein yeder christ selbs wol ermessen.

Nachvolgends understeet er sich auch, daß die messz ein opfer sey, zů beweysen. Und ee dann er sôlchs anfahet, meldet er zum tayl die gründ, [F1b:] durch die eerwirdigen herrn, unsere brôbst angezeigt, und tadelt die fast, sy seyen auß falschem verstandt eingefürt; kann doch auß gantzer heyliger geschrifft nicht eyn wortlein auffpringen, das doch nur ein scheyn het, als strebet es darwider, sonder kumpt nur mit seinem aygen gedicht und träumen seines tollen kopfs, wie wir kürtzlich[115] sehen wôllen.

Zum ersten spricht er, es môge Christus dreyerlay weyß geopfert werden, on das[116] er sich selbs geopfert hatt[117]. Das erst sey, wie geschriben ist Esaie am

---

110. einbilden.
111. Nein.
112. Jes 14,13.
113. Vgl. Ez 3,18f; 33,9.
114. verbergen.
115. knapp, in Kürze.
116. außer daß.   117. Schatzgeyer, Opfer, Bl. G2b.

53. [7; Vg]: »Er ist geopfert worden, dann er hats also gewolt«[118]. Und nach vil worten spricht er: »So nun Christus ist geopfert worden, so ist er auch durch ein andern oder andre geopfert worden, dann keyner wirt – aigentlich gesprochen – geopfert durch sich selbs oder von im selbs etc. So nympt man auß dem, daß die christlich kirch etc. hatt in in aygener person geopfert«[119].

Lieber Schatzgeyer, bedenck dich zum nechsten baß, wann du schreiben wilt; dann ich můß dir ye noch baß zwagen[120], und erbarmest mich doch vorhyn. Ich wôlt, du hetst geschwigen; so wolt ich auch gern schweigen. Nun du aber geredt hast, můß ichs umb der schwachen willen verantworten[121].

Sag an, wer hatt dich gelernet[122], daß keyner sich selbs aygentlich opfern gesprochen werd, wo hast du das gelesen? Ich hôre wol, der heylig apostel zů den Hebreern am 9. [13f] můß dir unartlich und unaygentlich geredt haben, da er spricht: »So das plůt der [F2a:] ochsen und der bôck und die aschen der kue gesprengt heiliget die unraynen zur leiblichen raynigkait, wie vil mer das plůt Christi, der sich selbs on tadel durch den heiligen Geist geopfert hat, wirt unser gewissen gerayniget etc.« Dann du hôrest ye da, daß sich Christus selbs geopfert hatt. Sprichstu dann: »Es ist unaigentlich geredt, aigentlicher aber, wann man sagt, es hab in die kirch geopfert«[123], so frag ich: Wo hastu es ye gelesen in heiliger schrifft, daß in die kirch opfer? Zaig doch nur ain wôrtlein an!

Weyter, so die kirch aigentlicher opfert dann Christus, so wirt nit Christus der »ewig priester nach Melchizedecks ordnung«[124] sein, sonder sein kirch, und er wirt das priesterthumb nur von der kirchen haben und nicht die kirch von im. Sichstu, was dein wort für torhait anzaigen? Uberdas haist auch das wôrtlein »oblatus« imm propheten nicht ›geopfert‹, sonder ›dargeben‹, wie es offt im neuen testament gepraucht wirt, und ist im hebraischen ›niggasch‹, das haist aigentlich ›dargethan‹, ›dargegeben‹ oder ›fürgefůrt‹, wie er selbs spricht: »Das ist mein leib, der für euch dargeben wirt«[125]. Es hatt in aber nicht sein kirch dargeben, sonder die gotlosen Juden, wie ôffenlich ist. Darumb lygt dyser deiner traum aller ernider und ist falsch.

Zum andern zaiget er an, Christus werd auch durch andechtig betrachtung seynes leidens von einem yeden christenmenschen geopfert, kann aber nicht ein aynigen bůchstaben auffpringen, damit er auß [F2b:] der heiligen schrifft beweiset, daß sôllich betrachten opfern were.

Zum dritten spricht er, daß Christus soll geopfert werden von der gantzen

---

118. das Zitat bei Schatzgeyer, Opfer, Bl. G3b und (hier gemeint) J3a.
119. Schatzgeyer, Opfer, Bl. J3a. Die mit ›etc.‹ bezeichneten Stellen sind längere Auslassungen durch Osiander. Der letzte Satz des Zitats lautet bei Schatzgeyer: »So nympt man auß dem, daß die christenlich kirch etc. hat im neuen testament in eigner person auf dem altar des creütz Gott dem vater geopfert«.
120. zwacken, jemandem mitspielen.
121. antworten; vgl. Röm 14,13; 15,1.
122. gelehrt.
123. Schatzgeyer, Opfer, Bl. J3a.
124. Ps 110,4; Hebr 5,6; Schatzgeyer, Opfer, Bl. K1a.
125. Lk 22,19.

kirchen nicht allayn durch andechtige betrachtung, sonder auch durch herliche gegenwertigung[126] etc.

Schåmestu dich nicht in dein hertz, Schatzgeyer, daß du sõllich gauckelwerck auß deinem aygen kopf ertichtest und nicht allain nicht mit schrifft beweisest, sonder im auch sonst so gar kayn gestalt geben kanst, daß vil leut nicht glauben, daß es dein ernst sey, sonder maynen, du treybest nur dein narrenweyß und spottest deiner papisten selbst gleichwie Symon Hessus?[127] Fürwar, ich hab nit gemaynt, daß ir papisten so gar grundloß und schrifftloß seit, biß ichs erfarn hab. Will doch dein gantz lang geschwetz mit einem ainigen spruch umbstossen, daß du nymmermer nichts dargegen solst auffspringen.

Dann der heylig apostel zů den Hebreern am 9. [24–28] schreibet also: »Christus ist nicht eingangen in das heylige mit henden gemacht, welches ist ein gegenbild der warhaftigen, sonder in hymmel selbs, nun zů erscheinen vor dem angesicht Gottes, auch nicht, daß er sich offtmals opfer, gleichwie der hohepriester geet alle jar in das heylige mit frembdem blůt, sonst het er offt můssen leyden von anfang der welt her. Nun aber am end der welt ist er einmal erschinen, durch sein eygen opfer die sünd auffzůheben. Und wie [F3a:] den menschen ist gesetzt, ainmal zů sterben, darnach aber das gericht, also ist Christus ainmal geopfert, wegzůnemen viler sünd. Zum andern mal wirt er on sünd erscheynen denen, die auff in warten zur seligkait«. So du nun wilt sagen, ein andechtig betrachten sey Christum opfern, so sag ich nayn darzů. Es würd sonst auch Judas, Caiphas und Pylatus geopfert, wann man das leiden Christi betrachtet; es würden auch ymmerdar die kelber und böck durch ein andechtig betrachten derselben Got geopfert. Was würd aber das für ein spill?

Wilt du aber sagen, die herlich gegenwertigung sey auch ein opfer, sag ich auch neyn darzů; du kansts auch nymmermer mit aynem aynigen wort der schrifft beweisen. Dann als wenig ein gülden, ainmal gemüntzet und geprächt, durch die gegenwertigung des zelens oder zalens von neuem gemüntzet und geprächt wirt, als wenig wirt auch Christus durch betrachtung und gegenwertigkait seines fleischs und plůts von neuen wider geopfert. Ich sõlt aber nicht ain sõlch gleichnuß gefürt haben, dann die heyligen våtter barfusserordens wissen nit, was gelt oder müntz ist.

Wann du nun gleich vil darvon sagst, so steet der apostel lauter und klar da und spricht: »Solt sich Christus selbs oftmals opfern, so můst er auch oftmals leiden«. Nun hat er ye an dem abentmal auch [F3b:] gethan, daß ain ander priester thůt, und hatt sich doch am abendmal nicht geopfert, er were sonst zwer[128] geopfert durch sich selbs. So hilft dich auch nicht, daß du von einem andern opfer

---

126. Vergegenwärtigung; Schatzgeyer, Opfer, Bl. G2b.

127. Symon Hessus ist ein Pseudonym für Urbanus Rhegius (s. *Clemen*, Hessus). Osiander spielt hier ganz offensichtlich an auf die Schrift ›Argumentum libelli. Symon Hessus Luthero ostendit caussas, quare Lutherana opuscula a Coloniensibus et Lovaniensibus sint combusta ...‹ von 1521. Es handelt sich dabei um eine ironische Rechtfertigung der Verbrennung der Schriften Luthers in Löwen und Köln.

128. zweimal (zwir = zwer).

sagst, nemlich von andechtiger betrachtung und herlicher gegenwertigung, dann dasselb ist ye nicht opfern; dann wo ein opfer soll sein, da můß leiden und sterben sein.

Hôrestu? Es můß, es můß, und nicht: es kann anderst geopfert werden, wie dir traümet. Du můst hie ›můß‹ essen uber not, und sôlt dir gleich der pauch zerprechen. Dann er sagts hernach noch klerer: »Gleichwie den menschen auffgesetzt ist, ainmal sterben, also ist Christus ainmal geopfert«. Darumb, als wenig Christus zwir sterben kann, als wenig wirt er zwir oder offtmals geopfert. Trutz euch münchen, papisten und teüffeln allen uber ein hauffen, daß irs anderst macht!

Daß er aber den spruch Malachie[129] vermaynt auf sein seyten zů ziehen, schaff er nichts, dann er ist im in der prôbst schreiben[130] geweltigklich genommen, darauff ich mich yetzo auch zeüche[131] und laß noch darbey pleiben. Dann sôlt ich all sein gotlose schrift auffwickeln, verantworten und, wie unchristlich sie sein, ôffentlich an tag bringen, wie ichs angefangen hab, würd meins schreibens nymmer kein end, gleichwie auch seyns liegens kein end ist. Ich aber will hie ein end machen und seyn gespay von fegfeuer[132], wils Got, eyn andermal, so ich můssiger wird, dermassen verantworten und handeln, daß er sehen soll, daß sich die schrifft nit, wie er will, biegen lest.

Die gnad Gottes sey mit uns allen. Amen.

---

129. Mal 1,11.
130. s. o. S. 175–254, Nr 20.
131. beziehe.
132. Schatzgeyer, Kaspar: Vom fegfeuer, München (Schobser) 1525 (= *Paulus*, Schatzgeyer, S. 145, Nr 17).

Nr 42
Handlung mit den Prädikanten
1525

Bearbeitet von *Gottfried Seebaß*

Einleitung

1. Die Vorbereitung des Religionsgespräches

Nachdem am 21. Februar den evangelischen und altkirchlichen Predigern in Nürnberg die als Grundlage für das Religionsgespräch erarbeiteten ›Zwölf Artikel‹ übergeben worden waren, erhielten noch am gleichen Tag die Ratsherren Christoph Koler und Bernhard Baumgartner den Auftrag, eine Verfahrensordnung für das Gespräch zu erarbeiten[1].

Am 25. Februar konnte über ihre Vorschläge im Rat verhandelt werden. Die beiden hatten vorgesehen, nicht nur den ›inneren‹, eigentlich regierenden Rat, sondern auch die über zweihundert ›Genannten‹ zu einem ›vollen‹ Rat zu versammeln[2]. Auf diese Weise sollte die Bedeutung des Ereignisses unterstrichen, aber auch eine wirkliche Repräsentanz der Bürgerschaft und eine Stärkung der lutherischen Partei im Rat erreicht werden, da die ›Genannten‹ sicher in größerer Zahl als die Patrizier der ›neuen Lehre‹ zuneigten. Doch konnte man sich über diesen Punkt nicht einigen und verschob die Entscheidung auf den 27. Februar. Erst in dieser oder einer der ihr folgenden Sitzungen wollte man sich auch über die Präsidenten des Gespräches klar werden. Andere Personalfragen wurden sofort erledigt. So beschloß man, aus Würzburg den Domprediger Johann Poliander und den Kartäuser Georg Koberer kommen zu lassen[3], wobei man für ersteren einen Sitz unter den Präsidenten und für letzteren die Stelle des Priors im Nürnberger Kartäuserkloster vorgesehen hatte[4]. Ein geschickter Schachzug des Rates war es, den eitlen Christoph II. Scheurl um Leitung und einführende Rede beim Gespräch zu bitten. Scheurl war ursprünglich gegen ein solches Gespräch gewesen und konnte durch diesen ehrenvollen Auftrag sicher für die Sache gewonnen werden. Mit ihrem Vorschlag, den Bischof von Bamberg als zuständigen kirchlichen Oberherrn zu informieren und einzuladen, kamen die beiden Ratsherren nicht durch. Man war sich im klaren darüber, daß der Bischof auf eine solche Einladung mit dem Interdikt antworten würde. Und darin täuschte man sich nicht[5]. Die Sitzordnung für das Gespräch sollten die beiden Bürgermeister,

---

1. *Pfeiffer,* Quellen, S. 49f, RV 351.
2. Zur Nürnberger Verfassung vgl. *Pfeiffer,* Quellen, S. 18*–20*. Die Namen der ›Genannten‹ lassen sich dem Verzeichnis bei *Roth,* Genannte, entnehmen.
3. *Pfeiffer,* Quellen, S. 351, Br. 131. Zu Poliander und Koberer vgl. *Simon,* Nbg.Pfb., S. 77 und 112, Nr 422 und 655.
4. Vgl. o. S. 442, Nr 36.   5. Vgl. u. S. 509.

Niklas Haller (in Vertretung für Christoph Kress) und Endres Imhof bzw. ihre Nachfolger Martin Geuder und Leo Schürstab, bestimmen. Drei Protokolle wollte man von der Diskussion herstellen lassen. Je ein Protokollant sollte von den beiden Parteien gestellt werden, den dritten wollte der Rat beauftragen. Doch bestimmte man einige Tage später, es sollten für den Rat drei Niederschriften angefertigt werden[6].

So waren die Vorbereitungen für das Gespräch weithin getroffen, als sich eine unerwartete Schwierigkeit ergab. Die Klosterprediger hatten am 21. Februar, als ihnen die ›Zwölf Artikel‹ übergeben und das Gespräch angekündigt wurde, »unpedacht« und ohne die Artikel gelesen zu haben, ihre Teilnahme zugesagt. Inzwischen aber hatten sie bei der Lektüre der Artikel gemerkt, wohin die Sache laufen würde[7]. Deswegen übergaben sie dem Rat am 27. Februar ein Schreiben, mit dem sie ihre Zusage zurückzogen.

Eine gründliche Erörterung der Artikel – so schrieben sie – werde viel zu lange dauern. Es sei auch niemand in der Lage, wirklich umfassend aus dem Stegreif auf die Artikel zu antworten. Heftige Auseinandersetzungen würden sich nicht vermeiden lassen, »besunder, so sich der prediger zu sant Lorenzen etwo solt mirken lassen, er wiß die geschrifft auff pede seiten zu wenden«. Die Disputation in Zürich habe außerdem bewiesen, daß von derartigen Veranstaltungen nichts zu erwarten sei[8]. Man sei aber bereit, den Streit mit den evangelischen Predigern vor den Universitäten Heidelberg, Ingolstadt und Tübingen auszutragen. Es gab aber auch grundsätzlichere Einwände. Bei einer Disputation mische sich leicht die Vernunft ein, obwohl es hier doch um Glaubensfragen gehe. Außerdem habe der Kaiser in seinem Schreiben aus Burgos mit der Absage des Speyerer Nationalkonzils solche Auseinandersetzungen verboten[9]. Das beste Argument hatte man sich für den Schluß aufgehoben: Der neunte bis elfte Artikel werde Anlaß geben, auch über die bürgerliche Gesetzgebung und das weltliche Regiment zu reden, an dem es ja, wie jedermann wisse, derzeit viel auszusetzen gebe. Dann aber könnte aus dem Gespräch leicht noch größere Unruhe im Volk entstehen[10].

Sicher wußten die Mönche um das Gewicht dieses Argumentes in einer Zeit, in der bereits überall der evangelischen Predigt die Schuld an dem beginnenden Bauernkrieg gegeben wurde. Auch in Nürnberg sah es damals nicht ungefährlich aus; wußte doch Spengler zu berichten, daß es dort »nye so gleich gesehen hat, von deß ungleichen predigen wegen zu aufrurn zu kommen, als ytzo«[11]. Unter den regierenden Herren der Stadt gab es in dieser Lage eine ganze Reihe, die den stets wachsenden Einfluß der evangelischen Prediger ungern sah. Christoph Kress, damals Gesandter beim Schwäbischen Bund, hatte geäußert, »wiewol im beschwerlich sey, in dem unkurtzweiligen handel der aufrurigen pauern zu Ulme zu ligen,

---

6. *Pfeiffer*, Quellen, S. 51, RV 358 und S. 53, RV 363. Zu den Protokollen vgl. u. S. 512f.
7. *Pfeiffer*, Quellen, S. 120.
8. Vgl. über sie *Moeller*, Disputationen, S. 276–289.
9. Der Text bei *Förstemann*, Urkundenbuch, S. 204–206, Nr 81.
10. Das Schreiben der Mönche bei *Pfeiffer*, Quellen, S. 119–122.
11. *Pfeiffer*, Quellen, S. 355, Br. 141.

wöll er doch dasselb lieber thun, dann hie bey uns sein und sehen, das unsere prediger also dominieren«. Und Leonhard von Eck, der bairische Kanzler, wußte seinem Herrn zu berichten, »das es der neuen leren halb unter den ratherrn nit gleich«. Christoph Fürer habe ihm durch Kress ausrichten lassen, er möge den Baiernherzog warnen, »die luterischen nit eindringen zu lassen«[12].

Wie üblich ließ der Rat auch in diesem Fall zunächst seine Juristen fragen, was zu tun sei[13]. Am folgenden Tag wurden dann Scheurl, Koler und Baumgartner zur Verhandlung in die drei Mönchsklöster geschickt. Dort wurde jeweils der gesamte Konvent versammelt und ihm die Frage vorgelegt, ob die Eingabe an den Rat mit Wissen und Willen aller erfolgt sei. Vielleicht hoffte man auf diese Weise, einen schon vorhandenen Zwiespalt in den Klöstern, wie er kurz zuvor bei den Kartäusern aufgebrochen war, für die Ratspolitik auszunutzen. Aber das mißlang. Man erhielt überall die Antwort, das dem Rat überreichte Schreiben sei zwar von den Oberen aufgesetzt worden, gelte aber für den ganzen Konvent. Daraufhin erklärten die Herren auftragsgemäß, der Rat habe immer wieder die kontroversen Predigten verboten. Jetzt müsse er als für das zeitliche und ewige Heil der Bürger verantwortliche Obrigkeit auf einhellige Predigt drängen. Deswegen solle »ein freuntliche cristliche unterred und gar kein disputacion« gehalten werden. Auf die von den Mönchen gegen das Gespräch erhobenen Einwände wolle man nicht eingehen, halte es aber nach wie vor für den besten Weg. Schließlich sei jeder Prediger zur Rechenschaft über seine Verkündigung verpflichtet. Der Rat werde also, ob sie erschienen oder nicht, das Gespräch abhalten und darnach weitere Entschlüsse fassen[14]. Die Leiter der Klöster gaben darauf zur Antwort, man wolle sich noch einmal darüber beraten und dem Rat schriftlich antworten. Aber das lehnten die drei Abgesandten ab. Man habe ihnen den Willen des Rates eröffnet, es liege bei ihnen, wie sie sich verhalten wollten[15].

Man darf in der Eingabe der Klosterprediger nicht nur eine ›Ausflucht‹ sehen – mag sie immerhin auch das gewesen sein – und die Auseinandersetzung des Rates mit ihnen nicht als nebensächlich abtun. Vielmehr stand in ihr die gesamte Einrichtung des ›Religionsgespräches‹ zur Debatte. Es stimmte nämlich einfach nicht, wenn der Rat erklärte, er wolle keine Disputation. Die Art der Vorbereitung bewies in vieler Hinsicht, daß es sich um eine solche in abgewandelter Form handeln sollte. Mit den ›Zwölf Artikeln‹ war die ›materia disputandi‹ festgelegt. Man dachte an besondere Präsidenten, hatte in den beiden Parteien die ›Respondenten‹ und sorgte für Protokollanten: »Ward auch instituirt alle form und maß einer disputacion«[16]. Die Klosterprediger hatten also durchaus recht, wenn sie die Auseinandersetzung vor einer Universität – daß sie die für sie günstigen nannten, ist verständlich – führen wollten. Denn dorthin gehörten derartige Disputationen

---

12. *Pfeiffer*, Quellen, S. 355, Br. 141, und S. 352, Br. 135.
13. *Pfeiffer*, Quellen, S. 51, RV 359.
14. Vgl. *Pfeiffer*, Quellen, S. 52, RV 362 und zu RV 362, außerdem die ausführliche Instruktion der Ratsverordneten in: Bericht (zu diesem Siglum vgl. u. S. 515), f. 24v–26r.
15. *Pfeiffer*, Quellen, S. 52, zu RV 362.
16. *Pfeiffer*, Quellen, S. 122.

dem Herkommen nach. Und sie hatten auch richtig erkannt, daß das Vorbild für das beabsichtigte Nürnberger Gespräch mit den Abweichungen von der traditionellen Disputation auf das Zürcher Vorbild zurückging. Mit anderen Worten: Es handelte sich beim Protest der Klosterprediger um den Versuch, die in Zürich neu geschaffene Veranstaltungsform, die sich als wirksames Instrument der evangelischen Obrigkeit bewährt hatte, zugunsten der üblichen ›Gelehrtendisputation‹ zurückzuweisen[17].

Am 1. März wurden dann die letzten Vorbereitungen getroffen. Als Präsidenten bestimmte man die Pröpste der beiden Pfarrkirchen, Hektor Pömer und Georg Peßler, den Abt des Benediktinerklosters, Friedrich Pistorius, und Johann Poliander. Jetzt wurde auch die Teilnahme der über zweihundert ›Genannten‹ beschlossen[18].

Damit hatte sich die Teilnehmerzahl so beträchtlich erhöht, daß als Ort für das Gespräch nur der große sogenannte ›Tanzsaal‹ auf dem Rathaus in Frage kam. Dort versammelten sich am 3. März um elf Uhr zunächst die ›Genannten‹ und der ›innere Rat‹. Nachdem ersteren kurz Plan und Ablauf des Gespräches erläutert worden war, ließ man die beiden ›Parteien‹ ein. Die evangelische Seite wurde von Osiander (Prediger an St. Lorenz), Schleupner (Prediger an St. Sebald), Venatorius (Prediger am Neuen Spital), Volprecht (Augustinerprediger), Fürnschild (Prediger an St. Egidien), Koberer (Kartäuserprior), Stöckel (ehemaliger Kartäuserprior) und Dolmann (Prediger an St. Jakob) vertreten. Für die altkirchliche Seite waren Michael Fries (Franziskanerguardian), Andreas Stoß (Karmeliterprior), Lienhard Ebner (Franziskanerprediger), Konrad Pflüger (Dominikanerprior), Ludwig Hirschvogel (Karmeliterprediger), Jobst Pergler (Dominikanerprediger), Georg Erber (Prediger im Katharinenkloster) und Nikolaus Lichtenstein (Prediger im Klarakloster) erschienen. Als Zuhörer hatte man außerdem die Rechtsgelehrten und Mediziner der Stadt sowie eine Anzahl nicht zum Rat gehörender Personen zugelassen[19]. Natürlich war das Vorhaben des Rates in der Stadt bekannt geworden. So versammelte sich vor dem Rathaus »ain mercklich volck, das ende zu sehen«, und gab seiner Meinung zur Auseinandersetzung lautstark Ausdruck: »Man sollt inen die munch zum venster herauswerfen. Man sollt sie undter die munch lassen, sie wissten recht mit inen zu disputirn.«[20]

17. Vgl. *Moeller,* Disputationen, S. 286f, 301–315.
18. Vgl. *Pfeiffer,* Quellen, S. 53, RV 363, und die Sitzordnung für das Gespräch aaO, S. 54. Die Namen der Ratsherren mit kurzen Lebensläufen finden sich auch in einem Verzeichnis: »Herren des raths, so dem regiment zu Nurnberg bey änderung der religion und selbigen colloquio auf dem größern rathhauszsall in Marti anno 1525 beygewohnt und zugegen gewesen« (Nürnberg StA, Y 669a, f. 79r–94v). Dort werden als »abwesende geschlecht, so damals nicht in rath gegangen«, folgende Namen aufgeführt: Derzer, Pirckheimer, Löffelholz, Fütterer, Harsdörfer, Pömer, Starck und Schlüsselfelder.
19. *Pfeiffer,* Quellen, S. 54.
20. *Pfeiffer,* Quellen, S. 355, Br. 141.

2. Der Verlauf des Gespräches

a) Die erste Sitzung am 3. März

Daß die Leitung des Gespräches nicht bei den ›Präsidenten‹, sondern beim Rat selbst, vertreten durch Christoph Scheurl, liegen würde, ging bereits aus dessen Eröffnungsrede bei der ersten Sitzung hervor.

Scheurl rekapitulierte eingangs die Entstehungsgeschichte des Religionsgespräches. Mit dem Reichstagsabschied von 1523 habe der Rat den Auftrag erhalten, nur »das heilig euangelion nach auslegung der schrifften von der cristenlichen kirchen approbirt und angenummen« predigen zu lassen. Daran hätten sich die Prediger trotz wiederholter Mahnungen nicht gehalten. So sei neben »verstrickung der gewissen und ferlikeit der selen« auch »zerstorung burgerlichs fridens« zu erwarten. Dem müsse der Rat zuvorkommen, da er für leibliches und ewiges Heil seiner Untertanen verantwortlich sei – eine Vorstellung, die ein längst vor der Reformation gewachsenes Selbstbewußtsein des Stadtregimentes zum Ausdruck brachte. Anschließend schilderte Scheurl die Entstehung der ›Zwölf Artikel‹. Dann gab er die »ordnung des furgenummen gesprechs« bekannt. Beide Parteien stünden gleicherweise unter dem Schutz des Rates – angesichts der Volksmenge vor den Fenstern eine nicht unwichtige Zusicherung. Die Präsidenten sollten die Diskussionsleiter sein und wurden als solche vorgestellt. Man solle nur deutsch reden – eine Anordnung, die in genauem Gegensatz zur herkömmlichen Disputationsordnung stand – und so verständlich, daß die Protokollanten mitschreiben könnten. Man möge kurz und sachlich zu den gestellten Fragen Stellung nehmen und das Ziel, »gleichen verstant biblischer schriften«, anstreben. Die wichtigste Anordnung gab Scheurl erst am Ende seiner Rede bekannt. Im Gegensatz zum überlieferten Zeremoniell der universitären Disputationen, in dem einleitend festgestellt wurde, daß man sich in den von der kirchlichen Lehre gezogenen Grenzen halten werde[21], proklamierte er das ›Schriftprinzip‹: »Nachdem aber der bock so tief in garten genistelt hat, das di kinder auf der gassen, zu geschweigen der weiber, schreyen: ›Schrifft, schrifft!‹, wirdet fur hochnotwendig, nutz und gut bedacht, das ir in disem euren colloquio bebst, concilia, vetter, tradicion, heilikeit, statut, decret, gepreuch, gewonheit, alt herkommen und was des dings auff dem wort Gottes nicht gegrunt ist, ruhen lasen und allein furet und brauchet das hel wort Gottes, das pur euangelion und biblische schrift. Dann auf disem margk wirdet kein andere muntz geng noch geb sein.« Und mit einer deutlichen Wendung gegen die Klosterprediger, die die Universitäten als Schiedrichter hatten anerkennen wollen, fuhr er fort: »Legt schrift neben schrift und concordirt sie, so habt ir den richter im haus und ist die sach schon gefunden«[22]. Es ist klar, daß damit im Grunde die Entscheidung schon gefallen war, denn selbstverständlich ging es nicht um ein formales Argumentieren

---

21. Vgl. *Moeller*, Disputationen, S. 307f.
22. Bericht, f. 26v–29r.

mit der Schrift. Die Entgegensetzung von Schrift und Tradition machte deutlich, daß die reformatorische Schriftauslegung, die zur Diskussion hätte stehen müssen, als alleingültig vorausgesetzt wurde[23].

Mit einer Mahnung, sich von der kaiserlichen Absage des Nationalkonzils nicht beeindrucken zu lassen, und einem rhetorisch glänzenden Appell, die Bedeutung der Stunde zu erkennen, schloß Scheurl. Anschließend erhielt der Ratsschreiber Lazarus Spengler das Wort, um die ›Zwölf Artikel‹ zu verlesen[24].

Erst danach begann das eigentliche Gespräch. Man verlas noch einmal die Frage des ersten Artikels[25] und bat Schleupner um seine Antwort.

Insgesamt kamen in dieser ersten Sitzung dreimal die Evangelischen und viermal die Altkirchlichen zu Wort. Noch ging man bei der Wortvergabe nicht von den bestehenden beiden Parteien, sondern der Gliederung nach Predigern und Ordensoberen aus. Dabei sprachen die Evangelischen konkret zum Thema des ersten Artikels – das Wesen der Sünde und ihre Strafe –, während sich die Gegenseite weithin darauf beschränkte, das Gespräch als solches anzugreifen. Man bemängelte die Zugrundelegung der ›Zwölf Artikel‹, verlangte die Verlesung der eigenen Vorschläge und wiederholte die Argumente, die man früher schriftlich gegen die Disputation vorgebracht hatte[26].

Man war also – es war inzwischen zwei Uhr nachmittags geworden – keinen Schritt weiter gekommen[27]. Der Rat ließ daher das Gespräch abbrechen und eine zweite Zusammenkunft auf den 5. März ansetzen.

Es läßt sich denken, wie die Argumentation der altkirchlichen Vertreter auf den Rat wirken mußte. Noch erboster aber war die Volksmenge vor dem Rathaus. Jedenfalls sah sich der Rat gezwungen, die Mönche von »schutzen und statknecht« in ihre Klöster geleiten zu lassen, um Übergriffe des Volkes zu verhindern[28].

b) Die zweite Sitzung am 5. März

Am folgenden Tag beschloß der Rat, die Juristen sollten darüber beraten, mit welchen Argumenten man die Berufung der Mönche auf das Schreiben des Kaisers aus Burgos abweisen und den Fortgang des Gespräches erreichen könne. Außerdem muß es Schwierigkeiten bei der Formulierung der ›Zwölf Artikel‹ in Frageform gegeben haben, da sich Scheurl deswegen bei den evangelischen Predigern erkundigen sollte[29].

Obwohl nicht aufgefordert, benutzte auch Spengler die Gelegenheit, sich aus-

---

23. Vgl. *Moeller,* Disputationen, S. 310–315.
24. *Pfeiffer,* Quellen, S. 122, und u. S. 516,11–517,1.
25. Zu den Artikeln vgl. o. S. 460–463, Nr 39.
26. Vgl. *Pfeiffer,* Quellen, S. 123, und u. S. 517. Zu den von altkirchlicher Seite gemachten Vorschlägen vgl. auch *Pfeiffer,* aaO, S. 213f, Rschl. 33.
27. *Pfeiffer,* Quellen, S. 123.
28. *Pfeiffer,* Quellen, S. 355, Br. 141.
29. *Pfeiffer,* Quellen, S. 53, RV 367.

führlich zum Religionsgespräch zu äußern. Noch am 4. März übersandte er dem geschäftsführenden Bürgermeister Martin Geuder ein Gutachten[30]. Daß er diesen Weg beschritt, zeigt deutlich, daß er mit den von den Juristen zu erwartenden oder schon gemachten Vorschlägen nicht einverstanden war.

Spengler nannte eingangs die beiden Gründe, die den Rat veranlaßt hätten, die Disputation anzusetzen: 1. Die Bevölkerung der Stadt, die die evangelischen Predigten gehört habe und gleichzeitig zur Beichte in die Klöster gegangen sei, wisse nicht mehr, was richtig und falsch sei. Das bringe Unruhe und müsse letzten Endes zu Aufruhr führen. 2. Daneben müsse man an die Nonnen denken – fast ausnahmslos Töchter aus den ersten Familien der Stadt –, die keine Gelegenheit hätten, Gottes Wort zu hören. Da aber die evangelische Predigt allein die richtige sei, hätte der Rat den Mönchen schon längst Predigt und Beichthören verbieten lassen sollen. Was von deren Seite zu erwarten sei, habe sich schon an der Eingabe vom 27. und den Verhandlungen mit ihnen am 28. Februar deutlich gezeigt. Spengler ging dann im einzelnen die von den altkirchlichen Predigern am ersten Tag gemachten Vorschläge durch, um festzustellen, daß sie alle letzten Endes darauf hinausliefen, das Gespräch abzulehnen oder zu verzögern. So komme man also nicht weiter. Er schlug daher vor, das Religionsgespräch, das ohnehin nur ein »spiegelfechten« vor den ›Genannten‹ darstelle, so schnell wie möglich zu beenden, um größeren Schaden zu verhüten. Man solle die Mönche nicht weiter zur Rechenschaft zwingen, sondern in ihre Klöster zurückkehren lassen. Anschließend könne man die evangelischen Prädikanten hören und die notwendigen Beschlüsse fassen. Jeder Verzug berge Gefahr.

Spenglers Gutachten läßt erkennen, daß es nicht in erster Linie die entschieden evangelischen Kreise waren, die das Religionsgespräch gewünscht hatten. Sie waren vielmehr nach den Erfahrungen, die man seit Herbst 1524 in den Gesprächen mit den ›Schwärmern‹ in der Stadt gesammelt hatte[31], für ein glattes Verbot altkirchlicher Predigt in der Stadt. Daß die Gegenseite das Gespräch nicht wünschte, ist schon wiederholt klar geworden. Fast sieht es so aus, als sei es das Ergebnis eines Kompromisses gewesen, auf das sich die verschiedenen auch im Rat vertretenen Richtungen hatten einigen können, wobei freilich die evangelische Seite dennoch von vornherein im Vorteil war und alles tat, die Sache erfolgreich zu beenden.

Spenglers Vorschlag fand im Rat keine Mehrheit. Die Diskussion wurde am 5. März fortgesetzt. Wieder eröffnete Scheurl die Sitzung. In seiner einleitenden

---

30. Das Gutachten Spenglers bei *Pfeiffer*, Quellen, S. 211–216, Rschl. 33. Das Spenglersche Autograph mit seinem Schreiben an Martin Geuder liegt heute in Neustadt/Aisch, Kirchenbibliothek, MS 124, Prd. 2 (vgl. *Schornbaum*, Aktenstücke S. 28).

31. Vgl. darüber oben S. 255ff, Nr 21; S. 267–282, Nr 22 und 23. Spengler nahm auf den Fall der ›gottlosen Maler‹ ausdrücklich Bezug. Er meinte, es werde gehen, »wie mit den melern, die man zu christen wider iren willen und hertz machen wolten, der lochhueter macht sie christen, die prediger aber heuchler. Also wurdet die forcht bey den munchen villeicht christen machen, die underrichtung aber der christenlichen prediger scheinhailigen« (*Pfeiffer*, Quellen, S. 215) – eine Äußerung, die für Spengler keineswegs typisch ist.

Rede stellte er fest, der Rat bleibe bei seinem Vorhaben. Die Berufung auf das mehrfach erwähnte kaiserliche Schreiben sei unberechtigt, da dem Kaiser in erster Linie an der Erhaltung von Ruhe und Frieden liege. Und eben das wolle der Rat mit dem Gespräch herstellen. Wer vor Universitäten diskutieren wolle, könne auch hier reden. Im Anschluß daran wurden die wichtigsten Dokumente aus der Vorgeschichte des Gespräches verlesen: Die Aufforderung des Rates, die wichtigsten Stücke christlicher Lehre in Frageform zu nennen[32], die Eingabe der Mönche vom 16. Januar[33] und ihre Ablehnung des Gespräches vom 27. Februar[34]. Scheurl sprach jeweils verbindende Worte, in denen immer wieder betont wurde, daß die evangelische Partei den Wünschen des Rates stets gehorsam und pünktlich nachgekommen sei, während die andere nur Schwierigkeiten gemacht habe[35].

Spengler hatte schon am Tag vorher in seinem Gutachten geschrieben, daß sich verschiedene der ›Genannten‹, als man ihnen von der Eingabe der Mönche berichtet habe, »uber die mas und mehr dan meine herrn glauben khonnen, entsetzt« hätten[36]. Die Mönche müssen den Unwillen des Rates über ihr bisheriges Verhalten gemerkt haben. Sie griffen das Stichwort von der ›freundlichen Unterredung‹ auf und weigerten sich nicht länger, auf die einzelnen Artikel zu antworten. In der anschließenden Diskussion erhielten – anders als in der ersten Sitzung – abwechselnd beide Parteien das Wort. Obwohl viele ihrer Vertreter auf eine eigene Stellungnahme verzichteten, ließen sich doch scharfe Repliken und Wiederholungen nicht vermeiden, so daß man, als die Sitzung abgebrochen werden mußte, mit der Erörterung der Artikel nur bis zum zweiten gekommen war[37].

c) Die dritte bis fünfte Sitzung am 7., 9. und 11. März

Von Spenglers Gutachten zur Eile gemahnt, glaubte nun auch der Rat, das Gespräch werde sich zu lange hinziehen. Zwar hatte Scheurl in seiner Eröffnungsrede vom 3. März betont, man wisse sehr wohl, »das dieses kein tagwerck« sei, und freigestellt, so oft zusammenzukommen, bis man sich verglichen habe[38], aber eine derartige Zahl von Sitzungen, wie sie sich nach dem Ergebnis der zweiten Zusammenkunft abzeichneten, war man nicht bereit hinzunehmen. Man griff daher einen Vorschlag Spenglers auf, für jede Seite nur noch einen Sprecher reden zu lassen. In diesem Sinn unterrichtete Scheurl zu Beginn der Zusammenkunft am 7. März die beiden Parteien, die daraufhin evangelischerseits Osiander, altkirchlicherseits Lienhard Ebner zu Wortführern wählten[39]. Beide hatten sich an den vorangegangenen Tagen wohl dazu qualifiziert. Offen blieb zunächst noch die

---

32. Vgl. dazu oben S. 403, Nr 31.
33. *Pfeiffer,* Quellen, S. 105–115.
34. *Pfeiffer,* Quellen, S. 118–122.
35. Vgl. Bericht, f. 29v–31v; *Pfeiffer,* Quellen, S. 123, und die recht ungenaue Zusammenfassung in der ›Handlung‹ u. S. 519,9–14.
36. *Pfeiffer,* Quellen, S. 214, Rschl. 33.   37. Vgl. u. S. 519–521.
38. Bericht, f. 29r, vgl. dazu *Pfeiffer,* Quellen, S. 120.
39. Vgl. *Pfeiffer,* Quellen, S. 53, RV 368, und Bericht, f. 32r.

Frage, ob nach deren Äußerungen weitere Stellungnahmen erlaubt sein sollten. Doch entschloß man sich schließlich, um den Charakter des Zwiegesprächs wenigstens einigermaßen zu wahren, die Möglichkeit zu Gegenreden offenzulassen[40].

Dennoch kam es nach der Diskussion über den dritten Artikel am 7. März noch einmal zur Debatte über die Verfahrensfrage. Der Franziskanerguardian Michael Fries beschwerte sich darüber, daß Osiander bei seinen Ausführungen konkret auf die Rede von Ebner eingegangen sei und sie zu widerlegen versucht habe. Damit sei der Charakter des ›freundlichen Gespräches‹ in Frage gestellt. Ein ›Streitgespräch‹ wolle man nicht, da es zu nichts führe und vor die Universitäten gehöre.

Diese Äußerung, verbunden mit dem Vorwurf, die altkirchliche Seite werde übervorteilt, war ausgesprochen unklug. Denn nun hatte Osiander Gelegenheit festzustellen, die evangelische Seite habe zu den ersten beiden Artikeln als erste gesprochen, so daß die altkirchliche Partei die Möglichkeit gehabt habe, auf diese Ausführungen einzugehen. Solle es gerecht zugehen, so müsse man die Parteien abwechselnd bei den einzelnen Artikeln als erste reden lassen. Dieser Vorschlag war, zumal man nur je einen Sprecher der Kontrahenten gewählt hatte, durchaus berechtigt. Und in diesem Sinn entschieden dann auch die ›älteren Herren‹, das Gremium, das die »hochste macht« in der Stadt darstellte[41]. Auch dieser Versuch der Mönche, das Gespräch zu sabotieren, verschlechterte also im Grunde ihre Position.

So erhielt zum Ausgleich beim vierten Artikel zunächst noch einmal der Franziskanerprediger als erster das Wort, beim fünften setzte der Wechsel ein. Das Verfahren bewährte sich. Am 7. März konnte man die Diskussion des sechsten Artikels abschließen, in der Sitzung am 9. März wurde über den siebten bis neunten verhandelt, und bei der Zusammenkunft am 12. März konnte man mit der Erörterung der letzten drei Artikel das Gespräch im wesentlichen beenden[42].

Inzwischen war die Nachricht über das Nürnberger Gespräch nach Bamberg gekommen. Vielleicht hatten sogar die Orden dort um Unterstützung gebeten. Doch konnte der Bischof ohnedies wissen, wie das Gespräch enden würde. So entschloß er sich zum Eingreifen. Mit einem Schreiben vom 7. März beschwerte er sich beim Rat, daß die Ordensleute in der Stadt »etlicher massen betrangt« würden. Er nehme nicht an, daß das mit Wissen und Willen des Rates geschehe. Man möge also für Abstellung sorgen[43]. Wichtiger war ein zweites Schreiben vom gleichen Datum, mit dem – nach einem halben Jahr! – das Urteil des Bischofs über die Pröpste und den Augustinerprior übersandt wurde. Der Rat möge die Pröpste auffordern, die Änderungen des vorigen Sommers zurückzunehmen, dann wolle er sie absolvieren[44].

---

40. *Pfeiffer*, Quellen, S. 53 und 55, RV 368 und 370.
41. Vgl. u. S. 522,29–523,26, und *Pfeiffer*, Quellen, S. 19*.
42. Vgl. *Pfeiffer*, Quellen, S. 57f, zu RV 395, und u. S. 524,1–538,27.
43. *Pfeiffer*, Quellen, S. 353, Br. 139.
44. Vgl. oben S. 184–186, Nr 20 und *Pfeiffer*, Quellen, S. 353f, Br. 140.

Das war ein massiver Versuch, den Fortgang des Religionsgespräches zu unterbinden. Und es war klar, daß der Rat eine derartige Einmischung des Bischofs in die städtische Kirchenpolitik nun weniger denn je zulassen würde. Dementsprechend wurden die Schreiben des Bischofs erst nach dem Religionsgespräch offiziell zur Kenntnis genommen. Aber auch jetzt beeilte man sich nicht mit der Antwort[45]. Das heißt freilich nicht, daß zu diesem Zeitpunkt schon der gesamte Rat für die evangelische Lehre gewonnen gewesen wäre. Spengler wußte zu berichten, daß die vom Rat während des Gespräches ausgesprochene Erlaubnis, in den Fasten an zwei Wochentagen Fleisch zu verkaufen, Ärger hervorgerufen hatte: »Wöllen etlich leut darumb aus der heut faren und ir burgerrecht aufsagen«[46]. Das waren sicher nicht irgendwelche Bürger, sondern doch wohl Mitglieder der patrizischen Familien.

d) Die sechste und letzte Sitzung am 14. März

Offenbar hatte es im weiteren Verlauf des Gespräches nach den Reden der Wortführer keine Entgegnungen mehr gegeben, so daß jeweils nur der als zweiter sprechende die Gelegenheit hatte, auf den anderen einzugehen. Auch in Nürnberg war also aus der geplanten Diskussion das unverbundene Nebeneinander predigtartiger Darlegungen des eigenen Standpunktes geworden[47]. So war der Sinn der Veranstaltung, zu einer gemeinsamen Lehre zu kommen, selbstverständlich nicht zu erreichen. Daher beschloß der Rat am 11. März, als das Ende des Gesprächs abzusehen war, es solle jede Seite ein zusammenfassendes Schlußwort erhalten, in dem noch einmal der eigene Standpunkt dargelegt und auf den des Gegners eingegangen werden sollte. Die bisher geübte wörtliche Niederschrift der Reden sollte wegfallen. Auf diese Weise hoffte man, das Gespräch mit zwei weiteren Sitzungen am 14. und 16. März zu Ende zu bringen[48]. Dieser Beschluß des Rates wurde von Scheurl am Ende der fünften Sitzung bekanntgegeben[49].

Am Morgen des 14. März ließen die Mönche dem Rat ein Schreiben überbringen, in dem sie erklärten, der Kaiser habe Religionsgespräche verboten – ihr altes Argument. Sie würden an der letzten Sitzung daher nicht mehr teilnehmen. Ebensowenig sei von ihrer Seite die Zustimmung zu bereits erfolgten oder geplanten Neuerungen zu erwarten. Sie seien aber bereit, ihre Sache vor unparteiischen Richtern, den früher genannten Universitäten oder ihrem Bischof, zu vertreten. Man möge das den ›Genannten‹ zur Kenntnis bringen[50]. Der Rat ließ sich nicht beeindrucken. Ein Kanzlist (!) erhielt den Auftrag, in den Klöstern zu melden, das Gespräch werde, gleichgültig wie sie sich verhielten, zu Ende ge-

---

45. Vgl. *Pfeiffer,* Quellen, S. 56, RV 381; S. 356f, Br. 142; S. 364f, Br. 152; S. 379–387, Br. 173.
46. *Pfeiffer,* Quellen, S. 355, Br. 141; vgl. S. 53, RV 369.
47. Vgl. *Moeller,* Disputationen, S. 314, für Zürich.
48. *Pfeiffer,* Quellen, S. 55f und S. 57f, RV 379 und zu RV 395.   49. Bericht, f. 32r–33v.
50. Vgl. *Pfeiffer,* Quellen, S. 57f, zu RV 395, und Bericht, f. 33v, sowie u. S. 538,8–539,16.

bracht werden⁵¹. Man konnte nicht gut anders verfahren, da man bereits, um die Bedeutung dieser letzten Sitzung zu unterstreichen, den Zuhörerkreis noch einmal erweitert hatte: Außer den früher erwähnten Personen versammelten sich am 14. März um elf Uhr auch alle Kapläne, verschiedene Adelige und etwa fünfhundert Zuhörer. Die Mönche aber blieben wirklich weg⁵².

Scheurl gab wieder eine kurze Einleitung. Dann verlas Spengler die Eingabe der Klosterprediger, worauf Scheurl erklärte, der Rat wünsche fortzufahren, und Osiander das Wort erteilte. Dieser redete dann etwa zwei bis drei Stunden. Von seinen Ausführungen existiert, entsprechend den vom Rat den Protokollanten erteilten Anweisungen, nur eine knappe Zusammenfassung in der ›Handlung mit den Prädikanten‹. Es gibt aber eine ganze Reihe von Argumenten dafür, daß ein in der bisherigen Forschung als ›Gutachten Osianders über den Heilsweg‹ bezeichnetes Schriftstück nichts anderes darstellt als Osianders Vorbereitung auf seine Schlußrede⁵³. Mit einem letzten Wort Scheurls, in dem weitere Maßnahmen des Rates angekündigt wurden, schloß das Gespräch⁵⁴.

3. Die unmittelbaren Folgen des Religionsgespräches

Wenn die obige Annahme richtig ist, dann hat Osiander in seinem Schlußwort schon recht konkrete Hinweise dafür gegeben, welche Beschlüsse der Rat nun zu fassen habe. Man solle mit der obrigkeitlichen Pflicht, für rechte Predigt zu sorgen, ernstmachen und nur noch die evangelische zulassen. Eine grundlegende Neuordnung des Kirchenwesens nach Gottes Wort sei notwendig. Der Rat solle alle Prediger einer Prüfung unterziehen und sie danach anstellen. Außerdem gehöre in seine Hand die Verwaltung der Kirchengüter⁵⁵. Damit war das Programm vorgezeichnet, das dann wirklich in den folgenden Monaten ausgeführt wurde.

Nach einem ausführlichen Ratschlag der Juristen, die sich bis auf einen alle dafür aussprachen⁵⁶, wurde schon zwei Tage nach dem Religionsgespräch den Mönchen Predigt und Beichthören in der Stadt und den Nonnenklöstern verboten⁵⁷. Gleichzeitig sah man sich nach evangelischen Predigern für die Nonnen und die Landpfarreien um⁵⁸. Wenig später wurde die Meßfeier untersagt und die evangelische ›Gottesdienstordnung der Pfarrkirchen‹ verbindlich erklärt⁵⁹. Außerdem übernahm man die Güter des Augustinerklosters in städtische Verwaltung⁶⁰,

---

51. *Pfeiffer,* Quellen, S. 56, RV 388.
52. Vgl. u. S. 538,29–31 und Bericht, f. 33v.
53. Vgl. u. S. 541–576, Nr 43.
54. Bericht, f. 33v; u. S. 539,1–33.   55. Vgl. unten S. 565,9–566,9 und 575,3–576,20, Nr 43.
56. *Pfeiffer,* Quellen, S. 57, RV 391, und S. 219–225, Rschl. 37.
57. *Pfeiffer,* Quellen, S. 57f, 59, 62, RV 395, 400, 432.
58. *Pfeiffer,* Quellen, S. 59–65, RV 401, 406, 414f, 419, 432, 444, 461.
59. Vgl. o. S. 154–164, Nr 18, und *Pfeiffer,* Quellen, S. 72, RV 524.
60. *Pfeiffer,* Quellen, S. 57 und 59, RV 393 und 404. Etwa einen Monat später inventarisierte man die Wertgegenstände der Kloster- und Pfarrkirchen, vgl. *Pfeiffer,* Quellen, S. 76, RV 556 vom 26. April 1525.

da sich die Mönche schon früher selbst dazu bereiterklärt hatten – ein Beispiel, das Schule machte. Nürnberg wurde mehr und mehr eine ›evangelische Stadt‹.

Derartige Maßnahmen gingen selbstverständlich nicht ohne weitere Auseinandersetzungen ab, so daß der Rat befürchten mußte, ihretwegen bei den altkirchlichen Reichsständen verklagt zu werden. So sandte man vorsichtshalber einen Bericht über das Religionsgespräch an Johann Ferenberger, damals Sekretär am Hof des kaiserlichen Statthalters Erzherzog Ferdinand von Österreich[61], und an den Sekretär am Reichskammergericht Ulrich Varnbühler[62]. Gleichzeitig informierte man den dortigen Beauftragten der Stadt, Michel von Kaden[63]. Auf diese Weise hoffte man, den Klagen aus den Nürnberger Klöstern zuvorzukommen. Und wirklich kam es zu keinerlei Maßnahmen des Kaisers, des Statthalters oder des Reichskammergerichtes. Auch der Schwäbische Bund rührte sich vorerst nicht. Man war eben gezwungen, alle Aufmerksamkeit dem gerade losbrechenden Bauernkrieg zu widmen.

Damit mag es zusammenhängen, daß das Nürnberger Religionsgespräch über den Rahmen der Stadt hinaus damals wenig Beachtung gefunden hat. Zwar erbaten sich die Straßburger einen Bericht über den Verlauf und erhielten ihn auch, aber weder dort noch anderswo erlangten die Nürnberger Vorgänge wegweisende Bedeutung[64].

4. Die Nachrichten über das Religionsgespräch

a) Zur Geschichte der Protokolle

Von dem Nürnberger Religionsgespräch wurden insgesamt fünf Protokolle hergestellt. Im Auftrag des Rates schrieben die drei Schulmeister Sebald Heyden, Johann Ketzmann und Leonhard Kulmann[65] das Gespräch, das sie ursprünglich nur »summarie« hatten aufzeichnen sollen, wörtlich mit[66] und wurden später dafür entlohnt[67]. Von diesen Protokollen, von denen mindestens das des Leonhard Kulmann und ein anderes Ende des 18. Jahrhunderts noch vorhanden waren[68], ist bisher keines gefunden worden.

61. *Pfeiffer,* Quellen, S. 359f, Br. 149.
62. *Pfeiffer,* Quellen, S. 360, Br. 150.
63. *Pfeiffer,* Quellen, S. 360–363, Br. 151.
64. Vgl. *Pfeiffer,* Quellen, S. 63, RV 434, und S. 376, Br. 164. Luther hat sich allerdings später an die Nürnberger Vorgänge erinnert und sie dem sächsischen Kurfürsten als Vorbild hingestellt. Als es zwischen den Stiftsherren des St. Georgenstiftes in Altenburg und den drei evangelischen Pfarrern zu einer Auseinandersetzung über die im Stift weiterhin gehaltenen Messen kam, riet er, beide Seiten sollten »mit Schrift gegen Schrift handeln«. Würden die Stiftsherren dabei nicht bestehen, so könne man ihnen – »dem Nürnbergischen Exempel nach« – ihre Gottesdienste verbieten, vgl. WAB 4, S. 28f, Nr 978.
65. Zu den drei Schulmeistern vgl. *Pfeiffer,* Quellen, S. 9*f; S. 51 und 53, RV 358 und 363.
66. Vgl. Bericht, f. 28r, mit *Pfeiffer,* Quellen, S. 55f und 57, RV 379 und zu RV 395.
67. *Pfeiffer,* Quellen, S. 67, RV 477.
68. Es handelt sich um das Protokoll des Leonhard Kulmann, das sich *Will* aus dem Nürnberger Archiv ausgeliehen, aber wieder zurückgegeben hat, vgl. *Will,* Bibliotheca Norica 2,

Für die altkirchliche Seite, der wie der evangelischen ein Protokollant gestattet worden war[69], schrieb wohl der Ratskanzleischreiber Johann Durlmaier mit[70]. Möglicherweise beschränkte er sich dabei – es handelte sich ja um eine Art Belegexemplar für die Mönchsprediger – auf die Äußerungen Lienhard Ebners. Jedenfalls ist es auffällig, daß Ebner später bei Leonhard Kulmann um die von diesem hergestellte Niederschrift bat, deren Aushändigung dann allerdings vom Rat verboten wurde[71]. Auch der Bericht des ehemaligen Nürnberger Franziskaners Georg Klostermair enthält nur die Reden, die Lienhard Ebner zu den einzelnen Artikeln gehalten hatte, wobei noch deutlich zu erkennen ist, daß es sich um eine Abschrift des während der Sitzungen geschriebenen Protokolls der altkirchlichen Seite handelt[72]. So sind wir über deren Äußerungen aufs beste unterrichtet[73]. Sie sind als unentbehrliche Quelle bei der Interpretation der ›Handlung mit den Prädikanten‹ stets heranzuziehen.

Für die evangelische Seite schrieb der Leinburger Pfarrer Georg Ebner das Gespräch mit[74]. Sein Protokoll blieb als Belegexemplar zunächst im Besitz des Propstes Hektor Pömer, der es kurz vor seinem Tod im Jahre 1541 an Osiander gab – möglicherweise ein Hinweis darauf, daß Ebner sich auf die Reden der evangelischen Partei, deren Sprecher Osiander war, beschränkt hatte. Aus diesem Protokoll zitierte Osiander während des Königsberger Streites in der Schrift ›Beweisung‹ seine Ausführungen zum dritten Artikel[75]. Das Protokoll Ebners ist bisher nicht gefunden worden.

S. 14, Nr 23 (*Pfeiffer,* Quellen, S. 10* behauptet irrtümlich, es sei das Protokoll Ketzmanns gewesen). Die Akten lagen früher im Archiv Saal I, Laden A 130, Bündel 13, sind aber bis jetzt nicht zu finden. Doch kennen wir aufgrund eines von mir in der Will'schen Bibliothek entdeckten Verzeichnisses von Nürnberger Reformationsakten (vgl. *Will,* Bibliotheca Norica 7, S. 258, Nr 1053), das ich demnächst edieren werde, wenigstens den Inhalt des Bündels. Danach lagen nur zwei Protokolle, von denen eines das Kulmanns war, bei den Akten.

69. Vgl. *Pfeiffer,* Quellen, S. 51, RV 358. Osiander stellt in seiner ›Beweisung‹, Bl. A3b, die Sache so dar, als habe Pömer eine Sondererlaubnis vom Rat erhalten, neben dessen vier Protokollanten einen weiteren Mann für die evangelische Seite mitschreiben zu lassen. Diese Darstellung ist aber mit Sicherheit falsch. Denn als der Rat sich entschloß, jeder Partei einen eigenen Protokollanten zu gestatten, glaubte er, auch für sich selbst mit einem Protokollanten auszukommen.

70. Über Durlmaier vgl. *Pfeiffer,* Quellen, S. 10*. Daß er für die altkirchliche Seite schrieb, scheint mir daraus hervorzugehen, daß er als Ratsprotokollant in keinem Verlaß erwähnt wird. Und wozu hätte der Rat neben den drei sachverständigen Schulmeistern einen vierten Protokollanten schreiben lassen sollen?

71. Vgl. *Pfeiffer,* Quellen, S. 67, RV 477.
72. Vgl. *Pfeiffer,* Quellen, S. 13*.
73. Vgl. u. S. 515, zu ›Unterricht‹.
74. Vgl. *Pfeiffer,* Quellen, S. 10*f, und über Ebner: *Simon,* Nbg. Pfb., S. 52, Nr 269.
75. Vgl. Osiander, ›Beweisung‹ (*Seebaß,* Bibliographie, S. 173, Nr 62), Bl. A3a–B3a.

b) Zur Überlieferung der ›Handlung‹

Am 4. April 1525 beschloß der Nürnberger Rat: »Und mit dem bürger, der solche handlung in Bamberg soll drucken lassen, statlich anhalten und verschreiben, solches wieder abzestellen, dhweil es ein gestickelt unrichtig ding sein wurd«[76]. Es gab also jemanden – und doch sicher keinen unbedeutenden Bürger –, der einen Bericht über das Religionsgespräch in Bamberg drucken lassen wollte. Die Begründung des Rates für das Verbot des Druckes entsprach sicher nicht dem wirklichen Motiv, das dabei im Hintergrund stand: Die Nürnberger Ereignisse sollten nicht unnötig hochgespielt werden. Gleichwohl ist sie interessant, weil sie erkennen läßt, daß der Verfasser unserer ›Handlung‹ sich nicht nur auf seine eigene Erinnerung oder von ihm gemachte Notizen verließ, sondern auch andere Quellen, möglicherweise sogar Protokolle herangezogen hat[77].

Tatsächlich gelang es dem Nürnberger Rat, die Veröffentlichung in Bamberg zu verhindern, nicht aber den Druck überhaupt. Wenig später erschien die ›Handlung‹ bei Heinrich Steiner in Augsburg[78]. Am 17. April 1525 ließ der Rat einem auswärtigen Buchführer alle Exemplare der ›Handlung‹ abnehmen und versuchte gleichzeitig, die Herkunft des Druckes, in dem weder der Herstellungsort noch der Drucker angegeben waren, zu erfahren, um die Vernichtung der gesamten Auflage zu verlangen[79]. Doch gibt es über weitere Maßnahmen oder ein Vorgehen des Rates gegen den, der die Drucklegung veranlaßt hatte, keine Nachrichten. Da bisher keines der Protokolle aufgetaucht ist, bleibt die ›Handlung‹ die einzige Quelle für Osianders Äußerungen auf dem Religionsgespräch und muß aus diesem Grund in die Edition seiner Werke aufgenommen werden.

c) Sigla

Handschriften:

a: Nürnberg GM, G 8204ᵉ 8°: Handschrift aus der ersten Hälfte des 16. Jahrhunderts. Trotz gelegentlicher Zusätze (Vervollständigung der Namen durch Titel und Vornamen, Einführung aller Artikel mit den Worten: Der n. Artikel), Auslassungen und unbedeutenden Umstellungen handelt es sich um eine sehr sauber geschriebene Kop. des Druckes A. Nach dem Vermerk auf dem Titelblatt befand sich das Exemplar im Besitz einer Frau Schuh aus Nürnberg.

b: Nürnberg SA, Nürnberger Handschriften 202, f. 148r–155v. Handschrift vom Ende des 16. Jahrhunderts. Auch hier liegt eine Kop. von A vor, die sich

---

76. *Pfeiffer*, Quellen, S. 67, RV 477.
77. Ein erster Versuch, den Charakter der ›Handlung‹ und ihr Verhältnis zu den Reden, die tatsächlich auf dem Religionsgespräch gehalten wurden, festzustellen, bei *Pfeiffer,* Quellen, S. 15*f.
78. Vgl. u. S. 515 zu A.
79. *Pfeiffer*, Quellen, S. 69, RV 506.

allerdings bemüht, den Text, wo es nur angebracht erschien, zu glätten. Das führte teilweise zu tiefgreifenden Veränderungen des Wortlautes. So hat man die in der ›Handlung‹ nachgetragene Verlesung der Eingabe der Mönche vom 27. Februar am zweiten Gesprächstag[80] an der richtigen Stelle mit eigener Formulierung einsetzen wollen, irrte sich aber dabei und ließ die Verlesung unmittelbar nach der enstsprechenden Bitte des Franziskanerpredigers am ersten Tag erfolgen[81]. Die vorliegenden Handschrift geht ihrerseits bereits auf eine handschriftliche Vorlage zurück, wie verschiedene Auslassungen im Text an den Stellen, wo diese unleserlich oder verdorben war, beweisen. An einigen Stellen sind später Verbesserungen eingetragen worden, die wahrscheinlich von der gleichen Hand stammen wie die Handschrift selbst.

c: Nürnberg StA, Y 737, 18 Bll. 2°: Handschrift vom Ausgang des 16. Jahrhunderts in sehr sauberer Schrift. Kop. von A, wobei geringfügige glättende Änderungen vorkommen.

d: Nürnberg StA, Y 370, Produkt 2: Handschrift aus der ersten Hälfte des 18. Jahrhunderts, Kop. der Vorlage von b, die aber hier offenbar besser gelesen wurde.

Drucke:

A: [Augsburg: Heinrich Steiner, vor dem 17. April 1525] = *Seebaß*, Bibliographie, S. 37, Nr 10.1 (Abbildung des Titelblattes aaO, S. 38). Dieser Druck liegt der folgenden Edition nach dem Exemplar in Wolfenbüttel HAB, 196. 21.Th.4°/7 zugrunde.

B: Königsberg: Hans Lufft, 1553 = *Seebaß*, Bibliographie, S. 37, Nr 10.2. Die Ausgabe gehört zu den verschiedenen Neuausgaben von Schriften aus der Frühzeit Osianders, die in Königsberg im Zuge des osiandrischen Streites erschienen, vgl. *Seebaß*, aaO, S. XIf.

Editionen:

Ed. 1: *Burger*, Acta colloquii, S. 29–54 nach A.
Ed. 2: *Pfeiffer*, Quellen, S. 448–462, Publ. Die Seitenzahlen dieser Edition sind in unserem Text berücksichtigt worden.

Zur Kommentierung sind folgende Stücke fortlaufend herangezogen worden:

Bericht: Ein Bericht über das Nürnberger Religionsgespräch, hauptsächlich die Reden Christoph von Scheurls enthaltend, in: Freiherrlich von Scheurlsches Familienarchiv, Nürnberg-Fischbach, Manuskriptband M (zweiter Teil), f. 19v–33v.

Unterricht: Der Bericht über die Reden der altkirchlichen Seite auf dem Religionsgespräch nach der Reinschrift des Georg Klostermair, gedruckt bei *Pfeiffer*, Quellen, S. 105–150, WU.

---

80. Vgl. o. S. 508.
81. Vgl. u. S. 517,13–17, und b, f. 148r.

Die gesamte Überlieferung geht also auf A zurück, wobei sich folgendes Stemma ergibt:

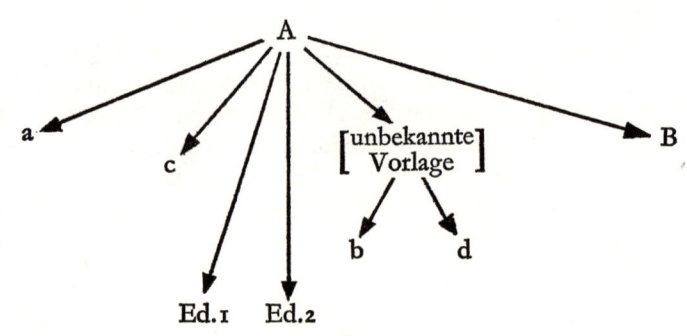

```
              A
         ↙ ↙  ↓  ↘  ↘
        a  c [unbekannte    B
              Vorlage]
              ↙   ↘
             b     d
           ↓    ↓
         Ed.1  Ed.2
```

Für den textkritischen Apparat wurden nur a, A und B berücksichtigt.

Text

[A1a, 448:] Handlung eynes ersamen weysen rats zů[a] Nürnberg, mit iren predicanten neulich geschehen etc., 1525[b].

[A2a:] Freytag an sant Künigund tag[1] sind gefordert worden alle prediger[2] für ainen grossen radt[3] zů Nürnberg. Als nun die genanten prediger erschynen, fieng doctor Scheuerlin[4] ain schöne red an und fordert antwort auff zwölf artickel[5] von allen predicanten, ainem yetzlichen in sonderhait auß götlichem wort und der hayligen geschrifft, außgeschlossen bapst[c], concilia, haylige väter, alt herkummen, decreta, gaistlich recht etc. Solt sich auch nyemandts behelfen[6] auff kayserlich mandat[7]; dann es solt kayn dysputacion sein, sondern ain freundtlich, brůderlich, christlich gesprech und vergleychung des mißhellingen predigens, auffrůr und entpörung zů vermeyden etc[8]. Und warden alsbald die zwölf artickel gelesen

---

a) der statt: a. – b) Von a wird vor dem Text der Titel von A wiederholt. – c) bapst: a.

1. 3. März 1525.
2. Evangelische: Dominikus Schleupner, Andreas Osiander, Thomas Venatorius, Martin Glaser, Sebastian Fürnschild, Jakob Dolmann, Altkirchliche: Lienhard Ebner, Jobst Pergler, Ludwig Hirschvogel, Georg Erber, Nikolaus Lichtenstein. Außerdem kamen auf beiden Seiten noch verschiedene Personen dazu, vgl. *Pfeiffer,* Quellen, S. 54.
3. Der ›große Rat‹ umfaßte den sogenannten ›kleinen Rat‹, bestehend aus 42 patrizischen Mitgliedern, und die etwa zweihundert ›Genannten‹, die vom ›kleinen Rat‹ in diese Ehrenstellung aus der Bürgerschaft berufen wurden, vgl. *Pfeiffer,* Quellen, S. 18*f.
4. Christoph II. Scheurl.
5. Vgl. über sie o. S. 454–463, Nr 39.
6. herausreden.
7. Das kaiserliche Schreiben aus Burgos vom 15. Juli 1524, mit dem Karl V. das geplante Speyerer Nationalkonzil verbot, vgl. *Förstemann,* Urkundenbuch, S. 204–206, Nr 81.
8. Der volle Wortlaut der Rede Scheurls in: Bericht, f. 26v–29v.

von Lasaro Spengler. Und zum ersten wurd gefragt Dominicus, prediger zů S. Seboldt[9], antwort zů geben auff den ersten artickel, nemlich:

1. Der erst artickel: Was die sünd sey und ir straff[10]

Antwort Dominicus mit vil worten. Was[11] die maynung: Die sünd ist der abfall vom wort Gots auff die lugen, wie dann ir ursprung im paradiß vom teuffel herkommen und Adam verfůrt ist[12] und auff uns geerbt. Dise sünd ist nicht gedancken, wort oder werck, sonder die wurtzel selbst, da die werck, wort und gedancken herkommen als die frucht der sünd. Dise ist im menschen und bleibt biß in tod, dyse bôse zůneygung zů allem ubel etc. Die straff der sünd ist der zeytlich und ewig todt und alles leyden diser zeyt. Auff das ist gefragt worden der prediger zun barfůssen[13]: Der revociert sich auff das kayserlich mandat[14] und sprach: Dise artickel begreyffen[15] fast die gantzen hailigen schrifft, [A2b:] so ist die zeitt zů kurtz, so schnell daruff zů antwurten. So haben wir einem radt ein geschrifft zůgestelt, darin gnůgsam angetzaigt ist, was einem layen nott zů wyssen sey zů der seligkait[16]; begeren und bitten dieselbigen zů lesen vor den genandten[17] oder[d] gemain[18], mitsampt der suplication einen radt zůgestelt[19]. Weitter zů antwurten wôl er sich nichten einlassen etc.

Darauff ist weitter der prediger zů sant Lorentzen, Osiander, gefragt worden, auff den artickel zů antwurten. Hat fast gleich geantwurt mit weiser[e] erklerung wie Dominicus auch; gleycher maynung nachvolgendt alle prediger des evangelii als der zům spital[20], augustiner[21], sant Egidi[22], teutschen hauß[23]. Darnach ward weitter gefragt nach Osiander der predicant zůn predigern[24]. Derselbig mitsampt allen seinen mitgenossen, als der zůn carmeliten[25], sant Clara[26], sant Katherinen[27],

d) oder der: a. – e) weiter: B.

9. Dominikus Schleupner.
10. Die Artikel wurden nicht in der hier verwandten Kurzfassung, sondern der originalen längeren Fassung verlesen, vgl. darüber o. S. 460, Nr 39.
11. war.
12. Gen 3,1–6.
13. Lienhard Ebner.
14. Vgl. o. Anm. 7.
15. umfassen.
16. Antwort der altkirchlichen Prediger vom 16. Januar 1525 auf das Schreiben des Rates vom 9. Januar des gleichen Jahres, vgl. o. S. 405, Nr 31.
17. Vgl. o. Anm. 3.
18. Gemeinde. Die ›Genannten‹ wurden als Repräsentation der Bürgerschaft verstanden.
19. Die Eingabe der Mönchsprediger vom 27. Februar 1525, vgl. o. S. 502.
20. Venatorius.
21. Glaser.
22. Fürnschild.
23. Dolmann.
24. Pergler.
25. Hirschvogel.
26. Lichtenstein.
27. Erber.

bliben all auf des parfůsser²⁸ antwurt. Auf das letst wurden auch gefragt die priores²⁹ und gardian³⁰, ob sie etwas dartzů antwurten wôlten.

Zům ersten that der prior zůn carmeliten³¹ eine verdroßne³² red zůn herren³³ und ertzelet concilia, christlich kirchen, haylige våter, alt herkommen, kaiserlich mandat³⁴, groß gferlikait der stat. Erpoten sich auff die drey hochen schůlen Ingelstat, Tübingen und Haydelberg, und sprach: Man hat den gantzen tag von der sünd gesagt und von Adam. Niemant hat aber der Eva ye gedacht, so doch Eva verfůrdt ist worden vom teuffel, der schlangen, und nit^f Adam³⁵. Und nach der tauff sey die begyr nimmer sünd etc.

Darauff der prior zůn augustiner³⁶ geanwurt:

Sy scheuchen³⁷ das liecht und suchen einen außtzug³⁸, besorgen, ir thorhait kumm an tag. Man darff³⁹ auch keinen andern richter, die schrifft ist klar. Und wann sunst nyemandt da wer, wolt ich dise artickel allain [449:] verfechten, das alle [A3a:] widersacher nichts darwider vermügen solten. Es ist sünd und bleibt sünd im menschen, als lang biß^g der Adam mitt der Eva stürbt.

Auf sollichs redet der prior zun predigern⁴⁰:

Es wer kain zwyspaltung im glauben zwischen in⁴¹ und hauptartickeln, dieweil sie al predigen einen Got, einen Christum, einen glauben, eine tauff⁴². Ob gleich⁴³ in etlichen artickeln, die auß der gschrifft flyessen, etwas mißhelliges⁴⁴ lauttet, so vermaint doch ein yedlicher uß christlichem gemůt, das allerbest zů leeren. Er hab auch nicht gewist, das diss ein fraindlich, brůderlich, christlich gesprech solt sein, sunder er habs für ein disputation gehalten; er wolt sunst seinen prediger⁴⁵ haben lassen antwurten. Es sey aber sein beger und gůttduncken, man thů es gschrifftlich; versehe er sich⁴⁶, er wôll die andern vermügen⁴⁷, sollichs auch zů thon.

f) mit: A; nit: a, B. – g) fehlt a.

28. Ebner.
29. Konrad Pflüger (Dominikaner), Andreas Stoß (Karmeliter), Georg Koberer (Kartäuser) und Wolfgang Volprecht (Augustiner); die beiden letzten saßen auf der evangelischen Seite.
30. Michael Fries (Franziskaner).
31. Andreas Stoß.   32. verdrießliche.
33. Die Ratsherren, wahrscheinlich aber die kleinere Gruppe der ›älteren Herren‹, vgl. u. S. 523.
34. Vgl. o. Anm. 7.
35. Vgl. Gen 3,4–6; 1Tim 2,13f.
36. Volprecht.
37. scheuen.
38. Ausflucht.
39. bedarf, braucht.
40. Pflüger.
41. ihnen.
42. Eph 4,5f.
43. wenn auch.
44. uneins.
45. Pergler.
46. er habe die Zuversicht.
47. bewegen.

Darauff der gardian⁴⁸:

Es wer im⁴⁹ wolgefallenʰ, wer des auch urpůttig⁵⁰ etc.

Das ist den ersten tag, auffs allerkürtzt begryffen⁵¹, gehandelt. Und seind beschaiden⁵², auff den nechsten suntag⁵³ wider zů erscheinen, wie dann geschehen ist etc.

Auf sontag Invocavit⁵⁴, nach erscheynung der genanten, redet Scheuerlin also etc.:

Ein erber radt bestůndt noch auff irem fürnemmen, einen yedlichen prediger mündlich zů hörenⁱ. Es wer auch einem radt mitnichten zů leiden sollich mißhellig predigᵏ, sonder sie wolten, das sie sich vergleichen etc. Dann sollich predig dienten zů auffrůr. Und wann ain radt solchs gestadt, wurden sie nach laut und beschluß der vergangen reychßtagen⁵⁵ vor kaiserlich maistat streflichˡ erfunden. Es wer auch kain disputation, wie obgemelt etc. Und fragt daruf den prediger zůn barfüssen⁵⁶, was die sünd wer und die straff.

[A3b:] Antwort der barfüsser:

Zum ersten entschuldigt er sich seiner antwort am freytag vergangen⁵⁷ und protestiert, das er mit diser antwort nichts vergeben wolt haben⁵⁸ und das dise antwort auß kaynem uberfluß⁵⁹, allain ainem radt zů wolgefallen geschehen solt etc. Auff den articel: Die sünd hat iren ursprung nit im paradiß, sondern im hymel bey den engeln⁶⁰, ist auch nit der unglaub oder abfal vom wort Gots; denn man findet nit in der gantzen geschrifft, das die engel ain wort gehabt haben, darvon sy gefallen sind, sonder die sünd ist die ungehorsam und die lieb sein selbst⁶¹. Es ist auch Adam nit verfürt von der schlangen, sonder von der Eva⁶². Es ist auch begyr und lust in Adam vor dem fal nit sünd gewest, wie dann in ainem ersten menschen die begyr zů vergleychen zů sünden⁶³.

h) wolgevellig: a. – i) verhoren: a. – k) predigen: B. – l) streflch: A.

48. Fries.
49. wäre ihm.
50. biete das auch an.
51. aufgezeichnet, zusammengefaßt.
52. wurde ihnen befohlen.
53. 5. März 1525.
54. 5. März 1525.
55. Die Beschlüsse der Nürnberger Reichstage von 1523 und 1524 über die Predigtgrundlage, vgl. RTA 3, S. 746,32–748,11, Nr 117, und RTA 4, S. 605,8–14, Nr 149.
56. Ebner.
57. Vgl. o. S. 517,10–17.
58. und erklärte, daß er mit dieser Antwort ihren Vorbehalt nicht aufgegeben haben wolle.
59. wohl: nicht um den Gegner zu überwinden.
60. Vgl. 2Petr 2,4; Jud 6; Apk 12,7–9.
61. Eigenliebe.
62. Gen 3,6.
63. Der Satz ist verdorben. Nach dem ausführlichen Protokoll hatte Ebner erklärt, vor dem Fall habe Adam keine Neigung zum Bösen oder böse Begierde gehabt. Diese sei erst nach dem Fall als Strafe für die Sünde aufgetreten und an seine Nachkommen vererbt. Die ›Handlung‹

Und revocierten sich all[64] auff iren mitbrŭder etc.

Darauff fragt Scheuerlin, ob yemandt wer under den andern, der drauff antworten wolt.

Dominicus und Osiander batten bayde und begerten ainen bedacht. Sy weren nit geschickt[65], so schnell darauff zů antworten.

Es wurd auch im anfang[66] (das ich hievor vergessen hab zů schreyben) die geschrifft, so die ŏrden[67] an aynen radt gestelt[68], mitsampt irer suplication verleeßen[69], nach irem beger, den ersten tag geschehen[70].

Nach bit und beger Dominici und Osiandri ward von disem artickel nichts weyter gemeldet, sonder der ander artickel angefangen und gefragt Dominicus.

2. Der ander artickel: Warumb das gesetz gegeben sey[m]
und wie das zu gebrauchen sey etc.

Antwort Dominicus mit vil worten. Was doch dise mainung: Es erőffnet uns den willen Gots, was der von uns erfor-[A4a:]dert, das wir den nit vermügen, und zaigt nur[n] die sünd an etc.

Drauff der prediger zun barfůssen[71]:

Es steet das wŏrtlein ›nor‹ in keyner sprach, weder krichisch noch lateinisch; dann es wern vil ander ursachen mer, warumb das [450:] gesetz gegeben sey; dann es sind vil gebott Gots, die allain weyse[72] und leer geben, zů leben und wie das ubel zů strafen sey, auch vil ordenung, die allain auff Christum deutten[73]. Und vil ander ursachen meer, die mŏchte er wol erzelen, warumb das gesetz gegeben sey etc.[74]

Darauff ward gefragt Osiander. Antwort Osiander:

Das gesetz hatt drey tayl: das erst, gerichtshåndel[75], das ubel zů straffen. Diß ist auch vor dem gesetz gewest. Das ander, die ding, die auff Christum deuten,

---

m) fehlt a. – n) vor: A, a (vgl. o. S. 461,5, Nr 39).

hat auch Ebners weitere Ausführungen zu den Sündenstrafen unterschlagen, vgl. Unterricht, S. 123–126.

64. Die Vertreter der altkirchlichen Seite, vgl. o. Anm. 2 und Anm. 29. Vor dem Satz scheint eine Aufforderung Scheurls an diese, die Ausführungen Ebners zu ergänzen, ausgefallen zu sein.

65. bereit, fähig.

66. zu Beginn der Sitzung vom 5. März 1525, vgl. o. S. 519,9–14 und Unterricht, S. 123.

67. Die Dominikaner, Franziskaner und Karmeliter. Die Nonnenorden werden nicht dazu gerechnet, da deren Prediger aus dem Dominikaner- und Franziskanerkloster kamen.

68. Vgl. o. Anm. 16.

69. Vgl. o. Anm. 19. Die Verlesung nahm Lazarus Spengler vor, vgl. Bericht, f. 30v–31v.

70. Vgl. o. S. 517,13–16.

71. Ebner.

72. Anweisung.

73. Nach dem ausführlichen Protokoll ist die allegorische Auslegung des alttestamentlichen Zeremonialgesetzes gemeint, vgl. Unterricht, S. 126f.

74. Das genaue Protokoll der Rede Ebners in Unterricht, S. 126f.

75. Gerichtsverhandlungen und die dabei anzuwendenden Gesetze.

zeygen an, das wyr alle sünder sein und müssen allain durch Christum gerechtfertigt werden. Das dritt tayl ist das recht, das auch allain nach seiner rechten natur das gesetz gene[n]t würdt, ist auch allain in stainine⁰ tafeln geschriben⁷⁶, darvon auchᵖ Paulus sagt. Dieweil uns aber das gesetz nit helfen kan oder mag, sunder
5 regt, sterckt und macht vor⁷⁷ lebendig die sünd, richt zorn an, tödt und verdampt den menschen⁷⁸, kan im⁷⁹ nit helfen, ist es recht und wol verteütscht: Es zayget nor die sünd an etc.⁸⁰

Darauff der predigermünch⁸¹:

Das gesetz ist ain liecht, das alle menschen erleücht⁸². Es gibt weyßhait und
10 verstandt den klainen und macht selig den menschen etc. Und er füret die psalmen drauff⁸³.

Da ward gefragt der prediger im spittal⁸⁴. Antwort der prediger im spittal:

Der predigermünch verstehet kain wort in hailiger geschrifft, wa⁸⁵ die geschrifft sagt vomq lebendigen gesetz, würckung und prauch⁸⁶ etc. Und er ließ bleyben
15 bey der antwort Osiandri.

Und also all prediger des evangelii⁸⁷ blyben bey [A4b:] diser antwurt. Deßgleichen die andern des widerparts⁸⁸ bliben auch alle auf des barfüsser antwurt.

Damit ward es zeit und wurden alle gaistlichen und weltlichen widerumb beschaiden, auff den nechsten dinstag⁸⁹ widerumb zů erscheinen.

20 Auff den genantenʳ dinstag fragt Scheuerlin, auff den dritten artickel antwurt zů geben in der gestalt, das einer auff der seyten des evangelii, auß in⁹⁰ erwölt, solt von ir aller wegen antwurt geben, desgleichen auch auff denˢ andern seytten, doch vorbehalten auff baider parthey, ob einer under in wer, der etwas ändern, meren, mindern oder bessern wolt, der soll desselbigen gewalt haben. Und fragt darauff
25 die drey örden⁹¹ auff den driten artickel.

o) stainerem: a. – p) auch der h.: a. – q) von heiliger schrift oder von: a (aberratio oculi?). – r) gemelten: a. – s) der: a.

76. Ex 24,12; 32,15f; 34,1f.
77. wohl vom Drucker verlesen aus: nur.
78. Röm 7,7–9.
79. ihm.
80. Röm 4,15.
81. wohl nicht der Dominikanerprior K. Pflüger, sondern der Prediger J. Pergler.
82. Röm 2,14f.
83. Vgl. Ps 1 und 119.
84. Venatorius.
85. wo.
86. Gebrauch.
87. Vgl. o. Anm. 2.
88. Vgl. o. Anm. 2 und 29.
89. 7. März 1525.
90. ihnen.
91. Vgl. o. Anm. 67.

3. Was gerechtigkait sey, die vor Gott gylt

Antwurt der barfůsser[t] prediger[92] von ir aller wegen alls von in erwölt:

Es ist dreierlay gerechtigkait, die zeücht[93] Paulus zůsamen in eyne. Die erste ist auß lauter genaden Gots, on aigne genad in menschen, allain auß dem verdienst Christi. Also ist gerechtfertig worden Johannes, Hieremias, Samson in můterleib[94]. Und die klainen kindlein, die kain vernunft haben, die werden gerecht durch den glauben der christlichen kirchen on aignem glauben etc. Die ander geschicht durch den glauben, so ein mensch zů seiner vernunft kumpt, davon Paulus sagt: Der mensch wirt gerechtvertigt durch den glauben[95]. Die drit geschycht durch die werck, wie Jacobus sagt[96]. Wo nun dise drey beyeinander sind – wie Paulus sagt: Der glaub, der durch die lieb wirckt, macht gerecht[97] –, das ist die gerechtigkaytt, dye vor Gott gilt etc.

[B1a, 451:] Darauff wurden gefragt die andern auff der seytten des evangelii, einer von ir aller wegen antwurt zů geben [u]auff disen artickel[u]. Antwurt Osiander:

Es ist nit mer denn nur eine ainige, ainfeltige[98] gerechtigkait, die vor Got gilt, [v]die ist Got selbst. Das wort ist aber Cristus, das fassen wir im glauben. Und ist also Christus als Gott selbst in uns unser gerechtigkaitt. Die gilt allain vor Gott[v]. Es gilt auch nichts, das man sagt, die kinder haben kainen aigen glauben, dieweil geschriben ist, es sey unmüglich, Gott gefallen on glauben[99]. Es ist auch vil ein ander dyng, glauben und vernunft. Die vernunft ist nur ein hyndernuß des glaubens. Werck aber sey nicht gerechtigkait, sundern frucht der gerechtigkait. Es ist wol war, der glaub ist nit on werck, die auß der liebe fliessen, sollen aber nymmermer gerechtigkait genennt werden. Es ist auch der glaub, der nicht wirckt, kain glaub, sunder nur erdicht und todt, wie ein gemalt bild nit ein mensch ist etc.[100]

Auff sollich red fragt Scheuerlin, ob nyemandt under seinen mitgenossen wer, der etwas, wie obgemelt, darzů reden wolt, wie dann auch zůvor auff der ander parthey geschah. Aber zů baiden tailen was niemandt, der weiter reden wolt. Solliche ordenung wardt furtan durchauß mit allen artickeln gehalten.

Da stůnd der gardian zů den barfůssen[101] auff und sprach: Es ist fürbracht, es sol ein freündlich, brůderlich, cristlich gesprech sein, kainer den andern schmehen

---

t) parfusermunche: a. – u-u) fehlt a. – v-v) aufgrund des Osiandrischen Streites in B lauter Großbuchstaben.

92. Ebner.
93. zieht.
94. Vgl. Lk 1,15; Jer 1,5; Ri 13,5.
95. Röm 3,28.
96. Jak 2,14–18.
97. Gal 5,6.
98. einfache.
99. Hebr 11,6.
100. Vgl. Jak 2,17 und o. S. 346, Nr 25, außerdem das ausführliche Protokoll über Osianders Rede in seiner ›Beweisung‹ (vgl. *Seebaß*, Bibliographie, S. 173, Nr 62), Bl. A4a–B3a, gedr. bei *Pfeiffer*, Quellen, S. 150–152, Os.
101. Fries.

oder schelten, on alle schmachwort antwurten, auch kaynen uberfluß, einem erbern radt zu wolgefallen. Das wirt nit gehalten. Es hat yetzund der prediger zu sant Lorentzen alles, das der unser geredt, also warmen zu boden gestossen[w][102], so sey[n] wir an allen orten uberlengt[103]; darauff uns nit gezimen[x] [B1b:] wil, weyter zu antwurten, es sey dann, das man unverdechtliche und unpartheische richter bestell, die der geschrifft verständig und gegründ seynd, mügen red und widerred hören und urtailn. Aber wir pietten[104] uns, für die[105] genanten universiteten[106] mündtlich oder gschrifftlich zu handeln etc.

Sollichs redet auch der carmeliten prior[107]:

Es würt da nichts außgericht dann nur schelten, schmehen, zangk und hader angericht etc.

Darauff antwurt Osiander:

Es ist ain außtzug[108]. Sie suchen allain ein behelf[109]. Dürfen sich das[110] nicht beklagen, das in zu disem mal widerfaren ist. Sie habens uns doch vor auch gethon. Es gildt gleych; ein yedlicher muß gewarten des andern[111]. Es ist nit müglich, das wir zu bayden tailen solten antwurten und nit widereinander sein, dieweil die leer widerwertig[112] ist. So haben wir die zwen ersten artickel angefangen und sie nur einen und wöllen alsbald sagen, man hab sie gefert[113]. Man wechsel eynen artickel umb den andern, damitt sich nyemant müg beklagen. Wir dürfen[114] auch kainen richter, wir seyn des worts gewiß, das wir haben. Das wissen wir aigentlich[115], wöllen auch leib und leben darob lassen. Wir suchen auch nyemandt dann sie selbst[116] etc.

Darauff nam Scheuerlin seinen bevelh von etlichen öltesten des radts[117], er solt abwechßlen einen artickel umb den andern und weitter fragen. Und dieweil der eine parth 2 artickel angefangen hetten[y], solt der ander auch zwen anfahen, und darnach einen umb den andern etc.

w) Randglosse in B: Die lere von der waren gerechtigkeit schlecht alle falsche lere zu boden. –
x) gezimet: A. Es ist freilich auch denkbar, daß in der handschriftlichen Vorlage ein ›gezimet, vil‹ gestanden hat. – y) hette: B.

102. direkt anschließend widerlegt.
103. in jeder Hinsicht übervorteilt.
104. erbieten.   105. vor den.
106. Heidelberg, Ingolstadt und Tübingen, vgl. o. S. 518,5f.
107. Stoß.
108. Ausflucht.
109. Vorwand.
110. dessen, darüber.
111. auf die Angriffe der Gegenseite gefaßt sein.
112. gegensätzlich.
113. betrogen.
114. bedürfen, brauchen.
115. ganz genau, sicher.
116. Wir wenden uns ausschließlich gegen sie.
117. Gemeint sind wohl die ›älteren Herren‹, vgl. *Pfeiffer,* Quellen, S. 19*; damals: Hieronymus Ebner, Martin Geuder, Leonhard Grundherr, Hieronymus Holzschuher, Jakob Muffel, Kaspar Nützel, Endres Tucher, vgl. *Pfeiffer,* Quellen, S. 54.

Da fragt Scheuerlin weitter die drey ōrden, das eyner auß inen von ir aller wegen antwurt geb auf den 4. artickel.

4. Was das evangelium sey, darauß dann erwåchßt lieb, glaub und[z] hoffnung

Antwurt der barfůsser[118]:

Das ewangelium ist alle verhaissung Gots, bayde, im [B2a:] alten und neuen testament, und bringt mit sich den gantzen Christum und alles, das wir in Christo haben und [452:] von im nemen sollen, darvon es auch den namen hatt; dann ewangelium haist ain gůtte botschaft. Darauß dann folgt, das nit allain die bůcher, die den tittel haben, das ewangelium ist, sunder auch alles, das Christum lert und verkündiget in Mose und propheten. Auß disem evangelio wechßt glaub, lieb und hoffnung zů Gott[119], dann es ist ein krafft Gots, die selig macht alle, die dran glauben[120].

Antwurt Osiander:

Das evangelium leert nichts, kain werck oder exempel Christi[a] nachzůvolgen, doch das gehőrt als in das gesatz. Es hat aber zway stuck: das erste, das Christus der gerechtigkait Gots gnůg hat gethan, den Vatter versőnd, den zorn hinweggelegt und frid gemacht[121]; das ander, das er uns von sünden hat gerayniget und gerechtvertigt uns, [b]so er in uns wont[b] etc[122].

Nach disem ward Osiander wider gefragt, auff den 5. artickel zů antwurten.

5. Was die tauff sey, was sie bedeütt und was ir würckung sey

Antwurt Osiander:

So uns Got rechtfertigt von sünden [c]durch sein zůkunfft[123] in uns[c], kan er uns von sünden nit helfen dann durch sterben und leiden[d]. Solchs verhaißt er uns in der tauff, das er uns von sünden will helfen. Und Got regt allsbald an durch den diener[124], den menschen mit leiden antzůgreiffen, und unser leyden und tod soll in seinem tod und leyden eingeleybt sein, soll uns nit schaden, sunder von sünden helfen. Und wie wir mit im leyden und sterben, also werden wir mit im auch aufferstēen[125], des haben wir ein zaychen in der tauff im eindeichen[e] und herauß-

---

z) fehlt a. – a) Christo: a. – b–b) aufgrund des Osiandrischen Streites in B lauter Großbuchstaben. – c–c) Vgl. Anm. b–b. – d) tot: a. – e) eindauchen: a, B.

118. Ebner.   119. 1Kor 13,13.
120. Röm 1,16. Zur ausführlichen Antwort vgl. Unterricht, S. 129f.
121. Eph 2,14–17.
122. Zu dieser zweifachen Aufteilung des Evangeliums vgl. unten S. 560,5, Nr 43.
123. Ankunft.
124. Man wird zwar zunächst den ›Diener‹ mit dem von Gott nach Hi 1,12 und 2,6 beauftragten Satan identifizieren, doch könnte aufgrund von Osianders Tauftheologie auch der die Taufe vollziehende Geistliche gemeint sein.
125. Röm 6,3–8.

ziehen. Diser glauben macht alles leiden treglich. Und das zaichen geet auff das gesatz, das den menschen tödt etc.[126]

[B2b:] Auff disen artickel antwurt der barfüsser[127]:

Die tauff ist ein widergeburt des menschen, die da geschicht durchs wasser und gaist[128]. Das wasser thůt nichts darzů, ist ein schlecht[129] natürlich wasser. Hat ir bedeüttung[130] im alten testament durch wolcken, sündfluß, Rodt Mör[131]. Ir würckung ist, das sie den menschen wåscht und rayn macht von sünden, und das nit durchs wasser, sunder durchs wort in der tauff, wie Petrus sagt, es solt sich ein yedlicher lassen tauffen zů vergebung der sünd[132]; und die getaufft sein, haben Christum angetzogen etc.[133] Das ist die tauff, ir würckung und bedeütung etc.[134]

Darnach ward der barfůßer widerumb gefragt, zů antwurten auff den sechsten artickel.

6. Wôllicher gestalt der alt adam můß getôdt werden, darauß dann sovill secten erwachsen seyn

Antwurt ᶠzům erstenᶠ der barfůsser:

Das wörtle ›secta‹ in latein haißt auff kriechisch ›hereses‹ und auff teutsch ›ketzerey‹ und ist das, so man irrth ym glauben. Darauß dann volgt, das clôsterleben, die örden, nitt secten sein, dieweil sie mit der gemaine christlichen kirchen haben einen Got, einen Christum, einen herren, eyne tauff[135]. Darauß auch volgt, das außwendige klaydung und ander außwendige ding nit secten machen, es wer sunst ein yedlicher ain aingenerᵍ sect. Zům andern, die abtödtung des alten Adams leert uns Paulus in vil stucken von inwendig und außwendig: Von inwendig můß getôdt werden all sündlich bôß begyr und lust, auch die zornlichʰ kraft etc., von außwendig der leyb[136]. Das geschicht dann alles durch beeten, fasten, wachen, herte klaydung und durch endthaltung [453:] von der speyß etc., wie Johannis der tåuffer eyn [B3a:] hert klayd getragen und vil gefast, von den speyssen sich endthalten[137]. Darauff[138] sein kain sunderlich gepot Gotesⁱ gestelt und die menschen

---

f–f) fehlt a. – g) aigner: a; einiger: B. – h) zornigen: a. – i) fehlt a.

126. Zu dieser für Osiander typischen Beziehung der Taufe auf Tod und Gesetz vgl. *Hirsch*, Theologie, S. 94–101.
127. Ebner.
128. Joh 3,5.
129. schlicht, einfach.
130. Vorandeutung.
131. Vgl. Ex 13,21; 14,22; Gen 7,17–24, vgl. auch 1Kor 10,1 und 2Petr 3,20f.
132. Apg 2,38.
133. Gal 3,27.
134. Zur ausführlichen Antwort vgl. Unterricht, S. 130f.
135. Eph 4,5.
136. Gal 5,24.
137. Mt 3,4; 11,18.
138. in dieser Hinsicht.

ungleich. Ist einem yetlichen haymgesetzt, im selbst ein leben[h] erwöllen, darin am bequemsten[139] den alten Adam zů tödten etc.[140]

Osiander antwurt:

Dieweil die natur des menschen verderbt ist und genaigt zů allem bößen[141] und nichts denn sünden vermag, kan ir selbst nicht helfen, so můß zům ersten die abtödtung geschehen von inwendig [l]durch Gott selbst[l] und durch seinen gaist, der in uns wonet. Der můß lieb und begyr, das ist lieb [m]zue Gottes gesetzs, anrichten[m], die dann Gott selbst ist. Dann wo dise abtödtung nit ist, sein[n] alle ander nichts dann eyttel gleißnerey[142]. Wo aber dise ist, volgen auch ander außwendig als beeten – das gehört aber in gaist[143] –, fasten, wachen, herte klaidung etc. Dise aber müssen alle frey sein und bleiben, an kayn zal, kain stadt[144], kain zeit, kain person gepunden seyn und kain aigen oder sunderlich leben darauff stellen, das doch wider Got ist, wo es geschicht, und secten genent werden. Denn ›secta‹ auff[o] kriechisch ›scisma‹ und nit ›hereses‹, das wissent alle, die das kriechisch einmal ye gegrüßt haben. Es haißt auch nit ketzerey im glauben, sunder auff gůt teütsch zůrspaltung oder zůtrennung[145], wie Paulus die Corinther strafft, das sie sich zertrenneten, einer nennedt sich petrisch, der ander paulisch, der ander apollisch, so sie doch all einen Christum gepredigt hetten und nur eine leer zůgleich all gefůrt etc.[146] Auch spricht Paulus: Außwendig yebung[147] ist [p]nit vil[p] nutz[148] etc.

Also was es[q] spat worden und wurden alle beschayden auff nechsten dornstag[149] nach[150] wider zů erscheynen, weytter zů procidieren etc.

[B3b:] Auff dornstag nach Invocavit ward weitter gefragt, zů antwurten auf den sibenden articel.

7. Was das sacrament des altars sey und was das in uns wircken soll

Antwurt Osiander:

Es ist yetzund zů disem mal nit streyttig, sunder zů baiden tailen bekündtlich[r][151],

k) leben zu: B. – l-l) aufgrund des Osiandrischen Streites in B lauter Großbuchstaben. – m-m) antzůrichten zů Gottes gesatz: A. – n) so sein: a. – o) heist auff: B. – p-p) kein: a. – q) es zue: a. – r) bekendlich: a.

139. angemessensten.
140. Zur ausführlichen Antwort vgl. Unterricht, S. 131-134.
141. Gen 8,21.
142. Heuchelei.
143. Vgl. Röm 8,26; 1Kor 14,15.
144. Stätte.
145. Zertrennung. Osiander verteidigt Luthers – von Wyclif übernommenen – Sprachgebrauch, vgl. *Lohse*, Mönchtum, S. 179-182.
146. 1Kor 3,3-8.
147. Übung.
148. 1Tim 4,8.
149. 9. März 1525.
150. nochmals.   151. wird bekannt.

das ist der leib und das plůt Christi. Was es aber würcken soll, můß man lernen auß den worten, damit es Christus eingesetzt hat. Und wie wir leernen durch die tauff und werden gewiß durch außwendig zaichen, das leiden und sterben uns nit schaden^s soll, sunder nutz sein, das uns Christus dardurch helfen will, und ist ein zaichen des^t gesatz, das uns tödt, also verhaist uns das evangelium, ^uChristus wöl bey uns sein und in uns wonen und gerechtigkait in uns pflantzen^u, als er spricht: »Wer mein flaisch yssyzt und trinckt mein plůt, der bleibt in mir und ich in im«[152]. Sollichs redet er aber von gaistlichen essen und trincken, das ist glauben. Das künden wir nit gewiß sein dann durch das ausserlich zaichen, wie er spricht: »Als oft irs thůt, solt ir mein darbey gedencken«[153]. Das ist: Als vil euer essen, sollet gedencken, das ich mein leib für euch geben und meyn plůt für euch vergossen hab. Das wörtlin ›euch‹ trifft ein yedlichen, ders isset und trinckt. Es soll auch nit ein faulschweigent[154] gedechtnus sein, sunder ein offenliche verkindung, wie Paulus spricht: »Als offt irs esszt und trinckt, solt ir den tod des Herren verkünden als lang, biß er kumpt«[155]. Es soll auch einen yed-[454:]lichen freygelassen werden, ungetzwungen, ungetrungen, an kain zeit gepunden werden.

Man hat auch unbillich wider Christen^v den gemaynen layenchristen [B4a:] die einen gestalt genommen und beraubt und den glauben verhindert, den sie endtpfahen solten vom plůt[156], da er spricht: »Trinckt all drauß; das plůt für euer und^w viler sind vergossen«[157] etc. Sy haben auch kainen gewalt gehabt zů thon etc.

Dergleichen haben sie auch gethon, das sie ein opfer drauß gemacht haben, das zů lang^x ertzelen wer. Darumb berůff ich mich auff die geschrifft, die der probst, an einen radt gethon[158] und im truck außgangen[159], darin sie ursach antzaygen irer änderung, die noch bißher unwiderlegt und unwiderfochten bliben ist[160]; bitt, dieselbigen meine herren zů überlesen und einen yedlichen. So spricht Paulus zůn Hebreern: Christus hat sein opfer auff einmal außgericht; solt er offt geopfert werden, so můst er offt sterben und vom anfang der welt her offt gestorben sein etc.[161]

Barfůsser[162] antwurt:

Vom sacrament des altars: Ist der leib und das plůtt Christi und soll in uns

---

s) schaden kan und: a. – t) der: A. – u–u) aufgrund des Osiandrischen Streites in B lauter Großbuchstaben. – v) Christum: a. – w) und fur: a. – x) lang zue: a.

152. Joh 6,56.
153. Lk 22,19; 1Kor 11,24.
154. schlechtes, schweigendes. Oder sollte das Wort aus ›stillschweigend‹ verlesen sein?
155. 1Kor 11,26.
156. Osiander war der Auffassung, daß mit dem Kelch eine besondere Verheißung verbunden sei, vgl. o. S. 205,5–11, Nr 20.
157. Vgl. Mt 26,27f.
158. ›Grund und Ursach‹, vgl. o. S. 191, Nr 20, bei a.
159. Vgl. o. S. 193–254, Nr 20.
160. »Unwiderfochten« war ›Grund und Ursach‹ zu dieser Zeit längst nicht mehr, vgl. oben S. 189f, Nr 20.
161. Hebr 10,24–28.
162. Ebner.

würcken die lieb, wie es dann Christus in den dingen eingesetzt hat, da nit ein ding allain, sunder vil ding zůsamenfliessen. Als das brot ist nit ein kőrnlein, sunder vil, und der wein nit ein weinper, sunder vil weinper fließsen zůsamen in einen wein, also sollen wir auch mit Christo und allen⁽ʸ⁾ christl[i]chen gelider ein leib sein¹⁶³, einander lyeben, helfen und radten, kainer den andern verachten oder verschmehen. Es hat auch auß gůtter christlicher maynung und gůtter ursachen ein gemain christlich kirch gwalt zů ändern, wie die apostel gethan haben in der tauf, die doch mer vonnőtten und hőcher gepotten ist geweßt. Dann das sacrament ist frey, nyemandt dartzů verpunden. Christus hieß seine aposteln tauffen im namen des Vaters und des Suns und des hailigen Gaysts¹⁶⁴. Das haben sie geändert, wie geschriben steet, haben getaufft in dem namen Christi¹⁶⁵ etc. [B4b:] Auch steet geschryben im psalm: Christus ist eyn ewiger priester nach der ordnung Melchisedech¹⁶⁶. Ist er ein ewiger priester, so můß er auch ein ewig opfer haben. Es sein aber nit vil opfer, sunder als¹⁶⁷ nur ein raynes opfer mitt dem, das Christus gethon hatt. Es ist auch nit ein leyplich opfer, das Christus sterben můß, sunder gaistlich. Der dyener ists auch nit, der das opfer thůt, sonder Christus ists selbs ᶻder priester, ders thůtᶻ. Der diener aber zaigt allayn durchs außwendigᵃ, was Got von inwendig wirckt. Darauß volgt, das einer vor den andern meß helt und zaigt im das opfer Christi, daran er seinen glauben sterckt und vergebung derᵇ sünd erlangt. Die epistel aber zů den Hebreern ist kain canonisch geschrifft. Wirt auch noch von vilen gezweiffelt, ob sie Paulus geschriben hab oder nicht¹⁶⁸.

Weytter ward gefragt, zů antwurten auff den achten artickel.

8. Was rechte gůtte werck sein und ob man durch die werck zů der gerechtigkait kumpt oder ob die werck auß der gerechtigkait flyessen

Barfůsser¹⁶⁹ antwurt:
Wir wissen wol, das der baum zůvor gůt můß sein, ee er gůte frucht bringt.

---

y) allen: a; allain: A, B. – z–z) fehlt a.

a) inwendige oder, das ich recht rede, durchs außwendig: a (möglicherweise der Versuch, eine aberratio oculi ohne Streichung zu korrigieren).

b) seiner: a.

163. Eine schon traditionelle Weiterbildung von 1Kor 10,17, vgl. WA 2, S. 748,6–14 (›Sermon vom Sakrament und den Bruderschaften‹, 1519).

164. Mt 28,19.

165. Apg 2,38; 8,16; 10,48.

166. Ps 110,4.

167. überhaupt.

168. Der ganze Passus über Verfasser und Kanonizität des Hebräerbriefes fehlt auffälligerweise in dem ausführlichen Protokoll über Ebners Antwort, vgl. Unterricht, S. 134–136, – vielleicht ein Zeichen dafür, daß es sich beim ›Unterricht‹ um eine überarbeitete Abschrift des Protokolls handelt. Die oben erwähnten Probleme des Hebräerbriefes waren von Erasmus, Luther und Cajetan diskutiert worden, vgl. LThK 5, Sp. 46, und *Leipoldt*, Kanonsgeschichte 2, S. 6–9, 15f. 23–25, 36, 76 und 79.

169. Ebner.

Wir wissen auch wol, das die frucht den baum nit gût macht, sunder, wenn der baum zůvor gůt ist, darnach kummen und volgen herauß gůte frucht[170]. Also auch, wenn der mensche gerecht ist, volgen gůtte werck. Dieweyll wir aber den baum an den früchten [455:] erkennen, künden wir nit sagen, das der baum gůt sey, wa nit gůtte frucht seind. So denn Got in uns die gerechtigkait wirckt und rechtfertigt den menschen durch die lieb und den glauben, [C1a:] folgen herauß gůtte werck; und alles, das ain solch mensch thůt, das seyn gůtte werck. Wo aber wercke der lieb nit sind, da kan man auch nit sagen, das gerechtigkayt oder glaub da sey. Dann Got wirdt am jungsten tag nach solchen wercken richten und urtaylen. Er spricht auch weytter: »Was yr ainem auß meinen minsten[c] thůt, das habt ir mir gethan«[171]; auch ainen trunck wassers wil ich euch verlonen[172]. Es kann auch gesein, das solche werck mügen geschehen von aynem bösen menschen on lieb, wie Paulus sagt: »So ich mit evangelischen[d] zungen redet und geb als mein gůt armen leutten etc. und het der lieb nit, so wer es mir kain nütz«[173]. Dieweyl aber die menschen [e]das hertze[e] nit erkennen noch urtailen sollen, sunder allain Gott[174], folgt darauß, das kain mensch den andern urtaylen sol, auß was grunds solche werck geschehen etc.[175]

Antwort Osiander:

Verdecken und verthedingen will er under dem tittel[176] der lieb und des glaubens, darhinder doch nichts dann erlogen gaistlichait und geltstrick[177] verborgen sindt, dye schaffsklayder anhaben, inwendig aber sind sy reyssende wölfe[178]. Dise sollen wir urtaylen, wie Christus spricht: »An iren früchten solt ir sy erkennen«[179].

Weytter zů erklerung ist zů wissen, das zwayerlay werck seynd: Die aynen thůn wir Got, die ander dem nehesten. Gott gefelt nichts, das wir im thůn sollen, denn allain, was er uns gebotten hatt im gesetz, durch wölliches er uns seinen willen eröffnet hatt. Er hatt uns verbotten und gesagt: Du solt mir nicht thůn, was dich recht dunckt[180]. Und es steet geschriben: »Alles, das ausserhalb des glaubens geschicht, ist sünd«[181]. Wa[f] nun kain außgedruckt wort oder befelch Gots ist, da kan auch kayn gelaub sein und geschehen soliche werck all zů ainem zweyffel, darumb sy nymmermeer künden gůtt seyn etc.

Die andren [C1b:] werck aber[g] gegen dem nechsten sein nit alle außgetruckt

c) geringsten: a. – d) engelischen: B. – e–e) fehlt a. – f) wenn: B. – g) fehlt a.

170. Mt 7,16–20.
171. Mt 25,40.
172. belohnen; Mt 10,42.
173. 1Kor 13,1.3.
174. 1Sam 16,7; Spr 21,2.
175. ausführliche Antwort im Unterricht, S. 137f.
176. Vorwand.
177. Anordnungen, mit deren Hilfe man Geld zu erhalten hofft; vielleicht verbunden mit einer Anspielung auf den ›Strick‹ der Mönchstracht.
178. Mt 7,15.
179. Mt 7,16.
180. Dtn 12,8.
181. Röm 14,23.

mit götlichem gebot und außtruckten worten, das[182] es unmüglich were, soliche
fell alle zů erzelen und anzůzeygen, die sich begeben, darinnen der nechst unser
bedarf und wir im schuldig sind zů helfen. Darumb hat Gott das alles in ain gebot
verfast und spricht: »Lieb deinen nechsten als dich selbs«[183], und was du wilt,
das man dir thů, das thů auch deinem nechsten!«[184] Darumb solche werck all geschehen
kůnnen auß dem glauben und sein recht gůte werck, [h]wenn Got in uns
ist durch sein wort, weliches wort Cristi selbs ist[h], als er dann spricht: Wer in
mich glaubt, in dem wůrt ein springender wasserprunn ins ewig leben[185]. Und das
seind dann die recht gůte werck[i], darzů sol man nit tringen mit gesetz predigen,
sůnder das evangelium predigen, das den Gayst mit sich pringt und die menschen
von in selbs lust gewinnen zů gůten wercken, wie Salomon im Gesang: »Ich
beschwer euch, ir thöchter Hierusalem etc., das ir mir mein geliebsten nit erwecket
oder erschreckt als lang, biß sy von ir selbst erwacht und das sy selbs
wil«[186] etc.

[456:] Darauff ward wider[k] gefragt zů antworten auff den neundten artickel.

9. Was menschengebot oder -leer sein und wiefern
man die halten oder nit halten sol

Antwort Osiander:

Darvon zů reden, ist zů wissen, das alles, das Got geboten hat zů thůn, das hat
niemant kaynen gewalt, zů weren oder zů verbieten, und widerumb, was got verboten
hat zů thůn, das hat niemandt gewalt, zů gebieten oder zů erlauben. Das
trit, was Got frey gelassen, nit gebotten oder verboten hat[187]. In solchen dingen
soll niemandt kain gewissen fahen[188] [C2a:] oder sich binden lassen, das er Got
eynen dienst thů, so ers helt, oder sündige, so ers lest – hierinnen außgeschlossen
weltlich oberkayt, was die gebeut, das zů gemainem nutz dienet, burgerlich frid
und einigkayt zů erhalten, der wir on alle mittel[189] schuldig sein, gehorsam zů
sein, darumb wir in auch[l] schoß[190] und gült[191] geben[m], wie uns Paulus zun Romern
lert[182], als im nachfolgenden artickel klerlicher würt anzaygt. Wo man aber
einen gotsdienst und zwang darauß wil machen und für nötig[193] zů halten gebieten
oder im selbs nöttig machen, der treibt abgötterey und spricht, es sey Gotes wil,

---

h–h) aufgrund des Osiandrischen Streites in B lauter Großbuchstaben. – i–i) fehlt a (aberratio oculi). – k) fehlt a. – l) auch schuldig sein: a. – m) zue geben: a.

182. im Sinn von: weil.
183. Lev 19,18.
184. Mt 7,12.
185. Joh 7,38.
186. Hhld 2,7.
187. Eine bei Osiander geradezu stereotype Unterscheidung, vgl. oben S. 226,25–27, Nr 20.
188. fangen, verstricken.
189. unmittelbar; im Sinn von: es gibt keine andere Möglichkeit.
190. Abgabe, Zins.
191. regelmäßige Abgabe, Steuer.
192. Röm 13,7.
193. (heils)notwendig.

das Gottes wil nit ist, erdicht im selbs einen got, der nicht ist. Darwider můß man steen und die freyheyt erhalten. Wo es aber wer, das etlich noch schwach weren, die dise freyhayt nit wusten[n][194], můß man die freyhayt ain zeitlang verbergen und vorhin[195] leren, als das concilium der apostel thet: Petrus wolt, man solt das gesetz gar hinweckthůn; Jacobus gab den radt, dieweil sy noch Moysen so starck alle sabbater lesen, můst man in noch etwas nachgeben, als nemlich, das sie sich noch ein weil enthielten vom blůt und erstickten etc., das doch sunst frey was[196]. Deßgleichen Paulus ließ seinen junger beschneyden von wegen der schwachen[197].

So es aber nu gelert ist und wöllen noch darauff dringen, als můß manß halten für nötig zů der seligkaytt, můß man frey darwider thůn; als Paulus wolt seynen junger nit lassen beschneyden, do er drauff gedrungen ward[198]. So aber bayde ergernus zůsammenstiessen, so můst man dye freyhayt erhalten und mitten hindurchgeen; wie dann Paulus Petrum strafft, damit er die christlich freyhayt erhielt, bayde zwüschen Juden und hayden[199]. Darauß man nun sicht, was menschenleer ist, nemlich, wo etwas geboten wirdt oder zů halten für nöttig gelert würdt, dem willen Gots zůwider, das von im selbs frey ist etc.

[C2b:] Darauff der barfůsser[200] geantwort:

Es sind dreyerlay gesetz und[o] gebot: Die ersten sein pur lautter gotsgebot mit außgetruckten worten in der[p] schrifft verfast, die auch vor allen andern zů halten seind etc.

Die andern sein pur lautter menschenler und -gebott, die keynen ursprung haben auß der[q] geschrifft und auß götlichem wort nit fliessen, als die waschung der hend und andere under den Juden waren. Von dem redt Christus[r][201] und Isaias 29 [13] etc. – doch hierinnen außgenommen, waß zů burgerlichem frid und einigkeyt dient, welche man auch schüldig ist zů halten auß götlichem gebott, doch one beschwernus des gewissens etc.

Die dritten sind dise, dye nicht mit außgedrückten worten in der geschrifft verfast sind, haben doch iren ursprung auß der geschrifft und fliessen auß dem götlichen wort, als dye werck der lieb, dem nechsten zů erzeigen, nit alle in der schrift verfast sein [457:] und doch sein söllen. Also auch ist geboten, den alten adam zů tödten, in einem gemeinen gebot[202] und dem menschen frey gelassen nach seiner natur und gelegenhayt, dieweil sie nit all gleich sein, solchs zů verbringen, einem jetzlichen heimgestellt etc. Es mag sich auch ein mensch seiner freiheyt

---

n) wissen: a. – o) oder: a. – p) heilliger: a. – q) heilliger: a. – r) Christus, Matt. 15: a.

194. Vgl. Röm 14,1.
195. zunächst, vorher.
196. Apg 15,19-20.
197. Apg 16,3.
198. Gal 2,3.
199. Gal 2,11-14.
200. Ebner.
201. Mt 15,1-11.
202. Nach Unterricht, S. 140, meint Ebner Stellen wie Röm 8,13; 2Kor 7,1; Gal 5,13-24.

verzeyhen²⁰³ und die ubergeben²⁰⁴, als dann in einen ledigen freyen standt darnach sich verbinden und geben in eynen eelichen standt. Darauß folgt, das dy ŏrden ˢgŏtlich seind und das closterleben sein ursprung hat auß der schrifft und schleust auch²⁰⁵ gŏtlichᵗ wortˢ, den alten adam zŭ todten; mŏgen auch nichtᵘ secten genant werden. Das aber secta ›hereses‹ heyß auf kriechisch, reverier ich mich auff die tranßlation²⁰⁶ mer dann an zehen enden²⁰⁷. Wo es sich aber anders erfindt, wil ich mich weysen lassen etc.²⁰⁸

Hiemit was diser tag geendt und wurden beschieden zŭ bayden thaylen, geystlich und weltlich, auff nechsten sontag²⁰⁹ widerumb zŭ erscheinen etc.

[C₃a:] Am suntag Reminiscere²¹⁰ ward widerumb gefragt, auff den zehenden artickel zŭ antworten, nemlichᵛ:

10. Was weltlich ŏberkayt, von Gott eingesetzt, gewalt hab zŭ gebieten und wie fern und weit man inen gehorsam schuldig sey

Antwort der barfŭsser²¹¹:

Es ist dreyerley oberkayt, der manigklicher²¹² schuldig ist, gehorsam zŭ laysten.

Die erst ein gemein²¹³, das ein yegklicher mensch den andern schätz und acht hŏher dann sichʷ und einer yegklichen creaturn sich unterthenig mach, wie Paulus und Petrus leren²¹⁴. Und dise begreüfft auch in sich das gemain²¹⁵ haußhaltenˣ, das weib, den man und daß haußgesind, den haußvetern²¹⁶ etc.

Dye ander, von Got eingesetzt, sein prelaten, hirten und bischof etc., den²¹⁷ man auch gehorsam mŭß sein, so sy auß dem befelchʸ Gots ordnung machen; der²¹⁸ sy dann auch gewalt haben, ordnung zŭ machen in den dingen, die sunst

---

s-s) und das closterleben ungŏttlich sindt und haben kein ursprung aus der schrift: a. – t) gŏtlichs: B. – u) fehlt a. – v) fehlt a. – w) sich selbs: a. – x) gesinde: a. – y) befeln: B.

203. auf seine Freiheit verzichten.
204. aufgeben.
205. möglicherweise Hörfehler aus »fleust aus«, vgl. Unterricht, S. 140.
206. die lateinische Bibel.
207. Die Vulgata bietet secta für αἵρεσις in Est 8,17; Apg 24,5.14; 26,5; 28,22; Gal 5,20; 2Petr 2,1.
208. ausführlicher Bericht über Ebners Rede im Unterricht, S. 138–141.
209. 12. März 1525.
210. 12. März 1525.
211. Ebner.
212. jedermann.
213. allgemeine.
214. Gal 3,15; Phil 2,3; 1Petr 4,10.
215. gewöhnliche.
216. den Familienangehörigen.
217. denen.
218. wobei.

an in[219] selbst frey sind, wie im concilio der aposteln geschehen ist[220] – auch Paulus zů den Corinthiern spricht: »So ich zů euch komme, wil ich ein ordnung machen«[221] etc.

Die drit oberkayt ist weltlich, dy das schwerdt hat. Dise hat gewalt, zů gebieten alles, das zů burgerlicher eynikeytt und frid dienet, hat gewalt, die bösen zů straffen, die frommen zů schützen[222]. Diser ist man auch schüldig, on alle mittel gehorsam zů sein, auch in den dingen, die sunst an inen selbst frey synd; doch das gewissen ungebunden oder -gefangen etc.[223].

[C3b:] Antwort Osiander:

Es seyndt zwayerlay reych, das ayn gaystlich, darin Got allain ain herr ist und die obrigkait allayn hat, darin auch nyemant gewalt hat zů gebietten dann er allayn, darin nit prelaten oder herren sindt, nur seine botschaft. Sein wort sollen sy fůren. Dasselbige schwerdt[224] zwingt und dringt allain, das die menschen frumm werden. Weyter[225] haben sy kainen gewalt, sonder sollen knecht und diener seyn.

Das ander reych ist weltlich. Die[226] hat das schwerdt. Wölche das wort nit fromm macht, můß dasselbig schwert zwingen und inhalten[227], das si[z] von außwendig nit ubels thun, und sollen[a][228] die frummen schutzen. Alles, das es[229] gebeut, můß man halten, so es nit wider Got und seine gebott ist[230]. Den sol wir auch zyns und gilt[231] geben, wie Paulus sagt zun Römer[232] etc.

[458:] Darauff ward wider gefragt, zů antworten auff den aylften articel.

11. Der ailft articel: Was ergernus sey und wiefern man die vermeyden můß

Antwort Osiander:

Ergernus auf teutsch ist in allen andern sprachen das, daran man sich steest oder verletzt, als so[233] yemand rededt oder wirckt, daran sich ain ander steeßt oder verletzt; und geschicht in zwayerlay weyß: zum ersten im glauben, zum andern in der lieb. Die im glauben můß vorgehen [b]und die lieb nachvolgend[c][b]. Wo sy

z) fehlt A. – a) soll: a. – b–b) fehlt a. – c) nachfolgen: B.

219. sich.
220. Apg 15,7–29.
221. 1Kor 11,34.
222. Röm 13,3f.
223. Zur ausführlichen Antwort vgl. Unterricht, S. 141–143.
224. nämlich das Wort; vgl. die traditionelle Auslegung der ›zwei Schwerter‹ von Lk 22,38.
225. Darüber hinaus.
226. Subjekt: die Obrigkeit.
227. zurückhalten.
228. Subjekt: die Obrigkeiten.
229. Subjekt: das weltliche Reich oder Schwert.
230. Vgl. Apg 5,29.
231. gült, vgl. o. Anm. 191.
232. Röm 13,7.
233. zum Beispiel, wenn.

aber bayde zůsamenstossen, so můß man die ergernus der lieb faren lassen[234] und den gelauben erretten, wie denn Paulus Petrum strafft, das er den hayden ergernus im glauben gab etc.[235], wiewol er an aynem andern ort, da es dem glauben kain nachtail bracht, ehe er sein brůder ergern, in ewig kain fleisch essen wolt etc.[236]. Diser spruch geet uns nichts an, ist vom hayligen opfer geredt, [C3b:] das yetzund bey uns nicht ist etc. Das sich aber yemandts ergern wil an der rechten leer wie die Juden an Christo[237], solch ergernus můß man[d] mitnichten meyden[e] etc.

Antwort der barfusser[238]:

Ergernus ist alles das, daran sich unser nechster ergert, es sey in worten, in wercken oder bôsen exempel, und sol allweg vermitten werden dem nechsten zůgůtt auch in allen dingen, die uns frey sind[239]. Man kan auch den schwachen sunst wol helfen. Und das auch sunst nyemandt ergernus geb. So man es an die ôrt lest langen, daran[240] es gehôrt, das sy sich darnach nit werden ergern[241]. Wir sollen auch nitt allayn unser mitburger achten als unser nâchsten, sonder auch all andere cristen in anderm landt, die noch schwach sein und von diser freyhait nichts wissen. Wir sollen auch den hayden, unglaubigen[f] nit ergernus geben, wie Petrus sagt[242] und Christus anzaigt in dem exempel von Samaritan[g][243]. Disen allen sollen wir nit ergernuß geben, sunder enthalten von allem dem, das da sunst frey ist; außgenommen, wo Gots gebot ist, da sol man kain ergernus ansehen. Es kan sein, das man sich ergert am gůtten wie dye Juden an Christo[244]. Man sol auch kain ergernus meyden, so man sicht, das[245] die gebot Gottes veracht und pur lautter menschengebot erhebt über Gots gebott, als die Juden thetten myt iren hendwâschen und anderm etc.[246]

12. Der zwôlft artickel: Ob sich die diener der kirchen verheyraten môgen und in eebrecherischem fal das unschuldig bey leben des schuldigen wider zů der ee greyffen mügen[247] oder nit etc.

[C4b:] Antwort der barfůsser[248]:

d) fehlt A. – e) leiden: a. – f) und unglaubigen: a. – g) Samarittan, Luce 10 [30–37]: a.

234. hier: geschehen lassen.
235. Gal 2,11–14.
236. 1Kor 8,13.
237. Mt 11,6; 13,57; 15,12.
238. Ebner.
239. Röm 14,1.
240. gelangen, an die.
241. Zum Sinn des Satzes vgl. Unterricht, S. 144.
242. 1Petr 2,12.
243. Lk 10,30–37.
244. Vgl. o. Anm. 237.
245. ergänze: man. Doch könnte auch nach ›erhebt‹ ein ›werden‹ zugesetzt werden.
246. Vgl. Mt 15,1–11. Ausführliche Antwort Ebners im Unterricht, S. 143–145.
247. besser: mög.
248. Ebner.

42. HANDLUNG MIT DEN PRÄDIKANTEN

Diser artickel ist^h auff dye ban ⁱkummen²⁴⁹; er ist ebenⁱ in dye practica kummen²⁵⁰, denn man darvon geredt hatt. Doch zum ersten tayl dises artikels: So sollen diener der kirchen und prediger des evangelii kain weyber haben. Christus hat seine aposteln von iren weybern gefordert und genommen, wie sy selbst sagen: »Wir haben alle ding verlassen«²⁵¹ etc. Und Christus spricht: Wer sein weyb verlasset umb meynentwillen und alles, das er hat etc²⁵². Paulus sagt: »Ayner, der ain weyb hat, denckt, was dem weyb [459:] zůgehôrt, wer on ein weyb ist, der denckt, was dem herren zůgehôrt«²⁵³. Also můssen geschickt²⁵⁴ sein die evangelischen prediger, on hyndernuß der weyber dencken, was Got zůghôrt. Das²⁵⁵ Paulus spricht: »Ain bischoff soll ains weybs man sein«, volgt hernach im text: Er soll sich enthalten und keusch seyn²⁵⁶. Daraussz gůt zů mercken ist, das er ain weyb vorhyn²⁵⁷ soll gehabt haben und nit im ampt. Da²⁵⁸ Paulus spricht: »Ain yegklicher soll sein eeweyb haben«²⁵⁹, und es sey besser, »eelich werden dann geprent werden«²⁶⁰ etc., das sagt er von den andern gemainen menschen²⁶¹, nit von den dienern der kirchen. Denn so Got einen fordert zů ainem solchen standt, so gibt er auch dasselbig, das darzů gehôrt. Dann es wirdt den evangelischen predigern vil freyhait entnommen²⁶², wôlches den andern erlaubt ist, als²⁶³ sy sollen kayn gelt, silber oder gold haben, kain schůch, nor ain rock²⁶⁴ etc.

Zum andern tayl dises artickels sag ich, das unschuldig am eebruch kan nicht heyraten, dieweyl²⁶⁵ das schuldig lebt, wie Paulus sagt: »Das weyb ist gebunden an iren man, solang der man lebt. So aber der man stirbt, ist sy loß von im.«²⁶⁶ Es ist geschriben: »So ainer sein weyb lest und nimpt ain anders^k, der ist ain eebrecher,

---

h) ist ee: B. – i–i) und: B. Aus der vorigen Anmerkung ergibt sich, daß für ›eben‹ ›ee‹ zu lesen ist. – k) andere: a.

249. aufgekommen, hier: aufgesetzt worden.
250. praktiziert worden. Tatsächlich waren kurz zuvor in Nürnberg eine Priesterehe und die eines unschuldig Geschiedenen geschlossen worden. Am 20. Februar 1525 hatte Dominikus Schleupner die Dorothea Schmidtmer geheiratet, vgl. *Schornbaum,* Ehebuch, S. 29, Nr 756, und zur gleichen Zeit war auch die Wiederheirat Geschiedener praktiziert worden, vgl. o. S. 398, Nr 30.
251. Mt 19,27.
252. Mt 19,29 (Textus receptus).
253. 1Kor 7,32f.
254. bereit.
255. Daß, hier: In bezug darauf, daß.
256. 1Tim 3,2.
257. früher.
258. wo.
259. 1Kor 7,2.
260. 1Kor 7,20.
261. also Laien.
262. genommen.
263. wie zB.
264. ergänze: haben. Vgl. Mt 10,9f; Mk 6,8f; Lk 9,3; 10,4.
265. solange.
266. 1Kor 7,39.

und wer die verlaßne nymmet, der ist auch ain eebrecher«[267]. Es ist vil ain ander dyng scheiden und widerumb heyraten. Schaiden können sy sich, [D1a:] oder[l] nit wider[m] heyraten. [n]Stet auch in der gantzen gschrifft nit, das das unschuldig müg heyraten[n]. Und nun sollichergestalt wurden vil ehe zurrissen und hetten all tag zů schaffen mit zangk und hader und neu ee machen[o] etc. Dann es můst volgen, das das schuldig[p] auch sich [q]vereelichen möcht[q]. Es geschicht auch offt, das das unschuldig ain ursach ist des eebruchs des schuldigen. Darauß dann auch volgen wurdt, ains dem andern ursach zů geben[268] etc. Wo aber ain christ ainen unschuldigen gemahel hatt und laufft hin, so soll mans lauffen lassen, und der christ soll nit verbunden seyn, uneelich zů bliben etc.[269].

Hiemit wil ich für mich und meine mitbrůder[r] auff den[s] zwölften artickel geantwort haben, einem erbarn radt zů wolgefallen auf ir bit und beger etc.

Antwort Osiander:

Yetzundt erfar ich, wo die hůrerey herkompt, nemlich so man die ee werdt[270] und nympt ainem ain eeweyb und lest im hundert bůbin[271]. Auff die yetzundt erzelte artickel zů antworten, will ich mir vorbehalten[272], dieweyl die zeyt zů kurtz ist und, mit wenig worten zů antworten, nit geschehen mag. Und kurtzlich: Zů dem andern tail des artickels sag ich erstlich: Christus, da er gefragt ward, ob es recht wer, das ain man sein weyb umb ain yetzlich sach[t] von sich ließ mit ainem scheydtbrieffe, wie sy dann thetten, und ander heyraten, sprach Christus: Nain, es soldt nit sein dann allein umbs eebruchs willen[273]. Wo[u] aber ainer auß ainer[274] ursach sein weib von sich ließ und heyrate[v] mit ainer andern, der wer ain eebrecher[275]. Hie nympt Christus den eebruch aussz und gibt zů, das es ain rechte schidung sey und nicht ayn gedichte[276], on allen grundt der geschrifft. So geben sy selbst [D1b:] zů, wie dann Paulus sagt, so ein unglaubiges hinwegklaufft, sey das ander frey[277]. Hie ist schon erlaubt und zugeben die freyhayt in einem fall. Es

l) aber: a, B. – m) weitter: a. – n–n) fehlt a. – o) zu machen: B. – p) unschuldig: a. – q–q) versundigen mocht: a. – r) brueder: a. – s) disen letzten und: a. – t) ursach: a. – u) ob: a. – v) hairattet: a.

267. Mt 19,9.
268. ergänze: zum Ehebruch.
269. An dieser Stelle ist das Referat der ›Handlung‹ falsch! Ebner hatte auf 1Kor 7,15 Bezug genommen, die Stelle aber ausdrücklich auf die Ehe mit einem Nichtchristen (= Nichtgetauften) beschränkt sehen wollen und alle weiteren Folgerungen der Art, wie sie dann Osiander in der folgenden Rede tatsächlich zog, ausdrücklich abgelehnt; vgl. die ausführliche Rede Ebners im Unterricht, S. 146–150.
270. verwehrt.
271. Bübinnen = Huren.
272. ergänze: mehr zu sagen oder zu schreiben. Tatsächlich hat sich Osiander später noch oft zu Fragen des Eherechtes geäußert, vgl. *Seebaß*, Osiander, S. 183–197.
273. Mt 19,7–9.
274. ergänze: andern.
275. Mt 19,9.
276. fiktive; gemeint ist die Trennung von Tisch und Bett, die aufgrund geltenden Rechtes allein möglich war.
277. 1Kor 7,15.

kompt auch die freyhayt nit vom glauben, sonder vom hinlauffen, dann er sagt klar: Wenn das unglaubig bleiben will, sol ers nit von im lassen[278]. So [460:] hayst Paulus nit allein unglaubig, was nit getaufft ist, sunder auch getaufft, wie er denn selbs spricht: Welcher seinem[w] hauß nit treulich vorsteet, der ist erger dann ein unglaubiger[279]. Welchs nun ein christ und glaubiger[x] ist, laufft nit hin. Welches aber hinlaufft, ist vorhin[280] nit glaubig. Und ist gleich ein ding, mit den worten Christi, ehebrechen und hinlauffen.

Es sol auch kaynem geweret werden, ehelich zů werden, dieweil es ins menschen gewalt nit stett, keüsch zů leben, sundern ist ein gab Gottes, wie dann Paulus sagett auch von bischoffen und geystlichen, »das sy in den letzten zeytten vom glauben werden fallen und anhangen den yrrigen gaystern und leeren der teuffel durch die, so in gleyßnerey lugenreder seind und prandtmal in iren gewissen haben und verbieten, ehelich zů werden«[281] etc. Item, es ist auch im anfang unsers glaubens im brauch gewest und die ehe yederman frey und gewalt zů heyraten einem jeden gelassen.

So nun eins die ehe pricht unter zwayen in solchem standt der ehe begriffen, so sein sy nymmer ein flaysch[282], dann Paulus spricht: »Welcher einer hůren anhanget, der wirt mit der hůrn ein fleisch«[283] etc.

Darauß ist nun gůt zů versteen, wie es sich helt mitt den dienern der kirchen. Es ist auch die sach schon halb gewunnen, darf[284] auch nit vil wort, diweil sy sagen, das allain die evangelischen prediger on ein eheweib sein sollen, [D2a:] so ist es den andern allein[285] schon erlaubt[286]. Es spricht auch Paulus nit, das ein bischoff vorhin ein weyb sol haben gehabt, sonder[y] er spricht: »Er sol eines weibs man sein!«[287] Er het sunst wol künden sagen, er soll ein frummer witman[z] sein.

Das sy aber nit so arm und gar[a][288] on gelt seyn gewest, beweyst sich auß dem, das Paulus spricht: Er sol haußhalten, eines weybs man sein und züchtige kinder haben[289], das on gelt nit geschehen mag. Paulus hat steuer empfangen, auch den armen gesamlet und gelt mit im gen Jherusalem gefůrt etc.[290] Hiemit wil ich auch kürtzlichen beschliessen etc.

w) seinem aigen: a. – x) glaubig: a. – y) fehlt a. – z) witwan: A; witbän: a; witwe: B. – a) fehlt a.

278. 1Kor 7,12.
279. 1Tim 5,8.
280. ohnehin.
281. 1Tim 4,1–3.
282. Vgl. Gen 2,24.
283. 1Kor 6,6. Der Absatz gehört in den Zusammenhang der Frage einer Wiederheirat Geschiedener, also spätestens oben hinter S. 536,10.
284. bedarf.
285. besser: allen.
286. Osiander engt den Begriff des ›evangelischen Predigers‹ auf die Mönchsprediger ein, was dem Tenor der Ausführungen Ebners durchaus entsprach.
287. 1Tim 3,2.   288. ganz.
289. 1Tim 3,4.   290. 1Kor 16,1f; Röm 15,26.

Weil aber ir ding so gar verwirdt ist, das niemandt weiß, waß sy domit meinen, begere ich võn in zů wissen antwort auff die ander frage:

Zum ersten: Ob der mensch ausserhalb Gots von im selbst nichts dann sünden vermag.

Zum andern: Ob Christus allayn für alle unser sünd genůg hab gethan oder ob wir auch etwas darzů thůn müssen oder nicht etc.

Darauff gaben sy kain antwort, namen in ainen gedacht[291] etc.

Scheuerlin redet dise maynung:

Dieweyl unser herren des radts von euch predicanten diser stat begerdt haben, auff genante zwölf artickel zů antworten auß hayliger geschrifft, wie das geschehen ist – nu ist darbey geredt, das nyemandt gefårt[292] soll werden, sundern allzeyt aynem yetzlichen vorbehalten, seyn wort zů endren, bessern, meeren und mindern –, so ist meyner herren des radts weytter befelch und beger, das ir auff den nåchsten dinstag[293] zů bayden taylen nach der ordnung, wie yetzundt gehalten, ainer under euch fünf predicanten der dreyer örden[294], widerumb[295] under euch sechß predicanten[296] ayner von aller wegen anzayge, weß euch in gethaner rede gemangelt [461:] und in derselbigen zů endern, bessern, meren und [D2b:] mynderung[297] sey. Und damit man můg zů eynhelligem predigen kommen, soll ain yetzlicher tayl dem andern anzaigen, weß[298] in dunckt, das er wider in gefürt hab in hayliger geschrifft ungegrundet, und das summarie auffs allerkurtzest auß hayliger geschrifft auff alle zwölf artickel in ainer red. Und damit man zum end kum, dörft ir nit in die federn reden[299]. Woldt ir aber eure schreyber haben, dye etzliche punct in dem reden anzaychnen, steet zů[300] euch. Und ir fünf predicanten der dreyer örden solt die wal haben, ob ir die ersten oder nachred[301] thůn wolt etc.[302].

Und hiemit wurden alle, gaystlich und weltlich, wyderumb beschayden, zu erscheynen auff nåchsten dinstag etc.

Auff dinstag nach Reminiscere[303] sind erschinen vor dem genanten radt[304] allayn dye sechß prediger des evangelii und die fünf prediger der dreyer örden außbliben etc.

291. nahmen sich Bedacht, Bedenkzeit.
292. betrogen.
293. 14. März 1525.
294. Die Namen s. o. in Anm. 2.
295. und auf der andern Seite.
296. Die Namen s. o. in Anm. 2.
297. für: mindern.   298. was.
299. also nicht so langsam, daß mitgeschrieben werden kann. Über die Protokolle vgl. o. S. 512f.
300. bei.
301. als erste oder zweite sprechen wollt.
302. Der Wortlaut von Scheurls Rede in Bericht, f. 32r–33v.
303. 14. März 1525.
304. Wohl nicht der ›oben erwähnte‹ Rat, sondern der ›große Rat‹, zu dem auch die ›Genannten‹ gehörten, vgl. o. Anm. 3.

Kurtzer begriff und maynung aines erberen radts, durch doctor Scheuerlin den erschinen gegenwertigen personen fürgelegt:

Auß befelch unserer herren des radts seyt ir herren, die predicanten, ᵇbeschaiden, auff heut zů erscheynenᵇ, zů hören von euch weytter erklerung uber die
5 zwölf genanten ar- [D3a:] tickel, wye ob geredt. Darüber die fünf predicanten der dreyen örden ain suplication an ainen radt gestelt haben, darinnen sye ursach anzaygen, warumb sy auff heut nit erschynen, dann sy auch bytten, dieselbigen vor den genanten zů verlesen³⁰⁵. Die soll gezaigt werden etc.

Lazarus Spengler laß die suplication. Darin zaygten sy an ursach, sy hetten
10 kein gewynnens auff dysem platz. Es weren auch kayn unparteysche richter da. So wolt ain disputation drauß werden wider des kayser mandat³⁰⁶, man nennet es gleych, wye man wöll. Und das zů Speyr³⁰⁷ verboten wer worden, fieng man hye an. Sy wolten sich auch in kainer neuerung oder enderung mittnichten begeben. Erbotten sich noch auff die drey genanten universitet³⁰⁸ und auch auff
15 iren ordinarium³⁰⁹. Dem weren sie alda³¹⁰ underworfen, und was sy von in gehayssen wurden, wolten sy annemen etc.

Darauff redet Scheue[r]lin dyse maynung: Noch³¹¹ verhör diser suplication wöllen meyne heren auff irem fürnemen bestehen und weytter procidiern etc., nemlich, das ainer under euch von eurer aller wegen anzaigen, weß ir in gethaner antwort
20 auf genanterᶜ 12 artickel endern, bessern, meeren, myndern woldt, auch was euer widerthayl in irer antwort angezaigt haben, das euch dunckt in hailiger geschrifft ungegrundt, und dasselbig mit hayliger geschrifft widerlegen etc.

Antwort Osiander von irer aller wegen; thett ain redt bey zwayen stunden lang; entschuldiget sich myt seynen mitgenossen, das ursach aller auffrůr, ire des wider-
25 parts, wer und nit der evangelischen prediger. Antwort darnach auff ainen yetzlichen artickel in sonderhait. Was fast gleych den vorigen mit widerlegung etztlicher punct etc.

Darauff Scheuerlin:

Auß gethaner antwort zů bayden taylen auff genante zwölf articell, auch weyter
30 verhör [D3b:] der erklerung euer sechß predicanten wöllen sich meyne herren des radts darauß baß³¹² erkundigen und erforschen, auch darauß erlernen, weß sy weytter schuldig und pflichtig zů thůn sein, das³¹³ sy christlich mögen handeln etc.

b–b) erschinen und beruffen, auff heutt datto: a. – c) gemelte: a.

305. Das Schreiben ist bisher nicht gefunden. Zum Inhalt vgl. *Pfeiffer*, Quellen, S. 57f, zu RV 395.
306. Vgl. o. Anm. 7.
307. ergänze: zu halten.
308. Ingolstadt, Heidelberg, Tübingen, s.o. S. 518,6.
309. Weigand von Redwitz, den Bischof von Bamberg.
310. in diesen Fragen.
311. Nach.
312. besser, genauer.
313. damit.

[462:] Auff^d sontag Oculi³¹⁴ hat ain radt den dreien orden befolhen, von irem predigen und beycht abzůsteen und die zway junckfrauklôster zů raumen befolhen und sich gantz und gar mit allen dingen^e eussren³¹⁵, wie dann geschehen etc.³¹⁶

Mitwochen darnach³¹⁷ sind die augustiner für radt gecitiert ^fgewest, ir kloster ubergeben etc.^f ³¹⁸

d) Den: a. – e) dingen zue: a. – f–f) worden, und ire clöster ubergeben. Finis 1525 in Nurmberg: a.

314. 19. März 1525.
315. von ihnen fernzuhalten.
316. Vgl. *Pfeiffer,* Quellen, S. 59, RV 400, und zu RV 400 und 401.
317. 22. März 1525.
318. Vgl. *Pfeiffer,* Quellen, S. 57, RV 393, und S. 365–367, Br. 153.

Nr 43
Schlußrede auf dem Religionsgespräch
[1525, März 14]

Bearbeitet von *Dietrich Wünsch*

Einleitung

1. Die Handschrift

Das im folgenden abgedruckte Dokument Osiandrischer Theologie ist nur einmal überliefert, und zwar innerhalb des großen Spenglerkodex im Landeskirchlichen Archiv Nürnberg[1]. Bis in unser Jahrhundert hinein blieb dieses Werk unbekannt und wurde bisher auch noch nicht gedruckt. *Hans von Schubert* hatte vor, es im Zusammenhang seiner Spenglerbiographie herauszugeben[2], doch diesen Plan konnte er nicht mehr verwirklichen. In den ›Fränkischen Bekenntnissen‹ wurde es zur Darstellung der Osiandrischen Theologie der Jahre 1524/25 mitherangezogen[3].

In dem Kodex nimmt diese Osianderschrift – geschrieben von Spenglers Hand – die Folien 20v–32v ein. Auf Blatt 20r hat Spengler eine Art Inhaltsverzeichnis vorangesetzt; außerdem hat er versucht, den Text durch Randbemerkungen in roter Tinte zu gliedern. Diese Zusätze Spenglers sind in unserem Abdruck in den textkritischen Apparat aufgenommen und mit dem Siglum Sp bezeichnet.

2. Verfasser

Die Verfasserschaft Osianders steht außer Zweifel. Die vorgetragenen Gedanken sind bis hin zu den Formulierungen und der Auswahl der verwendeten Bibelstellen spezifisch Osiandrisch und haben vor allem in dem ›Nürnberger Ratschlag‹[4] von 1524 und in den Beiträgen Osianders auf dem Nürnberger Religionsgespräch[5] ihre Parallelen. Vollends klargestellt wird der Sachverhalt durch die Notiz, die Spengler an das Ende des erwähnten Inhaltsverzeichnisses gesetzt hat: »Alls kurtzlich und nützlich angezaigt. Darumb will es mit fleiß gelesen sein. Andreas Osiander.«

---

1. Fen. IV, 906.2°; vgl. *Burger*, Handakt, S. 30–39.
2. Vgl. *Schmidt – Schornbaum*, Fränkische Bekenntnisse, S. 74, Anm. 4.
3. Vgl. *Schmidt – Schornbaum*, Fränkische Bekenntnisse, S. 74–100.
4. Vgl. o. S. 319–380, Nr 25.
5. Vgl. o. S. 516–540, Nr 42.

3. *Charakteristik und zeitliche Einordnung*

Bei *Schmidt-Schornbaum* wird unser Text bezeichnet als »das große Lehrstück Osianders über den rechten Heilsweg und die Mittel, den Aufruhr künftig zu verhüten, oder über den rechten Glauben und die rechte Freiheit«[6]. Diese Formulierung dürfte *W. F. Schmidt* von *Hans von Schubert* übernommen haben. Eine ganz ähnliche Benennung findet sich bei *Seebaß*: »Gutachten: Über den rechten Heilsweg und die Mittel, den Aufruhr künftig zu verhüten«[7]. Ein solcher Titel kann zwar Osianders eigene Worte[8] und auch Spenglers Randnotizen[9] für sich geltend machen, ist aber dennoch irreführend, weil er dazu verleitet, den bewaffneten Aufstand der Bauern von 1525, vielleicht gar schon die Katastrophe vom Sommer 1525, als Hintergrund und Anlaß für Osianders Ausführungen zu nehmen. Die Datierungen bei *Schmidt-Schornbaum* (1525)[10] und *Seebaß* (März–Mai 1525)[11] treten dieser Vermutung zumindest nicht entgegen, zumal keine Gründe für diese Ansetzung genannt werden. Nun deutet aber nichts in der Schrift darauf hin, daß der Verfasser sich mit den blutigen Unruhen des Bauernkrieges, ihren Voraussetzungen und Folgen auseinandersetzt. Vielmehr ist es ausgesprochen unwahrscheinlich, daß Osiander in einer solchen Situation sich so ausführlich zu Fragen der christlichen Freiheit wie Fleischessen am Freitag und Kleidervorschriften, zur Berufung der Geistlichen und zur Verwendung der Pfründen geäußert hätte, daß er ausgerufen hätte: »Es will und muß reformirt sein, es sey dem teufel und der wellt gleich lieb oder laid!«[12] Sollte dies die Stellungnahme Osianders zu den revolutionären Ereignissen sein, dann hätte er entschieden an der Realität vorbeigeredet. Doch wenn Osiander von ›Aufruhr‹ spricht, denkt er nicht notwendig an bewaffnete Bauernhaufen, sondern ›Aufruhr‹ sind für ihn die Unruhen und die Auseinandersetzungen, die entstehen, wenn die evangelische Predigt die ›Betrügerei der falschen Hirten‹, der katholischen Geistlichen, aufdeckt[13]. Auch der Nürnberger Rat gebraucht dieses Wort im Hinblick auf die konfessionelle Spaltung: Das Religionsgespräch vom März 1525 hat er veranstalten lassen, um »empörung, aufrur und zerstrennung bey den unseren« zuvorzukommen[14].

An vielen Stellen der Schrift wird deutlich, daß es Osiander darum geht, die Obrigkeit zu entschlossenem Vorgehen gegen die Vertreter katholischer Lehre und Praxis zu bewegen (nicht aber darum, ihr zu geeigneten Maßnahmen angesichts kämpfender oder geschlagener Bauernheere zu raten). Wenn man annimmt, daß

---

6. *Schmidt-Schornbaum*, Fränkische Bekenntnisse, S. 74.
7. *Seebaß*, Osiander, S. 11, Werkverzeichnis Nr 32.
8. Vgl. zB u. S. 563.
9. Vgl. zB u. S. 552, 563, 575, Anm. a, x, u.
10. *Schmidt-Schornbaum*, Fränkische Bekenntnisse, S. X.
11. *Seebaß*, Osiander, S. 11.
12. u. S. 563; wenn Osiander zu Beginn des Jahres 1526 in der Vorrede zu dem ›Zeremoniengutachten‹ auf das vergangene Jahr zurückblickt, äußert er sich ganz anders, vgl. Nürnberg LkA, Fen. IV, 906. 2°, f. 33v–34v, und Bd 2 unserer Ausgabe.
13. u. S. 563.
14. Bericht des Rats an Straßburg; *Pfeiffer*, Quellen, S. 362, Br. 151.

Osiander bei seinen Ratschlägen die Verhältnisse seiner Heimatstadt im Auge hat, dann verbietet sich eine Datierung in die Zeit nach dem Religionsgespräch (3. bis 14. März 1525), denn da waren die konkreten Forderungen Osianders vom Rat zum großen Teil schon erfüllt[15].

Nun ist natürlich nicht von vornherein auszuschließen, daß der Nürnberger Prediger seine Überlegungen für eine Person oder eine Gruppe außerhalb des Hoheitsbereiches der Reichsstadt angestellt hat, so daß wir also im Spenglerkodex die Kopie eines Briefes oder eines Gutachtens vor uns hätten, das Osiander auswärtigen Freunden oder Ratsuchenden zugeschickt hätte. Dafür scheinen einige Beobachtungen zu sprechen: Manche Stellen erwecken den Eindruck, als würde zu Menschen gesprochen, die unter einer dem Evangelium feindlichen Obrigkeit stehen, die sogar »wider Gottes wort mit dem schwert« ficht[16], was man den Nürnberger Ratsherrn gewiß nicht vorwerfen konnte. Und bei anderen Sätzen kann man sich nur schlecht vorstellen, daß Osiander an den Nürnberger Rat dachte; zB wenn er sagte: »Sölch christenlich oberkait ... dörfen wir in disen unsern zeiten noch nit hoffen«, oder: »Dhweil dann die oberkait sonst gemainlich dermassen regirt, das die undterthanen kain gefallen daran haben ...«[17].

Trotzdem wird man es vorziehen, Nürnberger Adressaten anzunehmen. Schon der Fundort im Aktenband Spenglers ist ein Indiz dafür: Das entsprechende Stück ist eingereiht in eine Sammlung von Dokumenten, die alle die Nürnberger Reformation betreffen[18]. Wir kennen auch aus den in Frage kommenden Jahren keine Gutachten Osianders für auswärtige Empfänger[19]. Überdies verbietet es der Charakter der Schrift, sie als ›Gutachten‹ zu bezeichnen, denn es fehlt die Konzentration auf *eine* konkrete Fragestellung. Das Ganze trägt vielmehr die Anzeichen einer grundsätzlichen Äußerung, eines Programms mit theologischer Grundlegung und praktischen Implikationen. Auch gegen die Bestimmung des Werkes als Brief bestehen Einwände: Es fehlt jeglicher formale Anhaltspunkt, den man bei einem Brief erwarten darf. Man muß im Gegenteil den Eindruck gewinnen, daß Osiander seine Gedanken vor einem größeren Kreis von Lesern oder Hörern ausbreitet, daß seine Sätze für die Öffentlichkeit bestimmt sind. Er redet durchweg in der ersten Person Plural und schließt sich dabei mit seinem Publikum, genauer gesagt: mit den Anhängern der evangelischen Lehre, zusammen. Vor allem die Schlußsentenz: »Gottes gnad sey mit uns allen. Amen« paßt mehr zu einer Predigt oder Rede als zu einem Brief oder Gutachten.

15. Vgl. zB die Ratsverlässe vom 17., 20., 22. und 24. März 1525 (Nürnberg SA, RV 714, f. 12v. 14v. 17r. 19r = *Pfeiffer*, Quellen S. 57–62, Nr 395, 404, 419, 427).

16. u. S. 564.

17. u. S. 564. In der an den Rat gerichteten Vorrede des ›Ratschlags‹ von 1524 hört man ja ein ganz anderes Urteil: »Dieweil die heylig schrifft lauter und clar, E.E.W. aber, dieselbigen anzunemen und iro zu gehorchen, biß hieher allweg nicht allein geneigt, sonder auch willig und berayt erfunden sein«, vgl. o. S. 381f.

18. Vgl. das Verzeichnis bei *Burger*, Handakt. Aus der Anordnung der Osianderschrift in Spenglers Handakt ist allerdings kein Hinweis auf eine genauere Datierung zu entnehmen, denn Spengler hat die Schriftstücke in diesem Band nicht chronologisch geordnet.

19. Vgl. *Seebaß*, Osiander, S. 64f.

Solche Beobachtungen erschweren die Vermutung, unser Schriftstück sei einer Person oder Gemeinde außerhalb des Territoriums der Reichsstadt zugedacht worden. Es muß daher der Versuch gemacht werden, das Dokument sinnvoll in den Zusammenhang der Nürnberger Reformationsgeschichte einzuordnen. Dazu ist es in erster Linie notwendig, die für die Datierung mögliche Zeitspanne noch enger einzugrenzen. Ein terminus ad quem wurde schon genannt: Er ist gegeben mit den Maßnahmen des Rates im Anschluß an das Religionsgespräch im letzten Märzdrittel des Jahres 1525[20], nach denen die Forderungen Osianders sich erübrigt hätten. Auch ein ungefährer terminus a quo läßt sich angeben: Zweifellos gehören zum Hintergrund von Osianders Äußerungen die Erfahrungen der ersten Bauernunruhen des Jahres 1524[21]. Das aufsehenerregendste Ereignis im Nürnberger Umland war damals die Forchheimer Erhebung, die Ende Mai begann und der im süddeutschen Raum Priorität zukommt[22]. Was Osiander in seiner zweiten ›Ursache‹, »auß denen die auffrurn erwachsen«[23], an Einzelheiten andeutet, paßt recht gut zu diesen Vorgängen: Im Bereich einer katholischen Obrigkeit, des Fürstbischofs von Bamberg, wurde evangelisch gepredigt[24]. Der Haß gegen die Obrigkeit war beim ›armen Volk‹ wegen der harten sozialen Verhältnisse[25] tief verwurzelt. Wenn Osiander sagt, sie lassen »sich bedüncken, sie haben fug und ursach, ir oberkait zu verstossen«[26], dann erinnert das daran, daß die Forchheimer den Rat abgesetzt und ihren Schultheiß zur Flucht getrieben hatten[27]. Die katholische Geistlichkeit, nämlich das Bamberger Domkapitel, drängte den Bischof zu bewaffnetem Vorgehen gegen die Rebellen[28].

Wie von den ersten Wogen der Bauernerhebung zeugt die Schrift von den ersten Erfahrungen mit den ›Schwärmern‹. Osiander spricht von heimlichen Konventikeln[29] mit Predigern, denen eine ordnungsgemäße Berufung fehlt, »die etwo ain spruch oder ettlich auß der schrifft gefasst haben und doch nit versteen« und deren Lehre darauf zielt, »das sie nur deß kreutzes ledig werden«[30]. Das erinnert an die Affäre mit Heinrich Schwertfeger, dem Müntzerschüler, der im Oktober 1524 ein Gastspiel in Nürnberg gegeben hatte[31]. Müntzersche und karlstadtsche Gedanken waren in Nürnberg seit jenen Wochen nicht mehr auszutilgen[32]. Wenn Osiander sich zu der Frage äußert, inwieweit das alttestamentliche Gesetz

---

20. Vgl. o. S. 543, Anm. 15.
21. Vgl. vor allem u. S. 564.
22. Vgl. *Gückel,* Forchheim im 16. Jh., S. 20.
23. u. S. 564,5–15.
24. *Gückel,* aaO, S. 18.
25. *Gückel,* aaO, S. 18–20.
26. u. S. 564,9f.
27. *Gückel,* aaO, S. 22.
28. *Gückel,* aaO, S. 23.
29. u. S. 564,16–19.
30. u. S. 565,6f.
31. Vgl. Osianders Gutachten gegen Schwertfeger, o. S. 263ff, Nr 21.
32. Vgl. *Seebaß,* Osiander, S. 111–114 (Lit.), und die Gutachten der Prediger über Hans Denck sowie die ›gottlosen Maler‹, o. S. 407ff und 418ff, Nr 32 und 33.

noch verpflichtend sei[33], dann darf man auch dies als gegen einen Legalismus Müntzerscher Prägung gerichtet sehen, wie ihn der Lorenzer Prediger Schwertfeger vorwarf[34]. Und wenn er schließlich auf »vil exempel zu disen zeiten« verweist, die bewiesen, »das auch die frommen gelerten nichts außrichten, sie seyen dann geschickt oder berufft«[35], so denkt er vielleicht an Karlstadts Wirken in Orlamünde[36]. So wird man als Zeitraum, in dem man nach einer passenden Situation für unser Schriftstück suchen muß, etwa die Monate von Oktober 1524[37] bis März 1525 veranschlagen. Während diese Grobdatierung mit einiger Sicherheit behauptet werden kann, begeben wir uns beim folgenden Versuch, Zeit und Ort noch genauer zu bestimmen, in den Bereich der – allerdings begründeten – Hypothese.

Wenn man sich vor Augen hält, daß es sich bei den Sätzen Osianders um eine theologische Erklärung grundsätzlicher Art handelt und daß die Frontstellung antikatholisch ist, dann bietet sich innerhalb des genannten Zeitraums als das exponierteste Ereignis, das eine solche Ausprägung erklären, ja fordern würde, das Religionsgespräch vom 3.–14. März 1525[38] an. Dort war für Osiander, den Wortführer der evangelischen Seite, der Anlaß gegeben, die Grundzüge seiner Theologie und seine Erwartungen an den Nürnberger Rat vorzutragen. Es kann sich jedoch bei unserem Dokument um keine der Reden während des eigentlichen ›Gesprächs‹ handeln, denn über deren Inhalt sind wir durch die Protokolle bzw. durch die ›Handlung‹ informiert, die keinen Anhaltspunkt zu einer Identifikation bieten. Es fehlt uns aber bisher eine genauere Mitteilung über die große Schlußrede Osianders während der letzten Sitzung am Dienstag, dem 14. März. Wir haben darüber nur zwei kurze Angaben[39]. Die eine findet sich in der ›Handlung mit den Prädikanten‹ und lautet: »Antwort Osiander von irer aller wegen; thett ain redt bey zwayen stunden lang; entschuldiget sich myt seynen mitgenossen, das ursach aller auffrür ire, des widerparts, wer und nit der evangelischen prediger. Antwort darnach auff ainen yetzlichen articlel in sonderhait. Was fast gleych den vorigen mit widerlegung etzlicher punct etc.«[40] Die zweite Notiz findet man in Christoph Scheurls Aufzeichnungen: »Dorauf hat Andreas Oseander ob dreien stunden geredt, sein furpringen bestetigt und des widerteils abgeleint, verantwort, ir fluchtig aussenbleiben beschuldiget, ausgeruffen und inen vast wust kappen geschniten [= hat sie sehr schwer beschimpft]«[41].

Diese beiden Berichte, die sich zweifellos auf den gleichen Vorgang beziehen, scheinen nicht viel gemein zu haben. Während in Scheurls Gedächtnis offenbar –

---

33. u. S. 574.
34. Vgl. o. S. 262.
35. u. S. 575.
36. Vgl. dazu *Barge,* Karlstadt 2, S. 95ff, und *Müller,* Luther und Karlstadt, S. 137ff.
37. als Schwertfeger in Nürnberg war.
38. Zum Verlauf vgl. die Einleitung zur ›Handlung mit den Prädikanten‹, o. S. 505ff, Nr 42.
39. In der 6. Sitzung wurde nicht mehr »in die federn« geredet, vgl. o. S. 538.
40. Vgl. o. S. 539.
41. Freiherrlich von Scheurlsches Familienarchiv, Nürnberg-Fischbach, Codex MS M, Teil 2, f. 33v (im folgenden: Scheurl, Bericht).

abgesehen davon, daß ihm Osianders Rede länger vorkam als dem anderen Berichterstatter – im wesentlichen die Polemik des evangelischen Predigers gegen die bei dieser Sitzung nicht anwesenden Mönche haften blieb, steht hinter der Mitteilung in der ›Handlung‹ vor allem der Eindruck, daß Osiander noch einmal die Beiträge der Evangelischen während des Gesprächs zusammenfaßte. Tatsächlich wird Osiander beides getan haben: kräftig polemisiert und resümiert. Allerdings dürften sich daraus zwei deutlich unterschiedene Teile in seiner Rede ergeben haben, denn die theologische Grundsatzerklärung hat Osiander sicher gründlich vorbereitet gemäß dem Auftrag des Rats, der am 12. März den Predigern mitgeteilt worden war: »Desgleichen solt ir hern ... zugelasen sein und macht haben, was ir bisher auf all 12 artikel geantwort und furbracht habt, durch einen aus euch zu ercleren, zu mehren, mindern, bessern, mit canonischer schrift zu bevehstnen; und was ir bisher gehort habt von den 5 hern der dreier orden, das ir achtet, euch widerwertig und in gotlicher schrift ungegrunt sein, das ir sie in solchem christenlich und senftmutig unterrichtet und eur schrift mit der iren vergleichet«[42]. Osiander kam also sicher mit einem ausgearbeiteten Konzept der zu haltenden Rede aufs Rathaus und erfuhr dort, daß die Vertreter der drei Bettelorden nicht gewillt waren, zu dieser Schlußsitzung zu erscheinen. Das wird für ihn der Anlaß gewesen sein, bevor er mit seinen präparierten Ausführungen[43] begann, »ir fluchtig aussenbleiben« zu beschuldigen und »inen vasst wust kappen« zu schneiden[44]; denn wegen des unbotmäßigen Verhaltens der Mönche konnte er beim Rat auf Anklang für seine Polemik rechnen. Es ist durchaus denkbar, daß man die gesamte Rede Osianders auf zweierlei Weise charakterisiert: In den privaten Aufzeichnungen Scheurls ist der agitatorische Auftritt vermerkt worden; der Inhalt des viel längeren theologischen Hauptteils brachte für Scheurl nichts Neues und konnte deshalb mit der Wendung, Osiander habe »sein furpringen bestetigt und des widerteils abgeleint«, abgetan werden. Auch für den Verfasser der ›Handlung‹ brachte die Rede inhaltlich nichts Neues. Deshalb begnügte er sich mit der Angabe, Osiander habe die evangelische Position vorgetragen, der Gegenseite die Schuld an den bestehenden Unruhen zugeschoben und ansonsten die zur Debatte stehenden Punkte der Reihe nach angesprochen. Anders aber als Scheurl konnte er, um den sachlichen Charakter seines Berichtes nicht zu trüben und um die evangelische Seite vor der Öffentlichkeit nicht ins Zwielicht zu rücken, die Ausfälle des Protagonisten der Evangelischen gegen die ›Gesprächspartner‹ nicht festhalten.

Was wir aufgrund des vorhandenen Materials über die eigentliche Rede Osianders – abgesehen von dem polemischen Vorspann – wissen, ist also schnell gesagt: Er hat versucht, die Grundzüge evangelischer Theologie, die im Religions-

---

42. Scheurl, Bericht, f. 33r.

43. Der präparierte Text hat sich doch sicher in der Gesamttendenz an die ausdrückliche Aufforderung des Rates gehalten, die Auseinandersetzung habe »ausserhalb einicher smehe-, stich- oder verdrislich wort auf das allerchristenlichst und bruderlichst« zu beschehen (Scheurl, Bericht, f. 33r).

44. Scheurl, Bericht, f. 33r.

gespräch bisher nur unzusammenhängend und auf verschiedene Tage verteilt aufgezeigt werden konnten, im Zusammenhang darzustellen, wobei er noch einmal auf die durch die ›Zwölf Artikel‹ festgelegten Problemkreise einging, und hat dabei auch den Vorwurf, Aufruhr anzustiften, zurückgewiesen und der Gegenseite zugeschoben. Außerdem darf man postulieren, daß er die Gelegenheit genutzt hat, seine Erwartungen an das Nürnberger Stadtregiment mit aller Deutlichkeit auszudrücken; denn dieser letzte Akt der ganzen – von der Öffentlichkeit mit großer Anteilnahme verfolgten – Veranstaltung mußte für die bevorstehenden Entscheidungen des Rats von ausschlaggebender Bedeutung sein. Eine solche Chance hätte Osiander sich nicht entgehen lassen!

Im Anschluß an das eben Gesagte wird die Vermutung, das ›Gutachten‹ oder ›Lehrstück‹ über den rechten Heilsweg sei eine Niederschrift der Schlußrede Osianders auf dem Religionsgespräch, nicht abwegig erscheinen. Wir hätten dann in dem Schriftstück jenen Hauptteil der Ansprache Osianders vor uns, den er vorbereitet hatte, also die Rede ohne den polemischen Vorspann. Daß dieser fehlt, erklärt sich leicht aus dem Zustandekommen der Niederschrift Spenglers. Er konnte ja nur das in so ausführlicher Form, wie er es tatsächlich getan hat, niederschreiben, wofür er eine schriftliche Vorlage hatte, denn am Schlußtag wurde nicht mehr ›in die Federn geredet‹ und für ein Gedächtnisprotokoll ist das Dokument viel zu detailliert. Spengler hat sich also wohl von Osiander dessen Manuskript der Rede – in dem die vom Augenblick diktierte Polemik natürlich nicht verzeichnet war – erbeten und es kopiert, und er bekam so für seine Privatakten eine authentische Zusammenfassung der evangelischen Position während des Religionsgesprächs. Der etwas abrupte Beginn des Textes – ohne Einleitungsfloskeln oder Vorrede – läßt darauf schließen, daß Spengler seine Abschrift erst mit dem eigentlichen Korpus der Rede begonnen hat. Der Umfang des Textes kommt unserer Vermutung entgegen. Wenn man die nicht erhaltenen Passagen, also die einleitenden Sätze und die Worte gegen die ferngebliebenen Mönche mit in Rechnung stellt, dann füllen die Ausführungen Osianders in etwa die angegebene Zeit von zwei bis drei Stunden aus.

Die bei dieser Rede vorgefundene Situation kann an manchen Punkten den Sprachgebrauch und die Gedankenführung Osianders erklären. Das Religionsgespräch fand vor der Öffentlichkeit statt[45]. Bei der Schlußsitzung war der Kreis des Publikums noch erweitert worden[46]. Osiander legte deshalb keinen Wert auf umständliche Argumentation und Einzelauseinandersetzungen mit den von den Katholiken vorgetragenen Ansichten. Das ›Religionsgespräch‹ war an diesem Punkte mehr denn je zu einer öffentlichen Predigt[47], ja zu einer Kundgebung geworden. Osiander redete zu den versammelten Hörern wie zu seinen Gesinnungsgenossen, seinen Schülern. An der Demonstration des Konsenses mit dem Volk war ihm sicher viel gelegen.

---

45. Genauer gesagt: vor den Repräsentanten der Öffentlichkeit, den ›Genannten‹.
46. Vgl. Scheurl, Bericht, f. 33v, und in der Einleitung zur ›Handlung‹, o. S. 511.
47. Vgl. die Einleitung zur ›Handlung‹, o. S. 510, Anm. 47.

Im Saal waren aber auch die Ratsherren, die in Kürze die Entscheidungen über die weitere Gestaltung des kirchlichen Lebens in Nürnberg treffen mußten. Sie waren die eigentliche ›Zielgruppe‹ Osianders. Man darf voraussetzen, daß der Lorenzer Prediger über die Stimmungen und Parteiungen im Rat gut informiert war. Er wußte gewiß, daß eine starke Gruppe unter den Patriziern den kirchlichen Neuerern höchst reserviert gegenüberstand[48]. Diese Männer sind naturgemäß die Adressaten, wenn Osiander über die Obrigkeit, ihre Verpflichtungen und Aufgaben redet. Ein Satz wie: »Dann sölch christenlich oberkait, die es verstunde und inen [= den katholischen Geistlichen] mit gewalt, wie billich were, dhweil sonst nichtzit hilfts, weret, dörfen wir in disen unsern zeiten noch nit hoffen«[49], entspringt keineswegs der Resignation Osianders, sondern genauer Berechnung. Vor den Ohren der Betroffenen und vor allem vor der versammelten Öffentlichkeit fällt er damit ein sehr klares Urteil: Eine Obrigkeit, die dem Treiben der Katholiken nicht mit Gewalt Einhalt gebietet, ist keine christliche Obrigkeit. Und wenn in den nächsten Sätzen auf die Forchheimer und die nachfolgenden Unruhen angespielt und mit Skepsis in die Zukunft geblickt wird[50], dann wird dabei deutlich genug eine uneinsichtige Regierung, die ihre Christenpflicht versäumt, für den ›Aufruhr‹ im Lande verantwortlich gemacht. Im Grunde, so gibt Osiander zu verstehen, liegt die Schuld an den derzeitigen Konflikten gar nicht nur an den Verfechtern des Papsttums, denn diese könnten keinen Schaden anrichten, wenn nur die Obrigkeit ihren selbstverständlichen Pflichten nachkäme. Die den Evangelischen nicht zugetanen Ratsherrn mußten sich durch Osianders Rede vor der Öffentlichkeit als unchristlich angeprangert sehen für den Fall, daß sie den geforderten Neuerungen ihre Zustimmung verweigerten. Ein solcher Vorwurf war in der gegebenen Situation nicht nur ein moralisches Urteil, sondern konnte gefährliche Verwicklungen nach sich ziehen. Die betroffene Gruppe im Rat war also durch Osianders scheinbar ganz allgemein gehaltene Äußerungen unter erheblichen Druck gesetzt.

Doch Osiander redete weiter: »Wo nun ain getreue und christenliche oberkait were, die diser sachen gern wollt helfen, der wer meins bedunckens leichtlich zu raten, das sie nit allain fride und undtertheniкait erhiellte, sonder auch lob, eer und preiß vor Got und den menschen erlangte, dadurch sie auch in groß auffnemen kommen und ewige, löbliche gedechtnus hyndter ir möcht lassen«[51]. Auch hier wird so gesprochen – der Konjunktiv bekräftigt es –, als ginge es nur darum, für einen hypothetischen Fall ein Modell anzubieten. Doch in Wirklichkeit ist es ein mit Verlockungen verstärkter Appell: Wie vorher der unchristlichen Obrigkeit der Haß ihrer Untertanen und die Schuld an den Unruhen zugeschrieben wurde, so wird jetzt der Obrigkeit all das angeboten, was für sie erstrebenswert sein muß: Friede und ›Untertänigkeit‹ zu erhalten, Lob, Ehre und Preis vor Gott und den Menschen sich zu erringen, und nicht zuletzt: sich ein ›ewiges, löb-

---

48. Vgl. die Einleitung zur ›Handlung‹, o. S. 502f.
49. Vgl. o. S. 543 und u. S. 564.
50. »Mag ain yeder verstendiger leicht ermessen, was das ende davon werden muß«, u. S. 564.
51. u. S. 565.

liches Gedächtnis‹ zu erwerben⁵². Um in den Genuß dieser Verheißungen zu kommen und sich außerdem als christliche Obrigkeit zu erweisen, bedarf es nur der Bereitschaft, den von Osiander vorgetragenen evangelischen Forderungen nachzukommen, dh auf einen Nenner gebracht: durch obrigkeitliche Verfügungen unter das Treiben der Katholiken einen Schlußstrich zu setzen und die Verwirklichung der evangelischen Vorstellungen nach Kräften zu fördern. Christliche Obrigkeit ist für Osiander per definitionem evangelische Obrigkeit. Der Redner bietet den Ratsherrn nicht etwa nur Rat und Hilfe an, sondern er stellt sie vor die Frage, ob sie christliche Obrigkeit sein wollen, und er drückt der Öffentlichkeit sozusagen den Maßstab in die Hand, mit dem sie die Christlichkeit ihrer Regenten nachprüfen kann. Dieses zielbewußte und berechnete Vorgehen Osianders hat seine beabsichtigte Wirkung nicht verfehlt⁵³.

Unsere Interpretation des zweiten Teiles der Schrift sollte die Möglichkeit unterstreichen, sie als Osianders Schlußrede auf dem Religionsgespräch zu verstehen. Nun bedarf es noch einer Nachprüfung des in der ›Handlung‹ mitgeteilten Sachverhaltes, daß in der Rede die auf dem Religionsgespräch verhandelten Artikel noch einmal angesprochen wurden. Grundlage der Disputation waren die ›Zwölf Artikel‹⁵⁴, die auch den Ablauf der Verhandlungen bestimmten. Die vielfältigen Parallelen zwischen den Aussagen der ›Zwölf Artikel‹, den Beiträgen der Evangelischen auf dem Religionsgespräch und der Schlußrede Osianders sollen hier nicht einzeln nachgewiesen werden, sondern wir beschränken uns auf einen Vergleich der Themenkreise⁵⁵.

Die Auswahl der Artikel und damit die ›materia disputandi‹ des Religionsgesprächs war den Predigern vom Rat mit dem Kriterium aufgetragen worden, sie sollten bedenken, »welchs si doch fur die rechten und notigisten haupstuck unsers glaubens und christlicher predig halten, die ainem jetlichen laien zu wissen notig, und so er si erkennt und helt, zu der selikait gnug sein und an [= ohne] derer erkantnus er in gefor oder verlust seiner selen selikait kummen mocht«⁵⁶. Osiander stellt seine Rede unter das Motto von Mt 16,26 und Mt 6,33 und visiert damit das gleiche Ziel an.

Die ersten beiden Artikel haben die Sünde und das Gesetz zum Inhalt. Die Ausführungen der Evangelischen während der Verhandlungen waren an diesem Punkt teilweise unbefriedigend und disparat⁵⁷. Osiander versucht nun, die Dinge im Zusammenhang darzustellen, und setzt deshalb – charakteristisch für seine Theologie – mit dem Ziel des Heilsweges, der Vereinigung mit Christus, und der not-

---

52. *Seebaß*, Dürers Stellung, S. 119ff und S. 130, weist darauf hin, daß Dürers ›Vier Apostel‹ für den Rat ein ›Gedächtnisbild‹ (vgl. Dürers Widmungsschreiben) an das Religionsgespräch sein sollten.
53. Zu den Entscheidungen des Rates in der Folge des Religionsgespräches vgl. in der Einleitung zur ›Handlung‹ o. S. 511f.
54. Vgl. o. S. 460–463, Nr 39.
55. Zur Anordnung und Analyse der ›Zwölf Artikel‹ vgl. o. S. 454–457.
56. Aus der Niederschrift Georg Klostermairs über das Nürnberger Religionsgespräch, *Pfeiffer*, Quellen, S. 105.
57. Vgl. die ›Handlung‹, o. S. 517–521.

wendigen Voraussetzung, der Offenbarung des Namens Gottes, ein. Damit Christus, der identisch ist mit dem Namen Gottes, in uns geboren werden kann, muß der fleischliche Mensch sterben. Und hier ist nun Gelegenheit, über das Werk des Gesetzes und über die Sünde zu sprechen. Die wesentlichen Themen, die Osiander am zweiten Sitzungstag vorgetragen hat, finden sich auch in der Rede wieder: Das Gesetz richtet Zorn an, es tötet und verdammt den Menschen[58].

Der dritte und vierte Artikel behandeln Gerechtigkeit und Evangelium. Osianders Ausführungen zum dritten Artikel während des Religionsgespräches kennen wir in der Form der Aufzeichnung Georg Ebners, des Protokollanten der Evangelischen, wie sie Osiander selbst in seine ›Beweisung‹[59] aufgenommen hat[60]. Die wesentlichen Gedanken darin sind: Es gibt nur eine Gerechtigkeit, die vor Gott gilt, nämlich Gott selbst (Jer 23,5; 1Kor 1,30). Ihn können wir durchs Wort fassen. Dieser Vorgang ist der Glaube. Die Folge des Glaubens ist die Einwohnung Christi, und die Früchte schließlich sind die guten Werke. Genau die gleichen Gedanken – sogar dieselben zitierten Bibelstellen – finden sich in der Schlußrede wieder[61]. Hier hat sich Osiander nicht gescheut, die ihm offenbar entscheidend wichtigen theologischen Einsichten nochmals zu wiederholen.

Aus der ›Handlung‹ können wir entnehmen, daß Osiander zum vierten Artikel vom zweifachen Werk Christi geredet hat: dem Werk der Genugtuung und Versöhnung einerseits und dem der Rechtfertigung, die durch die Einwohnung Realität wird, andererseits[62]. In der Rede finden wir dieselbe – von ihm zeitlebens festgehaltene[63] – Unterscheidung wieder[64]. Im Zusammenhang damit werden die beiden Zeichen, Taufe als Eingliederung in Christi Tod und Abendmahl als Vergewisserung seiner Einwohnung, angesprochen, wie ja auch in den Artikeln fünf bis sieben die Sakramente zur Debatte stehen und demzufolge auf dem Religionsgespräch im selben Sinn wie in der Rede im Verlauf der dritten und vierten Session behandelt wurden.

Auf den Inhalt des achten Artikels (»was die rechten frucht und gute werk sein«) war Osiander schon vorher eingegangen[65], und so konnte er an diesem Punkt seiner Rede seine theologischen Grundgedanken abschließen: »Das ist der wege zu der gerechtikait Gottes und zu seinem raich, welche uns Christus vor allen andern dingen zu suchen bevolhen hat«[66]. Auch in den ›Zwölf Artikeln‹ ist nach dem achten Punkt ein deutlicher Einschnitt zu erkennen, insofern nun nach der Darlegung der wichtigsten ›Glaubensartikel‹ das öffentliche Leben des Christen und vor allem sein Verhältnis zur Obrigkeit ins Auge gefaßt werden. In der Rede

---

58. Vgl. u. S. 557f.
59. vom Jahr 1552; *Seebaß*, Bibliographie, S. 173, Nr 62.
60. gedruckt bei *Pfeiffer*, Quellen, S. 150–152.
61. Vgl. vor allem u. S. 561.
62. Vgl. o. S. 524.
63. Vgl. zB die Schrift ›Vom einigen Mittler‹, 1551, *Seebaß*, Bibliographie, S. 165, Nr 56.
64. Vgl. u. S. 561f.
65. Vgl. die in Anm. 61 genannten Passagen.
66. u. S. 562.

stellt der Prediger eine systematische Verbindung zwischen diesen beiden Blöcken her: Beide Male geht es nämlich um das Wort Gottes, einmal um das Wirken des in Gesetz und Evangelium geteilten Wortes an und im Menschen, das andere Mal um die Predigt dieses Wortes und die Reaktion der Betroffenen. Die Predigt entlarvt die Gegner des Gotteswortes, ruft deren Widerspruch und Widerstand hervor, woraus wiederum alle gegenwärtigen Unruhen entspringen. In der Tat behauptet also Osiander, »das ursach aller aufrur ire, des widerparts, wer und nit der evangelischen prediger«[67]. Und nun ist auch das Stichwort gefallen, das die Rede zu den Aufgaben einer »getreuen und christenlichen oberkait« überleitet, die in dieser Lage »fride und undtertthenikait« erhalten muß. Wie Osiander hierbei die Akzente setzt, wurde schon gesagt. Inhaltlich ist dieser große Teil der Rede eine Ausbreitung der Hauptthesen, die er schon während des ›Gesprächs‹ zu den Artikeln neun und zehn vorgetragen hat: Er unterscheidet Gottes Gebote, Verbote und das, was er ›freigelassen‹ hat. Wer in diesem Bereich der christlichen Freiheit Gebote aufrichtet mit dem Anspruch, ihre Erfüllung sei notwendig zur Seligkeit, der treibt Abgötterei und dem muß man widerstehen. Eine Trennung von weltlichem und geistlichem Reich wird vollzogen, und der Gehorsam gegen die weltliche Obrigkeit – sofern sie nicht gegen Gottes Gebote handelt – wird verpflichtend gemacht.

Die Materie des elften Artikels (»was ergernus und wie si zu meiden«) wird von Osiander nicht mehr ausdrücklich thematisiert, ist doch die ganze zweite Hälfte seiner Rede eine Konstatierung des schon auf der letzten Sitzung von ihm angesprochenen Konfliktfalles: Wenn nur die Wahl bleibt, im Glauben oder in der Liebe zu fehlen, »so muß man die ergernus der lieb faren lassen und den glauben erretten«[68]. Dieser Fall ist ›hic et nunc‹ gegeben, und deswegen soll der Rat das Nötige tun, den Glauben zu retten. Osiander rät zu zwei konkreten Maßnahmen: Die Obrigkeit soll die Berufung der Prediger in die Hand nehmen und die Kirchengüter verwalten.

Von den während des Religionsgespräches kontroversen Themen wurde nur eines in der großen Schlußrede nicht mehr angesprochen: die Frage nach der Eheschließung der Geistlichen und der Wiederverheiratung von Geschiedenen. Es ist leicht erklärlich, daß Osiander diesen Punkt nicht mehr aufgegriffen hat, denn er eignet sich wenig für eine Grundsatzerklärung und hätte nur von der allgemeinen Stoßrichtung der Rede, nämlich dem Rat die Notwendigkeit zum Eingreifen vor Augen zu halten, abgelenkt.

Man wird nach diesem vergleichenden Überblick dem Gewährsmann der ›Handlung‹ recht geben, daß Osiander in seiner Rede »antwort ... auf ainen yetzlichen artikel in sonderhait. Was fast gleych den vorigen«[69]. So darf unsere Vermutung hinsichtlich der historischen Einordnung des Osiandertextes einen hohen Grad von Wahrscheinlichkeit für sich in Anspruch nehmen. Jedenfalls

---

67. ›Handlung‹, o. S. 539.
68. ›Handlung‹, o. S. 534.
69. ›Handlung‹, o. S. 539.

findet sich keine Situation innerhalb der in Frage kommenden Zeitspanne, die die vorliegende Schrift in gleicher Weise erhellen könnte wie die Schlußsitzung des Religionsgespräches. Damit dürfte der Hauptteil der bisher unbekannten Schlußrede identifiziert sein.

Text

[a][20v:] »Was hulf es den menschen«, spricht die ewig weißhait, Christus, unser hayland, »so er gleich die gantzen wellt gewunne und neme doch schaden an seiner sele? Oder was kan der mensch geben, damit er sein sele erloß? Dann es wurdt[1] ye geschehen, das deß menschen son komme in der herlikait seines vatters mit seinen engeln, und alßdann wurdet er vergellten ainem yeden nach seinen wercken«[2]. Dhweil wir dann allzumal[3], groß und klain, reich und arm, herrn und knecht, dises obersten gerechten richters mussen warten[4] und dabey auß seinen worten klärlich lernen, das die zeitlichen reich, ere und guttere nit allain der verderbenden sele[5] nicht mögen helfen, sonder auch zu mer maln hyndern und schaden, wie das der Herr auch sagt: «Es ist leichter, das ain camel durch ain nadel gee, dann das ain reicher in das reich Gottes komm«[6], sollten wir ye billich[7] die »haylsamen wort«[8] und getreuen lere Christi vleissig zu hertzen genommen und starck gefasst[9] haben, do er uns so hertzlich leret, tröstet und spricht: »Ir sollt nit sorgen und sagen: ›Was werden wir essen und was werden wir trincken und womit werden wir uns klaiden?‹ Nach sollchem allem trachten die haiden.

a) [f.20r: Von Spengler als Inhaltsverzeichnis vorangestellt:]
Wie wir gerechtvertigt und mit Got verainigt werden.
Wie Christus ain mittler zwischen Got und den menschen sei.
Das yedermann, furnemlich aber die oberkait, Gottes wort zu hallten schuldig sey.
Auss was grund und ursachen die auffrurn, deren man felschlich dem wort Gottes die schuld gibt, entstanden sein.
Das nyemand fruchtbarlich Gottes wort handeln mög, er sey dann darzu beruffen und erwelet.
Das in Gottes wort ettlich ding geboten, ettliche aber verpotten seyen. Und das darinnen nyemand enderung zu thun macht hab.
Das auch ettliche ding frey gelassen sein und wie sich die oberkait und undterthanen, sovil es Gottes und der wellt reich antrifft, darinnen hallten sollen.
Was es fur grosse sünde und schaden gebere, wo man solche christenliche freyhait nit recht hallt und leere.
Wie die auffrurn verhütet sollten werden.
Alls kurtzlich und nützlich angezaigt. Darumb will es mit fleiß gelesen sein.
Andreas Oseander.

1. wurdt = wurdet = wird.
2. Mt 16,26f.
3. denn allesamt.
4. 2Kor 5,10.
5. Seele, die ins Verderben gerät.
6. Mt 19,24.
7. angemessenerweise.
8. 2Tim 1,13.
9. aufgenommen, uns angeeignet.

Dann euer himlischer vatter waiß, das ir deß alles bedörft. Trachtet amm ersten nach dem reich Gottes und nach seiner gerechtikait, so wurdet euch solchs alles zugelegt werden.«[10]

So wir aber nach Gottes reich und seiner gerechtikait wöllen trachten und den wege, wie wir das mögen erlangen, in Gottes wort vleissig fassen und ersuchen, werden wir vil ain andere maynung, dann sich die menschlich vernunft versicht[11] und die weißhait diser wellt leret, erfinden[12]. Dann bißhere haben wir ain lange zeit gemainet und geleret, es lig alles an unsern krefften, gerechtikait und verdiensten, so doch der heilig konig und prophet David nicht an einem ort[13] klagt und spricht: »Sie sein allzumal abgetretten und unnutz worden, ist kainer, der guts thue, auch nit ainer«[14]. Christus aber, der das wort und die weißhait deß vaters ist, verwirft unser thorhait und vermessenhait mit wenig worten und spricht: »Niemand fert gein hymel, dann der von [21r:] hymel ernider kommen ist, deß menschen son, der imm himel ist«[15]. Mit welchen worten er nichts anders anzaigt, dann es hillft weder das oder[16] das werck, das flaisch und plut auß aignen krefften vermag[17]. Dann »flaischlich gesynnet sein, ist der todt«[18] und ain »veindtschafft gegen Got, seinem gesetz nit undterworfen, dann es vermags auch nicht«[19]. Darumb »die flaischlichen mögen Got nit gefallen«[20], sonder wir mussen in Christo sein und Christus in uns[21] oder wir werden sonst nymmermer in Gottes reich kommen. Welchs der Herr auch klärlich anzaigt Johann. 17 [11.20–23.26], do er fur seine junger bittet und spricht: »Heiliger Vatter, erhallt sie in deinem namen, die du mir geben hast, das sie ains seyen gleich wie wir etc. Ich bitt aber nit allain fur sie allain, sonder auch fur die, so durch ir wort an mich glauben werden, auff das sie alle ains seyen, gleichwie du, Vatter, in mir und ich in dir; das sie auch in uns ains seien, uff das die wellt glaub, du hast mich gesandt. Und ich hab inen geben die klarheit, die du mir geben hasst, das sie auch ains seien, gleichwie wir ains seyen und ich in inen und du in mir, auff das sie volkommen seien in ains und die wellt erkenne, das du mich gesandt habst und[b] habst sie geliebt, gleichwie du mich geliebt hast.« Und abermaln: »Ich hab inen deinen namen kundtgethan und will ine kundthun, uff das die lieb, damit du mich geliebt hasst,

b) folgt durchgestrichen: hast.

10. Mt 6,31–33.
11. eine ganz andere Meinung, als die menschliche Vernunft sich vorstellt.
12. entdecken.
13. an mehreren Stellen.
14. Ps 14,3; 53,4; vgl. Röm 3,10–12.
15. Joh 3,13.
16. noch.
17. zustande bringt; vgl. 1Kor 15,50.
18. Röm 8,6.
19. Röm 8,7.
20. Röm 8,8.
21. Joh 15,4ff. Die johanneischen Formeln »wir in ihm und er in uns« o.ä. sind Kernsätze der Theologie Osianders, sowohl in diesen frühen Jahren seiner theologischen Arbeit als auch später während des ›Osiandrischen Streites‹.

sey in inen und ich in ine«. Auß disen worten allen wurdt uns ye klarlich angezaigt, das wir alle in Christo und Christus in uns sein und undtereinander und mit Christo ains werden mussen, gleichwie er mit dem Vatter ains ist, oder wir werden undter dem zorn Gottes bleiben ewigklich. Dann wir sind alle »kynder deß zorns von natur«[22], haben »alle gesundigt und mangeln deß preys Gottes«[23]. Darumb wendet auch Got der vatter sein lieb, damit er Christum liebt, nicht auff uns, es sey dann Christus in uns und wir in ime, allso das er ytzo nicht uns, sonder Christum in uns lieb hab und wir derselben liebe nicht weiter geniessen, dann soverrn wir Christo anhangen, in ime pleiben und ain gaist [21v:] mit ime seyen, »dann wer Got anhanget, der wurdt ain gaist mit ime«[24].

[c]So wir nun gefunden haben, das nyemandt gein himel fert dann Christus und die in Christo sein und er in ine, wollen wir nit undterlassen zu erforschen, wie wir solchs erlangen, das wir mit Christo verainigt werden. Das aber zaigt uns der Herr selbs mit kurtzen worten und spricht: »Vatter, ich hab inen deinen namen offenwart, auff das die liebe, damit du mich geliebt hasst, in inen sey und ich in ine«[25]. So nun Christus und die liebe deß Vaters nicht in uns ist, es werd uns dann der name deß Vaters geoffenwaret, sollen wir mit allem vleiß und ernst den namen Gottes erforschen, und ehe wir das thun, ist billich, das wir vor[26] bedencken, wie gar wir nit mit kainen unsern krefften[27] oder wercken das mögen erlangen. Dann was thun doch alle unsere krefft oder alle unsere werck darzu, das uns Gottes namen geoffenwart und bekanndt werd? Ists nit Gottes gab und gnad allain?

[d]Gottes namen[28] aber sollen wir gar nit versteen wie aines menschen namen, der Petrus oder Paulus haist, dann diser art hat Got gar kainen namen, sonder sein name ist sein götlich wort, nemlich das heilig euangelion, durch welchs er in der wellt ain guten namen, ein gut geruchd[29], ain gut lob bey den menschen hat alls der, so gnedig und parmhertzig gewest und uns dermassen geliebt, das er »seins ainigen sons nit verschonet, sonder ine fur uns alle dargeben« hat[30]. Und das ist der name, von dem die gespons[31] imm Hohenliede Solomonis singt: »Dein name ist ain außgeschutte salben, darumb lieben dich die meyde«[32]. Dann wo

---

c) Wie wir zu Gottes gerechtikait kommen und mit ime verainigt werden: Sp. – d) Gottes namen: Sp.

22. Eph 2,3b.
23. Röm 3,23.
24. 1Kor 6,17.
25. Joh 17,26.
26. vorher.
27. wie wir in keiner Weise mit unseren Kräften.
28. Der Name Gottes ist für Osiander in der Aufnahme von Gedanken Reuchlins nichts anderes als Gott selbst, soweit er sich den Menschen offenbart (= Wort Gottes = Jesus Christus), vgl. *Hirsch,* Theologie, S. 27–40.
29. Gerücht, Leumund.
30. Röm 8,32.
31. Braut.
32. Mädchen; Hhld 1,3.

dises wort geprediget wurdt, do wurdt auch die liebe gegen Got erweckt. Die liebe aber allain erfullet das gesetz³³ Gottes. Darumb spricht Paulus ad Rom. 3 [31]: »Wir nemen das gesetz nicht hinweck durch den glauben, sonder wir richten es erst auff«. Dhweil aber das euangelion die liebe anrichtet³⁴ und die liebe den
5 willen Gottes zu thun berait ist, muß man nit allain das euangelion predigen, auff das man liebe, sonder auch das gesetz hörn, auff das die liebe, die nicht feyern kan, wisse, was sie thun soll³⁵. Dann es taug gar nicht, das der mensch thue, was ine recht bedunckt, [22r:] sonder er muß durch Gottes wort gewis sein, das es recht sei und Got gefall, was er thue, dann »was nit auß dem glauben geet, das
10 ist sund«³⁶. Und alßdann wurdt der name Gottes volkomenlich eröffent, wann man nit allain von ime höret, was er uns guts durch Christum gethan hab und noch thun will, sonder auch, was er von uns begere, das ime wolgefall und wir zu thun schuldig sein.

ᵉDas alles ist dann der ewig ratschlag, die ewig weißhait, der name und das
15 wort Gottes, das imm anfang bey Got war und Got selbs ist³⁷ und ist mensch worden und hat gewonet undter uns³⁸ umb kainer andern ursach willen, dann das wir höreten, sehen, erlernten, annemen, glaubten, mit ime verainiget wurden und also ewig lebten. Dann »das ist das ewig leben«, spricht der Herr, »das sie dich, ainigen waren Gott, und den du gesandt hast, Jesum Christum, erkennen«³⁹.
20 »Got hat aber nyemandt gesehen, sonder der aingeborn Son, der da ist in derᶠ schoß deß Vatters, der hat uns verkundigt«⁴⁰. Darumb muß man den Vatter allain durch das wort, das der Son verkundigt, erkennen. Was ist aber das, das er uns verkundigt? Nichts anders dann eben er selbs, der es verkundigt. Dann er spricht Joh. amm [8,25]ᵍ, do ine die Juden gefragt hetten: »Wer bisst du?«: »Ich bin
25 eben, das ich mit euch rede«. So nun Christus offenwart den namen deß Vatters und ist eben das wort, das er redet, und wir das wort durch den glauben fassen und Got darin erkennen, so volgt, das Christus in uns ist und wir das ewig leben haben. Das ists, das er an ainem andern ort spricht: »Wer in mich glaubt, wann er schon todt were, so lebt er«⁴¹ »und kompt nicht in das gericht, sonder ist schon
30 von dem tod in das leben hindurchdrungen«⁴². Dann wer an ine glaubt, der liebt ine und behellt seine wort. Wer aber seine wort behellt, den wurdt sein vatter

---

e) Gottes wort, was es sei: Sp. – f) folgt durchgestrichen: schl. – g) Lücke im Text.

33. Röm 13,10.
34. hervorbringt.
35. Dieser Gedanke, daß das Gesetz für die Gläubigen, in denen schon die Liebe geweckt ist, zum Wegweiser wird, der der Liebe zeigt, wie sie im Einklang mit Gottes Willen tätig werden kann, wird von Luther erst während des zweiten ›antinomistischen Streites‹ betont (1537ff; die einschlägigen Schriften in WA 39,1).
36. Röm 14,23.
37. Joh 1,2.
38. Joh 1,14.
39. Joh 17,3.
40. Joh 1,18.
41. Joh 11,25.
42. Joh 5,24; 3,18.

auch lieben. »Und wir werden (spricht er) zu ime kommen und wonung bey ime machen.«⁴³ Das ists auch, das er spricht: »Welcher mein flaisch isset und mein plut trinckt, der bleibt in mir und ich in ime«⁴⁴. Dann sein flaisch essen allain seligklich⁴⁵, die do glauben, das er fur sie dargeben sei, und sein plut trincken allain die nutzlich⁴⁶, die do glauben, das es zur vergebung irer sund vergossen sey. Die das aber nit glauben, essen und trincken inen das zum gericht⁴⁷. Das ists auch, das er spricht: »Willt du eingeen in das leben, so hallt die gepott«⁴⁸. Dann die [22v:] gepott werden nit erfullt dann durch die^h liebe. »Got aber ist die liebe, und wer in der lieb bleibt, der bleibt in Got und Got in ime«⁴⁹. Wo man aber Gottes wort höret, glaubt und behellt, do kompt der Vatter und der Sone und machen wonung daselbst⁵⁰. Wo dann der Vatter und der Son ist, do ist auch der heilig Gaist, der vom Vatter außgeet⁵¹. Wo der heilig Gaist ist, do geusst er die liebe in unsere hertzen⁵², die Got selbs ist⁵³. Dieselbig liebe ist die erfullung deß gesetz⁵⁴ und furet uns in das ewig leben⁵⁵.

Allso, wo Gottes wort gepredigt wurdt, do wurdet Gottes namen geoffenwart. Wem Gottes namen geoffenwart wurdet, in dem ist Christus und die liebe deß Vatters. Er erkenndt Got den vatter und den er gesandt hat, Jesum Christum⁵⁶, und hat das ewig leben. Er glaubt in Christum und kompt nit in das gericht⁵⁷. Er isst sein flaisch und trinckt sein plut und bleibt in Christo und Christus in ime. Er hellt und erfullt die gepott und geet in das ewig leben⁵⁸. Das alles vermag der glaub an den namen Gottes, wie Joh. amm 1. [12] sagt: »Alle, die ine haben angenommen, hat er gewallt geben, Gottes kynder zu werden, denen, die do glauben an seinen namen«. Von welchem auch Jeremias amm 23. [5f] sagt: »Sihe, es kommen die tag, spricht der Herr, das ich wurd auffwecken dem David ain zweig⁵⁹

---

h) folgt durchgestrichen: gepott.

43. Joh 14,23.
44. Joh 6,56.
45. zu ihrer Seligkeit.
46. zu ihrem Nutzen.
47. 1Kor 11,29. Osiander setzt – wie Luther – beim Abendmahl die Realpräsenz samt manducatio oralis et impiorum voraus und macht den ›Effekt‹ des Sakramentes (zum Heil oder zum Gericht) abhängig vom Glauben des Kommunizierenden. Allein die manducatio spiritualis, dh der Glaube, bewirkt für Osiander die in Joh 6,56 genannte Einswerdung mit Christus.
48. Mt 19,17.
49. 1Joh 4,16.
50. Joh 14,23.
51. Joh 15,26.
52. Röm 5,5.
53. 1Joh 4,16.
54. Röm 13,10.
55. In diesen letzten vier Sätzen gibt Osiander eine Zusammenfassung des Heilsweges unter Absehung von der tötenden Funktion des Gesetzes.
56. Joh 17,3.
57. Joh 5,24.
58. Joh 6,56.
59. Sproß, Nachkommen (צמח).

der gerechtikait, und wurdt ain konig regirn und recht und frommkait⁶⁰ anrichten auff erden. Und das ist der name, den man von ime wurdt außruffen: Got ist unser gerechtikait.« Welchs alles der heilig Paulus in der ersten⁶¹ zu den Corinth. amm 1. [30] noch klerer anzaigt und spricht, Christus sey »uns gemacht von Got zur weißhait und zur gerechtikait und zur heiligung und zur erlösung«. Dann so wir an ine glauben und er in uns wonet, mögen wir mit Paulo sagen: »Ich lebe, lebe aber nicht ich, sonder Christus lebt in mir«⁶².

Dhweil wir aber amm anfang gesagt haben⁶³, menschlich vernunft und weltliche weißhait erkennen und leren disen wege⁶⁴ nit, und das⁶⁵ Paulus auch bezeugt und spricht: »Ein naturlicher⁶⁶ mensch vernimpt nichts vom gaist Gottes, es ist ime ain [23r:] thorhait und kan es nicht erkennen, dann es muß gaistlicherweise gericht sein«⁶⁷, sonder setzt seinen trosst auff sich selbs und seine gerechtikait, darumb er auch sich selbs liebt und das sein in allen dingen sucht⁶⁸, welches der flaischlich synn ist, der Gottes gaist nit kan undterthan sein⁶⁹, so mussen wir auch wissen, das derselbig flaischlich syn, ja der gantz flaischlich mensch muß sterben, auff das Christus in uns geporn werd. Das geschicht durchs gesetz, welchs Paulus ein ampt deß tods nennt⁷⁰, und durch das creutz⁷¹, das den tod wurckt. Dann das gesetz zaigt an, was Got von uns begere, nemlich die liebe, die Got selbs ist. So wir dann sehen, das es in unsern krefften und vermögen niti steet⁷², so fellt und stirbt das falsch vertrauen, das wir auff uns selbs und unser gerechtikait gehabt haben.

ᵏWeiter: So wir das gesetz auß aigen krefften nit vermögen zu hallten, zaigt uns das gesetz die straff und den fluch⁷³, die wir darumb zu warten⁷⁴ haben. Da fellt dann und stirbt auch die liebe, die wir zu uns selbs haben, dann wir finden, das nichts guts an uns ist⁷⁵ und wir selbs unsers verderbens ain ursach sein. Das

i) folgt durchgestrichen: ist. – k) Das gesetz mag auß menschlichen krefften nit gehallten werden: Sp.

60. gerechte, geordnete Zustände.
61. ergänze: Epistel.
62. Gal 2,20.
63. Vgl. o. S. 553.
64. nämlich den Weg, der zur Gerechtigkeit Gottes, zur Einwohnung Christi führt.
65. dies.
66. Gegensatz von: geistlicher Mensch.
67. 1Kor 2,14.
68. Mit Luther (vgl. *Althaus,* Theologie, S. 131–133, und die dort angegebenen Stellen) sieht Osiander den ›natürlichen Menschen‹ gekennzeichnet durch die Selbstliebe. Er ist »incurvatus in se« (WA 56, S. 356,4).
69. Vgl. Röm 8,5–8.
70. 2Kor 3,6f.
71. Dazu vgl. u. S. 560.
72. Über die Differenzen zwischen dieser Ansicht Osianders und der herkömmlichen mittelalterlich-katholischen Lehre bezüglich der Erfüllbarkeit des Liebesgebotes vgl. auch Osianders Gutachten gegen Johannes Winzler, o. S. 59, Nr 2.
73. Dtn 27,26; Gal 3,10.
74. erwarten.   75. Röm 7,18.

wurckt das gesetz Moisi, nemlich das wir die sund erkennen, indem das[76] Got, unser gerechtikait, nit in uns ist[77], dann »aus dem gesetz kompt erkanndtnus der sund«, spricht Paulus[78]. Es macht aber nit fromm noch gerecht. Dann so wir gleich mit grosser muhe und arbeit die eusserlichen werck thun, die das gesetz ervordert, so ist doch die liebe Gottes, die das gesetz allain erfullt, nit da. Darumb Paulus spricht: »Auß den wercken deß gesetz wurdt nicht rechtvertig alles flaisch«[79]. Daraus volgt dann, das wir den gerechten zorn Gottes uber uns auch erkennen und förchten, dagegen gern wollten, das Got aintweder ain leichter gesetz gebe oder aber nit so ernstlich straffet, haben allso ain mißfallen ab[80] der gerechtikait Gottes und zurnen widerumb mit ime wie er mit uns. Allso das wir durch das gesetz Mosi nit allain zu der liebe, die es vordert, nit mogen kommen, sonder, ye lenger ye mer, zu der liebe nur ungeschickter und kellter werden, dann »das gesetz richtet zorn an«[81]. Allso bricht und tödtet es das falsch vertrauen [23v:] und die falschen liebe auff sich selbs und lässt uns dannocht[82] kain rue, sonder schreckt und treibt mit der straff fur und fur, bis wir uns gar[83] ergeben auch in den leiblichen todt[84], allain, das uns auß diser not geholfen und durch Christum gnad erzaigt werde[85]. Darumb spricht Paulus: »Das gesetz ist unser zuchtmaister gewest auff Christum, das wir durch den glauben rechtvertig werden«[86].

Wann wir dann allso durch das gesetz die sunde erkanndt haben und der hilf und gnaden begirig sein worden, so kompt dann Christus, der ain mittler ist deß neuen testaments[87], und nimpt sich unser an, tritt zwischen Gottes zorn und unser sünde, auff das er baide, deß zorns und der sunde, ain ende mach[88] und uns von dem ewigen tod errette.

^l Den zorn Gottes hat er allso gestillet: Er hat alle unser sund und schulden auff

l) Wie uns Christus mit Got versünet hat: Sp.

76. weil.
77. Sünde kann also beschrieben werden als die fehlende Einwohnung Gottes.
78. Röm 3,20.
79. Gal 2,16; Röm 3,20.
80. ob, über; hier: an.
81. Röm 4,15. Die zitierte Bibelstelle denkt daran, daß das Gesetz infolge der durch es initiierten Übertretungen den Zorn Gottes über die Menschen erregt. Bei Osiander bekommt der Satz zusätzlich den Sinn, daß das Gesetz im Menschen Zorn gegen Gott erweckt, vgl. auch im ›Ratschlag‹ o. S. 338, dazu *Hirsch,* Theologie, S. 91 und 93; *Schmidt - Schornbaum,* Fränkische Bekenntnisse, S. 83f.
82. auch dann noch.
83. schließlich sogar.
84. Osiander meint, daß das Gesetz so sehr alles Selbstvertrauen und jede Selbstliebe des Menschen zerstört, daß er sogar bereit ist, ja sich sogar danach sehnt zu sterben. Mit dem Selbstvertrauen und der Selbstliebe stirbt der ›alte Adam‹. Vgl. auch im ›Ratschlag‹, o. S. 339.
85. Vgl. Röm 7,24.25a.
86. Gal 3,24.   87. Hebr 9,15; 12,24; 8,6.
88. Aus dem Folgenden wird klar, daß Christus den Zorn Gottes durch das Aufsichnehmen von Menschenschuld und Strafe getilgt hat und daß er die Sünde durch seine Einwohnung im Glaubenden besiegt.

sich geladen und Gottes zorn, den wir damit erweckt, und die straff, die wir damit hetten verdient, fur uns getragen[89]. Wie der prophet Esaias amm 53. [6] spricht: »Wir alle haben geirrt wie die schaff, ain yeder hat sich auff seinen wege gekeret. Aber der Herr hat auf sie[!][90] geleget unser aller sunde.« Und abermal: »Er ist verwundet umb unser sunde und zerknischt[91] umb unser lasster willen«[92]. Und abermaln: »Er hat viler sunde getragen und fur die ubertretter gepetten«[93]. Und 1. Joh. amm 2. cap. [1f]: »Ob[94] yemandt sundigt, so haben wir ain fursprechen, Jesum Christum, der gerecht ist. Und derselb ist die versönung fur unsere sunde nit allain aber fur die unsern, sonder auch fur der gantzen wellt.« Und zu den Ebreern amm 10. [14]: »Mit ainem opfer hat er in ewikait vollendet die geheiligten«. Das er den zorn und die straff Gottes auff sich genomen und fur uns getragen hab, deß haben wir ain gewis zaichen in dem, das er an das creutz gehenckt, gestorben und begraben ist worden. Das aber baide, der zorn und die straff, auffgehoret und ain ende haben, deß haben wir ain gewise urkund in dem, das er ist aufferstanden von den todten und sitzt zu der gerechten Gottes[95]. [24r:] Darumb spricht der heilig Paulus zu den Rom. 4 [25]: »Christus ist umb unser sund willen dahingeben und umb unser gerechtikait wider aufferweckt«. Allso hat uns Christus mit Got versönet, das er uns die sunde verzeihet, wie dann die puß und vergebung der sund gepredigt wurdt in dem namen Christi undter alle völcker[96].

m Es ist aber nit gnug, das uns die sund von Got verzigen[97] und die straff nach-

m) Wie Christus die sunde in uns zerpricht: Sp.

89. Das Erlösungswerk Christi und damit auch seine irdische Existenz erscheinen bei Osiander ganz unter dem Aspekt des stellvertretenden Tragens der von den Menschen verursachten Sündenstrafe und des Zornes Gottes. Im Bereich der Satisfaktionslehre vertritt also Osiander die ›Straftheorie‹ (zu dem Begriff vgl. LThK 9, Sp. 341f). Zur Satisfaktionslehre Osianders vgl. im ›Ratschlag‹ o. S. 340 und – ausführlicher – den ersten Teil der Schrift ›Vom einigen Mittler‹, Königsberg 1551 (Bl. A1–B1). Das stellvertretende Werk des irdischen Christus dient nach der in Königsberg vorgetragenen Anschauung Osianders wohl zu unserer Erlösung, nicht aber zu unserer Rechtfertigung (›Vom einigen Mittler‹, Bl. B2a). In unserer Rede ist diese Unterscheidung de facto auch schon getroffen, wenn im nächsten Abschnitt das Handeln Christi mit dem Vater, das uns die Erlösung vom Zorn Gottes gebracht hat, unterschieden wird vom Handeln Christi mit dem Menschen, das in ihm die Sünde bricht und die Gerechtigkeit pflanzt, also die Rechtfertigung vollzieht.

90. muß heißen: »auf ihn«; vgl. den Text bei Jes.
91. zermalmt.
92. Jes 53,5.
93. Jes 53,12.
94. wenn; für den Fall, daß.
95. Die Zuordnung von vergewissernden Zeichen zu den Werken Christi sieht schematisiert folgendermaßen aus (vgl. auch die folgenden Abschnitte):

a) Christi Werk Übernahme des Zornes und der Strafe Gottes: Kreuz
   mit dem Vater: Beseitigung der Strafe und des Zornes Gottes: Auferstehung
b) Christi Werk Zerbrechen der Sünde im Menschen (Gesetz): Taufe
   mit dem Menschen: Pflanzen der Gerechtigkeit im Menschen (Evangelium): Abendmahl

Es zeigt sich hier wie vielerorts die Vorliebe Osianders für Zuordnungen und Systematisierungen.

96. Lk 24,47.   97. verziehen.

gelassen ist, dhweil[98] wir dannocht sunder pleiben[99]. Sonder es muß sich Christus zu uns auch wenden; und wie er mit dem Vatter gehandelt hat, das er den zorn laß fallen, allso muß er auch mit uns handeln, das wir der sunden absteen[100], dann allso ist er ain rechter mittler zwischen Got und den menschen[101]. Das thut und vollendet er aber in zwaien wercken: Er bricht und vertilgt die sund in uns und pflantzt dagegen die gerechtikait in uns.

Die sund zerpricht er allso: Er lesst uns durch sein gesetz die sund und ir straff offenwaren[102], damit wir sie erkennen und ir veinde werden, wie oben angezaigt[103]. Und so wir dann der sunde sind veind worden, legt er uns das creutz und den tod[104] auff, durch welche er die sunde in uns gar zerpricht, dann »wer gestorben ist, der ist gerechtvertigt von sunden«, spricht Paulus zu den Rom. amm 6. [7].

n)Das thut aber nit ain yedes creutz oder todt. Dann es haben die gotlosen auch ir kreutz und iren todt, es hilfft sie aber nit. Sonder es muß ain heilig creutz und ain heiliger tod sein, wie das creutz und der tod Christi ist. Darzu mussen wir wissen, das es ain artznei und nicht ain straff sei, wir wurdens sonst ungern leiden und darin verzweifeln.

o)Wer nun glaubet, das ime die straff der sunden durch das leiden Christi nachgelassen sei und wollt ytzo der sund auch gern ledig werden, der bewillig[105] nur undter das creutz und in den tod und laß sich tauffen[106], dann durch die tauff werden wir in den tod Christi begraben[107], das ist, daselbst wurdt uns mit der

n) Welchs Christus creutz sey: Sp. – o) Signum baptismi: Sp.

98. solange.
99. Vgl. im ›Ratschlag‹ o. S. 340.
100. von den Sünden ablassen.
101. 1 Tim 2,5.
102. Röm 3,20.
103. Vgl. o. S. 537f. Daß wir durchs Gesetz ›der Sünde feind‹ werden, wurde bisher von Osiander nicht ausdrücklich gesagt, denn in dem obigen Abschnitt wurde als Effekt des Gesetzes in erster Linie die Furcht vor der zu gewärtigenden Strafe, der Zorn gegen Gott und schließlich die Abtötung der Selbstliebe genannt. In dem Erkennen der Sünde liegt aber im Sinne Osianders wohl das ›der Sünde feind werden‹ beschlossen.

Schmidt will bei Osiander zweierlei Wirken des Gesetzes unterscheiden: das »Wirken des Gesetzes außer Christo«, das Gesetz des Zornes, das nur tötet, und »das Gesetz in Christo«, das »die Gewißheit des neuen Lebens in sich hat« (*Schmidt – Schornbaum*, Fränkische Bekenntnisse, S. 83–86). Eine solche Unterscheidung trifft kaum die Intention Osianders. Auch das tötende Wirken des Gesetzes ist Werk Christi!

104. Zur Erläuterung kann der entsprechende Abschnitt im ›Ratschlag‹ dienen. Dort heißt es (o. S. 342f): »Wir seind diesem sundlichen leben so feind, das wir zu sterben bewilligen. Wer aber in tod bewilligt, der ist wol halber schon tod ... Wo nun ein solch gemuet bey der tauff ist, da ist on zweyfel auch ein guter theyl der fleischlichen begird schon gestorben«. In mehrfacher Hinsicht ist also diese Situation des Menschen als Tod zu begreifen: 1. als leiblicher Tod, in den der Mensch sich schickt, 2. als Abtötung der »fleischlichen begird«, des ›alten Adam‹, 3. als Teilhabe an Kreuz und Tod Christi (vgl. die folgenden Sätze).

105. willige ein, füge sich.
106. Osiander abstrahiert in seiner theologischen Darlegung zur Taufe völlig von der kirchlichen Praxis der Kindertaufe.
107. Röm 6,4a.

thatt zugesagt, das unser leben und tod, wie uns das Got [24v:] zuschicken wurdet, dem leiden und tod Christi gleich und ainer natur sey. Daraus dann volgt, das wir imm tod nit pleiben, sonder wie Christus erstanden ist zum ewigen leben, allso werden auch wir widerumb ersteen[108].

⁵ pDie gerechtikait pflantzt er in uns allso: Er lässt uns verkundigen das heilig euangelion, in dem uns angezaigt wurdt, was er fur uns gelitten und wie er uns von sund, tod und helle erledigt[109] hab; wer das glaub, der werd selig[110]. Nun haben wir da oben kurtzlich und klärlich gehört[111], das Gottes wort Got selbs, Christus, unser herr sei; und wem das durch ain rechten glauben geoffenwart
¹⁰ werd, in dem sey Got selbs, der unser gerechtikait ist. Dann Got ist die liebe[112], die liebe aber erfullt das gesetz[113].

Damit kurtzlich angezaigt ist, wie der glaub an das wort Gottes die sunder rechtvertigt[114] und die liebe, daraus alle gute werck herfliessen, in dem hertzen anrichtet. Welcher nun gern wollt gerecht sein, der glaube, das Christus seinen
¹⁵ leib fur ine hab geben und sein plut zur vergebung seiner sunde vergossen[115]. Dann wer das glaubt, der hat das wort, das Got selbs ist[116], nemlich Christus der herr, in seinem hertzen. Und damit nyemand ursach hab zu zweifeln, hat er uns sein flaisch zur speis und sein plut zum tranck geben, auff das wir ja sehen, das er in uns und wir in ime sein werden[117].

p) Wie Got gerechtikait in uns pflantzt: Sp.

108. Röm 6,4b. Die Taufe ist zwar das ›Sakrament des Todes‹, weil sie durch ihren Vollzug das tötende Werk des Gesetzes bezeichnet (vgl. im ›Ratschlag‹, o. S. 342) und weil sie in den Tod Christi einverleibt; weil aber der Tod Christi untrennbar mit seiner Auferstehung zusammengehört, kann der in der Taufe ›Getötete‹ auch ein neues Leben erwarten. Dieses neue Leben beginnt mit der Taufe und wird mit der Auferstehung nach dem irdischen Tod zur Vollendung gebracht, ebenso wie auch das Absterben des alten Adam erst im leiblichen Tod besiegelt wird (›Ratschlag‹, o. S. 343); vgl. auch Luthers ›Sermon vom Sakrament der Taufe‹, 1519 (WA 2, S. 728,10ff,30ff).
   109. befreit.   110. Mk 16,16.
   111. Vgl. o. S. 555f.
   112. 1 Joh 4,16.
   113. Röm 13,10. Der Gläubige wird also nicht nur gerechtgesprochen (imputative Rechtfertigung), sondern er ist faktisch gerecht, weil ja in ihm Gott selbst das Gesetz erfüllt. Wenn man auf die scholastischen Begriffe zurückgreift, wird man sagen, daß bei Osiander die Rechtfertigung ›de condigno‹ erfolgt. Von einem ›meritum‹ des Menschen kann man allerdings nicht reden, weil ja Gott selbst es ist, der im Menschen die Werke der Gerechtigkeit tut (zu den Begriffen vgl. RGG 5, Sp. 828ff).
   114. weil er die Einwohnung Gottes vermittelt.
   115. Die Betonung muß in diesem Satz auf den Formeln »für ihn« und »zur Vergebung *seiner* Sünde« liegen, vgl. ›Vom einigen Mittler‹, Bl. D1b. Der Glaube hat für Osiander seinen Gegenstand nicht in der Vergangenheit, sondern in der dem Menschen verheissenen Zukunft, er »hab ein gnedigen Got und vater, von dem [er] das erbtheyl des ewigen lebens empfangen werd« (›Ratschlag‹, o. S. 345). Das Erlösungswerk Christi, das er »fur funfzehenhundert jaren« (›Vom einigen Mittler‹, Bl. B1b) vollbracht hat, ist notwendige Voraussetzung für die Zukunft.
   116. Joh 1,1.
   117. Joh 6,56. Zum Abendmahl vgl. im ›Ratschlag‹ o. S. 344f und das Gutachten Osianders über Greiffenberger, o. S. 277–282, Nr 23.

^q^Und daraus kan man leichtlich urtailen, warumb uns die tauff und das heilig sacrament deß altars von Christo geben sein und wo man recht davon lere oder nit.

Dise zway werck Christi, nemlich unser sunde hinwegknemen und gerechtikait an die statt pflantzen, geschehen nit an[118] einander, auch nit auff ainmal, sondern nemen fur und fur zu. Sovil wir durch das gesetz unser sund erkennen[119], sovil erkennen wir durch das euangelion die gerechtikait deß glaubens. Sovil wir die sunde hassen, sovil suchen wir die gerechtikait Gottes. ^r^Sovil durch leiden der allt mensch^r^ abstirbt, sovil wurdt durch den glauben Christus in uns geporn. Und das geet allso fur und fur in seinem [25r:] zunemen, wo es ainmal angefangen wurdet, bis das der flaischlich mensch durch den tod gar stirbt und der gaistlich oder neu mensch, der nach Got geschaffen ist, durch die auffersteeung gar volkommen und Christo gleich wurdt[120]. Davon sagt Joh. in seiner epistel amm 3. cap. [2] und spricht: »Meine lieben, wir sein nun Gottes kynder; und ist noch nit erschinen, was wir sein werden. Wir wissen aber, wann es erscheinen wurdt, das wir ime gleich sein werden; dann wir werden ine sehen, wie er ist.«

Das ist der wege zu der gerechtikait Gottes und zu seinem reich, welche uns Christus vor allen andern dingen zu suchen bevolhen hat[121].

^s^Weyl wir aber sehen, das es alles amm glauben gelegen ist, mussen wir ja Gottes wort vleissig hörn, dann Paulus zu den Rom. amm 10. [14ff] spricht: »Wie söllen sie glauben, von dem sie nichts gehört haben? Wie sollen sie aber hörn on prediger? Wie sollen sie aber predigen, wo sie nit gesandt werden? Dann es kompt ja der glaub auß dem predigen, das predigen aber aus dem wort Gottes.« »Wer aber nit glaubt, der ist schön[122] verurtailt.«[123] Darumb soll ain redlich christenmensch, so liebe im seiner sele hayl ist, Gottes wort vleissig hörn, ^t^zuvor[124] aber die, so gewalt haben uber ander leut und regirn söllen, dann dieselbigen mit viler menschen grossem schaden irren, wann sie Gottes wort nit wissen^t^. Darumb sie Got der herr so ernstlich vermanet durch den propheten David amm 2.^u^ ps. [10–12] und spricht: »So seyt nun klug, ir konig, und lasst euch zuchtigen, ir richter imm land. Dienet dem Herrn mit forcht und freuet euch mit zittern. Kusset den son^v^, das er nicht zurne und ir den wege verlieret; dann sein zorn wurdt bald anprinnen[125]. Aber wol allen den, die auff ine trauen.«

---

q) Warzu die sacrament nutz sein: Sp. – r–r) unterstrichen. – s) Das yederman Gottes wort zu hören schuldig sey: Sp. – t–t) unterstrichen. – u) folgt durchgestrichen: cap. – v) folgt durchgestrichen: mit zittern.

118. ohne.
119. Röm 3,20.
120. Vgl. im ›Ratschlag‹ o. S. 343.
121. Mt 6,33. Damit hat Osiander den ersten Teil der Rede, die systematische Darlegung des Heilsweges, abgeschlossen und geht nun über zu einer Betrachtung der Konsequenzen des bisher Gesagten für das Leben der Gemeinde.
122. schon.
123. Joh 3,18.
124. vor allem.
125. entbrennen.

Es möcht aber yemand fragen: Was oder wen soll ich hörn, dhweil solche zwitracht und widerwertikait[126] in dem predigen ist[127], das man muß auffrur und zertrennung[128] förchten aller ordnung? Darauff sag ich: Ist nit gut zu antworten, doch wöllen wir [25v:] kurtzlich sehen, was die ursach seien, das Gottes wort, das ain wort deß fridens und der liebe ist, auffrur und zwitracht verursacht, obs villeicht yemand zu hertzen nemen und sich darnach richten wollt, damit doch der sach ainmal geholfen und christenliche lere und lieb mit aller stille und undtertheni-kait widerumb gepflantzt wurd. Dann es kann ye nyemand widersprechen: Es[129] ist vil zu verrne abgetretten[130] von Gottes wort und ordnung der heiligen apostel, allso das nyemandt hoffen[w] kan – er sey dann unsynnig –, das es lenger besteen mag, sonder es will und muß reformirt sein, es sey dem teufel und der wellt gleich lieb oder laid[131].

[x]Die erst ursach ist, das Gottes wort allweg, wo es gepredigt wurdt, entdeckt[132] die betriegerei der falschen hirten[133], die undter dem schein deß wort Gottes und ires ampts nichts anders suchen dann gewallt und reichthumb[134] und warlich undter den schaffklaidern reissende wolf sein[135]. Dieselbigen widersprechen und widerfechten[136] das wort Gottes, schellten, fluchen und lestern, die es predigen, und erdichten allerlai lugen wider sie[137] und lassen gantz nichts unversucht, das zu vertilgung der warheit und deren, die sie predigen, möcht geraichen. Sölche veinde hat Christus gehabt, solche veinde haben auch die apostel und alle getreue lerer empfunden[138]. Darumb kan man hierin kain besondere hilf suchen, [y]man muß sich deß erwegen[139], das man sölche leut allweg werd haben, »deren Got ir pauch ist«, alls Paulus sagt[140], und umb ain stuck brots und handt vol gersten willen Got gegen[141] seinem volck verliegen[142], tödten die selen, die do leben, und sagen lebendig die selen, die do nicht leben, wie Ezechiel amm 13. [19] klagt. Die verfuren das arm volck und hetzen es wider die, so Gottes wort lauter und rain

w) eingewiesen vom linken Rand; im Text durchgestrichen: helfen. – x) Ursachen, auß denen die auffrurn erwachsen: Sp. – y–y) unterstrichen.

126. Gegensätzlichkeit.
127. Vgl. die Überschrift des ›Ratschlags‹, o. S. 319, Nr 25.
128. Auflösung.
129. nämlich Lehre und Leben der Christen.
130. hat sich viel zu weit entfernt.
131. Zu diesem Satz vgl. die Einleitung, o. S. 542.
132. aufdeckt.
133. Gemeint ist der katholische Klerus.
134. Ez 34,2ff.
135. Mt 7,15; Apg 20,29.
136. bekämpfen.
137. Womöglich redet hier Osiander als Betroffener, denn zeitlebens hat er Kritikern und auch Verleumdern Stoff geliefert, vgl. *Seebaß*, Osiander, S. 209ff.
138. erfahren, erlebt.
139. sich darauf gefaßt machen.
140. Phil 3,19.
141. gegenüber.
142. verleumden.

predigen, alls weren sie ketzer und machen alle unrue. Und kan ine nyemand weren, sonder man muß sie Got, irem richter, bevelhen, dann sölch christenlich oberkait, die es verstunde und inen mit gewallt, wie billich were, dhweil sonst nichtzit hilft, weret, dörfen wir in disen unsern zeiten noch nit hoffen[143].

[26r:] Die ander ursach ist, das ebendieselbigen, wann inen das wort Gottes zu starck wurdt, sich an die weltlichen öberkait hencken und erregen dieselben, wider Gottes wort mit dem schwert zu fechten. Dhweil dann die oberkait sonst gemainlich[144] dermassen regirt, das die undterthanen kain gefallen daran haben, lassen sie sich beduncken[145], sie haben fug[146] und ursach, ir oberkait zu verstossen[147], darumb, das sie inen das wort Gottes verpeut. Und daher ist der jamer und auffrur entstanden, die wir in disen tagen mit grossem schmertzen haben gesehen, und ist zu besorgen[148], es hab noch kain ende; dann weil man nit nachlässt, Gottes wort zu verpieten, und daneben das arm volck dermassen handelt[149], das sterben vil eerlicher und leidlicher[150] were, mag ain yeder verstendiger leicht ermessen, was das ende davon werden muß[151].

Die dritt ursach ist, das die armen leut, wo Gottes wort offenlich zu predigen allso verhindert und verpotten wurdt, verursacht und gezwungen werden, in haimlichen orten und winckeln zu suchen und zu hörn, dadurch sie selig zu werden verhoffen. Dann wer wollt nit alle weg und mittel suchen, damit er zu erkanndtnus der warhait komm und selig werd? Oder wer kan ine das fur ubel hallten, das sie wider irer herrn gepott hören und lesen, das zu Gottes ere und zu unser selikait dienet? Das ist aber ain recht spil fur den sathan. Der findet dann da ain nesst, da er alles ungluck anrichten kan.

^z Dann zum ersten: Dhweil es alles haimlich muß zugeen, haben die zuhörer nicht raum noch statt zu fragen, ob ir leere gerecht[152] oder ungerecht sei[153], sonder mussen annemen, was er ine sagt, und stillschweigen, das sie nicht in ungluck kommen. Zum andern, so konnen sie kainen ordenlich beruffen, dann sie haben deß weder fug noch recht. Wer aber on beruff[154] predigt, der predigt gewislich on Gottes hilf[155]. Do kan dann auch nichts guts auß werden. Zum dritten undter-

---

z) Allain die ordenlich berufften sollen Gottes wort predigen: Sp.

143. Vgl. dazu die Einleitung, o. S. 543.
144. im allgemeinen.
145. kommen sie auf den Gedanken.
146. Recht.
147. Vgl. dazu Luther, WA 11, S. 411,13–21 (›Daß ein christliche Versammlung Recht habe, alle Lehre zu urteilen‹, 1524).
148. es besteht Grund zur Besorgnis.
149. behandelt.
150. ehrenvoller und erträglicher.
151. Zur Deutung der Anspielung Osianders auf die Forchheimer Unruhen von 1524 vgl. die Einleitung, o. S. 544.
152. hier im Sinne von: richtig.
153. Vgl. Luther, WA 11, S. 401ff (›Daß ein christliche Versammlung‹, 1524).
154. Berufung.
155. Die ›ordentliche Berufung‹ als Voraussetzung für die öffentliche Predigt spielt bei Luther

steen sich solcher haimlichen predig allain die unglaubigen, gotlosen puben, die ettwo[156] ain spruch oder ettlich [26v:] auß der schrifft gefasst haben und doch nit versteen. Dann wann sie es verstunden und von hertzen glaubten, wurden sie nit haimlich in den winckeln, sonder offenwar vor aller wellt predigen, unangesehen, ob sie gleich tausentmal darob erwurgt wurden. Dhweil es aber gotlos puben sein, richten sie ir lere dahin, da sie der schuch druckt, nemlich, das sie nur deß kreutzes ledig werden[157] und faule, gute tag haben, das dann alles nur zur auffrur dienet und das wort Gottes vor der wellt zuschanden macht.

aWo nun ain getreue und christenliche oberkait were, die diser sachen gern wollt helfen, der wer meins bedunckens leichtlich zu raten, das sie nit allain fride und undtertheinikait[158] erhiellte, sonder auch lob, eer und preiß vor Got und den menschen erlangte, dadurch sie auch in groß auffnemen[159] kommen und ewige, löbliche gedechtnus hyndter ir möcht lassen.

Zum ersten musste sie sich gar nicht an die losen schreier keren, die da fur und fur[160] sagen und singen, die kirch kan nit irren[161]; dann sie in der warhait nicht wissen, wer dise kirch ist, noch vil weniger wissen, was irren oder nit irren ist. Sonder sollt vleissig zu hertzen nemen die vilfeltigen und getreuen warrnung, die Christus der herr in aigner person, sonderlich Math. amm 24. [4f.11.24], die apostel deßgleichen, sonderlich Paulus in der 2. zu den Thessalonichern amm 2. cap. [3a.10–12] und in der ersten zu Thimotheo amm 3. [1–7] und 4. [1–3], deßgleichen Petrus in der andern amm 2. cap. [1–3], dergleichen Daniel amm 7. [25] und 8. cap. [23–25] haben gethan, und dabey betrachten, das Gotes wort gewislich nicht leugt[162] und der sathan, unser veinde, auch nit feyert[163]. Derhalben zu besorgen, es sey nit wenig betrug und verfurung in gemainer christenheit[164] ain lange zeit eingerissen. Darumb sollt ein getreue oberkait die sach undter die hende nemen und forschen, ob doch geirrt were und warin und wie schedlich. Dann so der schaden erkennet wurd, wer der sach mer dann halber[165] geholfen.

[27r:] Zum andern musste sich ain christenliche oberkait erwegen[166], das heylig wort Gottes nit allain lauter und rain unverhindert predigen lassen, sonder auch alles das gestatten und unverhindert lassen, das Gottes wort mit sich bringt

---

a) Das ampt und ordnung der oberkait: Sp.

eine wesentliche Rolle (vgl. *Althaus*, Theologie, S. 284–287) und ist auch in die CA aufgenommen worden (Artikel 14: »rite vocatus«).

156. irgendwo.
157. Vgl. in der Einleitung o. S. 544.
158. Gehorsam.
159. zu gutem Gedeihen.
160. immerzu.
161. Eindeutig ist hier an katholische Gegner der Reformation gedacht.
162. Vgl. Num 23,19.
163. nicht untätig ist.
164. überall in der Christenheit.
165. mehr als zur Hälfte.
166. sich entschließen.

und leret, angesehen[167], das Gottes wort Got selbs, unser leben und liecht[168] ist, on das wir nicht konnen selig werden. Dann wo sie es nit gestatten wollt, so wurde doch zuletst Gottes wort zu starck werden und mit irem grossen verderben an leib, eer und gut oberhand gewynnen und sie dannoch uber das[169] nach disem leben mit allen teufeln zum ewigen feuer verurtailen. Dann mit Gottes wort ist nicht zu schertzen[170]. Welchs ettlich fursten wol ermessen[171] und eben darumb nit wollen hören, auff das sie doch mit unwissen, das grausam[172] ist zu hören, fuglicher[173] (alls[174] sie mainen) dawider mögen streben, dann so sie es erkanndten und verstunden[175].

[b]Damit sie aber mögen sehen, was es sey und mit ime bring, wöllen wir ain wenig darvon anzaigen und sagen. Gottes wort ist nit ain stymm oder eusserlich wort wie ains menschen, der do in den lufft redet[176], sonder es ist ain innerlich wort, ain will, ain ratschlag, ain erkanndtnus und die ewig weißhait Gottes, darin er begreifft und erkenndt sich selbs und alle seine werck[177], die er mit uns und allen creaturen, die er von unsernwegen hat erschaffen, von anfang bis an das ende handeln will. Diß wort ist Got selbs, Jesus Christus, unser herr, der umb unsernwillen ist mensch worden[178].

[c]Es wurdet uns aber durch menschliche rede[179] alls durch ainen werckgezeug furgetragen[180], und wer es glaubt und behellt[181], der ist mit Got verainigt. Es wurdt uns aber von menschen in zwaierlai weise furgetragen[182].

An ainem ort zaigt man uns an, was Got durch Christum uns guts gethan hat und noch thun will, daraus wir seinen gnedigen willen gegen uns söllen erkennen und ine darumb lieb haben. Das ist das euangelion; darzu gehörn alle schrifften

b) Gottes wort, was es sey: Sp. – c) De ministerio verbi: Sp.

167. angesichts der Tatsache.
168. Joh 1,4.
169. außerdem noch.
170. Vgl. Gal 6,7.
171. genau wissen.
172. grauenhaft.
173. mit mehr Berechtigung.
174. wie.
175. Sinn: Manche Fürsten handeln bewußt nach dem Grundsatz: Gegen ein Gebot, das ich nicht kenne, kann ich nicht verstoßen.
176. Vgl. im ›Ratschlag‹ o. S. 324f. Zur Abhängigkeit Osianders von Reuchlin in diesem Punkte vgl. *Hirsch*, Theologie, S. 33f.
177. Vgl. im ›Ratschlag‹, o. S. 329. Dazu *Schmidt - Schornbaum*, Fränkische Bekenntnisse, S. 77f.
178. Vgl. 1Joh 4,9.
179. Röm 10,14c.
180. Vgl. dazu im ›Ratschlag‹, o. S. 332 (das ›inwendige‹ und das ›äußerliche Wort‹) und S. 334 (gegen die ›Schwärmer‹).
181. Lk 8,15.
182. Während oben Osiander Gesetz und Evangelium im Hinblick auf das Handeln Christi mit dem Menschen, also in funktionaler Hinsicht, beschrieben hat, betrachtet er im folgenden Gesetz und Evangelium im Hinblick auf ihre inhaltliche Charakterisierung.

und exempel deß allten und neuen testaments, die Gottes gnad und vergebung der sund anzaigen. Und auff disem taile[d] [27v:] ruet[183] furnemlich der gantz christenlich glaub. Darumb muß man an disem ort nit allain nit weren noch verpieten, das man es nit lauter und rain, wie es in der heiligen schrifft begriffen[184] ist, verkundig und predig, sonder mit höchstem vleiß verhueten, das nyemand nichts[185] darzusetz oder darvonthue[186]. Dann das ist eben das wort, das wir mussen durch ain rechten glauben fassen, wollen wir anders[187], das Christus in uns wone[188]. Und wann es gefelscht wurdet, so ist es nymmer Gottes wort, dann Gottes wort ist ye kain lugen[189]. Darumb verleuert[190] es all sein krafft und bringt kain gute frucht, es pleib dann lauter und rain, on allen zusatz und on alle schwechung[191]. Und daran, achten[192] wir, werd kain vernunfftig mensch nymmermer[193] zweifeln.

Amm andern ort zaigt man uns an, was Got widerumb von uns begere, das wir umb seinen willen sollen thun und lassen. Und ist das gesetz; darzu gehörn alle schrifften und exempel deß allten und neuen testaments, darin uns angezaigt wurdt, was wir thun und lassen söllen, und die ubertretter gestrafft und die gehorsamen gelobt werden[194]. An disem ort mussen wir dreyerlay bedencken.

[e]Zum ersten: Alles, das Got mit außgedruckten[195] worten zu thun gepeut oder sonst ordent[196] und auffsetzt[197], muß man nit allain unverhindert lassen, sonder ist ain yede oberkait auß pflicht ires ampts schuldig, darob zu hallten[198], das es werd angericht[199].

[f]Zum andern: Alles, das Got mit außgedruckten worten zu thun verpeut oder sonst verwurft und tadelt, muß man nit allain nit ursach geben oder dringen[200],

---

d) am unteren Rand: Sicut panis corporalis non pascit, sed Deus, quia non in solo pane vivit homo etc. et tamen non sine pane, sic scriptura aut ministerium verbi non pascit, sed spiritus, et tamen non sine ministerio verbi: Sp.
e) Gepott: Sp. – f) Verpott: Sp.

183. beruht. 184. enthalten.
185. im heutigen Sprachgebrauch: jemand etwas.
186. Dtn 4,2; Apk 22,18f. Vgl. im ›Ratschlag‹, o. S. 335.
187. wenn wir überhaupt wollen.
188. Vgl. Eph 3,17.
189. Num 23,19; Hebr 6,18.
190. verliert.
191. Vgl. im ›Ratschlag‹ o. S. 334f.
192. meinen.
193. nach heutigem Sprachgebrauch: jemals.
194. Auch nach Luther finden sich Gesetz und Evangelium im Alten wie im Neuen Testament, vgl. zB aus der Adventspostille von 1522 die Auslegung des Evangeliums zum 3. Advent (WA 10,1.2, S. 147ff, vor allem S. 159,5–19).
195. ausdrücklichen.
196. anordnet.
197. verordnet, einsetzt.
198. darüber zu wachen.
199. durchgeführt.
200. nötigen.

das es daruber²⁰¹ geschehe, sonder es ist die oberkait abermaln schuldig, sovil möglich ist, darob zu hallten, das es undterwegen²⁰² pleib. Und an disen zwaien stucken, achten wir, soll auch nyemand zweifeln, er sey dann nit allain Gottes und der wellt veinde, sonder auch thörhet²⁰³ und unsynnig.

ᵍZuletst: Alles, das Got mit außgedruckten worten oder aber mit stillschweigen, das ist, so er weder gepeut oder verpeut, hat frey gelassen, das soll und muß zu ewigen zeiten auch frey bleiben²⁰⁴. Und das ist der stuck ains, darob sich sovil zwitrachts und widerwertikait [28r:] erhebt, und doch unser widersacher²⁰⁵ nit wissen, warumb sie oder warumb wir fechten. Darumb wöllen wir es mit allem vleiß erkleren und offenwar machen.

ʰUnd da muß man amm ersten vleissig mercken, das wir nit von weltlicher freyhait reden, auch nit von den dingen, die in das weltlich reich gehören²⁰⁶. Dann wiewol Got der herr vil weltlicher sachen hat frey gelassen und in seinem wort nichts davon gepotten oder verpotten, so mag doch ain fromme, getreue und christenliche oberkait umb gemaines nutz willen²⁰⁷ bey ainer burgerlichen oder zeitlichen straff darinnen wol verpieten oder gepieten. Alls zu ainem exempel: Got hat nicht gepotten, was gewands man sich zu klaiden soll geprauchen oder nicht geprauchen, dann er fragt nichts darnach, sovil amm klaid ligt²⁰⁸, wie wir uns beklaiden. Doch wann ain oberkait sicht, das man zu grossen mutwillen treiben und zu uberflussige, verderbliche cosst²⁰⁹ daran will hencken, mag sie es wol bey ainer burgerlichen oder zeitlichen straff verpieten²¹⁰. Und sein alle die, so derselben oberkait undterworfen sein, schuldig, ir gepott zu hallten. Wir reden aber von christenlicher freyhait in den dingen, die zu Gottes reich gehören. Cristenliche freyhait ist, wann das gewissen frey bleibt und waiß, das es nit sundigt in dem, das Got weder gepotten oder²¹¹ verpotten hat²¹². Und Gottes reich ist, darin man Got dienet, fromm wurd und die selikait erlangt. Wer nun in disem reich Gottes ettwas wollt gepieten oder verpieten, das Got nicht ge-

---

g) Frey lassen: Sp. – h) Von der christenlichen freyhait: Sp.

201. trotzdem.
202. unterlassen.
203. töricht.
204. Vgl. dazu Luther, WA 10,3, S. 21–30 (Predigt vom 11. März 1522).
205. Die folgenden Ausführungen zeigen deutlich, daß Osiander auch hier an die Auseinandersetzungen zwischen Evangelischen und Katholiken denkt (vgl. dazu CA 26, BSLK, S. 100–107) und nicht etwa an den Legalismus der Anhänger Müntzers.
206. Zu diesem Abschnitt vgl. Luther, WA 11, S. 262,3–30 (›Von weltlicher Oberkeit‹, 1523) und bei Osiander den Abschnitt ›von christlicher und weltlicher Freiheit‹ in seinem Sermon über Mt 17,24ff (Nr 47 im 2. Band unserer Ausgabe).
207. für das allgemeine Wohl.
208. soweit es das Kleid betrifft.
209. Aufwand.
210. Gerade in Nürnberg gab es strenge Gebote gegen luxuriöse Kleidung, denen sich sogar die Patrizier unterwerfen mußten, vgl. *Reicke,* Nürnberg, S. 672–675.
211. noch.
212. Vgl. WA 10,3, S. 22,17–20 (Predigt Luthers vom 11. März 1522).

potten oder verpotten hat, der handelt unchristenlich; und man ist ime nit allain kain gehorsam schuldig, wann er gleich ain engel von himel were[213], sonder man muß ime mit worten und wercken widerstreben, oder man wurdt erfunden[214], das man Gottes verlaugnet und von Christo abgefallen ist – wie wir das hernach alles noch klärer wollen anzaigen.

Alls so[215] yemand wollt so kun sein und leren, wann [28v:] man dises oder ihenes klayd truge, so dienet man Got mer damit dann mit ainem andern und wurd dadurch fromm und erlanget die selikait, oder wann man es nit truge, so belaidiget man Gott, sundiget und verlure die selikait: das were in kainen wege zu leiden; dann Got hat nichts davon geboten, sonder hats frey gelassen, das man nicht sundigt und nichts darmit verdient, man trags oder trags nicht. Darumb muß das gewissen auch frey pleiben, allso das es fur kain sund hallt, es thue gleich in dem fall, was es wöll. Das ist aber die ursach, darumb man es in weltlichen sachen kan leiden und gedulden[216], in den gaistlichen aber nicht: Der weltlich herr spricht nicht: »Wann du das thust, so bisst du ain frommer chrisst und Gottes diener«, sonder: »Wann du das thust, so bisst du mir ain leidlicher[217] burger oder undterthan«. Herwiderumb, wann ers ubertritt, spricht er nicht: »Du hasst wider Got gesundigt und die hell verdienet«, sonder: »Du hasst wider mein gebott gethan und must so vil oder so vil gellts geben oder ander zeitlich straff tragen etc.«, lässt das gewissen unbekummert und handelt[218] allain mit dem leib, eer oder gut. Das kan man dann wol leiden, und es soll auch allso sein, das leib, eer und gut der weltlichen oberkait undterworfen sey, das gewissen aber dem allmechtigen Got und seinem heiligen wort allain.

^iWeiter muß man das auch mercken, ^kdaß wir^l in den freyen dingen nicht umb das werck fechten, sonder umb den glauben^k. Darumb unser widersacher hierin auch mehr dann plindt sein, wollen nicht wissen, warvon man handelt: Wann wir in freyen dingen ettwas loben oder raten, das vor[219] nit ist gewonhait gewest, so schreien sie: »Got hats nit gepotten, darumb soll man es nit thun!« Widerumb, wann wir ettwas freysprechen, das man on sunde thun und lassen kan, so schreien sie: »Got hats nicht verpotten, darum mag man es wol thun und ist ain löbliche gewonhait und allter geprauch«. Wir aber fechten ^mmit worten und wercken nicht umb das werck, sondern umb den glauben. Alls[220] do man zanckt, ob man amm freitag mög flaisch essen oder nicht^m, sprechen wir: »Ja, man mag es [29r:] wol on sunde essen, dann Got hat nichts davon geboten oder verpotten«. Das

---

i) Warumb wir in freien dingen fechten: Sp. – k-k) unterstrichen. – l) über der Zeile; durchgestrichen: man. – m-m) unterstrichen.

213. Vgl. Gal 1,8.
214. überführt.
215. wenn zB.
216. sich gefallen lassen.
217. erträglicher; hier: ordentlicher.
218. Sinn: straft.
219. vorher.
220. zB.

thun wir aber nicht darumb, das uns amm flaischessen ettwas gelegen sei, dann wir konnen nicht allain das flaisch, sonder auch leib, eere und gut mit Gottes gnaden umb Christus willen verachten und undter die fuß tretten. Sie aber, wie fasst[221] sie toben, hallten es doch selbs nicht, darzu erlauben und verkauffen sie es andern leuten auch umb gellt[222]. Es ist uns aber alles amm glauben[223] gelegen, den sie in die gewissen treiben, nemlich, das amm freitag flaisch essen sey wider Got und ain werck, das zur ewigen verdammnus fure, herwiderumb, wann man kains esse, so thu man Got ain wolgefellig werck, das uns zur selikait furder[224]. Dann diser ist kains war und werden die gewissen dadurch betrogen und gefangen. Wann sie uns aber recht geben und bekenneten, das es das gewissen nichts angieng, man esse, was man wolle, es were aber ain lange gewonhait, die doch nyemand schadet, so wern wir schon zufridengestellt und hetten nach der kuchen[225] nichts gefragt, wann nur das gewissen wer frey gewest. Nun sie aber fur und fur toben, das gewissen zu fangen und sunde zu machen, do kaine ist, werden wir mit gewallt von ine gezwungen, nicht allain mit worten, sonder auch mit dem werck[226] irer verfurischen lere[227] widerstand zu thun, damit die warhait erhallten werd und damit man dester bas[228] verstee, das man die freihait nit soll, kan oder mag auffheben, das ist, in freien dingen weder verpieten noch gepieten. Wöllen wir kurtzlich erzelen, was fur scheden, wo mans thut, daraus ervolgen.

nDer erst schad: Wann man lang gepeut oder verpeut und sich die menschen sere bemuhen, solche gepott zu hallten, so ist es doch alles vergebenlich und umbsonst, dann man verdient nichts, wann mans hellt, und verwurckt nichts, wann mans ubertritt. Dann es spricht der Herr Math. 15 [9]: »Vergebenlich dienen sie mir, dhweil sie leren solche lere, die nichts dann menschengepott sein«.

[29v:] Der ander schad: Wann sich ain mensch bereden lässt und glaubt, er musse solche gepott hallten, und ubertritt sie daruber[229], der macht ime[230] ain gewis-

---

n) Der schad, so auß nachlassung christenlicher freyhait entsteet: Sp.

221. sehr.
222. Vgl. Luther, ›An den christlichen Adel‹, 1520 (WA 6, S. 447,5–16). Durch den Kauf sogenannter ›Butterbriefe‹ konnte man sich gewisse Erleichterungen der Fastengebote verschaffen (vgl. LThK 2, Sp. 844).
223. Irrglauben.
224. fördere, voranbringe.
225. Küche.
226. Osiander denkt hier an die Durchsetzung von Änderungen in der kirchlichen Praxis, die er sich als Folge des Religionsgespräches erhofft. Auch in der von ihm verfaßten Rechtfertigungsschrift für die Reform des Gottesdienstes im Sommer 1524 (›Grund und Ursach‹) wies Osiander auf die Notwendigkeit hin, mit der Tat für das Evangelium einzutreten (vgl. o. S. 199). Anders Luther: »Der gemeyn man wirt nicht mit der thatt noch mit der ordinantz, ßondern mit dem Euangelio geleret« (›Von beider Gestalt des Sakraments zu nehmen‹, 1522, WA 10,2, S. 30,1–3); vgl. auch WA 10,2, S. 36,6–27, und WA 10,3, S. 18,28–30 (Predigt vom 10. März 1522).
227. Lehre, die in die Irre führt.
228. um so besser.
229. trotzdem.   230. sich.

sen²³¹, do er ime kains sollt machen. Dhweil er ime dann ain gewissen macht, so wurdt es ime warlich zu ainer sund, das sonst kain sund ist, dann Paulus spricht: »Alles, das nit auß dem glauben geet, das ist sund«²³². Er glaubt aber nicht, das er recht thue, wiewol es nit unrecht ist, darumb, so ers daruber thut, sundigt er.
5 Die sunde aber beraubt die sele deß lebens, das sie in Got hat. Darumb ist es ain unnötigs seelmörden, das man durch solche menschengesetz sund macht on alle ursach, do doch an ime selbs kain sund ist.

Der dritt schaden, das es abgötterei anrichtet²³³. Dann so Got ain ding frey lässt, so ist es ye sein göttlicher will, das es frey sein soll. Derselbig göttlich will
10 aber ist Gottes wort und Got selbs, dann Gottes will und Gottes wort ist ain ding. Wann aber ain mensch kompt, sagt seins hertzens traum²³⁴, spricht, Got wolle es nit frey haben, sondern gepotten oder verpotten, und wir glaubens, so lassen wir ye das lebendig° gotteswort faren, das do sagt, es soll frey sein, und nemen dagegen ains sundigen menschen wort an und hallten²³⁵, es sey Gottes
15 wort, das Got selbs ist. Das muß ye ain unchristenliche abgötterei sein.

Der vierdt schad fleusst auß dem vorgemellten und ist der: Wann wir fur Gottes wort annemen, das Gottes wort nicht ist, so nimpt auch Gott von uns, das wir noch haben, das Gottes wort ist²³⁶, dann es kan Gottes warheit und menschenlugen nicht beyeinandersteen. Darumb spricht Esaias amm 29. cap. [13f]: Allso
20 spricht Got der her: »Darumb das diß volck bettet mit dem mund und eeret mich mit seinen lebsen²³⁷ und ir hertz ist verre²³⁸ von mir und ist ir forcht, die sie gegen mir haben, dann das sie menschensatzung treiben²³⁹, darumb siehe auff mich: Ich will verwundern machen dises volck mit ainem wunder und will hinwecknemen die weißhait von [30r:] iren weisen, und der verstand soll sich von iren versten-
25 digen verpergen.« Nun ist ye kain andere weißhait dann das wort Gottes. Wann aber dieselbig hinweckgenommen wurdet, so erlischt die liebe und nimt die poßhait uberhand, das ist dann die frucht solcher menschensatzung. Wo man aber Gottes wort predigt, do wurdt die boßhait außgetilgt und da wechst eytel gerechtikait, wie der Herr durch den propheten Hieremiam amm 23. [22] sagt
30 und spricht: »Hetten sie meinem rate gevolgt und hetten meinem volck mein wort verkundigt, so hett ich sie ja von iren pösen wegen und von iren pösen gedancken abgewendet«²⁴⁰.

o) folgt durchgestrichen: got.

231. Vgl. 1Kor 8,7.   232. Röm 14,23.
233. Diesem Abschnitt entspricht im ›Ratschlag‹ o. S. 334f.
234. Sinn: was er sich zusammengeträumt hat.
235. meinen.
236. was wir noch an Gottes Wort haben.
237. Lippen.
238. fern.
239. Sinn: ihre Gottesfurcht beruht nur auf Menschensatzungen; emendiere: ... nichts, dann das ...
240. Das Jeremiazitat nach Vg. Der hebräische Text liest: »so hätten sie [die Hirten] es [mein Volk] von seinen schlechten Wegen abgebracht« (entsprechend auch LXX).

Auß disen oberzellten ursachen und scheden (wiewol ir vil mer möchten angezaigt werden) kan man on allen zweifel begreiffen, das es auffs aller unchristenlichst gehandelt ist, wo man gepeut oder verpeut, das Got frey gelassen hat. Es hat auch kain krafft, und verpindt solch gepott oder verpott nyemand. ᵖDann alls²⁴¹ wenig es möglich ist, das Got nit Got sey, alls wenig ist möglich, das sein wort nit sollt ewig sein, sonder sich verendern lassen²⁴². Dhweil aber Gottes wort ewig und bestendig ist, so muß solche freyhait, die in Gottes wort gegrundt ist, auch ewig und unwandelbar sein.ᵖ

ᑫEin rechter chrisst aber, wann er die freyhait erkenndt, das er zu thun und zu lassen volle macht hat, wie es ime gefellt, so wurdt er gewislich die freyhait nicht zum mutwillen seins flaisch, sonder zur liebe deß nächsten prauchen²⁴³, wie uns der heilig Paulus zu den Galat. amm 5. [13] leret und spricht: »Ir, lieben bruder, seyt zur freihait beruffen, allain, das ir die freihait nit lasst ain raum werden²⁴⁴, sonder durch die liebe diene ainer dem andern«.

Wann man uns aber die freihait durch falsche lere und menschengepott will nemen, so mussen wir nit allain mit worten dawider fechten, sonder auch mit den wercken offenlich beweisen, auff das die warhait (sovil an uns ligt) nicht undterdruckt [30v:] werd. Dann allso haben die apostel auch gethan, sonderlich Paulus, der den Thimotheum umb der Juden willen beschneiden ließ²⁴⁵ (dann die beschneidung ist imm neuen testament weder gebotten noch verpotten, sonder frey gelassen²⁴⁶. Alls aber ettlich kamen herab von Judea und lereten die bruder: »Wo ir euch nit beschneiden lasst nach der weise Mosi, so kundt ir nit selig werden«, legt er sich mit dem Barnaba hart dawider, zug auch darumb gein Jerusalem, damit der falschen lere gewerct und die freihait erhallten wurd²⁴⁷. Und alls sich daselbst vil fragens erhube, stund Petrus auff und sprach undter andern worten zu ine: »Was versucht ir Got mit aufflegung deß jochs auff der junger helse, welchs weder wir oder die vätter haben mögen tragen etc.«²⁴⁸ Weiter schreibt Paulus zu den Galatern amm 2. cap. [3–5]: »Es ward Titus nicht gezwungen, sich zu beschneiden, der mit mir ward, ob er wol ain kriech war. Und das umb ettlicher falscher bruder willen, die nebeneinkommen waren²⁴⁹, zu verkundtschafften²⁵⁰

---

p–p) unterstrichen. – q) Die freyhait nit zur ergernus oder mutwillen zu geprauchen: Sp.

241. so.
242. Unveränderlichkeit und Ewigkeit Gottes zählten schon seit der alten Kirche zu den ›attributa divina‹, vgl. die Zusammenstellung solcher Attribute in der Formulierung des 4. Laterankonzils (1215): »Firmiter credimus et simpliciter confitemus, quod unus solus est verus Deus, aeternus, immensus et incommutabilis, incomprehensibilis, omnipotens et ineffabilis« (*Denzinger,* Enchiridion, S. 259, Nr 800).
243. Dies ist auch einer der Hauptgedanken von Luthers Schrift ›Von der Freiheit eines Christenmenschen‹, 1520 (vgl. WA 7, S. 38,6–10).
244. ergänze: für das Fleisch, vgl. NT.
245. Apg 16,1–3.   246. 1Kor 7,18f.
247. Apg 15,1f.
248. Apg 15,7a.10.
249. die sich eingedrängt hatten.
250. auskundschaften.

unser freyhait, die wir haben in Jesu Cristo, das sie uns gefangen nemen; welchen wir auch dazumal nit wichen, undterthan zu sein, uff das die warhait deß euangelions bey euch bestunde.« In diser histori sicht man, da die beschneidung frey war, das Paulus der liebe deß nächsten damit dienet und ließ den Thimotheum
5 beschneiden. Do man aber ein gepott und not[251] daraus wollt machen, legt er sich dawider, nit allain mit worten, sonder auch mit wercken, und lesst Titum nit beschneiden. Zaigt dabey an, wann er gewichen were, das die warhait deß euangelions dadurch zu trummern gangen were. Deßgleichen sagt auch Petrus, es sey »Got versuchen«[252], und Paulus zu den Galat. amm 5. [1–4] spricht abermals:
10 »So besteet nun in der freyhait, damit uns Christus gefreyet hat, und lasst euch nit widerumb in das knechtisch joch verknupfen. Sehet, ich, Paulus, sag euch: Wo ir euch beschneiden lasst (der maynung, alls konn man sonst nit selig werden)[253], so ist euch Christus kain nutz. Ich zeug abermaln gegen yederman[254], das er noch deß gantzen gesetz schuldig[255] ist. Ir seyt ab von Christo, wann ir durchs
15 gesetz rechtvertig wolt werden [3 1r:], und habt der gnaden gefelet.«[256]

Ein gleiche histori schreibt auch Paulus amm 2. cap. zu den Galat. von Petro und spricht [11–14][257]: »Da Petrus gein Antiochia kam, widerstunde ich ime undter augen, dann es war klag uber ine kommen. Dann zuvor, ehe ettliche von Jacobo kamen, aß er mit den hayden. Da sie aber kamen, entzog er sich und sundert sich,
20 darumb, das er die von der beschneidung[258] forcht. Und heuchelten mit ime die andern Juden allesampt, allso das auch Barnabas verfurt wurd durch ir heucheln. Aber da ich sahe, das sie nit richtig wandelten nach der warhait deß euangelions, sprach ich zu Petro offenlich: ›So du, der du ain Jud bisst, haidnisch lebst und nicht judisch, warumb zwingst du dann die Juden, haydnisch zu leben?‹«[259] etc.
25 Den Juden warn ettlich speis imm gesetz verpotten[260], den christen aber sein alle speis frey[261], darumb mag er mit Juden oder hayden essen wie er will. Wann aber yemand wollt leeren, man musst eytel[262] judische speis essen oder man kundt nit selig werden, so kan mans nymmer leiden. Petrus aber leret nichts solchs, er wollt aber auß forcht nit mit den hayden essen, wann es die Juden sahen. Dieselbig
30 forcht machet, das die haiden gedachten, es darf kain chrisst allerlay speis essen, sonder muß nur nach judischer art essen, will er anders selig werden. Dieses falschen gedancken war Petrus mit seiner forcht ain ursach. Darumb tritt ime Paulus undter augen und strafft ine alls der nicht richtig wandelt nach der warhait deß euangelions.

251. Notwendigkeit.   252. Apg 15,10.
253. Die Worte in der Klammer sind nicht Bibelzitat, sondern Zusatz Osianders.
254. ergänze: der sich beschneiden läßt, vgl. Gal 5,3.
255. zu halten verpflichtet.
256. verfehlt, seid verlustig gegangen.
257. Zur Auslegungsgeschichte dieser Perikope vgl. *Overbeck,* Auffassung.
258. diejenigen, die die Beschneidung forderten, die ›Judaisten‹.
259. irrtümlich falsch zitiert; es muß heißen: »... die Heiden, jüdisch zu leben«.
260. Vgl. zB Lev 11,6; 17,8–16.
261. Vgl. Kol 2,16; Röm 14,2f.
262. nur.

ᵣEin solch zart ding ist die christenlich freyhait, das weniger damit zu schertzen ist und mer geverlikait darin ist, dann in kainer andern sach deß gantzen christenlichen glaubensʳ. Darumb kan ain frommer chrisst in den dingen, die Got frey hat gelassen, wol thun, was seinem nächsten nutz, gut und wolgefellig ist. Wann man aber ain gepot will daraus machen, so thut ers nymmer. Er kan es auch wol lassen. Wann man ine aber will zwingen, er muß es lassen, so hebt er erst²⁶³ an und thuts. Darumb muß sich die weltlich oberkait, wie oben gesagt ist²⁶⁴, erwegen, das sie Gottes wort lauter und rain laß predigen und handeln²⁶⁵, das man glaub, was uns Got verhaissen und zugesagt hat – nit mynder, [31v:] auch nit mer –, das man thue, wasˢ er gehaissen und geordent hat, das man undterlaß, was er verpotten oder verworfen hat, und das man in allweg²⁶⁶ frey laß, was er frey gelassen hat. Und rede nur nyemand nichts darzu, dann es wurdt doch nichts anders daraus: Sie mussen dem wort Gottes in disen stucken weichen, da wurdt nichts fur²⁶⁷ helfen, sie weren, verpieten, vervolgen, stechen und wurgen, wie sie wöllen. Wollen sie nicht weichen, dhweil²⁶⁸ man es zu danck von in annymbt, ist zu besorgen, es werde ain zeit kommen, da sie gern wichen, es würdt aber nymmer helfen.

ᵗEs möcht aber ainer fragen: Dhweil so vil an der freyhait gelegen ist und das gesetz Mosi zum tail auffgehoben und frey²⁶⁹ worden ist²⁷⁰, zum tail aber durch den glauben erst bestettigt²⁷¹, wie muß man erkennen, was nun frey ist oder was man noch schuldig sey?²⁷² Das verantwurt²⁷³ der heilig Paulus in den Geschichten²⁷⁴ amm 13. cap. [38] und spricht: »Es sey euch kundt, lieben bruder, das euch verkundigt wurdt vergebung der sunden durch Christum und von dem allem, durch welchs ir nicht kunndt imm gesetz Mosi rechtvertig werden«. Das ist: Alles,

---

r–r) unterstrichen. – s) folgt durchgestrichen: man. – t) Wie man das, so frey ist, erkennen kan: Sp.

263. erst recht.
264. Vgl. o. S. 565.
265. Während Osiander hier die Verantwortung der weltlichen Obrigkeit für die Predigt des reinen Evangeliums konstatiert, betont Luther in seiner Schrift ›Von weltlicher Oberkeit‹, 1523, stark die Trennung von weltlicher Gewalt und evangelischer Predigt (vgl. WA 11, S. 268,19–32).
266. in vollem Umfang (oder: für immer).
267. dagegen.
268. solange.
269. freigestellt.
270. Röm 7,6; 10,4; Gal 3,24f u.ö.
271. Röm 3,11; Mt 5,17.
272. Weil Osiander sich nicht auf die Gleichsetzung Gesetz = Altes Testament und Evangelium = Neues Testament einläßt (vgl. o. S. 566f), benötigt er ein inhaltliches Kriterium, um das uns verpflichtende Gesetz im Alten und Neuen Testament von den Teilen des jüdischen Gesetzes unterscheiden zu können, die uns keineswegs mehr betreffen. Zu dieser Fragestellung vgl. Osianders Gutachten über Schwertfeger (o. S. 261–266, Nr 21, bes. S. 262; dazu o. in der Einleitung S. 544f bei Anm. 33) und Luthers ›Unterrichtung, wie sich die Christen in Moses schicken sollen‹, 1525 (WA 16, S. 371–375).
273. beantwortet.
274. Apostelgeschichte.

was nicht rechtvertigt oder fromm macht, das ist nicht mer gebotten, sonder frey gelassen.

ᵘZum dritten²⁷⁵ sollt sich ain christenliche oberkait bemuhen, selbs gute christenliche prediger einzusetzen²⁷⁶, und das auß vil ursachen. Erstlich kan ain oberkait allweg ehe²⁷⁷ recht gelert, fromm leut erforschen²⁷⁸ und bekommen dann die undterthanen. Darnach wurden sich die losen puben, die sich allenthalben deß predigens allain umb nutz und geitz²⁷⁹ willen undterwynden²⁸⁰, nicht so unverschempt in das predigampt eindringen, dhweil sie sehen, das sie zuvor vor solchen tapfern²⁸¹ leuten sollten erscheinen und, wie sie geschickt wern, lassen hören und sehen. Dann dise unordnung, so sich diser zeit ereugt²⁸² hat, kompt ja nicht aus dem wort Gottes, sonder auß geprechen²⁸³ und unverstandt der personen zu baiden partheien, die Gottes wort handeln. Zuletzt: Dhweil der heilig Paulus spricht: »Wie können sie predigen, wann sie nicht geschickt werden?«²⁸⁴, ist daraus gut zu versteen, das auch die frommen gelerten nichts [32r:] außrichten, sie seyen dann geschickt oder berufft. Dann der predigt gewislich on Gottes hilf und mitwurckung, der unberufft predigt²⁸⁵; predigt er aber on Gottes hilf, so muß er gewislich der warhait und deß grunds felen, er sey wie gelert er wöll, wie vil exempel zu disen zeiten offenwar machen²⁸⁶. Soll aber ain prediger geschickt und beruffen werden, von wem soll es billicher geschehen dann von der weltlichen oberkait, die von Got eingesetzt ist, das sie dem volck getreulich vorstee und das gezeugknus hab, »wer in widerstee, der widerstee der ordnung Gottes«²⁸⁷. Wo nun ain solcher rechtgeschaffner prediger²⁸⁸ ist, der ist on zweifel wol der halbtail deß werckgezeugs, darin man gehorsam, frid und ainikait erhellt. Dann er leret durch Gottes wort die glaubigen, das sie ungezwungen recht thun. Die unglaubigen aber, die man mit gewallt zwingen muß oder ziehen,

u) Wie die auffrurn zufurkommen seien: Sp.

275. Fortsetzung der Aufzählung der Aufgaben einer christlichen Obrigkeit, vgl. o. S. 565.
276. Diese Forderung Osianders unterscheidet sich deutlich von den Ausführungen Luthers in seiner Schrift ›Daß eine christliche Versammlung Recht habe, alle Lehre zu urteilen‹ von 1523, der Recht und Pflicht der Berufung von Predigern grundsätzlich der Gemeinde zubilligt und eine Entscheidung der Obrigkeit bei dieser Frage nur in gewissen Einzelsituationen kennt (WA 11, S. 412-415; vgl. zu diesem Problem *Krumwiede,* Kirchenregiment, S. 48-119, bes. S. 118). Osiander läßt sich hier stärker von praktischen Erwägungen und den Erfahrungen der letzten Jahre leiten als Luther im Jahr 1523.
277. eher, leichter.
278. aufspüren.
279. Röm 16,18.
280. sich anmaßen.
281. angesehen.
282. ereignet.
283. Fehlerhaftigkeit, Schwäche.
284. Röm 10,15.
285. Vgl. o. S. 564.
286. Vgl. in der Einleitung o. S. 545 bei Anm. 35.
287. Röm 13,2.
288. ein Prediger, dessen Berufung Rechtens ist.

wurden[289] der oberkait bald zu starck, wo man nicht mit Gottes wort ob der oberkait hiellt[290] und anzaigt, das, wer sich wider die oberkait setzt, der widerstrebt Gottes ordnung und werd uber sich ain urtail empfahen, wie Paulus zu den Rom. amm 13. [2] sagt.

Zum letsten[291]: Dhweil die genannten gaistlichen sich umb ires nutz willen amm mainsten wider Gottes wort setzen und sich nun ansehen lesst, alls wöll ir standt in kainen weg bestandt haben, sollt ain weltliche oberkait ire gutter zu iren handen nemen und ine dagegen solche gewise fursehung[292] thun, das sie kainen mangel hetten, bis sie abstürben, aber inen dagegen auch kain andern zufall[293] lassen. Dann da wurd man wunder sehen, wann inen das euangelion in der kuchen weder nutz oder schaden thett, wie gar es sie nichts mer anfechten und kainen unfrid mer machen wurd. Und so ettwas von iren guttern uberplib, sollt man das beyzeit, weil[294] es noch frisch ist, verordnen, wo es hin dienen sollt, auff das nicht zuletzt ein krieg darumb wurd; dann die wellt sihet, das der gaistlich standt dahinsinckt und zerfallen will. Dhweil er aber unmessig groß reichthumb undter sich gepracht hat, wurdt die oberkait nicht beyzeit [32v:] darzu greiffen, ist zu besorgen, es werdens ander leut thun. Dann es ist auch nicht ain geringe ursach gewest zu der vergangen auffrur. Darumb wurdet furkommen[295] hie der besst rate sein. Was aber weiter zu bedencken ist, will ich nun andern leuten, die weiser sein dann ich, bevelhen. Gottes gnad sey mit uns allen. Amen.

289. erziehen würden.
290. die Obrigkeit unterstützte.
291. Zu diesem Abschnitt vgl. die ›Leisniger Kastenordnung‹ (1523) und Luthers Vorrede dazu (WA 12, S. 11–30).
292. gesicherte Versorgung.
293. Einnahmen.
294. solange.
295. Zuvorkommen.

Register

Bearbeitet von *Hans-Ulrich Hofmann*

Seitenzahlen ohne Zusatz verweisen auf den Textteil, solche mit dem Zusatz »A« auf den Anmerkungsteil.

1. Bibelstellen

Genesis
Kap. 1: 162, 162A
1,1: 66A, 325, 325A
1,3: 327
1,18: 190
1,26: 331
1,27: 110A
1,28–30: 336A
1,28: 84, 85
Kap. 2: 164, 164A
2,7: 336A
2,16f: 336A
2,17: 337A
2,24: 537A
3,1–6: 517A
3,1–3: 336A
3,4–6: 518A
3,4f: 337A
3,5f: 337A
3,5: 322A
3,6: 519A
3,7f: 337A
3,11: 336A
3,19: 83A, 337A
3,22–24: 337A
4,4: 211A
6,5–7,17: 212A
7,13: 112A
7,17–24: 525A
8,21: 526A
10,8–12: 354A
11,1–9: 412A
12,3: 374A
12,7: 488A
14,17–20: 220
14,18–20: 189A
14,18f: 220A, 224A
14,18: 186, 212A, 216, 216A, 217A
16,10: 84A
19,1–28: 297A
20,3f: 213A
22,13: 211A
22,17: 84A

22,18: 208A, 339A
22,22: 66A
23,2: 238
37,34f: 238
50,3: 238

Exodus
Kap. 3 und 4: 70A
3,5: 113A
4,21: 92
6,7: 214A
Kap. 12: 339A
12,6–10: 281A
13,21: 525A
14,5–31: 112A
14,9–31: 252A
14,19: 113A
14,22: 525A
19,5–8: 488
20,2–11: 372A
20,4f: 380
20,12: 468A
20,14: 85A
20,17: 58A
23,20: 113A
24,1–8: 488
24,12: 61A, 521A
32,15f: 521A
33,20: 324
34,1f: 521A
34,20: 126f, 126A
34,24: 127A

Leviticus
2,1–3: 221
2,11: 221
2,13: 221
11,6: 573A
17,8–16: 573A
18,6–18: 167
19,18: 530A
Kap. 20: 314
20,10–21: 376
20,10: 85A

Numeri
6,24f: 161A, 230A
22,21–30: 351A
23,19: 328, 329A, 565A, 567A

Deuteronomium
Buch: 180
4,2: 81, 230A, 335, 366A, 567A
4,15f: 72, 72A
5,18: 58A
6,4: 323
6,13: 379
7,11f: 214A
8,3: 567A
10,17: 71, 71A
12,2–5: 222A
12,8: 529A
12,32: 335
Kap. 13: 259
13,1: 230A
13,6–11: 214A
13,6: 263A
19,10: 135A
22,20: 376
23,4f: 220
27,15–26: 338A
27,15: 71, 71A
27,26: 557A
Kap. 28: 186
28,1–14: 252f
28,14: 237A
28,15–68: 338A
28,15–67: 248–251
30,14: 58A, 63A

Josua
1,8: 247A
3,10: 252A
23,6: 335
24,10: 252A

Richter
8,5f: 220
8,16f: 220

[Richter]
13,5: 522A
Kap. 19 und 20: 285, 287f

1. Samuel
2,6: 279, 279A, 288A
16,7: 199A, 529A
17,50: 487

2. Samuel
1,19–27: 238

2. Könige
19,32–36: 252A

1. Chronik
11,4: 217A

Esther
4,16: 92
8,17: 532A

Hiob
Buch: 179, 236f
1,12: 524A
2,6: 524A
7,16–21: 236A
10,1–7: 236A
10,8–12: 236A
10,16–22: 236A
12,13–25: 480
13,22–28: 236A
14,1–6: 236A
14,13–16: 236A
17,1–3: 236A
17,11–15: 236A
19,20–27: 236A
42,7–9: 237A

Psalmen
Buch: 69A, 161f, 161A, 164, 236
Ps 1: 521A
1,1: 162A
2,1: 162A
2,6f: 288
2,9: 288
2,10–12: 562
3,1: 162A
6,5: 157A
7,12: 156A
13,6c: 160A
14,1: 323
14,3: 553A

16,5: 487
18,2–4a: 155A
18,2–3a: 154, 154A
18,19b–20: 154, 154A
19,2f: 323
Ps 22: 171A
23,5: 225
33,4: 340
34,9: 242
35,3: 379, 487
40,5: 242
45,11: 289
51,7: 61A
53,2: 323
53,4: 553A
67,7f: 230A
68,12: 200A
68,29: 141A
70,2: 161A, 164A
71,5: 242
81,13: 244
82,6: 344
85,11: 340
91,9: 242
91,15: 242
97,7: 72, 72A
106,43: 244
109,7: 235
110,2: 288
110,4: 189A, 209, 209A, 211A, 216, 218A, 288, 498A, 528A
111,4f: 225
115,1: 62A, 73, 73A
115,2–8: 72, 72A
116,11: 96A, 203A
118,22: 133A
Ps 119: 521A
119,21: 338A
119,89: 328, 328A, 329A
120,1f: 156A
121,2: 75, 75A
121,8: 118A
123,2: 98, 98A
137,2: 138A
141,2: 222
143,2: 484
145,9: 242
148,5: 327, 379

Sprüche
8,22–36: 325, 349
8,22–25: 237A
16,4: 496
18,22 [Vg]: 376

21,2: 529A
26,5: 71, 71A, 482A
30,6: 335

Prediger
7,20: 484

Hoheslied
1,2: 289
2,3: 554A
1,7: 530A
6,7: 289

Jesaja
1,5f: 260, 266, 266A
1,12: 127A
2,2: 298
2,3: 288
2,17f: 72, 72A
6,3: 157A
6,9: 201A
8,9f: 481, 481A
8,10: 139A
14,13: 497A
20,8: 140A
26,7f: 294
26,12: 62A, 341
29,13f: 201A, 571
29,13: 200, 349A, 531
29,14: 349
40,4: 290
40,6: 96A, 328
40,8: 96A, 328, 370A
43,11–13: 81
44,9–21: 72, 72A
48,9: 496
48,11: 496
48,12f: 327
49,8: 495A
Kap. 53: 474
53,4f: 497
53,5: 373, 559A
53,6: 340, 559
53,7 [Vg]: 473A, 497f
53,12: 559A
54,13: 323
55,3: 495A
55,11: 200A
59,21: 495A
61,8: 495A
64,5: 484
65,24: 242
66,2: 327

Jeremia
1,5: 522A
3,1–5: 289
10,14f: 72,72A
14,7: 338A
17,5f: 251
17,5: 83
17,7f: 251f
17,17: 242A
23,5f: 556
23,5: 550
23,6: 338A,341A,346,346A
23,22: 571,571A
23,30: 265A
31,31–34: 208,208A,489
31,31–33: 495A
31,33f: 312,341
31,33: 62,262A
31,34: 159,215,226A,240
32,40: 495A

Ezechiel
1,16: 489
3,17f: 356
3,18f: 497A
3,18: 206A
13,19: 563
16,15–34: 289
16,33f: 294
16,60: 495A
33,9: 497A
Kap. 34: 563A
34,10: 206A
34,25: 495A
36,26f: 61A
36,27: 339A
37,25f: 495A

Daniel
Buch: 313
6,24: 363A
6,26: 363A
7,1–28: 352–354
7,8: 360A
7,11f: 297A
7,20: 360A
7,21: 362A
7,25: 352,363A,370A,565
8,20–22: 355,355A
8,23: 361,370A
8,23–25: 355,565
8,24f: 370
9,26: 363A
9,27: 478A

11,31: 478A
12,11: 478A

Hosea
1,2–9: 289

Joel
Kap. 3: 91A
3,1–4: 92

Sacharja
3,2: 244
11,16f: 362
11,17: 371A

Maleachi
Kap. 1: 474
1,10f: 186,190,216,224A
1,11: 216A,220A,221,222A, 500
3,6: 328,328A

Judith
8,8–22: 92
9,12: 92
Kap. 13: 252A

Weisheit Salomos
1,7: 63A

Jesus Sirach
1,5: 201A

Baruch
6,3–72: 72,72A

2. Makkabäer
7,18: 338A

Zusätze zu Daniel, Susanna
V. 23: 92

Matthäus
1,1: 157,157A
3,4: 525A
3,11: 61A
4,10: 379
5,4: 567A
5,6: 159,207,225,234A
5,17: 72,72A,329A,574A
5,18f: 81
5,18: 293A,328A,335
5,44f: 413
6,9–13: 229A

6,12: 70A
6,19f: 394A
6,31–33: 553A
6,33: 394A,549,562A
7,2: 366A
7,6: 478A
7,7: 112A
7,12: 70A,372A,530A
7,15f: 529A
7,15: 563A
7,16–20: 529A
7,20: 462A
7,24f: 239A
7,24: 138A
9,6: 367A
9,37: 393A
10,8: 233A
10,9f: 535A
10,14f: 413
10,19f: 494A
10,42: 529A
11,6: 534A
11,18: 525A
11,27: 331
11,28: 81
11,30: 58A,63A
12,1–14: 329A
12,31f: 248A
13,4–9: 294
13,13: 201A
13,24–30: 395A
13,29: 277
13,57: 534A
14,22–33: 114A
15,1–11: 531A,534A
15,7–9: 200A,238A,349
15,9: 200,201A,203A,372A, 377,462,570
15,12: 534A
15,19: 86
16,6: 222
16,17–19: 366
16,18f: 358A
16,18: 95A
16,19: 360A,367A
16,24: 159,226A,235A
16,26f: 552A
16,26: 549
17,5: 62A
18,15–17: 422A
18,18: 366A,367A
19,4f: 84
19,7–9: 536A
19,9: 85,376

[Matthäus]
19,11f: 376, 463A
19,11: 377
19,12: 85
19,13-15: 106, 116A
19,17: 330A, 556A
19,24: 552A
19,27: 535A
19,29: 535A
20,16: 445A
21,9: 157A
21,42: 133A
22,37-40: 237A, 262, 262A
22,37: 338
22,39f: 338
23,2f: 72, 72A, 264A
23,8: 380A
23,10: 323
23,14: 82
24,4f: 565
24,5: 210A, 215, 366
24,6-8: 368A
24,9-14: 194
24,9-13: 369A
24,11f: 215
24,11: 565
24,12: 571
24,14: 320, 364, 369A
24,22: 265A, 352, 364A
24,23: 272
24,24f: 291A, 321
24,24: 352, 565
24,26: 272
24,35: 201, 206A, 293A, 329, 370A
24,42: 55A, 87, 87A
24,42-44: 81
25,40: 59A, 529A
Kap. 26 und 27: 130
26,3-5: 133A, 135A
26,14-16: 134A
26,25: 134A, 365A
26,26-29: 229A
26,26-28: 203f, 344A, 484A, 492A
26,26f: 225A, 280A
26,26: 159, 226A
26,27f: 159, 226A, 527A
26,27: 170A, 205A
26,28: 484A-486A, 489, 490A, 492A, 493f
26,31: 219A
26,38f: 219A
26,41: 87A

27,2: 134A
27,24: 135A
27,25: 135A, 136A
28,18: 367A
28,19: 120A, 528A
28,20: 335

Markus
1,9-13: 112A
6,8f: 535A
6,11: 414A
7,34: 118A
10,13-16: 106, 116A, 117A
10,14: 414A
13,22: 194A
14,22-25: 229A
14,22-24: 204, 344A, 484A
14,22: 416A, 492A
14,24: 486A, 492A, 493f
16,16: 62A, 139A, 239A, 290A, 366A, 561A

Lukas
1,15: 522A
1,28: 162A
1,41: 374A
1,42: 162A
1,46-55: 73, 73A, 164A
1,68-79: 172A
1,68: 92A
1,80: 70A
2,14: 155A
2,34f: 481A
6,30: 378
7,47: 215A
8,15: 75A, 566A
9,3: 535A
10,4: 535A
10,12: 414A
10,22: 331
10,27: 56A
10,30-37: 534A
11,2-4: 229A
11,28: 332f
12,49: 361A
13,27: 138A
15,10b: 276A
16,29: 72, 72A
17,5: 346
19,40: 92
22,15: 219A
22,17-20: 229A, 484A
22,19f: 204, 278, 278A, 344A
22,19: 159, 207A, 209A, 216A,

219A, 225A, 226A, 496A, 498A, 527A
22,20: 159, 178, 226A, 280, 280A, 483, 486A, 492A, 493f
22,25f: 359A
22,38: 533A
23,12: 351A
23,43: 70A
24,26: 221
24,44: 72, 72A
24,46f: 489
24,46: 209
24,47: 559A

Johannes
Buch: 45, 64A, 180
Kap. 1: 62
1,1: 242, 325f, 326A, 561A
1,2f: 327A
1,2: 331A, 555A
1,3: 378
1,4: 242, 325, 331, 487, 566A
1,12f: 344
1,12: 556
1,14: 340, 555A
1,17: 336A
1,18: 73, 73A, 323, 324A, 555A
2,1-11: 77-87, 93, 97f, 97A, 98A
3,5f: 61A
3,5: 120A, 341A, 525A
3,13: 240, 553A
3,16: 343A
3,18: 555A, 562A
3,29: 289, 294, 372
4,12f: 62A
4,14: 333, 371
4,24: 82, 327
5,24: 239, 240A, 555A, 556A
5,37: 73, 73A, 324
5,39: 336, 412f
Kap. 6: 207A
6,29: 345
6,35: 206, 333, 344
6,36: 207A
6,39f: 74, 74A
6,45: 208, 263A, 323
6,46: 73, 73A
6,56: 221, 239, 344, 367A, 485A, 527A, 556A, 561A
6,57: 485
6,63: 206, 225A, 270, 280, 280A, 332, 345
6,68: 331

[*Johannes*]
7,38f: 347
7,38: 333,371,530A
7,39: 208,215,371,413,415
7,49: 338A
8,12: 320
8,25: 332,555
8,44: 133A,263A,321A,335
9,6f: 115A
10,9: 134A
10,12: 195A
10,34f: 344
10,38: 91
11,25: 112A,555A
11,39–44: 115A
11,47f: 135A
12,4–6: 134A
12,26: 239,239A,485A
12,28: 74,74A
13,10f: 134A
13,21: 134A
13,27: 134A
13,29: 134A
13,34: 159,226A,262A
14,6: 242A,320
14,9: 331
14,10–13: 74,74A
14,16: 367A
14,20: 341A,367A,414A
14,23: 239,332,556A
14,26: 366A
15,1: 74,74A
15,4–11: 553A
15,4f: 74,74A,159,226A
15,4: 239A,240A,462
15,5: 52,56A,62A,341,485
15,7: 74,74A
15,20: 136A
15,26: 556A
16,5: 462A
16,8–11: 404A,456,460
16,10: 462A
16,13: 208,367A
16,23: 235A
17,3: 331,340,350,555A,
  556A
17,9: 264A
17,11: 553
17,19: 74,74A
17,20–23: 333f,553
17,20: 264A
17,21: 74,74A
17,24: 74,74A
17,26: 294,333,553,554A

18,38: 135A
19,9–12: 136A
19,12: 135A
19,33–38: 136A
20,22f: 367
20,23: 366A
21,18: 70A

Apostelgeschichte
Buch: 64A,156A
1,5: 61A
1,15–26: 358A
2,4: 230
2,7–12: 230A
2,17–19: 91A
2,38: 525A,528A
5,29: 180,254A,394A,533A
8,16: 528A
9,1–20: 70A
9,15: 495
10,34: 71,71A
10,48: 528A
13,38: 574
15,1f: 572A
15,1: 202
15,2: 202A
15,7–29: 533A
15,7a: 572A
15,9: 62A
15,10: 51A,203A,572A,573A
15,19f: 531A
16,1–3: 572A
16,3: 202,531A
20,28: 134A
20,29: 563A
24,5: 532A
24,14: 532A
26,5: 532A
28,22: 532A

Römer
Buch: 130A,156A
1,1: 156,156A
1,16f: 461
1,16: 524A
1,17: 295A,340,350
1,18: 320A
1,19f: 323
1,21: 292
1,22f: 72,72A
1,24–27: 292
1,25: 72,72A
2,11: 71,71A
2,14f: 521A

3,10–12: 553A
3,11: 574A
3,12: 323A
3,20: 61A,338,414,414A,461,
  485A,558A,560A,562A
3,22: 346A
3,23: 554A
3,27: 101A
3,28: 62A,485A,522A
3,31: 555
4,5: 62A
4,15: 61A,311,338,342A,414,
  521A,558A
4,25: 343A,559
5,3–5: 223
5,5: 59,62A,208,215,262A,
  330,341,347,371,556A
5,10: 340
5,12: 337A
6,2: 241
6,3–8: 524A
6,3–7: 342
6,3–6: 416,416A
6,4: 117A,342A,374
6,4a: 560A
6,4b: 561A
6,5: 375,484A
6,6: 342A
6,7: 241,461,484,560
6,9: 219
Kap. 7: 52
7,6: 262A,264A,574A
7,7–25: 61A
7,7–13: 96A,414f
7,7–9: 521A
7,7: 58A,62A,461
7,10f: 288A
7,10: 61A
7,18: 338A,557A
7,24f: 558A
7,24: 339,339A
8,1f: 262A
8,2: 415
8,3f: 415
8,3: 343A
8,5–8: 557A
8,6–8: 553A
8,6: 337
8,7: 337,347A,349A
8,9: 263A
8,10b: 62A
8,11: 347A
8,13: 531A
8,16: 264A

[Römer]
8,17: 484A
8,19: 348A
8,23: 497
8,24f: 347
8,26: 526A
8,32: 485,554A
9,3: 195A
9,17: 480
10,4: 61A,329A,574A
10,8–11: 73,73A
10,8: 63
10,8b: 63A
10,13–17: 334A
10,14f: 562
10,14c: 566A
10,15: 575A
10,17: 263A,266,409A,413
 bis 415,562
12,1f: 222
12,1: 289,375
12,2: 223A
12,4f: 221
12,11f: 113A
12,13–19: 71,71A
12,17f: 75A
13,1–7: 247A,322
13,1–6: 455
13,2: 575A,576
13,3f: 533A
13,4: 393A
13,7: 530A,533A
13,8: 262,333,347
13,10: 215A,262,371,555A,
 556A,561A
13,11: 91A
14,1: 133A,531A,534A
14,2f: 573A
14,13: 498A
14,23: 46A,235A,312,346,
 371,529A,555A,571A
15,1f: 195A
15,1: 448A,498A
15,4f: 412
15,5f: 412A
15,13: 213A
15,26: 537A
16,17f: 291,491
16,18: 429,482A,575A
16,20: 212A,244
16,24: 99A,386A

1. Korinther
1,3f: 194A

1,21: 263A,334
1,29: 101A
1,30: 338,341A,484,550,557
2,5: 95A
2,11: 86
2,14: 323,557A
3,1f: 447A
3,3–8: 526A
3,5: 375A
3,6: 264A
3,10: 447A
3,11: 366
3,16f: 118A
3,16: 111A,114A
4,1: 208,367
5,7: 281A
6,6: 537A
6,9: 85A,463A
6,17: 294,333,367A,554A
6,19: 111A,114A,118A
7,2: 84,535A
7,6f: 84A
7,9: 84A,376,378
7,10: 52A
7,12: 537A
7,15: 536A
7,18f: 572A
7,20: 535A
7,25: 52A
7,32f: 535A
7,39: 535A
8,6: 323
8,7: 571A
8,13: 534A
10,1: 525A
10,3f: 344A
10,4: 298A,366
10,13: 236A
10,16f: 159,226A
10,16: 278A,280f,281A,416
10,17: 528A
10,18: 416
11,23–32: 204
11,23–26: 170A,344,344A
11,23–25: 229A,484A
11,24f: 204A
11,24: 492A,493f,496A,527A
11,25: 159,225A,226A,375A,
 483,486A
11,26: 179,205A,216A,225A,
 230A,375,527A
11,27–30: 212A
11,27: 214A,280A,491f
11,28: 159,207A,225A

11,29: 207A,234,280A,556A
11,31: 207A
11,34: 533A
12,4–11: 230,230A
13,1: 230,230A,529A
13,3: 529A
13,4–8: 333
13,8: 262A
13,8a: 59A
13,10: 59
13,13: 59A,348A,524A
Kap. 14: 179
14,1–33: 230,230A
14,2–8: 231A
14,4f: 232A
14,13: 379
14,14–17: 232A
14,15: 526A
14,19: 231A–233A
14,23: 231A
14,26: 231A
14,27f: 232A
14,29: 231A
15,50: 553A
15,56: 415
16,1f: 537A

2. Korinther
1,22: 61A,262A
3,3: 61A
3,6f: 461,557A
3,6: 61,264A,279,279A,
 375A,413
3,7: 311,339
4,16: 341
5,7: 52
5,10: 552A
7,1: 531A
9,7: 86
10,4f: 193,246
10,5: 331A
Kap. 11: 265A
11,2: 289
11,13–15: 334
11,13: 138A
11,18: 101A
11,30: 265A
Kap. 12: 265A
12,5: 265A
12,9: 265A

Galater
1,3: 95A
1,4: 159,226A

[Galater]
1,8f: 335
1,8: 569A
1,10: 222A
2,3–5: 572
2,3: 203,531A
2,4: 133A
2,11–14: 178,202,531A,534A, 573,573A
2,16: 62A,485A,558A
2,20: 62A,334,340A,557A
3,2: 62A
3,5: 263A
3,10: 557A
3,15: 532A
3,16: 208A
3,20: 240A,323
3,21: 288A
3,24f: 574A
3,24: 339,558A
3,24a: 62A
3,27: 525A
3,29: 113A,373A
4,4: 294
4,6: 61A
4,11: 380
5,1–4: 573
5,1: 86
5,2–4: 203
5,3: 573A
5,6: 522A
5,7: 138A
5,13–24: 531A
5,13: 572
5,20: 350A,532A
5,24: 525A
6,7: 566A
6,14: 265A

Epheser
1,20: 221
1,22f: 221
2,3: 497
2,3b: 554A
2,6: 239
2,14–17: 524A
2,19f: 239
2,20f: 366A
3,6: 113A
3,17: 567A
4,5f: 323,346,518A
4,5: 525A
4,6: 327
4,24: 341A,495

5,2: 118A,159,226A
5,5: 85A,234
5,18–20: 227
5,22–32: 372
5,25f: 416
6,9: 71,71A
6,10–17: 446A
6,17: 359

Philipper
1,2f: 194A
1,21: 334
2,3: 532A
2,10: 115A
2,11: 96A
3,19: 211A,482A,563A
3,20: 239,240A
3,21: 347A

Kolosser
1,24: 221,221A
2,12: 345
2,16: 573A
2,19: 221
3,16: 233,379
3,25: 71,71A

1. Thessalonicher
1,1f: 194A
5,21: 382A

2. Thessalonicher
2,3–12: 133A,356
2,3a: 565
2,4: 211A,378A
2,7f: 359
2,7: 363A
2,8: 313,320A,321,364A, 369A,371A,380A
2,9f: 362A
2,9: 321A
2,10–12: 320,565
2,10f: 292
2,11: 480A
3,18: 386A

1. Timotheus
1,2: 286A,480A
2,5f: 74,74A
2,5: 223,242,323,560A
2,8f: 223
2,13f: 518A
3,1–7: 565
3,2: 84,376,535A,537A

3,4: 84,537A
3,12: 84
4,1–3: 84,98,376,537A,565
4,3: 380
4,8: 526A
5,8: 537A

2. Timotheus
1,2: 480A
1,13: 552A
3,9: 481
3,16: 233A,238A,412,413A
4,3f: 320

Titus
1,6: 84,84A
3,5–7: 62A
3,5f: 61A
3,5: 113A
3,7: 373A

1. Petrus
1,7: 223,236A
1,19: 281A
2,5: 224
2,9: 224A,289,375,495
2,12: 534A
2,13–17: 322
Kap. 3 und 4: 93,99
3,15: 385A
3,18: 75A
3,20f: 112A
4,1: 221,241
4,10: 532A
5,3: 373A

2. Petrus
2,1–4: 133A
2,1–3: 291,351,565
2,1: 291,532A
2,4: 519A
2,10: 351
2,12–16: 351
2,12: 366A
3,7: 113–116,113A,118
3,20f: 525A

1. Johannes
1,1f: 331
1,7: 241A
2,1f: 242,559
2,18f: 131,363,363A
2,18: 139,139A,384A
3,2: 345,562

[1. Johannes]
4,1–3: 133A
4,3: 131
4,9: 566A
4,16: 238, 238A, 239A, 262A, 330, 338, 379, 556A, 561A
5,14: 235f
5,16: 248

Hebräer
Buch: 64A, 178, 528, 528A
1,1f: 321A, 335
1,2: 327A, 373A
1,3: 326f, 331
1,14: 487
4,12: 288A
4,15: 217A
5,1–3: 217
5,1: 218
5,6: 217A, 218A, 288, 498A
5,10: 217A, 218
6,4–6: 213
6,6: 213A, 214A
6,18: 567A
6,20: 288
Kap. 7: 288
7,1–4: 218
7,23f: 218
8,3–7: 208A
8,3: 221
8,6: 558A

8,8–12: 489
8,8: 208A
8,12: 208A
8,13: 329A
9,11–28: 488
9,11f: 209, 221
9,12f: 486
9,12: 209A, 215A
9,13f: 498
9,15: 558A
9,17f: 209A
9,19–24: 208A
9,24–28: 499
9,24–26: 218
9,24: 212
9,25f: 209
9,26: 211A, 213
9,28: 209A, 210A
10,10: 209
10,12f: 212
10,12: 209, 209A, 215A, 221
10,14: 209, 209A, 559
10,16: 215
10,18: 209f, 215, 218
10,23: 214
10,24–28: 527A
10,26–29: 214A
10,29: 214A
11,1: 312, 345, 347A
11,6: 522A
12,24: 558A
13,4: 85A

Jakobus
2,14–18: 522A
2,17–20: 346A
2,19: 345A, 492A
5,14f: 374A

Judas
V. 6: 519A

Johannes-Apokalypse
1,11: 365A
1,19: 365A
9,11: 365A
12,2: 294
12,5: 294
12,7–9: 519A
13,1–18: 357
13,4: 360A
13,5: 363A
13,7: 362A, 371A
13,9f: 365A
13,11–13: 361A
13,14f: 362A
13,14: 313
13,16f: 364A
13,18: 313, 369A
17,15: 358
19,7: 83A
21,8: 85A
22,18f: 230A, 567A

2. Zitate

Hier sind nur von Osiander ausdrücklich bezeichnete Zitate aufgenommen. Von den Bearbeitern erschlossene Vorlagen sind über Personen- und Sachregister zu ermitteln.

Augustinus, Aurelius: [De perfectione iustitiae hominis III,8; VIII–X]: 58, 58A

Chronik Johannis des Evangelisten: 86
Corpus Iuris Canonici, D. 99, c. 3 und 4: 359

3. Personen

Mit Ausnahme der Päpste und Kaiser werden die regierenden Fürsten unter ihrem Territorium, die Bischöfe unter ihrer Diözese aufgeführt.

Bei Verweisen auf das Ortsregister wird das Siglum OR, bei solchen auf das Sachregister das Siglum SR gebraucht.

Kursiv gedruckte Seitenzahlen verweisen auf die Stelle, wo Näheres über die betreffende Person zu erfahren ist.

A

Alber, Matthäus 271A
Albrecht von Brandenburg, Hochmeister des Deutschen Ordens s. Preußen
– Kardinal s. Mainz
Aleander, Hieronymus 123A, 136A
Alexander d. Gr. 354A
Altenstaig, Johannes 346A
Alveldt, Augustin 206A
Amandus, Johannes 151, *151A*
Amlinger, Andreas 425A
Amsdorf, Nikolaus von 151
Ansbach-Kulmbach, Kasimir von 68, 141, *141A*, 284, 302, 302A, 303A, 304, 306–308, 306A, 314, 316, 316A, 317A, 385A
Aristoteles s. SR: Aristotelismus
Arius 423, *423A*
Athanasius von Alexandrien 65
Augustinus, Aurelius 52, 58, 59A, 322A
Auracher, Johann 440A, 448

B, s. auch P

Bamberg, Georg von Limburg, Bischof von 283
– Weigand von Redwitz, Bischof von 18, 104, 104A, 138A, 140, *140A*, 145A, 148, 153, 165, 167, 173f, 173A, 174A, 181–187, 191, 196 bis 198, 196A–198A, 244A, 283–286, 298, 301 bis 303, 302A, 398A, 501, 509f, 539A, 544
Baumgartner, Bernhard 49, 51, 54, *54A*, 187A, 268f, 383A, 393A, 402, 421, 427A, 429, 443, 452, 456, 501, 503
– Hieronymus 54A, *141A*, 177A
Baumhauer, Sebald d. Ä. 419, 419A
– Sebald d. J. 419, 419A
Bayern, Wilhelm von 418A, 503
Behaim, Barthel 407, 418f, *418A*, 421A
– Hans Sebald 268A, 407, 407A, 418f, *418A*, 419A, 421A
– zu beiden s. auch SR: ›Maler, drei gottlose‹
Beheim, Lorenz 293A
Benedikt XII., Papst 361A
Bernhard von Clairvaux 346A

Bierbaum, Alexius 107, 128, *128A*
Böschenstein, Abraham 70A
– Batt 70
– Clöwe 70
– Heinrich 70
– Johann 67–76, *67A*
Boyneburg, Ludwig von 132A, 363A
Briesmann, Johannes 420A, 472, 472A
Bucer, Martin 137–142, *137A*, 188, 188A
Bünau, Heinrich 188, 188A
Bugenhagen, Johannes 301
Burkhard, Franz 92A

C, s. auch K

Cajetan, Jakob de Vio 528A
Calvin, Johannes 271
Campeggio, Lorenzo 131f, 137, 138A, 139, *139A*, 140A, 181A, 384A
Capito, Wolfgang 137–142, *137A*
Castell, Johann zu 302A, 303A
Cicero, M. Tullius 157A
Chieregati, Francesco 68, 99A, 284
Clemens VII., Papst 123A, 184A, 458, 458A
Cochläus, Johannes 189
Curio, Valentin 408
Cyprian, Kirchenvater 206, 206A

D, s. auch T

Dänemark, Christian II. von 140A
– Isabella von 104A, 137, 139f, 140A
Denck, Hans 399, 407–419, *407A*, 419A, 544A
Deokar, Heiliger 171A
Derzer, Geschlecht 504A
Dietenberger, Johannes 189, *189A*, 241A
Döber, Andreas 149, *149A*
– s. auch SR: Messe, Döbers
Dolmann, Jakob 402, *402A*, 405, 455, 460A, 504, 516A, 517A
Dominikus, Heiliger 298
Donatus, Bischof von Arezzo 206A

Dürer, Albrecht 418A, 549A
Durlmaier, Johann 513, 513A

E

Ebner, Georg 513, *513A*, 550
- Hieronymus 140A, 183A, 466, 523A
- Katharina 466
- Lienhard 402, *402A*, 405, 455A, 460A, 504, 508f, 513, 515, 516A–520A, 522A, 524A, 525A, 527A, 528A, 531A, 532A, 534A, 536A, 537A
Eck, Johannes 88, 471A
- Leonhard von 88, *88A*, 503
Eichstätt, Gabriel von Eyb, Bischof von 88, *88A*, 302, 302A
Emmel, Samuel 90
Emser, Hieronymus 186, 188–190, 216A
Erasmus, Desiderius 64–66, 64A–66A, 123A, 293A, 528A
Erber, Georg 402, *402A*, 455A, 460A, 504, 516A, 517A
Erlinger, Georg 184A, 308f, 308A, 309A
Ernst, Barbara 451–453
- N. 452A
Esch, Johann van 92A, 194A, 362A
Euseb von Cäsarea 65, 145, 147, 162A, 360A, 364A
Eyb, Gabriel von s. Eichstätt

F

Faber, Johann 189
Feilitzsch, Philipp von 131A, 139A, 140A
Ferdinand I., Erzherzog von Österreich, später deutscher Kaiser 137, 137A, 140, 140A, 145A, 181, 300f, 512
Ferenberger, Johann 512
Flacius, Matthias 310
Frank, Kunz 397A
Frankreich, Franz I. von 458, 458A
Franziskus von Assisi 298
Friedrich II., deutscher Kaiser 369A, 488A
- der Weise s. Sachsen
Fries, Michael 48A, 49, 53, *388A*, 504, 509, 518A, 519A, 522A
Froben, Johannes 97A, 472
Frosch, Johann 242A
Fürer, Christoph I. 465, *465A*, 503
- Sigmund 464f
- Ursula s. Tetzel
Fürnschild, Sebastian 140A, 400A, *402A*, 405,
418A, 420–423, 421A, 440, 450, 455, 460A, 467A, 504, 516A, 517A
Fütterer, Geschlecht 504A
Funck, Johannes 309

G

Gastl, Jörg 107
Gemmingen, Uriel von s. Mainz
Georg von Sachsen s. Sachsen
Gerhard, Conrad 188, 188A
Gerson, Johannes 346A
Geuder, Georg 181
- Martin 502, 507, 507A, 523A
Glaser, Martin 400A, 402, *402A*, 404, 404A, 406A, 418A, 420–423, 421A, 450, 454, 460A, 467A, 516A, 517A
Greiffenberger, Hans 267–277, *267A*, 278A bis 281A, 334A, 407
Grumbach, Argula von 88–92, *89*
Grundherr, Leonhard 523A
- Paul 400, *400A*
Gutknecht, Jobst 103A, 143A, 192

H

Haller, Nikolaus 383A, 410, 502
Hammerschlag, Bernhard 391, 394f, *395A*, 397, 426f, 430, 433, 439
Haner, Johannes 123, *123A*, 124A, 125, 125A
Harsdörfer, Geschlecht 504A
Hauer, Georg 189, *189A*, 241A
Henne, Hans 172A
Henneberg-Römhild, Berthold von 302A, 303A
- -Schleusingen, Wilhelm von 132A, 302A, 303A, 305f, 363A
Hepstein, Johann 300, 400A, 451f, *452A*, 467, 467A
Hergot, Hans 268, 400A
Hermann der Lahme 241A
Heß, Johann 106
Hessen, Philipp der Großmütige von 123A, 188, 188A, 307
Hessus, Symon s. Rhegius, Urbanus
Heyden, Sebald 171A, 189, 242A, 410, 512, *512A*, 513A
Hieronymus, Kirchenvater 65, 65A, 355A
Hirschvogel, Ludwig 402, *402A*, 405, 455A, 460A, 504, 516A, 517A
Höltzel, Hieronymus 99, *99A*, 143, 143A, 186f, 253, 253A, 426, 426A, 430
Holdermann, Hans 131A

Holzschuher, Hieronymus 523A
- Lazarus 410
Huß, Johannes 296
Hut, Hans 256, 256A, 407f
Hutten, Ulrich von 360A

I

Imhof, Endres 502

J

Jakob, Leonhard 188
Jakobus de Voragine 162A
Jetzer, Johannes 362A
Johann der Beständige s. Sachsen
Jorion, Mathias 270, 275, *275A*
Jud, Leo 105

K, s. auch C

Kaden, Michael von 512
Kadolzburger, Niklas 48
Kämmerer, Christoph 464A
- Margarete s. Tetzel
Kantz, Kaspar 145, 145A, 242A
Karl V., deutscher Kaiser 104A, 140A, 181f, 302, 304, 502, 506, 508, 510, 512, 516A
Karlstadt, Andreas Bodenstein von 19, 64A, 143, 178, 205A, 222A, 258A, 271–273, 271A, 272A, 278A, 334A, 399, 407, 419, 419A, 456, 490f, 490A, 544f
Kasimir, Markgraf von Brandenburg s. Ansbach-Kulmbach
Ketzmann, Johann 512, 512A, 513A
Klara, Heilige 468
Klostermair, Georg 405, *405A*, 457, 513, 515, 549A
Koberer, Georg 442, *442A*, 501, 501A, 504, 518A
Koberger, Anton 64A
- Johann 65A, 66A
König, Wolf 438A, 439, 447
Kohl, Paul 184A
Kolb, Franz 308A, 309A
Koler, Christoph 176, *176A*, 193A, 196A, 268f, 393A, 402, 435, 435A, 443, 456, 501, 503
Konstantin d. Gr., römischer Kaiser 139A, 313, 359f, 359A, 363f, 369A
Kress, Christoph 502f

- Georg 398–400, *398A*
Kronach, Martin von 400A
Krug, Ludwig 419
Kulmann, Leonhard 512f, *512A*, 513A

L

Lactantius 360A
Landauer, Matthäus 434–437, *434A*, 449f
Lang, Anna 451, 452A
- Johann 68A
- Kunz 452A
Laurentius, Heiliger 171A
Lee, englischer Archidiakon 284A
Leo X., Papst 293A, 368A
Lichtenstein, Nikolaus 402, *402A*, 455A, 460A, 504, 516A, 517A
Limburg, Georg III. Schenk von s. Bamberg
- Gottfried Schenk von 302A, 303A
Linck, Wenzeslaus 45, *45A*, 145A, 146
Löffelholz, Geschlecht 504A
Lorenz, Heiliger s. Laurentius
Lufft, Hans 309
Luther, Martin 45, 53, 54A, 58A, 59A, 67f, 68A, 71A, 72A, 88f, 97A, 101A, 103A, 104 bis 106, 105A, 109A–114A, 116A–120A, 131, 136A, 140A, 143, 145f, 146A, 151, 157A, 158A, 161A, 171A, 172A, 186–188, 187A, 190, 195A, 199A, 203A–208A, 210A, 212A, 216A, 222A, 227A, 228A, 230A–232A, 238A, 240A, 241A, 248A, 252A, 259A, 262A, 264A bis 266A, 267, 276A–279A, 281A, 282A, 283, 308A, 322A, 326A, 328A, 344A, 346A, 351A, 353A, 355A, 365A, 372A–376A, 405, 420A, 456, 472, 472A, 474A, 481, 481A, 484A, 499A, 512A, 526A, 528A, 555A–557A, 561A, 564A, 567A, 568A, 570A, 572A, 574A–576A
Lyra, Nikolaus von 355A, 359A

M

Mainz, Albrecht von Brandenburg, Erzbischof von 295A
- Uriel von Gemmingen, Erzbischof von 293A
Mann, Georg 144, *144A*, 146
Mansfeld, Albrecht von 420
Maria, Mutter Jesu 68, 73, 75, 77, 79–83, 92A, 98, 162A, 171A, 180, 186, 237, 242, 416, 477A
Marstaller, Michael 300, 400A, *420A*, 421, 421A, 423, 450

Martin V., Papst 205A
- N. aus Hessen s. N., Martin
Maußer, Johann 434–436, *435A*, 436A, 437A
Maximilian I., deutscher Kaiser 293A
Melanchthon, Philipp 54A, 67f, 68A, 71A, 88, 139A, 141A, 301, 329A, 492A
Minderlein, Andreas 152
Mohammed 484
Mülich, Jeremias 54, 128, *128A*, 129A
Münster, Sebastian 68A
Münsterer, Sebald 68A
Müntzer, Thomas 19, 255–260, 257A–259A, 262A–266A, 268, 334A, 399, 407f, 408A, 419, 419A, 544f, 568A
Muffel, Georg 387–391
- Jakob 523A

N

N., Martin aus Hessen, Kartäuserprior 388f, 391f, 394–397, *394A*, 396A, 425–430, 426A, 439
N., Nikolaus, Kartäusermönch 428
N., Simon, Kartäusermönch 428
N., Wolfgang, Vikar 388
Neidecker, Paul 183f, *183A*, 184A, 198A
Norprecht, Sebastian 428, 428A
Nützel, Kaspar 93, 99A, 100f, *100A*, 101A bis 103A, 140A, 183A, 465f, 523A
- Klara 466

O

Öchsner, Wolfgang 172A
Ölhafen, Sixt 388, 396, *396A*, 425, 427, 440, 440A
Oertel, Karl 435, *435A*, 449f
Ökolampad, Johannes 408
Osiander, Andreas d. Ä. passim
- Abhängigkeit von Luther 474A
- von Reuchlin 566A
- Absicht, Nürnberg zu verlassen 101–103, 102A
- Anstellung am Augustinerkloster 18, 45A, 66A, 67, 144
- an St. Lorenz 18, 45, 95A, 195A
- Art zu predigen 97, 97A
- der Widerlegung 474A
- Beliebtheit 101f
- Besoldung 100–103, 100A–103A
- Briefwechsel 12, 14, 20–22, 89, 89A, 138, 138A
- Bücherkäufe 101, 101A
- Eigenständigkeit 146
- Jugendlichkeit 60, 60A
- Königsberger Zeit 309, 559A
- Namensform 97A
- Schulden 101A, 102
- Sprachkenntnisse 66A, 67
- Stil 78, 125
- Studium in Ingolstadt 18, 67, 69A
- Theologie allgemein 306f, 309, 310A, 315f, 322A, 346A, 404, 409, 409A, 474f, 477, 541, 545–547, 549f, 553A
- Einzelheiten s. SR
- als Übersetzer 64–66
- Verleumdungen gegen ihn 563A
- s. auch SR: Polemik
- Vorliebe für die johanneischen Schriften 324A, 553A
- für Syllogismen 215A, 240A
- für Systematisierung 559A
- Vorwurf, getaufter Jude zu sein 68, 76A
- Winkelmessen 101A
- Wohltätigkeit 101
- Andreas d. J. 65A
- Lukas 65A

P, s. auch B

Paulus von Burgos 360A
Pencz, Georg 407, 418f, *418A*, 421A
- s. auch SR: ›Maler, drei gottlose‹
Pergler, Jobst 402, *402A*, 405, 455A, 460A, 504, 516A–518A, 521A
Peßler, Georg 18f, 104, 128A, 144–150, *144A*, 145A, 153, 165–169, 166A, 174–177, 176A, 180–188, 183A, 184A, 191, 193f, 196A, 254A, 300, 303, 314, 375, 388, 388A, 393A, 400A, 429A, 467, 472f, 478, 482, 497, 500, 504, 509, 527
Petri, Olaus 152, 310, *310A*
Peypus, Friedrich 65, 65A, 103A, 185, 309A
Pfefferkorn, Johannes 285, 293A
Pfeiffer, Heinrich s. Schwertfeger
Pfinzing, Sebald 176, *176A*, 193A, 196A, 303, 303A, 400, 400A, 467, 467A
Pflüger, Konrad *388A*, 504, 518A, 521A
Philipp der Großmütige s. Hessen
Pirckheimer, Geschlecht 504
- Caritas 190, 464–468, *464A*, 467A, 470A
- Willibald 293A, 408, 435A
Pistorius, Friedrich *140A*, 388A, 392A, 396A, 400A, 427, 427A, 429A, 433A, 443A, 446, 467A, 504

Pius II., Papst 293A
Planitz, Hans von der 131A, 139A, 140A, 284, 284A, 359A
Platow, Balthasar von 188f
Pömer, Geschlecht 504A
– Hektor 18f, 95A, 100A, 102, *102A*, 139A, 144–150, 145A, 153, 165–169, 166A, 173A, 174–177, 176A, 180–188, 183A, 184A, 191, 193f, 196A, 254A, 300, 303, 314, 375, 388, 388A, 393A, 400A, 429A, 467A, 472f, 478, 482, 497, 500, 504, 509, 513, 513A, 527
Poliander, Johann *123A*, 442, 442A, 501, 501A, 504
Prenninger, Marsilius 300
Preußen, Albrecht von 132, 363A, 418A
Protzer, Johann 300, 400A, *420A*, 421, 421A, 423, 450–452, 467, 467A

Q

Quentel, Peter 65, 189

R

Ramminger, Melchior 78, 93
Redwitz, Weigand von s. Bamberg
Ress, Karl *140A*
Reuchlin, Johannes 67, 293A, 324A, 554A, 566A
Rhegius, Urbanus 499, 499A
Richard von St. Viktor 346A
Rupp, Michael 144, *144A*, 146

S

Sachs, Hans 408
Sachsen, Friedrich der Weise von 48, 48A, 100, 122f, 122A, 125–128, 125A–128A, 131A, 132A, 139A, 140A, 184A, 284A, 304A, 359A
– Georg der Bärtige von 188, 188A, 255
– Johann der Beständige von 150f, 151A, 255, 307, 512A
Sailer, Burckhard 449A
Satler, Adam 398–401, *398A*
Schatzgeyer, Kaspar 50, 138A, 190, 209A, 471 bis 500, *471A*
Schedel, Hartmann 364A
Scheuch, Barbara 18, 101A
Scheurl, Christoph II. 144, 145A, 181, 181A, 300, 387f, *393A*, 397, 399A, 400A, 403A, 420A, 421, 421A, 423, 427A, 429A, 434, 435A, 436, 440, 443, 448, 450–453, 457f, 467, 467A, 501, 503, 505–508, 510f, 515f, 516A, 519–524, 520A, 538f, 538A, 545f
Schleupner, Dominikus 18, 45, *45A*, 48, 54, 102A, 140A, 144A, 146f, 166–168, 166A, 170A, 171A, 182, 195A, 196, 196A, 230A, 257, 284, 300f, 306, 308, 314–316, 314A, 319, 381–384, 381A–383A, 388A, 393A, 400A, 402, 404, 404A, 418A, 420–423, 421A, 427A, 429A, 434, 435A, 436A, 443A, 450, 455, 460, 467A, 504, 506, 516A, 517, 520, 535A
– Dorothea 535A
Schlüsselfelder, Geschlecht 504A
Schmidtmer, Dorothea s. Schleupner
Schnitzlin, Hugo 428A
Schobser, Hans 472A
Schürstab, Leonhard 177A, 435, *435A*, 452, 502
Schuh, N. 514
Schwarzenberg, Barbara von 284, *284A*, 298
– Johann von 68, 283–298, *283A*, 302A, 303A
– dessen Frau 283
Schwenckfeld, Caspar 310, *310A*
Schwertfeger, Georg 255
– Heinrich 255–266, *255A*, 274, 334A, 407, 544f
Schwertfisch, –schmied s. Schwertfeger
Sebald, Heiliger 171A
Seehofer, Arsacius *88f*, 287A
Settelsted, Wolfgang *396A*, 438–440, 439A, 440A, 443A, 444A, 448
Silvester I., Papst 313, 360, 369f, *369A*
Simon N. s. N., Simon
Slüter, Joachim 152
Spalatin, Georg 68A, 100–103, 122–129, 139A, 167, 188, 188A, 329A
Spengler, Lazarus 45, *45A*, 46A, 53, 107, 141A, 151, 151A, 153, 154A–158A, 160A–164A, 168, 172A, 175A, 177, 177A, 182f, 183A, 185, 187, 191, 198A, 258, 258A, 261, 269, 269A, 274, 305A, 307, 316, 319, 323A, 324A, 327A, 328A, 330A, 353A, 367A, 368A, 383A, 408, 420, 420A, 422A, 456, 502, 506–509, 507A, 511, 517, 520A, 539, 541–543, 543A, 547, 552A, 554A, 555A, 557A–570A, 572A, 574A, 575A
Speratus, Paul 355A
Starck, Geschlecht 504A
Stauff, Argula von s. Grumbach
Steiner, Heinrich 514
Stengel, Andreas 268
Stöckel, Blasius 297A, 387–397, *392A*, 396A, 402, 425–428, 429A, 430–433, 438–440, 442f, 443A, 444A, 445, 446A, 447A, 448, 504

Stoß, Andreas 305A, *388A*, 504, 518A, 523A
Strauß, Jakob *259A*

T, s. auch D

Taucher, Anna s. Lang
- Barbara s. Ernst
- Jorg 452f, *452A*
- Margarete 452A
- Stephan 452, *452A*
- Ulrich *452A*
Tausen, Hans 105
Tetzel, Christoph 421, *421A*
- Friedrich 464, *464A*, 467
- Joachim 464A
- Margarete 464-466, *464A*, 467A, 468A, 469
- Ursula 464-470, *464A*
Textoris, Johannes 428A
Thomas von Aquin 58A, 346A, 373A
Thüngen, Konrad von s. Würzburg
Tipontius, Johannes 152
Toledo, Francisco Ximenes, Erzbischof von 293A
Tucher, Endres 523A
- Hans 398-400, *398A*
- Leonhard 177A
- Martin 176, *176A*, 193A, 196A, 393A, 402, 429, 443, 456, 467, 467A

U

Ulhart, Philipp 69

V

Valla, Laurentius 360A
Varnbühler, Ulrich 512
Venatorius, Thomas 18, 49, 54, 103A, 140, *140A*, 284, 301, 306, 308, 314-316, 314A, 319, 381-384, 381A-383A, 400A, 402, 404f, 404A, 418A, 420, 451, 452A, 455, 460A, 467A, 504, 516A, 517A, 521A
Veneto, Antonio 399A
Vogler, Georg 303
Volkamer, Clemens 49, 51, 54, 54A, 303A, 393A, 400, 400A, 402
Volprecht, Wolfgang 18f, 143-145, 143A, 150, 153, 159A, 165f, 182-186, *182A*, 183A, 184A, 197A, 388A, 400A, 440-442, 443A, 467A, 504, 509, 518A
Vo(e)s (Voss), Hendrik 92A, 194A, 362A
Vrach, Johannes von 426A, 428

W

Weissenhorn, Alexander 471A
Wertheim, Georg II. von 302A, 303A, 308A
Wilhelm, Balthasar 100f, *101A*
Winzler, Johann 47-63, *47A*
Wirsberger, Veit 419, 419A
Wolfgang N. s. N., Wolfgang
Wolfsthal, Balthasar von 131A, 132A, 139A, 359A
Würzburg, Konrad von Thüngen, Bischof von 302, 302A, 307A
Wullenweber, Hans 438A, 439, 447
Wunderlin, N., Dominikaner 181
Wurm, Kunz 452A
- Margarete s. Taucher
Wyclif, John 350A, 526A

X

Ximenes, Francisco, Kardinal s. Toledo

Z

Zell, Matthäus 137-142, *137A*
Zephyrinus, Papst 364, 364A
Zwingli, Ulrich 186, 210A, 216A, 240A, 271, 271A

4. Orte

Bei Verweisen auf Personen- und Sachregister werden die Siglen PR bzw. SR gebraucht.

A

Alexandria, Patriarchat 360
Allstedt 256
Altenburg, Dekan s. PR: Gerhard
– St. Georgenstift 512A
Ansbach 317, 317A
– Briefwechsel 257A, 303
– Fürstentum 141A, 302, 302A, 304, 392
– Hof 283
– s. auch SR: Landtag
Antiochia, Patriarchat 360
Antwerpen 136A, 471A
Augsburg 67, 141A, 242A, 402, 403A, 454
– Briefwechsel 408A
– Druckort 69, 77f, 77A, 93, 96A, 97, 97A, 130, 514
– s. auch SR: Augsburger Bekenntnis

B

Bamberg 185, 308
– Bischof s. PR: Bamberg
– Bistum 180, 183
– Domkapitel 544
– Domprediger s. PR: Haner
– Druckort 184A, 514
– Gericht, bischöfliches 183–185, 196, 196A, 197A, 398A
– Hofgericht 283
– Klöster, Dominikanerinnen »Zum heiligen Grab« 284, 284A, 286
– procurator fisci s. PR: Neidecker
Basel 47A, 408
– Druckort 97A, 272A, 472
– s. auch SR: Konzilien
Bayern, Herzogtum 136A, 483
Bern 362, 362A
Bibra 256
Böhmen 205A
Brandenburg, Mark 136A
Breslau 45A, 106
Brüssel 92A
Burgos, kaiserlicher Hof 181, 301, 502, 506, 516A
Byzanz s. Konstantinopel

C

Cadolzburg, Kastner 257A
Chartreuse (Kloster bei Grenoble) 388f, 391, 395, 397, 397A, 425f, 440f
Coburg, Briefwechsel 150f, 151A

D

Dinkelsbühl 141A
Donauwörth 141A

E

Eichstätt, Bischof s. PR: Eichstätt
Eisenach 259A
Erfurt, Druckort 309
– Universität 101A
Erlangen 257A
Eßlingen 67A, 69
– Briefwechsel 131A
– Rat 75, 284
– s. auch SR: Reichsregiment
Ettal, Kloster 88

F

Forchheim, Bauernunruhen 180A, 544, 548, 564A
Fränkischer Kreis 284, 302, 302A, 306, 306A, 317, 383A
Frankfurt a. M. 418A
– Klöster, Dominikaner, Prior s. PR: Dietenberger
Freiburg i. Br. 92A

G

Gotha 258A
Goslar, Briefwechsel 141A, 151, 153, 168
Griechenland 360
Gunzenhausen 18

H

Heidelberg 67
- Universität 502, 518, 523A, 539A
Horb/Neckar 47A

I

Ingolstadt 129A
- Druckort 471A
- Kirchen, Liebfrauen-, Pfarrer s. PR: Hauer, G.
- Klöster, Franziskaner, Guardian s. PR: Schatzgeyer
- Universität 67, 69, 69A, 88f, 91f, 91A, 92A, 407, 420A, 471, 502, 518, 523A, 539A

J

Jerusalem, Patriarchat 360

K

Karthago s. SR: Konzilien
Kassel 188A
Kempten 47A
Köln 136A, 499A
- Druckort 65, 189
Königsberg 309, 418A, 559A
- Druckort 309, 314, 515
Konstantinopel, kaiserl. Hof 132, 313, 360, 363
- Patriarchat 360
Konstanz 70, 402, 403A, 445A, 454
- s. auch SR: Konzilien

L

Landshut 129A, 471
Leinburg, Pfarrer s. PR: Ebner, G.
Leipzig, Druckort 457
Lenzfried 47A
Löwen 136A, 499A
Lüttich 136A
Lyon, Verlagsort 64A

M

Magdeburg 445A
- Briefwechsel 106, 139A, 141A, 151, 153, 182
- Kirchen, St. Ulrich, Prediger s. PR: Jakob
Mainz 136A
- Erzbischof s. PR: Mainz
Meiningen 317
Memmingen 47A
Mühlhausen/Thüringen 255–259, 258A, 259A, 262, 266A
München 47A, 88, 92A
- Druckort 472A
- Klöster, Franziskaner 405
- Guardian s. PR: Schatzgeyer

N

Nördlingen 67f, 67A, 141A
Nürnberg 67, 122A, 123A, 126A, 180A
- Briefwechsel 106, 187A, 300, 303, 316A, 512, 542A
- Burg 104A
- Deutscher Hof 257f
- Druckort 65, 89, 93, 95, 97, 97A, 99, 103A, 104, 106f, 192, 253, 256, 308, 309A, 407
- Kirchen, Deutscher Orden 150
  - Frauen- 241A, 242
  - Heilig Geist 140, 149
    - Kantor s. PR: Heyden
    - Prediger s. PR: Linck; Venatorius
  - Kartäuser 425, 440
  - Neues Spital s. Heilig Geist
  - St. Egidien 140, 449
  - St. Jakob 397, 397A
    - Prediger s. PR: Dolmann
  - St. Katharina 435A
  - St. Lorenz 102A, 104–106, 122A, 140, 156A, 158A, 159A, 171A, 241A, 435A
    - Prediger s. PR: Osiander, Andreas d. Ä.
    - Schaffer s. PR: Rupp
    - Schreibstube 317A
  - St. Sebald 107, 140, 141A, 156A, 158A, 231A, 232A, 449
    - Johannesaltar 147, 162, 162A
    - Kirchner s. PR: Baumhauer
    - Prediger s. PR: Schleupner
    - Schaffer s. PR: Mann
- Klöster 139A, 150, 181
  - altgläubige 141A, 150, 172, 172A, 301, 444A, 507, 510, 512, 540
  - Bettel- (Dominikaner, Franziskaner, Karmeliter) 301, 305, 441, 503, 520A
  - Frauen- (Dominikanerinnen, Klarissen) 464, 466, 469f, 511, 520A
  - Augustiner 18, 45, 45A, 66A, 67, 104A, 139f, 139A, 143, 150, 165, 185, 511, 540

- Nürnberg, Klöster, Augustiner
  - Prediger s. PR: Glaser; Ress
  - Prior s. PR: Volprecht
- Benediktiner 140A
  - Abt s. PR: Pistorius
  - Prediger s. PR: Fürnschild
- Dominikaner 138A, 464, 520A
  - Prediger s. PR: Pergler
  - Prior s. PR: Pflüger
- Dominikanerinnen von St. Katharina 464A
  - Prediger s. PR: Erber
- Egidien s. Benediktiner
- evangelisch gesinnte (Augustiner, Benediktiner, Kartäuser) 301, 304A, 305f
- Franziskaner 49–51, 53, 55A, 128A, 129A, 138A, 464, 520A
  - Guardian s. PR: Fries; Schatzgeyer
  - alte Mönche 49
  - Prediger s. PR: Ebner, Lienhard; Mülich; Winzler
- Karmeliter, Prediger s. PR: Hirschvogel
  - Prior s. PR: Stoß
- Kartäuser 308A, 309A, 387–392, 390A, 394–397, 396A, 402, 425–428, 430–433, 438–444, 446f, 468, 503
  - einzelne Mönche 388, 388A, 425A, 428, 428A, 438A
  - Kustos s. PR: Settelsted
  - Prior s. PR: Koberer; N., Martin; Stöckel
  - Schaffer 388, 390
- Klarissen 100A, 129A, 464, 467
  - Äbtissin s. PR: Pirckheimer, Caritas
  - Pfleger s. PR: Nützel, Kaspar
  - Prediger s. PR: Lichtenstein
- Schotten s. Benediktiner
- Neuer Bau 268
- Rat passim
  - Ältere Herren 509, 518A, 523, 523A
  - größerer s. SR: Genannte
  - Kirchenpolitik 53, 138A, 177, 180, 187, 268, 307, 390–392, 395, 417, 422, 422A, 442, 501–507, 510–512, 542–544, 547–549, 549A, 551
  - Religionsparteien 138A, 402, 502f, 507, 510, 548
  - Wähler 449, 449A
- Rathaus 403, 420, 456, 504, 504A, 546–548
- Ratskanzlei 317, 317A
- Ratsschreiber, vorderster s. PR: Spengler
- Schulen 68, 162A
  - St. Sebald, Schulmeister s. PR: Denck; Heyden
- Vorbildlichkeit für andere Städte und Territorien 141A, 150–152, 175, 186, 188, 512, 512A
- Zwölfbrüderhaus, Landauersches 449f, 449A
  - Allerheiligenkapelle 434f, 435A
    - Vikar s. PR: Maußer
  - Pfleger s. PR: Oertel
- s. auch SR: Reichstage; Religionsgespräche

O

Oberdeutschland 188
Orlamünde 271, 545

R

Regensburg 71A, 123A, 141A, 407
- Druckort 184A
- Hof Ferdinands 181, 181A, 301
Reiffenstein im Eichsfeld, Zisterzienserkloster 256
Riga 141A
Rom 132, 139A, 295, 313, 368
- Bischof s. SR: Papst
- Heiliger Stuhl 360, 364
- Hof des Kaisers 359f, 363
- Kurie 131f, 284
Rostock 152
Rothenburg o. d. T. 141A, 302A, 303f, 303A, 317
- s. auch SR: Kreistage

S

Sachsen, Herzogtum 136A
- Kurfürstentum 256
Schmalkalden 100f, 101A
Schwäbisch Hall 141A
Schweden 152, 310A
Schweinfurt 302A, 303A, 317
- Briefwechsel 307A
Schweiz 188
Speyer s. SR: Konzilien; Reichstage
Stein am Rhein 70, 75
Straßburg 137, 138A, 188, 402, 403A, 445A, 454, 457, 457A
- Briefwechsel 141A, 512, 542A
- Druckort 90, 242A
Sündersbühl, Vorort Nürnbergs 93, 99, 99A

T

Tübingen, Universität 502, 518, 523A, 539A

U

Ulm 47A, 141A, 457A, 502
- s. auch SR: Städtetag

V

Vienne s. SR: Konzilien

W

Weißenburg 141A, 152, 302A, 317
Wertheim 308A, 317
- Druckort 308, 308A
Wien, Propst 284A

Windsheim 141A, 284, 302, 302A, 303A, 317
- s. auch SR: Kreistag
Wittenberg 67, 138A, 147, 151, 176, 205A, 458
- Druckort 188, 457
- Universität 88, 88A
Worms s. SR: Reichstage; Religionsgespräche
Würzburg 123A, 442, 501
- Bischof s. PR: Würzburg
- Hof des Bischofs 283

Z

Zürich 67, 445A, 502, 504, 510A
Zwickau 445A
- Druckort 107

5. Sachen

Bei Verweisen auf Personen- und Ortsregister werden die Siglen PR und OR verwendet.

A

Abendmahl 80, 179, 234, 313, 348, 372, 374, 406, 408f, 473, 473A, 476f, 526f, 561f
- Aufbewahrung der geweihten Elemente 160A, 169, 169A, 170A
- Einsetzungsworte 145f, 146A, 150f, 157f, 157A, 158A, 170A, 178f, 203f, 203A, 205A, 206, 206A, 207A, 209A, 210A, 211, 211A, 225f, 229, 229A, 240, 240A, 270, 276, 280, 280A, 344, 483–486, 484A, 486A, 488A, 489f, 492, 492A, 493A, 495, 527
- würdiger Empfang 206A, 207, 270, 272, 275, 278A, 280, 280A, 345A, 435f, 556, 556A
- und Evangelium bzw. Leben 279, 279A, 312, 341, 404, 404A, 456, 559A
- als Gedächtnis 178, 216, 219, 224f, 473, 475, 490–493, 493A, 498–500, 527
- Häufigkeit des Besuches 204, 204A
- Jesu 134, 219, 224, 473, 490, 499
- Kinderkommunion 169, 169A
- Konkomitanz 178, 206, 206A, 486
- Kranken- 166, 169f, 170A
- Nießung, geistliche 206f, 207A, 239, 270, 272, 312, 344, 409, 485, 527, 556A
  - leibliche 206f, 207A, 556A
- Pflichtkommunion 364f, 364A, 468, 527
- Realpräsenz 204, 204A, 210A, 217, 219, 267, 267A, 270f, 271A, 273–278, 275A, 278A, 280A, 281f, 281A, 282A, 312, 410, 416f, 478, 490A, 491, 556A
- als Speise der Seele 144A, 158f, 225
- als (neues) Testament 209A, 234, 278, 280A, 282, 473–475, 477, 482–488, 484A, 486A, 487A, 490, 492–495, 492A, 497
- unter einer bzw. beiderlei Gestalt 18, 104, 104A, 137, 139f, 139A, 140A, 143f, 160, 160A, 165, 167, 169, 169A, 170A, 176, 178, 205f, 205A, 206A, 313f, 375, 375A, 473, 527
- als Wahrzeichen 178, 205, 278, 282, 282A, 344, 456, 462, 490–494, 493A, 527, 550
Abendmahlsanmeldung 169, 169A
Abendmahlsauffassung Dencks 411A
- Greiffenbergers 267, 269–272, 281A
- Osianders 270, 273
- Schatzgeyers 473
Abendmahlselemente, unkonsekrierte 210f, 210A
Abendmahlsliturgie, evangelische Nürnbergs 149, 157–160, 177, 225f, 229f
Abendmahlsvermahnung 45A, 144–146, 144A, 152f, 158f, 158A, 178, 186, 225f, 225A, 230, 230A
Aberglaube 160A, 169A, 171A, 180, 202, 243, 243A, 291
Abfall vom christlichen Glauben 98, 203, 238, 247f, 247A, 423, 423A, 519, 569
Abgötterei 89, 201, 229, 311, 334, 530, 551, 571

SACHREGISTER

Abkündigungen 162, 162A, 163A, 167, 172A, 173
Ablaß 294f, 314, 368, 368A, 380, 483, 491
Absolution, allgemeine 145–147, 145A, 158A, 159A, 169A
- private 139, 139A
Absolutionsformel Lincks 145A, 146
Absolutionsstreit 139A, 144, 145A, 146f, 177
Adiaphora 178f, 186, 203A, 210A, 375, 455, 530–533, 551, 552A, 568–574
Ärgernis 375, 405, 463, 491, 533f, 551
Agende, badisch-pfälzische 152
- Bamberger 104–106, 104A, 109A, 110A, 113A, 116A–119A, 128A
 - s. auch Missale Bambergense
- Eichstätter 118A, 119A
- Magdeburger 105f, 109A, 111A
- von Nürnberg, St. Lorenz 104–106
- Straßburger 119A
- Wittenberger 105
- Würzburger 118A, 119A
 - s. auch: Gottesdienstordnung; Taufordnung
›Agnus Dei‹ 146, 160, 160A, 230A
Almosen, großes (gemeines) Nürnberger 18, 163A, 451, 453, 453A
- Pfleger 453
Alte Kirche 178, 230, 537, 572
›Alter Adam‹ s. Mensch, alter
Altgläubige (-kirchliche) 48, 123A, 138A, 141A, 171A, 189f, 195A, 197A, 241A, 285, 387, 391, 394A, 427, 471, 471A, 568A
 - s. auch: Prediger, altgläubige; Religionsparteien; Theologen, altgläubige
Amt 224, 254A, 375, 392, 428, 456, 563, 567
Antichrist 131–133, 139, 139A, 306–310, 313, 316, 317A, 321, 348, 348A, 351–371, 373, 378, 380, 383f, 384A, 478
Antiphonen 154A, 155A, 162, 162A, 164, 164A, 171, 171A, 227f, 228A, 241A,
 - s. auch: ›Media vita‹; ›Salve regina‹
Apostel 206, 239, 313, 323, 352, 363, 367, 374f, 412f, 416, 423, 473, 477, 528, 535, 563, 572
 - s. auch: Jünger Jesu
Appellation 184, 198, 198A
Aristotelismus 59A, 361
Armenhäuser s. OR: Nürnberg, Zwölfbrüderhaus
Arme, Unterdrückung 260, 265A
Armenpflege 228, 233, 295, 373, 425, 451–453, 453A
Armut, freiwillige 377f, 377A, 535, 537
Artikel, Ansbacher 23: 302–307, 302A, 303A, 307A, 313–316, 320A, 371A, 375–377, 375A bis 377A, 380–382, 380A–382A, 385A

- des Bischofs von Bamberg 183, 183A, 197A, 198A
- ›Christliche Hauptstücke‹ 402–406, 454f, 454A, 508
- Mühlhauser 11: 256, 258A, 259
- der Pröpste 144, 146, 165–174
- für das Religionsgespräch 12: 404, 408A, 411f, 454–463, 501–506, 508f, 513, 516–526, 528, 530, 532–536, 538A, 545–547, 549–551
Auferstehung 112, 117, 312, 342f, 347, 484, 561f, 561A
 - s. auch Christus, Auferstehung
Aufruhr 48–50, 71, 129, 131, 135, 166, 180, 180A, 185, 247f, 256, 259–266, 259A, 262A, 266A, 299, 422, 432, 447, 491, 502, 505, 507, 516, 519, 542, 544–548, 551, 552A, 563–565, 576
Augsburger Bekenntnis 54A, 565A
Augustiner 291
 - s. auch PR: Esch; Vo(e)s; OR: Nürnberg, Klöster, Augustiner
Auslegung unverständlicher Rede 231f, 379
Außen 270, 409, 485, 525f, 528, 533
 - s. auch: Wort, äußeres
Austritt aus dem Kloster 284, 284A, 286, 298, 464–467
Ausweisungen aus Nürnberg 47f, 50, 124A, 129A, 181, 257, 261, 391f, 396f, 399A, 400f, 410f, 418A, 420, 423–426, 432f, 439, 448
- aus anderen Städten 47A, 256, 262A
›Ave Maria‹ 117A, 162, 162A

B

Bann 169A, 185, 201, 365, 365A, 294, 296
 - s. auch: Exkommunikation
Bauernkrieg 18, 152, 166, 180, 180A, 257A, 307, 502, 512, 542, 544, 548, 564A
Begierde 85–87, 111, 320, 337, 342f, 414, 517 bis 519, 519A, 525f, 560A
Begräbnis 166, 171A, 172, 172A, 238
Beichte 469, 507, 511, 540
- Neuordnung 165f, 169, 169A
- Ohren- 18, 128f, 137, 139, 139A, 166, 169A, 170A
Beichtzwang 314, 365, 365A, 380, 468
›Benedictus‹ 146, 146A, 172
Benediktiner 291
 - s. auch OR: Nürnberg, Klöster, Benediktiner
Berechnungen der Endzeit 132, 363f, 363A
Berufung der Geistlichen 96f, 96A, 109, 542, 544, 551, 552A, 564, 564A, 565A, 575, 575A
Beschneidung 202f, 374, 531, 572f

Besoldung der Kapläne und Vikare 173f, 173A, 174A, 182
Bibel 280, 293A, 394
- Altes Testament 64A, 66, 72, 72A, 129, 224, 231, 238, 247, 281, 377, 473, 524f, 566f, 567A
- Apokryphen 65
- Neues Testament 64f, 64A, 65A, 72, 224, 231, 239, 247, 281A, 377, 524, 566f, 567A, 572
- Polyglotte, Complutensische 293A
- Übersetzung von Ex 34,20: 126f
- s. auch: Schrift, heilige
Bibelausgaben, NT des Erasmus 66A, 293A
- deutsche Nürnberger 103, 103A
- lateinische Kobergers (1520) 64A
- lateinische Osianders 11, 64–66, 96A, 363A, 489A
Bibelglossen 65
Bibelhandschriften 66
Bibellektüre 246, 263A, 264A, 428
Bibeltext, hebräischer 64, 65A, 66, 293, 293A, 571A
Bibelübersetzung, deutsche 292
  - Luthers 326A, 333A, 335A, 347A, 351A, 353A
- griechische, Septuaginta 64, 65A, 66, 571A
- lateinische des Erasmus 64, 64A, 66A
  - Osianders 64–66
  - Vulgata 292, 328A, 329, 340A, 347A, 353A, 495, 532, 532A, 571A
Bibelverbot 246, 292, 292A, 293A
Bibelvorreden 64–66, 489A
Bildersturm 256, 258A, 259, 264, 294A
Bilderverbot 68, 71–73, 259, 294A
Bilderverehrung 68, 70–73, 75, 111, 260, 294, 314, 380
Bischöfe 84, 131, 133, 355, 358f, 532, 535, 537
Brevier 232A, 244A
Bruderschaften 294
Buchdrucker(-kunst) 64–66, 95A
Buchstabe und Geist 50, 61, 264, 279A, 409, 413, 428
Bücherverbot 138A, 140A, 190, 268, 300, 407, 481, 481A, 514
Bücherverbrennung 136, 136A, 292f, 293A, 499
Bücherzensur 285, 293, 308A, 466, 469
Bund s. Testament
Buße 372, 372A, 373A, 374, 559

C

Chor 149, 154A, 155, 156A–158A, 160, 160A, 162, 162A, 172, 229A

Christen 69–71, 75f, 201, 208, 222, 224, 245, 260, 262A, 320, 332, 355, 358, 365f, 368, 373, 393, 396, 396A, 405, 412, 431, 443, 446, 455f, 470, 483, 498, 507A, 534, 536f, 569, 573f
Christenheit 53, 112, 183, 206, 223, 281, 289, 320, 356, 360, 366, 372, 375, 494, 565
Christus Jesus 50, 57, 61f, 72, 77, 79f, 82f, 85, 96, 98, 112, 135f, 171A, 180, 199f, 203, 206, 313, 352, 361, 366f, 375, 377, 409A, 412, 414–416, 460, 462, 481, 484, 492A, 518, 520 bis 522, 524–526, 534–536, 553f, 558, 570
- Auferstehung 117, 215, 219, 342f, 559, 559A, 561, 561A
- als Bräutigam 288f, 292, 294
- als Ende des alttestamentlichen Gesetzes 311, 329, 339
- Erfüllung des Gesetzes 57, 159, 226
- Erkenntnis 178, 278, 289, 340, 367, 492A, 555f
- Ewigkeit 209, 218, 220, 288
- unsere Gerechtigkeit 341, 557
- Gottheit 81f, 130, 134, 218f, 332
- Handeln mit Gott 559A, 560
  - den Menschen 559A, 560, 566A
- Heiland 194, 243, 339f, 552
- Himmelfahrt 215
- Königtum 218, 224, 288f
- Lehre 75, 262, 390, 552
- Lehrer 310, 321, 323
- geistlicher Leib 73–75, 221, 281, 281A, 473, 479, 528
- Leiden 129, 159, 211, 213, 215, 218–221, 223, 226, 312, 340, 373f, 490, 492, 498f, 560f
- Menschheit 74f, 81, 170A, 332
- Menschwerdung 159, 215, 226, 265A, 312, 329, 340, 344, 363, 555, 566
- Mittler 223, 242, 323, 552A, 558, 560
- (Opfer-)Tod 159, 178, 194, 206, 208–211, 213–216, 218–221, 225f, 230, 240f, 275A, 278, 278A, 281, 281A, 340, 344, 373–375, 379, 416, 461, 473, 478, 485, 487, 490, 492f, 497–500, 527f, 550, 559–561, 560A, 561A
- Priestertum 178, 209–211, 214–220, 288f, 295, 498, 528
- ›selbst‹ 475, 485, 498, 530, 555
- Vereinigung mit 312, 340, 456, 462, 549, 554f, 556A
- Vorherwissen 98
- Werk(e) 91, 98, 414, 524, 550, 560, 560A, 562
- Wiederkunft 87, 113, 371
- Wille 74, 81, 98, 235
- ewige Zeugung 310, 325, 329
- s. auch: Einwohnung; Wort Christi

SACHREGISTER

›Communio‹ 146, 160, 160A
›Complenda‹ 160, 160A, 161A, 230A

D

Deutsche Messe 18, 143–145, 147, 150, 159A, 165
Deutscher Orden 291
- s. auch OR: Nürnberg, Deutscher Hof
Disputationen 92A, 387–389, 392, 402f, 402A, 403A, 405, 502–507, 509f, 516, 518f, 539
Dominikaner 291, 362A
- s. auch OR: Nürnberg, Klöster, Dominikaner
Donatio Constantini 360A, 369A

E

Ebenbild 324, 326f, 330f, 362
Edikt von Burgos (1524) 304f, 304A, 305A
- Wormser (1521) 175, 299f, 304, 365A, 481A
Ehe 77, 80, 84f, 87, 98, 372, 374, 377f, 380, 401, 532, 536f, 536A
- vorzeitige Absprache 398–400, 398A, 401A
- Bigamie 398f, 398A–400A
- Priester- 173, 174A, 376, 463, 534f, 535A, 537, 551
- Wiederheirat Geschiedener 314, 376, 406, 463, 534–536, 535A, 537A, 551
- verbotene Verwandtschaftsgrade 376, 376A
Ehebruch 85, 314, 376, 398f, 398A, 399A, 401, 463, 534–537
Ehehindernisse 167, 314
Eheprozeß 173A, 398A, 399
Ehescheidung 314, 376, 406, 463, 535f
Eid 410, 449f
Einwohnung Christi 62, 159, 226, 239f, 279, 279A, 311f, 334, 340f, 344f, 367, 404, 414, 456, 462, 485, 522, 524, 527, 550, 553–557, 557A, 558A, 561f, 567
- des heiligen Geistes 50, 61, 62A, 312, 526
- Gottes 114, 260, 279, 279A, 336, 338, 344f, 524, 530, 556, 558A, 561A
- des Wortes Gottes 347
Elevation 158, 158A
Endzeit 84, 89–92, 98, 194, 199, 215, 290, 313, 352, 364
- s. auch: Berechnungen
Engel 113, 519
Erbsünde s. Sünde, Erb-
Erkenntnistheorie 326

Erlösung 62, 62A, 131, 210–215, 221, 223, 270, 278A, 280A, 281A, 286, 291, 416, 484, 492, 538, 550, 557, 559A, 561A
Evangelienharmonie Osianders 11, 97A, 130
Evangelische 65, 71, 85, 91, 101, 131, 181, 188, 302A, 465, 568A
Evangelisten, vier 489, 494
Evangelium 48, 61A, 92, 96, 100f, 133, 136, 176, 181, 194, 202f, 213, 248, 278A, 279, 288f, 299f, 311f, 320f, 344f, 348, 366, 369, 371, 389, 392, 410, 412, 414f, 422, 428, 431, 441, 472, 479, 483, 489, 505, 527, 535, 550f, 554f, 561, 567A, 570A, 573, 576
- Funktion 311, 336, 339–341, 343, 403f, 406, 408, 409A, 455f, 461, 524, 524A, 562, 566A, 567
- Inhalt 566f, 566A
Ewigkeit 325, 328f, 350
- s. auch: Christus, Ewigkeit; Gott, Ewigkeit; Weisheit, ewige
Exkommunikation 19, 140, 141A, 184, 184A, 186, 198, 198A, 422

F

Fasten 46, 167, 314, 365, 380, 510, 525f, 542, 569f, 570A
Fegfeuer 180, 233, 237–241, 240A, 291, 375, 472A, 476f, 482, 500, 500A
Feiertage 141A, 163A, 171A, 237, 380
- s. auch: Heiligenfeste
Firmung 120A, 373f
Fleisch als Gegensatz zum Geist, fleischlich 87, 101, 117, 223, 225, 337, 341–343, 346f, 349, 351, 480, 553, 557, 562, 572
Fluch 249–251, 338f, 557
Franziskaner 47, 47A, 54A, 291, 471, 497, 499
- Observante 54A, 471
- Ordensprovinz, Straßburger 54A
  - Provinzial s. PR: Schatzgeyer
- s. auch OR: Nürnberg, Klöster, Franziskaner
Frauen, inspirierte 89f, 92
Freiheit 84–86, 98, 178f, 201–203, 205, 226, 227A, 243, 247f, 295, 310, 328f, 361, 375–378, 380, 436, 447, 526–528, 530–537, 542, 551, 552A, 568–575
Friede 71, 75, 111, 163A, 213, 294, 300, 312, 347, 389, 403, 422, 425f, 432, 440f, 446, 505, 508, 524, 530f, 533, 548, 551, 563, 565, 575
Friedensgruß 146, 159f, 160A, 230
Furcht 81, 287, 339, 342, 350, 507A

G

Gebet allgemein 46, 74, 77, 82, 111, 197, 227, 346, 374, 525f
- Fürbitte 163A, 233
- als Opfer 223f
- für die Toten 179f, 233f, 236–238, 241, 375

Gebete, einzelne 92, 104f, 109, 111f, 111A, 113A, 114–117, 116A, 117A, 120, 154A, 160, 160A, 162, 162A, 230, 230A, 232, 235, 244A
- Allgemeines Kirchen- 163A
- Kollekten- 155f, 155A, 156A, 163A, 179, 228, 228A
- des Meßkanons 157A, 178, 209A–212A, 211f
- Sündflut- 105, 105A, 107, 112, 112A, 121

Gebote (Gottes) 50–52, 51A, 58A, 62, 62A, 84 bis 86, 111, 117, 178f, 215, 238, 248, 250, 252f, 310, 320, 322, 328, 338f, 352, 361, 365, 373, 378–400, 405, 488, 520, 525, 529–531, 533f, 551, 552A, 556, 567–574
- Dekalog 117, 162, 372
- Erfüllbarkeit 48, 52f, 55A, 56–58, 57A–59A, 61, 63A
- Funktion 52, 56, 56A, 61
- Liebes- 52, 59, 59A, 260, 557A
- Notwendigkeit 62A
- Verbindlichkeit 52f, 55A, 56f, 56A, 59f, 59A, 328
- s. auch: Menschengebote

Geduld 69, 223, 347f, 366, 439

Gehorsam 86, 322, 377–379, 377A, 405, 447, 455, 463, 468f, 530, 532f, 551, 567–569, 575

Geist als Gegensatz zu Fleisch 82, 87, 117, 207, 225, 341, 344
- zu Leib 232, 327, 329f, 332, 355, 367
- heiliger 50, 52, 59, 61–63, 62A, 80, 82, 89–92, 112–114, 117, 120, 120A, 207, 208A, 213 bis 215, 222f, 230f, 233, 259f, 262–264, 264A, 279, 311f, 329f, 333, 339, 341, 347, 349, 352, 354, 363, 366f, 371f, 374, 377, 412f, 415, 460f, 473f, 479, 483, 486, 488, 493–495, 526, 530, 556f, 567A
- s. auch: Einwohnung
- im Sinne der ›Schwärmer‹ 263–266, 263A, 265A, 409, 409A, 412, 414f
- s. auch: Buchstabe

geistlich 337, 342, 377, 393, 557, 562

Geistliche 419, 524A
- altgläubige 130f, 135f, 135A, 170, 181, 213, 236, 245f, 256, 258A, 290, 295, 430, 444, 486, 537, 542, 544, 548, 563
- des Fürstentums Ansbach 302, 304, 309
- Geldgier 170A, 233f, 234A, 236, 246, 351, 368, 368A, 394A, 483, 486, 496, 529, 529A, 563, 570, 570A, 575f
- finanzielle Lage 100f, 100A, 103A, 195, 195A

Gelübde 77, 86, 292, 294, 314, 328A, 377f, 377A, 472

Gemälde, polemische 268f, 268A, 272, 300, 407

Gemeinde 95A, 96, 221, 367, 477, 575A

Gemeiner Kasten s. Almosen, großes
- Mann s. Volk, einfaches

Genannte 501, 501A, 504, 507f, 510, 516A, 517, 517A, 519, 538A, 539, 547A

Genugtuung 213, 219, 223, 372f, 372A, 472A, 524, 538, 559A

Gerechtigkeit 50, 62, 62A, 71, 136, 159, 207, 225, 234, 311f, 341, 404, 455f, 460–462, 475, 484, 523A, 550, 559–562, 561A, 571
- Christi 372
- s. auch: Christus, unsere Gerechtigkeit
- falsche, menschliche 289f, 294f, 297, 337f, 553, 557
- von Gott oder Christus in uns gewirkte 527, 529
- des Glaubens 127A, 290, 314, 336, 343, 346, 371, 406, 562
- die vor Gott gilt 404, 406, 415, 461, 522, 550
- Gottes 311f, 319f, 339f, 346f, 408–410, 414f, 524, 550, 553, 554A, 557A, 558, 562
- s. auch: Gott, unsere Gerechtigkeit
- s. auch: Werkgerechtigkeit

Gericht 112, 117f, 120, 138, 212, 212A, 214, 234, 239f, 240A, 292, 333, 339, 352, 355, 465, 469, 529, 552, 555f

Gerichtsschreiber s. PR: Oertel

Gesänge, geistliche 149, 149A, 227f, 233, 241 bis 243, 379

Geschöpfe 81, 86, 212, 289, 323–325, 327, 329f, 348, 475, 477, 487, 532

Gesetz 49f, 61, 61A, 62A, 75, 208, 237, 279, 288, 311f, 337, 347–349, 371–373, 378f, 524f, 527, 529–531, 555f, 561
- altes 61f, 85
- des AT 135, 203, 214, 259f, 262, 266, 266A, 293A, 544f, 573f, 574A
- Aufhebung 259f, 262f, 262A
- s. auch Christus, Ende des Gesetzes
- Erfüllbarkeit 61, 62A, 311, 557A, 558
- Funktion 50, 61f, 96, 311, 336–339, 341–343, 345, 404, 406, 408, 409A, 410, 414f, 455f, 461, 520f, 549–551, 556A, 557f, 558A, 560, 560A, 561A, 562, 566A
- Inhalt 566A, 567, 567A
- natürliches 262A
- neues 61f, 62A, 85, 262
- usus civilis 520, 520A

SACHREGISTER

[Gesetz, usus]
- tertius 555A
- Zeremonial- 127, 520A
- s. auch: Menschensatzungen

Gewaltanwendung 245–248, 260f, 263, 263A, 265f, 292, 294f, 355, 359, 393, 432, 466, 544, 548, 564, 575

Gewissen 86f, 193A, 207, 236, 267, 292, 294f, 311, 337–339, 350, 371A, 380, 413, 448, 450, 456, 466, 468, 497, 505, 530f, 533, 568–571

Gewohnheit 57, 70, 199, 245, 296f, 505, 516, 518, 569f
- s. auch: Tradition

Gläubige 111, 239, 296, 310, 367, 375, 377, 409, 409A, 413, 462, 473, 475, 494, 537, 558A, 575

Glaube 46, 50, 52f, 62f, 62A, 73–75, 77, 80–84, 91, 95, 98f, 110–112, 117, 127, 159, 176, 178 bis 180, 203f, 206–208, 206A, 213–215, 222, 224, 226f, 230, 235–237, 239f, 240A, 245A, 247, 251–253, 263f, 263A–265A, 270, 278A, 279–281, 280A, 285, 289f, 292, 293A, 295, 298, 311–313, 315, 320, 331–333, 337, 339 bis 341, 343–348, 350, 363f, 366, 368, 371 bis 374, 379–382, 403–405, 409A, 410f, 413 bis 415, 421, 423f, 455, 460f, 465, 485, 492f, 495f, 496A, 502, 518, 522, 524f, 527–530, 533f, 537, 542, 549–551, 555–557, 556A, 561, 561A, 565, 567, 569–571, 574
- fides acquisita 345A, 346A
  - ficta 346, 346A
  - caritate formata 346A
  - historica 312, 345, 345A
  - informis 346A
  - infusa 346A
  - mortua 346, 346A
  - viva 346A
- Kinder- 374, 374A

Glaubensbekenntnisse 53, 95, 110, 113–115, 113A, 117A, 118f, 119A, 121, 149A, 157, 157A, 160A–162A, 162, 179, 229, 229A, 311, 329, 329A, 423A, 556

Gleichnisse 330f

›Gloria in excelsis‹ 155, 155A, 179, 228

›Gloria Patri‹ 155, 161A, 164A, 228

Gnade 52f, 56, 61–63, 70, 73, 75f, 80, 82f, 95, 98, 111–118, 199, 203, 206, 212, 215, 233, 235, 286, 294, 311, 313, 336, 372f, 381, 393, 416, 453, 467, 471, 522, 554, 558
- s. auch: Gott, gnädiger

Gott 70f, 86, 92, 97f, 111, 114f, 180, 185, 197, 227, 251f, 360, 370, 372, 374f, 377–379, 393f, 413, 431, 443–445, 450, 462, 465f, 470, 474f, 480f, 483f, 524, 529, 532f, 535, 537, 548, 552A, 568

- Allmacht 95, 125, 340, 480
- Allwissenheit 324, 328f, 340
- Barmherzigkeit 77, 98, 487f, 554
- Ehre 46, 62, 98f, 111, 113–116, 118, 140, 180, 201, 244, 253, 254A, 323f, 429, 431, 441, 451f, 473, 476, 479f, 497
- Einheit 323, 346, 518, 525
- Erkenntnis 52, 73, 116, 193, 199, 310, 323f, 329–332, 336, 340f, 343, 349f, 555f, 566
- Ewigkeit 96, 111, 114, 116, 200, 310, 323 bis 325, 328, 480, 572
- unsere Gerechtigkeit 338, 522, 558, 561
- gnädiger 213, 312, 339f, 345, 350, 554, 561A
- s. auch: Gnade
- Güte 330, 336, 339, 343, 381
- rechte Hand 212, 312, 324, 327, 329, 341, 559
- Liebe 98, 238, 260, 262, 333, 343f, 348, 379, 476, 478, 496, 496A, 554, 556f, 561
- Name 15, 550, 554–556, 554A
- Richter 131, 564
- Schöpfer 83, 85, 212, 310, 323–325, 327, 330
- ›selbst‹ 212, 310–313, 324, 327–329, 331 bis 335, 338, 340f, 343–345, 348, 371, 376, 379, 409A, 415, 475, 483, 487f, 497, 522, 526, 550, 554A, 555–557, 561, 561A, 566, 571
- Sohn 211, 310f, 321, 323–325, 329, 331, 333, 335, 343, 366, 415, 497, 555
- lebendige Stimme 259, 264, 264A, 334
- Unteilbarkeit 475, 477, 487
- Unwandelbarkeit 74, 96, 201, 262, 288, 293, 310, 324, 328f, 378, 568, 572
- Vater 74f, 208, 210f, 216, 219, 221, 311, 323 bis 325, 330f, 333, 336, 362, 366f, 460, 462, 475, 481, 487, 498A, 553–556, 559A, 561A
- Verachtung 346–348
- Verborgenheit 323, 330, 332
- Vereinigung mit 310, 312, 322, 333f, 344, 346, 477A, 552A, 566
- Wahrhaftigkeit 311, 335, 339f
- Weisheit 111, 201, 324, 329, 332, 339f, 480
- Werke, Wirken 46, 77, 81f, 279, 311f, 329f, 336, 345–347, 379, 415, 477, 529
- Wesen 323f, 327, 331, 362, 477
- Wille 50, 62, 74, 81, 117, 127, 163A, 170A, 201, 223, 279, 310f, 324, 327–329, 378, 381, 394, 475, 487, 520, 529–531, 555, 555A, 566 bis 568, 571f
- Zorn 52f, 61, 159, 225, 233, 236, 240f, 311, 320, 338f, 341f, 350, 414, 416, 496f, 524, 550, 554, 558–560, 558A, 559A
- s. auch: Gebote; Gesetz; Wort Gottes

Gottesdienst allgemein 180, 227, 320, 378f, 434, 435A
- falscher 180, 244

[Gottesdienst allgemein]
- Neuordnung 104, 104A, 139A, 143-45,1 147-149, 185, 451

Gottesdienste, einzelne 141A
- Frühmesse 145, 146A, 150, 154, 154A, 161, 161A, 162A, 164A, 231A, 244A
- Gebets- (und Predigt-) 145, 156A, 161A, 231A, 244A
- Tagamt 145, 150, 156A, 161, 161A, 162A, 164, 164A, 171A, 231A, 244A
- Vesper- 145, 146A, 156A, 161A, 162A, 164, 164A, 171A, 231A, 244A
- Wochen- 149, 161, 161A
- Zeit 154, 154A

Gottesdienstordnung, evangelische 303A
- Goslarer 151
- Magdeburger 151
- Nördlinger des Kaspar Kantz 145, 145A
- Nürnberger im Heilig-Geist-Spital 149f, 149A, 152, 160A
  - in den Pfarrkirchen 141A, 143-167, 166A, 171, 171A, 175, 177, 179, 181, 185, 227 bis 233, 227A-231A, 243f, 243A, 244A, 511
- Regensburger 145A
- Wittenberger 146A, 151

Gotteslästerung 52, 57A, 170A, 188, 193A, 198, 202, 209-212, 210A, 215, 219f, 226f, 234, 238, 242f, 247, 254, 352, 393, 422, 422A, 430, 453, 476, 481, 486, 488, 497

gottlos, Gottlose 195f, 200f, 205, 243, 264, 287, 291, 298, 310, 312, 320, 322f, 345, 377, 394, 480f, 486, 490, 494, 498, 500, 560, 565

Graduale 155A, 156, 156A, 179, 228, 228A

H

Häresie s. Ketzerei
Hallelujavers 149A, 156, 156A, 228A
Halsgerichtsordnung, Bambergische 283
Heiden 201f, 219, 227A, 262A, 265A, 346, 368, 368A, 492, 531, 534, 573, 573A
Heilige 73-75, 77, 81
Heiligenfeste 145, 162, 162A, 163A, 167, 229A, 237, 237A
Heiligenlegenden 145, 306
Heiligenverehrung 68, 73, 145, 314, 379
Heiligung 484, 557
Heilsnotwendigkeit 313, 321f, 331, 334, 349, 405, 455f, 461f, 468, 517, 530f, 549, 551, 573
Heilsweg 542, 547, 549f, 553, 556A, 557, 557A, 562, 562A, 564
Herz 56f, 56A, 59, 61f, 73, 81-83, 86, 91, 98, 111, 114, 199, 201f, 207f, 232, 260, 262, 265, 312, 332, 336, 341, 345f, 371f, 379, 381, 422, 448, 499, 507A, 556, 561, 565
- s. auch: Einwohnung

Himmel 83f, 218, 239f, 477A, 488A, 489f, 519
Hölle 95, 213, 217, 225, 469, 561
Hoffnung 113, 116, 223, 227, 242, 312, 345, 347f, 405, 455, 461, 524
Humanismus, Humanisten 65, 67, 123A, 138A, 408
Hurerei 287, 289, 290-292, 294-298, 376, 536

I

Innen 409, 525f, 528
- s. auch: Wort, inneres
Interim, Augsburger 189A, 203A
Introitus 145, 149, 154f, 154A, 179, 194A, 227f, 227A, 228A
Irrtum 53, 57, 57A, 60, 73, 77, 88, 133, 136, 194, 210, 229, 236, 247A, 269f, 273-277, 275A, 276A, 279, 285, 298, 320, 323, 346, 377, 380f, 410f, 414, 417, 422-424, 468, 474, 481, 488-491, 493f, 496, 525, 562, 565

J

Jachtaufe s. Taufe, Not-
Juden 68-72, 68A, 71A, 74f, 75A, 76A, 126, 133, 135, 202, 207, 219, 262A, 266, 266A, 270, 293A, 332, 346, 355, 358, 365, 414, 492· 498, 531, 534, 555, 572f, 573A
Jünger Jesu 79f, 83, 116, 134, 219, 346, 490
- s. auch: Apostel
Jüngster Tag 117, 352, 368, 375, 529
Jurisdiktion der Bischöfe 104, 167, 174, 174A, 398A

K

Kaiser, deutscher 284, 306, 308, 367f
- s. auch PR: Karl V.
- römischer 313, 359-361
Kanon 64A, 156A, 527f, 528A
Kanzleischreiber 12A, 510
Kapläne 154, 154A, 156A, 160A, 162A, 166f, 173, 173A, 174, 174A, 182, 511
Kardinäle 131, 133, 295
Karmeliter 291
- s. auch OR: Nürnberg, Klöster, Karmeliter
Kartäuser 291, 387-397, 425-433, 438-448

[Kartäuser]
- Ordensprovinzial s. PR: Muffel
- s. auch OR: Nürnberg, Klöster, Kartäuser

Katholische s. Altgläubige (-kirchliche)
Ketzer(ei) 57, 57A, 88, 140A, 178, 195, 195A, 200f, 205f, 247f, 274, 351A, 361f, 368A, 369, 410, 411A, 423, 423A, 475, 487, 525, 564
Ketzermeister 362, 362A, 365
Ketzerverbrennung 488, 488A
Keuschheit 84–86, 98, 376–378, 377A, 463, 535, 537
Kinder Gottes 322, 344, 347, 484
Kirche 91, 111, 247, 313, 422f, 422A, 472A, 473, 478f, 498f, 498A, 505, 518, 522, 525, 528, 565
- orthodoxe 205A
- römische 123A, 131, 167, 284, 365
Kirchengeschichte 247, 359–371, 375
- s. auch: Alte Kirche
Kirchengüter 102A, 103A, 511, 511A, 551, 576
Kirchenordnungen 112A, 152
- Brandenburger (1540) 105A
- Brandenburg-Nürnbergische (1533) 106, 149, 152f, 154A
- Coburger (1524) 150f, 150A
- Nürnberger (1524) 18, 167
Kirchenväter 136, 306, 471, 505, 516, 518
Kirchenwesen, Neuordnung 18, 141A, 165 bis 167, 175–179, 181–183, 185–188, 193A bis 195A, 196, 199f, 244f, 244A, 247, 253, 253A, 254A, 301, 303, 303A, 510f, 527, 539, 570A
Klarissen 54A
- s. auch: OR: Nürnberg, Klöster, Klarissen
Kleidung 85, 85A, 170, 170A, 186, 210A, 227A, 291, 294, 525f, 529A, 542, 568f, 568A
Kleriker 373, 373A
Klosterleben 77, 86, 284f, 287, 291, 296, 465 bis 467, 525, 532, 532A
- s. auch: Austritt aus dem Kloster
Konzilien 123A, 136, 181, 314, 361, 379, 389, 472, 505, 516, 518
- Apostel- 531, 533
- Basel (1431–49) 297
- General-, versprochenes 304f
- Karthago (397) 359, 359A
- Konstanz (1414–1418) 205A, 296
- Lateranum IV. (1215) 364A, 365A, 369A, 572A
- National-, geplant für Speyer (1524) 144A, 175, 182, 184, 299–304, 307, 383, 383A, 502, 506, 516A, 539
- Vienne (1311) 293A
Koran 484

Kreistage, Rothenburg o. d. T. (1524) 303–306, 304A–306A, 383A
- Windsheim (1524) 302f, 302A, 303A, 381A, 383A
Kreuz Christi 170A, 343, 559f, 559A, 560A
- der Christen 159, 222f, 226, 235, 241, 263, 263A, 340, 342f, 366, 544, 557, 560, 565
Krieg 368, 370
- Türken- 368, 368A
›Kyrie eleison‹ 155, 155A, 179, 228

L

Laien 48, 231f, 375, 403, 405, 440, 517, 527, 535, 549
Landtag, Ansbach (1524) 304, 304A
Leben, lebendigmachen 242, 279, 279A, 310f, 313, 322, 335–337, 341, 350, 409A, 483, 561, 566, 571
- ewiges 58f, 59A, 62, 73f, 85, 112–114, 120, 160A, 180, 213f, 226, 239–241, 311f, 331 bis 334, 340, 342f, 345, 371, 452, 475, 487, 555f, 561, 561A
- irdisches 58f, 58A, 290, 312, 341
- neues 117, 312, 342f, 374, 456, 560A, 561A
Legat, päpstlicher s. PR: Campeggio
Lehre 311, 336, 341
- altgläubige 47, 50, 302A, 388, 405, 478, 505, 523, 542, 557A
- des Antichrists 370
- christliche 48, 259A, 313, 320f, 331, 392, 563
- evangelische 50, 60A, 88, 132, 135, 306, 319, 543
- falsche 131, 285, 310, 321, 335, 523A, 572
- lutherische 53, 88f, 140A, 301f, 303A
- rechte 310, 534, 562, 564
- reformatorische 45, 58, 131, 165, 179, 194, 228A, 302A, 405, 427, 472, 479, 503, 523
- unchristliche 99, 482f, 482A, 491, 495
- s. auch: Menschenlehre
Lehrer, falsche 313, 320f, 351, 361
Leib, leiblich 207, 254A, 329, 525
Leiden 98, 140, 221–224, 236, 260, 263A, 265, 265A, 289, 343, 517, 524f, 527, 562
Lesungen 156A, 179, 236f, 237A
- aus dem AT 145, 147, 156, 162, 162A–164A, 231, 231A
- Epistel- 145, 146A, 156, 156A, 157A, 176, 228–230, 228A, 231A, 232A, 373, 373A, 434, 436
- Evangelien- 106, 116, 119A, 121, 145, 146A, 156f, 156A, 157A, 176, 228–230, 228A, 231A, 232A, 373, 373A, 434, 436

[Lesungen]
- fortlaufende (lectio continua) 145f, 146A, 156, 156A, 157A, 162A, 164A, 179, 228A, 229A, 237, 299
- aus Eusebs Kirchengeschichte 145, 147, 162A
- aus der ›Legenda aurea‹ 162A
- der Pastoralbriefe 156A
- der Paulusbriefe 156A, 162
- Psalmen- 145

Letzte Ölung 166, 171, 171A, 373f
Liebe 59A, 85, 98, 117, 141, 180, 203, 208, 226f, 287, 295, 328, 330, 332, 341f, 348, 371f, 379, 405, 412, 455, 461, 465, 476, 522, 524, 526, 528f, 533f, 551, 555A, 556–558, 563, 571
- Bruder- 71, 75, 138, 199, 227, 313, 351, 393, 467, 471, 471A
- zu Christus 289
- Eigen- 311f, 337, 339, 348, 519, 557f, 557A, 558A, 560A
- zu den Geschöpfen 289
- Gottes- 50–53, 55f, 59, 59A, 61, 215, 237, 262, 311, 336–340, 349, 496, 555, 558, 566
- s. auch: Gott, Liebe
- Nächsten- 50, 53, 56, 59, 59A, 159, 195A, 237, 262, 311, 333, 338, 347, 378, 530f, 572

Losunger s. PR: Ebner, Hieronymus; Nützel, Kaspar
Lüge 138, 321, 334–337, 339, 350, 360, 394f, 481, 496, 500, 517, 563, 567, 571
lutherisch, Lutherische 45, 48, 68, 74A, 188, 195A, 284A, 407f, 503
- s. auch: Evangelische
Luthersache 175, 300

M

Märtyrer 91, 194, 194A, 362, 362A, 369, 371, 564f
›Magnificat‹ 164, 164A
Maler s. PR: Greiffenberger
›Maler, drei gottlose‹ 267A, 399, 399A, 407f, 408A, 418–428, 462A, 507A, 544A
Mandate, bischöfliche 104A, 173
- Erzherzog Ferdinands 140A
- kaiserliche 175f, 175A, 181, 293A, 502, 506, 508, 510, 516–518, 516A, 539
Marienverehrung 73, 92A, 237A
- s. auch PR: Maria
›Media vita‹ 172, 172A
Mensch 56, 56A, 59, 83, 375, 377, 394, 409, 409A, 455, 466, 478, 548, 552A
- alter 101, 311f, 339–341, 343, 405f, 408A, 416, 456, 461, 525f, 531f, 550, 557, 557A, 558A, 560A, 561A, 562
- Fähigkeiten 46, 50–52, 51A, 55A, 56f, 61f, 62A, 63A, 336, 338, 345, 379, 405, 520, 537f, 553f, 557
- Herz s. Herz
- Mitwirken am Heil s. Synergismus
- Natur (Wesen) 85f, 331, 338f, 531
- neuer 312, 341, 343, 562
- Schwachheit 278A, 336, 339, 344
- Werke s. Werke, gute
- Wille 77, 82, 201, 327
- Zorn 350, 521, 525
  - gegen Gott 311, 338, 558, 558A, 560A
Menschenfünde 200, 226, 229, 238, 244, 295, 322, 381
Menschengebote 86, 200f, 203, 212, 310, 313, 365, 377, 530f, 534, 570, 572
Menschengedichte 82f, 294f, 413
Menschenlehre 201, 222, 289, 294, 297f, 310, 313, 316, 322, 348–350, 375, 377, 379f, 455, 462, 473, 530f
Menschensatzungen 178f, 201, 244, 292, 295, 297f, 306, 349–351, 372, 374, 378, 394, 406, 462, 571
Menschentand 393, 483
Menschenträume 290, 298, 352, 571
Menschenwahn 95
Menschenwort 201, 310, 313, 315, 321f, 348 bis 350, 371, 571
Messe 145, 203, 218, 449, 471A, 472f, 472A, 476, 482, 511, 512A
- Abendmahlsteil 157–160, 161A, 229
- Canon 146, 178, 188f, 189A, 206A, 207A, 213, 225A, 240A, 280A, 474
  - maior 158A, 209, 209A–212A, 211f, 229A
  - minor 157, 157A, 209–211, 209A–211A
- Döbers 149, 149A, 160A
- Engel- 171, 171A
- ohne Kommunikanten 151, 160A, 172A, 182, 195A, 230, 434–436, 435A, 436A
- Proprium 144, 148f, 157A, 160A, 162, 162A, 164A, 228A
- schwedische 152
- Toten- 172A, 173A, 178–180, 190, 229, 233 bis 235, 233A, 234A, 241, 375, 451A, 472
- vorreformatorische 147, 147A, 149f, 149A, 158A, 209A
- s. auch: Missalien
- s. auch: Deutsche Messe; Gottesdienst(ordnungen)
Meßgewänder s. Kleidung
Meßopfer 178f, 190, 210f, 211A, 213, 215–220, 216A, 222A, 224f, 227, 234, 275A, 375,

[Meßopfer] 375A, 472–474, 476, 478, 480–483, 497–500, 498A, 527f
Missale Bambergense 148, 148A, 153, 154A, 155A, 157A, 158A, 160A, 209A–212A, 243A
Missalien, mittelalterliche 171A, 243
Mißbräuche 140, 141A, 147, 166A, 170A, 179, 193, 193A, 195–197, 199f, 233, 237, 243f, 247, 253A, 260, 277, 277A, 287, 306, 320, 448, 468, 482
Mönche 141, 141A, 170, 213, 236, 245, 245A, 256, 258A, 285f, 291, 295, 298, 301, 313, 361, 361A, 377, 377A, 393, 430, 468f, 471A, 485, 490, 495, 497, 500, 502–504, 506–512, 507A, 515
Movendelpfründe 435, 435A

N

Nachfolge 159, 226, 524
Nächster 46, 52, 244, 322, 405, 451f, 529f, 534, 574
– s. auch: Liebe, Nächsten-
Naherwartung s. Endzeit
Neugläubige s. Evangelische; Lutherische
Nonnen 256, 258A, 464–470, 507, 511
Not 81, 346, 350, 456

O

Obrigkeit 48f, 89, 131, 134–136, 135A, 163A, 175, 200, 245–248, 245A, 254A, 259A, 260f, 266, 276, 276A, 313, 322, 322A, 360, 391 bis 394, 396A, 401, 405, 407, 419–423, 422A, 423A, 435A, 442, 445–448, 447A, 455, 462f, 468f, 502–504, 511, 530, 532f, 542–544, 548–551, 552A, 562, 564f, 567–569, 574–576, 574A, 575A
Offenbarung 331, 367, 369, 550, 554–556, 554A
Offene Schuld 139A, 145–147, 158A, 159A
Offertorium 146, 157, 157A, 209A
Opfer 126, 219–221, 416, 534
– alttestamentliche 208, 222, 377
– christliche 221–223, 222A, 375
Orden 170A, 291, 461A, 532
– Bettel- 286, 350A, 351A, 362, 362A, 370A
– s. auch OR: Nürnberg, Klöster, Bettel-
– s. auch: Sekten
Ordenssatzungen (-statuten) 387, 389, 389A, 426, 428, 430f, 438, 440f, 443f, 447, 468, 505
Ordnung 310, 322, 393, 399, 532f, 563, 575f

Osiandrischer Streit 309, 513, 515, 522A, 524A, 526A, 527A, 530A, 553A
Osterlamm 281, 281A, 339

P

Papisten 259, 264, 264A, 278, 279A, 355, 414, 481, 486, 490, 499f, 548
Papst(tum) 131, 133f, 224, 278A, 284, 293, 301, 304–306, 308, 313, 316, 358–366, 361A, 368f, 373f, 376, 380, 384A, 472, 505, 516
Paradies 477A, 487, 517, 519
Passionsgeschichte 130–136
Patrizier 138A, 504A, 507, 510, 516A, 548, 568A
Perikopen 11, 146A, 156A, 229, 229A, 237, 237A
Pfründen 173A, 542
– s. auch: Movendelpfründe
Philosophie 59, 59A, 387
Polemik 48, 54f, 57A, 172A, 402
– antikaiserliche 308
– antilutherische 131, 471
– antipäpstliche 268f, 268A, 306, 308
– Greiffenbergers 275A
– Osianders 130–134, 285, 464, 545–547
– gegen Osiander 49, 52, 58, 76A, 99A, 102f, 123f, 123A
– Schwertfegers 256, 258A, 259
– Winzlers 50
Präfation 146, 157, 157A, 158A, 179, 229, 229A
Prediger 48f, 63, 101, 208, 259f, 265f, 366, 393f, 456, 461–464, 575
– altgläubige 402f, 405, 405A, 454–458, 456A, 460, 501–540, 546f, 549, 551
– evangelische 60, 131, 190, 231, 247A, 248, 263f, 263A, 265, 301, 309, 321, 402f, 402A, 403A, 405, 408f, 409A, 411, 412A, 417, 419, 438, 442, 454–456, 458, 460, 465f, 469A, 501 bis 540, 545–547, 549–551
– geistlose 263f, 263A, 265A
– Nürnbergs 132, 257, 300, 305, 387f, 391
– s. auch OR: Nürnberg, Kirchen; – Klöster
Predigt 225–227, 231, 263, 320, 375, 384f, 391, 393, 413, 415, 472, 492, 519A, 549, 563
– altgläubige 507, 511
– des Antichrists 356
– einheitliche 402f, 405, 454, 503, 510, 516, 519, 526, 538
– evangelische 60A, 135A, 138A, 139f, 150, 180, 186, 194A, 195, 195A, 247A, 248, 299f, 309, 402, 425, 427, 465f, 502, 507, 511, 542, 544, 574A

[Predigt]
- des Evangeliums 193A, 200, 279, 340, 343f, 366, 369, 392, 403, 431, 530, 559, 567, 574A
- falsche 287, 335f, 463
- im Franziskanerkloster 55A, 464, 469, 520A
- in den Frauenklöstern 464, 469, 520A
- des Gesetzes 279, 311, 339, 530
- heimliche 564f
- in den Nürnberger Kirchen 140, 161A, 163, 163A, 165
- öffentliche 246, 564f, 564A
- reformatorische 57, 143, 151, 165, 175, 177, 226
- des Wortes Gottes 332, 334–336, 361, 380, 427, 438, 551, 555f, 563–565, 567A, 571, 574

Predigten eines unbekannten Dominikaners 129A
- Lincks 45
- Mülichs 128f, 128A
- Osianders 19, 77f, 93, 95–97, 99, 99A, 139
  - unveröffentlichte 122A, 123A, 125A, 126, 126A, 128, 128A
  - verschollene 22
- Stöckels 387f, 427, 432, 439f, 443, 447
- Winzlers 48f, 51, 53–55, 55A–58A

Priester 360, 375
- altgläubige 141, 170, 437A
- levitische 218
- s. auch Ehe, Priester-

Priestertum, allgemeines der Gläubigen 178, 314, 375
Priesterweihe 373f, 373A
Primat des Papstes 360, 472
Propheten 231, 313, 321, 323, 352, 412f, 495
- falsche 257, 259, 262f, 263A, 272, 291, 321, 334A, 351, 368, 481
Protestation der Städte (1524) 299f
Prozessionen 141, 141A, 165f, 170A, 171, 171A

R

Räte, evangelische 52, 58, 58A
Ratschläge für das geplante Nationalkonzil (1524) 299–304, 303A, 307, 307A, 317, 383, 383A
- Ansbacher evangelischer 302A, 304A, 307, 309, 309A, 385A
- katholischer 216A, 304A
- Hennebergischer katholischer 307A
- Nürnberger der altgläubigen Klöster 305 bis 307, 305A, 315A
  - der evangelischen Klöster 304A, 305–307
  - ›großer‹ der Prediger 299–386

Ratskonsulenten 267, 299f, 390, 392f, 395, 397, 399, 399A, 420, 420A, 423, 426, 428f, 432, 438, 438A, 443, 445, 450–452, 452A, 466f, 467A
- juristische 173, 182, 187, 387, 429A, 503, 506f, 511
- theologische 12A, 49f, 424
Ratsschreiber, vorderster s. PR: Spengler
Raubdrucke 93–99, 308A, 385, 385A
Recht, deutsches 398A, 399A
- göttliches 358, 360, 401, 469
- kanonisches 131, 134, 178, 306, 313, 359, 362, 364f, 391, 394, 398A, 505, 516
- menschliches 377, 401, 469
- Nürnberger 468A
- Reichs- 423, 488A
- römisches 399A, 468A
- weltliches 468, 468A, 502
Rechtfertigung 117, 127, 213, 260, 279A, 333, 338, 341, 461, 484, 521f, 524, 529, 550, 552A, 559A, 561, 561A, 575
Reform, katholische 471f
Reformation 47, 123A, 137A, 138A, 267, 283f, 397
- ›linker Flügel‹ 273, 412A, 419
- der Klöster 284, 390, 425f
- in Nürnberg 165, 438, 457f, 457A, 512, 542 bis 544, 563
- im Sinne der ›Schwärmer‹ 259A, 263A
- in den Städten 138A, 188, 445A
Reich Christi 215, 221, 261, 266, 355, 366
- Gottes 218, 310, 322, 394, 406, 463, 533, 550 bis 553, 552A, 562, 568f,
- weltliches 261, 266, 310, 313, 322, 356, 394, 502, 533, 551f, 552A, 568f
Reichsacht 365, 365A
Reichskammergericht 58A, 512
Reichsregiment 18, 47, 48A, 58A, 132A, 133A, 143, 165, 175, 181f, 185, 283f, 300f, 481A
Reichstage, Augsburg (1530) 54A
- Nürnberg (1522) 18, 49, 49A, 68, 284
  - (1522/23) 18, 68, 242A, 284, 505, 519, 519A
  - (1523/24) 18, 122A, 132A, 133A, 138A, 143, 165, 175, 284, 384A, 519, 519A
  - Abschied 137A, 140A, 268, 299f, 299A, 302, 383A
- Speyer (1524) s. Konzilien, National-
  - (1526) 187
  - (1529) 123A
- Worms (1521) 283
Religionsgespräche 123, 402, 510
- Nürnberg (1525) 13, 19, 150, 163A, 185, 190, 307, 403A, 405, 408A, 442, 454, 456–458, 460, 460A, 466, 469A, 501–576

[Religionsgespräche]
- Worms (1540/41) 47, 47A
Religionsparteien, drei Nürnberger 48, 301, 302A, 303-305, 303A, 501-540
- s. auch: Prediger, altgläubige; - evangelische; - Nürnbergs; OR: Nürnberg, Klöster, altgläubige; - - evangelisch gesinnte
Reservationen 314, 380
Responsorien 160A, 164, 164A, 172, 172A, 236
Rücksicht auf die Schwachen 169A, 172A, 186, 188, 195, 199f, 498, 531, 534

S

Sakramente 166, 224, 234A, 309, 375, 407, 418, 474f, 492, 550, 562A
- als Wahrzeichen 159, 206, 226, 279, 312f, 341, 348, 372-374
- Zahl 372-374, 372A
Sakramentsauffassung Greiffenbergers 407
Sakramentshäuschen 160A, 170A
›Salve regina‹ 150, 171, 171A, 178, 180, 186, 189, 241f, 241A, 242A, 434, 435A
›Sanctus‹ 146, 146A, 149, 157f, 157A, 158A, 229A
Satan s. Teufel
Schaffer 170, 170A
Schenkung, Konstantinische s. Donatio Constantini
Schlüsselgewalt 358-360, 366f, 563
Schöpfung 73, 83, 324, 336, 405, 455, 566
- s. auch Geschöpfe; Gott, Schöpfer
Scholastik(er) 59A, 346A, 471A, 481, 561A
Schrift, heilige 49, 51-53, 55, 57-59, 57A, 58A, 59, 62-66, 71f, 83f, 87, 91f, 95f, 98, 133-136, 139, 139A, 180, 183, 186, 193-198, 193A, 200, 211, 216-218, 216A, 220, 222, 224, 227 bis 231, 233, 235-238, 241, 244-246, 253, 256, 259-264, 264A, 266, 270, 273, 276f, 289, 292, 296f, 299, 309, 311, 314, 319, 321, 323f, 329f, 334, 352, 355, 358, 372f, 375, 377-382, 381A, 384-388, 393, 408f, 408A, 409A, 412, 414-416, 419, 422, 426, 428, 430, 436, 456, 471, 472A, 473, 477, 482f, 489, 491, 493, 495, 497-499, 502, 505f, 516-519, 521, 523, 531f, 532A, 536, 538f, 544, 546, 565, 567, 567A
- Figuren 224, 224A, 339, 486, 486A, 488f
- Inspiration 52, 412
- Klarheit 96, 224, 224A, 380, 410, 412f, 494, 494, 518, 543A
- Suffizienz 238, 238A
- Verbindlichkeit 72, 72A

- als Zeugnis 334-336, 413
Schriftauslegung 98, 131, 134, 156A, 224A, 229A, 231-233, 260, 293A, 302A, 352, 352A, 355, 363A, 380, 399, 409, 413, 505f
- allegorische 520A
- alttestamentliche 156A, 162A, 231, 244A, 285
- falsche 134, 285, 296
- jüdische 363A
- neutestamentliche 232A, 434
Schriftbeweis 486, 488f, 493
Schriftgelehrte 131, 134, 264A, 265A
›Schriftstehler‹ 259, 265, 265A
Schulen s. OR: Nürnberg, Schulen
Schulmeister 67, 75
Schwäbischer Bund 185, 457A, 502, 512
›Schwärmer‹ 72A, 96A, 261, 266, 276A, 334, 334A, 413, 507, 544
Seele 56A, 327
Seelenheil 55, 176, 180, 194f, 200-202, 221, 243, 254A, 310f, 313, 320, 322, 349f, 352, 371, 377-381, 389, 393f, 403, 435, 441, 443, 464, 468, 470, 503, 505, 562, 564, 566
Seelsorge 173, 245A, 247
Segen 112-116, 118, 161A, 230, 230A, 252f
Sekten 84, 268f, 272A, 291, 313, 350f, 350A, 351A, 393, 444, 461f, 525f, 526A, 532
Selbstvertrauen 311f, 336-339, 342, 348, 557f, 558A
Seligkeit 52, 291f, 321, 331, 477, 477A, 479, 487, 488A, 489f, 568-570
- s. auch: Seelenheil; Leben, ewiges
Sintflut s. Gebete, Sündflut-
Sodalitas Staupitziana 45A, 67
Speiseverbote 531, 573
Spiritualismus 407, 409A
Sprache(n) 58A, 63f, 63A, 66, 97, 97A, 114A, 231-233, 325, 332, 379, 412f, 493f
- Aramäisch 280A, 293A
- Chaldäisch 280A, 293A
- Deutsch 78, 97, 104, 105A, 111A, 128A, 143, 145-147, 146A, 149, 149A, 151, 156, 167, 171A, 176, 179, 185, 228A, 230, 232, 242, 244, 278, 280f, 281A, 284A, 290, 292, 326, 326A, 345, 355, 379, 436, 472, 472A, 474, 505, 525f, 533
- Griechisch 52, 58, 60, 60A, 66A, 97, 157A, 228, 273, 280A, 281, 281A, 293, 293A, 326, 365, 372, 478, 520, 525f, 532, 532A
- Hebräisch 52, 58, 60, 60A, 65A, 66A, 67, 69, 76, 220f, 220A, 273, 278, 280, 280A, 285, 290, 292f, 293A, 365, 369f, 478, 495, 498
- Latein 45, 58, 60, 72, 79, 79A, 97, 104-106, 105A, 109, 111A, 114A, 116A-118A, 145,

[Sprache, Latein]
149–151, 171A, 185, 225A, 229A, 242, 284A, 293A, 370, 472, 472A, 473A, 474, 495, 520, 525f, 532, 532A
- Niederdeutsch 152, 188

Sprichwörter, Redensarten 66, 70, 133, 235, 350, 491

Städte, fränkische 305, 306A, 383A
- Reichs- 175, 175A, 299f, 302

Städtetage, Speyer (1524) 182, 300
- Ulm (1524) 305, 305A

Stände 163A, 302f
- fränkische 304–306, 317, 383A
- Reichs- 176, 181, 187, 284, 299, 305, 512

Status confessionis 178, 203A, 205A, 531, 569f, 572–574

Steuern 394, 394A, 530, 533, 537

Stiftungen 172, 172A, 241A, 242A, 294, 434 bis 437, 449–453

Strafe(n) 180, 201, 207, 240, 248–251, 256, 266, 292, 312, 320, 324, 339f, 349, 431, 447, 460f, 482, 506, 517, 519f, 519A, 520A, 533, 557 bis 560, 558A, 560A, 567–569
- Haft 400f
- Todes- 399A
- s. auch: Ausweisungen

Stundengebete 145, 150, 161A, 162A, 164, 164A, 167, 178, 180, 189, 244, 244A,
- s. auch: Gottesdienste, Vesper-

Sünde 46, 61, 82, 86f, 92, 95, 159, 200, 205, 207, 210, 213–215, 217, 219, 225f, 235f, 266, 276A, 292, 312, 334, 337f, 340–343, 346f, 371, 377, 406, 408, 409A, 410, 414f, 455f, 460f, 506, 517–519, 519A, 520A, 521, 530, 538, 549f, 552A, 558–561, 558A–560A, 568–571
- Aktual- 129
- Erb- 46, 61, 117, 129, 241, 311, 337f, 348, 517, 519A, 526
- Erkenntnis 52, 56, 61f, 117, 338f, 341, 372, 414, 461, 520f, 558, 560, 560A, 562
- Tilgung 96, 112, 206, 213f, 243, 281, 286, 344, 524f, 538, 558, 558A, 559A, 560, 562
- s. auch: Vergebung
- Tod- 52, 201, 294
- wider den heiligen Geist 248

Südenfall 517–519, 519A

Sünder 52, 77, 80f, 86, 163A, 178, 212, 241, 476, 478, 521, 560

Synergismus 479, 538

Synoden s. Konzilien

T

Taufbund 409, 416

Taufe 18, 61f, 104–121, 128, 128A, 171A, 227, 240f, 243A, 313, 348, 372, 374f, 379, 406, 408f, 456, 461, 484, 518, 524f, 524A, 528, 562
- abrenuntiatio 109A, 110, 114, 118f, 118A bis 120A, 121
- äußere 409f, 416
- apertio aurium 118, 118A
- datio salis 112, 112A, 121, 374A
- exorcismus 105–107, 109f, 111A, 113–118, 113A, 115A, 117A, 373, 374A
- exsufflatio 110, 110A, 121, 374A
- und Gesetz bzw. Tod 279, 279A, 312, 341 bis 343, 345, 404, 404A, 456, 525, 525A, 527, 559A–561A, 560f
- Haus- 173, 173A
- Immersions- 120A
- innere 416
- introductio in ecclesiam 118, 118A
- Kinder- 109f, 116f, 313, 374, 560A
- Konditional- 109, 109A
- Mönchs- 291, 291A
- Not- 109, 109A, 121
- Patenschaft 110, 117
- Salbung mit dem Chrisam 120, 120A
  - mit Öl 119, 119A
- traditio crucis 110f, 110A, 113–116, 374A
- Übergabe des weißen Kleides 120, 120A
- Vermahnung der Paten 106f, 117, 117A
- als Wahrzeichen 342, 374, 524f, 527, 550
- Wieder- 109

Taufordnung, Breslauer 106f, 106A
- dänische 105
- mittelalterliche 105, 105A, 109A, 110A, 113A, 118A, 120A
- Nürnberger an St. Lorenz 105, 110A, 116A
- an St. Sebald 107
- Osianders deutsche 104–121, 128, 128A, 143A, 154A, 167
- schlesische 105A
- Wittenberger 106A
- Würzburger 106, 106A
- Zürcher 105, 106A

Taufsignation s. Taufe, traditio crucis

Tauftheologie Osianders 524A, 525A

Testament, altes 129, 145, 147, 207f, 208A, 218, 231, 238, 310f, 329, 374, 478, 487–489, 488A
- neues 159, 178, 207f, 208A, 214f, 226, 240, 311f, 341, 413, 488–490, 488A, 495, 498A, 558
- s. auch: Abendmahl als Testament; Bibel, AT; - NT

SACHREGISTER

Teufel 71, 110f, 113–118, 121, 133, 136, 195, 209, 211f, 225, 236, 238, 243f, 260, 263, 277, 277A, 278A, 282, 301, 310f, 321, 334–337, 339, 348, 352, 360f, 366, 374, 380, 380A, 410, 412, 414–416, 422, 428, 444f, 460, 469f, 476, 480f, 483, 486, 491, 496f, 500, 517f, 524A, 542, 563–566
Theologen 48, 75, 90–92, 95, 134, 245, 247, 292, 300, 504
– altgläubige 218, 237, 483, 486
– s. auch: Ratskonsulenten, theologische
Tod, töten, sterben 81, 92, 95f, 111, 117, 217, 225, 238–241, 279, 279A, 286, 311f, 335–337, 339–343, 345, 347, 350, 374f, 405f, 408A, 409A, 415f, 456, 461f, 477A, 484, 517, 521, 524–527, 531f, 550, 556A, 557f, 558A, 560 bis 562, 560A, 561A
Todesfurcht 159, 225
Totengedächtnis 166f, 172, 172A, 233f, 233A, 294, 449, 451–453, 451A
Totenmesse s. Messe, Toten-
Tradition 131, 428, 471, 479, 505f
– s. auch: Gewohnheit
Trauung, Haus- 173, 173A
Trinität 59, 59A, 109–111, 113–116, 118, 120f, 120A, 310f, 323, 329f, 333, 366, 405, 455, 487, 528, 556
Türken 175, 199, 345, 368, 469

U

Ungehorsam 519
Ungerechtigkeit 320
Ungläubige 163A, 239, 367f, 409A, 468f, 534, 536f, 565, 575
Unglaube 46, 239, 240A, 243, 414, 421, 519
Universitäten 89, 293A, 295, 299f, 502f, 505, 508–510, 518, 523, 539

V

Vaterunser 117, 117A, 158, 158A, 160A, 162, 163A, 229, 449
Verborgenheit 347
– s. auch: Gott, Verborgenheit
Verdammnis 86, 112, 207, 291, 311, 340, 351, 521, 550, 566, 569f
Verdienste 98, 377, 522, 553, 561A, 570
Verfolgung 73, 91f, 131, 133, 136, 195, 206, 216, 246, 260, 265, 320, 358A, 361, 393, 396A, 480, 563–565
– s. auch: Wort Gottes, Verfolgung

Verführer, Verführung 57, 57A, 60, 77, 129, 194, 201, 216, 229, 237, 259, 264f, 276A, 287, 292, 297, 310, 321, 352, 364, 366f, 373f, 380A, 393, 422, 435, 463, 480, 490f, 565, 570
Vergebung 62, 62A, 74, 76, 117f, 120, 159, 163A, 180, 206, 208, 208A, 214f, 218f, 226, 240f, 275A, 340, 344, 366f, 374, 405, 473, 475, 477, 477A, 484f, 487–493, 487A, 495 bis 497, 525, 528, 556, 559, 561, 561A, 567
Verheißung 62, 62A, 113, 206, 280A, 312, 372–374, 416, 473, 475, 485, 487–490, 495 bis 497, 496A, 524, 527A, 561A, 574
Verleger 66
Vernunft 117, 136, 193, 204, 253, 262, 278, 278A, 282A, 311, 322, 331, 337, 374, 410, 412, 461, 502, 522, 553, 557
Versikel 164, 164A
Versöhnung 212f, 281A, 312, 340, 524, 550, 558A, 559
Verzweiflung 311, 338–340, 350
Vigil 236, 236A
Vikare 154A, 166f, 169, 169A, 172A–174A, 173f, 182
Visitationen 427, 438f, 441–444, 444A, 446, 471
Volk, einfaches 48–50, 52, 57, 60, 199f, 216, 233, 235f, 242, 246–248, 247A, 273, 277, 279, 292, 299, 309, 361f, 379, 381, 385, 397, 397A, 424, 480, 491, 502, 504, 506, 544, 547, 563f, 570A

W

Wahrheit 53, 55, 71, 80, 82, 92, 95, 116, 135f, 195–197, 196A, 200–203, 205, 208, 245f, 248, 278, 285, 294, 320, 337, 350, 364, 382, 384, 393–395, 395A, 401, 412f, 415, 417, 422, 427, 432, 438, 443–446, 460, 470, 490, 507, 563f, 570–573, 575
Weihe des Feuers 141, 141A
– der Gräber 172A
– des Öls 105A
– von Salz und Wasser 104, 104A, 105A, 154, 154A, 171, 171A, 180, 189, 193, 243f, 243A
– s. auch: Priesterweihe
Weisheit 112, 201, 334, 337, 369, 557, 571
– ewige 237, 325, 552f, 555, 566
– heidnische 313, 361
– menschliche 95, 349, 553
Weissagung 90, 92, 201, 231, 313, 352, 360, 363, 370
Welt 225, 431, 481, 542, 565, 568
Weltreiche 354–356, 354A, 358, 360f

Weltweise 52, 57, 57A, 201
Werke, gute 45f, 62f, 129, 134, 213, 227, 292, 295, 311–313, 333, 336, 338, 346f, 371f, 404, 456, 462, 485, 522, 530, 550, 553f, 561, 561A, 569
Werkgerechtigkeit 127, 127A, 131, 285, 406, 471, 528f
Wiedergeburt 61, 111–113, 118, 120, 525
Widerruf 88–91
Willensfreiheit 63A, 314, 378f, 378A
Wort, äußeres 260, 264, 264A, 310f, 325, 332, 334, 566
– Christi 77, 82f, 90f, 133, 288, 312, 320, 336, 345, 355, 364, 380, 414
– Gottes 55, 60, 62, 73, 77, 80–83, 91f, 95f, 99, 117, 140f, 163A, 170A, 176, 179, 193A, 194, 197, 199–201, 203, 205, 213, 221, 224, 226f, 235–238, 244–247, 245A, 251–253, 256, 259f, 263–266, 275, 275A, 277A, 281, 286f, 290, 292–299, 301, 303, 306, 309–311, 313, 315, 319, 321–329, 331–337, 339–350, 356, 358 bis 362, 364–368, 370–380, 385, 387, 391 bis 395, 401, 412, 416, 426f, 429–432, 435f, 438 bis 450, 447A, 452, 462f, 467–469, 472, 474f, 477, 478A, 479–481, 483, 486–488, 490f, 505, 507, 511, 516f, 519, 530–533, 543, 550f, 552A, 553–556, 554A, 561–567, 569, 571, 574–576
– Feinde 102, 138, 138A, 248
– Unveränderlichkeit 572
– Verfolgung 131, 133–136, 139, 141, 248, 351, 574
– inneres 264A, 310f, 324, 332, 566
– im spiritualistischen Sinne 409A
– s. auch: Menschenwort
Wunder 79f, 83, 85, 92, 227

Z

Zeit 325, 328, 347, 363
Zeremonien 141, 141A, 165, 173A, 176, 181, 183, 193, 361, 431, 468
Zölibat 77, 284, 314
Zungenreden 230–233, 379, 529
Zusage s. Verheißung
Zuversicht 312, 345–347
Zweifel 235, 247, 247A, 275, 331, 344, 346, 352, 418f, 529, 567f